中国教育年鉴
1991年

《中国教育年鉴》编辑部

人民教育出版社

《中国教育年鉴》编纂委员会

《中国教育年鉴》编辑部

(京)新登字113号

中国教育年鉴
(1991)
《中国教育年鉴》编辑部　编
*
人民教育出版社出版发行
新华书店总店科技发行所经销
北京新华印刷厂印装
*
开本787×1092　1/16　印张61.5插页8　字数1400,000
1992年10月第1版　1992年10月第1次印刷
印数　1—12,000

ISBN 7-107-10926-X
G·2672　定价 35.00 元

YEARBOOK OF EDUCATION IN CHINA

1

2

3

4

1．中共中央总书记江泽民、全国人大常务委员会委员长万里、国务院副总理姚依林等亲切接见出席全国少年先锋队代表大会的代表 刘全聚摄

2．国家主席杨尚昆与出席全国少年先锋队代表大会的代表亲切交谈 刘全聚摄

3．国务院总理李鹏在七届全国人大第三次会议上，同来自中小学的河北省代表合影 刘全聚摄

4．国家副主席、中国中小学幼儿教师奖励基金会理事长王震在北戴河亲切接见优秀教师代表 刘全聚摄

5

6

7

8

5．李铁映同志看望北京育才学校老师谢箏，祝贺她百岁生日　　韩树民摄

6．国家教委主任李铁映参观北京市职业技术教育10年成果展览　　刘全聚摄

7．李铁映同志接见参加世界中学生运动会凯旋归来的中国代表团　　周滋麟摄

8．国家教委副主任何东昌在沈阳市第一职业高中指导工作　　史习江供稿

9

12

10

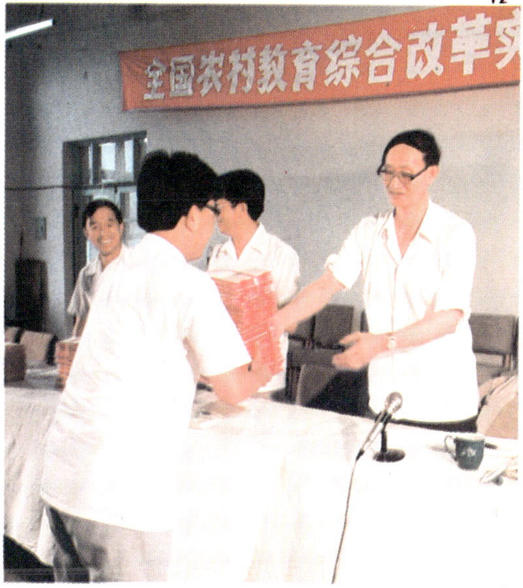

13

11

9．李铁映、滕藤同志同回国参观亚运会的留学生亲切交谈　　刘全聚摄

10．国家教委副主任朱开轩会见苏联教师报代表团　　刘全聚摄

11．国家教委副主任柳斌在南京晓庄师范学校同老教师们交谈　　马建华供稿

12．国家教委副主任邹时炎在辽宁省视察中小学教育情况　　公冶民摄

13．国家教委副主任王明达在全国农村教育综合改革实验县工作会议上向先进代表颁奖　　孟庆宏供稿

14

15

16

17

18

14．安徽省合肥一中义务教育教材实验班的师生在看新教材　　刘全聚摄

15．宁夏回族自治区同心县韦州回民女子中学
宁夏回族自治区教育厅供稿

16．安徽省马鞍山市二十二中学生在上课
刘全聚摄

17．西藏自治区拉萨中学的电化教育室
西藏自治区教科委供稿

18．西藏自治区林芝地区民族中学风貌
西藏自治区教科委供稿

19．广西壮族自治区柳州市龙城中学学生进行微机学习

陈国森摄

20．湖南第一师范学校学生上书法课　刘全聚摄

21．联合国儿童基金会官员观看宁夏回族自治区灵武县郭家桥小学自制的教具

宁夏回族自治区教育厅供稿

19

20

21

22．湖南省常德师范专科学校学生在天文台对太阳黑子进行观察　刘全聚摄

23．安徽师范大学附属中学师生在植物园上课　刘全聚摄

24．全国优秀班主任、甘肃省兰州化学工业公司第一中学教师吕月珍与学生谈心　刘全聚摄

25．全国教育系统劳动模范、湖南省益阳师范学校语文教师龚浩康同学生讨论学习问题　刘全聚摄

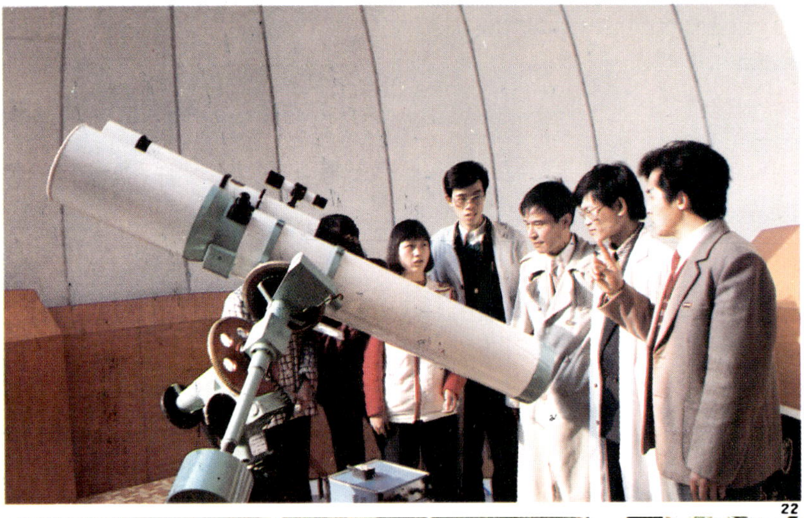

22

23

24

2

26

27

28

26．陕西省特级教师、户县二中教师刘维汉在田间进行生物教学　　　陕西省教委教育志办公室供稿

27．拉萨市实验小学校长叶静，大学毕业后自愿进藏当教师，图为叶静正在给学生讲解课题　　周滋麟　摄

28．辽宁省大连市金州区先进小学上自然课　周滋麟摄

29

30

31

32

29．北京市一一九中学对学生进行军事训练　　刘全聚摄

30．北京市中小学生在天安门广场参加升国旗仪式　　刘全聚摄

31．陕西省西安中学组织的“祖国在我心中”主题班会
陕西省教委教育志办公室供稿

32．甘肃省嘉峪关中学组织学生参观嘉峪关，进行爱国主义教育　　刘全聚摄

33．江苏省阜宁中学新生瞻仰烈士陵园、进行革命传统教育　　江苏省教委供稿

34．南京市组织小学生参观侵华日军南京大屠杀遇难同胞纪念馆　　刘全聚摄

35．河南省安阳市梅东路小学学生开展“学赖宁”活动　　安阳市教委供稿

36．北京市中学生“争为亚运作贡献”誓师会　　韩树民摄

33

34

35

36

37

37．四川省群众艺术馆萌芽画圃的小朋友与印度小朋友共同作画　　周滋麟摄

38．在广西“漓江画童”中成果最为突出，现是恭城县中学学生的王亚妮在现场作画　　陈国森摄

39．国家教委、财政部向全国筹措教育经费改善办学条件的先进单位授奖旗　　刘全聚摄

40．广西壮族自治区柳州市景行小学的管乐队在演奏　　陈国森摄

39

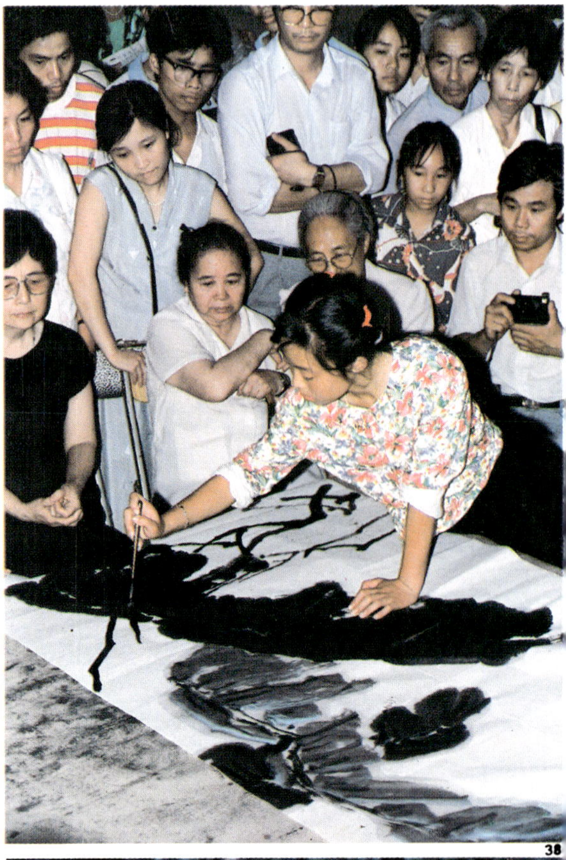

38

40

41．首都中小学生在第十一届亚洲运动会开幕式上的表演
韩树民摄

42．首都小学生在亚运会开幕式上表演团体操第四场“童星闪烁”
韩树民摄

43．中国人民大学附属中学的学生管乐队正在演出
周滋麟摄

44．北京市黄庄职业高中服装专业学生在老师指导下进行服装设计
韩树民摄

41

42

43

44

45. 江苏省靖江县中学学生在上劳动技术课
江苏省教委供稿

46. 河南省许昌市蒋李集镇农民技校教师在指导学员防止病虫害
许昌市教委供稿

47. 广西壮族自治区博白县高中教师向学生传授果树嫁接技术
陈国森摄

48. 西藏大学是一所培养中学及中专部分师资的大学 图为化生地系的学生在上实验课
周滋麟摄

46

47

48

49．1990年暑假期间，由京、津、沪16所高等学校组成的国家重点工程考察团，在参观秦皇岛耀华玻璃总厂

周滋麟摄

50．1990年底，北京高校师生在颐和园参加昆明湖清淤工程义务劳动　周滋麟摄

51．北京邮电学院梁崇高（左）、张启先教授指导廖启经（右）和李宏友成功地解决了空间连杆机构研究中最困难的“位移分析”问题，获得第四次国家自然科学奖。图为梁教授正在指导廖副教授对机构模型进行运动分析

周滋麟摄

52．获霍英东教育基金会青年教师奖的北京大学经济管理系副主任张国有副教授正在查阅资料，自制教师图表

周滋麟摄

49

50

51

52

53

54

55

56

53. 山东大学MOCVD实验室在进行半导体薄膜实验　刘全聚摄

54. 中国青年政治学院学生在校园苗圃中参加劳动　刘全聚摄

55. 高等学校党的建设工作会议会场　周滋麟摄

56. 1990年5月，首都大学生学习研究马克思主义汇报会在北京理工大学举行　周滋麟摄

57. 北京大学首期军训学生在结业典礼上表演徒手拳　刘全聚摄

57

58．首都高校大学生为迎接亚运会在加紧排练体操
刘全聚摄

59．在首都高校运动会上　刘全聚摄

60．西藏自治区自改革开放以来，现代教学手段发展很快，图为电教馆工作人员正在录制电教课程
周滋麟摄

61．河南省林县副县长向河顺镇脱盲学员颁发脱盲证书　乔利军摄

62．南京市盲童学校学生在上课
刘全聚摄

58

59

60

61

62

63

64

65

66

63．北京市北海幼儿园为弱智儿童开办培智班 周滋麟摄

64．西藏自治区幼儿教育事业发展迅速，图为幼儿园小朋友正在做游戏 周滋麟摄

65．安徽省马鞍山市第一幼儿园 刘全聚摄

66．首都中外儿童在庆祝“六一”国际儿童节游园会上 刘全聚摄

编 辑 说 明

一、《中国教育年鉴》是一部资料性工具书。它是各级教育行政部门、各级各类学校认真执行党和国家的教育方针政策，努力做好教育工作的经验总结，是我国教育事业不断发展和改革的忠实记录。该书是教育战线的管理、研究人员沟通信息，交流经验的窗口和园地。

二、年鉴的基本栏目有：党和国家有关教育工作的重要文件，党和国家领导人有关教育工作的重要讲话，国家教委负责人的讲话或专文，教育综合改革与管理，基础教育，普通高等教育，职业技术教育，成人教育，师范教育，民族教育，学校体育、卫生与国防教育，艺术教育，电化教育，师资管理，教材建设，教育技术装备建设与勤工俭学，教育国际交流与合作，国家教委主办的报刊，各省、自治区、直辖市教育(按行政区划顺序排列)，文件选编，教育大事记和教育资料等。

三、按目前国际国内通例，当年的年鉴反映上一年教育工作的基本情况。某些多年才能完成的工作任务，主要突出记述当年此项工作进展情况。

四、国家教委各司局、各直属单位，各省、自治区、直辖市教育行政部门是本年鉴的主要撰稿单位。

五、全国性统计数字，由统计部门提供，引用应以此为准。某些条目中的数字，因统计口径不一，可能有不尽一致之处，望读者使用时注意。

六、台湾省教育事业发展情况和数据，暂缺。

七、编纂过程中，虽力求做到内容全面系统，资料准确无误，文字简明精炼，但由于我们水平有限，因而肯定还存在许多需要改进之处，希望读者批评指正。

《中国教育年鉴》编辑部

1992年1月

目　录

CONTENTS

爱国主义和我国知识分子的使命

——江泽民总书记在首都青年纪念“五四”报告会上的讲话（1990年5月3日）

今天我们在这里集会，纪念五四运动七十一周年，庆祝五四青年节。我代表中共中央、国务院、中央军委，向全国各民族青年工人、青年农民、青年军人、青年知识分子和所有青年，致以节日的祝贺！

五四运动是一次伟大的反帝反封建运动，也是一次追求民主、科学的思想解放运动和新文化运动。它标志着中国民主革命进入一个崭新阶段，体现了中国人民爱国、革命、进步的强烈愿望和坚定信念。在五四运动中，一大批先进知识分子站在前头，同帝国主义和封建势力进行了彻底的不妥协的斗争，发挥了先锋和桥梁作用。他们所表现出来的爱国主义精神，与历史上的爱国主义相比较，具有本质的进步和鲜明的时代特征。一部分最有觉悟的知识分子接受了马克思列宁主义，找到认识中国、改造中国的强大思想武器，开始与工农大众相结合，找到中国革命最深厚的社会力量。正是通过他们的努力，才实现马克思列宁主义同中国工人运动的结合，从而诞生了中国共产党。这是知识分子在我国现代历史上的伟大贡献。共产党领导的人民革命和社会主义建设，又为广大知识分子确立自己的历史位置，实现报国之志，开辟了广阔的道路。

我愿借此机会，向为中国革命和社会进步做出卓越贡献的老一辈知识分子表示崇高的敬意，向在社会主义建设各条战线辛勤工作的广大知识分子表示诚挚的问候，向在海外为振兴中华勤奋学习的留学人员表示亲切的慰问，向关心、支持祖国建设和统一大业的港、澳、台同胞和国外侨胞中的知识分子朋友，表示衷心的感谢。

下面，我想讲一讲发扬爱国主义传统、我国知识分子的使命以及党的知识分子工作问题。

一、在新的历史条件下继承和发扬爱国主义传统

在我国历史上，爱国主义从来就是动员和鼓舞人民团结奋斗的一面旗帜，是各族人民共同的精神支柱，在维护祖国统一和民族团结、抵御外来侵略和推动社会进步中，发挥了重大作用。在爱国主义精神的激励下，我们的国家和民族自强不息，具有伟大的凝聚力和生命力。

爱国主义是一个历史范畴，在社会发展的不同阶段、不同时期有不同的具体内容。我们所讲的爱国主义，作为一种体现人民群众对自己祖国深厚感情的崇高精神，是同促进历史发展密切联系在一起的，是同维护国家独立和广大人民的根本利益密切联系在一起的。在新民主主义革命时期，爱国主义主要表现为致力于推翻帝国主义、封建主义和官僚资本主义反动统治的斗争，把黑暗的旧中国改造成为光明的新中国。在现阶段，爱国主义主要表现为献身于建设和保卫社会主义现代化的事业，献身于促进祖国统一的事业。邓小平同志指出：“中国人民有自己的民族自尊心和自豪感，以热爱祖国、贡献全部力量建设社会主义祖国为最大光荣，以损害社会主

义祖国利益、尊严和荣誉为最大耻辱。”这是对我国现阶段爱国主义特征的精辟概括。

在当代中国，爱国主义与社会主义本质上是统一的。社会主义制度的确立，巩固和发展了新民主主义革命的成果，为我国社会生产力的发展和社会进步提供了可靠的保证与光明的前景，集中体现着国家、民族、人民的根本利益。四十多年来的社会主义建设，已经使我国改变了民生凋敝、满目疮痍的面貌，成为一个初步繁荣昌盛的国家。社会主义是中国人民的历史选择，是中国走向现代化的必由之路。今天，全体社会主义劳动者、拥护社会主义的爱国者，都越来越自觉地认识到，只有社会主义能够救中国，只有社会主义能够发展中国。拥护祖国统一的爱国者已经和正在为祖国的统一和强盛做出贡献，而且我们相信，会有越来越多的人成为社会主义的朋友。为了促进国家统一大业，我们提出了“一国两制”的方针。我们并不要求所有拥护祖国统一的爱国者都赞同大陆实行的社会主义制度，只要他们赞同“一国两制”，我们就要同他们加强团结。

在当代中国，爱国主义与人民民主即社会主义民主，本质上也是统一的。世界上只有具体的、相对的民主，没有抽象的、绝对的民主。民主属于上层建筑。实行什么样的民主，取决于国家和社会制度的性质。社会主义民主同资本主义民主有着根本区别。民主建设是一个过程，它的发展程度，又同一定的经济文化状况相关联。我们党自成立之日起，就为争取人民民主而斗争。现在，我们仍然在为逐步完善社会主义民主和法制进行不懈的努力。在共产党领导下，人民当家作主，建设和管理自己的国家，这是社会主义民主的核心内容。维护和发展社会主义民主，是爱国主义的重要体现。

国内外敌对势力企图通过和平演变颠覆中国的社会主义制度，剥夺我国人民主宰自己国家命运的权利，使中国变成西方大国的附庸。如果失去了国家主权、民族独立和国家尊严，也就失去了人民民主，并且从根本上失去了人权。1989年那些煽动、策划、指挥动乱和反革命暴乱的极少数人，那些叛逃国外的动乱暴乱分子，不仅反对社会主义制度，而且投靠国外敌对势力，进行危害祖国、反对人民的活动，充分暴露出卖国主义的立场和灵魂。他们连国格、人格都不要了，还有什么资格谈爱国、民主、人权！

在新的历史条件下继承和发扬爱国主义传统，需要广泛深入地进行爱国主义教育。这种教育要从少年儿童抓起。全国人民特别是广大青年，都要认真学习和了解祖国的历史尤其是近代以来的历史。中华民族历史悠久，我们的祖先在这块土地上创造了灿烂的物质文明和精神文明，形成了具有民族特色的文化传统，为人类文明做出了卓越的贡献。但是，长期的封建统治阻碍了我国社会的发展。鸦片战争以后，中国又曾受到帝国主义列强的欺凌，人民遭受了巨大的灾难，这是近代中国贫穷衰弱的一个重要原因。我国人民从不屈从于任何外力，为了救亡图存，推翻“三座大山”，进行过不屈不挠、前仆后继的斗争，涌现出许多永垂史册的志士仁人和英雄豪杰。一部中国近代、现代史，就是一部中国人民爱国主义的斗争史、创业史。我们要正确认识自己的历史文化，区分精华和糟粕，使中华民族几千年来创造的文明成果，在社会主义现代化建设中获得新的生命，放出新的光彩。

继承和发扬爱国主义精神，要体现在实际行动中。要树立高度的民族自尊、自信、自强精神。要勇于同破坏国家统一、损害民族团结、危害社会主义事业的行为，进行坚决的斗争。要自觉地和社会主义现代化建设事业同呼吸、共命运，在自己的岗位上努力学习，辛勤工作，促进安定团结，促进建设和改革。

我们所提倡的爱国主义，决不是狭隘的民族主义。中国的发展和进步，离不开世界各国的文明成果。我们的社会主义现代化建设，需要继承和发扬中华民族优秀文化传统，也需要学习和吸收世界各国人民包括在资本主义制度下创造的优秀文明成果。这种学习，应该立足于中国的实际，立足于增强中华民族自力更生的能力。只有这样，中国人民才能和各国人民一道，在促进世界的和平与发展方面，充分发挥自己的作用。

二、知识分子在社会主义现代化建设中的使命

我国的社会主义现代化建设，是一项宏伟的、艰巨的事业。要以经济建设为中心，坚持四项基本原则，坚持改革开放。要以当代先进的科学文化为杠杆，推动社会生产力的发展和社会的全面进步。我们要在本世纪末实现国民生产总值再翻一番，到下个世纪中叶，人均国民生产总值达到中等发达国家水平。实现这一目标，需要工人、农民、知识分子的共同努力。我们要全心全意依靠工人阶级。知识分子作为工人阶级队伍中主要从事脑力劳动的一部分，在社会主义现代化建设中发挥着不可替代的作用，承担着重大的社会责任。毛泽东同志在新民主主义革命时期说过："没有知识分子的参加，革命的胜利是不可能的。"今天，没有知识分子的参加，建设和改革的胜利更是不可能的。

我们需要继续把马克思主义普遍真理同中国实际结合起来，建设有中国特色的社会主义。坚持四项基本原则，坚持改革开放，面临着许多新情况、新问题。为此，就要从实际出发，认真学习和研究马克思主义基本理论，深化对国情的认识，不断地对人民群众的实践进行理论概括，掌握现代化建设的客观规律。这需要我们的知识分子进行艰辛的探索。

我们要在中国条件下把社会主义制度和现代科学技术结合起来，以不断提高劳动生产率，改变经济落后状态，逐步缩短同发达国家的差距。科学技术的飞速发展，使它在生产中越来越显示出巨大作用。我们必须努力掌握、推广、运用现代科学技术和管理知识。这一切，没有知识分子特别是科学技术专家的创造性劳动，是完全不能想象的。

我们还面临着建设社会主义精神文明的任务。知识分子作为人类科学文化知识的重要继承者和传播者，作为先进科学技术的重要开拓者，作为美好精神产品的重要创作者，在精神文明建设中是一支骨干力量。我们要提高全民族的思想道德和科学文化素质，培育一代又一代有理想、有道德、有文化、有纪律的社会主义新人。在这方面，广大知识分子负有重要职责。

我们要推进社会主义民主和法制建设，必须加强民主建设的理论研究，完善民主制度，制定各方面的法律、法规，宣传、普及民主知识和法律知识，提高全民族的民主素养和法制观念。知识分子不仅有依法参加管理国家和社会事务的神圣权利，而且在上述各项工作中，都需要付出许多心血。

我们要顺利实现建设和改革的任务，必须保证决策的科学性。从中央到地方，在决策的研究、论证、咨询、制定和组织实施中，知识分子的作用都越来越突出。

总之，在现代化建设和改革开放的实践中，我们越加深刻地认识到，同历史上任何时期相比较，中国人民从来没有像今天这样，对自己的知识分子提出如此广泛、如此迫切的要求。我们相信，我国知识分子一定会遵循党的基本路线，努力学习马列主义、毛泽东思想，努力提高专业水平，努力增强民族自豪感，为实现社会主义现代化建设的伟大历史任务贡献全部聪明才智，担负起历史赋予的光荣使命。

中华人民共和国建立以来，我国知识分

子队伍迅速壮大。在工业、农业、商业、教育、科技、文化、卫生、国防、外交等各条战线和各级党政机关，在城市、农村特别是生活和工作条件艰苦的边疆、山区、沙漠、海洋，在发展社会主义经济、政治、文化事业方面，在管理国家和社会事务方面，在维护祖国尊严和人民安全方面，知识分子都做出了不可磨灭的贡献。例如大家知道的，我国原子弹、氢弹、核潜艇、人造卫星的研制，最近长征三号火箭发射亚洲一号卫星的成功，还有南京长江大桥、葛洲坝工程、正负电子对撞机的设计和建设，高温超导的研究，籼形杂交水稻的推广，等等，都凝聚着我国科技人员的智慧和劳动，都是我国人民主要依靠自己的力量获得的巨大成就。在知识分子队伍中，涌现出一批又一批优秀人物。他们有的曾在旧中国饱受磨难，有的是新中国建立后由海外归来的，有的是在社会主义制度下培养起来的。他们真正是祖国的骄傲，民族的脊梁。最近，“奋斗者的足迹”知识分子报告团在北京等地讲演，事迹感人，在广大青年和人民中引起了强烈反响。社会主义现代化建设事业召唤着我国知识分子大显身手。我们希望，广大知识分子继续积极地投身到这个伟大事业中去，创造出新的更大的成绩。

工人、农民、知识分子虽然社会分工不同，但都是社会物质财富和精神财富的创造者，需要相互学习、共同提高。我们任何时候都不能忽视知识分子的作用。极少数坚持资产阶级自由化立场的人鼓吹所谓“精英治国”，歪曲和挑拨知识分子同广大工人、农民的关系，否定工人阶级及其政党的领导地位，这是要坚决反对的。只有工人、农民、知识分子同心同德，团结一致，才能把我们的事业不断推向前进。

三、中国知识分子成长的正确道路

五四以后，先进的知识分子在中国共产党领导下，在长期艰难曲折的斗争中，继承和发扬中国历史上知识分子的优良传统，表现出具有时代特征的崭新精神风貌。

热爱祖国，忠于人民。把祖国和人民的利益摆在首位，为祖国的独立和富强，为人民的解放和幸福，贡献毕生精力，以此作为人生的最高价值。

深入实际，深入工农。研究社会，了解国情，理论联系实际，在实践中认识世界，改造世界。植根于工农群众之中，从群众身上汲取营养和智慧，把自己的力量与人民的力量融合在一起。

追求真理，锐意进取。具有为真理献身的精神，顺应历史发展潮流，敢于冲破落后的、陈腐的观念，不断有所发现，有所发明，有所创造，有所前进。具有批评与自我批评的精神，坚持真理，修正错误，在改造客观世界的同时自觉改造主观世界。

艰苦奋斗，乐于奉献。在崇高理想的鼓舞下，不畏艰险，工作孜孜不倦，业务精益求精。“先天下之忧而忧，后天下之乐而乐”，奉献多于索取，甘当无名英雄。

先进知识分子的精神风貌，展示出我国知识分子健康成长的正确道路。这就是，在马列主义、毛泽东思想指导下，与实践相结合，与工农相结合。当代知识分子要履行自己的历史职责，就必须沿着这条道路继续前进，在社会主义现代化建设和改革开放的实践中，丰富和发展先进知识分子的优良传统，把它一代又一代地传下去。

现在，青年知识分子在我国知识分子队伍中已占到将近半数，他们已经和即将在各项事业中挑起重担。他们能否健康成长，在很大程度上关系到我们国家和人民的前途。我们的青年知识分子总体上是好的，是可以信赖的。他们中的绝大多数人热爱祖国，热爱人民，热爱社会主义，勤奋好学，积极上进，具有为国家富强而奋斗的真诚愿望，在自己的岗位上做出了可喜的成绩。这是青年知识分子队伍的主流。当然，青年人涉世不深，实践经验较少，不大熟悉中国国情和中国人民奋斗的历史，存在着一些弱点和不足。特别是在一段时间里，由于我们放松了思想政治工作和优良传统的教育，致使一些青年知识分子不同程度地受到西方资产阶级人生观、价值观的影响，受到民族虚无主义的影响。这些问题，我们相信青年同志能够通过学习和实践，通过总结经验得到解决。这里要特别指出的是，发生这些问题，主要责任不在青年身上，而在我们党工作上的失误。

对待青年知识分子，我们既要热情关怀、大胆使用，又要严格要求、积极引导。要鼓励他们按照祖国的需要考虑个人的发展，把个人的聪明才智汇入人民的历史创造活动，通过勤奋的努力实现远大的理想。要积极创造条件，把广大青年知识分子培养成为又红又专的社会主义事业接班人。各级党委和政府，社会各个方面，都要以高度的责任感，为实现这一战略任务进行不懈的努力。

四、进一步做好党的知识分子工作

能不能充分发挥知识分子的积极性和创造性，是我们事业成败的关键之一，也是衡量党的领导水平和领导艺术的一个重要标志。

十一届三中全会以来，党中央和邓小平同志十分重视知识分子工作，强调知识分子是工人阶级的一部分，强调尊重知识、尊重人才，提出了一系列正确的方针政策。其中包括：在政治上、业务上信任和依靠知识分子；从优秀知识分子中发展党员、选拔干部；认真贯彻“为人民服务，为社会主义服务”和“百花齐放，百家争鸣”的方针；积极发展科学文化的国际交流与合作；努力为他们创造必要的工作和生活条件，等等。这些方针政策，反映了广大知识分子和广大人民的共同愿望，应当继续坚定不移地贯彻执行。

十年多来，各级党委和政府在加强和改进知识分子工作中，做了很大努力，取得了明显成绩。但是也必须看到，在工作中仍有不少问题。比如还存在对知识分子重视不够、使用不当甚至压抑人才的现象，对知识分子工作和生活方面的困难解决不够。又比如，由于抵制和斗争不力，资产阶级自由化思潮曾在意识形态领域泛滥，在一些知识分子中造成了思想混乱；有些党组织软弱涣散，起不到战斗堡垒作用，致使那里知识分子中的一些思想问题长期得不到解决。这些都影响了一部分知识分子的进步和积极性的发挥。各级领导必须明确，做好知识分子工作是全党的一项重要任务，要采取严肃的态度，认真总结经验教训，进一步加强和改进党的知识分子工作。

我们历来认为，我们的知识分子队伍是一支拥护四项基本原则、拥护改革开放的优秀的队伍，是一支能够创造丰功伟业的队伍。在经过去年那场政治风波之后，这个评价还能不能够继续成立呢？党、政府和人民的回答是肯定的。在那场风波中，我国两千多万知识分子绝大多数表现是好的。他们珍惜来之不易的安定团结的政治局面，反对动乱，经受了新的考验。一小部分同志在不明真相的情况下，说了一些错话，办了一些不妥当的事情，认识到了，吸取了教训，就应该欢迎。对认识一时转不过来的一些同志，要继续热情帮助，耐心等待。对犯有严重错误的党员知识分子，要本着治病救人的态度，按照有关规定正确处理。当然，知识分子中确有极少数人顽固坚持资产阶级自由化立场，依附于海外、国外的敌对势力，成为动乱和反革命暴乱的煽动者、策划者和组织者。这些人不能代表知识分子，是知识分子的败类，也是中华民族的败类。制止动乱、平息暴乱和依法制裁这极少数人，是全国工人、农民、知识分子的共同意志。

应当看到，四项基本原则与资产阶级自由化的对立和斗争是长期的，这是社会主义条件下存在于一定范围的阶级斗争的重要表现。各级党委要把坚持四项基本原则、反对资产阶级自由化的教育，作为思想政治工作的重要任务，认真抓好。资产阶级自由化，是有特定含义的政治概念。邓小平同志多次指出：资产阶级自由化，就是“崇拜西方资本主义国家的‘民主’、‘自由’，否定社会主义”，“在我们的国家，搞资产阶级自由化，就是走资本主义道路”。他还指出：“党的十一届三中全会决定实行开放政策，同时也要求刹住自由化的风，这是相互关联的问题。不刹住这股风，就不能实行开放政策。”这里讲得很清楚，资产阶级自由化是对爱国主义、社会主义的反动，是要把中国引向黑暗和倒退。反对资产阶级自由化，绝不是不要改革开放，而正是为了更好地改革开放。进行这种斗争，符合全国各族人民的利益，包括广大知识分子的利益。在斗争中，知识分子是一支重要力量。从理论与实践的结合上批判资产阶级自由化，为建设和改革提供理论根据和创造良好的舆论环境，离不开知识分子的努力。

我们要继续贯彻“百花齐放，百家争鸣”的方针。“双百”方针同四项基本原则是统一的而不是对立的。要在坚持四项基本原则的前提下，努力发展学术自由和创作自由。要继续提倡不同学术艺术流派、不同学术艺术观点的争鸣，鼓励知识分子研究我国建设和改革的现实问题，研究国外的情况和介绍国外先进的东西，鼓励他们解放思想、畅所欲言，努力创造一种勇于探讨和创新的气氛，增进不同学术艺术观点之间的相互了解、相互借鉴。实践是检验真理的唯一标准，科学文化领域里的是非，最终要靠实践来评判。要积极开展健康的、充分说理的和富有建设性的批评与自我批评，力戒用行政办法下结论。各级党政领导同志，要不断提高思想水平、政策水平和领导艺术，在实践中创造和总结繁荣科学文化事业的新鲜经验。

要在全社会进一步形成尊重知识、尊重人才的良好风尚，重视知识分子的劳动成果，使之在物质文明和精神文明建设中充分发挥作用，并逐步完善有利于人才脱颖而出的政策和制度。各级党委和政府要继续尽心尽力地改善知识分子的工作和生活条件，坚决克服官僚主义和拖拉作风。凡是经过努力可以解决的问题，都必须认真去办，尽快解决，少说空话，多办实事。对于一时难以办到的事情，要实事求是地把困难讲清楚，把建设和改革的前景讲清楚，做好深入细致的思想工作。我们的知识分子是理解和体谅国家当前面临的困难的，而且一定会同全体人民一道，同心同德地克服这些困难。

认真贯彻十三届六中全会的决定，加强党同知识分子的联系，是做好知识分子工作的关键。各级领导干部都要经常深入到知识分子中去，介绍政治经济形势和党的方针政策，了解情况，倾听意见，诚恳地接受他们对党和政府工作的批评、监督和帮助。要学习老一代革命家的优良作风，以推心置腹、坦诚相见的态度，同知识分子广交朋友。

同志们！

青年是社会中最富有活力的部分，是我们事业的希望。二十一世纪是你们的世纪。中国社会主义现代化建设的重任，历史地落在你们的肩上。老一代牺牲奋斗取得的成果，需要你们去巩固和发展。老一代坚持革命斗争方向的英勇精神，需要你们去继承和发扬。社会主义祖国的美好未来，需要你们去创造。青年要勤奋学习，努力实践，不断充实和提高自己。这是党和人民的殷切期望。我们坚信，有广大青年的生气勃勃的工作和劳动，有广大工人、农民、知识分子的团结奋斗，我国的社会主义现代化建设事业一定有光明的前途！

为我国政治经济和社会的进一步稳定发展而奋斗

——李鹏总理在第七届全国人民代表大会第三次会议上的政府工作报告（1990年3月20日）

一、一九八九年的回顾

在中华人民共和国的史册上，1989年是很不寻常的一年。在这一年里，我国各族人民经历了惊心动魄的斗争和严峻的考验，战胜了重重困难，在拥有11亿人口的中国巩固和发展了社会主义阵地，取得了历史性的伟大胜利。

我们在去年取得的胜利和成绩，集中表现在三个方面：一是，制止了动乱和平息了反革命暴乱；二是，治理整顿和深化改革取得了比较明显的成效；三是，政治思想战线出现了新的转机。这些胜利和成绩，对于提高人们的认识，振奋民族精神，保证我们的国家沿着社会主义道路继续前进，无疑具有极为重要的意义和极为深远的影响。

去年春夏之交，极少数人利用学潮，掀起了一场有组织、有计划、有预谋的政治动乱，进而在首都北京发展成为反革命暴乱。这场风波的实质，是资产阶级自由化和四项基本原则的尖锐对立，是渗透与反渗透、颠覆与反颠覆、和平演变与反和平演变的激烈斗争。国内外敌对势力制造这场风波的目的，就是要推翻中国共产党的领导，颠覆社会主义制度，使中国变成资产阶级共和国，变成资本主义发达国家的附庸。在国家和民族面临生死存亡的紧要关头，以邓小平同志为代表的老一辈无产阶级革命家力挽狂澜，发挥了中流砥柱的重要作用。英雄的中国人民解放军、武警部队和公安干警，在全国各族人民支持下，为平息动乱暴乱作出了巨大贡献。在这里，让我们再一次向他们表示崇高的敬意！

中国平息动乱暴乱的胜利，粉碎了国际反共反华势力妄想颠覆中国合法政府和社会主义制度的图谋，保卫了一百多年来无数革命先烈和志士仁人为中华民族的生存和解放进行斗争的成果，保卫了半个多世纪以来新民主主义革命、社会主义革命的成果，保卫了四十年来社会主义建设和十年来改革开放的成果，避免了我国一次政治、经济的大破坏和历史的大倒退。社会主义的中华人民共和国，经过血与火的考验，依然以独立自主、自力更生、改革开放、蓬勃向上的姿态，展现在世界人民的面前。这场斗争胜利的伟大意义，无论在国内还是在国际上，都必将随着历史的推移而越来越清楚地展现出来。

平息暴乱之后，由于社会秩序迅速恢复正常，首都部分地区戒严在两个多月前已经解除。现在，全国政治稳定，经济稳定，社会稳定。事实证明，中国共产党和中国政府为平息动乱暴乱所采取的决策和措施是正确的，是符合全国各族人民的共同意愿和根本利益的，是经得起历史检验的。

去年那场风波，对于治理整顿和深化改革是很大的干扰，给我国经济造成了相当大的损失。但是，经过全国工人、农民、知识分子和社会各界人士的艰苦奋斗，共同努力，治理整顿在很困难的条件下仍然取得了比较好的成绩，国民经济正在向好的方向发展，充分表明了我国人民团结奋战的坚强意志和社会主义制度的强大生命力。

——严重影响经济稳定发展的通货膨胀得到控制，社会总需求大于总供给的矛盾趋于缓和。去年全年零售物价总水平比上年上升百分之十七点八，上涨幅度低于上年，虽然没有实现明显低于上年的要求，但是涨势逐月减弱，从去年10月开始上涨幅度已持续五个月降到一位数以内。现在商品供应情况比较好，市场物价基本稳定，这同1988年发生的抢购风潮形成了明显的对比。去年全社会固定资产投资共完成4000亿元，比上年减少近500亿元。扣除物价上涨因素，实际压缩规模更大一些。消费基金增长过快的势头得到抑制。城乡储蓄增加1334亿元，比上年增长百分之三十五，这既是人民对国家经济建设的有力支援，也是对政府经济政策信任的表现。货币投放大幅度减少，贷款规模得到控制，金融状况有了好转。——经济结构调整开始起步。在加强总量控制的同时，通过调整投资结构和贷款结构，压缩了一批楼堂馆所，压缩了一批高消耗、低水平、重复生产的一般加工工业，以及助长高消费和超前消费产品的生产和建设，加强了农业、能源、重要原材料、交通、通讯等基础产业的生产和建设。不少地方和企业根据市场需求变化情况，主动调整产品结构，努力增加适销对路产品的生产，取得了一定的效果。

——流通领域的混乱现象得到初步治理，清理整顿公司有了进展。截至今年二月底，全国已撤并公司7万多个，占公司总数的百分之二十四点五。党政机关办的各种公司绝大多数已经撤销或者同机关脱钩，机关干部在公司兼职或任职的问题已基本解决。在清理整顿公司中，查处违法违纪案件9万多件，收缴罚款和没收款共2.8亿元。流通领域公司盲目发展的状况得到控制。在整顿经济秩序中，共查处各类经济违法违章案件85万件，上缴国家财政的罚款和没收款共11亿元。经过全国税收、审计、财务、物价检查，共查出各类违纪金额一百几十亿元。各地区和有关部门对市场秩序进行整顿，逐步健全市场法规，加强了市场管理。

——国民经济保持了一定的增长速度，有效供给继续增加。1989年国民生产总值15677亿元，比上年增长百分之三点九。国民收入13000亿元，比上年增长百分之三点七。农业总产值6550亿元，比上年增长百分之三点三。粮食总产量40745万吨，达到历史最高水平。工业总产值21880亿元，比上年增长百分之八点三。一些关系国计民生的重要产品，保持了良好的发展势头。钢产量突破6000万吨，达到6124万吨。化肥(折纯)产量1855万吨，比上年增长百分之六点六。煤炭产量突破10亿吨大关，达到10.4亿吨。发电量5820亿千瓦小时，比上年增长百分之六点七。多年来能源工业增长和整个工业发展很不适应的矛盾有所缓解。

——重点建设取得了新的成绩。去年共建成投产大中型基本建设项目57个，限额以上重点技术改造项目25个。新增加的重要生产能力有：发电装机容量902万千瓦，原煤开采2495万吨，洗煤1870万吨，原油开采1705万吨，铁路复线318公里，公路3002公里，港口吞吐能力4885万吨，新增市内电话105万门。

——对外贸易和经济技术交流继续发展。去年进出口总额达到1116亿美元，比上年增长百分之八点六。其中，出口为525亿美元，增长百分之十点五。全国实际利用外资100.6亿美元，批准外商直接投资项目5779个。经济特区和沿海开放地区，在发展外向型经济方面取得了新的进展。去年，我国国际旅游业遇到很大困难，但经过努力，正在逐步恢复中，全年仍创汇18亿美元。国家外汇储备有所增加，国际收支情况有了改善。

——在治理整顿和深化改革中，我国科技、教育、文化、卫生、体育和国防建设等项事业获得了新的发展。去年，经国家批准的自然科学奖60项，科学技术进步奖504项，发明奖150项，星火奖123项。一些领域的科技成果接近或达到国际先进水平。教育事业在稳定发展中注意提高质量，调整结构，加强了思想品德教育。各项文化事业继续发展，城乡医疗卫生条件有所改善。体育事业取得了比较好的成绩。人民解放军进一步加强革命化、现代化、正规化建设，在保卫祖国安全、维护社会安定和支援国家建设等方面作出了新的贡献。

特别令人高兴的是，经过对动乱暴乱经验教训的总结，政治思想战线出现了新的转机。前几年资产阶级自由化思潮泛滥，不仅没有得到应有的批驳和抵制，甚至还受到纵容和支持。去年下半年以来，这种状况已经得到扭转。前几年思想政治工作受到削弱，现在重新得到重视，一些行之有效的思想教育制度和方法得到恢复和改进。前几年由于放松廉政建设，用公款请客送礼、大吃大喝、奢侈浪费和以权谋私等不正之风滋长蔓延，有些甚至违法乱纪、行贿受贿、贪赃枉法，严重损害了国家和人民的利益，败坏了共产党和人民政府的声誉。去年下半年以来，中共中央和国务院下决心惩治腐败，努力保持为政清廉，为此采取了许多切实措施，特别是抓了广大群众普遍关心的七件事，使廉政建设有了一个好的开端。前几年重视物质文明建设是对的，但忽视了精神文明建设，出现了一手硬、一手软的情况，社会上各种歪风邪气上升，建国以来已经绝迹的一些丑恶现象重新出现。去年下半年以来，加强了爱国主义、集体主义和社会主义的思想教育，大力表彰劳动模范和先进工作者的事迹，开展学雷锋学赖宁的活动，发扬了社会主义正气。与此同时，认真开展“扫黄”和除“六害”，初步遏制了社会丑恶现象的蔓延。在打击刑事犯罪和经济犯罪方面也做了大量工作。去年共破获各类刑事犯罪案件110万多起，其中重大案件27万多起。到各级检察、司法和监察机关投案自首的经济犯罪分子53771名，涉及犯罪金额5.11亿元。现在，一批大案要案有的已经公布，有的正在积极查处之中。

当前，我们的国家在前进中还存在着许多的问题和困难。在经济方面，多年积累下来的产业结构失调、经济体制和运行机制不合理、经济效益差等深层次问题还远远没有解决，在治理整顿中又出现了市场销售疲软、工业增长速度回落过猛、停产半停产企业增加等新的矛盾和问题。旧矛盾和新矛盾相互交织，更增加了问题和困难的严重程度，增加了解决问题和克服困难的艰巨性、复杂性。廉政建设虽然取得了一些进展，但在某些单位和部分干部中仍然存在着官僚主义、形式主义、命令主义、极端个人主义、以权谋私等消极腐败现象，至今还是引起群众强烈不满的严重问题。一些地方对严重刑事犯罪活动打击不力，社会治安状况尚未明显好转。资产阶级自由化思潮的影响还有待于进一步消除，种种社会丑恶现象尚未肃清，整个社会还存在一些不安定因素。

对当前存在的问题和困难，必须充分估计，高度重视，绝不能掉以轻心。这样，才能下更大的决心，去克服困难，解决问题，进一步巩固安定团结的政治局面，顺利推进我国的建设和改革开放事业。

回顾1989年，我国各族人民在复杂多变的国际风云中坚守住了社会主义阵地，在实践中积累了对今后我国政治、经济和社会稳定发展都具有重要意义的宝贵经验。

第一，必须坚决维护国家和社会的稳定。我们要进行社会主义现代化建设，实现三步走的战略目标，在国际上需要有一个和平的环境，在国内需要有一个安定团结的政治局面。去年的风波再一次告诉我们，国家发生动乱，社会陷入严重的无政府状态，不仅经济建设、改革开放无法进行，人民的正常生活和生命财产也无法得到保障。中国人民吃够了动乱的苦头，决不允许有人再制造动乱，把本来充满希望、前途光明的社会主义中国，变成一个乱糟糟的动荡不安的中国。维护国家的稳定，维护各民族的大团结，是全国人民的根本利益所在，是人心所向，大势所趋。当前在外有压力、内有困难的情况下，维护国家的稳定更是压倒一切的头等大事。每一个中华人民共和国公民，都应当象爱护自己的生命一样，自觉爱护来之不易的安定团结的政治局面。

第二，必须坚持社会主义道路，坚持共产党的领导。中国人民选择社会主义道路，是历史发展的必然。中华民族一百多年来为民族解放、国家独立、人民幸福进行斗争的全部历史都证明了一条真理：只有社会主义才能救中国，只有社会主义才能发展中国。在我们的国家里，如果不坚持社会主义，而是象有人主张的那样，退回去走资本主义道路，就必然出现贫富悬殊，两极分化，绝大多数人陷于贫困状态，社会长期动荡不安。剥削阶级社会固有的欺诈、堕落、犯罪就会泛滥成灾。在这种情况下，经济就发展不起来，国家也不可能真正独立，而只能沦为资本主义发达国家的附庸。坚持社会主义才能实现共同富裕，才能使全体人民在根本利益一致的基础上为共同的理想和目标而团结奋斗，才能维护国家的独立和民族的尊严，才能实现现代化，中国才有希望。坚持社会主义和坚持共产党的领导是不可分割的。中国共产党的领导地位是在长期斗争中形成的，是人民自觉作出的选择。在中国，不坚持社会主义，不坚持共产党的领导，就没有国家的稳定和人民的团结，就不可能有中华民族的振兴。

第三，必须把坚持四项基本原则和坚持改革开放更加紧密地结合起来。去年国内和国际上出现的政治风波，深刻地告诉我们，建设社会主义，不改革开放不行，改革开放不坚持社会主义方向也不行。改革开放是发展社会生产力，实现国家繁荣富强的必由之路。在改革开放问题上，实际上存在着两种截然不同的主张：一种是社会主义制度自我完善和发展的改革开放，另一种是目的在于引向资本主义的改革开放。改革开放只有在坚持四项基本原则的前提下进行，才能保持正确的方向。必须认真吸取前几年的教训，一手抓好物质文明建设，一手抓好精神文明建设，坚定不移地推进改革开放，坚持不懈地反对资产阶级自由化。我们讲的反对资产阶级自由化，绝不是反对我国宪法所赋予公民的民主和自由的权利，而是有特定的含意的。我们所反对的，是那些口头上打着自由、民主、人权的旗号，实际上妄图在中国否定社会主义制度、否定中国共产党的领导、违反宪法的政治主张。反对资产阶级自由化的斗争将是长期的，我们必须有充分的思想准备。

第四，必须始终坚持国民经济持续、稳定、协调发展的方针。不断发展社会生产力，逐步改善广大人民的物质文化生活，是保持国家和社会稳定的基本条件，是社会主义的根本任务。只要不发生大规模的外敌入侵，我们在任何情况下都必须坚持以经济建设为中心，集中力量把国民经济搞上去。为了达到这个目的，积建国四十年来经济建设的经验教训，最重要的一条就是必须坚决贯彻国民经济持续、稳定、协调发展的方针。在过去的实际经济工作中，往往脱离国情，超越国力，片面追求发展速度。最近几年，我国经济建设在取得巨大成绩的同时，也出现了经济过热，建设摊子过大，导致总量失衡，结构恶化，通货膨胀加剧，迫使我们不得不再次对经济进行调整。建设不能急于求成，改革不能急于求成，治理整顿也不能急于求成。我们要实现到本世纪末国民生产总值翻两番的战略目标，今后大体需要保持每年递增百分之五点四的经济增长速度，关键在于提高经济效益，保持总量平衡和结构协调，使经济发展走上良性循环的轨道。现在进行治理整顿，正是为了消除前几年经济过热遗留下来的不稳定因素，为整个九十年代国民经济的持续、稳定、协调发展创造有利的环境和条件。在治理整顿期间，经济发展速度低一点是正常的，决不能因此而动摇治理整顿和深化改革的决心。

第五，必须保持基本方针政策的稳定性和连续性。中国共产党十一届三中全会以来，我们已经制定和形成了一整套建设有中国特色社会主义的基本方针政策，实践证明它们是符合中国实际的，是正确的，是得到广大群众拥护的。去年那场风波之后，我们反复重申，改革开放的总方针不变，各个方面的基本政策不变。这对于稳定人心，稳定大局，起到了重大作用。今后我们仍然要努力保持基本方针政策的稳定性和连续性。凡是重大决策和改革措施的出台或变动，都要从实际出发，走群众路线，经过民主讨论，科学论证，慎重考虑，决不仓促行事。要在保持基本方针政策连续不变的前提下，认真总结实践经验，兴利除弊，对某些具体政策和改革措施进行必要的调整，使之更加充实和完善，更加有利于我国政治、经济和社会的稳定发展。

第六，必须紧紧依靠和密切联系人民群众，坚决消除腐败现象，切实改进工作作风。人民群众是我们的力量源泉和胜利之本。在去年那场风波中，广大人民坚决反对动乱暴乱，紧密团结在中国共产党和人民政府周围，表现了很高的政治觉悟和历史责任感。没有广大人民的支持，是不可能取得那场斗争的胜利的。制止动乱和平息暴乱之后，在面临许多困难的情况下，广大工人、农民、知识分子急国家所急，为夺回动乱暴乱造成的经济损失付出了艰苦努力，为政治稳定、社会稳定作出了积极贡献。中国人民是具有光荣革命传统和高昂民族气节，从来不屈服于任何外来压力的伟大人民。有这么好的人民，我们的国家是大有希望的。只要共产党和人民政府自觉地、坚持不懈地反对腐败，切实改进作风，不断加强同人民群众的血肉联系，与广大群众一道，自力更生，艰苦奋斗，就能永远立于不败之地，再大的困难也能克服，再大的风浪也可以安全渡过。

二、一九九〇年的国内工作

今年是九十年代的第一年。在今后十年里，我们要实现国民生产总值再翻一番、人民生活达到小康水平的第二步战略目标，任务更加宏伟和艰巨。今年又是治理整顿和深化改革极为重要的一年。多年积累的问题和新出现的矛盾交织在一起，各方面的困难比较集中。做好今年的工作，不仅直接关系到能否顺利实现治理整顿任务，而且对于整个九十年代的建设和改革都具有重大意义。

根据中国共产党十三届四中、五中、六中全会精神，结合当前实际情况，一九九〇年政府工作总的指导思想是：坚定不移地贯彻执行党在社会主义初级阶段的基本路线，坚持以经济建设为中心，坚持四项基本原则，坚持改革开放，调动一切积极因素，团结全国各族人民，振奋精神，克服困难，为治理整顿、深化改革的顺利推进，为实现国家政治、经济和社会的进一步稳定发展而奋斗。政治稳定和社会稳定是前提，经济稳定发展是基础，归根到底，必须集中精力把国民经济搞上去。国家计划要求今年的国民生产总值比上年增长百分之五，工业总产值增长百分之六，农业总产值增长百分之四，粮食产量达到41250万吨，比上年增加505万吨。今年进入了治理整顿和深化改革的攻坚阶段，要在继续坚持和改进总量控制的同时，把重点放到调整结构和提高效益上来，把改革和发展更紧密地结合起来，使整个经济能够进一步沿着良性循环的方向发展。为此，国务院认为，今年各级政府要努力做好以下十项工作。

第一，集中力量办好农业，争取粮食、棉花等主要农产品有一个好的收成，促进农林牧副渔全面发展。

实现农业的稳定发展，是全国政治、经济和社会稳定的基础。各级政府都必须把农业放在经济工作的首位，动员全国上下、各行各业支援农业，齐心合力地把农业搞上去。

今年国家要增加对农业的投入，各级银行要增加对农业的贷款。中央掌握的基本建设投资中，用于农业的投资比上年增加近百分之三十，是近十年来增加最多的一年。地方各级政府也要拿出一定的财力增加对农业的投入。农村集体经济和农民群众是农业投入的主体，要引导和组织他们把更多的资金投入农业生产和开发，并从多方面增加劳动积累。要加强大江大河的治理，在继续抓紧粮食生产的同时注重多种经营，促进农村经济全面稳定发展。去冬今春以来，全国各地掀起了规模宏大的农田水利基本建设热潮，要一年又一年坚持不懈地抓下去，扎扎实实地讲究实效，避免形式主义。

各级政府必须认真贯彻执行依靠科技进步振兴农业的方针，切实加强和组织领导好农业科技成果的推广工作。针对农业发展的薄弱环节，围绕粮棉油等农作物的稳产高产，重点推广农作物优良品种、模式化栽培、塑料薄膜覆盖、耕作制度改革、病虫害综合防治、合理施肥、节水型农业和北方旱作农业等多项技术措施。进一步动员和组织更多的农业科技人员到生产第一线，加强对农民的科技培训，并健全以乡为重点的农业科技推广服务组织。各级政府要在财力、物力上给予支持，采取必要措施，改善农业科技人员的工作条件和生活待遇。努力增加化肥、农药、农膜和农业机械等农业生产资料的生产和供应。对农用工业所需的物资、资金、能源和运力，优先予以保证。坚持和改进重要农业生产资料的专营工作，保持价格的基本稳定。

从根本上说，把我国农业搞上去，关键是充分发挥广大农民的生产积极性。必须保持农村基本经济政策的稳定性和连续性，继续深化农村改革。要坚持和完善家庭联产承包责任制，努力完善和发展统分结合的农村双层经营体制，积极建立健全产前、产中、产后的生产、科技、供销等社会化服务体系，把发挥集体经济的优越性同调动农民个人的生产积极性结合起来。在有条件的地区，根据农民自愿的原则，稳妥地发展适度规模经营和新的集体经济，以提高农业劳动生产率和农产品的商品率。为了鼓励农民增加棉花、油料等生产，协调农村经济中的比较利益，国务院已经决定，今年将提高棉花、油料、糖料的合同收购价格。为了保证农民增产增收，各级政府要采取措施，坚决制止对农民的乱摊派、乱收费，切实减轻农民负担。帮助贫困地区脱贫致富是具有深远意义的重要工作，一定要有计划、有步骤地继续努力做好。

乡镇企业在发展农村经济，增加就业，提高农民生活水平等方面，都发挥了和必将发挥更加重要的作用。乡镇企业目前困难比较多，各级政府要加以扶植和引导。乡镇企业本身也要本着“调整、整顿、改造、提高”的方针，认真进行治理整顿。各地区要根据生产力的不同发展水平和国家产业政策的要求，因地制宜地发展多种形式的乡镇企业。乡、村集体企业的发展，对于增加农民收入，提供农村社会保障，发展农村教育事业，巩固基层政权，加强精神文明建设，都将提供必要的物质基础。

第二，努力改变市场销售疲软状况，重点抓好调整结构和提高效益，保持工业生产适度增长。

当前国民经济中，特别是工业生产中出现的产成品库存严重积压、企业资金紧缺、生产低速增长、停产半停产企业增多等问题，引起了全社会的普遍关注。最近，国务院多次召开会议分析研究，认为产生这些问题的主要原因在于市场销售疲软。而市场销售之所以疲软，又是多种因素的反映。一是，前些年经济过热，加工工业盲目发展，现在实行治理整顿，压缩投资规模，控制消费需求，再加上清理整顿公司，加强廉政建设，部分企业的产品特别是质次价高、不适销对路的产品，市场销路就发生了严重的困难。二是，经过治理整顿，市场物价涨势趋缓，相对稳定，又实行了保值储蓄，广大居民存款待购，出现了“买涨不买落”的消费心理。三是，现行的经济体制和运行机制还有缺陷，促使地方、部门和企业往往考虑局部利益比较多，影响到产业结构和产品结构的调整进展迟缓。四是，国务院在宏观疏导方面采取的措施不够及时有力，缺乏有效的办法。总起来看，上述现象是治理整顿中实行紧缩方针难以完全避免的，是前进中的问题和暂时困难。但是，对这些问题和困难，我们必须高度重视，认真对待，采取有效措施，不失时机地加以解决。

国务院已经决定，在坚持财政金融“双紧”方针的前提下，从多方面采取缓解当前矛盾的措施，其中包括：适度放松金融，增加一些贷款，主要用于增加企业流动资金，增加商业、物资和外贸收购资金；适当调整存贷款利率，在贷款上实行差别利率；成立专门小组负责尽快清理“三角债”，全面恢复银行托收承付制度，以减少企业间的相互拖欠；适当增加一些投资，主要用于计划内重点建设项目和企业的技术改造，用于在城市建设一些中低档职工住宅，在农村用以工代赈的形式搞一些水利建设和公路建设，同时严禁恢复和新建楼堂馆所；大力搞活流通，积极开拓市场特别是农村市场，通过多条渠道促进城乡物资交流；对部分商品价格实行有升有降的适当调整；等等。这些措施正在陆续下达，各部门、各地区要抓紧落实，使它们在经济生活中发挥积极作用。

为了改变市场销售疲软的状况，保证工业生产和整个经济的适度稳定增长，根本的出路还在于合理调整经济结构，大力提高经济效益。

结构不合理是前几年经济过热在全国工业生产中造成的一个突出矛盾。必须抓紧当前治理整顿的有利时机，把市场销售疲软的压力变为调整结构的动力，努力开发新产品、新品种，增产名牌优质产品和市场紧缺产品，尤其要增产适应农村需要的日用消费品。积极增加出口产品和能够替代进口产品的生产。各部门、各地区都要根据国家的产业政策和市场需求，列出限制生产、淘汰生产和保证生产的产品目录，并从资金、能源、原材料供应和运力方面，实行有保有压、区别对待的措施。在调整产品结构的同时，认真抓好工业内部产业结构的调整，继续保持能源、重要原材料生产和交通运输的稳定增长。

调整企业组织结构是改善工业生产结构的重要方面，核心的问题是充分发挥国营大中型企业和企业集团的骨干作用。国家今年将在资金、物资和运力的分配上，实行重点倾斜措施，优先保证那些产品质量高、适销对路、物质消耗低、经济效益好的大中型企业的需要。同时，国家对那些符合产业政策、经济效益和社会效益好的中小企业也要实行保护政策。对城镇集体企业要加以引导和扶植，促进它们健康发展。

工业企业效益差是当前许多矛盾的症结所在。所有工业部门和工业企业，都要真正把工作重点转到提高素质和效益上来。大力加强企业技术改造和改进企业经营管理，争取在这方面有较大的进步。国家要增加对企业的技术改造贷款，企业本身也要把更多的自有资金用于技术改造，重点是改进产品质量，降低物质消耗，增加出口创汇和进口替代产品的生产能力。加强企业经营管理，对于挖掘现有生产潜力，提高经济效益，具有重要的作用和现实的意义。必须坚持从严治厂，健全和完善定员定额管理、资金管理、成本管理、质量管理、经济核算等基础工作和规章制度。工人阶级是生产和建设的主力军。必须全心全意依靠工人阶级，推行干部、技术人员、工人“三结合”的制度，充分发挥群体的智慧和力量，把增产节约、增收节支运动更加广泛深入地开展起来，把企业经营管理水平提高一步。

第三，在治理整顿和深化改革中推动科学技术进步，保证教育事业稳步发展。

无论是克服当前经济困难还是实现国民经济的长期稳定发展，都必须高度重视和认真促进科学技术的进步。农村科技工作的重点，是引进、示范和推广先进适用的科技成果，继续抓紧抓好“星火”、“丰收”计划的组织实施，加强重大科技项目的研究开发，确保农业和农村经济的发展后劲。在工业生产建设中，重点推广一批对能源、交通、原材料基础工业和基础设施发展有较为显著的效益，对企业调整产品结构、降低物质消耗、提高经济效益有重要作用的科技成果。大中型企业和企业集团都要建立和完善厂长领导下的总工程师负责的技术开发和技术管理体系，增强技术开发能力。小企业和乡镇企业也要以多种方式形成自己的技术依托。继续抓好“火炬”计划以及其他高、新技术开发计划的实施。鼓励科研机构、高等院校、军工企业等有条件的单位兴办科技开发型企业，生产高、新技术产品。继续抓好“七五”科技攻关计划和高技术研究发展计划的实施，加强软科学研究，办好一批重点高、新技术开发区，重视和支持基础性科研工作，保证中长期探索性科学研究的稳定发展。健全自然科学科研基金制度，充分发挥专利制度的作用，发展和完善技术市场，深化和完善科技体制改革。国务院今年将组织有关方面的力量，制定我国中长期科技发展纲领，以便更好地指导和促进我国科学技术事业的发展。

发展教育事业的根本目的在于提高民族素质，为社会主义建设培养各类人才。这对于促进经济发展和巩固与完善社会主义制度，都具有深远的意义。因此，各级各类学校必须切实纠正忽视德育的倾向，贯彻教育为社会主义建设服务，教育与生产劳动相结合，德智体全面发展的方针，始终把坚定正确的政治方向放在首位。高等学校要对学生重点进行马列主义、毛泽东思想教育，进行社会主义道路和向人民群众学习、为人民服务的教育，认真整顿校园秩序，加强校纪校风建设，制定和实施大学生参加生产实习、社会实践、军事训练、劳动锻炼的具体措施。各级政府和各有关部门、企业事业单位，应该以积极的态度支持和欢迎学生参加各种形式的社会实践，为他们创造条件，做好安排。中小学校要根据学生的年龄特点，由浅入深，有步骤地进行爱国主义、集体主义、社会主义和共产主义的思想教育，加强国情教育和劳动教育，继续开展行为规范教育，广泛开展学习赖宁的活动。今年，要围绕纪念鸦片战争一百五十周年，在学生中开展揭露帝国主义侵华罪行和中国人民反帝爱国斗争历史传统的教育，提高对帝国主义和平演变战略的警惕性。要认真加强教师队伍的建设，帮助广大教师提高思想政治水平和业务水平。各级政府要加强对学校贯彻教育方针情况的督导工作。继续抓好基础教育，稳步推进九年义务教育，并采取积极措施，制止中小学生辍学。继续实施“燎原计划”，推动农村教育综合改革；加快职业技术教育管理体制的改革，促进职业技术教育健康发展。以整顿成人高等学历教育为重点，努力提高成人教育的水平。高等教育要在办好现有院校的基础上，加快结构调整，深化教育改革。广大教育工作者和各级各类学校，都要重视对社会主义教育思想的研究，不断改进教学方法，利用现代技术，开发新的教学手段，努力提高教育质量。各级人民政府和各有关部门要加强领导，妥善做好毕业生分配工作。本着充实基层、加强第一线的原则，合理安排使用人才。派遣留学生出国学习，是执行对外开放政策的组成部分。今后要在总结经验的基础上，根据德才兼备、按需派遣、保证质量，学用一致的原则，改进和完善派遣工作，并努力为留学生学成回国工作创造必要的条件。今年是国际扫盲年，要加强领导，把全国扫盲工作推进一步。

在今年财政相当困难的情况下，国家继续增加了用于教育的资金。同时，要充分调动各方面的积极性，鼓励社会力量办学，开辟多种渠道筹措教育资金，继续改善办学条件。

无论是发展科学技术和教育事业，还是在整个社会主义现代化建设中，都必须充分发挥知识分子的重要作用。我们已经有了一支坚持社会主义道路的很好的知识分子队伍。各级政府要认真贯彻“尊重知识、尊重人才”的方针，努力为知识分子创造和改善必要的工作条件和生活条件，使他们能够充分发挥出应有的作用。同时，我们也希望广大知识分子特别是青年知识分子加强马列主义、毛泽东思想的学习，坚持同社会实践相结合，同工农群众相结合，努力做到又红又专，在社会主义物质文明和精神文明建设中更好地发挥自己的聪明才智。

第四，继续控制社会总需求，努力做好财政金融工作。

今年必须继续控制社会需求的增长，坚持从紧的财政信贷方针。全社会固定资产投资的总规模，就全国范围来说大体控制在去年实际工作量的水平，由国家计委根据产业政策和地区之间的不同情况制定具体的投资计划。要在控制投资总规模的前提下，合理调整投资结构，增加对农业、能源、交通等基础产业的投资，继续压缩一般性加工工业建设，不搞新的楼堂馆所。中央下放给省、自治区、直辖市的基建项目审批权限不变，但省区市下放的项目审批权限要适当集中到省一级，克服审批权多头分散现象，并坚决执行国家的产业政策。国务院已决定开征投资方向调节税，实行差别税率，引导非重点建设资金转到重点建设上来。

生产的目的是为了满足人民的物质和文化需求，但生活水平的提高和消费的增长，只能建立在生产发展的基础上。今年要继续采取措施，改变前几年消费需求增长超过国民收入和劳动生产率增长的现象。对社会集团消费，要继续进行控制。对职工工资、奖金以及其他个人收入，都要采取适当办法加以管理和监督。健全工资基金的审批制度和银行监控支付制度。进一步完善企业工资总额与经济效益挂钩的办法，加强企业自有资金使用的管理，建立企业工资基金储备制度。

在控制消费需求过快增长的同时，进一步缓解社会分配不公的矛盾。既要继续克服平均主义，又要防止和纠正收入过分悬殊。去年以来，通过清理整顿公司，推进廉政建设，加强对个体工商户、私营企业主和高收入者的税收征管，以及惩罚和没收非法收入，社会分配不公的状况有所改进，但是问题还远没有解决。今年，各级政府要把缓解社会分配不公作为一项重要工作来抓，切实保护合法收入，取缔非法收入，限制过高收入。要进一步健全并严格执行各类人员收入管理制度，继续改进和加强税收征管工作，积极推行个人应税收入申报制度。

实行允许一部分人和地区先富裕起来的政策，对于打破平均主义，促进经济发展，起了很大的作用。实践证明这个政策是正确的，应当继续坚持。现在要强调两点：一是坚持社会主义方向，坚持勤劳致富、合法致富；一是提倡先富裕起来的人和地区，要帮助还没有富裕起来的人和地区，最终达到共同富裕。这样做有利于缓解社会分配不公。要宣传这两个方面好的事例和经验，使之成为一种社会风气。

今年内债将进入还债高峰，外债还本付息额也有所增加，财政上还会有一些其它增支减收因素，中央和地方财政都将比去年更困难。解决财政困难的出路，一是千方百计地增加收入，严格各项税种的征收和管理，清理不合理的减免税和税款拖欠，堵塞偷漏税，整顿各种补贴；二是把前些年经济过热时抬高起来的各项支出缩减下来。关键是精简政府机构，整顿各类团体和组织。各项财政支出都必需严格按预算执行。通过增产节约、增收节支，把财政赤字控制在计划规定的额度内。行政事业单位要勤俭节约，企业也要勤俭节约。各地方、各部门、各行各业都要反对铺张浪费，厉行节约，勤俭办一切事业。

银行要按照国家的产业政策和信贷政策，继续控制贷款规模和货币投放，调整贷款结构，并且认真总结去年的经验，根据经济形势的变化，做好适时适度调节，加强分类指导，把贷款的发放和管理工作做好。要继续对农业生产、农副产品收购和外贸收购、国家重点建设和重点生产实行倾斜政策。对经济效益好的大中型骨干企业的贷款，优先予以支持。认真清理各项贷款，挖掘资金潜力，加速资金周转。继续开办保值储蓄，积极组织和吸收城乡居民储蓄存款。

第五，加强物价管理，稳定国内市场，安排好人民生活。

稳定物价、稳定市场，是安定人民生活的一件大事。今年必须在继续控制社会需求的同时，努力增加有效供给。继续认真抓好“菜篮子”，加强副食品基地建设，尤其要抓好大中城市肉、蛋、菜的生产和供应。进一步抓好与人民生活密切相关的日用工业品和小商品的生产，丰富与活跃城乡市场。国营商业和供销社要发挥主渠道和蓄水池作用，努力做好农副产品的收购工作，做好主要商品的购销和地区间的调剂工作，特别要采取多种形式，开拓广大的农村市场，大力组织工业品下乡。商业和供销部门要进一步改进经营作风，提高服务质量，正确和积极地引导消费，打开产品销路，促进生产发展。允许一部分集体、个体商业经营某些小商品的批发业务，以活跃市场，促进城乡物资交流。

继续采取有力措施，切实加强市场物价管理。在不放松城市物价管理的同时，逐步加强农村市场物价的管理。对已经放开价格的少数重要商品继续实行限价或提价申报制度。对群众基本的生活必需品价格和劳务收费，采取基本稳定的政策。认真执行商品明码标价制度。清理整顿各种收费，坚决制止各种乱涨价和乱收费。强化物价的监督检查，充分发挥群众监督和舆论监督的作用。对各级政府要继续实行控制物价的目标责任制。

尽量减少待业人员，妥善做好停产半停产企业人员的工作，是安排好人民生活的一个重要方面。各地区、各部门，要积极开拓生产经营和服务领域，增加就业门路。要组织企业富余人员进行技术培训、检修设备、清仓利库等多种活动，不要把他们推到社会上去。对停工待工人员，要区别不同情况，给予必要的生活保障。在农村要组织兴修水利、植树造林和修路筑桥，从事各项开发性农业建设。按照国家政策，提倡和支持发展城镇集体经济和合作经济，鼓励和引导个体经济和私营经济健康发展，发挥它们在发展生产、搞活流通、增加就业方面的积极作用。为了减轻社会就业的压力，严格控制农业人口转为非农业人口。

第六，深化和完善经济体制改革，重点是深化企业改革和健全宏观调控体系。

治理整顿和深化改革是相辅相成的，目的都是为了国民经济的长期稳定发展，必须把两者很好地结合起来。为了更好地把改革推向前进，需要重申以下几个基本观点：四项基本原则是立国之本，改革开放是强国之路，这两个基本点缺一不可；改革是社会主义制度的自我完善和发展，是为了进一步发挥社会主义制度的优越性；经济体制改革的主要目标，是适应社会主义有计划商品经济的发展，逐步建立计划经济与市场调节相结合的管理体制和经济运行机制；当前的改革要为治理整顿服务，对已经出台的改革措施要坚持稳定、充实、调整和完善的方针，同时积极稳妥地进行有关方面的改革试点。

正确认识和贯彻计划经济与市场调节相结合的原则，是深化和完善改革的关键问题。根据多年来的实践经验和当前实际情况，现在有必要对这个问题进一步阐明以下的观点：（一）我国社会主义经济是以公有制为基础的有计划商品经济，实行计划经济同发展商品经济不是彼此排斥而是相互统一的，应当并且可能既发挥计划经济的优越性，又发挥市场调节的积极作用。（二）计划经济与市场调节应当有机结合，结合的形式大体上有三种：一是指令性计划，这种计划带有强制性，但其制定和实施也必须考虑市场供求关系和自觉运用价值规律；二是指导性计划，这种计划有一定的约束力，为经济活动指明方向和目标，主要依靠经济政策和经济杠杆促其实现；三是市场调节，这种调节是在国家总体计划指导和法规约束下，通过市场供求关系和价格变动来进行的。（三）上述三种结合形式的具体运用和比例关系，应当根据不同所有制性质和不同企业、不同社会生产环节和领域、不同产业和产品而有所不同，并且应当根据不同时期的实际情况经常进行必要的调整和完善。（四）在宏观上自觉注意综合平衡，协调重大比例关系，并综合运用经济、法律、行政手段调控经济运行，加强经济信息的分析和经济预测。（五）检验计划经济与市场调节结合得好不好的根本标准，在于能否促进社会经济效益的提高，能否促进国民经济长期持续、稳定、协调发展，而不是抽象的原则和模式。根据上述从实践中得出的基本认识，在当前和今后一个时期内，我们必须对关系国计民生的重要产品的生产和流通，主要实行指令性计划，对其他大量的产品主要实行指导性计划和市场调节；对固定资产投资规模、结构和重要建设项目，实行中央、地方政府决策和计划管理，同时在投资使用、项目设计和施工管理上注意运用市场竞争机制；对全民所有制大中型企业的重要经济活动实行指令性计划或指导性计划管理为主，对城乡集体经济主要实行指导性计划或市场调节，对个体经济、私营经济和外资企业实行市场调节。这样做，就可以基本上改变原有的统得过多、管得过死的体制，初步体现计划性和灵活性的统一。当然，计划经济如何与市场调节相结合，是一个十分复杂的问题，我们在这方面还经验不足，还有待于继续探索和不断改进。

今年的经济体制改革，着重点放在继续深化企业改革上。坚持完善和发展企业承包经营责任制，总结经验，兴利除弊，使承包制在继续发挥鼓励机制的同时，加强约束机制，正确处理国家、企业和职工三者的利益关系，以及长远和当前的关系，克服短期行为。分别不同地区、不同行业、不同企业的情况，合理确定承包期限和基数，完善承包考核内容和内部分配办法，确保国有资产的完整和增值。企业要从全局利益出发，主动为国家多做贡献。进行“税利分流，税后还贷，税后承包”的试点。

深化企业内部改革，认真贯彻《企业法》，坚持和完善厂长（经理）负责制，同时充分发挥企业党组织的政治思想领导作用，发挥企业职代会和工会的作用。

利用当前治理整顿的有利时机，进一步扩大企业间的经济联合，发展企业集团。发展企业集团的主要目的是提高企业素质和经济效益，增加开发能力。要通过多种形式推动生产要素的优化组合，促进企业组织结构的调整。

在深化企业改革的同时，积极改进和加强宏观调控体系与制度的建设。按照治理整顿期间的要求，改进和完善计划、流通、财政、税收、金融等管理体制。在计划体制方面，加强综合平衡，适当调整指令性计划的范围，改进指令性计划的管理，完善指导性计划的实施办法，加强对市场调节的生产和流通的宏观引导。在物资体制方面，适当提高重要物资由国家统一分配的比重，对企业自销的某些重要产品要划出一块由国家导向销售，进一步搞活物资流通，发展计划指导下的生产资料市场。在金融体制方面，进一步强化中央银行的宏观调控职能，加强对专业银行的归口领导和管理。专业银行要严格执行国家的产业政策和信贷计划。合理设置金融机构，纠正各类金融机构之间不合理的业务交叉，发挥利率杠杆对资金需求和资金流向的调节作用。进一步改进和加强资金市场的管理。在财政体制方面，按照适当集中财力的原则，在继续实行财政包干体制的情况下，区别不同地区和不同情况，适当提高地方上交国家财政的数额，适当减少中央对地方的补贴。在有条件的地方，积极进行分税制的试点。按照集中税权、统一税法、分级管理的原则，改进税收管理体制。进一步加强审计、统计、物价、工商管理和经济信息系统的建设，发挥它们在宏观调控中的作用。逐步探索和建立以国家计划为主要依据的经济、行政、法律手段综合配套的宏观调控体系，抓紧制定《计划法》、《投资法》、《预算法》、《银行法》、《价格法》等基本经济法律法规草案，提请全国人民代表大会审议。

今年要继续整顿经济秩序，特别是流通秩序。要把清理整顿公司作为一项重要工作继续抓紧抓好。严格按照国家规定的标准，落实公司的撤、并、留方案，妥善处理好撤、并公司的善后事宜，保护国有财产不受损失。抓紧《公司法》草案的制定，加强公司制度建设，规范公司行为。继续严肃查处违法违纪案件。今年要重点克服煤炭市场的混乱现象，务必使这方面的整顿工作取得显著成效。从今年开始，所有统配矿生产的煤炭、地方上交国家的部分煤炭以及经铁路运输的计划外出省煤炭，实行统一分配，统一订货，统一运输，统一调度。对计划外重要生产资料实行公开销售制度，并颁布具体实施办法。要坚决反对和制止地区封锁、分割统一市场的行为。

今年还要推进一些重大改革的试点，包括深化计划单列城市和其他一些城市的综合改革试点，完善广东、福建、海南三省改革开放的综合试验，继续开展县级综合改革试点和办好农村改革试验区。积极稳妥地推进住房制度和社会保障制度的改革。

第七，坚持对外开放，积极扩展对外贸易和经济技术交流。

我国政府多次重申，不论国际上发生什么变化，我们都不会把已经打开的国门再关上。当前，要掌握国际上一切对我有利的条件，克服暂时困难，在立足于自力更生的基础上，把对外开放工作做得更加扎实、更加富有成效。积极扩大出口，是保持对外贸易持续发展的基础。除继续发展传统产品出口外，进一步调整出口商品结构，努力扩大轻纺产品、机电产品等工业制成品以及深度加工和高技术产品的出口，积极增加创汇农产品的出口。坚持和改进鼓励出口的政策措施，在资金、贷款、能源、原材料、运力和配额等方面，对重点行业和企业给予积极支持。生产出口产品的企业和外贸部门，必须适应国际市场的变化，更新花色品种，提高产品质量，改善产品包装，改进推销服务，并严格信守合同。商检部门要加强对进出口商品的检验工作。

在努力扩大外贸出口的同时，合理安排进口，把有限的外汇集中用于保证国家重点生产建设的重要设备和物资的进口。凡是国内能够生产供应的原材料和机电设备，都要积极采取措施组织生产，争取少进口或不进口。严格限制奢侈品、高档消费品的进口，控制一般机电产品和物资的进口。各地区、各部门都要积极发展进口替代，加快国产化进程，增强自力更生的能力。

在稳定外贸承包体制的前提下，根据治理整顿的要求，加以适当调整和完善。继续搞好外贸领域的整顿工作。同时，采取适当措施，改变外汇使用过于分散的现象。

继续积极利用外资和引进先进技术。进一步改善投资环境，认真执行有关的涉外经济法律、法规，集中力量办好已建成的中外合资、合作企业，发挥示范作用。吸收外商直接投资是今后利用外资的重点。对新的外商投资，要按照国家的产业政策予以引导，把握好外资投向。鼓励多办一些利用现有企业进行技术改造的中外合资、合作经营企业，推动我国传统产业的技术进步和产品升级换代。继续开展对外承包工程和劳务合作。我国外债余额已达到400多亿美元。虽然我国具有充分的偿债能力，但必须切实加强对外债借、用、还三个环节的管理，防止借债失控，并努力把资金运用到国家建设最需要的地方去。

继续稳定和完善经济特区和沿海开放地区的基本政策和措施，进一步办好经济特区以及开放城市的经济技术开发区，提倡和鼓励发展外向型经济。进一步发挥经济特区在对外开放方面的窗口和基地作用。

第八，继续加强社会主义民主和法制建设，巩固和发展安定团结的政治局面。

随着经济的稳定发展和改革的深入，必须加强社会主义民主和法制建设，有领导有步骤地推进政治体制改革，巩固和发展安定团结的政治局面。各级政府要主动支持，努力配合，积极做好自己职权范围内的工作，坚持和完善我国的人民代表大会制度和共产党领导的多党合作与政治协商制度，建立和健全民主决策、民主监督的程序和制度。这是我国政治体制改革的主要内容。各级政府要自觉接受人民代表大会及其常委会的监督和检查，主动加强同人民政协、各民主党派、无党派爱国人士和群众团体的联系，为他们参政议政、发挥民主监督提供必要的条件，高度重视他们的各种意见和建议，逐步使协商办事和民主决策经常化、规范化、制度化。在推进社会主义民主政治建设的过程中，必须划清社会主义民主与资本主义民主的界限。在中国，坚持资产阶级自由化的极少数人，鼓吹政治多元化和多党制，其实质是要把广大人民群众排除在民主之外，否定中国共产党的领导地位，用资产阶级共和国取代社会主义的人民共和国。我们务必高度警惕和坚决抵制这种思潮的侵袭和泛滥。

社会主义民主需要社会主义法制加以保障。目前，我国以宪法为基础的社会主义法律体系初步形成，国家政治生活、经济生活和社会生活各个方面无法可依的局面已经有了很大的改变。今年，各级政府要围绕治理整顿和深化改革，抓紧制定一些法律草案、法规和规章制度。继续大力普及法律常识，提高全民族的法制观念。进一步加强和健全执法监督检查体系，坚决纠正目前还比较普遍存在的有法不依、执法不严的现象。《中华人民共和国行政诉讼法》将于今年十月一日起实施，这既是我国社会主义法制建设的一件大事，也是社会主义民主政治建设的一个重要步骤。国务院各部门和地方各级政府要认真学习行政诉讼法，做好实施前的各项准备，并积极主动地配合人民法院开展工作。

阶级斗争虽然已不是我国社会的主要矛盾，但仍在一定范围内长期存在，而且在某种条件下还可能激化。必须在大力发展社会主义民主和法制的同时，加强社会主义国家机器的专政职能。政法机关要充分发挥各自的职责，高度警惕和及时粉碎国外境外敌对势力的渗透和颠覆，打击国内敌对分子的破坏活动。坚决打击和依法从重从快惩处严重危害社会治安的犯罪分子，严惩破坏经济的犯罪分子。在大中城市、铁路干线和沿海开放地区，有针对性地开展打击刑事犯罪，整顿社会治安的斗争。各级政府要加强对治安工作的领导，搞好武装警察和公安干警队伍的建设。同时，要动员和组织广大群众，实行综合治理，强化社会治安。司法行政机关要进一步做好劳改、劳教工作，并为稳定政局和稳定经济提供法律服务。各级政府要利用当前有利条件，采取切实措施，加强城乡基层政权的建设。

整个国家的安定团结，离不开民族关系的和谐，离不开民族自治地区的稳定。各级政府要继续坚定不移地执行中国共产党的民族政策，坚持民族平等、民族团结，尊重各民族的宗教信仰自由和风俗习惯，积极发展各民族自治地区的经济和文化事业，促进各民族共同繁荣。认真贯彻《中华人民共和国民族区域自治法》，抓紧制定实施细则。结合少数民族地区的实际，大力培养少数民族干部和各种专门人才。坚定地维护祖国统一和各民族大团结，坚决反对任何分裂国家、分裂中华民族的行为。

中国人民解放军是我国人民民主专政的坚强柱石。各级政府要进一步关心和支持军队的各项建设和改革，积极主动地帮助他们解决各种实际问题。根据新时期的特点，不断丰富和发展拥军优属、拥政爱民活动的内容和形式，增强军民团结和军政团结。学习解放军的优良品德和光荣传统，在全社会深入进行国防教育，树立“居安思危”的思想，增强全民的国防观念。同时，要进一步加强国防建设，增强国防实力，推动国防现代化事业稳步前进。

第九，切实加强社会主义精神文明建设，促进我国社会全面进步。

我们必须认真吸取前几年忽视社会主义精神文明建设的深刻教训，结合经济建设和改革开放的实际，大力加强和改进思想政治工作。要在全国人民中特别是青少年中，深入地进行坚持四项基本原则、反对资产阶级自由化的教育，广泛开展爱国主义、集体主义、社会主义、共产主义和自力更生、艰苦奋斗的教育，以及革命传统和职业道德教育。大力提倡顾全大局、勇于奉献的精神，努力提高全民族的素质，培养有理想、有道德、有文化、有纪律的社会主义新人。

雷锋精神是中华民族传统美德与共产主义光辉思想相结合的典范。最近一个时期以来，全国各地重新掀起了学习雷锋的热潮，初步取得了良好的社会效果。我们要认真总结和大力表彰各条战线学习雷锋的先进集体和个人，宣传和推广他们的先进事迹，把作为社会主义精神文明建设重要组成部分的学习雷锋活动，更加广泛、更加扎实、更加深入持久地开展下去。

必须用马列主义、毛泽东思想占领意识形态阵地。理论、文艺、新闻、出版、电影、电视等部门，一定要坚持为社会主义、为人民服务的方向，贯彻百花齐放、百家争鸣的方针，大力弘扬中华民族的优秀文化，积极借鉴一切对我有用的外来文化。意识形态领域要一手抓整顿，一手抓繁荣。对于近年来广为流传的资产阶级自由化观点和西方资产阶级的哲学观、政治观、新闻观、文艺观等，以及民族虚无主义、历史虚无主义思潮，要进行抵制和批判。继续深入持久地开展“扫黄”和除“六害”斗争，净化社会环境。充分发挥广大理论宣传工作者、文化艺术工作者的积极性，深入生活，深入群众，努力创造出更多更好的精神食粮，丰富和活跃人民群众的思想文化生活，不断满足社会多方面、多层次、多样化的需求，为稳定大局创造良好的舆论和文化环境。

积极发展体育和卫生事业。今年将在我国举办第十一届亚洲运动会。全国都要关心和支持亚运会，努力使本届亚运会达到先进水平。广大运动员、教练员要发扬团结拼搏精神，刻苦训练，努力创造优异成绩，为国争光。卫生战线要进一步深化改革，加强医风医德建设，发扬白求恩对工作极端负责、对技术精益求精、对人民极端热忱的精神。要重点加强预防保健和农村卫生工作，切实抓好对重点疾病的防治，进一步改善城乡卫生状况。

第十，坚持抓好计划生育，严格控制占用耕地，节约使用矿产资源，继续加强环境保护。

控制人口增长，保护耕地、矿产资源和生态环境，是关系我国经济和社会发展全局的重要问题，也是关系子孙后代的大事。去年，在控制人口增长方面取得了一定成绩，广大计划生育工作者付出了辛勤劳动。但是，必须看到当前我国的人口问题十分严峻，九十年代前期我国将处在建国以来第三次人口出生高峰的顶峰。必须坚决稳定现行的计划生育政策，并使这些政策在基层真正得到落实。积极推行计划生育指标管理。计划生育工作的重点在农村。要进一步建立健全县、乡、村计划生育服务网络，加强计划生育的宣传教育，做好优生优育、妇幼保健、养老保险等工作。要重视对流动人口的计划生育管理。各级政府必须加强对计划生育工作的领导，抓紧计划生育的法制建设。今年要进行第四次全国人口普查，各级政府和有关部门要加强领导，密切配合，高质量地完成这次普查工作。

坚决纠正盲目占用耕地和浪费土地的现象。各地区要严格执行国家下达的建设用地计划，严格审批建设用地，尽量不占或少占耕地。管好用好土地开发基金，千方百计开发新的农业用地。今后，各地方凡因建设占用农用土地的，原则上应承担土地开发的义务，做到使用和开发并举。各地既要抓好大片荒地、滩涂的开发利用，也要重视零星闲散土地和工矿建设废弃地的复垦。

要依法整顿矿业秩序，严禁乱采滥挖等破坏行为，节约与保护矿产资源。

在治理整顿中努力推进环境保护工作。今年重点抓好城市环境的综合整治，继续抓紧企业污染的防治和“三废”综合利用。动员社会各方面的力量，广泛开展植树造林活动，绿化祖国，保护和改善自然生态环境。各级政府必须坚决贯彻有关环境保护的法律和法规，努力完成环境保护的目标和任务。

各位代表！

为了实现上述各项工作任务，各级政府必须下更大的决心、花更大的力量继续加强廉政建设，密切联系群众，切实改进机关作风。这是关系到国家兴亡的一件大事，必须年复一年地长期抓下去。廉政才能稳定，勤政才有希望。今年的廉政建设，主要应抓好以下几件事：(一)对去年中共中央、国务院以及各地各部门采取的各项廉政规定和措施，要组织专门力量，认真进行全面检查，并将落实情况逐项公布于众，接受群众评议和监督。没有做到的，要限期落实；继续违反的，要严肃查处。(二)制定和实施各级领导干部和工作人员的个人收入监督制度，以及在国内外交往中收受礼品的规定，进一步深入开展反贪污、反受贿的斗争。(三)对各级领导干部和工作人员的住房、建房标准进一步作出具体规定，切实纠正和防止多占住房、用公款超标准装修住房和违法违纪营建私房。(四)大力整顿和坚决纠正部门和行业的不正之风，特别是加紧整肃执法部门和监督机构的违法违纪行为。

为了推进廉政建设，必须继续集中力量查处大案要案，特别是查处清理整顿公司中的案件，深入开展反腐败斗争。已经查清的大案要案，要依法严惩，并及时公布处理结果。今年要着重查处三个方面的案件：一是领导机关、领导干部、执法监督部门及其工作人员利用职权搞权钱交易，采取各种手段获取非法利益的案件，如贪污受贿、投机倒把、以权谋私、弄权勒索等。二是社会反映强烈、群众关心的热点问题，如用公款超标准装修住房，利用职权违法违纪营建私人住宅，公费旅游和大吃大喝、奢侈浪费等。三是严肃查处官僚主义、失职渎职案件，以及有令不行、有禁不止、各行其是的违纪违法行为。

各级政府机关工作人员特别是领导干部，必须坚持全心全意为人民服务的宗旨，坚持群众路线，切实改进思想作风和工作作风。这几个月来，中央和地方党政机关已经派出大批干部深入基层，受到基层干部和群众的欢迎。从今年起，县以上的政府机关，必须把组织干部下基层作为一项制度长期坚持下去。当前机关干部下基层的主要任务是：倾听群众的意见、建议和批评，实事求是地回答群众关心的问题和疑难问题；宣传党和政府的方针政策，进行国内国际形势教育；同基层干部和群众一起商量，出主意想办法，解决生产、工作和生活中的实际困难。所有下基层的机关干部都必须严格遵守党政纪律，放下架子，打掉官气，真正同工人、农民、知识分子、学生交朋友。要轻车简从，讲究实效，不给地方和基层单位增加负担，并参加一些劳动。

国务院和地方各级政府，必须树立勤俭、务实、高效、谦虚的工作风尚，带头艰苦奋斗，增强责任感和事业心。进一步精简机构，克服人浮于事的现象。尽力压缩会议，少发文件，从“文山会海”中解脱出来。自觉克服和坚决反对分散主义的行为和倾向，加强集中统一，加强组织纪律性。在当前复杂的形势和艰巨的任务面前，各级领导干部和所有政府工作人员，都必须加强理论学习。要把学习马列主义、毛泽东思想和邓小平同志的著作，放到重要议事日程上来。建立学习制度，理论联系实际，努力运用马克思主义的立场、观点和方法，去认识和分析形势，解决实际工作中的问题。

各位代表！

在八十年代，我们祖国的统一大业取得了重大进展。经过中英、中葡谈判，先后签署了中英关于香港问题的联合声明和中葡关于澳门问题的联合声明，确认我国将对香港和澳门恢复行使主权。在未来的十年里，我国将最终完成收回香港和澳门这一具有重大意义的历史使命。

香港、澳门分别进入过渡时期以来，我国政府同英国、葡萄牙政府在贯彻执行中英、中葡两个联合声明上进行了卓有成效的合作。中国政府对待中英、中葡联合声明的态度是积极的、认真的，将始终不渝地信守这两个联合声明，并履行我们的义务。中国政府根据“一国两制”的方针所制定的对香港、澳门地区的一系列政策都不会改变。我们高兴地看到，香港基本法（草案）这部历史性的法律文件已经起草完毕，并将提交本次大会审议，它的诞生必定会对今后香港的长期稳定繁荣提供重要保证。

内地与港澳地区所有中国人都应该相互尊重，和睦相处，彼此尊重对方的社会制度和生活方式。港澳同胞作为中国公民的一部分，依法享有参与管理国家事务的权利，但这种参与要尊重内地的社会主义制度，遵守国家的宪法和法律。广大港澳同胞都是爱国的，我们要警惕极少数别有用心的人利用港澳作为颠覆中央政府和社会主义制度的基地。为了保持港澳的稳定繁荣，顺利实现政权交接，希望英国、葡萄牙政府继续同我国政府进行合作。

在过去的十年中，台湾海峡的局势也出现了一些重大的变化，两岸关系由紧张对峙到逐步缓和，由长期隔绝到相互交往，正在朝着有利于国家统一的方向发展。这是顺应时代潮流，符合中华民族根本利益的，也是长期以来两岸人民的共同意愿。

但是，我们也应该看到，目前两岸关系中许多人为的隔阂还没有从根本上打破，妨害实现祖国统一的障碍仍然没有排除，台湾当局的大陆政策虽有一些松动，但其所作所为同两岸人民的愿望和要求还有很大的差距。台湾当局仍然坚持“不接触、不谈判、不妥协”的“三不政策”，坚守反共拒和的顽固立场，并且在国际上极力推行“弹性外交”、“双重承认”，进行“一中一台”和“两个中国”的活动。尤其值得注意的是，最近一个时期，一些别有用心的人在岛内掀起一股鼓吹“台独”的逆流，公然主张把台湾从祖国分裂出去。这必然遭到全体中国人民的坚决反对，中国政府也是决不会坐视不理的。

九十年代是推进祖国和平统一大业，振兴中华民族的重要历史时期。我们将坚定不移地贯彻执行“和平统一、一国两制”的方针，进一步充实完善有关对台政策。完成祖国统一大业，我们寄希望于台湾当局，更寄希望于台湾人民。我们对当前动荡中的台湾政局表示关切。我们愿意同台湾各个党派、团体和各界有识之士加强联系，交换意见，共商国家统一大事，促进两岸经济、文化、科技、体育等各个领域的联系和交流。我们鼓励台湾实业界人士到大陆来投资，举办独资企业、合资企业、合作企业，或者以建设项目带成片开发，共同发展外向型经济。台湾当局应该进一步改变对到大陆投资实行限制的政策。我们愿意为台湾投资者提供良好的投资环境和优惠条件。

我们将继续贯彻执行既定的侨务政策，并且衷心希望广大归侨、侨眷和海外侨胞，在促进祖国现代化建设和实现和平统一大业中继续发挥重要作用。

三、关于国际形势和外交工作

当前，国际形势正在发生着重大变化。美苏关系，东西方两大集团之间的关系，以及两大集团内部各国之间的关系，都在变化之中。德国统一问题已经提上日程。欧洲正在经历着大的变动。世界各种力量在错综复杂的利害矛盾中正在重新分化和组合。世界更加动荡不安。

世界多极化趋势的发展，使美国和苏联影响国际事务的能力下降，但是美苏两国相互之间的关系仍然是影响国际局势的重要因素。美苏之间的军事对抗进一步有所减弱，裁军谈判继续进行。一年来，有关各方为谋求政治解决地区冲突而继续努力，在西南部非洲取得的成果尤为显著。

我们认为，在各国人民的共同努力下，世界和平是可以维护的，争取一个较长时期的国际和平环境是可能的。但是，也必须看到，对世界和平的威胁依然存在。两个超级大国的军备竞赛仍在继续。许多地区冲突尚未停止。某些大国违背国际关系准则，肆意干涉别国内政。发达国家与发展中国家之间的经济差距继续扩大，南北矛盾进一步加深，这无疑也不利于国际局势的稳定。

当前特别值得注意的是，某些国家推行强权政治的趋向日益明显。只要霸权主义、强权政治还没有退出国际舞台，世界就不得安宁。

面对当前这样的国际形势，如何推动它继续朝着有利于和平与发展的方向前进，是世界人民面临的一个重大课题。

我国政府一贯坚持在互相尊重主权和领土完整、互不侵犯、互不干涉内政、平等互利、和平共处五项原则的基础上，同世界各国保持和发展正常关系。在当前风云变幻的国际形势下，我们将始终不渝地坚持这一原则立场。

一年来，我国同许多国家，特别是同周围邻国的关系，有了进一步的改善和加强。我国同朝鲜民主主义人民共和国的友谊更加巩固。我们支持朝鲜民主主义人民共和国政府为促进自主和平统一而提出的建议，并且希望有关各方为保持朝鲜半岛局势的缓和与稳定而努力。我们同巴基斯坦、孟加拉国、尼泊尔、斯里兰卡等南亚国家的友好合作关系是令人满意的。我们同印度的关系也在改善。我们同蒙古人民共和国和老挝实现了关系正常化。我国同东盟各国之间业已存在的良好关系对东南亚地区的和平与稳定起着重要的积极作用。我们同印度尼西亚进行的富有成果的会谈，使两国关系的正常化日益临近。我们同阿拉伯国家、非洲国家以及拉丁美洲国家的团结和合作也有新的发展。事实充分表明，我国同广大第三世界国家之间的友谊，是经得起风浪考验的。

中苏两国自去年五月实现关系正常化以来，双方根据高级会晤商定的发展两国关系的原则和各项协议，扩大了各个领域的交往，边界谈判在继续进行，外交和军事专家小组的谈判也取得了进展。中苏两国在和平共处五项原则的基础上发展睦邻关系，符合两国人民的利益，也有利于亚洲和世界的和平。

中国人民同东欧各国人民有着传统的友谊。作为社会主义国家，我们对东欧政治局势发生的剧烈变化，自然十分关心。但是，我们在处理国家之间的关系时，从不干涉别国的内政。我们愿意在和平共处五项原则的基础上同东欧各国保持正常的友好关系。

我们理解德意志人民要求实现德国统一的愿望，并且主张这个问题的解决不仅应当有利于两个德意志国家及其人民，而且应当有利于欧洲和世界的和平与稳定。

我们同美国和其他一些西方国家的关系，从去年六月以来程度不同地出现了困难和曲折。其原因在于一些西方国家对我国进行制裁，多方施加压力，干涉中国的内政。几个月来的事实使全世界再次看到，中华人民共和国是决不会在外来压力面前屈服的，孤立中国也是办不到的。国家间的正常关系是平等互利的。现在一些西方国家已认识到同我国恢复和保持正常关系的重要性，它们同我国之间的关系已经开始有所好转。我们希望这种趋势继续发展下去，并愿为此作出自己的努力。

中美建交后的十年里，两国关系在中美三个公报的基础上得到了发展。今后，也只有严格遵守这三个公报所确定的各项原则，特别是遵守互不干涉内政和不谋求霸权的原则，中美关系才能得到恢复和发展。

中日两国是近邻，两国人民有着悠久的友好交往历史。中国政府一向重视发展同日本的友好合作关系。我们希望日本政府同中国政府一道，继续遵循中日联合声明和中日和平友好条约的各项原则，努力使两国友好合作关系尽快恢复正常并获得进一步发展。

中国政府一贯主张公正合理地政治解决地区冲突问题。在柬埔寨问题上，我们认为，越南在有效的国际监督下全部撤军，建立以西哈努克亲王为首的柬埔寨四方临时联合政府，是柬埔寨实现和平的保证。我们赞赏并支持联合国在柬埔寨问题的解决中发挥积极作用。我们欢迎一切有利于柬埔寨问题全面、公正、合理解决的建议。我们认为，任何解决柬埔寨问题的方案，都应该征求并尊重西哈努克亲王的意见，并取得柬埔寨各方的同意，这样才能确保制定的方案得到全面实施。

我们一贯同情和支持非洲国家和人民争取民族独立和反对种族主义的正义斗争。纳米比亚的独立，标志着非洲大陆非殖民化历史使命的胜利完成，我们对此表示热烈祝贺。南非当局应该顺应历史潮流，采取进一步措施，彻底废除种族隔离制度。我们关心中美洲的和平进程，并且希望美国尊重中美洲地区国家的主权。我们强烈谴责美国入侵巴拿马，并且不愿看到再发生类似事件。我们要求以色列停止对巴勒斯坦居民的镇压，撤出阿拉伯被占领土，并且希望中东问题通过政治途径得到公正、合理的解决，使长期动乱的中东成为和平的中东。我们还衷心希望伊朗和伊拉克能在共同接受联合国安理会598号决议的基础上，通过直接接触和谈判，把它们之间的停火发展为持久和平。

裁军问题直接关系着世界和平。制止军备竞赛，实现有效裁军，仍然是一项艰巨的任务。我们希望美苏两国停止一切形式的军备竞赛，履行他们对裁军的责任，率先大幅度削减他们的核武库和常规军备。我们希望美苏作为最大的化学武器拥有国，停止生产并销毁他们现有的化学武器。我们希望日内瓦裁军谈判会议就缔结一项全面禁止化学武器的国际公约问题取得进展。我国在裁军问题上的合理主张，在国际上得到广泛的赞同。我们愿意同世界各国一道，推动国际裁军沿着正确的道路继续前进。

近几年来，联合国在促进地区冲突的政治解决、维护世界和平、推动经济社会发展等方面，做了许多有益的工作，取得了值得称赞的成就。中国愿意同其他会员国一道，为加强联合国在世界事务中的作用而继续努力。

急剧变化的国际形势，把建立国际政治新秩序的问题进一步提到全世界面前。中国政府一贯认为，世界所有的国家，不分大小强弱，也不论社会制度异同，都应该相互尊重，平等相待，求同存异，开展友好合作，促进共同繁荣。企图用政治、经济、文化等手段把自己的意识形态、价值观念乃至社会制度强加于人，归根到底是行不通的。中国政府认为，建立国际政治新秩序的合理基础，是已经得到国际社会普遍赞同的和平共处五项原则。国际实践反复证明，只要切实遵循这五项原则，各国之间不论国情有多么大的差别，都能够建立和发展正常的和友好的关系；国际争端不论情况多么复杂，都能找到合理的解决办法。我们相信，在和平共处五项原则基础上建立国际政治新秩序，符合一切国家的利益，也符合全世界人民的愿望。

不合理的国际经济关系和不等价的交换，使发展中国家遭受残酷的剥削和掠夺。沉重的债务负担，束缚了发展中国家的经济发展。在当今的世界上，富国愈富、穷国愈穷的趋势日益严重，许多人至今还在死亡线上挣扎。这是一个迫切需要全世界加以注意和解决的重大问题。中国支持发展中国家和不结盟运动为建立国际经济新秩序而进行的努力，并且希望发达国家采取积极态度，承担起自己应负的责任。

一年来，我国的外交实践进一步证明，我们一贯奉行的独立自主的和平外交政策是正确的。我国政府将继续贯彻执行这一政策，坚持反对霸权主义，维护世界和平。我们将加强同第三世界国家的团结与合作，在国际事务中发挥建设性的作用，为谋求解决世界面临的各项重大问题作出不懈的努力。我们将继续坚持在和平共处五项原则的基础上同一切国家建立和发展友好关系。我们不干涉别国的内政，也不允许任何国家干涉我国的内政。国际敌对势力对我国进行颠覆活动是决不能得逞的。不管国际上出现什么风浪，社会主义中国都将巍然屹立在世界的东方。

各位代表！

历史的道路是曲折的，世界的前途是光明的。我们的国家充满希望，人类进步的潮流不可阻挡。伟大的中国人民奋发图强，艰苦奋斗，正以昂扬的姿态跨进九十年代，满怀信心地沿着社会主义道路奋勇前进！

李铁映在国家教委1990年工作会议上的讲话

（1990年1月16日）

元旦刚过，春节在即，国家教委召开90年代第一次工作会议。借此机会，我向全国广大教育工作者致以亲切的慰问！

经教委党组研究决定，这次会议要认真贯彻党的十三届四中全会、五中全会精神，重点研究如何加强学校的思想政治工作和基础教育工作。下面，我讲四个问题，供大家讨论研究。

一、总结经验，振奋精神，继续前进

党的十一届三中全会以来，我国教育在发展和改革中走过了十年多的历程。在实践中，我们既取得了巨大的成就，积累了丰富的经验，同时也有过失误，而且面临着不少困难和问题。关于对教育工作基本状况的估计，在不久前我向全国人大常委会的汇报中已作了比较详细的说明，这里不再重复。下面，我着重谈谈十年来教育方面的基本经验。

第一，在社会主义经济建设的整个过程中，必须坚持把教育放在优先发展的战略地位。党中央提出的把经济建设转移到依靠科技进步和提高劳动者素质轨道上来的战略思想，是我们党在经济建设指导思想上的一个重要发展，是对我国经济建设正反两方面经验的科学总结，也是对“教育必须为社会主义建设服务，社会主义建设必须依靠教育”这一方针的重要补充。把教育放在优先发展的战略地位，努力振兴我国的教育事业是我们党坚定不移的方针。教育事业的发展受经济发展的制约，又是经济建设和社会发展的基础。在处理教育同经济建设的关系时，应当遵循教育与经济协调发展并适当超前的原则。即使在经济遇到暂时困难的情况下，也要确保教育的发展。宁肯在其它方面忍耐一点，甚至暂时牺牲一点经济建设的速度，也要增加对教育的投入。各级政府应该把教育纳入当地经济建设和社会发展的规划之中，党政主要负责同志要亲自抓教育，使社会主义建设依靠教育的方针落到实处。

第二，必须坚持党对教育工作的领导，坚持教育的社会主义方向，坚持用马列主义、毛泽东思想教育学生，坚持把坚定正确的政治方向始终放在教育工作的第一位，坚持把培养社会主义事业的建设者和接班人作为学校工作的根本任务。这是社会主义教育的根本原则，也是社会主义教育同资本主义教育的本质区别。如果背离这个原则，就会犯历史性、方向性错误，就会付出沉重代价。历史和现实都告诉我们，学校特别是高等学校是国内外反社会主义势力进行渗透的主要场所。四项基本原则与资产阶级自由化的尖锐对立，争夺青少年一代的斗争，将是长期的。因此，教育任何时候也不能偏离社会主义方向。在这个至关重要的问题上，我们虽然在指导思想上比较明确，但认识不够深刻，未能始终如一地把培养社会主义事业的建设者和接班人放在首要位置；在具体工作指导上，措施不力，落实不够，有失误。我们应该认真反思，记取教训，把端正办学方向这一根本大计落到实处。

第三，教育必须为社会主义建设服务，教育必须与生产劳动相结合。邓小平同志指出："整个教育事业必须同国民经济发展的要求相适应。""在无产阶级取得政权之后，这是培养理论与实际结合、学用一致、全面发展的新人的根本途径，是逐步消灭脑力劳动与体力劳动差别的重要措施。"我国教育是社会主义教育，必须为社会主义建设服务。因此，一定要摆脱传统观念的束缚，使教育主动适应经济、社会发展的需要，在两个文明建设中发挥应有的作用。实行教育同生产劳动相结合，是马克思列宁主义的一个重要原理，对于保证学生德、智、体、美、劳诸方面都得到发展，促进知识分子同工农相结合，具有十分重要的意义，也是克服教育不同程度存在的脱离实际，使教育更好地为社会主义建设服务的重大措施。我们要从各级各类教育的特点出发，探索和落实在新情况下实行教育同生产劳动相结合的具体途径和形式。

第四，必须坚持教育的改革、开放。我国经济体制、政治体制改革正在逐步深入，世界新技术革命迅速发展，教育面临的社会环境发生了很大变化，只有以面向现代化、面向世界、面向未来的战略思想，坚持改革教育思想、教育体制、教育结构、教学内容和教育方法，才能使教育更好地适应经济建设和社会发展的需要。教育改革是社会主义教育制度的自我完善与发展，其目的在于全面贯彻党的教育方针，提高教育质量，使教育更好地为社会主义建设服务。在改革、开放中，应该开展国际教育交流与合作，借鉴国外有益的经验，博采各国之长，但必须从中国的国情出发，坚持教育的社会主义方向，绝不能搞"全盘西化"。还要继承和发扬我国优秀的教育和文化传统，做到古为今用。教育改革要遵循教育的特点和规律，要与其它方面的改革配套进行。

第五，必须坚定不移地从我国的国情出发，发展和改革教育。我国人多地广，发展极不平衡。因此，发展教育，必须从各地实际情况出发，区别城市与农村、沿海与内地、各民族之间的不同情况，因地制宜，实行分区规划，分类指导，不搞"一刀切"。教育既要有统一的方针、政策和基本的要求，又要根据各地的情况实行多样化。近几年来，在这方面已经取得了不少经验。比如九年义务教育，我们就坚持了按地区、分阶段、有步骤实施的原则。依靠人民群众办教育，也是从我国国情出发发展教育的一条重要经验。基础教育管理体制实行地方负责，分级办学的改革经验告诉我们，群众中蕴藏着极大的办教育的积极性。只要我们为人民办好教育，使教育很好地满足人民的需要，不仅可以使教育获得更多的财力、物力的支持，而且能够使教育更好地适应当地经济和社会发展的需要，大大增强教育对广大学生、家长和社会的吸引力，推动教育事业生机勃勃地向前发展。

根据党中央和国务院的总体部署，在今后几年内，教育战线的主要任务有两项，一是纠正十年来的最大失误，加强各级各类学校的思想政治教育，维护安定团结的政治局面；二是认真贯彻十三届五中全会关于进一步治理整顿和深化改革的方针，促进教育事业持续、稳定、协调地发展，努力提高教育质量。

以上五条基本经验，无论是对于搞好当前的治理整顿和稳定局势，还是对于今后教育的发展与改革，都有重要指导意义。希望各地在实践中继续丰富和发展。

二、加强思想政治教育，坚持社会主义方向，培养社会主义事业的建设者和接班人

小平同志指出，十年来最大的失误在教育方面，思想政治工作薄弱，教育发展不够。这虽然不是单指学校教育，但也确实切中了教育的要害，应该引起我们教育战线广大同志的深思。

在新的历史时期，我国教育战线必须努力做到教育为社会主义现代化建设服务，教育与生产劳动相结合，培养德、智、体、美、劳诸方面都得到发展的社会主义建设者和接班人。要坚决纠正忽视和削弱学校思想政治教育的失误。检验人才的标准是德才兼备，又红又专；评估学校的标准是全面贯彻教育方针，全面提高教育质量。各级各类学校必须把加强思想政治教育、培养学生具有坚定正确的政治方向摆在学校工作的首位。

我们每一个教育工作者必须清醒地认识到，教育具有鲜明的阶级性。培养什么人，为谁服务，始终是教育的一个根本问题。毫无疑问，我们的教育要培养社会主义事业的建设者和接班人。去年春夏之交发生的动乱和反革命暴乱这个极其深刻的教训给我们敲了警钟，提醒我们必须重新认识这个问题。

我们每一个教育工作者还必须清醒地认识到，国际国内阶级斗争必然要反映到学校中来。从40年代末50年代初，国际敌对势力提出“和平演变”战略到今天，他们一天也没有放弃推翻共产党的领导、颠覆社会主义制度、把社会主义国家变成西方资本主义国家附庸的企图。他们总是利用各种手段，把西方的政治模式、经济模式、价值观念以及腐朽的生活方式传播到我国社会生活中来。在我国新的历史时期，阶级斗争虽然不是主要矛盾，但在一定范围内仍然长期存在，在一定条件下还可能相当激烈。国内极少数顽固坚持资产阶级自由化立场的人，同国际敌对势力的“和平演变”战略相呼应，极力鼓吹否定四项基本原则的资产阶级自由化思想。斗争现实告诉我们，渗透与反渗透、颠覆与反颠覆、“和平演变”与反“和平演变”的斗争将长期持续下去。在国内外敌对势力与我们进行的斗争中，学校不是风平浪静的世外桃园，而是激烈争夺的重要阵地。资产阶级自由化思潮在学校教育上的反应，集中表现在否定党对教育的领导；否定思想政治教育；否定教育的阶级性；否定教育为社会主义现代化建设服务。我们不可低估帝国主义“和平演变”战略的影响；不可低估国内资产阶级自由化思潮的影响；不可低估东欧局势变化的影响；不可低估前一个时期党的主要领导人淡化党的领导、削弱党的建设和思想政治工作的影响。因此，我们必须保持清醒的头脑和高度的警惕，大力加强思想政治教育，真正把思想政治教育摆在学校工作的首位。

加强学校的思想政治教育，具有重大的现实意义和深远的历史意义。从根本上讲，老一辈无产阶级革命家开创的事业能否后继有人，就取决于我们能否培养和造就一代又一代的无产阶级革命事业接班人。我们每一个教育工作者都要认清自己所肩负的历史责任。下面，我就如何加强学校思想政治教育，讲几点意见。

第一，要旗帜鲜明地开展马克思主义基本理论的教育。马克思主义是指导我们思想的理论基础，是我们一切行动的指南。马克思主义是在斗争实践中产生的，也必然在斗争实践中不断发展和完善。把马克思主义当成万古不变的教条是错误的，认为马克思主义已经“过时”同样是错误的。一个时期以来，马克思主义教育被忽视、放松了，现在必须重新补上这一课。要引导广大师生特别是高等学校的师生深入学习马克思主义，逐步掌握马克思主义的基本原理和立场、观点、方法。高等学校和教育研究机构，要努力建设一支坚强的富有战斗力的马克思主义理论队伍，在捍卫和发展马克思主义的斗争中充分发挥其作用。

科学社会主义学说是马克思主义的重要组成部分。社会主义制度在我国的确立、巩固和发展，是社会发展的必然规律，是历史和人民在经历了艰难曲折之后的必然选择。尽管我们也曾经有过这样那样的问题，但这并非社会主义制度自身的问题，而且通过改革一定可以逐步解决，社会主义制度必将不断发展和完善。新中国诞生40年的历史充分证明，社会主义制度的确立为我们开辟了到达理想境界的道路。社会主义制度的不断完善和发展，必将使中华民族兴旺发达，繁荣昌盛。只有社会主义能够救中国，只有社会主义才能发展中国。因此，各级各类学校要深入开展关于科学社会主义的教育，针对资产阶级自由化的反动观点和部分师生对社会主义的迷惘，深入浅出、生动活泼地帮助他们释疑解惑，从而引导他们坚定社会主义信念，努力为社会主义现代化建设贡献力量。

关于无产阶级政党的学说，也是马克思主义的重要组成部分。中国共产党是用马克思主义武装起来的无产阶级政党，是中国革命的中流砥柱，是领导我们事业的核心力量。我们的党在自己的历史上也有过错误，但中国共产党不但有勇气坚持马克思主义的真理，而且有能力依靠自身的力量纠正自己的错误。历史和现实都充分证明，中国共产党是伟大、光荣、正确的党。各级各类学校特别是高等学校，要加强关于党的领导的教育，认真组织广大师生学习马克思主义的建党学说，引导他们深刻认识党的性质、纲领、地位和作用，更加热爱中国共产党，更加自觉地服从党的领导。

进行马克思主义教育，要结合当前的实际，根据学生和教职工不同的特点，采取不同的方法，确定不同的重点。各级各类学校都要广泛开展爱国主义、集体主义和自力更生、艰苦奋斗的教育及革命传统教育，进行道德品质、革命理想和共产主义人生观教育及法制教育，批判无政府主义和极端个人主义。要引导广大学生逐步树立阶级分析观点、劳动观点、群众观点、集体主义观点、辩证唯物主义和历史唯物主义观点。要加强和改进高等学校的马克思主义理论课和中小学的思想品德课、思想政治课的教学，加强教材建设。高等学校的社会科学课程和中小学的语文、历史、地理等课程也要加强思想品德和政治教育的内容。各级各类学校特别是高等学校要通过报告会、编印材料、举办师生骨干短训班等多种形式，加强时事政策教育。当前，高等学校要切实抓好对全体学生进行坚持社会主义道路，树立正确的世界观和人生观的教育。要根据广大师生各自不同的状况，提出不同的学习要求，规定不同的学习内容，并进一步建立健全政治学习和政治考核制度。

第二，要广泛深入地开展爱国主义教育。爱国主义是一种普遍的、崇高的思想感情，是中华民族宝贵的精神财富。一个人如果不具备爱国的品质和感情，那就不但不是一个马克思主义者，而且也不是一个共和国的好公民。

爱国主义，在不同的历史时期有不同的内容和要求。在民主革命时期，推翻压在中国人民头上的“三座大山”，就是爱国主义的集中表现。在今天，爱国主义和社会主义本质是统一的。今天讲爱国，就是要爱社会主义的祖国。坚持四项基本原则，坚持改革开放，努力建设四化，振兴中华，则是爱国主义的集中体现。我国是一个多民族的国家，各级各类学校要把加强民族团结、维护祖国统一的教育作为爱国主义教育的重要内容。各级各类学校要注意利用各个重要节日和一些重大历史事件进行爱国主义教育。今年是鸦片战争150周年，要充分利用这一时机，广泛开展爱国主义教育。要编写各种爱国主义教育的教材，运用讲座、报告会、举办展览、组织参观等多种形式，向广大师生宣传、讲解帝国主义侵华史和中国人民在中国共产党领导下前赴后继反抗侵略的斗争史。通过教育，批判历史虚无主义和民族虚无主义，引导广大师生树爱国之情，立报国之志，不断增强民族自尊心、自信心和自豪感，更加热爱我们伟大的社会主义祖国。

第三，加强党对学校的领导和教职工队伍的思想建设。这是坚持教育的社会主义方向和落实思想政治教育首要地位的根本保证。各级党委和政府要加强对学校党组织和领导班子建设的领导，使学校的领导权牢牢掌握在忠于马克思主义的人手中。高等学校原则上实行党委领导下的校长负责制。高等学校党委要切实担负起把握学校的社会主义方向和对学校思想政治工作全面领导的责任，同时要充分发挥校长在管理学校和思想政治教育中的作用。中小学实行校长负责制，校长要在上级党委的领导下办好学校、组织实施德育工作。学校党支部要充分发挥政治核心作用和保证监督作用。知识分子是工人阶级的一部分。作为知识分子重要组成部分的广大教师，应该逐步树立无产阶级的世界观，掌握马克思主义的立场、观点和方法。当前要特别注意采取切实措施，加强青年教师和研究生的思想政治教育。高等学校在从毕业生中选留教师时，要总结过去的经验教训，必须坚持德才兼备、又红又专的标准。要坚决把那些屡教不改、顽固坚持资产阶级自由化立场的人调离教师队伍。

各级各类学校都要注意加强思想政治工作队伍的建设。要充分发挥党务工作者、政工人员、德育教师的骨干作用。与此同时，还要积极引导广大教职工教书育人、管理育人、服务育人，把德育贯穿到学校的教学、管理和后勤服务各项工作中去。学校的教代会、工会、共青团、少先队、学生会等组织，要在党政部门的领导下，根据各自的职责和特点，通过各种不同的形式，针对广大教职工和学生的思想实际，深入开展思想政治教育。

第四，要加强学生的劳动教育和社会实践环节，引导广大师生走与工农相结合的道路。这是克服学校教育中不同程度存在的脱离工农、脱离劳动、脱离实际、脱离国情的现象，加强思想政治教育的重要措施。各级各类学校都要提高对劳动教育和社会实践的认识，认真组织实施。各级政府和企事业单位，要大力支持学生参加生产劳动和社会实践活动，为他们提供必需的条件。

第五，要继续贯彻《中共中央关于改革和加强中小学德育工作的通知》和《中共中央关于改进和加强高等学校思想政治工作的决定》以及其他有关文件，并在实践中不断创造和总结新鲜经验。在思想政治教育工作实践中，各地创造了不少先进经验。例如，江苏省无锡市一中加强班集体建设，坚持把坚定正确的政治方向教育贯穿到学生成长的全过程的经验；辽宁省抚顺市望花区雷锋小学25年坚持学雷锋的正确方向，将早期培养儿童少年的共产主义思想品德的工作落到实处的经验；黑龙江省牡丹江市立新实验小学长期坚持劳动教育的经验；吉林、湖南两省在全省县、市教育行政部门建立党委，加强党对中小学领导干部的管理和对学校思想政治领导的经验；广东省潮州市调动全社会力量，综合治理，防止青少年犯罪，培育一代“四有”新人的经验；上海市建立社区教育委员会，协调社会各界支持学校改善办学条件，参与并配合学校德育工作的经验；清华大学加强兼职辅导员队伍建设的经验；第四军医大学齐抓共管，加强思想政治工作的经验，等等。对这些经验，各地要结合自己的实际情况，认真学习推广，并不断创造新鲜经验。

第六，要综合治理，优化育人环境。思想政治教育必须动员全社会的力量，采取各种措施，进行综合治理。要充分发挥政策的导向作用，在检查和评估学校工作中，要把思想政治工作放在第一位考虑。在招生分配、评优评奖、授予学位、选聘校长、录用教师、教师职务评聘、干部提拔、工资晋升、出国留学诸方面，都必须严格掌握政治标准。要加强学生的学籍管理和学校教学、生活和校园秩序的管理，严肃纪律，建立健全各种规章制度，在学生中认真贯彻中小学生行为规范和《高等学校学生行为准则》，彻底改变一些学校存在的管理混乱、校纪不严、校风不正的现象。要在学生中大力倡导学习雷锋、赖宁等英雄人物的活动以及各种有益的活动，寓教育于活动之中。各级党委和政府，都要十分关心学校的思想政治教育工作，协调各有关部门和社会有关方面为青少年提供健康丰富的精神食粮，打击毒害青少年的犯罪活动，为青少年健康成长创造良好的社会环境。

第七，要认真做好稳定学校局势的工作，努力维护安定团结。各级各类学校特别是高等学校的领导同志要清醒地认识到，当前，保证社会稳定是压倒一切的任务。学校的稳定是整个社会稳定的重要因素。离开稳定，就谈不到学校的改革和发展，谈不到培养社会主义事业的建设者和接班人。由于国际敌对势力不会放弃“和平演变”的战略，由于国内坚持资产阶级自由化立场的人不会轻易退出历史舞台，也由于我国社会主义现代化建设的进程中还存在这样那样的困难和问题，这都会不同程度地影响师生的思想和情绪。社会主义现代化建设需要一个安定的国内环境，学校应该为维护国内安定团结的政治局面做出贡献。因此，在今后一个较长的时期内，各级各类学校特别是高等学校，必须始终把稳定学校局势作为一项重要任务，认真、扎实地做好各项工作，把各种不安定因素消除在萌芽状态。对学生要热情爱护，严格要求。要努力使我们的学校成为维护安定团结的坚强阵地。

三、认真贯彻治理整顿和深化改革的方针，促进教育事业持续、稳定、协调地发展

教育事业的治理整顿和深化改革，是整个国民经济治理整顿和深化改革的重要组成部分。十年来，我国教育事业经历了一个迅速发展的时期。为了巩固已经取得的成绩，需要用一段时间重点进行充实、提高、调整和整顿，而国民经济的治理整顿和深化改革既要求教育与之相适应，也为教育的治理整顿和深化改革创造了必要的条件。我们必须抓住这一时机，把治理整顿同深化改革结合起来，把更多的精力集中到调整内部结构，提高教育质量方面来，为下一步的发展打下坚实的基础。

从教育事业的现状出发，在治理整顿期间，应该着重抓好以下几个环节：

——根据积极、稳妥的原则，从各级各类教育事业的不同情况出发，分别确定事业的发展方针和工作重点。几十年的经验证明，教育事业的发展必须坚持需要与可能、长远与当前、数量与质量相统一的原则。我国教育事业在总体上比较落后，还需要积极发展，应该把落实教育的战略地位，作为治理整顿的一项重要内容。但是，在治理整顿期间，由于国民经济和财政存在一些困难，增加的教育经费不可能完全满足需要；由于压缩社会总需求，某些层次和某些科类的毕业生分配也出现了暂时的困难，会对教育事业发展的速度产生一定的制约作用。在这种情况下，一定要从各级各类教育的不同情况出发，区别对待，不能“一刀切”。没有普及小学教育的地方，仍要积极创造条件加以发展。职业和技术教育特别是农村的职业技术教育也要积极发展。高等教育要稳定总的规模，专科层次和某些社会急需的专业还要适当发展。成人教育的岗位培训要大力开展，而学历教育要进行整顿。扫盲工作要积极扎实地进行。

——进一步调整教育结构和学校布局。教育结构不合理是教育不适应经济建设和社会发展需要的重要表现。我们要在原有工作的基础上继续进行调整。在教育的总体结构上，应当以九年制义务教育为基础，积极发展职业技术教育，把提高劳动者素质、培养初、中级人才摆到突出位置，同时，有计划地培养高级专门人才。在中等教育内部，要进一步发展各种形式的职业技术教育和培训，农村的职业技术教育要根据加强农业的需要，重视农业专业的发展和提高。高等教育内部的层次结构、学科结构和专业结构也要调整，适当发展专科教育和应用学科，拓宽专业业务范围。中小学的布局要根据有利于提高质量、提高效益，又方便少年儿童就学的原则，逐步进行调整。高等教育的学校布局和专业布局也要根据社会的实际需要和提高质量、提高效益的原则，逐步进行调整，有些要进行联合，有的要适当撤并，减少学校和专业的重复设置。

——整顿秩序，加强管理。近几年来，在事业迅速发展的过程中，由于政策不配套、宏观管理不健全等各方面的原因，在教育战线出现了某些混乱现象。突出地表现为一些地区、部门和学校乱办学、乱发文凭、乱收费。学校内部管理也比较松弛。这些混乱现象损害了教育工作的形象，冲击了学校正常的教学和科学研究秩序，引起了社会的强烈反响。对于这些现象，要区别不同情况，进行引导，加强管理。对于严重违法乱纪的，要公开揭露，并给以行政的、法律的处理。学校的根本任务是培养有理想、有道德、有文化、有纪律的社会主义事业的建设者和接班人，学校和广大教职工的精力应该主要放在教书育人上。开展勤工俭学和社会服务，对于加强学校同社会的联系，改善办学条件，培养合格人才，都有重要作用，是必要的。但是，指导思想上不能单纯以赚钱为目的；具体做法上，一定要统筹安排，合理分配，有计划有组织地进行。否则，不仅影响教学业务，而且会严重腐蚀队伍，为进一步端正办学方向造成障碍。关于中小学勤工俭学和高等学校社会服务问题，我在向全国人大常委会的汇报中已讲过，要区别不同情况，本着“兴利除弊”的原则进行整顿。国家教委还要就整顿秩序、加强管理的有关问题陆续拟订文件。

——提高办学效益。为了提高办学效益，一方面要合理规划教育事业的规模和速度，调整教育结构，提高教育质量，另一方面要进行学校内部人事制度、分配制度的改革，精减人员，消除臃肿，努力减少人员经费开支。应该看到，尽管各级各类学校情况不同。但都有潜力可挖。近几年来，一些地区和学校进行了学校内部的改革，调动了广大教职工的积极性，改善了办学条件。各地都要从本地的实际出发，在一些学校开展改革试点，取得经验，逐步推广。对于学校转移下来的人员，除学校内部要妥善安置外，社会各方面也要积极加以协助。这件事抓好了，不仅可以提高教育经费的使用效益，而且可以促进管理体制和教学领域的改革。

以上关于治理整顿的一些意见是就全国范围而言的。各地要按照十三届五中全会关于进一步治理整顿和深化改革的决定，结合本地区的实际情况，确定治理整顿的任务、目标以及主要措施，把贯彻执行五中全会精神的工作落到实处。

治理整顿决不意味着改革停顿不前，也不是走回头路，更不是不要改革。治理整顿不仅将为改革的深入和健康进行创造必要的条件，而且它本身也需要改革的配合。在集中力量进行治理整顿期间，改革要围绕着治理整顿来进行，并为它服务。我们要贯彻五中全会的精神，正确认识和处理教育战线治理整顿和深化改革的关系。

十一届三中全会以后，我国的基础教育、职业技术教育、高等教育和成人教育都进行了许多改革，对外开放也取得了很大成绩。特别是1985年《中共中央关于教育体制改革的决定》发表以后，进一步推动了教育改革的深入，农村的教育改革效果尤其显著。在治理整顿期间，要在坚持改革的社会主义方向的前提下，认真地总结经验，进一步稳定、充实、调整和完善前几年的改革措施，把教育改革进一步引向深入。我们一定要保护各地区、各部门、各学校和广大教育工作者改革的积极性，鼓励和支持他们进行教育、教学改革的试点和实践。国家教委已经确定的农村教育综合改革试点、中等城市教育综合改革试点、企业中教育综合改革试点、高等学校综合改革试点，以及管理体制、招生和毕业生分配、考试制度、学制、课程设置、教材教法改革，等等，都要继续进行。在治理整顿期间，还要加强教育立法工作。在简政放权的同时，健全和加强宏观管理和调控。各地区、各部门和各级各类学校也要分别制订治理整顿期间深化改革的目标、重点和主要措施，把教育改革坚持下去。

四、以实施九年义务教育为重点，深化改革，大力加强基础教育

基础教育是整个教育的基础，是提高民族素质、搞好两个文明建设的奠基工程，是90年代整个教育事业发展与改革的重点。它不但关系着整个教育事业的发展，而且关系到整个中华民族素质的提高，关系到社会主义现代化建设的成败。因此，在这次会议上，我再重点讲一下大力加强基础教育工作的问题。

到本世纪末，我国基础教育发展总的目标是：坚持社会主义方向，面向21世纪，初步形成以九年义务教育为重点的，与高等教育、职业技术教育和成人教育相协调的，适应社会主义现代化建设需要的中国基础教育体系。

发展与改革基础教育，要坚持因地制宜、从实际出发，坚持统一性与多样性相结合，坚持两条腿走路，充分发挥中央和地方两个积极性，充分调动和发挥人民群众重教、支教的积极性。已普及小学教育的地方，小学教育的主要任务是充实、提高；没有普及的地方，要积极创造条件加以发展。初中教育首先是加强师资队伍建设，改善办学条件，合理布局，加强薄弱初中。在这个前提下，再稳步发展。普通高中要控制规模，比例较高的地方，要适当调整。要大力扶持少数民族基础教育事业的发展。

实施九年义务教育，是教育战线90年代必须全力以赴抓好的一项重要工作。应当看到，这项工作尽管困难不少，但我们毕竟已有了一个好的基础：全国已有了80％人口覆盖地区普及了小学教育，不少大中城市和部分农村普及了初中教育。只要态度坚决、积极，步骤扎实，既定的目标是可以达到的。如果我们这个拥有十几亿人口的大国基本普及九年义务教育，这将意味着我国21世纪新一代劳动者人均受教育年限有很大提高，意味着整个民族素质有很大提高。毫无疑问，这就为21世纪我国经济的腾飞和社会的发展打下了一个坚实的基础。因此，我们可以毫不夸张地说，普及九年义务教育，是我国教育史上空前的壮举，是面向21世纪的伟大战略工程。各级政府要坚决按照《义务教育法》的要求，从各地的实际情况出发，精心规划，创造条件，狠抓落实。

关于基础教育发展与改革的长远规划，国家教委拟定了《基础教育发展与改革实施纲要（草案）》；基础教育今年要抓的主要工作，已经列入《1990年国家教委工作要点》。这里，我着重强调三个问题，这三点，既是我们已经取得的经验，也是今后需要继续加强的重点。

（一）要重点深化基础教育的四项改革

第一，要进一步深化基础教育管理体制的改革。基础教育实行地方负责，分级办学，取得了显著效果，有力地推动了基础教育的发展。今后，基础教育管理体制改革的方向是，继续完善分级办学的体制，在发挥中央主管部门宏观指导作用的同时，加强省、自治区、直辖市的教育决策权和统筹权，以及中心城市和县对于教育的统筹管理权，让学校在国家法规指导下享有更多的办学自主权，使基础教育进一步地方化。基础教育管理体制改革，农村发展较快，城市发展较慢。因此，国家教委要继续支持和推动部分中等城市的教育综合改革实验，从而取得经验，全面推广。各地也要加强城市基础教育管理体制改革的研究和实验，以便使城市的基础教育更适合城市特点，更适应城市经济、社会发展的需要。要制定督导条例，建立国家、省、市(地)、县四级教育督导制度，强化地方政府管理基础教育的职能。

第二，要切实抓好农村教育的综合改革。我国人口的80%在农村。我国学校教育系统中，接受中等及中等以下教育的学生为2.14亿人，其中有80%在农村。这就决定了我国基础教育的大头在农村，重点和难点也在农村。因此，必须十分重视农村教育。农业是国民经济的基础。我国农业的发展总的讲要靠政策、靠科技、靠增加投入。但是，我国是一个人多地少、人均自然资源比较短缺的国家，从长远看，要保农业这个国民经济的基础，根本出路非靠科技不行。因此，这就需要不断提高农业劳动者的文化和科学技术素质，不断增强吸收和运用现代农业科技的能力。农村教育要适应这种客观需要，就必须继续转变教育思想，深化体制改革，理顺教育结构。县、乡两级政府要把教育纳入当地经济、社会发展的整体规划，分级统筹管理基础教育、职业技术教育、成人教育，统筹规划教育、科技、经济的发展。农村中学的办学模式要适应当地经济建设和社会发展的需要。农村教育只有为农民的切身利益服务，农民才会有送子女上学的热情和重教、支教的积极性。要进一步抓好全国百县农村教育综合改革实验和正在全国实施的“燎原计划”，作出示范，推动农村教育改革的深入发展。今年是国际扫盲年，要继续抓好扫盲工作，努力杜绝新文盲的产生。

第三，进一步深化学校内部管理体制的改革。基础教育体制改革的深入发展，必然要求学校内部管理体制实行改革。这项改革的目的是增强学校内部的活力，贯彻按劳分配原则，调动教职工的积极性，提高校长和教师的素质，提高办学和投资效益，提高管理水平和教育质量。学校内部管理体制改革，不少地方进行了试点工作，很有成效。如一些地方进行的“校长选任负责制”、“教师定编聘任制”和“岗位责任制”的改革，明显地增强了学校活力，取得了显著效果。各地在进行学校内部管理体制改革中，首先要抓好中小学校长的选拔和培训，要对中小学校长的任职条件以及培训与考核作出明确规定，以保证中小学校长具备必要的政治素质、业务水平和管理能力。其次，需要有科学态度，实行综合治理，加强宏观管理，搞好民主监督，加强科学评估。要坚持“一切经过试验”的原则，取得经验，逐步推广。

第四，要进一步改革和完善升学考试制度。这是中小学教学改革的重要环节。对片面追求升学率的积弊，既要面向全社会进行教育，也要积极从改革中找出路。除了对不能升学的学生进行职业技术培训外，还要从有利于贯彻教育方针，有利于减轻学生过重的负担，促进教学改革，提高教学质量出发，积极探索，改革中小学升学考试制度和考试方法。在已经普及初中教育的地方，小学毕业生就近直接升入初中，不再举行升学考试。要改革高中考试制度。实践表明，一些省、市试行高中毕业会考制度，是一种有益的尝试，各地要认真研究，积极实验，总结经验、逐步推广。高考制度也将本着有利于中学全面贯彻教育方针的原则，在适当的时候进行改革。为了减少考试的片面导向作用，要改进德育和体育的评定和考核办法。

(二)要大力加强基础教育的三项建设

第一，要加强基础教育师资队伍的建设。振兴教育的希望在教师。广大教师在教育战线上辛勤劳动，为我国的教育事业作出了巨大贡献。近几年来，由于全党、全社会的重视，我国教师的待遇有所改善，素质有所提高。但从总体上看，师资队伍仍不适应教育发展与改革的需要，而且面临着一些新的问题。据预测，中小学师资中原有的许多骨干教师将于90年代陆续退休，整个师资水平将会受到影响。为了加强教师队伍建设，我们必须认真做好以下几方面的工作：

(1)要深化高等和中等师范教育改革，加强师资培养。师专和中师要树立为农村教育服务的思想，改革招生分配办法，为实施九年义务教育培养合格教师。要制订必要的政策，吸引优秀中学毕业生报考师范院校，鼓励各类大专院校的优秀毕业生到中小学任教。有条件的综合大学和其他科类院校也应承担师资培养和培训任务。要进一步完善教师培训体系，运用教师资格制度、职级制度及其它政策杠杆，促使广大教师沿着又红又专的方向成长。

(2)要加强教师的思想政治教育工作。搞好学生思想政治教育的关键在教师。各级党委和政府、教育行政部门和学校，要十分重视提高教师的政治思想水平。要建立制度，定期培训，努力建设一支业务精良、立场坚定的教书育人的教师队伍，要特别注意校长的选拔和培训。

(3)提高教师的社会地位，改善教师的生活待遇。各级政府和学校，对做出显著贡献的教师和教育工作者，要继续进行精神和物质的奖励，并逐步形成制度。要提高教师工资待遇，允许各地在国家规定的工资标准基础上，提高本地区教师的工资待遇，并允许有条件的学校进行内部工资制度改革试点。同时，要逐步提高教师的住房、医疗、保健、退休及其它社会福利方面的待遇。各地可根据实际情况，作出具体规定。民办教师是我国农村中小学教师队伍的重要组成部分，对发展我国农村基础教育作出了重大的贡献，并将继续发挥重要作用。各级政府和教育部门应给予他们更多的关心，适当提高他们的工资待遇。师范院校要重视从民办教师中招生，这是提高生源质量、调动民办教师积极性的一个重要办法。各地要积极创造条件，逐步实行民办与公办教师同工同酬的政策。国家要继续拨出一定数量的专项劳动指标，解决一部分民办教师转公办问题。

第二，要加强中小学教材的建设。这是中小学教学工作的一个关键环节。当前，教材建设中某些教材存在着忽视思想性、脱离实际、内容偏多偏深和品种单一等问题。因此，中小学教材建设，要注意思想性、知识性、科学性和适用性，在统一基本教学要求、统一审定的前提下实行多样化。要改变目前中小学教材品种单一、不能适应不同地区经济和社会发展需要的状况，允许各地根据统一的大纲编写不同风格、不同特色和适应不同对象的教材。有条件的地方，要为农村中小学编写乡土教材。今后，不论是正式教材还是改革实验试用教材，都要经过审定方可使用。国家教委将制定具体审定办法。当前，教材建设的一个重点，是加强某些教材的思想性及解决某些教材内容偏多、偏深和脱离实际的问题。

第三，要加强基础教育办学条件的建设。山东省和一些地方多年来坚持依靠群众办教育的经验，给了我们很大的启示，展示了发展基础教育的一条路子。各地要十分重视创造和总结这方面的经验。前几年，我们对改善基础教育办学条件有一个说法，叫做实现“一无两有”。贫困地区经济发展水平比较低，办学条件比较差，“一无两有”仍可作为一个奋斗目标。但对大多数地区来说，则不应停留在“一无两有”的标准上。山东的“六配套”可以作为大多数地区的奋斗目标。办学条件的建设要讲求质量，注重实效，设施配套。但一定要坚持勤俭办教育的原则。要从当地的实际出发，不能盲目追求高标准。要从我国国情出发，逐步建立和完善以财政拨款为主、多渠道筹措教育经费的投资体制。首先，国家要随着经济的发展和财政收入的增加，逐步提高国家财政预算内教育经费支出所占的比例。在治理整顿期间，必须采取“保教育”的方针，教育经费不但不能削减，而且还应适当增加。其次，要继续坚持两条腿走路的方针，充分发挥中央和地方两个积极性，动员社会力量，广开渠道，多方集资，真正做到人民办教育，教育为人民。此外，要制订教育集资条例等有关法规，保证教育经费的稳定来源与增长。同时，必须大力提高教育经费的使用效益，切实把有限的教育经费管好用好。

（三）要有计划地推广一批比较成熟的教学改革经验

近十年来，基础教育改革还有一个比较突出的特点，就是教学改革实验比较活跃。教学改革实验遍及全国各地许多学校，涉及教学活动的各个方面，进展较快，成效显著。全国各地涌现出一批教学改革实验的先进单位和个人，积累了多方面行之有效的经验。推动基础教育改革，提高教学质量，就要依靠活跃在教学第一线的广大教师，依靠和支持他们的创造性劳动。

在教学改革中，教学方法的改革是最为普遍、最为活跃、见效最快的。许多事实说明，在一些中小学师资业务水平比较低而又一时难以很快提高的情况下，根据当地实际，有计划、有选择地推广一项或几项比较易学有效的先进教学方法，就可以大面积提高教学质量。这是一个有效地提高师资业务能力、提高教育质量的好办法。各地教育行政部门要重视研究这项工作，选择那些适合本地情况的、比较成熟的教学改革经验，有组织地加以宣传、推广。

同志们，在新的一年里，各级政府和教育行政部门，要进一步振奋精神，转变作风，深入基层，调查研究，切实加强对教育的领导；广大教育工作者要大力发扬艰苦奋斗、无私奉献的精神，不断提高自己的政治觉悟和业务水平，热爱教育事业，献身教育事业；全社会都要为振兴我国的教育事业做出各自的贡献。在20世纪90年代的第一年里，我们要以新的姿态创造新的业绩，夺取新的胜利！

关于学位工作和研究生教育的指导思想

何东昌

一、关于十年来的学位工作和研究生教育

党的十一届三中全会以后，在邓小平同志的关怀下，1980年成立了国务院学位委员会，1981年正式实施《中华人民共和国学位条例》，着手创立我国自己的学位制度，进一步发展研究生教育。十年来，在党中央、国务院的正确领导和关怀下，以建立和完善具有中国特色的学位制度，独立自主地培养社会主义建设需要的合格人才为目标，高等学校和研究部门进行了大量的有成效的工作，取得了很大的成绩。

——在认真总结建国以来研究生教育的经验，广泛借鉴国外学位工作有益经验的基础上，基本建成了学科门类比较齐全，组织机构健全，学位质量基本能够得到保证的学位授予体系；初步形成了指导力量较强，科研基础扎实，能够培养高质量人才的研究生培养基地；从我国国情出发，遵循“确保质量，宁缺勿滥”的原则，建立健全了一系列学位工作和研究生教育的法律、规章和制度。

——研究生教育有了相当大的发展，向社会输送了一大批高层次的专门人才。到1989年底，我们依靠自己的力量，培养出4800多名博士，147900多名硕士。目前在学博士生近万人，在学硕士生8万余人。毕业研究生在社会主义建设的各个领域发挥了重要作用，不少出类拔萃的人才脱颖而出，有的人科研成果达到了相当高的水平，有的人已成长为新的学术带头人。数以万计的毕业研究生充实到高等学校和科研机构，大大缓解了由于十年动乱所造成的人才青黄不接的问题，促进了高等学校和科研部门的队伍建设和教学、科研水平的提高。这表明我国研究生教育质量总的是好的。特别是去年那场政治风波以后，研究生中党的建设工作和思想政治工作，引起了高度重视，正在逐步得到加强。

—— 经过十年的努力，到目前绝大多数学科硕士生的培养已经做到立足于国内；多数学科博士生的培养立足于国内的条件也已基本具备。就研究生教育这个渠道来讲，中央在关于教育体制改革决定中提出的到本世纪末对高级专门人才的培养基本立足于国内的战略目标，正在稳步实现。

——对学位制度和研究生教育进行了改革，取得了一些成效，初步积累了经验。如，在继续重视培养基础研究方面人才的同时，对如何加强培养应用方面的人才，也进行了探索；根据不同学科的特点，增加招收有一定实践经验的人员；开始了与实际工作部门联合培养研究生的试验；对具有实践经验的在职人员申请和授予学位的工作也进行了试点等等。此外还根据社会主义建设的需要，在一些专业领域中进行了第二学士学位的授予工作；为了使研究生教育的学科结构更好地适应社会需要，在加强宏观管理上也采取了一些改革措施。

总之，十年来，我国的学位制度从无到有，不断发展，研究生教育已形成了较大规模，质量也基本得到了保证，同时还努力朝着更好地适应我国社会主义建设需要的方向进行了改革。实践证明，学位工作和研究生教育工作的指导方针是明确的，发展和改革的方向是正确的。这是我们继续前进的基础。

但是，必须清醒地看到，我们面临的问题和困难还很多。总的说来，学位工作和研究生教育同社会主义建设不相适应的矛盾依然存在。突出的问题主要有两个：第一，近几年来，在国际大气候和国内小气候的影响下，加上我们工作中的失误，一些研究生程度不同地受到了资产阶级自由化思潮的影响，极少数卷入了去年那场政治风波。因此，如何加强研究生中党的建设，加强对研究生的思想政治工作，引导他们树立坚定正确的政治方向，树立为社会主义服务，为人民服务的世界观、人生观，是摆在我们面前的一项迫切任务。第二，解决学位制度和研究生教育与建设需要不完全适应的问题。要进一步加强侧重于应用方面的人才的培养。

二、关于学位工作与研究生教育指导思想方面的几个问题

能不能做到使博士和硕士这一层次的人才培养立足于国内，这是我国的教育能不能完全独立自主的重要标志，做到这一点，并与坚持对外开放、坚持开展国际学术交流结合起来，对国家实现社会主义现代化关系重大。所以，既要充分珍视已经取得的成绩，同时又要认真解决好存在的问题，使研究生教育和学位工作进一步得到健康发展。学位授予的质量当然要在可比方面适当考虑与国际上的对等性，但归根结底是要接受社会主义建设实践的检验，要有中国特色，不能照搬外国。因此，首先必须在学位工作和研究生教育中坚持正确的政治方向；同时还要根据我国的实际与可能，力求更好地适应社会主义建设发展的需要。这就要求我们不断改进和改革我们的工作。

教育首先要解决的，是培养什么样人的问题。小平同志指出，十年来最大的失误是教育方面。这主要是指全社会在政治思想教育方面的失误，也包括了学校教育。这个论断已为去年那场惊心动魄的政治风波所完全证实。回顾十年来高等学校青年学生的思想政治状况，可以这样说，从1979年到1984年，尽管中间也曾受到了资产阶级自由化思潮的侵蚀，但总的趋向还是上升的；自1985年开始，情况日趋严重。到了去年那场风波，情况就恶化到了顶点。这说明，国内外政治气候的影响，意识形态领域中资产阶级自由化思潮的日益泛滥，严重地侵蚀了高等学校，影响了我们大学生和研究生的健康成长。从主观上讲，这主要是我们党的工作失误造成的。对这一时期的思想政治状况，绝大多数教师是忧心忡忡的，是不满意的，许多同志是努力做了思想政治工作的。在去年那场风波中，绝大多数的高校领导班子在政治上的表现也是好的或比较好的。当然也要看到，由于我们对争夺接班人斗争的严重性长期认识不足，教育工作中也存在着忽视政治思想教育的倾向。党的十三届四中全会以后，在以江泽民同志为核心的党中央领导下，全国政治思想战线的工作出现了新的转机，全国高校也出现了几年来少有的稳定局面。事实说明，广大青年学生是渴望社会主义祖国繁荣富强的，是希望稳定的。他们仍然是大有希望的一代。但是痛定思痛，我们对资产阶级自由化的影响所造成的后果绝不可以低估，要清除这些影响也绝不是一日之功。研究生教育是最高层次的教育，如果培养的人在政治上出了问题，其后果将是严重的。因此在研究生教育中必须加强党的工作和思想政治工作。每一位指导教师都要担负起教书育人的责任，为培养坚持社会主义方向、努力为人民服务、又红又专的人才倾注心血。这是国家长治久安、社会主义建设稳定发展向我们提出的要求。

知识分子是工人阶级的一部分，这是党中央一再肯定的，是我国在社会主义的政治、经济制度基本确立之后，根据知识分子在社会主义建设中的社会经济地位和历史作用的变化所作出的科学结论。当然，这也就要求广大知识分子要自觉地坚持工人阶级的立场，担负起工人阶级的历史使命。大学教育和研究生教育是为造就工人阶级知识分子队伍服务的，因而也就不能不在政治上、思想上提出严格的要求。当然，红与专又是统一的。在社会主义条件下，如果不热爱社会主义祖国，学习的目的不是为祖国为人民服务，就很难树立起崇高的理想，就会缺乏持久的学习动力，业务上也难以取得很高的成就。

从我们的历史经验看，要培养工人阶级知识分子队伍，必须正确地坚持与实际结合、与工农结合的道路。在实行这两个结合的过程中，要引导学生自觉地参加，并要根据学科特点采取不同的、适当的方式，防止重复过去发生过的简单化和形式主义的做法。目前，高等教育各大门类专业中，都还存在程度不同地脱离社会主义建设实际的现象。例如，工科教育，学生的工程训练和实践能力的培养有所削弱；农科教育一个突出的问题是如何适应我国农村绝大多数地区在稳定家庭经营承包责任制的基础上，逐步发展集体经济的状况，并且要解决好绝大多数毕业生能够到农业第一线去的问题，这就需要对招生、专业划分以及教学内容等进行改革；医科和师范毕业生也要解决好满足农村卫生、教育事业发展需要的问题；理科的大多数毕业生今后一个重要的去向，将是到企业和中学工作，为此就要在思想上和业务上帮助学生做好准备；文科也有类似的问题。总之，我们还面临着深化教育改革的任务。因此，要通过社会调查，了解毕业生分配后的工作状况，然后针对发现的矛盾，通过改革有步骤地加以解决。上述问题，还涉及到青年教师今后的成长方向和职务评聘的导向等等，是相当复杂的。如果我们不下决心解决好这些问题，就会使高等教育不能很好地服务于社会主义建设。这是关系到贯彻教育为社会主义建设服务，教育与生产劳动相结合，德智体全面发展方针的重大问题；是关系到通过与实际结合、与工农结合的道路培养青年知识分子的重大问题。这些问题，在大学本专科教育中要解决，在研究生教育中同样也应予以重视并认真解决。

十年来在我国的高等教育中，哲学社会科学方面的专业已有了很大发展，取得了不小的成绩。这方面的研究生教育也取得了很好的成绩。有一批博士生经过去年政治风波的考验，证明他们在政治上相当坚定，马克思主义的理论修养也有相当的功底；从教学内容看，有些教材能运用马克思主义的立场、观点、方法，从理论与实践的结合上阐明、分析问题，达到了较高的水平。但是也要看到还存在不少问题。一些理论课程的教材内容，存在着反映时代特点不够，与具有中国特色的社会主义的实际联系不紧的现象；有的教材则忽视了正确运用阶级分析的方法，不加分析地引进了一些西方的社会学说。前几年因为反对资产阶级自由化没有始终一贯，因而对有影响的错误理论观点的批判是不够的。从革命性和科学性统一的要求来看，也还有不少不足的地方。这不利于引导学生掌握马克思主义的立场、观点、方法，并用以解决有关的理论问题和实际问题，提高辨别是非的能力。因此，哲学社会科学学科教学改革的任务很艰巨。我们面临着国内外十分复杂的斗争和建设有中国特色的社会主义的历史任务。我们必须努力培养出一支各个学科的青年马克思主义理论工作者和实际工作者的队伍。这就对研究生教育提出了很高的要求。一定要结合学科特点，深入进行反对资产阶级自由化的教育，对有影响的错误理论观点要进行正本清源，这项工作要团结和依靠广大教师一起来进行。除了极个别顽固坚持资产阶级自由化立场的人以外，对即使在理论上出现过重大失误的，也要采取同志式的帮助的态度，采取讨论的方法，允许批评、也允许反批评的方法，以达到分清是非、团结同志的目的。对一时想不通的，还应该等待。在学术问题上，要认真地坚定地贯彻“双百”方针。贯彻“双百”方针与坚持四项基本原则应该是统一的而不是对立的。对青年学生，要看到他们政治上思想上还不够成熟，并在教学中格外注意予以正确的引导，以加强四项基本原则的教育。

我国的高等教育在今后一段时间内的主要任务是调整结构和提高质量。从普通高校毕业生分配情况的反馈信息分析来看，有相当一部分专业点设置过多，应根据办学和师资条件，保留比较强的点，对其它的点要适当加以压缩。学校设置有的规模过小，条件也不够好，难以保证质量和效益，要通过合并和联合等办法加以调整。总之，我们今后高等教育的发展必须稳定规模，调整结构，深化改革，改善条件，提高质量。其中研究生教育也要控制规模。目前，1075所普通高校中，有硕士授予资格的为375所；有博士授予资格的为189所，铺的面已经很大。要提高培养质量，不仅要有导师和一定的物质条件，而且需要相关专业的配合。所以，今后原则上不宜再铺大授权学校的面。研究生培养既要具备条件，也要面向社会主义建设的需要，按需招生，因此也有优化结构的问题。正因为这些原因，评审指导教师当然就要求他们具备一定的条件，但又不是凡是有条件的都可以评审通过。研究生指导教师不应成为另一种荣誉资格。学校要努力按照分工，在各自的层次上办出特色和水平，为国家作出贡献，而不要脱离中国国情盲目地都去追赶国外某些所谓研究大学的“水平”。高等学校与研究机构之间，要发挥各自的长处，加强联合，互相补充。只有这样，我们才能在有限的人力、物力、财力条件下，把研究生培养好，更有效地为社会主义建设服务。

三、关于第四批学位授权审核的几个问题

首先是增补或增加一批中青年博士导师。我们现在的博士导师，平均年龄已经比较大了，需要及早增聘一批中青年博士导师，这关系到我们的学科带头人是否后继有人，是一件有重大意义的大事。

第四批审核工作在指导思想上应强调以下几点：一是要在巩固现有博士点、硕士点的基础上进行。因此各单位在考虑申请第四批新增博士点、硕士点时，应对现有授权点的情况进行检查，找出存在的问题，采取措施，加强建设。同时还要根据社会需要适当调整专业的服务方向。二是要处理好几个关系，按需授权，做到既保证质量，又面向四化建设的实际需要。通过第四批审核，要进一步明确不同高等学校的办学层次和分工，促进科研机构与高等学校的联合，调整不同学科比例关系等。三是要稳步地扩充学位授权的学科领域，加强薄弱环节，主要是增加一些国家急需、国内又有条件培养的应用学科点。四是要适当改善学校授权的地区布局。博士点要坚持全国布局，目前不考虑地区布局。将来可以通过一些高校承担青年教师培养的任务，帮助其它高校加强教师队伍建设。不同地区局部对硕士研究生的需要，可通过纳入国家的宏观计划来解决。当然地方也可以根据当地资源、工农业生产发展的优势和文化特点，来形成本地区高校或科研机构的硕士生培养条件，发挥本地区的优势，但不能都去追求自成体系的“大而全”。

我国的学位制度总的来说还处于刚刚建立的阶段，需要不断总结经验，不断发现问题，不断解决问题。我们的目标是建立一个具有中国特色的社会主义学位制度。要从中国国情出发，使培养出来的人才在政治思想上和业务上很好地适应中国社会主义现代化建设的需要。在管理体制上我们也有不少工作要做。例如，在学位授权管理中，怎样做到既加强宏观管理、保证质量，又有利于调动各方面的积极性，等等。这许多问题，都需要通过实践加以解决。我们相信，在党中央、国务院的领导下，依靠高等学校、研究机构广大指导教师和领导同志的努力，我国的学位制度必将逐步得到完善，在社会主义现代化建设中发挥出更大的作用。

关于加强高校马克思主义理论教育的几个问题

滕 藤

关于加强高校马克思主义理论教育和大家关心的问题，我谈几点看法。

第一，必须坚持不懈地和旗帜鲜明地反对资产阶级自由化。在当前形势下办这样的讲习班有特殊的意义。今天，东昌同志谈了几年来思想理论战线上的斗争情况，大家感到很受鼓舞和教育。昨天，我们请与会部分同志开了个座谈会，会上一位同志的发言给我的印象特别深。他说，参加这个讲习班的收获是，听了许多专家就哲学、经济学、科学社会主义等许多理论问题谈到的他们的研究成果和体会，更重要的是听了几位领导同志的讲话，特别是铁映和袁木同志的讲话，感到这些领导同志政治上非常坚定，在自觉地、真心实意地捍卫马克思主义，因而他们的报告给人以精神上的感染和鼓舞。同这种精神力量和感染力量相比较，觉得自己在马克思主义理论的教育和宣传上还有不小差距，应该在今后的工作中贯彻和发扬这种精神。我认为他的这个体会是非常重要的和深刻的。也有的同志谈到，在这段时间里思想上还有些疑虑和顾虑，主要是两个问题：一是担心是不是能坚决地和坚持不懈地反对资产阶级自由化，因为过去有过这方面的教训，清除精神污染搞了28天就夭折了，批判资产阶级自由化也没搞下去；二是担心中央关于反对资产阶级自由化的精神是否能受到基层即学校领导的应有重视，能否贯彻下去。对后一个问题我在下面还会谈到，现在首先谈谈对第一个问题的看法。作为理论工作者，作为从事马克思主义理论教学与研究的教师，政治上敏感一些是对的。因为我们的政治理论教学内容同数学、物理、化学不一样，是和政治斗争紧密联系在一起的，马列主义理论教学要贯彻中央的方针政策。此外，从前几年我国反对资产阶级自由化的情况来看，也确实有过历史的经验，因此，在这方面存在某些担心和疑虑是可以理解的。在这次会议期间，许多同志听了铁映和袁木同志的讲话，感到心里更有底了，他们的讲话直接体现了中央的精神。我想，这是这次会议的一条重要的成果。我想强调指出，我们都是搞马克思主义的，我觉得作为指导我们思想和行动的根本依据，应该是善于运用阶级分析方法去观察客观现实，按照阶级斗争的客观规律来办事。阶级和阶级斗争观点是马克思主义理论中极其重要的观点，阶级斗争总是有它的客观规律，高一浪低一浪的，资产阶级和无产阶级的斗争，资本主义和社会主义的斗争，在相当长的历史时期是客观存在的，是不以人的意志为转移的。做为一名马克思主义理论教师，理应始终捍卫马克思主义，始终站在工人阶级的立场上进行战斗。这样立论决不是“以阶级斗争为纲”，在这里主要谈的是意识形态领域，是就当前形势做出的必要的阶级分析。

应该说，去年“六·四”以后东欧形势的剧变给我们上了很生动的一课，我们可以从中得到很多教益。其中，最大的一个教益是，可以由此看到，在最近一段时间里阶级斗争处于相当激化的状态，处于高一浪，低一浪的浪巅状态。在这种情况下，我们不能不全面回顾和考虑各方面的工作，包括我们的教育工作。几年来的情况表明，帝国主义敌对势力亡我之心不死，所有的资产阶级理论家、思想家都把希望寄托在我们第二代、第三代的和平演变上，寄托在我国培养出一批民主个人主义者上。这就为我们的教育工作提出了一个尖锐的问题，就是怎么样能够保证培养一整代社会主义事业的接班人，而不是民主个人主义者，这是我们学校各方面工作都需要认真考虑的问题。马克思主义理论课教学处于极为重要的、核心的地位，肩负着特殊重要的历史责任，所以，马克思主义理论课应当加强。客观形势的发展向我们提出了思想政治工作的任务，我们必须加强马克思主义理论课教学。马克思主义是要靠灌输的，它不可能自发产生，我们就是承担着这个神圣的重大的任务，要求我们有高度的热情，有必胜的信心，有大无畏的勇气，要求我们都应成为战斗员，在坚持四项基本原则、反对资产阶级自由化的斗争中自觉地进行战斗，把我们的课堂、我们的教研室都变成马克思主义的坚强阵地。这是我们面临的历史任务，也是我们义不容辞的责任。我们决不能把马克思主义理论课教学等同于并把它当做一般的职业来对待，这是一个特殊的职业，是在传播马克思主义真理，进行反对资产阶级自由化的阵地上进行战斗，而这样一种职业对我们马克思主义理论课教师提出了很高的要求。

第二，要正确认识和处理教学、科研、社会实践和做学生思想政治工作的关系，敢于和善于回答学生普遍关注的现实性理论问题。我们要搞好教学就一定要积极地开展科学研究工作。马克思主义是不断发展着的科学，它随着广大工人阶级和被压迫人民反对帝国主义和资产阶级斗争的发展而发展。当前，这一斗争进行得十分尖锐激烈，并在历史进程中提出了许多新的理论问题和实践问题，这就要求我们马克思主义理论工作者去勇敢地战斗，去进行深入的研究。我们要把教学搞好，就一定要认真做研究工作，要敢于和善于回答当前形势提出来的各种问题。应该说，这个要求是相当高的。袁木同志在讲话中曾列举了几十个小点，而每一点都是一个重要的科研课题，都需要认真研究，做出回答，我们很鼓励这方面的科学研究工作。前一个时期，我看我们的研究工作可能受提职称等各种外在因素的影响，有的科研内容离当前的实际也较远。当前，我们的青年学生提出了许多热点、疑点和难点问题，需要我们很好地加以研究和回答，各个学科领域中的一些资产阶级自由化的理论表现也都需要加以认真地清理和批判。十分明显，这样一些现实性的任务理应成为马克思主义理论工作者的首要的科研任务和战斗任务。与此相关，评论论文水平的高低，主要应看能否科学地回答现实生活提出的紧迫问题和青年学生普遍关心的热点和难点问题。也就是说，首先要考虑的第一位的是当前面临的战斗任务。

为了搞好教学和科研，就必须深入实际。一是我们社会主义建设的实际，一是学生思想实际。杨瑞森同志提出教马列课的青年教师做学生思想政治工作，我很赞成。年轻教师兼做一段时间辅导员或班主任是有好处的，通过做学生思想政治工作的实际过程，可以更好地了解学生，了解学生的思想动向，这样才能有的放矢地进行教学，才能使教学更具有针对性和说服力。另外一个是社会实践，参加一点工业、农业的调查研究，大家都有这个愿望。大家在座谈中谈到这段时间教学实践活动加强了，特别是今年暑假各地方政府十分重视，有意识地进行了安排，很多学生组织起来到工厂、农村去做调查研究，其中不少是文科社会调查。我觉得，学生进行社会实践和调查应该有教师参加，我们马列主义理论教师应该和他们一起去。社会实践是认识的重要源泉，也是学校教育的重要环节。毛主席早就提倡过到工农兵中间去，到实践中间去。当然，在社会实践过程中，有的人有收获，有的人却没有收获，这里有个立场、观点和方法的问题。重要的任务是加强对学生进行引导和帮助他们学会善于运用马克思主义的立场、观点、方法去分析问题，这样，参加社会实践才会有意义，否则还可能产生一些副作用。

对学生学习马列著作也要加强引导。最近我在复旦大学开了座谈会，复旦有些学生自觉地在学马列主义，特别是学习马克思主义哲学著作，这当然是非常好的事情。我问他们读了些什么书，有个学生说读了《反杜林论》，这当然非常好，另一个学生说他在读马克思《1844年经济学哲学手稿》，我就有点惊讶。《手稿》是马克思早期的重要著作，其中有许多丰富的思想，因此为了掌握马克思主义而去学《手稿》，这当然是可以的。但是，《手稿》是马克思的早期著作，还是他作为青年黑格尔学派时的著作。为了使我们的青年学生更好地把握马克思主义的精神实质，对于初学者来说，我觉得还是应当引导他们首先学习马克思成熟时期的著作，特别是要引导他们学习与中国革命实际联系最紧密的毛泽东同志的哲学著作。我问他们读过《矛盾论》、《实践论》没有，没人吭气；又问读过《论持久战》、《新民主主义论》没有，说没有读过；再问读过《关于正确处理人民内部矛盾的问题》、《论十大关系》没有，也没有。这一情况表明，对青年学习马列著作需要加强引导。由此我想到，应该帮助青年学生拟定一个课余学马列的计划，提出一些基本阅读书目，比如学哲学最基本的应该学哪几篇。然后，如果我们马列主义理论课教师参加进去，进行引导，这样我看会事半功倍，效率可以提高很多。如果在我们每一个教师周围都有几个学生积极分子，他们有学习马列的兴趣和要求，你给他们以指导，在学习过程中了解了他们的思想情况。我看一个班有这么几个学生，每一个老师周围有这么几个学生，他们在积极地和认真地学习马列，学习哲学，我想我们的教学效果就会有很大提高，至少在了解学生需要和加强针对性方面会有很大作用。

第三，学校党委必须高度重视和切实加强对马列教学的领导，在政策上给以必要的倾斜。在座谈会上许多同志认为，加强和改进高校马列教学的一个重要关键是学校党委重视。上面我谈到座谈会上一位同志讲有两个顾虑，其后一个顾虑也正是这个问题。与我们这次会议同时在大连开的还有一个36所委属院校咨询工作会议，这些学校的校长和党委书记都来了，我曾到那个会上把大家的愿望和要求讲了一讲，我提出学校党委要切实对马列主义理论课教学负起领导责任来，每一个学期至少要研究一次马克思主义理论课教学问题；要求党委书记、宣传部长、主管副校长一定要去听课；有条件的党委书记、校长要讲马列主义课，等等。我们有很多党委书记，他们有多年的党政工作经验，也有相当的理论基础，准备一下，还是有可能讲好理论课的。我还提出，应在经费、课时、职称、福利等方面给予政策上的适当倾斜，要照顾到马克思主义理论教学的需要。大家回去可以向党委汇报，请学校的领导加以考虑。

重视和加强马克思主义理论课教学，应认真地研究和解决学时保证问题。从多数院校的实际教学情况来看，《中国革命史》、《中国社会主义建设》这两门课大体上学时还够，《马克思主义原理》这门课，因为它内容太丰富，包括三个组成部分，如果把三大部分都讲好的话，我们在今年四月“侨园会议”前后教委曾认真研究过，认为课时须适当增加，文科四门课，包括《世界政治经济与国际关系》，由原来的315学时增加到350学时，理工科由210学时增加到280学时。具体说来就是，《中国革命史》、《中国社会主义建设》都为70学时，《马克思主义原理》140学时。这样大体上可以满足教学要点规定的要求，不至于削弱马克思主义哲学和当代资本主义与科学社会主义的教学。高校马克思主义理论课同高校思想品德课和中学的某些课程的关系问题，须作通盘考虑，协调解决。比如，大学的《中国革命史》课与中学的历史课的关系，就需要很好地处理。最近我在抓中学的社会科学教学的课程安排时发现，中学历史课的教学很不足。很多领导同志都强调应发扬爱国主义精神，激发青少年的民族自尊心和民族自豪感，而我们现在的许多学生对自己祖国的历史和国情却不甚了解，甚至连历史朝代都弄不清，所以历史课不学好是不行的。过去中学的历史课，初中安排学一年半中国史，半年世界史，高中学一年世界史，就不学中国史了，这恐怕不妥。现在有些同志提出高中加一年中国史，重点是加强中国近现代史。如果这样，高校的《中国革命史》课的内容就需要做一些变动和调整。总之，高校政治理论课的课程设置、教学内容应力争稳定，但这种稳定不是绝对的，我们还要根据形势和任务发展的需要，做某些适当的微调。

最后一个问题，我想强调一下发挥教研室作用的问题。这个问题还得从青年教师队伍的成长和培养说起。今后一定要加强青年教师的培养，办法是采取多种方式和多种途径，其中也包括办讲习班。现在，学校的许多马列课程的青年教师的马列主义功底不够深厚，需要加强，我们有些中老年马列教师也需要补学一些东西。今天东昌同志谈到，讲政治经济学的教师如果不懂哲学，恐怕很难讲好政治经济学这门课，《资本论》恐怕就很难读懂，所以应强调教师要有一定的马列理论功底。我们准备办双学位班，办研究生班，在中国人民大学或者再找一两个学校办教师进修学院，为青年教师提供一些进修的条件。我们还想搞单科的培训班，比如某个学校某门政治理论课讲得好，我们就在那里办这门课的培训班。但是应该看到，现在全国高校约有三万多名马列教师，假定在这三万人中有一两万青年教师需要进行培训和补课的话，光靠教委是不行的，就是各省市也很难让这些同志都能学一遍。我觉得还是让这些同志在战斗中成长，在教学、科研和社会实践中提高。我们有很多老同志戎马半生，马列主义修养很高，但他们并不都是在党校或大学里念书念出来的，主要是在革命斗争实践中间学习的。由此我就联想到我们教研室的组织作用和老教师的传帮带作用。前一时期，曾经出现一股淡化马列教研室工作，甚至取消教研组之风。我想，对于一个学校特别是大一点的学校，校、系、教研室这三级机构是不可少的。教研室作为一个基层组织，作为一个教学、科研的集体，不是要淡化，而是要强化。过去，我们党的思想政治工作有一条重要经验，叫做“支部建在连上”，这是保证红军不溃散的重要条件。今天，我们把支部建在教研室，这对教研室来说无疑会起凝聚力的作用。马列主义教研室的教师党员比例比一般教研室要高一些，搞马列主义教学的，政治素质好一些，党员比例可能高一些。党支部的作用要发挥，教研室的作用要发挥，教研室主任要积极担负起领导责任。新教师上讲台前的试讲、集体备课、听课、定期研究学生思想状况，或者定期开展学术交流活动等等，都可以在教研室进行。有一个问题，我想了很久但一直没有解决，就是我们政治课的课堂教学效果有相当一部分不大好，对此应当做具体分析，比如有学生的逆反心理，但是也与我们的教学不够吸引人有关。今天东昌同志在讲话中提到整顿学风问题，我们的马列教学恐怕也存在有某些本本主义、教条主义或不联系实际、缺乏感染力的问题。据我所知，不论是《中国革命史》还是《哲学》、《经济学》、《马克思主义原理》、《中国社会主义建设》，都有一些老师讲得非常好，引起学生学马列的浓厚兴趣，甚至出现课前学生提早去抢占座位，讲完课后学生热烈鼓掌的情况。这就需要我们很好地加以研究和总结。为什么在同样一个学校，同一个教研室，同一个教学大纲，同样的教学进度，其教学效果会有那么大的差别？这与每个教师的素质有关，与他们的马列修养和功底都有关。我们马列室主任有许多重要工作要做。我们应当十分重视马列教研室的建设，要善于把先进教师的教学经验变为整个教研室的财富，传播到整个教研室去。要帮助教学好的老师总结经验，组织教师特别是青年教师去听课，去学习人家的经验和长处。我想这些事情，都是教研室可以做而且应该做的。教研室主任很辛苦，既要搞好自己的教学与科研，又要花费很大精力抓工作，要开各种会议，我看实在忙不开可以搞个主任助理，帮助做点具体工作，但是教研室的领导工作一定要加强。

关于深化改革高等理科教育的若干问题

朱 开 轩

一、高等理科教育的地位和作用

理科，主要是指数学和自然科学的基础性学科，通常包括数学、物理学、化学、天文学、地质学、地理学、生物学、海洋学、气象学等学科以及由这些学科相互渗透、交叉形成的一些新兴和边缘学科。

高等理科教育，是以数学和自然科学的基础性学科为主要内容的专门教育。在我国，对高等理科教育一般有两种理解，一种是指数、理、化、天、地、生等基础学科的专门教育；另一种是广义的，不仅包含基础学科，还包含由上述基础学科衍生和发展出来的，在综合性大学内设置的如心理学以及力学、无线电电子学、计算机科学、信息科学、材料科学等一部分技术科学类的科系的专门教育。应该说，两种理解都有其根据和道理。现在我们着重研究的，主要是数、理、化、天、地、生等基础学科专门教育。

如果说，科学的任务是认识自然和改造自然，那么，理科更多的是认识自然，是以研究和发现自然现象的规律，建立新概念、新理论，探索新的应用前景为主要目的。理科研究的领域通常包括纯基础研究和基础应用研究两大类，统称基础性研究。

纯基础研究，主要是以认识自然和自然规律为目的，它不仅对丰富人类知识宝库具有重大意义，而且对于丰富和发展人类科学世界观产生重大影响。纯基础研究，作为从科学发展的内在规律出发探索未知的一种科学追求，本身就具有重大意义。当然，认识自然的最终目的还是为了改造自然，造福人类。历史已经证明，基础研究一旦获得重大突破，迟早会给技术、生产、经济以及社会的发展带来巨大的推动与影响。没有不断发展的基础科学的有力支持，就不可能出现当今世界突飞猛进的新技术革命。

而基础应用研究，不论是应用科学的基础性研究，还是应用技术的基础性研究，都属于有一定应用目的的开拓性的或有长远发展意义的研究。前者主要是以获得某一学科领域的突破为目的的；而后者主要是为工、农、医药等各种产业建立技术基础为目的的技术机理研究，包括真正消化、掌握国外已有的先进技术。其中特别是高技术领域的基础应用研究，更为世界各国所重视。

总之，基础性研究，是推动科学发展和技术进步的强大动力，是新技术、新发明、新产业的先导和源泉。它对于加快我国社会主义经济建设和提高全民文化科学素质，都具有十分重要的意义。可以说，基础性研究的能力和水平，是衡量一个国家综合国力的重要标志。新中国建立以来，正是由于党中央和国务院重视基础性研究，加上由于我们在自然科学方面已经拥有了一批优秀的专家，我们才能很快突破许多国防尖端技术，中国才有今天的国际地位。李鹏总理在去年召开的全国基础研究和应用基础研究工作会议上的讲话中指出："基础性研究的进展，高技术产业的兴起，自然科学成果广泛应用于经济建设和社会发展的各个领域，这是构成一个国家综合国力的重要方面并日益成为当今世界竞争中的重要因素。如果我们中国不能吸收世界最新科学思想和科学成就，在重要的科技领域缺乏应有的能力，就不可能实现现代化，更不可能屹立于世界民族之林。因此，我们必须在保证科学技术为经济建设主战场直接服务的同时，继续加强基础性研究工作，使之得到持续稳定的发展，为下个世纪储备技术和人才，迎接二十一世纪经济和技术的挑战。”

基础性研究的发展，关键是人才。而基础性研究人才的培养主要有赖于高等理科教育的改革和发展。理科人才的培养，应以其具有正确的世界观与政治方向、坚实的理论和实验基础、良好的科学素养和勇于创新精神为特点。高等理科教育，不仅担负着为我国基础性研究培养、输送人才的重任，而且，高技术的研究与开发，工、农、医等应用科学技术的研究与开发，乃至哲学和部分人文社会科学的研究，也都需要理科人才的积极参与和发挥重要作用、新中国建立以来，我国国防尖端技术和工业、农业、医药等方面的重大科技成就，很多都包含有理科人才的贡献。因此，高等理科教育，是一个国家科学、教育发展水平的重要标志，也是经济发展和技术进步，乃至哲学、社会科学进步的重要因素，具有重要的战略地位。

同时，高等理科教育，尽管其招生数量和规模并不大，但它在整个教育工作中的地位和作用却十分重要。在高等教育中，高等理科教育是其他各科高等教育的基础。大家知道，工、农、医等应用学科教育不仅要求理科教育为其提供高水平的基础课教师和反映现代科学成就的基础课程体系、内容和方法，而且通过理工（农、医）结合的方式，把理科作为各学科自身发展的后盾。甚至于在文科教育中，“引理入文”、“引理入经”（“经”指经济类专业）也已成为近年来文科教育发展、改革的趋势之一。同样重要的是，高等理科教育还对提高全民族的文化科学水平和文明程度，担负着重要的使命。这是因为高等理科教育还有责任为高等师范教育、基础教育、职业教育和成人教育培养高水平的基础课程教师，提供高水平的骨干教师。

由此可见，我们应当充分认识高等理科教育的地位和作用，自觉地按照高等理科教育的规律办事。但是，教育是培养人的社会活动，它反映社会发展一定阶段的特点，并受到社会的制约。因此，我国高等理科教育的发展、改革，必须适合我国的国情，从实际出发，当前与长远相结合，为我国的社会主义建设服务。

二、高等理科教育面临的新形势

为了认清高等理科教育面临的形势，我们有必要简略地回顾一下历史。

1952年院系调整之后，全国只有13所综合大学，设有16种理科专业，年招生量5000人左右。当时高教部确定的高等理科教育的培养目标主要是自然科学方面从事科学研究和教学工作的专门人才。教学工作上侧重于自然科学知识较博、较深的专门理论教育，要求学生比较好地掌握本专业的基础理论、基本知识和基本技能，受到较严格的科学实验训练，具有探索未知的能力。当时，中国科学院各研究机构和许多高等学校都处于新建或发展初期，研究生的数量又极少，理科本科毕业生大都为中科院各研究所和高等学校所录用，数量上是供不应求的，质量上总的说也是比较好的。当年的高等理科教育，基本上适应了当时社会主义建设阶段的实际需要。

五十年代后期，一批师范院校改为综合大学，同时，在专业设置方面，根据需要增设了一批学科交叉的新专业，总的说，这反映了科学发展的进步潮流。但是，一大批专门化纷纷都要求升格为专业，出现了专业越办越窄的趋势，这不一定好。加上教学工作受到“左”的影响，有的学校一度劳动时间过多，一定程度上削弱了基础理论的教学。

到了六十年代初期，贯彻党中央关于“调整、巩固、充实、提高”的方针和《高教六十条》

的精神，对高等理科教育进行了调整，教育质量得到新的提高。那时，全国综合大学增加到32所，共设理科专业79种，373个专业点，年招生量达1.1—1.2万人。此时，由于中科院各研究所和高等学校对理科本科毕业生的需求量渐趋饱和，理科毕业生分配到中等学校、工业部门研究机构和地方研究机构的人数有所增加，有些专业开始有少量毕业生分配到厂矿企业，到后来开始出现少数专业的毕业生供过于求的现象。根据上述情况，在1962年召开的全国理科教学工作会议上，把理科教育的培养目标调整为“教学、研究人才及其它工作者”，教学计划中相应地增加了制图、电工电子学等少量应用性课程，并加强了生产实习。但从总的教学体系上看，基本上仍沿袭了五十年代中期理科教学的模式。

应当肯定，新中国成立后的前十七年，尽管出现过1958年的波折和六十年代中期少数专业供过于求等情况，但从总体上说，还是为我国社会主义的高等理科教育奠定了良好基础，在此期间培养了12万多具有较高质量的理科人才，在我国的科研、教育以及其他有关部门发挥了重要的骨干作用，其教育质量在国外也有着良好的声誉。

党的十一届三中全会以来，在坚持四项基本原则和改革开放总方针的指引下，高等理科教育进入了新的发展时期。经过拨乱反正，基本恢复并继承了五十年代中期高等理科教育办学传统中的积极方面，并在这个基础上获得了一些新的进展：增设了一批新兴和边缘学科专业；专业结构、课程结构、教学内容等方面均进行了一些改革；办学条件有所改善；教学质量有所提高；培养了一批新一代的理科人才；大大缓解了“十年动乱”造成的理科人才严重缺乏的局面。到1989年，全国综合大学发展到49所，还有72所工、农、医科院校先后设了198个理科和应用理科专业点。现在，全国共有理科本科专业92种，专业点654个，年招生量达到2.3万人左右。

但是，在发展、改革的过程中，也存在一些迫切需要解决的问题。主要有以下两个方面。

第一，如何坚持高等理科教育的社会主义方向，进一步加强思想政治工作，自觉地把坚定正确的政治方向放在第一位，切实解决理科教育不同程度存在着脱离工农、脱离劳动、脱离实际、脱离国情的问题。

在去年春夏之交发生的动乱和反革命暴乱中，进一步暴露出前几年高等学校思想政治工作比较薄弱的严重问题。高等学校始终是国内外敌对势力与我们争夺接班人的阵地，以文理科为主的综合性大学也不例外。在去年的风波中，在一些理科系、一部分理科学生中暴露出来的问题有的也是较为突出的。学习理科的人，在思维方式上有其特点，抽象的、理性的思维能力比较强，但是，如果不用马克思主义的世界观、方法论作指导而又脱离实际，是很容易走偏方向的。当前在高等理科教育中，仍不同程度地存在着重理论，轻实践，马克思主义教育与思想政治工作薄弱，对资产阶级自由化思潮认识不清等现象。在教育和教学过程中，由于多方面的原因，教学实验、科研实践、生产实习、参加劳动、接触工农等均有所削弱。甚至，在少数青年教师和一部分学生中，为谁服务的问题尚没有根本解决好，阶级观点、劳动观点、群众观点、集体主义观点、辩证唯物主义和历史唯物主义观点没有真正树立起来。这些问题，非常紧迫，一定要高度重视。

第二，如何主动适应社会主义建设的实际需要，当前与长远相结合，切实解决好高等理科教育的规模、结构、培养目标、培养模式与实际需要和要求不相适应的问题。

为了解决好这些问题，首先要了解清楚，目前我国高等教育结构和社会实际需要的情况与五六十年代相比，究竟发生了哪些重要变化？这些重要变化是：

——我国自1981年起已经建立了学位制度，研究生教育有了很大发展，1985至1988年间，理科硕士研究生的年招生量已经达到5700—7300人左右，大致相当于五十年代理科本科生的年招生量。科研系统和高等学校需要的理科人才，逐步主要由研究生来补充。

——我国高等师范教育已经形成较大的体系，全国已有高等师范院校262所，其中理科师范生年招生量为7.3万人，中学师资已主要来源于师范教育，理科毕业生进入中学任教的比重较之过去有所下降。

——经过“文革”后的拨乱反正，国家已进入以经济建设为中心的历史新阶段。随着经济、科技体制改革的深化，科技工作的主战场已经逐步转向振兴国民经济；社会主义有计划商品经济迅速发展，社会对理科人才的门类、层次、知识能力结构提出了新的要求；非基础性研究的科研机构、教学部门以及各企业部门，更需要具有应用能力的理科人才。

——随着人事制度和毕业分配制度的改革，“双向选择”将促使毕业生面向社会多渠道就业，这就要求理科教育和理科人才都应具有更大的专业适应性。

由于我们的工作没有及时跟上这些变化，使得现有高等理科教育很不适应社会主义建设现阶段的实际需要，主要表现是：

（1）理科的一些主要学科，例如，数学、物理学、化学、生物学等，专业布点过多，专业划分过细，招生数量偏大，培养规模与社会实际需要脱节。近几年来，理科毕业生分配难的状况，已经受到学校、教育部门和社会多方面严重关注。

（2）培养规格单一，不能适应当前的实际需要。长期以来，高等理科教育仍一直以培养基础科学研究和教学专门人才为主，对如何适应非基础性研究和教学部门，特别是工矿企业的需要，没有给予足够的重视，改革步伐不大，致使理科毕业生到这些部门从事应用性的工作，缺乏思想上、心理上的准备，业务知识、能力结构也有缺陷，适应期过长。事实上，近几年来，理科毕业生到非基础性研究和教学部门工作的比重逐年都在增加，到1989年，理科毕业生到工矿企业工作的已经占理科毕业生的37%。因此，培养规格过于单一的弱点更为突出了。

（3）面对世界新技术革命的严峻挑战和国际激烈竞争，理科人才的基本素质和质量亟待提高。理科的教学内容、教学方法和教学手段亟待更新、改革和加强。但由于经济体制与科技体制改革过程中一时难以避免的短期行为，对基础科学研究和高等理科教育本身造成了较大冲击。因此，从国家的长远利益着眼，基础学科人才的培养本身也还存在着一个保护和加强的问题。

（4）经济建设和生产部门对理科人才的特点不够了解，缺乏合理使用的经验，也是影响理科人才在社会主义建设的更广泛范围内发挥作用的一个重要原因。当然，这也同我们对外宣传与教学改革工作不够有关。

我认为，以上两个方面，是影响高等理科教育更好地为社会主义建设服务的主要问题，迫切需要认真研究，提出解决问题的方针和措施，使我国高等理科教育更加健康地向前发展。

三、逐步调整和深化改革高等理科教育的方针、任务

如前所述，近十年来，我国高等理科教育的发展成绩确实很大，但存在的问题也不少。为了巩固已经取得的成绩，同时，切实解决好发展过程中已经出现的迫切问题，使其更好地适应社会主义建设的实际需要，我们必需抓住当前有利时机，逐步调整和深化改革高等理科教育，并把调整与深化改革紧密地结合起来。高等理科教育的调整和深化改革，是整个高等教育调整和深化改革的重要组成部分。

根据党中央制定的社会主义初级阶段的基本路线和实现现代化的宏伟目标，我们设想，到本世纪末，我国高等理科教育发展、改革的奋斗目标是：初步建立起适应我国社会主义建设需要和面向二十一世纪的、规模适宜、布局合理、结构优化、水平较高的具有中国特色的社会主义高等理科教育体系。

从现在起，用五年左右时间，重点是抓好调整和深化改革工作，为实现上述奋斗目标打下基础。高等理科教育的调整、深化改革工作，必须从我国的实际出发，遵循高等理科教育的基本规律。同时，必须明确以下几个重要的指导方针：

（一）认真贯彻执行教育为社会主义建设服务、与生产劳动相结合、德智体全面发展的方针，把思想政治工作放在首位，正确处理好政治与业务、理论与实际、基础与应用、当前与长远的辩证关系。

高等理科教育的根本任务是培养为社会主义建设服务的，德智体全面发展的理科专门人才。要完成好这个任务，必须坚决贯彻执行党在社会主义初级阶段的基本路线，牢牢把握住高等理科教育的社会主义方向。理科专门人才首先必须是社会主义事业的建设者和接班人，因此，从选人开始，一切改革措施与政策导向都要坚持把坚定正确的政治方向始终放在理科教育工作的首要位置。历史和现实都告诉我们，高等学校尤其是综合性大学是国内外敌对势力企图进行渗透的主要场所。四项基本原则与资产阶级自由化的尖锐对立，争夺青年一代的斗争，将是长期的。对此，我们必须要有清醒的认识，任何时候都不能放松马克思主义理论教育和思想政治工作，任何时候都要重视正确处理好政治与业务、德智体之间的关系，坚持又红又专。要积极引导学生走与工农相结合、同实际相结合的道路，着重解决政治方向和为谁服务的问题，同时，切实、生动、有效地结合理科教育的特点，对学生进行爱国主义与集体主义、辩证唯物主义与历史唯物主义的世界观与方法论、科学道德与献身精神的教育。

理论联系实际是搞好高等理科教育和教学改革的基本规律和原则之一，必须贯彻始终。理科毕业生的基础理论和科学实验能力较强，才能有“后劲”，这是理科教育的特点与优势所在。但随着理科教育要拓宽专业、注重应用和面向国民经济建设主战场的新形势，理科毕业生缺乏生产实践知识，适应期太长的弱点显得十分突出。因此，我们必须认真地进行研究，区别不同情况，加强校内外实践性教学环节，使学生更多地了解工农业生产实际，更多地了解国情，正确地处理好理论与实际、基础与应用、当前与长远的关系。

（二）面向科学、教育事业，加强基础性科学研究和教学人员的培养，仍是高等理科教育的基本任务，但发展趋势是少而精、高层次。

在当前面临世界新技术革命的严峻挑战和世界经济激烈竞争的形势下，是否拥有一支高水平和强有力的基础研究和应用基础研究力量，这是一个国家是否具有竞争实力的重要标志。我国虽然是一个发展中国家，但是一个大国，我们的奋斗目标是要在下世纪中叶基本实现现代化。为此，我们必须有长远考虑，要有基础性研究工作的储备，并广泛开展应用基础研究，要有一支高水平的精干队伍跟踪世界科学的先进水平。这些基础研究和应用基础研究人才的培养和补充，主要还得依靠我国的高等理科教育。

同时，我国高等教育事业本身还要发展，这也需要高等理科教育为其培养和补充一部分高质量的自然科学基础学科的教学和研究人才。但是，随着社会主义事业的不断发展，对人才的要求会不断提高，其趋势是少而精，高层次。所以基础性研究和教学人才不会都是仅由理科本科教育培养的，大量的还需要经过研究生教育阶段深造。因此，为研究生教育输送高质量的生源，就成了理科本科教育的一项重要任务。理科本科教育不仅要为理科研究生教育提供高质量的生源，还应注意为工、农、医等应用学科乃至某些人文、社会科学的研究生教育输送一定数量的自然科学基础好的生源。

如上所述，从我国现阶段的国情出发，对基础性研究和教学人才的需求，只能是少而精、高层次。因此并不需要全国所有设有理科的学校的所有专业都来培养这类人才，也不是所有设有理科专业的学校和所有理科专业都具备条件能够培养这类人才。这里就有一个合理规划、分工和布点的问题。为了提高效益，目前，我们只能根据实际需要和现有的条件，先在自然科学的主要基础学科中，确定几类专业，例如，数学、物理学、化学、生物学、地质学、地理学等专业，有计划、分步骤地选择一些师资力量强、办学条件好、办学经验丰富的专业或系，布一些点，制定一些加强和保护政策，吸引优秀生源，改善办学条件，使之逐步建设成为我国培养基础性研究和教学人才为主的基地。

（三）将高等理科教育的服务面向扩展到非基础性科研和教学部门，把多数理科毕业生培养成具有良好科学素养的科学应用人才，是今后一个时期高等理科教育改革的重点。

众所周知，近代自然科学的发展，除了少数暂时还看不到它的应用前景的以外，绝大多数早已从单纯解释自然的理论体系中脱胎出来，而广泛地应用于社会物质生产的各个领域。理科人才（或者说科学工作者）进入经济、生产、技术部门，特别是高技术产业和其他知识密集型产业，促进科学与技术、生产的结合，这已经是发达国家大幅度提高生产力水平的成功经验。在国际上，基础科学人才与工程技术人才结合所取得的累累硕果，正在促进人们不断加深认识科学与技术相结合的重要意义。但是，在我国由于生产力水平比较低，高技术产业和知识密集型产业比较少，人们对这个问题还认识不足。长期以来，由于多方面的因素，理科毕业生还不习惯于分配到经济、技术部门和工矿企业去工作，用人单位也不大善于合理使用他们。因此，有的即使分配去了，留得住、且充分发挥作用的并不普遍。今后，随着我国现代化建设的发展，生产力水平的提高，新兴产业的兴起，有越来越多的理科人才进入经济、技术、生产部门发挥作用将是必然趋势。

高等理科教育面临的新形势，促使我们必须对高等理科教育的培养目标和培养模式进行适当的调整，主要是改变过去那种单一的侧重于基础研究人才的培养模式，而应采取分流培养，扩大理科教育的服务面，大力促进理科人才流向经济、技术和生产部门，流向厂矿企业和其他应用单位。当然，这种调整，不是对原有培养目标和教学的否定，而是根据社会的实际需要将原来的培养目标拓宽，规格多样化，扩大服务面；也不是抹杀理科人才的特点，都办成工科专业，而是“扬长补短”，在保持理科人才基础和科学素养好的前提下，适当加强应用方面的教育和训练，培养对应用部门既有较快适应能力，又有适当“后劲”的理科人才。对这一类人才，应当如何培养，我们的经验不多，需要有多种方案进行试验。也正因为如此，它是我们今后一个时期改革工作的重点。

工、农、医科院校设置的理科专业，要坚持理工（农、医）结合的方向，发挥自己的优势，办出特色，培养既有比较扎实的理论基础，又有较好工程、农林、医药应用训练的科学应用人才。有的综合大学可以与医药院校联合举办医药专业的预科，头二年理科基础部分在综合大学办，后面的医药专业课部分转到医药院校。在这方面，我们已经有个别学校在这样做了，但数量很小，我们希望有更多的院校进行试验。

（四）适当控制高等理科教育的总体规模，使之与我国现阶段的社会实际需要相适应。

大量的社会调查表明：我国的科研、教学部门对理科人才的需求近期内尚无明显增长的趋势，工矿企业目前要人的重点仍放在工科人才，大量吸收理科人才的可能性不大。在这种情况下，兼顾近期和长远需要，一方面要在保护一些基础好的理科专业侧重培养少而精的基础性科研、教学人才的同时，通过改革，着力于把多数理科学生培养成为适应经济、技术、生产部门需要的应用性理科人才。另一方面，我们必须从实际出发，从国家实际需要和整个高等教育合理结构的全局出发，逐步调整，适当地控制高等理科教育的总体规模，以保证高等理科教育的办学效益和健康发展。

控制到什么样的规模较适宜？由于目前我们还没有很科学的和足以为据的人才预测计划机制，很难提出一个准确的具体数字。但是，近几年来，理科毕业生分配难，相当一部分专业的毕业生供过于求，这是客观事实。为了有一个大体的控制目标，我们做了一些初步调查和测算，作为一种信息供大家参考。例如，1986至1988年（1989年有非正常压缩，不计在内）全国理科年总招生量约为2.2～2.4万，其中，专业布点多、招生量大的主要是数学、物理学、化学、生物学这四类专业（含应用数、理、化类专业），共占70%，平均年招生量约为1.6万人。其余部分是布点较少的力学、地学、天文类专业和本来就属于应用性的无线电、计算机类专业。因此，控制的重点无疑应放在数、理、化、生四大类专业。具体实施将慎重地逐步地进行。

怎么控制呢？我们有以下几点初步意见请大家讨论，希望结合各地、各校的实际情况逐步落实。

第一，在近期内，不再增设新的综合性大学，一般也不再增设新的理科类专业点，特别是数、理、化、生四类专业（包括应用数、理、化）要严格控制。

第二，各校都要加强社会需求调查，根据自身的办学条件和毕业生分配情况的反馈信息，制定今后五年本校理科教育控制规模和调整、整顿计划，报学校主管部门和国家教委。

第三，必要时，国家教委将有计划地商学校主管部门进行适当的行政性宏观控制，控制的重点是新建的综合性大学、部分单科性工科院校和办学条件差的理科专业点。

四、关于实施调整和改革工作过程中需要注意的问题

关于实施高等理科教育调整、改革的意见和制订基本培养规格、修订教学计划的原则、要求，我们已拟了两个征求意见稿，这里讲几点需要注意的问题。

（一）调整和改革最终都要落实到深入进行教育思想、教学内容和教学方法的改革，大力提高教育质量。

培养目标进行调整之后，本科生的业务规格大体分为两类：一类是主要从事基础性科学研究和教学工作的基础科学研究人才，这是少量的，在本科阶段应强化基础训练（包括理论基础与科学实验能力），品学兼优的可以直升研究生阶段。另一类是主要面向非基础性研究、教学部门（主要是经济、技术、生产部门）从事各种应用性工作的应用理科人才，或叫科学应用人才，这一类是多数。这两类人才在培养过程中都要贯彻“强化基础，分流培养”的要求，正确处理好两类规格的关系。首先，两类规格的人才，都是理科人才，其次，两类规格是根据国家需要和知识、能力结构不同而分工的，不是层次、水平高低之分。对于基础学科类专业，有些也要在同一专业内培养不同业务规格的两类人才，这就要求前期强化共同的学科基础，后期按不同要求再分流培养。对于应用理科和技术科学类专业，一开始就要明确主要是培养应用人才。但也不排除这类专业培养出来的少数毕业生流向基础研究工作部门或成为理科研究生的优秀生源。

（二）各校的培养任务要有所分工和侧重，办出各自的特色。

多年的实践证明，全国按同一种模式培养理科人才，既不符合学校的实际情况和条件，也不适应社会多方面的实际需要。从全国来说，有的学校可能有比较多的专业侧重培养基础科学人才。大部分学校、多数专业，可能要侧重培养应用性的理科人才。有的学校根据实际需要，可能要多办一些师范班，培养中学教师，或为医药院校办“医预”班。对这个问题，大家都要从国家需要的全局出发来考虑。特别是一些地方综合性大学以及多数工、农、医科院校的理科专业更要从本省、自治区、直辖市以及本部门的实际需要出发，实事求是，有所分工，各有侧重，办出特色。在这个问题上，只是分工和侧重点的不同，没有高低之分。

（三）进一步拓宽专业，增强适应性。

1987年修订了理科本科专业目录，专业有所拓宽。理科本科专业目录共有70种专业，加上原来工、农、医科专业目录中还有一部分理科专业和少量的特批专业，现在全国共有92种专业，654个专业点。专业口径过窄、适应性不强的问题仍未完全解决。准备根据调整、改革的要求和科学技术发展的新趋势，进一步酝酿拓宽专业范围的方案，而且要与其他科类的专业一起统一研究。关于理工科统一考虑的修订方案，还要经过一段时间的酝酿和论证，然后再专门召开会议进行审定。

（四）进一步加强理科教师队伍的建设。

加强、改革高等理科教育，提高教育质量，关键是要有一支适应改革需要、水平较高的师资队伍。要积极争取国家把基础性科学研究和高技术研究开发工作的重点更多地放到高等院校来，改善研究条件，使重点学校有更多的教师参与基础性研究和高技术研究开发。学校要引导教师开展广泛的应用研究，参加实际工作，增长教师将科学转化为应用的能力，积累资料，充实教学过程。要注意适当引进科学素养好的应用性学科的教师和技术人员充实理科教师队伍，改善理科师资队伍的结构。

另一方面，教学条件和基础较好的理科校、系，应当积极担负起全国各类院校理科教师的培训、提高任务，有条件的可以建立理科教师培训点，必要时可适当减少理科本科的招生量，扩大进修教师的数量，多为其他院校培训一些理科教师。

（五）加强学校与社会的联系，积极开展理科人才社会需求和毕业生跟踪调查，努力宣传理科人才特点和怎样发挥作用，促进理科人才更多地流向经济、技术和生产部门。

近两年来，很多学校开展了社会需求和毕业生跟踪调查，为高等理科教育的调整和深化改革提供了许多有用的信息和依据，密切了学校与社会、用人单位的联系。这是一件很有意义的工作。今后，要建立一些可行的制度，把这项工作变成经常性的工作，使高等理科教育更好地、更主动地适应社会主义建设的实际需要。

另一方面，学校也要主动向社会，特别是工矿企业等生产部门做好宣传、介绍和解释工作，使社会用人部门了解理科人才的特点和作用，为使理科人才更多流向实际应用部门，并充分发挥作用创造条件。

（六）加强对高等理科教育调整和深化改革的领导。

高等理科教育的调整和深化改革工作，可能涉及的学校面比较广，调整和改革的内容也比较多。搞得好坏，对今后都有较大的影响。因此，我们必须加强对这项工作的领导。各级教育行政部门、学校主管部门、学校党委和行政领导，都要切实加强对这项工作的领导。对有些比较重大的、影响比较深远的调整和改革，要采取审慎的态度，要经过充分的论证，有的则要经过试点，取得经验，然后逐步推广。

当前，全国正在贯彻党的十三届四中、五中、六中全会精神，加强党的建设和思想政治工作，进行国民经济的治理整顿、深化改革，形势很好。我们相信，只要我们坚决贯彻党的十三大提出的“一个中心，两个基本点”的基本路线和教育为社会主义建设服务、与生产劳动相结合，德智体全面发展的方针，进一步统一思想认识，积极争取国家和社会多方面的理解和支持，我们就一定能够在今后五年左右时间内胜利地完成调整和深化改革高等理科教育的任务，使我国高等理科教育在本世纪末的最后十年健康、稳定、协调地发展，达到我们预定的奋斗目标，并为下一个世纪新的发展打下良好的基础。

努力开创学校德育工作的新局面

柳　斌

目前,中小学德育工作出现了新的转机,表现在如下几个方面。第一,以江泽民同志为首的党中央,在治理整顿经济的同时,采取了“廉政”、“扫黄”、“除六害”等一系列政策措施,兴利除弊,密切了党和群众的联系,加强了社会主义精神文明建设,为加强中小学德育工作创造了有利的外部环境。第二,1989年春夏之交我国发生的政治动乱和一些社会主义国家出现的动荡局面使各级党委、政府和人民群众认识到,在改革开放过程中反对“和平演变”的重要性,强化了培养社会主义事业接班人的意识。第三,各级教育行政部门和学校对于“把德育放在各项工作的首位”已初步形成共识,并且正在逐步贯彻落实。第四,各地涌现了一批重视德育的先进典型和模范人物,并总结了一些德育工作的好经验。教育工作者应当珍惜这个大好时机,努力工作,下大工夫,稳步地、扎实地改变德育工作薄弱的状况,建立与社会主义经济建设、社会主义民主政治建设和社会主义精神文明建设相适应的中小学德育工作的新格局。

中小学的德育工作可以分为相互关联,但又各有区别的几个组成部分。一、政治教育。当前应以四项基本原则为中心内容,着重解决拥护党的领导和走社会主义道路的问题。今年是鸦片战争150周年,英法联军火烧圆明园130周年,八国联军侵华90周年,要充分利用历史资料教育青少年,使他们懂得民族的独立,国家的主权是最重要的,是民主、自由、人权的保证,如果失去了独立和主权,也就从根本上失去了民主、自由和人权。二、思想教育。当前要以集体主义和为人民服务的思想为核心内容,着重进行辩证唯物主义与历史唯物主义的基础教育,帮助青少年逐步确立阶级分析观点,群众观点,劳动观点,集体主义观点,实事求是和一分为二的观点,确立人的本质属性是人的社会性,人民群众是历史的主人的唯物史观,认识社会发展规律,树立为人民服务的人生观。三、品德教育。当前应以“爱祖国、爱人民、爱科学、爱劳动、爱护公共财物”以及中小学生行为规范为基本内容,着重解决劳动观念,艰苦朴素,遵纪守法,爱护公物,文明礼貌,遵守社会公共生活准则等问题,帮助青少年学会用社会道德行为规范来约束自己,做纯洁的有道德的人。

前几年中小学主要抓了品德教育,取得了很好的成绩。当前要在继续抓好品德教育和行为规范训练的同时,加强对青少年的政治教育和思想教育。尤其要着重加强爱国主义教育,要把爱国主义教育作为一条红线贯穿在政治教育、思想教育和品德教育之中。对于一个国家来说,最紧要的事情是使全体国民具有自尊、自信、自立、自强的精神,这是民族繁荣、国家强盛的根基。而爱国主义则是这种伟大精神的根本支柱。培养青少年一代的爱国心,是学校、家庭、社会共同的神圣的使命。

目前,中小学德育工作的发展势头是良好的,而且将会越来越好。但是必须看到中小学德育工作的发展是很不平衡的。有些地区、有些学校对德育工作还缺乏认识,还在单纯追求升学率;有些地区、有些学校对干部、教师疏于管理,少数教师品行不端,但无人过问。这种状况必须立即改变。各级教育行政部门要在党和政府领导下，建立责任制，雷厉风行，迅速改变本地区的面貌。

在中小学校，有一大批优秀的校长、教师，他们懂得教育规律，有丰富的教育经验，有科学的教育方法，他们是名副其实的教育家。但这些年来，他们遇到了许多困难，各级教育行政部门应在党和政府领导下，为他们提供必要的条件和创造良好的环境，使他们能够更加有效地做好德育工作。

为此必须就以下几个问题形成共识。

一、确立评价学校教育质量的合理的科学的标准。高等学校招生考试，目前是为选拔同龄人的3%或应届高中毕业生的20%而设计的，而中小学教学一条重要的原则是面向全体学生。以高考升学率做为评价中学质量的依据，即以面向少数学生的择优选拔考试代替面向多数学生的合格水平考试作为评价中学教学的依据，就必然迫使中学按高考的要求进行教学，从而把中学引向片面发展的道路。因此，要普遍推行高中会考制度，以会考合格率作为评价中学文化知识质量的依据，这是更为合理也更为科学的。这样可以使大多数学生以成功者的心态走向社会，也可以让非重点中学师生充满信心，全面育人。

除会考(文化知识)外，还要确立德育评估标准，体育锻炼标准，劳动技术教育标准。对于一个地区来讲，检查教育质量不能只看升学率，还要看辍学率，看犯罪率，看近视率，要全面评估其办学水平。如果要讲竞争的话，要用办学水平的竞争代替升学竞争，以促进学校因材施教，促进学生全面发展。

二、调整和完善导向机制。对学生来说，招生，升学，分配，奖惩；对教师来说，评定职称，晋级，评优，奖惩，都应当把政治、思想、品德方面的表现作为重要条件纳入评优标准。要纠正只重智育不重德育，只重业务，不重政治，只重才，不重德的倾向。

三、建立和健全在上级党委领导下，教育行政部门与党委宣传部门密切配合、学校校长负责和充分发挥党支部政治核心作用相结合的德育工作体制。目前，各地做法不尽相同，应积极实践、探索，不断完善。总之，学校的德育工作，党委要管，教育行政部门也要管。德育工作的机构、人员，德育工作者的待遇，应由各地按照有关政策，合理解决。

学校内部的管理体制应做好提倡年级组负责制度；或者年级组与教研组同时存在，但以年级组管理为主的制度。这样有利于加强学校德育工作。

四、加强干部和教师队伍的培训工作。各级教育行政部门要制订规划，在两三年内，对在职校长和党支部书记普遍轮训一次，使他们进一步明确中小学教育的性质、任务和办学思想，从理论和实践结合的高度上研讨中国中小学教育的实际问题。

教育行政部门要建议党委、政府举办地(市)、县、乡领导干部教育工作专题研讨班，研究解决教育指导思想问题。使各级领导干部，不但能够重视教育工作，而且懂得如何按教育规律管理教育工作。

加强师资队伍的建设是加强中小学德育工作的关键。要建立正常的教师政治学习制度，同时有计划地组织教师参加“社会主义的理论与实践”“中国国情和中国中小学教育”等专题研讨班，以不断提高教师队伍的思想政治素质。在继续依靠、关心、照顾中老年教师的同时，要特别重视青年教师的培养，充分发挥青年教师的作用。对青年教师要采取关心、爱护、热情帮助、重点培养的政策，对思想品德好，有成就有作为的青年教师要破格提拔、使用，使之脱颖而出，形成青年教师队伍的骨干。

五、加强校外教育阵地和劳动基地建设，为加强劳动教育和社会实践活动创造必要的条件。要充分开发当地的德育资源，利用博物馆、纪念馆、展览馆，革命遗址、社会考察点、服务点、现代化企业和建设工程，对青少年进行思想政治教育。

六、学校、家庭、社会形成合力，创设青少年成长的优良环境。各地的社区教育委员会、家长委员会等组织的建立，把学校教育、家庭教育、社会教育的三结合推上了一个新的阶段，开创了教育社会化、社会文明化的新局面。要总结和推广这些好的经验，发动学生、家长和社会各界对社会文化生活及精神产品进行评价、监督，进一步加强社会主义精神文明建设，以抵制各种腐朽思想对青少年的侵蚀。

党委、政府和各级教育行政部门重视德育工作，加强对学校德育工作的领导，这是推进中小学德育工作的根本保证。党委、政府抓德育，一要把学校德育工作提上议事日程；二是主要领导同志要亲自抓，分管的领导同志要具体抓；三要制订德育方面的政策法规；四要建立奖惩制度；五要抓组织协调工作，促进社会各界齐抓共管。这样就能使德育在各项工作中的首要地位得到落实，使学校德育工作出现新面貌。

加强学校国防教育，培养社会主义事业的接班人

邹时炎

首届全民国防教育研讨会召开了，这是一件具有重要意义的大事。我代表国家教委和教育战线的师生员工，对研讨会表示祝贺。

学校国防教育是全民国防教育的基础，也是学校德育工作的重要组成部分。在各级各类学校开展国防教育，不但可以激发青少年学生的爱国热情，树立为实现我国工业、农业、科学技术和国防现代化而努力学习的正确目的，促进他们德、智、体全面发展，立志献身于伟大的社会主义建设事业，而且对于向中国人民解放军提供合格的后备兵员也起着十分重要的作用。

新中国成立以来，我们党和政府很重视以军训为主要形式的国防教育工作。1955年，毛泽东同志批准了在高等院校进行军事训练的报告以后，全国有14所高等学校，127所中等学校，约8万余名学生进行了军事训练。1958年，高等学校和一部分中等专业学校相继建立了民兵组织，以民兵训练的形式对学生实施军事训练。1964年，部分高等学校组织学生到部队短期当兵。当时全国共有13个省、自治区、直辖市的8.4万名大学生到部队短期当兵，进行锻炼。这一个时期的工作，对促进学生德、智、体全面发展，培养社会主义事业的接班人，起到了积极的作用，也为学校国防教育积累了有益的经验。

党的十一届三中全会以后，在改革开放的新形势下，学校如何培养社会主义事业的接班人，这是摆在我们面前的一个重要课题。党和政府十分重视教育，把它放在优先发展的战略位置。教育部门为培养有理想、有道德、有文化、有纪律的一代新人，做了大量的工作，进行了许多有益的研究和探索。为对学生进行国防教育，根据中央关于教育体制改革决定的精神和新兵役法的有关规定，从1985年开始在一部分高等学校和高级中学进行学生军训的试点工作。同时在一些省、自治区、直辖市，进行了九年义务教育阶段国防教育试点。到1989年为止，全国已有140多所大学和300多所高级中学按计划要求对学生实施了军事训练。每年接受训练的大学生约14万人，中学生7.5万人。五年来，学生军训工作取得了很大成绩，受到了广大学生、教师、家长的欢迎，并在社会上引起了积极的反响。

实践证明，在新的形势下，对青少年学生进行多种形式的国防教育是十分必要的。它对于全面培养和提高学生素质，加强以爱国主义教育、社会主义教育为主要内容的政治思想与品德教育有着重要作用。通过军事训练与教育活动，长期生活在和平环境里的学生初步知道了国防建设对自己的要求，学习了国防理论知识，增强了国防观念，掌握了一定的军事技能，意识到自己肩负着建设祖国和保卫祖国的神圣职责。通过体验军营生活，使学生接触了社会实践，磨练了意志，加强了组织纪律性和集体主义观念，有力地促进了思想觉悟的提高。

经历了去年的政治风波之后，我们必须更清醒地认识到，在我国社会主义现代化建

设的长期过程中，国内外敌对势力利用我们改革开放和建设的机会，千方百计地进行渗透和颠覆活动。资产阶级自由化思潮必然会侵袭教育阵地，腐蚀青少年一代。渗透与反渗透、"和平演变"与反"和平演变"、颠覆与反颠覆的斗争必将长期存在。因此，学校始终坚持正确的政治方向，把教育放在首位、把加强学校国防教育作为学校教育工作的一个重要内容来抓，更具有重要而深远的意义。

为了总结、交流国防教育的试点经验，使新时期的国防教育工作更普遍更有效地开展起来，国家教委专门召开了学校国防教育管理工作研讨会。通过学习与研讨，大家进一步提高了认识，增强了信心。会议对学校今后的国防教育工作明确了以下要求：一是学校国防教育应紧紧围绕贯彻党和国家的教育方针、培养社会主义事业接班人这一根本目标来进行，各级各类学校必须高度重视这项工作；二是学校国防教育应密切结合各科教学、课外活动、社会实践来进行，必须具有学校教育的特色；三是学校国防教育工作应从小抓起，扎扎实实打好基础，要按照学生不同的年龄、性别等特征，由浅入深，由低到高，科学而合理地作出安排；四是学校国防教育的开展要因地制宜，从本地区的实际情况出发，充分发挥中央、地方和各方面的积极性，通过多种渠道，采取多种形式进行；五是学校国防教育要注重抓好试点，总结经验，要切实把工作落到实处，并收到实效。

按照上述要求，学校国防教育大体分为三个阶段：一、义务教育阶段。根据《中华人民共和国义务教育法》，我国现阶段实行对适龄儿童少年九年义务教育。据统计，全国小学生12373.1万人，初中学生3837.9万人，约占全国人口的六分之一。随着九年义务教育的逐步实施，受教育的人数会更多。对这一阶段的国防教育应十分重视，这不但是因为受教育的人数多，更为重要的是，现在的小学生和中学生是下个世纪我国社会主义现代化建设的生力军。他们的素质如何，对于粉碎敌对势力"和平演变"的阴谋，实现社会主义现代化，有着至关重要的作用。这个阶段的国防教育应从儿童、少年的特点出发。教育要点包括：爱祖国、爱家乡、反对外来侵略的防卫观念；爱人民军队，敬慕英雄，不怕牺牲个人利益的奉献精神；爱人民，关心他人，为人民服务的高尚品格；热爱中国共产党、热爱社会主义，遵纪守法，维护国家团结的公民意识。进行这些教育必须同语文、政治、历史、地理、体育等课程的教学紧密结合，使教学活动与国防教育融为一体。学校的品德教育及少先队和共青团组织的活动也要把国防教育列为重要内容。还要通过举办"军事夏令营"、"少年军校"及"防空、防原子、防化学"等活动，使学生学习和掌握初级军事常识与技能。二、高中教育阶段。包括普通高级中学、职业高级中学和中等专业学校。据统计，全国共有这类学校的学生4227.5万人。在这一阶段，一方面要根据兵役法的要求，把预备役士兵教育训练的内容和基础军事理论列入教学大纲实施教育；另一方面要结合高中阶段的政治、历史、地理等课程的教学，以及课外活动和社会实践，进一步拓宽国防教育的内容。职业高级中学和中等专业学校应根据职业和行业特点进行国防动员的基本教育。有条件的学校还可以结合红十字青少年活动，对学生进行卫生救护等方面的基本训练。三、大学教育阶段。据统计现有在校大学生208.2万人。在大学阶段，要把培养各类高级专门人才和培养预备役军官结合起来，使大学生接受军事训练，学习军事思想、军事历史、军事谋略、战略战术等军事理论，并将其列入教学大纲，作为必修课程。大学的军事训练应采取多种形式进行，一般在校内训练，有条件的地区也可以建立学生国防教育中心，少数大学还可以到部队进行训练。多年来，一些部队和学校开展军民共建活动，帮助学校开展军事训练，彼此建立了良好关系，积累了可贵的经验，这一做法应长期坚持下去，不断发扬光大。

同志们！学校国防教育工作依赖于社会各方面的重视和支持，全民重视国防教育的大气候为学校的国防教育创造了很好的条件。在改革开放的新形势下，教育部门和各级各类学校必须从新的意义上去认识学校国防教育的重要性。在各级党委和政府领导下，认真把这项工作做好。我们恳切希望军事部门和社会各界都来支持和关心学校的国防教育，也希望学生家长积极配合学校搞好国防教育，为培养社会主义事业的接班人共同努力。我们希望作家和文艺工作者创作更多更好的具有国防教育意义的图书、电影、音像等文艺作品。报刊、电台和各类宣传机构应重视国防教育的宣传工作。各类图书馆、纪念馆应增加有关国防教育的图书和展览。这样，我们的青少年就可以从社会的各方面通过不同的渠道受到国防教育。

开展国防教育是我们国家长治久安的需要，不是权宜之计。十年树木、百年树人，通过深入持久的国防教育，使我们的下一代深铭“天下兴亡，匹夫有责”的大义，懂得居安思危的道理，从而热爱社会主义祖国、热爱中国共产党、热爱人民军队。这样，我们的社会主义事业就会后继有人，大有希望。

学校国防教育得到了军事部门和社会各界的大力支持，我代表国家教育委员会表示衷心的感谢。

总结经验，把农村教育综合改革引向深入

王明达

一、农村教改实验的新发展

近几年来国家教委很重视抓农村教育改革。1986年就明确提出：县以下的农村教育应转到主要为当地培养社会主义建设人才同时兼顾升学的轨道上来，并决定建立农村教育改革实验区。教委与河北省政府共同进行了近半年的调查准备，自1987年2月开始，选定阳原、完县、青龙三县为农村教育综合改革实验区。1987年秋国家教委又和辽宁省政府在海城市召开了农村教育办学方向讨论会。同年底与农牧渔业部联合在山东省平度召开了全国农村教育为当地经济建设服务经验交流会。李鹏同志很重视县级的教育改革经验，1987年8月曾指示国家教委：县里教育改革的经验很值得重视，要认真总结推广。为了更有力地推广农村教育改革的先进经验，把农村教育改革抓紧抓实，落实到县、乡基层，国家教委又提出了“燎原计划”，经国务院批准后，1988年9月在河北省南宫召开了部署“燎原计划”的会议。“燎原计划”来自农村教育改革的实践，它又是推动农村教育改革深入发展的重要措施。“燎原计划”受到广大农村县、乡基层的欢迎，大大突破了原定计划目标，当年就已经建立了2800多个燎原示范乡，分布在近800个县内。“燎原计划”的实施把农村教育改革推向了新的阶段。为了使“燎原计划”更好地实施，1989年国家教委又决定在实施“燎原计划”的县中重点抓好115个县，作为全国农村教育综合改革实验县，使这些县首先成为实施“燎原计划”的示范县。同年10月教委又在湖南省郴县召开了“燎原计划”和农村教改实验县工作会议，进一步明确了农村教育改革的方向，宣传了郴县的经验。郴县会议交流的大量经验表明，我国农村教育综合改革又向前跨了一大步。

各地现在都重视了抓农村教育改革实验，有些省、地在115个实验县外还确定了一批地方的农村教改实验县。有些县还选了一些乡作为改革实验乡。一个规模宏大的农村教育改革实验正在全国农村兴起，一批很有特色的重视教育又会办教育的先进县相继出现，先进典型在农村教育改革中起了很好的示范带头作用，榜样的力量是巨大的，成千上万的人到先进的点上找到了差距，学到了经验。更多的典型正在成长，可以预期，不远的将来，将会出现一个地区甚至一个省的大范围内的农村教育综合改革实验的先进典型。大量的典型联成一片，形成燎原之势，必将深刻地改变我国农村教育的面貌。

农村教育改革虽已迈出了可喜的一步，局面开始打开。但必须清醒地看到，农村教育综合改革还仅仅是起步阶段，发展很不平衡，改革还有各种阻力和困难，改革的方向和路子虽然已经明确，但配套的措施还应完善，落实到每个基层单位任务尤其艰巨。可谓任重道远，决不能有任何松懈。必须坚持奋斗，继续抓紧。当前需要认真总结这几年农村教改的经验。

二、农村教改实验已取得可喜成效

在河北省几个县建立农村教育改革实验区时，确定以为当地培养社会主义建设所需人才为主要目标，改革教育思想、结构、内容、方法和管理体制，使教育与当地建设和人民生产、生活更密切地联系，提高地方办教育和群众送子女上学的积极性，逐步形成教育与经济和社会发展互相促进的机制，提高办学效益和教育质量。三年来教改实验县主要抓了转变教育观念，端正农村办学方向，调整教育结构，大力培养师资，努力改善办学条件，进行教学改革，实行“三教”统筹，推动农科教统筹结合等方面的工作，已经取得了明显的进展。

教育优先发展的战略地位正在落实。抓实验县使县、乡各级主要领导重视教育，也推动了省、地主要领导更关心教育。省、地主要领导多次到实验县调查指导教改实验，张家口地区专员带病到阳原两次召开政府现场办公会议，研究推广阳原教改的经验。广大基层干部教育的观念发生明显变化，不仅舍得在教育上投资，还逐步明确了农村教育改革的方向和路子。阳原、完县、青龙都属贫困县，但办学条件却有了很大改善，实现了“一无两有”，新建了大批标准较高的教学楼，阳原标准化校舍占校舍总数的85%。1989年，阳原、完县都遭到特大的自然灾害，但这一年阳原用于教育的经费人均达38元，完县达35元。去年7月完县遭受特大洪灾，造成902间新危房，县政府提出救灾先救教育，经半年努力到今年春天已全部修复了新危房。

教育观念的变化大大促进了这几个县教育内部的改革。实验县已普及小学教育，小学毕业生升初中的比例达70%，青壮年中的文盲率已下降到10%以内。每县都有一所中等骨干职业技术学校，每校都有百亩以上的实验基地。100%的乡和90%的村建立了农民文化技术学校，仅1989年三县就培训农民近十万人次。去年，阳原县已有大部分乡开始实行“五、四”学制。青龙县四年制初中已达36所，今年全县53所初中都将改为四年制。中小学的劳动教育得到了加强。三县为中小学调拨生产劳动基地4363亩，平均小学每班超过半亩，初中超过一亩，还编写了乡土教材共20多种。普通教育中引进了职业技术教育的因素，开展了“三加一”的试验。在北京师大和中央教科所的帮助下，三个县都开始引进全国较先进的教学方法，吕敬先语文教学法已在完县大面积试验，教学质量有明显提高，受到广泛的欢迎。从试验工作一开始，三县就狠抓了师资的培训。高校已为三县培养一年以上学制的师资1500人，一年以下短期培训2000人。大批师专毕业生已补充学校。完县小学教师学历合格率已达81.2%，初中教师学历合格率达44%，今年暑期后将有82名师专毕业生进入学校，使初中教师学历合格率提高到50%以上。

教改开始选择了一些村，利用高校的帮助，结合农业开发项目，广泛进行实用技术培训，使生产显著提高，农民收入有较大增加。张家口农专和县职业学校为阳原县岳家庄村引进了一些常规的农业生产技术，并对农民进行普遍的技术培训，两年内粮食增产50%，人均收入由1986年的95元提高到1988年的500元。这些点上的变化激发了农民学技术的热情，加快了农业科学技术的普及，促进了全县经济的发展。阳原1988年的工农业生产总值比1986年提高了158%，农民人均收入提高了189%。完县和青龙也有较大的提高。开始出现了“教促富，富促教”的可喜现象。

高等学校在帮助农村教育改革实验中有重要作用。可以帮助培训师资和管理人才，制定经济、社会、教育发展规划，引进经济开发项目，开展实用技术培训，帮助乡镇企业进行技术改造，指导教育改革，办好职业技术教育等。清华大学、天津大学、南开大学、北京师范大学、河北农业大学等高校在这几个县的经济开发、培养人才中都作出了较大的贡献。农村教育改革的深入也促进了高等教育特别是农业院校和师范院校的教育改革。河北农大和几所师专都在招生分配及专业设置、教学内容方面采取了一些改革措施。农大把县职业中学作为推广农业技术的二传手，改变教授直接去推广一般技术的现象，扩大了农业大学的服务面。

三、当前农村教改要抓好点上的深化、面上的推开

经过几年的改革实践，对农村教育存在的弊端有了较深入的认识，对如何办好我国农村教育逐步形成了比较明确的思路。我国人口80%在农村，普及教育的难点和重点在农村，必须高度重视改革和发展农村教育。农村教育必须坚持为社会主义建设服务，必须坚持和生产劳动相结合，把德育放在首位，培养热爱农村的有文化、懂技术的社会主义建设者。因此，农村教育必须从单纯的升学教育转到主要为当地建设服务的轨道。要改革教育结构，不仅要有良好的基础教育，还应有适应当地经济社会发展需要的多层次、多形式的职业技术和成人教育。要改革教育体制，在落实分级办学的基础上，进一步实行“三教”统筹和农科教统筹。有关高校要支持县以下农村教育。县里办的骨干职业技术学校要实行上挂横联下辐射，各乡都要办好农民文化技术学校，形成专业技术培训网络。要改革教学内容和方法，编写乡土教材，在中小学的适当阶段，因地制宜引进职业技术教育因素。农村教育还要和农民的生产、生活相联系，以提高农村办学和上学的积极性。农村学校要积极参与当地社会生活的变革，推动农村社会的全面进步。依靠人民办教育，办好教育为人民。

这些思路已在实践中证明是符合中国农村实际的。凡是按这个路子落实得好的县，教育和经济与社会的发展就比较协调，教促富、富促教的良性循环开始出现。当前的任务就是要抓好试点上的深化，并把点上实践中总结出的改革的思路在更大范围内推广，逐步在基层落实。为此必须抓紧以下工作：

首先，要继续提高各级领导对农村教育改革的认识，深入进行农村教育和经济、社会发展适应情况的调查研究，用典型事例对比来提高改革的自觉性。还应按照分级负责的要求建立领导责任制。教育部门更应重视转变观念，积极开展教育改革实验。

其次，要精心组织“燎原计划”的实施。“燎原计划”是推动农村教育改革的重要措施，它的内容包括了农村教育改革的主要目标，实施“燎原计划”必须要实行农科教统筹和“三教”统筹。因此，建立燎原示范乡的过程也是落实教改任务的过程。实验县要首先成为实施“燎原计划”的示范县，为此就必须有更多的乡按照要求建成“燎原计划”示范乡。在实施“燎原计划”中要特别重视办好直接为粮棉油生产服务的职业技术教育专业，为科技兴农、提高农业生产特别是粮食生产作贡献。

第三，在工作方法上要重视抓典型。通过典型示范推动教改作用较大。各地都要深入基层花大力气去调查总结先进典型的经验。抓典型的目的是为了在更大范围内推广，一定要着眼于推广，不能人为地制造样板，失去推广典型的价值。还应注意典型的地域分布，只要努力抓，各级各地都有先进的典型。国家教委这几年先后介绍过东北的海城，华东的平度，华北的南宫，西北的庆阳，中南的郴县在农村教育改革中的经验，对全国起到了一定的推动作用。众多典型的出现是改革发展的标志，希望各省、自治区、直辖市也都应有自己的先进典型。还要注意点和面的结合，教育改革周期很长，不能等点上的各种试验全部完成再去推广。只要某方面有成效的教改实验结果就应积极推广。

第四，要注意改革中的不平衡性，要分类指导，分区要求，各地不可能同步进行。改革的总目标是相同的，但对不同经济、社会、教育发展水平的地区在改革的进度和具体目标上应区别对待。对老革命根据地、贫困山区、少数民族地区的农村教育改革实验，更应给予大力支持，组织各方面给予帮助，提高这些地区教育改革的效益。

第五，要注意宏观改革和微观改革的实验结合，妥善安排，协调进行。办学方向、管理体制、教育结构等宏观改革必须抓紧，但这些改革的成效还要通过学校内部的教学过程才能充分体现出来。因此，在抓宏观改革的同时，也要进行微观教学内容和教学方法的改革。学校内部的微观改革需要学校领导和教师积极参加。因此，农村教育的综合改革必须使行政领导和广大教师密切配合，才能取得较好的效益。

第六，要积极组织农村教育综合改革实验的科学研究。农村教育综合改革是一项涉及到经济、社会、教育等多方面的社会工程。我国历史上已有一些教育家对我国农村教育改革进行过探索研究，应该认真吸取他们的先进思想。对国际上有益的经验也要借鉴。现在我国农村有了很大变化，希望更多的教育科研人员深入农村实际，从我国国情出发，结合教改实验，开展科学研究，为农村教改实验提供科学的理论指导，使农村教改更健康的发展。各级教育行政部门要为教育科研人员创造条件。对已经在农村教育改革中做出成绩的科研人员应给予鼓励表彰。

最后要加强对农村教育改革实验的领导。国家教委成立了改革实验领导机构，各地也应从实际出发，指定机构和人员来负责这项工作。农村教改实验，需要长期坚持，决不是短期的工作，要考虑实验工作的持续稳定发展，还要及时交流各地的经验，定期检查工作进展落实情况，切实解决工作中的困难。

中华人民共和国国家统计局关于1990年国民经济和社会发展的统计公报(节选)

七、科学技术

科技工作取得新成果。1990年共取得国家级科学技术成果2914项。经国家批准的国家自然科学奖59项，国家发明奖224项，国家科技进步奖505项。

1990年，国家各项科技发展计划进展良好，成效显著。“七五”国家重点科技攻关合同有90%以上已完成计划任务，取得高分辨率地震勘探技术、30万千瓦机组批量生产和四次群光纤通讯具备工程总承包能力等一批重大成果。1990年又有11个国家重点实验室建成并通过验收，向国内外开放。

1990年国家自然科学基金委员会批准资助科研项目3531个，资助金额1.35亿元，分别比上年增长11.4%和8.9%。

1990年大中型工业企业设有专门的技术开发机构9156个，比上年增加1941个；组织技术开发项目4.65万项，比上年增加1.15万项。

1990年末全国共有产品监督检测中心3000个，其中国家级检测中心104个；全年制定、修改各类国家标准853个。1990年末，全国共有1000个气象台站建立了天气警报系统；各类有人值守的地震台站876个，地震测报网点4187个，区域和地方遥测地震台网20个；国家批准设立5个国家级海洋自然环境保护区，新建151个海洋监测站点。1990年测绘部门测绘了各种比例尺地图24953幅，出版公开版地图430种。

专利事业发展较快。1990年受理国内外专利申请41469件，比上年增长26%，其中工矿企业专利申请增长59.9%；批准专利22588件，比上年增长31.9%。

科技队伍进一步壮大。1990年末全国共有各类专业技术人员2432万人，其中自然科学技术人员1097万人，比上年增长6.0%。全国县以上全民所有制独立的科学研究与技术开发机构5410个，科学技术情报和文献机构410个，科学家和工程师42万人。全国高等学校从事科技活动人员78万人，其中科学家和工程师67.5万人，占86.5%。群众性科技活动又有所发展，厂矿科协已达7600个。

八、教育、文化

适应提高教育质量的需要，普通高等教育办学规模有所控制。1990年全国招收研究生3万人，比上年增长3.9%；在学研究生9.3万人，下降8.2%。普通高等学校招收本、专科学生60.9万人，比上年增长2%；在校学生206.3万人，下降0.9%。

中等职业技术教育稳步发展。1990年各类中等职业技术学校在校学生604.8万人(含技工学校学生133.2万人)，占高中阶段在校学生总数1322万人的45.7%。

义务教育普及程度进一步提高。1990年全国初中在校学生3869万人，小学在校学生12242万人。小学学龄儿童入学率达97.9%，比上年提高0.5个百分点；小学毕业生升学率达74.6%，比上年提高3.1个百分点。通过普及初等教育检查验收的县达到1459个，比上年新增加70个。

成人教育整顿取得进展。1990年成人高等学校招收本、专科学生49.2万人，在校学生174万人，比上年下降0.1%。成人中等专业学校在校学生158.8万人，比上年下降6.9%；成人技术培训学校在校学生1282万人，增长1.1%；成人中、小学在校学生2369万人，增长15.7%。扫除文盲工作成效显著，共扫除文盲397.2万人。

1990年末全国共有艺术表演团体2819个，文化馆3000个，公共图书馆2527个，博物馆1012个，档案馆3630个，广播电台640座，广播发射台和转播台673座，电视台510座，一千瓦以上电视发射台和转播台938座，各类电影放映单位14.5万个。1990年生产电影故事片100部，发行各种新片（长片）199.5部，有18部（次）影片在国际电影节上获奖。全国性和省级报纸全年出版158.7亿份，各类杂志出版19.1亿册，图书出版55.8亿册（张）。

中华人民共和国国家统计局关于1990年人口普查主要数据的公报(第一号)

（1990年10月30日）

根据国务院的决定，我国于1990年7月进行了第四次全国人口普查的登记工作。在各级政府的统一领导和全国各族人民的积极支持配合下，充分发挥社会主义制度的优越性，广泛动员社会力量，近700万普查工作人员艰苦努力，进行了认真细致的调查工作，胜利地完成了普查登记任务。经过事后质量抽查，证明登记工作取得了圆满成功。目前，普查的全部资料，正在用电子计算机进行处理。主要数据的手工汇总工作已经结束，现公布如下：

一、总人口。全国人口为1160017381人。

大陆30个省、自治区、直辖市（不包括福建省的金门、马祖等岛屿，下同）和现役军人的人口共1133682501人。这个数据是以1990年7月1日零时（北京时间）为标准时间，对具有中华人民共和国国籍并在中华人民共和国境内大陆上常住的人，采用直接调查登记方法取得的。

台湾省和福建省的金门、马祖等岛屿人口为20204880人①。

香港、澳门地区中国同胞的人口为6130000人②。

大陆30个省、自治区、直辖市和现役军人的人口，同第三次全国人口普查的1982年7月1日零时1008175288人相比，八年间共增加了125507213人，增长12.45%，平均每年增加15688402人，年平均增长率为1.48%。

大陆30个省、自治区、直辖市的人口中，按户口登记状况分：

常住本县、市，并已在本县、市登记了常住户口的1100727541人，占总人口的97.37%；

已在本县、市常住一年以上，常住户口在外地的19829712人，占总人口的1.75%；

在本县、市居住不满一年，但已离开常住户口登记地一年以上的1523911人，占总人口的0.14%；

普查时住在本县、市，常住户口待定的8164236人，占总人口的0.72%；

原住本县、市，普查时在国外工作或学习，暂无常住户口的238001人，占总人口的0.02%。

二、家庭户人口。大陆30个省、自治区、直辖市共有家庭户276947962户，人口为1097781588人，占总人口（不含现役军人）的97.1%，平均每个家庭户的人口为3.96人。

三、性别构成。大陆30个省、自治区、直辖市和现役军人的人口中，男性为584949922人，占51.6%；女性为548732579人，占48.4%。性别比（以女性为100，男性对女性的比例）为106.6。

四、民族构成。大陆30个省、自治区、直辖市和现役军人的人口中，汉族人口为1042482187人，占91.96%；各少数民族人口为91200314人，占8.04%。

同1982年人口普查数据相比，八年间汉族人口增加了101602066人，增长10.80%；各少数民族人口增加了23905147人，增长35.52%。

五、各种文化程度人口。大陆30个省、自治区、直辖市和现役军人的人口中，具有大学（指大专以上）文化程度的16124678人，具有高中（含中专）文化程度的91131539人，具有初中文化程度的264648676人，具有小学文化程度的420106604人（以上各种文化程度的人分别包括各类学校的毕业生、肄业生和在校生）。

与1982年人口普查数据相比，每10万人中拥有各种文化程度的人数有如下变化：具有大学文化程度的由615人上升为1422人，具有高中文化程度的由6779人上升为8039人，具有初中文化程度的由17892人上升为23344人，具有小学文化程度的由35237人上升为37057人。

大陆30个省、自治区、直辖市和现役军人的人口中，文盲、半文盲人口（15岁及15岁以上不识字或识字很少的人）为180030060人。同1982年人口普查数据比较，文盲、半文盲人口占总人口的比例由22.81%下降为15.88%。

六、人口出生率和死亡率。大陆30个省、自治区、直辖市1989年7月1日至1990年6月30日，出生人口为23543188人，死亡人口为7045470人。出生率为20.98‰，死亡率为6.28‰，自然增长率为14.70‰。

七、市镇总人口。大陆30个省、自治区、直辖市中，居住在市、镇的总人口为296512111人，占全国总人口的26.23%。其中市的总人口为211230050人，占全国总人口的18.69%；镇的总人口为85282061人，占全国总人口的7.54%③。

八、人口普查登记质量的抽样检查结果。大陆30个省、自治区、直辖市人口普查登记和复查工作完成后，根据《人口普查登记质量抽样检查细则》的规定，进行了登记质量的抽样检查，抽查的样本规模为173409人。抽查的结果如下：

人口数：重登率为0.1‰，漏登率为0.7‰，重漏相抵，人口数净差率为0.6‰；

性别：误差率为0.14‰；

年龄：误差率为3.07‰；

出生人口：漏报率为1.03‰；

死亡人口：漏报率为4.9‰。

抽查结果表明，第四次全国人口普查登记工作取得圆满成功。

注：

①均为台湾当局公布的1990年3月底数据。

②香港地区同胞的人数，是按港英政府公布的1989年底的数据推算的。澳门地区同胞的人数，是按澳葡政府公布的1989年底的数据推算的。

③市人口是指设区的市所辖的区人口和不设区的市所辖的街道人口。镇人口是指不设区的市所辖镇的居民委员会人口和县辖镇的居民委员会人口。

1990年人口普查主要数据（一）

项　　目	单位	1990年第四次人口普查	1982年第三次人口普查	1990年与1982年比较
一、总人口①	人	1133682501	1008175288	增长12.45%
二、自然变动②				
出生率	‰	20.98	20.91	增加0.07个千分点
死亡率	‰	6.28	6.36	减少0.08个千分点
自然增长率	‰	14.70	14.55	增加0.15个千分点

续(一)

项目	单位	1990年第四次人口普查	1982年第三次人口普查	1990年与1982年比较
三、平均每个家庭人数	人	3.96	4.41	减少 0.45 人
四、性别比（女＝100）	%	106.6	106.3	增加0.3个百分点
五、民族				
汉族	人	1042482187	940880121	增长10.80%
各少数民族	人	91200314	67295167	增长35.52%
六、每十万人拥有各种文化程度人数				
大学	人	1422	615	增长131.22%
高中	人	8039	6779	增长18.59%
初中	人	23344	17892	增长30.47%
小学	人	37057	35237	增长5.17%
七、文盲、半文盲③				
人数	人	180030060	229964474	减少21.71%
占总人口比重	%	15.88	22.81	减少6.93个百分点
八、市、镇人口④				
人数	人	296512111	206588582	
占总人口比重	%	26.23	20.60	

注：

①总人口：为我国大陆30个省、自治区、直辖市和现役军人的人数，不含台湾省和港澳地区中国同胞人数。

②自然变动的时期：1990年人口普查为普查前12个月数据；1982年人口普查为1981年数据。

③文盲、半文盲人口：为15岁及15岁以上不识字或识字很少的人。

④市、镇人口：1990年人口普查的市人口是指设区的市所辖的区人口和不设区的市所辖的街道人口；镇人口是指不设区的市所辖镇的居民委员会人口和县辖镇的居民委员会人口。1982年人口普查的市人口是指所有市建制的人口（不含市辖县人口）；镇人口是指县辖镇的人口。

中华人民共和国国家统计局关于1990年人口普查主要数据的公报(第二号)

(1990年11月6日)

现将1990年第四次全国人口普查手工汇总的人口地区分布和大陆30个省、自治区、直辖市的人口密度、人口自然增长以及市镇总人口数据,公布如下:

一、人口地区分布。全国各省、自治区、直辖市、地区和现役军人的总人口①为:

北京市　10819407人

(其中8个市辖县的人口为3456982人)

天津市　8785402人

(其中5个市辖县的人口为2930334人)

河北省　61082439人

山西省　28759014人

内蒙古自治区　21456798人

辽宁省　39459697人

吉林省　24658721人

黑龙江省　35214873人

上海市　13341896人

(其中9个市辖县的人口为5127460人)

江苏省　67056519人

浙江省　41445930人

安徽省　56180813人

福建省　30097274人

(其中金门、马祖等岛屿的人口为49050人②)

江西省　37710281人

山东省　84392827人

河南省　85509535人

湖北省　53969210人

湖南省　60659754人

广东省　62829236人

(其中东沙群岛的人口暂缺)

广西壮族自治区　42245765人

海南省　6557482人

四川省　107218173人

贵州省　32391066人

云南省　36972610人

西藏自治区　2196010人

陕西省　32882403人

甘肃省　22371141人

青海省　4456946人

宁夏回族自治区　4655451人

新疆维吾尔自治区　15155778人

台湾省③　20155830人

香港、澳门地区中国同胞④　6130000人

中国人民解放军现役军人　3199100人

二、人口密度。大陆30个省、自治区、直辖市的人口密度为每平方公里118人(含现役军人),比1982年人口普查时的105人增加了13人。各省、自治区、直辖市的人口密度差异较大,按由大到小顺序排列,每平方公里超过500人的有上海、天津、江苏、北京、山东、河南6个省和直辖市;每平方公里在200至499人之间的有浙江、安徽、广东、河北、湖

北、湖南、辽宁、福建、江西9个省；每平方公里50至199人的有海南、四川、山西、贵州、广西、陕西、吉林、云南、黑龙江、宁夏10个省和自治区；每平方公里不足50人的有甘肃、内蒙古、新疆、青海、西藏5个省、自治区。

三、人口自然增长。大陆30个省、自治区、直辖市1989年7月1日至1990年6月30日的人口自然增长率按由低向高的顺序排列，低于10‰的有上海、北京、浙江、天津、辽宁5个省、直辖市，其中上海市的自然增长率最低，为4.96‰；自然增长率在10‰至14.99‰之间的有四川、黑龙江、吉林、山东、河北、内蒙古、江苏、广西8个省、自治区；自然增长率在15‰以上的有青海、云南、山西、广东、贵州、甘肃、湖南、陕西、湖北、海南、福建、河南、江西、新疆、西藏、安徽、宁夏共17个省、自治区。

四、市镇总人口比重。大陆30个省、自治区、直辖市的市镇总人口⑤的比重为26.23%。各省、自治区、直辖市的市镇总人口比重超过全国平均水平的有14个省、自治区、直辖市，按由高向低顺序排列，他们是北京、天津、上海、辽宁、黑龙江、吉林、广东、内蒙古、浙江、新疆、湖北、山西、青海、山东。其中北京市的市镇总人口比重最高，达73.08%；市镇总人口比重低于全国平均水平但高于20%的有宁夏、海南、甘肃、陕西、福建、江苏、江西、四川8个省、自治区；其余8个省、自治区的市镇总人口比重均在20%以下。

注：

① 与尚未同我国解决边界问题的国家接壤的省、自治区的人口普查数据，是按实施普查区域的人口计算的。

②③ 均为台湾当局公布的1990年3月底数据。

④ 香港地区中国同胞的人数，是按港英政府公布的1989年底的数据推算的。澳门地区中国同胞的人数，是按澳葡政府公布的1989年底的数据推算的。

⑤ 市总人口是指设区的市所辖的区人口和不设区的市所辖的街道人口。镇总人口是指不设区的市所辖镇的居民委员会人口和县辖镇的居民委员会人口。

1990年人口普查主要数据（二）

地区别	总人口（人）			人口密度（人/km²）		人口自然变动（‰）			市镇总人口占总人口的比重（%）
	1990年	1982年	增长%	1990年	1982年	出生率	死亡率	自然增长率	
总计	1133682501	1008175288	12.45	118	105	20.98	6.28	14.70	26.23
北京市	10819407	9230687	17.21	644	549	13.35	5.43	7.92	73.08
天津市	8785402	7764141	13.15	777	687	15.50	5.98	9.52	68.65
河北省	61082439	53005875	15.24	325	282	19.66	5.76	13.90	19.08
山西省	28759014	25291389	13.71	184	162	22.31	6.25	16.06	28.72
内蒙古自治区	21456798	19274279	11.32	18	16	20.12	5.79	14.33	36.12
辽宁省	39459697	35721693	10.46	270	245	15.60	6.01	9.59	50.86
吉林省	24658721	22560053	9.30	132	120	18.40	6.12	12.28	42.65
黑龙江省	35214873	32665546	7.80	78	69	17.51	5.33	12.18	47.17
上海市	13341896	11859748	12.50	2118	1913	11.32	6.36	4.96	66.23
江苏省	67056519	60521114	10.80	654	590	20.54	6.07	14.47	21.24
浙江省	41445930	38884603	6.59	407	382	14.84	6.10	8.74	32.81

续(二)

地区别	总人口（人）			人口密度（人/km²）		人口自然变动(‰)			市镇总人口占总人口的比重（%）
	1990年	1982年	增长%	1990年	1982年	出生率	死亡率	自然增长率	
安徽省	56180813	49665724	13.12	404	356	25.04	5.79	19.25	17.90
福建省	30048224	25873259	16.14	248	213	23.45	5.70	17.75	21.36
江西省	37710281	33184827	13.64	226	199	24.47	6.59	17.88	20.40
山东省	84392827	74419054	13.40	539	486	18.86	6.25	12.61	27.34
河南省	85509535	74422739	14.90	512	446	24.03	6.18	17.85	15.52
湖北省	53969210	47804150	12.90	290	255	24.32	6.84	17.48	28.91
湖南省	60659754	54008851	12.31	286	257	24.03	7.07	16.96	18.23
广东省	62829236	53631551	17.15	353	301	21.96	5.34	16.62	36.77
广西壮族自治区	42245765	36420960	15.99	178	158	20.71	5.96	14.75	15.10
海南省	6557482	5667669	15.70	193	167	22.95	5.22	17.73	24.05
四川省	107218173	99713310	7.53	188	176	17.78	7.06	10.72	20.25
贵州省	32391066	28552997	13.44	184	162	23.77	7.13	16.64	18.93
云南省	36972610	32553817	13.57	94	83	23.59	7.71	15.88	14.72
西藏自治区	2196010	1892393	16.04	1.8	1.6	27.60	9.20	18.40	12.59
陕西省	32882403	28904423	13.76	160	141	23.49	6.49	17.00	21.49
甘肃省	22371141	19569261	14.32	49	43	22.85	5.92	16.93	22.04
青海省	4456946	3895706	14.41	6	5	22.65	6.84	15.81	27.35
宁夏回族自治区	4655451	3895578	19.51	90	59	24.56	5.07	19.49	25.72
新疆维吾尔自治区	15155778	13081681	15.85	9	8	24.67	6.39	18.28	31.91

注：1.本表总计数中包括了中国人民解放军现役军人的数据。

2.人口自然增长的时期为1990年人口普查前12个月的数据。

3.市、镇总人口占总人口比重按如下口径计算，市总人口指设区的市所辖的区人口和不设区的市所辖的街道人口；镇总人口指不设区的市所辖镇的居委会人口和县辖镇的居委会人口。

中华人民共和国国家统计局关于1990年人口普查主要数据的公报(第三号)

(1990年11月13日)

现将1990年第四次全国人口普查手工汇总的大陆30个省、自治区、直辖市和现役军人的各民族人口(注)公布如下:

汉族	1042482187人
蒙古族	4806849人
回族	8602978人
藏族	4593330人
维吾尔族	7214431人
苗族	7398035人
彝族	6572173人
壮族	15489630人
布依族	2545059人
朝鲜族	1920597人
满族	9821180人
侗族	2514014人
瑶族	2134013人
白族	1594827人
土家族	5704223人
哈尼族	1253952人
哈萨克族	1111718人
傣族	1025128人
黎族	1110900人
傈僳族	574856人
佤族	351974人
畲族	630378人
高山族	2909人
拉祜族	411476人
水族	345993人
东乡族	373872人
纳西族	278009人
景颇族	119209人
柯尔克孜族	141549人
土族	191624人
达斡尔族	121357人
仫佬族	159328人
羌族	198252人
布朗族	82280人
撒拉族	87697人
毛南族	71968人
仡佬族	437997人
锡伯族	172847人
阿昌族	27708人
普米族	29657人
塔吉克族	33538人
怒族	27123人
乌孜别克族	14502人
俄罗斯族	13504人
鄂温克族	26315人
德昂族	15462人
保安族	12212人
裕固族	12297人
京族	18915人
塔塔尔族	4873人
独龙族	5816人
鄂伦春族	6965人
赫哲族	4245人

门巴族　7475人
珞巴族　2312人
基诺族　18021人
其他未识别的民族　749341人
外国人加入中国籍　3421人

与1982年人口普查数据相比，56个民族中人口超过百万的民族由16个增加到19个，他们是：汉族、蒙古族、回族、藏族、维吾尔族、苗族、彝族、壮族、布依族、朝鲜族、满族、侗族、瑶族、白族、土家族、哈尼族、哈萨克族、傣族、黎族；人口低于100万但高于10万的民族由13个增加到15个，他们是：傈僳族、佤族、畲族、拉祜族、水族、东乡族、纳西族、景颇族、柯尔克孜族、土族、达斡尔族、仫佬族、羌族、仡佬族、锡伯族；其余22个民族的人口均不足10万。

与1982年人口普查数据相比，8年间人口增长一倍以上的民族有满族、土家族、仡佬族、锡伯族、俄罗斯族、赫哲族。

注：

各民族人口均按实施普查区域的人数计算的。

1990年人口普查主要数据（三）

民族别	1990年普查人口数（人）	1982年普查人口数（人）	增长百分率	民族别	1990年普查人口数（人）	1982年普查人口数（人）	增长百分率
总计	1133682501	1008175288	12.45	东乡族	373872	279397	33.81
汉族	1042482187	940880121	10.80	纳西族	278009	245154	13.40
蒙古族	4806849	3416881	40.68	景颇族	119209	93008	28.17
回族	8602978	7227022	19.04	柯尔克孜族	141549	113999	24.17
藏族	4593330	3874035	18.57	土族	191624	159426	20.20
维吾尔族	7214431	5962814	20.99	达斡尔族	121357	94014	29.08
苗族	7398035	5036377	46.89	仫佬族	159328	90426	76.20
彝族	6572173	5457251	20.43	羌族	198252	102768	92.91
壮族	15489630	13388118	15.70	布朗族	82280	58476	40.71
布依族	2545059	2122389	19.91	撒拉族	87697	69102	26.91
朝鲜族	1920597	1766439	8.73	毛南族	71968	38135	88.72
满族	9821180	4304160	128.18	仡佬族	437997	53802	714.09
侗族	2514014	1426335	76.26	锡伯族	172847	83629	106.68
瑶族	2134013	1403664	52.03	阿昌族	27708	20441	35.55
白族	1594827	1132010	40.88	普米族	29657	24237	22.36
土家族	5704223	2834732	101.23	塔吉克族	33538	26503	26.54
哈尼族	1253952	1059404	18.36	怒族	27123	23166	17.08
哈萨克族	1111718	908414	22.38	乌孜别克族	14502	12453	16.45
傣族	1025128	840590	21.95	俄罗斯族	13504	2935	360.10
黎族	1110900	818255	35.76	鄂温克族	26315	19343	36.04
傈僳族	574856	480960	19.52	德昂族	15462	12295	25.76
佤族	351974	298591	17.88	保安族	12212	9027	35.28
畲族	630378	368832	70.91	裕固族	12297	10569	16.35
高山族	2909	1549	87.80	京族	18915	11995	57.69
拉祜族	411476	304174	35.28	塔塔尔族	4873	4127	18.08
水族	345993	286487	20.77	独龙族	5816	4682	24.22

续(三)

民族别	1990年普查人口数(人)	1982年普查人口数(人)	增长百分率	民族别	1990年普查人口数(人)	1932年普查人口数(人)	增长百分率
鄂伦春族	6965	4132	68.56	其他未识别的民族	749341	881838	
赫哲族	4245	1476	187.60				
门巴族	7475	6248	19.64				
珞巴族	2312	2065	11.96	外国人加入中国籍	3421	4842	
基诺族	18021	11974	50.50				

注：本表含中国人民解放军现役军人的数据。

中华人民共和国国家统计局关于1990年人口普查主要数据的公报(第四号)

(1990年11月21日)

现将1990年第四次全国人口普查手工汇总的各省、自治区、直辖市各种文化程度和文盲、半文盲人口数据公布如下：

一、各种文化程度人口。各省、自治区、直辖市具有大学(指大专以上)、中学(指高中、中专、职业高中、技工学校和初中)及小学文化程度的人口分别为：

	大学	中学	小学
北京	1006295人	5358300人	2442702人
天津	410120人	3978630人	2603567人
河北	583175人	19618146人	22481188人
山西	397987人	10944738人	10270840人
内蒙古	316557人	7623293人	7165823人
辽宁	1024374人	17067957人	13522660人
吉林	531194人	9619261人	8711123人
黑龙江	753141人	14152494人	12004300人
上海	871786人	6820934人	3026293人
江苏	988448人	23533880人	23329849人
浙江	484950人	12743522人	16439202人
安徽	495926人	14046291人	19486263人
福建	368830人	7165361人	12992258人
江西	373675人	9781475人	15337632人
山东	822606人	27277677人	30600841人
河南	725037人	28742930人	29696419人
湖北	844978人	17284462人	19338488人
湖南	690248人	18548048人	25520177人
广东	840591人	20085401人	25414771人
广西	334276人	10960663人	19028023人
海南	81605人	2155675人	2267779人
四川	1030290人	28967063人	47047108人
贵州	251613人	6015704人	12093646人
云南	298466人	6614354人	14014622人
西藏	12610人	131129人	408384人
陕西	549760人	11053127人	10236293人
甘肃	246988人	5520333人	6516016人
青海	66388人	1160412人	1180613人
宁夏	74904人	1316301人	1367955人
新疆	279599人	4703456人	5520128人

各省、自治区、直辖市每10万人中拥有大学文化程度的人数，按由高到低顺序排列，超过全国平均水平1422人的有北京、上海、天津、辽宁、吉林、黑龙江、新疆、陕西、宁夏、湖北、青海、内蒙古、江苏13个省、自治区、直辖市。其中北京、上海、天津三个直辖市每10万人中拥有大学文化程度的人数最多，分别为9301人、6534人、4668人。每10万人中拥有中学以上文化程度的人数，按由高到低顺序排列，超过全国平均水平32805人的有北京、上海、天津、辽宁、黑龙江、吉林、山西、内蒙古、江苏、陕西、河南、海南、湖北、广东、山东、河北16个省、自治区、直辖市。每10万人中拥有小学及小学以上文化程度的人数，按由高到低顺序排列，超过全国平均水平69862人的有北京、上海、辽宁、天津、吉林、黑龙江、山西、湖南、广东、四川、广西、浙江、江苏、内蒙古、河北15个省、自治区、直辖市。

二、文盲、半文盲人口。各省、自治区、直辖市文盲、半文盲人口(指15周岁及15周岁以上不识字或识字很少的人）为：

北　京	941397 人
天　津	784074 人
河　北	9292541 人
山　西	3250647 人
内蒙古	3302990 人
辽　宁	3477917 人
吉　林	2586729 人
黑龙江	3828584 人
上　海	1472504 人
江　苏	11555083 人
浙　江	7236442 人
安　徽	13725817 人
福　建	4696636 人
江　西	6115258 人
山　东	14233153 人
河　南	13811537 人
湖　北	8523751 人
湖　南	7337976 人
广　东	6562847 人
广　西	4482931 人
海　南	916226 人
四　川	17413387 人
贵　州	7861879 人
云　南	9405812 人
西　藏	975652 人
陕　西	5794883 人
甘　肃	6248625 人
青　海	1234755 人
宁　夏	1027035 人
新　疆	1932992 人

各省、自治区、直辖市文盲、半文盲人口占总人口的比重，按由低向高顺序排列，低于全国平均水平15.88％的有北京、辽宁、天津、广东、吉林、广西、黑龙江、上海、山西、湖南、新疆、海南、河北、内蒙古、福建、湖北 16 个省、自治区、直辖市；高于全国平均水平15.88％，但低于 20％的有河南、江西、四川、山东、江苏、浙江、陕西 7 个省；高于 20％的有宁夏、贵州、安徽、云南、青海、甘肃、西藏 7 个省、自治区。

1990年人口普查主要数据（四）

地区别	每十万人中拥有的各种文化程度人口（人）				文盲半文盲人口占总人口的比重（％）	
	大学	高中	初中	小学	1990年	1982年
总计	1422	8039	23344	37057	15.88	22.81
北京市	9301	18974	30551	22577	8.70	12.43
天津市	4668	15908	29379	29635	8.92	13.94
河北省	955	7429	24689	36805	15.21	22.24
山西省	1384	8820	29237	35713	11.30	17.86
内蒙古自治区	1475	10056	25473	33397	15.39	21.91
辽宁省	2596	10933	32321	34270	8.81	12.87
吉林省	2154	12701	26308	35327	10.49	16.04
黑龙江省	2139	11729	28460	34089	10.87	15.87
上海市	6534	19532	31592	22683	11.04	14.33
江苏省	1474	8670	26426	34791	17.23	26.84
浙江省	1170	7006	23741	39664	17.46	23.93
安徽省	883	5035	19967	34685	24.43	31.80
福建省	1227	6979	16867	43238	15.63	25.15
江西省	991	7097	18841	40672	16.22	21.38
山东省	975	7140	25182	36260	16.87	27.49

续(四)

地区别	每十万人中拥有的各种文化程度人口(人)				文盲半文盲人口占总人口的比重(%)	
	大学	高中	初中	小学	1990年	1982年
河南省	848	7069	26545	34729	16.15	26.28
湖北省	1566	8862	23164	35832	15.79	23.08
湖南省	1138	8010	22567	42071	12.10	17.48
广东省	1338	8928	23041	40451	10.45	16.09
广西壮族自治区	791	6804	19141	45041	10.61	16.94
海南省	1244	10345	22528	34583	13.97	19.48
四川省	961	5371	21646	43880	16.24	23.03
贵州省	777	3927	14645	37336	24.27	29.90
云南省	807	4095	13795	37905	25.44	31.49
西藏自治区	574	2122	3850	18597	44.43	46.13
陕西省	1672	9255	24359	31130	17.62	24.09
甘肃省	1104	7825	16851	29127	27.93	32.42
青海省	1490	8275	17761	26489	27.70	29.15
宁夏回族自治区	1609	8000	20274	29381	22.06	26.96
新疆维吾尔自治区	1845	10372	20662	36423	12.75	20.29

注：1.总计中的人口比例包含了中国人民解放军现役军人的数据。

2.文盲半文盲人口的比重为15周岁及15周岁以上不识字或识字很少的人口占总人口的比重。

中华人民共和国国家统计局关于1990年人口普查主要数据的公报（第五号）

（1990年12月18日）

现将一九九〇年第四次全国人口普查手工汇总的各省、自治区、直辖市常住人口中按户口登记状况分组的人口数据公布如下：

	常住户口在本县、市（人）	常住户口在外县、市，已离开户口地一年以上（人）	常住户口待定（人）	在国外工作或学习，暂无常住户口（人）
北京	10168427	519032	83099	48849
天津	8552498	182464	46607	3833
河北	60080183	715490	285218	1548
山西	27768826	762528	226657	1003
内蒙古	20523405	603502	328394	1497
辽宁	38356725	818310	277428	7234
吉林	23879232	499740	276756	2993
黑龙江	33369800	1249673	591666	3734
上海	12672600	543231	59588	66477
江苏	65072234	1292837	679319	12129
浙江	40405016	720322	316131	4461
安徽	55101319	762835	313140	3519
福建	28665822	786276	566630	29496
江西	36830598	570694	307397	1592
山东	82862394	814444	712825	3164
河南	83968922	889874	648973	1766
湖北	52828449	924175	209894	6692
湖南	59733518	720177	203881	2178
广东	59019558	3292637	498365	18676
广西	41404481	600300	239142	1842
海南	6283819	216711	56392	560
四川	105577477	1204659	429891	6146
贵州	31769159	440297	180753	857
云南	36375855	538431	57029	1295
西藏	2126391	62293	7160	166
陕西	32163605	473685	241806	3307
甘肃	21948984	311192	109879	1086
青海	4221439	181011	54265	231
宁夏	4529764	95350	29884	453
新疆	14467041	561453	126067	1217

同第三次人口普查相比，八年间我国各种户口登记状况人口占总人口的比重发生了变化，常住地与常住户口登记地在同一县、市的人由98.86%下降为97.37%，常住地与常住户口登记地不一致的人（指常住户口在外县、市并已离开户口登记地一年以上的人和常住户口待定的人）由1.13%上升为2.61%。

各省、自治区、直辖市常住地与常住户口登记地不一致的人数，同第三次人口普查相比都有不同程度的增加，高于全国平均水平的有广东、北京、广西、海南、江苏、四川、湖南、山西、福建、宁夏10个省、自治区、直辖市，其中广东由497527人增加到3791002人，增长6.62倍，北京由169868人增加到602131人，增长2.54倍。

1990年人口普查主要数据（五）

地区别	各种户口状况人口占总人口的比重				
	常住本县、市，户口在本县、市	常住本县、市一年以上，户口在外县、市	人住本县、市不满一年，离开户口登记地一年以上	人住本县、市户口待定	原在本县、市，现在国外工作或学习，暂无户口
总计	97.37	1.75	0.13	0.72	0.02
北京	93.98	4.51	0.29	0.77	0.45
天津	97.35	2.01	0.07	0.53	0.04
河北	98.36	1.13	0.04	0.47	0.00
山西	96.56	2.49	0.16	0.79	0.00
内蒙古	95.65	2.62	0.19	1.53	0.01
辽宁	97.20	1.87	0.20	0.70	0.02
吉林	96.84	1.91	0.12	1.12	0.01
黑龙江	94.76	3.33	0.22	1.68	0.01
上海	94.98	3.67	0.40	0.45	0.50
江苏	97.04	1.82	0.11	1.01	0.02
浙江	97.49	1.60	0.14	0.76	0.01
安徽	98.08	1.28	0.07	0.56	0.01
福建	95.40	2.42	0.20	1.89	0.10
江西	97.67	1.42	0.09	0.82	0.00
山东	98.19	0.92	0.05	0.84	0.00
河南	98.20	0.95	0.09	0.76	0.00
湖北	97.89	1.62	0.09	0.39	0.01
湖南	98.47	1.12	0.07	0.34	0.00
广东	93.94	4.79	0.46	0.79	0.03
广西	98.01	1.33	0.09	0.57	0.00
海南	95.83	3.02	0.28	0.86	0.01
四川	98.47	1.04	0.08	0.40	0.01
贵州	98.08	1.24	0.12	0.56	0.00
云南	98.39	1.33	0.13	0.15	0.00
西藏	96.82	2.63	0.20	0.33	0.01
陕西	97.81	1.34	0.10	0.74	0.01
甘肃	98.11	1.32	0.08	0.49	0.00
青海	94.72	2.98	1.07	1.22	0.01
宁夏	97.30	1.90	0.15	0.64	0.01
新疆	95.46	3.42	0.28	0.83	0.01

中华人民共和国国家统计局关于1990年人口普查主要数据的公报(第六号)

(1991年5月20日)

按照国务院颁发的《第四次全国人口普查办法》第二十六条的规定,第四次全国人口普查提前抽样汇总的计算机处理任务已圆满完成。这次抽样汇总,在大陆30个省、自治区、直辖市(不包括福建省的金门、马祖等岛屿,下同)共抽取113187605人(不含现役军人),抽样比为10.01%。现将抽样汇总的主要数据公布如下:

一、人口年龄结构状况。大陆30个省、自治区、直辖市0至14岁人口占总人口的比重为27.70%,15至59岁人口占总人口的比重为63.71%,60岁及60岁以上人口占总人口的比重为8.59%,其中65岁及65岁以上的人口占总人口的比重为5.58%,人口年龄中位数①为25.25岁。同1982年人口普查数据相比,八年间0至14岁人口比重下降5.89个百分点,15至59岁人口比重上升4.93个百分点,60岁及60岁以上人口比重上升0.96个百分点,65岁及65岁以上人口比重上升0.67个百分点,人口年龄中位数提高2.34岁。

二、人口在业②状况。大陆30个省、自治区、直辖市15岁及15岁以上人口中,在业人口的比重为79.09%;不在业人口的比重为20.91%,其中:在校学生的比重为4.84%,料理家务人口的比重为8.46%,待升学人口的比重为0.29%,市镇待业人口的比重为0.71%,离休、退休、退职人口的比重为2.64%,丧失劳动能力人口的比重为3.46%,其他不在业人口的比重为0.51%。同1982年人口普查数据相比,八年间在业人口比重上升0.86个百分点,在校学生比重上升0.89个百分点,料理家务人口比重下降3.56个百分点,待升学人口比重上升0.07个百分点,市镇待业人口比重上升0.20个百分点,离休、退休、退职人口比重上升0.92个百分点,丧失劳动能力等其他不在业人口比重上升0.62个百分点。

大陆30个省、自治区、直辖市在业人口按所属行业③划分,第一产业占71.99%,第二产业占15.32%,第三产业占12.69%。同1982年人口普查数据相比,八年间第一产业比重下降1.68个百分点,第二产业比重下降0.67个百分点,第三产业比重上升2.35个百分点。

三、人口婚姻状况。大陆30个省、自治区、直辖市15岁及15岁以上人口中,未婚的占25.13%,有配偶的占68.15%,丧偶的占6.13%,离婚的占0.59%。同1982年人口普查数据相比,未婚人口比重下降3.44个百分点,有配偶人口比重上升4.47个百分点,丧偶人口比重下降1.03个百分点,离婚人口比重保持不变。

四、妇女生育状况。1989年大陆30个省、自治区、直辖市妇女总和生育率④为2.25,比1981年的2.58下降0.33。

1989年大陆30个省、自治区、直辖市当年有生育的妇女中，属生育第一孩的比例为49.51%，属生育第二孩的比例为31.17%，属生育第三孩及第三孩以上的比例为19.32%。与1981年相比，第一孩所占比例上升2.27个百分点，第二孩所占比例上升5.57个百分点，第三孩及第三孩以上所占比例下降7.84个百分点。

1989年大陆30个省、自治区、直辖市育龄妇女平均初育年龄为23.42岁，比1981年提前0.84岁，其中农村育龄妇女平均初育年龄为22.93岁，比1981年提前0.84岁。

1989年大陆30个省、自治区、直辖市育龄妇女的生育高峰年龄为23岁，生育率为242.8‰，同1981年相比，生育高峰年龄提前2岁，生育率下降34.9个千分点。

五、人口迁移状况。1985年7月1日至1990年7月1日5年间，常住地发生跨县、市变化的迁移人口⑤占大陆30个省、自治区、直辖市人口的比重为2.99%。在上述迁移人口中，由农村迁入市镇⑥的占48.53%，由市镇迁入农村的占4.15%，市镇之间迁移的占33.26%，农村之间迁移的占14.06%。

注：

①指从零岁起依次将各年龄人口数累积，当累积数达到总人口一半时的年龄。

②在业人口指在1990年7月1日有固定性工作的人口和虽无固定性工作，但在6月30日有临时性工作，6月份从事社会劳动累计超过16天或16天以上，并取得劳动报酬或经营收入的劳动者；不在业人口指在校学生，料理家务，待升学，市镇待业，离休、退休、退职，丧失劳动能力等人口。

③第一产业：指农林牧渔业；第二产业：指工业、地质普查和勘探业、建筑业；第三产业：指交通运输邮电通讯业，商业、公共饮食业、物资供销和仓储业，房地产管理、公用事业、居民服务和咨询服务业，卫生体育和社会福利事业，教育、文化艺术和广播电视事业，科学研究和综合技术服务事业，金融、保险业，国家机关、政党机关和社会团体。

④指某年各年龄组妇女生育率的合计。反映育龄妇女若按该年各年龄妇女生育水平渡过一生，平均每个妇女所生的孩子数。

⑤指已经办理跨县、市户口迁移手续，其居住地发生跨县、市变化的人和虽未办理户口迁移手续，但已离开户口所在县、市一年以上的人。

⑥市指设区的市所辖的区和不设区的市所辖的街道；镇指不设区的市所辖镇的居民委员会和县所辖镇的居民委员会；农村指不设区的市所辖村民委员会和县所辖的村民委员会。

大陆30个省、自治区、直辖市分年龄和性别的人口百分比

年龄别	占总人口数百分比(%)			年龄别	占总人口数百分比(%)			年龄别	占总人口数百分比(%)		
	合计	男	女		合计	男	女		合计	男	女
总计	100.00	51.45	48.55	10	1.70	0.88	0.82	21	2.40	1.22	1.18
0	2.05	1.08	0.97	11	1.71	0.88	0.83	22	2.17	1.11	1.06
1	2.07	1.09	0.98	12	1.67	0.86	0.81	23	2.01	1.03	0.98
2	2.14	1.12	1.02	13	1.71	0.88	0.83	24	2.23	1.15	1.08
3	2.15	1.12	1.03	14	1.81	0.93	0.88	25	2.17	1.11	1.06
4	1.89	0.98	0.91	15	1.92	0.99	0.93	26	2.24	1.14	1.10
5	1.77	0.92	0.85	16	2.08	1.07	1.01	27	2.39	1.24	1.15
6	1.69	0.88	0.81	17	2.17	1.11	1.06	28	1.41	0.72	0.69
7	1.79	0.93	0.86	18	2.17	1.11	1.06	29	1.02	0.52	0.50
8	1.95	1.01	0.94	19	2.30	1.18	1.12	30	1.27	0.66	0.61
9	1.60	0.83	0.77	20	2.30	1.17	1.13	31	1.27	0.66	0.61

续

年龄别	占总人口数百分比(%)			年龄别	占总人口数百分比(%)			年龄别	占总人口数百分比(%)		
	合 计	男	女		合 计	男	女		合 计	男	女
32	1.68	0.88	0.80	50	0.82	0.43	0.39	68	0.43	0.21	0.22
33	1.62	0.84	0.78	51	0.79	0.42	0.37	69	0.41	0.20	0.21
34	1.56	0.81	0.75	52	0.82	0.44	0.38	70	0.39	0.19	0.20
35	1.71	0.89	0.82	53	0.80	0.42	0.38	71	0.33	0.15	0.18
36	1.62	0.84	0.78	54	0.80	0.42	0.38	72	0.31	0.14	0.17
37	1.52	0.78	0.74	55	0.78	0.41	0.37	73	0.29	0.13	0.16
38	1.49	0.77	0.72	56	0.78	0.41	0.37	74	0.27	0.12	0.15
39	1.28	0.66	0.62	57	0.76	0.40	0.36	75	0.24	0.11	0.13
40	1.36	0.71	0.65	58	0.69	0.36	0.33	76	0.23	0.11	0.12
41	1.15	0.60	0.55	59	0.68	0.36	0.32	77	0.19	0.09	0.10
42	1.10	0.58	0.52	60	0.69	0.36	0.33	78	0.16	0.07	0.09
43	1.06	0.55	0.51	61	0.62	0.32	0.30	79	0.15	0.06	0.09
44	0.97	0.51	0.46	62	0.62	0.32	0.30	80	0.13	0.05	0.08
45	0.92	0.48	0.44	63	0.55	0.28	0.27	81	0.11	0.04	0.07
46	0.88	0.46	0.42	64	0.53	0.27	0.26	82	0.09	0.03	0.06
47	0.84	0.44	0.40	65	0.55	0.27	0.28	83	0.08	0.03	0.05
48	0.86	0.45	0.41	66	0.50	0.25	0.25	84	0.07	0.03	0.04
49	0.85	0.45	0.40	67	0.44	0.21	0.23	85岁及85岁以上	0.21	0.06	0.15

注：本表数据不含中国人民解放军现役军人。

中华人民共和国国家统计局关于1990年人口普查主要数据的公报（第七号）

（1991年6月19日）

国家统计局今天发表第四次全国人口普查第七号公报，公布我国大陆人口年龄结构数据。

公报说，大陆30个省、自治区、直辖市0至14岁少年儿童占总人口的比重为百分之二十七点七〇，比重最低的上海为百分之十八点二二。15至59岁人口所占比重为百分之六十三点七一，比重最高的北京为百分之六十九点二五。60岁及60岁以上老年人口占总人口的比重为百分之八点五九。

中华人民共和国国家统计局关于1990年人口普查主要数据的公报（第八号）

（1991年6月26日）

国家统计局今天发布一九九〇年人口普查主要数据的第八号公报。据公报显示，我国大陆30个省、自治区、直辖市在业人口占15岁及15岁以上人口的比重为百分之七十九点零九，云南、四川比重最高。离休、退休、退职人口占15岁及15岁以上人口的比重为百分之二点六四，上海、北京和天津比重最高。市镇待业人口占市镇15岁及15岁以上人口的比重为百分之二点五七。

国家教委1990年工作要点

一、关于1990年工作的方针

结合教育战线的实际，继续深入贯彻落实中央四中全会和五中全会的精神，全面加强和改进学校的思想政治工作，落实德育在学校工作中的首要位置，稳定教育战线的形势；按照“两个增长”的原则，促进各级政府继续增加对教育的投入，不断拓宽经费来源渠道，确保教育事业的优先发展；按照各级各类教育的不同情况，有计划分步骤地进行治理、整顿，推动教育事业走上持续、稳定、协调和确保质量的发展轨道；在有利于坚持教育的社会主义方向、有利于培养无产阶级革命事业的接班人、有利于适应社会主义建设需要的原则下，继续深化教育改革，切实提高教育质量和办学效益。

二、关于基础教育

1.大力加强中小学德育工作。

在全国中小学教师和职工中，深入进行以坚持四项基本原则，反对资产阶级自由化为核心内容的社会主义教育。为此，要拟订提纲，编印有关资料。

继续贯彻落实中央关于改革和加强中小学德育工作的通知。根据学生的年龄特点，有计划地对他们深入开展劳动观点、阶级分析观点、群众观点、集体主义观点、实事求是和一分为二观点的教育，进一步加强爱国主义和社会主义教育。利用今年鸦片战争150周年的有利时机，争取文化、宣传、广播电视等部门的配合，在学生中进行一次广泛生动的帝国主义侵华史和中国人民反帝爱国斗争史的教育。

在中小学生中广泛开展学习雷锋、学习赖宁的活动。

认真全面地贯彻教育与生产劳动相结合的方针，使中小学的劳动教育与思想教育相结合，与系统学习文化科学知识相结合。要积极推广全国和本地区在这一方面的先进典型经验。

制订中小学生思想品德鉴定、考核办法，并进行试点。继续抓好中小学生行为规范的教育。

各地应对德育工作做出进一步的部署，并在暑期进行检查，结果要报告国家教委。

2.根据国务院即将发布的《中国教育发展和改革纲要》以及国家教委制订的《基础教育发展和改革实施纲要》，各省、自治区、直辖市应在前几年制订规划的基础上，进一步研究修订本地区的基础教育发展和改革实施规划；认真落实“义务教育法实施细则”，积极坚定地推动九年制义务教育健康发展。

3.根据治理整顿的精神，进一步采取措施，优化中小学育人环境。继续纠正中小学生的流失现象，并首先把制止小学生流失作为工作重点。继续纠正中小学乱收费、乱发学习辅导资料和随意搭售书刊的现象。各地要继续贯彻落实国家教委有关规定，对中小学超计划招收“议价生”、举办复读班和高中过早文理分科等现象，坚决进行整顿。同时，要加强学校管理，建立良好的教育秩序，不断提高教育质量。

各地要高度重视，克服无能为力的消极思想，切实抓好各项改革试点，通过高考招生指标到县、招收保送生以及逐步推广会考制度等一系列措施，进一步端正中小学的办学指导思想，纠正片面追求升学率的倾向。

4.继续深化管理体制的改革，完善“分级办学、分工管理”的体制，通过试点，下放权力，赋予中心城市和县级政府对中等以下教育更大的统筹权和决策权，进一步推动农村教育的改革。参照江苏、北京等地的做法，推进校内管理制度的改革。

5.进一步抓好课程、教材的改革。根据加强德育的要求，落实对中小学语文、政治、历史、地理等课程教材的改革工作；采取措施，推动乡土教材的建设，促进中小学的各门课程同当地实际紧密结合。

6.要重视中小学的长远建设，优先发展师范教育，近期内要着重抓好师专和中师的建设和改革。结合推广德育和教育改革的经验，在全国普遍开展对中小学校长的培训。

7.在各级教育行政部门领导下，有计划地抓好对一批中小学教学改革成功经验的筛选和推广工作，要充分发挥各地教科所、教研室在教育改革经验的评估和推广方面的作用。

8.大力推广山东等地多渠道筹措教育经费的经验。各地应结合实际，制订规划，积极改善中小学办学条件，除经特殊批准的以外，在1992年前全国各地中小学的危房比例都应降至3％以下。

9.在全面完成“五查”任务、巩固成果的基础上，继续进行以德育为重点的督导抽查工作。

三、关于普通高等教育

1.大力加强高校思想政治工作。

在充分准备的基础上，继续对高校学生进行坚持社会主义道路和以为人民服务为中心的世界观、人生观两个专题教育。在这一过程中，着力培养和建设一支有战斗力的积极分子队伍，不断壮大学生骨干力量。

切实加强教师和职工的思想政治工作，特别要注意加强教师党支部的建设，以支部为核心，逐步形成一支能够坚持四项基本原则、坚决同资产阶级自由化作斗争的教书育人的教师骨干队伍。

召开高校党的建设工作会议。进一步理顺高校的党政领导体制，加强领导班子建设和政工队伍建设，完善政策导向，以保证正确的政治方向。

切实解决高校长期以来不同程度存在的脱离实际的问题。提出促进学生参加生产实习、社会实践、军事训练、劳动锻炼方面的政策措施，报中央、国务院批准执行。制订今年暑期高校学生参加社会实践的方案，依靠各级党委和政府组织实施，通过富有意义的实践活动，帮助学生进一步了解国情，开展生动的党的基本路线教育。

2.彻底搞好清查、清理和对有关人员的处理工作。拟订和继续贯彻有关条例，进一步加强对学籍、教学和校园秩序的管理，严格校纪校风，努力消除各种不稳定因素。

从招生、培养和校内管理等各个环节入手，全面加强对研究生的思想政治教育工作。

3.召开全国高校科技工作会议和理科、专科改革工作会议，总结经验，推动今后一个时期的工作。

4.召开文科教改会议。从哲学、政治学、社会学、新闻学入手，于年内形成教学改革的初步方案。着手编好面向大学生的“当代社会主义和资本主义”丛书。同时会同有关部门，开始着手抓好10个专业基本课程的教材编写工作。

5.进一步抓紧直属高校的“四定”工作。继续整顿不符合设置标准的高等学校。推动中央有关部门和各地有步骤地做好高等学校地理布局和层次结构的优化工作。

结合整顿公司和纠正高等学校乱办班、乱发文凭等现象，对高等学校社会服务工作本着存利去弊的原则进行必要的整顿，促进其健康发展。

6.继续改进高校招生考试制度，完善招收保送生的办法。改革高等师范院校和农林院校的招生办法，争取尽快改善高师招生质量。

关心学生的切身利益，调查研究可能出现的各种问题，切实做好应届毕业生的分配工作，继续积极稳妥地推进毕业生分配制度的改革。

7.完成第四批学位授予权的评审工作。采取各种措施，加强重点学科、国家实验室和博士点的评定与建设，改善博士点的物资供应、经费状况。

四、关于职业技术教育

1.各级职业技术学校，应参照基础教育德育工作的要求，切实加强学校的德育和思想政治工作，同时还要加强职业道德教育。

2.继续修订《职业技术教育发展和改革实施纲要》和《职业技术教育条例》。

3.研究、理顺各部门之间关于职业技术教育和成人教育的管理体制问题，成立各有关部门参加的“全国职业技术和成人教育协调委员会”，拟定条例，明确中央各部门之间的分工，加强宏观管理，发挥行业作用。同时，充分调动部门、企业与地方的积极性，选择几个省进行职业技术教育管理体制改革试点。

4.利用治理整顿的时机，研究解决城市兴办职业技术教育的有关问题。制定规范，在城乡认真办好一批职业技术学校。进一步端正县以下农村职业技术学校的办学方向，真正解决好面向广大农村、面向农业第一线的问题。有计划地发展职业初中。

5.与农业部配合，继续推进农业中专的改革。同计委、人事部、劳动部一起，积极推动中专、中技招生和毕业生分配制度的改革。

6.抓紧调查研究，拟订有关文件，为明年召开职业技术教育工作会议做好准备。

五、关于成人教育

1.继续抓好100个企业岗位培训的试点工作。进一步发挥各行业的积极性，利用治理整顿的有利时机，推动城市成人教育向岗位培训这一重点转移。

2.修订《大力发展乡镇农民文化技术学校的意见》，积极充实和发展乡镇农民文化技术学校。

3.利用今年国际扫盲年的有利时机，召开扫盲工作会议，交流经验，表彰先进，拟订考核验收标准和实施办法，根据“一堵（堵住新文盲的产生）二扫（扫除青壮年文盲）三提高（提高扫盲质量）”的方针，推动全国扫盲工作的进一步发展。

4.召开社会力量办学工作会议，继续整顿社会力量办学中存在的问题。

5.拟订治理整顿成人高等教育和成人中专教育中乱办学、乱招生、乱发文凭的意见，按照同层次、同规格的统一要求，加强对成人学历教育的管理。根据办学与办考分开、辅导与命题分开的原则，整顿、改进自学考试制度。

6.进一步研究高中后的职业技术教育，开展高中后教育的试点工作。

六、关于教育国际合作与留学生工作

1.在“坚持原则，多做工作，防止外来干涉、颠覆与渗透”的前提下，继续积极稳妥地开展同外国及港、澳、台的教育交流与合作，努力争取新的教育资助与合作项目。

2.改进对第三世界的智力援外工作，研究制订对非洲国家进行智力援助的中期规划。

3.改进来华留学人员和出国教师派遣工作，修订有关规定和文件。

4.进一步采取措施，制订有关政策，改进并加强对国外留学人员的思想政治工作。

5.拟订改进留学人员派遣工作的办法，报中央和国务院批准后执行。

6.筹备召开全国教育外事会议，总结十

年来教育外事工作的成功经验，进一步明确今后一个时期开展教育国际合作与交流的方针和指导思想，加强宏观管理，把工作做得更好。

七、几项综合性工作

1.进一步加快教育立法工作的步伐。年内颁布实施《义务教育法实施细则》、《教育督导条例》。配合国务院法制局，对已上报的《中华人民共和国教师法》、《中华人民共和国未成年人保护法》，继续广泛征求意见。报送《中华人民共和国教育法(草案)》、《教育经费筹措暂行条例》、《残疾人教育条例》。抓紧对《高等教育法》、《教育考试法》以及其他行政法规的调研起草工作。

2.继续进行农村教育综合改革，修订《全国农村综合改革实验区工作试行纲要》，切实抓好115个实验县和100个企业教育改革试验点的工作。

3.进一步抓好“燎原计划”的落实工作。召开“燎原计划”工作会议，举办实施该计划骨干学校校长培训班。

4.筹备召开民族教育工作会议，大力支持少数民族教育事业的发展。

5.切实加强对教育经费使用的管理和审计监督工作，坚决制止挪用、浪费现象，努力提高投资效益。

6.进一步采取措施，加强电化教育和教育统计、信息工作。

八、加强教育战线的干部队伍建设，认真转变机关工作作风

国家教委和各级教育行政部门的干部，要继续认真学习马列和毛泽东、邓小平同志的著作以及中央领导同志的一系列重要讲话和四中全会、五中全会文件，进一步统一认识，做到在思想上、行动上同党中央保持高度一致。要有计划、有步骤地加强教育战线的干部培训工作，组织广大干部系统学习马克思主义，提高广大党员干部特别是青年党员和干部的理论修养、政治素质以及反对和平演变、同资产阶级自由化作斗争的能力。

国家教委和各级教育行政部门，要进一步振奋精神，加强团结，切实改变工作作风，改进工作方法，坚决把各方面的工作抓紧抓实。要注意抓好典型，推广成功经验。各省要继续抓好一批示范区、县的工作。要坚决压缩会议和文件，提高办事效率。要联系实际，联系群众，深入基层蹲点，开展调查研究，参加生产劳动。

进一步加强国家教委机关党的建设和廉政建设。继续做好教委机关的清查工作和干部考察及党员登记工作。继续做好国家教委机关及委属事业单位“三定”工作，总结转变职能的经验。配合人事部，对地方教育行政部门的机构改革和“三定”工作提出指导性意见。

国家教委1990年工作会议

国家教委1990年工作会议于1月16日至20日在北京召开。主要议题是：讨论基础教育工作；研究加强学校思想品德教育和思想政治工作；部署1990年的教育工作。

出席这次会议的人员有：各省、自治区、直辖市及计划单列市分管教育工作的副省长、副主席、副市长及教委、教育、高教厅（局）的主要负责同志；中央、国务院有关部委的教育司、局长；国家教委直属高校的院、校长和国家教委机关各司、局的司局长、部分直属单位的负责同志。这次会议还特邀了15位教育界知名人士和基础教育工作有特色的基层市、县、区的负责同志。

1月16日上午，会议举行开幕式，中共中央政治局委员、国务委员兼国家教委主任李铁映作了重要讲话。李铁映着重讲了四个问题：（一）总结经验，振奋精神，继续前进；（二）加强思想政治教育，坚持社会主义方向，培养社会主义事业的建设者和接班人；（三）认真贯彻治理整顿和深化改革的方针，促进教育事业持续、稳定、协调地发展；（四）以实施九年义务教育为重点，深化改革，大力加强基础教育。

李铁映在讲话中，要求各级政府和教育行政部门在新的一年里，要进一步振奋精神，转变作风，深入基层，调查研究，切实加强对教育的领导；广大教育工作者要大力发扬艰苦奋斗、无私奉献的精神，不断提高自己的政治觉悟和业务水平，热爱教育事业，献身教育事业；全社会都要为振兴我国的教育事业做出各自的贡献。

1月17日上午，江泽民、李鹏、李铁映、严济慈、周谷城、周培源、钱学森等党和国家领导人在人民大会堂接见了出席会议的全体代表并合影留念。江泽民、李鹏、王震、李铁映还与各省、自治区、直辖市的负责人和与会的部分代表进行了座谈，听取了各地的情况汇报。江泽民、李鹏、王震在会上作了重要讲话。

1月18日，国家教委副主任何东昌就高等学校面临的形势和任务、哲学社会科学系科的建设、加强思想政治工作的领导、认真解决教师学生的切身利益等问题，在全体大会上作了讲话。

会议期间，代表们还对国家教委草拟的《中华人民共和国教师法（草案）》、《中华人民共和国义务教育法实施细则（讨论稿）》、《1990—2000年基础教育发展与改革实施纲要（草案）》等文件和国家教委1990年工作要点进行了讨论。

1月20日下午，何东昌代表国家教委作了会议总结。他指出：这次会议是在进入90年代、各方面工作都处于攻坚阶段这样一个关键时期召开的第一次教育工作会议，是动员教育战线的同志进一步贯彻四中全会、五中全会精神，共同奋斗的一次重要会议。会议开得很好。中央领导同志对这次会议很重视，江泽民、李鹏、王震等同志会见了代表，作了重要讲话。这对于我们正确地认识国际和国内的形势以及我们面临的任务，有十分重要的意义。何东昌还就德育、基础教育、职业技术教育和成人教育等方面的工作，及转变工作作风、狠抓落实等问题发表了意见。

撰稿人　郑晓恩

审稿人　张保庆

教育综合改革与管理

教育事业在治理整顿中持续、稳定、协调发展

1990年，我国教育战线继续贯彻中共十三届四中、五中全会精神，落实德育在学校工作中的重要地位，加强和改进了学校思想政治工作，稳定了教学、科研和生活秩序。有计划、有步骤的治理整顿，促进了各级各类教育事业的巩固和发展。义务教育得以实施，基础教育进一步加强，职业技术教育有所发展，高等教育控制了规模，质量得到提高，成人学历教育整顿初见成效，岗位技术培训有了发展，扫盲工作取得实效。同时，继续深入进行教育改革，在改善办学条件、提高教育质量、加强教育同生产劳动相结合，以及开展教育科学研究、扩大教育国际交流等方面也有了新的进展。

一、基础教育

（一）继续贯彻《义务教育法》，基础教育得到巩固

1990年，各地人民政府继续认真遵循《中华人民共和国义务教育法》的规定要求，从本地的实际情况出发，按地区、分阶段、有步骤地实施九年制义务教育，精心规划，创造条件，狠抓落实，取得较大进展。初等教育进一步普及。1990年，全国小学学龄儿童入学率达到97.8%，比上年提高0.4个百分点。小学生流失得到控制，流失率为2.4%，比上年下降0.8个百分点。小学毕业生升学率达到74.6%，比上年提高3.1个百分点。全国通过省级人民政府检查验收普及了初等教育的县达到1459个，占全国总县数76%。占全国人口91%的地区，按标准普及了小学阶段义务教育。初中教育稳步发展。1990年，全国普通初中招生比上年增加60多万人，增长4.6%。在校学生比上年增加31万人，增长0.8%。流失率为4.8%，比上年下降2.5个百分点。普通高中教育办学规模基本稳定。1990年，全国普通高中招生比上年增加7.62万人，在校学生比上年增加1.19万人。

（二）幼教事业稳步发展

从1990年2月1日开始施行的《幼儿园管理条例》和《幼儿园工作规程（试行）》，对我国幼儿园管理科学化和幼教事业依法治教起到了巨大的推动作用，促进了幼教事业的健康发展。1990年全国幼儿园数已达到17.2万所，在园幼儿比上年增加124.57万人。初步形成了国家、集体、个人一齐办园的新格局。

（三）残疾少年儿童的特殊教育有较大发展

党和政府十分关怀残疾少年儿童的成

长，国务院办公厅转发国家教委、民政部等8个部委《关于发展特殊教育的若干意见》后，我国特殊教育有了较快的发展。1990年，全国特殊教育学校比上年增加84所，在校学生比上年增加0.8万人。进入普通中小学随班就读的残疾儿童已占残疾儿童总数的50%以上。另外，在特教师资培训、教材建设和科学研究等方面，也取得了一定成绩。

(四)基础教育办学条件得到明显改善

中小学师资队伍素质有所提高。1990年全国小学、初中、高中专任教师学历合格率分别为73.9%、46.5%和45.5%，比上年均有提高。其中：初中教师学历合格率提高最快，比上年增长了5.2个百分点。

中小学新建校舍大量增加，危房比例明显下降。1990年，全国中小学校舍建筑面积(包括农职中学)达到71687.53万平方米，比上年增加3660.42万平方米，危房面积减少到2199.73万平方米，比上年减少800万平方米。危房比例由上年的4.44%下降到3.07%。

二、中等职业技术教育

(一)中等职业技术教育继续得到加强

1990年，我国职业技术教育继续贯彻积极发展的方针，同时加强职业技术学校内部的改革和建设，注重结构调整，中等职业技术教育总规模扩大。到1990年，全国各类中等职业技术学校已达到17330所(包括初中)，在校学生达到604.8万人，比上年增加73万人。其中：(1)中等专业学校招生比上年略有减少。在校学生比上年增加6.69万人。(2)职业中学(含初中)招生比上年增加4.87万人，在校学生比上年增加12.74万人。(3)技工学校招生比上年增加3.4万人，在校学生比上年增加6.47万人。高级中等职业技术学校在校生占高中阶段在校生总数的比重达到46%。

(二)农村职业技术教育得到加强

1990年，全国农村职业中学(含县镇)已达6651所，在校学生195.5万人，几乎县县都办起了职业中学。中等农业技术学校已达377所，在校学生18.8万人。此外，还广泛开展了对未能升学的小学、初中、高中毕业生的实用技术培训。为了充分发挥农村学校在科技兴农中的作用，国家教委于1990年6月发出《关于动员农林中专和农村职业中学作好科技兴农工作的通知》。《通知》规定，1990年中央财政拨发的城乡职业技术教育补助费，省、自治区要将其中60%以上，直辖市、计划单列市要将其中50%款额重点用于3～10所为农服务较好的农村职业中学。这一措施，有力地推动了农村职业技术教育的发展。

三、普通高等教育

(一)普通高等教育规模稳定，内部结构继续调整

1990年，我国高等教育规模稳定，为深化改革，调整结构，改善办学条件创造了条件。全国普通高等学校校数仍维持1075所，本专科在校生比上年减少1.94万人。研究生继续实行按需招生原则。1990年，全国在校研究生比上年减少0.8万人。高等学校布局调整和充实整顿工作取得进展。优化学科结构初见成效。有18所办学条件较差的学校暂停招生，撤消了67个大专班招生点。有80种长线专业，205个专业点暂停或减少招生。

(二)高等教育各项改革不断深化，并取得新的进展

为了加强国家对普通高等学校的宏观管理，1990年10月，经国务院批准，国家教委发布了《普通高等学校教育评估暂行规定》。在扩大学校办学自主权的基础上，增强了国家的宏观调控能力。在科类教育改革方面，从1988年开始对理科人才社会需求情况及高等理科教育改革问题进行了调查研究，经反复论证，1990年10月，国家教委制定了《关于深化改革高等理科教育的意见》。这个意见就高等理科教育如何坚持社会主义方向，切实解

决高等理科教育规模、结构、培养目标、模式与不适应实际需要等问题，提出了改革意见和措施。高等农林教育在面向实际，面向生产，为农村培养能下得去、留得住的合格人才等方面进行了探索。1990年3月，农业部、国家教委发出《关于普通高等农业院校试行招收有一定实践经验学生的通知》，使高等农业教育重心下移，层次结构更适应于农村的需要，为高等农业教育开出一条人才通向农村的新路。

四、成人教育

（一）成人教育事业蓬勃发展

1990年，全国成人高等学校已有1321所，教职工20.16万人，举办函授、夜大学的普通高等学校634所，自学考试机构已在各省、自治区、直辖市普遍建立；中国教育电视台正式开播，教育电视收转台、卫星地面接收站共3000多个，放像点2万余个，成人中等学校共计58501所，教职工39.43万人，成人初等学校258134所，教职工27.13万人。据京、津、沪等12个大城市的不完全统计，社会力量办起的各类学校和教育培训机构已有3000多所，在学人数300万人。

（二）成人高等教育治理整顿工作取得成果

为了落实党的十三届五中全会和七届人大三次会议的精神，1990年，国家教委部署开展了成人高等教育的治理整顿。经过一年来的工作，使"三乱"（乱办学、乱收费、乱发文凭）现象初步得到了制止，成人教育的地位、作用受到了进一步的重视，管理得到了加强，各项规章制度逐步健全。

（三）扫盲工作取得显著成果

为贯彻执行国务院《扫除文盲工作条例》，推动扫盲工作的广泛、持续发展，1990年3月国家教委、中央宣传部等10个部门、团体联合成立了全国扫盲工作协调小组，由国家教委牵头组织落实，并制定了《关于开展国际扫盲年活动和进一步加强扫盲工作的意见》。6月，国家教委又发出了《关于农村中小学参加扫盲工作的通知》，把贯彻《义务教育法》和《扫除文盲工作条例》统筹规划，同步实施。各级政府和有关部门，充分利用国际扫盲年的有利时机，认真落实扫盲工作，积极健全领导机构，把扫盲列入任期目标，实行责任制，增加对扫盲的投入，建立定期布置、检查和表彰奖励制度，定期公布扫盲工作情况，扫盲工作出现了新的进展。1990年，全国共扫除文盲399万人，还有560万青壮年正在参加扫盲学习。

五、师资队伍与师范教育

（一）教师政治素质和业务素质有所提高

1990年，各级教育部门和学校加强师资队伍建设，注重教师政治素质和业务素质的培养，教师总量基本保持稳定。全国各级各类学校教职工总规模为1432.14万人，比上年增加28.26万人，增长2%。其中：专任教师达到1076.82万人，比上年增加11.8万人，增长1%。在总量基本稳定的基础上，国家教委在全国范围内开展了中小学校长岗位培训工作。提出了在新形势下加强高等学校专职思想政治工作者正规培训的要求。提高了教师的政治素质和业务素质。

（二）师范教育在改革中得到发展

为了适应义务教育发展需要，确保师资质量，师范院校在招生工作中进行了多种形式的改革试验。师范院校招生采取了优惠政策：适当扩大保送生比例；增加面试；对个别地区单独命题考试和部分专业招收有实践经验的优秀在职人员；试招优秀民办教师；试办师范预备学校、预备班等，保证了进入师范院校学习的新生具有较好的思想素质、文化素质、身体素质和教学水平，促进了师范教育的发展。1990年，全国有普通高等师范院校257所，师范类专业本专科招生达18.25万人，已占高校招生总数30%。中等师范学校有1026

所，招生 22.73 万人，占中专招生总数 31%。普通高等师范院校和中等师范学校共培养毕业42.46万中小学新教师。还有教育学院 265 所，教师进修学校 2018 所，有 78 万名在职教师正在参加脱产或业余、函授系统的学习。

一年来，经过各级政府、教育部门和学校的共同努力，教育战线治理整顿工作初见成效，在加强宏观管理、改善办学条件、提高教育质量等方面抓出了实效，促进了教育事业沿着持续、稳定、协调发展的轨道前进。但是，教育改革中也还存在一些问题需要注意。当前，各级各类学校仍要加强德育，切实把德育摆在学校工作的首位。此外，有 11 个省的初中生流失率还在 5 %以上，对中小学学生流失问题仍不能掉以轻心；农村中小学校舍中的旧房、土木结构房屋还占相当比重，中小学校舍不足和学校内部教学所需设备相当匮乏等问题仍然突出；高等教育专业结构调整势在必行；职业技术教育管理体制和适应农村经济发展，为乡镇企业和专业户培养人才等问题要统筹研究解决；成人岗位培训教育还要逐步加强和完善。

撰稿人 林志华

审稿人 徐敦潢

附 □1990 年各级各类教育发展统计

1990年各级各类普通学校基本情况

单位：万人

	学校数（所）	学生数			教职工数	
		毕业生数	招生数	在校学生数	计	其中：专任教师
普通高等学校	1075	61.36	60.89	206.27	100.47	39.46
中等学校	105060	1539.1	1866.51	5239.19	513.71	362.83
中等专业学校	3982	66.13	73.01	224.44	49.22	23.45
技工学校	4184	41.43	50.43	133.17	30.77	13.55
普通中学	87631	1342.06	1619.62	4585.96	399.1	303.26
农业、职业中学	9164	89.25	123.19	295.01	34.27	22.4
工读学校	99	0.23	0.26	0.61	0.35	0.17
小学	766072	1863.11	2063.97	12241.38	624	558.18
特殊教育学校	746	0.51	1.6	7.2	2.03	1.38
幼儿园	172322			1972.23	105.21	74.96

1990年成人学校基本情况

单位：万人

	学校数（所）	学生数			教职工数	
		毕业生数	招生数	在校学生数	计	其中：专任教师
成人高等学校	1321	48.88	49.24	166.64	20.16	8.79
成人中等学校	58501	1657	1459.94	1529.44	39.43	20.55
成人中等专业学校	4942	57.68	53.79	158.79	19.89	9.78
成人中学	6968	53.94	69.67	88.47	4.46	2.47
成人技术培训学校	46591	1545.38	1331.48	1282.18	15.08	8.3
成人初等学校	258134	2051.49	2120.52	2282.09	27.13	10.67

1990年普通高等学校规模

单位：所

学校数	300人及以下	301人至500人	501人至1000人	1001人至1500人	1501人至2000人	2001人至3000人	3001人至4000人	4001人至5000人	5001人及以上
1075	58	78	222	229	146	172	70	29	71

1990年普通高等学校设置专业数

单位：个

	合计	工科	农科	林科	医药	师范	文科	理科	财经	政法	体育	艺术
种数	841	364	53	17	26	43	70	130	46	12	13	67
个数	13899	4761	722	148	589	3261	1078	947	1645	203	66	479

1990年普通高等学校校数和教职工数

单位：人

	学校数（所）	教职工数					
		计	其中：专任教师				
			小计	教授	副教授	讲师	教员	助教
总计	1075	1004744	394567	15052	84150	148428	12207	134730
综合大学	50	114908	45378	2392	11279	17252	1093	13362
理工院校	286	407213	147189	5689	34013	58639	3941	44907
农业院校	59	69102	24262	985	5602	8374	462	8839
林业院校	11	10961	4384	173	994	1605	16	1596

续

	学校数（所）	教职工数						
		计	其中：专任教师					
			小计	教授	副教授	讲师	教员	助教
医药院校	122	109599	43292	3158	8892	15096	1253	14893
师范院校	257	169823	76423	1544	14027	28487	2441	29924
语文院校	14	11316	4707	150	991	1921	298	1347
财经院校	80	47784	20525	389	3300	6877	1139	8860
政法院校	25	13136	4918	102	799	1584	235	2198
体育院校	16	7527	3415	110	749	1324	54	1178
艺术院校	30	12095	5604	240	1242	2107	481	1534
民族院校	11	10212	4393	59	837	1844	231	1422
短期职业大学	114	21068	10077	61	1425	3358	563	4670

1990年各级学校中女学生数和女教师数

单位：万人

	女学生		女教师	
	人数	占学生总数的%	人数	占教师总数的%
普通高等学校	69.51	33.70	11.48	29.09
中等专业学校	101.99	45.44	8.87	37.83
普通中学	1920.11	41.87	95.57	31.51
农业、职业中学	133.65	45.31	7.05	31.47
小学	5655.52	46.20	240.88	43.15

1990年各级学校少数民族学生数和教师数

单位：万人

	少数民族学生		少数民族教师	
	人数	占学生总数的%	人数	占教师总数的%
普通高等学校	13.67	6.63	1.75	4.43
中等专业学校	18.18	8.10	1.49	6.35
普通中学	293.03	6.39	18.20	6.00
农业、职业中学	15.06	5.10	1.09	4.87
小学	1069.52	8.74	45.87	8.22

1990年分学科门类研究生数

单位：人

	毕业生数	招生数	在学研究生数
总计	35440	29649	93018
其中：博士生	2457	3337	11345
硕士生	31505	26207	80685
研究生班学生	1478	105	988
哲学	805	399	1470
经济学	1960	1670	5237
法学	1401	1096	3619
教育学	704	571	1814
文学	1952	1460	4655
历史学	812	465	1624
理学	6736	5912	18204
工学	15413	13458	41536
农学	1554	1199	4004
医学	4103	3419	10855

1990年普通高等学校分科学生数

单位：人

	毕业生数	招生数	在校学生数	
			人数	%
总计	613614	608850	2062695	100
工科	195841	208285	745613	36.15
农科	27679	24920	87615	4.25
林科	5734	5692	19042	0.92
医药	42881	46772	201789	9.78
师范	190914	182467	519637	25.19
文科	33652	27756	98804	4.79
理科	28937	24034	95156	4.61
财经	66380	67446	220494	10.69
政法	12094	11675	41634	2.02
体育	4260	4142	13975	0.68
艺术	5242	5661	18936	0.92

1990年普通高等学校工科分大类学生数

单位：人

	毕业生数	招生数	在校学生数	
			人数	%
总计	195841	208285	745613	100.00
地质	7186	6147	24462	3.28
矿业	6278	5941	22238	2.98
动力	7944	9794	33531	4.50
冶金	5948	5800	22403	3.01
机械	44771	50943	181458	24.34
电机、电器	5518	7222	22261	2.99
无线电技术及电子学	38429	40858	147903	19.84
化工	15844	17880	62491	8.38
粮食食品	5653	5665	19340	2.59
轻工	6520	6816	23610	3.17
测绘、水文	1601	1503	5193	0.70
土木建筑	33456	33724	123790	16.60
运输	4160	5030	16669	2.24
通信	3333	3245	11466	1.54
其他	9200	7717	28798	3.84

1990年中等专业学校分类别学校数和教职工数

单位：人

	学校数（所）	教职工数					
		计	其中：专任教师				
			小计	高级讲师	讲师	助理讲师	教员
总计	3982	492218	234476	24303	74912	85153	50108
中等技术学校	2956	384838	176020	17967	58691	64732	34630
工业学校	899	157654	67888	7008	22695	26016	12169
农业学校	377	48907	21136	2595	6766	6931	4844
林业学校	50	8323	3366	420	998	1308	640
医药学校	560	65996	31821	3925	11450	11728	4718

续

	学校数（所）	教职工数					
		计	其中：专任教师				
			小计	高级讲师	讲师	助理讲师	教员
财经学校	553	59169	28590	2026	8254	11325	6985
政法学校	131	13165	5666	389	1642	2246	1389
体育学校	151	11910	6206	480	2236	1967	1331
艺术学校	140	13685	8478	865	3534	2183	1896
其他学校	95	6029	2869	259	1116	1028	658
中等师范学校	1026	107380	58456	6336	16221	20421	15478
其中：幼儿师范学校	67	7701	4079	469	1191	1414	1005

1990年中等专业学校分科学生数

单位：人

	毕业生数	招生数			在校学生数
		计	招高中毕业生的	招初中毕业生的	
总计	661262	730097	183350	546747	2244373
中等技术学校	427573	502802	150788	352014	1567091
工科	128829	168786	39407	129379	565130
农科	29989	43026	8436	34590	139341
林科	6257	7332	1084	6248	27059
医药	94024	91818	10099	81719	306405
财经	126070	141005	68834	72171	387806
政法	20318	20743	18309	2434	43858
体育	6152	10341	362	9979	34313
艺术	7517	10815	980	9835	37134
其他	8417	8936	3277	5659	26045
中等师范学校	233689	227295	32562	194733	677282
其中：幼儿师范	18365	17184	312	16872	55398

1990年普通中学分城镇农村的学校数和学生数

单位：万人

	学校数(所)	学生数		
		毕业生数	招生数	在校学生数
总计	87631	1342.06	1619.62	4585.96
城市	11453	254.84	279.95	817.29
县镇	14035	315.26	355.61	1029.69
农村	62143	771.96	984.06	2738.98
高中	15678	232.96	249.76	717.31
城市	5028	70.69	74.39	216.25
县镇	5828	106.16	113.41	328.26
农村	4822	56.11	61.96	172.80
初中	71953	1109.10	1369.86	3868.65
城市	6425	184.15	205.56	601.04
县镇	8207	209.10	242.20	701.43
农村	57321	715.85	922.10	2566.18

1990年普通中学分办别教职工数

单位：人

	合计	专任教师数			行政人员数	工勤人员数	校办工厂农场职工
		计	初中	高中			
总计	3991024	3032621	2470355	562266	517999	354280	86124
教育部门办	3126923	2399713	1918344	481369	444262	239146	43802
其他部门办	452681	325500	246293	79207	63200	57464	6517
民办	411420	307408	305718	1690	10537	57670	35805

1990年农业职业中学分城镇农村的学校数和学生数

单位：万人

	学校数(所)	学生数		
		毕业生数	招生数	在校学生数
总计	9164	89.25	123.19	295.01
城市	2513	29.74	37.80	99.53
县镇	2339	23.24	33.76	78.00

续

	学校数（所）	学生数		
		毕业生数	招生数	在校学生数
农　村	4312	36.27	51.63	117.48
高　中	7655	75.34	103.83	247.13
城　市	2484	29.31	37.29	98.24
县　镇	2255	21.46	31.60	72.18
农　村	2916	24.57	34.94	76.71
初　中	1509	13.91	19.36	47.88
城　市	29	0.43	0.51	1.29
县　镇	84	1.78	2.16	5.82
农　村	1396	11.70	16.69	40.77

1990年农业职业中学分办别教职工数

单位：人

	合计	专任教师数			行政人员数	工勤人员数	校办工厂、农场职工
		计	初中	高中			
总　计	342657	224048	28691	195357	60697	39578	18334
教育部门办	267712	180893	22615	158278	50241	27365	9213
其他部门办	55326	34409	329	34080	9713	8093	3111
民　办	19619	8746	5747	2999	743	4120	6010

1990年小学分城镇农村的学校数和学生数

单位：万人

	学校数（所）	学生数		
		毕业生数	招生数	在校学生数
总　计	766072	1863.11	2063.97	12241.38
城　市	26565	199.58	232.45	1341.18
县　镇	42279	215.28	214.34	1304.57
农　村	697228	1448.25	1617.18	9595.63

1990年小学分办别教职工数

单位：人

	合 计	专任教师数	行政人员数	工勤人员数	校办工厂、农场职工数
总 计	6240047	5581810	481907	149190	27140
教育部门办	3426936	2928149	403272	81013	14502
其他部门办	416378	347652	37331	29152	2243
民 办	2396733	2306009	41304	39025	10395

1990年小学和初中毕业生升学率

单位：万人

	小学毕业生升学率			初中毕业生升学率		
	小学毕业生数	初级中等学校招生数	升学率（%）	初中毕业生数	高级中等学校招生数	升学率（%）
1989	1857.07	1328.49	71.54	1134.28	434.60	38.35
1990	1863.11	1389.2	74.6	1109.10	450.40	40.60

1990年学龄儿童入学率及在校学生巩固率

单位：万人

	学龄儿童入学率			在校学生巩固率		
	全国学龄儿童总数	已入学学龄儿童数	入学率（%）	学年初学生数	学年末学生数	巩固率（%）
1989年	9699.1	9450.7	97.4	12124.5	11770.5	97.1
1990年	9717.4	9516.9	97.9			

1990年幼儿园基本情况

单位：万人

	园数（所）	幼儿数	教职工数	
			计	其中：专任教师
总 计	172322	1972.23	105.21	74.96
教育部门办	12820	442.26	16.40	12.14
其他部门办	28136	339.87	40.94	19.89
民 办	131366	1190.10	47.87	42.93

1990年盲聋哑学校和弱智儿童辅读学校基本情况

单位：人

	学校数（所）	学生数			教职工数	
		毕业生数	招生数	在校学生数	计	其中：专任教师
总计	746	5109	15968	71969	20267	13785
一、盲聋哑学校合计	555	4622	10147	50840	16476	10564
1.盲聋哑学校	50	869	1530	8115	2467	1615
盲生部	3	222	253	897	339	254
聋哑生部	29	647	1277	7218	2128	1361
2.聋哑校	480	3346	8135	40933	13025	8354
3.盲校	25	407	482	1792	984	595
弱智儿童辅读学校（班）	191	487	5821	21129	3791	3221

1990年成人高等学校基本情况

单位：万人

	学校数（所）	学生数			教职工数	
		毕业生数	招生数	在校学生数	计	其中：专任教师
总计	1321	48.88	49.24	166.64	20.16	8.79
广播电视大学	40	8.31	9.3	31.44	2.86	1.12
职工高等学校	835	7.66	6.92	23.03	8.38	3.69
农民高等学校	5	0.04	0.02	0.04	0.03	0.01
管理干部学院	172	3.00	2.29	5.42	3.92	1.43
教育学院	265	9.32	7.60	25.30	4.89	2.49
独立函授学院	4	0.40	0.41	1.57	0.08	0.05
普通高校举办函授部	—	11.35	14.89	52.05	—	—
夜大学	—	4.37	5.01	17.27	—	—
电大函大夜大普通专科班	—	4.43	2.8	10.52	—	—

1990年成人中等专业学校和技术培训学校基本情况

单位：万人

	学校数（所）	学生数			教职工数	
		毕业生数	招生数	在校学生数	计	其中：专任教师
成人中等专业学校	4942	57.68	58.79	158.79	19.89	9.78
广播电视中等专业学校	170	11.04	12.23	32.30	1.07	0.53
职工中等专业学校	2107	17.54	22.01	55.91	9.15	4.03

续

	学校数（所）	学生数			教职工数	
		毕业生数	招生数	在校学生数	计	其中：专任教师
干部中等专业学校	307	2.30	2.53	6.28	1.35	0.58
农民中等专业学校	340	5.04	4.91	11.26	1.15	0.61
教师进修学校	2018	21.76	17.11	53.05	7.17	4.03
成人技术培训学校	46591	1545.38	1331.48	1282.18	15.08	8.31
职工技术培训学校	8366	383.91	289.48	232.59	6.96	4.00
农民技术培训学校	38225	1161.47	1042.00	1049.59	8.12	4.31

1990年成人中学基本情况

单位：万人

	学校数（所）	学生数			教职工数	
		毕业生数	招生数	在校学生数	计	其中：专任教师
成人中学总计	6968	53.94	69.67	88.47	4.46	2.47
职工中学	3200	31.65	43.34	49.52	3.32	1.69
高中	2618	26.86	37.38	43.12	2.72	1.46
初中	582	4.79	5.96	6.40	0.60	0.23
农民中学	3768	22.29	26.33	38.95	1.14	0.78
高中	411	2.95	3.53	4.70	0.22	0.15
初中	3357	19.34	22.80	34.25	0.92	0.63

1990年成人初等学校基本情况

单位：万人

	学校数（所）	学生数			教职工数	
		毕业生数	招生数	在校学生数	计	其中：专任教师
成人初等学校总计	258134	2051.49	2120.52	2282.09	27.13	10.67
职工小学	3744	42.46	42.07	47.18	0.79	0.38
农民小学	254390	2009.03	2078.45	2234.91	26.34	10.29
其中：扫盲班	105878	399.00	489.36	559.81	13.63	4.81

城市教育综合改革实验工作

1990年，全国城市教育综合改革实验15个试点城市的工作，继续健康发展，百家企业试点工作已顺利起步。

一、试点城市建立领导机构、理顺管理体制，进行教育结构改革

(一)成立教育综合改革领导小组

1990年，根据国家教育委员会要求，15个教育综合改革的试点城市多数成立了由市长或主管教育的副市长任组长，教育、人事、劳动、计划、财务等部门负责人参加组成的教育综合改革领导小组。沈阳市成立了市教育综合改革领导小组及办公室，所辖各区(县)也成立了相应的教育综合改革实验领导机构，加强对各级各类教育的宏观管理、统筹、协调，实现“集中领导、统筹规划、分口实施、综合评估”的目的。洛阳市在教育管理思想和方法上还实现了三个转变：由单纯管理学校转变为立足于整个教育事业与社会经济的协调发展；由管得过细过多转变为宏观管好，微观管活；由经验型管理转变为制度化、科学化管理。

(二)完善教育管理体制

各试点城市在领导小组的领导下，管理体制进一步理顺。到1990年底，试点城市沈阳、锦州、无锡、绍兴、芜湖、威海、洛阳、沙市、长沙、自贡等市加强了各级各类教育的统筹，相继成立了教育委员会；苏州、常州、江门等市将成人(职工)教育办公室归口到教育局。沈阳市根据实际情况，基础教育实行“市、区两级办学，两级管理，以区为主”，向各区(县)下放了学籍、教改、招生等管理权限。无锡市对基础教育实行县、乡、村三级办学，县乡两级管理；在成人教育方面，确定“行业为主、条块结合、分工负责、教委归口”的原则，即：教委统一规划管理全市成人教育，市委组织部、人事局、科委、经委、劳动局分别负责规划和指导党政干部、科技人员及企业管理人员的培训工作。绍兴市规定：初中级人才预测由教育、计划、经济、人事、劳动等部门共同负责；专业设置、招生计划由教委、计委、办学单位的主管部门及劳动人事部门共同负责；职业高中、技校、市属中专的人事任免和日常教学管理归教委负责，毕业生的技术考核由教委的工人技术考核委员会负责；技校的招生、分配及经费投入和在岗工人的技术等级考核由劳动局负责。沈阳、常州、苏州、沙市、自贡、佳木斯等市在有关方面配合下，建立了社区教育网，初步形成了立体交叉、多侧面、全方位的德育体系。沈阳市还在黎明社区以黎明发动机制造公司为主体，教育部门为主导，地方政府参与办学、管理的教育网络，并已形成齐抓共管德育工作的局面。锦州市在开展岗位培训中，建立以教委统一领导，各部门分工负责，企业自主发展“三位一体”的培训格局；实行统一部署规划、统一检查评估；并实行岗位培训“三纳入”，即：纳入国民经济和社会事业发展计划，纳入企业租赁、承包经营合同负责人的任期目标，纳入企业升级、评选先进的考核内容。

(三)调整与改革中等教育

为全面提高九年制义务教育质量，使教育面向全体学生，全面提高学生的整体素质，1990年，15个试点城市的义务教育由单纯的应试教育转为全面的素质教育，全部取消了小学升初中的考试，小学毕业生实行就近直接升初中，取消了重点初中。与此同时，各试点城市加紧薄弱初中的改造与建设。沈阳市在1990年投资700万元改造最后29所薄弱初中学校。洛阳市把加强薄弱初中建设作为保质保量完成九年制义务教育的关键，调整和加强了薄弱初中的领导班子，增拨教育经费，改善办学条件，优惠供应教学设备，优先调配师资，严格学籍管理，控制学生的非正常流动，使90%以上的薄弱初中发生了较大变化。

为了适应城市社会经济发展的需要，15个试点城市对中等教育的层次、类型、结构进行了改革，控制普通教育规模，发展职业技术教育。沈阳市先后两次对各企事业单位进行调查，在初步摸清近期、远期人才需求的基础上，确定职业技术教育的发展规模、布局、专业、层次结构，使各类中等职业技术学校在办学规模、规格、层次上与社会经济的发展和劳动就业结构趋于一致。苏州市根据经济结构的变化，调整了中等专业教育结构，保证了各专业结构人才需求的动态平衡，提高了教育的适应与服务能力。绍兴市把发展职业技术教育与劳动就业制度结合起来，落实“先培训、后就业”，市政府规定：企事业单位招工用人必须经职业学校和培训中心培训，并持有毕业证书或结业证书。未经职前培训，一律不予招收录用，劳动部门不给招工指标，银行不给工资指标。各试点城市还对中等教育的招生制度进行了改革。绍兴市对师范学校采取“提前单独招生，加权评分”的办法录取新生。沈阳市政府于1990年12月发布的《关于进一步搞好我市中等职业教育的意见》中规定：从1991年起，普通高中、中等专业学校、技工学校、职业高中招生时实行统一命题、统一考试、统一评卷、统一录取。

经过调整与改革，1990年试点城市的中等职业技术教育发展很快，职业技术学校与普通高中在校生比例均达到或超过1:1，芜湖1.26:1，江门1.22:1，绍兴1.5:1。同时，在教育内容上，职业技术教育还呈现出向普通中学渗透的趋势。沙市有的中学在普通高中开设微机、机械制图、英文打字、无线电、电器修理等课程。绍兴市试行高三分流，开设劳技课，以适应学生毕业后走向社会的各种需要。

二、百家企业教育综合改革实验开始起步

(一)成立企业教育综合改革领导机构

1989年9月，国家教委发出《关于在一百个企业进行教育综合改革实验的通知》后，百家教育综合改革实验企业的主管部委、总公司和省、自治区、直辖市政府积极响应，密切配合，各试点企业普遍建立了教育综合改革领导小组和办事机构。铁道部、纺织部、建设部、中国统配煤矿总公司、中国汽车工业总公司等9个部委、总公司和天津、广东、湖北等7个省市分别召开会议，研究、部署本部门、本行业、本地区的企业教育综合改革实验工作。纺织部、轻工部、建设部等成立了部级教育综合改革领导小组。铁道部发文要求所属8个教育综合改革实验企业都要成立由企业第一管理者任组长的教育综合改革实验领导小组。到1990年底，百家实验企业领导认真贯彻国家教委文件精神，重视机构建设，相继成立了由厂长、经理或党委书记任组长，有关部门负责人参加的企业教育综合改革实验领导小组，多数企业还成立了企业教育综合改革办公室。

(二)制订教育综合改革实验方案

为了组织、开展好企业教育综合改革实验工作，各实验企业都认真抓了教育综合改革实验方案的制订工作。多数试点企业从本企业现状调查入手，分析本企业在教育指导思想、办学方向、教育结构等方面存在的问题和困难，结合企业生产、科研的发展目标和人才需求情况，由企业教育综合改革领导小组会同人事、劳动、计划、财务部门及有关生产单位一起研究、论证、制订教育综合改革实验方案。到1990年底，有87家实验企业制订了教育综合改革实验方案。方案内容既考虑到企业当前的生产实际，结合企业“八五”计划和十年规划的发展要求，又注意将企业教育改革与企业人才需求规划结合起来，切实体现了“依靠”与“服务”的关系。

试点企业的主管部委和总公司也非常重视这项工作，铁道部、建设部、商业部、纺织部、机电部、轻工部、中国汽车工业总公司、中国统配煤矿总公司等单位先后召开专门会议讨论研究方案的制订及修改工作。上海五金机械公司在成立教育综合改革实验领导小组后，还专门成立了实验方案起草领导小组，负责进行分类调查、目标确定、体系设计、方案选择、论证等工作。潍坊柴油机厂在制订教育综合改革实验方案的同时，还提出了1990年教育改革工作实施计划。多数实验企业的教育综合改革方案都抓住企业生产、发展中的难点和关键进行改革；强调了综合性、针对性、实用性、可操作性；并注意了人事、劳动、教育、计划、财务的统筹，人才培养、考核、使用、待遇的配套及职前职后教育的一体化。

（三）确定企业教育综合改革实验起步项目

根据国家教委《关于在一百个企业进行教育综合改革实验的通知》中强调“要抓住重点，确定起步项目”的要求，各实验企业重视确定教育综合改革实验起步项目，选好教育改革的突破口。起步项目主要围绕当前企业及企业教育中较为关键、突出的方面，抓住较易实施和见效的课题展开。铁路系统的起步项目重点，包括教育管理体制改革、教育投资机制、举办项目学校、变招工为招生的岗前培训和继续教育的制度化、系列化等。上海第十七毛纺厂的起步项目是抓好职工政治、技术培训，建立育人、用人的良性循环系统。第一汽车制造厂、鞍山钢铁公司围绕企业中心任务，建立具有宏观调控能力和微观激励功能的岗位培训机制。

一些先行企业还在实施起步项目上取得了初步成果。鞍山钢铁公司初步形成了职工教育激励机制；宝山钢铁总厂结合生产开展了大工种培训；天津轧钢三厂把优化劳动组合与开展岗位培训相结合，提高了企业素质；铁道部第三工程局从教育体制改革入手，实现了局教委对教育系统“人、财、物、事”的集中统一管理，提高了教育培训的质量和效益；广州铁路局建立了职业技术教育与职工教育统筹、协调的办学模式，完善了企业教育的效益机制；仪征化纤联合公司初步形成了一套培养、考核、使用、待遇配套的系列政策等。

三、召开全国城市教育综合改革实验经验交流工作会议

为了总结、交流城市教育综合改革实验工作的经验，1990年9月13日至23日，国家教委在佳木斯、沈阳召开了全国城市教育综合改革实验经验交流工作会议。全国15个教育综合改革实验城市的主管市长、教委主任、劳动局局长，试点城市所在省的教委负责人，大连、马鞍山、宁波、岳阳、邯郸5个联系城市的教委主任，劳动部有关领导等110余人参加了会议。国家教委副主任何东昌、柳斌、王明达参加会议并讲了话。国家教委专职委员郭福昌主持会议。会议第一阶段，代表们考察、参观了佳木斯市、沈阳市的幼儿园、普通中小学、中专、技校、职业中学、特殊学校、少年宫、工厂等；第二阶段，20个城市交流了进行教育综合改革的成效与经验。

会议围绕如何保证中央主管部门规划指导作用，加强中心城市对中等及中等以下各类教育的统筹管理权限，理顺、完善宏观管理体系；试点城市教委如何实现职能转变，更好地规划、指导、管理、协调本市各级各类教育，使教育更好地与经济建设、社会发展相结合；如何确定城市教育综合改革实验目标等重点进行了讨论。

何东昌同志在讲话中充分肯定了城市教育综合改革实验几年来取得的进展。他指出：城市教育综合改革的重点是中等及中等以下各级各类教育，成人的继续教育和岗位培训，包括高中后的短期职业技术教育。他强调，城市的各级各类教育要与城市的整个经济、社会发展相适应，协调发展。要注意解决好几个突出问题：一是结构问题，特别是初中以上教育结构，只有结构合理，才能实现教育与生产劳动相结合，有效地为社会主义服务。二是素质问题，首先是政治素质，要塑造坚定走社会主义道路，愿意为人民服务的人，要从未来和21世纪的人才需要着眼来培养人、教育人。三是体制问题，地方要有统筹权，要有一定的决策权，要调动社会各方面参与教育的积极性，协调教育部门与其他部门之间的关系。

柳斌同志就基础教育问题讲了话，他说：基础教育当前的任务是以普及九年义务教育为重点，同时加速升学制度的改革，加速高中阶段的课程、教材的改革。要继续完善初中以上的结构改革，着重点是提高质量。我国教育事业"八五"计划的总原则，同样适用于城市基础教育改革，要把高质量的义务教育作为城市教育改革的一个重要目标。

王明达同志在会议总结时指出：城市教育综合改革的基本指导思想，就是要使教育与城市国民经济发展相适应，教育必须为社会主义建设服务，社会主义建设必须依靠教育，全面贯彻党和国家的教育方针，提高教育质量和办学效益。城市教育综合改革工作，一要注意巩固已取得的教育综合改革成果，逐步把实践中形成的行之有效的经验变为常规制度；二要加强对教育综合改革工作的研究和总结，动员教育科研人员参加城市、农村的教育综合改革；三要从实际出发，调整教育综合改革规划，抓紧解决一些重大问题；四要认真推广城市教育综合改革的典型经验；五要加强对城市教育综合改革工作的领导。

会议期间，正式成立了城市教育综合改革实验协作会，选举产生了协作会领导机构，讨论制订了协作会工作计划。

四、举办企业教育综合改革实验讲习班

为了给百家实验企业的教育综合改革实验提供信息、服务并培训干部，国家教委于1990年10月8日至14日在上海宝山钢铁总厂举办了企业教育综合改革实验讲习班。邀请各部委、各省市的有关负责人就协调、配合、服务，为企业教育综合改革创造良好的外部环境等问题进行了座谈。宝山钢铁总厂、第二汽车制造厂、铁道部第三工程局、大庆石油管理局、沈阳黎明发动机制造公司等11个单位就本企业开展教育综合改革的情况作了专题发言。国家体改委、劳动部有关司局的负责同志分别作了报告。来自德国与日本的五位企业教育专家介绍了各自国家企业教育的开展情况。

学员们一致希望，国家教委要加强宏观指导，做好服务工作，各主管部委和省市要加强对试点企业的指导和协调，充分发挥企业的积极性。

国家教委副主任王明达参加会议并讲了话。他说，企业教育要围绕企业发展目标，为提高产品质量、经济效益和企业的进一步发展服务。企业教育涉及面广、举办的各种教育都应办好，但重点是企业内各类成人教育和职前的职业技术教育。企业教育改革必须明确以下任务：一是教育在企业中的战略地位要真正落到实处。二是明确发展企业教育的指导思想。要重视思想政治教育和职业道德教育，同时，教育结构要适应企业的需要，为提高产品质量和经济效益服务。三是要建立适合企业发展目标需要的教育运行机制和教育管理机制，要有提高企业素质和鼓励按需学习的政策。

五、成立中国成人教育协会企业教育研究会

中国成人教育协会企业教育研究会于1990年10月成立，会上，选举产生了第一届理事会，通过了企业教育研究会章程。

企业教育研究会是中国成人教育协会从事企业教育的专业研究组织。

研究会宗旨是：团结各企业和教育工作者，以马列主义、毛泽东思想为指导，坚持党的基本路线，面向实际、面向基层，开展企业教育科学理论与实际问题的研究。

研究会任务：（1）紧密围绕企业的各项经济活动，开展企业教育和企业教育综合改革的理论研究和学术活动，为指导企业教育实践和教育综合改革实验提供依据；（2）通过学术研究，建立一支具有较高水平的、理论与实践结合的企业教育专、兼职理论研究和从事教育实际工作的队伍；（3）编辑出版企业教育研究刊物、专辑和信息资料，交流企业教育和教育综合改革的科研成果，介绍国内外企业教育先进经验，宣传和推动社会各方面来关心、支持企业教育工作；（4）开展企业教育的研讨和讲习活动，为教育行政部门和社会各方面提供咨询与服务；（5）组织企业开展国际教育学术交流。

研究会实行团体会员制，领导机构是理事会，下设秘书处。

撰稿人　郝铁生　茅广儒
郭利萍
审稿人　郭福昌

农村教育综合改革工作情况

1990年，农村教育综合改革实验继续受到全国各地的重视和支持，实验面又有扩大，实验点的工作水平进一步提高。到年底，全国实施“燎原计划”的实验县859个，示范乡3326个，比1989年增加73个县、456个乡。

1990年农村教育综合改革重点抓了以下几项工作：

一、加强“燎原计划”贷款管理

1990年3月31日至4月6日在广西召开了全国“燎原计划”专项贷款的发放和管理工作研讨会。

自1988年2月开始，在中国人民银行的支持下，每年国家发放“燎原计划”贷款额度为6000万元，执行国务院批准的利率标准。为减少中间环节，贷款由中国科技财务公司负责发放和项目管理，主要支持农村普通中小学、职业技术学校、成人学校所属经营实体在“燎原计划”示范乡开展的生产服务项目，即为示范乡生产项目的物资设备、原材料的购买、劳动力工资等作生产性启动资金，不得挪作他用。贷款优先投向种植、养殖及农副产品加工业，并主要扶持县级骨干的职业技术学校和成人学校以及乡级学校新立项的生产经营性项目。

到1990年，中国科技财务公司主动积极配合国家教委工作，并在各省、自治区、直辖市教育行政部门的大力支持下，使各项目的贷款得到了落实，并取得较好效果。

（一）1988年、1989年两个年度共计1.2亿元专款顺利到位。支持各地上“燎原”计划项目1790个，其中，种植业投资占33.6%，养殖业占33.3%，基本符合“燎原计划”的贷款意图。

（二）经济和社会效益明显。据对1988年度统计，贷款投向产生经济效益达27亿元，围绕贷款项目对农民的实用技术培训超过1200万人次。

（三）两个年度的贷款争取到1.93亿元的配套资金，缓解了“燎原计划”经费的不足。

（四）增强了教育部门的金融意识，形成了一套行之有效的发放和管理贷款办法，为今后进一步搞好“燎原计划”专项贷款打下了良好基础。

二、农业部、国家教委等五部、委、行联合召开农科教结合工作座谈会

1990年5月7日至10日，农业部、国家科委、国家教委、林业部、中国农业银行联合在安徽滁县召开了部分省、市农科教结合工作座谈会。安徽、河北、湖南、云南、吉林、上海、浙江、河南、四川、甘肃、山东等11省市的有关领导及代表150余人参加了会议。五部、委、行的领导到会并讲了话，国家教委副主任王明达作了会议总结。会议代表参观了安徽滁县农科教结合试点乡、校，并进行了座谈讨论。代表们认为：在近几年的农科教结合实践中，涌现了像安徽的黄山市、滁县地区、河北省张家口地区、河南省三门峡市农行、四川省宜宾市、山东省五莲县等一批典型。尤其是安徽省作出较好成绩，他们在农科教统筹与结合中，主要抓了四个方面的工作：一是上下结合，多渠道增加投资。据统计，1989年安徽的11个地市共筹集统筹资金约1200万元。二是组建农科教讲师团。三是对长期在农村兼任教师的科技人员在职称评定、工资等方面优先考虑。四是将“丰收”、“星火”、“燎原”三项计划与扶贫工程、菜篮子工程配套实施。安徽和其他一些省市实践证明，推行农科教结合是促进农业、林业和农村、林区经济发展，提高整体效益的一项重大改革措施；是深化我国农业、科技、教育体制改革的必然要求。

国家教委副主任王明达在总结报告中指出，1989年五部、委、行联合发出《关于农科教结合，共同促进农村、林区人才开发与技术进步的意见》已在全国引起强烈反响，很多省相继成立了由主要负责同志参加的领导小组，中共中央政治局常委宋平、国务院副总理田纪云等都表示支持。当前，要进一步提高各级领导的认识，尽快健全农科教统筹协调的组织机构；要加强调查研究，制定实施规划；抓好试点，及时总结经验，逐步组织推广。

三、举办农村教育综合改革实验县工作第二届研讨班

1990年7月23日至8月4日，国家教委农村教育综合改革办公室与中央教育行政学院联合在北京举办农村教育综合改革实验县工作第二届研讨班。参加研讨班的有全国30个省、自治区、直辖市和6个计划单列市的主管负责人，全国116个农村教育综合改革实验县(新增山东省莱芜市)的县(市)长以及井岗山、瑞金、延安、百色、海丰等16个老区县的负责人，共177人。国家教委副主任何东昌、王明达出席会议并讲话。

学员在学习和交流经验中普遍认为：近一年来，各地的领导普遍提高了发展农村教育的自觉性，综合改革的意识不断加强；教育内部的“三教”统筹与外部的农科教结合的关系逐步理顺，教育质量不断提高；“燎原计划”的实施对开发当地农村资源、培训实用技术人员、推广科学技术、形成社会化服务体系等方面起到了促进作用，并取得可喜成效。如江苏省铜山县，近几年引进工农业适用新技术480多项，开发新产品220种，农业良种覆盖面达80%，还兴办了乡镇企业400余家。该县从1984年～1989年，工农业总产值由10.65亿元增加到22.79亿元；财政收入由4841万元增长到1.61亿元；农民人均纯收入由474元增加到706元；农民储蓄年底余额由1.69亿元增长到6亿元；全县涌现出县级文明单位(村)650个。

与会代表认真学习了国家教委1990年7月制订的《全国农村教育综合改革实验区工作指导纲要(试行)》(1990—2000年)。国家教委专职委员兼农村教育改革实验办公室主任郭福昌对制定《纲要》的指导思想与原则、目标与任务、政策与措施、领导与评估等作了说明。参加研讨班的同志一致认为，《纲要》指导思想明确，措施具体，主要指标接近实际，体现了因地制宜、分类指导的原则，使各地进行农村教育改革工作有了依据。研讨班还对农村教育综合改革难点和出路进行了研讨。

王明达在讲话中要求：对实验县的工作要加强领导，建立责任制；要认真学习、贯彻《纲要》，并制定实施细则，抓好综合改革典型和“燎原计划”示范乡的工作；加强分类指导以及督促、检查、奖励表彰工作。国家教委决定，从1991年起，陆续组织区域性的经验交流和工作研讨，并开展对全国116个实验县工作的督导检查。

四、召开第二次全国“燎原计划”与农村教育改革实验县工作会议

1990年10月26日至11月1日，国家教委在四川省温江县和广汉市召开第二次全国“燎原计划”与农村教育改革实验县工作会议。中央政治局委员、四川省委书记杨汝岱，国家教委副主任何东昌、王明达，四川省副省长韩邦彦到会并讲话。云南省副省长陈立英、贵州省副省长龚贤永、甘肃省副省长张学忠及湖南省教委等省、地、县的同志分别介绍了本省农村教育改革的新情况和新经验。与会代表还实地参观、学习了四川省温江县和广汉市农村教育综合改革的先进典型经验。广汉市政府充分发挥学校的文化优势，使师生广泛参与当地社会移风易俗、农村“双文明户”、法制宣传、人口普查以及党的路线、方针、政策宣传报道活动，为良好社会风尚的形成、社会主义精神文明建设起到了积极作用。

与会代表充分肯定了四川省温江县、广汉市在近三年教育综合改革实践中取得的较显著的成效，并认为其经验有普遍意义。

（一）学校的社会功能得到进一步发挥。温江县各学校结合当地党政中心工作，组织师生开展科技推广、宣传法律知识，动员群众送交优质公粮等，都收到较好效果。在各项活动中，也培养了学生热爱家乡、建设家乡的思想感情和劳动技能，促进了教育质量的提高。近年来，小学毕业生合格率、巩固率、入学率分别达到97%、99%、99.1%以上；1989年初中毕业生合格率、巩固率达91.5%。成人学校近三年来为县、乡、村、户培训6万人次，推广半旱式两段育秧、垄插沟鱼等40多项农业技术，从而提高了本县吸收和运用科学技术的能力，促进了当地经济的发展。

（二）建立健全统筹协调领导小组，积极组织全社会力量参与教育的发展和改革。广汉市和温江县都成立了由市（县）委书记任组长的教育综合改革领导小组，负责总体规划，落实8个方面的统筹，即：校点布局、招生计划、办学经费、基地建设、设备使用、师资调配、考核评估和人才使用。温江县在县统筹领导小组领导下，建立了三个体系：（1）教育培训体系，负责三教统筹，促进职前、职后一体化；（2）科技应用推广体系，把全县的科技推广项目、指标、内容逐级逐项分解落实到户，带动农民致富；（3）建立管理激励体系，实行教育、科技推广的责、权、利相结合。三个体系全方位统筹，互相配合，使全县经济、科技、教育步入良性循环。

（三）取得明显的效益。（1）育人效益。广汉市通过农村教育综合改革，实行了多渠道、多层次、全方位办学，使全市劳动力平均受教育年限达7.15年，在职职工达9.5年。近几年，劳务输出2万余人。1988年，市文教局还被评为全国勤工俭学先进单位。学校通过各种活动，使遵纪守法、文明礼貌、勤俭朴实的作风不断树立。（2）经济效益。教育促进了经济发展。自1984年以来，广汉市通过培训共推广实用技术20项；经过培训致富的专业户有11591户。南头镇经过农村实用技术培训，1989年农业生产总产值达1.23亿元，比1978年增长19倍；1989年人均纯收入1010元，人均占有粮食560公斤。（3）社会效益。广汉市政府充分发挥学校的文化优势，使师生广泛参与当地移风易俗、农村“双文明户”、法制宣传、人口普查以及党的路线、方针、政策等宣传报道活动，为良好社会风尚的形成、促进社会精神文明建设起到了积极作用。

国家教委副主任何东昌在会上讲了六个问题：关于农村教育的形势；关于依靠人民办教育，办好教育为人民的问题；关于加强地方统筹问题；关于提高、深化和推广的问题；关于动员城市教育支持农村教育问题；关于农村教育的概念、理论问题等。

王明达对今后如何提高农村教育改革实验县水平，扩大实施“燎原计划”规模提出6项要求：（1）提高认识；（2）各省、地、市领导及教委主要负责人要加强对该项工作的领导；（3）按照《全国农村教育综合改革实验区工作指导纲要》的要求，各地制定具体规划、分期实施；（4）从本地实际出发，通过抓点示范，逐步推开；（5）建设好一批各种教育的骨干学校；（6）积极开展理论研究。

五、创办《中国燎原信息报》（内部刊物）

为了推进农村教育综合改革，加强实施“燎原计划”的宣传工作，经批准，1990年7月将原《中国讲师团报》改名为《燎原信息报》，

1991年2月更名为《中国燎原信息报》。国家教委副主任何东昌题写了报名。

《中国燎原信息报》坚持党的新闻原则，贯彻党的方针、路线，落实有关教育改革的决定精神，积极宣传“教育必须为社会主义建设服务，社会主义建设必须依靠教育”的方针，传达中央领导、国家教委对农村教育综合改革、实施“燎原计划”的指示、部署和要求，交流全国各地农村教育结构改革、实施“燎原计划”以及农科教统筹等方面的典型经验和具体做法，介绍脱贫致富信息，推广实用科学技术等。暂定为半月刊，每期四开四版。

撰稿人　张玉兰
审稿人　郭福昌

全国教育事业“八五”计划和十年规划工作

一、全国教育事业“八五”计划和十年规划工作基础

全国教育事业“八五”计划和十年规划的制订工作是从1990年4月开始进行的。其前期基础工作于1983年在原教育部领导期间就已着手调查研究和可行性的设计论证。主要工作基础是：

1983～1987年，先后两次在全国范围内进行了专门人才现状调查和需求预测工作，基本上摸清了我国的教育现状和人才现状，并取得提供了大量的数据和需求信息，锻炼了干部，提高了各级领导对教育规划重要性的认识。

1985年国家教委成立后，到1990年5月止，李铁映主持国务院教育工作研讨小组对今后十年教育发展和改革问题进行了反复深入的研究，广泛征求社会各方面意见，在此基础上，起草了《中国教育发展和改革纲要》，对若干重大问题提出了意见，为制订教育事业“八五”计划和十年规划提供了重要的依据。

1990年3月，国务院发出通知，要求各行各业编制“八五”计划和十年规划，给教育事业“八五”计划和十年规划的制订提供了良好的外部环境，从而保证了这项工作的顺利进行。

二、一年来工作的进展情况

1990年5月，国家教委根据国务院的通知精神，发出了《关于教育事业“八五”计划和十年规划工作有关问题的通知》，对拟定教育事业“八五”计划和十年规划的指导思想、今后教育事业发展的主要目标、制订计划的工作方法和要求等进行了统一部署。中央各部委（局）、各省、自治区、直辖市教育部门按照国家教委的《通知》要求，从实际出发开始进行主管范围内的计划与规划工作；同时，国家教委起草了《全国教育事业十年规划和“八五”计划要点（草案）》，先后召开了华北地区、东北地区、中南地区片会及中央各部、委通气会，了解各地区、各部委工作进展情况，互相沟通信息和进行协调平衡。国家教委党组和国家教委主任办公会议多次讨论和研究了《要点（草案）》，并进行了具体修改。李铁映还邀请国家教委离休的老干部参加主任办公会讨论《要点（草案）》，提出了很好的修改意见。在广泛征求各方面意见的基础上，又进行了多次修改，《要点（草案）》逐渐趋向成熟。到1990年底，经过各方面的努力，各省、自治区、直辖市及中央各部委都已形成本地区、本部委教育事业“八五”计划和十年规划草案。

国家教委在此基础上进行了协调平衡和数据汇总，形成《全国教育事业“八五”计划和十年规划（草案）》第四次讨论稿。讨论稿对九十年代全国教育发展的基本指导方针、奋斗总目标及各级各类教育发展目标，提出了原则意见。

撰稿人　杨晓青
审稿人　徐敦潢

教育立法

一、发布了一些教育法规、规章

1990年，发布了教育行政法规两项，即经国务院批准，国家教委与国家体委联合发布了《学校体育工作条例》、国家教委与卫生部联合发布了《学校卫生工作条例》。两项条例是在总结建国以来学校体育卫生工作经验的基础上制定的。它的发布实施，使学校体育、卫生的各项工作有法可依。《学校体育工作条例》规定："学校体育工作是指普通中小学校、农业中学、职业中学、中等专业学校、普通高等学校的体育课教学、课外体育活动、业余体育训练和体育竞赛。"《学校卫生工作条例》所称的学校，是指"普通中小学、农业中学、职业中学、中等专业学校、技工学校、普通高等学校。"该条例还就对行政处罚不服的申请复议和提起诉讼问题作了规定。

1990 年，国家教委共发布了规章 21 项，其中：

1. 有关高校管理的规章有：《普通高等学校学生管理规定》、《高等学校校园秩序管理若干规定》、《普通高等学校教育评估暂行规定》。

2. 有关学校体育工作的规章有：《大学生体育合格标准》、《大学生体育合格标准实施办法》、《全国普通大、中学校学生体育竞赛暂行规定》。

3. 有关招生工作的有：《普通高等学校招收自费生暂行规定》、《1990 年各类成人高等学校招生规定》、《普通高等学校、中等专业学校招生计划管理暂行办法》。

4. 有关财务工作的有：《教育系统内部审计工作规定》、《高等学校会计工作达标升级考核标准（试行）》。

5. 有关教育条件装备的规章有：《关于高等学校物资工作若干问题的规定》、《国家教委校办产业优质产品评选试行办法》、《教学仪器优质产品评选办法》、《国家教委优质产品评审委员会章程》。

6. 有关资格、考试方面的规章有：《对外汉语教师资格审定办法》、《海外考试考务管理规则》。

7. 有关职业技术教育的规章有：《省级重点职业高级中学的标准》。

8. 有关成人教育的规章有：《普通高等学校举办非学历教育管理暂行规定》。

二、地方教育立法情况

据统计，1990年地方教育立法共计24项。其中：人大（或人大常委会）通过的地方性法规 8 项，人民政府发布的规章 16 项。在 24 项中，基础教育的规章为 16 项，占 66.6%。

省级人大（含人大常委会）通过的 6 项地方性教育法规为：辽宁省《九年制义务教育条例》，北京市《中等职业技术教育条例》，天津市《未成年人保护条例》、《职工教育条例》，四川省《未成年人保护条例》，甘肃省《实施义务教育法办法》。

"七五"计划期间（1986年至 1990 年），地方教育立法情况如下表：

下表由地方人民政府发布的规章135项，占地方教育立法 201 项的67.1%。这些规章是行政法规及地方性法规的直接延伸和具体化，它依据本地的实际情况和需要制定，在缺乏行政法规的情况下，地方政府的规章起着及时提供规范的作用，使教育工作有章可循，

年份	总计	发布机关		按教育类别分			
		人大（或人大常委会）	人民政府	基础教育	职业技术教育	成人教育	高等教育
合　计	201	66	135	146	18	31	6
1986	52	23	29	41	3	6	2
1987	53	16	37	35	8	9	1
1988	34	9	25	26	4	2	2
1989	38	10	28	28	1	9	0
1990	24	8	16	16	2	5	1

它是我国多层次教育法规体系的重要组成部分。

三、法律草案的起草情况

1990年在调查研究的基础上起草的法律草案有《中华人民共和国教育法(草案)》、《教师法(草案)》及《未成年人保护法(草案)》(该法与团中央联合起草) 3 项。其中:《教师法(草案)》、《未成年人保护法(草案)》已上报国务院,正在审议修改。

此外,起草上报了《义务教育法》的实施细则草案。

四、开展教育立法课题的委托研究

1990年 8 月 9 日至 13 日,国家教委政策法规司在西安召开教育立法学术研讨会，各地有关专家学者近 40 人出席，会上就“教育法律责任”的概念、分类、特点、责任主体所承担责任的形式,以及“教育纠纷”的界定、种类划分、纠纷现状及对策等基本问题进行了初步研讨。1990年完成的委托课题有:“捐资助学嘉奖条例”、“师范教育条例”两草案的前期调研起草工作。

为了加快我国职业技术教育立法的进程,编辑出版了《部分国家和地区职业技术教育法规选编》。其中,有德国、日本、法国、苏联、美国、丹麦及香港等国家和地区的职教法规,另附录了我国台湾省有关职教法规,共29项。

撰稿人　罗宏述

审稿人　张天保

办理人大代表建议
政协委员提案工作概况

七届全国人大、全国政协三次会议期间，国家教委共收到代表议案3件，议案转建议11件，建议274件；政协委员提案187件，总计475件。在国务院各部委中居首位。反映出社会对教育工作的极大关心和支持。国家教委历来重视对人大、政协议案、提案的复办工作，并逐步形成了整套复办工作的制度。1990年复办工作于8月中旬已全部结束。对所提问题已经解决或基本解决的，占建议提案总数的19.91%；正在解决或已列入计划争取逐步解决的，占56.28%；因目前条件限制需要以后才能解决的，占21.21%；留作参考的，占2.6%。

“两会”期间，人大代表和政协委员们所提的主要问题是：

一、希望进一步督促检查义务教育法的贯彻执行并加强宣传工作

对此，国家教委在《义务教育法》颁布施行后，会同有关部门，先后三次对部分省、自治区、直辖市的中小学教育工作进行了五项督导检查。根据《义务教育法》规定，现在从中央到县，正在建立督导机构和督导制度，加强上级人民政府对下级人民政府实施义务教育情况的经常性的督导检查。

国家教委和全国人大教科文卫委员会在《义务教育法》颁布不久，即共同召开了关于宣传贯彻《义务教育法》座谈会，并印发了宣传提纲。1987年6月，又会同司法部联合发出通知，要求各地教育、司法部门应结合中共中央、国务院转发的《关于向全体公民基本普及法律常识的五年规划》精神，把《义务教育法》作为与广大公民有密切关系的一项法律，认真安排，切实做好宣传工作。

二、希望加强青少年德育工作，并将此作为一项重要政策

为此，国家教委在1990年对加强青少年德育主要抓了以下几项工作：一是1990年4月，发出《关于进一步加强中小学德育工作的几点意见》。针对新的形势，提出了必须进一步端正办学指导思想，切实把德育放在学校各项工作的首要地位，并对德育的内容、要求以及加强措施，提出了明确目标。二是1989年下半年和1990年上半年，会同有关部门对全国29个省、自治区、直辖市的中小学教育工作进行督导检查中，将贯彻《中共中央关于改革和加强中小学德育工作的通知》情况作为检查的一个重点内容。三是要求各地在认真贯彻国家教委发布的中小学德育纲要、中小学生日常行为规范、中小学班主任工作暂行规定的同时，结合新的形势认真抓好爱国主义教育、国情教育、集体主义教育、理想教育和劳动教育等。四是与有关部门研究，制定了为中小学生参加各种文化、娱乐活动以优惠待遇的政策性文件。同时推广学校、家庭、社会“三结合”教育的典型经验。五是加强了青少年教育的立法工作，国家教委会同共青团中央起草了《未成年人保护法》，提交全国人大常委会审议后发布。

三、要求进一步重视高等学校思想政治工作

针对代表委员们的意见，近几年来，国家教委党组采取了一系列措施，始终把高等学校的思想政治工作放在重要日程，会同中组部、中宣部专门召开高等学校党建工作会议，就高校党的建设、政工与教师队伍建设、学生思想教育、校园管理等制定了一整套政策。1990 年秋季开学后，又集中对广大高校学生进行了政治教育和法制教育。在此基础上，国家教委及时发文部署在学生中进行坚持社会主义道路和树立正确人生观两个根本问题的教育，以解决学生思想上深层次问题。为了引导学生了解国情，在实践中学习马列主义，国家教委还与中宣部、共青团中央联合发文，要求各高校大力组织学生参加本校和地方组织的暑期社会实践活动。以上措施均已取得了比较好的效果。

四、希望认真解决关于高校教师队伍不稳定问题

根据政协委员们的建议，国家教委向全国政协教育文化委员会介绍了《关于当前高等学校教师队伍建设几个问题》。并采取了以下 3 项措施：一是高级职务教师的退休年龄不搞一刀切，有的可适当延长。最近国家有关部门已同意女性高级专家必要时可到60岁退休。对于少数人才流失，再度出现断层的学校、专业，要根据需要，细致做好学术带头人、骨干教师延长退休年龄或退休后的返聘工作。二是做好高校教师的补充工作。今后补充新教师在质量上要严格把关，按高校教师的要求，选留又红又专的毕业生。三是在少数重点高校将继续试行聘用在读博士研究生和部分硕士研究生担任助教，以弥补助教人数的不足。

1990 年 5 月至 6 月，全国政协教育文化委员会会同上海、江苏、陕西、湖北省（市）政协就高校教师队伍建设问题，先后到上海、南京、扬州、北京等地 12 所高等院校进行了调查。认为，高校教师不稳定，主要表现在人才流失（即教师的非正常流动），知识分子待遇仍偏低，教师思想上不同程度地存在着消极情绪。断层问题主要表现在：教授、副教授等学术带头人年龄老化，中年骨干教师缺乏，后续力量流失严重，学科学术梯队出现后继乏人的局面。调查组向党中央、国务院提出如下建议：（1）增加高校投资。（2）积极而有步骤地认真解决高校教师在工资、住房、医疗、退休等方面存在的问题，改进职称工作，调动广大教师的社会主义积极性。（3）深入高校改革，高等学校的有偿服务及校内的分配要认真总结经验教训，予以完善。（4）抓紧研究制定适应新时期特点的高等学校教师队伍的建设规划和解决后继乏人问题的对策。（5）加强高校教师的思想政治工作。

五、希望抓紧治理整顿社会力量办学问题

目前，在成人高等教育中确实存在“三乱”（乱办学、乱收费、乱发毕业文凭）现象。对此，国家教委会同有关部门制定并采取了以下措施：

（一）决定 1990 年、1991 年两年内对成人高等教育中存在的“三乱”现象进行治理整顿。并已成立了成人高等教育治理整顿工作协调小组，具体负责此项工作的指导和协调。

（二）1990年 4 月在上海召开的全国普通高校成人教育工作会议上，国家教委副主任王明达对开展治理“三乱”工作作了部署，提出了具体要求。

（三）正在制订有关配套文件，以使全国各类成人学校能按国家的规定办理。

（四）组织力量对全国各类成人学校进行检查或抽查。查处重大“三乱”和违章、违纪事件。

撰稿人　郭伯诚

审稿人　张保庆　王庆林

对中小学教育工作五项督导检查的复查

在1989年开展的对中小学教育工作五项督导检查(即“五查”)工作的基础上，1990年国家教委组织开展了以中小学德育工作为重点的“五查”复查。

在各省、自治区、直辖市自查的基础上，组织6个督导组先后对黑龙江、陕西、天津、四川、浙江、湖北等6个省、市进行了重点抽查。主要是检查各地对“五查”中发现的问题进行整改的情况，促进各地进一步采取措施解决好存在的问题。

复查情况如下：

一、关于加强中小学德育工作情况

对于“五查”中发现的问题，各地很重视，把进一步加强中小学德育作为整改和“五查”复查的重点，按照国家教委1990年工作会议精神和《国家教委关于进一步加强中小学德育工作的几点意见》的要求，进一步贯彻《中共中央关于改革和加强中小学德育工作的通知》。复查表明，一年多来，中小学德育工作普遍有所加强，学校和师生面貌发生了可喜的变化。总的说来，有以下几个特点：

1.通过反思和学习，各级政府、学校领导和教职员工把加强中小学德育提到反和平演变，坚持社会主义方向，培养社会主义建设者和接班人的高度来认识。

2.各级领导把中小学德育工作列入重要议事日程。这次复查的6省市都召开了德育工作会议，专门制订了加强中小学德育工作的文件，并认真组织实施。一些省、直辖市的党政主要领导带头到学校调查思想状况和加强德育工作的措施。

3.中小学德育工作领导得到进一步加强。省、市(地)、县(区)、乡(镇)各级政府及教育部门和学校都已建立有专门机构或有专人负责的中小学德育工作体制。一些市(地)、县(区)、乡(镇)建立的党的教育工作委员会或党总支对加强中小学德育起到了积极的作用。学校、家庭、社会相结合对青少年学生进行教育，在深度和广度上都有了新的进展，社区教育起步较早的天津市已由城市推向农村，对社区教育实施目标管理，并安排学校人员到区(县)、街道专门从事社区教育工作。武汉市政府已把共建文明学校列为市级目标管理项目。哈尔滨市为全市家长学校编印了教学纲要。

4.中小学德育工作队伍的建设进一步得到重视和加强。不少地方把加强教师队伍思想政治工作作为加强中小学德育工作的一项关键性措施来抓，专门制订了文件，建立和健全有关制度。各地对教师的社会主义教育和师德教育有不同程度的加强。6省市都重视培训学校领导干部和德育骨干，已连续多次举办培训班。一些省市重视政策导向，明确规定全体教职工都是德育工作者，都应教书育人，管理育人，服务育人，制订了德育工作考核和奖励办法，一些地方还专门建立了德育奖励基金会。各省、市都树立了一批德育工作标兵和先进工作者。

5.一年多来，各地根据中央的精神和国家教委的部署，在继续加强道德品质、行为规范教育的同时，都把爱国主义教育作为核心和主线，加强了思想政治教育。复查的6省市都结合鸦片战争150周年、抗日战争胜利45周年及亚运会的举行在中小学普遍进行国情教育和爱国主义教育，广泛开展学雷锋、学赖宁的教育活动。天津市和武汉市一些区把德育同加强薄弱校和转化后进生的工作结合起来，取得了显著成效。

6.各地为优化德育环境做了大量工作。各级党政领导认真组织了“扫黄”和“除六害”工作，净化社会环境。特别是在上海、南京举行德育工作现场会后，各地建设劳动基地、社会实践基地、德育基地、编写乡土教材的工作又有新的进展。

7.对德育的研究工作有所加强，不少地方制订和试行了德育评估标准。一些地方还对德育渗透在各学科教学中作了积极的探索，天津市编制了中小学各种德育大纲并正在组织实施。

“五查”复查也表明，中小学德育工作仍存在一些不足之处。主要是：

1.发展很不平衡。不同地区、不同学校乃至不同学段、不同年级之间存在很大差距。一些地方对《国家教委关于进一步加强中小学德育工作的几点意见》强调贯彻不够，指导思想和工作都没能及时跟上来，没有切实把德育放在学校工作的首位。部分教师和学生(主要是高中学生)还有一些深层次的问题尚未解决。中小学德育工作还要加强针对性，讲求实效。

2.干扰中小学德育工作的因素依然很突出，特别是片面追求升学率的倾向仍较为严重。由于种种原因，社会上仍把升学率的高低作为评价奖惩学校和教师工作的主要标准，给学校带来很大压力。一些地方在学校里办全日制高考复习班的情况有增无减，对此当地没有采取切实措施予以制止，干扰和削弱了德育工作，也影响教育方针的全面贯彻。

3.德育工作队伍还需进一步巩固、充实和提高。有些地方由于有关政策不落实，德育工作队伍仍不稳定。有些中学政治课教师看不到中央文件，也很少听到形势报告，缺少理论指导和思想武装，培训中小学校长和德育骨干仍是当务之急。

4.德育如何渗透于各科教学和各项活动之中，在面上还是个难点，亟需采取有效措施加以引导。

5.劳动教育和劳动课、劳技课的开设仍是薄弱环节。在很多学校劳动课或劳技课的课时、师资、教材、场地不落实，不能按教学计划的要求上课。

二、关于教育经费、教师经济待遇和中小学校舍中危房改造情况

各地政府普遍制定了整改措施，经过一年多的工作，程度不同地解决了一部分问题。

1990年抽查的6个省、市中，天津、黑龙江、浙江3个省、市，1989年继续落实了国家规定的“两个增长”的政策。特别是普教事业费增长比例更大些。浙江省1989年预算内教育事业费比1988年增长14.28%，其中普教事业费增长16.47%。天津市1989年教育事业费比1988年增长15.7%，其中普教事业费增长20.06%。但是，另3个省1989年教育经费增长的比例低于财政收入增长的比例。

1989年预算内教育经费占财政支出的比例有4个省与1988年相比还有所下降，个别省下降了2.53个百分点。

1989年与1988年相比，抽查的6个省、市中，有5个省、市的中小学公用经费占教育事业的比重，有不同程度的增长，有的省增长的幅度是比较大的。但是，中小学公用经费紧缺的现象仍很严重。有的省中学和小学生均公用经费1989年只达到全国平均水平的44.4%和21.4%。由于公用经费紧缺，一些学校仍无法摆脱难以为继的困境，不得不把必不可少的开支分摊到学生头上，收费偏高，成为部分学生流失的一个原因。

一年多来，各地按照山东会议的精神，从本地实际出发，制定了多渠道筹措教育经费的政策和措施。预算外教育投入普遍有所增加，成为教育经费的重要来源之一。抽查的6个省、市预算外教育投入均占教育经费总投入的1/3左右。但是，各地多渠道筹措教育经费发展很不平衡。农村教育费附加多数地区征收不足，一些地方有教育费附加使用不当和挪用的情况。发动社会和个人集资办学在不少地方仍有潜力。对如何贯彻好中央确定的多渠道筹措教育经费的政策，各地尚需进一步提高认识，采取有效措施。

一年多来，6个省、市对落实国家和地方政府关于提高中小学教师工资待遇的各项政策措施都作了很大努力。天津、黑龙江、浙江、陕西4省、市基本落实了公办教师工资待遇的各项政策措施。由于预算内教育投入偏低，不足以保证人员经费，有2个省仍有拖欠公办教师工资的现象，其中1个省到复查时还拖欠公办教师工资2700多万元。民办教师工资报酬情况很不平衡，个别地方基本做到民办教师和公办教师同工同酬，大部分地方民办教师报酬偏低，5个省仍存在不同程度的拖欠民办教师工资的现象。其中有1个省，全省69个县(市)中有55个县(市)拖欠民办教师报酬，占县(市)总数的79.7%。还有1个省，全省拖欠民办教师报酬达2097.4万元。

1989年“五查”之后，地方各级政府对中小学教师的医疗费不足、子女就业难和住房紧张等问题都很关注，并采取措施以逐步解决。由于经济发展和努力程度的不同，各地很不平衡。中小学教职工就医难、报销难的问题仍很突出。5个省的多数县(区)不能全部报销，有不同程度的拖欠。关于教师住房问题，天津市、黑龙江省佳木斯市、浙江省绍兴县等地都制定了一些具体政策，这些地方中小学教师住房紧张的状况有所缓解。但是，总的来说，6个省、市中小学教师住房水平仍普遍低于当地居民住房水平，个别地方中小学教师住房紧张状况仍很突出。子女就业难仍是广大中小学教师的后顾之忧，还需各级政府高度重视，统筹安排，逐步解决。

“五查”后，各地中小学校危房改造工作又取得新的进展。尤其是在山东召开的筹措教育经费、改善办学条件现场会，推动了各地进一步发动群众集资、捐资办学、改善办学条件的工作，成绩斐然。

中小学校舍改造工作继续得到人民群众尤其是农村广大农民和乡村干部的支持，他们踊跃捐资助学，投工、投料，各地又涌现了很多可歌可泣的感人事迹。1990年1月至6月，全国多渠道筹措资金15亿元，其中群众捐资占很大比重。

一年来，全国消除中小学危房成绩显著。1989年全国中小学尚有危房3000多万平方米，占校舍总面积的4.44%。截止1990年9月，全国中小学危房的比重已下降到3.07%。抽查的6省、市中，有5个省、市危房比重不同程度地下降，其中天津和四川下降的幅度分别为3.61和3.5个百分点。

目前全国中小学校舍危房面积尚有2199.73万平方米，据抽查的6个省、市报告，有的省现有中小学校舍中的危房比重仍偏高；有的省中小学校舍还有20%是土木结构；有的省破旧校舍尚有400万平方米，占中小学校舍总面积的15%；有的地方仍缺课桌凳；多数学校设施、教学仪器、图书资料、体育器材不配套。

改造危房和改善办学条件的任务仍很艰巨，不可掉以轻心。要继续增加教育基建经费，继续多渠道筹措资金解决危房和办学基本条件的配套，做到校舍配套、坚固耐用。办学条件已经得到改善的地方，应进一步加强学校的常规管理。

三、关于控制中小学生流失和纠正乱收费的情况

由于各方面的共同努力，1989至1990学年度全国城乡中小学流失率下降幅度较大。小学在校生平均流失率为2.37%，比上一学年又下降0.83个百分点。初中在校生平均流失率为4.84%，比上一学年度下降2.46个百分点。1990年抽查的6个省、市的中小学生平均流失率与1989年相比都呈下降趋势。

中小学在校生流失目前已基本得到控制，全国绝大部分省、市小学和初中学生流失率下降。但工作发展是不平衡的。据对29个省、自治区、直辖市的统计，小学生流失率高于全国平均流失率的省、自治区有13个，占44.82%；初中生流失率高于全国平均流失率的省有11个，占37.93%。流失情况起伏很大。控制中小学生流失的工作仍要常抓不懈。

对于纠正乱收费问题，各级政府和有关部门都非常重视。抽查的6省、市都制定下发了文件，对清理整顿中小学收费项目和适当调整收费标准等方面作了明确规定，并组织力量调查研究，保证合理收费，取消不合理收费，超收部分限期退还。复查中也发现有的地方收费标准偏高，其中一个重要原因是教育投入不足，公用经费微乎其微，甚至为零。各级政府在制订和监督执行收费标准的同时，应深入调查研究，采取有效措施，切实解决教育经费不足的问题，以保证《义务教育法》的实施。1989年“五查”时提出的一些地方高价招收计划外学生和复读生问题，在复查的6省、市中都还继续存在，有的地方还愈演愈烈，应引起严重注意。

由于各级领导的重视和支持，完成了“五查”复查任务，达到了预期的目的。

撰稿人　洪煜亮
审稿人　郑启明

教育财务工作

1990 年，我国的教育财务工作在各级领导的关心、重视和各部门大力支持下，经过广大教育财务工作者的辛勤努力，取得了显著成绩。教育经费继续增长，教育财务管理水平进一步提高，为教育事业的改革与发展提供了必要的经费保障。在依靠人民办教育、多渠道筹措教育经费方面创造了一些新的经验；教育财务管理改革也取得了一定的成效。财务工作在教育管理和宏观决策中发挥了积极的作用。

一、教育经费增长情况

1990 年，我国财政预算内教育经费支出达到 426.14 亿元，比1989年增加 28.4 亿元，增长 7.14％。其中：（1）教育事业费支出352.52亿元，比上年增长11.5％；（2）教育基建投资42.15亿元，比上年下降13.61％；（3）各部门事业费中用于中专、技校的经费 25.25 亿元，比上年增长 10.75％。预算内教育经费是我国教育经费来源的主渠道，在 1990 年国家财政比较困难的情况下，预算内教育经费保持了稳步增长。

在各级财政增加对教育拨款的同时，各级人民政府还积极开辟多种渠道筹措教育经费，增加社会和个人对教育的投入。1990 年全国共筹措预算外教育资金 233.22 亿元，比1989年增加 36.24 亿元，增长 18.4％。其中：（1）各级政府征收的用于教育的税、费 63.51 亿元，比上年增长 16.23％；（2）厂矿企业用于中小学经费支出 38.45 亿元，比上年增长 23.32％；（3）社会集资、捐资 52.64 亿元，比上年增长 47.12％；（4）勤工俭学和社会服务用于补充教育的资金 30.98 亿元，比上年增长 10.13％；（5）收取大、中、小学生学杂费 27.74 亿元，比上年增长 1.2％；（6）其他收入 19.91亿元，比上年增长 26.01％。

1990 年，全国预算内外教育经费总支出达到659.36亿元，比1989年增加64.66亿元，增长 10.87％。教育经费的增长，保证了教育事业发展的基本需要，促进了各级各类学校办学条件的进一步改善。中小学危房所占比例已从1985年的7％下降到1990年的 3.07％；普通高等学校固定资产总额已达 250 多亿元，中、初等学校仪器设备价值约15亿元；一些学校科研仪器设备、图书资料等也有所更新和补充。

1990年教育经费增长情况

单位：亿元

项目	金额	比上年增长％
合计	659.36	1087
一、预算内教育经费	426.14	7.14
其中：1.教育事业费	352.52	11.50
2.教育基建投资	42.15	—13.61
3.各部门事业费用于中专技校经费	25.25	10.75
二、预算外教育资金	233.22	18.40
1.教育费附加	63.51	16.23
2.厂矿企业用于中小学经费支出	38.45	23.32
3.社会集资、捐资	52.64	47.12
4.勤工俭学和社会服务收入	30.98	10.13
5.学杂费	27.74	1.20
6.其它收入	19.91	26.01

二、教育事业费支出构成

(一)各级各类教育事业费支出

1990年，我国预算内教育事业费支出352.52亿元，比1989年增加36.36亿元，增长11.5%。其中：高等教育支出63.55亿元，占全部教育事业费支出的18.03%；中等教育支出111.97亿元，占31.76%；初等教育支出113.81亿元，占32.28%；其他教育支出63.19亿元，占17.93%。

(二)人员经费和公用经费

1990年在教育事业费支出中，人员经费为248.45亿元，占全部教育事业费支出的70.48%；公用经费支出104.07亿元，占29.52%。近年来，公用经费在教育事业费支出中所占比重呈明显下降趋势。特别是中小学，1990年同1985年相比，公用经费在教育事业费中所占比重，中学由31.26%下降到22.57%；小学由19.11%下降到15.18%。

(三)生均教育事业费支出

1990年，各级各类教育生均事业费支出均有所增长。其中：大学生均教育事业费为3107元，比上年增长9.71%；中学生均教育事业费为240元，比上年增长13.21%；小学生均教育事业费为105元，比上年增长15.38%。

三、各省、自治区、直辖市教育经费增长情况

(一)财政预算内教育经费增长情况

1990年，我国地方财政预算内教育经费支出(不含西藏)为375.53亿元，比1989年增加35.36亿元，增长10.4%，高于地方财政支出的增长率约3个百分点。但全国各省、自治区、直辖市发展不平衡，有6个省、区预算内教育经费的增长比例低于财政支出的增长比率，没有实现中央提出的“两个增长”。

(二)教育经费来源构成变化

1990年，我国地方教育经费总支出为587.66亿元，比1989年增加71.78亿元，增长13.91%。地方教育经费来源继续朝着多渠

1990年地方预算内教育经费增长情况

单位：万元

地区	金额	比上年增长%
地方合计	3755278	10.40
北京	124017	3.89
天津	63620	9.13
河北	165335	15.69
山西	113513	9.75
内蒙古	98973	8.71
辽宁	203444	18.91
吉林	112731	12.77
黑龙江	132810	5.83
上海	124198	-1.15
江苏	210051	12.03
浙江	142928	10.33
安徽	118019	12.51
福建	121943	11.77
江西	93842	9.28
山东	237324	8.99
河南	177823	12.10
湖北	138738	15.89
湖南	166285	15.63
广东	242573	3.17
广西	135761	8.65
海南	33303	27.77
四川	253465	12.05
贵州	84887	7.49
云南	147779	13.69
陕西	96560	6.24
甘肃	72482	10.46

续

地 区	金 额	比上年增长%
青 海	23743	8.75
宁 夏	25306	6.20
新 疆	93825	12.27

道的方向发展，其中：财政预算内的教育经费支出377.19亿元，占全部教育经费支出的66.31%；地方政府征收的用于教育的税、费以及其它属于国家财政性质的预算外资金来源99.63亿元，占全部教育经费支出的17.51%；社会及个人投入为92.02亿元，占全部教育经费支出的16.18%。

1990年地方教育经费来源构成

单位：亿元

科 目	金 额	构成(%)
地方教育总经费支出	587.66	100.00
一、国家用于教育经费	495.64	84.34
1.财政预算内经费	377.19	64.19
2.各级政府征收并用于教育税、费	63.51	10.81
3.厂矿企业用于教育经费	25.73	4.3
4.勤工俭学与社会服务用于补充教育经费	24.90	4.24
5.其它国家财政性质经费	4.30	0.73
二、社会对教育投入	62.09	10.56
三、个人交纳学杂费	29.93	5.09

（三）各级各类教育事业费支出构成

1990年，我国地方教育事业费支出合计为318.27亿元，比上年增加32.71亿元，增长11.54%。在教育事业费支出中，地方普通高等教育支出33.52亿元，占全部支出的10.53%；中等教育支出121.80亿元，占38.27%；小学支出为113.77亿元，占35.75%；成人教育支出（含广播电视教育）为11.42亿元，占3.58%。

1990年地方教育事业费支出构成

单位：亿元

各级各类教育	金 额	构成(%)
地方合计	318.27	100
1.地方高等教育	33.52	10.53
2.中等教育	121.80	38.27
其中：普通中学	100.39	31.54
中 专	10.92	3.43
农职业中学	10.49	3.30
3.小 学	113.77	35.75
4.地方成人教育	11.42	3.58
其中：师资培训	7.22	2.27
5.幼儿教育	4.15	1.30
6.特殊教育	1.19	0.37
7.其 它	32.42	10.20

四、多渠道筹措预算外教育资金

1990年各地在多渠道筹措教育经费、改善办学条件方面做了大量工作，创造了不少好的经验，成效显著。

（一）征收城乡教育事业费附加

1990年6月，国务院发布了《关于修改〈征收教育费附加的暂行规定〉的决定》，《决定》从1990年8月1日起，将城市教育费附加计征率由按“三税”（产品税、增值税、营业税）的1%提高到2%；并将教育费附加纳入预算管理，作为教育专项资金，根据“先收后支、列收列支、收支平衡”的原则使用和管理。同时强调，地方各级人民政府应当依照国家有关规定，使预算内教育事业费逐步增长，不能因教育费附加纳入预算专项资金管理而抵顶教育事业费拨款。国务院的《决定》进一步增加了教育经费的来源，缓解了基础教育办学经费紧张的矛盾。

农村教育事业费附加自1985年开征以

来，大多数省、自治区、直辖市都根据国务院文件规定制订了实施细则和具体征收办法，农村教育事业费附加征收数额逐年增长。1990年一些原先未开征农村教育事业费附加的省、区也发布了征收农村教育事业费附加的文件，如内蒙古、新疆、甘肃等地。一些已经开征农村教育事业费附加的地区，也加强了对这项工作的组织领导，进一步落实征收渠道，完善征收办法，尽可能把这项政策用足用好，使其发挥更大的效益。但仍有少数边远贫困地区如广西、贵州、云南、海南、江西、青海、西藏等省、区还没有全面开征农村教育事业费附加。从全国看，农村教育事业费附加的征管工作仍然比较薄弱，有的没有全面开征；有的征收渠道不稳定；有的征收比例偏低，没有征足征齐；有的管理使用不当，存在挤占和挪用现象等等。当前迫切需要尽快研究制订农村教育事业费附加征收办法。

（二）社会集资、捐资

1990年，各地在认真学习贯彻山东集资办学现场会精神的同时，及时总结和表彰了本地区集资办学的先进经验和典型，加强了对集资办学工作的领导，进一步完善了政策，制订了规划，千方百计拓宽筹资渠道，下大力气抓紧抓实改善办学条件工作，取得了显著成绩。特别是河南、江西、广西、甘肃、宁夏、江苏、辽宁7省、区，工作扎实，措施得力，步子快、变化大、成绩突出。如河南省全年社会集资、捐资用于改善办学条件的资金共达11亿多元，新建、改建校舍已占校舍总面积的90%以上，危房比例已经下降到0.4%。

继1989年底国家教委、财政部在山东召开了全国筹措教育经费、改善办学条件山东现场会后，1990年底又在北京召开表彰会。国家教委、财政部、国家计委、农业部联合对集资办学工作取得突出成绩的河南、江西、广西、甘肃、宁夏、江苏、辽宁7省、区进行了表彰奖励。中央政治局委员、国务委员兼国家教委主任李铁映，国务委员兼财政部长王丙乾出席会议并作了重要讲话。会议要求各级党委和人民政府要更加重视集资办学工作，继续努力，扎扎实实地把这项工作深入、持久开展下去，争取更大的成绩。并强调，在进一步做好集资办学工作的同时，必须正确认识和处理好同减轻农民负担、制止“三乱”的关系。要充分考虑到群众的承受能力，做到因地制宜、取之有度、用之合理。会议在全国产生了很好的效果，进一步推动了集资办学工作深入、持久、健康地发展。

（三）勤工俭学和社会服务

有条件的学校在保证完成正常教学任务的前提下，建立校乡和开展勤工俭学与社会服务，是教育与生产劳动相结合的重要途径，也是多渠道筹措学校经费的有效措施。目前这方面的工作越来越受到各方面的重视。1990年各地在认真贯彻1989年国务院转发国家教委、财政部、人事部、国家税务局《关于进一步发展中小学勤工俭学若干问题的意见》和国家教委、财政部、人事部和国家税务局《关于高等学校开展社会服务有关问题的意见》同时，进一步加强了对这项工作的领导，制订和完善了各项政策措施，促进了勤工俭学和社会服务工作健康蓬勃地开展，弥补了教育经费的不足。

（四）收取学杂费

目前，国家对义务教育阶段的学生收取少量的杂费；对非义务教育阶段的学生适量收取学费、杂费。1989年，国家教委、国家物价局、财政部联合下发了《关于普通高等学校收取学杂费和住宿费的规定》，规定从1989年开始，对新入学的本专科学生实行收取学杂费制度。这一规定改变了长期以来高等学校实行的免费入学制度，增加了学校经费来源，推动了高等学校各项工作的改革。与此同时，各地还普遍对中小学杂费、学费的收取标准进行了适当调整，积极采取措施，增加学校的收入。1990年,全国共收取学杂费30.57亿元,比1986年增长189%。

(五)积极吸收和利用外资

随着中国对外开放政策的实施和教育体制改革的不断深入,我国开始有计划、有步骤地引进教育外资来促进教育事业的发展。迄今已引进教育外资7亿多美元。1990年引进外资工作集中抓好世界银行贷款"贫困省教育发展项目"的可行性论证工作和各项配套措施的落实,确保项目按计划顺利实施。同时开展"高等师范专科教育"和"职业技术教育"项目的前期准备工作。

此外,各地还开辟了筹措教育经费的一些其它渠道,也都取得了一些成效。如设立教育基金,鼓励厂矿企业兴办子弟学校以及将一些地方征收的税种如宴席税、鞭炮税、专控商品税等划拨给教育部门使用等等。各地在实践中已初步形成了以国家财政拨款和征收用于教育税费为主,辅之以收取非义务教育阶段学生学杂费、校产收入、社会集资、捐资和设立教育基金等多种渠道筹措教育经费的体制。

五、教育财务管理和改革

1990年在国家、社会和个人增加对教育投入的同时,各级教育部门和学校大力加强了教育经费的管理,努力提高资金的使用效益,财务管理和改革取得了明显成效。

——加强了教育事业费预算管理。为认真贯彻中共十三届五中全会提出的治理整顿的精神,1990年国家教委下发了《关于委属院校1990年财务工作的若干意见》,要求委属院校在贯彻国家财政紧缩方针的前提下,大力提倡勤俭办学、厉行节约,根据财力可能,量力而行、量入为出,严格控制各项经费支出,减少冗员,做到收支平衡。各地教委转发了国家教委的《意见》,对加强高校财务管理起了积极作用。

——加强了教育财会制度和法规建设。继1988年发布《高等学校会计制度(试行)》后,1990年国家教委组织力量在调查研究和广泛听取意见的基础上,起草了《筹措教育经费暂行条例》;此外,还制订和发布了《关于出国经费管理的规定》、《高等学校会计工作达标升级考核标准(试行)》等。各地也制订了一系列财务管理规章制度,努力使教育财务工作走上法制轨道。

——加强了教育经费统计和综合分析工作。1990年,在全国范围内开展了全国教育经费统计工作。结合教育经费统计工作,对经费收支和使用效益进行了认真的分析研究,撰写了《1989年中国地方教育经费发展报告》,为管理和决策提供服务。

——根据国务院的部署,对教育部门所属各级各类学校和企事业单位开展了税收、财务、物价大检查,通过自查和重点抽查相结合的方式,及时揭露、纠正和处理了各种违反财经法纪的事例。

——继续抓好中央各项教育专款的使用和安排工作,按照"保证重点,统筹规划,扶持贫困,奖励先进"的原则分配使用。同时适当集中资金有计划有重点地解决了一些问题。并在部分省试行按项目进行管理的办法,也取得了明显的成效。

——贯彻落实国务院《关于加强国有资产管理工作的通知》,提出了做好教育战线国有资产管理的措施和要求,制订了《委属单位国有资产报损、报废或外调办理审批手续的规定》、《驻外使领馆教育处(组)房产管理办法》等规章制度。并对委属院校、事企业单位的国有资产的存量、结构和分布情况进行了调查摸底,进行清产核资试点。

——加强了财会队伍建设,财会人员素质得到提高。国家教委和各地教委先后举办了各种类型的财会人员专修班、短训班,加强了财会人员专业知识的培训。与此同时,各地还不同程度地开展了财会人员专业职务的评聘工作，对财会人员进行了业务考核，建立业务档案，调动了广大财会人员的工作积极性。

——认真贯彻执行党中央、国务院《关于坚决制止乱收费、乱罚款和各种摊派的决定》，国家教委专门成立了治理“三乱”领导小组，采取自查和重点检查相结合的方式，对近年来在一些地区、部门和学校出现的乱办班、乱发文凭和乱收费现象进行了治理整顿。

六、存在的主要问题

1990年，我国的教育财政工作取得了很大的成绩，但也存在一些问题和不足。主要表现在：

1.由于教育事业规模大、底子薄以及物价上涨等原因，教育经费的增长仍然不能满足教育事业发展的需要，各级各类学校经费拮据的状况依然存在，学校公用经费在教育事业费中所占比重逐年下降。

2.各级各类学校校舍不足，教学仪器设备短缺。据统计，全国缺校舍6300多万平方米，尚有危房3000多万平方米。高等学校教学、科研和生活用房十分紧张。

3.教育经费来源渠道不稳定，管理体制尚未理顺，教育财务工作水平和财会队伍状况与事业管理要求不相适应。财务管理规章制度尚不健全，农村教育事业费附加的征管还比较薄弱，一些地方和学校还不同程度地存在着挤占、挪用和浪费教育经费的现象。

从教育财务工作的实际状况出发，根据中央提出的治理整顿和深化改革的方针，适应国家经济体制、财政体制和教育体制改革与发展的要求，今后要进一步贯彻治理整顿和深化改革的方针，确立和完善以国家财政拨款为主，多渠道筹措教育经费的体制，坚持勤俭办学，大力加强财务管理，提高资金使用效益，发挥教育财政的监督与服务作用，努力使教育财务工作更好地为教育事业的改革与发展服务。

撰稿人　茆俊强
审稿人　王显明

利用世界银行贷款发展教育事业

自1980年我国恢复在世界银行的合法席位以来，利用世界银行贷款促进我国教育事业的发展已经取得了可喜的成果。国家教委迄今完成和在建或已同世行谈判并草签贷款协定的世界银行贷款项目共有8个，贷款总额达8.3亿美元以上。目前，世界银行贷款教育项目的规划、建设和管理已初步形成了一套组织完整、管理有效的机制，利用世界银行贷款发展教育已被纳入我国的教育发展规划，世界银行贷款项目已经成为促进我国教育事业发展、提高我国教育事业质量的手段之一。

1990年是我国世行贷款教育项目克服困难、持续发展的一年，除第一个大学发展项目于1985年完成外，1990年在建项目已达6个，其执行进展情况如下：

一、广播电视大学/短期职业大学项目

该项目1990年除完成例行管理工作外，着重开展了围绕项目完工的各项工作。首先，根据我国政府与世界银行达成的协议，完成了有关总结报告及“项目完成报告”第二部分（英文），向世界银行提供了有关项目建设费用等数据。其次，国家计委国际工程咨询公司对该项目进行了后评价工作，肯定了项目建设成绩，找出了不足，为今后的教育贷款项目积累了经验。再次，利用该项目的余款建立了设备维护周转金机制。允许该项目有关单位和第一个大学发展项目的院校使用周转金购置设备零备件，周转金使用年限为一至二年，到年底为止已有26个项目院校申请使用周转金，金额达900万美元。利用项目余款建立设备维护周转金的作法得到了国家计委、财政部及世界银行的肯定与支持。

该项目中国专家审议委员会和外国专家咨询组（简称中外专家组，下同）于1990年年初完成了项目终期评价工作，对贷款项目建设特别是针对低层次教育贷款项目的中外专家讲学、中外专家讲习班以及选派出国进修人员等事项进行总结。开展了贷款财务决算与审计工作。

二、第二个大学发展项目（也称中央部门大学项目）

该项目原定于1990年年底关闭，经世界银行同意，已经延长至1991年年底关闭。

1990年该项目完成的主要工作有：

（一）设备引进工作：利用直接采购方式引进了约1300万美元的教学仪器设备及零配件。

（二）技术援助工作：国家教委高教司和外资贷款办公室组织了有关财经教育10门核心课程的培训班，人员总数达1300人。中外专家组对该项目进行了终期评价。

（三）项目执行与管理：完成了项目效益检查工作并部署了有关项目总结工作。由于汇率变化等原因，本项目到1990年仍有余款1500万美元，国家教委商国家计委、财政部制订了余款使用方案（包括余款使用管理办法和余款财务支付原则等）。根据这项计划，该项目余款将主要用于帮助未曾得到外汇支持的经国家教委审定的重点学科点的建设，并为原项目院校购买一批加强本科生教学的仪器设备及其它贷款设备的零备件。

三、地方大学项目

按计划该项目应于1991年底关闭，1990

年完成的主要工作有：

(一)设备采购工作：部署了设备的直接采购的准备工作并向各项目院校核发了采购清单以及填报事项。

(二)技术援助工作：该项目中外专家组两次召开联席会议，研究并部署了有关项目技术援助工作的执行问题，制定了该项目开展终期评价的提纲。中外专家在上海举办了计算中心管理讲习班，在广州举办了校园规划及设施管理讲习班。该项目中外专家组还到广东、浙江的7所项目院校进行了检查。

(三)项目管理工作：根据世界银行与我国政府达成的协议，1990年由财政部及世界银行共同对世行贷款项目进行联合检查，地方大学项目是我国教育贷款项目的受检项目之一，国家教委外资贷款办公室会同计划建设司、财务司、高教司等有关司局负责准备了项目检查的有关材料并及时完成了世行及财政部要求填报的有关数据。对项目机动费的使用和分配进行了研究与安排。为提高项目管理和宏观决策的科学性，先后两次对该项目进行调研工作，掌握了基层项目单位执行情况和存在问题。

四、中学在职教师培训项目

1990年是该项目进入执行期的第二年，重点进行了下列工作：

(一)仪器设备采购：该项目1990年进行了第一次国际招标工作，购置了9900件价值约1800余万美元的仪器。制订了本项目图书采购管理办法，第一批订购图书达400万元人民币。根据该项目国内招标中个别品目仪器设备中出现的质量问题，1990年组织成立了设备理赔小组。同年3月统计出各校不合格仪器设备台件数(含一年中经维修、退换已合格的设备)占设备招标采购总台件数的2.5%，金额7.8%。全年进行集中索赔两次，除个别较小遗留问题(占招标总台件数0.88%)外，大部分索赔工作已经完成，这次活动为严格把好世行贷款设备质量关和使我国国内企业更好地参加国际竞争性招标等打下了基础。

(二)技术援助工作：选择了英国文化委员会和美国加州大学北岭分校作为本项目国外执行机构，1990年下半年技术援助工作全面展开，派遣了18名英语教师赴香港大学教育学院进修。国家教委外资贷款办公室会同师范教育司开展了项目国内人员培训的工作。

(三)贷款财务工作：修定了贷款财务支付办法，举办了基层项目单位贷款财务人员培训班。

(四)项目管理工作：确认了项目效益指标及实施步骤，制订了“项目效益指标的执行意见”及“项目效益指标数据统计及折算方法”。比较完整地建立了项目建设监测体系。

五、教材建设项目

该项目1985年12月正式生效，预计项目建设到1995年完成。

(一)设备采购工作：1990年进行的第一次国际招标工作中，签订合同金额约4290万美元，其中有90%是当年交货。为保证贷款设备的质量，对中标的国产设备进行了设备出厂的预检验，提高了用户验收设备的合格率。

(二)技术援助工作：通过招标形式选定了联合国教科文组织作为本项目的国外执行机构，确定了本项目技术援助的内容与工作方案。

六、职业技术教育项目

该项目贷款总额为5000万美元，主要用于加强12所职业技术师范院校和59个中等职业技术教育中心和3个研究中心的建设。

该项目1990年完成了设备采购国内招标部分的评标工作，并于年底前开始了设备采购合同的签约工作，由于注意吸取以往国内招标工作的经验，此次国内招标中标率高而废标、空标现象大大减少。

技术援助的准备工作已经就绪，选择国外执行机构的招标文件已得到世界银行的同意并已寄送各有关备选单位。

在项目管理上，国家教委外资贷款办公室会同职业技术教育司和师范教育司以召开项目效益指标研讨会、制订年度进展报告数据统计表格等方式，基本建立了项目监测和评价系统。国家教委还完成了该项目与有关省、市的分贷协议的签署工作。

除以上6个在建项目外，世界银行贷款重点学科发展项目于1990年已完成了赴世行谈判并草签贷款协议的工作。该项目贷款额度为1.2亿美元，其中约9610万美元用于国务院有关部委和浙江省所属高等学校重点学科和重点实验室的建设，1700万美元用于中国科学院所属研究所的建设，420万美元用于中关村地区教育与科研计算机网络建设。国家教委负责分管的高等学校贷款部分共涉及国家教委和国务院14个部委及浙江省所属47所项目院校的113个国家重点实验室和专业实验室。1990年该项目主要进行了设备招标采购的准备工作，设备招标专家对部分子项目实验室的设备清单进行了审查，还组织有关部委专家对一些实验室的建设重新进行了论证。

重点学科发展项目技术援助工作具有新的特点，比较以往世行贷款项目，该项目不再单独分别成立中国专家审议委员会和外国专家咨询组，而是成立了以中方学者为组长、由中外专家组成的项目专家咨询组，为项目建设与决策提供咨询。该咨询组的活动经费，外汇部分拟由联合国开发计划署资助，国内部分由国家计委提供。该咨询组的秘书处设在国家教委外资贷款办公室。

撰稿人　宗钢　尤少忠
俞秀义
审稿人　汪原仁

教育审计工作

1990年，教育审计工作在建立健全部门、单位审计监督制度，纠正行业不正之风和加强廉政建设，强化对教育经费使用的管理和监督，杜绝挪用、浪费现象等方面发挥了积极的作用。为整顿教育内部经济秩序，深化教育改革，促进教育事业的健康发展作出了贡献。

一、加强指导，促进教育审计事业发展

为了研究、部署1990年教育系统审计工作，国家教委于1990年2月15日至17日在上海召开了全国教育审计工作会议暨全国教育系统内部审计工作先进集体、先进工作者代表表彰大会。国家教委党组成员、主任助理朱育理出席会议并作了题为《围绕治理整顿和廉政建设开展教育内部审计工作》的讲话。审计局局长高环就全国教育审计工作情况和1990年审计工作的方针、任务问题作了发言。大会宣读了国家教委《关于表彰全国教育系统内部审计工作先进集体、先进工作者的决定》，并向54个先进集体、63名先进工作者颁发了奖状和证书。

□全国教育系统内部审计工作先进集体名单

北京市

北京市朝阳区教育局审计科
北京市宣武区教育局审计科
北京市大兴县教育局审计科
北京市教育局审计处
北京师范学院监察审计室
北京语言学院审计处

天津市

天津市河北区教育局审计科
天津市和平区教育局审计科
天津市河西区教育局审计科
天津大学审计处
南开大学审计处

山西省

雁北地区行政公署教育局审计科
壶关县教育局审计股

辽宁省

辽宁省教委审计处
辽宁大学审计处
大连医学院审计监察室
大连理工大学审计处

吉林省

吉林大学监察审计处

黑龙江省

黑龙江省教委审计处
桦南县教委审计科
哈尔滨师范大学审计监察处

上海市

上海市高教局审计室
上海第二医科大学监察审计处
上海交通大学审计处
同济大学审计处
华东化工学院监察审计室

江苏省

如东县教育局内审组
南京大学审计室

安徽省

马鞍山市教委审计室

安徽大学审计室

江西省

江西农业大学审计室

山东省

山东省教委审计处

梁山县教育局审计股

聊城师范学院审计科

青岛海洋大学审计处

河南省

南阳师范专科学校审计科

湖北省

荆门市教委审计科

湖北大学监察审计处

武汉大学审计处

华中理工大学审计室

湖南省

湖南师范大学审计室

广东省

华南理工大学审计处

广西壮族自治区

玉林市教委审计小组

四川省

内江市东兴区文教局审计股

绵阳市市中区文教局审计股

四川师范大学审计室

重庆大学审计监察处

成都科技大学审计监察处

重庆市

江津县教育局审计室

云南省

云南工学院监察审计室

陕西省

西北大学监察审计室

西安交通大学审计处

陕西师范大学审计处

新疆维吾尔自治区

新疆大学审计室

□全国教育系统内部审计工作先进工作者名单

北京市

北京经济学院	刘新华
北京大学	张炳如
中国人民大学	林君淑
清华大学	吕永令
北京语言学院	陈世龙
中央广播电视大学	孙建宁

天津市

静海县教育局	刘清生

辽宁省

辽宁省教委	田九文
大连理工大学	李秀莲

大连市

大连市教委	王邦治

吉林省

吉林大学	杨凤芝
东北师范大学	李瑞清

黑龙江省

黑龙江省教委	孟庆福
萝北县教育局	鲜于容禧
齐齐哈尔医学院	于启恕

上海市

上海大学	徐谷光
上海海运学院	李融身
上海交通大学	汤一兵
复旦大学	骆成康
同济大学	赵　颖
华东化工学院	王俊贤
华东师范大学	欧天锡
上海外国语学院	童金玲

江苏省

徐州市教育局	王守琴
常州市教育局	恽洪庆
赣榆县教育局	周明辅
南京大学	陈　红
东南大学	陈宁慧

浙江省

浙江农业大学	李金华
杭州大学	钟树涛

安徽省

皖南医学院	张湘君

江西省

江西农业大学	郭予亮
江西师范大学	黄海兰

山东省

海阳县教育局	范进波
山东大学	肖　春
青岛海洋大学	丛曰敏

青岛市

市北区教育局	杜守先
即墨市教育局	刁义章
胶南县教育局	于学信

河南省

河南省教委	傅宗道
南阳师范专科学校	李芳菊
河南师范大学	苏运法

湖北省

浠水县教委	郭祖怡
鄂州市教委	陈幼安
湖北医学院	朱清香
武汉大学	耿顺元
华中理工大学	朱良杭
华中理工大学	陈菊英
华中师范大学	吉孔茂

湖南省

湖南师范大学	吴毅华
湘潭大学	莫运藻
衡阳市教委	谢宏荣

广东省

中山大学	李学柔
广州外国语学院	李新梅

四川省

万县教育局	陆兴钱
重庆大学	程　因
成都科技大学	黄忠恪
成都中医学院	吴剑蒲

重庆市

江北县教育局	彭隆彬

贵州省

贵州农学院	王秋菊
遵义医学院	孙道桁

云南省

云南大学	李绕芳

新疆维吾尔自治区

新疆大学	雷秀霞

会议期间认真总结、交流了审计工作经验，并讨论了 1990 年全国教育系统内部审计工作“打基础、抓重点、上水平”的九字方针和1990年教育审计工作要点。

全国审计工作会议后，国家教委及时转发了会议文件和李鹏总理的重要讲话，并于 4 月11日在北京大学召开了京津地区委属院校、企事业单位审计工作座谈会。出席会议的有各单位主管审计工作的校、院长和审计处负责人，约 50 人。会上传达了全国审计工作会议、全国基建审计工作会议精神和李鹏总理、姚依林副总理在听取全国审计工作会议汇报后的重要指示，并就如何进一步做好教育审计工作做了部署。

二、认真进行审计、调查工作

驻国家教委审计局1990年共派出 7 个审计小组，分别对北京大学、清华大学、上海交通大学、高等教育出版社、中国教学仪器设备公司、《神州学人》杂志社和我驻美国、加拿大使(领)馆教育处(组)等单位就1989年度财务收支情况进行了就地审计。审计查出违纪违规金额4113.87万元人民币(其中应上缴财政金额103.34万元，已上缴93.67万元)，外汇114.55万美元、234.27万日元。被审单位认真执行审计结论和决定，积极采取措施，切实加强财经管理，改进工作。

按照审计署、国家计委有关文件精神，驻委审计局对北京地区国家教委直属院校、企事业单位的基本建设项目进行了开工前审计，共审计9项、批复7项；对委属高校、企事业单位自筹基本建设进行了审计，批复17项；先后到四川、武汉、陕西、北京等地，调查了解学校基本建设审计工作的开展情况以及基建过程中存在的主要问题。同时还配合国家计委对西安交通大学、上海交通大学、复旦大学三个重点建设项目的投资问题进行了复查工作。

根据审计署《关于加强教育经费审计工作意见的通知》和中共十三届六中全会的有关决定，驻委审计局组成6个专题审计调查小组，对高等院校贯彻落实《国务院批转国家教委等部门关于深化改革，鼓励教育科研卫生单位增加社会服务意见的通知》情况和普通教育经费使用、管理状况等问题，进行了专题审计调查，撰写了《关于西安交大、陕西师大开展社会服务情况的调查报告》、《对武汉大学等九所委属院校基建审计调查报告》、《关于江西省1989年教育经费收支、管理及审计工作开展情况的调查报告》、《关于宁安县、九台市教育经费管理情况的调查报告》、《关于对遵化县1989年度教育经费收支及管理情况的审计调查报告》、《关于云南、广西、贵州3省(区)审计工作情况的调查报告》等材料。通过深入调查，对带有普遍意义的问题进行分析研究，为国家教委领导和职能部门制定政策法规提供了依据，发挥宏观调控作用。

三、教育战线内审工作深入开展

截止1990年底，全国30个省、自治区、直辖市的36个教育主管部门中，已有25个单位设置了审计机构，占75%。在14个计划单列市教育主管部门中，已有8个建立了审计机构，占55.5%。还有相当一部分地(市)、县(区)教育主管部门，高等院校和企、事业单位建立了内审机构，或配备了专职审计人员。如北京市教育局和下属18个区、县教育局都设立了独立的内审机构、配备专职审计干部60人。全市有13个区、县教育局在直属校和学区(或乡教委)设立了审计小组，聘请兼职审计人员1779名。

在1990年，许多地区和单位认真总结经验，在加强财务审计和查处违反财经法纪问题的同时，采取抓好重点，以点带面的办法逐渐向效益审计和检查、评价内控制度方面延伸，还有不少部门、单位围绕加强部门、单位的科学管理，选择一些重大问题，开展专项审计或审计调查，取得了明显成效。如山东省教委审计处积极组织力量，对校舍改造工作进展较快的潍坊、淄博2市、4个县区的13所城镇中小学的校舍建设工程进行了审计调查，发现工程竣工决算不实，学校经济损失严重，主要是“学校无人懂基建，花钱多少任人算”，施工单位高估冒算工程量。有的学校损失金额比例高达总造价的24%。根据审计调查中发现的问题，审计处提出了“中小学基建投资的管理亟待加强的意见”。江苏省教委审计处配合省审计局对5所高校进行审计，对6个市的教育费附加进行审计调查，提出了当前教育经费管理中存在的主要问题是收支管理不严，财务、物资管理薄弱和教育费附加被挪用搞基建、发奖金等的综合报告和改进意见。湖南省教委审计处1990年对湘潭大学、常德师专、益阳师专等院校1989年财务收支进行了全面审计，共审计资金3534万元，查出违纪金额122万元，其中应上缴财政2.37万元，违反会计核算制度资金80.71万元，其余均做调帐处理。据湖南省教委对所属14个地市教育主管部门、19所省属大专院校和10个委直属二级单位统计，1990年审计项目（单位）1716个，审计金额43451.5万元，违纪金额1346.2万元，占3.1%。通过审计，在纠正行业不正之风，加强廉政建设、提高经费使用效益等方面发挥了重要作用。

国家教委委属院校1990年在决算审计、定期审计、专项审计、内控制度的评价、计算机审计研究等方面，积极开展工作，取得一定成果。1990年上半年内，委属36所院校审计部门全部完成了1989年度财务决算审计，17所院校完成了基建决算审计。华中理工大学认真执行“打基础、抓重点、上水平”的教育审计工作方针，全年共开展21个审计项目，查出违纪金额31.2万元，并着重抓了经济效益审计、承包经营审计及计算机审计的开发和研究工作。南开大学在前几年开展定期审计的基础上，注重提高审计质量，实行对定期审计单位的考核评估制度，通过定审情况，表彰先进，有力地促进了被审单位会计基础工作。华东化工学院在基建审计中，先后对基建计划可行性的论证、审批程序、会计核算与管理、材料购置与管理、工作质量的监督与检查等进行了逐项审计，促进了学校基建管理工作走上规范化的轨道。大连理工大学对校内50个独立核算单位的规章制度、管理办法、规定、细则等内控制度进行了评价，向全校发出关于建立、健全内控制度，并修改不符合国家财经、物资管理规定的内控制度的通知，引起学校各单位重视，对强化学校科学管理起到了良好作用。中山大学研制了“高校计算机通用审计系统”，并对院校vax系统的财务管理系统进行了审计，取得较好效果。清华大学在计算机报表勾稽核对、计算机审计专用语言、高校经济效益指标分析等方面取得了经验。华南理工大学完善了计算机“审计文件处理系统”。委属院校还积极参加清理整顿公司和财务大检查工作。兰州大学、上海交通大学、吉林大学、青岛海洋大学、华东化工学院、南京大学、复旦大学等单位对撤并的公司进行了全面审计。

四、加强教育审计法规建设

为贯彻落实李鹏总理关于“切实加强对教育经费使用的管理和审计监督，杜绝挪用、浪费现象”的指示和国务院发布的《审计条例》，驻国家教委审计局在充分调研和广泛征求意见的基础上，制定了《教育系统内部审计工作规定》，于1990年5月3日，由李铁映主任签署，以国家教委第9号令发布施行。这是教育系统内审工作第一部比较完备的行政法规。《规定》下发后，各部门各单位认真贯彻执行。黑龙江省教委研究制定了《黑龙江省教育系统内审工作实施办法》、《黑龙江省教育系统内部违反财经法规处罚暂行规定》及《内审工作考核办法》。北京市高教局发布了《北京市属高校教育系统内审工作实施细则》，同时制订出一套关于内审工作制度、办法等9项规定，使审计工作有章可循，提高了审计质量。云南省教委结合本省实际，制定了《关于开展定期审计的若干问题》、《高等院校预算外资金审计监督的办法》、《对学校基金的审计意见》等10个文件下发。到1990年底，国家教委委属院校已有19所结合本校实际，制订了有关内审工作的规章制度。华东师范大学校长袁运开还亲自撰写了《认真学习、贯彻〈规定〉》的文章，在校刊上发表。

五、搞好队伍建设，开展理论研讨

为了提高教育系统审计人员的政治业务素质，驻国家教委审计局于1990年7月23日至8月19日在山东威海“教师之家”举办了一期全国教育系统审计基础知识培训班，为期一个月，有近百人参加。学员经过系统的学习，提高了理论和业务水平，进一步掌握了各项审计的基本技能。驻委审计局还派员参加审计署培训中心组织的行政诉讼法培训班、内审基础知识培训班和全国文教审计研讨班学习。许多地区和单位为加强对审计人员的培训,采取定期学习制、送出去学、缺什么补什么等方式，使审计人员学到更丰富的实践知识和审计理论,提高了审计工作能力。

一年来积极开展审计理论和实务的研讨工作。为了使教育审计工作在正确的理论指导下向高、深层次发展,驻委审计局先后召开了委属院校今后三年审计工作上水平有关问题研讨会,部分委属院校计算机审计研讨会,六省一市普通教育审计工作座谈会,云南、广西、贵州教育审计工作汇报会等,对教育审计的职能地位、意义和作用,以及如何加强审计队伍自身建设,逐步实现审计工作制度化、法制化、规范化；如何检查、评价内控制度和开展效益审计；审计部门如何实现计算机管理和开展效益审计；审计部门如何实现计算机管理和开展计算机审计等问题开展了认真的研究和探索，撰写和发表了一批很有价值的论文

撰稿人　王祖怡　刘　宜
审稿人　高　环　王　英

教育监察工作

1990年是教育监察系统逐步建成，开始全面开展监察业务工作的一年。国家教委监察局和各地各校监察机构以及广大专兼职监察干部，根据监察部的部署精神，在各级教委的领导下，围绕国家教委1990年的中心工作，从本单位的实际出发，主要做了五方面的工作。

一、召开教育监察工作座谈会，提高认识，明确指导思想

1990年3月6日至10日，国家教委监察局在北京召开了教育监察工作座谈会。参加会议的有各省、自治区、直辖市教委（高教局）监察机构的负责同志、委属36所高校监察机构的负责同志和教委直属企事业单位监察工作负责同志。监察部也派人参加了会议。国家教委副主任、党组书记何东昌和主管监察工作的国家教委副主任邹时炎到会并做了重要讲话。会议学习了中央和国务院领导同志关于监察工作的重要指示，传达了全国监察工作会议的精神。

通过这次会议，提高了认识。大家认为，当前教育工作的主要任务是：加强党的领导，加强思想政治工作，深化教育改革，培养德智体全面发展的社会主义建设者和接班人。教育监察工作必须紧紧围绕这个中心来运行。教育监察要十分重视执法监察，要监督检查各级各类学校贯彻执行国家的法律法规、党和政府的教育方针的情况，保证学校沿着社会主义方向前进。教育监察工作要坚决反对腐败。不仅要查处经济领域的违法违纪案件，还要查处严重官僚主义失职渎职造成重大损失的案件，更要注意查处政治领域的违法违纪问题，要把反腐败提高到反和平演变的高度来认识。监察工作必须贯彻预防为主，监督检查与改进工作相结合，惩处与教育相结合的原则。多调查研究，多做事前监察，防患于未然。会议还研究了各级领导要重视和支持监察工作，健全监察机构，充实监察人员，以及监察干部要努力学习，提高政治、业务素质等问题。

二、围绕教委中心工作开展执法监察

从教育战线的实际出发，1990年各单位教育监察机构普遍加强了执法监察。根据国务院的授权，国家教委针对当前贯彻《义务教育法》面临的5个主要问题，要求各省采取措施解决，并派出人员赴各省督促检查。监察局积极参加了这项执法监察工作，先后派人到云南、江西、陕西三省督促检查贯彻执行《义务教育法》的情况，深入到省地县教育部门和中小学校实地调查。发现问题及时向各级教育部门反映，并对带有普遍性的重要问题，向省政府、省教委提出建议。一些省教委的监察机构也参加了本省贯彻《义务教育法》的五项督导检查工作。监察局还会同国家教委高校学生司对《普通高等学校招生暂行条例》的贯彻执行情况开展了专项监察。并于6月初联合发出《通报》，将近年来部分违反招生规定的行为及处理情况通报各省（自治区、直辖市）招办和教委监察机构，要求利用这些典型事例对招生工作人员加强宣传教育，预防违纪行为的发生。7月，监察局和监察部三司、国家教委高校学生司组成联合调查组，到安徽查办一起违反招生纪律的典型案件。在全国招生录取工作开始前，按照

《普通高等学校招生管理处罚暂行规定》，对这起违纪案件进行了公开处理，并在全国报刊电视广播中公布。《中国教育报》还发表了短评，要求全体招生工作人员自觉抵制不正之风，切实遵守招生规定，认真执法。同时，监察局的同志还到北京市高考录取现场进行了调查。有些省，如黑龙江、吉林等省教委监察机构在高考录取期间组成了监察小组，在现场进行督促检查。有的省教委监察机构在全省录取工作结束后进行了抽查，对查出的问题及时进行了处理。通过这一系列的监督检查，对消除招生工作中的腐败现象，维护高校招生秩序起了积极作用。监察局还采取调查研究的方式，对委属的7所院校贯彻国家教委1990年中心工作的情况进行了检查，并就检查结果和院校领导交换了意见。还在大连理工大学召开了执法监察小型研讨会，推动了执法监察工作的开展。此外，许多单位的监察机构与有关部门积极配合，参与了清理整顿公司、财务大检查、清查干部违纪建私房、查处自费上学公款报销等方面的执法监察，受到了广大群众的欢迎。

三、坚决惩治腐败，依法查处了一批案件

1990年国家教委监察局共接受群众来信来访和举报电话823件次，其中属于教育监察业务范围的487件次。

一年来，国家教委监察局和教育战线各级监察机构，把反腐败作为重点，查处了一批案件，也初步探索了教育战线办案的特点。在查办案件工作中，不仅查办贪污受贿等经济类案件，更重视查办以权谋私和治理整顿深化改革中揭露出来的招生、分配方面的违纪问题，使办案工作与纠正行业不正之风治理“三乱”紧密结合起来。根据教育战线监察对象的特点，在查办案件中，注意实事求是，依法办案，贯彻惩办与教育相结合的方针，扩大教育效果。国家教委监察局直接受理的20个案件中，经查证澄清事实保护了干部的6件，查清事实进行批评教育的4件。不少高校很重视掌握政策，教育从严，处理从宽，充分利用反面典型教育大家，取得了较好的预防效果。鉴于各级监察机构多属初建阶段，人力有限，在查办案件中采取了分级办案、各有侧重和组织力量联合办案的办法。

四、开展教委系统廉政大检查，促进廉政建设

为了巩固贯彻落实《中共中央国务院关于近期做几件群众关心的事的决定》取得的成绩，进一步促进廉政建设，国家教委1990年第四季度在教委系统开展了一次廉政大检查。36所委属院校普遍进行了全校性的为期约1个月的廉政大检查，并据此写出了总结报告。委直属企事业单位、委机关各司局也结合年终党风检查进行了廉政大检查。不少单位报送了廉政检查总结报告，修订了廉政措施。在各单位自查的基础上，监察局派人到部分院校和直属单位进行了抽查，对教委机关司局除听取汇报外还召开座谈会听取意见。教委系统的廉政大检查善始善终，取得了较好的效果。其主要收获是：（1）提高了各级领导加强自身廉政建设的自觉性。这次廉政大检查明确要求领导干部主动自查，认真听取意见。使其普遍受到了一次廉洁奉公、遵纪守法的教育，增强了全心全意为人民服务的公仆意识。（2）广大干部和教职工提高了对加强廉政建设重要性的认识。在大检查中，各单位都组织大家认真学习了党的十三届六中全会的《决定》和李鹏同志在国务院关于纠正行业不正之风电话会议上的讲话。经过学习讨论，并联系国际国内实际，使大家普遍把加强廉政建设提高到反和平演变的战略高度来认识，加深了对“廉政才能稳定，勤政才有发展”的理解。（3）密切了领导干部和群众的关系。通过领导干部自查和自下而上的检查，群众对党风的主流有了清醒的认识，普遍反映我们的绝大多数领导干部确实是廉洁的。领导干部的认真自查也增强了群众对搞好廉政建设的信心。(4)及时解决了一些问题，取得了实效。这次大检查强调要自查自纠及时整改。不少单位除检查已制定的廉政规定外 都对本单位当前群众关心的热点问题进行了研究，并采取有力措施加以解决，受到了群众的拥护。(5)监察机构的作用得到了较好的发挥，监察工作引起了重视；进一步健全、完善了廉政建设的规章制度，为廉政建设经常化、制度化、规范化奠定了基础。

五、加强了监察队伍的自身建设

教委系统监察网络已初步建成。1990年5月，国家教委制订了《关于国家教委直属高等学校监察工作若干问题的意见(试行)》。委属36所高校都设立了处级监察机构，已配备专职监察干部103人，兼职干部837人。有4所学校聘请了特邀监察员。1990年6月，国家教委发出《关于国家教委直属企事业单位建立监察机构和配备专（兼）职监察员的通知》。委直属企事业单位有23个配备了专、兼职监察干部，其中有4个单位设置了处级监察机构，现有专职监察员4人，兼职干部39人。委机关各司局都有一位司局长分管监察工作，指定一位处级干部为兼职监察员。

30个省、自治区、直辖市中已有28个省(区、市)的教育部门设立了监察机构，或确定了承担监察任务的部门，或设置了专职监察员。

普遍加强干部的学习，提高了政治业务素质。各单位监察干部都在党委的领导下，认真学习了《关于社会主义若干问题学习纲要》。国家教委监察局举办了教育监察干部培训班，组织部分院校和地方的监察干部进行监察理论和监察业务的学习与研讨。《中华人民共和国监察条例》颁布后，不少单位组织监察干部逐条学习加深理解。许多单位结合查处案件和各项工作实践，不断总结经验，探索规律，使监察干部自觉地在实践中锻炼成长。

撰稿人　周云诚
审稿人　郝维谦

教育保密工作

一、加强保密工作机构建设

为了贯彻《中华人民共和国保守国家秘密法》和《中华人民共和国保守国家秘密法实施办法》的规定，切实加强国家教委的保密工作，1990年4月12日国家教委党组决定对保密委员会进行调整、充实，由党组成员、教委专职委员朱育理任保密委员会主任(兼)，8名司、局长任副主任。明确国家教委保密委员会是国家教委党组领导下的职能部门，以做好机关保密工作为重点，兼顾指导教育系统的保密工作。其主要任务是：

(一)贯彻执行《中华人民共和国保守国家秘密法》和《中华人民共和国保守国家秘密法实施办法》，制定保密规章，根据情况变化依据法律程序，修订《教育工作中国家秘密及密级具体范围的规定》；

(二)布置、督促、检查全委的保密工作，防止失密泄密事件的发生；

(三)协同有关部门组织追查窃密、重大失密泄密事件，并提出处理意见；

(四)总结交流经验，进行业务指导；

(五)向上级保密部门反映情况和报告工作。

1990年4月27日，朱育理主持召开了调整后的保密委员会第一次全体会议。会议传达了上级有关精神，讨论了当前严重的失密泄密情况和保密工作面临的严峻形势，安排了1990年国家教委保密委员会工作计划。

二、进一步完善保密制度

根据国家保密局的布置，国家教委制定了《国家教育委员会机关保密工作细则》，经国家教委党组1990年10月12日批准，于1990年11月1日发布施行。1987年4月制定的《国家教育委员会机关保密工作暂行条例》同时废止。

1990年12月1日，国家教委办公厅发出《关于对以国家教委司、局、办名义编辑的出版物进行保密检查的通知》。通知有关出版单位，今后凡有以国家教委司、局、办名义编辑的出版物，只有具有"国家教委保密委员会保密检查专用笺"的证明，有关出版单位方可予以出版发行。以个人名义编写的出版物不在此例。

随着对外开放政策的实施和对外教育交流与合作的发展，高等学校教师、科研人员与国外高校、科研机构进行的科研项目越来越多，在对外交流与合作中，必须按照规定，认真作好对国家秘密文件、资料和其他物品出境的管理工作。为此，国家教委办公厅分别于1990年4月28日和5月31日转发国家保密局、海关总署《关于国家秘密文件、资料和其他物品出境的管理规定》的通知及国家保密局《施行〈关于国家秘密文件、资料和其他物品出境的管理规定〉的工作细则(试行)》的通知，并于1990年6月1日起施行。

三、深入实际，开展调查研究，实行有效的监督和指导

1990年，国家教委保密委员会办公室积极进行调查研究，及时检查要害部门的保密工作，发现隐患，积极堵塞漏洞。并对中国驻外机构有关泄密问题进行了检查并采取了必要的措施。

撰稿人　张鸿治　陈坚

审稿人　李保中

国家教委所属事业机构设置

根据1989年国家编制委员会关于中央国家机关所属事业单位清理和审批问题的通知，国家教委对直属事业机构(不含36所直属高等院校）进行了清理和调整。1990年9月29日，国家编委批准了国家教委所属事业机构和编制。调整后的直属事业机构设置如下(含有事业编制的社团组织)：

1.国家高级教育行政学院（由原中央教育行政学院改建）

2.中央广播电视大学

3.中国电视师范学院

4.中国教育电视台

5.中央电化教育馆

6.中央教育科学研究所

7.国家教委教学仪器研究所

8.人民教育出版社

9.高等教育出版社

10.中国教育报社

11.中国教育杂志社

12.《神州学人》杂志社

13.职业技术教育中心研究所

14.国家教委教育管理信息中心(原国家教委情报研究室并入该中心)

15. 国家教委高等学校社会科学发展研究中心（原国家教委马克思主义理论教育研究中心并入该中心)

16. 国家教委中小学教材审定委员会办公室

17. 国家教委中小学思想政治教材研究中心

18.国家教委科技发展中心(由原国家教委科技管理中心与国家教委科技开发中心合并组建)

19.国家教委基建工程中心(由原国家教委电教工程指挥部改建)

20.国家教委考试中心(由原国家教委考试管理中心更名)

21.国家教委留学服务中心

22.国家教委对外汉语教学发展中心(由原国家对外汉语教学领导小组办公室改建)

23.国家教委外资贷款事务中心(由国家教委外资贷款办公室更名，对国外仍用原名称)

24.国家教委教育发展研究中心

25.全国高等学校毕业生就业指导中心

26.国家教委北戴河教工活动中心

27.国家教委烟台学术活动中心

28.国家教委青岛国际学术活动中心

29.国家教委兴城教工疗养院

30.国家教委留学生招待所

31.国家教委机关幼儿园

32.国家教委机关招待所

33.国家教委机关印刷所

34.国家教委机关修缮队

35.全国高等学校古籍整理研究工作委员会秘书处

36.全国高等学校图书情报工作委员会秘书处

37.中国教育国际交流协会

38.中小学幼儿教师奖励基金会

39.中国教育学会

40.中国高等教育学会

41.中国成人教育协会

42.中国职业技术教育协会

43.中国陶行知研究会

撰稿人　冯光辉　审稿人　陈文博

国家高级教育行政学院的干部培训工作

1990年，国家高级教育行政学院以加强对高等学校领导干部的培训，突出马克思主义理论和党的方针政策的教育为重点，积极开展了各类干部的培训工作。全年共办各种类型培训班、研讨班10期，培训学员663名。

一、高等学校领导干部马克思主义理论研究班

根据中央关于加强全党干部马克思主义理论学习的指示精神和国家教委党组的贯彻意见，国家高级教育行政学院同国家教委人事司、社会科学研究与艺术教育司、思想政治工作司于1990年10月15日至12月15日共同举办了第一期高等学校领导干部马克思主义理论研究班。学员为国家教委和国务院有关部委、省、自治区、直辖市所属重点高等学校校级党员领导干部共52人。举办该班的指导思想是：针对当前国际国内斗争形势和高等教育改革与发展的实际，认真学习马克思、列宁、毛泽东和邓小平的著作，批判资产阶级自由化，提高马列主义、毛泽东思想的理论水平，进一步明确高等学校的办学指导思想，加强党的领导和思想政治工作，办好有中国特色的社会主义大学。

研究班的教学分三个阶段进行。第一阶段，学习《关于社会主义若干问题学习纲要》，使学员进一步认清资产阶级自由化和四项基本原则的对立与斗争，进一步坚定走社会主义道路的信念和信心。第二阶段，认真学习马克思主义的科学社会主义、政治经济学、哲学，运用马克思主义立场、观点、方法揭露和批判资产阶级自由化的理论基础。第三阶段，联系高等学校实际，研究讨论如何坚持正确的政治方向，办好有中国特色的社会主义大学。

研究班贯彻理论联系实际的原则，坚持自学与研究为主，辅以必要的专题报告。以整风精神把学习理论、研讨问题和增强党性紧密结合起来。学员阅读了马克思、恩格斯、列宁、毛泽东和邓小平的著作共37篇，听了中央党校副校长邢贲思作的“制定《关于社会主义若干问题学习纲要》的背景和理论依据”、中国人民大学教授周新城作的“科学社会主义和民主社会主义的对立与斗争”、中国人民大学教授许征帆作的“列宁对第二国际机会主义的批判与斗争”、中国人民大学教授卫兴华作的“当代资本主义的本质和基本矛盾”、北京大学校长吴树青作的“改革开放问题上两种主张的对立与斗争”等13个专题辅导报告。学员还参观考察了清华大学、首都钢铁公司和北京郊区窦店村。

通过学习研讨，学员们主要在以下几个方面提高了认识。(1) 加深了对社会主义的本质特征和基本原则的认识。大家认识到，《纲要》阐明的社会主义制度的本质特征和基本原则，是我们坚持社会主义、建设有中国特色的社会主义的强大思想武器。社会主义大学必须是坚持社会主义的政治堡垒，要义不容辞地捍卫社会主义原则，理直气壮地宣传社会主义制度的优越性，用科学社会主义教育和团结广大师生，培养社会主义事业的建

设者和接班人。（2）加深了对现代资本主义本质和基本矛盾的认识。通过学习讨论，大家认为垄断资本主义的新发展没有改变资本家追逐高额利润、剥削、掠夺和侵略的本性，没有消除资本主义所固有的各种矛盾。当前的时代仍然是帝国主义和无产阶级革命的时代，社会主义代替资本主义是现代世界历史的大趋势。（3）加深了对民主社会主义本质和危害性的认识。在学习讨论中，大家批判了民主社会主义的错误观点。民主社会主义思潮是第二国际社会民主主义思潮的继续和发展，是一种反马克思、列宁主义的改良主义思潮，是同科学社会主义根本对立的。在高等学校进行科学社会主义教育，彻底揭露民主社会主义的本质和危害性是十分必要的。（4）加深了对国内阶级斗争和反对资产阶级自由化的认识。在学习研究中，大家明确了现阶段国内阶级斗争主要表现为四项基本原则与资产阶级自由化的尖锐对立，斗争的中心仍然是政权问题。高等学校要为社会主义事业培养和造就人才，就一定要在师生中开展反对资产阶级自由化的教育，深入进行社会主义信念教育和马克思主义世界观、人生观及价值观的教育。（5）加深了对国际阶级斗争和反和平演变的认识。大家认识到和平演变与反和平演变是国际阶级斗争的主要形式。西方资产阶级对我国实行和平演变，着力于争夺青年，高等学校是争夺的重点，是和平演变与反和平演变的前哨阵地。我们必须研究西方资产阶级推行和平演变的手段和方法，学会打好"思想战"，挫败帝国主义和平演变的图谋。（6）探讨了社会主义大学的本质特征和优势，进一步明确了办好有中国特色的社会主义大学的方向。在总结经验的基础上，大家认识到，社会主义大学的本质特征和优势在于坚持马列主义、毛泽东思想的指导，坚持为社会主义现代化服务，同生产劳动相结合，培养德、智、体全面发展的社会主义事业的建设者和接班人。为此，必须加强高校党的领导和党的建设，加强马列主义和毛泽东思想的理论和政治教育，加强思想政治工作，把坚定正确的政治方向放在学校各项工作的首位，保证党的方针政策在高等学校的正确实施。

学习期间，中共中央政治局委员、国务委员、国家教委主任李铁映专程到学院看望学员并作了重要讲话；国家教委党组书记、副主任何东昌到研究班和学员座谈并作了题为《加强高校党的领导和思想政治工作》的重要报告；国家教委副主任朱开轩在研究班结业典礼上也作了重要讲话。

二、高校后勤思想政治工作研讨班

国家教委条件装备司和国家高级教育行政学院于1990年5月16日至6月16日联合举办了高等学校后勤思想政治工作研讨班。参加研讨班的学员为24个省、自治区、直辖市的73所高等院校的后勤党委（或总支）书记共70人。

举办研讨班的目的是贯彻中央关于加强党的领导和思想政治工作的指示精神，通过组织高校后勤党员领导干部认真学习马克思主义理论，批判资产阶级自由化，进一步明确办学指导思想，总结经验，加强和改进高校后勤职工的思想政治工作，更好地贯彻"三服务"、"两育人"的方针。

研讨班在认真传达学习高校党建工作会议精神的基础上，组织了"当前高校思想政治形势和如何加强思想政治工作、反对资产阶级自由化"、"只有社会主义才能发展中国"、"高校后勤管理的特征和基本原则"、"如何调动高校后勤职工的积极性"等13个辅导报告，清华大学、北京大学、北方工业大学等后勤工作负责同志分别介绍了经验。研讨班回顾和反思了10年来高校后勤思想政治工作的基本情况，就如何认识当前高校思想政治工作形势和党建工作的任务，在后勤职工中如何进行社会主义、集体主义和全心全意为人民服务的教育，根据高校后勤工作的特点如何改进和加强思想政治工作等专题进行学习研讨并交流了经验。还对当前高校后勤党建和思想政治工作所面临的困难和普遍关心的政策问题进行了探讨。

经过研讨，大家认为，党的十一届三中全会以来，特别是自1987年全国高校后勤工作会议以来，后勤部门认真贯彻改革、开放的方针和“三服务”、“两育人”的宗旨，使高等学校后勤工作面貌发生了较大的变化，并探索了在新形势下加强后勤部门党的建设和思想政治工作的新路子，积累了经验。高校党建工作会议的召开，明确了党委的领导地位和基层党组织的政治核心作用，使后勤部门党组织和思想政治工作的任务更加明确。但后勤部门党的建设和思想政治工作面临的问题不少，任务还十分艰巨，主要表现在后勤部门党组织的机构设置和政工干部的配备及职工队伍的建设还有待于加强。这些问题直接关系到学校后勤工作的质量和效益，并影响到学校的全局。在学习理论、总结经验和深入研讨的基础上，经过集体讨论修改，研讨班形成了《关于加强高校后勤职工思想政治教育的意见》、《高等学校后勤党委（或总支）工作条例》、《高等学校后勤思想政治工作研讨班纪要》3份书面材料，供国家教委领导和高等学校参考。

国家教委副主任邹时炎听取了研讨班的汇报，并在结业典礼上作了重要讲话。关于今后高校后勤工作，邹时炎强调应抓好四个方面的工作：第一，要加强高校后勤部门党政领导班子的建设；第二，要加强高校后勤部门思想政治工作；第三，要不断提高高校后勤职工的政治、业务素质；第四，要不断提高高校后勤工作的质量和效益。邹时炎要求改进高校后勤领导的工作方法，认真抓点，以点带面，把各项工作落到实处。

三、教育学院教育管理研讨班

1990年12月3日至25日，国家高级教育行政学院与国家教委师范司联合举办了教育学院教育管理研讨班。这是根据世界银行贷款中学在职教师培训项目的国内人员培训计划而举办的。参加研讨班的学员来自世界银行贷款的60所教育学院，共60人，其中51人为主管教学的正、副院长。

举办研讨班的目的是加强教育学院的政治思想教育，认真贯彻治理整顿和深化改革的方针，推动师资培训工作的发展与改革，促进贷款项目顺利执行，使项目院校在提高办学质量、提高管理水平和提高办学效益等方面对同类院校起到示范作用。

研讨班请国家教委的负责同志及有关专家、学者作了专题报告，主要内容有马克思主义基本理论和国内外政治形势，马克思主义教育思想及我国的教育方针、政策，国外基础教育及师资培训改革发展趋势，世界银行贷款项目管理要求等。研讨班坚持理论联系实际的原则，采取分组方式分别对北京教育学院和天津教育学院进行了考察。

经过学习、研讨和实地考察，学员们感到收获很大，主要有：（1）对中央的方针政策有了更深刻的了解，提高了认识水平。（2）在学习、研讨和考察期间获取了大量信息，加深了对今后国家教育发展与改革总体思路的认识。（3）明确了现阶段教育学院办学的指导思想，即在师资培训中坚持坚定正确的政治方向，努力培训优秀教师，为地方服务。（4）教育学院之间交流了经验，沟通了信息，增强了办学信心。

国家教委副主任柳斌在结业典礼上讲了话。在谈到中小学教师继续教育问题时，他充分肯定了各级教育学院对此付出的艰苦劳动和取得的巨大成绩，同时也指出了近几年我国中小学教师培训工作中的问题。对继续教育任务提出的依据和我国目前阶段中小学教师继续教育的实施问题作了具体说明。

四、1990年日本基础教育行政研究班与第一期高教管理改革比较讲习班

(一)1990年日本基础教育行政研究班

1990年日本基础教育行政研究班是根据国家教委与日本文部省签署的教育交流协议，为推进我国农村教育改革实验工作，由国家教委国际合作司委托国家高级教育行政学院于1990年10月4日至12月20日举办的。参加研究班的10名学员是全国教育改革实验县的教育局长。

研究班分三个阶段进行。第一阶段：学习阶段。赴日前学习了《关于社会主义若干问题学习纲要》、《1990—2000年基础教育发展与改革实施纲要(草案)讨论稿》、《全国农村教育综合改革指导纲要》等，熟悉全国范围的基础教育实施与改革情况，了解有关方针、政策。并听了"国际中等教育改革趋向和日本政治、经济、科技与教育的报告"等。第二阶段：赴日实地考察研修。围绕基础教育行政及其改革的中心课题，着重考察了战后日本普及义务教育的历史经验及其教育行政管理体制的特点。研修的方式是系统听课与调查相结合。在日期间，日本文部省共安排17次讲座，讲座内容有教育立法、中央和地方的教育行政财政、教育史、学校教育制度、中小学教育内容及教师聘任和培训以及生涯学习等。研究班还实地访问了千叶县、岐阜县教育部门和当地的中小学校、职业高中、县教育研究中心以及筑波大学、放送大学等共15个教育和科研机构。主要考察了日本地方教育部门的管理体制、运营方式及其与学校的关系。同时对日本为了规划地方教育，作为社会参与管理形式的审议会制度进行了解。第三阶段：研究总结。学员考察归国后，由来华的日本文部省三人讲学小组再次着重介绍了日本教育改革及其现状和存在问题。在此基础上对赴日考察情况进行认真的专题研讨。对比日本的教育经验，学员们越加认识到我国进行农村教育改革实验的正确性，决心抓好以下几项工作，以推进教育改革实验：(1)采取措施，进一步增强本地区群众和各级干部重视教育的意识，动员群众更多地关心教育和支持教育。(2)采取适当的组织形式，更广泛地吸收社会各界人士参与本地的教育管理，以利教育更有效地为本地建设服务。(3)加强本地属于教育立法、执法性质的工作，尤其是完善"乡规民约"，发挥它促进教育执法的作用。(4)争取条件，千方百计地首先抓紧普及初等教育。(5)从本地实际出发，进一步抓好基础教育中适当渗透职业技术教育因素及改革实验试点，并为此组织好师资培训。(6)加强学校管理，切实做好从学生的政治思想、行为规范教育到校容校貌的社会主义校园文明建设的一些基础工作。结业前，学员们完成了个人研修报告。

(二)第一期高教管理改革比较讲习班

根据国家教委批准的中国加拿大教育交流合作项目计划，国家高级教育行政学院于1990年10月3日至10月20日举办了第一期高教管理改革比较讲习班。参加讲习班的学员为高教管理学科的高校教师及科研人员共30人。

讲习班采取中加双方联合的方式授课。加拿大阿尔伯特大学副校长、教授，阿尔伯特省高教部原任副部长沃尔特·沃斯博士(Dr. Walter Worth)、阿尔伯特大学教育行政管理系教授斯摩博士(Dr. Small)和阿尔伯特大学成人教育系教授霍希博士(Dr. Haugny)分别主讲了教育行政管理理论、欧美高等教育结构与过程、成人教育原理(侧重教育管理干部的培训) 3个专题。国家教委原高教二司司长王冀生主讲了"中国高校教学改革的理论与实际"和"高等教育评估的理论与技术"两个专题。

举办讲习班的目的，主要是为进一步贯

彻执行“教育要面向现代化，面向世界，面向未来”的指导思想和改革开放的基本政策，了解国际国内高教管理改革现状及趋向，提高我国高等教育管理学科的教学和科研水平。

撰稿人　柴玉彬

审稿人　来汉宣

国家教委机关干部培训

根据中共中央有关文件精神，为了培养和造就可靠的社会主义事业接班人，确保党和国家的各级领导权牢牢掌握在忠于马克思主义、德才兼备的人手里，在总结国家教委机关干部培训工作经验的基础上，国家教委党组于1990年7月3日下发《关于改进和加强委机关干部培养工作的试行意见》。

《试行意见》规定了干部培养工作的任务与要求：以“革命化”为前提，全面贯彻干部“四化”方针，学习马克思主义理论，提高运用马克思主义的立场、观点、方法解决实际问题的能力；通过各种形式的实践锻炼，熟悉国情和教育工作的全面情况，懂得党和国家的教育方针及有关政策、法规；具有机关业务工作与宏观管理能力。

《试行意见》提出：

一、组织干部学习马克思主义基本理论

各部门应按确定的统一内容与要求，制定计划并组织实施。委党组建立学习制度，成立委中心学习小组，定期进行交流。对后备干部凡1989年以来没有脱产学习过的，都要分期分批安排3—5个月的脱产学习。

二、组织干部学习教育行政管理知识

各部门要对本单位不同层次不同业务的干部提出不同的学习内容和具体要求，并提供有关教材或资料。根据学用一致的原则，有计划地采取多种形式、多渠道的短期脱产进修。

根据“先培训后上岗”的精神，从现在起，凡任用干部都要按规定参加政治理论学习和管理知识学习，参加学习而考核不合格者不能任职。

三、组织干部下基层锻炼

一是35岁以下没有在农村从事过教育工作的干部，分期分批到农村教改实验县锻炼半年至一年。二是结合本职工作，有计划安排司处级后备干部到地、市、县党政部门、教育行政部门、学校等单位挂职锻炼半年至一年。三是到工厂、农村、学校和地方教育行政部门等基层单位工作或调查研究。

四、组织干部进行不同工作岗位的交流

《试行意见》还对培养对象提出了不同要求。为了切实落实培训计划，加强干部培养工作的领导与管理，决定建立委机关干部培训中心。并于1990年第四季度制定了机关党员干部的五年培训规划。

1990年共有40名干部分别到中央党校、国家高级教育行政学院、委直属机关党委党训班学习马克思主义基本理论。副主任邹时炎到中央党校学习。

撰稿人　庄益群

审稿人　王光义

国家教委直属高校档案馆馆长培训班

1990年8月1日至8月17日，国家教委办公厅在大连理工大学举办委属高校档案馆馆长培训班。参加培训班学习的有全国近20个省、直辖市的高校档案馆馆长及部分院校的综合档案室主任，共计74人。其中委属高校30人，其他部委属院校22人，省属院校22人。

国家教委副主任何东昌到培训班看望了学员并作了重要讲话。何东昌指出：档案工作是学校建设中一项基础性的工作。如果学校的管理比较好，档案工作也就会搞得比较好；如果学校的管理不好，教学、科研和其它方面管理不善，档案工作自然也就不可能搞好。档案工作是衡量学校管理工作的一个尺度。他还要求：各个学校要把档案工作摆到一个恰当的位置，作为一个重要环节来抓，保证学校各项工作协调发展。要给档案工作创造必要的条件，档案工作要做好，不光是档案工作人员的事，需要各方面的配合。各校的领导要做好这方面的协调工作，尽可能地解决一些困难。学校党政领导要充分认识档案工作对学校建设的重要性。档案工作人员要用自己的工作来争取领导和群众的支持，为建设好社会主义大学服务。

在高等学校建立档案馆，是近几年高校档案事业发展中出现的新事物。经过六年来的发展，目前已有20多所国家教委直属高校建立了档案馆。高校档案馆的建立为促进高校治理整顿，深化改革和科学管理发挥了重要作用。实践证明，档案馆的建立是符合高校档案工作发展规律的，但如何从理论和实践上认识大学档案工作，还有许多问题需要研究和探索，这是举办培训班的主要目的。

培训班改变了以往单纯请教师讲课的传统做法，采取了先由具有实践经验的几位档案馆馆长作专题发言，然后分组研讨，最后再请专家、教授讲课的办法，收到很好的效果。

通过研讨，大家对高校档案馆的性质、地位和作用，形成了比较统一的认识；高校档案馆是国家档案事业的重要组成部分，它除了具有一般档案馆所具有的共性外，它又是学校档案工作的职能管理部门，承担着贯彻党和国家有关档案工作的法规、方针政策，规划全校档案工作，对全校各单位档案工作进行监督指导的任务。学校档案馆兼有档案馆、档案室和档案处三种职能。它和原来的综合档案室不同处在于，永久保存学校档案，并承担向社会开放的任务。

大家还对全宗理论、学校档案全宗划分，档案的实体分类与信息分类，高校档案馆的科学管理，档案的物质装备，档案信息的开发利用以及档案馆指南、全宗指南的编写方法与原则等专题进行了研讨。

通过培训，达到了交流思想，统一认识，提高业务水平，推动工作发展的目的。学员们表示，一定要用培训取得的收获，指导学校档案工作，使高校档案工作更上一层楼。

撰稿人　海　滨

审稿人　马樟根

进一步加强信访工作

1990年，国家教委认真贯彻落实中共十三届六中全会关于密切联系人民群众的决定，进一步加强对信访工作的领导，注重调查研究，不断提高工作水平，信访工作发挥了较好的作用。

一、加强领导，发挥信访部门的职能作用

1990年6月6日，国家教委召开了信访工作办公会议，贯彻落实中共中央关于密切联系人民群众的决定，研究了在新形势下进一步加强信访工作的问题，副主任邹时炎主持了会议并讲话。办公厅、人事司、机关党委、行政司的负责人出席了会议。邹时炎在讲话中强调：教育系统的信访工作，是各级领导密切联系群众的“窗口”，是做思想政治工作、化解矛盾、增进团结、稳定学校、稳定社会的阵地。信访工作的机构、职能要转变，对教育系统的信访工作要进行宏观管理，业务指导，督促检查。8月，国家教委党组根据新形势下信访工作的特点，召开会议研究了加强信访工作的问题。会议决定，在原办公厅信访机构的基础上，建立国家教育委员会信访办公室，下设两个处，以发挥信访的综合管理职能作用。同时，根据中央决定和国家教委有关指示精神，结合教育系统信访工作实际，办公厅制定了《关于进一步加强教育系统信访工作的几点意见（初稿）》，要求各级教委、委属高等院校进一步重视信访工作，切实加强领导；规定了国家教委信访办公室和各省、自治区、直辖市、计划单列市教委（厅、局）信访机构的职责范围。《意见》对处理群众举报信件，集体上访，信访老户以及文明接待等问题，提出了要求。1991年1月底，在国家教委办公厅召开的各省、自治区、直辖市、计划单列市教委、高教（教育厅、局）、委属高等院校办公室主任会议上，进一步讨论了这个文件，会后，于1991年2月下发施行。

为了加强调查研究，促进教育系统信访工作之间的联系和交流经验，1990年，国家教委办公厅下发了《关于填报信访机构情况的通知》和《关于提供1990年信访工作情况的函》。各省、自治区、直辖市、计划单列市的教育部门以及国家教委直属高等院校，已按要求作了汇报。国家教委办公厅信访处根据部分省、市教育部门和先进个人的信访工作经验，为中共中央办公厅、国务院办公厅信访局办的《人民信访》提供了稿件。邹时炎副主任撰写了文章。

二、加强信访信息和重要问题的查办工作

党中央作出关于密切联系人民群众的决定之后，极大地激发了人民群众对党的事业的责任感，群众来信来访的内容有了明显变化。1990年共收到人民群众来信26738件；接待群众来访6615人次，其中集体上访11起125人。从信访内容分类看：要求解决历史遗留问题和解决工资福利待遇，以及询问政策等方面的数量显著减少；对我国教育改革和发展出主意、提建议、揭发检举一些基层干部搞不正之风和违纪案件的数量有所增多。同时，在亚运会期间，一些学校的师生通过信访渠道捐款捐物，表达他们的爱国热忱。

国家教委信访部门认真、及时处理人民群众的来信来访，并加强信访信息的收集和反映工作。将人民群众在信访中反映的情况和问题、批评与建议，及时编写《人民来信来访摘报》和《信访简报》进行综合或专题汇集。如：关于高校教学改革的建议、对改进留学生的教育宣传问题、中小学时事教学构思、尊师重教要从学校内部做起、在中小学增设劳动技术课、国家应从多种渠道解决民办教师转正问题、成人教育亟待整顿、贫困县中小学辍学现象仍很严重、教师的形象不能被钱淹没、学校政工干部的职称应得到妥善解决等情况或建议，都及时整理上报，有的问题经领导批示后，得到及时处理。

对来信来访中反映的干部违法乱纪等问题，根据“分级负责，归口处理”的原则，及时落实到有关部门处理，国家教委信访部门除按要求催办外，有些案件还直接协助查处。1990年共收到地方有关部门回报调查处理结案的30余件，结案率为70％。

三、妥善处理上访老户和集体上访问题

1990年在京滞留的上访老户有50余人。其中多数人的问题，地方有关部门已按现行政策处理结案，或采取了宽容变通的办法作了处理。但是，他们因心里不顺或坚持过高要求，不肯息访，长期在京滞留。在北京召开第十一届亚运会之前，为了确保盛会的顺利召开，信访处对在京上访老户进行了认真研究，提出处理意见。7月6日国家教委办公厅在北京召开8省信访工作座谈会。会议传达和学习了国务院关于确保亚运会顺利进行的指示，向8省与会负责同志交办了上访老户，要求采取有力措施把上访老户的问题稳定在基层解决。在有关省、市教育部门的共同努力下，滞京的上访老户在亚运会召开之前全部离京。

1990年4月和7月，有两批六十年代精简下放的中专学生到国家教委集体上访，要求补发学历证书后安排工作。经过信访部门大量的思想教育和法制宣传工作，这两起集体上访很快离京。

四、教育系统信访工作不断深入发展

近年来，各地教育部门的领导重视信访工作。河南、河北、山东、四川、湖南、湖北、江苏、安徽、黑龙江、吉林、辽宁、山西、陕西、内蒙古、北京、天津、上海、哈尔滨、长春、沈阳、大连、南京、杭州、烟台等全国大部分省、自治区、直辖市、计划单列市的各级教育部门，建立了信访机构，配备了专职或兼职信访干部，明确了主管信访工作的领导，建立健全了信访工作的各项规章制度，建立了信访信息网络。各级教育行政部门的领导处理群众来信已形成风气，一些地方还实行了领导接待日制度，努力为群众排忧解难。四川、河南、山东、湖南、江苏、吉林、北京、大连、南京、烟台等省、市相继召开了本地区教育部门的信访工作会议，通过经验交流、表彰先进、检查评比，有力地促进了信访工作的协调发展。重信重访、越级信访、上访老户以及集体上访逐年减少。教育系统涌现出一批信访工作先进单位和个人。

撰稿人　郝广钧　胡玉琴
审稿人　马樟根　方　华

基础教育

普及初等教育的新进展

1990年，我国继续贯彻《义务教育法》，积极地按地区、分阶段、有步骤地实施和普及初等教育，取得了突破性进展。

据统计，1990年初等教育适龄儿童入学率达到97.8%，其中适龄女儿童入学率达到96.31%。前几年，有些地方一度出现的小学在校生流失现象已得到控制。1990年，小学在校生辍学率下降到2.36%，这是建国41年来辍学率的最低点。除城市已经普及了初等教育外，经省级政府检查基本普及初等教育的县达到1589个，占全国总县数的82.8%。以城乡总体计算，基本普及初等教育地区的人口约占全国人口总数的90%左右。

1990年，国家教委和各地抓普及初等教育工作，普遍注意了以下几个环节：

一、坚持依法治教

各地普遍进行了《义务教育法》宣传，严格依法治教。吉林省人民政府根据省人大常委会的建议，在1990年广泛、深入地开展了《义务教育法》的宣传教育活动。全省8个市、地、州都制定了具体的普法规划，层层进行部署，落实普法责任制，做到家喻户晓。为了保证工作质量，全省共举办培训班20多期，培训普法宣传骨干4.5万多人。在宣传过程中，针对过去存在的问题，一方面采取多种形式进行有针对性的宣传，一方面推动各地方各单位对照法规，查摆问题，使学法的成果变成守法的行动。据初步统计，全省共查处违反《义务教育法》的典型案例300多件。在查处违法案例中，社会多方面看到了教育法规的强制性和权威性，增强了各级政府和教育行政部门依法治教、依法保教的责任心，提高了干部、群众的执法和守法意识，推动了多渠道筹措教育经费、改善办学条件和提高教师经济待遇政策的落实，深化了教育管理，保障了义务教育的实施。

二、实行分类指导

河南省人民政府1990年发出《关于进一步贯彻执行〈义务教育法〉的通知》，要求各地依据本地区经济和教育发展的不同情况，分别依法确定实施九年或五年、六年的义务教育。河南省特别针对台前县等9个普及初等教育的薄弱县，专门召开县长、教育局长会议进行研究，组织力量深入到最薄弱的乡进行具体指导，并拨专款125万元支持改善办学条件。这些县的领导重视广泛发动群众，形成了普及初等教育的“气候”。截止1990年9月，仅这9个县的25个最薄弱的乡，共集资1000多万元，用于改善办学条件。目前这9个县已基本实现“校校无危房，班班有教室”，96%的学校学生“人人有了课桌凳”，一半左右的学校实现了“六配套”，96%以上的乡实行乡统筹，落实兑现了民办教师工资，初等教育学龄儿童入学率也达到96%以上。

三、狠抓薄弱环节

女童教育是当前实施义务教育中最薄弱的一个环节。为了改变女童入学率低、辍学率高、妇女文盲比例大的状况，各地采取了许多解决女童就学的具体措施，取得了一些成绩和经验。为了进一步推动初等教育的普及，1990年11月，国家教委和全国妇联联合召开了全国部分省女童教育经验交流会。会议总结和交流了各地的经验，并对进一步搞好女童教育提出几点意见：

（一）要在本世纪末实现基本普及初等义务教育，重点在农村，难点在女童。各级领导必须对适龄女童就学问题引起重视，进一步加强领导。

（二）把深入细致的思想发动与严格依法治教结合起来，切实保证女童受教育的权利。

（三）地方政府要实行乡级负责，建立县、乡、村三级责任制。加强与妇联协作，发动社会各部门共同做好女童教育工作。

（四）采取多种办法解决女童入学的困难。学校布局要实行就近入学；办学形式要针对女童的特点，形式要多样；教育内容要符合女童的特殊需要进行必要调整、补充。

（五）在经济困难地区，对女童就学采取特殊政策。如对贫困家庭的女生免收杂费，发给助学金，帮助解决文具费、课本费等。

（六）要同扫盲、初级职业技术教育相结合。

四、加强学校的基础建设

各地对初等教育的基础设施，采取了相应的措施。湖南省为推动义务教育实施，制定了《基础教育合格乡（镇）标准》、《合格初级中学标准》、《合格中心小学标准》、《合格完全小学标准》和《合格村办小学标准》，分别从办学条件、师资条件、学校管理等方面提出了具体要求，以保证全面提高义务教育的教育质量。湖南省计划从1991年起分期分批对所有小学和初中进行检查验收，力争到本世纪末使所有学校都能达到办学条件标准化、师资水平合格化和教育管理规范化的要求。

撰稿人　张杰仲

审稿人　陈德珍

进一步加强中小学德育工作

为了继续深入贯彻《中共中央关于改革和加强中小学德育工作的通知》精神，国家教委针对前几年中小学校德育工作薄弱的情况，1990年采取了一系列措施，加强中小学的德育工作。

一、制订实施德育工作文件

1990年4月13日国家教委发出《关于进一步加强中小学德育工作的几点意见》，就中小学德育工作的地位、内容、途径、领导与管理、教师的思想政治工作等作出规定。《意见》指出：中小学校必须进一步端正办学思想，切实把德育工作放在学校教育工作的首要地位，必须坚持社会主义教育的培养目标，保证学校的社会主义办学方向，形成由校长负责、党支部充分发挥政治核心作用的德育工作体制；全体教职工做到教书育人、管理育人、服务育人，落实德育工作的各项目标、任务、措施，并渗透到教学、管理和一切工作活动之中；重视学校教育与家庭教育和社会教育相结合，形成校内外协调一致的德育工作网络。

关于中小学德育工作内容，《意见》提出要在继续加强中小学生道德教育的同时，切实加强思想和政治教育。要遵循青少年儿童认知水平和思想品德形成、发展的规律，通过教育，使学生具有爱国主义精神、建设社会主义的志向，遵纪守法的观念，良好的品德和文明行为习惯，并逐步树立起阶级分析的观点、劳动观点、群众观点、集体主义观点以及一切从实际出发、一分为二等初步的辩证唯物主义和历史唯物主义观点，为逐步形成科学的人生观、世界观打下基础。当前，要注意抓好爱国主义教育、集体主义教育和日常行为规范的养成教育。

对德育工作途径，《意见》提出，要充分发挥小学思想品德课和中学思想政治课的作用。要坚持教育与生产劳动相结合的原则。加强社会实践环节，要进一步优化校内校外育人环境。

《意见》要求加强教师的思想政治工作。在当前，尤其要加强对教师坚持四项基本原则的教育，马列主义、毛泽东思想的教育和职业道德的教育。规定今后在评定教师职务时，在其它条件基本具备的情况下，对多年从事德育工作并做出显著成绩的，应以其德育工作的业绩为重要依据。

《意见》要求加强对德育工作的领导。各地教育行政部门必须在当地党委和人民政府领导下，将德育工作列入重要议事日程，做到有机构，有专管人员，每年有工作部署和检查，及时总结经验，解决学校工作的问题和实际困难。

此外，国家教委还印发了《九年义务教育全日制小学思想品德课教学大纲》（初审稿）。

二、开展以纪念鸦片战争为主题的爱国主义教育

1990年在纪念鸦片战争150周年期间，国家教委会同广播电影电视部、文化部于5月15日至6月15日举办“爱国主义教育电影月”活动，向中小学生进行爱国主义教育。全国城市组织了数以千万计的中小学生观看了《林则徐》、《甲午风云》、《火烧圆明园》、《地道战》、《吉鸿昌》等28部故事片和《近代春秋》（1～8集）纪录片。广大中小学生普遍反映，通过观看电影了解了中国的历史，了解到今

天的幸福日子来之不易，接受了一次生动的爱国主义教育。在纪念活动期间，国家教委基础教育司编辑并向全国推荐了一套纪念鸦片战争的丛书、画册和地图，供中小学校进行教育时选用。全国各地教育部门还结合本地实际，开展了多种多样的纪念活动。福建省和广州、南京等市还编写了乡土教材，并分别在虎门、林则徐家乡、雨花台等地举行大型纪念活动，均收到显著的教育效果。

三、在中学毕业年级进行国情教育

1990年，国家教委发出通知，要求在中学毕业年级对学生进行国情教育，每学期利用时事教育时间进行，不少于10课时。

四、严格中小学升降国旗制度

为了认真施行《中华人民共和国国旗法》，国家教委于8月发出通知，规定严格中小学升降国旗制度，要求使学生通过升降国旗这一具有教育意义的仪式受到深刻的爱国主义教育。

五、召开德育工作经验交流会

1990年6月5日至11日，国家教委在南京、上海召开了全国城市中小学德育工作经验交流会，推广了南京、上海建立爱国主义教育、革命传统教育、劳动教育、国防教育等基地，并利用教育基地进行德育教育以及建立学校、家庭、社会教育网络的经验。

撰稿人　孙学策

审稿人　姬君式

普通高中实行毕业会考制度

1990年8月，国家教委印发了《关于在普通高中实行毕业会考制度的意见》，决定从1990年起，有计划地在全国逐步实行普通高中毕业会考制度（以下简称“会考”）。目的是为了全面贯彻教育方针，加强教学管理，推动教学改革，大面积提高教学质量，给中学教学以正确的导向。

会考制度是国家教委在进行了大量调查研究和试验工作的基础上进行的。

1983年，原教育部在《关于进一步提高普通中学教育质量的几点意见》中提出：有条件的地方可按基本教材命题，试行初、高中毕业会考。1985年，上海市率先进行会考试验。1988年，浙江省也进行会考试验。以后，试验的省份逐年增加，到1990年扩大到上海、浙江、海南、云南、湖南、河南、贵州、湖北等8个省、市。

从实验的省、市取得初步的成效显示出，会考具有一定的积极意义：（1）逐步扭转了高中教育质量只有通过高考才能获得承认，高中教育的价值只有通过升学才能实现的反常现象。对学校端正办学指导思想，克服片面追求升学率和调动大多数普通高中的办学积极性，起了很好的作用。（2）有利于克服偏科现象，促进学生文化知识结构的逐步合理化。（3）加强了中学教育的宏观管理，为大面积提高教学质量创造了条件。

会考也存在着一些问题，诸如，观念问题、学生的负担问题、功能问题等，需要在实践中继续探索和完善。为此，国家教委《关于在普通高中实行毕业会考制度的意见》指出：会考是国家承认的省级普通高中文化课毕业水平考试。它是检查、评价普通高中学校教学质量，考核普通高中学生学习是否达到文化必修课教学大纲的基本要求的重要手段。

《意见》规定，会考采取考试和考查两种方式。考试科目为：语文、数学、外语、政治、物理、化学、生物、历史、地理。考查项目为：劳动技术课和物理、化学、生物的实验操作。考试和考查一律在本学科教学全部结束后进行，学完一门考一门。

会考的考试科目原始得分用百分制，报告学生成绩可用原始得分或等级分，逐步过渡到统一用等级分。考查项目的成绩只分合格、不合格两等。

考试科目由省、自治区、直辖市统一命题，统一施考，统一评卷，统一统计、分析和报告成绩。确有困难的省、自治区、直辖市评卷工作可放在地（市）一级进行，省、自治区、直辖市教委、教育厅（局）组织力量进行监测抽查。

此外，《意见》还对各省、自治区、直辖市会考机构的建立和经费的筹措提出了要求。

撰稿人　邓立言
审稿人　马　立

中小学劳动技术教育检查

1990年秋，各省、自治区、直辖市根据国家教委工作部署，普遍对小学劳动教育和中学劳动技术教育情况进行了检查。为搞好此项工作，大多数省、自治区、直辖市成立了领导小组，制订了检查工作方案。采取了县自查，地、市组织互查，省（自治区、直辖市）抽查的方法。检查反映的情况比较全面、可信。

检查表明，自1987年以来，小学劳动教育和中学劳动技术教育得到明显加强。表现在：（1）小学劳动课与中学劳动技术课的开课率有较大提高，中小学生平均每日参加劳动的时间有所增加。全国已有20个省（自治区、直辖市）小学劳动课开课率在80％以上，有22个省（自治区、直辖市）中学劳动技术课开课率在70％以上。平均每天参加劳动时间，小学生为20至25分钟，初中生为35分钟，高中生为30分钟。（2）多数地方初步形成一支专职与兼职相结合的劳动技术课师资队伍，并拥有一批教研人员和管理干部。全国小学劳动课专职教师有25746人，中学劳动技术课专职教师有22806人。各地采取代培、进修、以老带新等多种方式，改善师资队伍的素质情况。一些师范院校实行了主辅修制，使师范生掌握承担中学劳动技术课教学的技能。各省（自治区、直辖市）都配备教研员或专人负责，组织开展了小学劳动教育和中学劳动技术教育教研管理和改革实践等工作。有的省还成立了中学劳动技术教育教学研究会。（3）多数地方实行统编教材与乡土教材并举，初步建立起劳动技术课教材体系。全国已有24个省（自治区、直辖市）编写出版了小学劳动课教材，22个省（自治区、直辖市）编写出版了中学劳动技术课教材。许多县、乡和学校还编有乡土教材，成为劳动技术课教学的一个特色。一些地方还录制了音像教材。（4）劳动技术教育的基地和设备逐步发展，全国约有30～40％的中小学有劳动基地。城镇中小学开始走集中师资、设备，建立劳动技术教育中心，形成网络，覆盖所有中小学的路子。有些地方建立了劳动技术课专用教室。各地采取多种办法，逐渐配备了必要的设备。

检查认为，取得成绩的主要原因是：领导重视，采取政策措施，解决实际问题。北京市人民政府拨款200万元，建设中学劳动技术教育中心网络；上海市教育局拨专款近300万元，奖励劳动技术教育工作成绩突出的区、县。山东省人民政府发布文件，为农村中小学划拨校田。许多地方规定，将劳动技术教育方面的工作情况，作为对学校、教师评价考核的一项重要内容；在评选先进、奖励优秀、职务评聘时，专门划给劳动技术课教师一定比例，从而调动了中小学担任劳动教育和劳动技术教育工作的教师的积极性。

国家教委检查后指出，中小学劳动技术教育仍面临诸多困难与问题，一些地方的领导仍然忽视劳动教育和劳动技术教育，教学条件也不能满足实际需要，考核和督导评估机制还不健全，教学研究仍是一个薄弱环节等等。

撰稿人　傅国亮

审稿人　陈德珍

特殊教育的新发展

1990年，全国有残疾儿童教育学校746所，在普通中小学附设的特殊教育班1053个，招生15968人，毕业5109人，在校学生共计71969人。

1990年，各省、自治区、直辖市举办残疾人中等专业学校28所，残疾人职业培训中心28所，聋童早期听力语言训练点593个，受训聋童达9235人。

为适应特殊教育发展的需要，全国已建成中等特殊教育师范学校（培训中心，培训部）21所，在校学生约5000人。北京师范大学等3所高等师范学校已设立了特殊教育专业。北京师范大学第一届特殊教育专业学生15人已于1990年毕业。

一、召开全国特殊教育工作会议

1990年2月22日至24日，国家教委、民政部、中国残疾人联合会召开了1990年全国特殊教育工作会议。会议总结交流了各地贯彻1988年全国特殊教育工作会议和1989年国务院办公厅转发国家教委等部门《关于发展特殊教育若干意见》的情况和经验，讨论了进一步推动特殊教育事业发展的措施，部署了下一阶段工作。

会议认为，今后几年特殊教育的首要任务是继续深入贯彻1988年全国特殊教育工作会议和国务院办公厅1989年的通知精神，要求各地认真制定并落实特殊教育事业发展规划。各级领导要进一步提高对特殊教育的认识，切实将适龄残疾儿童少年的教育纳入当地普及义务教育的轨道，到1992年，经济发展处于中等以上水平的地方和已经普及初等教育的县，一般应消除县一级的特殊教育空点。

二、残疾儿童随班就读试验初见成效

1989年，国家教委委托江苏等8个省市分别进行盲童、弱智儿童随班就读试点，已取得初步成效。据1990年的统计，全国有12个县（区）共1900名弱智儿童参加实验。

1990年5月，国家教委基础教育司在江苏省无锡市召开全国盲童随班就读试点工作现场会，介绍了江苏、河北、黑龙江、山西、北京的试点经验，与会人员参观了宜兴市、无锡市开展试点工作的情况。会后，基础教育司转发了江苏、河北的试点工作总结，并要求各地积极开展试验。

到1990年底，全国共有约240名盲童在普通小学随班就读。6月，基础教育司在北京昌平县召开弱智儿童随班就读试点工作研讨会，各有关省、市交流了试验的情况，并就一些问题进行了研讨。会议要求各试点单位对弱智儿童的教学要求，要以《全日制弱智学校（班）教学计划》为指导，以《全日制弱智学校（班）教学大纲》为依据，继续实验并不断探索，以取得更多的经验。

三、弱智学校（班）7科教学大纲（征求意见稿）出版试用

1990年4月，国家教委基础教育司在北京召开会议，对全日制弱智学校（班）语文、数学、常识、体育、劳动技能、美工、音乐7科教学大纲（征求意见稿）进行了审查修改。由人民教育出版社出版发行。于1990年秋季供各地弱智学校（班）试用。

四、对盲生、低视力学生实行分类教学

国家教委基础教育司于1990年3月发出

关于推广上海、南京等地盲校分类教学经验的通知，要求各地盲校、盲聋校积极创造条件，对盲生和低视力生实行分类教学。为配合各地开展这项工作，国家教委基础教育司于暑期在上海举办了低视力教学师资培训班。到1990年底，全国已有12所盲校、盲聋校实施了低视力生的分类教学。

五、对地方特殊教育工作进行检查

1990年9月，由国家教委、民政部、国家计委、中国残疾人联合会和中国社会福利有奖募捐委员会等联合组成检查组，对湖北、四川、河南、安徽、甘肃、陕西6省和武汉、成都、西安3市的特殊教育工作及特殊教育补助款的使用情况进行了检查。检查结果表明，两年来各地在贯彻落实国务院办公厅有关文件精神方面做了大量工作，促进了特殊教育的发展。但各地的发展很不平衡，一些地方的特殊教育没有受到应有的重视，发展缓慢。对此，检查组提出了改进意见。检查后，召开了国家教委负责同志参加的汇报会，并决定，从1991年起，对中央关于特殊教育补助费使用办法做部分调整：一是相对集中使用，重点补助发展特殊教育积极性高，地方经费投入较多，效益好的省、自治区和直辖市；二是主要补助新建校，对改建扩建学校一般不予补助；三是对新办特殊教育班和随班就读的工作要积极予以补助，以资鼓励。

撰稿人　赵永平　王　洙

审稿人　李仲汉

幼儿教育事业健康发展

1990年是国务院批准，由国家教委发布的《幼儿园管理条例》和由国家教委发布的《幼儿园工作规程(试行)》从2月1日起施行的第一年。各级人民政府和教育行政部门认真组织实施这两个法规，措施具体，工作扎实，已初见成效。

1990年，全国幼儿园发展到17.2万所，在园幼儿1972万人，比1989年增加124.4万人，增长6.7%。

1990年，各级政府和教育行政部门把幼儿教育摆上议事日程，加强了同各有关部门的协作，积极为幼儿教育事业的发展创造良好的社会环境。辽宁、江苏、上海、福建、黑龙江等省、市在政府领导下，由各有关部门共同制定了幼儿教育事业发展“八五”计划和十年规划。贵州省还把为幼儿教育办实事，作为各级党和政府密切联系群众、稳定形势的一项重要措施。

一年来，全国各地根据国家、集体、个人一起办园，多渠道、多形式发展幼儿教育事业的方针，积极组织并推动幼儿教育事业的发展。江苏、浙江、山东、河南、湖南、四川、贵州、云南、广西、陕西等省、自治区坚持依靠社会各方面力量，大力推动工矿、企事业、机关、学校、团体等单位办园，发展集体所有制幼儿园，使全省幼儿教育事业得到较大发展。其中，四川、云南、陕西等省集体办幼儿园在园幼儿分别比1989年增长24.3%、14.8%和16%。河北省在坚持多渠道发展幼儿教育的同时，积极探索在经济不发达和居住分散的地区，发展一些低费用，但有一定效益的非正规幼儿教育组织，先后在地处山区、经济条件差、交通不便、人口分散的兴隆、滦平等县创办了儿童活动站、游戏小组和巡回辅导站等，定期组织各种活动，为幼儿提供活动和交往的机会与条件，使深山区的许多幼儿能够接受一定的学前教育，深受广大幼儿家长的欢迎。

根据《条例》和有关文件的规定，全国现有三分之二以上的省、自治区、直辖市理顺了幼儿教育领导管理体制，其中10个省、自治区、直辖市和9个计划单列市的教育行政部门设立了幼儿教育处，主管幼儿教育工作，其他省、自治区、直辖市也配备和充实了幼儿教育管理干部。北京、天津、上海、辽宁、山西、江苏、福建、贵州等省、市已建立了省、地(市)、县(区)、乡(街)四级幼儿教育行政管理和教研网络。多数省、自治区、直辖市从本地政治、经济、文化以及幼儿教育发展的实际出发制订或发布了配套性规章、制度。包括各类幼儿园的办园(班)条件、人员编制、经费管理和示范幼儿园建设等，使幼儿教育的管理工作逐步走向制度化。

各级教育行政部门认真履行职责，按照《条例》的要求，对幼儿教育工作加强了宏观管理。北京市把办好示范性幼儿园作为大面积提高幼儿园保教质量的突破口。一年来，市教育局拨款13万元，为示范园改善了办园条件。沈阳市教育行政部门实行分类管理，定期检查，以一类园带动其他幼儿园。1990年还对部分园进行了复查，将10所二类园升为一类园，将个别不合标准的一类园降低类别，提出改进意见。促使各类幼儿园不断提高保教质量。

各级教育行政部门把幼儿教育师资队伍

建设作为不断提高幼儿园保育与教育质量的战略措施来抓。各地高等师范院校学前教育专业、教育学院、中等幼儿师范学校、中等师范学校附设幼儿师范班、职业幼儿师范学校(班)、教师进修学校以及师资培训中心等机构，采取正规教育和非正规教育相结合、脱产进修和业余自学相结合等多种形式，培养和培训师资，使各类幼儿园教师的文化、专业素质逐步提高。据1990年统计，全国74.9万名幼儿教师中，高中毕业及其以上的有39.9万人，占53%，比1989年增长2个百分点；受过一年以上学前教育训练及取得幼儿园教师专业合格证书的有25.1万人，占教师总数的33.5%，比1989年增长3.5个百分点。

为加强幼儿园的管理，吉林、辽宁、福建、黑龙江、广东、广西、四川、山西、贵州、河南、河北、安徽等省、自治区，根据《幼儿园管理条例》中关于国家对幼儿园实行登记注册制度的规定，对幼儿园进行了登记注册工作，改变了过去幼儿园想办就办、想散就散的管理混乱状态，促进了各类幼儿园办园条件的改善和师资队伍的充实。重庆市在登记注册中，有61%的幼儿园主动改善了办园条件，25%的幼儿园调整了师资队伍。

撰稿人　周　菲

审稿人　姬君式

推进全国中小学校长培训工作

一、制定培训管理配套文件

国家教委于1989年12月下达了《关于加强全国中小学校长培训工作的意见》。1990年，国家教委对这项工作作了全面部署，决定用五年左右的时间（即主要在“八五”期间），使全国100万中小学校长轮流接受一次岗位培训。针对以往干部培训工作中一定程度存在的重业务、轻政治，重理论、轻实践，重脱产、轻在职培训和业余自学的提高，以及重城市、轻农村等问题，这次岗位培训的基本指导思想是：第一，培训的内容是政治、业务（包括教育政策法规及学校管理知识）两方面，特别是结合当前国际国内政治斗争形势，学习马克思主义哲学基本原理和社会主义理论，将其作为主课，使校长们进一步坚定社会主义的信念和办学方向，提高反对资产阶级自由化、反对和平演变的自觉性，明确培养社会主义事业的建设者和接班人的重大历史责任。第二，坚持理论联系实际，学用结合，边学边用，注重实效的原则。第三，培训方式以脱产与业余并举，主要靠业余自学（结合适当面授与研讨）来完成这一轮训任务。第四，把基础教育占大头的农村中小学校长作为这一轮训的主体，以此为确定培训内容、程度与方式的主要依据。第五，把培训与校长的任用、考核工作结合起来。

1990年，国家教委领导亲自带队做了大量的调查研究工作，反复征求各地教育行政部门尤其是许多中小学校长的意见，在此基础上，先后制定并下达了与《关于加强全国中小学校长培训工作的意见》相配套的《关于开展中小学校长岗位培训的若干意见》及其附件《全国中小学校长岗位培训指导性教学计划（试行草案）》，就中小学校长岗位培训的性质任务、政策措施、组织领导以及教学计划，作出了具体规定。与此同时，还起草了《全国中小学校长岗位培训课程教学大纲（试行）》和《全国中小学校长任职条件和岗位要求（试行）》（1991年下发），这是作为指导各地中小学校长岗位培训的教学，检查、评估教学质量及实际成效的基本要求，是根据新的形势对中小学校长队伍素质的要求提出的选拔、任用、考核中小学校长的基本依据。下达这些文件，对我国中小学校长培训进行全面系统地规划工作，还是40年来的第一次，也是加强中小学校长队伍建设，使培训管理逐步走向正规化、制度化、科学化的重要部署，为“八五”期间推进全国100万校长队伍培训工作奠定了基础。

二、点面结合推进培训

为避免这次岗位培训工作一哄而起，国家教委要求在步骤上，各地应先用一年的时间，因地制宜地开展试点，取得成功经验后再在面上逐步推开。为此，国家教委带头抓试点，首先委托北京市在顺义、大兴县开展了以业余为主要方式的岗位培训试点；随后在1990年3月、5月、6月及8月，在北京、成都、乌鲁木齐分别召开6省市、9省市及西南、西北地区等4个小型片会，介绍北京市的试点经验。国家教委副主任邹时炎每次都到会对不同地区如何部署岗位培训试点作分类指导。国家教委有关部门还结合干部下基层锻炼，派出了4位年轻干部去山东莱芜市1年，直接参与抓试点工作，国家教委人事司也几次前去基层探索适合培训农村中小学校长的新路子。

为了推动试点，国家教委派人先后去福建、辽宁、吉林、江苏、山西、新疆、四川、山东、上海、湖北等省、自治区、直辖市作调查研究；在1990年6月举办全国省、地教育学院院长参加的培训班上宣传了各地试点工作形势；同时在报纸刊物及简报上，登了数十万字的调查报告、经验介绍或宣传文章，以促进各地重视开展试点工作。

一年来中小学校长岗位培训已在全国产生了积极反响，在面上逐步开展。全国有10个省、自治区、直辖市成立了中小学校长培训工作小组；有18个省、自治区、直辖市召开了干训工作会议；有25个省、自治区、直辖市下达了部署中小学校长培训工作的规范性文件；有24个省、自治区、直辖市及6个计划单列市举办了岗位培训试点班。

在面上推进全员岗位培训工作的同时，国家教委设在华东师范大学的委属中学校长培训中心先后举办了3期全国重点中学校长研修班，各地共139位校长分别参加了3个月的研修，国家教委领导和人事司领导都前去讲课，研修班主要学习了马克思主义哲学和社会主义理论，结合苏联东欧演变事件，重点研究了如何加强学校德育及学校管理工作问题。学员们普遍反映学习收获较大，几乎每人回去后都为当地校长或教师们讲课或作报告；一些学员把所学知识用于实践，进一步改进学校的德育及各项管理工作，使之成为当地教育改革的示范学校。

三、编写岗位培训教材

根据岗位培训课程教学大纲和教学计划，国家教委成立了教材编写小组。决定在现有同类成果基础上，编写包括“马克思主义哲学基本原理与党的基本路线”、“教育政策法规”、“学校管理”、“教育学科知识讲座”4门课程的教学大纲及教材，以及中小学常规管理经验与案例等配套的教学参考资料。

根据国家教委副主任何东昌、邹时炎的有关指示精神，编写教材注意把握两条原则：一是坚持以马列主义、毛泽东思想为指导，认真贯彻毛泽东、邓小平有关教育的论述精神，坚持社会主义教育思想，坚持教育的阶级性，反对资产阶级自由化。二是坚持理论联系实际的原则，注重总结我国中小学管理与改革实践的基本规律与先进经验，使之具有针对性、实用性，并考虑适合自学特别是广大农村中小学校的使用。

这次参加编写教材的人员，与以往有了大的改进。不仅有中国人民大学、北京师范大学、中央教育科学研究所及一些省教育学院从事过干部培训工作的教学、研究人员，还组织了各级教育行政部门及部分优秀中小学校长参加，并多次深入基层调查研究，以及召开编写研讨会。另外，还请了十几位有丰富办学经验的校长评读一批原有的学校管理书籍，提出意见，以完善编写工作思路。

配合这次岗位培训，国家教委利用卫星电视频道，重播《学校管理讲座》(17讲)，同时着手录制系统介绍优秀中小学校长管理经验的“中小学管理案例”系列教学片，以作为岗位培训的补充内容和手段，力图通过培训促进中小学常规管理的进一步规范化和标准化。

为了确保这一轮校长岗位培训的教学质量，国家教委要求层层培训各门课程的师资。1990年暑期，率先在北京举办了省、地教育学院骨干师资参加的第一期（即“教育政策法规”课程）备课研讨班，委领导为大家讲了课。这种办班形式受到各地同志的一致欢迎。

撰稿人　季明明
审稿人　陈文博

普通高等教育

加强普通高等专科教育

党的十一届三中全会以来，我国普通高等专科教育出现了崭新的局面，在事业上有了较大的发展。到1989年,在普通高等教育方面,专科类型的学校数从1982年的190所增加到458所;招生数从1982年的8.4万人增加到29.7万人，占高校招生总数的比例从27%上升到近50%；在校生数从1982年的22.5万人增加到76万人，占高校在校生总数的比例从19%上升到36%。10年累计专科毕业生达178万人。普通高等专科教育事业的发展，为社会主义建设事业培养了大批急需的专门人才，也使普通高等教育中长期存在的本科与专科学生比例不合理的状况有了明显的改变。与此同时，不少学校主管部门和高等专科学校还在改善办学条件上做了积极的努力,在办好专科、办出专科特色上进行了一些探索,取得了一定的成绩,为专科教育事业的进一步发展奠定了基础。

但是，普通高等专科教育事业的现状还不能适应我国社会主义现代化建设的需要。主要表现在:一方面,在办学指导思想上同本科院校一样，不少学校也不同程度存在着忽视德育的倾向,思想政治教育薄弱,程度不同地受到资产阶级自由化思潮的侵蚀。还有一些学校不安于办专科教育，盲目追求学校的升格和高层次。另一方面,由于历史的、现实的种种原因，专科教育在高等教育体系中仍然是比较薄弱的部分，面临着一些困难和问题。主要是:

第一,普通高等专科教育的性质、地位、作用和发展方针,有待于进一步明确。

第二，国家对普通高等专科教育的投入长期不足,办学条件普遍较差,现行的某些具体政策和规章制度不利于普通高等专科教育的巩固和发展。

第三，普通高等专科教育的办学特色不够明显,对培养目标、基本培养规格、修业年限和培养模式等问题，在看法上和作法上都有分歧。

第四，专科教育与本科教育、高专与中专、普通专科与成人专科、专科学校与短期职业大学之间,上下左右关系不顺。

为了妥善解决上述问题，推动普通高等专科教育持续、稳定、健康地发展,从1988年初起，国家教委就组织有关省、自治区、直辖市和国务院部分部委的教育行政部门以及有关高等学校，就我国高等专科教育工作的现状与问题进行了广泛、深入的社会调查;并于1988年10月在北京举办了一次有70多所高等专科学校负责人参加的、历时一个月的高等专科教育研讨班，对高等专科教育事业发展和改革中的某些重大问题进行了认真的研究与讨论。在上述工作的基础上，国家教委于1989年初提出了《关于加强普通高等专科教育工作的意见(征求意见稿)》，并在近一年多时间内再次广泛征求了省市、部委和高等学校的意见，数易其稿。在同一时间内，国家教委还抓紧进行了各科类普通高等专科教育指导性教学文件的制订工作和专科基本教材的编审出版工作。有关办学部门也进一步加强了对所属高等专科学校的指导管理。

经过两年多的准备，国家教委于1990年11月在广州召开了全国普通高等专科教育工作座谈会。这是建国以来第一次由国家教育行政部门召开的、全面研究高等专科教育工作的全国性会议。国家教委党组书记、副主任何东昌出席了会议并在会上作了重要讲话，国家教委副主任朱开轩在会上作了《关于加强普通高等专科教育工作的几个问题》的报告。会议明确提出了普通高等专科教育的办学指导思想、今后一段时期内的工作方针和加强普通高等专科教育应采取的政策措施，还交流了普通高等专科教育近十年来的办学经验和情况。这次会议以后，国家教委经过修改定稿，于1991年1月正式发出了《关于加强普通高等专科教育工作的意见》。《意见》共有13条，其要点如下：

1.《意见》指出：普通高等专科教育(不含师专）是在普通高中教育基础上进行的专业教育，培养能够坚持社会主义道路、适应基层部门和企事业单位生产工作第一线需要的、德智体诸方面都得到发展的高等应用性专门人才。它同本科教育、研究生教育一样，都是我国普通高等教育体系中不可缺少的重要组成部分。

2.我国经济建设和社会发展（尤其是广大农村）需要普通高等专科教育培养大批高等应用性专门人才。当前在经济治理整顿时期国家控制高校总招生规模的情况下，普通高等专科教育要基本稳定规模，把工作的重点放在改善办学条件，深化改革，提高教育质量上。近五年的后期，某些科类的普通高等专科教育可根据实际需要有适当的发展。成人教育要根据建设需要和保证质量的原则加以逐步调整，有些方面要适当压缩高等专科学历教育的规模。电视大学、函授大学等各种远距离教育形式，要发挥自己的特点，调整所设专业，对实验、实践教学环节要求较多又无法保证质量、社会不急需的应用性科类专业要适当压缩。

3.为了消除各类普通高等专科学校在校名方面存在的混乱现象，使之规范化，根据国务院《普通高等学校设置暂行条例》，要对现有的学校名称进行整顿。今后，各类普通高等专科学校一律称为某某“高等专科学校”。凡没有达到《普通高等学校设置暂行条例》中高等专科学校标准的，不予公布，并对学校继续进行整顿。

4.现有独立设置的普通高等专科学校是专科教育的骨干，要在努力改善现有办学条件的基础上，把工作的着重点，放到办出专科和本校特色，提高教育质量上来。

现有短期职业大学实际上是由地方举办的综合性高等专科学校。办学部门应根据本地区经济建设和社会发展的实际需要，认真研究这些学校的办学方向。一部分应办成以培养高级技艺性人才为目标的高等职业教育，一部分根据需要，经过上级主管部门审定并报国家教委批准，可以明确为普通高等专科学校。不论那一部分学校，都要切实改善办学条件，确保教育质量。

本科院校举办普通专科专业的规模要经过上级主管部门批准。学校必须认真研究所办专科专业在培养目标、培养模式、教学方针、教学内容等方面与本科专业的重大区别，遵循专科教育的规律，精心制订教学计划，认真组织教学活动，大力加强实践教学环节，加强理论与实际的联系，培养合格的专科人才。

那种把不合格的本科生转为专科生处理的办法是不当的，必须中止。

5.各类普通高等专科教育都必须坚持社会主义的办学方向，认真贯彻执行教育为社会主义建设服务、与生产劳动相结合、德智体诸方面都得到发展的方针，始终把坚定正确的政治方向放在学校一切工作的首位，把培养社会主义建设者和接班人作为根本任务。

6.普通高等专科教育的修业年限，定为二至三年。其中，工程、医药、政法类专科教育的基本修业年限定为三年。其它各类专科教育的修业年限为二至三年。普通高等专科教育的专业应强调针对经济建设和社会发展的实际需要设置，可以宽窄并存。

7.普通高等专科教育的教学要突出理论知识的应用和实践动手能力的培养。基础理论的教学要以应用为目的，以必需、够用为度，以掌握概念、强化应用为教学重点。专业课的教学内容要加强针对性和实用性。各类课程都要减少理论的推导，减少讲课时数，加强各种实践性教学环节。实践教学（尤其是专业实践教学）环节要在教学计划中占有较大的比重，使学生受到较好的专业训练和实践动手能力的培养。

8.各普通高等专科学校要在主管部门的支持下，努力争取社会用人部门参与、承担专科人才的培养工作。包括：参与制订教学计划，选派有丰富实践经验和一定学术水平的人员到学校兼课，优惠提供教学仪器设备，提供社会实践和生产实习场所，参与评估学校的办学水平，协助开展专科教育改革的研究试点工作等等。

9.积极开展科学技术工作，是高等专科学校为社会主义现代化建设服务的一项重要任务，也对加强学校与社会的联系、更新和丰富教学内容、提高教师的学术水平和实践能力起着十分重要的作用。普通高等专科学校要根据本校的实际与可能，在以教学为主的前提下，有领导、有组织地开展好这项工作。科技工作应以科技成果推广和科技服务为主。少数有条件的学校，应结合地区和行业的特点，因校因地制宜开展应用研究和技术开发工作。科研工作要注意与教学工作相结合，为提高教育质量服务。学校主管部门要为高等专科学校开展科学研究工作给予必要的支持。

10. 为了保证普通高等专科教育的基本培养质量，推动高等专科学校的教学建设和教学改革，有关教育主管部门和学校要根据《普通高等学校教育评估暂行规定》，逐步开展高等专科教育的教育评估工作。各高等专科学校要对校内的工作，进行经常性的自我评估。国家教委将有重点地选择若干所高等专科学校进行教育检查或评估。

有关教育主管部门要切实加强对其所属高等专科教育的领导和管理。在此基础上，还应重点办好一二所带头的、示范性的高等专科学校。

11.各办学部门应增加专科教育的投资，切实改善专科学校的办学条件。根据专科教育实践教学环节多、安排密度大、年度培养费用高的特点，应逐步提高专科生年度事业费综合标准。各类专科生的年度事业费综合标准一般应和同类本科生的标准取齐，所需款项由原拨款渠道解决。

12.针对专科教师的基本任务是教学，且实践教学所占比重较大，进行科学技术工作的重点与本科不同等特点，国家教委将制订切实可行的专科教师职务评聘工作的措施，把专业实践能力做为专科教师尤其是青年教师职称评审与职务晋升的重要业务条件。要根据学校的实际办学水平和师资队伍状况，适当调整各类职务的比例。进一步研究适合专科学校特点的教师职务评审组织和办法。

13. 为了提高普通高等专科教育的生源质量，选择部分专科学校进行如下的招生制度改革试点工作：与一般本科院校同批录取；接收中学保送生；招收具有实践经验的高中文化水平（含中专、职业高中）的在职职工和在乡青年入学。

普通高等专科教育属于普通高等教育的范畴，其毕业生是否授予相应的学位的问题，建议国务院学位委员会对此进行研究、论证。

撰稿人　刘志鹏

审稿人　郑守承

深化改革高等理科教育

1990年7月25日至30日，国家教委在兰州召开了全国高等理科教育工作座谈会。出席会议的有全国综合大学和部分设有理科专业的工、农、医和师范院校的校长或副校长，部分省、自治区、直辖市和国务院有关部委的教育部门负责同志，数学、物理学、化学、生物学、地学等学科的专家代表，共130多人。国家教委副主任何东昌在会上作了重要讲话。国家教委副主任朱开轩作了题为《关于深化改革高等理科教育的若干问题》的报告。北京大学、南京大学、清华大学、浙江大学、兰州大学、四川大学、郑州大学、辽宁大学等校的代表在会上介绍了各自的改革经验和体会。

这次会议的召开，经过了两年多时间的调查研究和筹备。从1988年初开始，国家教委先后组织和委托了5个省教委和14所高等学校进行了广泛的调查研究，召开了5次研讨会，对调查的情况进行了分析研究，写出了《关于理科人才社会需求和深化理科教育改革问题调查研究的综合报告》和《关于深化改革高等理科教育的意见（征求意见稿）》等材料，为这次会议的召开作了充分准备。这次会议是我国高等理科教育发展史上具有重要意义的一次会议。会议总结了新中国40年来高等理科教育的历史经验，分析研究了当前我国高等理科教育面临的新形势，进一步明确了高等理科教育的重要地位和作用，提出了深化改革的奋斗目标和方针、任务。

会议指出，高等理科教育，不仅担负着培养、输送自然科学基础性研究和教学人才的重任，而且还要为高技术的研究与开发，工、农、医等应用科学技术的研究与开发，乃至哲学和部分人文、社会科学的研究，培养、输送更多的理科人才。在教育战线内部，高等理科教育是其它各科高等教育的重要基础，还对提高全民族的文化科学水平和文明程度担负着重要的使命。因此，高等理科教育是国家科学、教育发展水平的重要标志，也是经济发展和技术进步，乃至哲学、社会科学进步的重要因素，具有重要的战略地位。

会议指出，新中国建立40年来，特别是党的十一届三中全会以来，我国高等理科教育取得了巨大的成就，在国内外享有良好声誉。当前，在发展和改革的过程中，存在着两个方面迫切需要解决的问题：一是如何坚持高等理科教育的社会主义方向，进一步加强思想政治工作，自觉地把坚定正确的政治方向放在首位，切实解决理科教育不同程度存在着脱离实际与脱离国情的问题；二是如何主动适应社会主义建设的实际需要，当前与长远相结合，切实解决好高等理科教育的规模、结构、培养目标、培养模式与实际需要和要求不相适应的问题。会议认为，认真研究这两个方面的问题，提出解决问题的方针和措施，才能使我国高等理科教育更加健康地向前发展。

根据党中央制定的社会主义初级阶段的基本路线和实现现代化的宏伟目标，根据正在拟订的《中国教育发展和改革纲要》和我国《中长期科学技术发展纲领》的精神，会议提出我国高等理科教育发展、改革的奋斗目标是：到本世纪末，初步建立起适应我国社会主义建设需要和面向二十一世纪的，规模适宜、布局合理、结构优化、加强基础、重视应用、水平较高的具有中国特色的社会主义高等理科教育体系。从1990年开始，用五年左右时间，重点抓好调整和深化改革工作，为实现上述奋斗目标打下基础。

会议从我国的实际出发，遵循高等理科教育的基本规律，提出了深化改革高等理科教育的四条重要指导方针：

一、认真贯彻执行教育为社会主义建设服务、与生产劳动相结合，德智体全面发展的方针，把思想政治工作放在首位，正确处理好政治与业务、理论与实际、基础与应用、当前与长远的辩证关系。

二、面向科学、教育事业，加强基础性科学研究和教学人才的培养，仍是高等理科教育的基本任务，但发展趋势是少而精、高层次。

三、将高等理科教育的服务面向扩展到非基础性科研、教学部门，把多数理科毕业生培养成具有良好科学素养的应用性理科人才，是今后一个时期高等理科教育改革的重点。

四、适当控制高等理科教育的总体规模，使之与我国现阶段的社会实际需要相适应。

会后，国家教委于1990年10月11日发布了《关于深化改革高等理科教育的意见》。这次全国高等理科教育工作座谈会的精神和会后国家教委发布的文件，将对今后高等理科教育的调整和深化改革工作发挥重要的指导作用。

撰稿人　陈祖福
审稿人　郑守承

组织编写文科十门主要课程教学指导纲要

1990年5月，国家教委高教司开始组织力量，编写文学概论、史学概论、伦理学概论、新闻学概论、社会学概论、政治学原理、法学基础理论、宪法学、政治经济学、管理学等10门主要课程教学指导纲要。年底，大部分课程的教学指导纲要提纲已经形成，进入编写初稿阶段。

编写教学指导纲要的目的是，在高等学校文科教学和研究领域中坚持马克思主义基本观点，批判资产阶级自由化观点和其他错误理论观点，澄清理论是非，教给学生最基本的马克思主义观点，使他们打下比较扎实的马克思主义根基，同时，告诉学生哪些是资产阶级自由化观点，哪些是错误观点，使他们分清理论是非，成为德智体全面发展的社会主义事业建设者和接班人。为此，要求各门课程教学指导纲要必须体现“坚持、补充、批判、澄清”的精神，也就是要坚持马克思主义基本观点，增补以马克思主义为指导研究出的新成果，批判资产阶级自由化观点，澄清错误观点，使得在教学上有所遵循。这既是课程建设，又是学科建设和理论建设，意义十分重大。

编写教学指导纲要是一项政治性、理论性、学术性和政策性很强的工作，国家教委高教司要求在编写教学指导纲要时，必须坚持百家争鸣的方针和实事求是的精神，划清马克思主义与非马克思主义的界限，资产阶级自由化观点、其他错误观点与学术研究中不同观点的界限，以澄清理论是非。编写教学指导纲要要认真做好资料工作和研究工作，找准靶子，理直气壮地坚持马克思主义观点，旗帜鲜明地批判资产阶级自由化观点和其他错误观点。对学术研究中的问题，鼓励教师和研究工作者积极探索，但要区分哪些可以向学生介绍，写进教学指导纲要内，哪些不宜向学生介绍，不要写进教学指导纲要内。在已经写出的教学指导纲要的提纲中，比较好地体现了上述精神。比如，《文学概论》教学指导纲要共分十个问题：（一）《文学概论》课的指导思想；（二）文学是一种特殊的意识形态；（三）文学与阶级性、人性、人道主义问题；（四）文学与社会生活：文学创作中的主客体问题；（五）文学作品的内容与形式；（六）文学的社会功能；（七）坚持社会主义的文学方向；（八）文学批评的原则与方法；（九）批判地继承中外文学遗产；（十）正确对待西方“现代主义”文学思潮。

为了做好这项工作，国家教委高教司发动广大教师参加，采取广大教师研讨与专门班子编写相结合的办法，以提高教师马克思主义理论水平，建立一支马克思主义理论队伍，做到既出成果又出人才。目前，北京大学、中国人民大学、清华大学、复旦大学、山东大学、南开大学、吉林大学、武汉大学、中山大学、杭州大学、安徽大学、上海大学、西北大学、北京师范大学、华东师范大学、陕西师范大学、北京师范学院、天津师范大学等国家教委所属高校及一些省、自治区、直辖市所属学校的许多有经验有水平的教授和中青年教师，正积极投入这一工作，在编写过程中互相切磋，共同提高。许多教师反映，参加这样的研讨会和承担编写教学指导纲要的任务，是一次很好的学习机会，受到了一次深刻的马克思主义理论教育，进一步提高了马克思主义理论水平。

撰稿人　刘凤泰
审稿人　郑守承

制定高等学校农、林本科八个专业课程教学基本要求

根据国务院发布的《高等教育管理职责暂行规定》的有关精神，国家教委高教司在制定农科、林科本科生培养基本规格和部分专业的参考性教学计划的基础上，组织部分高等农村院校研究、制定了《关于制定高等学校农科、林科本科专业的课程教学基本要求的意见》及部分专业列入专业简介的主要课程教学基本要求。这项工作从1987年下半年开始，首先委托江苏农学院、北京林业大学进行试点，分别研究、草拟了作物和林学专业主要课程的教学基本要求。在取得经验的基础上，又分别委托部分高等农林院校研究、草拟了畜牧等6个专业的主要课程教学基本要求。在制定过程中，广泛征求了有关学校和全国性教材编审组织的意见，反复修改，数易其稿。经过两年多的努力，完成了作物、畜牧、海洋渔业、农牧业经济管理、农业机械化、兽医、林学和木材加工等8个专业主要课程教学基本要求的制定工作。1990年2月，国家教委高教司将上述《意见》及8个专业主要课程教学基本要求印发各高等农林院校试行。

课程教学基本要求，是学生通过本课程学习所必须达到的合格标准，是区别于教学大纲的指导性教学文件，是学校进行课程建设、制定教学大纲和编写基本教材的依据，是进行课程教学质量评估的依据。因此，制定课程教学基本要求要坚持辩证唯物主义和历史唯物主义的立场、观点和方法，认真贯彻教育改革的精神，坚持教育必须为社会主义建设服务的方向，面向实际，面向经济建设。要遵循“三个面向”的战略思想，又要从当前我国高等学校的师资、设备条件和管理水平的实际情况出发，使课程教学基本要求既具有先进性和时代特征，又具有可行性。这次制定课程教学基本要求遵循以下原则：

一、科学性。要求准确地体现本学科的基本内容、内在的规律和独特的研究方法，反映本学科的最新研究成果。

二、针对性。课程教学基本要求的深度和广度，应符合教学计划对本门课程教学目的的规定，体现本课程在专业培养目标中的地位和作用。

三、适度性。所提教学基本要求的份量要适中；要留有余地，给教师一定的灵活性；要符合学生学习的接受程度。

四、知识和能力的统一。不仅要明确基本理论、基本知识方面的要求，而且要重视基本技能和能力方面的要求。

五、整体优化。在考虑课程本身优化的同时，着重考虑本门课程在培养专门人才全局中的地位、作用和任务。为此，一要处理好本门课程与相邻课程的关系，既要考虑系统性，又要考虑针对性；二要与相关课程加强联系和协调，既不能割裂，又须避免不必要的重复。

国家教委要求各校在组织试行这次印发的课程教学基本要求的同时，抓紧做好其它课程教学基本要求的制定工作。并在制定过程中注意以下几点：(一)要认真贯彻上述《意见》的基本精神，摆脱原有教学大纲的概念和

模式的束缚，明确课程教学基本要求的性质、作用及其与教学大纲的区别。（二）要根据农科、林科本科生培养规格，农科、林科本科专业简介和本校教学计划的要求，从总体上对各门课程进行统筹安排，避免把每门课程孤立起来研究。（三）要有计划、分阶段地做好此项工作。首先抓好主要课程，尤其是列入农科、林科本科专业简介的主要课程教学基本要求的制定工作，然后，在认真总结经验的基础上，逐步将制定课程教学基本要求的工作扩大到一般性课程。（四）要把此项工作与本校的教学改革、课程建设有机地结合起来，并通过此项工作，进一步推动教学改革，提高教学质量。（五）要加强领导，投入一定的力量。研究、制定课程教学基本要求时，既要充分尊重本课程任课教师的意见，又要认真听取相邻课程和相关课程任课教师以及熟悉业务、具有管理经验的教学行政管理干部的意见。

撰稿人　刘贵友

审稿人　郑守承

发布普通高校教育评估暂行规定

普通高等学校教育评估工作已经过5年试点，在总结试点经验的基础上，1990年10月31日，国家教委主任李铁映签署发布了《普通高等学校教育评估暂行规定》。

《暂行规定》指出：普通高等学校教育评估的主要目的，是增强高等学校主动适应社会需要的能力，发挥社会对学校教育的监督作用，自觉坚持高等教育的社会主义方向，不断提高办学水平和教育质量，更好地为社会主义建设服务。普通高等学校教育评估的基本任务，是根据一定的教育目标和标准，通过系统地搜集学校教育的主要信息，准确地了解实际情况，进行科学分析，对学校办学水平和教育质量作出评价，为学校改进工作、开展教育改革和教育管理部门改善宏观管理提供依据。

普通高等学校教育评估主要有合格评估（鉴定）、办学水平评估和选优评估三种基本形式。

合格评估（鉴定），是国家对新建普通高等学校的基本办学条件和基本教育质量的一种认可制度，由国家教委组织实施。在新建普通高等学校被批准建立之后有第一届毕业生时进行。鉴定结论分合格、暂缓通过和不合格三种。

办学水平评估是对已经鉴定合格的学校进行的经常性评估，分为整个学校办学水平的综合评估和学校中思想政治教育、专业（学科）、课程及其它教育工作的单项评估，一般每4至5年进行一次。

选优评估是在普通高等学校进行的评比选拔活动，其目的是在办学水平评估的基础上，遴选优秀，择优支持，促进竞争，提高水平。选优评估分省（部门）、国家两级。

《暂行规定》公布后，国务院有关部门和省（自治区、直辖市）教育行政部门正在按照《暂行规定》的要求，着手建立普通高等学校教育评估领导小组，并确定有关具体机构，开展教育评估工作。

撰稿人　乔著生

审稿人　郑守承

国家教委直属高校"四定"工作

为了促进教育事业持续、稳定、协调发展，国家教委依据高等学校近期应以坚持方向、稳定规模、优化结构、深化改革、改善条件、提高质量作为工作重点的要求，于1989年8月提出有计划地逐步对国家教委直属高校进行"四定"工作(即定学校的近期任务,定近期发展规模，定近期人员编制及定经费分配原则)。在调查研究的基础上,经过国家教委直属高校工作咨询委员会各分组委员会讨论，已于1990年3月正式印发了《关于国家教委直属高等学校"四定"工作的意见》。

一、关于直属高校的近期任务

国家教委直属高校的基本任务是培养和造就有社会主义觉悟的，为社会主义建设服务的德、智、体诸方面全面发展的高级专门人才。近期要在稳定规模的基础上积极调整结构、改革专业设置。学校的系科专业调整,既要适应当前国家经济建设和文化教育事业的需要，也要考虑未来一段时间内我国社会主义建设事业发展的需要;在调整结构中,要在普遍提高教育质量的基础上，抓好重点学科的建设，办好一批代表本校水平及特色的学科，努力做到根据国家需要，各安其位，在不同层次上办出特色和水平。学校在培养人才的层次上,仍以培养本科生和研究生为主,可以根据社会需要结合本校实际，承担多层次的继续教育、成人教育、基础教育及职业技术教育师资的培养和培训。学校还担负着培养高质量的高级专门人才和发展科学技术文化的双重任务;学校通过教学、科研、生产和社会实践相结合，不断提高学校的教育水平和科学研究能力。

二、关于核定直属高校的近期发展规模

1990年3月,国家教委发出了《关于核定我委直属普通高等学校近期发展规模的通知》，下达了直属各高校日校的近期发展规模。在校学生规模到1992年控制在30万人以内,其中综合大学10.84万人,工科院校13.82万人，师范大学4.39万人，外语院校0.92万人。在此基础上，结合直属高校成人教育的治理整顿，4月又发出了《关于核定我委直属普通高校成人高等学历教育近期发展规模的通知》,确定直属高校成人高等学历教育的在校学生规模到1992年控制在10万人左右(其中函授6.8万人,夜大学3.3万人)。在核定成人高等学历教育规模的同时，进一步明确了今后一个时期内，直属高校成人教育的工作重点是调整结构、控制规模、加强管理、提高质量,尽快做到与日校普通高等教育保持同专业、同层次相同的合格水平。

三、关于核定直属高校的近期人员编制

依据国家教委1985年发布的《普通高等学校人员编制的试行办法》及人事部核定的直属高校事业人员总编制，经过研究和征求意见,初步核定1992年直属高校事业人员总编制控制在15.2万人以内,不再增加。在核定各校近期事业人员编制时，除了考虑逐步提高校本部教职工与学生、专任教师与学生的编制比例之外，必须采取以下一些改革措施，逐步实现教职工队伍的"消肿"，并建立自我约束的机制。

1.优化现有教师队伍结构，对现有教师按工作岗位的实际需要实行职务聘任制。

2.实行在校研究生担任助教工作的制

度，减少专职助教人数，对青年教师实行任期合同制。

3.设立企业人员编制，能经费自理的，不计入学校事业人员编制内。国家教委于1990年12月发出《关于委属高校设立企业编制的意见的通知》。

4.根据学校近期承担的各项科学研究任务的实际情况，重新调整专职科研人员编制。

5.对在国外进修、学习超过批准进修年限一年以上的教师暂列入编外，不计入现有专任教师数。

6.鼓励学生在校内进行勤工俭学，承担部分适合学生承担的工作。

7.学校后勤工作应逐步向社会化过渡，精简后勤人员编制。

8.实行工资总额包干的办法。鼓励开展人才交流，帮助部分教职工逐步向外流动。

9.进行校内人事分配制度的改革。

四、关于确定直属高校的经费分配原则

自1990年至1992年委属高校年度预算经费的分配，在过去的“综合定额加专项补助”的基础上，采取“按近期规模和任务核定经费，预算总额包干”的办法。直属高校1992年以前的年度预算经费，原则上均不低于1989年下达的学校预算经费水平，并根据国家拨款的可能，力争逐步提高生均经费的标准。在具体核定学校年度预算经费时按照以下原则来考虑：

1.按核定的各校近期规模中国家任务部分作为核定经费的主要依据。

2.逐步减少专项补助。

3.实行预算总额包干后，多招学生，国家不再增加经费。允许各院校在5%的幅度内调减国家任务招生，增加委托培养等招生。调减国家任务部分，经费照拨。

根据上述原则于1990年5月核定并下达了国家教委直属各高校的1990年事业经费预算。

撰稿人　董长侠
审稿人　温　纯

国家教委直属高校工作咨询委员会1990年开展的咨询活动

1990年，国家教委直属高校工作咨询委员会又组织了三个专题调研组，就直属高校师资队伍建设、人员定编工作及检查校园、学生学习和生活环境等问题进行了专题研讨，提出了《国家教委直属高等学校师资队伍建设面临的形势及对策研究》、《国家教委直属高等学校人员定编工作的基本思路》和《国家教委关于检查直属高校校园、学生学习和生活环境的初步设想》3个专题咨询报告。

在各分组委员会和专题调研组工作的基础上，1990年8月10日至16日，国家教委直属高校工作咨询委员会第一次全体(扩大)会议在大连市召开，全体咨询委员和直属高校的党委书记、校长参加了会议，李铁映及何东昌、滕藤、朱开轩出席了会议。

根据国家教委直属高校工作咨询委员会章程(草案)的规定，直属高校工作咨询委员会首届执行主席、副主席已经国家教委直属高校工作司与咨询委员会协商产生。执行主席为路甬祥(浙江大学校长)；执行副主席为曲钦岳(南京大学校长)、方福康(北京师范大学校长)、胡孟浩(上海外语学院前院长)。秘书长为陶遵谦(国家教委直属高校工作司司长)。

全体咨询委员和与会代表对《国家教委直属高校近期工作要点和"八五"事业计划、十年规划工作的初步设想》、《关于1991年硕士生招生工作的意见》、《关于1991年高等学校毕业生和毕业研究生分配工作的几点意见》、《国家教委直属高校师资队伍建设面临的形势及对策研究》等文件进行了咨询，提出了修改补充建议。

李铁映在会议开幕时作了重要讲话，他希望会议围绕在新时期建设具有中国特色的社会主义大学和更多更好地培养社会主义事业建设者和接班人的重大任务，着重在坚持社会主义办学方向，持续、稳定、协调地发展高教事业，进一步搞好治理整顿、深化改革等重大问题上进行研究咨询，并互相开展交流。会议期间，何东昌、滕藤、朱开轩分别就有关方面的问题讲了话。

会议还邀请国务院研究室主任袁木、国家计委副秘书长王春正、中宣部理论局局长靳辉明就国际和国内形势、"八五"计划、理论工作及意识形态领域的斗争等问题作了专题报告。清华大学、南京大学、浙江大学、厦门大学、中国人民大学、北京大学、武汉大学、北京师范大学等校在会上交流了坚持社会主义办学方向、深化教育改革、组织青年教师参加社会实践等方面的工作情况。

咨询委员会成立以来提出的咨询意见和专题研讨意见，对国家教委在直属高校的重要工作决策时，发挥了很好的参谋作用，如经过咨询并于1990年部署、安排的工作即有：印发了《关于国家教委直属高校"四定"工作的意见》的通知、《关于核定我委直属普通高等学校近期发展规模的通知》、《国家教委关于检查直属高校校园、学生学习和生活环境的意见(试行)的通知》、《关于编报"八五"事业计划和十年规划设想方案的通知》、《关于国家教委直属高等学校设立企业编制的意见》等。

撰稿人 陈小娅
审稿人 温 纯

普通高等学校招生工作

1990年全国普通高等学校招生工作继续贯彻稳定政策、加强管理、治理环境、深化改革的方针，各地严格执行国家的招生政策、招生计划，严肃招生纪律，较好地完成了录取新生的任务。据统计，全国共录取普通本、专科学生60.59万人。其中，国家任务招生53.8万人，委托培养招收了5.09万人，招收自费生1.69万人。为了提高新生质量，使招生工作更好地为社会主义建设服务，1990年在招生工作中进行了几次改革和改革试验。

一、改进师范院校招生工作

师范院校生源不足问题，多年来为社会所关注。为了进一步做好高等师范院校招生工作，逐步提高师范院校新生素质，国家教委组织了专题调查和研讨，并进行了招生改革试验。在总结经验的基础上，1990年4月发出了《关于进一步做好高等师范学校招生工作的意见》，要求各地从师范教育的需要出发，实事求是地确定新生选拔标准。在录取时，既要注意学生的文化素质，也要注意对其思想素质、身体素质和教师素质的考核，不要在考试分数上同其他类型的高等学校简单攀比；要加强思想教育和宣传工作，引导、鼓励优秀的高中毕业生报考高等师范学校；在招生办法上要不断改革完善，采用多种形式、多种渠道，选拔适合师范院校培养要求的新生。

1990年11月在福州召开了师范院校招生工作总结会，认为师范院校招生录取情况有了明显好转。一是考生报考师范院校志愿较多，师范院校按志愿录取新生的比例较往年高；二是新生整体素质有所提高。会议对各地教育宣传工作中的经验给予了充分肯定，并对师范院校招收保送生、定向生，面试，办高师预备学校、预备班等多种改革经验进行了实事求是地分析。

二、部分高等农业、林业院校试招有一定实践经验的学生

1990年，全国29所高等农业院校在22个省区试验招收了1800多名有一定实践经验的学生。招生对象为现住户口在农村或国营农场，高中或农业职业高中毕业后直接参加农业生产实践两年以上的在乡（场）青年，年龄一般不超过25周岁。文化考试有的是由省（自治区、直辖市）招生办公室单独组织。考试科目分两类：农科生物类考政治、语文、化学、数理、生物、农业综合技术知识，本科加试外语；农科工程类和经济类考政治、语文、数学、理化、生物、农业综合技术知识，本科加试外语。有的是参加全国普通高校统一招生理工类考试，加试农业综合技术知识。单独考试的录取工作由学校负责，省（自治区、直辖市）招生办公室实行监督。参加全国统考的，由招生办公室按照招生计划，适当照顾生源的地区平衡，单独确定录取分数线，录取新生的文化水平以能跟班学习为原则。学生毕业后，纳入国家分配计划或由学生来源地方政府择优招聘，录用到乡镇一级农业技术推广、农村经济管理、乡镇企业、合作经济组织、职业技术教育等岗位工作。

林业部直属的北京林业大学、东北林业大学、南京林业大学、中南林学院1990年分别在黑龙江、四川、湖南三省的10个林区招收志愿投身社会主义林业建设，年龄在25周岁以下，并有两年以上林业生产或林区实践经历的从业人员。考生参加理工类全国统一考试，各科目的成绩计算根据招生专业有所侧重。报考林学专科专业，生物、化学各按150%计入总分，数学、物理各按50%计入总分，外语成绩只作参考，不计入总分。录取最低控制分数线由省招办商林业部，按考生成绩、招生计划并考虑生源地区平衡统筹确定。林业部4所高校原计划招生130人，林区青年报名踊跃，经资格审查后有1044人参考，实际录取152人。毕业生纳入国家分配计划，一律回原招生地区的林业基层生产单位工作。

三、部分高等师范专科学校进行招收民办教师试点

1990年，全国有12个省的师范专科学校试验招收了中学民办教师3451人。具体办法是：

招生对象为国家正式在册的初中民办教师。招生计划在当年学校年度招生计划内安排，一般不超过本省师范专科学校年度招生计划的10%。招生时要进行文化考试。考试形式由省(自治区、直辖市)招生办公室确定。有8个省组织考生参加了全国普通高等学校统一招生考试。有的省参加了全国成人高等学校统一招生考试。个别省经国家教委批准单独组织了命题考试。

录取工作由省招生办公室遵循德智体全面考核，择优录取的原则进行。参加全国普通高校统一招生考试的，由省招生办公室根据招生计划和考生文化考试成绩，单独确定录取控制分数线，外语不计入总分(外语类考生除外)；参加全国成人高校统一招生考试的，总分应不低于400分，相关科目成绩优秀的，可适当降分录取；单独组织命题考试的，由省招生办公室划定录取控制线，高等学校择优录取。

四、进行在会考的基础上改革高考科目设置和录取新生办法的试点

在省级普通高中会考基础上改革高考科目设置，是普通高中毕业生考试和高等学校招生考试的整体改革。在广泛调查研究、充分论证的基础上，1990年国家教委公布了高考科目的设置原则及试行方案，并决定1991年在湖南、云南、海南三省试行。

(一)关于高考科目的设置原则

1.高考科目必须覆盖普通高中开设的9门文化课，以保证普通高中毕业生的知识结构完整合理。

2.高考科目的编排必须与普通高中教学计划相适应，使大部分考生在备考时的学习负担不致过重。

3.在注重基础学科的同时，还要通过考试将在某一学科方面有特长和发展潜力的学生选拔出来。

4.高考科目组别不宜过多，以方便考生复习和选择应考科目并方便录取。

(二)1991年三省高考科目设置试行方案

第1组：政治、语文、历史、外语；

第2组：数学、语文、物理、外语；

第3组：数学、化学、生物、外语；

第4组：数学、语文、地理、外语。

(三)选组与考试

各高等学校依据其所设系、科、专业的特点，在既定的4组高考科目组中选择招生考试的组别。为适当规范，国家教委提出了选组建议：

1.中文、历史、哲学、法律、外语、艺术等学科可考虑选第1组为考生应试科目。

2.医药、医学、农林、生物、化学、体育等学科选第3组为考生应试科目。

3.财经、管理(经济)、地质、地理、勘探等学科可考虑选择第4组为考生应试科目。

4.其他理工类学科可考虑选择第2组为考生应试科目。

考生根据省(自治区、直辖市)招生委员会公布的高等学校和系科、专业的考试科目组及本人志向，选择一组为应试科目。

（四）录取新生办法

原则上以高考成绩决定取舍，当考生的德、体方面以及高考成绩基本相同时，可参照普通高中会考成绩决定取舍。高等学校各系科、专业按各自决定的科目组进行录取，一般不作科目组之间的调剂录取。

五、发布普通高等学校招收自费生暂行规定

普通高等学校自1985年开始招收自费生，为加强和改善对该项工作的管理，1990年国家教委、人事部、国家计委、公安部、商业部联合发布了《普通高等学校招收自费生暂行规定》。对普通高等学校招收自费生的计划、招生、在校管理以及自费生就业、户口、粮食关系迁移、收费标准以及培养费使用等作了明确规定，对于高等学校招收自费生工作健康顺利发展起了重要作用。

六、计算机辅助管理招生工作

用以计算机为主的现代化手段管理招生工作，在短短的几年内得到了迅速发展。1990年11月，国家教委学生司在广西南宁召开了第二次普通高等学校招生工作计算机辅助管理经验交流会，提出了高校招生工作要逐步向“政策法规化、管理程序化、手段现代化、人员专业化”的方向过渡。到1990年底，全国各省级招生部门设备总投资达1155.6万元。各地在报名信息采集、考场考号编排、招生计划管理、资料统计、阅卷、统计成绩、录取等各招生环节都不同程度地使用了计算机，准确、及时、公正有效地抵制了不正之风的干扰。现代化手段的应用，使招生工作由单一的原始手工操作向综合的科学管理转变，招生工作各环节也正在向程序化、规范化、系统化发展。

撰稿人　王建军

审稿人　赵亮宏

高考标准化考试继续深入开展

1990年，国家教委考试管理中心经人事部批准，改称为国家教委考试中心，是国家实施管理、指导国家教育考试的机构。

高考标准化考试在1989年工作的基础上又有了新的进展。1990年，全国除台湾、西藏外的29个省(自治区、直辖市)普通高考已有55%的科目实行了分卷，选择题用机器评卷。其中，广东、海南、辽宁、四川、广西等省(自治区) 9 个科目全部实行了分卷考试。选择题评分误差得到了相当好的控制，又大量节省了人、财、物力。

控制大规模考试中作文的评分误差，是世界性的难题，也是我国标准化考试中要解决的一个重要课题。考试中心“高考作文评分误差控制”课题组成立于1987年，现已有江西、广东、北京、河北 4 个分组。在将近 3 年试验的基础上，经考试中心批准和江西省教委同意，1990年在江西进行了较大规模的试验。考试中心于同年 10 月召开了“高考作文评分误差控制”江西省实验总结会，与会代表一致认为，试验事实说明，这一方法在一定程度上改进了阅卷质量，评分一致性增强，跨时间与情境时性状更稳定，抗干扰能力好，显示出较好的发展前景。

标准化考试的一个重要问题是试题和分数的标准化，实现试题（作为量具）和分数(作为测量结果)标准化的关键是等值（Test Equating)。等值就是找出不同的量具及度量单位之间的转换关系，从而使不同的量具测量的结果具有可比性。为了探索在高考中实现等值的理论和方法，1990年考试中心在我国首次进行了包括各种等值试验设计的等值试验，获得了许多有价值的结果，为在高考中实现等值提供了重要依据。考试中心在此基础上，正在制定1992年建立高考联省常模、转换标准分试行方案。

鉴于考试中心在标准化考试的科研及组织管理过程中取得了突出的成绩，国家教委于1990年 4 月授予考试中心全国首届教育科学优秀成果评选一等奖。

为了鼓励各省(自治区、直辖市)招生考试部门在实施标准化考试过程中大胆探索，逐步完善，勇于创新，并及时地把新成果总结出来加以推广，考试中心设立了“标准化考试创新奖”，并于 1990 年12月在福州召开了 1990 年标准化考试创新奖评审会，共评出一等奖 3 项，二等奖 6 项，三等奖 13 项，进步奖 9 项。这些项目在实践中都收到了较好的效果，具有一定的理论水平，有力地推动了标准化考试的改革。获奖名单如下：

标准化考试创新奖获奖名单

一等奖

标准化考试机器评卷(BKJP) 系统	辽宁省普通高等学校招生委员会办公室
微机远程传真/数据通讯网络系统	四川省大学、中专招生委员会办公室
普通高校招生考试工作计算机管理信息系统	湖南省普通高校招生办公室

二等奖

省地(市)两级招生考试微机管理模式 河南省教育委员会招生工作办公室
远程通讯中的数据加密及压缩处理系统 浙江省高校招生办公室
利用现代化手段，加强考试管理 海南省考试管理中心
标准化考试数据信息的处理与应用 山东省招生委员会办公室
作文评分误差的控制 江西省高等院校招生委员会办公室
“一卷多卡”方式在标准化(分卷)考试中的应用 贵州省招生委员会办公室

三等奖

高考英语听力测试的设计与实施 湖北省高等学校招生委员会办公室
OMR 采集处理考生报名信息 河南省教育委员会招生工作办公室
标准化考试联机阅卷自动处理系统 山西省高等学校招生委员会办公室
微型计算机远程通讯网络 河南省教育委员会招生工作办公室
《高考纪行》录像片 湖南省普通高校招生办公室
高考阅卷数据处理系统 浙江省高校招生办公室
安徽省普通高校阅卷管理工作流程及细则 安徽省普通高等学校招生办公室
高考统分的误差控制——OMR输入考生分数 河南省教育委员会招生工作办公室
计算机评卷的批处理方式探讨 山东省招生委员会办公室
会考数据的微型机管理系统 上海市教育考试中心
电脑评卷二次评阅法 福建省普通高等学校招生办公室
OMR 采集考生信息 福建省普通高等学校招生办公室
分卷考试培训讲义 陕西省招生办公室

进步奖

机器评卷中的质量跟踪与安全措施 山东省招生委员会办公室
普通高校招生分卷考试组织实施细则简表 陕西省招生办公室
计算机编准考证号与考务工作配套 湖北省高等学校招生委员会办公室
湖北省信息中心
标准化考试涂写工具的改进 陕西省招生办公室
分卷考试录像片 陕西省招生办公室
考生特征信息的量化 福建省普通高等学校招生办公室
标准化考试答题纸涂写方式和工具的改革 上海市教育考试中心
体育专业考试的集中组织与安排 湖北省高等学校招生委员会办公室
统一集中测试体育考生术科成绩 湖南省普通高校招生办公室

撰稿人 姜莹绯
审稿人 马金科

高等学校学生毕业分配

1990年，全国普通高等学校共有大学毕业生56.4万人，其中按计划统一分配的有53万人，毕业自费生3.4万人。

在国家统一分配的53万人中，本科毕业生近31万人，专科毕业生22万人。其中国家教委直属学校5.7万人，国务院其他部委所属学校15.4万人，地方所属学校31.8万人。

1990年全国共有毕业研究生3.5万人，其中博士毕业生2千人。在毕业研究生中，国家教委直属学校1.24万人，国务院其他部委所属学校及科研单位1.6万人，地方所属学校及科研单位0.66万人。

一、1990年毕业生和毕业研究生分配工作的有关政策

1990年的毕业生和毕业研究生分配工作，是在国务院直接领导下进行的。当时，国家正面临着经济上治理整顿，用人单位对毕业生的需求不很迫切，一部分专业不同程度地存在着相对过剩的情况，给分配工作带来很大的困难。党中央、国务院对此十分重视，于4月14日发出了《国务院关于做好1990年高等学校毕业生分配工作的通知》，要求各级党政领导高度重视毕业生分配工作，把做好毕业生分配工作作为重视人才、爱护人才，以及安定人心、稳定政治局势的大事来抓。《通知》强调了以下几点：

（一）高等学校毕业生是国家的宝贵财富，是社会主义现代化建设的重要力量，各级领导干部要高瞻远瞩，从国家的长远利益出发，珍惜人才、爱护人才，积极地接收毕业生，并结合他们所学专业，认真、负责、合理地安排好他们的工作，充分发挥他们建设社会主义的积极性和创造性，这不仅是深化高等教育改革和四化建设的需要，也是社会安定的需要。

（二）加强对毕业生及在校生的思想教育工作。教育毕业生既要树立远大理想和抱负，又要从我国的国情出发，树立艰苦创业的思想；要正确处理好个人志愿和国家需要的关系，服从分配，自觉到国家需要的地方去工作，到基层去，到艰苦的地方去，走与实际相结合、与工农相结合的道路，为社会主义现代化建设事业贡献自己的力量。

（三）根据国家现行规定，对已纳入国家统一招生计划的本专科学生和研究生，凡是取得毕业资格，服从国家需要，国家都负责分配工作。国家已在劳动工资计划和干部计划中作了充分安排。属国家分配的毕业生，实行按计划为主的办法分配工作；计划内招收的自费、电大和函授普通专科班的毕业生，通过学校推荐或自荐，由社会择优录用的办法，多渠道就业，凡是工作需要到全民所有制单位工作的毕业生，都要给予就业指标。

（四）为了保证毕业生顺利分配和对他们的合理使用，要认真落实有关政策和配套措施。

1．为了按时完成毕业生分配工作，各级计划、教育、人事、劳动部门要切实做好组织协调以及劳动计划指标的统筹安排，避免在分配工作中出现毕业生分配去向与就业指标脱节的现象，对因工作需要又有空编的用人单位，准许先接收毕业生，后追认就业指标。

2．积极拓宽毕业生分配渠道，引导和鼓励毕业生到急需人才的集体所有制单位和乡镇企业去工作。到集体所有制单位和乡镇企业工作的属国家分配的毕业生，其行政关系可由县以上有关部门管理，国家干部身份不变，工资待遇由集体所有制单位和乡镇企业解决。

3．安排好国家重点学校，特别是国家教委直属高等学校的毕业生；要优先安排优秀毕业生，分配他们到能充分发挥作用的岗位上。对于专业一时难以对口的毕业生，各地区、各部门特别是用人单位，要从长远考虑，尽可能安排他们做与其所学专业相近的工作。

4．博士毕业生主要面向高等学校和科研机构以及国家重点企事业单位分配。其工作安排不受地区和行业的限制，只要专业对口、工作需要，国家即确认其劳动工资计划指标和编制。

5．积极鼓励适合做教师的非师范学校毕业生到中学和职业技术学校任教，并由培养的学校给予适当的奖励。确属需要毕业生而又满编的中学，经主管部门批准，允许按离退人数先超编进人，然后逐步按原定编制核减。

6．选拔一定数量品学兼优、在制止动乱和平息反革命暴乱中立场坚定的应届毕业生，分配到中央国家机关和各省、自治区、直辖市机关工作。这些毕业生要先带职到基层锻炼一个时期。某些专业，省级以上党政机关的技术岗位确属需要的，允许直接从高等学校应届毕业生中挑选。在入学前已具有两年以上实践锻炼的毕业生，可直接进入省级以上党政机关工作。

二、毕业生分配使用情况调查

1990年3至4月间，国家教委抽调17名干部组成调查组，分赴京、津、沪等13个省市，进行高校毕业生分配使用情况的摸底，了解毕业生的政治业务素质、适应社会需要情况和存在的问题，以及外部环境对高校毕业生分配工作的影响等情况。调查组主要采取抽样调查的方法，共调查了49个点。其中有首钢、鞍钢、齐鲁石化公司、天津港务局、葛洲坝水电工程局等大中型骨干企业和江苏张家港市、广东顺德县等市、县。通过调查，总的来看，用人单位对近几年毕业生分配办法的改革是肯定的，认为开展供需见面、采取上下结合的办法制订分配计划，扩大了学校参与分配的主动权、毕业生在一定范围内的择业权和用人单位接收毕业生的自主权。据抽样调查的结果分析，1986年以来分配到用人单位的毕业生使用情况较好，结合专业较好或基本结合专业的占95％，使用不当的只占5％。用人单位还针对目前毕业生分配使用中存在的问题提出了一些意见和建议。根据调查中反映出来的问题和用人单位的建议，国家教委进行了研究并采取了改进措施，使高校培养的毕业生能更好适应经济建设和社会发展的需要。

撰稿人　王路江

审稿人　焦述清

研究生培养工作

一、把德育放在首位，加强研究生思想政治教育工作，提高研究生的全面素质

1990年8月，国家教委思想政治工作司、高等教育司在吉林大学召开了研究生思想政治教育工作座谈会。北京、上海、广东、四川等省市的党委教育工作部门和教育行政部门，北京大学、清华大学等部分高等学校以及中国科学院的主管研究生思想政治教育工作的部门负责同志参加了会议，就研究生思想政治情况、思想政治工作，以及当前加强和改进研究生思想政治教育工作中亟待解决的问题进行了深入的探讨并提出了建议。国家教委于1991年3月5日印发了关于《研究生思想政治教育工作座谈会纪要》的通知，要求各省市教育行政部门、国务院有关部委教育司(局)，中国科学院、中国社会科学院和各有关高校参照试行并注意总结经验。

《纪要》的主要内容如下：

(一)当前研究生思想政治状况及思想政治教育工作情况的基本估计。

总的看，研究生热爱祖国、热爱人民，拥护社会主义，拥护共产党的领导，拥护改革开放，勤奋好学，要求上进，质量是好的和比较好的。但是，研究生教育与社会主义建设需要仍不相适应。研究生的思想政治素质与社会主义建设和改革事业的要求尚存很大差距。

一年来，研究生思想政治教育工作得到不同程度的加强。不少学校调整了机构，充实了队伍，加强了导师工作，建立和完善了有关条例和制度。但是研究生思想政治教育工作薄弱的状况尚未发生根本性变化。

会议对研究生中暴露出的问题和研究生思想政治教育工作薄弱的主客观原因作了分析。认为，既有资产阶级自由化思潮泛滥等社会大环境因素的影响，也有学校内部的原因以及我们工作上的失误。

(二)进一步提高认识，坚持把德育放在研究生工作的首位。

坚持社会主义办学方向，要把是否重视和切实加强研究生思想政治教育工作作为衡量学校研究生工作的首要标准。必须从政策、措施、制度上切实保证在研究生工作中把德育放在首位。

要充分认识加强研究生思想政治教育工作的重要性和紧迫性。研究生是我国高层次人才的重要来源，是未来各条战线的骨干，它处于学校教育的高层，是资产阶级意识形态渗透的一个重点。我们培养的研究生思想政治状况如何，在一定程度上关系到我国科学技术文化工作队伍的素质，关系到党和国家的命运。能否使他们成为社会主义事业的建设者和接班人，关键在于我们的工作。

(三)抓住坚持社会主义道路和树立为人民服务人生观这两个根本问题的教育，用马列主义、毛泽东思想武装研究生的头脑。

会议认为，要在研究生中长期地、深入地进行坚持四项基本原则、反对资产阶级自由化的教育，开展对资产阶级自由化的政治观点及其思想理论基础的批判；要紧紧围绕为什么人的问题，开展树立为人民服务的人生观教育，清理资产阶级腐朽的世界观、人生观、价值观的影响。同时，应当把爱国主义教育和两个根本问题的教育在较高的层次上结

合起来。

马克思主义政治理论课应作为必修课和学位课列入学校重点课程建设。要进一步加强和改进教学，克服和防止理论脱离实际的弊病和单纯学术化的倾向。文科研究生的教学与科研尤其要坚持以马列主义、毛泽东思想为指导，把思想政治教育渗透其中。要增强政治理论课、文科课程的党性、原则性、战斗性。

（四）加强研究生中党的建设，充分发挥党支部的战斗堡垒作用和党员的先锋模范作用。

会议认为，抓好研究生中党的建设工作对于加强研究生思想政治教育具有十分重要的意义。目前，高校研究生中党员有较大比重，一般为20～30％。只要研究生党支部和党员充分发挥作用，就能带动整个研究生队伍。

会议提出，应通过学校的党校加强对学生党员的马列主义、毛泽东思想的基本理论和党的基本知识教育，真正解决确立共产主义信念、坚持为人民服务宗旨、密切联系群众、严守党的纪律等问题。这是当前研究生中党建工作的重点。同时，通过党校、学党章小组、学马列小组，分层次、有重点地培养考察积极分子，积极、稳步地壮大以党员为骨干的积极分子队伍。校（院）、系（所）党组织要加强对研究生党支部的领导。支部要严格组织生活，加强对党员的教育、管理和监督；要加强党性教育和锻炼；做好党员和群众的思想政治工作。要从严治党。

（五）建立和健全研究生思想政治教育工作体制和队伍。

会议认为，研究生思想政治工作应由党委统一领导，校长也要抓研究生的思想政治教育。要本着齐抓共管和分工明确的原则，做到领导、机构、人员三落实，把研究生思想政治教育工作落到实处。

研究生人数较多的高校应实行校（院）、系（所）和教研（研究）室三级党的组织和行政共同负责的工作体制。有关校（院）要根据实际情况明确研究生院在研究生思想政治教育工作方面的职责，把研究生的业务培养、管理和思想政治教育紧密结合起来。要加强教研（研究）室对研究生的培养和思想政治教育方面的职责，把集体培养与研究生导师个别指导有机结合起来。

校（院）要加强对研究生中共青团组织、学生会组织工作的指导，发挥其自我教育、自我管理、自我服务的作用，积极支持和引导各种社团开展适合研究生特点的有益活动。

研究生思想政治教育工作队伍的组成应坚持以少而精的专职人员为骨干与较多兼职人员相结合的原则。专职人员也可搞任期制。

（六）充分发挥导师教书育人作用。

会议认为，研究生导师对研究生德、智、体发展负有全面责任，校（院）、系（所）、教研（研究）室要切实加强导师教书育人工作。明确导师在研究生德育工作中的职责，坚持导师教书育人制度。并将导师教书育人的情况，作为审查研究生导师资格、提职、晋级的重要依据。

（七）加强管理，将思想政治教育工作的要求贯穿到研究生工作的各个环节。

会议认为，应针对研究生的特点，加强研究生培养过程中各个环节的管理，贯彻落实德育放在首位的原则。

第一，要建立健全相应的招收研究生的审批制度。要把研究生思想政治工作是否能落实作为招收研究生的必要条件。

第二，把好研究生入学政治质量关。必须把具有正确的政治方向作为选才的重要标准。

第三，在研究生培养过程中，要坚持以马克思主义为指导，坚持理论联系实际，加强实践环节。应把社会实践作为研究生培养中的必要环节和加强研究生思想政治教育的重要途径，精心组织和安排。要坚持中期筛选制度。

第四，要把好毕业关。毕业鉴定要实事求是。努力做到优生优分，政治思想品德不合格的不能毕业，不能授予学位。

会后，国家教委高教司和有关省、市教育行政部门及研究生教育学会组织有关院校学习贯彻会议精神，并组织交流加强研究生思想政治教育工作经验，推动研究生政治思想工作的开展。

1990年10月，国家教委综合大学和部分工科院校的研究生院、部（处）负责同志分别举行研讨会，专题研究在新形势下如何加强研究生思想政治工作和研究生院、部（处）应该如何发挥作用问题，交流了经验。

1990年12月上旬，江苏省教委主持召开的江苏省研究生教育改革经验交流会的主要内容，就是交流加强研究生思想政治工作的经验。江苏省各院校根据省教委部署的自查提纲，对一年来研究生思想政治工作“三落实”（领导、机构、人员）和“三育人”（教书育人、管理育人、育人网络）的情况，逐项检查汇报，互相评议，并写出书面评议意见。经过各院校领导和管理部门的共同努力，加强研究生思想政治工作开始真正落实。其他省市（如四川、黑龙江等）的研究生教育学会也都召开了有关经验交流会，推动研究生思想政治工作的加强。

二、调查研究，加强博士生的培养工作

为了具体了解10年来博士生培养工作的基本情况，总结博士生培养工作的基本经验，明确今后博士生教育的基本任务和发展方向，完善具有中国特色的研究生教育体系和制度。国家教委高教司于1990年7月发出《关于开展博士生培养工作调查的通知》，要求对博士生培养工作进行全面调查研究。在全国前三批238个博士培养单位普遍自查总结的基础上，组织了北京、上海、湖北、陕西四个以博士生导师为主参加的专家调查小组，分别对北京师范大学、复旦大学、华中理工大学、西安交通大学、中科院高能物理所等15个培养单位及其40多个博士学位授权学科、专业点进行了抽样调查。通过这次调查，对10年博士生培养工作情况有了较全面的了解，肯定了成绩和经验，找出了问题和主要差距，为确定今后博士生教育的任务、方向、改进措施提供了依据。达到了“摸清情况、总结经验、分析问题、研究对策、明确方向的预期目的。

调查表明，10年博士生培养工作的主要成绩是：

1. 我国博士生教育从无到有，迅速发展，依靠自己的力量已培养了一批质量较高能基本适应社会主义建设需要的博士。博士生教育已成为我国高等教育的重要层次和培养高层次专门人才的重要途径。

自1981年建立学位制度和博士生教育制度以来，全国共招收博士生近2万名，有7000名被授予博士学位，约为1978年至1989年留学回国人员中1100多名获博士学位者的6倍。目前，博士生年招生计划已达4000人的规模，约为硕士生年招生规模的12～15%。博士生教育已成为我国高等教育的重要层次。

总体上看，我国培养的博士拥护社会主义，拥护中国共产党的领导，热爱祖国，热爱事业，有奉献精神，在社会主义建设中发挥了积极作用，质量是好的和比较好的。据对238个博士培养单位6489名获国内博士学位的毕业博士生的统计，有1146名在国内或国外做博士后工作，均在从事学科或行业开创性的科研工作，受到国内外专家好评。正在教学、科研等岗位上工作的5343位博士，多数已成为本单位的骨干。已有1048人被聘为教授、副教授、研究员、副研究员等高级专业技术职务，占1988年前分配到教学、科研岗位任职的2217名博士的47.3%。不少人成绩突出。在1991年1月受到国家表彰的478名“作出突出贡献的中国博士学位获得者”就是其中优秀代表。在他们中间有一批全国五一劳动奖章获得者，国家级、省级劳动模范，有的已成为“国家级有突出贡献的专家”，有的是国家级科技成果奖的获得者，有的高水平成果甚至达到了国际先进水平。

2.博士生培养工作促进了各培养单位的学科建设和教学科研水平的迅速提高，促进了我国教育科技事业的发展。博士生培养工作使高层次专门人才的培养与学科专业前沿性的科研工作紧密结合，博士生既是受教育者，又是科研工作的生力军，承担重要的科研攻坚任务。作出不少带有突破性的贡献，有力地推动了博士生培养的科研水平向着学科的前沿和行业前列发展，并在较高层次上促进了高等学校的国际合作与学术交流，促进了高等学校与社会有关部门之间横向合作，使一批重点大学和重点学科点迅速提高学术水平，能跻身在国内和国际学术前沿竞争，作出成绩，赢得声誉。有力地推动一批重点大学向既是教育中心又是科研中心的目标迈进。

博士生培养工作也促进了高水平研究生导师队伍的建设。全国现有博士生指导教师5344人，硕士生指导教师约4万人，几乎汇集了我国科学和教育各学科主要学术带头人和学术骨干的精华。这支精良的导师队伍通过科学研究和研究生培养的实践，及国际国内学术交流与科研合作，整体水平有了很大提高。新的学术思想和理论不断涌现，学科之间交叉渗透，新兴边缘学科蓬勃发展，不仅使高新技术和应用学科有了较快发展，也使传统学科得到更新和改造，一些基础学科注入了新的生命力，使高等学校的学科专业能更好地得到更新、调整和发展，能更好地适应社会主义建设的需要和现代科技、文化的发展。

3.博士生培养工作的物质条件有了一定改善，初步建设了一批博士生培养基地。

全国现有博士授予单位248个（其中高等学校199所），博士学位授予学科、专业2100多个，博士生指导教师5344人。国家教委在全国高等学校的博士学科点中择优评选出416个重点学科点，予以重点支持，要求他们率先培养出高质量的硕士、博士，出高水平的科研成果，逐步达到国内领先、国际上有一定影响的水平。另外，经国务院批准，先后在北京大学等33所重点大学试办研究生院。在我国，一个学科门类较为齐全，指导力量较为雄厚，科研基础较为扎实，培养质量能够保证的博士生培养基地已初步建立。

10年来各培养单位的总体物质条件有了一定改善，为博士生培养工作提供了初步的物质基础。据全国1830个博士学科点统计，1978年以来设备总投资为72.9亿元，其中高等学校为31.6亿元。从“六五”开始延续到“七五”期间，各有关高校利用世界银行贷款和国家重点投资建设的中心实验室和国家重点实验室，对使部分博士生在业务上能达到国际上公认的水平，起了积极作用。各有关培养单位通过各种渠道，参予重大科研项目的竞争，开展横向联合，争取科研项目和筹措科研资金，也有力地支持了博士生培养工作。

4.在国家教委和国务院学位委员会等主管部门的指导下，经各博士生培养单位的共同努力和积极探索，在总结经验的基础上，从招生、培养、管理、学位授予等环节建立了一套适合我国国情的博士生培养制度。

10年博士生教育的成绩显著，它开创了中国立足国内培养博士生的道路，适应了社会主义现代建设和改革开放的发展，适应了教育科技事业的发展对高层次专门人才的迫切需要。

1991年3月，国家教委在北京召开了博士生培养工作调查汇报会，在此基础上起草了《博士生培养工作调查总结报告》和《博士生培养工作暂行规定》(讨论稿),提交1991年7月国家教委在长春召开的研究生工作座谈会讨论，并初步建立起全国博士生培养工作管理信息系统。

撰稿人　吴镇柔
审稿人　梁桂芝

第四批博士、硕士学位授权学科、专业审核工作结束

1990年10月，国务院学位委员会第九次会议审议批准了第四批博士、硕士学位授权学科、专业和新增博士、硕士学位授予单位。至此，第四批学位授权审核工作圆满结束。

第四批博士、硕士学位授权学科、专业的审核工作始于1989年3月，整个工作历时一年半。其间，尽管受到1989年春夏之交政治风波的影响，但仍较为顺利地完成了这次审核工作。

一、审核的指导思想和原则

第四批学位审核工作以进一步理顺高等学校办学层次的关系、科研机构和高等学校之间的关系和学科内部结构的关系为基本出发点，认真贯彻执行稳定发展规模，保证质量，按需授权，更好地适应社会主义现代化建设事业需要的指导思想。在审核过程中，始终贯彻了以下原则：

1. 在巩固提高现有博士点和硕士点的基础上进行第四批审核工作。强调各单位在考虑申请第四批新增博士点、硕士点时，要对现有授权点的情况进行检查，找出存在的问题，采取措施，加强建设。还要根据社会需要适当调整专业的服务方向。

2. 强调处理好学位与研究生教育中几个关系，按需授权，做到既保证质量，又面向四化建设的实际需要。通过审核进一步明确不同高等学校的办学层次和分工，促进科研机构与高等学校的联合，调整不同学科的比例关系。

3. 调整博士生导师的年龄结构，逐步使导师队伍年轻化。现有博士生指导教师的年龄普遍偏大，为了保持学科带头人后继有人，急需补充一大批中青年骨干力量担任博士生指导教师，使我国博士生的培养保持在高水平上发展的良好势头，为博士生培养早日立足于国内奠定基础。

4. 坚持标准，严格要求，保证质量，公正合理。

这些原则的确立与实现，有效地保证了整个审核工作沿着既定的目标顺利进行。

二、第四批学位审核工作的办法与过程

1989年3月1日，国务院学位委员会发出《关于做好第四批博士和硕士学位授权学科、专业审核工作的通知》和《关于做好第四批新增博士、硕士学位授予单位申报工作的通知》，部署了第四批学位审核工作。为了加强宏观控制和综合平衡，第四批学位审核工作吸取了前三批审核工作的经验，采取了一些积极步骤。如硕士点的审核工作仍与前三批一样，按系统由部委主管部门负责组织初审，尤其对新增授予单位强调了要聘请专家进行科学论证，防止发生盲目攀比、脱离实际、争上高层次的现象。48个部委共约请了1500多位专家参与了初审工作。对博士点和博士生指导教师的审核加强了宏观控制，注意全局性、综合性和综合平衡，改变了以往的按系统由部委组织初审的做法，而由国务院学位委员会统一组织专家，采取召开初审会议和通讯评议两种方式进行。文科召开了经济、中文和历史等学科的初审会议；理、工、

农、医科分别聘请972位专家，组成78个专家组进行通讯评议。

初审工作,基本达到了预期的目的,为复审工作奠定了基础。

1990年6月25日至30日，国务院学位委员会学科评议组第四次会议在北京举行，对第四批博士、硕士学位授权进行复审工作。近600位学科评议组成员出席会议，是历次学位授权复审工作规模最大、出席人数最多的一次。李铁映出席了开幕式并讲了话，国务院学位委员会主任委员何东昌、副主任委员兼秘书长朱开轩分别做了报告。何东昌的报告在回顾了我国学位制度建立10年来所取得的成绩之后，着重论述了我国学位工作和研究生教育的指导思想等问题,强调指出:能不能做到使博士和硕士这一层次的人才培养立足于国内，这是我国的教育能不能完全独立自主的重要标志,做到这一点,并与坚持对外开放结合起来，对国家实现社会主义现代化关系很大；我们的目标是建立一个具有中国特色的社会主义学位制度，要从中国国情出发，使培养的人才在政治思想上和业务上很好地适应中国社会主义现代化建设的需要。朱开轩在报告中对复审的原则办法提出了明确的意见。

6月30日，党和国家领导人江泽民、李鹏、李铁映等在人民大会堂接见了与会的全体代表,即席发表了重要讲话,并与代表合影留念。

三、第四批学位授权审核工作的结果

1990年10月6日至7日，国务院学位委员会在北京召开第九次会议，审议并批准了第四批博士学位授权学科、专业点和博士生指导教师以及硕士学位授权学科专业点。11月，国务院学位委员会正式公布了批准名单。

1.批准新增博士学位授予单位10个，新增硕士学位授予单位41个。

2.批准博士学位授权学科、专业点和博士生指导教师以及硕士学位授权学科、专业点(有关数字见附一、附二、附三)。

3.首次设立了军事学硕士学位授予单位及其学科、专业授权点。

与此同时，国务院学位委员会还批准在第四批学位审核中,试办研究生院的高等学校和中国科学院、中国社会科学院可以继续开展自行审批硕士学位授权学科、专业点的工作。经审核,共批准同意264个学科、专业点有权授予硕士学位。

四、第四批学位审核的基本特点

第四批学位审核的结果总的来看是比较合理的,其主要特点是:

1.坚持行政宏观指导与专家审核相结合,基本上达到了预期控制目标。

2.增加了一批中青年博士生指导教师。已批准的博士生导师的平均年龄为55岁，比现有导师的平均年龄下降了10岁；其中年龄在50岁以下的占50.5%,50～60岁的占45%。

3.增加了一些高技术和新兴边缘学科以及应用性强的学科的博士、硕士学位授权学科、专业点,进一步调整了学科结构，体现了按需授权的原则。填补国家急需的空白博士学位授权点的专业有37种，使我国培养高层次专门人才的学科、专业更加齐全。

4.坚持了标准，保证了审核质量。在审核中，强调坚持政治思想和学术业务两个方面的标准,对哲学、社会科学学位授权的审核，还注意了学术研究的马克思主义指导作用和社会主义方向。

附一

□第四批博士学位授权学科、专业点统计表

学科	合计		高等学校		科研机构	
	点数	百分比（%）	点数	百分比（%）	点数	百分比（%）
总计	277	100	258	93.1	19	6.9
文科	43	15.5	43	15.5	0	0
理科	45	16.2	40	14.4	5	1.8
工科	107	38.6	97	35.0	10	3.6
农科	18	6.5	18	6.5	0	0
医科	64	23.2	60	21.7	4	1.5

附二

□第四批博士生指导教 师 人数统计表

学科	合计		高等学校		科研机构	
	人数	百分比（%）	人数	百分比（%）	人数	百分比（%）
总计	1509	100	1254	83.2	255	16.8
文科	193	12.8	164	10.9	29	1.9
理科	324	21.5	193	12.9	131	8.7

续

学科	合计		高等学校		科研机构	
	人数	百分比（%）	人数	百分比（%）	人数	百分比（%）
工科	520	34.5	462	30.6	58	3.8
农科	115	7.6	101	6.7	14	0.9
医科	357	23.6	334	22.1	23	1.5

附三

□第四批硕士学位授权学科、专业点统计表

学科	合计		高等学校		科研机构	
	点数	百分比（%）	点数	百分比（%）	点数	百分比（%）
总计	839	100	757	90.2	82	9.8
文科	189	22.5	182	21.7	7	0.8
理科	101	12	81	9.7	20	2.4
工科	290	34.6	257	30.6	33	3.9
农科	62	7.4	59	7	3	0.4
医科	141	16.8	131	15.6	10	1.2
军事学	56	6.7	47	5.6	9	1.1

撰稿人　王崇东

审稿人　王忠烈　梁桂芝

建立军事学硕士学位授予体系

1990年10月，经国务院学位委员会第九次会议批准，在我国首次设立了军事学硕士学位授予单位及其学科、专业授权点。军事学培养研究生和授予硕士学位，标志着我国军事学学科建设的发展进入了一个新的阶段，军事学教学和科研已达到了一个新水平。

军事学是一门具有特定范畴的独立的科学。军事学是我国11个授予博士、硕士、学士学位的学科门类之一，目前共设有8个一级学科，下设29种学科、专业。

经国务院学位委员会九次会议审核批准的军事学硕士学位授予学科、专业点共55个，包括了军事学门类中全部8个一级学科（军事理论及军事史、战略学、战役学、战术学、军队指挥学、军制学、军队政治工作学、军事后勤学），涉及26种学科、专业。

国务院学位委员会和中国人民解放军学位领导小组从1989年3月起就对各申请授予权的单位和学科、专业点逐一进行了审核。在审核过程中，专家、教授们一致认为，这些单位办学历史较长，办学经验较丰富，有一支实力较雄厚、知识和年龄结构较合理、教学和科研经验较丰富的教学和科研队伍，拥有较优越的科研条件和较显著的科研成果，学科门类比较齐备，支撑研究生教育的各相关学科基础建设较扎实，建立了较完整的研究生教育管理机构，制定了较严格的规章制度，积累了一定的研究生教育经验，是我国军事学高层次人才的培养基地。经审核，国防大学、军事科学院、空军指挥学院、海军指挥学院、后勤学院等20个单位被批准获得军事学硕士学位授予权。

1990年12月5日，国防大学学位评定委员会首次批准并授予30名军事学研究生硕士学位。这是我国培养的第一批军事学硕士。

撰稿人　吴　楠

审稿人　王忠烈　梁桂芝

下达《授予博士、硕士学位和培养研究生的学科、专业目录》

1990年11月28日，经国务院学位委员会和国家教育委员会共同批准，正式下达实施了《授予博士、硕士学位和培养研究生的学科、专业目录》(以下简称《专业目录》)。《专业目录》的正式下达实施标志着我国学位制度开始走向成熟，同时也为国家按照合理的学科布局培养高层次人才奠定了基础。

1981年创立学位制度时，国务院学位委员会学科评议组审核第一批博士、硕士学位授权学科、专业范围的划分依据和学位授予单位培养研究生、授予学位的依据，是在原教育部及中央各部委提出各自有条件培养研究生的学科、专业范围的基础上，学位委员会公布了《高等学校和科研机构授予博士和硕士学位的学科、专业目录(草案)》，初步形成了我国培养博士、硕士研究生的专业目录。10年来，经过第二、三、四批学位授权审核工作的实践，在全国研究生招生、培养单位及其主管部门支持和配合下，先后两次对该《草案》进行了较大的修改，国内500多位知名专家、教授共同参与了修订工作。1990年6月在国务院学位委员会学科评议组第四次会议上，53个学科评议组对专业目录又进行了认真的讨论修订。10月，国务院学位委员会第九次会议审核批准了《专业目录》。

《专业目录》共设置哲学、经济学、法学、教育学、文学、历史学、理学、工学、农学、医学、军事学11个学科门类，共有620种专业，基本适应了我国科学研究及研究生教育事业的发展和国民经济各部门对高层次专门人才结构的需要。

经过修订实施的《专业目录》，体现了以下几个特点：

1.进一步理顺了各门类、各一级学科之间的关系。这次修订专业目录，是按照我国科学发展目前所形成的学科、体系，参考国际上比较流行的学科分类法划分和设置一、二级学科。

2.进一步拓宽了专业面，调整、充实了专业内涵，同时还删掉和归并了一些划分过细、偏窄的专业。在修改的321种专业中，修改专业名称的有169种，学科间互相调整的有18种，减少76种，进行其他调整的有58种。

3.增加了一批国家急需发展的学科、专业以及一些交叉学科和新兴学科。新增专业28种。同时为适应科学的发展和学位制度的改革，一些学科、专业，虽然培养研究生的条件还不十分成熟，或未招收培养过研究生，但从长远考虑，为适应国家建设的需要，给予扶持，列入34种专业为试办专业。

4.适当调整了过去一些按行业或部门划分的旧专业，按学科归口设置；对那些确具特色、需保留下来的行业、部门性的专业，一般也都扩大了其专业内涵。

5.增加了授予学位的灵活性。为了满足专业横向交叉的需要，明确了一些学科、专业可以授予不同门类的学位。这一类专业共有70种。对于需要在不同学科门类同时设置的少数专业，在目录中采取了互“见”的方法，即在目录中对该专业只有一个专业代码，在其它门类下的该专业不再编码。属这一类的专业共有34种。这种做法，在不同程度上扩大了该学科、专业的内涵，也增加了学位授予的灵活性。

撰稿人 吴 楠

审稿人 王忠烈 梁桂芝

附

□授予博士、硕士学位和培养研究生的学科、专业目录

01 学科门类：哲学

0101 哲 学

代 码	学科、专业名称
010101	马克思主义哲学
010102	中国哲学
010103	西方哲学
010104	东方哲学
010105	逻辑学
010106	伦理学
010107	美学
010108	宗教学
010109	科学技术哲学(自然辩证法)

02 学科门类：经济学

0201 经济学

020101	政治经济学
020102	马克思主义经济思想史
020103	中国经济思想史
020104	外国经济思想史
020105	中国经济史
020106	外国经济史
020107	西方经济学
020108	世界经济
020109	国民经济计划与管理(含：国民经济系统分析)
020110	财政学
020111	货币银行学(附：保险学)
020112	国际金融
020113	工业经济
020114	农业经济(含：林业经济、畜牧业经济、渔业经济)
020115	商业经济(含：物资经济)
020116	国际贸易
020117	运输经济(附：邮电经济)
020118	投资经济
020119	劳动经济学
020120	人口经济学
020121	会计学(含：审计学)
020122	统计学
020123	企业管理(含：工商管理、企业财务管理)
020124	国防经济
020125	技术经济(注：可授经济学、工学学位)
020126	数量经济学
020127	经济地理(注：可授经济学、理学学位)
0201S1	旅游经济
0201S2	消费经济
0201S3	信息经济
0201S4	商品学
0201S5	城市经济

03 学科门类：法学

0301 法 学

030101	法学理论
030102	法律思想史
030103	法制史
030104	宪法学

030105 行政法学
030106 刑法学
030107 民法学
030108 诉讼法学
030109 经济法学
030110 劳动法学
030111 环境法学
030112 国际私法
030113 国际经济法
030114 国际法
030115 军事法学
0301S1 科技法学

0302 政治学

030201 政治学理论
030202 中外政治思想
030203 中外政治制度
030204 科学社会主义
030205 中共党史(含:党的学说与党的建设)
030206 行政学
030207 马克思主义理论教育(含:马克思主义原理、中国革命史、中国社会主义建设、世界政治经济和国际关系)
030208 思想政治教育

0303 国际政治

030301 国际政治学
030302 国际关系
030303 外交学
030304 中国对外关系
030305 国际共产主义运动
030306 民族民主运动

0304 社会学

030401 社会学理论与方法
030402 应用社会学
030403 人口学
030404 人类生态学
(050112) 新闻学(见文学:0501中国语言文学)

0305 民族学

030501 民族学(附:文化人类学)
030502 马克思主义民族理论与政策
030503 中国少数民族经济
030504 中国少数民族语言文学
030505 中国少数民族艺术
030506 中国少数民族史

04 学科门类:教育学

0401 教育学

040101 教育学原理(含:教育社会学)
040102 教学论
040103 学科教学论
040104 德育原理
040105 教育经济学
040106 教育管理学
040107 中国教育史
040108 外国教育史
040109 幼儿教育学
040110 特殊教育学
040111 高等教育学
040112 成人教育学
040113 比较教育学
040114 教育科学研究法
0401S1 教育技术学
0401S2 职业技术教育学

0402 心理学

040201 普通心理学(注:可授教育学、理学学位)
040202 教育心理学
040203 生物心理学(注:可授教育

学、理学学位）

040204 发展心理学（注：可授教育学、理学学位）

040205 工业心理学（注：可授教育学、工学学位）

040206 社会心理学（注：可授教育学、法学学位）

040207 医学心理学（注：可授教育学、医学学位）

040208 运动心理学（注：可授教育学、理学学位）

040209 军事心理学

0403 体育学

040301 体育理论

040302 运动生物力学（含：运动解剖学）

040303 运动生理学

040304 运动生物化学

040305 体育保健学

040306 运动训练学

040307 体育教学理论与方法

040308 武术理论与方法(含：气功研究)

040309 体育史

040310 体育管理学

05 学科门类：文学

0501 中国语言文学

050101 文艺学

050102 中国现当代文学

050103 中国古代文学

050104 中国民间文学

050105 中国文学批评史

050106 中国古典文献学

050107 语言学

050108 现代汉语

050109 汉语史

050110 汉语文字学(含：古文字学)

050111 少数民族语言文学

050112 新闻学(注：可授文学、法学学位)

0502 外国语言文学

050201 英语语言文学(附：英语国家文化研究)

050202 俄语语言文学(附：苏联文化研究)

050203 法语语言文学(附：法语国家文化研究)

050204 德语语言文学(附：德语国家文化研究)

050205 日语语言文学(附：日本文化研究)

050206 印度语言文学(附：印度文化研究)

050207 西班牙语语言文学(附：西班牙语国家文化研究)

050208 朝鲜语言文学(附：朝鲜文化研究)

050209 阿拉伯语语言文学(附：阿拉伯语国家文化研究)

050210 欧洲古典语言文学(附：古希腊、罗马哲学、历史研究)

050211 语言学与应用语言学

050212 专门用途外语

050213 世界文学

050214 比较文学

050215 翻译理论与实践

050216 其他国家语言文学

0503 艺术学

050301 音乐学(含：音乐教育)

050302 作曲与作曲技术理论

050303 音乐表演艺术(含：指挥、键

盘乐器、管弦乐器、中国乐器、声乐)

050304 美术学(含:美术教育、民间美术研究)

050305 绘画艺术(含:中国画、油画、版画、壁画)

050306 雕塑艺术

050307 工艺美术学

050308 工艺美术设计(含:陶瓷设计、染织设计、装璜设计、书籍装帧、服装设计、装饰绘画、装饰雕塑、金属工艺、漆工艺)

050309 环境艺术

050310 戏剧学(附:戏曲学)

050311 戏剧、电影文学

050312 导演艺术及表演艺术

050313 舞台美术及技术

050314 电影历史及理论

050315 电影艺术及技术(含:电视艺术及技术)

050316 舞蹈历史及理论

0503S1 工业造型艺术

0503S2 乐器修造艺术

06 学科门类:历史学

0601 历史学

060101 史学理论

060102 史学史

060103 考古学(含:古文字学、原始社会史)

060104 历史地理

060105 博物馆学(含:文物学、古器物学)

060106 历史文献学(含:档案学、敦煌学、版本目录学等)

060107 专门史(含:经济史、文化史、思想史、政治制度史、土地制度史、工人运动史、农民战争史、中外关系史等)

060108 中国古代史

060109 中国近现代史

060110 中国地方史

060111 中国民族史

060112 世界上古史、中古史

060113 世界近现代史

060114 世界地区史、国别史

07 学科门类:理学

0701 数 学

070101 基础数学(含:数理逻辑、数论、代数、微分几何、拓扑学、函数论、泛函分析、微分方程)

070102 计算数学

070103 应用数学(注:可授理学、工学学位)

070104 概率论与数理统计

070105 运筹学与控制论

0702 物理学

070201 理论物理

070202 粒子物理

070203 原子核物理(注:可授理学、工学学位)

070204 原子和分子物理

070205 等离子体物理

070206 凝聚态物理

070207 半导体物理与半导体器件物理

070208 声学

070209 光学

070210 无线电物理

070211 无线电电子学

070212 电子、离子与真空物理
070213 计量学

0703 化学

070301 无机化学
070302 分析化学
070303 有机化学
070304 物理化学(含：化学物理)
070305 高分子化学与物理
070306 放射化学
070307 环境化学

0704 天文学

070401 天体物理
070402 天体测量与天体力学
070403 天文仪器与方法

0705 地理学

070501 自然地理学
070502 地貌学与第四纪地质学
070503 人文地理学
070504 区域地理学
070505 环境地理学
070506 地图学与遥感
(020127) 经济地理学(见经济学：经济地理)

0706 大气科学

070601 天气动力学
070602 气候学
070603 大气物理学
070604 大气环境
070605 大气探测与大气遥感
070606 应用气象学

0707 海洋科学

070701 物理海洋学
070702 环境海洋学
070703 海洋气象学
070704 海洋物理学
070705 海洋化学
070706 海洋生物学
070707 海洋地质(注：可授理学、工学学位)

0708 地球物理学

070801 固体地球物理学
070802 空间物理学
070803 地磁与高空物理学
070804 地震学
070805 地球动力学与大地构造物理学

0709 地质学

070901 矿物学
070902 岩石学
070903 沉积学(含：古地理学)
070904 矿床学
070905 地球化学
070906 古生物学及地层学
070907 古人类学
070908 构造地质学(含：地质力学)
070909 地震地质学
(081607) 数学地质(见工学：0816地质勘探、矿业、石油)

0710 生物学

071001 植物学(注：可授理学、农学学位)
071002 植物生理学(注：可授理学、农学学位)
071003 动物学
071004 昆虫学(注：可授理学、农学学位)
071005 生理学(注：可授理学、医学学位)

071006 神经生物学
071007 人类学
071008 水生生物学
071009 微生物学(注：可授理学、农学、医学学位)
071010 病毒学(注：可授理学、医学学位)
071011 遗传学(注：可授理学、医学学位)
071012 发育生物学
071013 生物化学(注：可授理学、农学、医学学位)
071014 生物物理学(注：可授理学、农学、医学学位)
071015 细胞生物学(注：可授理学、医学学位)
071016 分子生物学(注：可授理学、农学、医学学位)
071017 生态学(注：可授理学、农学学位)
071018 环境生物学

0711 系统科学

071101 系统理论
071102 非线性系统(实验与理论)
071103 科学学与科学管理
071104 控制论与智能系统

0712 图书馆与情报学

071201 图书馆学
071202 科技情报

0713 自然科学史

071301 自然科学史(分学科)

08 学科门类：工学

0801 力学(注：可授工学、理学学位)

080101 基础力学
080102 一般力学
080103 固体力学
080104 流体力学
080105 空气动力学
080106 结构力学
080107 计算力学
080108 实验力学
080109 岩土力学
080110 生物力学
080111 流变学
(082209) 爆炸理论及应用（含：爆炸力学）(见工学：0822 兵器科学与技术)

0802 机械工程

080201 机械学
080202 机械制造
080203 流体传动及控制
080204 工程机械
080205 冶金机械
080206 轻工机械
080207 汽车设计制造
080208 振动、冲击、噪声
(082403) 农业机械设计制造(见工学：0824 农业工程)
0802S1 工程图学
0802S2 机电控制及自动化

0803 仪器仪表

080301 光学仪器
080302 精密仪器及机械
080303 测试计量技术及仪器
080304 电磁测量技术及仪器
080305 生物医学工程及仪器
080306 分析仪器

0804 材料科学与工程

080401 材料物理

080402 金属材料及热处理
080403 无机非金属材料
080404 硅酸盐材料
080405 半导体材料
080406 高分子材料
080407 复合材料
080408 铸造
080409 金属塑性加工
080410 焊接
080411 粉末冶金
080412 高分子材料成型加工
080413 腐蚀与防护

0805 冶 金

080501 冶金物理化学
080502 钢铁冶金
080503 有色金属冶金
080504 冶金化学分析
0805S1 冶金资源工程

0806 动力工程及工程热物理

080601 工程热物理
080602 热能工程
080603 内燃机
080604 热力叶轮机械
080605 流体机械及流体动力工程
080606 化工过程机械
080607 制冷及低温工程
080608 电厂热能动力工程
080609 真空工程

0807 电 工

080701 电机
080702 电器
080703 电力系统及其自动化
080704 高电压技术
080705 电工材料及绝缘技术
080706 电力电子技术
080707 理论电工
080708 电力传动及其自动化
080709 超导技术及磁流体发电
(080304) 电磁测量技术及仪器（见工学：0803仪器仪表）

0808 电子学与通信

080801 通信与电子系统
080802 信号与信息处理
080803 电路与系统
080804 物理电子学与光电子学（含：光电技术、激光技术）
080805 电磁场与微波技术
080806 半导体器件与微电子学
080807 电子材料与元器件
0808S1 生物电子学

0809 自动控制

080901 自动控制理论及应用
080902 工业自动化
080903 自动化仪表及装置
080904 系统工程
080905 模式识别与智能控制

0810 计算机科学与技术
（注：可授理学、工学学位）

081001 计算机科学理论
081002 计算机软件
081003 计算机组织与系统结构
081004 计算机器件与设备
081005 计算机应用

0811 管理科学与工程

081101 管理科学（注：可授理学、工学学位）
081102 管理工程（分各部门，含工商管理）
081103 管理信息系统

081104　建筑经济与管理
(080904)　系统工程
(见工学:0809自动控制)
(020125)　技术经济
(见经济学)
0811S1　工业外贸
0811S2　工业工程

0812　建筑学

081201　建筑历史与理论
081202　建筑设计及其理论(含:室内环境设计、现代设计方法)
081203　城市规划与设计
081204　风景园林规划与设计(注:可授工学、农学学位)
081205　建筑技术科学

0813　土木、水利

081301　岩土工程
081302　结构工程
081303　环境工程
081304　市政工程
081305　供热、供燃气、通风及空调工程
081306　地震工程及防护工程
(含:军事防护工程)
081307　建筑材料
081308　水文学及水资源
081309　水力学及河流动力学
081310　水工结构工程
081311　农田水利工程
081312　水力发电工程
081313　港口及航道工程
081314　海岸工程
081315　近海工程(含:海洋水文、海洋动力资源、海洋工程结构、海洋技术)
(081603)　水文地质与工程地质(见工学:0816地质勘探、矿业、石油)
0813S1　土木、水利工程施工

0814　测　绘

081401　大地测量
081402　摄影测量与遥感
081403　工程测量
081404　地图制图
081405　海洋测量
0814S1　地籍测量与土地信息学

0815　化学工程和工业化学

081501　化学工程
081502　无机化工(含:化工冶金)
081503　有机化工
081504　精细化工
081505　生物化工
081506　环境化工
081507　应用化学
0815S1　工业催化

0816　地质勘探、矿业、石油

081601　矿产普查与勘探
081602　煤田、油气地质与勘探
081603　水文地质与工程地质(注:可授理学、工学学位)
081604　应用地球物理
081605　应用地球化学
081606　探矿工程
081607　数学地质(注:可授理学、工学学位)
081608　遥感地质
081609　采矿工程(地下开采、露天开采)
081610　矿物加工工程
081611　矿山建设工程
081612　矿山工程力学

081613 矿山机械工程
081614 油气钻井工程
081615 油气田开发工程
081616 石油、天然气储运工程
081617 石油、天然气机械工程
081618 安全技术及工程
(070707) 海洋地质(见理学:0707海洋科学)
0816S1 环境地质

0817 纺 织

081701 纺织工程
081702 针织工程
081703 丝绸工程
081704 纺织材料
081705 化学纤维
081706 染整工程
081707 纺织品设计
081708 纺织机械
081709 服装
0817S1 非织造布

0818 轻 工

081801 制浆造纸工程
081802 制糖工程
081803 食品工程
081804 发酵工程
081805 皮革化学与工程
081806 粮食工程
081807 油脂与植物蛋白工程
(080412) 高分子材料成型加工(见工学:0804材料科学与工程)
0818S1 印刷工程

0819 铁道、公路、水运

081901 铁道工程
081902 公路、城市道路及机场工程
081903 桥梁与隧道工程
081904 运输管理工程
081905 物资流通工程
081906 运输自动化与控制
081907 铁道牵引电气化与自动化
081908 机车车辆
081909 汽车运用工程
081910 航海技术
081911 船机修造工程
0819S1 交通工程

0820 船舶与海洋工程

082001 船舶与海洋结构物设计、制造
082002 船舶与海洋工程结构力学
082003 船舶与海洋工程流体力学
082004 轮机工程
082005 船舶与海洋工程特辅装置与系统
082006 水声工程
(082108) 惯性技术及其导航设备(见工学:0821 航空与宇航技术)

0821 航空与宇航技术

082101 飞行力学
082102 飞机设计
082103 空间飞行器设计
082104 导弹设计
082105 航空宇航制造工程
082106 航空发动机
082107 火箭发动机
082108 惯性技术及其导航设备
082109 飞行器控制、制导与仿真
082110 人机与环境工程
082111 航空宇航系统工程

0822 兵器科学与技术

082201 火炮与自动武器

082202 弹药战斗部工程
082203 火箭导弹发射技术
082204 引信技术
082205 军用车辆工程
082206 兵器系统工程
082207 含能材料
082208 火工、烟火技术
082209 爆炸理论及应用(含:爆炸力学)
082210 弹道学
082211 军用光学
082212 火力控制系统
082213 兵器安全技术
082214 军事化学
082215 水中兵器
082216 军事技术运筹学
(082108) 惯性技术及其导航设备 (见工学:0821 航空与宇航技术)
(082110) 人机与环境工程 (见工学:0821航空与宇航技术)
0822S1 兵器运用工程

0823 原子能科学与技术

082301 核电子学与核探测技术
082302 加速器物理及应用
082303 核聚变与等离子体物理
082304 辐射防护与保健物理
082305 核材料
082306 反应堆物理
082307 反应堆工程与反应堆安全
082308 同位素分离
082309 核化学化工
082310 同位素技术
082311 辐射技术及应用
082312 核环境工程
082313 放射性地质与勘探
(070203) 原子核物理
(见理学:0702物理学)

0824 农业工程
(注:可授工学、农学学位)

082401 农业机械化
082402 农业电气化与自动化
082403 农业机械设计制造
082404 农业水土工程
0824S1 农村能源工程
0824S2 农产品加工工程
0824S3 农业生物环境工程
0824S4 农业系统工程及管理工程

0825 林业工程

082501 森林采运工程
082502 木材加工与人造板工艺
082503 林产化学加工
082504 林区道路与桥梁工程
082505 林业与木工机械
082506 林业自动化
082507 木材学

0826 技术科学史

082601 技术科学史(分学科)

09 学科门类:农学

0901 农 学

090101 作物栽培学与耕作学
090102 作物遗传育种
090103 农产品贮藏加工(含:果蔬贮藏加工)
090104 果树学
090105 蔬菜学
090106 茶学
090107 蚕桑学
090108 土壤学(注:可授农学、理学学位)

090109 作物营养与施肥
090110 农药学(注:可授农学、理学学位)
090111 植物病理学(注:可授农学、理学学位)
090112 农业经济及管理
090113 农业史
(071001) 植物学(见理学:0710 生物学)
(071002) 植物生理学(见理学:0710生物学)
(071004) 昆虫学(见理学:0710 生物学)
(071009) 微生物学(见理学:0710生物学)
(071013) 生物化学(见理学:0710生物学)
(071014) 生物物理学(见理学:0710生物学)
(071017) 生态学(见理学:0710 生物学)
0901S1 观赏园艺学
0901S2 农业环境保护
0901S3 农业资源经济与土地利用管理

0902 畜 牧

090201 动物营养学
090202 动物繁殖学
090203 动物遗传育种学
090204 动物生产学
090205 饲料科学
090206 动物食品科学(注:可授农学、工学学位)
090207 草原科学

0903 兽 医

090301 动物解剖学、组织学与胚胎学(注:可授农学、理学学位)
090302 动物生理学、动物生物化学(注:可授农学、理学学位)
090303 兽医药理学与毒理学
090304 兽医病理学
090305 兽医微生物学与免疫学
090306 传染病学与预防兽医学
090307 兽医寄生虫学与寄生虫病学
090308 兽医公共卫生学
090309 兽医内科学
090310 兽医外科学
090311 兽医产科学
090312 禽病学
090313 中兽医学
090314 实验动物学(注:可授农学、理学学位)
0903S1 兽医临床诊断学

0904 林 学

090401 林木遗传育种
090402 造林学
090403 森林经理学
090404 森林保护学
090405 经济林
090406 水土保持
090407 园林植物
090408 野生动物
090409 林业经济及管理
(071001) 植物学(见理学:0710 生物学)
(071017) 生态学(见理学:0710 生物学)
(081204) 风景园林规划与设计(见工学:0812建筑学)
(090108) 土壤学(见农学:0901 农学)

0905 水 产

090501 水产养殖
090502 捕捞学
090503 水产品贮藏与加工
090504 渔业资源

10 学科门类：医学

1001 基础医学

100101 人体解剖学（注：可授医学、理学学位）
100102 组织学与胚胎学（注：可授医学、理学学位）
100103 免疫学
100104 病理学
100105 寄生虫学（注：可授医学、理学学位）
100106 法医学
100107 生物医学工程（注：可授医学、理学、工学学位）
100108 病理生理学
100109 放射医学（注：可授医学、理学学位）
100110 航空、航天和航海医学
100111 医学史
(071005) 生理学（见理学：0710 生物学）
(071009) 微生物学（见理学：0710生物学）
(071011) 遗传学（见理学：0710 生物学）
(071013) 生物化学（见理学：0710生物学）
(071014) 生物物理学（见理学：0710生物学）
(071015) 细胞生物学（见理学：0710生物学）
(100609) 药理学（见医学：1006药学）

1002 临床医学

100201 内科学（含：心血管病、血液病、呼吸系病、消化系病、内分泌与代谢病、肾病、风湿病）
100202 儿科学
100203 神经病学
100204 精神病学与精神卫生学
100205 皮肤病与性病学
100206 传染病学
100207 核医学
100208 临床检验诊断学
100209 老年医学
100210 护理学
100211 外科学（含：普外、骨外、泌尿外、胸心外、神外、整形、烧伤）
100212 妇产科学（含：妇科学、产科学、计划生育医学）
100213 眼科学
100214 耳鼻咽喉科学
100215 口腔科学（含：口内、口腔颌面外、口腔修复、口腔生理、口腔解剖、口腔病理、正畸）
100216 影像医学
100217 放射治疗学
100218 康复医学与理疗学
100219 运动医学（注：可授医学、教育学学位）
100220 麻醉学
100221 野战外科学
100222 肿瘤学
1002S1 急诊医学

1003 公共卫生与预防医学

100301 流行病学

100302 环境卫生学（含：卫生工程学）
100303 营养与食品卫生学
100304 儿少卫生与妇幼保健学
100305 卫生统计学
100306 劳动卫生与职业病学
100307 卫生检验学
100308 卫生毒理学
100309 社会医学与卫生事业管理
100310 卫生学与军队卫生学
100311 防原医学
100312 防化医学
100313 防生物危害医学

1004 中 医

100401 中医基础理论
100402 方剂学
100403 内经
100404 伤寒论
100405 金匮要略
100406 温病
100407 各家学说
100408 中医诊断学
100409 中医内科学
100410 中医外科学（含：皮肤、肛肠）
100411 中医妇科学
100412 中医儿科学
100413 中医眼科学
100414 中医耳鼻咽喉科学
100415 中医骨伤科学（含：推拿）
100416 针灸学
100417 中医文献
100418 医古文
100419 中医学史
（100603） 中药学（见医学：1006 药学）
1004S1 中医气功学

1005 中西医结合

100501 中西医结合基础（含：基础理论、证候与诊法、治则与方药、针灸与针麻）
100502 中西医结合临床（含：内科、外科、骨伤科、妇产科、儿科、眼科、耳鼻咽喉科、口腔科、老年病、肿瘤病）

1006 药 学

100601 药物化学（注：可授医学、理学学位）
100602 药剂学（注：可授医学、理学学位）
100603 中药学（注：可授医学、理学学位）
100604 生药学（注：可授医学、理学学位）
100605 药物分析学（注：可授医学、理学学位）
100606 生化药学（注：可授医学、理学学位）
100607 微生物药学（注：可授医学、理学学位）
100608 制药工程学（注：可授医学、工学学位）
100609 药理学（注：可授医学、理学学位）

11 学科门类：军事学

1101 军事理论及军事史

110101 马恩列斯军事理论、毛泽东军事思想
110102 中国历代军事思想
110103 外国军事思想
110104 军事历史

1102 战略学

110201 战略学
110202 核战略学
110203 战争动员学

1103 战役学

110301 合同战役学
110302 海军战役学
110303 空军战役学
110304 导弹部队战役学

1104 战术学

110401 合同战术学
110402 陆军兵种战术学(含:炮兵战术学、装甲兵战术学、工程兵战术学、通信兵战术学、防化兵战术学)
110403 海军战术学
110404 空军战术学
110405 导弹部队战术学

1105 军队指挥学

110501 作战指挥(含:陆军、海军、空军及其所属兵种作战指挥、导弹部队作战指挥、军事航天组织指挥、电子对抗指挥)
110502 军事运筹学
110503 军事通信学
110504 军事情报学
110505 密码学(注:地方单位授工学学位)

1106 军制学

110601 军事组织体制
110602 军事装备学
110603 军队管理学(含:后勤管理学)

1107 军队政治工作

110701 军队政治工作学
110702 军队政治工作史

1108 军事后勤学

110801 军事后勤学
110802 后勤组织指挥
110803 后方专业勤务

1990年全国学位授予情况

一、名誉博士学位的授予

1990年，我国继续加强国际间的学术交流，经国务院学位委员会批准共授予四位国际著名的科学家名誉博士学位。北京大学分别授予阿根廷著名法学家、国际法院（联合国）院长何塞·马利亚·鲁达和意大利著名高能物理学家、欧洲核子研究所资深教授、世界科学家联合会主席、世界实验室主任齐吉基名誉博士学位；北京航空航天大学授予美国麻省理工学院教授、美国国家工程科学院院士卞学锁名誉博士学位；北京林业大学授予加拿大国际发展中心(TDRC)董事会主席、世界艺术与科学院士伊凡利·海德名誉博士学位。

二、博士学位的授予

1990年，我国共授予1982人博士学位（见附一），使我国自己培养的博士学位人数达到6854人。

三、硕士学位的授予

1990年，我国共授予硕士学位32090人（见附二），中国硕士的总数已达178416人。我国授予的硕士学位，已经覆盖了包括哲学、经济学、法学、教育学、文学、历史学、理学、工学、农学、医学和军事学11个学科门类的600多种学科、专业，这标志着我国硕士一级高级专门人才的培养已经做到了立足于国内，完成了国家“七五”计划提出的战略目标，为社会主义现代化建设输送了大批合格人才，基本满足了经济建设发展的需要。

四、学士学位的授予

1990年，我国共授予260483人学士学位（见附三），学士学位的累计人数达到206万余人。

附一

□1990年授予博士学位人员统计表

学科门类	授予人数		
	合计	高等学校	科研机构
总计	1982(14)	1734(14)	248
哲学	24	24	
经济学	43	43	
法学	28	28	
教育学	16	16	
文学	49(1)	49(1)	
历史学	34(1)	34(1)	
理学	546(2)	370(2)	176
工学	794(7)	743(7)	51
农学	84(1)	73(1)	11
医学	364(2)	354(2)	10
军事学			

注：括弧中数字为总数中所含在职人员获得学位数

附二

□1990年授予硕士学位人员统计表

学科门类	授予人数		
	合计	高等学校	科研机构
总计	32090 (1925)	29317 (1891)	2773(34)
哲学	676(65)	670(65)	6
经济学	1804(162)	1677(159)	127(3)
法学	1105(183)	1081(183)	24
教育学	585(39)	580(39)	5
文学	1370(82)	1369(82)	1
历史学	790(37)	785(37)	5
理学	6134(206)	5040(206)	1094
工学	14075(848)	12788(832)	1287(16)
农学	1406(96)	1333(87)	73(9)
医学	4093(207)	3942(201)	151(6)
军事学	52	52	

注：括弧中数字为总数中所含在职人员获得学位数

附三

□1990年授予学士学位人员统计表

学科门类	授予人数
总计	260483
哲学	2991
经济学	19199
法学	10246
教育学	6586
文学	24155
历史学	6394
理学	42558
工学	10986
农学	13789
医学	24640
军事学	63

撰稿人　徐维青

审稿人　王忠烈　梁桂芝

执行《亚太地区互相承认高等教育学历、文凭和学位公约》的情况

1983年12月16日，亚太地区的有关国家在泰国缔结了《亚太地区互相承认高等教育学历、文凭和学位公约》，旨在解决亚太地区各国间学历、文凭和学位的互相承认等问题，促进各国之间开展广泛的学术交流。有近20个国家的教育部长代表各国的政府草签了此项公约。

我国是《公约》的缔约国之一。原教育部副部长、国务院学位委员会秘书长黄辛白代表我国政府在公约上签了字。根据联合国的有关规定，我国政府于1984年正式批准了此项公约。

根据该公约的规定，缔约国将组成一个由成员国参加的委员会，具体负责促进公约的贯彻执行。1990年2月12日至19日，该委员会在泰国曼谷召开了首次会议，商讨贯彻执行公约的有关技术性问题。国务院学位委员会办公室主任王忠烈教授参加了会议，并当选为该委员会的第一副主席（主席为澳大利亚前首相惠特拉姆）。根据公约中各缔约国应建立执行此项公约的国家级机构，具体负责和协调公约的实施有关条款的规定，确定了国务院学位委员会及其办公室作为我国《亚太地区互相承认高等教育学历、文凭和学位公约》的国家级执行机构，协调国内的工作，并会同国家教委、国家科委、人事部等有关部委共同做好这项工作。

几年来，国务院学位委员会及其办公室对执行公约的规定，开展了积极而有成效的工作。(1) 与有关国家进行了互相承认高等教育学历、文凭和学位的探讨和缔约工作。已与斯里兰卡签署了互相承认高等教育学历、文凭和学位的条约备忘录。与苏联、保加利亚、秘鲁、阿尔及利亚等国进行了学位互相承认的初步磋商。(2)积极开展了各国学位的研究工作，为国家间学位对等问题提供科学依据，现已取得阶段性成果。

撰稿人　王崇东

审稿人　王忠烈　梁桂芝

召开高校社会科学研究工作会议

1990年1月9日至12日，国家教委社会科学研究与艺术教育司在广西大学召开了高校社会科学研究工作会议。参加会议的有国家教委直属综合大学主管文科科研工作的副校长或党委副书记，直属综合、师范、外语院校以及部分省、自治区、直辖市属院校的科研处长，各省、自治区、直辖市教委（高教厅、局）主管文科科研工作的负责同志，共计80人。

会议总结反思了理论工作的经验教训，认真分析了高等学校社会科学研究所处的环境和面临的形势，明确了今后的任务和1991年的主要工作。

会议认为：目前我国面临着国际、国内反共反社会主义势力的猖狂进攻。坚持马克思主义的指导地位和作用，进一步端正社会科学研究的方向，努力建立和发展以马克思主义为指导的社会主义意识形态，繁荣社会主义的哲学社会科学研究事业，是高等院校当前和今后的一项重要任务。

会议确定高等学校社会科学研究需要加强的方面是：坚持马克思主义，深入持久地反对资产阶级自由化，澄清被资产阶级自由化搞乱了的理论是非，清除资产阶级自由化在社会科学各领域的流毒和影响；使高等院校的社会科学研究为社会主义现代化建设和深化改革开放贡献力量，为思想政治教育提供理论武器，为学科建设和文科教学改革服务；树立科学、严谨、实事求是的良好学风，积极贯彻理论联系实际的方针，最大限度地发挥社会科学研究在社会主义物质文明建设和精神文明建设中的作用；高校党委要更加重视社会科学研究工作，牢牢掌握意识形态领域的领导权，在社会科学研究工作的指导思想、方向、队伍建设等方面加强领导。

会议提出了1990年高等学校社会科学研究工作的四项任务：(1)申报、评审、下达第三批博士学科点专项科研基金项目和第二批国家教委青年科研基金项目；(2)做好“七五”社会科学研究工作总结；(3)加强队伍组织和科研机构建设工作；(4)着手“八五”科研规划的研究和准备工作。

会后下发了《关于印发高校社会科学研究工作会议材料的通知》。材料内容包括《高校社会科学研究工作的形势与任务》的报告及《关于1990年工作的安排意见》等。

撰稿人　赵晓光
审稿人　王茂根

加强高校和中专学校马克思主义理论教育

1990年，为适应国际国内形势变化，从反对和平演变的战略高度出发，国家教委在加强高等院校和中等专业学校的马克思主义理论教育方面做了以下工作：

一、开展马克思主义理论教育改革研究

国家教委社会科学研究与艺术教育司（以下简称社科司）于1990年4月在京召开了高等学校政治理论课教学改革研讨会。全国部分省、市教委的代表、高等学校教师40余人参加了会议。与会同志根据党中央的有关精神，围绕在新形势下如何加强和改进高等院校马克思主义理论教育的指导思想和工作方针、教学内容和课程设置、教学与科研、师资队伍建设以及与之相应配套的政策措施等进行了深入研讨。通过研讨，进一步明确了方向，增进了共识，为制定加强和改进高等学校马克思主义理论教育的意见提供了基础。

二、开展理论课课程建设研讨

国家教委社科司根据1985年8月《中共中央关于改革学校思想品德和政治理论课程教学的通知》精神和国家教委的有关规定，在调查研究近几年来各地高等院校进行马克思主义理论课教学改革，陆续开设了中国革命史、中国社会主义建设、马克思主义原理和世界政治经济与国际关系等课程进展情况的基础上，为了总结教学改革经验，进一步深化理论课教学改革，于1990年12月在广州召开了高等学校中国革命史、中国社会主义建设、马克思主义原理课程建设研讨会。来自全国部分高校的50多名代表参加了会议。与会同志回顾和总结了近年来上述课程的教学经验，贯彻理论联系实际的方针，着力探讨了各门课程的主要理论内容和基本的理论主线，并对与本门课程密切相关的青年学生中现实存在的一些带有普遍性和倾向性的思想理论问题作了细致的梳理和分析。与会者普遍认为，这次研讨对于深化马克思主义理论教学改革，特别是对修改试行的上述各门课程教学大纲、要点和教材，具有重要的指导意义。

三、推动理工科院校马克思主义基础专业建设

为了交流近几年来理工科院校马克思主义基础专业的办学情况，研究和解决存在的问题，进一步提高办学水平，1990年8月国家教委社科司在青岛海洋大学召开了马克思主义基础专业系主任联席会议。全国9所理工科院校的社科系（马列部）负责人到会。与会同志回顾了1984年以来马克思主义基础专业建设和发展的历史，一致认为，理工科大学马克思主义基础专业是为适应高校马克思主义理论教育的需要，加强理论队伍建设而创立的。6年来的办学实践证明，马克思主义基础专业培养的学生因具有较高的政治素质和业务素质，受到社会的普遍欢迎，马克思主义基础专业是有生命力的，应当继续坚持，努力办好。与会同志提出，根据几年的办学实践以及社会对马克思主义理论人才的需求，马克思主义基础专业的培养目标应是从事马克思主义基本理论教育、宣传和研究以及党政工作的高级专门人才。因此，要求培养的学

生必须具有坚定的无产阶级立场、正确的政治观点，坚持社会主义方向，忠诚马克思主义理论教育事业。会议着重探讨了如何加强专业建设，实现培养目标的问题，提出要强化马克思主义基本理论特别是马列原著的教学，坚持把政治方向和思想品德的教育放在更加突出的地位，采取切实有力的措施提高学生的思想政治素质，还要注意加强社会实践环节，在斗争中培养马克思主义理论人才。会议还讨论了加强马克思主义基础专业的科研、教材建设以及骨干教师队伍的建设问题。

四、培训理论课师资

在马克思主义理论教学改革逐步深入的形势下，理论课师资队伍的培训和理论教育专业队伍建设引起各级教育主管部门和各地高校的重视。许多省、市教委和高等学校举办了多种类型的师资培训班，读书班等。国家教委社科司委托中国人民大学于1990年3月分别举办了马克思主义理论教师高级研讨班和马克思主义原理、中国社会主义建设、世界政治经济与国际关系等3门课程的教师进修班。各省、自治区、直辖市教委选派了104人参加学习。高级研讨班根据高校马克思主义理论教育的需要，着重研讨了教学和学生思想中具有共性的重大理论难点和热点问题，剖析和批判了资产阶级自由化的主要观点。进修班以课堂讲授为主，根据专业特点开设了专业必修课、专业选修课、共同必修课等课程。国家教委社科司还委托中国人民大学苏联东欧研究所在1990年4月举办了苏联东欧问题讲习班，来自全国29个省、市高校的290名理论课教师、理论宣传、思想政治工作干部参加了学习。这次讲习班共讲授10个专题，着重研究了苏联东欧局势变化及其原因，总结了经验教训，为进行形势教育提供了基本理论观点和参考材料。

为重点培训骨干教师，国家教委社科司和中宣部教育局于1990年8月7日至14日在大连联合举办了全国高校马列(社科)部主任暑期讲习班。参加讲习班的学员220人，来自全国29个省、自治区、直辖市高等学校以及部分军事院校。中共中央政治局委员、国务委员、国家教委主任李铁映，国家教委副主任何东昌、滕藤，中宣部副部长李彦等先后到会作了重要讲话。学员们听取了国务院研究室主任袁木关于当前国内外形势的报告，有关专家、学者就当前思想理论战线的一些重大问题做了专题报告。广东、江苏、吉林等省教委和中国人民大学、南开大学、海军勤务学院介绍了深化高校马克思主义理论课教学改革的经验。

五、继续进行中专、高等院校政治理论课教学大纲、教材的完善配套和修订工作

1990年度，国家教委审定了中等专业、中等师范学校使用的《马克思主义概论》（修订版）教材。供理工科研究生公共政治理论课使用的《自然辩证法概论》也于1990年7月进行了修订。这两本教材均由高等教育出版社出版。

为了给理论课教师适时地提供必要的教学参考资料，国家教委社科司组织编写了反映苏联东欧问题的资料，出版了《马克思主义理论教育参考资料》12期；在纪念鸦片战争150周年之际，为配合对广大学生进行爱国主义教育，组织编写了《美国的强权政治》、《西方国家的和平演变战略》、《经济落后国家两条不同道路比较》。

撰稿人　徐维凡

审稿人　杨瑞森

下达文科博士点专项科研基金项目和青年科研基金项目

1990年，国家教委下达了第三批文科博士点专项科研基金项目286项，第二批文科青年科研基金项目151项。这两批项目突出反映了高校哲学、社会科学工作者经过1989年春夏之交的政治风波，对资产阶级自由化的危害性，对西方推行和平演变战略的危险性有了更清醒的认识。他们积极投入到意识形态领域思想理论战线的斗争中，提出了一批具有针对性、说理性、批判性的课题。

到1990年底，不少课题已取得了初步研究成果。哲学学科的“对歪曲否定列宁反映论理论的错误观点的批判研究”、“社会主义初级阶段社会思潮演变特点”、“尼采哲学研究”、“资产阶级人生观、价值观批判”、“马克思主义关于人的个性理论——评存在主义的‘自我中心论’和‘自由选择论’”、“论集体主义价值观与个人主义价值观的斗争”；经济学学科的“历史选择——中国必须走社会主义道路”、“从动态发展比较中看社会主义制度的优越性”、“评马克思主义政治经济学发展中的‘反传统’思潮”、“趋同论研究”；政治学学科的“民主社会主义理论与实践研究”、“当代西方资产阶级民主自由人权理论批判”，等等。这些研究课题在一些重大理论问题上起到了正本清源，拨乱反正的作用。

据统计，在这两批项目中，研究现实思想理论问题，探讨社会主义建设中特别是改革开放实践中的热点、难点的课题约占70%；直接为学科建设服务和纯学术研究的课题约占30%。这次下达的文科博士点专项科研基金项目，多数是由博士学科点梯队上的中年学术骨干承担的，将有利于加强高等学校文科博士学科点的建设。文科青年科研基金项目，基本上是由35岁左右的青年教师承担的，其中年龄最小的只有26岁，项目分布在全国25个省、自治区、直辖市的59所高校，目的是为了推动全国高校对青年文科教师的培养工作。

这两批项目涉及了14个二级学科的80多个研究领域。每个课题都经过充分的论证，有一定的研究基础和可行的基础方案，经过500余位同行专家的评审，可望能取得具有较高研究水平的成果。

撰稿人　赵晓光

审稿人　王茂根

编写高等学校文科部分基础理论教材

为了科学地总结哲学社会科学理论的新成果、新发展，用马列主义、社会主义占领高校文科阵地，培养青年一代具有坚定正确的政治方向，成长为社会主义事业的可靠接班人，1990年国家教委在《政治经济学》教科书编写试点的基础上，着手组织编写高等学校的文学、史学、哲学、政治学、法学、经济学、社会学、新闻学8个学科的“马克思主义文学概论”、“中国现代文学史”、“中华人民共和国史”、“马克思主义哲学原理”、“马克思主义哲学史”、“伦理学”、“美学”、“政治经济学”、“西方经济学”、“法学概论”、“宪法学”、“政治学原理”、“科学社会主义”、“社会学概论”、“社会调查与社会统计”、“新闻学概论”共16门基础理论课教材。与此同时，编写出与上述教材配套的马列经典著作选读、学术著作选读、史料汇编、调查材料汇编、统计资料汇编等教学参考书与学生参考用书。以这批教材的编写为中心，整个文科教材的建设工作将在“八五”期间全面展开。

中央领导和国家教委对这次教材建设很重视，提出在各种教材中要坚持马克思主义，从转变学风入手，切实贯彻理论联系实际的原则；要深入调查研究，在鉴别的基础上，充分正确地吸收近些年来的理论研究成果；特别要注意从实践中提炼出新的科学观点，系统准确地阐述马克思主义的各学科基本理论，旗帜鲜明地揭露批判资产阶级自由化的各种思潮，澄清青年学生中普遍存在的深层次的思想理论问题，使新编的教材既具有理论深度和知识广度，又有针对性、说服力和吸引力。

这次编写的文科教材，注重体现民族特色。要求文学、美学、伦理学、社会学等教材特别注意结合中国实际，充分挖掘祖国文化的深刻内涵和无穷的智慧，弘扬优秀的民族文化传统，以丰富教材的爱国主义教育内容，使学生在学习中潜移默化地增强民族自信心、自豪感。在发挥文科教材思想政治教育和科学知识传授功能的同时，更突出其道德、情感培养的功能。

同时，还要求将教材建设与组织培养队伍结合起来。编写人员在坚持马克思主义、志同道合的前提下，既选用高校马克思主义理论水平高、有重大学术建树的学科带头人担任主编，又大胆起用了一批年轻教师参加实际调查和专题研究工作，通过教材编写工作，把他们培养成教学阵地的可靠接班人。

1990年，为编写这批教材进行了三方面的工作。（1）整理分析近年来本学科的理论研究情况，清理资产阶级自由化思潮在本学科的表现和影响；（2）收集、总结建国以来本学科教材建设的经验教训，教材的变化和发展；（3）面向实际，调查和研讨本学科必须回答和解决的重大理论问题与实际问题，特别是学生中存在的思想认识问题。

经过一年来的工作，根据编写指导思想和要求，《政治经济学》编写组已取得了有益的经验：一是切切实实地转变学风，不从本本出发，而从调查研究入手，发动了10余所院校的近百位教师开展了30多个课题的调研工作，一个一个地解决经济理论与实践中的难点、热点、重点；二是有一个团结的充满活力的领导班子和工作班子；三是在编写组内部提倡不同意见的探讨，提倡追求真理修正错误的科学态度，力求通过内部的自由讨论，就基本理论观点求得共识；四是注意加强联系，及时通报和反馈有关教科书的编写情况，已出简报二期、通讯八期、会议纪要一期。这些经验将对今后各科教材的编写起到推动作用。

撰稿人　赵晓光
审稿人　王茂根

高等学校自然科学研究工作

一、继续贯彻“科技工作必须面向经济建设”的基本方针

(一)通过国家各种科技计划，加速高校科技成果向现实生产力转化

1.进入国家“火炬计划”。1990年国家科委共批准国家火炬计划280项。其中高等院校有35项(国家教委直属高校18项)，占项目总数的12.5%，从国家得到贷款5150万元(不包括地方配套贷款)，占国家总投资额的10%。高等院校列入“火炬计划”的，都是技术先进、成熟，具有批量生产条件，产品市场前景好，经济效益高的项目，其投入产出比一般在1:5左右，利税率大于25%，投产周期约2—3年。

为更好地实施“火炬计划”，国家教委有计划、有选择地对“火炬”预备项目进行了资助。国家科委第一批公布的预备项目共11项，其中高校有5项；国家总投资500万元，高校获280万元，两项分别占总数的45.5%和56%。

2.进入国家重点推广计划。该计划1990年正式批准了工业类196项、农业类296项。高等院校进入工业类的有40项(其中国家教委直属高校19项)，占20%；进入农业类的有45项(其中北京农业大学有24项)，占15.2%。

1990年全国有84家工矿企业承担了15项高等学校列入工业类重点推广项目的推广工作。他们得到科技贷款5809.6万元、拨款70万元、无息贷款20万元。高校则得到技术转让费和科技政策支持费。如复旦大学的“谷氨酸中高糖淀粉一次发酵工艺”已转让64个厂家，1990年共拿到技术转让费150万元。

3.参加国家科委的新产品试制(鉴定)计划。该计划主要为加强新产品的试制管理，推动科技成果的商品化，鼓励新产品的开发。1990年共有1766项列入该计划，其中高等学校有73项(国家教委直属高校36项)，占总数的4.13%。

4.参加重大新产品试产计划。国家计委等6个部委局联合下达的1990年度国家级重大新产品试产计划共有2015项，其中高等院校28项。国家教委直属高校通过国家教委科技发展中心报的10个项目，全部入选。凡是列入国家两个新产品计划的项目，国家有关部门将在税收、价格、信贷、物资、海关等方面给予优惠待遇。

(二)进一步为科技兴农作贡献

1.为贯彻1990年全国科技工作会议科技兴农精神，1990年4月和7月，国家教委分别在杭州、长春对高校科技兴农的情况进行调查，增强了组织高校科技人员投入科技兴农的针对性。

2.国家教委与国家科委、农业部、林业部共同起草了《关于进一步组织高等学校科技力量为振兴农业作贡献的决定》。这个文件已几易其稿，定稿后将印发政府有关部门和有关高校。

3.为配合全国高校科技工作会议的召开，国家教委科技管理中心编辑出版了《1985—1989年部分高等院校科技兴农成果选编》，宣传高校科技兴农的成果。据118所高校1985～1989年科技兴农成果统计，这

些高校开展农业科技研究项目9305项，推广应用农业科技成果3136项，获省、部级以上奖励1302项，取得经济效益620.4亿元，派出科技副县长301人，承担科技扶贫县258个，建立农业推广示范基地784个，培养高级农业专门人才128942人，培养农村技术骨干1494346人。几年来累计经济效益亿元以上的推广项目有84个，共取得经济效益522.2亿元。

(三)积极参加技术市场活动

1.为促进高校科技成果的推广应用和活跃高校的国内技术市场，国家教委科技管理中心积极组织高校科技成果进入国家技术市场，在中国技术发布厅租用了两个摊位，按月以省(自治区、直辖市)为单位组织全国高校参展。1990年北京和天津的部分高校参加了展示，用户对天津一些高校成果很感兴趣。

国家教委科技发展中心报送高校8个项目参加第五届全国发明展览会；通知高校参加首届全国轻工博览会。

2.积极开拓国际市场。有7个高校科技成果报送参加日本科技展览会；有12个高校项目经审查通过，将赴新加坡参加1990年国际资讯科技展览。

3.经国家教委科技管理中心推荐，高校有41项技术收入国家科委编辑的《技术出口项目汇编》，将推动高校技术出口。

4.国家教委科技管理中心1990年出版了12期《中国高校技术市场》。该刊在1990年作了两项调整：(1)增加了社会比较关心的“三废处理及利用”、“高校科技动态”两个新栏目；(2)在项目介绍上，增加了一些大项目，以适应产品结构调整的需要。

(四)利用《中国技术成果大全》宣传高校科技成果

国家教委科技管理中心利用《中国技术成果大全》宣传高校科技成果，向社会和有关业务部门推荐高校成果。为此，国家教委科技管理中心获国家科委1990年《中国技术成果大全》宣传推广应用二等奖。

(五)鼓励科技成果推广应用，增设推广奖

为鼓励高校科技人员做好科技成果推广应用工作，特别鼓励不同层次的高校在完成本层次教学任务的基础上，积极开展技术推广和技术服务工作，从1990年度起，国家教委科技进步奖增设“推广应用奖”，面向全国高校。

二、改进基金的评审和管理，提高基金的应用效益

(一)高校博士点专项科研基金的评审

1.1990年高校博士点专项科研基金的评审和管理有新的改进。(1)为了鼓励立足国内培养博士生，国家教委从1990年高校博士点专项科研基金中拿出一定数量经费，专门资助国内培养并获得博士学位的年轻教师，支持他们在博士点的发展上作出贡献；(2)通过基金办公室会议协调决定，将原属农口的北京林业大学和属军口的哈尔滨工业大学划归理工口评审和管理；(3)在基金评审过程中，通信评审返回的评审意见不满四份或专家意见分歧很大的项目，再度发评议函，以求评审的准确性和公正性；(4)对1987—1989年资助的现已完成的项目，要求项目负责人进行书面总结，总结报来的项目登记在册，并着手编辑项目指南。

2.1990年高校博士点专项科研基金用于项目资助的经费共有1970万元，仍分理工、卫生、农、军、文五口管理。经过通信评审，除文科口外，其余各口共资助了540项。其中：理工口377项，资助经费1203.1万元；卫生口82项，军口34项，农口47项，资助经费共484万元。从国家教委科技管理中心归口管理的理工口资助的377项来看，国家教委直属高校有270项，占资助项目总数的71.62%，资助经费878.3万元，占总经费的73%；其他部委高校共107项，占资助项目总数的28.38%，资助经费325.1万元，占总经费的27%。资助项目负责人中，教授314名，副教授63名，平均年龄57.8岁。45岁以下的教师26名，其中国内培养的博士生16名，平均资助强度3.19万元。

（二）国家教委1990年度优秀年轻教师基金的评审

1990年度国家教委优秀年轻教师基金最后确定资助56项，其中社科类5项、理工类52项，资助率为26%，资助经费324.1万元（包括外汇额度17.3万美元）。国家教委直属院校核准30项，资助经费192.1万元（包括外汇额度11.5万美元）；其他部委院校核准19项，资助经费102.5万元（包括外汇额度4.5万美元）；地方院校核准7项，经费30万元（包括外汇额度1.3万美元）。平均资助强度每项5.8万元。在批准资助的56个项目申请者中，留学归国人员54人，非留学人员2人；年龄最大的45岁，最小的27岁；女性3人。

（三）杨尚昆主席参加霍英东教育基金会第二次高校青年教师基金及青年教师奖颁奖仪式

11月24日，霍英东教育基金会第二次高校青年教师基金及青年教师奖颁授仪式在人民大会堂举行。会议由副理事长黄辛白主持，国家主席杨尚昆、国务委员兼国家教委主任李铁映参加了颁奖仪式。会上宣布资助青年教师基金77人，授青年教师奖141人，其规模和范围都比第一次大。颁授仪式上霍英东致词说："教育是立国之本。国家的希望在于教育，教育的希望在于教师，教师的希望又在于青年教师。"他希望这次受颁授的218名青年教师"今后更加勤奋努力，百尺竿头，更上一步，取得更多更大的新的成就，为祖国的繁荣富强作出贡献"。

（四）支持年轻人才脱颖而出

从1987年开始，国家教委科技管理中心一直注意对年轻拔尖教师的选拔和重点扶植。几年来通过国家教委科技委及其学科组的评审，已选拔出近60名拔尖人才。对他们建立了定期跟踪汇报制度，填报《重点年轻教师科研教学情况跟踪调查表》，整理他们的有关成长材料；对他们追加资助经费（人均6万元），支持其研究工作，对他们的教师科研工作进行实地考察，帮助解决实际困难，以利其脱颖而出。

三、科技成果获奖情况

（一）1990年高校获国家自然科学奖28项

1990年国家自然科学奖，通过异议处理后最后评出授奖项目59项，其中一等奖2项，二等奖19项，三等奖23项，四等奖15项。全国高校获奖28项，占获奖总数的47.5%，其中二等奖7项，三等奖21项。国家教委直属高校获奖16项，占获奖总数的27.12%，其中二等奖5项，三等奖11项。

（二）1990年高校获国家级科技进步奖121项

1990年度国家级科技进步奖共奖励505项，其中特等奖3项，一等奖32项，二等奖142项，三等奖328项。全国高校获奖121项中，特等奖1项，一等奖3项，二等奖35项，三等奖82项。国家教委直属高校获奖34项，其中二等奖8项，三等奖26项。

国家国防科技进步奖共奖励90项，其中特等奖1项，一等奖7项，二等奖29项，三等奖53项。全国高校获奖22项，其中一等奖2项，二等奖5项，三等奖15项。国家教委直属高校获一等奖1项，二等奖2项，三等奖2项。

（三）1990年高校获国家发明奖84项

1990年度国家发明奖获奖项目共224项，其中一等奖3项，二等奖15项，三等奖113项，四等奖93项。高校获奖84项，其中一等奖1项，二等奖7项，三等奖41项，四等奖35项。国家教委直属高校获奖33项，其中二等奖5项，三等奖16项，四等奖12项。

（四）国家教委科技进步奖的授奖面扩大

随着科技工作的发展，反映出过去高校科技奖励面太窄。为适应科技工作发展的需要，1990年度国家教委科技进步奖增设丙类奖（原只设甲、乙两类）即推广应用奖，并在原只设一、二等奖的基础上增设三等奖。国家教委科技发展中心为此制订了推广应用奖的评价指标体系。1990年度国家教委科技进步奖共奖励714项，其中特等奖1项，一等奖81项，二等奖221项，三等奖411项。在714项中，甲类奖522项，其中一等奖58项，二等奖160项，三等奖304项；乙类奖139项，其中特等奖1项，一等奖16项，二等奖40项，三等奖82项；丙类奖53项，其中一等奖7项，二等奖21项，三等奖25项。

1990年度国家教委科技进步特等、一等奖项目如下：

甲类一等奖58项

1. 时间序列分析及应用（北京大学）
2. 新型稀土——铁金属间化合物研究（北京大学）
3. 非线性大气动力学（北京大学）
4. 大规模集成电路中多晶硅薄膜氧化动力学和电学性质的研究（北京大学）
5. 固体薄膜中的分形生长（清华大学）
6. 细胞膜蛋白（或受体）的DMT理论及原位电泳理论（清华大学）
7. 边界积分方程——边界元法的基本理论及若干工程应用（清华大学）
8. 自然循环微沸腾热工水力稳定性实验研究（清华大学）
9. 低频电磁场三维边值问题的理论及分析方法的研究（清华大学）
10. 广义建筑学（清华大学）
11. 地球物理信号处理与识别方法及应用（清华大学）
12. 中子和稀薄气体的非平衡输运和驰豫过程（北京师范大学）
13. 可积系统、杨—巴克斯特方程与量子群（南开大学）
14. 全面屈服准则在焊接结构性能评定中的应用（天津大学）
15. 飞秒（FS）激光脉冲的产生，传输及其孤子效应的研究（天津大学）
16. 结构优化设计的理论与方法（大连理工大学）
17. 随机与时变数字信号处理理论和方法的研究（大连理工大学）
18. 具有重复单元的大分子的量子化学研究及应用（吉林大学）
19. 赤豆叶肉细胞原生质体的游离培养与植株再生的研究（复旦大学）
20. 空间网格结构的稳定性、极限承载力和其合理形体的研究（同济大学、浙江大学、东南大学、河海大学）
21. 活性染料结构与性能的研究（华东化工学院）
22. 南美洲地理环境的结构与北美洲地理环境的结构（华东师范大学）
23. 声非传播孤子（波）和分岔及混沌研究（南京大学）
24. 相变及界面有关的内耗与超声研究（南京大学）
25. 金属配合物的合成和结构研究（南京大学）
26. 中国东南部酸性，中酸性火山岩，次火山岩与成矿关系（南京大学）
27. 江南地区金矿成矿地球化学背景及形成机制（南京大学）
28. 软件自动化研究（南京大学）
29. 非线性二阶偏微分方程，理论与应用（浙江大学）
30. 聚合反应工程基础研究（浙江大学）
31. 理论风浪频谱及其应用（青岛海洋大学）

32. 一种新发现的细菌的特殊存活形式——活的非可培养状态（青岛海洋大学）
33. 生物活性聚合物研究（武汉大学）
34. 昆虫病毒理论及应用基础研究（武汉大学）
35. 精密测量的评定和判别理论（华中理工大学）
36. 多环并联式机器人机构学理论研究（东北重型机械学院秦皇岛分校）
37. 异种角膜移植的研究（暨南大学）
38. 人类肺癌的细胞遗传学研究（哈尔滨医科大学）
39. 畜牧生产中营养物质转化规律及其影响因素（东北农学院）
40. 头部 CT 诊断学（天津医学院）
41. 钼原子族化学研究（福州大学）
42. 复杂系统的自适应控制算法及其全局收敛性研究（东北工学院）
43. 铝电解界面现象与界面反应（东北工学院）
44. 铸锭与大型铸件凝固过程与宏观偏析研究（西北工业大学）
45. 弹性飞行器飞行动力学（西北工业大学）
46. 人鼻咽癌裸小鼠移植瘤——瘤株的建立及其主要生物学特性的研究（上海医科大学）
47. 针刺（或躯体传入冲动）调整实验性心律失常的中枢机制分析（上海医科大学）
48. 非线性偏微分方程的谱方法和拟谱方法（上海科技大学）
49. 慢性淋巴水肿模型制作、淋巴管静脉压力测定及静脉移植桥接淋巴管的实验研究（上海第二医科大学）
50. 岩石损伤断裂的分形几何研究（中国矿业大学）
51. 静电学新研究与混合颗粒媒质电磁波理论（电子科技大学）
52. 大鼠低频和高频电针镇痛中枢部位的研究——下丘脑弓状核和脑桥臂旁核的作用（北京医科大学）
53. 隐伏花岗岩预测及深部找矿（桂林冶金地质学院）
54. 锰基合金热力学行为及其脱磷的研究（北京科技大学）
55. 耐病毒诱导剂的人工免疫机制（北京农业大学）
56. 磁场对土壤理化特性影响的研究（沈阳农业大学）
57. 甘蓝型油菜波里马细胞质雄性不育的发现与研究（华中农业大学）
58. 金属塑性成形理论的研究（山东工业大学）

乙类特等奖 1 项

5 兆瓦低温核供热试验反应堆（清华大学）

乙类一等奖16项

1. 稀土萃取分离工艺的一步放大（北京大学、上海跃龙化工厂、广州珠江冶炼厂、包钢稀土三厂）
2. 适于中国等第三世界国家的家庭状态生命表模型的创立、应用及计算机软件研制（北京大学）
3. 反应堆控制棒棒位及水位超声波测量系统（清华大学）
4. 多字体多字号印刷体汉字识别系统（清华大学）
5. 新型转子混砂机研制（天津大学、青岛第四铸造机械厂）
6. 钢锭模及其冒部结构的优化设计软件系统（大连理工大学、鞍山钢铁公司）
7. 1987年全国初中三年级数学教学抽样调查（华东师范大学）
8. 天然溶栓物质尿激酶的研制（南京大

学)

9. ES 系列电网调度自动化系统(山东大学威海分校)

10. 低空核爆炸电离层效应及其对无线电通信的影响(武汉大学、总参 61 所)

11. 针板式万瓦横流Co2 激光器(华中理工大学)

12. 掠入射光栅谱仪(重庆大学、中国工程物理研究院)

13. 推力轴承滚道新磨法(重庆大学)

14. 大型传动系统动态测试新方法与装置(重庆大学)

15. 动静压支承技术的研究(西安交通大学)

16. 程控数字交换机印制板插件及交换网络检测系统(西安交通大学)

丙类一等奖 7 项

1. 新型绕带式压力容器(浙江大学、上海四方锅炉厂、南京第二化机厂、衢化公司机械厂)

2. 草原毛虫病毒杀虫剂在川青藏高原牧区大规模推广应用(四川大学、四川省草原工作站)

3. 菜籽饼解毒添加剂“6107”推广应用(浙江农业大学、浙江海盐县饲料公司、嘉兴新丰饲料厂、金华七一制药厂)

4. 推广应用中性亚硫酸铵制浆废液肥料(北京农业大学)

5. 增产菌在农作物上的推广应用(北京农业大学、农业部全国植保总站及各地植保站、农业部农垦局)

6. 伞齿轮精锻工艺的研究与推广(山东工业大学)

7. 微波法测定天然胶乳干胶含量的推广(华南热带作物学院)

撰稿人 张秀梅

审稿人 杨仁宝

召开全国高校科技工作会议

为了进一步推动高校的科技工作，经国务院批准，国家教委和国家科委于1990年12月17日至21日在北京召开了全国高校科技工作会议。国务院各有关部委教育、科技司(局)，各省、自治区、直辖市教委、高教(教育)厅(局)的领导，以及部分高等院校的校(院)长共400多人参加了会议。国家教委副主任朱开轩作了题为《充分发挥高等学校的科技优势，为我国经济、科技、教育发展作出更大贡献》的报告，国务委员兼国家教委主任李铁映、国务委员兼国家科委主任宋健作了重要讲话。国家计委副主任盛树仁、国家科委副主任李绪鄂分别就经济、科技形势和高校科技工作讲了话。国家教委副主任何东昌作了会议总结。

会议对改革开放10年来高校科技工作进行了总结，研究了今后10年的工作方针：(一)开展科技工作是高等学校的一项基本任务；(二)科研工作要同培养人才的规格、科研的基础条件相适应，因校而异，有区别、有重点地安排；(三)坚持多方位、多层次、多形式面向经济建设的方针；(四)高等学校要重视基础研究，为我国经济、科技和教育的持续发展打下坚实的科学基础；(五)坚持教学、科研、生产三结合的方针；(六)既要全面发展，又要重点发展，不断调整和处理重点和一般的关系；(七)自力更生为主，坚持改革开放；(八)从政治、业务、学风多角度建设科技队伍；(九)深化改革，逐步形成与高校科技工作发展相适应的管理体制。

会议期间，还对高等学校在科技工作方面取得突出成绩的69个先进集体和571名先进个人进行了表彰，向从事教育、科技工作40年以上，作出较大贡献的3138名老教授颁发了荣誉证书。

受表彰的先进集体和先进个人名单如下：

先进科技工作集体名单

北京大学	数学系及数学所
北京大学	高温超导体研究科研组
北京大学	汉字信息处理技术研究室
清华大学	微电子所
清华大学	核能技术设计研究院
清华大学	同位素分离研究室
北京工业大学	微型计算机研究开发应用中心
北京航空航天大学	目标特征综合技术研究中心
北京理工大学	雷达技术研究室
北京科技大学	材料科学与工程系
北京科技大学	冶金机械教研室
北京邮电学院	电视电声教研室
北京农业大学	黄淮海课题组
北京林业大学	水土保持系
北京中医学院	中医基础部中医基础理论研究所
南开大学	元素有机化学研究所
南开大学	高分子化学研究所暨南开新技术集团公司
天津大学	天津石油化工技术开发中心与化工研究所

河北农业大学	作物遗传育种教研室
太原工业大学	精细化工研究所
内蒙古大学	生物系
大连理工大学	工程力学研究所
东北工学院	钢铁冶金系
大连海运学院	船舶金属材料工艺研究所
吉林大学	理论化学研究所
吉林粮油食品专科学校	储藏系
哈尔滨工业大学	机器人研究所
哈尔滨船舶工程学院	水声工程系
哈尔滨建筑工程学院	给水排水教研室
复旦大学	激光物理研究室
同济大学	环境保护科学技术研究所
上海交通大学	上海模具技术研究所
上海交通大学	振动·冲击·噪声研究所
上海科技大学	光纤技术与现代通讯研究所
中国纺织大学	化纤研究所
上海医科大学	手外科研究所
南京大学	固体微结构国家重点实验室
南京大学	生物化学厂
东南大学	无线电研究所
南京航空学院	无人机研究所
华东工学院	弹道研究所
南京化工学院	热管技术研究所
河海大学	水利水电科学研究所
江苏工学院	排灌机械研究所
江苏农学院	传染病学与预防兽医学学科组
中国药科大学	计划生育药物研究中心
浙江大学	流体传动及控制研究所
中国科学技术大学	数学系
山东大学	晶体材料研究所
青岛海洋大学	物理海洋研究所
山东矿业学院	矿山压力研究所
山东工业大学	铸造教研室
华中理工大学	激光研究所
中国地质大学(武汉)	地球化学研究所
武汉水利电力学院	水力发电工程系
华中师范大学	农药化学研究所
中南工业大学	粉末冶金研究所
广西农学院	农学系
华南热带作物学院	热作系及橡胶研究所
四川大学	生物工程研究所
西南交通大学	机车车辆研究所
电子科技大学	应用物理研究所
西南石油学院	开发系
四川农业大学	水稻研究所
西安交通大学	电子物理与器件研究所
西北工业大学	铸造教研室
国防科学技术大学	计算机研究所
第二军医大学	肝胆外科研究所
第三军医大学	烧伤研究所

先进科技工作者名单

北京大学	廖山涛	姜伯驹	张恭庆
	王　选	赵柏林	李标国
	胡美浩	林炳雄	甘子钊
	杨芙清	王　楚	陈章良
	谢义炳	董申保	唐有祺
	徐光宪	江泽培	
清华大学	吕崇德	张绪祎	冯冠平
	段占庭	高景德	席葆树
	吴佑寿	李志坚	孙家广
	陈永琪	曾宪舜	凌瑞骥
	张光斗	林家桂	方鸿生
	徐伯安	金兆熊	
北方交通大学	费锡康	张林昌	胡安洲
	袁保宗		

北京工业大学　李学信　吴定荣
北京航空航天大学　杨为民　高　歌　文传源　高镇同　何立民　张其善
北京理工大学　李红平　毛二可　徐更光　冯顺山　伍少昊　朱鹤孙
北京科技大学　于学馥　葛昌纯　钟廷珍　肖纪美　柯　俊　冯铭瀚
北方工业大学　沈久珩　田成方
北京化工学院　沈曾民　金日光
北京邮电学院　彭道儒　陈俊亮　徐大雄
北京农业工程大学　郑智受
北京农业大学　冯仰廉　王树安　辛德惠　孙文彬
北京农学院　翟凤林
北京气象学院　章　淹
北京林业大学　董乃钧　孙立达
中国协和医科大学　宋鸿钊　佘铭鹏
北京医科大学　王海燕　吴秉铨　陈慰峰　陈明哲
首都医学院　郑国芬　徐群渊
北京中医学院　廖家桢
北京师范大学　刘若庄　薛绍白　何香涛　陆善镇
北京师范学院　刘桂莲
北京体育学院　邢文华
北京机械工业管理学院　齐恕安
北京联合大学　林定基　王攻本
南开大学　何炳林　母国光　陈茹玉　李赫暄　张光寅　戴树桂
天津大学　史绍熙　周　恒　陈洪钫　寇纪淞　赵汝文　姚健铨
天津轻工业学院　张管生
中国民用航空学院　张嘉森　李　昌
天津理工学院　吴训一　杨淑金　汲　勇
天津医学院　方佩华　卢倜章　陈昆明　陈秉忠
天津城市建设学院　刘先喆
华北水利水电学院　李树瑶
华北电力学院　杨奇逊　王振河
河北工学院　刘玉岭　黄予南
唐山工程技术学院　宋　实
河北农业大学　卢少源　徐海光
张家口农业专科学校　杨　正
河北医学院　于志恒
山西大学　杨　频
太原重型机械学院　吴聚华
太原机械学院　刁惠文
太原工业大学　徐文旸　郭汉贤　陆文雄
山西农业大学　李连昌
内蒙古大学　旭日干　罗辽复　李　博
内蒙古工学院　张晨鼎
内蒙古农牧学院　邵金旺
内蒙古师范大学　陈　山
辽宁大学　董厚德　朱世瑛
大连理工大学　唐立民　王众讬　林　皋　金俊泽　罗均炎　邱大洪
沈阳工业大学　唐任远
东北工学院　连法增　张嗣瀛　肖泽强　徐小荷
鞍山钢铁学院　胡　林
阜新矿业学院　黄伯轩
大连海运学院　杨烈宇　李春宝
大连轻工业学院　高雨声
沈阳农业大学　余建章
大连水产学院　王子臣
中国医科大学　李　吉

大连医学院 钱振超
辽宁中医学院 孙平生
沈阳药学院 顾学裘
辽宁师范大学 戴有盛
吉林大学 唐敖庆 江元生 孙家钟
吴贰枢 王柔怀 沈家聪
吉林工业大学 傅沛福 马成林 王主玉
高延会
长春光学精密机械学院
张兴德 梁 柱
长春地质学院 蒋荣庆 苏清心
东北电力学院 丘昌涛
吉林工学院 刘云旭
吉林农业大学 马 宁
延边农学院 金江龙
吉林林学院 杨美和
白求恩医科大学 王 凡
延边医学院 李在琉
东北师范大学 王恩波 杨美华
黑龙江大学 邓自立
哈尔滨工业大学 李仲荣 张乃通 王仲仁
王纪三 吴广玉
哈尔滨科技大学 任善之
东北重型机械学院
曹鸿德
哈尔滨船舶工程学院
李国斌 俞鸿森
哈尔滨建筑工程学院
王光远 李圭白
黑龙江八一农垦大学
刘惕若
东北农学院 许振英 杨 山
东北林业大学 王正本
哈尔滨医科大学 韩向阳 巴德年
复旦大学 尚汉冀 刘鼎元 宗祥福
邓景发 吴宪平 华中一
涂时亮
同济大学 沈祖炎 朱世明 宣国荣
陈翼孙 侯学渊
上海交通大学 任世瑶 林争辉 陈芝久
傅志方 王浣尘 张炳钰
朱崇贤
上海工业大学 周家宝
上海科学技术大学
黄宏嘉 毕清华
华东化工学院 邵惠鹤 钱孟平 张成芳
程继健
上海机械学院 华泽剑
中国纺织大学 邵世煌 周慈念
上海水产大学 王素娟
上海医科大学 汤钊猷 曹小定 李 鹏
上海第二医科大学
戴尅戎 邝安堃 张涤生
上海中医学院 施玉华
华东师范大学 肖 刚 方禹之 陈吉余
陈邦林
上海师范大学 杨庆尧
上海工程技术大学
林一帆
南京大学 孙钟秀 曲钦岳 戴安邦
冯 端 任美锷 徐家福
魏荣爵 郭令智 徐克勤
苏州大学 姜礼尚 黄贤武
东南大学 韦 钰 齐 康 孙忠良
顾冠群 吕志涛 燕壮烈
南京航空学院 仰书耀 李岳锋
华东工学院 赵宝昌 许学成 张保民
朱明武
镇江船舶学院 丁育钟
中国矿业大学 黄钟成 荣际凯 侯朝炯
南京化工学院 唐明述
南京邮电学院 郑树德
河海大学 徐友仁 夏颂佑 吴中如
苏州丝绸工学院 王华杰
南京林业大学 黄希坝
江苏工学院 王来生 罗启富

南京气象学院 朱乾根

南京农业大学 韩正康 王金生

江苏农学院 王永坤 袁仁进 刘秀梵

苏州医学院 孟阳春

南京医学院 蔡海江

徐州医学院 赵 皓

南京中医学院 周仲瑛

中国药科大学 徐国钧

苏州铁道师范学院 徐叔鹰

杭州大学 王绍民 王斯雷

浙江大学 路甬祥 阙端麟 岑可法 韩桢祥 叶关荣 童忠钫 朱国辉 胡建雄 汪希萱

杭州电子工业学院 邓先灿 叶又新

浙江工学院 徐如玉

浙江农业大学 夏英武 汪丽泉

浙江医科大学 张琪凤

安徽大学 李世雄

中国科学技术大学 谷超豪 潘才元 余翔林 吴健康

合肥工业大学 胡毓鋆

淮南矿业学院 孙文若

安徽工学院 陈建明

安徽农学院 李增智

安徽医科大学 徐叔云

安徽师范大学 韩也良

徽州师范专科学校 蒋立科

厦门大学 蔡启瑞 田昭武 唐仲璋

华侨大学 许承晃

福州大学 魏可镁

福建农学院 陈启锋

福建医学院 吕联煌

福建师范大学 吴松刚 林忠民

江西大学 许丽华

华东地质学院 史维浚

江西农业大学 张志云

江西医学院 戴育成

江西师范大学 冯春发

山东大学 邓从豪 许 东 陈剑华

青岛海洋大学 冯士筰 张正斌 管华诗

山东矿业学院 宋振骐 王德民

石油大学 时铭显 林世雄 鞠晓东

青岛化工学院 谭忠恪 韩方煌

山东工业大学 邹增大 杨相寿 王执福

山东纺织工学院 李杰新

山东农业大学 余松烈

山东医科大学 王廷础

曲阜师范大学 李国华

青岛大学 张力果

郑州大学 吴养浩

郑州工学院 丁自强

河南农业大学 李荣莘

河南职业技术师范学院 杨永光

河南大学 张举贤

河南师范大学 石惠恩

武汉大学 余席茂 汪 涛 李卫华 左正忠

华中理工大学 杨叔子 孙培祯 李再光 周 济 周东祥 杨佐仪

武汉钢铁学院 过玉卿

中国地质大学 李思田 张国榉 邓晋福

武汉水利电子学院 肖焕雄 张蔚榛 陆宏圻

武汉水运工程学院 王呈方 张乐天 孙国正

武汉工业大学 陈全德 朱瑞赓

武汉测绘科技大学 潘正风 张祖勋

华中农业大学 熊远著 邓秀新

同济医科大学 夏穗生

湖北医学院 向近敏 姚 震

湖北中医学院 毛树松
华中师范大学 刘连寿 陈曲候
湖北大学 赵敬钊 邝安祥
武汉体育学院 胡子铭
湖北农学院 戴绍钧
湘潭大学 杨向群
湖南大学 赵聚英 曹声春 俞汝勤
中南工业大学 陈国达 王淀佐 古 可
何继善
长沙铁道学院 詹振炎
湖南农学院 罗泽民 康春林
中南林学院 胡芳名
湖南医科大学 夏家辉
湖南师范大学 刘 筠 王洪全
中山大学 蒲蛰龙 龙康侯 曾汉民
李宝健
暨南大学 阙维明 何镇陆
华南理工大学 刘永清 徐秉铮 王世平
邓颂九
华南农业大学 庞雄飞 吴定华
佛山兽医专科学校
杨明汉
中山医科大学 朱家恺
广州医学院 黄济群
广州中医学院 罗元恺
华南师范大学 朱延彬 谭丽玲
深圳大学 杨淑雯
广西大学 麦结华 秦 荣
广西农学院 莫家让
广西医学院 梁 徐
海南大学 张 本 林 钧
海南师范学院 钟 义
海南医学院 胡增石
四川大学 刘世贵 胡永松 谢明贵
重庆大学 黄尚廉 梁锡昌 丁培道
杨士中 任廷枢
成都科学技术大学
钟本和 黄育珍 涂铭旌
徐 僖
西南交通大学 孙 翔 钱清泉 王金诺
电子科技大学 刘盛纲 林为干 成建波
西南石油学院 罗平亚
成都地质学院 孔德坊
重庆建筑工程学院
刘明白 李化民
西南农业大学 侯光炯 蒋书楠
四川农业大学 杨 凤 黎汉云 曾凡同
华西医科大学 戴保民
重庆医科大学 刘约翰 张定凤
西南师范大学 李声泽 李坤培
重庆师范学院 邵廷富
贵州大学 陈志明
贵阳医学院 刘家骝
遵义医学院 李德俊
贵州师范大学 黄威廉
云南大学 王学仁 李瑞英
昆明工学院 戴永年
云南工学院 贺孝先
云南农业大学 师常俊
云南师范大学 吕恩荣
西藏农牧学院 徐凤翔 董国正
西北大学 侯伯宇 赵弘毅 耿信笃
胡正海 薛祥煦
西安交通大学 屈梁生 束鹏程 徐通模
陈寿田 程敬之 汪应洛
谢友柏
西北工业大学 周尧和 傅恒志 乔志德
徐德民
陕西机械学院 魏 兵
西安电子科技大学
保 铮 肖国镇 阎克太
肖良勇
西安冶金建筑学院 云庆夏
西安矿业学院 何唐镛
西安石油学院 周春虎
西安地质学院 朱光明

西北轻工业学院　潘津生
西北农业大学　赵洪璋
西安医科大学　卢　兴
陕西师范大学　王国俊　史念海
兰州大学　刘有成　李吉均　段一士　王顺金
甘肃农业大学　胡恒觉
兰州医学院　张经济
西北师范大学　韦壁瑜
宁夏农学院　郭思加　胡子诚
宁夏医学院　宋家仁
青海大学　苏彬彦
青海医学院　罗加仁
新疆大学　张福基
新疆八一农学院　祝源又　赵震宇
新疆师范大学　崔乃然
国防科学技术大学　周兴铭　甘楚雄　刘文彦　高伯龙
指挥技术学院　于冠生
电子技术学院　潘正运
装甲兵工程学院　梁志杰
解放军测绘学院　刘振沛
防化指挥工程学院　宋恩存
第二炮兵指挥工程学院　周良胜
解放军电子工程学院　于定华
合肥炮兵学院　王昌仁
通信指挥学院　蒋　晓
南京通信工程学院　王学恕
海军大连船舶学院　张冀平
海军电子工程学院　梁高权
海军潜艇学院　李达生
海军航空工程学院　张永泰
空军第一航空技术专科学校　潘守礼
空军工程学院　陈学楚
空军医学专科学校　侯景孝
空军第一飞行学院　魏上立
工程兵工程学院　钱七虎
海军大连舰艇学院　刘绍春　韩元信
第一军医大学　钟世镇
第二军医大学　吴孟超
第三军医大学　黎　鳌
第四军医大学　陆裕朴　汪美先
解放军兽医大学　殷　震
解放军军医进修学院　姜泗长
军事医学科学院　马贤凯
军械工程学院　张玉柱
解放军后勤工程学院　刘伟华
运输工程学院　李可良

撰稿人　高文兵　杨东占　付恒升
审稿人　陈清龙

高校科学技术工作主要数据

1990年高等学校科技工作有了新的发展，理工、农、医学科领域的科技发展主要数据如下：

一、科技人力。全国高等学校参加科技活动的人员有58.88万人，其中科学家和工程师49.22万人，均比上年增加2.4%。研究与发展人员21.32万人，其中科学家和工程师19.87万人，分别比上年增加8.3%和9.4%。研究与发展全时人员12.60万人，其中科学家和工程师11.65万人，分别比上年增加2.8%和3.9%。

二、研究与发展经费。全国高等学校从各方面获得研究与发展经费共13.96亿元，其中预算内拨款3.87亿元，预算外收入10.09亿元，分别比上年增加21.8%、19.2%和22.8%。当年支出经费11.94亿元，其中业务费支出6.76亿元，仪器设备费支出2.49亿元，分别比上年增加20.5%、26.8%和13.4%。

三、研究与发展课题。全国高等院校开展的研究与发展课题80189项，拨入经费11.38亿元。分别比上年增加12.3%和18.7%。其中，承担“七五”国家科技攻关合同3093项(包括3、4、5级合同)，实拨经费0.96亿元。承担“863”高技术课题572项，实拨经费0.47亿元。

四、研究与发展机构。经高等学校上级主管部门批准的理、工、农、医学科领域的研究与发展机构已发展到1666个，研究与发展人员35397人，机构中就读的研究生16598人，其中博士生3341人。

五、国际科技交流。全国高等学校共派遣研究生1110人，其中博士生822人，硕士生288人。参加国际学术会议3856人次，交流论文4186篇。出席在国内召开的国际学术会议8784人次，交流论文8364篇。

六、研究与发展成果及技术转让。高等学校出版科技专著6352部，共14.35亿字，发表学术论文13.09万篇，鉴定科技成果9360项，分别比上年增加10.8%、5.7%和29.6%。签订技术转让合同4840项，成交总金额1.86亿元，当年收到转让费1.01亿元。1990年，高校获国家发明奖84项，国家科技进步奖121项，分别占获奖总数的37.1%和24.3%。获国务院各部门奖1575项，省、自治区、直辖市奖1749项。

撰稿人　江玉仙

审稿人　陈清龙

高校承担国家“七五”科技攻关任务完成情况

“七五”期间，高校独立或联合承担国家科技攻关计划项目总计3400多项，经费总额达4.4亿元，参加研究工作的师生折合成全时人员近1万人。到1990年底，90%以上的课题已提前或按期完成，分别通过鉴定、评审或验收。其中，国家教委直属高校作为第一承担单位或主要承担单位完成的项目共800项，已通过鉴定验收的占96.3%。这批科技攻关成果有以下五个方面的特点：

一、涉及的行业、专业广泛。有农业、能源、交通、石油、化工、轻工、矿冶、机电、自动控制、生物、医药、环境、灾害、海洋等方面。

二、涉及的部门多。委属高校除了承担国家教委主持的项目外，还承担了国家科委、农业部、机电部、中国科学院、中国石化总公司、中国石油天然气总公司、冶金部、国家环保局、中国有色金属工业总公司、能源部、核安全局、铁道部、交通部、化工部、建设部、国家建材局、轻工部、纺织部、国家医药管理局、中国煤炭总公司、地矿部、国家海洋局等33个部门和地方下达的科技攻关任务。

三、承担高技术领域的项目多。在核技术、大规模集成电路、计算机系统及软件、新材料、生物技术、激光技术、国家重点成套装备、重点机械产品的计算机辅助设计、精细化工、工业过程控制等方面，完成了大批科技成果。

四、科技成果的水平高。在完成的项目中约有60%的科技成果达到国际领先或国际先进水平，其他均为国内领先或国内先进水平。

五、完成的攻关成果有广阔的应用前景。在已通过鉴定的成果中，已有相当多的成果在生产上应用，并开始取得较大的经济与社会效益。

撰稿人　高文兵
审稿人　王志松

国家重点实验室的建设与开放

一、新建三个国家重点实验室

按照国家重点实验室建设计划，1990年国家教委会同国家计委审查批准了北京大学人工微结构物理实验室、复旦大学应用表面物理实验室、西安交通大学动力工程多相流实验室的《国家重点实验室建设计划任务书》，并开始组织实施。到1990年底，高等学校已建和在建的国家重点实验室已达41个。

二、新开放六个国家重点实验室

1990年全国高等学校又有6个国家重点实验室建成并批准对外开放，即：大连理工大学海岸和近海工程实验室，北京大学蛋白质与植物基因工程实验室，南京大学计算机软件新技术实验室，厦门大学团体表面物理化学实验室，清华大学、吉林大学和中国科学院半导体研究所合建的集成光电子学实验室，清华大学、北京大学和中国科学院动物研究所合建的生物膜与膜工程实验室。至此，高等学校经批准开放的国家重点实验室已达22个。

此外，1990年，经过同行评议，国家教委还择优批准了以下13个部门开放实验室：清华大学微波与数字通信实验室、电力系统及大型发电仿真实验室、激光单原子探测实验室；浙江大学工业控制技术实验室、现代光学仪器实验室；复旦大学基于加速器的原子物理实验室；青岛海洋大学海洋物理实验室；吉林大学分子光谱学实验室；南京大学医药生物技术实验室、近代声学实验室；北京科技大学环境断裂实验室；北京航空航天大学流体力学实验室；北京理工大学信息光学实验室。至此经国家教委批准的部门开放实验室已达16个。

三、评估国家重点实验室

为了使国家重点实验室逐步发展为能够代表国家学术水平、实验水平和管理水平的学术活动中心和人才培养基地，1990年国家计委委托国家自然科学基金委员会对已验收开放满3年的国家重点实验室进行了评估。高等学校共有9个实验室参加了评估。结果2个评为优秀，6个评为良好。南京大学固体微结构物理实验室，在冯端教授领导下，有一批独当一面的科研骨干，学风严谨，科研成果显著，在这次评估中被评为优秀。被评为优秀的还有山东大学晶体材料实验室。对评估结果较好的实验室，国家将继续给予支持，对连续两次评估不合格的，将取消其国家重点实验室的资格。

四、重点开放实验室运行补助费

高等学校国家重点实验室和部门开放实验室设备运行费主要从国家科委管理的重点开放实验室运行补助费中通过“同行评议，择优补助”的办法取得。1990年通过国家教委申报设备运行补助费的有21个国家重点实验室和14个部门开放实验室。经过评议，有13个国家重点实验室和7个部门开放实验室获得了该项经费资助，共计895万元。另外，国家还从1989、1990年的重点开放实验室运行补助费中划出800万元，用于支持高等学校的重点开放实验室。

撰稿人　刘广军
审稿人　陈清龙

完成"八五"基础性研究发展纲要及关键项目立项工作

一、继1989年编制"八五"和本世纪末高等学校基础性研究规划之后，在反复调查研究、广泛征求意见基础上，1990年底完成了《高等学校"八五"基础研究和应用基础研究发展纲要》。主要内容是：(一)基础性研究在高等学校中的作用和地位；(二)战略目标；(三)基础性研究的学科布局和优先领域、重点项目；(四)"八五"期间部署和措施。

二、国家科委制定的"八五"基础研究纲要中拟组织20～30个国家基础性研究重大关键项目，并分两批遴选、立项。1990年组织高等学校对国家科委第一批立项的12个项目内容进行分解、充实，向国家科委提出了建议。国家科委已委托国家教委负责组织实施其中4个项目，即：(一)生命过程中若干化学问题；(二)光电功能材料的结构——性能、分子设计及制备过程的研究；(三)非线性科学；(四)粮、棉、油雄性不育杂种优势利用的基础研究。

根据国家科委制定的《项目管理暂行办法》要求，国家教委负责实施的项目都成立了7～9人的专家委员会，实行首席科学家负责制，拟在1991年付诸实施。

第二批国家基础性研究重大关键项目，按照国家科委的部署，由各有关部门和科学家(集体或个人)向国家科委推荐。国家教委从1989年底开始至1990年底，通过多种渠道、多种方式组织高等学校专家提出项目申请建议书，先后共收到376份，经过国家教委科技委专家评审组评审，向国家科委提出第二批推荐项目31个，计：技术科学10项；数、理、化9项；生物、农业及生命科学7项；资源与环境科学5项。

1990年国家教委向国家自然科学基金委员会推荐基金项目30个。

撰稿人　于志华
审稿人　陈清龙

高校工程研究中心的建设与规划工作

1990年，国家教委对建设高等学校工程研究中心进行了规划。在调查研究、总结经验和积极争取国家有关部门支持的基础上，完成了《关于在若干有条件的重点大学建立工程研究中心的研究报告》的编写和选点试评工作。

《报告》对在高等学校建立工程研究中心的目标、任务、运行机制、相关政策和支持措施等提出了建议。“中心”的目标是办成多学科结合、育人与科研并举、和产业界密切合作与联系的，以开展工程基础研究和综合性关键技术开发与试验为重点的，具有较强自我发展能力的新型基地。主要任务是承担国家重大工程研究和工程基础研究；承担引进消化、吸收、改进、推广、返销国际市场的工程化和商品化研究；发现并解决行业生产中普遍存在和急需解决的重大技术难题；为国家工业发展提供新技术、新工艺，并逐步推广；在现代工程技术前沿跟踪探索，为国家工业的未来发展储备知识和技术；承担有关重大科技成果的应用转化研究和利用高新技术改造传统产业的任务；承担相当数量的工业工程研究生的培养任务，在向企业输送新产品、新技术、新工艺的同时，输送能够实现这些技术的研究生和大学生；改革教学计划、教学方式和教学内容，以多学科交叉和高新技术改造工程教育的知识结构，在从基础知识、工程技术到生产、市场实现的过程中培养、提高研究生发现和解决实际问题的能力；开展继续教育和成人教育，为企业培养多层次的实现新技术和新工艺的人才；承担该领域情报信息的收集交流、咨询服务和国际交流任务。

为做好选点试评工作，成立了以浙江大学校长路甬祥为组长，清华大学副校长倪维斗为副组长的6人规划专家小组，确定了近期工作方针：从高等学校已有条件出发，尽快组织起来，优势互补，联合企业，主动出击，形成规模，为工业生产走出低谷做贡献，推动高等学校内部教学科研改革。专家组与国家教委科技司密切配合，研究确定了选点原则和评价指标体系，选择了已在校内组织实施建设并取得一定效益的17个试评点，经工业部门专家通信评议，专家组与管理人员实地考察和集中评审，对各个点的研究开发方向、管理体制、人员结构、生产转化手段和加强与企业合作等方面提出了意见和建议，为正式建立工程研究中心打下了一定基础。

撰稿人　高文兵
审稿人　王志松

自然科学技术期刊管理

经国家科委、新闻出版署1987年12月25日批准，国家教委及其直属高等学校重新登记注册继续出版的自然科学技术期刊45种。此后，到1990年底又批准登记期刊7种，共计批准登记期刊52种。

1987年期刊整顿后批准登记的期刊目录：

期刊名称	刊期	主办单位
北京大学学报(自然科学版)	双月	北京大学
大学化学	双月	高等学校化学教育研究中心　中国化学会
清华大学学报(自然科学版)	双月	清华大学
实验技术与管理	季刊	清华大学
世界建筑	双月	清华大学
北京师范大学学报(自然科学版)	季刊	北京师范大学
南开大学学报(自然科学版)	季刊	南开大学
天津大学学报	季刊	天津大学
计算结构力学及其应用	季刊	大连理工大学(原名大连工学院)
大连工学院学报	双月	大连理工大学(原名大连工学院)
吉林大学自然科学学报	季刊	吉林大学
高等学校化学学报(英文版)	季刊	吉林大学
高等学校化学学报	月刊	吉林大学
东北师大学报(自然科学版)	季刊	东北师范大学
物理实验	双月	东北师范大学
复旦学报(自然科学版)	季刊	复旦大学
数学年刊A辑(中文版)	双月	复旦大学
数学年刊B辑(英文版)	季刊	复旦大学
上海交通大学学报	双月	上海交通大学
同济大学学报	季刊	同济大学
华东化工学院学报	双月	华东化工学院
华东师范大学学报(自然科学版)	季刊	华东师范大学
南京大学学报(自然科学)	季刊	南京大学
高等学校计算数学学报	季刊	南京大学

期刊名称	刊期	主办单位
南京工学院学报	双月	东南大学(原名南京工学院)
高校应用数学学报	季刊	浙江大学
厦门大学学报(自然科学版)	双月	厦门大学
山东大学学报(自然科学版)	季刊	山东大学
山东海洋学院学报	季刊	青岛海洋大学(原名山东海洋学院)
武汉大学学报(自然科学版)	季刊	武汉大学
华中工学院学报	双月	华中理工大学(原名华中工学院)
中山大学学报(自然科学版)	季刊	中山大学
华南工学院学报(自然科学版)	季刊	华南理工大学(原名华南工学院)
控制理论与应用	季刊	华南理工大学(原名华南工学院)中国科学院系统科学研究所
四川大学学报(自然科学版)	季刊	四川大学
重庆大学学报	双月	重庆大学
成都科技大学学报	双月	成都科技大学
油田化学	季刊	成都科技大学
高分子材料科学与工程	双月	成都科技大学
应用力学学报	季刊	西安交通大学
陕西师大学报(自然科学版)	季刊	陕西师范大学
西南师范大学学报(自然科学版)	季刊	西南师范大学
兰州大学学报(自然科学版)	季刊	兰州大学
教学仪器与实验	双月	国家教委教学仪器研究所
华中师范大学学报(自然科学版)	双月	华中师范大学

1987年期刊整顿后到1990年新创办的期刊目录：

管理工程学报	季刊	浙江大学
家电维修	月刊	中央电化教育馆
高校化学工程学报	季刊	浙江大学
工科数学	季刊	合肥工业大学
电力系统及其自动化学报	季刊	天津大学
西安交通大学学报	双月	西安交通大学
浙江大学学报	双月	浙江大学

撰稿人　王同琴

审稿人　陈清龙

高等学校思想政治教育工作

一、召开全国高等学校党的建设工作会议，高校党建工作出现新局面

为贯彻中共中央关于加强党的建设的通知精神，从反对和平演变，培养社会主义事业的建设者和接班人的战略高度出发，总结高校党建工作的经验教训，提高认识，扎扎实实地研究和解决高校党建工作中一些亟待解决的问题，经中共中央批准，中共中央组织部、中共中央宣传部和中共国家教委党组于1990年4月12日至4月16日在北京联合召开了高等学校党的建设工作会议。

中共中央政治局委员、国务委员兼国家教委主任李铁映，中共中央组织部部长吕枫、中共中央宣传部部长王忍之，国家教委副主任何东昌等出席了会议。参加会议的代表有来自全国30个省、自治区、直辖市党委的负责同志及组织部、宣传部、党委教育部门和教育行政部门的负责同志，有国务院35个部委教育司(局)的负责同志，有解放军总政治部、共青团中央、全国教育工会的有关负责同志，以及107所高校的党委书记，共约300人。举行这样大规模的会议专门研究高等学校党的建设工作，这在建国以来还是第一次。

会上，李铁映作了题为《加强高等学校党的建设，培养社会主义事业接班人》的主报告。报告中主要论述了四个方面的问题：坚持党的领导，加强高校党的建设，是办好有中国特色的社会主义大学的根本保证；坚持高校党委的领导地位，加强领导班子建设，保证领导权掌握在忠于马克思主义的人手中；建设一支又红又专的骨干队伍，使之成为办好社会主义大学的中坚力量；切实加强地方党委和国务院有关部委党组对高等学校党的工作的领导和指导。李铁映在报告中强调指出："我们的高等学校肩负培养社会主义事业建设者和接班人的根本任务。要落实这个任务，必须把德育放在学校各项工作的首位，把坚持坚定正确的政治方向作为德育所要解决的首要问题；必须贯彻治理整顿和深化改革的方针，使教育适应社会主义现代化建设的需要。解决这个问题的关键，是加强高校党的建设，彻底纠正忽视思想政治教育这个最大的失误。"同时指出，高等学校"应当成为拥护党的领导，拥护社会主义制度，反对资产阶级自由化，反对和平演变的坚强堡垒"，"应当成为宣传马克思主义，建设社会主义精神文明的坚强阵地"，"应当成为维护安定团结的政治局面，稳定社会局势的主要力量"。

会议期间，党和国家领导人江泽民、李鹏、宋平、李铁映等在中南海接见了全体与会代表，并合影留念。江泽民、宋平等与部分代表座谈，并作了重要讲话。

1990年7月，中共中央发出通知，对加强高校党的建设提出要求：(1)明确高等学校的领导体制，坚持党委的领导地位；(2)加强领导班子建设，保证领导权掌握在忠于马克思主义的人手中；(3)把思想建设放在高等学校党的建设的突出位置，不断提高党员的政治素质；(4)切实搞好党支部建设，增强党组织的凝聚力、吸引力和战斗力；(5)建设一支素质较高、以精干的专职人员为骨干、专兼职结合的党务工作队伍；(6)加强对入党积极分子的培养教育，做好发展党员工作；(7)加强对工会、共青团和学生会的领导，充分发

挥群众组织的作用；（8）地方党委要加强对高等学校党的工作的领导，中央国家机关有关部委党组(党委)对所属院校党的工作要予以指导。

1990年8月，中共中央组织部、中共中央宣传部和中共国家教委党组联合发出《关于贯彻高等学校党建工作会议精神有关问题的通知》，要求各地区、各部门认真贯彻《中共中央关于加强高等学校党的建设的通知》和江泽民、宋平、李铁映等在高校党建工作会议上讲话的精神，联系本地区、本部门实际，切实抓好高等学校党的建设工作。

各地和各高校认真传达、学习、贯彻《中共中央关于加强高等学校党的建设的通知》和全国高等学校党的建设工作会议的精神。绝大多数省、自治区、直辖市党委召开了高校党的建设工作会议，结合本地区的实际，研究加强高校党的建设工作，制定有关文件。高校党的建设工作和思想政治工作有了新的进展。省、自治区、直辖市和国务院有关部委领导同志联系高校的制度普遍建立，许多领导同志经常深入所联系的高校，与师生座谈，亲自讲党课、作报告，帮助高校解决一些实际问题。许多省、自治区、直辖市党委建立了高校党建工作和思想政治工作专门机构。到年底，省一级党委教育工作部门由原来的12个增加到23个。各地党委普遍重视了高校领导班子的建设，高校领导班子经过调整、充实，领导能力和战斗力普遍有所加强。在调整、充实工作中，校际间干部交流的比例加大，有些省、市还从机关、地县或厂矿选派一些适合在高校工作的优秀干部充实高校领导班子。大家普遍赞成高校实行党委领导下的校长负责制，原实行校长负责制的高校有130余所，后减少到不足40所。各地普遍加强了高校后备干部的建设。一些地方还在加强高校领导班子的思想作风建设方面采取了措施，有的收到比较明显的效果。高校党的思想建设越来越引起重视。高校办党校的工作进展较快，大多数高校都办了业余党校，一些高校办起了党校。高校党员重新登记工作基本结束，党内外普遍反映这次党员重新登记工作达到了预期目的，效果较为明显。高校基层党支部通过党员重新登记工作和领导班子调整、充实及改选工作，支部建设得到加强，战斗堡垒作用有所增强。高校党务干部和思想政治工作队伍的建设得到进一步重视，一些具体问题得到解决，培训工作得到加强，干部素质进一步提高。学生积极分子队伍有所扩大，学生中普遍建立了学马列、学毛著、学党章小组，学生中申请入党的人数在增加，有些高校申请入党的学生占学生总数的25％左右。高校党委普遍注意加强对申请入党积极分子的培养、教育，积极而又慎重地发展新党员，不断壮大党的队伍。

二、组织高等学校师生员工认真学习《关于社会主义若干问题学习纲要》（试用本），深入进行坚持社会主义道路教育

1990年6月，中共国家教委党组发出《关于高等学校组织学习〈关于社会主义若干问题学习纲要(试用本)〉的意见》，要求各地教育部门、各高校把《纲要》作为进行社会主义教育的教材，有计划、分层次地组织广大干部、教师、职工和学生，紧密联系建国40年来尤其是改革开放十多年来的实践和成就，紧密联系国内外斗争形势以及高校的工作和思想实际，进行认真的学习和讨论，澄清由于前几年资产阶级自由化泛滥造成的思想理论上的混乱，进一步坚定社会主义信念，坚持社会主义办学方向。按照中共国家教委党组的部署，全国各高等学校在1989年集中进行政治教育和法制教育的基础上，1990年围绕《关于社会主义若干问题学习纲要（试用本）》的学习，继续普遍深入地开展坚持社会主义道路教育。为配合这一学习，国家教委发出了《关于举办学习〈关于社会主义若干问题学习纲要(试用本)〉电视系列讲座的通知》,并组织了《纲要》辅导电视系列讲座七讲,通过中国教育电视台播放。同时组织编撰了《社会主义能够救中国》、《经济落后国家两条不同发展道路之比较》、《"精英"与动乱》等一批教育材料。许多高校还结合坚持社会主义道路教育,在学生中进行树立为人民服务的人生观教育。

三、 大力开展学生参加社会实践活动,收到良好思想教育效果

1990年5月,中共中央宣传部、国家教委、共青团中央联合发出《关于1990年暑期高等学校学生社会实践活动的几点意见》,要求各地、各高校把社会实践活动作为对学生、青年教师进行坚持社会主义道路和向人民群众学习、为人民服务两个根本问题教育的重要措施抓紧抓好。1990年暑期的社会实践活动受到各级党政领导和高等学校的高度重视。全国20多个省、自治区、直辖市成立了由党政领导同志挂帅,有关部门参加的暑期社会实践活动领导机构。许多地(市)、县(市)的党委、政府和共青团积极组织回乡度假的大学生开展社会实践活动,使其更具有广泛性。在组织形式、方法和内容上都有了新的发展。高等学校在把社会实践活动作为学校教育的重要内容,纳入教学计划方面也做了大量工作,积累了初步经验。在各方面的共同努力下,1990年学生暑期社会实践活动的规模超过了往年,取得了良好的思想教育效果。1990年12月,中宣部、国家教委、团中央联合发出《关于表彰"90年社会实践活动先进单位"和"90年最佳社会实践主题活动"的决定》,对组织社会实践活动成效显著的清华大学、大庆石油管理局、山东省沂南县等300个"90年社会实践活动先进单位"和辽宁、广东等20个以省、市为单位组织的"90年最佳社会实践主题活动"予以表彰,并在广东深圳召开的高等学校社会实践活动工作座谈会上颁发了奖状、锦旗。

撰稿人　纪建军　马胜杰　王敬平
审稿人　张晋峰

附一

□1990年社会实践活动先进单位名单

北京市

清华大学
北京师范学院
北京科技大学
北京经济学院
北京农业大学
北京广播学院电视系
北京医科大学
北京市经济委员会
北京市商业委员会
首都钢铁公司
怀柔县政府
昌平县政府
平谷县政府

天津市

天津大学
南开大学
天津师范大学
天津医学院
天津音乐学院
天津外国语学院
天津纺织工学院
天津财经学院
天津铁路工程学校
武清县
西郊区

河北省

河北财经学院团委
河北工学院团委
河北大学团委
河北师范大学团委
华北煤炭医学院团委
张家口农业专科学校团委
任丘市
邯郸市丛台区
共青团晋县委员会
大名师范学校团委

山西省

太原工业大学
山西矿业学院
运城高等专科学校
山西农业大学
太原电力专科学校
山西省煤炭工业学校
忻州地区
霍州市
武乡县
山西大学

内蒙古自治区

内蒙古师范大学
内蒙古大学团委
铁道部第十三工程局丰准铁路指挥部
内蒙古工学院
内蒙古财经学院
包头师范专科学校
内蒙古民族师范学院
内蒙古二轻学校
内蒙古丰镇发电厂

辽宁省

沈阳市
大连市
鞍山钢铁公司
辽阳石油化纤公司
沈阳市于洪区
东北工学院
大连理工大学
中国医科大学
辽宁大学
辽宁师范大学
锦州师范学院
鞍山钢铁学院
抚顺石油学院

吉林省

东北师范大学
吉林工业大学
吉林农业大学党委
吉林工学院党委
吉林财贸学院团委
吉林电气化专科学校
共青团长春市委
中共长春市委高教部
共青团吉林市委
中共公主岭市委
延边农学院

黑龙江省

中共黑龙江省绥棱县委
大庆石油管理局
东北农学院
哈尔滨工业大学
哈尔滨船舶工程学院团委
黑龙江大学团委
东北林业大学团委
哈尔滨电工学院团委
哈尔滨医科大学团委
黑龙江中医学院团委
哈尔滨师范大学政教系

上海市

上海交通大学
华东化工学院
上海财经大学
华东政法学院
上海师范大学
宝山钢铁总厂

上海武警总队
上海石油化工总厂
同济大学团委
复旦大学团委
华东师范大学团委
中国纺织大学团委

江苏省

南京大学
东南大学
南京师范大学
南京航空学院
苏州大学
中国矿业大学
江苏农学院
无锡轻工业学院
南京化工学院
南京林业大学
盐城市
镇江市
苏州昆山市

浙江省

浙江大学
镇海石化总厂
宁波市委宣传部、教委、团委
中共浙江省诸暨市委
杭州大学团委
浙江农业大学团委
浙江工学院团委
浙江师范大学团委
浙江林学院团委
浙江财经学院团委
宁波师范学院团委

安徽省

安徽大学
安徽师范大学
合肥工业大学党委
安徽医科大学团委
安徽财贸学院党委
安徽滁州师范专科学校党委
中共安徽省淮南市委
安徽省淮南矿务局
共青团安庆市委
中共金寨县委
合肥大华标准紧固件经营公司

福建省

福建师范大学
福建农学院党委宣传部
福建医学院团委
漳州师范学院英语系
宁德师范专科学校
福州市郊区
龙海县
建阳县
福州棉纺织印染厂

江西省

江西农业大学
南昌航空工业学院
江西工业大学
南昌职业技术师范学院
宜春师范专科学校
吉安师范专科学校
共青团南昌市委
共青团井岗山市委
共青团瑞金县委

山东省

山东工业大学
山东大学
山东师范大学
山东农业大学
山东建筑工程学院
山东矿业学院
莱阳农学院
青岛海洋大学
青岛大学
潍坊医学院
惠民县

禹城县
沂南县
泰安市

河南省

郑州大学
河南大学
河南医科大学
河南农业大学
河南师范大学
郑州工学院
焦作矿业学院
洛阳市委宣传部、教委、团委
安阳市“我把知识献家乡”活动办公室
新县县委宣传部、教育局、团县委

湖北省

武汉水利电力学院
华中理工大学
湖北医学院
武汉大学
同济医科大学
华中农业大学
湖北农学院
武汉钢铁学院
洪湖市
房县
钟祥县
公安县

湖南省

中南工业大学
湖南大学
湘潭大学
湖南财经学院
湖南医科大学
湖南农学院
衡阳医学院
岳阳师范专科学校
共青团常德市委
共青团邵阳市委
中共攸县县委

广东省

中山大学
华南理工大学
广东工学院
仲恺农业技术学院
广东省科学技术学校
中共江门市委、江门市政府
中共珠海市委、珠海市政府
中共佛山市委、市政府
共青团汕头市委
广州市教委、团市委
中共肇庆市委、市政府
中共宝安县委、县政府

海南省

海南大学团委
海南师范大学团委

广西壮族自治区

广西工学院
广西民族学院
广西农学院团委
桂林冶金地质学院团委
广西大学团委、学工部
广西师范大学政治系
广西东罗矿务局
柳州市柳江县
广西师范学院团委、学工部

四川省

成都科技大学
西南师范大学
重庆大学
电子科技大学团委
四川大学
西南石油学院
成都中医学院
重庆师范专科学校
四川师范大学
西南农业大学

共青团资中县委
中共重庆市北碚区委、北碚区政府
攀枝花钢铁公司

贵州省

遵义地区
贵州师范大学
贵州农学院
贵州财经学院
贵州中医学院
贵州大学
安顺地区师范专科学校
水城钢铁厂

云南省

云南农业大学
云南财贸学院
云南师范大学
云南公安专科学校
云南省交通学校
曲靖地区团委、教委、党委宣传部
共青团红河州委、红河州教育局
大理师范专科学校
中共禄劝县委、县政府

陕西省

西安交通大学
西北工业大学
西安电子科技大学
西北农业大学
陕西机械学院
延安大学
西北轻工学院大学生赴延安社会实践团
西安冶金建筑学院团委
陕西师范大学团委
延安地区(地委、行署)
共青团安康地委
延安市南泥湾镇
铁道部宝鸡桥梁厂

青海省

青海大学
青海师范大学
青海医学院
青海民族学院
青海师范专科学校
青海省建工建材学校

甘肃省

兰州大学
兰州商学院
西北师范大学
甘肃工业大学
庆阳师范专科学校
兰州石油学校
金川公司
安西县
合水县

宁夏回族自治区

青铜峡铝厂团委
宁夏大学
宁夏医学院
宁夏农学院团委
西北煤机总厂团委
吴忠市

新疆维吾尔自治区

新疆工学院
新疆师范大学
新疆财经学院
新疆医学院
石河子农学院
石河子医学院
新疆石油学院
昌吉回族自治州
巴音郭楞蒙古自治州

全国铁道系统

长沙铁道学院
兰州铁道学院
西南交通大学

全国民航系统

中国民航飞行学院团委

附二

□1990年最佳社会实践活动名单

山东省 “科学兴鲁建设营、重点工程劳动营、国情省情考察营”主题活动

辽宁省 “投身实践了解国情，尽职社会服务人民”主题活动

广东省 “学习社会、智力为民”主题活动

北京市 “抓住亚运历史契机，开发亚运综合功能”主题活动

河南省 “求知于工农，奉献于社会”主题活动

湖北省 “奉献者之路”主题活动

江苏省 “看十年巨变，明历史使命”主题活动

浙江省 “‘90’我们在坚实的土地上成长”主题活动

四川省 “深入社会，学习工农，经受锻炼，实践成才”主题活动

陕西省 “学习延安精神，继承革命传统”主题活动

上海市 “创业者之路”主题活动

内蒙古自治区 “认清国情，深入工农，服务社会，锻炼成长”主题活动

吉林省 “松辽平原科技开发实践工程”主题活动

黑龙江省 “深入社会，了解国情，学习工农，做四有新人”主题活动

山西省 “让理想在实践中升华、青春在奉献中闪光”主题活动

安徽省 “了解社会、学习工农、明确责任”主题活动

新疆维吾尔自治区 “学工农为民服务，播星火扶贫兴边”主题活动

甘肃省 “走向社会，学习工农”主题活动

湖南省 “到实践中去，向人民学习”主题活动

天津市 “明国情，向人民服务学习 紧跟党，走正确成长道路”主题活动

职业技术教育

概　　况

1990年，我国各类中等职业技术学校（不含中师，下同）已达16304所，比1989年增加89所；毕业生173.44万人，比1989年增加13.82万人；招生223.9万人，比1989年增加7.8万人；在校生584.89万人，比1989年增加26.63万人；教职工103.52万人，比1989年增加3.71万人。1990年全国有短期职业大学114所，毕业生2.65万人，招生2.41万人，在校生7.26万人，教职工2.11万人。

职业技术学校（不含中师）基本情况表

单位：万人

	年	学校数（所）	毕业生数	招生数	在校生数	教职工数
短期职业大学	1989	116	2.46	2.49	7.5	2.09
	1990	114	2.65	2.41	7.26	2.11
中等专业学校	1989	2940	36.47	50.77	149.29	37.62
	1990	2956	42.76	50.28	156.71	38.48
技工学校	1989	4102	36.84	47.03	125.88	29.58
	1990	4184	41.43	50.43	133.17	30.77
职业中学	1989	9173	86.31	118.3	282.27	32.21
	1990	9164	89.25	123.19	295.01	34.27

到1990年底，我国高中阶段的中等职业技术学校在校生占整个高中阶段在校生总数的比例为46%，比1989年提高1.22%；其中当年的招生数已占整个高中阶段年招生数的48%。

1990年我国农村职业技术教育又有新进展。农村职业学校（含县镇）已达6651所，在校生195.5万人，全国几乎县县都办起了职业中学。农业中专和林业中专也发展到427所，在校生21.56万人。此外，还对不能升学的小学、初中、高中毕业生，广泛开展了实用技术培训。据国家统计局对67000农户的调查，受到职业技术教育培训的农民收入明显高于其他农户。

农民人均收入与受教育情况对比表

（单位：元）

文盲户	小学户	初中户	高中户	职教培训户
442.8	542.96	616.3	639.85	740.9

撰稿人　刘占山　张东英
审稿人　陈德才

开展中专教育评估工作，强化宏观管理

一、中等专业教育评估的研究与试点工作

为了加强对中专教育统筹规划，进一步检查党和国家教育方针在中专学校的落实情况，提高教育质量与办学效益，促进中专教育健康发展，近年来不少地方和部门相继开展了中专教育评估工作。到1990年底已有18个省市和8个部委在各自所属的中专学校开展了这项工作，并取得成效。已完成一轮办学水平评估的地方与部委有：上海市、西藏自治区和冶金部；已完成基本办学条件评估的地方与部委有：北京市、内蒙古自治区、辽宁省、吉林省、宁夏回族自治区、四川省和邮电部。同时，纺织、交通、化工等部委已进行了专业教育质量评估的试点工作。

为了将这项工作在全国推开，1990年9月8日，国家教委职业技术教育司召集部分省市和部委的中专处长及评估专家在上海座谈，总结前一段工作，探讨在全国范围内开展这一工作的方法和步骤，研究并起草了《普通中等专业学校办学水平评估指标体系（初稿）》。1990年10月，在国家教委职业技术教育司指导下，上海市、辽宁省和江苏省共选择了6所中专学校进行办学水平评估试点工作。其后，对《普通中等专业学校办学水平评估指标体系》（初稿）进行了修改，并下发部分省市和部委征求意见。同时起草了《关于开展普通中等专业学校教育评估工作的通知》（初稿），为1991年在全国范围内开展中专教育评估工作打好基础。

二、进一步加强中专教育的宏观管理

多年来，中专教育在行政管理方面已积累了不少经验，初步形成了一套规章和制度，这对指导中专教育的建设、改革和发展起到了一定作用。但是，随着我国经济、政治体制改革的不断发展，中专教育管理也遇到了一些新问题，为适应新的形势和中专教育改革与发展的需要，国家教委职业技术教育司在1990年着手制订和修订了以下一些文件：(1)《关于改革中等专业学校招生与分配制度的意见》；（2）《关于普通中等专业学校设置暂行规定》；（3）《关于普通中等专业学校管理体制的暂行规定》；（4）《关于普通中等专业学校学籍管理的暂行规定》；（5）《〈普通中等专业学校招生体检标准〉补充规定》。这些文件的起草与修订，是在充分调查研究和总结各地、各部门中专教育管理工作经验的基础上进行的。1990年底，上述文件均已形成征求意见稿，将在1991年进一步征求有关方面意见，再作修改后陆续发布施行。

撰稿人　余祖光

审稿人　陈德才

对省级重点职业高级中学进行评估与认定工作

1990年8月16日，国家教委印发了《省级重点职业高级中学的标准》。对重点职业高中的办学指导思想、学制、办学基本条件、学校管理、教师、教学、德育、体育、美育、卫生工作、毕业生工作、经费，以及重点学校的审批认定程序等均作了明确规定。

为做好省级重点职业高级中学的评估、认定工作，国家教委办公厅于1990年8月6日发出《关于对职业高级中学开展评估，认定“省级重点职业高级中学”的通知》。各省、自治区、直辖市教委、教育厅(局)根据《通知》精神，在地(市)初评的基础上，对职业高中进行了认真评估，然后报省、自治区、直辖市人民政府审批。国家教委将其中办学指导思想端正，办学条件较好，教育质量高，对本地区以及全国职业技术教育发展能起积极促进和骨干、示范作用的206所职业高中认定为省级重点职业高级中学，并予以公布。

附

□省级重点职业高级中学名单

北京市

北京市黄庄职业高中
北京市劲松职业高中
北京市昌平农村职业学校
北京市财经学校
北京市海淀区艺术师范学校
北京市计划统计学校
北京市外事服务职业高中

天津市

宝坻县第一职业中等专业学校
天津市和平区职教中心
天津市塘沽区第一职业中等专业学校

河北省

涉县职业技术学校
迁安县职业技术高级中学
定州市第二职业中学
三河县农业技术中专学校
秦皇岛市第一职业中学
南宫市第二职业技术中学
获鹿县综合职业技术学校
丰宁满族自治县职业技术中专学校

山西省

太原市第二职业中学
阳泉市职业学校
长治市职业高级中学
大同市第一高级职业中学
原平县职业学校

内蒙古自治区

呼和浩特市第二职业高级中学
包头市第四职业高级中学
巴盟乌拉特前旗第一职业中学
哲盟奈曼旗八仙筒蒙古族职业高中
赤峰市第一职业高中

辽宁省

大连市女子职业高级中学

大连市旅顺第一职业高级中学
沈阳市第一服装职业高级中学
沈阳市旅游职业高级中学
丹东市第一高级职业中学
锦州市第一职业高级中学
大连市服装职业高级中学
阜新市职业教育中心
沈阳市计算机职业高级中学
本溪市第一职业高级中学
抚顺市女子职业高级中学
鞍山市高级职业中学
沈阳市服务职业高级中学
大连市新金县农业技术实验职业高级中学

吉林省

长春市实验职业高中
第一汽车制造厂职业技术学校
吉林市女子职业高中
吉林市郊区第一职业高中
双辽县农职业技术教育中心
辽源市第一职业高中
通化市第一职业高中
浑江市实验职业高中
白城市第一职业高中
汪清县第一职业高中

黑龙江省

哈尔滨市第一高级职业中学
哈尔滨市第十三高级职业中学
铁道部齐齐哈尔车辆工厂职业高级中学
牡丹江市第一职业高级中学
佳木斯市第一职业高级中学
鸡西市第一职业高级中学
桦南县农业技术高级中学
五常县农业技术高级中学
黑龙江省国营农场总局尖山农场高级职业中学
黑龙江省森林工业总局绥阳林业局职业中学

上海市

上海市商业职业技术学校
上海市旅游服务职业技术学校
上海县群益职业技术学校
上海市中等职业教育中心
上海市华山美术职业学校

江苏省

苏州电子职业中学
常熟农副职业中学
无锡电子职业中学
常州第一职业高级中学
镇江京江职业中学
南京建筑职业技术教育中心
南通县职业中学
海安农业工程技术学校
扬州工业职业学校
盐城第一职业中学
金湖职业高级中学
铜山张集职业中学
邳县车夫职业中学
国营东辛农场职业中学

浙江省

杭州市旅游职业学校
宁波市职教中心学校
温州市职业技术学校
绍兴市第一职业学校
缙云县中等职业技术学校
三门县农业技术学校
嘉兴市工业职业中学

安徽省

芜湖市职教中心
马鞍山市职教中心
蚌埠市职教中心
合肥市职教中心
铜陵市第一职业高级中学
来安县职业高级中学
霍邱县陈埠职业高级中学

福建省

龙岩华侨职业学校
泉州华侨职业学校
永安农业职业学校
厦门旅游职业学校
福州文教职业学校

江西省

南昌市第一职业中学
景德镇市陶瓷职业技术高中
萍乡市宣风职业中学
崇义县农林技术学校
泰和县职业技术高级中学
奉新县冶城职业中学
弋阳县农业技术学校

山东省

胶南县职业中等专业学校
即墨市第一职业中等专业学校
济南市历城区职业中等专业学校
济南市第五职业中等专业学校
烟台市福山区职业中等专业学校
即墨市第二职业中等专业学校
平度市职业中等专业学校
昌邑县职业中等专业学校
寿光县职业中等专业学校
淄博市张店第二职业中等专业学校
淄博市临淄职业中等专业学校(南校)
莱西县职业中等专业学校
临沭县职业中等专业学校
烟台市第一职业中等专业学校
德州市第一职业高级中学
牟平县职业中等专业学校
莱芜市职业中等专业学校
威海市职业中等专业学校

河南省

南阳县第一职业高级中学
汝南县马乡职业高级中学
新县职业高级中学
卢氏县职业高级中学
栾川县第二职业高级中学
新乡市第二职业高级中学
安阳市职业中等专业学校
平顶山矿务局职业中等专业学校
开封市第二职业高级中学
郑州市第四职业中等专业学校

湖北省

武汉市第二职业教育中心
沙市市职业教育中心
黄石市职业教育中心
宜昌市职业教育中心
宜昌县职业高级中学
石首市职业高级中学
恩施市职业高级中学

湖南省

长沙县职业中专
汨罗市职业中专
沅江市职业中专学校
道县职业中专学校
长沙市财经职业中专
益阳市幼师职业中专
株洲市轻工职业中专
湘潭市机电职业中专
芷江民族职业中专
常德市鼎城区职业中专
凤凰县职业中专
郴县农职业中专

广东省

广州市电子职业高级中学
广州市旅游职业高级中学
广州市工艺美术职业高级中学
深圳市电子技术学校
汕头市鮀滨职业中学
梅州市城西职业中学
惠东县惠东职业中学
东莞市附城职业中学
中山市职业高级中学
江门市工交职业高级中学
新会县荷塘职业中学

顺德县梁銶琚中学

茂名市职业高级中学

肇庆市第二职业中学

广西壮族自治区

柳州市第一职业高中

桂林市第一职业高中

浦北县第一职业技术学校

海南省

海口市第一职业中学

四川省

成都市新华职业中学

大邑县职业高级中学

重庆市大渡口职业中学

永川县松溉农业中学

自贡市釜溪职业高级中学

泸州市树风职业高级中学

射洪县中等职业技术学校

安县塔水职业中学

德阳市黄许职业高级中学

乐山市第一职业中学

南川县隆化职业中学

南充县潆溪职业中学

贵州省

贵阳市服装职业学校

龙里县农业中学

云南省

昆明市官渡区第一职业中学

云龙县民族职业中学

石屏县职业中学

思茅县农林技术学校

陕西省

西安市艺术师范职业学校

西安铁路分局高级职业中学

安康市新安高级职业中学

泾阳县职业技术学校

韩城市新农职业中学

甘肃省

兰州市职业技术学校

兰州市旅游职业学校

天水市职业技术学校

张掖市第一农业中学

青海省

西宁市第一职业中学

宁夏回族自治区

银川市第一职业中学

新疆维吾尔自治区

阜康县职业中学

新疆生产建设兵团农七师一二五团职业高级中学

乌鲁木齐市第二职业高级中学

石河子市第二职业高级中学

哈密市职业高级中学

制订职业高级中学(三年制)教学计划

国家教委曾于1986年印发了《关于制订职业高级中学(三年制)教学计划的意见(试行)》，对指导全国各地职业中学的教育教学工作起到了积极作用。随着职教改革的深入，为使职业中学教育和教学更加适应经济和社会发展的需要，国家教委在总结各地试行经验和广泛征求意见的基础上，对该《意见》进行了修订，于1990年12月31日正式发布执行。

修订后的《意见》进一步明确了职业高中的任务——培养中级技术工人、具有中级技术水平的农民、中等管理人员、技术人员和其他从业人员；强调了德育工作，规定职业高级中学要把德育放到学校工作的首位，贯穿于各科教学和各项管理工作之中；加强了实践性环节教学，明确了职业高级中学是以专业教育为主，着重职业技能训练，同时也要根据专业需要，让学生学习必要的文化基础知识。修订后的《意见》将政治课和文化课、专业课、实习的课时比例，调整为：工农医类专业、工种，一般为3：3：4；文科类，一般为4：3：3；某些要求技能较强的专业或工种，一般为2.5:2.5：5，增加实习的课时，适当减少文化、理论知识的教学时间，使其更符合职业高级中学教育培养目标要求，为社会主义现代化建设培养更多、更好的合格人才。

举办两次中等职业技术学校技能比赛：

为宣传职教成果，检验学生实际操作水平，交流教学经验，促进职业中学技能教学，进一步提高教学质量，国家教委职业技术教育司于1990年5月与国家旅游局人事劳动教育司、中国旅游报社、高等教育出版社和江西省庐山风景区管理局联合举办了“庐山杯”全国旅游中等职业技术学校服务专业学生旅游知识和技能比赛，有23个省、自治区、直辖市的代表参加比赛。

1990年10月，国家教委职业技术教育司又与高等教育出版社、中央电视台、上海市教育局、文汇报社、上海市服装公司等单位联合举办了全国职业中学服装制作比赛，有25个省、自治区、直辖市和航空航天部等26个代表队参加比赛。

撰稿人　王孟春

审稿人　陈德才

推进农科教结合，为发展农村经济服务

为了促进农业、科技、教育部门的密切配合，提高整体效益，把农科教结合提高到更高水平，国家教委、国家科委、农业部、林业部、中国农业银行于1990年5月7日至10日联合在安徽省滁县地区召开了部分省市农科教结合工作座谈会。各省市在会上交流了农科教结合工作的经验。安徽省在农科教结合工作中，抓了黄山市和滁县地区两个实验区，10个试点县，102个试点乡镇。他们对面上统筹采取"抓点试验，取得经验，循序渐进，稳步推行"的方针，主要抓了四个方面的工作：一是上下结合，多渠道增加投资。省、地、县和试点乡镇层层落实。据对11个地市的不完全统计，1989年共统筹经费约1200万元。二是组建农科教讲师团，有计划地组织农业、科技、教育和各类经营管理人才到农村第一线工作。1989年已组建各级讲师团143个，成员2178人。三是制定优惠政策，调动各方面积极性，对长期在农村兼任教师的科技人员和从事科技开发与推广工作的教师，凡工作成绩显著，在职称评定、工资福利待遇、晋级等方面优先考虑。对职校毕业生和培训合格人员，由有关部门发给技术等级证书或合格证书，技术岗位予以优先录用；对回乡从事农业生产的，在承包耕地、山场、水面、果林及提供贷款、化肥、农药、良种等方面给予优惠。四是使各部门的科技兴农计划配套衔接，"丰收"、"星火"、"燎原"三项计划和扶贫工程、菜篮子工程配套实施。

通过农科教结合，安徽省在11个地市培训农民300多万人次，推广实用技术517项、4223次。据抽样调查，在64个试点乡推广的23个项目，产生了120多万元的直接经济效益，3600多万元的社会效益。安徽省的经验对推动全国的农科教结合工作起了很好的作用。

会议对今后如何推进农科教结合工作提出了以下几点要求：（1）进一步提高对农科教结合意义的认识。各级领导要把它摆到主要位置，认真抓好，抓出成效。（2）尽快健全农科教统筹结合的组织和领导。要由政府出面，加强领导，做好统筹协调工作。（3）加强调查研究，作好实施农科教结合的规划。（4）选好抓好试点，及时总结经验，逐步组织推广。（5）制定相应的配套政策。（6）积极开展农科教结合理论和实践的研究。

表彰在科教兴农中作出贡献的先进集体和个人

为了贯彻执行国务院《关于依靠科技进步振兴农业，加强农业科技成果推广工作的决定》精神，充分发挥农村中等职业技术学校“培养人才、推广科技、生产示范、经营服务”的多功能作用，更好地为当地社会主义建设服务，国家教委于1990年6月7日发出了《关于动员农林中专和农村职业中学做好科技兴农工作的通知》。

一年来，农村中等职业技术学校坚持为农村社会主义建设服务的办学方向，积极主动地投身于当地的科技兴农工作。例如，甘肃省合水县店子职业中学，在店子乡开展了“一校十村百户千亩田”的科教兴农活动，即与10个自然村、124户农民、1115亩土地建立了长久的技术服务联系点。其中他们在46个种植联系户的640亩小麦地里进行了“小麦丰产方”和玉米模式化栽培试验，取得了显著成绩。小麦亩产由1986年的176公斤提高到1990年的270公斤，提高了53.4%，玉米亩产由300公斤增长到475公斤，增长率为58%。

为表彰农村中等职业技术学校在科技兴农中取得的成绩，鼓励农村职业中学毕业生回乡务农，促进科教兴农工作更加深入地开展，国家教委于1991年1月15日作出决定，授予北京市昌平农村职业学校等106所农村中专和农村职业中学为科教兴农先进学校；授予章建琴等93名同志为回乡务农优秀毕业生。

附一

□科教兴农先进学校名单

北京市

昌平农村职业学校

大兴农村职业高中

天津市

武清县职业中等专业学校

河北省

定州市第二职业中学

涉县职业技术学校

安平县北郭村农业初级中学

沧州地区农业学校

迁安县职业技术高级中学

宝峰寺林业中学

山西省

屯留县职业中学

稷山职业中学

石楼县职业中学

内蒙古自治区

乌拉特前旗第一职业中学

杭锦旗农业职业中学

包头市郊区农职业高中

辽宁省

新金县农业技术实验高级中学

辽宁省铁岭农业学校

丹东市第三职业高中

建昌县职业高中

辽宁省林业学校

吉林省

双辽县农职业技术教育中心
蛟河市第二职业高中
吉林省林业学校
集安市特产职业学校
汪清县罗于沟职业高中
吉林省农业学校

黑龙江省

黑龙江省北安农业学校
富裕县农业技术高中
桦南县农业技术高中
龙江县农业技术高中
五常县农业技术高中

上海市

金山县钱圩职业技术学校

江苏省

常熟市农副职业中学
泗阳县爱园农业中学
海安县农业工程技术学校
铜山县张集职业中学

浙江省

三门县农技校
金华县九峰农业中学
江山市农村职业技术学校
浙江省嘉兴农业学校

安徽省

怀宁县三桥职业高中
泗县长沟职业高中
庐江县田埠职业高中
来安县职业高中

福建省

福建三明林业学校
永安农业职业学校
安溪职业学校
福建漳州农业学校
漳浦前亭职业学校

江西省

奉新县冶城职业高中
萍乡市宣风职业中学
弋阳县农业技术学校

山东省

即墨市第一职业中专
安邱县职业中专
肥城县职业中专
山东昌潍农业学校
栖霞县职业中专
历城区职业中专
邹平县职业中专
山东省林业学校

河南省

西峡县林业高中
滑县第三职业高中
商水县新桥职业技术高中
修武县王屯职业高中
扶沟县大新职业技术高中

湖北省

鄂西自治州农业学校
房县林业特产职业高中
谷城县黄畈职业初中
宣恩县职业高中
广水市吴店农业高中

湖南省

长沙县职业中专学校
汨罗市职业中专学校
湖南省安江农业学校
慈利县农职业中等专业学校
道县职业中专学校

广东省

化州县合江职业高中
兴宁县龙田职业中学

广西壮族自治区

广西农业学校
广西横县职业中学云表分校
浦北县第一中等职业技术学校
广西林业学校
广西钦州农业学校

海南省

陵水黎族自治县职业中学

四川省

四川省南充农业学校

射洪县中等职业技术学校

四川省林业学校

通江广纳职业中学

贵州省

龙里县农业中学

湄潭县职业中学

云南省

宁蒗彝族自治县农职业学校

石屏县职业中学

陕西省

长武县高级职业中学

平利县西河农业中学

陕西省林业学校

澄城县冯原职业中学

陕西省农业学校

甘肃省

合水县店子职业中学

清水县白沙农业中学

张掖市第一农业中学

青海省

乐都县职业学校

宁夏回族自治区

贺兰县职业高中

新疆维吾尔自治区

新疆伊犁农业学校

农七师一二五团职业高级中学

玛纳斯县头工职业高中

附二

□回乡务农优秀毕业生名单

北京市

殷雅东　闵淑芝

天津市

刘　猛　阎万里

河北省

米桂芳　侯晓东　毕文耐　王文东

李建伟　杨利民

山西省

张泉录　王国庆　左国平

内蒙古自治区

张俊英　李志田

辽宁省

王建平　杨耀光　贾春臣

吉林省

鲍汝东　刘春发　于春林　崔　坤

黑龙江省

臧成茂　金厚富　李长青　张宪富

上海市

蒋明福

江苏省

平伍星　刘文明　马晓琴

浙江省

柴元有　陈云生　康雪芬　吴有星

章建琴

安徽省

伍　旭　马浩程　曹淑敏　赵发仁

程　刚

福建省

俞振斌　许贤旺

江西省

曾文葛　钟小方　黄学辉

山东省

阎锦敏　崔永山　孙文裕　钟振华

刘方群　张万军　李向郁

河南省

李武舟　刘树根　宋启明　张国良

李艳丽

湖北省

肖创洪　刘成虎　印白兰　陶桂芬

湖南省

龙水清　黄文凯　杨利铭　伍同斌

广东省

邱建传　甘世扬　朱　晨

广西壮族自治区

郭作敬　陈　延　罗　微

海南省

王录和

四川省

刘元平　郑　云　蒋守存　常能权

张建国　吴冬云

贵州省

王家胜　徐称益

陕西省

陈小龙　李元民　谢建新　师永强

甘肃省

李斌智　柴天高　王国安　刘自礼

宁夏回族自治区

阎新春　张学林

新疆维吾尔自治区

周维川　孙孝贵

撰稿人　王兰英　窦现金

审稿人　陈德才

师资队伍建设

1990年职业技术教育师资队伍有了发展，初步建成了一批师资培养培训基地。

一、职业技术教育师资队伍数量有了发展，质量有了提高。

1990年，中等专业学校专任教师17.6万人，技工学校专任教师13.55万人，职业中学专任教师22.4万人，分别比1989年增加0.51万人、0.63万人、1.02万人。

中等专业学校专任教师中，高级讲师17967人，占专任教师总数的10.21%，讲师58691人，占33.3%；本科以上学历的专任教师96559人，占54.8%，专科学历的53249人，占30.2%。技工学校文化技术理论课教师中，高级讲师4996人，占文化技术理论课教师的4.8%，讲师30210人，占29%；本科以上学历文化技术理论课教师32888人，占31.5%，专科学历的48761人，占46.7%。生产实习指导教师中，高级实习指导教师有296人，占0.9%，一级实习指导教师3388人，占10.7%；本科以上学历的1411人，占4.5%，专科学历的5469人，占17.3%。职业高中的专任教师，本科以上学历的44305人，占22.7%，专科学历的106975人，占54.8%。

二、初步建成一批职教师资培养、培训基地，进一步拓宽了师资来源渠道。

1990年8月18日，国家教委职业技术教育司在山东省烟台市召开了中国职业技术教育师资队伍建设研讨会，会上交流了各地职业技术教育师资队伍建设的经验，研讨了师资培养、培训及教师管理政策等问题。会议认为，经过近10年的努力，我国已初步建成了一批职教师资培养、培训基地，拓宽了职教师资的来源渠道。

这方面的做法是：

（一）调动各方面的力量，多渠道解决师资来源

1.发挥已有的各类普通高等院校培养职教师资的主渠道作用。文化课教师由学校所在省、自治区、直辖市教育部门作出规划，从高等师范院校和综合大学的应届毕业生中分配；专业课及专业基础课教师由理、工、农、林、医、财等各类普通高等院校开设职业技术教育师范系、师范专业、师资班，定向为职业技术学校培养师资。全国有160所高等院校开设了职业技术教育师范系、师范专业或师资班，1989年在校生已达21000多人，当年招生6700多人，毕业6100多人。普通高校也分配一部分非师范专业毕业生到校任教。

2.开办职业技术师范学院，专门培养职业技术教育师资，主要承担缺门短线专业或需求量大的通用专业师资的培养任务。1979年和1980年，经国务院批准，先后成立了吉林职业技术师范学院和天津职业技术师范学院。1984年以后，经国家教委和有关省、直辖市人民政府批准，又成立了12所职业技术师范学院。1989年本专科在校生达1.3万多人。

3.选调、聘任有实践经验的专业技术人员和能工巧匠担任或兼任专业课和实习指导课教师。这样，既可以发挥专业技术人员和能工巧匠的专长，满足学校教学工作的需要，又可以通过他们了解到生产第一线的实际情况和新技术、新工艺，加强学校与生产单位的联系。1990年，全国职业中学共有兼任教师18933人，占专任教师的8.5%。

4.有计划地选留少数优秀的职业技术学校毕业生，经过培训，留校担任专业课、实习课教师。

5.文化课教师改行作专业课和实习课教师。有的改教与自己原教文化课内容相近的专业课，有的按个人平时爱好和特长改教与人们生活密切相关的专业，如服装、烹饪等。

（二）采取多种形式，多种渠道培训在职教师

实行脱产培训和在职培训相结合，较长期培训与短期培训相结合，提高学历与提高单科水平相结合，提高专业理论水平与提高实践技能相结合。培训的重点是加强专业技能培训和提高。对未达到规定学历要求的、有培养前途的青年教师，有计划地提高他们的专业理论知识水平并取得相应学历；对中老年教师，着重进行知识更新培训；对从生产单位选调来的专业技术人员、能工巧匠和非师范院校毕业的教师，进行教育学、心理学和教学法的培训；对实习指导教师和技艺性要求较高的专业课教师，普遍进行提高实践技能的培训。

1.依靠现有各类高等院校培训在职教师。职业技术师范学院开展了在职教师的培训工作。普通高等师范院校及教育学院开始创造条件，拓宽服务面向，培训职业技术学校在职教师。全国省一级的教育学院普遍设立了职业技术教育部。对没有达到规定学历的青年教师，有关部门和学校积极创造条件，组织他的报考普通高等院校、广播电视大学、职工大学、业余大学、函授大学、夜大学等，提高专业知识水平并获得相应学历。

2.有计划地建立职业技术教育学院、教师进修学院和师资培训中心。1989年，国家教委批准成立了天津大学职业技术教育学院、浙江大学职业技术教育学院。并又委托湖南农学院、河北农业技术师范学院为农村职业技术学校培训教师和干部。到1990年底，共办培训班20期，培训1029人。

山东、辽宁、广东等省成立了职业技术教育师资培训中心，黑龙江等省成立了技工教师进修学院，上海等地还建立了高级技工培训中心等。有的省市依托现有的职业技术师范学院或其他高等院校、中等专业学校等建立职教师资培训机构。各业务部门也积极筹建师资培训机构。

3.有的省利用本省重点中等专业学校、技工学校、职业高中举办高等学校未设专业的师资培训班，培训一批职业中学的专业教师及实习指导教师，以应急需。有的学校举办师资培训班，对非师范专业毕业生进行师范理论知识的培训。

4.各地和有关部门普遍建立了教学研究机构，积极开展地区、部门及校际教学协作活动，举办讲习班、学术讲座、专题报告等，交流教学经验。许多省市还以重点学校（或专业）为核心，建立教研中心，发挥师资、设备条件较好的学校和高水平教师的作用，对教育、教学中的重要问题，组织教师进行研究和实验。学校内部也积极开展教学研究活动，通过以老带新、集体备课、教学观摩，提高教师的教学能力。

5.有计划地选派教师出国进修。到1990年底，国家教委共派出200余名职业技术学校的教师赴日本等12个国家进修学习。各地及各部门也在国际合作项目中选派部分教师出国进修。

撰稿人　吴继宸

审稿人　陈德才

教材建设与管理

国家教委职业技术教育司于1990年3月对全国职业中学教材情况进行了一次调查。据25个省、自治区、直辖市的77家出版单位统计材料表明，全国职业中学现有各类教材1361种，其中农业类教材704种。根据各地的要求，国家教委职教司将这部分资料编成教材信息(1991年第1期)，印发各地职业中学，作为选择教材的参考。

为了加强职业技术教育教材建设工作的宏观管理与协调工作，1990年，国家教委职教司主持起草了《关于加强职业技术教育教材建设的几点意见（初稿)》，并通过召开部分部委、省市座谈会，征求了意见。文件对今后教材建设的方针、政策、领导体制与职责分工、教材审定制度及经费等问题都作了阐述和规定。该文件经修改后准备于1991年印发施行。

撰稿人　牛梦成

审稿人　陈德才

多渠道筹措资金，促进职业技术教育发展

一、利用国内银行贷款

1990年11月26日，国家教委与中国农业银行发出《关于支持农、林中专和农村职业中学开展生产经营活动的联合通知》，要求各地农业银行、农村信用社利用农业贷款积极支持农、林中专和农村职业中学，发展生产实习基地和从事生产经营活动，并扶持这些学校的毕业生回乡从事农副业生产。

二、多渠道争取外资

1.经过数年的准备工作，世界银行贷款中国职业技术教育项目已于1990年3月22日由世界银行执行董事会批准，并于10月30日生效实施。该项目使用世界银行软贷款5000万美元，装备12所职业技术师范院校（系）和59个职业技术中心。同时还利用国外贷款，装备3个职业技术教育研究所（国家职教研究所，辽宁、上海职教研究所）。

2.香港华夏基金会于1990年11月决定，将于1991年至1994年期间向我国10所农村职业中学和1所农学院提供赠款150万美元，用以支持我国职业技术教育的发展。该项目正在由国家教委组织实施。

3.由加拿大国际发展署(CIDA)提供750万加元的中加高中后职业技术教育合作项目(简称CCCLP)已于1990年开始执行。中方参加合作项目的学校共29所，其中含短期职业大学6所，中等专业学校23所。

4.利用联合国教科文组织赠款，国家教委职业技术教育司于1990年8月在山东举行了中国职业技术教育师资队伍建设研讨会，此次会议对了解我国职业技术教育师资队伍的现状与问题、加强师资队伍的建设起到了积极的促进作用。

撰稿人　唐　虔　富祥武
审稿人　陈德才

成人教育

扫盲教育在国际扫盲年取得新进展

联合国大会于1987年12月通过决议，宣布1990年为国际扫盲年。我国政府积极响应联合国号召，切实加强了对扫盲工作的领导和管理，开展了广泛深入的宣传活动。1990年，增加了对扫盲的投入，努力扩大办学面，广泛动员文盲入学，共组织560万文盲参加学习，其中399万人脱盲，入学人数和脱盲人数分别比1989年增长41.7%和99.5%，出现了1981年以来扫盲教育的最好形势。主要作法是：

一、各级党委、政府及有关部门普遍加强了对扫盲工作的领导和管理

1月8日，国家教委、中宣部、文化部、广播电影电视部、农业部、林业部、解放军总政治部、共青团中央、全国妇联、中国科协10部门联合召开了迎接国际扫盲年全国电话会议。国务委员兼国家教委主任李铁映、国务委员陈俊生等领导同志在讲话中要求各级政府进一步重视扫盲工作，加强领导；号召全社会都来关心、支持和参与扫盲工作；通过国际扫盲年开展的活动，把我国扫盲教育大大推进一步，为在本世纪内扫除我国青壮年文盲而努力奋斗。会后，许多省（区、市）迅即传达贯彻会议精神，政府负责同志亲自宣传、动员，部署扫盲工作。各地还普遍实行了扫盲责任制，通过政府系统和教育系统逐级签订责任书，把扫盲任务落实到基层，并作为考核工作成绩的重要内容。

二、各有关部门加强了配合和协作

3月，国家教委等10个部门联合印发了《关于建立扫盲领导机构联合开展扫盲工作的通知》，宣布成立全国扫除文盲工作协调小组，要求成立各级扫盲工作协调领导机构，各有关部门分工协作，齐抓共管，共同推动扫盲工作。此后，绝大多数省、地、县、乡成立了由政府领导负责，有关部门共同组成的扫盲协调领导机构，积极动员全社会的力量推动扫盲。全国妇联召开了妇女扫盲工作暨首届巾帼扫盲奖颁奖会议，和国家教委联合表彰了30个先进单位和100位先进个人；共青团中央设立了“救助贫困地区失学少年基金”，实施“希望工程”，长期救助贫困地区的失学儿童重新返校学习；农业、林业、科协等部门把科技兴农、技术推广和培训与扫盲结合起来，形成了较为有利的扫盲社会环境。

三、开展了全国范围的宣传动员工作

中央各主要新闻单位围绕迎接国际扫盲年全国电话会议、全国扫盲工作会议、世界全民教育大会、42届教育大会等活动对扫盲教育进行了集中报道。国家教委成人教育司组织编写了《扫盲教育宣传要点》，发到各省（区、市）和有关新闻单位广为宣传，并和中国成人教育协会编辑出版了《中国扫盲教育》画册。9月8日前后，组织各地广泛开展了国际扫盲日纪念活动。10月在四川举办了部分省(区)扫盲农民教育图片展览;11月在北京开展了"国际扫盲年科学与和平周"活动;召开了首都科技、教育专家话扫盲座谈会;奖励了1万名扫盲"小先生";还举办了扫盲咨询展览活动。各地充分利用广播、电视、报刊等手段,开展了扫盲宣传月、宣传周活动。许多省(区、市)领导就扫盲问题作了专题电视讲话，发表了文章。有关扫盲的宣传和动员工作已深入乡村，增强了农村干部群众的扫盲意识。

四、提倡高标准扫盲，扩大办学面，减少空白点

许多省(区、市)在基本扫除青壮年文盲的基础上，继续扫除剩余文盲。前几年扫盲几乎一度停顿的北京、天津、上海等地,按照高标准要求积极扫除剩余文盲。北京市1990年扫除文盲20384人,使有学习能力的青壮年中非文盲率提高到99%以上。吉林、辽宁、天津、上海还分别把扫盲对象的年龄提高到45岁或50岁。江西省所有的行政村都开展扫盲,消灭了空白点。

五、增加人财物投入,改善办学条件

1990年,在中央财政相当紧张的情况下,财政部拨出500万元扫盲补助费。许多省(区、市)也程度不同地增加了扫盲农民教育经费，不少乡村还通过群众集资、投工献料、减免义务工等办法增加了扫盲投入。许多地方健全了扫盲农民教育机构，增加了人员。扫盲后的农民文化技术学校也得到较快发展,县、乡、村三级农民文化技术学校分别达到1600多所、3.7万多所和25.4万多所,村级教学点还有66.6万个,全年参加各种学习的农村成人达3323万多人(含扫盲学员),对扫盲和扫盲后的巩固提高起了重要作用。

六、加强了扫盲的检查督促和表彰工作

目前,扫盲工作已初步形成了定期布置、定期检查、报告，定期表彰先进、督促后进的制度。8月17日至19日，国家教委在北京召开了1990年全国扫盲工作会议。会议总结交流了经验,表彰了76名全国扫盲先进工作者,研究部署了1991年度的扫盲工作。党和国家领导人李鹏、李铁映、周谷城、费孝通、严济慈等会见了会议代表。李鹏总理在讲话中号召进一步推动全国的扫盲工作，他说扫盲是一件重要的工作，因为它关系到提高全民族的素质和四个现代化的建设。按照现在中国文盲分布的状况，扫盲工作的重点主要在经济不发达地区,尤其是在农村,扫盲的主要对象是妇女。因此，各地要根据这一特点进行工作。李鹏总理强调扫盲工作要和群众的劳动、生活相结合,使他们把学习文化作为自己的需要,从而改善他们的劳动和生活,进一步巩固扫盲工作的成果。这次会议对全国扫盲工作起了重要的推动作用。

经国务院同意，国家教委于7月先后向各省(区、市)人民政府发出《关于检查扫盲工作的通知》和《关于印发〈扫盲工作检查提纲〉的通知》,要求在全国范围内对扫盲工作进行检查,以便总结经验,研究解决扫盲中的问题和困难，推动扫盲工作扎实而有效地开展。《通知》下达后,16个省(区、市)的有关部门开展了自查评估工作。全国扫盲工作协调小组于11月至12月间,分5路对9个省(区)的扫盲工作进行了检查。

七、加强管理工作和教学研究

为了保证扫盲验收的质量，国家教委成人教育司组织拟订了《农村个人脱盲、基本扫除文盲单位考核验收办法》,对考核验收的标准、申报程序、组织领导等作了规定;同时拟订了《个人脱盲标准及考试内容要求》，已经在一些省征求意见或试点。国家教委办公厅印发了《关于进一步保证扫盲验收质量的通知》,对验收工作提出了具体要求。扫盲管理工作正在不断得到加强。

近几年来，已有半数以上的省(区、市)编写或修订了扫盲教材。国家教委成人教育司在继续组织部分省编写扫盲和扫盲后示范教材的同时，举办了扫盲和扫盲后继续教育读物交流展览活动。并和河南省教委合作在河南省商丘地区开展了“双拼”试验；国家语委与河南省教委在洛阳市进行了汉语拼音注音识字试验，以便探索加快成人识字进度的方法。国家语委还拟订了农民扫盲字表，以便为编写扫盲教材、开展教研活动提供科学依根。

为了进一步加强扫盲科学研究工作，1990年10月，中国成人教育协会扫盲研究会在四川成都成立，已经组织有关省(区、市)和科研单位开展扫盲教育的科学研究。

八、积极参与国际交流，加强国际合作

1990年元月，中国成人教育协会派代表参加了国际成人教育协会第四届大会。3月，中国政府派出以国务委员兼国家教委主任李铁映为团长的代表团参加世界全民教育大会。9月，以国家教委副主任王明达为团长的中国教育代表团参加了第42届教育大会。我国河南省西平县还荣获了联合国教科文组织颁发的娜杰达·克·克鲁普斯卡娅扫盲奖，这是我国第6次荣获国际扫盲奖。9月8日，我国广泛开展了国际扫盲日纪念活动。10月在四川开会宣传了世界全民教育大会精神，散发了《世界全民教育宣言及满足基本学习需要的行动纲领》。并积极参与亚太地区有关扫盲的会议和活动，参加了亚太地区妇女和女童基础技能培训试验项目。在加强国际合作的同时，也扩大了我国扫盲和扫盲后继续教育在国际上的影响。

综上所述，我国扫盲教育在国际扫盲年取得了很大成绩，积累了宝贵的经验，为今后几年扫盲教育的顺利发展奠定了较好的基础。但仍有很多困难和问题制约着扫盲的发展：我国15周岁以上文盲还有1.8亿，其中青壮年文盲近5000万，要达到本世纪内扫除青壮年文盲的目标，任务相当艰巨；一些地方领导对扫盲认识不足，重视不够，扫盲尚未列入工作任期目标，也没有建立检查督促制度；一些省(区)扫盲工作开展面还不够大、扫盲进度不快、质量和效益还不理想；扫盲的研究、服务、培训及扫盲后巩固提高工作还比较薄弱；尤其是经费严重不足仍然是制约扫盲教育速度和质量的重要因素。因此，要完成扫除青壮年文盲的历史任务，还有大量的工作要做，还需加倍努力，以推动我国扫盲工作广泛、深入、持续地发展。

撰稿人 张昭文

审稿人 李家林

农村成人教育

一、农村成人教育办学效益显著

1990年，全国有教育部门举办的县级成人教育培训中心1605所；乡(镇)农民文化技术学校36960所；村农民文化技术学校41.8万多所。有2800多万青壮年农民、农村基层干部、农民技术员和乡镇企业职工接受了各种政治、文化、技术教育。

农村成人教育在坚持“科教兴农”、提高广大农村劳动者素质、振兴农村经济、促进农村两个文明建设等方面取得显著的经济和社会效益。

第一，培养了大批农村急需的各类人才。河南省“七五”期间累计培训回乡知识青年达716.9万人，其中已有71907人获得了农民技术员、助理技师与技师等职称；有65306人被选拔为农村基层干部；有25108人被录用为乡镇企业职工；有13877人被选聘为农民教育教师；有160850人成为农村专业户或科技示范户；获得各种科技成果奖1669项。福建省1990年共举办各种专业技术班24389期，参加学习的农民达106.4万人；此外还举办了各种实用技术讲座12315次，受训农民达115.8万人次；举办普法、人口、家庭教育等讲座1.2万余次，受教育农民达104.9万人次。培训规模大，教育内容丰富，已成为农村成人教育的重要特点。

第二，推动了农业科学技术的普及和推广，振兴了农村经济。据河北省衡水地区80个“燎原计划”示范乡统计，各类成人学校围绕实施“燎原计划”，引进1343项种植、养殖、加工等方面的新技术。其中经过实验有800多项得到推广应用，累计获得直接经济效益1.26亿元。江苏省东海县各乡(镇)成人教育中心校举办了抽纱、纺织、钩绣、草柳编、服装加工等实用技术培训班，促进了农村劳力密集型生产的发展。目前，全县成立了由万名农村妇女组成的抽纱钩绣创汇集团；拥有23个加工点的柳编集团和由10个厂联营的服装集团。在该县平明、青湖、浦南等乡(镇)成人教育中心校结业的学员，其柳编产品全部打入国际市场，年创汇30～40万元。

第三，促进了农村精神文明建设。通过开展农村成人教育，使广大农民的思想政治素质不断提高，精神面貌有了较大改观。四川省简阳县以乡(镇)农民文化技术学校为依托，培训了农村党员36000多人，使广大党员提高了党性，增长了才干，带领群众脱贫致富，进而增强了农村党组织的战斗力和凝聚力。福建省东山县铜陵镇针对个体户偷税漏税等问题，利用镇成人学校举办遵纪守法培训班，请工商、税务、公安等有关部门的同志为个体户讲授法律知识，使个体户受到教育，补交了税款达14万元。

二、召开全国农民教育联系点第三次协作会

1990年9月22日至26日，全国农民教育联系点第三次协作会在上海市川沙县召开。会议主要议题是：总结农村成人教育为“科教兴农”服务的新情况、新经验；评估一年来农民教育联系点的工作；交流有关农村成人教育的课题研究情况。与会同志一致认为，全国农民教育联系点建立以来，加强了农村成人教育的改革实践和理论研究，为国家教委制定有关方针政策提供了依据，对全国农

村成人教育工作起了积极的指导作用。具体表现在：（1）各农民教育联系点非文盲率都已达到95%以上，普遍达到了国务院规定的基本扫除文盲标准，并坚持不懈地高标准开展扫盲工作。（2）农村成人教育在实行“三教”统筹、农科教结合中，获得较快发展，建立完善了农村成人教育培训基地。15个农民教育联系点共举办了15所县级成人中专或成人教育培训中心，437所乡（镇）农民文化技术学校，3458所村农民文化技术学校。（3）开展了农村成人教育理论研究。仅上海市川沙县就撰写了30多篇论文，并参加了全国重点课题“高中后教育模式”的研究。受国家教委成人教育司委托，河北省和江苏省分别完成了“农村成人教育在实施燎原计划中的作用、措施、途径和效益”、“乡（镇）农民文化技术学校的性质任务、办学效益和发展前景”课题研究项目，受到会议代表的好评。

会议强调农村成人教育要重点抓好以下几点工作。

1.提高认识，加强领导。各级教育部门要积极贯彻中央关于科教兴农的战略决策，把农村成人教育纳入重要议事日程。坚持高标准完成扫盲任务；大力开展多层次、多形式的实用技术培训，尽快提高农村劳动者吸收和运用科学技术的能力。

2.制订规划，落实任务。各级教育部门要在当地政府领导下，与有关部门紧密协作，认真总结“七五”期间农村成人教育的基本经验。在调查研究的基础上，根据当地经济和社会发展的需要，制订出切实可行的“八五”期间农村成人教育发展规划。

3.大力发展乡（镇）、村农民文化技术学校，注重办学效益。各级教育部门要会同有关部门积极采取措施，把发展乡（镇）、村农民文化技术学校，努力提高农村劳动者素质，作为现阶段农村成人教育的重要任务。

4.加强理论研究，指导农村成人教育的改革和发展。要求各级教育部门认真调查和总结农村成人教育的丰富经验，积极开展理论研究。今后，农民教育联系点协作会将重点交流农村成人教育理论研究成果，以指导全国农村成人教育工作。

三、农村成人学校人口教育试点项目在25省、直辖市展开

1990年1月，我国政府与联合国人口基金签署项目协议，决定于1990年至1994年，在全国25个省、直辖市选择735所农村成人学校为组织实施人口教育的项目学校（简称P20项目）。其主要任务是：使学员和广大农民了解世界人口概况和我国人口状况；明确我国人口政策和所采取的措施；懂得人口变化与社会发展、生态环境、家庭生活等关系；掌握节制生育的原理和方法，自觉执行我国人口政策。联合国人口基金将为项目学校提供基本的电化教学设施。

项目协议规定，项目学校要开设人口教育课程或开展人口科学知识培训；每所项目学校要在乡村建立一个人口教育联系点，把人口科学知识传播到广大农村；5年后，试点县要有80%以上的乡（镇）普及人口教育。本周期内，全国要培训735名项目学校校长和3万名人口教育专兼职教师；使150万乡村基层干部和广大农民接受最基本的人口教育，其中35%应是妇女。

为了保证项目的顺利实施，国家教委成人教育司设立了P20项目办公室，负责项目的管理工作。各省、直辖市教育部门成立人口教育管理小组，由成人教育处确定专人负责项目的日常工作。项目学校及其所在的县、乡（镇）教育等有关部门也要成立人口教育项目领导小组，负责组织实施人口教育试点工作。

为了加强人口教育师资培训工作，国家教委在北京、哈尔滨、成都、上海、河南、湖南等6省（市）建立了P20项目师资培训中心。

并将统一编制县、乡(镇)农村成人学校使用的人口教育书籍、音像教材和师资培训教材。

国家教委要求各项目学校要在当地政府领导下,与有关部门加强协作,共同开展人口教育工作。要把开展人口教育与农村扫文盲、扫科盲、扫法盲结合起来,与农村的计划生育宣传教育结合起来,为提高我国人口素质,控制人口数量,促进我国社会主义建设事业作出贡献。

撰稿人　孙凤岐

审稿人　李家林

岗位培训工作

一、全国岗位培训工作发展健康，初见成效

自国务院批转《国家教育委员会关于改革和发展成人教育的决定》中提出:“把开展岗位培训作为成人教育的重点”以来，各地、各有关部门进行了大量的探索与实践。目前，岗位培训工作已在全国范围起步，发展健康，初见成效。据不完全统计，1987年至1990年，全国职工参加岗位培训累计达9309.3万人次，其中1990年为2699.9万人次，占当年职工参加各类学习总人数的86.3%。接受资格性岗位培训的职工人数占参加各类岗位培训职工总数的比例，1987年为17.9%、1988年为29.9%、1989年为25.5%、1990年为22.7%。

在开展岗位培训工作中，各地、各部门的主要做法是:

1.制定规划，建立制度。不少地区和部门先后制定了一些本地区、本行业开展岗位培训的指导性文件和规划，制定了建立岗位培训制度的规定。目前，各省、自治区、直辖市和工业、交通、农林、建筑等30多个部委制定了大中型企业领导干部岗位培训规划及其实施方案。如北京市提出了《北京市开展岗位培训的总体规划和实施意见》;经贸部、国家旅游局、建设部等决定对外销员、导游员、工长等关键岗位实行岗位资格证书制度、持证上岗制度;农业部决定对果农、菜农承包果园、菜园试行“绿色证书”制度。有些行业和地方还成立了岗位培训领导小组或建立由教育、人事、劳动、经济、工会等部门参加的联席会制度，加强对岗位培训的领导和指导。

2.进行岗位分类，制定岗位规范，编写培训教材。目前，国务院业务主管部门有1/3已组织开展了制定岗位规范的工作。林业部已编写出全国林业行业的岗位序列目录，包括7个母系列、17个子系列、939个岗位。冶金部制定了冶金企业行政、党群、专业干部3大类22个分类494个干部岗位规范和全行业21个专业、351个工种的工人岗位序列目录。湖南省75%的企业在中央或地方主管部门的指导下制定了本企业干部、工人的岗位规范。机电、铁道、轻工、纺织等系统和国家工商行政管理局还编写和录制了岗位培训教材和声像教材。

3.积极试点，探索经验。全国多数省市和部委有计划、有步骤、有重点地组织、指导开展了岗位培训试点工作。北京市选择有一定代表性的企事业单位，对50个行业、95个岗位开展达标试点，出现了一批较好的典型。冶金行业有600多名处级干部取得了部颁岗位合格证书，全行业26万班组长有22万已获岗位培训合格证书。黑龙江、江苏、天津等10多个省、市先后召开了岗位培训经验交流会，总结经验，推动试点工作逐步深化。试点阶段重点抓了大中型企业领导干部、关键岗位、主体工种、成人教育管理干部的岗位培训。

4.广泛开展理论研究，推动工作实践。岗位培训作为成人教育的新课题，在许多部门展开了广泛的专题研究和学术讨论。仅北京市4年间就召开了县级以上岗位培训专题研讨会达83次。有关研究单位已经完成了“七五”期间国家级研究项目——工商企业的岗位培训研究报告的14个子课题。理论研究成

果对指导、推动岗位培训的实践起到了积极的作用。

岗位培训的开展，提高了从业人员的政治思想水平和业务技术能力，增强了职业道德，提高了经济效益，促进了两个文明建设，日益受到各方面的欢迎。如辽宁省教委会同有关部门通过电视教学的形式向全省广大干部和职工普及职业道德理论知识和基本常识，作为各行各业岗位培训的基本内容，使职工的职业道德面貌发生了较大变化，优化了社会环境，提高了工作效率。本溪钢铁公司在开展岗位培训中，从技术水平最落后的3号炼钢炉入手，把培训目标与生产目标结合起来，缺什么补什么，现岗传授，专题攻关，严格考核，使3号炉职工全部技术指标达到先进水平，多创经济效益72.4万元，被公司命名为"岗位培训模范炉"，辽宁省政府命名为"特等炉"。天津蓝天牙膏厂教育部门结合企业实际合理安排培训，针对市场和工厂实际，提出抓紧推销人员的培训，建立一支高水平高素质的推销员队伍的建议，被厂里采纳。使该厂产品在市场疲软的情况下，靠一支过得硬的推销队伍始终保持良好的销售势头。为此，厂长把厂里唯一的重奖奖给了教育部门的同志。

几年的实践表明：岗位培训时间短，投资少，见效快，效益高，是提高劳动生产率和工作效率的主要手段，也是提高劳动者素质的有效途径。在我国，逐步建立、完善岗位培训制度，是经济建设发展的需要，其工作前景是广阔的。

撰稿人　孙丽为

审稿人　李英惠

二、召开全国岗位培训工作座谈会

为继续深入贯彻国务院批转《国家教育委员会关于改革和发展成人教育的决定》，认真落实国家教委等5部门《关于开展岗位培训若干问题的意见》，总结交流几年来地方、部门、企事业单位在岗位培训工作方面的新鲜经验，国家教委于1990年12月22日至25日在北京召开了全国岗位培训工作座谈会。这是自1986年全国成人教育工作会议提出"把开展岗位培训作为成人教育的重点"以来召开的第一次全国性岗位培训工作会议。来自中央和国务院60多个部委、直属机构和各省、自治区、直辖市及计划单列市主管岗位培训工作的负责同志及部分基层单位的代表共170多人参加了会议。

国家教委副主任王明达在开幕式上作了报告。他充分肯定了岗位培训工作所取得的成绩，总结了几年来开展岗位培训的主要做法和经验，也指出了当前岗位培训工作中存在的主要问题，即：发展不平衡；政策、制度不配套；宏观指导不力及培训条件不充分等。他在对今后工作的几点建议中强调：开展岗位培训要贯彻"按需施教、积极稳妥、突出重点、保证质量、注重实效、逐步完善、形成制度"的指导思想；要重视、加强政治思想和职业道德教育；在工作方法上，要坚持实验，逐步推开，形成制度；要进一步理顺关系，加强宏观管理和协调服务；要加强岗位培训的理论研究工作，使岗位培训能更广泛、更健康地开展起来。

座谈会上，北京市成人教育局、冶金部人事司、轻工部教育司等13个单位的代表就加强岗位培训的管理与指导等问题做了典型发言。

代表们认真讨论修改了《关于加强岗位培训管理工作的意见》和《开展岗位培训，建立岗位培训制度的总体规划和实施意见》（征求意见稿）。进一步明确了在岗位培训工作中要以行业为主导，企事业基层单位为主体。国家有关综合部门要加强宏观指导和协调服务。教育行政部门要加强机构，充实力量，发挥指导、综合、协调、服务的职能，逐步形成职责明确，分工管理，分级负责，协调配合的格局。

国家教委成人教育司负责同志在会上作了题为“推动、交流、研究”的总结发言，就如何积极推动岗位培训工作提出了具体要求。他强调，岗位培训作为成人教育的重点是一项长期性、战略性的任务，因此，开展岗位培训要因地制宜、循序渐进、扎扎实实地做好各项基础工作。要加强管理与指导，相互沟通，通力协作，并要认真搞好调查研究，总结成功的经验，把岗位培训工作向前推进一步。

会议总结交流了经验，研究了建立和完善岗位培训制度的有关问题，深化了对岗位培训工作的认识，对进一步推动全国岗位培训工作的开展起了积极的作用。

撰稿人　郭春鸣
审稿人　李英惠

三、举办省、自治区、直辖市成人教育处长、部委职工教育处长岗位培训试点班

为适应成人教育改革和发展的需要，受国家教委成人教育司和中国成人教育协会的委托，北京市成人教育学院和华东师范大学成人教育学院、上海第二教育学院分别于1990年11月17日至12月6日和11月10日至12月5日在北京、上海举办了首次省、自治区、直辖市及计划单列市成人教育处长、部委职工教育处长岗位培训试点班。参加试点班的学员来自14个省、自治区及7个计划单列市和国务院有关部委教育司（局）、培训部门共42人。

试点班以提高成人教育管理干部的管理水平和工作能力为目的，按照成人教育处长的岗位规范实施培训。通过培训，使被培训者具备做好本岗工作所需基本理论和专业知识，掌握有关成人教育的方针、政策、法规，提高成人教育宏观管理的水平，更好地完成成人教育的管理任务。培训的主要内容大体分三部分：一是学习成人教育基本理论，包括成人教育宏观管理的理论与实践，成人教育法规与立法管理，继续教育课程的设计和开发，成人教育与社会经济发展等；二是举办题为“改革发展中的我国成人教育”、“岗位培训的理论与实践”、“国外成人教育的现状与发展趋势”、“成人教育评估的理论和方法”等专题讲座；三是进行怎样做好成人教育处长工作的经验介绍。试点班贯彻“按岗施教”和“教学相长”的原则，建立学导式教学方法体系，充分发挥学员的智能和经验优势。培训过程坚持理论联系实际，以专题为中心，讲授与学员的自学、专题研讨、总结经验、同行交流结合起来，并适当组织实地考察，调查研究。讲课不仅由教员讲，还请有实践经验的专家讲。通过多种教学方法的综合运用，达到了教员与学员之间，学员与学员之间的教学相长、优势互补的目的。

参加试点班的学员长期工作在成人教育管理第一线，没有机会接受系统的成人教育管理专业理论学习和训练。这次培训使他们通过系统的学习，提高了业务素质和成人教育管理专业理论修养，扩大了视野，开阔了思路，为进一步做好成人教育管理工作打下了基础。两个试点班的学员学习成绩全部合格并完成论文及学习小结，分别由北京成人教育学院和华东师范大学成人教育学院颁发岗位培训结业证书。

撰稿人　范凤莲
审稿人　李英惠

搞好治理整顿，促进普通高校成人教育的健康发展

党的十一届三中全会以来，为适应经济建设和社会发展的需要，在改革和发展成人教育的方针和政策指导下，我国普通高等学校举办的成人教育有了很大的发展，初步形成了具有多种形式、多种层次、多种内容、面向多种对象的办学体系，培养了大批本专科人才，为推动经济、社会发展作出了贡献。不少学校在办学实践中，坚持适应需求、保证质量的原则，积累了培养合格人才的经验，受到了社会的好评。但是，也存在着一些亟待加以解决和纠正的问题，甚至出现了一定程度的混乱，影响了普通高校成人教育的社会声誉，阻碍了成人教育的改革和发展。为此，根据李鹏总理在七届人大三次会议上所作的政府工作报告中提出的“以整顿成人高等学历教育为重点，努力提高成人教育的水平”的精神，国家教委决定从1990年起，对成人高等学历教育进行治理整顿。

1990年4月24～27日，国家教委在上海召开了全国普通高校成人教育工作会议。中央有关部委，各省、自治区、直辖市及计划单列市及国家教委直属高校主管成人教育的负责同志参加了会议。国家教委副主任王明达作了题为“搞好治理整顿，促进成人高等教育的稳定健康发展”的讲话，强调会议的主要任务是正确认识当前成人高等教育面临的形势，在充分肯定成绩的同时，充分认识存在的比较严重的问题，提高对成人高等教育进行治理整顿的自觉性，部署当前的治理整顿工作。通过治理整顿使我国的成人高等教育提高到新的水平。

为搞好成人高等学历教育治理整顿工作，加强协调与指导，国家教委在6月成立了成人高等教育治理整顿工作协调小组，国家教委副主任王明达任组长。6月5日，国家教委发出了《关于普通高等学校成人教育治理整顿工作的若干意见》（以下简称意见）。作为高校成人教育治理整顿工作的一个指导性文件，《意见》明确了治理整顿的目的；指出了存在的主要问题；对治理整顿工作的方法、步骤作了部署并提出了要求。

《意见》强调，高校成人教育进行治理整顿的目的，是为了贯彻党的十三届五中全会和全国人大七届三次会议的精神，进一步端正办学指导思想，正确贯彻党的教育方针，加强管理，控制规模，保证质量，坚决制止“三乱”，创造良好的改革和发展环境，使高校成人教育在规范化、制度化的轨道上健康发展。

《意见》指出，高校成人教育当前存在的主要问题是：一些学校办学指导思想不够端正，管理松弛，质量下降；少数学校存在着乱办学、乱收费、乱发文凭的“三乱”现象；宏观管理亟待加强。

《意见》请各省、自治区、直辖市、计划单列市人民政府和国务院部委对高校成人教育的治理整顿工作给予充分重视，加强领导；要求各省、自治区、直辖市、计划单列市和国务院部委教育行政部门根据《意见》的精神，认真部署本地区、本部门的高校成人教育治理

整顿工作，加强领导，明确要求，规定进度。

《意见》规定，治理整顿工作按以下步骤、方法组织实施：

1.加强学习，搞好宣传，提高认识。省、自治区、直辖市、计划单列市、国务院部委教育行政部门和高等学校的有关领导、管理人员和教师均应认真学习中央、国务院以及国家教委发布的有关治理整顿文件，正确认识治理整顿的目的、意义，做到思想明确、态度积极、行动坚决。向社会做好宣传工作，使各方面能支持配合治理整顿工作。

2.认真清理，开展自查、互查。要求各校首先要按照国家已经发布的有关政策、规章、制度进行自查。教育行政部门要组织所属学校开展互查，并重视社会的举报。

3.坚决制止“三乱”，妥善处理存在的问题。凡违反规定办学、收费、颁发证书的，应由主管教育行政部门负责，责成学校按照规定坚决纠正，严肃处理。

4.各省、自治区、直辖市、计划单列市和国务院部委教育行政部门对所属高校成人教育治理整顿的开展情况要进行检查验收。检查验收的重点为办学指导思想、质量、管理及纠正“三乱”等四个方面。

《意见》还对治理整顿、加强管理提出了要求：

1.牢固树立“成人教育是当代社会经济发展和科学技术进步的必要条件”的观念，把举办成人教育作为高校的一项基本任务，纳入高校的整体规划，统筹安排，统一管理。

2.加强对思想政治工作的领导，坚持高校成人教育的社会主义方向，坚持德、智、体全面发展的人才培养方针，加强马列主义理论和职业道德方面的教育。

3.加强对高校成人教育的整体规划和宏观管理，加强高校与成人教育服务地区的教育、计划、人事、劳动、组织及有关业务部门、用人单位的联系，并根据其人才需求情况和人员培训计划制定成人教育发展规划，使高校成人教育结构、布局合理，专业适应需要，避免盲目性。

4.省、自治区、直辖市、计划单列市教育行政部门要加强对所属高校及在当地招生的其他高校成人教育的指导、监督、管理和服务，加强与有关国务院部委教育行政部门的协商和合作。

5.成人学历教育要坚持质量标准，严格要求，根据投入的师资、管理力量确定办学规模。

6.严格控制函授学历教育的招生范围。

7.非学历教育的办学内容应确为经济、社会发展所需要，不得以赢利为目的。

8.举办高等教育自学考试辅导班应按规定办理审批手续，接受教育行政部门的管理和自学考试机构的指导。

9.成人学历教育和非学历教育的收费均应严格执行有关规定，严禁超标准收费，严禁巧立名目增收费用。

1990年8月，国家教委发出《关于暂停函授、夜大学审批、备案工作的通知》，决定在成人高等教育治理整顿期间暂停函授、夜大学本、专科教育办学资格的审批、备案工作。

撰稿人　张大也　王庆和

审稿人　李英惠

加强对普通高校举办非学历教育的管理

为适应经济建设和社会发展需要，积极鼓励和正确引导普通高等学校非学历教育的开展，并加强必要的管理，1990年12月24日，国家教委印发了《普通高等院校举办非学历教育管理暂行规定》。《规定》的主要内容是：

一、学校举办非学历教育要坚持四项基本原则，坚持改革开放，为适应经济和社会发展需要服务。要端正办学思想，重视思想政治和品德教育，保证办学质量。

学校在保证完成国家下达的学历教育事业计划的前提下方可举办非学历教育；举办非学历教育必须提供能保证教学质量、与规模相适应的物力、人力投入。

二、非学历教育包括大学后继续教育和其它各类培训、进修、辅导（不含以获得高等教育自学考试毕业证书为目的的自学辅导）等。

非学历教育的学习方式可以是脱产的，也可以是业余的。脱产学习的时间不得超过一年，业余学习的时间不得超过一年半。非学历教育不得与学历教育混淆、衔接。

接受非学历教育的学员完成学业，考核及格后，由学校成人教育机构（没有成立成人教育管理机构的，则由学校教务处）发给《结业证明》。

非学历教育不得颁发毕业证书、结业证书、肄业证书等易和学历教育相混淆的证书或文凭。

三、学校面向社会举办非学历教育招收学员的范围一般不得超出学校所在省、自治区、直辖市。计划单列市所属学校举办非学历教育的招生范围由计划单列市和所在省、自治区教育行政部门协商确定。学校接受部委委托，可举办面向委托部委主管系统的非学历教育。

四、学校的非学历教育工作由学校成人教育部门或专门机构统一归口管理。二级学院、系、处以及学校其它机构不得以各自的名义自行举办或与外单位合办非学历教育。

非学历教育的收费标准及经费使用办法，按国家及学校所在省、自治区、直辖市、计划单列市人民政府主管部门的规定执行。

五、各省、自治区、直辖市、计划单列市教育行政部门应加强对普通高等学校举办非学历教育的指导和管理，国务院有关部委教育部门应协助地方做好对所属学校举办非学历教育的指导和管理工作。

1.要鼓励和支持学校适应社会需求按照本规定举办非学历教育，注意加强对各校举办非学历教育的统筹和协调。

2.要根据适应社会需求，办学力量的投入能保证教育质量，收费合理，规模适度诸项因素认真审批办学的申报材料和备案材料。

3.检查和监督学校非学历教育办学的投入和教学质量。

六、学校如违反本规定举办非学历教育，根据本规定确定的管理体制和权限，主管教育行政部门应按以下原则严肃处理：

1.未经备案或批准，擅自发布招生简章

的，责令其在相同范围内公开声明废止，已招生的应停办并退还所收费用。

2.对教学条件不具备或办学力量投入不足，质量不能保证的，责令学校限期整顿或停止办学并退还所收费用。

对弄虚作假，蒙骗学员，借办学之名营私牟利的，要责令学校立即停止办学，退还所收学费并对主要责任者给予行政处分；触犯刑律的，交司法机关追究刑事责任。

撰稿人　张大也　王庆和

审稿人　李英惠

自学考试与部门培训干部相结合

1981年，我国实行了符合国情的高等教育自学考试制度。随着这一事业的发展，各业务部门和系统将干部、职工培训规划与自学考试结合起来。1983年，中共中央组织部和宣传部，为了尽快提高党政干部的科学文化素质，向全国高等教育自学考试指导委员会(以下简称全国考委)提出开考党政干部基础科（现已改为行政管理和政治管理两个专业)的要求,全国考委接受这一要求并在全国开考了这一专业。从1985年起,国家统计局、国家物价局、国家计划生育委员会、海关总署、司法部、财政部、国家税务局、物资部等部门，又先后向全国考委提出开考有关专业的申请,委托开考了统计学、物价、人口、海关管理、法律、会计、财政、税收管理、物资经济等专业。

各业务部门现有行业从业人员，由于种种原因,大多数没有受过高等教育,很不适应开创工作新局面的需要。例如，1982年我国的统计工作人员队伍(包括兼职的统计人员)约有200万,受过高等教育的仅为3％，受过中专教育的也只有17％，而80％的统计人员没有受过统计专业教育。其它部门也有类似情况。高等教育自学考试制度的建立，为促进干部职工培训，提高干部和职工科学文化素质开辟了一条新的有效途径。国家统计局于1985年把在职干部培训与高等教育自学考试结合起来，向自学考试部门提出开考统计学专业的申请，由委托开考的部门或系统对应考者组织辅导，由自学考试部门组织考试和颁发证书。有领导、有组织、有计划地按照全日制普通高等学校的标准培训干部。1985年国家统计局委托全国考委开考的统计专业,报考学员有31万人,截止到1990年底，约有7万人获得统计专业大专毕业证书。这个数字相当于新中国成立后30年全国普通高等学校统计专业毕业生总数（2万人）的3倍多。全国200万统计人员中,具有大专以上文化知识结构的比例，就由原来的3％上升到9％；专业知识结构也相应地发生了变化。在几万名毕业生中，已有7442名被聘任为助理统计师，有1700名被聘为统计师。国家物价部门通过自学考试培训干部,干部、职工队伍中具有大专以上文化知识结构的比例，已由原来的17％上升到34％。

近几年,各地自学考试机构、有关高等学校、委托开考的业务部门对毕业生质量进行了调查。结果表明，毕业生所在单位对毕业生的质量普遍表示满意，干部、职工通过学习，分析问题和解决问题的能力有了明显的提高。例如,统计部门干部、职工通过在职学习,在工作能力和业务水平方面有三大变化：从一知半解变为基本掌握统计基础理论知识;从一般的编制报表,变为能写出颇有见地的统计分析报告;从不敢涉足经济研究领域,变为积极参与本部门经济工作的预测、决策。据初步统计,在7万名毕业生中,公开发表的统计论文和分析报告有9144篇，其中有1706篇获奖；在内部刊物刊载或在实际工作中被采用的统计分析报告达21209篇,其中有一些已经产生了较好的经济效益和社会效益。由于干部业务素质提高，工作做出成绩，已有3389名被提升为科级干部,352名被提为处级干部。从毕业率来看，自学考试平均毕业率约为5%左右，而业务部门发挥了助学的优势，成才率较高，统计部门的毕业率约为20%，即每10名学员中，有2人毕业。

业务部门培训干部、职工与自学考试相结合，适应了业务部门改革和建设发展亟需加快培养合格人才的客观要求。这种教育形式的特点，一是容量大，不受校舍、师资的限制，解决了现职干部工学的矛盾；二是对口开考，定向培养，做什么学什么，学用一致；三是投资少，解决了教育经费不足的矛盾。

自学考试制度同部门培训干部相结合，为大规模培训专职干部提供了成功的经验；对自学考试制度也是一个新的发展。可以更加自觉地把自学考试纳入计划管理的轨道。

撰稿人　张展平

审稿人　杨伯熙

师范教育

加强师范院校标准化建设 培养合格的中小学教师

党的十一届三中全会以来，党和政府对师范教育给予了高度的重视，把发展师范教育作为发展教育事业的战略重点来抓。“七五”期间，国家拨出13亿元补助专款，重点加强师范院校建设；并向世界银行贷款1.1亿美元，装备了28所高等师范学校和72所教育学院(或师专培训部)；还从联合国儿童基金会争取到1000多万美元援款，使62所中等师范学校、幼儿师范学校、特殊师范学校和高师学前教育专业受益。各省也采取了相应措施，积极扶持和加强师范院校的建设和发展，以满足实施九年制义务教育对师资的迫切需求。湖南省从80年代初起到整个“七五”期间，一直把发展师范教育作为重点，10年平均每年用于师范院校基本建设的资金都在2000万元以上，加之对全省师范院校的统筹规划布局，使师范院校的面貌得到明显改观。山东省政府本着优先发展师范教育的战略思想，在“七五”期间，每年安排2000万元专款用于师专基本建设，加上各地市的投资，“七五”期间，山东省在师专基本建设方面共投资1.6亿元。

由于各级政府和教育行政部门的积极努力，我国师范教育事业在10年内得到了很大的发展，大大增强了师范院校的培养能力。从1980年到1989年共培养了121万高师毕业生；190万中师毕业生，基本满足了普通中小学教育事业发展的需要。然而，尽管各级政府对师范教育给予了较大的投入，但由于历史欠账太多，目前，师范院校依然存在着很多困难，有相当一批师范院校还没有达到国家规定的设置标准。据统计，在国家教委公布的师资和校舍未达到要求的138所普通高等学校中，师范院校就有70所，占50.7%。由此可见，师范院校仍是我国普通高等学校建设中应重点加强的薄弱环节，师范院校的办学条件依然是影响师范教育质量的突出问题。

为了总结交流“七五”期间各地加强师范院校标准化建设的经验，讨论“八五”期间拟采取的措施，加速师范院校标准化建设的步伐，努力为培养合格的中小学教师创造必要的条件，国家教委于1990年12月在湖南召开了加速师范院校标准化建设，培养合格的中小学教师座谈会。来自全国29个省、自治区、直辖市教委、教育(高教)厅(局)的90名代表出席了会议。湖南省副省长王向天到会祝贺。国家教委副主任柳斌出席会议并作了重要讲话。

会议指出，"八五"期间是我国国民经济发展的关键时期，也是普及九年制义务教育最关键的时期，这对师范教育的发展提出了更高的要求。为此，国家教委将继续争取"八五"期间的师范教育补助专款，并积极利用世界银行贷款和联合国儿童基金会援款进一步武装各级各类师范院校，力争使绝大多数师范院校在"八五"期间达到标准化的要求，为师范院校的教育教学改革、进一步提高教育教学质量创造条件。对各省师范院校的建设，国家将重点支持那些真正向师范院校倾斜的省份，并以此作为政策导向，鼓励各地优先发展师范教育。会议要求，各省(区、市)教育行政部门在安排"八五"计划时，首先在教育内部要积极向师范教育倾斜，在教育内部体现优先发展师范教育的原则。

撰稿人　王慧民
审稿人　金长泽

发布试行中等师范学校德育大纲和学生行为规范

国家教委于1990年12月15日发布《中等师范学校德育大纲(试行)》和《中等师范学校学生行为规范(试行)》。这个“大纲”是对中等师范学校(含幼儿师范学校、特殊教育师范学校)德育工作具有指导意义的纲领性文件。“大纲”明确了中等师范学校德育工作的根本任务,即“为造就有理想、有道德、有文化、有纪律的社会主义事业建设者和接班人,为培养合格的小学、幼儿园教师奠定良好的政治思想、道德品质方面的基础。中师的德育工作是实现中师培养目标,提高小学、幼儿园教师素质;并通过他们,培养一代又一代无产阶级革命事业接班人的重要保证和战略措施。中等师范学校必须把德育放在首位,努力加强政治思想教育工作。”“大纲”规定的中师德育目标是,通过中师阶段的教育,使学生“热爱社会主义祖国,热爱中国共产党,热爱教育事业,拥护党在社会主义初级阶段的基本路线,逐步树立为人民服务的思想和为实现社会主义现代化、实现共产主义而奋斗的远大志向,初步形成科学世界观,具有坚定正确的政治方向,高尚的道德品质,良好的个性心理品质和为人师表的文明行为,具有艰苦奋斗、开拓进取的精神和一定的道德判断能力、自我教育能力,成为在品德、智力和体质方面全面发展的合格的小学、幼儿园教师”。“大纲”规定了中师德育的基本内容,包括“党在社会主义初级阶段基本路线教育”、“马克思主义基本观点教育”、“爱国主义教育”、“社会主义的民主和法制教育”、“独立自主、自力更生、艰苦奋斗教育”、“劳动教育”、“理想和人生观教育”、“道德教育”、“专业思想和师德教育”、“集体主义教育”、“纪律和行为规范教育”、“个性心理品质教育”等,强调应旗帜鲜明、有针对性地对学生进行符合四项基本原则和国情的教育,反对资产阶级自由化、无政府主义、极端个人主义、崇洋媚外,以及形形色色的资产阶级腐朽思想。同时,强调根据师范教育的特点,对学生进行专业思想和师德教育,把培养学生热爱小学、幼儿园教育事业,立志献身教育事业的精神,作为中师德育工作重要的出发点和依据。“大纲”还规定了中师学生思想品德评定的内容与标准、评定原则和评定方法。

“行为规范”体现了党和国家对中师学生在行为习惯方面的基本要求,共20条。

一、仪表端庄。穿戴整洁大方,提倡穿校服;男生不留长发,女生不烫发、不化妆、不佩戴首饰、不穿高跟鞋;坐立行走姿势要端正。

二、谈吐有礼貌。讲话注意场合,使用礼貌语言,态度诚恳和蔼;要讲普通话。

三、举止文明。不随地吐痰,不乱扔果皮纸屑;不吸烟,不喝酒;不打架,不骂人。

四、自尊自爱。不进酒吧和营业性舞厅;不观看、不传播反动、淫秽书刊和声像制品;不赌博;不参加迷信活动;不参与经商活动。

五、勤奋学习。认真学习各门课程,自觉参加各项基本功和能力训练;积极参加教育实践和各种有益活动,养成良好的学习习惯。

六、热爱劳动。积极参加公益劳动和生产劳动，养成劳动习惯；虚心向工人、农民学习。

七、积极参加体育锻炼和健康的文化娱乐活动，增进身心健康。

八、讲究卫生，养成良好的卫生习惯；自觉保持教室、宿舍的整洁；努力创造优美的校园环境。

九、勤俭节约，艰苦朴素。不浪费水、电、粮食；不向学校和家庭提出超越实际可能的生活要求。

十、爱护公共财物，保护公共设施、文物古迹；珍惜教学设备，不在课桌、墙壁或旅游地乱涂乱画；保护自然环境，爱惜花草树木，保护有益动物；损坏公物要赔偿。

十一、关心集体。热爱班级和学校集体，维护集体荣誉，积极参加各项集体活动；个人利益服从国家利益、集体利益。

十二、尊敬师长。听从老师教导，认真完成老师布置的任务；尊重长辈，体贴父母，主动做家务；见习实习时，尊重幼儿园、小学教师，虚心接受指导。

十三、团结同学。对待同学要团结友爱，真诚守信；正确开展批评和自我批评，互相帮助、共同进步；建立同学间友谊，不谈恋爱；未经允许不动用他人物品，不看他人日记，不拆看他人信件；不做有损他人的事情。

十四、爱护儿童。不恐吓、不伤害儿童；实习时不体罚或变相体罚儿童；对残疾儿童要特别关心，不歧视；尊重儿童，保护儿童的合法权宜，勇于同危害儿童身心健康的坏人坏事作斗争。

十五、乐于助人。主动帮助他人排忧解难；利用假期、课余时间热心为老人、儿童、残疾人和需要帮助的人服务。

十六、礼貌待人。尊重他人人格；尊重不同民族的风俗习惯和宗教信仰，不做损害民族团结的事；对待客人热情友好。

十七、遵守学校纪律，维护教学秩序。按时独立完成作业，考试不作弊；遵守作息时间，养成良好的学习、生活习惯；遵守宿舍、食堂和校园管理制度。

十八、遵守公共秩序，维护社会公德。参加各种会议和活动要准时，不迟到，不早退；在公共场所，不吵闹，不喧哗；遵守交通规则，注意交通安全，不违章骑车；对违反社会公德的行为要进行劝阻。

十九、遵守宪法和国家各项法律、规定，自觉履行公民义务，维护民主和法制；对违法行为要敢于斗争。

二十、维护国家利益。尊敬国旗、国徽；升国旗，奏、唱国歌时要肃立、脱帽，行注目礼；树立国家利益高于一切的观念，不参与任何有损祖国尊严和荣誉、违背四项基本原则的活动，反对一切破坏安定团结的行为。

国家教委在《关于颁发〈中等师范学校德育大纲（试行）〉等两个文件的通知》中指出：贯彻“大纲”，“必须紧密联系国内外渗透与反渗透、颠覆与反颠覆、‘和平演变’与反‘和平演变’的斗争实际，切实把德育放在首位，努力加强政治思想教育工作；必须从本地、本校实际出发，制定实施方案，使中等师范学校的德育工作做到科学化、系列化、制度化，形成完备的德育工作体系；必须加强党对中师德育工作的领导，充分发挥广大中等师范教育工作者和社会、家长的积极性和创造性，优化教育环境，不断提高德育的整体教育效果。”贯彻“行为规范”，“各地可根据实际情况，制定有关细则。各地应结合贯彻《中等师范学校德育大纲（试行）》，对学生逐条宣讲《中等师范学校学生行为规范（试行）》，严格要求，并把中师学生行为规范的养成训练，贯穿于思想政治工作、教学及管理的全过程。”

撰稿人　包同曾
审稿人　孟吉平

制订中等师范学校各学科教学大纲的五条原则

1990年，国家教委师范司根据国家教委发布的《三年制中等师范学校教学方案（试行）》的要求，开始组织制订三年制中等师范学校各学科教学大纲，并提出了制订中师各学科教学大纲的五条原则。这五条原则是：

一、贯彻德育为首、教书育人的原则，在传授文化知识的过程中，进行政治思想、道德品质教育。

中等师范学校必须坚持社会主义方向，把德育放在首位。中师各科教学是实施德育诸途径中，最经常、最基本的途径，具有特殊的重要作用。各科教学应根据培养社会主义建设者和接班人的需要，根据培养合格小学教师的需要，对学生加强政治思想、道德品质教育。各学科都要从自身的特点出发，挖掘思想教育因素，明确知识教育与思想教育的结合点，确定进行思想教育的原则和方法，在教书过程中有效地育人。要防止“忽视、削弱学科教学的教育性”以及“忽视知识的科学性、系统性，用思想教育替代文化知识传授”等倾向。

二、根据中等师范学校的性质和任务，突出培养小学教师的师范性。

中等师范学校是培养小学教师的中等专业学校。中师的课程设置、教学内容和教学要求，受到中师性质、任务的制约，不应与普通高中的课程等同。中师担负着为小学教师进行职前培训的任务。除了学习文化课外，还要学习小学教师所必须的专业课程；即使是文化课，也不能把高中的教学内容和教学要求照搬过来，而是要加强基础性知识，并适当拓宽知识面。中师的职业教育与高中不同，是进行小学教师的定向职业训练。中师各科教学大纲要根据中师的性质任务，从本学科的实际出发，充分体现培养小学教师的师范性，防止曾经出现过的中师课程高中化的倾向。

三、贯彻为农村社会主义建设服务，为农村小学教育服务的指导思想。

我国农业人口占总人口的80%，小学教育的大头和难点在农村。我国的中等师范学校绝大多数是为农村小学培养师资，各学科的教学必须从我国国情出发，为农村的社会主义建设和小学教育服务。我国农村小学普遍规模较小、布点分散。农村小学教师多数是一人教一班或一个年级，甚至是教一个学校所有学生的全部课程。中师各科教学应注意培养学生具备多学科教学的知识和能力。目前农村基础教育正在由升学教育转向为当地经济建设服务的轨道，农村小学教师担负着对学生进行劳动技术教育的任务。为此，中师各科教学还应培养学生具备这方面的知识和能力。农村小学仍存在缺乏必备的仪器设备、图书资料等困难，中师各科教学还要培养学生具备在艰苦条件下积极开展教育教学工作的能力，如自己动手制作简易教具；组织学生修建小型场地，简易体育设施；带领学生开展勤工俭学等方面的能力。

为城市培养小学教师的中师，各科教学要根据城市小学的需要进行安排。各科大纲要提出调整教学内容的指导性意见。

四、贯彻《三年制中师教学方案(试行)》的精神，突破单一的必修课教学模式，以必修的课堂教学为主，必修与选修结合、课堂教学与课外活动结合、学校教育与社会实践结合，形成由必修课、选修课、课外活动和社会实践有机结合的新格局。

各科教学大纲应对必修课的教学内容、教学要求作出明确的规定，要对本学科应开设的选修课的教学内容和教学要求提出原则意见，还要对本学科如何开展课外活动、教育实践或社会实践活动提出指导性的建议和意见。

五、贯彻整体性原则。

中师教学是一个整体，各个学科既相对独立，又相互联系，其教学内容应根据中师培养目标进行协调。既要注意各学科教学内容的科学性、系统性，又要避免相关学科教学内容不必要的重复。中师各科教学内容还应与基础教育各阶段的教学内容相协调。小学教育是中师的服务对象。小学的教学内容及改革趋势，是制约中师各科教学的一个重要因素。初中教育是中师教育的起点，中师各科教学要注意与初中教育的衔接，高中教育与中师教育同属中等教育的高级阶段，中师应参照普通高中文化课教学内容和教学要求，以保证中师文化课规格要求的基本水准。

撰稿人　包同曾

审稿人　孟吉平

高等职业技术师范教育办学指导思想

为了推动我国高等职业技术师范教育的协调发展，更好地为提高中等职业技术教育质量服务，进一步明确高等职业技术师范院、系的办学指导思想，加强对高等职业技术师范院、系教育和教学工作的宏观管理，国家教委师范教育司于1990年6月27日至30日，在北京召开了高等职业技术师范教育办学指导思想座谈会。高等职业技术师范学院，劳动部培训司，有关省市教委、高教局主管处的负责同志和农、职业高中校长等43人参加了座谈会。会议期间，国家教委副主任何东昌、邹时炎、王明达都到会看望了代表，并作了重要讲话。座谈会主要对高等职业技术师范教育的地位、作用、基本任务，改善办学条件等问题，展开了认真的讨论。与会同志认为，高等职业技术师范院、系的建立是反映了我国社会经济发展和中等职业技术教育事业发展的客观需要，它们是我国高等教育尤其是高等师范教育中的一个重要组成部分，应该在为中等职业技术教育培养和输送合格师资方面，发挥骨干作用和示范作用，更好地为社会主义教育事业服务。高等职业技术师范教育在教育的四大组成部分中是有自己的位置的，高等职业技术师范院、系是负有自己的特殊使命的，是大有可为的。现在，全国只有11所独立设置的高等职业技术师范院校(本科8所，专科3所)，一个省还摊不上一所，从数量上说不算多。

与会同志一致认为，高等职业技术师范院、系的服务范围，应该是为中等专业学校、技工学校、职业高中培养专业课师资，还应为普通中学培养劳动技术课师资。与会同志在讨论自己的基本任务时，还分析了我国中等职业技术教育师资队伍现状，认为当前农、职业中学的师资状况和专业课师资的来源渠道都比较困难，它们是我们服务范围中最薄弱的环节。在今后一个时期，应该把为农、职业中学培养专业课师资和为普通中学培养劳动技术课师资的任务，列为优先考虑的地位。与会同志还认为，应将职后教育、职业教育管理人员的培训和开展职业教育理论研究，纳入自己的计划之内。

与会同志一致认为，高等职业技术师范院、系的办学指导思想应同其他高校一样，要认真贯彻教育必须为社会主义现代化建设服务，教育必须与生产劳动相结合，培养德、智、体全面发展的有用人才的方针，把坚持正确的政治方向，德育工作，放在学校工作的首位。还要切实贯彻好理论联系实际的原则，这对办好高等职业技术师范教育十分重要。职业技术教育要求学生应该有比较强的动手能力。在教学安排上，要求解决好专业理论课与实践课的合理安排，专业理论知识不宜学得过多过深，对学生实践能力的培养要给以充分的时间保证，要根据不同的专业特点和不同的学生来源，要求学生毕业时达到一定的技术等级水平。在办学思想上，要坚持为中等职业技术教育、基础教育服务的方向，防止不从自己的实际需要出发，而向普通高校看齐，盲目攀比的倾向。

与会同志还注意到，必须选好自己的附属学校和挂钩学校。把它们当做自己的有机组成部分，规划好、建设好。真正把它们办成职业教育的实验园地，发挥示范作用，推动当地的职业技术教育健康发展，更好地为社会经济发展服务。有条件的学校，可根据自己的专业特色，试办些实习工厂、企业、农场等，这样做既能比较好地解决实习场地问题，也可利用创收，适当改善自己的办学条件。在选择附属学校和挂钩学校问题上，各省、自治区、直辖市教育主管部门应该给予指导和提供方便。

会后，国家教委办公厅于1990年9月15日印发了会议纪要和何东昌、邹时炎、王明达在座谈会上的讲话。

撰稿人　何　平

审稿人　金长泽

研讨制订高等职业技术师范本科基本专业目录

根据1990年6月高等职业技术师范教育办学指导思想座谈会的要求，师范教育司于1990年7月15日发出了关于委托草拟高等职业技术师范院、系本科基本专业目录的通知，部署了草拟基本专业目录的有关事宜及分工。农科类由河北农业技术师范学院牵头，参加部分起草和研讨的学校有河南职业技术师范学院、湖南农学院、湖北农学院、江西农业大学、安徽农业技术师范学院、浙江农村技术师范专科学校、山西职业技术师范专科学校、山东职业教育师资培训中心。工科类由吉林职业师范学院牵头，参加部分起草和研讨的学校有天津职业技术师范学院、上海技术师范学院、常州技术师范学院、河北农业技术师范学院、山东工程学院、浙江工学院、浙江农村技术师范专科学校、丹东师范专科学校、鞍山师范专科学校。第三产业类由南昌职业技术师范学院牵头，参加部分起草和研讨的学校有北京联合大学职业技术师范学院、吉林职业师范学院、常州技术师范学院、湖南师范大学、河北职业技术师范学院、浙江农村技术师范专科学校、丹东师范专科学校。

为了组织好高等职业技术师范院、系本科基本专业目录的研讨和制订工作，师范教育司1990年10月发出了《关于制订高等职业技术师范院、系本科基本专业目录的指导思想和原则（征求意见稿）》，征求各方面意见修改后，拟提交1991年的审定会进行审定。这些指导思想和原则是：

（1）必须以面向世界、面向现代化、面向未来的战略思想为出发点，确保专业目录系列的先进性、稳定性和预见性。（2）必须与国家经济建设、社会发展和中等职业技术教育的发展相适应，为振兴地方经济，发展生产（含第三产业）服务，为推动社会主义精神文明建设，提高全民文化素质服务，减少办学的盲目性。（3）要充分体现教育为社会主义经济建设服务，教育必须与生产劳动相结合，培养德、智、体全面发展的有用人才的方针。（4）应该实现为中等专业学校、技工学校、职业高中和普通中学劳动技术教育课，培养合格师资的任务。（5）根据高等职业技术师范教育的特色，必须把对学生实践能力的培养置于重要地位，并给予时间上的保证。实践教学环节的安排不应少于一个学年。有条件的专业应逐步实行双证书制度（毕业证书和技术等级证书）。（6）为了更好地适应地方经济和社会发展的实际需求，高等职业技术师范院、系可按不同的服务方向，在高年级设少量专业参考方向，以增强专业的适应面和灵活性。切忌专业设置上过窄、过细的偏向。提倡与用人部门联合办学的形式，实行专业对口，定向培养。（7）新制订的专业目录系列，定名要准确，内涵要宽。每个专业要注明：培养目标，业务要求，主要专业课程和实践教学环节。

撰稿人　何　平

审稿人　金长泽

中小学教师继续教育工作

党的十一届三中全会以来，我国中小学教师培训工作有了前所未有的发展。随着教育改革的不断深化，根据中小学师资队伍的新情况，必须将工作重点有步骤地转移到开展继续教育上来。为此，国家教委于1990年10月23日至26日在四川省自贡市召开了全国中小学教师继续教育工作座谈会。各省、自治区、直辖市教委、教育厅、局负责师资培训工作的同志和部分省、自治区、市教育学院院长和进修学校校长等，共200余人参加了会议。会议汇报和交流了开展中小学教师继续教育的做法和经验，研究了如何进一步开展中小学教师继续教育的有关问题，讨论了开展小学教师继续教育有关文件的草稿。国家教委副主任柳斌到会讲话。

会议指出，继续教育的对象应是已经取得国家规定学历或《专业合格证书》，以及1986年底以前教龄满20年并获专业职务的教师。继续教育主要包括新教师见习期培训.职务培训和骨干教师培训等方面，在具备条件的地方，可以对部分中青年骨干教师逐步进行提高学历层次培训的试点。现阶段中小学教师继续教育是指对已达到国家规定学历的教师进行以提高政治思想素质和教育教学能力为主要目标的培训。它的任务是通过培训，使每个教师都在现有基础上得到进一步提高，并培训出一定数量的骨干教师，使其中一部分逐步成为中小学教育教学专家。初步形成一支坚持社会主义方向，品德高尚，结构合理，质量优良，适应需要的中小学教师队伍。工作的方针和原则应是：坚持四项基本原则，把政治思想教育和师德教育放在首位；面向全体教师，突出骨干教师的培训；从实际出发，因地制宜，统筹安排，讲求实效；根据在职教师培训的规律，分类指导，多渠道、多形式、多层次地开展培训。内容要有针对性、实用性和实践性，教学形式要灵活多样，坚持业余、自学、短训为主。开展继续教育全国不搞统一模式、统一进度，各地也不搞“一刀切”，一定要从本地的实际情况出发妥善安排。

撰稿人　胡　巍

审稿人　金长泽

中学教师进修高等师范专科教学计划

现行中学教师进修高等师范专科教学计划，是教育部1982年发布的。国家教委在试用的基础上组织了修订，于1990年6月正式发布了12个专业教学计划的修订稿。

这次修订教学计划的原则是：

1.遵循党的基本路线，坚持四项基本原则，坚持改革开放，反对资产阶级自由化。全面贯彻党的教育方针，把坚定正确的政治方向放在第一位。加强马克思主义、毛泽东思想教育，引导学员用马克思主义的立场、观点和方法分析和处理问题。进行爱国主义、社会主义、独立自主、艰苦奋斗的教育，努力提高进修教师的政治素质。

2.根据中学教育教学改革和九年制义务教育的需要，紧紧围绕培养初中合格教师的要求，按照少而精、求实效的原则设置课程、确定教学内容和教学环节，切实加强教师基本功的训练，努力提高进修教师的专业知识水平和教育教学能力。

3.统一性和灵活性相结合。统一性是指教学计划要有统一的基本要求，主要专业基础课要达到高师专科的水平。灵活性是指教学计划要安排一些地方性的课程，由各省、自治区、直辖市根据本地区实际情况灵活安排。

4.充分体现成人在职学习的特点。

这次修订的内容主要有以下6个方面：

1.把以学科命名的专业名称改为学科教育专业，以体现师范性。如汉语言文学专业改为汉语言文学教育专业。

2.对教学计划中培养目标的提法做了重要修改。增加了“坚持四项基本原则，坚持改革开放，把坚定正确的政治方向放在第一位”的内容，又强调了“忠于人民教育事业，具有良好的师德，能为人师表和教书育人”的要求，还提出了教学的“三基”要落实到提高教育教学能力上去的指导思想。并结合专业特点进一步提出具体要求。

3.把课程结构分为思想政治课程、教育理论课程、专业基础课程、地方规定课程四大类，并提出了各类课程占总学时数的比例。思想政治课程要求设置马克思主义哲学和中国社会主义建设两门课，文科应比理科适当增加课时。此外，还要组织学员每周半天政治学习，进行时事政策、法律常识、师德修养等各方面的教育。教育理论课程要求开设中学教育学和中学心理学两门课，使教育理论与中学教育教学实际密切结合，并要求增强应用性。主要专业基础课程要求坚持普通高师专科的水平，一般专业基础课程可以从在职教师实际水平出发做必要的调整和修改。并规定省、自治区、直辖市教育行政部门可以自行确定开设一些具有地方特色的课程，这类课程作为必修课，但不应超过总学时的15%。

4.根据成人的特点，修订后的教学计划不开设体育课，而要求各校积极开展经常性的体育活动。

5.这次修订中提出了“要加强教育实践研究活动”的要求，规定教育实践研究活动为二周左右，列入教学计划，可集中使用，也可分散安排。应该采用观摩、调研、实习等多种形式，并要求提高教育实践的科学研究水平。

6. 各地可根据农村实施九年制义务教育的需要，允许师资力量、设备条件较好的学校，在完成本教学计划的前提下，按照主辅修课程设置的要求，酌情增加若干门课程，适当延长学习时间，为学员毕业后能承担一门以上课程的教学创造条件。

撰稿人　王源林

审稿人　金长泽

中学教师《专业合格证书》文化专业知识考试改革

1987年试行中小学教师考核合格证书制度以来，全国已有31.86万小学教师、6.64万初中教师和1.84万高中教师取得了《专业合格证书》。从几年来的情况看，教师《专业合格证书》考试坚持了标准，保证了质量，取得了较好的社会效益。为了进一步改进和完善中学教师考核合格证书制度，提高考试的整体效益，从1990年起，进行了由省命题和办班培训的试点。

1.命题试点：限于全国统考中已经考过，当年又不开考的科目，命题工作由省、自治区、直辖市教育行政部门负责。1990年经国家教委师范司审批同意进行命题试点的，有河南、安徽、广东、甘肃、云南、北京、黑龙江等7个省、市。批准了初中9个学科、高中7个学科进行试点。

2.办班试点：经省、自治区、直辖市教育行政部门组织办班培训、考试，对合格者发给科目合格证书。1990年审批同意进行办班试点的，有湖北、江苏、安徽、陕西、吉林、河北、云南、北京等8个省、市。批准了初中6个学科、高中6个学科进行试点。

从1990年试点情况看，基本达到了预期的目标，为完善考核制度，加快考核工作步伐，提高考试整体效益，探索了一条新路。

撰稿人　顾天维

审稿人　金长泽

民族教育

民族地区中等以下教育稳步发展

1990年，全国各民族地区进一步重视和加强发展民族教育事业，中等以下的民族学校办学条件得到明显改善，教育教学质量不断提高，事业规模稳定发展。

一、普遍重视和加强了对中等以下民族教育的领导

内蒙古自治区把民族教育放在“优先、重点”发展的战略地位，调动各级政府、社会和广大群众办学的积极性，民族教育得到较快发展。1989—1990年度，全区每万少数民族人口中的少数民族在校生数分别达到：普通中学571.2人，农职业中学38.1人，小学12218人，幼儿园58.4人。同时大力改善牧区办学条件，民族小学比较集中的牧区，校舍危房面积1990年下降到3％以下。全自治区4200公里边境线上的450个苏木(乡)中心小学校舍有了显著改善，基本上达到了所有苏木的最好的房子是学校的要求。广西壮族自治区各级人民政府，在逐年增加教育经费投入，力争做到“两个增长”的同时，采取多种渠道筹措教育经费，大力改善办学条件。据不完全统计，从1988年3月至1990年10月，全区共筹集抢救中小学危房资金9.28亿元。全区中小学危房面积占中小学校舍总面积的比例由1988年的25％下降到1990年的0.25％。全区91％的中小学配齐了课桌凳，基本上实现了“一无两有”，改变了过去那种一块板子当桌子，几块砖头作凳子的状况。

吉林省延边朝鲜族自治州，州、县(市)两级党委和政府都建立了一把手抓教育、主要领导确定教育联系点等制度，加强对教育工作的领导，加强了校舍建设。全州中小学生生均校舍面积分别达到：中学5.67平方米，小学3.84平方米，均高于国家规定标准。校舍砖瓦化程度达97％以上，全州出现了村屯最好的房子是学校的现象。目前，正抓紧“三室”为中心的学校设施“十配套”建设。湖南省湘西苗族土家族自治州，州委、州政府坚持“治穷与治愚相结合，以治愚为基础；富民与育人相结合，以育人为先导”的指导思想，把发展民族教育作为立州之本，规定每年都要专门召开县委书记、县长会议反复议教，把教育放在优先发展的战略地位。在1989年有3个县普及初等教育的基础上，1990年又有4个县接受普及初等教育的省级验收。

二、全国普通中学、农职中学、小学的少数民族在校生和教职工比上一年有所增长

增长情况如下表：

	民族教职工数（人）			民族专任教师数（人）			民族在校生数（人）		
	总　数	比上年增长数	增长率（%）	总　数	比上年增长数	增长率（%）	总　数	比上年增长数	增长率（%）
小　　学	531634	10039	1.93	458682	－3785	－0.82	10545579	24279	0.23
普通中学	234706	8590	3.79	181975	8053	4.63	2931276	94876	3.25
农职中学	15464	455	3.03	10925	669	6.52	150629	14121	10.34

撰稿人　杨祖湘

审稿人　韦鹏飞

教育援藏的新进展

1990年，内地西藏中学班（校）和各类西藏中专班在校学习的藏族学生已近8000人。其中中学班(校)发展到19所，在校生6000多人，基本完成了较好的办学条件建设。办有西藏班的中专学校已发展到32所，在校生1700余人，约占整个西藏中专在校生总数的50%。北京、上海、天津、黑龙江、辽宁、河北、河南、山东、山西、江苏、安徽、浙江、江西、湖北、湖南、福建、广东、陕西、四川、云南、内蒙古等省、自治区、直辖市，都有西藏学生在学习。在各级党政领导的关怀和学校教职员工的培育下，这些西藏学生开拓了视野，增长了见识，身体和文化素质都有明显提高，各方面都得到了发展。1990年，很多学生在参加数学、作文、文艺、体育等比赛活动中获奖，开始显露才华。同时，一支政治、业务素质较好，有奉献精神的管理干部队伍和教师队伍已初步建立起来。

由西北师范大学、北京经济学院、北京联合大学旅游学院、南京师范大学、北京农学院等院校对口支援西藏大学的工作进展顺利。这些学校先后选派了42名骨干教师到西藏大学任教，承担了27门课的教学任务，解决了该校师资短缺的困难，并帮助该校进行有关专业和实验室的建设，保证了西藏大学教学工作正常进行。西北农业大学、南京林业大学、甘肃农业大学、武汉水电学院等院校也先后派出骨干教师20多人到西藏农牧学院任教，并得到农业部、林业部、水电部的资金支持，使西藏农牧学院的办学条件有了一定改善，教学水平得到进一步提高。

辽宁、天津、上海、浙江、山东、山西、湖北、湖南8省市对口支援西藏7个地市的教育，先后派出中学骨干教师145人次，加强了这些地区中学的教学工作。

撰稿人 徐临燕
审稿人 韦鹏飞

民族高等教育

1990年，少数民族地区高等院校普遍加强了思想政治教育工作，着重进行坚持四项基本原则和反对资产阶级自由化的教育。各高校通过形势教育、专题报告、主题班会、组织下乡下厂等各种形式，对师生进行正面教育，分析、批判国内外敌对势力散布的资产阶级自由化的反动言论和观点，分清是非。多数学校从民族学生和教师多的特点出发，开展了党的民族政策教育。如新疆维吾尔自治区高等院校，普遍开设了马克思主义民族理论和党的民族政策课程，加强了民族团结教育。在5月前后，开展了民族团结月活动，进行少数民族离不开汉族、汉族离不开少数民族的教育。表彰了一批民族团结工作做得好的先进个人，提高了各民族师生贯彻党的民族政策，坚持民族团结的自觉性。

民族地区高等院校适应当地经济建设需要，调整了高等教育结构。有的突出了急需的专科层次人才的培养。如内蒙古自治区的综合大学、工、农、医、林业、财经等院校逐步加强了专科教育。在专业的建设上，广西壮族自治区、新疆维吾尔自治区等高等学校加强了薄弱专业，压缩了长线专业，对一些老专业调整了服务方向，拓宽了专业面，增强了专业的适应性。

继续进行招生制度和毕业生分配制度的改革。宁夏、内蒙古等自治区高等学校扩大了定向招生，同时根据国家关于招生的有关政策规定，在招生中采取特殊措施，对少数民族学生适当降分，择优录取。在毕业生分配方面，高校民族班继续实行定向分配。各民族地区根据国家的规定，坚持面向基层，面向农村、牧区第一线，拓宽了人才通向老、少、边，特别是农村、牧区和山区的渠道。

结合教学，开展科学研究工作，取得了显著成绩。如中南民族学院文理科教师和研究人员发表论文230多篇，编写、出版《民族法学导论》、《湖北民族史》等著作、教材38部。在社会科学领域开展了对资产阶级自由化思潮的批判，发表了《西方多党制不符合中国国情》、《马克思主义没有过时》等文章。在自然科学研究方面，也取得了不少成果。如化学系研制的“铝及其合金阳极氧化膜ZBF——1型冷封孔剂”，已超过目前进口的同类产品水平，居国内领先地位。

随着教育改革的发展，民族院校把教学、科研、社会实践结合起来，进一步建立和完善了教学、科研和社会实践三结合的教育体制。内蒙古工学院把教学、科研工作主动面向经济建设，与一些厂矿企业合作，结合教学，承担了多项科研、设计任务，取得了很好的社会效益和经济效益，促进了教学、科研质量的提高。

撰稿人　易先培　林仕梁
张　辉
审稿人　韦鹏飞

继续在部分高等学校举办民族班

地区＼学校	合计	北京大学	清华大学	北京师范大学	大连理工大学	陕西师范大学	华中师范大学	中山大学	华东师范大学	东北师范大学	西南师范大学
合计	570	30	40	40	40	105	60	50	45	60	100
内蒙古	40	20								20	
新疆	80		5	10	30	15			20		
青海	45			5		30			10		
甘肃	35			10		20			5		
宁夏	30					25			5		
广西	57	5	8	5	4		15	20			
云南	55		8		2		10	10			25
贵州	65		8	5	2		10				40
四川	30										30
广东	6		2					4			
湖南	20	5		5			10				
湖北	15						15				
福建	3								3		
上海	2								2		
吉林	19		4							15	
黑龙江	18		3							15	
辽宁	15					5				10	
西藏	5										5
陕西	10					10					
海南	20		2		2			16			

为了加速边远、少数民族地区的社会主义现代化建设和社会主义精神文明建设，培养更多的少数民族合格人才，1990年国家教委继续在北京大学等10所国家教委直属高等学校举办民族班，共招收全国少数民族学生570人。招生地区、学校及招生名额分配如上表。

上述民族班除北京大学、中山大学招收的少数民族学生直接入本科外，其余各校少数民族班学生在入本科前先进预科班。其中清华大学、北京师范大学委托中央民族学院办民族预科班；华东师范大学委托西南民族学院办预科班；其余各校均由本校自办民族预科班。各校民族预科班学生经过预科阶段的学习，经考核合格后直接升入本校本科民族班学习。

撰稿人 易先培 林仕梁 张 辉
审稿人 韦鹏飞

积极开展内地与新疆高等教育支援协作

国家教委、国家民委1990年2月20日印发的《关于内地与新疆维吾尔自治区高等教育支援协作规划会议纪要》规定：1990年，国家教委、交通部、纺织工业部、机械电子工业部、冶金工业部、轻工业部、能源部、农业部、石油天然气总公司等18个部、委、总公司所属的北京大学、清华大学、北京师范大学、西安交通大学、西安公路学院、中国纺织大学、北京农业大学、西北林学院、西安石油学院等40多所高等学校为新疆举办民族班。这些民族班包括近100个专业，招生总数为710名。

为了保证新生入学质量，1990年内地有关高校还为新疆举办了少数民族预科。国家教委于1990年5月下发了《关于一九九〇年内地有关院校为新疆举办民族预科（班）招生的通知》。文件规定：清华大学、北京大学、北京医科大学、北京师范大学、东北师范大学、东北工学院、西北农业大学、西北林学院、河海大学、上海医科大学、上海交通大学、兰州商学院、华东师范大学、南开大学、兰州大学、北京农业大学、西安公路学院、陕西师范大学、陕西机械学院、武汉水利电力学院等高等院校为新疆举办民族预科，招收预科生515人（其中文科学生115人，理工科学生400人）。文件规定，各校在新疆招收的为参加当年全国统考的用少数民族语言文字授课的少数民族高中毕业生，录取后进入本校自办或委托他校举办的民族预科，主要学习汉语文和提高文化基础知识。学习时间为二年。民族预科学习期满，经考核，政治思想好、学习成绩合格者，升入原招生学校有关专业学习。

此外，为培训少数民族干部，加速新疆社会主义现代化建设，国家教委与新疆维吾尔自治区党委组织部、新疆维吾尔自治区教委协商，决定在天津大学（经济管理专业）、大连理工大学（企业管理专业）分别举办新疆少数民族干部培训班。1990年至1992年每年每校各招收学员50名。每期学制为一年。

撰稿人　易先培
审稿人　韦鹏飞

学校体育、卫生与国防教育

召开全国学校体育卫生工作研讨会

1990年12月，国家教委在广东省湛江市召开了全国学校体育卫生工作研讨会。参加会议的除各地教育部门体卫处处长外，有10个省、自治区、直辖市及计划单列市教委、教育行政部门的负责同志也出席了会议。会议交流了各地学校体育卫生和国防教育工作经验，现场观摩学习了湛江市开展学校体育卫生工作情况和经验，研究部署了1991年工作。国家教委副主任邹时炎在会上讲了话。他在谈到“八五”期间工作设想时指出：“八五”期间学校体育卫生和国防教育工作的奋斗目标是：大面积增强学生体质，提高学生健康水平；提高学校竞技运动水平，为国家输送更多的德、智、体全面发展的体育后备人才；强化国防教育，增强学生的国防观念。总的目标是培养社会主义建设者和接班人。

撰稿人　李向林

审稿人　宋尽贤

学校体育工作

一、《学校体育工作条例》发布施行

由国家教委、国家体委、财政部、人事部、建设部联合起草的《学校体育工作条例》，经国务院批准，于1990年3月12日由国家教委、国家体委发布施行。《条例》是在总结原教育部、国家体委1979年10月5日发布实施的《中、小学体育工作暂行规定》(试行草案)和《高等学校体育工作暂行规定》(试行草案)的基础上制订的。它是比较符合我国实际情况的学校体育工作法规，是今后一个时期指导学校体育工作的重要依据。《条例》分总则，体育课教学，课外体育活动，课余体育训练与竞赛，体育教师，场地、器材、设备和经费，组织机构和管理，奖励与处罚，附则等9章，共31条。

1990年5月14日，国家教委、国家体委联合发出《关于实施〈学校体育工作条例〉的通知》。要求各地教育、体育行政部门充分利用各种宣传工具，深入宣传《条例》，并积极与财政、人事、建设等部门协商，统筹规划本地区的学校体育工作；要求各地教育行政部门结合本地实际，制订出具体实施办法、检查措施和评估细则，认真抓点，总结经验，进一步理顺学校体育工作的领导体制和管理机制。

为了贯彻《学校体育工作条例》，不断改善体育教育专业的办学条件，1990年10月10日，国家教委印发了《普通高等学校体育教育专业场馆设施、器材配备目录》(试行草案)和《普通高等学校体育教育专业实验室仪器、设备配备目录》(试行草案)，同时发出《通知》，要求国家教委直属6所师范大学的体育教育专业点，在1992年达到《目录》的要求，其它普通高等学校的体育教育专业点(包括专科)，在1994年达到《目录》的要求。国家教委将于1993年对各学校体育教育专业点的办学条件进行检查，对达不到《目录》要求，影响教学质量的专业点，将要它们减少或暂停招生，进行整顿和调整。

1990年10月11日，国家教委发布了《大学生体育合格标准》，要求从1991年秋季新学期开始，在国家教委直属高等学校中试行，从1992年秋季开始，在全国高等学校中实施。这个《标准》是《学校体育工作条例》的配套文件，其主要内容是从身体形态、身体机能、身体素质、视力状况及体育课、课外体育锻炼等几个方面综合评定学生的体育成绩。规定体育成绩是否合格将直接影响学生能否被评为“三好”学生、获得奖学金及毕业证书。因此，《标准》既是衡量大学生接受学校体育教育的个体评价标准，又是大学生能否毕业的一个必备条件。

1990年国家教委还对32所高校的38851名1990级新生进行“中学生体育合格标准”的检查。这次检查，主要进行三项身体素质(50米跑、立定跳远、推铅球)测试。测试结果，在38851人中，三项总分不满180分的有24517人，占总人数的63.11%，三项总分不满100分的有2510人，占总人数的6.43%。国家教委已将这次检查结果通报各地，以引起各级领导的重视。

二、加强农村学校体育工作

1990年5月12日至15日，国家教委学校体育卫生司在江苏省江宁县召开了全国农村教育综合改革实验县学校体育工作研讨会。

会议就农村学校体育的现状、规划管理、组织领导、师资配备与培训，以及经费、教材、场地器材等问题，进行了交流，就如何制订农村学校体育工作先进县的标准和普及农村学校体育教育的问题，展开了讨论。会议认为，我国地域辽阔，情况千差万别，要在教育综合改革的每个阶段都有意识地把开展农村学校体育工作考虑进去，要从实际出发，区别对待，分类指导，切忌搞一刀切，切忌好高骛远，要强调发扬“自力更生、艰苦创业”的精神，脚踏实地地开创农村学校体育工作的新局面。

1990年11月17日，国家教委发出了《农村教育综合改革实验县贯彻〈学校体育工作条例〉和〈学校卫生工作条例〉的意见》，要求各实验县：(1)健全机构，加强领导；(2)加强规划；(3)强化管理；(4)坚持分类指导；(5)建立一支数量足够、质量合格、相对稳定的体育师资队伍；(6)努力改善体育工作条件。

三、体育教育专业改革工作

近几年来，体育教育专业的改革实验有了突破性进展。提高文化要求的招生改革和实行“主辅修”的改革及加强理论教育、提高工作能力的教学改革实验等，都取得了显著成绩，毕业生受到接收学校和社会的欢迎。为了适应体育教育专业改革的需要，教学计划、教学大纲、教材等必须进行相应的修改。

1990年12月6日至10日，在湖北省武汉市召开了第二届全国高师体育专业教材编审委员会第一次全体会议。会议着重讨论了体育教育专业的办学指导思想，明确了体育教育专业改革和教材建设的方向，提出了修订体育教育专业本、专科教学计划的意见，研究了体育教育专业本、专科教学大纲修订的原则与分工及教材建设的规划。与会代表一致认为，此次会议确定的改革方向是正确的，对体育教育专业的改革与发展必将起到重要作用。会后，国家教委于1991年3月6日印发了《第二届全国高师体育专业教材编审委员会第一次全体会议纪要》。

四、九年制义务教育体育教学大纲和全日制高中体育教学大纲试验工作

1990年3月22日，国家教委发出《关于九年制义务教育体育教学大纲（初审稿）和全日制高中体育教学大纲（征求意见稿）试验工作的通知》，并于5月上旬在辽宁省大连市举办了实验工作的师资培训班。9月17日至19日，国家教委在吉林省长春市召开了九年制义务教育体育教学大纲实验工作汇报、交流会。全国23个省、市、自治区教育行政、教研部门的干部、教研员和人民教育出版社等单位的同志参加了会议。会上，各地汇报了实验工作进展情况。国家教委学校体育卫生司负责人在讲话中对实验工作提出了具体要求。希望各地主管实验工作的有关部门密切协作，按照国家教委的统一部署，扎扎实实地搞好实验。

撰稿人　杨宏松　何秀超
审稿人　宋尽贤

五、出版《中国学校体育》画册

经过近三年的努力，新中国成立40多年来第一本反映各级各类学校体育、卫生工作的《中国学校体育》画册于1990年初正式出版发行。这本画册是从全国30个省、自治区、直辖市的各级各类学校及有关新闻单位记者和兼职记者拍摄的5000多张照片中精选出233帧摄影艺术较好的照片编辑而成的，具有广泛的代表性。所收照片既有较高的摄影艺术水平，又有一定的思想性，体现了学校体育的特点。

国家教委办公厅于6月9日在人民大会堂举行了《中国学校体育》画册首发式。全国人大常委会副委员长廖汉生、国家教委副主任何东昌、国家体委主任伍绍祖参加了首发式并讲了话。廖汉生对《中国学校体育》画册的出版表示祝贺，并向为画册出力的各方面人士表示感谢。何东昌指出，这本画册的出版、发行，一方面可以向海外朋友介绍中国学校体育的情况，同时也希望引起我们教育界本身对学校体育工作的进一步重视。他希望各级各类学校进一步端正办教育的指导思想，要十分重视体育。他指出，全面贯彻教育方针，德育是首位，这是指重要性而言。毛泽东同志也讲过，要“健康第一”，这是指在学生具体活动的安排上，我们要将其放在第一位来抓。中、小学生每天的睡眠时间和体育锻炼时间神圣不可侵犯，必须保证。何东昌强调指出，要动员起来，跟学生视力下降、近视眼上升的现象作斗争。在谈到学生远足问题时，何东昌指出，远足活动对锻炼一个人的意志，增加知识，增强组织纪律性都有好处，希望在中、小学生中大大提倡。伍绍祖在讲话中指出，从体育工作来讲，学校体育是整个体育的基础，也就是我们平常说的群众体育、竞技体育的一个结合部，也可以说是体育工作的一个总开关，一个总龙头，抓住了学校体育，从历史的眼光看，就算是抓住了全体中国人的体育。

撰稿人　李向林

审稿人　宋尽贤

学校卫生工作

一、《学校卫生工作条例》发布施行

经国务院批准，国家教委、卫生部于1990年6月4日发布了《学校卫生工作条例》。该《条例》是在原教育部、卫生部联合发布的《中、小学卫生工作暂行规定(草案)》和《高等学校卫生工作暂行规定(草案)》的基础上制定的，是我国学校卫生工作的基本法规，是指导学校卫生工作的重要依据。《条例》分总则、学校卫生工作要求、学校卫生工作管理、学校卫生工作监督、奖励与处罚、附则等6章，共41条。

国家教委、卫生部同时下发了《关于实施〈学校卫生工作条例〉的通知》，要求各地教育、卫生行政部门深入宣传《条例》；与财政、人事、劳动、建设部门协商，统筹规划本地区的学校卫生工作；并结合本地实际情况，制订出具体的实施办法、检查措施和评估细则。

为促进《学校卫生工作条例》的贯彻落实，国家教委于12月20日下发了《中、小学卫生室器械与设备配备目录》，强调《目录》是对具有一定规模的中、小学校卫生室器械与设备配备的基本要求，也是全面评估学校工作的一项基本指标。要求各级教育行政部门力争3～7年内使学生人数在600人以上的城镇中、小学的卫生室全部达到《目录》的要求，5～10年内使学生人数在600人以上的农村中、小学的卫生室全部达到《目录》的要求。

二、重申在学校开展不吸烟活动

世界卫生组织确定把“青少年不要吸烟”作为1990年5月31日第三个“世界无烟日”的主题。5月30日，国家教委办公厅发出《关于重申有关规定，在学校开展不吸烟活动的通知》，要求各级各类学校把控制学生吸烟作为全面贯彻教育方针、进行思想品德教育、促进学校社会主义精神文明建设、保障学生身心健康的大事纳入学校工作计划；严禁中小学生吸烟，积极劝阻大学生吸烟，严禁大学生在禁烟区吸烟；要有计划地采取各种形式，尤其要利用每年的“世界无烟日”，对学生进行吸烟危害健康的宣传教育，开展不吸烟活动；教师要以身作则，自觉戒烟，不得在有学生参加的教育、教学活动场所吸烟。

三、召开全国学生体质、健康监测工作座谈会

1990年10月11日在湖南益阳市召开全国学生体质、健康监测工作座谈会，交流从1985年开展全国学生体质、健康调研以来，各地应用调研成果指导和改进学校体育卫生工作及逐步实现学生体质、健康监测工作制度化、规范化的情况；现场观摩、学习益阳地区学生体质、健康调研与体育卫生工作紧密结合的经验。会议对1991年学生体质、健康监测工作作了部署。

四、召开全国中小学近视眼防治工作座谈会

1990年10月18日在湖南省益阳市召开全国中小学近视眼防治工作座谈会。总结、交流自1988年国家教委办公厅下发《中小学学生近视眼防治工作方案》以来，各省、自治区、直辖市贯彻《方案》的情况和经验，对今后的防近工作提出具体要求。

五、对农村学校卫生工作试点县进行检查验收、总结表彰

1990年5月，国家教委学校体育卫生司与卫生部卫生监督司共同组织了对全国20个农村学校卫生工作试点县的检查验收工作。检查验收结果表明，上述各县自1988年确定为试点县以来，县政府都把学校卫生工作纳入工作议事日程，成立了以县政府领导为组长，教育、卫生及有关部门参加的农村学校卫生工作领导小组，乡（镇）、学校也成立了相应的组织机构，配备了专（兼）职卫生人员，形成了县、乡（镇）、学校三级学校卫生工作网络；建立了一系列学校卫生工作制度，加强了对学校卫生工作的投入，学校卫生工作的开展逐步制度化，学生体质、健康水平有了显著提高。为总结、交流农村学校卫生工作试点县的经验，国家教委学校体育卫生司、卫生部卫生监督司于11月20日至22日在上海市川沙县召开了全国农村学校卫生工作试点县总结表彰会，对20个试点县取得的成绩给予表彰，要求各地在总结试点县经验的基础上，制订出加强农村学校卫生工作的规划，逐步把试点县成功的经验在全省、区推广，使试点工作切实起到"以点带面"的作用，把农村学校卫生工作推向深入。

撰稿人　廖文科

审稿人　宋尽贤

参加国际中学生体育竞赛活动

一、第19届亚洲中学生足球锦标赛在我国举行

第19届亚洲中学生足球锦标赛于1990年7月22日至27日在辽宁省沈阳市举行。文莱、香港、印度、印度尼西亚、南朝鲜、马来西亚、新加坡、泰国、中国等9个国家和地区的代表队共255名中学生运动员参加了比赛。中国队获得冠军,南朝鲜队获得亚军,泰国和新加坡队并列第三名。新加坡队还荣获“风格杯”。

本届赛会是首次由国家教委以中国中学生体协名义举办的洲际学生体育比赛。本届赛会组委会主任、国家教委副主任、中国中学生体协主席邹时炎参加了开幕式。整个比赛坚持热情友好、周到细致、保证安全、勤俭节约、突出“团结、友谊、向上”精神的原则,圆满完成了任务。各国官员都表示这次赛会组织得很好,内容丰富。来自各国和地区的体育健儿看到社会主义中国政治、社会稳定,经济繁荣,人民安居乐业,对中国改革开放以来取得的成就有了具体的了解。

比赛期间,召开了亚洲中学生足球联合会理事会议,选举1991—1992年联合会官员,决定第20届亚洲中学生足球锦标赛在马来西亚举行。理事会一致对中国举办的第19届赛会准备工作和赛会整个安排表示满意,对承办竞赛及理事会组织、接待工作的辽宁省政府、省教委表示衷心感谢。

二、我国中学生体育健儿在国际比赛中取得优异成绩

由我国中学生组成的越野赛跑队、男女排球队及游泳队、艺术体操队、田径队、足球队在参加国际中学生体育联合会和亚洲中学生足球联合会举办的世界中学生越野赛、世界中学生排球赛、第9届世界中学生运动会及第19届亚洲中学生足球锦标赛中,共获得金牌15枚、银牌10枚、铜牌7枚,以优异成绩向祖国人民汇报。参加比赛的运动员全部是普通中学的学生,他们纪律严明,作风顽强,体现了我国中学生的精神面貌,所到之处均受到外国朋友的称赞,为祖国争得了荣誉。

第9届世界中学生运动会是目前世界上规模最大的中学生体育盛会,共有32个国家、1590多名运动员参加。我国派出了由51人组成的体育代表团,也是历届我国派出人数最多的团队。我国中学生运动员(年龄全部在14—17岁之间),在参赛的田径、游泳和艺术体操三个项目中,共获得10项比赛冠军,打破和创造世界中学生运动会纪录共10项次,获奖牌共29枚,居各国之首。我国运动员所表现出的良好精神风貌,也给各国留下了深刻印象,他们称赞我国运动员“个个都是文明的使者”,“不仅为中国队的优异成绩而骄傲,而且还为中国队员有教养、守纪律和讲礼貌的作风而骄傲”。埃及、澳大利亚、法国、英国、以色列等国代表还分别正式邀请我国组团参加他们各自国家举办的国际中学生单项目体育比赛。

国务委员兼国家教委主任、中国中学生体育协会名誉主席李铁映,在代表团回国后,接见了代表团全体成员。并向这支年轻的队伍取得较好的成绩表示热烈的祝贺。

撰稿人　邱　汝

审稿人　宋尽贤

学校国防教育

一、召开学校国防教育管理工作研讨会

为进一步总结交流学生军训工作经验，推动学校有计划地开展国防教育，国家教委学校体育卫生司于1990年5月8日至12日在河南郑州召开了学校国防教育管理工作研讨会。各省、自治区、直辖市教育行政部门的代表出席了会议。国家教委副主任邹时炎和国家教委学校体育卫生司负责人在会上讲了话。7月24日，国家教委下发了《关于转发〈山东省小学、初中学生国防教育实施意见〉及〈学校国防教育管理工作研讨会纪要〉的通知》。

学校国防教育管理工作研讨会主要就以下三个方面的工作进行了总结和研究：

1.总结交流了五年来学生军训工作情况。与会代表一致认为，对学生进行军事训练，实施国防教育，是培养社会主义建设者和接班人，加强国防后备力量建设的需要。实践证明，通过军事训练，学生在政治思想上有所提高，国防观念得到强化，增强了社会责任感，集体主义观念和组织纪律观念有了明显的进步，同时对学校的管理工作也有促进。通过几年的试点，为学校国防教育向制度化方向过渡奠定了一定的基础。但是，各地情况不同，发展不平衡，需要进一步在实践中总结经验，并逐步从制度上去解决存在的问题。

2.研究讨论了各级各类学校国防教育的总体设想。1985年以来的学生军训，主要对象是高级中学和高等学校的学生，小学和初中如何进行国防教育，一些省进行了试点。山东省对初中和小学的学生采取结合各科教学和课外活动渗透国防教育的做法，学校反映很好。与会代表一致认为，山东省的做法既避免了增加学生负担，又使学生通过有关课程和课外活动，受到内容丰富、形式活泼的国防教育，是对九年义务教育阶段的学生实施国防教育的好办法，希望国家教委推广山东省的经验，把学校国防教育引向深入。

3.明确了今后的工作方向。学校国防教育是全民国防教育的基础，是改革学校教育内容，加强学生思想政治工作，培养社会主义建设者和接班人的组成部分，对全面提高学生素质有着十分重要的作用。与会代表认为，各地应在认真总结五年学生军训工作的基础上，进一步完善和巩固已取得的成果，把学校国防教育工作搞好。学校国防教育应根据不同类型的学校和学生的年龄特点，分层次采取多种形式进行：小学和初中义务教育阶段，结合课程教学和课外活动，对学生进行国防教育；高级中学和高等学校采取现行学生军训的办法，开设军事课，并进行集中军事训练，对学生实施国防教育。各级教育行政部门要加强对学校国防教育的领导，要为开展国防教育提供必要的组织、人员保证等条件，并积极做好有关部门的协调工作。在新的历史时期学生国防教育是一项新的工作，尚处在试点阶段，要分类指导，认真抓点，总结经验，切实把各项工作落到实处，并收到实效。

二、高等学校学生军训继续深入开展

部分试点学校克服训练场地紧张的困难，改为在校内训练，坚持完成1990年军事训练任务。

为解决高校学生训练场地困难问题，进

一步加强大学生的国防教育，北京市于1990年4月初在昌平县北京化工学院分院内筹建北京市高校学生军训基地。基地占地150亩，建有宿舍、食堂、训练场等配套设施，建筑面积4300平方米，一次能训练1000余人。基地建设经费178万元，除化工部、北京化工学院提供大部分外，各参训院校集资一部分，市政府和其它有关部门也拨了专款。基地竣工后，从6月18日至10月20日，分六期对中国人民大学、北京科技大学、北京工业大学、北京化工学院等7所高等院校的1989级、1990级的5200余名大学生实行集中轮训。每期训练三周左右，主要进行中国人民解放军光荣传统教育、三大条令学习、队列训练、轻武器实弹射击和单兵战术，实训时间150小时。通过集中军训，使全体参训学生思想上获得较大提高，组织纪律性得到加强，初步掌握了军事技能，增强了国防意识。在训练期间，北京市委、市政府和北京卫戍区的领导同志曾亲临基地，看望学生，慰问承训部队，对基地工作给予了肯定和鼓励。

三、举办全国学校军事教师夏令营

1990年8月10日，国家教委在江苏省连云港市举办了全国学校军事教师夏令营。来自全国29个省、自治区、直辖市的200名学校军事教师、专职武装干部和部队派遣军官参加了夏令营。夏令营期间，营员参观了海军舰艇，慰问了驻海岛警备部队，受到深刻教育。在参观、游览之余，营员们还进行了座谈，总结交流几年来学校国防教育经验，对进一步搞好学校国防教育提出了许多好建议，同时还对高等学校和高级中学现行军事训练大纲和军事课教材进行了专题研讨，提出了修改意见。

撰稿人 谭 钢

审稿人 宋尽贤

北京大学、复旦大学学生进行军政训练

一、北京大学1989级学生于1989年10月到石家庄陆军学院接受军政训练，经过一年的刻苦学习和艰苦磨练，在政治思想、军事技能、文化知识、组织纪律和身体素质等方面都有了明显的进步和提高。

1990年7月6日，国家教委国际合作司和外交部新闻司在石家庄陆军学院联合组织了中外记者招待会和采访活动，宣传了军政训练的重大意义和取得的可喜成果。

7月14日，北京大学1989级学生军政训练结业典礼在石家庄陆军学院举行。党和国家领导人宋平、李铁映及有关方面负责人何东昌、邹时炎、宋德福、韩怀智、于永波、许胜、王成斌、邢崇智、程维高、汪家镠等应邀出席了结业典礼。宋平代表党中央、国务院向北京大学1989级学生表示祝贺并讲话。指出：北京大学1989级学生试行一年的军政训练，是党中央、国务院和中央军委采取的一项具有重大意义的决策，也是高等教育改革的一项试验。青年时期是人生观形成的关键时期，大学生在专业学习开始之前，参加一段军政训练，学政治、学军事、学文化，为今后全面发展和健康成长打下了良好基础，对于造就全心全意为人民服务、坚持社会主义方向的接班人是大有好处的。李铁映在讲话中宣布：最近党中央、国务院、中央军委决定，在北京大学新生试行军政训练的基础上，今年再增加复旦大学，共安排两所高层次的重点大学新生到四所军事院校继续试行一年军政训练。结业典礼大会后，举行了盛大的阅兵式和分列式。

石家庄陆军学院向北京大学参加军政训练考核合格的1989级学生颁发了预备役军官军事训练合格证书。经国务院同意，人事部、国家教委决定：该批学生毕业参加工作后，不再实行见习期，可按所确定的职务领取相应的职务工资。参加工作时间可从实际参加工作的时间向前推移一年（即参加军政训练的一年计算工龄）。今后，凡经国家教委批准，入学后先到军队院校集中一年时间进行军政训练的学生，其工资、工龄均按上述规定办理。

二、北京大学和复旦大学1990级新生分别到石家庄、信阳、南昌、大连4所陆军学院接受为期一年的军政训练。其中石家庄陆军学院承训北京大学文科新生756名；信阳陆军学院承训北京大学理科新生767名；大连陆军学院承训复旦大学理科新生802名；南昌陆军学院承训复旦大学文科新生591名。为解决四所陆军学院承担军政训练任务所需补充的办学条件和经费，国务院决定由财政部、国家计委拨给专项经费和基建投资，分两年拨齐。1990年应拨款项已于第四季度一次拨给。

1990年8月底，国家教委和总参谋部在复旦大学召开了军政训练工作协调会，安排落实了各项工作。4所陆军学院在所在军区和地方党政领导部门支持下，克服了许多困难，及时完成了承接军政训练的准备工作，按计划于9月中旬相继开学，并分别举行了开学典礼。国家教委领导等分别出席典礼并讲话。

撰稿人　张爱龙

审稿人　温　纯

艺术教育

召开第二届艺术教育委员会换届会议

国家教委艺术教育委员会（以下简称艺委会）于1990年7月29日至31日在北京召开了第二届换届会议。会议总结了第一届委员会的工作，研究了第二届委员会的工作任务，聘任了第二届委员、顾问，修订了工作条例。第一届、第二届委员共50余人参加了会议。国家教委副主任滕藤及有关司局负责同志出席了会议。

会议认为，艺委会成立3年多以来，做了大量的工作，最重要的是协助国家教委制定了《全国学校艺术教育总体规划》。在制定《总体规划》的过程中，艺委会充分发挥了专家咨询作用，还组织部分委员直接参予了《总体规划》的调查及撰写工作。《总体规划》下发后，艺委会又接受国家教委社会科学研究与艺术教育司的委托，组织检查小组，深入江苏、天津等省市基层学校，宣传国家教委有关学校艺术教育的方针政策，检查并指导这些地区制定实施方案，推动学校艺术教育工作的发展。此外，艺委会还与一些部门召开研讨会，研究学校艺术教育的学科建设和改革，清除艺术教育界资产级阶自由化的影响。这些工作，为国家教委制定学校艺术教育的方针政策，推动各级各类学校艺术教育的健康发展，起到了积极的、重要的作用。

会议讨论确定了第二届艺委会的工作要点：（1）接受国家教委委托，继续对全国各地贯彻实施《总体规划》工作进行检查、督促和指导，推动各地尽快制定《总体规划》的实施方案；（2）协助国家教委，组织制定与《总体规划》相配套的《全国艺术师范教育改革与发展规划》；（3）配合国家教委抓好普通高等学校的美育工作；（4）继续加强美育及艺术教育的宣传，提高各级领导及社会各界人士对艺术教育重要性的认识。

会议修订了艺委会工作条例。修订后的工作条例对艺委会的任务、人员聘任、组织形式等方面都做了重要补充或修改。根据工作条例，艺术教育委员会的任务增加了为青少年创造良好的社会环境提出建议、适当开展国内外学术交流、举办研讨会、积极宣传我国学校艺术教育的成就等内容。在人员聘任方面，工作条例规定，艺委会委员主要由在学术理论和艺术实践上有较深造诣的专家、学者，在幼儿园、小学、中学、大学中从事艺术教育工作、具有丰富经验的教师，以及热心改革和发展艺术教育事业的有关方面的负责人组成。委员由国家教委聘任。委员应以在职的为主，并适当考虑学科、地区、学校、单位的分布，每届任期为三年。委员会的办公室设在国家教委社会科学研究与艺术教育司，由该司的艺术教育处兼作委员会的办事机构。

会议聘任了第二届委员和顾问。第二届委员和顾问共52人，著名音乐教育家赵沨继续任主任委员，刘开渠、瞿维、武兆令任副主任委员，国家教委社会科学研究与艺术教育司杨瑞敏任秘书长，林默涵、贺绿汀、启功为顾问。

会后，国家教委办公厅向各地教育部门印发了《国家教委艺术教育委员会第二届换届会议纪要》。

撰稿人 杨 力

审稿人 杨瑞敏

检查《全国学校艺术教育总体规划》贯彻实施工作

1990年是《全国学校艺术教育总体规划》实施的第一年。为加强总体规划的贯彻实施工作，国家教委办公厅于9月份发出《关于汇报制订〈全国学校艺术教育总体规划〉实施计划工作情况的通知》。《通知》要求各省、自治区、直辖市汇报一年来制定实施计划的工作情况，并尽快制定出《总体规划》的实施计划或方案。10月，国家教委决定将学校艺术教育工作纳入督导检查工作计划中；并制订了艺术教育督导检查提纲。10月和11月，国家教委组织艺术教育委员会部分委员赴天津、江苏等省、市，实地检查各地贯彻《总体规划》的实施工作情况，听取了部分市、区、县、学校的汇报，召开了数十次座谈会，参观了大量课堂教学和课外文艺演出活动，对当地的实施贯彻工作提出了意见。

检查的情况表明，《总体规划》下发一年来，各级教育行政部门及广大艺术教育工作者采取了一系列有力措施，做了大量艰苦的工作，使我国学校艺术教育出现了蓬勃发展的新局面。

一、提高对艺术教育的认识，健全完善艺术教育管理

1979年以来，我国学校艺术教育有了一定的恢复和发展，但艺术教育管理一直是一个薄弱环节，制约了艺术教育的正常发展。1989年底以前，全国绝大多数省、自治区、直辖市的教育行政部门中都没有专职或兼职艺术教育管理干部，全国30个省、自治区、直辖市中有三分之一没有配备专职音乐、美术教研员。《总体规划》下发后，各地在传达和学习中，提高了对艺术教育工作重要性的认识。为了贯彻好《总体规划》，许多省、自治区、直辖市克服了人员少、编制紧的困难，从加强管理入手，改变艺术教育落后的局面。据统计，到1990年底，全国已有北京、陕西、黑龙江、山东、江苏、上海、江西、山西、甘肃、四川、云南、贵州、新疆等省、自治区、直辖市设立了艺术教育管理机构或配备了专职艺术教育管理干部；吉林、辽宁、天津、河北、内蒙古、河南、湖北、海南等省、自治区、直辖市配备了兼职艺术教育管理干部，初步形成艺术教育管理网络。为了使各部门的教育工作者都来关心艺术教育，充分发挥艺术教育专家和教师的作用，福建、上海、江西、山东、江苏、黑龙江、北京、甘肃等省、自治区、直辖市先后成立了艺术教育委员会。

二、召开工作会议，制定《总体规划》实施计划

在提高认识、健全管理机构的基础上，许多省、自治区、直辖市着手制定本地实施《总体规划》的计划或方案，召开全省、自治区、直辖市工作会议，全面部署艺术教育工作。江苏、北京、陕西在《总体规划》下发之前已先行制定出本省(市)的实施计划。《总体规划》下发后，又进一步由点及面，全面推动实施工作。1990年江苏省11个地(市)中已有10个地(市)，64个县(市)中已有24个县(市)制定了实施计划，有些乡、农村学校都确定了艺术教育工作目标。上海、江西、山西、山东、甘肃、新疆、黑龙江等省、自治区、直辖市也先后召开全省、自治区、直辖市建国以来首次艺术教育工作会议，发布了本省、自治区、直辖市实施计划或方案。还有11个省、自治区、直辖市正在筹备制定实施计划。

三、召开艺术教育研讨会，确立教学改革的方向

艺术教育《总体规划》发布后，极大地激发了广大艺术教育工作者的热情，促进了艺术教育教学改革的深化。5月，中国教育学会音乐教育研究会在桂林举行音乐教育教学改革研讨会，集中研讨了中小学音乐教学改革，并观摩了音乐教育改革课，通报了各地自编音乐教材的情况。11月，中国音协音乐教育委员会与中宣部教育局、国家教委艺术教育委员会及北京市教育局等7个单位在北京召开第四届国民音乐教育改革研讨会，来自全国31个省、自治区、直辖市(包括台湾省)的700多名代表参加了会议。会议观摩了北京市中小学音乐课及中小学合唱节，听取了北京、江苏、甘肃等省、市艺术教育的经验汇报，研讨了中小学及中师、高师音乐教学改革的主要问题。中宣部副部长徐惟诚、国家教委副主任滕藤出席了开幕式，并就音乐教学改革的方向做了重要发言。

四、深化课堂教学改革，开展课外艺术教育活动

近几年来，随着美育的重新提出及义务教育法的发布，普通学校的艺术教育在教育思想以及教学内容和方法上出现了巨大的变化。艺术教育开始从单纯的技能教育向素质教育方向转变。教学内容从单纯的唱歌和画画发展为包括唱歌、音乐欣赏、知识技能、唱游和绘画、雕塑、工艺美术和美术欣赏等丰富内容的教学。国外一些先进的教学法，如联邦德国的奥尔夫音乐教学法，匈牙利的柯达伊音乐教学法，美国的综合音乐感教学法相继被介绍到我国，促进了教学改革的发展。进入1990年后，普通学校艺术课教学改革在此基础上进一步得到深化，其主要表现是：

1．教学范围进一步扩大，教学手段不断丰富。在中小学音乐教学中，乐器进课堂已成为普遍的趋势，除手风琴、电子琴外，口琴、竖笛及一些民族乐器也广泛进入课堂，大大开拓了音乐教学的天地。在美术教学中，工艺美术及手工制作教学取得显著成果，成为美术课教学改革的重要标志。在1990年中南六省美术教育协作交流会上，各省参加交流的11节优质课中有6节为工艺课。在教学手段上，一些发达地区普遍使用了电化教育手段，更多地区则使用了自制简易乐器、简易道具，加强了教学的直观性，促进了学生学习的主动性和创造性。

2．探索具有民族和地区特色的教学方法。在对国外先进教学法进行学习研究和实践的基础上，一些教师根据自己多年的学习教学实践，以及地区、学生的特点，逐渐摸索出一些具有民族和地区特色的教学方法。如上海闸北区蕃瓜弃小学陈寿鹏的“想想、画画、做做、玩玩”快乐教育法，卢湾区第二中心小学周松生的“造型游戏教学”，河南开封县街小学张兆瑞的“音乐智力操”，北京育民小学耿玉惠的音乐活动教学等，这些教学法，都突出了美育的特点，让学生主动地体验艺术，激发了学习兴趣，加深了学生对艺术的感受和理解。

3．教材建设发展迅速。据初步统计，1990年，我国小学音乐教材已从1989年的一套发展为六套，美术教材从一套发展到十几套。此外，江苏，陕西等地先后组织编写了一些乡土音乐或民间美术辅助教材。这些教材既有适应沿海地区发展的沿海版，也有适合农村和少数民族地区使用的农村版和少数民族版。此外，普通高校也出版了几十本适合高校特点的文字或声像教材。不同类型、程度和特色的教材对艺术课堂教学改革起到积极的促进作用。

在课堂教学改革不断深化的同时，课外艺术教育也得到迅速发展。1990年，北京、甘肃、江苏、湖北、江西、山东、内蒙古、山西及广州、沈阳、重庆、南京等十几个省、自治区、直辖市及计划单列市举办了各种类型的大、中学生文化艺术活动。北京市教育局在1989年成立金帆艺术团的基础上，进一步扩大了规模和覆盖面，使金帆艺术团发展到14个分团，遍及全市各区县。甘肃省于8月15日至24日举办了建国以来全省规模最大的中等学校文艺汇演。全省13个地、州、市1600多名中等学校的学生参加了汇演。在此之前，各地、州、市还进行了层层选拔，有10万多学生参加了450多场演出，从6200多个节目中筛选出包括声乐、器乐、舞蹈、戏剧、小品、曲艺等形式的270多个精彩节目。12月5日至9日，甘肃省又举办了大学生艺术周，全省19所高校的学生参加了艺术周活动。丰富多彩的艺术活动活跃了学校生活，陶冶了学生情操，提高了学生的审美趣味，促进了学生思想品德和身心健康的发展。

1990年学校艺术教育出现了蓬勃发展的好势头，但发展不平衡，部分省、市贯彻实施《总体规划》的步子较慢，有的省、市还没有把艺术教育放在应有的位置上；师资队伍建设薄弱，还不能适应基础教育发展的需要，迫切需要改革。

撰稿人　杨　力

审稿人　杨瑞敏

电化教育

中央广播电视大学开展教育质量和投资效益评估

在1987年7月召开的全国教育科学规划会议上，电大教育质量和投资效益评估作为子课题被列入“七五”国家级重点教育科研项目:“以电子信息技术为主要教学手段的远距离教育研究”。1989年4月以后开始评估试点工作。评估的对象是全国广播电视大学系统部分省市电大，采取以目标评估为基础，兼顾过程评估和条件评估的方针。目标评估即依据教育目标(国家的教育方针、法规，教学计划、大纲规定的培养目标、规格、标准等)对教育成果——电大毕业生质量进行评估:既包括学生在校期间德、智、体诸方面的培养情况，也包括学生毕业后工作、学习状况；既有学业成绩，科研、创作成果等客观定量指标，也有学生自我主观评价，还有用人单位社会评价指标等。过程评估主要指对电大多媒体教学全过程各环节、各类教材质量及教学效果、主要教学管理环节的评估:既有教材课前到书率、广播电视授课收听收视率、面授辅导课出勤率这类客观定量指标，也有教师和学生的主观评价指标。条件评估主要侧重对教师队伍结构、业务素质和教学效果以及实验、实习、毕业设计和毕业论文等实践性教学环节的评估。评估要统计核定电大系统的教育投入和教育产出。教育投入包括中央至地方各级电大，中央至地方各级广播电视部门，各类社会力量办电大，各类电大教学班及学生个人的费用支出；教育产出即教育成果，指全国和各省级电大建校11年来各类学历教育和非学历教育的招生数、在校生数和毕(结)业生数。在此基础上，核算出毕业生的人均培养费用，作为衡量电大教育投资效益的综合指标，进一步核算出电大学生人均占有各项教育资源强度，作为计量电大教育投资效益的一系列单项指标。同时，从经费来源结构和支出结构，从人员费和公共费等，同普通高校、其他成人高校有关资料进行比较研究。

这次评估试点表明：

1.各地电大办学方向和指导思想是明确的，能认真贯彻党和国家的教育方针，坚持社会主义方向，依据本地区经济建设和社会发展需要开设各种专业，培养的学生毕业后大多数能胜任本职工作，为当地经济建设和发展作出贡献，受到用人单位好评。

2.经济、文科和理工各科都严格按照中央电大要求组织教学和考试。学生对政治理论课教学效果的评价是好的；师生对各种教学媒体教学效果的评价是好的和比较好的。

对电视(录像)主讲课、广播(录音)主讲课和印刷主教材的教学效果评价优良率均达70%以上。各地电大认真组织实施各种实践性教学环节。理工科按照教学计划开设了实验课、课程设计、教学实习和毕业设计;经济和文科开设了社会调查和毕业论文。

3.电大专职教师队伍的政治素质是好的。各校专职教师中党、团员比例都在50%以上。获各种政治荣誉的比例达53%。大部分专职教师担任辅导、教材编写、面授和实验指导等教学任务。外聘主讲教师约为专职教师的2倍。电大学生和教师对外聘主讲主编教学效果的评价为优良。

4.电大学生中党团员比例在50%以上,在校期间入党、入团达15%以上,很多人受到奖励。各地用人单位对电大毕业生工作态度和表现的评价优良率都占70%以上。学生的理论课成绩优良率在40%以上,多数课程的不及格率在5%以下。实践性教学环节的学习成绩优良率在50%以上,不及格率在3%以下。到1989年底,已有约20%的电大毕业生被提拔到各级领导岗位。各地用人单位对电大毕业生业务工作能力的评价优良率都在80%以上。平均有50%以上的单位认为电大毕业生与同类普通高校及其他成人高校毕业生在业务能力上相近,30%至40%的用人单位认为毕业生的业务能力相对更强些。

5.广播电视大学在短期内迅速有效地扩大了我国高等教育的规模。1982—1988年,培养大专毕业生130.85万人,即在同期全国大学毕业生中,每100人中有24人是电大培养的。1979—1989年,大专及其他学历与非学历教育毕(结)业生288.74万人,在同期累计共为407.32万人提供了接受高等教育或中等以上职业技术教育、继续教育的机会。

6.从人均培养费用这一综合指标看,电大教育投资具有较高的成本效益。北京、武汉、湖北3省市电大人均培养费用只占同期普通高校本科生教育事业费开支的35—45%。

7.从一专职教师负担学生数看,电大比普通高校高出13—30倍,比其他成人高校高出5—8倍。说明电大可以大大提高师资利用率。

撰稿人　张瑞麟
审稿人　张　庆

中日合作编制“视听教材培训包”项目

1988年2月，中央广播电视大学与日本放送协会(NHK)在北京签订了共同编制“视听教材培训包”的合同。此项合作经国家教委批准列入世界银行贷款项目。经过中日双方两年多的努力，至1990年3月，合同规定的内容全部完成，并达到了预期的目标。

该项目是为中国广播电视大学系统从事远距离教育的教师和视听教材编写制作人员提供一套多媒体培训教材，重点是如何进行课程设计，发挥教育技术手段的优势，编制出高质量的适合远距离教育需要的视听教材。培训包包括14部录像教材、1部录音教材和5册(14个单元)文字(印刷)教材。其内容分为两大部分：一部分以教师为对象，包括5部录像教材，1部录音教材和2册(5单元)文字教材。它以课程设计为中心，阐述了远距离多媒体教学的特点、视听教材设计和评估的基本方法、广播电视授课技术的运用和教学模式，同时简要介绍了视听教材的编制过程。另一部分是为制作人员编制的，包括9部录像教材和3册(9单元)文字教材，在阐述基本理论和技能训练的基础上，按不同专业，分为导演、编辑、外景摄制、特技效果、摄像、照明、录音、布景和美工等专题，对近几年发展起来的新技术也作了相应介绍。

按照合同规定，中日专家先后对培训包进行了三次验收鉴定。1990年3月，中方在北京中央电大培训中心举办了首次视听教材编制培训班。经过验收鉴定和试培训，中日专家和培训班的学员对培训包给予了较高的评价，认为它“总结了中国电大十年来在视听教材编制工作中的经验和教训”，是一套“内容丰富，实用性和针对性很强的培训教材”；教材本身就是“多媒体教学的良好范例”。其主要特点是：(1)重点突出，针对性强。培训包教材突出了远距离多媒体教育和课程设计的特点，强调了教师应当具备的媒体意识、优化意识、合作意识和学生意识；在制作方面则强调了制作人员应当具备的教学意识、主体意识、经济意识和创新意识。(2)内容丰富，使用灵活。14部25分钟的录像节目，1小时的录音节目和70万字的文字教材，涉及到视听教材编制的各个方面。培训包分两大部分，14个小包，各包相互独立，自成体系，可以单独使用，各包之间又相互补充，可以配套使用。录像教材和文字教材也都可以单独使用，配合使用效果更佳。不同内容和不同形式的教材可根据多种层次的需要加以组合。(3)形式多样，风格各异。14部录像教材风格各不相同，制作比较精良，录音教材也具有特色，用于培训，教材本身也为电视的表现手法提供了多种范例。(4)体现了多媒体教学的特点。培训包教材提供了两种类型的媒体配合形式，“多媒体教材”单元中，录音教材与文字教材融为一体，其他单元的文字教材和录像教材则相互补充而又相对独立。两者均以文字教材为主教材，着力于传授知识的系统性、完整性和逻辑性，便于自学；视听教材则用大量丰富的实例，强调了它在多媒体教学中强化教学效果的作用。

撰稿人　张瑞麟

审稿人　方和忠

设立燎原广播电视学校

1990年4月，国家教委决定在中央广播电视大学内设立中国燎原广播电视学校，充分发挥广播电视教育的优势，配合国家教委实施“燎原计划”。燎原广播电视学校是本着改革精神创办的非学历教育学校，它利用广播、电视、文字和音像教材等多种媒体，重点面向农村进行远距离教育，为农村技术人员、回乡知识青年、乡(镇)企业职工、乡(镇)党政干部等农村各类人员提供课程（节目），为乡(镇)农民文化技术学校、职业技术教育中心、农村职业中学、农村中专等提供教学服务。在农村普及农业科学技术、经营管理知识，大范围地提高农村劳动者的政治思想和文化技术素质，增强农村基层吸收和运用科学技术的能力，改革农村教育，加强社会主义物质文明与精神文明建设。该校教学内容主要有：种植、水产养殖、畜牧、林果、农副产品加工、农村机电、乡镇企业生产技术、农业经营管理、农村能源、农业环境保护、农村计划生育和医疗卫生、国情教育和思想政治教育等类。该校使用国家的通讯卫星（位于东经110.5°赤道上空)，在中国教育电视台第2套节目中播出通用性强、适用面广、收视率高的课程（节目)，同时商请地方电视台播出适合地方特点的课程（节目），并发行课程音像磁带和配套的文字教材。

燎原广播电视学校于1990年7月1日正式播出，截至1991年4月，已征集农村实用技术节目600余个，与有关单位签订合作编制课程(节目)98项，通过中国教育电视台播出课程（节目)566个，计153小时。该校成立以后，在黑龙江、河北、甘肃、吉林、云南、贵州、辽宁、山东、内蒙古、江西、四川、湖北、安徽、沈阳、南京、重庆等省市电大内相继设立了燎原广播电视学校，许多地(市)、县、乡(镇)、村在当地农民文化技术学校、电大分校(工作站)、电教中心内建立了“燎原学校”分校或教学班，开展了丰富多彩的活动。最早成立省级燎原学校的黑龙江，于1990年冬闲期间举办了“燎原之冬”活动，有34.4万人参加了培训和学习；许多省市在组织收视的同时，结合本地区特点，编制乡土教材，因人、因地、因时施教，取得了明显的成绩。燎原学校播出的节目，日益受到广大农民和农村干部的欢迎。

撰稿人　张瑞麟
审稿人　方和忠

中央广播电视大学教学计划改革取得成果

1990年，中央电大教学计划改革取得了阶段性成果。1990年3月召开了教学计划改革咨询会。参加会议的有国内著名专家教授和具有高级职称的部分省市电大校长。会议对中央电大起草的《关于制定广播电视大学高等专科教育教学计划的若干问题的原则规定》进行研讨。与会专家认为，上述《规定》的指导思想和办学方向是明确的，比较全面地体现了党和国家的教育方针，认真总结了电大10年来办学经验，反映了中国广播电视远距离高等专科教育的特色，是符合当前电大实际的。这个《规定》包括制定教学计划的指导思想，培养目标、规格和学制，专业科类及专业设置的原则，课程设置的原则，制定教学计划的程序，学时、学分及毕业，共六个部分。《规定》明确提出总的培养目标是“培养社会主义建设需要的，德、智、体全面发展的应用型专门人才”，并据此对培养规格、专业设置和课程设置的原则等问题作了具体规定。确定了公共基础课、专业基础课和专业课的比例关系，并提出要切实加强实践性教学环节，进一步完善统设课和非统设课的6：4比例关系。《规定》考虑到发挥电大系统的整体优势及各地电大的积极性和主动性，既强调电大教育要具有较强的适应性和灵活性，又保证了培养规格的统一性。

1990年上半年，中央电大连续五次分别召开了经济科、文科、理工(农)科新教学计划研讨会，按照大的专业科类，分别组成普通高校相应专业科类的专家、地方电大及中央电大的专业科类教师三结合的论证班子，同时邀请国家教委有关司局的领导和专家参加，根据上述《规定》确定的原则，对中央电大提出的各专业科类教学计划草案进行科学论证。在此过程中又对《规定》进行了验证和修订。在此基础上，中央电大召开了全国电大教学计划工作会议，各省级电大教务（教学）处长对各科类教学计划进行了认真的审议，并建议从1992级开始实施新的教学计划。

撰稿人　张瑞麟

审稿人　张　庆

评选首届全国优秀电教教材

电教教材是开展电化教育的中心环节，它包括学校电化教育和广播电视教育中使用的幻灯、投影片、录音带、录像带和电影片等各种音像教材和计算机辅助教学软件以及与之配套的文字教材。国家教委将电教教材建设作为发展电教事业的一项基本建设和重点工作，1990年组织了全国首届优秀电教教材评选活动。

这次评选活动的范围是各地方、部门、学校和有关单位在1988年12月底前制作完成的学校电化教育和广播电视教育中教学效果显著的录像片、幻灯片、投影片和录音带。参评教材由各省、自治区、直辖市、国务院有关部委的教育行政部门和总参军训部及有关单位，在组织专家评选的基础上进行推荐。参评教材共923部。其中录像片606部，投影、幻灯片259部，录音带58部。评委由国家教委聘请，共聘请了80位专家。这些评委全部具有高级专业技术职务，其中来自教学第一线的优秀教师、长期从事教学研究的学科专家占60%，有丰富经验的电化教育专家占40%。为了加强分类指导，这次评选分成高等教育、基础教育、职业技术教育和广播电视教育四部分。四部分的评委会主任分别是：高等教育部分由中国科学院学部委员、原清华大学校长高景德教授担任；基础教育部分由全国中小学教材审定委员会副主任、北京师范大学副校长顾明远教授担任；职业技术教育部分由著名农业科学家、北京农业大学校长石元春教授担任；广播电视教育部分由著名电子学专家、清华大学童诗白教授担任。

优秀电教教材的条件是：(1)在教育、教学过程中教学性和实用性强。其中，教学水平(含教学目的、教学内容和教学方法等)占总体条件的60～70%，制作水平占30～40%。评选以教学水平为主，要求突出教学性和实用性。重视思想政治教育和体现思想政治教育寓各类教育之中的教育思想，符合党的十一届三中全会以来的路线、方针、政策，政治思想观点正确，情感健康。(2)教材内容科学、准确。(3)教学方法符合学生认识规律，教材结构合理，有利于教师组织教学。(4)易于操作和推广。根据各类教材的不同特点，除以上共同的评选条件外，要求高等教育电教教材要反映学科发展的新水平，基础教育电教教材要注意启发性和趣味性；广播电视教育电教教材要设计合理，充分发挥电视教学的特点和主讲教师的主导作用。注重实用、解决急需和加强通用性，加强职业道德教育则是职业技术教育电教教材在评选中特别强调的内容。

经评委会认真、严肃、公证地评审，共评出获奖教材106部。其中，一等奖6部，二等奖24部，三等奖76部。获奖教材占参评教材总数11.43%。除获奖教材外，评委会还选出191部比较好的教材，作为国家教委推荐教材。

1990年9月5日，国家教委在人民大会堂召开了首届全国优秀电教教材评选发奖大会，国务委员兼国家教委主任李铁映给大会发来了贺信，代表国家教委向付出辛勤劳动的评委以及获奖者和广大电教工作者表示敬意。国家教委副主任何东昌和邹时炎在发奖大会上就加强电教教材建设等方面发表了重要讲话。全国优秀电教教材评选是建国以来第一次，是对我国电教教材建设成果的一次检阅。通过评选活动，必将对今后电教教材建设产生积极作用。

撰稿人　柏　云
审稿人　邢纯洁

附

□首届全国优秀电教教材评选获奖目录

一、高等教育优秀电教教材目录

	教材名称	制作单位
	1. 幻灯片、投影片	
一等奖	眼科教学	中山医科大学
二等奖	磁控管工作原理	解放军大连陆军学院
	中国建筑史	清华大学
三等奖	油泵实验	空军第七飞行学院
	有机化学	宁夏医学院
	理论力学投影模型	空军工程学院
	病理解剖	上海第二医科大学
	门静脉高压症	华西医科大学
	药用植物	解放军兽医大学
	中外历史(世界上、中古史)	东北师范大学
	志愿军第20兵团金城南地区进攻战役后勤保障	国防大学
	房屋建筑学(民用部分)	重庆建筑工程学院
	美学原理	北京大学
	2. 录音带	
三等奖	听说练习	广州外国语学院
	3. 录像片	
一等奖	涡街	海军工程学院
	正常分娩	上海医科大学
二等奖	螺纹及其画法	空军第一航空技术专科学校
	离合器	清华大学
	驻波	清华大学
	蛙类的生活	华东师范大学
	干扰素	第二军医大学

	教材名称	制作单位
	敦煌变文	东北师范大学
	矿井安全技术	中国矿业大学
三等奖	化学振荡	解放军防化指挥工程学院
	氧族演示六则、炭族演示七则、卤素演示五则	北京师范大学
	压力加工新工艺	华中理工大学
	科氏惯性力	空军工程学院
	大学物理——刚体力学	东南大学
	材料力学绪论	西安交通大学
	秸杆覆盖免耕法	北京农业大学
	颅骨	中山医科大学
	肾结核	西安医科大学
	根管治疗	华西医科大学
	龋病的预防	上海第二医科大学
	耳、鼻、喉的腔内检查	广西医学院
	汉字	辽宁省沈阳市电化教育馆
	英语自学之友	上海外国语学院
	净月，我……一个大学生的自述	长春地质学院
	周原	陕西师范大学
	标枪	北京体育学院
	地面点位的确定	合肥工业大学
	地壳运动	长春地质学院
	水力采煤	中国矿业大学

二、基础教育优秀电教教材目录

1. 幻灯、投影片

一等奖	整流电路	北京市电化教育馆
二等奖	蒙文三态变化	辽宁省阜新市教师进修学校
	人的呼吸	湖北省武汉市武昌区教科所
三等奖	波的干涉和衍射	上海市北中学、闸北教育学院
	中国石拱桥	北京市电化教育馆
	电力线谱演示器	福建省福州市第十三中学
	吞咽与呼吸	河北省邱县中学
	高中世界历史	陕西省电化教育馆
	圆的周长	广西壮族自治区柳钢第三子弟小学
	大铁椎传	广西壮族自治区防城县实验学校

奖项	教材名称	制作单位
	人的心脏	上海市北中学
	记忆的训练	宁夏回族自治区电化教育馆
	生理卫生	黑龙江省电化教育馆

2. 录音带

奖项	教材名称	制作单位
三等奖	跟我学唐诗	辽宁省广播电视大学
	听读欣赏	江苏省电化教育馆
	盲童听觉直观训练课	辽宁省沈阳市沈河区教师进修学校、沈阳市电化教育馆
	中学英语听力教材	北京市电化教育馆

3. 录像片

奖项	教材名称	制作单位
一等奖	青蛙	吉林省电化教育馆、图们市电化教育馆
二等奖	蚂蚁	四川省广播教育学校、四川省电化教育馆
	美丽富饶的云南	云南省电化教育馆
	分数的意义	山西省电化教育馆
	溺水救护	广西壮族自治区南宁市第二中学
	二氧化碳的性质	上海市电化教育馆
三等奖	蝗虫的形态	北京市第四中学
	内蒙古草原	内蒙古自治区电化教育馆
	我的老师	广西教育学院
	大海的歌	辽宁省大连教育学院
	中国历代美术作品欣赏——丹青翰海	云南省电化教育馆
	黄土高原上的塬梁峁沟	山西省电化教育馆
	河蚌	福建师范大学附属中学
	走向化学世界	中央电化教育馆
	幼儿认读	北京师范大学
	鸬鹚	辽宁省沈阳市电化教育馆
	《公民》中自由与纪律一节	上海市闸北教育学院
	中学生日常行为规范	中央电化教育馆
	鸟	四川省成都市电化教育馆
	草履虫	湖南省电化教育馆
	幼儿园大班常识课《预防蛔虫》	福建省电化教育馆

三、职业技术教育优秀电教教材目录

录像片：

奖项	教材名称	制作单位
二等奖	平面工艺竹编技术	四川省广播电视大学

	教材名称	制作单位
	三级跳远	北京体育学院
	毛呢中山装	浙江省电化教育馆
	我军防坦克地雷构造与发火原理	解放军西安陆军学院
	中级汽车修理工应会考核标准示例	广西交通学校
三等奖	舰艇发烟器材	解放军大连海军舰艇学院
	锻造	九江船舶学校
	玉米衣编织	湖北省电化教育馆
	巧纺优质纱——细纱值车工作法简介	西北纺织工学院
	布光	解放军军事教育学院
	无菌操作技术	上海市卫生局
	稀土农川——成功的探索	农业部声像中心
	手工电弧焊	兰州石油学校
	氧气吸入疗法	中日友好医院卫生学校
	修正迎风偏	解放军信阳陆军学院
	倒闸操作	山西省临汾电业局

四、广播电视教育优秀电教教材目录

录像片：

	教材名称	制作单位	组织编制单位
一等奖	植物学——绪论	中央广播电视大学	
二等奖	有机化学第五章	上海教育学院	中国电视师范学院
	高师体育——滑冰	黑龙江省电化教育馆	中国电视师范学院
	中国名作家——冰心	北京广播电视大学	
三等奖	《大学英语》精读本第一课	北京大学	中国电视师范学院
	世界现代史——第九章	华东师范大学	中国电视师范学院
	电大英语第四册——第十一章	辽宁省广播电视大学、中央广播电视大学	
	金属工艺——第三章	湖南省广播电视大学、中央广播电视大学	
	日地关系	中央农业广播学校	

师资管理

国家教委资助优秀年轻教师基金获得效益

由国家教委1987年设立的资助高校优秀年轻教师基金，至1990年已获得重大效益。

为了贯彻邓小平关于“培养年轻政治家、科学家、经济管理家和企业家”的指示精神，财政部自1986年起每年拨出1000万元，用于资助回国留学人员开展工作。国家教委使用其中的600万元(含40%外汇额度)，用于资助教育系统的回国留学人员。为了发展高教事业和教师队伍的建设，国家教委决定利用该项经费，设立“资助优秀年轻教师基金”(以下简称“资助基金”)，资助一批留学回国有发展前途的年轻教师开展科学研究，提高学术水平，在实践中锻炼成长为我国高等学校新一代又红又专的学术骨干和学科带头人。“资助基金”于1987年 4 月正式设立。国家教委成立了“资助基金”领导小组，由副主任朱开轩任组长，成员由有关司局负责人参加。同年 6 月，国家教委下发了《关于申请 “资助优秀年轻教师基金”有关问题的通知》，并公布了《资助优秀年轻教师基金试行办 法》。1990 年 5 月，国家教委办公厅发出《关于申请1990年“资助优秀年轻教师基金”有关问题的通知》，公布了修订过的《国家教育委员会资助优秀年轻教师基金试行办法》。上述文件规定，“资助基金”主要面向在国内高校工作，坚持四项基本原则，热爱祖国，德才兼备，年龄一般不超过40岁的年轻教师，资助对象主要是优秀的回国留学人员以及即将学成回国并已被国内高校聘用的国外留学人员。择优对那些学术意义重大、学术思想新颖、立论充分并有较好的应用前景的基础研究，或是开拓技术领域的应用研究以及对国民经济发展有直接经济效益的开发工作进行资助。

为了提高申请质量，“资助基金”采取限额申报办法，即学校和其主管部门组织初选，按限额向国家教委申报。申请人必须填写《资助优秀年轻教师基金申请表》，其所在学校学术委员会应对表中填写内容的真实性和可行性等签署具体的审查意见，同时要求有两位以上教授填写《资助优秀年轻教师基金推荐书》予以推荐。对一年内即将学成回国、并已被国内高校聘用的留学人员，可由聘用学校提出申请，并附有使(领)馆教育处(组)的推荐信。此外，还受理一些特殊项目的申请。国家教委人事司（负责“资助基金”日常工作的部门）在收到申报材料后，对申报项目进行形式审查，在此基础上，委托国家教委科技管理中心聘请同行专家评审，通常每个通过形式审查的申请项目须经5个同行专家评审。在专家评审的基础上，经国家教委“资助优秀年轻教师基金”领导小组研究从中择优，给予资助。每年国家教委向学校主管部门下达200个左右的申报名额，从中择优资助60个左右的项目，每个项目完成的时间为2～3年。

“资助基金”与其它基金相比，在执行中显示有以下特点：（1）基金资助强度大。基金的划拨，采用一次性拨款方式，使获得基金的年轻教师能够完全独立地开展科学研究，建立相应的学科梯队。（2）基金获得者可以申请到必要的外汇经费。为基金项目科研人员参加国际学术交流，购买进口小型先进仪器设备、试验材料等提供了便利条件。据统计，4年来利用资助基金提供的外汇参加国际学术会议的有62人次。（3）基金对优秀年轻学者给予重点项目跟踪资助。4年来，共评审出33项重点跟踪项目，经费达226.1万元，其中外汇额度8.4万美元。为基金获得者进一步深化和扩大科研成果，进行更大规模的科学研究创造了条件。（4）符合条件者可先期申请。基金管理部门规定，已被国内单位接受，一年内即可回国的留学人员，可以先期在国外通过驻外大使馆教育处(组)提出项目资助申请。这样，一方面吸引了更多的留学人员尽快回到祖国，为社会主义建设服务，另一方面为留学人员回国后迅速开展或继续进行科研提供了一定的条件保证。（5）申请基金项目不受学科限制。自然科学项目和社会科学项目均可申请资助。4年来，基金资助项目已遍及几百个学科。（6）竞争性较强。基金采取“个人申请，教授推荐，学校审核，主管部门限额申报，国家教委聘请专家评议，基金领导小组择优确定资助”的审评办法，获得资助的人选必须经过多次严格挑选和审评才能确定。从而保证了资助对象具有较高的学术水平和较强的责任感，提高了基金的资助效益。

“资助基金”自1987年4月启动以来，至1990年已进行过4次评审，共资助353人次的350个项目。总经费达2087.6万元，其中外汇额度102.5万美元。资助项目中已有90个提前或按时完成。各方面一致反映，基金的设立，有利于培养和造就一批学术造诣高的年轻学科带头人。在实际使用中，起到了“播种、育苗”的作用。4年来，主要取得了以下几项成就：

一、基金使用者取得了一批重要的科研成果。在资助项目取得的最后成果或阶段性成果中，有47项具有世界先进水平，24项填补了国内空白，18项在理论上或实验技术上有重大突破。几年来，基金使用者共发表论文631篇，专著33部。成果中有28项获得省级以上科技奖励，其中有1项获得国家自然科学奖，有2项获1990年度国家教委科技进步一等奖。有26人作为“有突出贡献的回国留学人员”受到国家教委和人事部的表彰。

二、基金为高校优秀年轻教师脱颖而出创造了条件，推动了高等学校的学科建设。据调查，基金使用者中已有48人成为各自学科的带头人，有17人被破格晋升为教授，34人被破格晋升为副教授。西安交通大学的郑南宁副教授只有36岁，以他为学科带头人的学术梯队的平均年龄只有26岁。象这样以基金资助项目为基础而形成的学术梯队已有14个。

三、基金为提高年轻教师向国家或部门申请重大科研项目的中标率创造了条件。据调查，仅在1989年底前完成基金项目的42人中，就有31人申请到了国家或部门的重大科研项目，占当年完成项目总人数的73.8%。

四、取得了较好的经济效益。据调查，在目前已基本完成的基金资助项目中，有59项可看出明显的经济效益，其中16项已经取得了经济效益。上海交通大学沈学宁副教授关于“高阶有限单元应力影响函数定理及算法”的研究成果，具有高效、准确、方便等优点，被国家投资1亿元的华东第一大桥工程设计采用，解决了国内复杂桥梁的结构形式影响函数、内力和支反力的计算等问题。重庆大学韦云隆教授主持的“包络蜗杆齿面润滑状态的定量分析及润滑系统的解析研究”，广泛应用在国内大中型企业中各种型号的齿轮、蜗轮减速机上，可获得几十亿元的经济效益。

五、为年轻教师提供了与国内外学术界进行交流的必要条件，扩大了中国年轻专家们的国内外影响，提高了他们的知名度。据统计，到目前为止，基金获得者中参加国际学术会议的有209人次，参加国内学术会议的有339人次。有的年轻学者还被选为大会主席团成员。有8人与国外科研学术机构建立了协作关系。华中师范大学蔡勖副教授以“高能重离子诱导核反应”为题，与西欧核子研究中心(CERN)的国际EMU 01实验进行协作，使我国对这一重要课题的研究处于世界的前列。

六、调动了回国留学人员的积极性，吸引了国外留学人员尽早回国工作。北京大学人口研究所曾毅教授(39岁)，1987年从美国回来后，得到了“国家教委资助优秀年轻教师基金”的资助。在他和全所同志的共同努力下，北京大学人口科研活动和研究成果在国内外产生了很大的影响。为此，世界卫生组织与北京大学人口研究所合作建立了“生育健康人口科学合作研究中心”，为第三世界国家培养人口学硕士、博士研究生。在曾毅教授的影响下，留美博士涂平于1989年携妻回国到北京大学人口研究所工作。

撰稿人　曹晓南　刘焕喜
审稿人　刘来泉

全国教师奖励基金会工作的新进展

1990年，中国中小学幼儿教师奖励基金会工作又有新的进展：

一、在1990年11月召开的全国教师奖励(教育)基金会工作研讨会上，各地提供的情况表明，全国已有28个省、自治区、直辖市和12个计划单列市成立了基金会或基金会筹委会。全国县(市)成立基金会的已由1989年的300多个发展到554个。北京、天津、上海、浙江、福建、辽宁、湖北等省市已基本建立了与中央、县(市)联系的三级教师奖励基金会网络。

二、全国县级以上教师奖励基金会已拥有基金7.6亿元，比1989年增长90%。其中，中央和省(区)市基金会有2.3亿元，计划单列市基金会有0.48亿元，县(市)基金会有4.73亿元。

三、开展了卓有成效的表彰奖励活动。继1989年全国各地基金会表彰奖励30万名优秀教师后，1990年又开展了多种形式的表彰奖励活动。据统计，1990年各地表彰奖励了6万多名德育先进工作者，组织了1万多名优秀教师到北戴河、兴城及其它一些地方参加夏令营、园丁之家活动，进行学术交流，参观和休养；浙江省开展了“绿叶奖”评选活动，表彰了103名尊师重教先进个人；广州、宁波、新疆等地区还开展了表彰“教育世家”的活动；辽宁省组织了11项共有3700多人次参加的具有荣誉高、层次多、范围广、影响大等特点的，使教师终生难忘的奖励活动；云南省为边疆山区和少数民族地区举办的有500多名优秀教师参加的夏令营受到了社会各界的一致赞誉；湖南、福建、河南、浙江、上海、天津、重庆等省市还专门编写出版了歌颂优秀教师无私奉献精神的“红烛颂”、“园丁颂”、“教苑群英”、“耕耘者之歌”、“教坛风流”等专辑，有的还拍摄了讴歌教书育人事迹的电视系列片“燃烧的晚霞”、“爱之花”、“绿叶之恋”、“心灵的回声”、“希望之歌”等。通过这些活动，不仅大大增强了教师的光荣感和责任感，提高了教师的社会地位，而且也有力地推动了尊师重教社会风尚的形成，促进了教育事业的发展和教育质量的提高。

四、基金会的建设得到加强，规章制度进一步健全。据了解，现已有一半以上的省、自治区、直辖市及计划单列市的基金会都已健全机构、配有专职人员；全国大部分基金会还建立了严格的基金管理制度，对基金专项管理，专项使用；定期报告基金募集使用情况，公布收支帐目，接受财政、银行、审计、民政部门的检查监督，并严格执行党和国家的政策法令和各项经济法规。

附

□1990年全国教师奖励(教育)基金会基金募集情况

单位：万元

	省、自治区、直辖市计划单列市基金会基金额	市、县基金会成立个数	市、县基金会基金额
北京市	450	15	3609
天津市	1249.4	18	612.6
河北省	300		
山西省	102	13	1382.8
内蒙古自治区	204		
辽宁省	500	6	708.8
吉林省	1076	40	3041
黑龙江省	130	15	2302.5
上海市	1022	20	2302
江苏省		8	275
浙江省	500	87	8102
安徽省	200	12	624.5
福建省	896	76	9800
江西省			
山东省	250	2	65
河南省	510	15	241.5
湖北省	760	36	350.1
湖南省	346	4	57.9
广东省	1530	65	10969
广西壮族自治区	200		
海南省	1100	4	100
四川省	510	2	150
贵州省	50	3	92
云南省	371		
西藏自治区			
陕西省			
甘肃省	205	41	538.59
青海省	50	1	85
宁夏回族自治区	160	2	17
新疆维吾尔自治区	4776	15	
哈尔滨	128	10	2140
大连	240	1	78
沈阳	130	5	385
长春	49	8	856
宁波	307	12	943
南京	515	2	15
青岛	400	2	29
厦门	425	5	83
武汉			
广州	812		
深圳	910	4	1107
重庆	305	13	372
成都	211	20	470
西安			

撰稿人　韩云昌
审稿人　尹凤合

1990年教师节的庆祝活动

1990年5月14日，国家教委、中国中小学幼儿教师奖励基金会联合发出通知，对1990年教师节的庆祝活动安排作出了具体部署。《通知》指出，1990年庆祝活动的重点是抓住有利时机，通过组织形式多样的庆祝活动，进一步贯彻落实中央及国家教委关于德育工作的指示精神，全面改进并加强学校在这方面的工作，表彰在德育工作中做出成绩的优秀教师和单位。同时要求各级政府和教育行政部门继续积极采取措施，多为教师办实事、办好事，认真解决好一两件他们最关心的实际问题。

各地、各部门按照国家教委的部署，认真作了精心的安排。有21个省(市、区)向国家教委抄报了对庆祝教师节活动的具体安排，许多地方在为教师办实事、办好事方面，采取了积极的措施，提出了明确的规定。如哈尔滨市提出，1990年要为教师办7件实事：(1)对一般教师每三年、有中级职称以上的教师每两年全面检查一次身体；(2)为缓解教师就医难的问题，决定调整增设教师公费医疗网点，并适当提高教师医疗费标准；(3)加速教师住房建设步伐，缓解教师住房难的问题；(4)为具有30年以上教龄的老教师办理公园锻炼的门票免费证；(5)为190名内招师范毕业生解决"农转非"的问题；(6)解决市属两个县个别乡拖欠的民办教师工资；(7)解决供应中小学平价取暖用煤和增加取暖费的问题。

教师节期间，由国家教委直接安排的庆祝活动有：

一、国家教委会同中国中小学幼儿教师奖励基金会利用暑假在北戴河、兴城分期分批举办"园丁之家"，3000多名来自全国各地的优秀教师参加了这一活动。"园丁之家"每期8至10天，活动内容为交流教学经验、参观游览、休息疗养等。国家副主席王震，中共中央政治局委员、国务委员兼国家教委主任李铁映，国家教委副主任柳斌等亲临"园丁之家"营地看望了教师。

二、由国家教委办公厅、中国中小学幼儿教师奖励基金会牵头联合组织了为老、少、边、穷地区的学校捐赠图书活动。这一活动得到了国家教委机关及直属单位广大干部、职工的积极响应，共筹措各类图书资料、教学工具书等41万余册，价值近百万元。9月5日，国家教委、中国中小学幼儿教师奖励基金会联合举行了赠书仪式，各省、自治区、直辖市驻京办事处，北京市教育局的代表以及首都新闻单位参加了这一活动。

三、9月10日上午，中共中央政治局委员、国务委员兼国家教委主任李铁映，国家教委党组书记、副主任何东昌，国家教委副主任柳斌、邹时炎分别前往北京市八中、北京第一师范学校附属小学、通县一中、昌平一中、北京第一聋哑学校、东华门幼儿园看望教师，向教师赠送了节日礼品，并向教师祝贺节日。

四、9月10日下午，在人民大会堂召开了部分优秀德育教师座谈会。来自吉林、辽宁、河北、内蒙古、天津、山西、江苏、广东、北京及解放军的35位优秀教师参加了座谈会，8位优秀教师畅谈了如何做好德育工作的体会，并对如何加强德育工作提出了自己的意见和建议。李铁映、何东昌、滕藤、柳斌出席并讲了话。李铁映还代表党中央、国务院及国家教委向全国广大教师致节日的祝贺。

五、国家教委会同中国中小学幼儿教师奖励基金会联合摄制了庆祝教师节的专题电视艺术片，于9月9日、10日晚在中央电视台向全国播放。国家副主席王震为该片题写了片名《共和国之星》。

六、9月11日在人民大会堂小礼堂，由国家教委举办了中小学优秀班主任先进事迹报告会。北京市第十中学语文教师黄家灿、河北省武安市管陶乡上站学校教师靳秋荣、沈阳市二十八中数学教师王阁文分别介绍了各自的工作经验和先进事迹。北京市500多位中小学班主任参加了报告会。

撰稿人　郑晓恩
审稿人　张保庆

58名教育工作者获全国“五一”劳动奖章

1990年4月27日，中华全国总工会在人民大会堂举行庆祝“五一”国际劳动节大会上，公布了中华全国总工会向1060名先进个人、431个先进班组、企业颁发“五一”劳动奖章、奖状的决定。劳动奖章获得者中有58名教育工作者，名单如下：

石元春　北京农业大学校长
龚书铎　北京师范大学历史系主任
王瑜元（女）北京市拖拉机公司幼儿园副园长
张国英　北京市顺义县牛栏山第一中学教师
张克茹（女）天津市西郊区大任庄中心小学教师
郭雅素（女）天津市第十九中学教师
吴炳华　河北省唐山十中教师
倪清华　河北省抚宁县文教局督导员
王宪军　河北省阜平中学教师
李天林　山西省长治县韩店镇桥沟小学教师
郝巧云（女）山西省宁武县实验小学教师
吴聚华　山西省太原重型机械学院副教授
宋振镇　辽宁省瓦房店市第八中学教导主任
脱东震　辽宁省本溪县泉水乡三宫阁村九洞沟小学教师
陈爱明（女）辽宁省义县稍户营中心小学教师
欧阳谦　吉林省长春市第六中学教师
刘德禹　吉林省镇贯县五棵树中学教师
马熙茹（女）黑龙江省哈尔滨第三十五中学教师
戴淑华（女）黑龙江省大庆市实验中学副校长
白雪贞（女）黑龙江省加格达奇第四中学教师
高治忠　黑龙江省哈尔滨医大附属第二医院教授
赵则胜　上海农学院植物科学系主任
张惠英（女）上海市长宁区江苏路第五小学教师
张祖望　江苏省苏州中学教师
胡玉书　江苏省宿迁市待岭乡纪宅小学校长
陈清如　中国矿业大学煤综合利用系主任
祝达飞　浙江省宁波市镇海区技巧业余运动学校副校长
黄道元　浙江省台州地区温岭县新河中学党支部书记
阙端麟　浙江大学材料系半导体研究所所长
黄谷良　安徽蚌埠医学院教授
林元浩　皖南医学院附属弋矶山医院院长
林琼华（女）福建省泉州市鲤城区环山小学副校长
姚　平（女）江西省赣州市红旗二小校长
宋　君（女）山东省青岛丹东路小学副校长
崔新芳（女）河南省郑州外语学校教师
郑楚英（女）湖北省孝感市肖港镇施郑小学校长
崔　昆　华中理工大学机械二系教授
胡玉娴（女）湖北省机关事务管理局第三保育院院长
陆美岭（女）湖南省岳阳市第六中学教师
夏树楹　广西医学院附属医院内科主任
潘正结　海南省文昌中学校长
张永言　四川大学中文系教授
汪严渝　四川省重庆市南开中学教师
何天祥　四川省舞蹈学校舞蹈损伤研究所所长
周琳业（女）贵州省贵阳医学院预防医学系主任

余礼极　云南省文山壮族苗族自治州第一中学教师

蒋家雄　云南省昆明医学院院长助理

旺堆罗布　西藏自治区阿里地区中学教师

米金梅(女)陕西省西安市雁塔区大雁塔小学教师

严善乐　陕西省榆林地区横山中学教师

田家乐　西北轻工业学院应用化学研究所所长

赵喜民　陕西人民教育出版社社长

王养心　甘肃省庆阳县陇东中学教师

卞毛先(女)青海省黄南州同仁县加毛学校校长

乐锦华(女)新疆维吾尔自治区石河子农学院园林系主任

古力加玛丽(女)新疆维吾尔自治区阿勒泰地区一中副教务主任

吐尼·沙牙森(女)新疆维吾尔自治区喀什地区伽师县克力壳乡小学教师

简水生　北方交通大学光波技术研究所所长

教材建设

九年义务教育课程教材试验正式开始

九年义务教育课程、教材整体试验于1990年秋季在28个省、自治区、直辖市的部分学校正式开始。这次试验的是1988年9月国家教委发布的《义务教育全日制小学、初级中学教学计划（试行草案）》和小学、初中24科义务教育教学大纲（初审稿）、以及国家教委规划的九年义务教育教材中的5套教材，包括人民教育出版社编写的“六·三”制和“五·四”制教材、北京师范大学编写的“五·四”制教材、广东省教育厅与华南师范大学联合编写的“六·三”制教材、四川省教委与西南师范大学联合编写的“六·三”制教材。

国家教委于1989年7月发出了《关于九年制义务教育课程、教材试验工作的通知》。《通知》明确提出试验的目的是：检验九年义务教育的教学计划（试行草案）、各科教学大纲（初审稿），以及根据教学大纲编写的各套教材能否达到九年义务教育的目的、任务和要求，是否有利于解决片面追求升学率、学生负担重、教学内容脱离实际、不重视实践环节、教学模式单一等问题。《通知》还对试验的领导、试验工作的要求、试验中应注意的问题以及有关政策作了具体的规定和说明。

1990年国家教委在全国确定了7个省（自治区）为九年义务教育课程、教材整体试验的试验点，即：山东、福建、云南、贵州、广西、宁夏和黑龙江。

1990年3月，国家教委在北京举办了为期两周的九年义务教育课程、教材试验区教育行政领导干部培训班，培训参加试验的省、地区（市）级部分教育行政领导骨干。此后，各省、自治区、直辖市教委相继成立了九年义务教育课程、教材试验工作领导小组，并对试验区领导教材试验工作的教育行政干部、校长和教师进行了培训。同时，各九年义务教育教材编写单位也分别对试验班的骨干教师进行了业务培训。

1990年9月，国家教委中小学教材审定委员会办公室在山东诸城召开了有7个试验点和教材编写单位参加的九年义务教育课程教材试验工作座谈会。会上，7个试验点的负责同志分别汇报了所在试验点的试验工作准备情况。会议研讨了一些带有共性的问题和试验工作的有关政策。会议重申了《关于九年制义务教育课程、教材试验工作的通知》精神，并在《九年制义务教育课程教材试验工作座谈会纪要》中进一步明确了试验工作的有关政策和具体要求。

1990年秋季开始，全国已有4210个中学一年级教学班和6607个小学一年级教学班开始了试验；参加试验的中学生有23.5万人，小学生有30.3万人。

撰稿人　徐　岂　　审稿人　游铭钧

评选优秀全国乡土教材

为加强对学生进行热爱家乡、建设家乡的教育，加强国情教育，使基础教育更密切联系当地的实际，各地越来越重视乡土教材建设。据不完全统计，近3年来，全国各地编写的乡土教材已达2000种以上，包括地理、历史、生物等学科，涉及到小学、初中、高中各年级。目前，上海市、四川省已基本完成了乡土地理教材的编写任务；江苏省编写乡土历史、乡土地理教材并开展生动活泼、丰富多彩的乡土教育活动的县已达63%；云南省根据本省特点，着重抓好少数民族地区的乡土教材，共编写了10个学科104种乡土教材；浙江省在完成乡土地理教材编写的基础上，联系农村星火计划，编写出一批乡土生物教材。1990年5月，国家教委中小学教材审定委员会办公室对优秀的乡土教材进行了评选，从各省、自治区、直辖市教育行政部门经过初选推荐的200种优秀乡土教材中，评选出全国优秀乡土教材一等奖18种，二等奖62种，鼓励奖101种。几年来，各地乡土教材建设有以下几方面经验：（1）乡土教材建设得到了各级党政部门和教育行政部门的重视，这是搞好这项工作的首要条件。（2）把抓好乡土教材建设、深入开展乡土教育作为当前基础教育改革的一个重要内容。乡土教材的内容要与当地社会、经济、文化、科技的发展需要紧密结合，为学生实践活动创造条件，培养学生从事实践活动的能力，同时激发其热爱家乡、热爱祖国的思想感情，增强社会责任感，使学生在思想、知识和技能方面能适应本地区社会主义建设的需要。（3）乡土教材编写对传统中小学教材编写模式有所突破。一些乡土教材具有浓厚的地方特色和乡土气息；有些乡土教材在选材、结构、体例和作业设计、图表配置等方面都有较大创新。

撰稿人　王　薇

审稿人　游铭钧

评选与推荐中小学生课外读物

为了向中小学生提供比较好的课外读物，改变中小学校图书馆(室)图书严重匮乏的情况，国家教委和新闻出版署于1987年10月联合发出《关于评选、推荐中小学生课外读物的通知》，决定有计划地分期分批对各出版单位编辑出版的中小学生课外读物进行评选、推荐，并形成制度。为此，由各方面的专家和教师组成中小学生课外读物评选委员会，负责评选工作，并成立中小学生课外读物办公室，具体负责实施评选工作。

《通知》规定，评选、推荐书目的范围是：党的十一届三中全会以来各出版社正式出版或再版的适合中小学生阅读的自然科学、社会科学、文学、艺术和体育卫生读物。

评选课外读物的标准是：（1）读物的内容应具有教育性，符合青少年的特点和要求，有利于陶冶情操，增长知识，发展智力，开阔视野，促进学生个性和才能的发展，提高中小学生的思想道德素质和科学文化素质。（2）读物的程度要分别适合中小学生的知识基础与阅读能力。（3）读物的编写体例、语言文学、插图要生动活泼，富有趣味性、启发性和可读性。

评选课外读物的办法是：（1）请有关专家、教师和学生及教育行政部门和出版单位，组成课外读物的评估系统。（2）对读物的质量不仅进行定性分析，还做必要的量化处理，把定性和定量的分析结果统一起来。（3）在评估过程中，除采用民主讨论和协商方式外，还采用分层随机抽样、双盲评估等近代科学常用的分析方法，以保证评估的公正性。

1990年，评选委员会对全国50多家出版社初选送评的1300多种图书进行了认真评选。在评选过程中，组织了北京市90多所中小学校的3493名教师、近万名学生参加评读活动。从中评出500余种配合当前形势进行思想教育的读物和中小学生适用的读物（全国中小学生课外读物推荐书目附后）。

国家教委要求各地教育行政部门将推荐的读物列入中小学图书馆(室)必备书目并予优先购置，中小学校要加强阅读指导工作，组织好中小学生的读书活动。通过读书活动提高学生的思想觉悟，开阔学生的视野，丰富他们的课外生活，促进中小学生健康成长。

撰稿人　华玉桂
审稿人　游铭钧

附

□全国中小学生课外读物推荐书目

一、配合当前形势进行思想教育的推荐读物

劳动人民的好儿子——雷锋	中国少年儿童出版社
雷锋连环画	人民美术出版社
共和国卫士英烈集	中国卓越出版社
英雄的共和国卫士	中国连环画出版社
英雄少年赖宁连环画	中国连环画出版社
英雄少年——赖宁	中国少年儿童出版社
中国好儿童	河北美术出版社

有骨气的中国人　中国少年儿童出版社
毛泽东成长的道路　陕西教育出版社
风云五万里
——新安旅行团画册上海人民美术出版社
《雷锋精神永放光芒》
彩色宣传挂图　辽宁画报社
爱在心中升腾　《中国新一代丛书》编委会编
北京师范大学出版社
中国小英雄　中国少年儿童出版社
中国好少年　河北美术出版社
人的一生应当怎样度过　中国青年出版社

二、中学适用

人民文学出版社

第一位老师　白祖芸　陈　锌等译
出卖影子的人　刘德中等译
西西里柠檬　苏　杭等译
超越自我　陈祖德
舞会以后　(俄)列夫·托尔斯泰等
羊脂球　(法)莫泊桑等
三怪客　(英)托马斯·哈代等

人民教育出版社

小人国和大人国(中学生英语读物)
司延亭注释
海格立斯大力神(中学生英语读物)
李泽鹏注释
克林特·马吉(中学生英语读物)
董蔚君注释
海底古城之王(中学生英语读物)
王美芳注释
马利城堡(中学生英语读物)　刘　岩注释
火车的故事(中学生英语读物)　万大林注释
谁是首创者(中学生英语读物)　万大林注释
珊瑚岛(中学生英语读物)　胡文静注释
在伦敦的一个上午(中学生英语读物)
陈国芳注释
黑郁金香(中学生英语读物)　司延亭注释
善良的人(中学生英语读物)　王美芳注释
克里斯托弗·哥伦布(中学生英语读物)
刘道义注释
白雪和红玫(中学生英语读物)　陈国芳注释
三件宝(中学生英语读物)　万大林注释
罗宾汉(中学生英语读物)　唐　钧注释
马丽·居里(中学生英语读物)　董蔚君注释
莎士比亚戏剧故事(中学生英语读物)
胡文静注释
英语时文选读(1—3辑)　葆　青编注
生物与仿生　王谷岩编著
太空飞行及运载火箭　谢　础著
未来化学中的激光　宋心琦著
植物生态与自然保护　鲍显诚等编著
海洋开发　艾万铸著
椭圆和行星卫星的轨道　杨纪珂　黄吉虎编
核能——它的原理、历史、现状和前景
郭星渠著

广东人民出版社

中国爱国人物故事集(1)(2)　李光羽著
增强记忆力的奥秘　王　维著

广东教育出版社

和中学生谈谈相对论　徐旭昭等编

广西人民出版社

谈谈自尊心　黄京尧等编著
意志的轨迹　司徒伟智编
博采珍闻一、二集　劳伟勋　朱活力编
写作词语巧用　曹治国等编
怎样塑造性格　吴振标著
当你烦恼的时候　高志仁著
现代家书选　张　谷编著

上海教育出版社

中学生心理例话　周明南等著
鲁迅读本　王士菁选编
巴金读本　陈丹晨选编
叶圣陶读本　叶至善选编
成语里的知识　吴　越著
先秦历史故事　沈起炜著

中国近代历史故事　迟　森等著
名人与音乐　姚　耕等著
中学生喜爱的歌123首　本社编
中外名歌名曲欣赏　柴本尧等著
围棋基础　李松福　邱　鑫著
游记选读　陆慰萱等编
浮力趣谈　楼振龙编著
植物引种的故事　吴　中
原生动物和生命科学　张小云
生物工程的魅力　毕东海编著
南极之行　李文祺编著
汉字今昔　邵汶东
论语菁华　陆晞白
孟子菁华　沈蘅仲
楚辞菁华　蒋锡康　陈　英
史记菁华　陈茂兹译注
红楼梦选粹　李希凡选评
西游记选粹　鲁　兵选编
郭沫若读本　陈永志选编
中国现代短诗选　赵丽宏等选编
陆游爱国诗词选解　严　修编著
魏晋南北朝历史故事　曹治雄编著
世界古代历史故事　孙　山等编著
世界近代历史故事　金永华编著
世界现代历史故事　卢秉群编著
外国历代一百名人传(上下册)　邓新裕等编译
地球的故事　张庆麟编著
海洋探险　雷宗友编著
名山揽胜　何　力编
林海珍奇　刘春耀等编著
海外名城　孙国禄等编著
文物漫话　郭伯南编
古诗文中的历史知识　潘宝祥等
外国绘画故事　柴庆翔
中外著名建筑　陆　坚等
怎样欣赏电影　上海教育学院中文系电影文学研究室著
电影的昨天·今天和明天　汪天云等
音乐春秋——中国近现代音乐家故事　吕金藻
乐海沧桑——外国乐苑漫步　钱　黛编著
奇异的光——激光　雷仕湛等
形形色色的振动　朱　伟
法律纵横谈　尤俊意
历代聪明人的故事　郑　雁编写

山东教育出版社

南极探险　李西岩译

辽宁少年儿童出版社

中外文学千字文　冬木　王德选编
世界文学名著故事　于　雷编
外国千家诗　黎　华编
中国现代千家诗　樊发稼选编
中国古典小说故事　沈国柱改编
中国古典戏剧故事　迟赵俄改编

辽宁教育出版社

钢笔书法大赛作品选　美报编辑部编
物理群星　马德录编译

中国文联出版公司

暖睛　韩少华
悲惨世界　林小菁等译
唐诗三百首译解　张国荣著

中国妇女出版社

致窈窕少女　张焕文等译

中国青年出版社

张茜　晓　植著
许世友传奇　陈廷一著
美术常识　徐君萱等著
小说二十四美　俞汝捷著
青年心理健康顾问　孙昌龄著
话说长江　戴维宇主编
话说运河　戴维宇主编
古猿怎样变成人　方少青著

中央民族学院出版社

科学的读书记忆思维　本社编

四川少年儿童出版社

中国古代诗词曲选读 沈奇成等选编
《聊斋志异》选读 范奇龙 何焕霞选编

四川教育出版社

从古代物理到现代物理 肖尚征等著

北京少年儿童出版社

正在形成的世界——中学生成长趣事 李意如主编

北京师范大学出版社

遗传工程的应用与展望 毛盛贤等编著
祖国河山的神话故事 卢云亭
德希蕾日记(中学英语课外读物) 易尔山注释
神秘岛(中学英语课外读物) 林 俊注释
艺术体操基础 谢三祥等编
怎样使你永葆健美的青春 关桂梧主编
生命首先在于营养——营养学基础 朱相远主编
高中语文教学补充读物(1—3册) 本社编

北京师范学院出版社

初中语文教学补充读物(1—3册) 本社编
中学生修身成材问答 孙昌龄等编

江西少年儿童出版社

游泳池之梦 吕明等译

江苏教育出版社

集邮与欣赏 林霏开
全国中学获奖作文选(1、2辑) 董印琪等编

江苏古籍出版社

古今对联纵谈 孙保龙编

吉林教育出版社

获奖作品选——东北三省中学生作文竞赛 本社编
世界历史人物小传 李开亮主编

河北教育出版社

回忆杨秀峰 冯英等编

陕西人民教育出版社

邮票上的女名人 艾幽
唐诗三百首全译 刘首顺

陕西师范大学出版社

风华集

河南少年儿童出版社

周总理的品德 胡家模

河南教育出版社

华夏名川 罗枢运编著
漫话长城 杨世铎等编

科学普及出版社

名著集 朱新轩等著
体育集 许仲槐等著
艺术集 蔡松琦等著
性格集 魏安庆 戴炳炎著
名胜集 孙大文等著
谬误集 袁运开主编
中学集 袁运开主编
名人集 袁运开主编

教育科学出版社

智慧之泉——《我的老师》征文选 本社编

海燕出版社

咏夏古诗百首 程景新等

湖北少年儿童出版社

少男少女进行曲 董宏猷著

湖北教育出版社

语文知识千问 刘兴策等编写
古今诗粹 丁成泉等编

湖南少年儿童出版社

腾飞吧，苍龙 胡思升等编

新蕾出版社

围棋初探 聂卫平等

福建教育出版社

科技与文明 林可济著
战国策选(注释本) 林海权编
改造大地的奇迹 李 原主著
人生方程解 余心言著
神秘的宇宙 卞德培著
三峡之梦 杨 旭著
青春的叮咛 敢 峰著
从原子到夸克 郁忠强著

我的中学生朋友 庄之明
环球风云纵览 《环球风云纵览》编写组

新华出版社

中学生学习方法指导 龚正行著

三、小 学 适 用

人民教育出版社

大刀螳螂学本领 本社小学语文室编
夺枪 本社小学语文室编
昆虫运动会 本社小学语文室编
猪八戒吃西瓜 本社小学语文室编
金须牙牙葫芦 本社小学语文室编
第一次侦察 本社小学语文室编
够 够 够 本社小学语文室编
“四不象” 本社小学语文室编
兔娃娃吃几斤草 本社小学语文室编
有趣的运动会 本社小学语文室编
小猴子马雷什卡 本社小学语文室编
取枪记 本社小学语文室编
狐狸打猎人的故事 本社小学语文室编
判 伞 本社小学语文室编
新年礼物 本社小学语文室编
机器人出诊 本社小学语文室编
小人国 本社小学语文室编
丘克和盖克 本社小学语文室编
鳄鱼的眼泪 何慧君等编
花蛾的美梦 何慧君等编
雪姑娘的故事 何慧君等编
一盏马灯 何慧君等编
大鲸牧场 何慧君等编
小猴吃瓜果 何慧君等编
小花翅学艺 何慧君等编
米嘉的五分 何慧君等编
小松鼠请客 何慧君等编
奇妙的衣服 何慧君等编
拷打羊皮定案 何慧君等编
野牛从地下冒出来 何慧君等编
岳 飞 何慧君等编
绣红旗 何慧君等编
白 鸭 何慧君等编

广东教育出版社

中华民族杰出人物故事 韦 唐等编

广西人民出版社

白头叶猴追寻记 聂 波 王育英著
得意的狐狸 本社编

上海少年儿童出版社

舒克和贝塔历险记 郑渊洁著
豹子哈奇 李 迪著
英雄少年时 余心言著
学会管住自己 庄涛等著
动脑筋爷爷(1—8) 本社编

上海科技教育出版社

纸浆工艺品制作 王绥之
折纸游戏 贲 涛
有趣的纸条工艺 王家琦著
简易舰船模型 本社编

上海教育出版社

分数(小学数学信箱) 邱学华编
想想、画画、算算(1—3册) 唐世兴编 宋胜林等画
青蛙(自然画丛书) 许岳生 王一通编绘
植物的形态(自然画丛书) 本社编
风(自然画丛书) 许岳生编
昆虫(自然画丛书) 袁艺兰编
南极和北极(自然画丛书)陈文编 蒋昌一绘
天文知识(自然画丛书)中国福利会少年宫编
星际航行(自然画丛书)夏龙年编 蒋玉翔绘
小红视力的变化(自然画丛书) 上海市卫生宣传站 上海市眼病、皮肤病防治所编
我国的珍贵动物(自然画丛书) 本社编
星座和神话(自然画丛书) 姚惠祺编
益鸟(自然画丛书) 周海忠编

中国古建筑(自然画丛书) 安怀起等编
地热宝库(自然画丛书) 吴惟龙编
海洋(自然画丛书) 陶国欣编
中国珍奇植物(自然画丛书) 陆瑞琳编
黑色的金子(自然画丛书) 姚春青编
猜猜想想 荆玉其编译
狐狸学老虎(汉语拼音读物文库) 方轶群编
捉迷藏(汉语拼音读物文库) 阳 羊编
掉队的小雁(汉语拼音读物文库) 王伯方编
白兔妈妈安家(汉语拼音读物文库)王伯方编
半小鸡(汉语拼音读物文库) 任明耀译
瓷狗乔克(汉语拼音读物文库) 郑渊洁写
喜鹊和它的徒弟(汉语拼音读物文库)鲁克写
小锡马和白银公主 (汉语拼音读物文库) 鲁 克写
冰上的好朋友(汉语拼音读物文库) 本社编
您早妈妈(汉语拼音读物文库) 于 之写
森林城的霓虹灯(汉语拼音读物文库) 薛卫民写
玻璃窗上的小路(汉语拼音读物文库) 徐 青写
世界近代和现代建筑 安怀起等编绘
咪咪和花花 王修蓉写
声音的奥秘 倪亚芬编

山东教育出版社

21世纪的故事 陶雪等译
古诗选读 陈学连等选析

辽宁少年儿童出版社

皮大将进京记 何双及著
相思柳下的怪老头 郭建尧著

辽宁教育出版社

儿童简笔画 史绍纶编著

中国少年儿童出版社

张俭选布 马允伦编写
小红军长征记 袁 鹰著
包拯审案 马允伦 马邦城
郑和做舟 刘江南著
给寻找理想的少年朋友 巴金等著
天文万花筒 卢炬甫著
生活中的趣学 符真等著
国际安徒生获奖作家作品选 傅定邦译
中华人物故事全书(1—8) 冯广裕等编写
小小发明100例 《我们爱科学》杂志社编
怎样使你的记性好 朱 彤著

中国文联出版公司

古堡奇案(卡通连环画选) 黄珍编译
龙虾奇遇记(卡通连环画选) 黄珍编译
油轮海盗(卡通连环画选) 黄珍编译
果菲战蜂记(卡通连环画选) 吴辛编译
伪钞票的风波(卡通连环画选) 黄珍等编译
唐老鸭还债记(卡通连环画选) 黄珍编译
彩色世界童话全集 (四) (卡通连环画选) 纪成改写
空中强盗落网记(卡通连环画选) 黄珍编译
小鹰历险记(卡通连环画选) 晓良编译
学校里的鬼怪(卡通连环画选) 黄珍编译 韩光描绘
鸭小姐下乡记(卡通连环画选) 黄珍编译
捕匪记(卡通连环画选) 黄珍编译
唐老鸭上当记(卡通连环画选) 黄珍编译
米老鼠空中历险记(卡通连环画选)黄珍编译
邪恶的巫婆(卡通连环画选) 黄珍编译
神秘的立体油画(卡通连环画选) 苏鸣编译
骗子的结局(卡通连环画选) 苏鸣编译
蛋糕里的阴谋(卡通连环画选) 黄珍编译
米老鼠除害记(卡通连环画选) 仝童编译
罗普就业记(卡通连环画选) 黄珍编译
马戏团的风波(卡通连环画选) 晓良编译
骑士唐老鸭(卡通连环画选) 胡翠荣编译
唐老鸭——动物旅馆 (卡通连环画选) 黄珍编译
米老鼠——马戏团的秘密 黄珍编译
米老鼠——广告风波 (卡通连环画选) 苏鸣编译
果菲的黑眼镜(卡通连环画选) 黄珍编译
火山挖掘机(卡通连环画选) 苏鸣编译

中国妇女出版社
世界童话名著精选 萧 阳编
四川少年儿童出版社
十三岁的梦 胡 圳著
中国传说故事 袁 珂著
艾丽丝漫游奇境记 朱洪国译
严文井童话选 叶梅珂 蔡洪声选编
北京少年儿童出版社
基度山伯爵 杨仁敬译
巴斯克维尔猎犬案 杨仁敬译
三个火枪手 杨仁敬译
海底两万里 杨仁敬译
保护人类的家园 朱志尧等编
北京师范大学出版社
小学语文教学补充读物（1—2册） 柳 斌主编
北京师范学院出版社
小学生作文手册 袁 汀 斯 萌
安徽少年儿童出版社
中国古代动物寓言故事 马达编著
南岳奇游 金振林著
童话新作 柯玉生主编
壮美的天柱山 吴建群著
河北教育出版社
小学生一等奖作文选评 宋忠报选编
陕西人民教育出版社
语文天地（1—6） 金正扬主编
自然王国（1—6） 金正扬主编
河南少年儿童出版社
历代少年爱国故事选 诸志祥等编
明天出版社
想下去 想开去 励艺夫
重庆出版社
习作诊所 中国福利会《儿童时代》社编辑
全国寓言征文选 《儿童时代》社编辑
浙江教育出版社
看图读儿歌 阿 樯等编绘
看图读寓言 梧桐等改写绘图
看图读神话 逸 芳等绘编
看图读古诗 安 宁等编绘
少儿古诗读本 王值西等选注
海燕出版社
中国古代童话故事 张锡昌等编
黑龙江少年儿童出版社
闪耀在铁窗里的小星 程树榛著
湖北少年儿童出版社
启蒙简笔画 胡玉娴编绘
音乐启蒙 谭惠玲著
叶君健儿童文学选 叶君健著
黄瑞云寓言 黄瑞云著
节日朗诵诗 本社编
外国365夜 郭先林等译
奇妙的大自然 施鹤群著
中国儿童画选 本社编
天上有个小姑娘（拼音儿歌） 姚振起等写
湖北教育出版社
小学生优秀作文评点 谢铭德等选编
湖南少年儿童出版社
亚洲民间故事 谢宗仙等译
迷人的昆虫 贺晓兴著
长羽毛的飞将军 范良智著
大熊猫的故事 潘文石著
似鸟非鸟的蝙蝠 杨安峰著
一只长筒靴子 洪紫千译
风庐童话 宗 璞著
新世纪出版社
刘文学 陈克吾改编
赵一曼 吴绿墨改编
罗盛教 谭秋莲改编
张高谦 曾 遐改编
欧阳海 黎 强改编
董存瑞 舒 雅改编
邱少云 夏 鸣改编
刘胡兰 钟应星改编
黄继光 李志光改编

新蕾出版社

狐狸艾克 曲一日著

谎话学校 曲一日著

《故事大王》画库第十辑 本社编

四、中小学适用

人民文学出版社

钢铁是怎样炼成的 梅 益译

人民教育出版社

龙的传人——中国历史上的一百个故事 王宏志主编

挑补绣与图案 陈圣西 张 弓编绘

色粉笔画起步 李铁树著

广东人民出版社

高效学习与创造技法 吕钢华等编著

广东教育出版社

你懂得爱护眼睛吗 本社编

上海少年儿童出版社

有趣的数学 编写组编

有趣的化学 朱云祖等编

有趣的动物 黄正一等编

十万个为什么(动物2) 本社编

十万个为什么(化学1、2) 本社编

世界五千年(1—6) 陈必祥等编著

上、下五千年(上、中、下) 曹余章等编著

来自异国的孩子 儿童文学园丁奖委员会编

乱世少年 萧育轩著

上海教育出版社

童话选 (增订本) 本社编

中外民间故事选 本社编

成语故事一百则 杨振中等编

山东教育出版社

中外名曲欣赏 孙继南主编

外国史趣话 赵恒列主编

中国少年儿童出版社

作家回忆学语文 《中学生》杂志社编

中国民间故事选——历史英雄人物传说 祁连休编

教你下围棋 沈果孙编

八十年寻路记 余心言 刘绍棠著

中国青年出版社

邮票中的世界名画 屠良仪编

中原农民出版社

南洋丛林历险记 黄浪华编著

四川少年儿童出版社

将军手中的短剑 朱俊伟编著

钢铁旋风 李仕林编著

《三国演义》故事 尹世霖编

《儒林外史》故事 刘光弟改写

中国古典戏剧故事 闻 辅等编

郭沫若作品选读 王锦厚选编

茅盾童话选 范奇龙选编

叶圣陶作品选 韦 商选编

冰心作品选 叶冰如选编

中国当代儿童诗歌选 张继楼等编

中国儿童短篇小说选(1—4) 王 扶等编

著名外国短篇童话选 川 绍选编

外国优秀民间故事选 史勤奋等编

表 杜承南译

小流浪汉 刘风华译

《左传》《国策》故事选读 韩兆琦等选编

中国古代寓言选读 范奇龙等编

中国古代笔记文选读 卉 子选编

《水浒》故事 杨必泽编写

《西游记》故事 沈伯俊编写

青春之歌(节编本) 侯 琪节编

暴风骤雨(节编本) 谢明清等节编

林海雪原(节编本) 仲呈祥节编

铁道游击队(节编本) 刘真骅节编

中国现代散文精品选 商金林选编

中国民间故事选(历代英雄人物传说) 吴蓉章选编

著名外国寓言选 范奇龙选编

外国名诗选 邹 绛选编

荷马史诗故事　文洁若编写
《一千零一夜》故事选　纳　训　译
莎士比亚戏剧故事选编　文洁若编写
小鹿班比的故事　邹　绛译
堂·吉珂德(缩写本)　冰　晶编写
鲁滨孙飘流记(缩写本)　张叙生节编
汤姆大叔的小屋(缩写本)　黄文军编译
母亲(节编本)　殷　白节编
青年近卫军　磊　然缩编
透视社会迷宫的明镜　阳正太编著
光辉的历程　耿发友等编
田野怒火　朱仲玉编写
腥风血雨话当年　马允伦等编
外国名城巡览　陈道馥等编
中国科学童话选　鲁　克选编
中国科学幻想小说选　刘兴诗选编
外国科学童话选　佟希仁选编
在飞向宇宙的道路上　张德忠编译
发明创造之路　毛福平编写
生命的奇迹　莫　克编写
生活小顾问　贾仰林编著
生命的诗篇　苏洁等选编
拼搏　鲁　光等著
你也可以做英雄　余心言著
张开理想的翅膀　余心言著
名人和他们的老师　雷风行等编写
古人维护法纪的故事　马允伦编写
深深的情思　孙　梅著
古代劝学寓言　马　达选编
大卫·科波菲尔(缩写本)　李永翘　译
鲁迅作品选读　范文瑚选编
保卫延安(节编本)　于　思节编
盖达尔中篇小说选　石慧瑛　任溶溶译

北京少年儿童出版社

鲁滨孙飘流记　杨仁敬译

北京师范大学出版社

怎样增强青少年的体质
——中小学生营养须知　刘绣云主编

江西少年儿童出版社

列夫·托尔斯泰寓言和童话　雷成德译

江苏教育出版社

书信趣谈　耿彭年等著

华东师范大学出版社

我和老师　本社编

河北教育出版社

历代佳话　曾庆全等著

明天出版社

船队按时到达　李心田著
叶君健童话故事集

海燕出版社

陈赓大将　左　波著
罗瑞卿大将　穆　静等著
千字议论文选读　何宝民主编
七十二行祖师爷的传说　任　骋搜集整理
徐海东大将　张麟　宁儿
黄克诚大将　左林　周航
粟裕大将　郑乃臧　王　楠

黑龙江少年儿童出版社

奥斯特洛夫斯基的青少年时代　郑凤云等编译

湖北少年儿童出版社

儿童成才之路　葛　民著
兵器大观　金　泰等著
集邮世界150问　林衡夫编著

新世纪出版社

中小学生怎样防治近视眼　甄兆忠等编

新蕾出版社

彭德怀元帅的故事　《彭德怀传》编写组
贺龙元帅的故事　《贺龙传》编写组
中国名言一千句　朱戚勉
苦海小舟　胡万春
西游新记　童恩正

举办“课程发展与社会进步”国际研讨会

中国教育国际交流协会、国家教委中小学教材审定委员会办公室、上海市教育局于1990年10月16日至19日在上海共同举办“课程发展与社会进步”国际研讨会。参加研讨会的专家、学者共165人，其中，中国大陆的代表136人，来自美国、英国、德国、日本、澳大利亚、南朝鲜以及中国台湾、香港地区的专家、学者29人。

研讨会共收到论文62篇。通过交流，大家发现，尽管各国的历史背景、政治制度、经济基础等方面有许多不同，但在课程、教材的改革与发展中所遇到的问题和困难，有很多方面是相同或类似的。诸如：科学技术的迅猛发展、信息量的急剧增长与学生负担的矛盾；全国统一要求与适应地方需要、统一要求与学生个性发展的矛盾；大众传播媒介的发展和普及与传统的教学模式的矛盾。在中国、日本、南朝鲜还有一个高校招生考试制度与课程、教材改革的实验和推广工作的矛盾。如何处理好这些矛盾，在讨论中取得了一些共识，互相间得到不少启发。对当今课程、教材发展的趋势也有许多共同的看法。主要有以下三个方面：

1. 课程设置、教材编写应立足于现实、着眼于未来。美国莫尔教授提出的面向21世纪设置课程的观点得到普遍赞同。她提出：我们是为明天培养人，因而课程设置、教材编订要有发展的眼光，要向前看。教育者必须迎接未来的挑战。

2. 统一的国家标准与课程的多样化相结合。我国、南朝鲜、日本等国一直有国家统一的课程标准。近几年来，英国、澳大利亚等国的中小学课程设置与教学大纲，也由过去的没有统一的国家标准，变为现在的规定全国统一的课程大纲。这表明，国家统一规定基本课程是必要的，可以此确保全体国民的受教育水平。同时，我们看到，各国都鼓励其学校按照当地情况安排课程、选择教材。这种多样化的学校课程、教材，旨在适应各地发展的需要。同时，也在于发展学生的个性。

3. 为培养具有创造力的人而提高教材质量。日本学者认为，教材应该成为儿童思考及创造的材料，应该能够激发儿童的兴趣和学习欲望。澳大利亚学者也认为，教科书应当为课堂活动提供实例，不能为死记硬背的强制性学习而设计。一本澳大利亚教科书《科学技术与社会》中提出了如下观点：“仅仅提‘为什么’、‘什么’、‘怎样’此类问题现在已经不够了，而问‘对谁有益’、‘值得做吗’、‘从长远看会发生什么’这类问题显得更重要了。”这些观点值得我国的教育研究和教材编写人员思考。

撰稿人　李　英

审稿人　游铭钧

人民教育出版社庆祝建社40周年

一、举行建社庆祝活动

1990年12月1日是人民教育出版社建社40周年纪念日，人民教育出版社举行了隆重的庆祝活动。全社广大干部、专业人员和职工广泛进行了回顾、总结、座谈与展望，并编辑出版了《人民教育出版社大事记》和纪念画册:《万卷深情在育人》。

党和国家领导人，有关方面负责人，知名教育家、学者为人民教育出版社建社40周年题词。国务院总理李鹏的题词是:“纪念人民教育出版社40周年，为贯彻德智体全面发展的教育方针而努力奋斗。”国务委员兼国家教委主任李铁映的题词是:“坚持教育的社会主义方向，改革和发展教育，为建立有中国特色的社会主义教育体系而奋斗。”中共中央顾问委员会常委胡乔木的题词是:“人民教育出版社在过去的40年中，出版了多方面的大量的优秀教材，对我国教育事业的发展作出了不可磨灭的贡献。希望今后继续努力、发扬成绩、百尺竿头、再进一步。”人大常委会副委员长周谷城、严济慈以及赵朴初、苏步青、张承先、何东昌、柳斌、叶至善、吕叔湘等也题了词。

1990年11月28日上午，人民教育出版社在人民大会堂召开了“提高教材质量，为培养21世纪人才作贡献”庆祝建社40周年座谈会。周谷城、严济慈、赵朴初、张承先、张文松、刘忠德、滕藤、柳斌、浦通修等领导，以及人民教育出版社编写九年义务教育教材的顾问和关心教材建设的专家学者100余人出席了座谈会，对人民教育出版社40年来所取得的成就表示祝贺与肯定，对今后工作寄予希望。周谷城副委员长说:人民教育出版社40年来先后编辑出版了七套具有社会主义特色的、以马列主义毛泽东思想为指导的教科书和大量教育读物。这些读物不仅为全国人民服务，而且将对世界文化产生深远的影响。祝愿人民教育出版社进一步发扬好的传统，为党的教育事业做出更大的贡献。严济慈副委员长致贺词说:编辑出版工作是光荣而神圣的事业，那就是“十年树木，百年树人;人才培养，教材先行。”教材编写和出版是非常重要的，编写教材的同志更是非常辛苦的。在今天人民教育出版社成立40周年之际，在此向同志们表示衷心祝贺。国家教委副主任滕藤代表国家教委向人民教育出版社干部职工和专家们表示祝贺时，希望人民教育出版社在有关部门的指导下，进一步办成全国中小学教材研究、编写、出版和资料的中心，在全国中小学教材建设和改革中，继续发挥骨干作用，并且编辑出版更多更好的其他教材和教育读物，为培养21世纪的建设人才多做贡献。曾主管过人民教育出版社工作的原教育部副部长浦通修在发言中说:40年来党和国家领导人以及教育行政部门都十分重视教材建设。在粉碎“四人帮”后的五、六年里，我亲自体会到小平同志是怎样抓教材建设工作的，当时小平同志说，基础教育不仅要把最新的知识教给学生，而且要切合中国的国情;后来提出了“三个面向”的指导思想，提出了一系列具体措施，亲自解决教材编写中的具体问题和具体困难。因此，全国通用教材很快得以编写出版，及时供全国中小学试用。在我参与教材建设的过程中，觉得人民教育出版社的同志有一种“艰苦创业，开拓创新，科学求实，团结协作”的精神。40年来的实践证明，这支队伍是可以信赖的。很多同志勤勤恳恳地在这里工作，这是非常可贵的精神，应该把这种精神发扬光大，代代相传。人民教育出版社要为建设成中国教材研究、编写、出版的中心，真正为提高教材质量，培养21世纪人才做贡献。

新华社和首都各大报纸为人民教育出版社建社40周年作了专题报道。《人民日报》报道的标题是：“红烛精神照亮下一代，精神食粮哺育人才，人民教育出版社出书近300亿册。”《光明日报》报道的标题是：“人才培养，教材先行。”《中国教育报》报道的标题是：“人民教育出版社教材建设贡献巨大。”

二、老一辈党和国家领导人关怀教材建设

人民教育出版社成立于1950年12月1日，由中央人民政府教育部和出版总署共同组建，是编辑出版中小学教材为主要任务的专业出版社。首任社长兼总编辑是当代著名教育家叶圣陶，以后由戴伯韬、叶立群继任。现任社长张健如。

40年来，人民教育出版社的教材建设始终受到党和国家的重视和老一辈无产阶级革命家的关怀。在人民教育出版社成立时，毛泽东主席题写了社名。1953年5月，毛泽东主席听取教育工作汇报时，认为当时30个编辑太少，指示补充150名干部来编写教材。在中央的直接关怀下，很快陆续调集一批干部和大、中、小学优秀教师，充实和调整人民教育出版社的领导班子和编辑力量。从此，人民教育出版社开始自编我国中小学教材。

在十年动乱期间，人民教育出版社一度被勒令撤消。后来在周恩来同志的亲切关怀下才得以重建。

1977年邓小平同志恢复了工作后，指示要编写全国通用的中小学教材，于是人民教育出版社又恢复生机，重新投入编写出版教材工作。1983年7月12日，经教育部党组批准，人民教育出版社成立课程教材研究所，邓小平同志题写了所名。胡乔木、邓立群等老一辈无产阶级革命家都对中小学教材有过许多宝贵指示和支持。

三、人民教育出版社40年的道路及主要经验

人民教育出版社40年来的建设与发展道路是不平坦的。在原教育部和国家教委的领导下，全社同志齐心协力，在各个时期为中国的中小学教材和其他教材、图书、资料建设的编写出版作出了贡献。

（一）编写出版7套中小学教材

为适应党的教育事业发展，建社不久的人民教育出版社在当时各种条件相当困难的情况下，仅有30多位编辑人员经过紧张的工作，选择老解放区和当时各校使用效果较好的教材加以修订改编，于1951年出版了新中国第一套通用的中小学教材。

随着新中国教育事业的发展，1956、1961、1963年又先后出版3套中小学教材。

在结束十年“文化大革命”动乱之后，1977年人民教育出版社一边重建、一边工作。教育部根据邓小平同志关于编写全国中小学通用教材的指示，集中人民教育出版社主要编辑人员和各地一批大、中、小学优秀教师，以“中小学教材编写工作会议”的形式，在调查研究的基础上，经过反复讨论草拟了全日制十年制学校中小学各科教学大纲，据此编写了全国通用的中小学教材，由人民教育出版社出版，从1978年秋季起供全国试用。这是建国以来第五套全国通用的中小学教材。

1981年教育部颁布了五年制小学、五年制中学、六年制重点中学教学计划修正草案；1984年教育部又颁布了六年制小学教学计划草案，对原有课程及其授课时数作了调整。1983年，教育部又根据一些地方反映有些教材“深、难、重”的情况，决定适当调整高中数学、物理、化学、生物、外语的教学内容，实行较高的和基本的两种教学要求。根据上述教学计划和有关决定，人民教育出版社在研究1978年试用的教材在教学实践中发现的问题的基础上，新编或修订了中小学教材，到1984年基本完成。这时，除了有小学五年制，中学五年制教材以外，还有小学六年制和中学六年制教材，六年制中学高中阶段理科教材还分为甲种本和乙种本。这是建国以来第六套全国通用的中小学教材。

1987年春，国家教委本着“适当降低难度，减轻学生过重的学习负担，教学要求要明确具体”的原则，对1978年教育部颁布的全日制十年制中小学各科教学大纲进行了修订，对各学科的教学内容和教学要求作了较大的调整。为此，人民教育出版社对中小学各科教材进行了修订，有些教材重编，于1988年秋季供各地使用。这是建国以来第七套全国通用的中小学教材。

1988年春，国家教委颁发了九年义务教育小学和初中各科教学大纲初审稿，作为编写九年义务教育实验教材的依据。根据国家教委的部署，人民教育出版社承担了编写供全国大多数地区和大多数学校使用的“五·四”制和“六·三”制两套(也适用于“五·三”制)小学和初中的系列化教材，它包括教科书、教师教学用书、学生课外读物、实验手册、习题集(练习册)、教学挂图以及音像教材等，其目的是一方面力求体现全国义务教育教学大纲的统一教学要求，使学生打下共同的最必要的基础，另一方面有利于各地因地因校制宜和因材施教。这两套教材正在进行紧张的编写工作，于1990年秋季在全国部分地区和学校进行试验。经审定后，1993年秋季供全国小学和初中选用。

（二）编写各类中等学校教材

近10年来，人民教育出版社为适应社会主义现代化建设，提高全民族素质培养人才和教育结构改革的需要，编辑出版了下列各种教材。

1981年至1984年，人民教育出版社受教育部的委托，以中等师范学校教学计划和教学大纲为依据，编辑出版了中等师范学校的语文、数学、物理、化学、生物、生理卫生、教育学、心理学、体育等教材，从1981年秋季起供全国中等师范学校试用。1986年8月，国家教委对中等师范学校课程门类和教学时数作了调整，人民教育出版社又编辑出版了三年制中等师范学校使用的语文、数学、物理教材。到1989年，供三年制和四年制中等师范学校用的全套教材已出齐。

1985年，教育部颁布了幼儿师范学校教学计划。人民教育出版社根据上述教学计划和教学大纲，从1986年起，先后编辑出版了教材，到1988年出齐，这是我国第一套幼儿师范学校用的教材。

为了适应各地中等教育结构改革和职业高中发展的需要，人民教育出版社编辑出版了一套供职业高中用的文化课教材，从1986年秋季开始供应，到1988年全部出书。

1980年，人民教育出版社出版了一整套工农业余初等学校和中等学校文化课教材。1982年，又编写了职工业余初中语文、数学、物理、化学教材。1985年，编辑出版了农民业余初等学校语文算术课本（分南方版、北方版）。1986年，编辑出版了职工业余初中和高中文化课各年级教材。

国务院1986年6月决定开辟卫星电视教育专用频道，培训中小学教师。国家教委责成人民教育出版社负责编辑出版供小学教师进修中等师范学校课程的全部文字教材和初中教师进修高等师范专科学校的教育学、心理学、初中各科教材分析和研究等文字教材，到1987年底编辑出版了小学教师培训教材9个学科34册。这些教材先后在中国教育电视台播出。到1989年初中教师培训教材10册全部出齐。

按照国家教委下达的高等学校教育类专业教材编选计划，人民教育出版社出版这类教材有70多种，包括经典教育论著，如《马克思恩格斯论教育》、《列宁论教育》、《斯大林论教育》、《邓小平同志论教育》等，高等院校公共必修课《教育学》、《心理学》和教育类、心理类专业课教材；教育史和比较教育，如《中国古代教育史》、《中国近代教育史》、《中国现代教育史》、《中国心理学史》、《比较教育》等。

为适应幼儿教育事业的发展，人民教育出版社编辑出版了7种幼儿园教师培训教材和不同层次的幼儿园教学用书。

此外，还加强了大学前各类学校教育心理类教材的建设和图书的出版工作。

(三)编辑出版各类文献、科学专著和工具书等，人民教育出版社40年来还编辑出版了许多教育改革文献，教育科学研究成果和教育理论著作以及工具书

教育文献和研究成果主要有《教育改革重要文献选编》、《中国学生体质与健康研究》、《中国教育年鉴》(1988、1989、1990年卷)、《中华人民共和国现行教育法规汇编》(1949—1989)、《世界中等教育发展与改革的趋势》、《发达国家教育改革的动向和趋势》(第一、二、三集)、《第40届国际教育会议文献》以及《中国高等教育结构研究》、《现代教育改革探讨》、《中国中学数学教育史》、《化学重要史实》、《数学教育学》等。

教育理论著作主要有:《中国古代教育论著丛书》(共10本)、《外国教育名著丛书》(共46本)、《教育学文集》(共26卷)等4套大型丛书。还出版了《外国教育丛书》、《课程研究丛书》、《师范教育丛书》、《婴幼儿教育丛书》等。

1986年人民教育出版社出版了《新编小学生字典》(供小学中高年级学生用)。1988年又出版了《儿童图画字典》(供小学低年级学生用)。

人民教育出版社为适应中小学教学的需要，编辑出版了一批学生课外读物。主要有：中学各科课外习题集和练习册共56种，《小学语文阅读文库》(共12辑，120本)、中学生课外读物《现代科学技术丛书》(52本)、《中学生英语读物》(50本)等。

(四)主要工作经验

40年来，人民教育出版社累计编辑出版2万个品种，300多亿册教材和图书。

人民教育出版社取得这样大的成绩的主要经验是:(1)坚持党的领导，不断端正办社的政治方向；(2)贯彻党的教育方针和学术研究方针，探索中小学课程和教材建设的理论和规律；(3)认真研究国内外中小学课程教材改革的经验教训，根据我国教育事业发展的需要，编写和出版不同种类的教材与图书资料；(4)不断培养并建立一支素质优良的编辑队伍，与社外对中小学课程教材有所研究的专家和有丰富教学经验的中小学教师团结协作，共同为教育事业作出贡献；(5)建立起良好的出版、发行以及后勤保障体系，为编辑出版事业创造良好的环境和工作、生活条件。

四、获奖成果

40年来，人民教育出版社编辑的教材和图书中，有313册书获32项奖励。其中获国家级一等奖2项5种，二等奖1项1种；获得国家教委一等奖3项6种，二等奖1项3种；获得国家科委荣誉奖1项1种；获得中央8部委总体设计奖1项1种。获奖的主要书目如下：

《教育学》(南京师大教育系《教育学》编写组编，获国家级一等奖)

《儿童心理学》(朱智贤编著，获国家级一等奖)

《教育心理学》(潘菽编著，获国家级一等奖)

《西方近代心理学史》(高觉敷编著,获国家级一等奖)

《人口控制论方略》(宋健等编著,获国家科技进步一等奖)

《心理学》(章志先编著,获国家教委级一等奖)

《高等教育学》(潘懋元编著,获国家教委级一等奖)

《中国学生体质与健康研究》(《中国学生体质与健康研究》组编,获全国首届教育优秀成果一等奖,国家科学进步二等奖)

《关于改革小学数学教学内容和方法的实验研究》(人民教育出版社小学数学教材研究实验组编,获全国首届教育科学优秀成果一等奖)

《中小学的劳动技术教育》(刘世峰编著,获全国教育科学优秀成果一等奖)

《高等教育学讲座》(潘懋元编著,获全国教育科学优秀成果一等奖)

《中国近代教育史》(陈景磐编著,获国家教委级二等奖)

《中国古代教育史》(毛礼锐等编著,获国家教委级二等奖)

《比较教育》(顾明远等编著,获国家教委级二等奖)

《化学重要史实》(袁翰青等编著,获全国首届科技史优秀图书荣誉奖)

《小学语文阅读文库1—12辑》(人民教育出版社小学语文室编,获1982—1988年全国优秀少儿读物总体设计奖)

《新编小学生字典》(叶立群、陆静山主编,获全国优秀畅销书奖,1988年北京地区精装装帧全优三等奖)

《家用电器维修手册》(廖秉权编,获全国优秀图书奖)

《高级中学课本人口教育》(吴履平等编,获全国人口教育创作一等奖)

《高级中学人口教育教学参考书》(吴履平等编,获全国人口教育创作一等奖)

《中学人口教育师资培训教材人口科学教程》(田家盛等编,获全国人口教育创作一等奖)

《高级中学课本地理》(陈尔寿等编,获全国人口教育创作一等奖)

《人口教育系列挂图》(江苏教育学院等编,获全国人口教育创作一等奖)

录像带《人口纵横》(曹雅平撰稿,蔡逊等摄制,获全国人口教育创作二等奖)

《青蛙是我们的朋友》(方德溥主编,获第一届亚太地区扫盲后教材大奖赛二等奖)

《可爱的大熊猫》(方德溥主编,获第一届亚太地区扫盲后教材大奖赛荣誉奖)

《从马到飞机》(方德溥主编,获第一届亚太地区扫盲后教材大赛荣誉奖)

五、对外交流和合作出版

为了改进和加强教材的研究、编辑和出版工作,人民教育出版社和课程教材研究所重视借鉴外国经验积极参加国际间的学术交流活动。1984年以来,共派出国考察访问64人44次,进修36人65人次;参加国际性学术会议37人31次。与此同时,曾接待联合国教科文组织、联合国儿童基金会、人口基金会、联合国开发计划署、世界银行和日本、英国、匈牙利、保加利亚、美国、苏联、联邦德国、泰国、澳大利亚、丹麦、瑞典、菲律宾、新加坡、香港、台湾等十几个国家和地区的学者、专家、同行来访,并建立一些固定的联系,其中与8个出版公司(株式会社)合作出版过12种41册图书。

六、1990年的编辑出版工作

(一)在全国大规模进行九年义务教育教材试验

1990年,根据国家教委编写义务教育教材的规划,人民教育出版社承担了编写适应全国大多数地区大多数学校使用的九年义务教育"六·三"制和"五·四"制(也适用于

“五·三”制）两套教材。这两套教材，从1990年秋季起，在全国26个省、自治区、直辖市2400所小学（21余万小学一年级学生），500所初中（12万初中一年级学生）中进行试验。其中进行整体试验的县、市、区（即所有小学一年级和初中一年级都进行试验的）有北京市崇文区，河北省玉田县和廊坊市，内蒙古呼和浩特市，辽宁省凤城县，黑龙江省佳木斯市，福建省闽侯县、长泰县、仙游县，湖北省宜昌市，河南省鹤壁市，湖南省冷水江市，四川省成都市，贵州省息烽县等。此外，还有一些学校自行安排了试验，估计小学生约10万人，初中生约4万人。除西藏外，几乎所有省、自治区、直辖市都有试验学校或试验班。

为了搞好这项大规模的试验，人民教育出版社着重抓了师资培训工作，帮助教师理解教材，掌握教材。1990年5、6月间，人民教育出版社先后举办了15个学科全国一级的培训班，参加培训的是各省、自治区、直辖市主管各学科试验的教研员和整体试验县、市、区的学科教研员或骨干教师，约2500人。在暑假期间，人民教育出版社派各学科编者，分别到各地参加二级培训，受到直接培训的小学教师约5400名，初中教师约3700名。开学后，人民教育出版社的编者直接到试验学校听课，指导试验工作，还有些学科，派个别年青编辑直接去试教。此外，人民教育出版社还办了《试教通讯》12期，每期印制约7000份，直接寄送到试验地区或学校，以指导各地试验工作。

（二）修订高中各科教材

1990年3月8日，国家教委印发了关于《现行普通高中教学计划的调整意见》的通知。根据《调整意见》，课程结构由学科课程和活动课程两部分组成。学科课程采取必修课和选修课两种形式。必修课程开设政治、语文、数学、外语、物理、化学、生物、历史、地理、体育和劳动技术共11科。选修课程分两类，一类是单科性选修，在高一、高二年级开设；另一类是分科性选修，分文科、理科、外语、艺术、体育、职业技术6种，在高三年级开设。政治、语文、数学、体育、劳动技术五科在高中三个年级均为必修课。外语、物理、化学、生物、历史、地理等科在高一、高二年级为必修课。《调整意见》适当减少了数学、外语、物理、化学等科必修课的课时，适当增加了历史、地理、生物等科必修课的课时。根据这个《调整意见》，国家教委对现行全日制中学语文、数学、外语、物理、化学、生物、历史、地理等学科教学大纲进行了修订，于1990年颁布实施。

人民教育出版社根据上述《调整意见》和修订后的《教学大纲》，对现行高中各科教材进行了修订，历史教材增加了近现代史的教学内容，其他教材适当调整了教学内容，适当降低了教学要求，适当控制了教材的深度，1991年秋季供应高一、高二年级必修课教材，1992年秋季供应高三年级选修课教材和高一、高二年级部分单科性选修教材。

撰稿人　陈宏伯　王丽娜
审稿人　叶立群　张健如

为高等教育及职业技术教育的发展与改革服务

高等教育出版社在1990年及“七五”期间，积极贯彻国家教委制定的有关教材建设规划，以高等教育和职业技术教材为重点，开展教材编写与出版工作，取得了较大的成绩。

一、在整顿与改革中完成1990年各项任务

1.全面超额完成发稿、印刷及产值计划，教材供应及时。1990年编辑、发稿463种图书和4种期刊31期，共13511.8万字，超过定额发稿字数76.5%；完成排印字数17294万字，超计划116.17%；供应教材、教学参考书及各类图书2220种（其中初版书588种，重版书1632种）3170万册，种数超计划93%，册数超计划21.9%；完成产值8032.7万元，超计划45.8%。1990年春秋两季供应高等教育、职业技术教育（包括中专在内）和成人教育（包括师资培训在内）教材的准时出书率均为100%。1990年供应理工科本科通用教材903种，教学参考书300种，共占年出书种数的54.2%。

1990年，高等教育出版社出版了一套列入全国“星火计划”丛书的《植物组织培养及其应用丛书》，这是一套将生物学方面的高科技研究成果应用于提高农作物产量的实用技术图书：

《植物组织培养实用技术》裘文达等编著

《康乃馨茎培养工厂化生产》张丕芳编著

《无病毒良种草莓的培育及栽培管理》覃兰英等编著

《香蕉栽培及试管苗工厂化生产技术》熊兆宽等编著

《芦笋组织及育种中的应用》周维燕编著

《葡萄组织培养及应用》曹孜义等编著

《马铃薯茎尖脱毒与微型薯生产》王炳君等编著

1990年高教社出版的具有较高水平的教学用书和专著、工具书有：

《高等机械原理》楼鸿棣　邹慧君主编

《原子物理学》杨福家著

《固体物理实验方法》王华馥等著

《化学通史》赵匡华编

《数据库理论及新领域》施伯乐等编

《电工及电子技术手册》朱承高主编

《现代水力学》（第一册：控制流动的原理
第二册：分析流动的理论）夏震寰著

《应力集中系数手册》航空工业部科技委员会编

《医学仪器（上册）》齐颁扬主编

《高级英语语法（上、下册）》薄冰主编

《高级英语语法练习册》杨友钦　陈秀英编

《半导体材料》王季陶　刘明澄主编

《台港文学导论》潘亚暾主编

《马克思主义文艺理论发展史》吕德申编

《中国近代文艺思潮史》叶易编

《中国古代物质文化》王玉哲主编

《东南亚华侨史》朱杰勤著

《历史学概论》杜经国等编

《量子生物学及其应用》刘次全主编

2. 高教社1990年的获奖书目。1990年第五届全国优秀科技图书评奖中，《疲劳强度》(徐灏著)一书获得了二等奖；《第一届国际全息生物学学术讨论会文集》，在1990年新加坡举行的该课题国际学术讨论会上获“国际科学技术出版物特别奖”。此外，1990年高教社还有下列3种图书获得了优秀奖：

《环境保护概论》刘天齐等编

《中西比较文学教程》乐黛云编

《固态电子学》陈益新龚小成编

3. 教材工作的对外交流。1990年共有外事活动47次，有6人次出访；接待了以苏联国家出版委员会主席叶菲莫夫为团长的苏联出版代表团等4个外国团组的访问；参加第三届北京国际图书博览会，展出图书340种，录音磁带10种，录像带5种，与37家出版社68人次进行了接触，洽谈35次，与国外及海外共达成版权贸易协议4个，销售协议2个，代排协议3个。

4. 高等教育出版社天津印刷厂，1990年完成土建工程，进行设备安装调试，部分投入试生产。该厂于1990年12月4日经新闻出版署批准为全国定点印刷单位。

二、“七五”期间，高等教育出版社教材建设取得显著成绩

“七五”期间高等教育出版社贯彻国家教委制定的“积极扩大教材种类，大力提高教材质量，努力搞活教材工作”的方针和“七五”教材建设规划，共出版新版图书1640种，其中75%为高等教育、职业技术教育和成人教育的教材。

1. 理科教材（包括工科院校设置的应用数学、应用物理、应用化学三个专业的教材）已出版，已发稿或已交稿正在编辑加工的291种，10276.1万字，平均每年完成58.2种，是1978至1985年间每年平均完成50种的1.164倍。目前，每门基础课程已有2—4种通用教材可供选择，教材多品种格局已经形成；专业课、选修课和研究生课程的通用教材品种明显增加；要求在“七五”期间解决教材从无到有问题的专业，部分主干课程的通用教材已经出版，1990年理科教材的供应品种已达649种，其中通用教材494种，教学参考书155种。

2. 工科本科基础课程及工程力学等五个专业的教材出版、发稿或已交稿正在编辑加工的268种，8797.8万字，平均每年完成教材的种数超过了1978至1985年间每年平均完成的种数。到1990年底，工科本科基础课程教材供应品种已达544种，每门课程一般有4—5种通用教材可供选择，已形成教材多品种的格局；教材质量有了较大提高，已修订教材70余种，其中54种是获奖的教材；出版了一批教学参考书、工具书和教师参考书，初步形成了系列配套。

3. 出版文科教材88种，外语教材159种，政治理论课教材17种。

4. 出版全国通用的中等专业学校工科基础课程教材及教学参考书88种。到1990年底，中等专业学校教学用书的供应品种已达160余种。

5. 为适应我国职业技术教育事业的发展，“七五”期间共出版职业技术教育(中专除外)教学用书213种，4200多万字，其中教材占185种，涵盖职业高中、成人中专、岗位培训教育的服装、烹饪、饭店服务、美容美发，电子电器维修，建筑施工、城镇建设、文秘、财经等专业所需的教学用书及岗位培训教材。

6. 出版成人教育自学考试14种通用教材。

7. 出版初中师资培训的卫星电视教育高等师范专科12个专业（政治教育、汉语言文学、历史、英语、体育、美术、音乐、数学、物理、化学、生物、地理）的教材185种。

“七五”期间执行教材规划中存在的问题是：规划偏大，有些选题没有落实；多品种格局中也出现一些大体雷同的品种。

三、研究和制订"八五"教材建设规划

为适应教育战线深入改革的需要，1990年高教社配合国家教委有关司局进行了"八五"期间教材建设规划的制订工作。

1.研究理工科本科"八五"教材建设规划的指导思想与任务安排。1990年，在调研的基础上，高教社配合国家教委高等教育司就理工科本科"八五"教材建设规划的指导思想与任务安排进行了研究，先后在济南和广州分别召开了高等学校工科基础课课程教学指导委员会和工程力学等五个专业教学指导委员会工作会议和高等学校理科教学指导委员会工作会议。在这两个会议上分别制订了《关于制订高等学校工科基础课程1991—1995年教材建设规划的几点意见》、《关于制订高等学校工程力学等五个专业1991—1995年教材建设规划的几点意见》和《关于制定高等学校理科1991—1995年教材建设规划的意见》。这些文件分别对高等学校工科、工程力学等五个专业及理科的教材建设指导思想和具体任务作了明确阐述和规定。

2. 制订1990—1995年工程专科教材建设规划。1990年7月，高教社参与组织由国家教委高等教育司召开的高等工程专科基础课程教材编审工作会议。会上讨论了《关于制订高等工程专科教育基础课程1991—1995年教材建设规划的意见》，并拟订《1991—1995年工程专科教材建设规划》初稿，计列入64种教材，约1900万字。

3.关于高等学校文科"八五"教材建设规划和职业技术教育(含中专)"八五"教材建设规划，高教社配合国家教委有关司局正积极进行调查研究，将于1991年制订。

撰稿人　张元直　苏福才
审稿人　祖振铨　杨陵康

教育技术装备建设与勤工俭学

教学仪器设备行业管理

项目 统计	工厂数（个）	职工数（人）		固定资产（万元）		定额流动资金（万元）	
		合计	其中技术人员	原值	净值	年末实际占用	年平均余额
普教	600	29844	3195	21176.2	14639.2	21471.2	20556.6
高教	582	60286	10009	84425.1	57646.0	77021.7	76634.8

项目 统计	工业总产值（不变价）（万元）	工业净产值（不变价）（万元）	产品销售收入（万元）	利润总额（万元）	税金总额（万元）	全员劳动生产率（元/人）	流动资金周转天数（天）
普教	41609.0	18909.2	40058.5	5630.7	2229.1	14340	279
高教	106981.9	48072.7	118926.0	24270.9	7557.6	17824	317

一、1990年教学仪器设备生产发展情况

1990年完成工业总产值（不变价）148590.9万元，比1989年增长20.9%（教学仪器总产值37812.0万元）；利润总额29901.6万元，比1989年增长11%。利润的增长低于产值的增长。

普教部分完成工业总产值在1000万元以上的有15个省市，即：上海、浙江、江苏、福建、四川、湖南、广东、湖北、山东、江西、河北、宁波、河南、成都和安徽。

在委属高等学校中，产值超过500万元的有13所，即：浙江大学、天津大学、清华大学、南开大学、南京大学、北京大学、华东师范大学、西安交通大学、华南理工大学、武汉大学、华中理工大学、东南大学和厦门大学。

根据普及九年制义务教育和装备达标的要求，除继续生产数学、物理、化学、生物、语言、地理、天文等学科仪器外，从1990年起又着重抓了音乐、体育、美术、职业技术等学科用的仪器设备的生产。

二、新产品试制

第七个五年计划期间，新产品研制计划达305项，但由于经费等问题，仅完成54项。

三、行业管理

国家教委于1990年11月18日发布了《关于加强教学仪器设备行业归口管理的通知》，重申国家教委是教学仪器设备行业的归口管理部门，对全行业进行宏观管理。各地区的教育行政部门是该地区教学仪器设备行业的归口管理部门。发布了归口管理的13大类主要产品，它们是：教学用计量仪器、通用教学仪器、专用教学仪器、教学模型、教学标本、教学玻片、教学用玻璃仪器、教学挂图、电化教学仪器、学具、教学工具、教室设备、其它教学仪器设备。同时公布了已发布教学仪器设备标准共305项；公布了获得生产许可证的厂家及产品(共346份)。

1990年12月7日至9日在天津大学召开了中国教学仪器设备行业协会第二届会员代表大会，审议了第一届理事会的工作报告、财务收支报告，通过了新章程，完成了换届选举。第一届理事会会长刘忠德改任名誉会长，蒋景华任会长，周克平任副会长兼理事长，张润兴任副理事长兼秘书长。会上表彰了109名协会活动积极分子，并交流了工作经验。

1990年10月9日至13日在杭州召开了全国教学仪器标准化技术委员会工作会议。传达了全国贯彻标准化法令会议精神，总结了标准化技术委员会及各分委会一年来的工作，审定并通过了行业标准《教学仪器和教学设备型号命名方法》和国家标准《气垫导轨》、《教学用指针式电表》，审定并基本通过了国家标准《教学用光具座》。

在标准化工作方面，1990年发布了16项行业标准。1988年至1990年发布的教学仪器设备行业(专业)标准如下：

JY 9—88　低频信号发生器

JY11—88　教学信号源

JY12—88　学生信号源

JY13—88　变压器原理说明器

JY14—88　可拆变压器

JY15—88　小型变压器

JY16—88　直流高压电源

JY23—88　手摇三相交流发电机

JY24—88　三相电机原理演示器

JY25—88　三相感应电动机模型

JY31—88　教学用电阻箱技术条件

JY32—88　简式电阻箱技术条件

JY51—88　电磁继电器

ZBY 51001—88　教学仪器产品一般质量要求

ZBY51002—88　教学仪器产品的检验规则

ZBY51003—90　透明天球仪

ZBY51004—90　月球运行仪技术条件

ZBY51005—90　矿物岩石标本

ZBY51006—90　立式隔膜电解槽技术条件

ZBY51007—90　初中化学实验箱

ZBY51008—90　平面几何演示器

ZBY51009—90　教学用电子仪器的环境要求和实验方法

ZBY51010—90　教学用电子仪器的标志、说明书、包装、运输和贮存通用技术条件

ZBY51011—90　教学用单踪阴极射线示波器

ZBY51012—90　磁针

ZBY51013—90　蹄形电磁铁技术条件

ZBY51014—90　左右手定则演示器技术条件

ZBY51015—90　楞次定律演示器技术条件

ZBY51016—90　铜的电化当量实验器

ZBY51017—90　电子束演示器技术条件

ZBY51018—90　电磁振荡演示仪

各省、自治区、直辖市及计划单列市教学仪器标准化技术委员会也制定了一批地方标准。对没有国家标准、行业标准、地方标准的，则要求生产厂必须有经过当地技术监督

部门备案的企业标准。重申凡无标准的产品不许生产。

继续执行生产许可证制度，1990年颁发了10种产品的生产许可证，并补发了1989年的13种产品的生产许可证。第七个五年计划期间累计发放生产许可证346份。

根据国家教委教育事业"八五"计划及十年设想(初稿)，修改了教学仪器设备行业"八五"计划。提出指导思想和发展战略是，以质量为中心，强化管理，调整结构，增加产量和品种，提高效益，稳步发展。要办好一批骨干厂，要发扬艰苦奋斗的精神，加强队伍建设，提高人员素质，提高我国教学仪器设备工业的整体水平。

为沟通国内外教育技术装备的信息，由国家教委条件装备司主办的《国际教育仪器设备》杂志(INTERNATIONAL EDUCATIONAL INSTRUMENT & EQUIPMENT，缩写为IEIE)编委会，1990年1月10日在北京成立。创刊号于10月出版发行。国家教委副主任何东昌、邹时炎和中国教学仪器设备研究会理事长、清华大学校务委员会副主任高景德为该杂志创刊号题词。该杂志为季刊，中英文对照。

四、质量管理

1990年继续从各个环节入手，抓产品质量和产品创优，防止不合格产品进入学校。

针对1990年10月在南宁召开的1991年全国普教教学仪器订货会上查出有无生产许可证产品的情况，国家教委办公厅于1990年12月31日发出了《关于教学仪器设备产品无证生产情况的通报》。通报无证产品共57个，涉及17个省、自治区、直辖市的38家工厂。在省、市级供货目录中列入无证产品的有22个省、自治区、直辖市的50多家工厂。工厂供货目录中列入无证产品的有24个省、自治区、直辖市的77个工厂。《通报》要求：各省、自治区、直辖市及计划单列市教学仪器主管部门要从中汲取教训，并严肃处理查出的问题；今后要严格审查参展产品，不许无证产品进入订货会；各级各类学校不得配备无证产品。

1990年10月，在四川省成都市召开的实验教学普及县的现场会上，对已验收的各校配备的仪器设备又逐个进行检查，未发现无证产品。

1990年4月24日至25日在北京成立了第二届优质产品评审委员会。国家教委主任助理朱育理任名誉主任，蒋景华任主任。会上通过了《国家教委优质产品评审委员会章程》、《教学仪器优质产品评选办法》和《校办产业优质产品评选试行办法》。1990年12月10日李铁映签署国家教育委员会第11号令，发布了《教学仪器优质产品评选办法》。《办法》分7章26条，对评审条件、评审程序、管理、奖罚等都做了规定。

1990年度共评出27项国家教委优质产品，其中教学仪器15项。它们是：

1. 哈尔滨市教学仪器厂生产的J239型电流实验盒；

2. 海门县天补中学教学仪器厂生产的J239型电流实验盒；

3. 湖北省潜江市教学仪器厂生产的J246型磁铁性质实验盒；

4. 廊坊市师范教学仪器厂生产的J246型磁铁性质实验盒；

5. 哈尔滨市教学仪器厂生产的J216型物体沉浮实验盒；

6. 黑龙江省肇州三中教学仪器厂生产的J215型简单机械实验盒；

7. 吉安市第五教学仪器厂生产的J2310型(ϕ275)感应起电机；

8. 武汉教学仪器厂生产的J4107型脊椎动物五纲脑比较标本；

9. 淮阳县生物标本厂生产的J4107型脊椎动物五纲脑比较标本；

10. 浙江宁海教学仪器厂生产的J3302—

1型人体骨骼模型；

11.南京市教学模型厂生产的J3302—1型人体骨骼模型；

12.象山市教学仪器厂生产的J3401型32厘米平面政区地球仪；

13.张家港市地理模型厂生产的J3402型32厘米平面地形地球仪；

14.浙江光学仪器厂生产的WSM—100型迈克尔逊干涉仪；

15.湖南省益阳市教学设备厂生产的GH型钢制黑板。

1990年经国家教委推荐的获国家质量银牌奖的产品是南京教学模型厂生产的J3301型人体头颈躯干模型。

1990年11月上旬，分别在北京、天津、石家庄、西安对99个生产厂的14种教学仪器共计192件产品进行了测试和监督检验。

由于小学幼儿教具的标准化工作起步较晚，到检测时为止尚未发布行业标准。因此决定加快小学幼儿教具标准化工作的步伐。

五、技术改造

1990年技术改造更新措施投资2000万元（全部自筹）。第七个五年计划期间总共投资9500万元（全部自筹）。通过技术改造，对设备更新，厂房改造，提高工厂的计量水平和企业素质都起到明显作用。

撰稿人　张润兴

审稿人　周克平

中小学实验室建设和普及实验教学工作

一、概况

1989年11月，国家教委条件装备司提出了1990—1995年全国中小学实验室及仪器设施建设的几点意见。一年来，各省、自治区、直辖市教育行政部门积极贯彻《意见》的精神，制定措施，树立典型，逐步开展工作，使中小学实验室建设和普及实验教学工作有了显著的进展。据1990年9月对吉林、山西、陕西、山东等17个省的27万所各类中小学抽样统计：中小学建有实验室的学校已达16.6%。其中：普通中学有实验室的学校数达54%；普通小学有实验室的学校数达37%；中小学实验室拥有仪器设备总值增加3倍左右。

二、抓典型，以点带面

1990年，国家教委推广了一些先进经验，促进实验室和实验教学的发展。河北省教委在财力不足的情况下，组织有多年教学经验的自然常识课高级教师，对小学自然教具和仪器进行系统的逐项分析，发现所需教具仪器有45%—50%可通过自制或代用品解决，于是在全省大力推广自制教具的工作，取得了显著的成绩。1990年2月，国家教委条件装备司向全国推广河北省保定市河北小学自制教具建设实验室的经验，在保定市举行了向全国农村教育改革实验县赠送设备、图书仪式，肯定了河北省教委的作法。

国家教委副主任邹时炎在会上讲话指出，要不失时机地把中小学仪器设备的建设工作提到各级教育行政部门和学校领导的议事日程上来，切实抓紧抓好。会后，河北省教委为与会代表举办了小学自然课自制教具培训班。

湖北省教委结合本省实际，有计划、有步骤地抓好中小学实验室建设，配备实验室的中小学校由1984年的300所，增加到1990年的26558所，为普及实验教学奠定了基础。1990年8月，国家教委条件装备司转发了湖北省教委大抓中小学实验室建设情况的报告。

四川省教委在省政府的领导下，全省开展中小学"实验教学普及县"的试点工作。把建设中小学实验室和普及实验教学工作纳入了各级政府的任期目标，同普及义务教育工作统一部署，建立了一整套严格的科学的评估指标体系。对目标实现情况进行现场随机抽查，既验收装备的数量和质量，也验收学生的实验操作本领和实验老师的教授能力；工作的着眼点落实到提高教学质量和培养学生的动手能力上。国家教委条件装备司在调查研究基础上，于1990年10月在成都市召开了全国中小学实验教学普及县现场会，推广四川省教委的经验，总结交流各省、自治区、直辖市教育部门开展中小学实验室建设和普及实验教学的经验。四川、甘肃、广东、江西、山西、沈阳等省(市)在会上进行了经验交流。与会代表参观了成都市青白江区、德阳市什邡县实验教学普及的情况和验收活动，进一步推动了全国中小学开展普及实验教学的工作。国家教委副主任何东昌、柳斌出席了会议并讲了话。何东昌指出：中小学搞好实验教学是对孩子从小树立科学思想、培养人的素质的需要，要通过提倡自制教具(保证自制教具的质量)，走群众路线，发扬艰苦奋斗和勤俭办学精神，把中小学实验教学搞好，把教育质量抓上去。柳斌指出：当前要大力强调普及中小学实验教学的必要性，要在90年代把普及中小学实验教学和实验室建设当做基础教育的一件大事来抓，要趁当前改造危房已经取得重大进展的大好时机，集中一点儿力量把它抓上去。希望各地都像四川那样，用10年左右的时间一个县一个县地抓一遍，把教育质量抓上去，把青少年的素质抓上去。会后，不少省市重新对普教工作进行了部署。表示要把实验教学普及县的工作做好。

撰稿人　陈小平
审稿人　周克平

中小学勤工俭学

一、勤工俭学进一步普及和提高

1990年，全国中小学勤工俭学发展较快，经济效益不断增长。全国勤工俭学总产值为227.5亿元，纯收入为40.8亿元。纯收入超过亿元的省、市已达16个，其中纯收入超过2亿元的省有8个（江苏、辽宁、山东、河北、吉林、黑龙江、四川、浙江）。1991年4月，国家教委对上述8个勤工俭学先进省给予表彰。

教育效益明显提高。1990年，全国开展勤工俭学的中小学校比上年增加1813所，普及率为84.5%，多数学校已经建立起比较稳定的生产劳动基地。校办工厂、校办农场及第三产业网点接纳和安排师生参加生产劳动的基地比上年增加6万多个。

1990年全国各类中、初等学校勤工俭学发展情况

开展勤俭学校数(所)	733482
勤工俭学开展率(%)	84.5
校办产业基地数(个)	
合　计	619688
工　厂	77254
农　业	452133
第三产业	90301
土面地积(亩)	7473668
接纳学生参加劳动的基地数(个)	471347
工业总产值(千元)	16443949
农业总产值(千元)	1145280
第三产业营业额及其它勤工俭学收入	5163152
全年总收入(千元)	
合　计	4085556
工　业	2129703
农　业	502631
第三产业利润及其它收入	1453222
税　金　(千元)	
计	631163
其中：上缴所得税	36400
固定资产原值(千元)	5759441
固定资产净值(千元)	4538397
流动资金年末数(千元)	6382388
学生人均收入(元)	23.54

二、农村学校勤工俭学发展迅速

1984年8月召开全国农村学校勤工俭学经验交流会后，农村学校勤工俭学发展迅速。农业基地土地面积由1983年的720万亩增加到1990年的747万亩，农业纯收入由1983年的1.33亿元增加到1990年的5.03亿元。

农村学校勤工俭学显示出以下新特点：一是勤工俭学活动较好地把育人、创收和为农村经济建设服务紧密结合在一起；二是从种养自给型逐步转向种养、加工、销售一条龙的商品化、科学化、集约化的效益型。农村地区的勤工俭学活动，促进了农村教育更好地为当地经济建设服务。许多农业科技成果，通过勤工俭学基地的中间试验、示范，通过培训学生和学生家长来扩散，解决了科技成果直接向农民推广时遇到的“技术落差”过大的问题，成为实施“星火计划”、“燎原计划”和“丰收计划”的必要的中间步骤。许多农村勤工俭学基地成了“农、科、教”结合的纽带。

为了总结农村学校开展勤工俭学的经验，进一步推动农村勤工俭学的发展，国家教委于1990年6月6日至10日在山东省潍坊市召开了全国农村中小学勤工俭学工作会议。各省、自治区、直辖市、计划单列市教委（厅、局）主管勤工俭学的教委主任、厅（局）长和勤工俭学管理部门的负责人，国家计委、财政部、国家税务局等有关部门的同志参加了会议。会议期间参观了山东省潍坊市和平度市47所农村中、小学的校园经济，总结交流了经验。

会议认为，农村勤工俭学发展迅速的基本经验是：

（一）各级地方政府和教育行政部门把勤工俭学作为改革农村教育的重要环节，真抓实管。许多学校的勤工俭学活动成为农村教育与农村经济建设的结合点，成了实施“燎原计划”的基地，成为农村教育综合改革的有机组成部分。勤工俭学的内涵、作用和地位有了新的含义。

（二）建立稳定的生产基地，作为发展农村学校勤工俭学的基础。一些地方把建立学校农副业生产基地作为学校基本建设的配套项目，地方政府协调划拨给中小学一定数量的土地。

（三）因地制宜，多种形式开发校园经济，实现大面积普及。山东省潍坊市发展校园经济的经验，有普遍意义。

（四）按照现代化农业和商品经济的特点进行生产经营。抓种养的同时，注意抓加工和经营。实行农、林、牧、副、渔多业并举，农、工、贸综合经营，使农村勤工俭学增强了活力。

（五）使生产、校园建设和为当地经济建设服务相结合，提高了农村学校勤工俭学的社会效益。

三、研究发展勤工俭学规划

1990年4月20日至30日，国务委员兼国家教委主任李铁映在广西壮族自治区考察教育工作期间，在自治区农村学校勤工俭学工作会议上提出中小学勤工俭学“一要坚持，二要发展，三要整顿，四要提高”的指导方针。根据这一基本方针，国家教委提出了“八五”期间勤工俭学的发展规划。

（一）要求“八五”期间勤工俭学的普及率，农村达到90％以上，城市达到60％以上。力争学校逐步建立校园经济基地，各省、自治区、直辖市有一个或几个本地区的先进县（区）；全国建设100个勤工俭学的先进县（区）。在城镇，要着重发展联办的骨干产业或产业集团，发展面向一批学校的劳动和技术教育中心，以接纳更多学校参加勤工俭学活动，进一步扩大普及面。要认真研究西部地区特别是民族地区学校的特点，积极发展有特色的勤工俭学活动。

（二）要大力推进“科技兴厂”、“科技兴农”和“科学管理”，提高勤工俭学的经营管理水平。各省、自治区和直辖市有选择地重点扶植一批校办产业，进入当地先进企业行列，带动其它校办产业的提高，力争1995年勤工俭学纯收入10万元以上的产业从现在的4300多个增加到6000多个，100万元以上的产业从现在的114个增加到300多个。各地要重点扶植一批学农基地，逐步把它们办成为当地的农业科技试验中心、优良品种繁育提纯中心和先进技术的示范推广中心。沿海地区还应积极发展外向型企业。

（三）勤工俭学的经济效益持续增长。“八五”期间纯收入的上升目标，暂定为20亿元左右，即要求1995年达到年度纯收入60亿元左右，其中可用于补充教育经费部分达24亿元左右。

（四）进一步普及劳动教育和劳动技术教育。校办产业要在开展劳动教育和劳动技术教育方面发挥主要基地的作用。各级教育行政部门要指定主要牵头机构，组织有关业务主管机构负责人参加，建立领导小组齐抓共管，做到领导和管理上统一，计划安排上协同，工作指导上协调，检查评估的标准一致，把劳动教育和劳动技术教育真正抓落实。

（五）用好勤工俭学获得的经济收益。一些经济收益高的学校，要力争把学校办得更好。

为实现上述目标，要采取以下主要措施。

一是要继续大力发展校办产业。二是大力发展多种形式的经济联合。三是大力发展校园经济。四是大力发展外向型经济。五是实行分类指导，各地要结合当地实际，认真搞好区域规划，制定目标，树立先进典型，实行分类指导，促进均衡发展。

四、开展勤工俭学的理论研究，出版理论专著《中国勤工俭学》

中国教育学会勤工俭学研究会，组织和开展多次全国性的理论研究活动。全国大部分省、自治区、直辖市都成立了理论研究组织，并创办各种勤工俭学的报刊，在勤工俭学理论研究方面不断有新的进展，为各级教育行政部门起了参谋助手作用，并取得了初步的研究成果。由林声、蒋景华等主编的《中国勤工俭学》于1990年10月正式出版。该书对我国大、中、小学校勤工俭学的发展沿革、地位作用、政策法令、科学管理、队伍建设等方面作了比较系统的研究，李铁映为该书作序。

撰稿人　邹　晶
审稿人　蒋景华

高等学校校办产业

一、高等学校校办产业迅速发展

32年来，我国高等学校在抓好教学、科研工作的前提下，大力发展校办产业，推动高等学校的科技成果向生产力转化，取得了显著的效果，特别是高新技术产业发展较快。上海市1982年—1989年期间，高等学校科技产业的年产值增长了15倍。北京大学的电子排版系统在技术经济指标方面，已全面超过国际先进水平，并且已开发出适用于报纸、期刊、书籍和办公室自动化等各个方面的系列产品。它已广泛应用于国内的报社、出版社、印刷厂、企业、机关、学校、研究所等各个汉文字排版的行业、部门以及海外的中文报刊、书籍出版业。已有8家海外用户使用北京大学“方正电子出版系统”。1990年北京大学新技术公司总产值达1亿元以上，创利税2150万元，人均年产值超过50万元，人均年利润达到5万元。第一军医大学在发展校办产业过程中，充分利用学校人才密集、技术密集、信息密集的优势，改变过去研究工作中“一研究、二鉴定、三入库”的模式，实行教学、科研、医疗（或生产）相结合，着重围绕“医”和“药”，组织生产了几十种制剂和日用化工产品。1990年的产值是3.8亿元，外汇收入超过1000万元港币。其中南方药厂生产的三九胃泰、正天丸、胃必宁、关节灵、皮炎平、壮骨关节丸等高效中成药，由于质量好、疗效高，赢得了信誉。该校校办产业提留的收入主要用在添置现代化的仪器设备上，使第一军医大学60%的设备达到80年代水平，有力地支持了教学和科研工作的开展。天津大学为了把近年来研究开发的“具有新型塔内件的高效填料塔”技术大面积地推广，以化学工程研究所为技术依托，以填料厂为中间试验和生产基地，组建了化工分离技术及新型填料开发中心，形成了所、中心、工厂紧密型的联合体制，实现了科研、开发、设计、生产、服务“一条龙”式的运行机制。填料厂能够生产16个系列，90多种规格和型号的新型填料，以成套技术向企业推广，先后已在600多个企业中推广运用。改造了石油化学工业的1000多座塔器，累计创社会经济效益3亿元。其中规模最大的是燕山石油化工公司化工一厂的30万吨/年乙烯装置中DA—101汽油分馏塔的改造，完成改造后，该塔可通过36万吨/年乙烯生产能力，该装置实现了32万吨/年生产能力，每年获经济效益达512万元。

二、成立中国高校校办产业协会

为了总结交流高等学校校办产业的经验，推动校办产业的进一步发展，中国高校校办产业协会经过近一年的筹备，于1990年10月17日正式成立。10月23日至26日国家教委在成都科学技术大学召开了成立大会暨首届学术和经验交流会。同时，举办了高新技术产品展示会。中国高校校办产业协会由宋健、袁宝华任名誉会长，朱育理任会长，蒋景华任理事长。会议期间，国家教委副主任何东昌到会参观了各校展品，国家教委副主任王明达到会作了报告。全国159所大专院校的280名代表和中央有关部委的40名代表参加了会议。有85所高等学校参加了高新技术产品展示会，设有95个展台，展出500多项产品，共有5000多人参观。一致认为，这是一次高等学校科技实力的初步展示，显示出高等学校校办产业水平已经达到一定的高度。

三、评选校办产业优质产品

从1990年开始，国家教委优质产品评选范围，由原来的教学仪器产品，扩大到各种校办产业产品。

校办产业的优质产品：

南开大学新技术实业集团公司生产的001X7强酸性苯乙烯系阳离子交换树脂；南开大学新技术实业集团公司生产的201X7强碱性季胺I型苯乙烯系阴离子交换树脂；北京大学新技术公司生产的计算机激光汉字编辑排版系统；国营江南电子仪器厂生产的TPCW-2535型微控线切割机；长春文教锅炉厂生产的QXG/N120-7/95.60-7/95.QXN30-4/95型强制循环正逆反向燃烧热水锅炉；湖北沙洋日用电器厂生产的YZ-83(20W、30W)型荧光灯镇流器；大连内衣总厂生产的迷妹牌胸罩；沈阳药学院制药厂生产的注射用腹蛇抗栓酶；成都中医学院制药厂生产的扁鹊牌鼻渊舒口服液；哈尔滨市教学仪器二厂生产的SLD-1型两用式对数视力表；上海工业大学电子仪器厂生产的CTJ-Ⅲ型胎儿监护仪；杭州娃哈哈营养食品厂生产的娃哈哈儿童营养液。

四、高等学校校办工厂整顿验收

高等学校校办工厂整顿验收工作，首批从1984年开始，1990年底已基本完成。通过整顿验收，工厂的基础管理工作明显提高，一些薄弱环节得到了改进和加强。国家教委于1990年11月14日发出《关于公布高校工厂首批整顿验收合格单位的通知》，核准21个省、自治区、直辖市的353所高校工厂为首批验收合格单位，国家教委颁发了合格证。在整顿验收工作中，评选出120个高校工厂为先进单位，受到国家教委的表彰。

撰稿人　邹　晶

审稿人　蒋景华

高等学校后勤工作

一、召开全国高等学校后勤工作会议

1990年6月，国家教委召开了全国高等学校后勤工作会议。各省、自治区、直辖市教委、高教(教育)厅(局)负责同志，113所高等院校的院校长、总务(处)长参加了会议。会议总结了高校后勤10年工作的成绩和基本经验，研讨了今后后勤工作的努力方向、指导思想和目前面临的问题。

会议认为，高校后勤工作在高等教育事业的发展中，发挥了重要的作用。高校后勤遵循高等教育发展的特点和规律，主动适应学校教学科研的发展，加强基础建设，提高了管理水平。后勤职工千方百计开展“双增双节”活动，改善师生的工作、学习和生活环境，发扬了艰苦奋斗、无私奉献的革命精神，创造良好的育人环境，较好地发挥了服务育人和管理育人的作用。会议指出，高校后勤工作经过10年改革，已发生重要变化。(1)高校后勤管理体制和服务机制实行了以任务和经费包干使用为主要形式的多种承包责任制，初步形成以全民所有制服务单位为基础，适当引进集体、个体服务行业作为补充的多种经营方式的后勤服务系统。(2)在观念上明确了高校后勤首先具有教育属性，必须紧紧围绕培养社会主义建设人才的目标开展后勤工作，还明确了高校后勤工作具有社会第三产业的经济属性，必须遵循经济规律开展管理和经营，调动后勤职工的工作积极性，提高工作效率和服务水平。会议部署了近期的几项工作。

二、表彰高校后勤先进集体和先进工作者

1990年6月国家教委作出《关于表彰全国高等学校后勤工作先进集体和先进个人的决定》，对102个先进集体和505名先进个人进行表彰，并为已连续从事高校后勤工作30年的老同志颁发了荣誉证书和证章。表彰会于6月与全国高等学校后勤工作会议同时进行。

三、加强高等学校校园秩序管理

为了认真落实中央领导同志有关高校校园管理的批示精神，加强校园管理，维护教学、科研、生活秩序和安定团结的局面，1990年9月18日李铁映签署国家教委第13号令，发布《高等学校校园秩序管理若干规定》。《规定》共分20条，对高等院校的门卫制度、接待新闻采访、学生宿舍管理、商业网点管理、广播电视设施的拆装以及其他与院校秩序管理有关的方面作出规定。

四、调查高等学校总务后勤队伍状况

为了准确把握高校总务后勤队伍的基本状况，1990年对各省、自治区、直辖市及中央部委所属970所普通高校1989年底的总务后勤队伍基本状况进行了调查。

高等学校后勤队伍情况

单位：人

总计	干部											工人						
	合计	副处级以上	正副科级	其他	年龄结构				技术职务			合计	正式工	临时工	厨师			
					55岁以上	45～54岁	35～44岁	34岁以下	高级	中级	初级				合计	一级以上	二级	三级以下
211683	42513	3623	12045	26845	4522	13429	14407	10155	945	10470	12926	169170	90657	78513	9219	384	1637	7198

高等学校后勤队伍培训情况

单位：人

培训人数			各种培训班培训人数					
总计	其中		大专班	中专班	专业证书班	研讨班	岗位培训	技术比赛
	干部	工人						
46670	13698	32972	4904	2063	3727	7705	17900	10371

撰稿人　王卫贤

审稿人　蒋景华

附一

□全国高等学校后勤工作先进集体名单

北京市

北京理工大学　北京工业大学
北方工业大学　北京林业大学
清华大学　北京大学
北京服装学院

天津市

天津大学　天津纺织工学院
天津师范大学

河北省

河北大学　河北师范大学
华北电力学院　河北医学院

山西省

太原工业大学　太原机械学院
忻州师范专科学校

内蒙古自治区

内蒙古工学院　内蒙古师范大学
内蒙古农牧学院

辽宁省

辽宁大学　大连理工大学
大连海运学院　沈阳体育学院
东北工学院

吉林省

吉林工业大学　吉林化工学院
长春建筑专科学校

黑龙江省

哈尔滨工业大学　哈尔滨船舶工程学院
哈尔滨师范大学　哈尔滨科学技术大学

上海市

同济大学　复旦大学
上海医科大学　上海旅游专科学校
上海外国语学院

江苏省

南京大学　东南大学
镇江船舶学院　华东工学院
中国矿业大学　扬州师范学院
苏州大学

浙江省

浙江大学　浙江农业大学
浙江工学院

安徽省

中国科技大学　华东冶金学院
淮南师范专科学校

福建省

华侨大学　厦门大学
福州大学

江西省

九江师范专科学校　江西师范大学
南方冶金学院

山东省

山东农业大学　山东师范大学
石油大学(华东)　青岛海洋大学

河南省

河南大学　河南中医学院
郑州工学院　南阳师范专科学校

湖北省

华中理工大学　武汉水利电力学院
武汉工业大学　同济医科大学
宜昌师范专科学校

湖南省

中南工业大学　中南林学院
衡阳医学院　怀化师范专科学校

广东省

中山大学　华南理工大学
暨南大学　华南师范大学

广西壮族自治区

桂林冶金地质学院　广西师范学院

海南省

华南热带作物学院

四川省

西南交通大学　重庆大学
绵阳师范专科学校　四川师范学院

成都科技大学

贵州省

贵州工学院　贵阳中医学院

云南省

云南师范大学　云南工学院

昆明师范专科学校　昆明工学院

西藏自治区

西藏民族学院

陕西省

西北工业大学　西安交通大学

陕西机械学院　西北农业大学

甘肃省

兰州大学　西北师范大学

青海省

青海师范专科学校

宁夏回族自治区

宁夏大学

新疆维吾尔自治区

新疆八一农学院　新疆大学

附二

□全国高等学校后勤工作先进个人名单

北京市

于宏生　首都医学院
吴淑珍(女)北京科技大学
刘振然　北京师范学院
孟江平　中国人民公安大学
吕连亭　中央音乐学院
尹殿荣　北京外国语学院
吴国璜　北方交通大学
骆文海　北京邮电学院
冯宝华　北京师范大学
章勇行　北京农业工程大学
王一峰　北京化工学院
余力群　中央民族学院
韩书香　北京广播学院
李　平　北京联合大学文理学院
张殿云　中国人民大学
张慕葎　清华大学
张必兴　北京市高等教育局
刁忠福　北京联合大学自动化工程学院
肖厚昌　中央美术学院
王佐明　北京经济学院
吕　民　北京航空航天大学
谢　青　北京大学
李振华　北京高校采购中心
刘铁君　北京联合大学经济管理学院
李长生　北方工业大学
陈永发　北京联合大学建材轻工学院
刘基厚　北京农学院
孙旭光　北京农业大学
王金瑞　北京市高等教育局
王学昆　北京市高等教育局

天津市

郭文纲　南开大学
刘元德　南开大学
李景松　天津大学
赵凤祥　天津纺织工学院
王金泉　天津师范大学
李雅文(女)天津第二医学院
杜宝增　天津大学分校
李家正　天津职业技术师范学院
王振龙　中国民用航空学院
李玉芳　天津轻工业学院
陈奎昌　天津外国语学院
王发祥　天津财经学院

河北省

汪秀叶(女)河北师范学院
王德云　河北医学院
王同仿　承德医学院
郭学华(女)河北大学
李雨龙　河北机电学院

许兴功　河北地质学院
张文永　廊坊师范专科学校
李增维　河北煤炭建筑工程学院
杨维忠　石家庄铁道学院
李炳信　河北农业大学
张国祥　河北建筑工程学院
柯泽英　河北中医学院
陈玉善　邯郸师范专科学校
曹同义　唐山工程技术学院
孟庆福　唐山师范专科学校
赵志普　承德师范专科学校
张贵山　河北轻化工学院
芦　满　河北师范大学
孙家文　河北工学院
尹树威　河北师范学院
李文钰（女）石家庄铁道学院
李双印　河北大学

山西省

李造唐　山西大学
张振玮　太原工业大学
武世荣　山西农业大学
张有祥　山西师范大学
兰增田　山西医学院
崔　臻　太原机械学院
王延年　太原电力专科学校
杨海金　晋中师范专科学校
郝永贵　山西师范大学
周良才　山西矿业学院
陶景安　山西医学院
石礼信　山西省教育委员会

内蒙古自治区

高巨才　内蒙古自治区教育厅
郭振有　内蒙古农牧学院
潘　祥　内蒙古民族师范学院
杨文军　内蒙古财经学院
玉启文（女）包头师范专科学校
布汝元　哲里木畜牧学院
边俊杰　内蒙古大学
塔　拉　内蒙古蒙医学院
苏　顺　内蒙古医学院
谢武斌　内蒙古师范大学

辽宁省

谭玉祥　大连医学院
潘乃柱　沈阳医学院
初良友　辽宁广播电视大学
古兴甲　东北工学院
张铁弓　锦州工学院
罗庆中　辽宁大学
蒋本相　沈阳建筑工程学院
宋文庆　沈阳体育学院
孙吉顺　沈阳工业学院
啜玉林　中国医科大学
刘桐林　沈阳冶金机械专科学校
李鹏武　沈阳师范学院
于海云　朝阳师范专科学校
马春光　辽宁中医学院
王连生　大连理工大学
姜珪珍　大连海运学院
王贵忱　沈阳工业大学
张日新　本溪冶金专科学校
李玉库　辽宁省警官专科学校
赵振华　沈阳农业大学
陈永尧　辽宁教育学院
康更新　阜新矿业学院
李　诚　沈阳电力专科学校
张士元　辽宁师范大学
于月昭　大连市高校协作办公室
闵景香　锦州师范学院
卢玉昆　抚顺石油学院
张　剑　沈阳航空工业学院

吉林省

何小林　吉林工业大学
吕美德　白求恩医科大学
潘占鳌　吉林师范学院
张庆海　长春建筑专科学校
翟　荣　吉林省教育委员会

张治国　　东北师范大学
王占祥　　东北师范大学
林立中　　吉林大学
王秀和　　吉林大学
李福均　　吉林工业大学
吴　驰　　长春地质学院
苗长文　　吉林农业大学
孙长山　　东北电力学院
李正肃　　长春光学精密机械学院
张淑清(女)吉林化工学院
朱春洪　　延边大学
闵平南　　长春邮电学院
关庆祥　　长春冶金地质专科学校
张振发　　四平师范学院
赵贵春　　吉林电气化专科学校

黑龙江省

梁明兰　　佳木斯医学院
王文达　　哈尔滨电工学院
张含颖　　齐齐哈尔轻工学院
侣庆杭　　哈尔滨船舶工程学院
杨秀章　　东北农学院
武　生　　黑龙江中医学院
王秀兰(女)哈尔滨工业大学
刘世臣　　哈尔滨科学技术大学
蒋崇岫　　东北林业大学
江宝贵　　哈尔滨体育学院
周申亚　　黑龙江八一农垦大学
董其岩　　哈尔滨机电专科学校
刘克俭　　哈尔滨师范大学
宋占臣　　大庆石油学院
孙明德　　黑龙江矿业学院
孙成义　　克山师范专科学校
王洪普　　牡丹江医学院
姜连清　　齐齐哈尔师范学院
高树源　　佳木斯师范专科学校
王明志　　黑龙江省教育委员会

上海市

毛培芳　　同济大学
董嘉良　　复旦大学
张辉普　　上海外国语学院
褚卫旗(女)上海外国语学院
王云贞(女)上海医科大学
孔曼曼(女)上海师范大学
贝亦民(女)华东化工学院
李莲娣(女)华东师范大学
张锡荣　　上海水产大学
袁志良　　上海化学工业专科学校
孟广甫　　中国纺织大学
周和生　　上海交通大学
汪志伟　　上海机械学院
程锡康　　上海农学院
诸海明　　上海工业大学
张志林　　上海体育学院
李　莹　　上海机械专科学校
杨建忠　　上海第二医科大学
付来保　　上海纺织专科学校
陆宗权　　上海财经大学
许福歧　　上海教育学院
吴钟浩　　上海冶金专科学校
曹洪炳　　同济大学
卜中和　　上海市高等教育局
张子元　　上海市高等教育局

江苏省

陈龙玉　　南京大学
诸国富　　镇江船舶学院
刘志远　　南京邮电学院
吴世昌　　南京航空学院
马　冲　　扬州工学院
史振康　　苏州师范专科学校
周佩吾　　江苏农学院
应勤杰　　河海大学
程大中　　徐州师范学院
高　明　　苏州铁道师范学院
臧道连　　盐城工业专科学校
蒋建华　　南通医学院
朱进友　　江苏教育学院

滕友文 无锡轻工业学院
谈桂兰(女)江苏化工学院
李忠霞(女)中国药科大学
文丁南 徐州医学院
陈静仪(女)南京建筑工程学院
史瑶昭 南京气象学院
张国庆 江苏工学院
张启森 南京体育学院
赵宝珍(女)南京中医学院
刘景良 南京师范大学
金祥生 扬州师范学院
韦立华 南京大学
王振华 东南大学
孙素华(女)江苏工学院
周森晞 河海大学
祭彦加 江苏省教育委员会
徐金元 苏州丝绸工学院
顾义娟(女)苏州大学

浙江省

陈天文 浙江大学
何 雄 浙江大学
胡建新 杭州商学院
陈百龙 杭州电子工业学院
陈阿旺 杭州大学
张昆玉 杭州大学
邱云飞 浙江农业大学
邱明华 浙江工学院
阮妙法 浙江医科大学
周汉庆 浙江师范大学
张德富 浙江水产学院
汪静敏(女)宁波师范学院
马樟苗 绍兴师范专科学校
金永木 温州师范学院
蔡芝芳(女)杭州高等专科学校
马荣璋 浙江省教育委员会

安徽省

秦学金 巢湖师范专科学校
俞东远 安徽机电学院
夏英富 安徽大学
王昌根 安徽师范大学
童本庆 淮南矿业学院
王仁安 安徽中医学院
蔡有智 中国科技大学
朱剑中 安徽工学院
陈惠恩 安徽财贸学院
蒋高远 滁州师范专科学校
鞠和保 阜阳师范学院
汤毅章 合肥工业大学
朱忠莹(女)安徽医科大学
马升海 安徽农学院
李 峰 合肥工业大学
李文发 徽州师范专科学校
胡绍宇 安徽机电学院
袁泽兴 芜湖师范专科学校
郑邦恒 安徽省教育委员会

福建省

杨忠案 厦门大学
唐季秋 华侨大学
李子平 集美航海学院
蔡宝川 福州大学
蔡冠雄 福州大学
林道钿 福建师范大学
危长胜 福建师范大学
叶尚菁 福建农学院
张耀民 福建农学院
兰祚友 福建林学院
程英英(女)福建医学院
林锥源 福建中医学院
许天月 福建体育学院
蔡喜星 漳州师范学院
柯芸笙 福建商业专科学校
钟敏生 集美师范专科学校
谢基利 宁德师范专科学校
毛维兴 南平师范专科学校

江西省

陈宏强 江西农业大学

张家驹　南昌水利水电专科学校
李春盛　江西中医学院
熊惠贞(女)江西大学
李光华　宜春师范专科学校
胡沛明　吉安师范专科学校
刘金莲(女)江西财经学院
陈化来　江西省教育委员会
赖春麟　南昌职业技术师范学院
邓金水　江西工业大学
龙海堂　抚州师范专科学校
杨国喜　江西师范大学
沈立荣　南昌航空工业学院

山东省

李继发　山东矿业学院
石　磊(女)青岛医学院
石义才　山东工业大学
马长义　山东大学
尹建华　石油大学(华东)
刘凤鸣　烟台师范学院
李传磊　临沂师范专科学校
孟宪章　山东建筑工程学院
刘文英　山东医科大学
袭新生　山东轻工业学院
杨国蕃　聊城师范学院
周振庚　山东师范大学
董新容　莱阳农学院
杜小悌　青岛市文教卫生办公室
兰孝作　青岛建筑工程学院
刘洪森　山东农业大学
杜俊才　曲阜师范大学
黄福灵　菏泽师范专科学校
于启金　济宁医学院
刘述海　潍坊医学院
刘开毅(女)滨州医学院
姚秀森　山东建材工业学院分院
王基合　山东省教育委员会

河南省

孙　俊　郑州大学
王春昶　河南中医学院
李继禹　河南中医学院
袁顺友　河南大学
杜宝智　河南农业大学
郎跃中　河南师范大学
李振宇　许昌师范专科学校
郭善伦　郑州航空工业管理学院
彭大炳　南阳师范专科学校
王晋德　洛阳师范专科学校
金露霞(女)洛阳工学院
张群义　河南省财政税务专科学校
徐振民　新乡医学院
薛吉猷　焦作矿业学院
赵法坤　焦作矿业学院
戴玉恒　信阳师范学院
顾炳祥　郑州纺织工学院
陈晓生　河南职业技术师范学院
王志安　河南医科大学
张国发　郑州工学院
牛　飞　郑州大学
陈建华　河南省教育委员会

湖北省

黄承堂　华中理工大学
胡贵明　武汉化工学院
赵克让　中国地质大学(武汉)
高碧存(女)华中师范大学
李洪林　武汉工业大学
梁业波　湖北工学院
孙理华　湖北医学院
宗有葆　江汉石油学院
雷火青　武汉水运工程学院
江泽中　湖北大学
喻志良　江汉大学
曾　澍　武汉钢铁学院
彭其胜　湖北农学院
杨泽尧　宜昌师范专科学校
陆建文　湖北师范学院
张汉生　孝感师范专科学校

白纯瑾　　郧阳师范专科学校
师迎祥　　湖北汽车工业学院
周志峰　　武汉河运专科学校
余金桂(女)武汉工学院
梁业荣　　武汉大学
钟家槐　　武汉大学
冯正文　　同济医科大学
王吉祥　　中南财经大学
余世纯　　武汉水利电力学院
袁继凤　　湖北省教育委员会
朱桂林　　华中理工大学

湖南省

汪诗训　　中南工业大学
廖鸿伦　　湖南大学
胡岳武　　湖南师范大学
徐焕俐(女)湖南医科大学
曾发章　　长沙铁道学院
吴洪彬　　长沙交通学院
付元藻　　湖南中医学院
郑明新　　湖南农学院
张利滨　　国防科技大学
黄春林　　湘潭大学
赵修桂　　湘潭矿业学院
曾昭泉　　湘潭师范学院
杨瑞昌　　吉首大学
熊文香(女)湖南公安专科学校
许树清　　衡阳师范专科学校
王龙跃　　益阳师范专科学校
陈宗忠　　零陵师范专科学校
王解平(女)娄底师范专科学校
姚珍闺　　邵阳工业专科学校
薛　军　　长沙有色金属专科学校
李子璜　　湖南省教育委员会
罗接来　　湖南省教育工会

广东省

陈焕照　　惠阳师范专科学校
岑健玲(女)佛山兽医专科学校
陈　就　　华南师范大学
关汴华(女)广州中医学院
王广海　　广州师范学院
郑挺建　　华南理工大学
林业广　　中山大学
刘　强　　肇庆师范专科学校
邓煜明　　华南师范大学
黄作新　　广东省高等教育局
郑元锋　　广东工学院
曾定球　　中山大学
谢广雅　　中山医科大学
陈文甚　　广东医药学院
陈希祥　　暨南大学
徐火清(女)华南理工大学
陈锦超　　中山医科大学
陈宝绍　　中山大学
李培杰　　华南理工大学
李俊旋　　广东商学院
丁仲煊　　广州大学
张元亮　　广东省高等教育局

广西壮族自治区

梁尚文　　广西农学院
蔡起招(女)广西民族学院
瞿泳玲(女)广西大学
阳桂生　　广西师范大学
王武生　　桂林电子工业学院
顾裕旺　　广西师范学院
韦益文　　广西财政专科学校
郭礼华　　桂林地区教育学院
叶吉周　　广西农垦职工大学
韦继常　　柳州市教育学院
尤仕凤　　广西师范学院钦州分院

海南省

吴李清　　华南热带作物学院
吕裕昌　　海南大学
符之禄　　海南医学院筹建委员会

四川省

李德奎　　西南师范大学
吴伯琪　　重庆建筑工程学院

谢　枫　重庆大学
杨　晴　成都科技大学
孙灵根　成都中医学院
杨定炳　四川大学
王玉堂　成都地质学院
卢发成　电子科技大学
冉启贵　西南农业大学
谭伟生　渝州大学
杜文浩　四川师范学院
杜懋仁　四川轻化工学院
王康生　四川建筑材料工业学院
周勤丰　内江师范专科学校
杨志发　西昌农业专科学校
何明武　四川大学
宋万成　重庆交通学院
文若彬　西南石油学院
裘古坊　西南交通大学
高能耕　成都师范专科学校
邱宗荫　重庆医科大学
林祖兴　四川工业学院
何积俊　电子科技大学
柏建清　四川师范学院
张知惠(女)涪陵师范专科学校
吕　刚　四川省教育委员会

贵州省

周英娥(女)贵州大学
姚少斌　贵州师范大学
陈信邦　贵州工学院
张德华　贵州农学院
蒙秋明　贵州民族学院
江义发　贵阳医学院
黄鹏翔　贵阳中医学院
谢元炳　铜仁师范专科学校
吴贤敏　贵州商业专科学校
姜源森　贵州省教育委员会

云南省

王传永　云南教育学院
马龙武　云南师范大学
李修华　昆明大学
李春轩(女)昆明工学院
陈发科　云南农业大学
汤甫敏　昆明医学院
张明璞　云南省教育委员会
张星槎　云南民族学院
贺景炘　大理师范专科学校
姚庆龙　玉溪师范专科学校
徐成芳　云南大学
黄兆雄　云南大学

西藏自治区

张联泉　西藏农牧学院
扎　西　西藏大学
曹益昌　西藏民族学院

陕西省

肖一璋　西北工业大学
徐永科　西安交通大学
孙志强　渭南师范专科学校
刘　科　陕西师范大学
强爱和　西北政法学院
贺生新　西安电子科技大学
李建华　西安冶金建筑学院
周景来　西安公路学院
秦宝金　西北轻工业学院
陈　炜(女)西安外国语学院
徐永芳(女)西北大学
李淑芳(女)西北工业大学
弋兴杰　咸阳师范专科学校
王建邦　西北农业大学
陈德芬(女)西安冶金建筑学院
余希良　西北大学
仇延年　西北政法学院
田　荣　西北工业大学
同武宗　陕西师范大学
叶会显　西安外国语学院
殷鹤鸣　西安石油学院
张　旭　咸阳师范专科学校

甘肃省

张文光　兰州铁道学院
未尚英　兰州医学院
张国俭　甘肃工业大学
毛世银　庆阳师范专科学校
刘国荣　甘肃农业大学
魏连元　兰州商学院
李　忠　兰州师范专科学校
曾成忠　西北民族学院

青海省

伦泉隆　青海大学
李生俊　青海医学院
刘学忠　青海师范大学
冯三虎　青海省教育厅

宁夏回族自治区

别基照　宁夏农学院
白四喜　固原师范专科学校
李　冰　宁夏医学院
周学峰　宁夏回族自治区教育厅

新疆维吾尔自治区

杨涌基　新疆财经学院
徐士琴　新疆医学院
高发鲁　新疆工学院
阿不力孜·买买提　新疆师范大学
玉山江·肉孜　伊犁师范学院
艾尔肯·居玛尔　喀什师范学院
李长山　新疆财经学院
程书生　石河子农学院
李桂秀(女)塔里木农垦大学
阔　肯　伊犁教育学院

国家教委主管的社科类报刊

按照《期刊管理暂行规定》和《报纸管理暂行规定》，国家教委由条件装备司对口新闻出版署，并负责管理国家教委主办及委属单位和院校主办的期刊和报纸。经过1989、1990年两次压缩整顿并进行重新登记后，国家教委主管的社科类报纸4种（其中委办1种，委属单位及院校办3种），期刊109种（其中委办4种，委属单位办105种）。报刊目录如下：

报纸名称	主办单位
1.中国教育报	国家教育委员会
2.高校联合书目报	清华大学
3.中国教育电视(周报)	中国教育电视台
4.教育文摘周报	中央教育科学研究所

期刊名称	主办单位
1.人民教育	国家教育委员会
2.中国高等教育	国家教育委员会
3.高校社会科学	国家教育委员会
4.国家教育委员会政报	国家教育委员会
5.中国教育学刊	中国教育学会
6.中国校园文学	中国教育学会
7.中小学数学	中国教育学会
8.教育研究	中央教育科学研究所
9.电化教育	中央电化教育馆
10.思想教育研究	高校思想政治教育研究会
11.课程·教材·教法	人民教育出版社
12.中学语文教学	人民教育出版社
13.中小学外语教学	人民教育出版社
14.教材通讯	高等教育出版社
15.大学图书馆通讯	全国高校图书情报工作委员会
16.古籍整理与研究	全国高校古籍整理工作委员会
17.神州学人	中国教育国际交流协会、欧美同学会
18.高等学校文科学报文摘	上海高等教育局（原高教一司委托）
19.电大文科园地	中央广播电视大学
20.中国电大教育	中央广播电视大学
21.北京大学学报（哲学社会科学版）	北京大学
22.中外法学	北京大学
23.经济科学	北京大学
24.国外文学	北京大学
25.清华大学教育研究	清华大学
26.北京师范大学学报（哲学社会科学版）	北京师范大学
27.史学史研究	北京师范大学
28.外国教育动态	北京师范大学
29.思想政治课教学	北京师范大学
30.苏联文学	北京师范大学

31.高等师范教育研究	北京师范大学
32.学科教育	北京师范大学
33.心理发展与教育	北京师范大学
34.中国人民大学学报	中国人民大学
35.清史研究	中国人民大学
36.教学与研究	中国人民大学
37.人口研究	中国人民大学
38.人口研究(英文版)	中国人民大学
39.经济理论与经济管理	中国人民大学
40.档案学通讯	中国人民大学
41.国际新闻界	中国人民大学
42.情报资料工作	中国人民大学
43.当代思潮	
44.东欧	北京外国语学院
45.法语学习	北京外国语学院
46.德语学习	北京外国语学院
47.俄语学习	北京外国语学院
48.英语学习	北京外国语学院
49.外语教学与研究	北京外国语学院
50.中国俄语教学	北京外国语学院
51.外国文学	北京外国语学院
52.学汉语	北京语言学院
53.语言教学与研究	北京语言学院
54.世界汉语教学	北京语言学院
55.武汉大学学报(哲学社会科学版)	武汉大学
56.写作	武汉大学
57.法国研究	武汉大学
58.法学评论	武汉大学
59.图书情报知识	武汉大学
60.华中师范大学学报(哲学社会科学版)	华中师范大学
61.教育研究与实验	华中师范大学
62.中学生英语	华中师范大学
63.中学俄语	华中师范大学
64.教育与经济	华中师范大学
65.外国文学研究	华中师范大学
66.高等工程教育研究	直属高等工业学校教研协作组(华中理工大学)
67.中山大学学报(哲学社会科学版)	中山大学
68.厦门大学学报(哲学社会科学版)	厦门大学
69.山东大学学报(哲学社会科学版)	山东大学
70.文史哲	山东大学
71.南京大学学报(哲学社会科学版)	南京大学
72.当代外国文学	南京大学
73.东北师范大学学报(哲学社会科学版)	东北师范大学
74.中学教师培训	东北师范大学
75.现代中小学教育	东北师范大学
76.四川大学学报(哲学社会科学版)	四川大学
77.西南师范大学学报	西南师范大学
78.吉林大学学报(哲学社会科学版)	吉林大学
79.现代日本经济	吉林大学
80.史学集刊	吉林大学
81.东北亚论坛	吉林大学
82.南开大学学报(哲学社会科学版)	南开大学
83.中国经济问题	厦门大学
84.兰州大学学报(哲学社会科学版)	兰州大学
85.秘书之友	兰州大学

86. 敦煌学辑刊　　兰州大学
87. 西北史地　　兰州大学
88. 现代外语　　广州外国语学院
89. 陕西师范大学学报(哲学社会科学版)　　陕西师范大学
90. 复旦大学学报(哲学社会科学版)　　复旦大学
91. 世界经济文汇　　复旦大学
92. 科技英语学习　　上海交通大学
93. 外国语　　上海外国语学院
94. 外语界　　上海外国语学院
95. 阿拉伯世界　　上海外国语学院
96. 外语电化教学　　上海外国语学院
97. 英语自学　　上海外国语学院
98. 华东师范大学学报(哲学社会科学版)　　华东师范大学
99. 华东师范大学学报(教育)　　华东师范大学
100. 历史教学问题　　华东师范大学
101. 国外外语教学　　华东师范大学
102. 外国教育资料　　华东师范大学
103. 成人高等教育　　华东师范大学
104. 中文自学指导　　华东师范大学
105. 中小学英语教学与研究　　华东师范大学
106. 化学教学　　华东师范大学
107. 数学教学　　华东师范大学
108. 大众心理学　　华东师范大学
109. 复印报刊资料　　中国人民大学

撰稿人　焦仁里

审稿人　高炳章

教学仪器设备的供应工作

一、1990年12月26日，国务院清理整顿公司领导小组正式批准保留国家教委直接管理的中国教学仪器设备公司（具有外贸经营权）及其所属4个全资子公司（均无外贸经营权），即中国教学仪器设备公司沈阳公司、中国教学仪器设备公司天津公司、中国教学仪器设备公司上海公司、中国教学仪器设备公司广州公司。

二、中国教学仪器设备公司系统1990年完成经营额3.2408亿元，比原计划超出0.72亿元；实现利润1104万元，比原计划超出129万元；共向全国教育战线和其它部门供应仪器设备16万台件，各种磁带67万盘，与市场价格相比，为各级各类学校节约教育经费约3525万元。全年组织全国性教学仪器订货会4次，总成交额2.8亿元，出口创汇149万美元。

三、坚持为教育事业服务的经营方向

1. 为了进一步满足学校的多种需求，1990年公司系统积极扩大经营品种和服务项目。如沈阳公司科教部经过充实，经营品种由250种增至760种，经营额增加了10倍。

2. 加强并完善售前、售中、售后服务。由于学校对仪器市场的动态了解不够，在购置设备时往往会遇到许多困难。针对这种情况，公司系统各单位都认真开展了售前咨询业务，通过召开小型展示订货会，技术交流洽谈会，电话咨询、来人面议等多种形式的咨询服务，解答用户提出的问题，帮助学校制订购置计划。

中国教学仪器设备公司系统对经营的大部分商品实行免费维修一年的服务，并积极增设维修网点，建立用户使用档案。中国教学仪器设备公司全年共组织技术交流会、论证会14次，技术培训班2次。北京展销部全年维修长城微机679台件。其中：主机421套，打字机211台，终端机37台，对外维修微机10套，保修机器总价值约500万元。维修其它型号微机110台件，其中主机81套。

3. 努力为用户节约经费。中国教学仪器设备公司系统所经营的商品，绝大部分是国内外优质名牌商品，价格普遍低于市场价格，有效地维护了学校的利益。部分商品价格调整后，公司系统各单位都主动将节约款额退还用户。在为复旦大学购置超高真空淀积系统时，中国教学仪器设备公司向美英法三家公司询价，最后与法国Comef公司以原价43%的折扣成交，大大低于用户预计的价格，为学校节约了经费。

四、1990年，中国教学仪器设备公司承办了由国家教委和中国贸促会共同主办的90国际教学仪器展览会。全国政协副主席王光英和国家教委副主任何东昌出席了开幕式并剪彩。国际教具联合会（WORLDDIDAC）主席斯托尔专程来华参加了展览会的全部活动。展览设国际馆和国内馆，共展出仪器10大类，3000多个品种。展示了我国教学仪器发展的巨大成就，同时向我国教育界介绍了近年来国际教学仪器的新成就，促进了我国教学仪器设备的进口和出口工作。来自全国各级各类学校及教育行政部门的参观者达6万多人次。展览会期间，中国教学仪器设备公司为部分院校，特别是偏僻院校解决了一批在教学科研中急需又长期没落实的进口设备。

五、1990年，公司参加国家教委利用世界银行贷款“中学在职教师培训”项目国际招标，中标110万美元，在参加投标的77个代理商中名列第六；参加“职业技术教育”项目国内招标，中标额1050万元，在70多个投标代理商中名列第二。投标工作取得的成绩，扩大了公司在国内外的影响，配合了国家教委发展职业技术教育和师资培训等项重点工作，为院校提供了质优价廉的仪器和设备，与市场价格相比，节约经费约10%。

撰稿人　侯　彤

审稿人　杜学礼

教学仪器的研究及技术服务工作

1990年，是国务院批准成立国家教委教学仪器研究所10周年。经过10年的勤奋创业，教学仪器研究所已经拥有近百人的队伍，发展成为我国最大的专业教学仪器研究机构。它的主要任务是研究、探索实验教学与仪器的特点和发展规律，研制、开发教学仪器新产品，逐步形成中国的教学仪器体系。研究范围包括大学、中学、中等技术教育、小学、学前教育、职业技术教育、特殊教育等领域中使用的各类教学仪器设备、实验室设备和教室通用设备。教学仪器研究所还承担着全国教学仪器的技术服务工作，如编制各类教学仪器的配备目录，制订技术标准，指导产品质量监督系统，进行产品质量检测，及专项技术培训和国际技术交流等。它是全国教学仪器的研究中心，情报中心，检测中心和培训中心。10年所庆标志着教仪所已由创建阶段进入到全面开展工作的阶段。

一、根据各地提出的教学仪器研究项目申请书，经组织有关专家审查优选，编制了1990年度教学仪器研究项目计划（分普教部分和高教部分）。其中安排普教研究项目77项，高教研究项目25项。1990年通过国家教委鉴定的研究项目73项。

二、1990年4月9日至16日在北京举办了国家教委第二届高教物理教学仪器优秀研究成果评选。这项活动由教学仪器研究所主持，聘请了20多所高校的教授、专家及教学仪器研究所有关业务人员共28人组成评委会。

这次评选共收到全国80多所院校的193项参评项目，初审通过187项。分演示实验、普物实验、近物实验、电子线路实验4个组进行了评选，共评出1个一等奖，16个二等奖，53个三等奖。

第二届高教物理教学仪器优秀研究成果评选获奖名单

成果名称	研究设计者	研制者所在单位
一等奖		
验证相对论效应实验装置	陈玲燕等	同济大学
二等奖		
六端口反射计机	徐秉椿等	清华大学
SI-I型数字式多功能超导测试仪	高之爽等	郑州大学
刚体力学演示仪(018及019)	施伟达	复旦大学
J2367-TX型库仑扭秤(投影式)	韩长明等	东北师范大学
相对论实验装置	彭炳文	中国科技大学
声-光效应实验仪	吴仲英等	北京大学

续

成　果　名　称	研究设计者	研制者所在单位
CAI多功能信号采集和控制系统	徐卫疆等	同济大学
MSD-1型微波边振自检电子顺磁共振谱仪	王魁香等	吉林大学
$\gamma-\gamma$角关联微机自动测量仪	周诗瑶等	上海师范大学
EE系列逻辑分析仪	吴顺君等	西安电子科技大学
逸出功测定仪	潘人培等	东南大学
热导率动态测量实验仪	万春华等	南京大学、西安教学仪器厂
波动演示仪	张立根等	河北轻化工学院
铁磁质磁化曲线演示仪	梁竹健等	北京师范大学
示波器用SZF-1型记忆单元	黎敏仁等	江西宜春师专
核四极矩共振谱仪	房德慧等	国家教委教仪所、北京师范大学
三等奖		
用HRD-1双单色仪组建的喇曼谱仪微机控制系统	张承理等	兰州大学
光学自动演示仪	张泊静	清华大学
微机控制力学多用仪	史君琪等	华中理工大学(与076合得)
气敏元件特性测试仪	孟繁英	青岛大学
MCP-1型单板机光电测时接口	赵铭健等	山东临沂师专
FDJ-1506型光通信暨互感现象演示仪	刘贵兴	复旦大学
刚体转动综合演示仪	赵福钦等	空军气象学院(与184合得)
无防震台全息照相装置	关承祥等	哈尔滨师范大学
PM-52可调小型永久磁铁	周辉等	东北师范大学
气体导热系数测定仪	朱兴国等	浙江工学院
李萨如图形描迹仪	侯芳亭等	郑州大学
液体表面波干涉仪	侯锴等	云南师范大学
蜃景演示仪	江小明	烟台大学
两种媒质分界面上电力线折射演示仪	崔桂芸等	河北地质学院
L-A/D D/A实验仪	刘征等	兰州大学
干涉条纹动态测量仪	濮家鸣等	天津大学(与104合得)
温差电演示仪	顾洪恩等	天津大学(与167合得)

续

成 果 名 称	研究设计者	研制者所在单位
Apple II微机控制的核探测系统	霍剑青等	中国科技大学(与145合得)
半导体激光器综合特性测试仪	傅竹西	中国科技大学
磁悬式刚体转动实验仪	胡应东等	西安师范专科学校
LWC-1型光纤通信实验装置	柯克义	上海机械专科学校
PNI-A型牛顿环纹演示及测量仪	吴仲英等	北京大学
电光调制器	金光旭等	吉林大学
OJH-II型可换臂直流单电桥	赵立媚等	吉林大学
多普勒效应示波器显示仪	钟胜福等	武汉测绘科技大学
PH-1型多功能毫秒计	张荫千	解放军通信工程学院(与009合得)
平面直线气垫导轨	叶明等	西安电子科技大学
水槽中孤波演示仪	俞书乐等	西安电子科技大学
LFD-1的型IC逻辑功能测试仪	翟生辉等	西安电子科技大学
光学示教仪系列	马致考等	西北大学
EB-M型多功能电子技术实验箱	张忠选等	大连海运学院(与094,096合得)
AIC-1型模拟集成电路实验仪	王淑静等	大连海运学院(与093,096合得)
脉冲与数字电路综合实验仪	纪致信等	大连海运学院(与093,094合得)
小型“WPL”摄谱仪改进	杨铭珍等	辽宁师范大学
双光栅微弱振动测量仪	彭志平等	南京大学(与051合得)
声波系列演示实验仪	吴志贤	南京大学
渐变折射率媒质中光的传播	吴维瑛	南京大学
SDY-1型色度实验仪	陈瑞玉等	南京大学
DP-II型介电谱仪	张光华等	南京大学(与122合得)
相位滤波器	何永蓉等	南京大学
激光器的增益与损耗关系演示仪	郗迈	南京大学
LM系列实时相对光强分布测量仪	彭志平等	南京大学
JB-1型取样积分器	宁新宝	南京大学
LSV-1型机械式激光频闪振动控制测量仪	姜锦虎等	苏州大学
JD-1型介电系数测试仪	王良才等	苏州大学(与108合得)

续

成　果　名　称	研究设计者	研制者所在单位
微机接口设计板	王敏倜	苏州大学(与142合得)
6·2EF型自感现象演示实验仪	冯郁等	江西师范大学
激光反射式谐振动合成演示仪	盛家铁等	湘潭大学
APP1e II微机用数字量与模拟量输入输出接口卡	龙传安等	华中师范大学(与123合得)
穆斯堡尔效应数据采集器	祁守仁等	华中师范大学(与056合得)
气体导热性演示仪	蔡学军	华中师范大学
EF-4S型电子和场实验仪	何保荣等	河海大学
CL-1型双路洁静低噪音气源	黄亦明等	石油物探学校
热力学第一定律测量仪	叶瑞英	成都科技大学
温差电现象演示仪	梁竹健等	北京师范大学(与53合得)
CTY型刚体平面运动综合演示仪	段吉辉等	山东大学
射频低温等离子体装置	刘祖黎等	华中理工大学
绝热去磁演示仪	范淑华	华中理工大学
MUJ-II型电脑通用计时器	杨健等	北京青锋机床厂
角动量综合演示仪	张未央等	通信工程学院(与23合得)
多用途热力学演示仪	虞昊等	清华大学、华北电力学院(与193合得)
空气热机	虞昊等	清华大学、河海大学
热力学多项演示仪	尚祖述等	沈阳建筑工程学院(与186合得)

4月16日召开了发奖大会，国家教委主任助理朱育理、物理学会副理事长、教学委员会主任沈克琦教授、教学仪器研究会理事长高景德教授等出席了发奖会。

本届评选采取展、评结合的方法。评选的同时，在清华大学举办参评仪器展览会，使评选活动成为一次互相观摩、互相学习的学术交流。展出期间，200余名物理教师参观了展览。

三、教学仪器标准化和检测。全国教学仪器标准化技术委员会工作会议于10月9日至13日在杭州召开，出席会议的委员有20人。会议传达了全国贯彻标准化法会议精神。根据国家技术监督局下发的《关于清理整顿现行标准工作安排》的意见，会议对教学仪器国家标准制订计划进行了调整，并重申和布置了现行教学仪器教委（部）标准清理整顿工作。1990年安排制订标准39项，当年完成报批稿29项，其中16项行业标准已经批准发布：ZB Y51003—90透明天球仪、ZB Y51004—90月球运行仪技术条件、ZB Y51005—90 矿物岩石标本、ZB Y51006—90 立式隔膜电解槽技术条件、ZB Y51007—90 初中化学实验箱、ZB Y 51008—90 平面几何演示器、ZB

Y51009—90 教学用电子仪器的环境要求和试验方法、ZB Y51010—90 教学用电子仪器的标志、说明书、包装、运输和贮存通用技术条件、ZB Y 51011—90 教学用单踪阴极射线示波器、ZB Y51012—90 磁针、ZB Y51013—90 蹄形电磁铁技术条件、ZB Y51014—90 左右手定则演示器技术条件、ZB Y 51015—90 楞次定律演示器技术条件、ZB Y51016—90铜的电化当量实验器、ZB Y51017—90 电子束演示器技术条件、ZB Y51018—90 电磁振荡演示仪。教学仪器研究所检测室协同全国 8 个检测站共检查 34 个品种、298 家次的产品，对参检厂家的产品作出质量评价。检测结果表明，由于近两年装备重点已移向小学，而教学仪器行业在技术上、生产上准备不足，供给满足不了需求，使小学教具质量存在问题较多，国家教委已提出了解决措施。

四、由中国政府与联合国儿童基金会合作的“学前和小学教具研究与开发”项目在进行了两个周期合作的基础上，从 1990 年起开始了第三周期的合作(1990—1994)。在第三周期的合作中，由联合国儿童基金会援助100万美元，新建立河南、山东、新疆、内蒙、湖南 5 个教具分中心，专门开发幼儿园和小学教具。教仪所又是北京教具中心(BTAC)，至此已先后在全国建立了10个分中心，形成小学、幼儿园教具开发网。

撰稿人　王长毅
审稿人　刘济昌

教育图书资料进出口工作新进展

中国教育图书进出口公司（以下简称教图公司）于1987年5月成立。1989年12月26日，国务院清理整顿公司领导小组批准保留教图公司及其所属深圳公司，明确公司为国家教委直属全民所有制外贸企业。同年底，国家新闻出版署及中央宣传部批准教图公司保留对外国和港澳台报刊进口和国内的征订权。

1990年，教图公司调整了机构，加强了各部门领导和骨干力量，明确了“三级管理、部门为主”的管理体制；各部门业务实行了“收（收订）、订（外订）、发（发行）”一条龙管理，制定了相应的工艺流程；各营业部门试行了经营承包制，制定了各项规章制度，为企业改革增强了活力，对健全企业自我发展、自我改造、自我约束的机制打下了基础。

一、召开业务工作会议

1990年4月21日～23日，教图公司在北京召开了1990年度业务工作会议，特邀全国和各地图工委秘书长、国家各部委图书馆协会负责人以及各地转运站站长78人到会。国家教委副主任邹时炎到会讲话。

会议认为，国外图书资料是高等学校提高教学质量、发展科学研究、提高师资水平、促进国际交流基本的和重要的条件，全国每年图书资料的供应及进出口任务很大，需要建立和完善高等学校文献情报资料的服务系统，而教图公司则应成为这个系统中的一个重要部门。几年来，教图公司坚持了“依靠学校、服务学校、优质微利”的经营方针，促进了我国教育图书报刊进出口业务的发展。

会议对今后一个时期的工作提出了要求：要把提高业务质量，改善经营管理做为压倒一切的中心任务。公司各部门要严格管理，努力提高各级干部的业务水平，建立各种规章制度，完善各项业务流程和岗位责任制，不断总结经验，虚心听取用户意见，力争在较短时间内，把服务质量提高到一个较高的水平。

二、稳步开展业务工作

1990年度报刊征订工作遇到国家汇率上调，教图公司一方面采取有效措施，妥善处理汇率上调带来的不利因素，另一方面大力抓了服务管理工作。1990年订到率由1989年的89%提高到95%，到货率由1989年的84.9%提高到91%，收订1991年报刊订单2万余份。

1990年改进了图书进口编目工作，加强了内部管理，使图书进口取得很大的成绩。6月，在杭州举办了外国教材书展，展出国外及港台地区书籍4500余册，参观书展达3000多人次。

1990年初调整了图书出口价，加强了编目，开拓国外渠道等工作。7月，会同全国高校古籍整理委员会在安徽黄山召开了加强高校古籍整理研究成果海外发行工作座谈会，并讨论了1991年上半年在香港举办中国高校古籍整理研究成果展的筹备工作。1990年收到此项图书订单为1989年的2倍。

教图公司在搞好报刊、图书进口等项基本业务的同时，开展了多种开发项目，建立了专门的综合业务部。综合业务部利用有利时机，完成多种项目的开发，取得了较大的经济效益。

1990年，国家教委把外国教材中心世界银行关于中学在职教师培训项目的贷款交给教图公司，公司成立了专款采购办公室，并开始了项目准备工作。

1990年8月10日，教图公司与北京体育学院联合组建了高等教育学会导引养生学研究会，将有计划地向国内外、海内外开展学术交流和业务培训活动，另外还成立了康复发行服务中心，专门发行各种培训教材、学术专著及音像制品。

撰稿人　李　镇
审稿人　沈友益

教育国际交流与合作

出 国 留 学 工 作

1990年，我国向近60个国家派遣了国家公费留学人员2244人。其中，访问学者和进修人员1937人，占86.3%；研究生和本科生307人，占13.7%。这些人员中，被派往西方国家和日本学习的为1804人，占80.4%；派往苏联和东欧国家学习的288人，占12.8%；派往亚、非、拉地区各国学习的152人，占6.8%。

同年，由部门、地方、单位公派出国的留学人员5403人。其中，访问学者和进修人员4893人，占90.6%；研究生和本科生510人，占9.4%。这些人员中，被派往西方国家和日本学习的为5099人，占94.4%；派往苏联和东欧国家学习的191人，占3.5%；派往亚、非、拉地区各国学习的113人，占2.1%。

1990年结束学业回国的留学人员为4946人。

一、做好国家公费出国留学人员的选拔、录取工作

1990年在选拔、录取国家公费出国留学人员的工作中，国家教委有关部门加强了对各单位报送的预选人员政治素质和业务水平的审核。要求出国留学人员必须坚持四项基本原则，有为社会主义现代化建设献身的精神，并具有较坚实的业务基础，在自己的本职工作中做出了一定的成绩。为了做好这项工作，重视依靠专家评审把关。专家评审组从1989年的36个学科150多个专业增加到45个学科200余个专业，还增加了一批对国外情况比较熟悉，学术造诣较高的专家，使专家人数达到265人。专家的评审意见，为“按需”、“择优”录取提供了较科学的依据，对提高留学人员的录取质量起到了积极的作用。

二、发布《关于具有大学和大学以上学历人员自费出国留学的补充规定》

为了完善出国留学政策，加强对具有大学和大学以上学历人员自费出国留学的引导和管理，国家教委于1990年1月25日发布了《关于具有大学和大学以上学历人员自费出国留学的补充规定》(以下简称《补充规定》)。《补充规定》明确了下列人员均有为国家服务的义务，在完成服务期年限后方可自费出国留学：全日制高等教育机构公费本科和专科毕业生、获双学位毕业生、研究生班毕业生、硕士和博士毕业研究生；高等学校在读四年级以上(含四年级)学生、研究生及在这段学习期间退学的人员；全日制成人高等学校公费本科和专科毕业生。《补充规定》同时还规定了上述人员应完成的服务期年限，并对全日制高等教育机构公费在读四年级以下(不含四年级)学生和全日制成人高等学校公费在读学生，归国华侨、国外华侨、香港、澳门、台湾同胞和外籍华人(简称六类人员)在国内或内地的直系眷属、非直系眷属申请自费出国留学的有关问题也相应作出了规定。

三、召开留学生管理工作会议

1990年先后召开了一些国家或地区的留学生管理工作会议，总结、交流驻外使领馆教育处(组)工作的经验，研究向这些国家或地区派遣留学人员的方针及做好对留学人员的服务、教育、管理工作等问题。每次会议前后，国家教委留学生司的同志都广泛接触留学人员，通过召开座谈会和个别谈话，了解留学人员的学习、生活情况，听取他们的意见和要求。

四、举办中国留学人员春节联欢会

1990年1月20日，国家教委在人民大会堂举办了中国留学人员春节联欢会。党和国家领导人李瑞环、李铁映、严济慈等与400多名留学人员欢聚一堂。李铁映代表党中央、国务院向全体留学回国人员及远离家乡、正在国外留学的同志们及其家属致以节日的问候。他充分肯定了改革开放以来出国留学工作取得的成绩，强调向国外派遣留学人员的方针不会改变，希望广大留学人员认清自己的历史责任，学习老一辈留学人员的爱国主义精神，为祖国的社会主义现代化建设做出应有的贡献。留学回国人员及其单位的代表也在会上讲了话。

五、组织校长、教授团组赴国外看望留学人员

1990年春节前后，组织了5个校长、教授团组赴美国华盛顿、旧金山、洛杉矶、纽约、休斯敦、芝加哥等地看望留学人员。5个团组的组长分别是：清华大学副校长兼研究生院院长梁尤能、北京航空航天大学校长沈士团、上海外国语学院院长戴炜栋、北京大学副校长郭景海、中国人民大学副校长罗国杰。团组的同志在国外期间，共走访了我留学人员较集中的48所大学，召开各种形式的座谈会72次，个别约谈或家访50次，接触留学人员共计1404人。通过这些工作，转达了国家教委与高校广大教师对在外留学人员的关心和问候，介绍了国内的政治、经济形势和学校的发展情况，同时也回答了留学人员关心的一些问题。

六、《人民日报》(海外版)开辟“中国留学生之页”专版

为了加强对国外留学人员的宣传工作，国家教委与有关方面反复协商，决定在《人民日报》(海外版)开辟“中国留学生之页”专版，每周出一期，每期一个整版。该版稿件以留学人员自己撰写的思想杂谈、留学生活、异国风情及对国内有关方针、政策的认识为主。7月18日，“中国留学生之页”正式出刊，国家教委副主任何东昌为此写了贺词，向广大留学人员致以最好的祝愿。

七、组织部分留学生回国观摩亚运会

第十一届亚洲运动会1990年9月22日至10月7日在北京举行。国家教委组织了在日本、朝鲜、泰国、伊朗、苏联、英国、法国、德国等国学习的44名留学生代表回国观摩亚运会。他们观看了亚运会开幕式和举重、体操、赛艇、乒乓球等项目的比赛，还参观了北京大兴县窦店乡、首都钢铁公司、天津经济技术开发区、北京大学和清华大学的重点实验室等。9月28日，国务委员兼国家教委主任李铁映，国家教委副主任何东昌、滕藤等在人民大会堂接见了回国观摩亚运会的全体留学生，并同他们进行了座谈。在座谈中，许多留学生畅谈了回国参观后的感想。他们说，亚运会的成功举办，说明国内政治稳定，经济发展，改革开放取得了巨大成就；我国运动员在比赛中拼搏向上，为国争光，使我们深受鼓舞。在亚运会召开的时候，祖国和人民想着我们这些在异国他乡的留学生，我们一定要发奋学习，争取早日学成，报效祖国。

八、举办首届全国留学回国人员科技成

果展览会

1990年11月16日至22日，国家教委、人事部在北京联合举办了首届全国留学回国人员科技成果展览会，共有25个省、自治区、直辖市和计划单列市，34个国务院部委、直属机构以及中国科学院、中国人民解放军系统的2500多个项目参展。参展项目中，获国际奖的19项，国家级奖的540项，省、部级奖的约1300项。这些科技成果充分反映了广大留学回国人员在社会主义现代化建设中所发挥的重要作用，表现了他们艰苦奋斗、无私奉献的精神风貌。

展览会得到党和国家领导人及各界人士的高度重视。李铁映、严济慈、钱伟长、卢嘉锡等领导人为展览会题词，宋健在开幕式上致贺词，宋平和有关方面的负责人参观了展览。在为期一周的展览中，共接待参观群众2万多人次。

九、为留学回国人员提供科研工作资助费

1990年国家教委开始试行为留学回国人员提供科研工作资助费的办法，首次为在国外获得博士学位，回国后在高等院校和科研单位工作的113名留学人员提供了数百万元人民币的科研工作资助费。

试行科研工作资助费办法，是为了进一步落实中央关于做好留学回国人员安置工作的指示精神，为留学回国人员创造较好的工作条件，充分发挥他们在社会主义现代化建设中的作用。

1990年下半年，国家教委留学生司向有关省、自治区、直辖市，国务院有关部委和部分高等院校发出了《在国外获得博士学位的留学回国人员科研情况调查表》，至12月中旬共收到81个单位200余人的科研经费申报材料。经审核，确定了给予资助的人员，并将科研工作资助费核拨给其所在单位。

十、中国留学服务中心积极开展为留学人员的服务工作

中国留学服务中心自1989年4月成立以来，现已基本完成了机构、体制和职能的调整工作。

1990年，中国留学服务中心为3152名公派留学人员办理了护照、签证、机票和出境证明等手续；接待了2000余名短期回国探亲、休假的留学人员，并为他们办理了再次出境证明和签证；接待了1400余名学成回国的进修人员；为120余名取得学位的留学回国人员落实了工作单位；为3000多人次提供了留学信息咨询服务。为使留学人员更多地了解所去国家的情况，该中心还为26批3200人次举办了异国文化历史知识及出国须知等讲座，受到出国留学人员的欢迎。

撰稿人　白松来　陈泽滨　关　键

审稿人　王仲达

接受来华留学人员

1990年，我国通过政府途径接受外国留学生1745人，全年在校留学生共有3655名。他们分别来自112个国家，分布在我国十几个省、自治区、直辖市的120多所高校内。此外，各高校还通过校际交流及其他民间途径共招收外国长期留学生4546人。

1990年，为更有效地培养发展中国家特别是非洲国家来华留学生，国家教委对招生对象的结构层次和招生办法作了重大调整，侧重接受这些国家具有相当于我国大专以上学历的人员来华攻读硕士、博士学位或进修、研究某一专题。

为适应这一转变，采取了一系列有关措施。1990年4月，国家教委派出工作组赴非洲诸国，与派遣方有关部门进行接触、商谈，并召开了驻外使馆片会，研究了落实这一转变的有关问题。

1990年5月，国家教委邀请贝宁、布隆迪、喀麦隆、加蓬、几内亚、马里、卢旺达、扎伊尔等八个非洲国家负责选派来华留学生主管部门的官员来华访问。国家教委副主任何东昌会见了代表团，介绍了我国教育发展情况，表示中国作为发展中国家，愿意以有限的资金、较短的期限、有效的方式为非洲友好国家培养高层次人才。在与代表团的工作会谈中，中方就接受外国留学生的方针、政策及具体措施和要求作了说明，并对有关非洲来华留学生的选派、类别、学制、授课语言、奖学金、学位及证书授予等问题给予了明确的答复。在华期间，代表团还参观了北京、南京、上海12所有非洲留学生的高校，会见了学校的领导、教师和工作人员，看望了各自的学生。代表团所有成员真诚地感谢中国政府为培养非洲留学生所作出的努力，对留学生的教学、生活条件表示满意。

1990年7月，国务院学位委员会办公室和国家教委国际合作司在天津联合召开了授予来华留学生中国学位工作研讨会，交流了目前培养外国来华留学研究生的工作情况和经验，讨论和研究了这一工作的方针、规定和办法，为顺利地培养高层次来华留学生作了必要的准备。

1990年，清华大学、北京大学、东南大学、浙江农业大学、无锡轻工业学院等高校开始接受直接用外语（主要是英语）攻读学位的留学人员，共招收了252名学生。

在做好接受发展中国家来华留学生工作的同时，招收其他国家来华留学生的工作亦进展顺利，数量较往年有所增加。各校认真安排教学，使他们在华能够学有所长。

1990年9月，国家教委国际合作司创办了《外国留学生工作通讯》，以加强对来华留学生工作的指导，便于互通情况，交流经验。

1990年11月，针对来华留学生管理中出现的一些问题，国家教委发出了《关于进一步加强来华留学生管理工作的通知》，要求各地各校进一步做好留学生的思想教育工作和管理工作。

同月，高等学校外国留学生教育管理学会在江苏省无锡市召开了全国理工农医院校外国留学生教育研讨会。会议收到40余篇论文，从不同侧面探讨了提高教育质量、改进管理工作的理论和实际问题。该学会还受国家教委委托组织编写了“中国接受外国人来华学习的院校和专业介绍”和“中国概况课”教材，为来华求学者提供咨询，帮助外国学生全面了解中国。两书拟于1991年出版。

1990年10月，国家教委组织有关高校从事留学生工作的同志访问苏联、朝鲜，了解对方接受留学生的情况，互相交换意见，借鉴他们的经验，改进我们的工作。

1990年，为提高地方和高校留学生管理干部的政治、业务、外语水平，国家教委国际合作司在中央教育行政学院和北京外国语学院分别举办了留学生管理干部业务培训班和英语培训班，共有72人参加，学员普遍反映收获较大。

撰稿人　马建设

审稿人　赵永魁

互派专家和教师

1990 年，我国通过政府途径向30个国家派遣长期任教教师 103 人，其中汉语教师45人，专业课教师58人。至1990年底，我国通过政府渠道派出的教师共有165人，在43个国家的高等院校和中等学校任教。

1990年，我国共有613所高等学校，分别从50多个国家聘请了外国文教专家和一般外籍教师来华工作。据1990年底统计，1989～1990 学年，我国教育系统共聘请外国长期专家853人，短期专家1827人，一般外籍教师845人；其中有来自22个国家的 199 名专家是根据政府间文化教育交流协议被聘请来华任教的。国家教委直属高等学校在1989～1990学年共聘请382名长期专家、1165名短期专家和210名一般外籍教师。

撰稿人　刘成钢
审稿人　王百哲

多边教育交流与合作

1990年3月，国务委员兼国家教委主任李铁映率团出席了由联合国开发计划署、联合国儿童基金会、世界银行和联合国教科文组织在泰国召开的有100多个国家高级别政府官员出席的世界全民教育大会。大会旨在满足基本教育需求，为人人享受教育而努力。李铁映在大会上作了报告发言，受到全会好评，并被选举为大会副主席。

1990年6月，联合国开发计划署援助我国的高等教育管理干部培训项目在京正式签字，国家教委主任助理朱育理代表国家教委签字。根据此项合作协议，联合国开发计划署在四年内提供近100万美元无偿援助，用于加强国家教委所属的高等教育管理干部培训网络。

1990年，国家教委与联合国儿童基金会顺利地开展了1990～1994年周期第一年的合作项目活动。项目重点中，除了继续加强并扩大以改善学前教育、小学教育、特殊教育为主要目标的师资培训、教材与读物印刷、教具开发等活动以外，还建立了针对贫困地区普及小学教育的特殊问题以及用远距离教育手段培训小学师资为主要内容的新的合作项目。

1990年6月，国家教委在湖南召开了全国人口教育工作会议，将湖南省在农村成人学校中与联合国人口活动基金合作进行人口教育的成功经验向全国推广。从1990年起，参加此合作项目的省份从湖南一省扩大到25个省，联合国人口活动基金在1990～1994年间共提供100万美元援款。1990年起，国家教委与联合国人口活动基金继续合作在普通中学中开展人口教育，规模扩大到25个省，联合国人口活动基金在1990～1994年间共提供200万美元援款。在人口学培训与研究方面，我国高等学校人口研究所从1990年起与联合国人口活动基金合作开展若干应用课题研究，在1990～1994年间联合国人口活动基金共为此合作项目提供200万美元的援款。

1990年，国家教委派出直属高等学校的专家、学者1660余人次到国外出席了800多个国际学术会议；在国内举办了53个国际学术会议，出席上述会议的境外来宾1900余人。

1990年5月，国家教委派出中国中学生体育代表团赴比利时参加了第9届世界中学生运动会，取得了优异成绩，获10项比赛冠军，打破或创造世界中学生运动会纪录10项次，获13枚金牌、9枚银牌和7枚铜牌。在运动会期间举行的国际中学生体联代表大会上，中国中学生体协副主席李晋裕连任国际中学生体联副主席。

1990年3月，国家教委派出中国中学生女子越野队赴法国参加国际中学生体联主办的国际中学生女子越野赛，中国队获团体第一名，个人第二、三名。4月，国家教委派出中国中学生排球代表队赴土耳其参加国际中学生体联主办的世界中学生排球锦标赛，中国男队获冠军，女队获亚军。

1990年7月，中国中学生体协主办了在沈阳市举行的第19届亚洲中学生男子足球锦标赛，中国队获第一名。

1990年，中国中学生在国际奥林匹克学

科竞赛中取得优异成绩。在第31届国际中学生数学奥林匹克竞赛中获总分第一名，在第21届国际中学生物理学奥林匹克竞赛中获总分第二名，在第22届国际中学生化学奥林匹克竞赛中获总分第一名，在第2届国际中学生信息学奥林匹克竞赛中获第二名。

撰稿人　崔建国
审稿人　王百哲

双边教育交流与合作

1990年，我国与发展中国家的教育交流与合作继续健康发展，特别是与周边国家的教育交流与合作进一步得到加强。5～6月，国家教委副主任朱开轩应邀率教育代表团访问了坦桑尼亚、赞比亚、津巴布韦和布隆迪，与有关国家签署了双边教育交流与合作备忘录。10月，国家教委副主任滕藤在赴法国巴黎出席联合国教科文组织第135届执行局会议前，应邀访问了马来西亚，与马来西亚教育部长就双边教育交流问题交换了意见。11月，国家教委副主任柳斌应邀率教育代表团访问了蒙古，与蒙方就双边教育交流与合作事宜进行了磋商。同年，应国家教委的邀请，亚洲、非洲和拉丁美洲发展中国家的22个教育代表团（其中9个为副部长级以上团）相继访问我国。其中朝鲜教委委员长、蒙古教育部长、也门教育部长以及缅甸、菲律宾、印度等国家教育代表团的来访，进一步促进了我国与周边国家的教育交流与合作，增进了相互的了解和友谊。

1990年，我国对发展中国家的智力援外工作有了新的进展，完成了向坦桑尼亚、扎伊尔、喀麦隆提供总额为300万元人民币援助项目的签约手续，落实了我方承担任务的单位，并做了必要的准备工作。另外，向津巴布韦提供100万元人民币援助项目的签约手续的准备工作也基本完成。也门实验中学项目的援助设备已经运达，并于1990年8月，我国派出27名数学、物理、化学、生物、英语、体育教师到该校任教，保证了该校同年9月接受第一批学生。

1990年，我国还向布隆迪、赞比亚和也门提供了价值约14万元人民币的教学用品。

1990年，我国本着坚持改革、开放的政策，坚持平等互利的方针，恢复和发展了与西方发达国家的教育交流与合作。4～5月，国家教委副主任何东昌应邀率教育代表团访问日本，双方签署了1990—1994年中日教育交流计划。同年，实现了与美国官方教育代表团的互访，重新开始了富布莱特教育交流项目。这年5～6月，应国家教委的邀请，德国联邦经济合作部中国问题顾问伯克博士一行来华访问，与国家教委、劳动部进行了会谈，双方签署了《关于职业教育中心研究所的合作协议》。7月，职业教育中心研究所在京举行落成典礼。国务委员兼国家教委主任李铁映和德国联邦经济合作部国务秘书冷格尔等中德双方重要官员参加了落成典礼。

1990年，我国与苏联的教育交流与合作进一步发展。4月，国家教委副主任何东昌应邀率教育代表团访问苏联，双方签署了中苏1991～1995年教育合作计划。同年2月和11月，苏联国家教委主任雅戈金、副主任舒克舒诺夫应邀先后率教育代表团访问我国，分别就进一步加强两国教育交流与合作和两国高等学校科研合作等事宜与我方交换了意见。

1990年，国家教委共派出46个教育团组出国访问，其中副部长级以上团组4个，共计320人次；邀请并接待了62个教育团组来华访问，其中副部长级以上团组14个，共计274人次。

1990年，国家教委共派出专家、学者3940人次出国考察、讲学、任教、合作研究和参加学术会议；共接待外国专家、学者4176人次来华考察、讲学、任教、合作研究和参加学术会议。

1990年，我国与有关国家继续进行和新启动的双边教育合作项目有33个，与有关国家政府部门签署的双边教育交流与合作协议(包括执行计划、会谈纪要、备忘录等)共达26个。

撰稿人　徐永吉
审稿人　赵永魁

对外汉语教学

1990年，全国有近100所高等学校和华侨学生补习学校为外国人和华侨华人开设各类长、短期汉语班，来华学习汉语的人数共计6426人，其中长期生1880人，短期生(学习不超过半年者) 4546人。在北京外交人员汉语教学中心常年学习汉语和中华文化的联合国驻华各机构和各国驻京的外交人员及新闻记者约有600多人。中国国际广播电台在已有的英、日、俄、德、西、意、朝、泰、老挝、波斯、波兰、僧伽罗、普通话等13个语种的广播汉语教学节目的基础上，又增开了越南语的广播汉语教学节目。

教师队伍建设上了一个新台阶。为了维护对外汉语教学的严肃性，保证教学质量，不断提高教学水平，建设一支合格的专职和兼职相结合的对外汉语教师队伍，1990年6月23日，国家教委主任李铁映签署了中华人民共和国国家教育委员会第12号令，发布实施《对外汉语教师资格审定办法》，对对外汉语教师的政治思想、职业道德、知识结构、能力结构作了明确的规定和要求。

学科建设深入发展。1990年2月20日，专为测量外国人及母语非汉语者的汉语水平考试(简称HSK)通过了由国家教委主持的专家鉴定。对全国对外汉语教学具有指导意义的《汉语水平等级标准和等级大纲》进一步得到完善。该文件中暂缺的《功能、意念大纲》和《文化等级大纲》编写组业已组成，年内已开始编写工作。《高等学校对外汉语专业教学大纲》和《对外汉语教学语法体系大纲》经审查，已定稿。针对当前教学中的薄弱环节，召开了中高级阶段对外汉语教学讨论会和文化课教学及语言文化教材、汉语学习辅助读物编写问题研讨会。1990年，出版了广播汉语教材、华侨汉语教材、外交人员汉语教材及国外使用的多种汉语教材共24种，出版对外汉语教学科研著作5种，资助出版国外学者汉语教学方面的研究著作4种。

1990年8月16～20日，在京举行了第三届国际汉语教学讨论会，来自澳大利亚、澳门、保加利亚、德国、马来西亚、毛里求斯、美国、南朝鲜、日本、瑞士、苏联、泰国、突尼斯、香港、新加坡、意大利、英国以及中国等18个国家和地区的299名汉语教师、专家和学者出席了会议。大会共收到论文302篇，在大会和分组会上宣读了225篇。讨论会就汉语教学理论和教学方法、汉语研究、汉语教材编写、汉语师资培养、汉外语言对比研究、汉语教学与汉文化、计算机辅助汉语教学等7个方面进行了研讨，显示了世界汉语教学与研究的最新水平。这次会议期间世界汉语教学学会理事会还进行了换届选举。1990年，泰国、罗马尼亚、加拿大、日本等国家的教育团组对我国的对外汉语教学进行了考察。同年12月，中国对外汉语教师代表团出席了香港教育署语文教育学院主办的第六届国际研讨会。

1990年，国家教委还向巴基斯坦国立现代化语言学院中文系赠送了华东师范大学科教仪器厂生产的一套AAC—802电脑控制跟读型语言实验室设备，增进了中巴友谊，促进了巴基斯坦汉语教学的发展。

撰稿人　于丛扬
审稿人　赵永魁

民间教育国际交流

1990年，中国教育国际交流协会积极主动开展民间教育交流活动，使民间教育对外交流工作得以迅速恢复，并有了新的发展。

一、聘请外籍教师来华任教、办短期培训班

1990年，协会聘请长期来华任教的外籍英语教师101人。其中：英国海外志愿服务社(VSO)57人，分布在50所院校任教；美国退修教师41人，在21所学校任教；加拿大教师3人，在2所院校任教。

除长期外籍教师外，协会还聘请了短期的外籍教师277人，为中学英语教师暑期强化班开课。1990年共开办38个培训点，分布在30个城市，培训学员3650人。这些短期英语教师有来自美国英语学会的215人，美中教育服务组织的50人，美中技术和学术交流协会12人。

以上长短期教师共378人，比协会聘请外籍教师最多的1988年增加了近1倍。

参加暑期英语培训的中学和师专英语教师，对暑期英语强化班反应很好，认为经过六周的英语强化训练，听说能力有很大提高，大约相当于常规教学一个学期所能提高的幅度。

二、组织出国代表团

1990年协会根据工作计划组派出国团组共15起，99人次。在派遣出国团组时，注意贯彻我国开展对外交流的有关精神，除个别工作访问外，大部分出国团组都是专业性考察，人员组成以专业人员居多，因此每次都能收到良好的效果。如由北京市朝阳工读学校校长刘瑞峰为团长的中国工读教育代表团，是我国工读教育工作者首次出国，通过考察，代表团认识到我国工读教育具有自己的特色，应该坚持、鼓励、发展，并提出了进一步完善我国青少年违法犯罪审理程序的建议。由协会副会长邵宗杰率领的中学德育教育考察团，全部由研究德育的专家教授组成。他们访问了日本的6个都府县，10多所教育机构，对日本德育教育的指导思想、德育的具体内容、价值观的核心，以及道德教育的渗透性、隐形性等进行了分析和考察，收获很大，正在准备出版论文集。

协会组团出国访问和参加国际会议的另一个特点是访问中突出重点，注意做好对外宣传工作，正面回答问题，取得很好效果，并开辟了新的合作项目。如常务副会长李滔于1990年3月访问美国，访问了31个民间组织、基金会和美国新闻署，介绍了我国形势和对外方针政策，也了解了对方的思想态度，不同程度地消除了对方的一些误解和疑虑，又与一些美国民间团体商定了合作项目。9月，协会会长黄辛白参加中日民间人士会议，会上、会下广泛接触，在日本高层人士中作了大量工作。国家教委主任助理朱育理、协会秘书长解其钢赴日参加中、日、美、苏四国的国际研讨会，主动与各国与会者接触交谈，介绍中国的情况。凡是派出的团组都能积极主动地做我国留学人员的工作，介绍国家的留学政策，促进留学人员加深对国内形势的了解并加强和原单位的联系。

三、接待来华团、组

1990年协会接待的来华团组比1989年有较大幅度的增加，全年共接待来华团、组55起，212人次，在接待这些来访团、组的过程中，与一些外国的民间组织的代表团签订了以下

合作项目协议书或落实了新的合作项目。

1.与美国英语学会签署了今后五年合作计划协议书。

2.与亚洲基督教高等教育联合董事会商定了继续资助西南、西北图书资料中心 资助蒙古学国际研讨会、资助南京大学公共外语教师培训中心和资助我学者出国进修等项目。

3.与日本教科文俱乐部协会联盟商定了由协会主办亚洲儿童艺术节中国儿童画展事。

4.与加拿大社区学院代表团落实了接受加拿大国际发展组织援助我职业教育（高中后教育）项目。

5.与国际文凭组织探讨了在华开办国际文凭课程的可能性。

四、派出和接收留学人员

为了更好地贯彻国家关于派出留学人员要"时间短、层次高"，"保证质量、学以致用"的原则，协会对过去十年派出的留学人员的工作进行了认真的回顾，加强了留学人员的选拔和培训工作。1990年协会共派出进修人员75人，比往年在人数上有所减少，但国际文化交流协团、澳大利亚国际学院、日本霞山会和美国州立学院、大学协会四个派出渠道都保留下来了。

在接收来华留学生方面，人数有所下降，1990年共接收81人，其中国际文化交流协团派来的短训班76人；日本霞山会进修人员5人，为期一年。

五、主办和支持在国内召开国际研讨会

1990年协会和其它有关部门合作召开了两次国际研讨会。一个是在上海召开的课程发展与社会进步国际研讨会，会议代表近200人，来自境外的代表27人。会议推动了我国基础教育课程结构和教材内容的改革。另一个是在西安召开的中美大学校长研讨会，该会的主题是地方大学如何为当地经济和社会发展服务。双方校长就这一课程进行了深入的探讨。两个会议都准备出论文集。

六、开辟新的交流渠道，开展新的合作项目

协会本着开拓、创新的精神，尽力开辟新的渠道，开展新的交流活动。1990年协会同日本的国际凯尔、日本学生家长、教师联合会、日本教育研究交流协会、朝日中国文化学院、日本留学学会，美国的美国宣明会、美国鸽子社、美国阿基瑞组织、美国朱氏基金会，南朝鲜的南朝鲜教科文俱乐部协会联盟，香港的明爱成人及高等教育服务中心等组织建立了联系。

1990年开展的新项目有：

1.主办了第一届亚洲儿童艺术节中国画作品展。这次画展有北京、上海、湖南、新疆四省、区的6000名儿童参加，其中88名儿童的作品入选，在中国儿童少年活动中心展出，并评出20名儿童的作品于1991年送日本参展。

2.与日本讲谈社、北京市青联等中外单位合作，共同举办了第四届北京青年日语演讲和歌咏比赛。

3.与日本凯尔签订了第一个合作项目，即日本凯尔无偿向我赠送3246箱中、小学生文具，支持我老、远、边、穷地区的中、小学校。这批文具将于1991年4月运抵天津。

七、加强对省、自治区、直辖市分会对外教育交流工作的指导和联系

协会召开了沿海九省、市协会分会会长工作座谈会；在北京召开了英国海外志愿服务社项目评估会；在成都召开了美国英语学会项目评估会。协会派领导同志参加了少数民族地区外事工作协作会、华东六省市教育外事协调会和煤炭系统教育外事工作会等。通过这些活动，对进一步总结经验、发挥对外交流项目的效益、沟通信息、促进协作等方面起到了积极作用。

撰稿人　张德安　　审稿人　李　滔

与香港、澳门、台湾地区的教育交流与合作

一、与香港的教育交流

1990年，内地高等学校与香港高等学校学者之间的交流和访问继续增加。仅据36所大学的不完全统计，上述36所高校学者赴港讲学、参加学术会议、进行合作研究及学术交流的人员超过1000人次。香港的学者到上述36所高校进行访问、交流、参加国际学术会议的人员达200余人。

1990年12月，国家教委副主任何东昌赴港考察香港的教育，重点考察了香港的职业教育。在港期间，何东昌副主任还会见了香港专上院校的负责人，听取了他们对加强内地与香港教育交流的意见。

香港邵逸夫先生继续向内地高校赠款。1990年向西北工业大学、华南理工大学、南京师范大学、哈尔滨工业大学、宁波师范学院、成都科技大学、山东大学、河北农业大学、华西医科大学、河南大学、浙江大学、兰州大学以及中国紫金山天文台赠款4050万港元。

香港霍英东教育基金会继续向内地高校的青年教师提供科研工作基金，并对青年教师中有突出成绩者给予奖励。

香港李嘉诚先生继续向汕头大学赠款，资助汕头大学发展。

二、与澳门的教育交流

应澳门政府行政暨公职司、澳门政府法律翻译办公室、澳门东亚大学等单位的邀请，内地高校一些教授、专家应聘到澳门任教或工作。澳门政府行政暨公职司与北京语言学院合作，从1990年开始，北京语言学院每年为澳门公务员学习汉语举办培训班，以适应过渡期对人才的需要。

三、与台湾的教育交流

在1990年，台湾教育界人士来大陆访问的人数有较大增加。在来访的人士中，既有从事高等教育的人士，又有从事普通教育、幼儿教育的人士；既有教师，也有学生。他们中有些是由几个学校学者共同组团来访的，也有由单独一个学校派出的教授访问团，如新竹清华大学教授团、新竹交通大学教授团等。他们在大陆受到教育界同行们的热烈欢迎与亲切接待。还有不少台湾教育界人士应内地高校的邀请，专程到大陆参加学术会议。

1990年大陆高等学校招收的台湾省学生达315人，他们中除有本科生外，还有读硕士、博士学位的研究生，为40余年来招收台湾省学生最多的一年。

由于台湾当局对大陆学者赴台湾进行学术访问与交流作了种种不合理的、带有政治歧视性的限制，1990年大陆高校学者仍难以赴台湾进行访问与交流。因此海峡两岸教育界的访问与交流，仍然仅是单向的。

撰稿人　丁雨秋

审稿人　王复孙

教育科学研究

中央教育科学研究所筹办教育科研成果展览

1990年10月，根据教育科研工作发展建设的实际需要，中央教育科学研究所（以下简称中央教科所）决定筹办教育科研成果展览。这次展览，旨在总结1978年以来中央教科所在教育科学的理论研究、应用研究、实验研究以及情报、图书出版、科研成果推广和国际学术交流与合作等方面的工作成就。

一、12年来完成的科研成果

（一）完成国家教育科学规划重点研究课题

在国家教育科学“六五”规划中，中央教科所承担并完成了国家级重点研究课题2项：《马克思、恩格斯教育思想研究》、《中国农村教育问题研究》；

承担并完成部委级重点研究课题4项：《我国社会主义教育方针的研究》、《中小学学制、课程、教材、教法改革与实验的研究》、《成人教育概论》、《世界高等教育结构的比较研究》。

在国家教育科学“七五”规划中，中央教科所承担并初步完成国家级重点研究课题4项：《教学心理研究与应用》、《我国中小学德育整体改革研究》、《农村教育整体改革研究》、《农民技术教育与农村经济发展的关系》。

承担并初步完成部委级重点研究课题8项：《我国普通教育的教学内容和结构》、《中国教育情报网络建设与教育情报学研究》、《现代教育与国家发展的比较研究》、《如何适应我国新时期的特点提高幼儿教育质量》、《八十年代后期中国普通初中科学教育评价研究》、《学科能力培养目标的实验与调查研究》、《职业技术教育基本理论的研究》、《普通中学课程改革的研究》。

（二）中央教科所从1978年至1990年7月，共完成各类著作370部，译作101部，学术论文1100余篇，调查研究报告100余份，开展各项教育教学改革实验10余项，编写实验教材114种。教育情报研究室为国家教委和中央有关部门进行教育决策提供的《教育经费和教师工资》、《面向21世纪的教育》、《当代外国教育改革趋势》等数十种有重要价值的研究报告和资料；特殊教育研究室参与的国家教委《关于发展特殊教育的若干意见》、《残疾人教育条例》等文件的制订工作；幼儿教育研究室开展的城市幼儿教育改革的实验研究；教育发展战略研究室及有关研究室的科研人员，深入山东黄河三角洲地区，为制订“黄河三角洲教育发展战略”提供的一系列具有重要参考价值的调研报告等，都从不同侧面对教育发展提出了建设性意见或为教育改革和教育决策提供了理论依据，具有重要的参考价值。

(三)在全国教育科研事业的发展建设中,中央教科所的情报资料、图书、出版等方面的工作发挥了很大的作用。挂靠在中央教科所的全国教育情报研究会和全国教育情报中心站,在全国建立了800多个网点,及时收集基础教育、高等教育、职业技术教育和成人教育等各级各类教育动态与信息;服务对象面向全国教育机构和部门;同时也发挥了为全社会服务的功能。资料室拥有800余种中文报刊,300余种外文报刊。编辑出版《教育研究》杂志、《教育科学报》(原名《教育文摘》)等五种全国性报刊;教育科学出版社作为中央一级的教育专业出版社,12年来共出书800余种,印行2000余万册;图书馆现藏书30余万册,是国内藏书丰富、独具特色的教育专业图书馆。资料室和图书馆对外开放,为社会各界提供服务。

中央教科所的有关研究人员还参与或接受委托,主持编纂了《中国大百科全书·教育卷》、《中国教育年鉴》(1949—1981)、(1982—1984)、地方教育卷(1949—1984)、(1985—1986)》、《当代中国·教育卷》和《教育大辞典·教育学卷》、《中华人民共和国教育大事记》(1949～1982)等重要工具书。

(四)在全国首届教育科学优秀成果评选中,中央教科所获一等奖的科研成果有5项:《中国教育方针的研究——新民主主义教育方针的理论与实践》(上册)(王铁著)、《小学生数学能力的测查与评价》(赵裕春著)、《成人教育概论》(余博等著)、《小学生语文能力整体发展实验研究(研究报告)》(吕敬先等)、《我国幼儿形态、机能、基本体育活动能力调查研究(研究报告)》(佟静洋等);

获二等奖的有3项:《孔子思想在国外的传播与影响》(杨焕英著)、《高等教育发展战略简论》(孟明义等著)、《关于特殊教育师资培训的几个问题(论文)》(陈云英著)。

还有10余项成果获全国优秀图书奖和其他奖励。

二、国内外学术交流

中央教科所把培训各级各类教育科研人员和推广优秀科研成果作为一项重要任务。12年来,应邀外出讲学的高级研究人员达100多人次,遍布全国大部分地区,听众达数万人次。各研究室还结合自身的科研成果和教育工作者的迫切需要,举办各种讲习班和研讨班,推广科研成果,培训教育科研人员和教师。

12年来,中央教科所积极开展国际学术交流与合作。与联合国教科文组织、欧洲共同体、国际教育成就评价协会(IEA),联合国儿童基金会、世界比较教育学会联合会等国际组织及日本、苏联、瑞典、美国等16个国家和地区的有关教育机构建立了广泛的学术联系。中央教科所是"亚洲教育革新为发展服务计划"的第一个中国"联系中心",是欧洲共同体和联合国教科文组织的北京教育信息中心,是IEA的中国国家中心;中央教科所主办国际性和地区性学术交流活动10余次,开展重要的国际教育合作研究10余项;派出留学攻读高等学位20余人。

三、重要的科研实验项目成果

这次展览,重点介绍了一些具有较大理论意义和应用价值的实验研究成果。

由全国政协委员、教学法研究室副研究员吕敬先从1962年开始主持的"小学生语文能力整体发展实验",距今已有29年。这项实验是在普通学校、普通学生和普通的教育设施条件下进行的。截止到1990年,实验点已覆盖全国60个县、500多个班级,已经开展的6轮实验是以发展思维和语言为中心,通过语言教学的整体改革,使小学生的听、说、读、写能力和观察、思维、想象、记忆能力明显提高,并能减轻学生的学习负担,促进儿童身心的全面发展。实验结果表明,实验班学生较之普通班认字量提高一倍，阅读、写作和观察能力明显优于其他学生。尤其在农村学校实验，效果更加显著。

由教育心理研究室研究员赵裕春主持的“小学数学能力的测查与评价研究”，已开展了10年的研究工作，覆盖全国9个地区。该项研究在理论框架上辩证地解决了小学生数学能力的结构问题，改革了传统的只重学习结果，不顾学习过程，或把知识与能力对立起来的考试和能力测验的局限性；在实验设计上采用团体测验与个别测查（实验）相结合，阶段检验与连续跟踪相结合，突破了通常对三者孤立进行的局限性；在实验方法上，把在自然状态下的教学实验的现实性与实验室实验的严密性相结合。测验的内容和方法结合数学课堂教学的实际，便于教师应用。课题组现已完成了《小学生数学能力测查与评价》专著（共三卷），还编制了“小学生数学能力测验量表”，受到实验点校师生的一致好评。

由教育心理研究室杨玉英副研究员等主持的“学习与全面发展实验研究”，根据当代学习理论和发展心理学的理论，探讨儿童学习与全面发展的关系，提出了“学习——反思——全面发展”的理论框架和“整体——过程——反思”的方法体系。实验研究的成果已经物化为一套系列智能学具，把抽象的理论、看不见的规律和复杂的教与学的过程，用通俗易懂、生动形象的方式演示出来。该课题协作组已经与全国27个省市形成了协作网络，开展智能学具实验和普及活动单位达885个，培训人员近千人。

农村教育研究室为配合国家教委的农村教育综合改革实验，以河北省完县为基地，把教育经济学等理论应用于农村发展建设的实际，组织了河北完县教育改革实验课题组，依靠教育开发智力、培养农村急需人才，促进生产发展，帮助当地农民脱贫致富。同时，重视组织培训农村教师，推广教改实验成果，以提高农村教育质量。课题组的工作受到了国家教委和河北省人民政府的表彰，被评为先进集体。

幼儿教育研究室多年来致力于“深入实际、寻求规律”，注重城市与农村项目并举、基础研究与应用研究并重，做到中央与地方上下协作。史慧中研究员主持的“学前教育研究项目”（国际合作项目），以生态学为理论框架，通过对幼儿所生活和受教育的家庭、教养处所、地区的调查以及受教育环境条件的途径、方法，促进儿童全面、健康的发展。这项研究成果为确立90年代我国幼儿教育的任务、目标提供了科学依据，为当前的幼儿教育改革提出了可行性建议，同时探讨了适合我国国情的幼儿家庭教育和幼儿园教育的基本模式。沈芝莲副研究员主持的“我国农村幼儿教育体系研究”，对我国不同地区的幼儿教育现状进行了深入调查，提出了农村幼儿教育体系改革发展的一些基本构想。在荷兰范里尔基金会的资助下，与河北省教委合作，建立了河北省农村幼儿教育研究和资源中心。以“中心”为基地，自编教材，培训了100多名农村幼儿教育骨干教师，使1000多名幼儿教师受到直接或间接培训。建立了多种试验点，通过实验研究，使教育内容和活动方式更加适合农村幼儿的特点。农村幼儿教育体系已在河北省青县等6个县初步形成。

四、经过认真筹备，展览已于1991年1月22日开幕。全国人大常委会副委员长周谷城为展览题了词。全国人大常委会教科文卫委员会副主任张承先，中宣部副部长刘忠德，国家教委副主任何东昌、滕藤、朱开轩、柳斌、邹时炎、王明达等参观展览并题词；中共中央办公厅综合组组长于维栋，全国政协、民进中央，中华职业教育社的负责人以及北京市、天津市的教育科研人员和大、中、小、幼教师参观了展览。

撰稿人　王卫国

审稿人　温孝杰

全国教育科学规划领导小组召开(扩大)会议

全国教育科学规划领导小组(扩大)会议于1990年8月11至15日在大连市召开。这次会议的主要任务是:初步总结教育科学"七五"规划的执行情况;着重研究教育科学"八五"规划的指导思想及研究方向和主要任务。出席会议的有全国教育科学规划领导小组成员、各学科规划组组长、国家教委有关部门的负责人及中国人民解放军军事教育学院和军事教育科学研究所的负责人等40人。由国家教委副主任、全国教育科学规划领导小组副组长王明达主持会议并作总结讲话。

会前,中共中央政治局委员、国务委员兼国家教委主任李铁映会见了部分与会代表,听取了专家们对进一步繁荣和发展我国教育科学事业的意见和建议。李铁映在座谈会上说,国家教委十分重视教育科学研究,重视教育科学研究的队伍建设。教育的发展和改革,没有教育科学理论的指导是不行的。教育科学为教育发展的重大决策提供科学依据,是为教育的未来服务的。因此,应该支持教育科学研究工作。教育科学研究工作也要注意建立广泛的联络点,总结和推广先进的教学方法,并注意从理论上概括提高。各地的教育科学研究要围绕当地教育发展的需要来进行。

国家教委副主任、全国教育科学规划领导小组组长何东昌在会议开始时指出,1989年的政治风波和国际形势的变化,是一本极其深刻的教科书,可以总结出许多值得我们思索的东西。要恰当地认识阶级斗争,这个斗争集中表现在资产阶级自由化和四项基本原则的对立,而斗争的先导是在意识形态领域。现在的哲学社会科学课程,普遍存在着反映时代特色不够,联系中国实际不够,对西方社会学说的科学分析不足、对资产阶级自由化思想批判不力的弱点。我们要从中国的国情出发,充分发挥社会主义制度的优越性,根据社会主义社会发展的需要,建立和完善我们的教育制度。教育科学研究,要在马列主义、毛泽东思想的指导下,为形成具有中国特色的社会主义教育科学体系而努力工作。他希望会议在认真总结"七五"教育科学规划工作经验的基础上,用战略的眼光从总体上考虑我国教育科学的发展,自觉参加变革社会的实践,努力做到理论联系实际,以使"八五"乃至90年代教育科研工作搞得更好。

国家教委副主任滕藤也出席会议并讲话。

会议听取了全国教育科学规划领导小组副组长张健关于教育科学"八五"规划筹备工作的说明和全国教育科学规划领导小组成员兼办公室主任吴畏关于教育科学"七五"规划执行情况的汇报。

会议认为,"七五"期间,在国家教委和各级领导的关心、支持和指导下,我国教育科学研究进入了一个新的发展阶段,取得了很大的成就:教育科研的指导思想端正,方向明确,在重视基础理论研究的基础上,大力加强应用性研究,提倡开展教育教学改革实验。在农村教育及基础教育整体改革、教育发展战略等的研究与实验方面取得了一批比较优秀的成果，在研究起点、实验设计、实验手段及科学性等方面达到了新的高度，较好地体现了理论联系实际、为社会主义建设及教育改革与发展服务的作用；教育科研队伍、机构等在数量和质量上较前有很大的提高。初步统计，目前地方、行业、军事、高校陆续建立起教育科研机构约800多个，专职研究人员约10000人。教育科研管理体制正在逐步完善；教育科研条件开始得到改善，科研经费有较大幅度增长，从“六五”期间国家和国家教委总计拨款50余万元，增长到“七五”期间总计拨款376万元；开展了全国首届教育科学优秀成果评选活动，评出一等奖57项，二等奖100项。教育科学“七五”规划各级重点项目的科研工作现已进入关键时期。据调查，大多数项目按照预定计划正常进行。代表们还对“七五”规划的总结、验收等工作提出了一些很好的建议。

会议认为，“八五”期间应把我国的教育科学研究提高到一个新的水平。各级教育行政部门要进一步明确教育科研对提高教育决策的科学化水平、提高管理水平和提高教育质量的重要意义，要高度重视、加强领导、切实依靠教育科研推动教育的改革与建设。（1）制定教育科研“八五”规划必须坚持以马列主义、毛泽东思想为指导，坚持四项基本原则，遵照“教育要面向现代化、面向世界、面向未来”的要求，坚持理论联系实际和“双百”方针，坚持为社会主义两个文明建设和当前的教育改革与发展服务，努力使教育科学研究为提高全民族的素质，培养有理想、有道德、有文化、有纪律，德、智、体、美、劳诸方面都得到发展的社会主义建设者和接班人，为建设具有中国特色的社会主义教育体系和教育理论体系作出贡献。（2）“八五”期间，教育科学研究应继续贯彻重视基础理论研究，以应用性研究为重点的方针，深入研究当前我国教育发展与改革中出现的重大理论与实际问题。要认真总结建国40余年来教育发展建设的历史经验，研究如何充分发挥社会主义制度优越性，建立完善我国社会主义教育制度。要在落实教育在社会主义现代化建设中的战略地位、确立德育在教育工作中的首要地位和进一步端正教育思想、办学方向，加强教育结构的改革和教育制度与劳动制度的相应改革，深化教育管理体制改革，加强教育与生产劳动相结合等重大问题的研究与改革实践方面取得突出成果。重视和加强教育整体改革、少数民族教育、国防教育以及课程、学制、教材、教法、考试等方面的科学研究。同时，要注意加强教育科学的学科建设和发展，认真做好教育情报资料等基础性工作。（3）要继续重视和加强对马克思、恩格斯、列宁的教育思想以及毛泽东、邓小平等老一辈无产阶级革命家关于教育论述的系统研究，研究中要注意全面、准确、科学，以指导当前和今后教育改革的健康发展。（4）认真抓好教改实验研究，要从农村、城市、企业教育综合改革以及各级各类学校和各学科的教育教学改革实验研究中及时总结和推广典型经验，推动当前教育改革的深入发展。（5）各级党政及教育行政部门要加强对教育科研工作的领导，注意创造条件，使广大教育科研人员更好、更快出成果。（6）“八五”期间，要进一步加强对教育科研队伍的建设。为了适应教育改革与发展的实际需要，教育科研队伍要力求做到年龄、知识结构比较合理，科研人员要具有较高的政治素质和较强的业务能力，努力解决“断层”问题。大力提倡老、中、青相结合，教育科研人员、教育行政人员和第一线的教育实际工作者相结合以及专职研究人员和兼职研究人员相结合。要采取有力的措施和某些特殊政策，培养中青年教育科研人员，使之尽快地得到成长并在教育改革实践中发挥应有的作用。

代表们还对今后改善和加强全国教育科学规划的管理工作提出了建议，对《全国教育科学“八五”规划要点》、《教育科学“八五”规划课题指南》（均为征求意见稿）提出了一些修改意见，并补充了一些重点研究内容或课题。

撰稿人　王卫国
审稿人　吴　畏

中国教育学会开展多种学术活动

1990年，中国教育学会贯彻“振奋精神、克服困难、努力开创学会工作新局面”的指导思想，开展了多层次、多渠道、灵活多样的学术研讨活动。

一、关于加强校园文化建设的研讨

中国群众文化学会、中国高等教育学会、中国教育学会和共青团中央宣传部联合于1990年4月26日至28日在北京召开了全国校园文化理论研讨会。出席会议的专家、学者、大学生代表和有关部门领导张承先、贺敬之、林默涵、高占祥、柳斌、张文松、李源潮、韩作黎等共76人。

(一)关于校园文化的界定。校园文化是以学生为主体，以课外文化活动为主要内容，以校园为主要活动空间，以校园精神为主要特征的一种群体文化。其内部结构可分为物质文化、制度文化和精神文化。校园文化有浅层次(康乐型)与高层次(思维探索型)等。其产生的效应有正效应文化与负效应文化。

(二)关于校园文化的功能。校园文化是教育改革、课堂教学和思想教育工作的补充和完善，其功能有：1.认识功能；2.娱乐功能；3.导向功能；4.育才功能；5.优化环境功能。

(三)关于如何加强校园文化建设。1.要在党政领导下坚持校园文化的社会主义方向，探索适应本校的校园文化规律，发挥校园文化整体功能，把校园建设成团结、教育、引导青少年健康成长的重要阵地。2.要培养一批指导教师和学生向导，把学生的自觉参与和学校的正确引导结合起来，坚持不懈地抓下去。3.从实际出发，采取相应的对策。做到业余、小型、多样与节日、比赛相结合；共性需要与个性需要相结合；娱乐性活动与学术性活动相结合；普及与提高相结合；阅读与书评相结合和校内外相结合。4.打好基础，从中小学抓起。

二、关于“教育、社会、人”关系的探讨

(一)教育与社会发展关系研讨。中国教育学会与四川教育出版社于1990年7月16日至21日在成都召开了全国中青年教育理论工作者学术研讨会。出席会议的中青年理论工作者、特邀有声望的专家和中国教育学会副会长刘佛年、吕型伟、顾明远等80人，围绕“教育与社会发展”主题：1.研讨了如何看待和理解毛泽东同志1957年提出的“教育必须为无产阶级政治服务”。与会者认为教育为无产阶级政治服务是马列主义的一贯思想，是我们应该坚持和发展的。必须做到把教育事业和各级学校置于无产阶级及其政党的领导下，学校要把坚定正确的政治方向放在首位，同时根据形势的变化和师生思想实际，适时地加强思想政治教育。2.讨论了教育与发展社会主义商品经济的关系。教育要受商品经济及其规律的影响和制约，同时也要为发展商品经济服务，必须确立教育和社会整体协调发展的观念，建立起教育与经济协调发展的机制。教育的总体结构与规模应适应经济发展水平，教育内容、方法、组织和管理等应随着生产方式的进步不断完善和改革，各级党和政府要把教育、科技、经济等部门统一协调起来，依靠教育培养人才，依靠人才掌握、推广与发展科技，依靠科技振兴经济。3.讨论教育与人口的关系。在我国由于种种历史原因造成非优化人口和不十分发达的教育并存的状态。要发展教育功能，提高受教育程度，以促进人口的数量合理与质量优化。当前在中学开展人口教育，使近5000万的中学生在进入婚育年龄之前形成正确的人口观念，具有深远的战略意义。4.讨论教育与国防的关系。教育具有国防功能：教育有对培养国防意识的基础作用；对军队整体文化素质的决定作用；对国防科技发展的推动作用；对军事理论发展的揉合与催化作用等。发挥教育的国防功能，必然对经济等方面产生折射和影响。

（二）教育、社会、人三者关系的研讨。中国教育学研究会教育基本理论专业委员会与内蒙古教育学院等四单位于1990年8月17日至22日在呼和浩特市联合召开了“教育、社会、人”学术讨论会。全国60多位同志参加了讨论。认为“教育、社会、人”三者之间是一个复合的网络结构整体。通过讨论明确了三个问题：1.人是一定社会的人，教育是一定社会的教育，不能离开社会来研究教育与人的关系。2.教育作为一种培养人的社会活动，既应促进人的身心发展，又应促进社会的发展，并通过培养一定社会所需要的人来为社会服务。3.作为认识和实践的主体，人不是消极地适应社会，也不是被动地接受教育，而要积极主动地认识、选择，并作用于社会和教育。

三、关于教育功能、培养目标和德育的探讨

中国教育学会于1990年8月2日至6日在山东日照市召开了第四次全国学术讨论会。与会80名专家、学者和实际工作者围绕“教育功能、培养目标和加强、改进学校德育”进行了讨论。

（一）关于教育功能。与会同志认为，教育功能集中表现在教育对人类社会发展和人的发展所起的作用上。

根据教育功能的涵义，与会多数同志认为必须客观地、综合地、整体地认识教育功能，才能发挥教育的整体功能，使教育主动地适应社会和人的发展需要。还要正确认识和处理影响、制约教育功能的因素，主要是投入、立法、结构、管理、教育模式、教师等。教育功能的发挥是一个动态过程，要不断根据实际进行调控。

关于教育促进社会发展和促进人的发展两大功能的关系，大家认为两者之间互为条件，相互依存，是辩证统一的。这是因为：1.人与社会是辩证统一的。教育促进人的发展就是从主体上促进社会的发展，从生产力中最活跃的因素——劳动上促进生产力和整个社会的发展。人的发展是社会发展的基本因素，而社会的发展则是人的发展的基础和环境。2.从教育活动的过程看，社会的政治、经济、文化、道德等对教育提出要求，通过教育活动作用于受教育者，受教育者接受教育之后，又通过自己的实践活动反作用于社会各个领域，从而实现了教育的功能。与此同时，每个人在德、智、体等方面发展的要求也通过教育活动得到满足，从而促进了人的全面发展与个性发展，实现了发展人的功能。

（二）关于培养目标。培养目标是指教育的总目标，即通过教育过程把受教育者培养成一定社会所需要的人的总方向、规格和要求。关于确定培养目标的依据，这是个长期争论的问题。有的认为应根据人的本性、本能需要来确定，即人本主义的主张；有的则认为应由社会需要来确定，即社会本位主义的主张。会议认为，培养目标应按照马克思主义的观点，以教育社会需要与人自身发展这两种基本功能为出发点来确定，反映它们的辩证统一关系。培养目标的主要内容应包括：1.把受教育者培养成什么人；2.受教育者要达到的素质及其结构。

（三）关于德育问题。1.对1989年春夏之交政治风波和反思之后中小学德育工作的估计，多数同志认为出现了好的转机，有了新的进展，表现在各级领导和教育工作者提高了培养革命接班人和建设者的重要性的认识和责任感;党中央采取了“扫黄”等措施,优化了育人环境；普遍加深了对邓小平同志关于最近10年“我们最大的失误是在教育方面,思想政治工作薄弱了,教育发展不够”的认识，较普遍进行了坚持四项基本原则、反对资产阶级自由化的教育,形势教育,国情教育等,取得了一定成效。2.德育首位的落实问题。加强和改进中小学德育必须狠抓德育首位的到位和落实。大家认为:(1)指导思想上要坚持社会主义办学方向,处理好德育与智育、体育的关系,把应试教育变为素质教育。(2)建立和完善德育管理体系。校长要把教师的思想政治工作放在首位,教师要把德育贯穿于教育、教学的各个环节中。(3)变学校封闭教育为开放教育,组成学校、社会、家庭一体化教育网络,齐抓共管。(4)在政策导向和评估导向上,要把德育工作和政治标准放在首位。

四、关于教育方针的探讨

中国教育学会于1990年3月至11月间在北京、上海、深圳分别召开4次研究教育方针座谈会,《中国教育学刊》也开辟专栏展开讨论。在北京召开的两次座谈会由会长张承先主持。与会专家、学者和来自第一线的教育工作者认为,制定和贯彻教育方针的过程,是一个统一思想,分清是非,排除干扰的过程。教育方针是国家在一定历史阶段,根据政治、经济、社会发展的需要,为实现教育目的所规定的教育工作总方向和教育基本政策的总概括。它应包括教育的指导思想、培养目标和培养途径。

如何看待建国以来提出的教育方针。与会同志认为,1957年和1958年毛泽东主席、党中央确定的教育方针是正确的。教育为无产阶级政治服务这一提法本身没有错，但在执行中受到“左”的干扰,后在“文化大革命”中又被严重扭曲。我们不能因此否定教育的阶级性和社会主义性质。党的十一届三中全会后,随着全党工作重点的转移,针对教育脱离经济发展，强调教育应该通过提高民族素质和培养建设人才为经济建设服务。教育具有鲜明的阶级性,不为一定政治、经济服务的教育是根本不存在的。

关于教育指导思想的表述，多数同志认为要体现党的基本路线，反映时代精神和特点,即教育必须为社会主义现代化建设服务,包括为政治、经济、文化和科技等发展服务。关于培养什么人的表述,应提培养德、智、体诸方面全面发展的社会主义事业的接班人和建设者。关于培养途径，多数同志指出应强调教育与生产劳动相结合。

座谈会贯彻“双百”方针,形成了三个教育方针表述方案,报送领导部门参考。

撰稿人　宋静常

审稿人　郭永福

坚持方向，深化改革，积极开展高教学术研究

1990年，中国高教学会的团体会员又增加了水利部高教学会、高校工程热物理研究会、中国高教学会秘书学会和中国高教学会导引养生学研究会。中国高教学会团体会员已发展到63个，已拥有15个有关部、委、总公司高教研究会，27个省、自治区、直辖市高教学会和21个全国专业（学科）研究会。

中国高教学会和团体会员单位在1990年紧紧围绕国家教委的中心工作，配合各级教育行政部门开展了多种学术活动，取得了比较丰硕的成果。

一、高等教育坚持社会主义办学方向的讨论

1990年，北京高教学会、高教管理研究会、辽宁省高教研究所、浙江省高教学会等单位就社会主义办学方向的内涵和如何坚持方向等内容举行了研讨会和座谈会。与会代表认为：社会主义办学方向是指教育要符合无产阶级政治和经济发展要求的问题，也就是学校全部工作应该沿着党在社会主义初级阶段的基本路线和教育方针所指引的方向前进。培养人才质量是检验办学方向的主要标志。高校坚持社会主义办学方向，党政领导是关键，校长不仅应是教育业务专家和有相当的管理能力，而且必须坚持四项基本原则、加强德育、贯彻马克思主义的教育思想和全面发挥教育整体功能的作用。坚持办学方向一定要把培养无产阶级革命事业接班人放在学校工作的首位。

山西省高教学会还将坚持社会主义办学方向问题作为1990年度学术重点研究课题。一是着重研究了马克思、列宁、毛泽东、邓小平教育思想，阐述坚持社会主义办学方向理论及其重大意义；二是以马克思、列宁、毛泽东、邓小平教育思想为指针，总结建国以来特别是近10年来改革、开放的新形势下，探讨坚持社会主义办学方向的方针、政策和途径。江苏省高教学会把高校的办学方向问题作为研讨的重要方面，并强调理论联系实际。

1990年各学会、研究会还普遍检查了自己办的学术或情报信息方面的刊物，均未发现有资产阶级自由化的错误倾向。

二、开展加强并改进高校政治思想工作的研究

1990年，中国高校思想政治教育研究会，江苏省、湖南省、广东省、浙江省、有色金属等高教学会围绕如何加强和改进高校思想政治教育工作，以马列主义、毛泽东思想为指导，紧密联系实际，开展了多层次、多方面的专题学术活动。大家认为：近一年多来，由于加强了党的领导，高校思想政治教育有了新的转机，对于争夺接班人和改进思想政治工作的重要性和迫切性有了更深刻的认识。把德育放在首位，提高德育质量，是各研究会讨论最多的问题。

（一）关于德育目标和评价指标的问题。大家认为有三方面的内容必须明确：第一，要明确大学德育的总目标，不能用终身教育的目标来代替大学阶段的德育目标。第二，要明确大学德育在总目标的指导下形成阶段

性、层次性的目标体系。第三，要明确用什么目标来衡量学校德育质量的问题，实事求是地制定评价德育质量的指标体系。第四，要研究德、智、体整体化教育模式，使教育工作系统化、制度化贯穿在整个培养过程之中。

（二）关于用什么内容去教育学生的问题。一致认为，要采取有效措施对学生加强四方面的教育：（1）形势和法制教育；（2）社会主义初级阶段基本路线的教育；（3）国情和社会主义必然性的教育；（4）马克思主义理论特别是马克思主义哲学的教育。在进行教育时要注意三个结合，即爱国主义教育和共产主义教育相结合，政治方向教育和基础文明教育相结合，好的传统与现代文明相结合。同时，要强调实践的作用，重视道德行为习惯的养成教育。

（三）关于政治理论课和思想品德课的建设问题。政治理论课和思想品德课要改变单纯传授知识以及脱离社会实际和脱离学生思想实际的状况。应把德育内容集中在如何掌握马克思主义的基本原理和基本方法上，结合实际进行讲解，增强学生分析和解决思想问题的能力。

（四）关于改善学校内部育人环境的问题。代表们认为可以从三方面着手：（1）要综合治校，协调学校内部各方面的教育力量，构成有机的、完备的学校德育系统，形成教育的合力；（2）要制定包括教学在内的全面的教育计划，让广大业务课教师真正进入“人师”的角色，负起教书育人的责任；（3）要优化学生班级的结构，提高学生自我教育的能力。可以考虑有计划地录取一些经过实践锻炼、思想政治上较成熟的学生作为班级的骨干。

（五）对青年教师的培养问题。1990年，江苏省、江西省等高教学会就在改革开放的形势下如何加强青年教师的思想和业务建设的途径和对策等问题举行了研讨会。与会同志认为，现在高校青年教师占教师总数的二分之一。5年、10年后要挑大梁。青年教师队伍群体素质主流是好的。但是部分青年教师缺乏坚定正确的政治信念，缺乏严格的民主素质和法制观念的训练，缺乏艰苦奋斗的思想和良好的道德修养，马列主义理论根基较差，片面追求个人价值的实现和增值。大家认为，目前青年教师要过好“三关”，即思想政治关、教学关和生活关；要处理好“三个关系”，即重业务轻政治，重理论轻实践，重个人价值轻社会奉献。因此，加强对青年教师的培养是高校工作的当务之急。一些学校目前成立了师资建设咨询委员会，青年教师教学、科研奖励基金和青年教师上岗职前培训班等做法都是培养锻炼青年教师的有效途径。

三、围绕高等教育改革中的各种理论的实际问题，开展学术活动

（一）1990年，高等教育管理研究会与海南大学就高等学校如何进行综合改革问题开展了研讨活动，对以下几个问题取得了一些共识：

1.什么是综合改革。大家认为，综合改革应包括三层意思：（1）要对学校内外部情况进行全面的、综合的、相互联系的分析，按照整体优化的要求对学校的改革进行系统的总体设计。（2）综合改革涉及有多层次多方面的目标，学校综合改革要抓主要矛盾，选好突破口，解决关键问题。（3）要配套改革，要有相应的配套改革措施。

2.高校综合改革的出发点和指导思想。许多人认为应强调两点：（1）要从各学校的实际出发，不同的类型、层次、任务、特点和办学条件的高等学校，其改革的目标、内容、措施、步骤与突破口应有所不同。（2）要探索如何办成具有中国特色的社会主义大学，要在综合改革的实践过程中将“特色”具体化。

3.高校综合改革的方向和基本目标。高校的综合改革都必须坚持社会主义办学方向，而当前就是要建立主动适应经济建设需要的有效机制，为经济建设服务。

（二）1990年，对高校管理改革的现状、存在问题与对策措施等问题开展了讨论。江苏省高教学会组织了11所高校的代表就以上问题进行研讨认为，教学是高校管理的中心环节，教学管理是高校管理的核心，高校管理必须立足于为教学服务，着眼于提高教学质量。搞好学校管理，必须做到：(1)以提高教学质量为中心。(2)必须把目标管理与过程管理结合起来。（3）思想教育先行，管理措施在此基础上发挥作用，二者有机结合，达到管理的理想效果。(4)稳定干部队伍，以利管理的科学化。（5）把管理措施落实到基层，特别是教研室和实验室的管理。大家指出，针对目前状况，要把管理落实到提高教学质量上，必须解决学和教的动力问题。教的动力问题是关键，抓好教风，可以带好学风。

1990 年，高教管理研究会与辽宁高教研究所联合召开了“坚持社会主义方向，深化高教管理改革”的研讨会。与会代表对于今后如何改进高教管理研究提出了意见：（1）应重视高教管理综合改革的研究。(2) 应重视管理理论转化为实践的中心环节的研究。(3)应重视高教管理工作传统优势的研究。（4）应重视有关教育法令、政策的研究。

1990年，江苏省高教学会还对南京大学的重点课程建设进行了认真的评估。高教所的一位副研究员和教务处合作，在大量调查、分析的基础上搞出一套课程建设评估体系，并总结、探讨了课程评估中的原则与需要处理的一些关系，形成了两篇论文，其中一篇在中美教育评估研讨会上作为主论文宣读。海南省、广西等高教学会均把教学评估的研究作为1990年的重点科研课题，受到了当地行政部门和学校的欢迎。

（三）开展校园文化和音乐教育的研究

中国群众文化学会、中国高教学会、中国教育学会和共青团中央宣传部在1990年 4 月底联合召开了全国校园文化理论研讨会。探讨校园文化发展的规律和校园文化建设的途径，加强对校园文化建设的理论指导。代表们普遍认为，加强党政对校园文化的领导，是加强校园文化建设、繁荣校园文化的关键。要警惕和抵制错误思潮对青少年学生的误导。学生是校园文化的主体，但充分发挥教师的主导作用，是提高校园文化活动质量，搞好校园文化建设的重要条件。共青团、学生会应该注意发现、培养骨干，并逐步组织一支校园文化活动的队伍。同时大家提出，应鼓励作家、艺术家和文艺工作者支持和辅导校园文化活动。要十分重视校园文化的理论建设。还要注意把理论研究成果应用到校园文化的实践中去，指导和推动校园文化向纵深方向发展。

1990 年初，中国高校音乐教育学会在广州举行了普通高校中国音乐类欣赏课程教学研讨会。全国60余所高校的80多位音乐教师就如何弘扬中华民族音乐文化问题，进行了广泛、深入的研讨和交流。有关专家和学者作了关于戏曲、说唱音乐、中国古代优秀歌曲、乐曲课堂教学、中国民歌等方面的中心发言，还举行了“孔子在中国音乐史中的贡献”的讲座，欣赏了孔乐舞的声像作品。邀请了德国学校音乐教师协会主席作了音乐教师素养的讲话。会议交流了大学音乐欣赏课的教材和录像资料，互相交流了教学方法。通过研讨，大家一致认为，要认真贯彻何东昌关于“缺乏美育的教育是不完全的教育”的讲话。普通高校的音乐教育，必须坚持文艺的意识形态导向，反对资产阶级自由化，反对民族虚无主义和全盘西化论；提倡学习、欣赏中华民族优秀的传统音乐文化和让世界音乐宝库中审美价值高的精品来占领课堂和校园文化阵地；要建立民族自信心，必须以教育功能和认识功能为主要目标来开展音乐教育；要培养大学生爱国主义的思想情操，进而形成全社会热爱民族音乐的氛围，增强民族的凝聚力。几年来，高校音乐教育学会已发展到500多名会员，并已在5个地区建立了分会。

(四)积极配合教育行政部门举办干部培训班和讲座

1990年，高校基建学会和国家教委计划建设司联合举办了一期高校主管基建工作的校(院)长研讨班，举办了两期华北、东北、西北地区高校基建处长培训班，学员多是近年来从教学、科研等单位调到基建领导岗位上的。有关专家和长期搞基建工作的领导讲授了“一般高校校舍规划定额及其应用”、“高校校园总体规划设计程序、内容及校园规划的决策和管理”和“高校校园的绿化及建设标准”等专题。研讨班采用讲课、讨论和参观相结合，使参加研讨班的院校长和基建处长们懂得了基建工作的知识、规章制度和工作程序。学员们一致认为学到了不少高校基本建设知识，明确了校园建设与教学、科研和师生员工的生活息息相关，并反映学校的风格、精神面貌与管理水平。今后要使学校建筑更具有学术文化气息。这种研究受到了各高校的普遍欢迎和国家教委副主任邹时炎的充分肯定。

在1990年举办培训班的还有高校体育研究会和云南省高教学会等。

江苏省1990年先后举办了两期专业课教师职前培训班，教学内容有：(1)普通心理学知识讲座；(2)高等教育学讲座；(3)高等学校教学研究与改革讲座。培训班突出了高校教学、思想政治工作和高校教师素质和要求方面的内容。安排了教学过程、教学原则、教学内容、教学方法、备课、上课等系统理论讲授；并安排了有关教育测量与评价的知识和技能的教学。通过学习，使每一位教师认识到专业课教师不仅要培养出具有一定文化知识的学生，而且要教出坚持社会主义道路的又红又专的学生。

四、开展国际学术交流

1990年中国高教学会和北京大学高教所共同举办了“高等教育管理理论与方法”研讨会。这是继1988年以来的第二次国际学术交流活动。美国密执安大学高教研究中心主任马文·彼德森教授和密执安大学管理学院组织行为与工业关系主任金·卡梅伦教授就高等教育和高等学校的组织环境、组织文化、战略规划、组织与管理方式、机构的效益、领导艺术、变化与革新、高教的未来、高教研究等10个专题进行了介绍；国家教委教育发展研究中心主任郝克明、北大高教所闵维方分别就中国教育发展问题、组织理论与高校管理做了报告。与会人员普遍反映，通过研讨了解了当前国外的高教管理理论和方法的最新研究成果，探讨了中国高等学校管理中的若干问题，对今后的高教管理研究和实际管理工作将发挥良好的作用。

五、开展第二次优秀高教科研成果的评奖活动

中国高教学会为了总结、检阅近几年来的研究成果，1990年进行了学术评奖活动。全国各地和各部门的高教学会(研究会)积极报送论文和专著，认真组织初评，中国高教学会副会长何东昌提出了评审工作的指导思想，评委会要求参加评选的优秀论文和专著，要坚持政治观点与材料的统一，既有较丰富的材料，又能以马克思主义的观点去统率材料，有一定的独到见解，具有一定的学术价值或在当前的实际工作产生一定的积极作用。最后评选出高教科研成果论文一等奖5个、二等奖13个、三等奖28个，专著二等奖7个、三等奖9个，论文和专著成果奖分别为76个和28个。

在1990年，积极开展优秀论文、专著评奖活动和表彰奖励学会积极分子工作的，还有北京、上海、辽宁、广西、四川、江西、河南、海南、云南航空、高校保健医疗、有色金属等省和部门学会或研究会。

撰稿人 许人纯

审稿人 郝维谦 许德贵

教育发展研究工作

1990年，国家教育发展研究中心在科研工作方面取得较为丰硕成果。

一、基本完成了三项比较重大的研究课题

(一)对教育思想的一些问题进行了比较深入的研究

这项研究是从1989年年初开始进行的，这一年主要是做收集和分析资料的工作。在此基础上，1990年年初，组织中心专兼职研究人员，以马克思主义为指导，紧密联系我国教育发展与改革的实际，联系国内外阶级斗争的大背景，对教育功能、教育与生产劳动相结合等几个重要教育思想问题进行研究，12月22日～24日召开了教育思想研讨会。著名教育专家、学者舒文、刘佛年、潘懋元、王承绪、顾明远等和一些省、市教委主任、副主任共40多人参加会议。由中心向研讨会提交了《对教育功能若干问题的思考》。何东昌两次审阅此文，评价此文"有内容、有深度"，也提出了一些待深入探讨的问题。与会者普遍反映，这次研讨会开得成功，有一定的深度。

(二)基本完成"七五"期间国家哲学社会科学重点课题"关于应用学科高层次专门人才培养途径的研究"工作

这个课题从1986年初开始，经过5年的调查研究和3年的实验研究，到1990年底基本结束，并进行了成果鉴定。先后参加这项研究的有28个部委和地方教育行政部门，56所高等学校，55个大型企业和7个研究院(所)，参与研究的累计达618人。调查研究的范围涉及机械、电力、冶金、计算机、农科、法律、金融、新闻、财会、临床医学等10个学科领域，并在机械、电力、农科和法律4个学科领域进行了面向实际工作部门培养高层次专门人才的实验。这项研究工作的目的是探讨开拓多种途径培养应用学科高层次专门人才。研究工作的指导思想是：从我国的社会主义建设事业发展的需要出发，以马克思主义为指导，从深入剖析与这10个学科领域相关的社会实际工作部门高层次专业技术岗位(如高级工程师、高级法官、主任医师、高级编辑记者等)的职责、任务及其对人才知识与能力的结构要求入手，对现有高层次专门人才的基本状况进行全面、系统的调查研究，总结我国高层次人才培养的经验教训，并借鉴国外的有益经验，努力探索符合我国国情的培养应用学科高层次专门人才的多种途径。

这项研究成果获得国家和国家教委领导同志与专家学者及社会用人部门的好评。李鹏看了这项研究的阶段成果报告后认为报告很好，是带有方向性的改革，有利于理论与实践的结合，适应我国社会主义现代化建设的实际需要。何东昌也认为，这项研究成果有利于解决当前高等教育存在的两个比较大的问题，一是如何培养又红又专的专门人才；二是如何理论联系实际，为我国社会主义建设服务。他还强调指出，这项研究尽管是属于高层次人才的研究，但是对整个高等教育都有导向作用。由潘懋元教授主持的同行专家鉴定组的鉴定认为："课题组在系统调查研究的基础上，提出了改革研究生教育制度的基本思路，以适应社会主义现代化建设对于应用型高层次专门人才的需要，探索了通过规范化继续教育培养应用型高层次专门人才的途径；论证了第二学士学位对培养复合型专门人才的重要意义；在理论方面提出了一些需要明确的概念和需要研究的问题，并进行了一定的研究和探索，得出了若干有价值的带有规律性的认识。这一研究成果不仅对于应用型高层次专门人才的培养有现实意义，而且对于高等教育的改革具有导向作用，对于劳动人事制度的改革也有促进作用。”同时指出：“该课题研究的思路和方法都是正确的，为开展教育科学研究提供了新鲜经验。在选题方面，能敏锐地看到社会主义建设对教育提出的新要求，及时提出这一重大的和有深远意义的课题。在研究方法方面，是比较科学的，采取了把教育放在社会大系统中进行研究，把实际调查、理论分析和实验相结合，把总结国内经验与借鉴外国有益经验相结合等方法，特别是这次研究中采取的实验方法，对教育科学研究更为重要。在科研组织工作方面，实行高等学校的教师、教育科研工作者和实际工作部门的专家、领导干部结合起来，共同进行研究，也是一种成功的做法。”该项成果获全国首届教育科学优秀成果评选一等奖。根据研究成果写成的专著《应用学科高层次专门人才培养途径多样化研究》，将由人民教育出版社出版。

（三）基本完成了我国“小学、初中学生辍学、留级问题”的研究工作

这是由联合国教科文组织亚太地区办事处发起组织的一项地区性的国际合作研究项目，参加的除中国外，还有日本、孟加拉、不丹、印度、印度尼西亚、老挝、马来西亚、尼泊尔、巴比亚新几内亚、菲律宾、斯里兰卡、泰国、越南、巴基斯坦和缅甸共15个国家。研究这个课题的目的，是要通过对初等教育阶段学生未入学、辍学、留级、学习成绩不合格以及对学校资源低效益的利用等五个方面的研究，分析因这些问题造成的教育上财力、物力、人力的浪费，探讨解决这些问题的战略措施，以便最大限度地利用已有的教育资源，动员社会各阶层、各方面参与教育活动，培养数量最多、质量最高的学生，提高教育效益。

从1989年4月开始，由教育发展研究中心会同基础教育司与河北、辽宁、山东、福建、浙江、广东、广西、四川、甘肃等9个省、区合作，按不同经济、教育、文化发展水平抽取60个县作为样本，就小学、初中学生辍学、留级的规模、趋势、地区分布及其原因，按年级、性别全面深入地进行调查分析研究，还先后派出调研小组到四川、甘肃、广西、山东4省、区做典型调查。撰写了《关于中国小学、初中学生辍学、留级问题的研究报告》，并派代表出席了于11月17日～12月7日在东京召开的亚太地区研讨会。上述报告得到与会代表的一致好评，认为报告所含数据多，信息量大，研究方法比较科学。李铁映看了报告后指出：“此报告所论辍学问题很重要，有据有论，实事求是”，并要求国家教委“纳入1991年督导任务和义务教育法检查之列。”

二、开展了五项比较重大的课题研究工作

（一）全面展开“中国教育发展战略研究课题”的研究工作

这是国家宏观教育决策研究的一个重要项目，也是国家哲学社会科学的重点研究课题。到目前为止，参加这一课题研究的已有18个省、自治区、直辖市，14个中央部委，17所高等学校和国家教委的有关部门。一年来主要做了以下几项工作：

1.制定了战略研究总课题组1990—1991年实施方案。包括课题的总体设计、课题研究的基本要求及主要研究方法、工作步骤。

2.在5月、7月进行了有关教育发展战略的理论研讨和人员培训。参加研讨和培训的有18个省、市，14个部委，10多个高等学校和科研机构，共203人。

3.根据总课题组1990—1991年实施方

案，各地区、各行业课题组分别开始进行调查研究。

（二）开始研究中国初中后教育结构体系问题

在12月先后召开了10省、市教委副主任座谈会和14个部委教育司局负责人会议，研究部署这一课题研究工作的目的、内容和工作步骤。同农业部共同召集北京农业大学等4所农科院校，商讨了农科教育结构体系的课题研究安排。在征求人事部、劳动部和国家教委有关司局的意见后，起草了这一课题的研究方案和典型调查提纲。

（三）与联合国儿童基金会合作，进行中国不同地区基础教育战略规划研究

这项研究的主要任务是：分析现有教育统计和管理信息系统，分析普及初等教育的质量指标和基本规格，并就不同地区实施义务教育的质量要求提出战略性建议。

（四）与苏联高等教育研究所合作进行“教学、科研、生产三结合研究”

这是根据我国教育发展和改革的实际需要和联合国教科文组织的建议，以及国家教育发展研究中心与苏联高等教育研究所签订协议合作进行研究的课题——“中国和苏联高等教育体制改革的某些方面效益分析”的一个部分。根据协议，1990年双方分别派专家到对方进行专题考察。并就双方共同合作实施“高等教育教学、科研、生产一体化”课题的有关问题进行磋商。

（五）开展了“发达国家80年代教育改革的趋势”研究

中心已委托有关大学分别就美、英、苏、日、法、德等国家教育改革的背景、主要改革措施、今后的发展趋势等问题进行国别专题研究。还开展了15个国家和地区教育发展战略比较的研究。

三、撰写、编辑出版书籍，绘制教育地图

1990年，撰写、编辑出版了六本书。有《中国教育发展的宏观背景、现状及展望》、《发达国家教育改革的动向和趋势》（第三集）、《三十五国教育发展（1986—1988）》等。

1990年，中心还处理了2300个县近2000个数据，撰写了农村地区普及义务教育的背景分析报告，绘制出了1989年版《全国分县农民人均纯收入分布图》和《全国分县农村地区普及义务教育形势图》。

撰稿人 周 燕 严晓梅
审稿人 蔡克勇

国家教委主办的报刊

中国教育报

为适应教育工作的发展，加强教育报刊的宣传工作，国家教委党组决定，从1990年起，将原中国教育报社（含《中国教育报》和《人民教育》《中国高等教育》杂志）分建为中国教育报社和中国教育杂志社两个独立的事业单位。

分建后，国家教委党组任命了新的中国教育报社领导班子，李兆汉任社长、俞家庆任总编辑。编辑部下设总编室、新闻研究室、新闻部、普教部、大学部、职业教育部、成人教育部、外国教育部、思想理论部、群工部、记者部、体卫部、文艺部、摄影美术部。新建了行政、后勤和经营管理等部门。办公地点迁至北京西城区西黄城根北街甲2号（北京四中院内）。

在1990年，国家教委更加重视发挥《中国教育报》对全国教育战线工作的指导作用。中共中央政治局委员、国务委员兼国家教委主任李铁映对《中国教育报》的宣传工作多次作批示，并于1990年6月15日约见报社负责同志，听取工作汇报，作了重要指示并提出要尽快创造条件改办日报。

1990年，《中国教育报》坚持党的基本路线，认真贯彻中共十三届四中、五中、六中全会精神，积极落实国家教委1990年工作会议精神和各项工作部署，努力提高办报质量，在教育界和社会上产生了越来越大的影响。1990年3月14日《新闻出版报》一版头条发表《中国教育报受到国家教委领导称赞》的报道说："中国教育报坚持正确的办报方向，在大风大浪中不迷航，最近受到中央有关领导同志的表扬。"

一、坚持四项基本原则，继续开展反对资产阶级自由化的教育和斗争

1990年，《中国教育报》持续发表了十几篇批判资产阶级自由化的文章，介绍了教育战线一些单位批判资产阶级自由化的典型经验，对推动教育界反自由化的斗争深入发展起了一定作用。3月1日，《中国教育报》发表了中宣部部长王忍之的长篇文章《关于反对资产阶级自由化》。之后，又发表了《为什么中国反对资产阶级自由化?》、《资产阶级自由化与卖国主义》、《评刘再复的人道主义文学观》等专题文章。

为了帮助广大师生提高对1989年政治动乱的性质和危害的认识，《中国教育报》发表了《叛逃"精英"在国外》、《"黑手"的自供——叛逃动乱"精英"曝光录》等文章，进一步揭露搞资产阶级自由化的头面人物的罪恶言行。中国教育报社编辑出版了《叛逃"精英"海外言行录》一书，供教育系统和各界人士批判使用。在一版重要条位，《中国教育报》宣传了武汉大学、中国人民大学、兰州大学等院校深入学科领域清除资产阶级自由化思潮影响，以马列主义为指导进行教学改革和学科建设的做法和经验。

同时，《中国教育报》还对《中流》、《当代思潮》等坚持马克思主义、旗帜鲜明地反对资产阶级自由化的新办刊物给予宣传和支持。

二、以迎接第十一届亚洲运动会在北京召开和纪念鸦片战争150周年等活动为契机，面向全国大中小学开展爱国主义教育

“五四”青年节时，江泽民总书记发表了《爱国主义和我国知识分子的使命》的重要讲话，《中国教育报》及时全文刊登，并立即组织了“讲话在高校产生强烈反响”的系列报道，发表了一些大学校长、教授谈爱国主义和知识分子成长道路的专访；在新闻版开辟了《高举爱国主义旗帜，担负新的历史使命》专栏，集纳各地的反响。

紧密配合纪念鸦片战争150周年，《中国教育报》于5月17日发表社论《学史明志　振兴中华》，并连续报道各地举行的丰富多彩的爱国主义教育活动。5月31日，《中国教育报》为庆祝“六一”国际儿童节发表社论《爱国主义教育要从少儿抓起》。编辑部还约请了林则徐、关天培、邓廷桢三位鸦片战争期间的民族英雄的后裔林岷、关仁杰、邓珂举行座谈会，并以《发扬中华民族爱国主义光荣传统》为通栏标题，刊登了他们的发言摘要。同时，组织编发了《丝绸之路上的盗宝者》、《圆明园的劫难》、《八国联军的暴行》等几篇较有分量的专稿和资料，引起社会反响，有的被《人民日报》、《光明日报》转载或中央人民广播电台摘播。还组织编写了《美帝侵华反华史例话》在报上连载，并汇编成书出版。

为了做好对第十一届亚运会的宣传，编辑部制订了详细的报道计划，组织成立了专题报道组，动员各业务部门协同作战。在宣传报道中始终贯穿发扬爱国传统、振奋民族精神这条主线，开辟了“亚运前奏曲”“亚运舞台”等栏目，突出了教育报的特色，颂扬全国人民和教育界广大师生员工的爱国热情和为亚运会作出的宝贵贡献。其中《亚运为国增荣誉　我为亚运添光彩》、《神州风采　亚运光辉——亚运会大型团体操诞生记》，分别以整版的篇幅介绍教育界和工农兵为国争光的精神风貌，声势较大，编排精心，受到读者的欢迎。《新闻出版报》于9月23日报道了《〈中国教育报〉满腔热情宣传亚运》的消息。

三、加强对中小学德育工作和高校思想政治工作的宣传，报道了一批先进地区和单位的典型经验

1990年1月23日，《中国教育报》在一版头条以《要坚定不移地把德育放在首位》为题，报道了国家教委副主任何东昌在国家教委1990年工作会议上关于加强学校德育工作的重要讲话。在全年的宣传报道中，先后介绍了上海市党政领导充分重视学校德育，建立区县德育工作领导小组和社区教育委员会的经验；沈阳市形成社区教育网络，全社会都在关心青少年教育，共同创造良好育人环境的经验；西安、深圳、宁波等地加强德育工作的做法及成效等。在《中小学教育》专刊，还开辟栏目进行了关于德育实效性的讨论。

在宣传高校的思想政治教育方面，报道了湖北、四川等地在高校中广泛开展社会主义教育的经验，并发表了《加强研究生思想政治工作》等文章。6月5日在一版头条刊登通讯《风华正茂》，反映制止动乱和平息反革命暴乱一周年后首都大学生学习马列、要求入党、奋发向上的精神风貌，受到师生们的欢迎。

对高校学生的社会实践活动，《中国教育报》作了比较充分的报道。7月21日发表了何东昌在中宣部、国家教委、团中央联合召开的大学生暑期社会实践活动新闻发布会上的讲话《到社会实践中去　向工农群众学习》。

先后报道了各地大学生参加社会实践活动的情况，宣传大学生们深入工厂、农村、军营，加深了对国情民情的认识，增进了与工农群众的感情。发表了《来自石家庄陆军学院的报告》等稿件，对北京大学新生参加军政训练所取得的可喜成果，给予了比较充分的报道。

对加强高校的党建工作、领导班子建设和青年教师队伍建设，《中国教育报》也作为重要的宣传内容予以报道。如及时宣传了高校党的建设工作会议精神，并配发评论员文章《大力加强高校党的建设》。会后，报道了各地高校党建工作出现的新局面，并开辟了《党委书记论坛》专栏。

四、积极宣传各地重视教育工作，实行教育改革的成果和经验，推动教育改革的深入发展

（一）《中国教育报》继续报道了各地集资办学、改善教师待遇的做法和经验。刊登了山东等省、市党政领导的署名文章。由编辑部组织采写的长篇特写《功垂千秋——亿万人民集资兴学记》发表后，中央人民广播电台摘要播出，被吉林等省市列为教育系统的学习材料。此外，还宣传了河南、江西等地抓紧筹措教育经费改善办学条件，加快改造中小学危房的经验。

（二）关于基础教育的改革，着重宣传端正办学方向，全面贯彻党的教育方针，减轻中小学生课业负担，克服片面追求升学率的不良倾向。发表了李鹏总理在两名小学生反映课业负担过重的来信上的批示，刊登了记者对国家教委副主任柳斌的专访《必须下决心减轻中小学生课业负担》，宣传了何东昌肯定的在中小学开展"愉快教育"的经验，报道了南京市减轻小学生课业负担的10种做法，收到了较好效果。在宣传改革中小学招生、考试制度和内部管理体制方面，着重报道了哈尔滨市取消重点初中、取消小学升初中统考、小学毕业生整校或整班就近升入初中的做法和经验；宣传了浙江、上海、云南等地推行高中毕业会考制度的做法和经验，并配发了评论员文章《基础教育的一项重大改革》；介绍了广东省中小学实行内部管理体制改革的做法和经验。

（三）在农村教育的综合改革方面，发表了李铁映的《发展和改革农村教育，为农村社会主义建设服务》、何东昌的《农村教育必须同农村经济发展要求相适应》等重要文章；配合召开第二次全国燎原计划与农村教育改革实验县工作会议，重点宣传了四川温江、广汉两个县市进行农村教育综合改革的典型经验，还报道了安徽滁县地区、湖南怀化地区实行农科教统筹的典型经验。

（四）在高等教育改革方面，着重报道了高校招生和毕业生分配的改革，特别是农业、师范院校实行定向招生、按需招生、打开人才通向农村的路子的做法，宣传高校毕业分配要面向基层、面向生产第一线。开辟"大学生在基层"专栏，发表了一些在基层做出优异成绩的大学毕业生的事迹。宣传了一批高校面向经济建设主战场取得的优秀科研成果，农业院校为农服务、科技扶贫取得的成绩，发表了《八所农大科技兴农为民造福》等消息和通讯。配合宣传国家教委召开的有关会议，还报道了高校文科、理科和专科院校进行改革的做法和经验。

（五）关于职业技术教育，除了对城市教育综合改革和农村教育综合改革与实行农科教统筹的宣传以外，还报道了一些农村和城市职业学校如何为发展经济培养人才的典型经验，并开辟了"职校毕业生成功之路"专栏，介绍了一批职校毕业生走上岗位后所创造的先进事迹。

（六）关于成人教育，配合宣传贯彻国家教委、劳动部、人事部等单位联合发出的《关于开展岗位培训若干问题的意见》，发表了评论员文章《万古长青的事业》，报道了马钢等大型企业开展岗位培训的典型经验；配合国际扫盲年活动，宣传贯彻国家教委召开的全国扫盲工作会议精神，报道了山东、贵州等地扫盲工作取得的成绩和经验，并在《成人教育》专刊上编发了两期“扫盲专辑”；宣传贯彻国家教委《关于普通高等学校成人教育治理整顿工作的若干意见》，报道了海南等地整顿社会力量办学和湖北等地治理整顿成人高校的消息，推动了全国治理整顿成人教育的进一步开展。

此外，对民族教育、特殊教育、幼儿教育、电化教育、国防教育、学校体育卫生、勤工俭学等方面取得的成绩和经验，也作了比较充分的报道。

五、不断宣传和颂扬教育战线的先进人物

1990年，《中国教育报》把宣传教育界的先进人物放在比较突出的位置，开辟了“园丁之歌”栏目，并在新闻版和专刊上多角度地报道了一批教育战线不同岗位先进人物的动人事迹，树立典型，歌颂先进，在教育界乃至全社会产生了良好反应。如宣传河北农业大学副教授师洪联事迹的《为了大地的丰收》，宣传广西东兰县小学教师韦造祥事迹的《壮乡有个活雷锋》，宣传北京市劳模、山区教师张继业事迹的《无悔的人生》，宣传中国籍日本人、内蒙古哲里木盟中学教师乌云事迹的《我为什么选择中国》，以及宣传全国中小学德育先进工作者黄家灿、王阁文等模范人物事迹的文章发表后，都被中央人民广播电台摘播或《人民日报》转载，编辑部还收到一些读者来信，表示向这些先进人物学习。这对于推动教师队伍的思想建设和教育战线的精神文明建设，都起到了一定的作用。

六、坚持新闻改革，努力提高报纸质量，逐步形成自己的特色

（一）面向社会，贴近教师。注意反映社会对教育的呼声和教育对社会的希望，积极沟通教育与社会的联系。如宣传亿万人民集资办学和反映群众对学生课业负担过重的意见等。编发“教师专页”，宣传各地重视师资培训、关心教师生活、提高教师待遇的经验，反映教师的意见和建议，并在《周末生活》、《教育文摘》等专刊里，发表教师爱看的消息和作品。

（二）改进文风，提倡短新闻，扩大报道面，增加信息量。提倡采编人员深入现场，在生动活泼、短小精悍上下功夫。《中国教育报》参加了全国新闻界采写“现场短新闻”的评比活动，本报记者采写的《欢声笑语拉家常》在1990年全国首次现场短新闻评比中获得三等奖。

（三）努力办好专刊。1990年，将原《教学园地》、《思想教育》、《教育管理》三个专刊，合并为《中小学教育》专刊，每周出一期；将原《高教改革》更名为《高等教育》。编辑部专门召开专刊编辑会议，总结交流经验，研究进一步办好专刊的问题。1990年，专刊在编辑质量方面有所提高，逐步形成了各自的特色，受到读者的欢迎。

（四）改进版面设计，重视运用新闻照片。1990年，《中国教育报》建成了激光照排车间，结束了报纸版面铅字排版的历史。照排车间上马快，技术水平不断提高。车间与版面设计人员紧密配合，使用多变的字体和图案，使报纸的版面大为改观。同时，重视使用新闻照片，使版面更加生动活泼。如在一版头条和报眼就多次刊登新闻照片，重视编辑画刊，仅报道亚运会的画刊就出了5期。由中国新闻摄影学会等单位主办对全国49家报纸1990年1月至7月要闻版运用新闻照片好版面评比中，《中国教育报》在首都报纸中名列第七，摄影通讯《壮乡有个活雷锋》被评为优秀奖。由本报记者拍摄的《献给我的老师》、《总书记和少先队员》，分获1990年度全国专业报新闻摄影作品一等奖和三等奖。

（五）加强了言论。1990年，《中国教育报》的社论、评论员文章、短评等言论比上一年有所增加。其中社论《认真抓好社会主义教育》、《人民教师要学习宣传马克思主义——二论认真抓好社会主义教育》等21篇言论被提名为本报1990年度好稿评比获奖篇目。

七、开展多种对教育工作有益的活动，加强报纸与读者和外界的联系，进一步扩大《中国教育报》的影响

（一）为丰富少年儿童的课外生活，加强学校的思想品德教育，与《中国少年报》联合举办由各地中小学生参加的“让精神世界更美好”读书活动。这项活动得到了李铁映、严济慈、康世恩等党和国家领导人以及国家教委的支持，有全国20多个省、自治区、直辖市的1000多万中小学生参加。

（二）配合在学校开展爱国主义教育，举办了“学史明志、振兴中华”征文活动。共收到应征稿件800余篇，50名作者获奖。

（三）为颂扬先进教师的事迹，与南京市教育局联合举办了“振兴杯”报告文学征文活动，其描写的对象是获得全国和省级劳动模范或先进个人称号的教育工作者。共收到应征作品2450余篇，有23篇分获一、二、三等奖。

（四）配合学校开展社会主义教育，与深圳市教委联合举办“深圳杯”社会主义纵横谈征文活动。到1990年底，已收到应征稿件900多篇，选出30余篇编发了8个专版。从小学生到离退休的老人都有参加。编辑部收到一些来信，称赞这次征文活动很有意义。应读者的要求，这次征文活动将延长至1991年5月1日结束。

（五）配合庆祝1990年教师节，在北京、天津、上海、南京、哈尔滨、太原、福州、郑州、郴州、贵阳10个城市举办了“中国教育报读者日”活动。当地党政领导同志出席，报社负责同志分赴活动地点听取教师对报纸的意见，并分别举办了电影招待会、文艺晚会等招待教师。

（六）为支援老革命根据地和贫困地区教育，与中国教育工会在暑期联合组织了赴延安地区义务讲学活动。讲习团由北京、上海、辽宁、江苏、河南等地的13位教育专家和优秀教育工作者组成，讲授有关教育理论，介绍办学育人的经验，1100名中小学校长和初中班主任参加了培训，受到当地党政领导和教育工作者的欢迎。

（七）外事活动。应中国教育报社邀请，由苏共中央委员、苏联《教师报》总编辑谢列兹尼奥夫率领的苏联《教师报》代表团一行2人，于10月16日至30日来华访问。在华期间访问了北京、上海、广州、深圳等市，参观了部分大中小学校。中共中央候补委员、国家教委副主任朱开轩会见了代表团。代表团回国后，在苏联《教师报》发表了题为《哪家的月亮更亮?》的访华观感，对我国改革开放以来取得的成就表示赞赏。

八、积极做好经营管理和出版发行工作

1990年7月28日，国家教委办公厅发出通知，要求各地协助做好《中国教育报》等报刊的发行工作。10月24日，中共中央宣传部向各地党委宣传部发出电报通知，指出《中国教育报》等报刊是国内外有一定影响的中央级报刊，要求各地认真做好《中国教育报》等报刊的发行工作。为贯彻上述通知精神，报社在南京、贵阳、太原、哈尔滨等地召开了发行工作座谈会。由于各地党政领导和教育部门的重视，1990年《中国教育报》的发行量一直保持在45万份以上。为做好报纸的印刷工作，于5月在成都召开了上海、长沙、北京、成都4个印点会议。

经国家教委批准，自1990年开始，中国教育报社实行财务自收自支预算管理办法。通过实行建立健全规章制度、严格管理、增收节支等办法，报社1990年度已扭亏为盈。

九、提高队伍素质，加强地方记者站建设

1990年，中国教育报社认真组织全体工作人员学习党的方针、政策和中央领导同志关于新闻工作的重要讲话，学习社会主义理论，提倡采编人员深入实际，联系群众。队伍的精神面貌和思想作风发生了可喜变化，一些记者的事迹受到群众的来信表扬。记者陈志伟被评为全国优秀新闻工作者。

5月，在北京召开了中国教育报1990年宣传报道工作会议，《中国教育报》各地方记者站负责人及专、兼职记者80多人出席了会议。何东昌就教育战线的形势、任务和地方记者站建设等问题作了重要讲话。在当地教育部门的支持下，各地方记者站的建设得到加强。至1990年，《中国教育报》地方记者站已有21个，深圳、陕西记者站在筹建中。经过充实和调整，共有专职记者和特约通讯员84人。湖南、河南、江苏、上海、吉林、湖北、山东7个地方记者站被报社评为1990年度先进单位，董丞明等15位记者和特约通讯员被报社评为1990年度先进个人。

撰稿人　韩其洲

审稿人　李兆汉　俞家庆

《人民教育》杂志

1990年,《人民教育》继续努力宣传党中央、国务院和国家教委有关教育工作的方针、政策和工作部署，报道各地教育教学改革的先进经验，宣传在教育教学改革中作出显著成绩的先进人物，使刊物的内容更加贴近实际，贴近学校,贴近教师,进一步提高刊物的思想性和指导性，使指导性和可读性结合得更好。

一、准确、及时地传达党中央、国务院和国家教委关于教育工作的新精神，使刊物在指导全国教育工作特别是基础教育工作方面发挥积极作用

1990年，《人民教育》发表了江泽民的《爱国主义和我国知识分子的使命——在首都青年纪念五四报告会上的讲话》（第6期）和《向赖宁学习,做社会主义事业接班人——在中国少年先锋队全国代表大会上的祝词》（第12期)两篇文章;发表了李鹏在会见面向21世纪教育国际研讨会代表时的讲话（第2期）;发表了李铁映《关于我国教育工作若干问题的汇报(摘要)》(第2期)和《在国家教委1990年工作会议上的讲话》(第3期);还发表了何东昌的《中国农村教育的希望所在》(第1期)、滕藤的《中小学要重视国情教育》(第6期）张文松的《对当前小学德育的若干意见》(第5期)、柳斌的《推广“愉快教育”经验，深化小学教育改革》(第7—8期)、邹时炎的《要不失时机地搞好中小学校长培训工作》(第12期)、王明达的《提高认识，坚持不懈地抓紧扫盲工作》(第2期)。这些重要文章,使党中央、国务院和国家教委的有关政策、精神通过刊物直接贯彻到基层，同广大教师和干部见面,有力地指导了教育工作。

1990年,《人民教育》还发表了《把德育摆在首位,全面提高教育质量》(第2期)、《让雷锋精神充满校园》(第4期)、《扎扎实实地搞好城市教育改革》（第11期）等7篇社论、评论，针对教育工作中带倾向性的问题和广大教师、干部普遍关心的问题进行评述和引导。如:第9期发表的社论《满腔热情地关心青年教师的成长》,指出今天的青年教师是跨世纪的一代，肩负着我国教育事业继往开来的重担，各地各校要在继续重视充分发挥中老年教师作用的同时，把加强青年教师的教育培养工作，作为一项迫切而重要的战略任务抓起来。读者反映这篇社论很有指导性和现实意义。《人民日报》对这篇社论作了报道。

二、配合国家教委关于培训中小学校长的工作部署，开辟“小学校长培训专页”专栏

1989年,国家教委下发文件,要求对中小学校长进行培训。这是基础教育领域一项长期的、根本性的任务。为配合这项工作，从1990年第1期起,《人民教育》开辟了“小学校长培训专页”专栏,一年中发表文章20篇。文章作者有国家教委和有关司局的负责同志、教育界的有关专家和有实践经验的小学校长。文章内容大体分为两类：一是有关小学管理的理论性文章，一是怎样当好小学校长的经验性文章。这个专栏受到广大小学校长的欢迎和各级教育行政部门的关注，在读者中产生了极大反响。

三、介绍教育、教学改革先进典型,传播教育、教学改革新鲜经验

1990年,《人民教育》发表了一批介绍各地教育、教学改革经验的文章。如：德育工作方面有辽宁省抚顺市雷锋小学的《学习雷锋三十年》、上海市大同中学的《寓德育于各科教学之中》、湖南省汨罗市一中的《实行良性组合，形成教育合力》等14篇；县区教育局工作经验有山东省平度县丁日新的《当好县委、县政府的参谋》、北京市西城区孙焕然的《区教育局长怎样领导学校工作》等11篇；教育与教学改革方面有上海第一师范附属小学的《让孩子们愉快地学习、生活、成长》、江苏省教委副主任吴椿的《谈中小学内部管理体制改革》、海南省教育厅的《把会考当作一项重要改革来抓》、安徽省阜阳市第一高级职业中学的《针对多规格、多层次、多专业特点抓好教学》等50余篇。

第9期发表了张思中的《适当集中，反复循环，阅读原著，因材施教》的经验文章，获得广大读者好评。张思中是上海华东师范大学第一附属中学的俄语特级教师，他从事外语教学近30年，吸取国内外各种教学法的精华，结合自己的工作经验，总结出一套具有特色的教学法——“适当集中，反复循环，阅读原著，因材施教”。这套教学法从集中识字着手，在掌握了一定词汇量之后集中学习语法。当学生适当解决词汇和语法难点后，即开始集中进行听说读写的基本技能训练。为了避免遗忘，注意反复记忆和训练，并提倡阅读外文原著，以提高学生学习外语的兴趣和能力。十六字教学法的核心是“因材施教”，要因人、因时、因地、因教材而施教，不可强求划一，生搬硬套。各地英语教师也借鉴了张思中的这套教学法，普遍反映效果较好：（1）提高了学生学习外语的兴趣；（2）减轻了学生的学习负担；（3）提高了教学效益和学生成绩。张思中于1990年8月出席了苏联莫斯科俄语教师第七届代表大会。

1990年，《人民教育》还发表了《曲高以志远——记中央音乐学院附中钢琴教师、全国教育系统劳动模范凌远》、《是金子，总要闪光——记安阳人民大道小学校长姚文俊》等一批宣传典型人物事迹的文章。

四、举办教育文艺征文活动，讴歌人民教师，弘扬奉献精神

从1989年1月开始的《人民教育》“红烛奖”报告文学征文活动，于1990年11月圆满结束。这次征文是根据中共中央政治局委员、国务委员兼国家教委主任李铁映的提议举办的，得到了文化部代部长贺敬之的热情支持，由中国教育学会副会长张文松担任评委会主任，国家教委副主任滕藤担任顾问，评委由魏巍、李希凡、孟伟哉、张锲、张常海、韩作黎、柯岩、魏书生等20多位著名作家、文学评论家、教育家和优秀教师担任。这次征文共收到应征作品2000余篇，作者遍及除台湾省外的30个省、自治区、直辖市。这些作品思想内容健康，从不同角度展示了我国当代人民教师为培养社会主义事业可靠接班人而辛勤劳动的崭新精神风貌和美好心灵，具有较强的时代气息，感情真挚，文辞质朴。评委们对这些作品给予了热情的肯定。这次征文共评出一等奖5篇，二等奖20篇，三等奖31篇。评奖工作结束后，《人民日报》、《光明日报》、《文汇报》、《文艺报》、《北京日报》、《中国教育报》和《新闻出版报》等发表了消息。《人民日报》转载了获奖作品《是一枚小小的砝码？》（邵天殊作），《光明日报》和《文艺报》转载了获奖作品《楷模》（李伶作），《中国文化报》转载了《我们自家的老师》（石楠作）、《为赢得21世纪：开拍！》（涂怀理作）和《小主人奏鸣曲》（周桐淦作）等三篇获奖作品，并加了《编后记》。《文艺报》还约请中国作家协会书记处书记、作家张锲撰写了评论文章《红烛啊，流吧！——读“红烛奖”获奖作品〈楷模〉》。

五、庆祝创刊40周年，为培养社会主义事业的建设者和可靠接班人做出新贡献

1990年5月，是《人民教育》杂志创刊40

周年纪念。第5期《人民教育》重新发表了毛泽东1950年5月为《人民教育》创刊的题词："恢复和发展人民教育是当前重要任务之一。"这一期还发表了李铁映、严济慈、何东昌为《人民教育》创刊40周年的题词。李铁映的题词是："坚持社会主义方向，发展和改革基础教育。"严济慈的题词是："汇集八方校园信息，写尽一代师表风流。"何东昌的题词是："努力成为人民教师的益友，为培养社会主义事业的可靠接班人服务。"

5月7日，《人民教育》编辑部邀请曾在《人民教育》工作过的老编辑举行座谈会，共同研究在新的形势下如何进一步办好刊物。国家教委副主任何东昌、滕藤、柳斌、邹时炎到会看望新老编辑。何东昌在讲话中指出："《人民教育》这40年，对中国教育的发展，坚持正确的方向，做得是不错的。""《人民教育》现在很受欢迎，但是还有一个怎样做得更加受欢迎的问题。要真正使广大教师，尤其是中小学教师，能够把我们这本刊物当做一个朋友、参谋来对待。这就要求我们更好地联系读者，讲读者要讲的话。只要我们按照党的方针，又与读者密切联系，我们的刊物就可以办得更好。""《人民教育》这40年是有很大成绩的40年，今后的任务还很艰巨，大家要齐心协力，更加努力工作。"

撰稿人　刘堂江
审稿人　朱世和

《中国高等教育》杂志

《中国高等教育》杂志1990年继续贯彻党的十三届四中全会精神，紧密配合国家教委的工作部署，及时准确地宣传党和国家关于高教工作的一系列方针政策和指导思想，围绕在教育领域坚持四项基本原则、清除资产阶级自由化思潮的影响，组织重点文章，撰写评论，介绍各地区、各学校的典型经验，在加强刊物的思想性和指导性上作了新的努力。

一、积极宣传高校党建工作的成功经验，推动高校各级党组织的思想建设和组织建设。《中国高等教育》从第3期起，配合全国高校党建工作会议，连续发表了清华大学、中山大学、四川大学等16所院校的文章，并开辟了“高校党委书记谈党的建设”专栏，撰写了《切实加强高校党的思想建设》评论员文章。在宣传中强调切实加强党员教育，充分发挥高校党委的领导作用、支部的战斗堡垒作用和党员的先锋模范作用。

二、大力宣传坚持社会主义办学方向，在学校的各项工作中，贯彻坚持四项基本原则、反对资产阶级自由化的方针。《中国高等教育》先后发表了朱开轩的《关于深化改革高等理科教育的若干问题》和高校综合改革试点的文章，探讨如何坚持高等教育的正确方向；特别是在文科学科领域，编发了中国人民大学、西南财经大学等校的文章，介绍各校坚持以马克思主义为指导思想，批判资产阶级自由化观点，加强学科建设的经验。《中国高等教育》还组织和发表了社会科学理论文章10多篇，对社会主义“失败论”、“救亡压倒启蒙论”等资产阶级自由化观点以及民主社会主义进行了批判，剖析了个人主义价值观以及教育理论研究中的资产阶级自由化倾向；同时，论述了如何正确看待社会主义中国的40年，充分认识社会主义制度的优越性等等。

三、注重关于加强思想政治工作，稳定学校局势，培养政治上合格人才的宣传。《中国高等教育》全年发表这方面的评论、理论文章和经验共30多篇。先后发表了曾德林的《关于加强高校思想政治教育的几点思考》和评论员文章等，深刻反思前几年削弱思想政治工作的教训，澄清资产阶级自由化思潮在思想政治工作方面所造成的思想混乱。配合高校当前的思想政治教育，组织了关于加强马克思主义理论教育、改革政治理论课的文章，关于搞好坚持走社会主义道路教育和人生观教育的文章，引导青年学生和青年教师学习马克思主义、积极参加社会实践，走理论同实际相结合、知识分子同工农相结合的道路。《中国高等教育》还从学校的实际情况出发，发表了贯彻《高等学校学生行为准则》、深入开展学雷锋活动的文章；同时，宣传和表彰了高等教育战线10多位先进人物和先进事迹，弘扬正气。

四、着力宣传高等教育领域在进行治理整顿、深化改革、切实提高教育质量和办学效益方面的经验，促进高等教育更好地为社会主义物质文明和精神文明建设服务。《中国高等教育》介绍了北京理工大学、上海交通大学等校实行党委领导下校长负责制的经验；发表了研讨高等教育控制规模、调整结构、改善办学条件以及改进招生分配制度、加强学籍管理等问题的一系列文章。同时，在为社会主义经济建设服务方面，还发表了如何发挥高校整体优势、为农业技术进步作贡献的调查报告，积极推进高校科技开发与转化工作等文章。

五、加强“成人高教”和“中专教育”两个专栏的宣传报道工作。“成人高教”栏目全年发表文章22篇，着重贯彻国家教委关于整顿成人高等教育的指示精神，先后发表了王明达的两篇文章，阐明了整顿的意义、重点、步骤和应注意的问题；同时，编发了一批文章介绍办好夜大学和函授教育的经验，推动治理整顿工作的顺利开展。“中专教育”栏目着重研讨如何深化中专教育改革，主动适应社会的需要，并介绍了12所中专教改的经验，全年共发表文章22篇。

国家教委为了加强对委办报刊的领导，充分发挥委办报刊的作用，从1990年起，将《中国高等教育》和《人民教育》两杂志，从中国教育报社分离出来，成立了中国教育杂志社。

撰稿人　陶蔚扬

审稿人　李长征　杨曙望

北京市教育

80年代，北京市教育事业发生了令人鼓舞的深刻变化。各类教育稳步发展，教育管理体制进行了初步改革，教育投入不断增长，办学条件明显改善，教师生活待遇和社会地位逐步提高。九年制义务教育顺利实施，小学和初中学生入学率、在校生巩固率、毕业生合格率都有提高。城镇地区"托幼难"的问题基本得到解决。到1990年，中等职业技术学校在校生已达13.9万人，改变了过去长期存在的高中阶段教育结构单一的局面。市属普通高等院校在校生已达3.5万人，成为向城乡各企事业单位和机关团体输送高等专门人才的主要基地。10年来，各类成人学校共培训在职人员1000多万人次，为本市培养成人大中专毕业生近40万人。教育事业日益受到全社会的重视，教育经费占地方财政预算内支出的比重由1980年的15.7%提高到1990年的20.1%，平均每年递增幅度大大超过财政收入的增长幅度。在适龄入学儿童急剧增多的情况下，采取多种措施，避免了小学出现二部制。历史遗留的中小学危房全部得到修缮，并新建了大批校舍，建设了一批高等院校生产实习和社会实践基地。10年间，学校培养的各种人才，在首都的社会主义现代化建设中发挥了重要作用。

普通教育

一、概况

(一)事业发展基本情况

1990年，北京市中小学勤工俭学纯收入达1.37亿元，比1989年增长16.94%。补充教

1990年基础教育和职业技术教育基本情况　　单位：人

学校类别	学校数(所)	毕业生数	招生数	在校学生数	教职工数 计	其中：教师
幼儿园	3798	130143	112363	372555	49587	17972
小学	3611	102782	161742	995831	66369	53624
普通中学	686	142607	132605	409092	65504	40305
初中	404	102238	102009	308423		30193
高中	282	40369	30596	100669		10112
职业中学	178	21249	16651	51123	8749	5391
初中	2	143	185	185		
高中	176	21106	16466	50938	8749	5391
工读学校	6	2601	264	563	437	155
特殊教育学校	17	232	475	2628	672	482

小学入学率、巩固率、毕业率、普及率(%)

年　度	学龄儿童入学率	在校学生巩固率	毕业年级学生毕业率	义务教育普及率
1989	99.7	99.6	98.2	
1990	99.5	100.2	99.0	65.6

中小学学生流失率(%)

年　度	小学	初中	普通高中	职业高中
1988～1989	0.03	1.02	0.08	0.16
1989～1990	0.007	0.52	0.04	0.08

专任教师学历合格率(%)

年　度	幼儿园	小　学	初　中	高　中
1989	67.46	86.13	65.74	64.02
1990	71.96	89.00	70.70	66.52

育经费数额达6084万元，比1989年增长29.53%。开展勤工俭学的学校达到2171所。全年学生生均收入达91.6元，比1989年增长12.39%。上交国家税金达3156万元，比1989年增长38.23%。勤工俭学活动的开展，有力地支持了北京市中小学校内部管理体制改革工作的深入进行。

(二)实行全面督导检查

1990年2月，北京市召开首次教育督导工作会议，要求各区、县政府迅速建立督学室，对普通教育实行全面督导。此后，全市18个区县全部建立了督学室，配备了近百名专职督学和工作人员，并选聘了一大批兼职督学。1990年，北京市教育督导工作的重点是检查义务教育的实施和各级学校的教育教学质量。11月和12月，市督学室组织各有关部门对农村实施义务教育情况进行检查。检查结果表明：(1)至1990年底，全市农村地区已有183个乡(镇)初步达到了实施九年制义务教育的办学条件基本标准和基本要求。连同1987年已实施九年制义务教育的城市地区合计，覆盖人口为897.1万，占全市人口总数的88.22%。(2)远郊区（县）初中教师学历合格人数由1986年的34%提高到1990年的63.8%。(3)1989～1990学年度，全市小学生辍学率(退学率与流失率之和)为0.035%，比上一学年度降低0.06个百分点；初中学生辍学率为1.61%，比上一学年度降低0.84个百分点。还有104个乡(镇)将分别在1991年(51个)、1992年(42个)和1993年(11个)实现九年制义务教育。

(三)召开首次特殊教育工作会议

1990年6月29日，市教育局、民政局、残疾人联合会在昌平县召开首次北京市特殊教育工作会议。会议传达贯彻了全国特殊教育工作会议精神，学习了《国务院办公厅转发〈国家教委等部门关于发展特殊教育的若干意见〉的通知》；总结了北京市特殊教育工作经验；讨论了北京市特殊教育事业发展的五年规划。该项规划于11月28日经由市政府正式批准实行。

为确保规划的实施：市政府采取了以下几项主要措施：(1)提高特殊教育学校(班)教职工待遇。1990年10月30日，市教育局、人事局、财政局联合下发《关于提高特殊教育学校教职工和普通学校附设特教班专任教师补贴费标准的通知》，补贴费标准由教师本人基础工资与职务工资之和的15%提高到25%。(2)增加经费投入，设立北京市发展特殊教育事业专项补助费。1990年市财政拨款100万元用于各区县发展特殊教育事业。(3)在北京市第一师范学校设立特殊教育师资培训中心。

(四)狠抓廉政建设

1990年11月，市教育局在廉政建设方面作出五项规定：(1)不接受学生和家长的任何礼物(学生自制的纪念品除外)；(2)严格按规定接收应该接收入学、转学或借读的学生，不向学生家长另行收取赞助费；(3)为本校学生补课，不另行收取费用；(4)除按规定必须由学校代购的教学资料以外，不得强求学生订阅和购买书报杂志；(5)在按规定的收费项目和标准收取费用外，必须增设的服务项目，要坚持学生自愿的原则，组织观看影剧、远足旅行等活动必须代收费用的，要公布收支情况。

市教育局还制订并经市物价局审定了北京市中小学收费项目和标准。主要有：行政性、事业性收费项目和标准；服务性收费项目和标准；代收、代购、代管性收费项目等。为使普教系统廉政建设有章可循，市教育局还决定会同有关部门对中小学收费项目和标准进一步进行清理，公布清理结果，接受社会监督。

(五)促进班主任队伍建设

1990年，为促进中小学班主任队伍的思想建设和业务建设，市教育局抓了优秀班主任典型的树立、推广和宣传工作。树立的优秀班主任是：北京市育民小学翟京华、北京市第一一九中学初中班主任任小艾、北京市第四中学高中班主任赵汝云。这是三位在全国都有影响的优秀班主任。通过组织三位班主任的报告会、播放电视录像，在全市中小学班主任中掀起学习热潮。在宣传、学习和推广先进工作经验的活动中，全市各区县都涌现出一批先进班主任典型，促进了北京市班主任队伍整体素质的提高。

二、巩固、完善和深化学校内部管理体制改革

1990年，北京市普教系统按照巩固、完善和深化的方针，将中小学内部管理体制改革推向前进。

1990年6月，市政府文教办公室和市教育局在对全市中小学内部管理体制改革做了认真调查研究和总结经验的基础上，制订、印发了《关于进一步巩固、完善和深化中小学内部管理体制改革的几点意见》。《意见》提出了深化改革的重点：一方面要通过完善改革的各项政策和措施，进一步调动广大教职工的积极性；另一方面要把改革调动起来的积极性引导到推动中小学教育教学改革、全面提高教育教学质量上来。《意见》强调要坚持实行校长负责制，并在保证校长按规定充分行使职权的同时，采取切实措施，提高校长的素质和管理水平，推动学校管理的科学化、民主化。同时还要充分发挥学校党组织的政治核心作用和保证监督作用。《意见》还对教职工聘任、校内结构工资制度的完善等问题，作出原则规定。

为保证改革的顺利进行。市政府拨出专款支持有困难的区、县。要求各区、县在确定全年中小学管理体制改革所需经费数额时，给教育行政部门留有机动的余地，以适应教师储备、创收能力等情况的变化。对于没有校办企业或校办企业效益不高的学校，则由区、县和乡、(镇)政府切实落实改革经费，并保证按月拨付。

1990年，北京市各级党委、政府和教育行政部门加强了对改革的宏观控制和领导，教育、人事、劳动、财政等有关部门通力合作，支持改革，使学校内部管理体制的改革向着规范化、制度化的方向前进。

三、推进教育教学整体改革

1990年，北京市小学教育继续贯彻“坚持全面育人，减轻过重负担，提高教育质量”的方针，中学依照“打好基础，发展特长，减轻负担，提高质量”的精神，推进教育教学整体改革。在实施义务教育的基础上，狠抓提高高中教育质量的工作。

(一)在小学推广“快乐教育”

1990年4月，市教育局召开北京市小学领导干部大会，在全市小学中推广北京市第一师范附属小学“快乐教育”的经验。“快乐教育”的实质，是面向全体学生，充分调动学生的积极性，使全体学生都得到生动、活泼、主动的全面发展，同时，学生个性也得到健康发展。该校通过创设愉快、合作的学习环境，丰富、自主的活动环境，友爱、融洽的人际环境，优美、文明的校园环境，使学生的素质得到全面提高。市教育局在会上提出全市小学学习一师附小的经验。国家教委有关负责人认为该校经验具有方向性、科学性和普遍指导意义，应向全国推广。各区县教育局从转变干部、教师的教育观念入手，分类指导，学经验、抓管理，已有一批学校取得明显效果，开辟了深化小学教育改革的新思路和新途径。

（二）验收农村中心小学

1990年，市教育局对郊区农村中心小学进行检查验收，42所乡（镇）中心小学全部合格。2月，市政府文教办和市教育局召开区、县和文教办主任会议，布置农村中心小学检查验收工作。市教育局拨出专款39万元用于奖励检查验收合格的中心校，其中1/4作为奖励基金，3/4用于改善办学条件。11月召开总结大会，并组织参观通县马驹桥、顺义县张喜庄等7所中心小学。到1990年底，各区（县）、乡、村用于改善42所中心小学办学条件的投资累计达2000万元。

（三）分期分批办好农村初中

1990年，北京市初中教育工作的重点是办好远郊农村初中。市教育局制订出《北京市农村中学办学基本要求检查细则》，实行分期分批办好、逐年检查验收、合格表彰奖励的办法，调动了县、乡两级政府的办学积极性，落实了乡管教育的法律责任。1990年有52所初中验收合格。县、乡两级政府对这52所初中1年投资达529.83万元，新建、改建专用教室140个，操场12个，增添图书16.63万册，充实了部分教学设施，较大地改善了办学条件。到1990年，全市9个区、县的240个乡、（镇），已有96个乡、（镇）初中验收合格，占乡镇总数的40%。

（四）高中实行配套改革

1990年，北京市高中教育的工作重点是调整教学计划和改革考试制度。在深入调查研究的基础上，市教育局决定：从1990年秋季入学的高中一年级开始，贯彻实施国家教委《现行高中教学计划的调整意见》，实行普通高中毕业会考制度。这一综合配套改革，有利于全面贯彻教育方针，是由升学教育向素质教育过渡的重要措施。

（五）加强劳动技术教育，扩大军训试点

1990年，市教育局加强了劳动技术教育师资、教材、基地等方面的建设。全市现有劳动技术课教师1155人，其中专职教师485人，兼职教师670人，平均每校1.8人。组织力量编写出全市统编劳动技术课教材3套。在城近郊区建成70个劳动技术教育中心，为学校开设劳动技术课提供了场地和设备。同时，在远郊建成两个学农基地，基本形成全市劳动技术教育网络。普通中学劳动技术课开课率，城近郊区达到90%以上，远郊区县达到52%，分别比1988年提高60和30个百分点。

1990年，北京市高中军训工作扩大10所试点学校，使试点学校达到36所。军训工作进入全国先进行列。1990年重点做了以下三项工作：（1）加强军训试点校的教材建设。完成了高级中学军事课本的编写工作，解决了军训试点校教材陈旧、教学难度大的问题，并为部分兄弟省市提供了教材。（2）举办了开展军训试点以来的第四期军事教员培训班。（3）着手编写北京市中小学国防教育教材，为在中小学全面开展国防教育工作打下基础。

（六）出版音乐欣赏有声教材

1990年2月，市教育局召开第二届美育工作会议，要求进一步提高中小学艺术教育水平，提高学生的审美能力和审美情趣。会后，市教育局邀请有关专家编辑出版了《北京市中小学音乐欣赏有声教材》。这套教材包括从小学一年级到高中三年级共12个年级、24个学期的音乐欣赏内容。录音磁带每学期1盒，共24盒。还包括从小学三年级到高中三年级每学期1册的文字教材(曲目介绍)，共20册。出版这种有声教材在国内普教系统尚属首例，对促进中小学艺术教育的发展起了积极作用。

四、加强和改进德育工作

1990年，市教育局加强和改进德育工作，推动了德育在学校工作中首要地位的落实。

(一)开展国情教育活动

1990年上半年，市教育局会同团市委、北京青年报社，在全市中学生中开展国情教育活动。市委书记亲自批示，市委宣传部在区、县负责人会上做动员，市教育局发出通知，部署了在中学生中开展“知我国情，爱我神州”的教育活动。各区、县教育局也成立了由主管局长挂帅的领导小组。

在国情教育活动中，市教育局的主要做法是：(1)坚持正面教育，突出教育主题。通过摆事实、讲道理，旗帜鲜明地宣传社会主义祖国建设的光辉成就，宣传中国共产党的丰功伟绩。并把国情教育活动融于纪念鸦片战争150周年、迎接亚运会召开、深化爱国主义教育的活动之中，使其成为爱国主义系列教育活动的组成部分。(2)采用多种形式进行国情教育。全市各中学利用每周一节的时事教育及班会、校会时间，安排学生阅读国情教育学习材料。许多学校由校长动员并做辅导报告，政治课教研组负责开设“只有社会主义才能救中国”的讲座，各科教学，特别是语文、历史、地理等教学中都有计划地渗透国情教育内容。许多区、县和学校还组织学生参观博物馆，开展社会调查，观看革命题材的电影，举办演讲、征文比赛以及“知国情、忆国耻、振国威”主题班会、队会、校会等。(3)编好适合中学生阅读的国情教育教材。1990年北京市组织编写的中学生国情教育教材，以大量事实为依据，用全面的观点介绍国情，帮助学生树立正确的观点，使学生学会全面、历史、辩证地看待事物的方法。为使这项工作长期进行下去，并同学校日常德育工作有机地结合起来，市教育局已把国情教育列入中学形势教育课的内容，使学生受到系统的教育。国家教委肯定北京市国情教育的经验，向全国做了推荐。

(二)推广德育先进校经验

1990年4月和5月，市教育局分别在羊坊店小学和十一学校召开北京市小学德育工作现场会和北京市中学德育工作现场会，全面推广这两所学校德育工作的先进经验。

羊坊店小学是北京市承担德育研究课题的实验校之一。经过几年实验，在加强学生养成教育和培养小学生良好行为习惯方面，摸索出一套行之有效的经验和做法，使全校在贯彻《小学生日常行为规范》工作中达到了市教育局提出的“一改观”、“三落实”的标准。其经验被制成录像片在北京电视台播放，收到很好的效果。

十一学校是1所规模较大的普通中学，有师生2000多人。学校领导重视德育工作，建立起校长负责、学校党支部监督保证的德育领导体制，做到人员、经费、场地三落实。学校建立健全了德育管理的规章制度，狠抓养成教育。学生养成了良好的文明礼貌习惯，整个校园清洁、美丽。德育工作的进步，带动了学校整体工作的优化，使学校评为市、区先进单位。

五、稳步发展职业教育

到1990年，北京市职业高中教育已创办10周年。10年来，职业高中稳步发展，学校数由创办初期的52所发展到176所，在校学生由4千多人发展到5万多人。1990年，全市职业高中设置的专业(工种)达232个。

1990年5月21～31日,北京市教育局举办职业教育10年成果展览。展览按专业分为12个展室和10个技能表演室。徐向前、聂荣臻、李铁映、马文瑞、李锡铭、陈希同、赵鹏飞、白介夫、王明达、陆宇澄等国家和北京市的领导人为展览题词。中央领导和20几个省、市、自治区的代表及北京市各界人士4万余人参观了展览。为总结北京市10年来发展职业教育的经验,市教育局组织编写、出版《北京市职业教育十年丛书》11种,还与市文教办、计委、教育工会联合召开职业教育创办10周年总结表彰大会,表彰先进集体29个,先进个人299人,支持职业教育的先进单位129个。

1990年1月19日,北京市第九届人民代表大会常务委员会第17次会议通过了《北京市中等职业技术教育条例》。《条例》对职业高中及其他各类中等职业技术教育的性质、任务、办学途径、形式、领导和管理、教学等,都作出明确规定。《条例》的发布使北京市职业技术教育的发展有法可依,走上依法治教的轨道。为宣传、贯彻和落实《条例》精神,市教育局组织市、区(县)、学校的干部、教师认真学习、研究,并制订了有关实施细则和政策规定。

1990年,中央和北京市财政共拨职业教育专款860万元。市里安排职业教育基建投资200万元。区、县财政拨款的职业教育经费超过了国家拨付的数额。此外,1990年世界银行贷款项目开始实施,拨付北京市职业教育240万美元。香港华夏基金会援助昌平县农村职业学校和平谷县职业教育中心共50万美元。国家燎原计划贷款又拨付200万元。职业教育经费的增加,保证了职业教育事业的稳步发展。

六、加强对幼儿教育的科学管理

1990年,北京市幼儿教育工作以贯彻国家教委发布的《幼儿园工作规程(试行)》和经国务院批准发布的《幼儿园管理条例》为中心,开展管理、保育和教育工作。大多数幼儿园扩建、整修了房舍、园地,添置了教学设备和各种教具、玩具及图书资料,努力把幼儿园办成美化、绿化、儿童化、教育化的儿童乐园。

从1988年开始,北京市对托幼园所实行分级分类管理办法。到1990年底,全市已验收637所市立、机关、部队、厂矿、街道托幼园所。1990年,在区、县验收基础上,市教育局对51所申报一级一类的幼儿园(所)进行全面验收,确定其中35所为北京市首批一级一类幼儿园。这些幼儿园的办园条件、师资水平、管理制度、保育教育和卫生保健工作质量的综合整体水平均达到规定标准。验收工作推动了全市幼儿教育的发展。各部门、各单位普遍加强对托幼园所的领导,大力改善办学条件,两年多来,总投资超过7000万元。

1990年5月,市教育局召开示范性幼儿园建设现场会,推广崇文区抓典型、以点带面和第五幼儿园加强科学管理、深化改革、提高保育教育质量的经验。8月,市教育局发出《关于加强北京市示范性幼儿园建设的意见》,把抓好示范性幼儿园建设作为贯彻《幼儿园工作规程》,提高保育教育质量的突破口。全市各区、县教育局根据示范园的条件选择了50个办园基础较好,保教质量较高的各类型幼儿园为本区、县的示范园。

北京市城区普及幼儿教育后,部分幼儿园开始招收2～3岁幼儿入园,有的还招收残疾幼儿,开办特殊教育班。北海幼儿园1988年开办的弱智幼儿班已成为与中央教育科学研究所合作进行弱智幼儿特殊教育的实验基地。宣武区永光寺中街和西城区新街口后章幼儿园在民政部门支持下招收聋儿入园,受到社会好评。

七、圆满完成亚运会各项任务

1990年北京第十一届亚洲运动会期间,

北京市中小学直接参与服务和表演的师生达3万人。

为完成亚运会开幕式和闭幕式的表演任务，市教育局制订了详细的工作计划。北京市东城、西城、崇文、宣武、朝阳、海淀、门头沟7个区的101所中小学的21000名学生，经过一年零三个月的训练准备，参加了第十一届亚洲运动会开幕式和闭幕式的演出。学生严格、刻苦训练，以出色的表演受到各国观众的称赞。

在亚运会期间，北京还有1万多名职业高中的师生直接参与了亚运会的各项服务工作，占到亚运会全部工作人员的1/3。他们分别承担了亚运村运动员公寓服务，亚运会注册制证、电子计算机中心的录入和文秘档案管理，中央电视台转播中心计算机录入和信息处理等项工作。北京市职业高中教育在亚运会期间受到了全面的检验。

撰稿人　耿　申

审稿人　陶西平

高等教育和中等专业教育

一、概况

1990年，北京的高等教育事业贯彻治理整顿的方针，稳定规模，深化改革，优化结构，提高质量，取得了较大的进展。

1990年普通高等学校、中等专业学校基本情况　　单位：人

学校类别	学校数(所)	毕业生数	招生数	在校学生数	教职工数 计	其中：教师
普通高等学校	67	42352	41930	156945	98684	35998
研究生		6181	5655	17299		
本科生	62	27342	28534	120810		
专科生	5	8829	7741	18836		
中等专业学校	120	16997	15643	57435	14821	6626

注：（1）普通高等学校67所中，国家教委直属院校6所，各部委所属院校49所，北京市所属院校12所。

（2）普通高校所办函授及夜大学的情况统计在各级成人学校基本情况内。

全市高等学校努力贯彻党和政府的教育方针，把坚定正确的政治方向放在第一位，培养德、智、体全面发展的社会主义建设者和接班人。主要作了以下工作：

1.加强马克思主义理论课和德育课的建设。市委教育工委和市高教局共同制定了《关于加强高校马克思主义理论课（公共）建设的10项措施》，并组织政治理论课教师教学优秀奖评选活动和高校德育工作先进集体、先进个人评选活动，共有3个集体，279人受到表彰。

2.加强大学生参加社会实践活动。建设成了一批教学生产实习基地和军训基地，组织大学生参加社会调查，接触实际，了解国情。1990年4月，在昌平县建成了能容纳1200人的大型军训基地，全年已轮训大学生5200人。

3.加强管理和校风校纪建设，从严治校。根据国家教委发布的《普通高等学校学生管理规定》，北京市制定了《北京地区高校学生学籍管理办法》，在高校中广泛组织了“学雷锋、迎亚运”等活动，学生的精神面貌和校风校纪有了明显的改观。

继续深化改革，努力提高培养质量和办

学效益，全市高校在总结前10年改革的基础上，进一步开始新的探索。1990年召开了一系列的教学改革研讨会，研究深化改革的思路。市属高等学校进行了综合改革的试点工作，北京工业大学、北京师范学院从内部管理体制改革入手，实行教育目标责任制、考核制、工资总额包干制、教职工聘任制和分配上的结构工资制，教师的工作量平均提高30%，其待遇也得到一定程度的提高。此外，为适应北京建设和发展的需要，提高办学效益，市属高校还开始了调整、优化布局的工作。调整工作采取"先易后难，分部到位"的办法，1990年9月完成了北京联合大学经济管理学院并入北京工业大学的工作，同时制定出下一步的调整工作计划。

迎接和参加第十一届亚运会是1990年北京高校的一项重要工作。全市所有高校从年初开始，都积极地投入到这项活动中去，清华大学、北京化工学院、北京师范大学、北京体育师范学院等6所高校的700名学生承担了开幕式大型团体操《体坛英姿》的表演任务。中央音乐学院、北京工业大学等10所高校参加了闭幕式的大型演出活动。还有数万名高校师生参加了亚运会的翻译、计算机编程及操作、医护、裁判和比赛项目组织等工作，有数十万人次参加了义务劳动、值亚运交通岗、文明啦啦队等活动，取得了出色的成绩，受到了社会的一致好评。

撰稿人　李　銮
审稿人　耿学超

二、高等学校的学生管理工作

1990年前后，国家教委先后发布了《高等学校学生行为准则》、《普通高等学校学生管理规定》以及《高等学校校园秩序管理若干规定》等文件，对维护高校正常的教学、工作和生活秩序，保障学生身心健康，促进学生德、智、体诸方面发展提出了全面要求。市高教局积极贯彻国家教委的文件精神，从1989年7月起就着手整顿校风校纪，召开高校院校长会议，发布了《关于加强高校校风校纪的若干规定》，要求学校从政治上，思想上和纪律上加强整顿、教育和管理，创建良好的校园政治环境和学习生活环境。为加强校风校纪建设，特别是加强学生学籍管理，市高教局同各高校经过反复认真的研讨，于1990年6月制定了《北京地区高等学校学生学籍管理办法》，结合北京地区的实际情况和特点，对国家教委发布的学生管理规定做了进一步的补充，并对应在全市高校统一掌握的一些管理标准提出了统一要求。例如：为有利于发挥学生专长，调动学生学习积极性，对专科生转本科学习以及校内转系转专业的标准和审批手续等制定了一系列的规定；对留降级和退学的课程门次计算标准等涉及学生切身利益的重大问题，也作出了统一规定。市高教局还在1990年召开有全体高校参加的全市学生管理工作会议以及有关的研讨会、经验交流会，并举办培训班，统一思想，统一步调，推动北京高校学生管理工作的深入开展。主要作法有：

（一）加强全面严格的管理

重视学生管理工作在培养学生过程中的地位和作用，加强管理要能充分体现育人目标，特别强调对学生的管理要全面而严格。很多学校在这方面都做了大量的工作。例如：北京航空航天大学一次就制定和修订了有关校风校纪的几十项规章制度，加强全面管理，不留死角，并将所有规章制度的条文由各系主任向学生宣讲。北京理工大学在保持传统的严谨校风的同时，分阶段、有重点、按步骤地进行严格的整顿和管理，取得了明显的效果。北京农业大学发布的《关于加强优良学风建设的意见》，提出了加强学风基本建设的11条要求，国家教委向全国高校转发了这个文件。市高教局也转发了北京师范大学制定的《学生违纪处分条例》，促进全市高校学生奖惩管理工作的交流和提高。1990年高校加强全面严格管理，校风校纪普遍出现了转机。

(二)管理与思想教育紧密结合

许多学校不是单纯在加强管理上下功夫，而是注意将思想教育和管理有机地结合在一起，寓教育于管理之中。例如按规定学生旷课50节就应当退学，一些学校为避免问题发展到严重阶段，对旷课的学生采取分阶段逐级加重处分的办法。这样既教育了学生又挽救了学生，获得了管理、教育双重效果。清华大学和北京农业大学等学校大力开展建设和评选“优良学风班”活动，1990年清华大学共评出20个优良学风班集体给予表扬，调动了学生的积极性，自下而上地在校园内形成了人人为建设优良学风作贡献，班班为争取成为优良学风班而努力的生动局面。北京科技大学等学校组织“校规校纪知识竞赛”和“校风校纪日”等活动，也都是把学风校纪建设由以“管”为主变为以“建”为主，在加强思想教育的基础上促进管理，而管理效果的增强又促进了育人目标的实现。

(三)齐抓共管，全员管理

许多学校认为加强管理不仅仅是学生管理干部的工作，而是要靠全校所有工作部门的支持和配合，因此，在管理工作中要齐抓共管，综合治理，注意发挥广大教师以及全体教职工的作用，教书育人，管理育人，服务也育人。北京农业工程大学等学校都制定了教师应遵循的制度和规范，明确了教师和干部在培养人才过程中的职责和任务，督促教师以身作则，言传身教。

(四)吸收学生参与管理

学生在管理中既属客体又是主体，因此，要注意发挥学生的参与意识和积极因素，充分吸收学生参与各种管理工作。北京大学等校开展的“校长学生助理”活动和北京师范学院等校开展的学生宿舍“学生副楼长”等活动，都是选拔优秀学生代表直接参与学校的学生管理工作。他们既代表学生的利益，反映学生的呼声，又亲自行使管理职权，这种办法使学生在“自我管理、自我服务、自我教育”的活动方式中经受了锻炼和培养，促进了学生更自觉地服从并参与管理。

(五)加强正面导向管理，开展多种形式的活动

国家教委在新发布的学生管理规定中增加了课外活动和校园秩序等内容，强调要对学生加强正面导向管理。清华大学在这方面进行了一些比较成功的尝试。他们建立了5个学生活动中心，即：课外科技活动指导中心、社会工作指导中心、勤工俭学指导中心、就业指导中心和心理咨询中心，为学生创造了健康良好的学习生活环境和活动天地。1990年，北京市在优化育人环境方面做了大量的工作，主要表现在组织学生参加社会实践上。组织学生利用寒、暑假到工农业生产第一线进行各种形式的实践活动；到延安、井岗山等老革命根据地参观考察；开展勤工俭学活动；举办各种科技文化咨询服务活动等。其中，规模最大、效果最好、反映最强烈的是全市高校开展的迎亚运系列活动。从“迎亚运300天”活动开始，首都大学生第一个打出了义务劳动的大旗，先后共8万人次参加了建设国家奥林匹克中心和亚运村的义务劳动。亚运会期间首都高校有4800多名大学生参加了亚运会开幕式、闭幕式的演出；还有5000多名大学生参加了亚运会的外语翻译、导游、比赛裁判、票证制作、安全检查、播音通讯、医疗救护、计算机操作等各种技术服务工作；大学生还在全市率先组成文明啦啦队，共有46支大学生文明啦啦队活跃在各比赛场馆；有40多所高校的6万多名大学生参加了“迎亚运义务交通岗”活动以及“亚运之光火炬交接仪式”。在这些活动中，首都大学生表现出来的爱国热情，付出的艰辛劳动，作出的杰出贡献，赢得了全社会的一致赞扬。大学生们也在形式多

样的活动中加强了理论与实践的结合，加深了对国情的了解，坚定了对社会主义的信念，增加了历史责任感。

北京市还非常注意充实和丰富大学生的课余文化生活。各大学在每年的“五四”青年节以及“一二·九”等重大纪念日，都要组织艺术节和各种形式的纪念活动。全市还定期组织大学生合唱节、文化节、科技节和夏令营活动。几年来的实践证明，加强对学生的正面引导，对学生树立正确的理想信念，培养高尚的道德情操，振奋和充实精神风貌都发挥了极好的促进作用，有利于树立良好的校风、学风，引导学生健康全面的发展。

撰稿人　甘北林

审稿人　耿学超

三、实行产学合作教育试点

为了更好地促进教育与生产劳动相结合，为社会培养实际需要的专门人才，北京市从1990年开始，进行了产(产业部门)学(学校)合作教育的试点工作。产学合作教育是近些年来许多国家实行的一种教育模式，其实质是：在学校努力做好教育工作的同时，加强社会的教育功能，使学校和社会共同参与培养人才的全过程，建立一种产学合作，联合培养的有效机制，加速高等专门人才的培养。

北京市选择了北京工业大学、北京联合大学化学工程学院、北京钢铁学院分院等3所不同类型的学校及其对应的3个企业单位，共同进行产学合作教育的试点。试点工作初期，重点抓了以下工作：

1．统一认识。市高教局请有关学校及企业共同召开研讨会，就我国实行产学合作教育的重要性与可能性进行了充分讨论。各单位结合本部门的工作，从现实的需要和社会与教育的发展出发，认为这种联合将推动教育与企业的发展，对实行产学合作教育的必要性和重要性有了统一的认识。

2．制定教育计划与实施方案。制定科学而又可行的教育计划与实施方案，是试点工作的重要内容。要求按下列原则进行：(1)计划要由学校、企业共同制定；(2)计划制定后要经过内部的反复讨论；(3)在学校讨论的基础上由市高教局组织人员按培养目标的要求对计划进行论证，并据此对计划进行了修改。

3．抓落实。在贯彻执行教育计划与实施方案过程中，要求各校及对口协作单位把工作做得细致、具体。参加试点的单位对学生下厂劳动的岗位、吃住、指导力量和考核，都做了具体安排，保证了计划与方案的落实，企业也表现出极大的积极性。

4．抓研究。在产学合作教育试点工作中，有许多问题需要探讨。为了定期研究讨论实践中出现的问题，寻求解决的办法，并进一步总结产学合作教育的规律，北京市成立了由参加试点的学校、企业和高教局共同组成的课题研究小组，边实践边研究。各学校与企业也都组成了联合研究小组。

北京钢铁学院分院和北京联合大学化工学院的教育计划与实施方案，已经过论证并已开始实施。北京工业大学的方案也已经市政府批准，于1990年暑期在部分学生中实施。

北京工业大学决定在高等教育理工本科五年学制中，安排一年在工业生产第一线进行生产劳动实践，其余四年以校内为主进行培养教育。一年的生产劳动实践力求按培养目标将政治思想教育和技术业务培训结合起来，可集中安排，也可分散进行。学校与有关部门协调商定若干对口厂家，厂方与学生可实行双向选择。厂方与学生签订聘用协议，规定学生在聘用期应负的责任、义务，同时也规定厂方对学生应负的职责。学生进厂后，由工厂按厂校共同商定的规定进行管理，实践活动结束时，由工厂对学生作出鉴定。学校将学生总结及工厂鉴定归入学籍档案，并以此确定学籍及毕业资格。

北京钢铁学院分院与首都钢铁公司选择一个本科班、一个专科班进行试点。

本科班在钢铁冶金专业试点，整个教学过程采取实践—理论，再实践—再理论，用理论指导实践的四年三段五步式教学形式，即：三段为工程基础理论教育与基本技能培养阶段；工程技术理论教育与能力培养阶段；工程综合能力培养阶段。五步为专业劳动教育；工程基础理论学习；生产实践教育；专业技术理论课教育；毕业实践。学生入学后第一学期先在工厂进行八周专业劳动，从第九周到第四学期末，在校进行工程基础理论学习。第五学期学生下厂进行生产实践教育，跟岗参加劳动，同时每周集中一天，教师进行现场教学。这期间的管理工作，厂校结合，以校为主，学生与岗位师傅签订师徒合同，每个学生上岗前制订个人承包制，由班主任考核。第六、七学期为专业技术理论课与专业课教育，学生带着工艺中的问题学习专业课。第八学期为毕业实践阶段，进行毕业设计(论文)。

专科班在机电系机械制造与设计专业试点，学制为三年，搞三段式教学与实践。第一学期学生进校后先到工厂进行实践操作，18周后要学到相当二级工水平的基本技能；第二、三、四学期在校学习理论，第四学期后六周再到工厂进行工艺实践，第五学期在校学习专业理论；第六学期在工厂进行四周毕业实习后进行毕业设计。管理办法是学校与工厂签定“厂校挂钩、共同育人”的协议，教学计划由学校、工厂共同商订。实践操作阶段订立师徒合同予以保证，并按制订的要求，由厂校共同按期检查考核。

北京联合大学化学工程学院与北京炼焦化学厂共同制定的方案是：在煤化工专业把在校学习四年与一年见习期合起来统一管理，五年时间里有四个阶段的学习与实践。学生进校后用二年的时间学习基础理论，每学年考试后，进行为期1—2周的工厂社会实践；第五学期进行半年的生产实践学习；第六、七学期主要在工厂里进行为期一年的专业理论学习，可聘请厂内有经验的高级工程师讲课；第八至第十学期为一年半的专业实践学习阶段，进行专业实习和综合能力训练，即选择实际课题在导师指导下，学生独立完成或参与工厂实际工作，最后完成论文或实验报告并进行答辩。成绩合格者由联合大学授予工学学士学位。毕业生的职称由厂评审答辩小组评定。毕业答辩合格者，直接转正定级，不再有见习期。为了保证此方案的实施，厂校共同组建了厂校合作教育委员会，负责协调解决合作教育中的方针、政策等问题。

目前，3所高校的试点正在深入进行，除认真落实试点方案之外，他们还将注意抓好阶段工作小结，及时总结经验，找出存在问题，以保证试点工作顺利进行。

撰稿人　张国义
审稿人　林浦生

四、高校后勤保障工作

总务后勤工作是高等学校办学的重要支柱之一。近年来，北京高校的总务后勤部门，认真贯彻改革开放的总方针，积极探索，大胆实践，试行多种形式的承包责任制，完善了管理制度，在保证高等教育事业顺利发展，贯彻党的教育方针，以及改善教职工、学生的生活条件和稳定首都的政治局势等方面，都发挥了重要作用。

(一)基本情况

北京现有高校67所，师生员工(服务对象)27.02万人，其中学生15.6万人。总务后勤部门共有干部职工2.07万人，他们把保障学校教学、科研的顺利进行，为师生员工提供生活服务，作为自己工作的宗旨，为教育事业的发展作出了应有的贡献。

1．伙食工作。办好学校食堂，是高校

总务后勤工作的中心，也是安定团结的重要因素。为办好食堂，保证师生的健康，总务后勤部门开展了以“质量、品种，成本核算，营养卫生、服务态度”五项指标为考核内容的劳动竞赛和争创“文明食堂”活动。职工们埋头苦干，加强业务学习，提高烹饪技术，使食堂的饭菜质量不断提高；同时增加花样品种和服务项目，方便师生生活，受到了师生们的欢迎和赞扬。

2.校园建设。为贯彻中央对北京城市建设的批复，优化育人环境，市高教局直接抓了北京高校校园建设工作。首先从校园绿化美化建设抓起，经过近10年的综合治理及园林绿化建设，各校基本达到三季有花，四季常青，黄土不露天的要求。10年来，校园绿化共栽植灌木各种宿根花卉约百万株，铺草坪40万平方米。北京工业大学等15所高校陆续被首都绿化委员会命名为花园式单位。北京大学被中央绿化委员会命名为全国绿化先进单位。其次是在高校中开展爱国卫生运动，在各校爱委会的领导下，建立健全了各项卫生责任制。10年来，经过坚持不懈的努力，高等学校的卫生面貌得到了改善，很多学校校园由脏、乱、差变得清洁、优美，受到各级爱委会的好评。

3．节约工作。增收节支，厉行节约，强化管理，提高效益，是高校总务后勤部门深化改革，克服经费不足，优化服务的重要途径。近年来，各校后勤部门积极开展“双增双节”、“开源节流”等活动，狠抓学校的节能、节水工作，收到了较好的效益。如北京师范大学仅“七五”期间，就节约水电费的支出56万元。5年中，全市高等学校共节约用水3835万立方米，减少开支708万元；节电约5000万千瓦，节约经费达125万元。

4.职工培训。为提高服务水平，市高教局先后对总务后勤部门的工人进行了多种培训。如培训等级厨师约600名，培训园林等级工近百名，还培训了车、钳、铣、刨、磨等24个工种六级工600多名。为提高管理水平，还多次举办科、处长短期培训班。1990年举办了专业证书班，有200名科、处长参加学习。通过培训，使总务后勤职工提高了文化水平和技术水平，改善了服务质量。

（二）高校总务后勤管理改革

北京高校总务后勤管理改革，大体经历了三个阶段：

第一阶段：1980～1983年。市高教局召开了北京高校伙食工作会议，推广了北京大学、中央民族学院等学校的经验，即引进农村和城市经济改革中一些成功经验和同济大学食堂实行企业化管理的做法，首先从食堂管理改革入手，调动炊管人员的积极性，促进了伙食的提高，改善了服务态度，取得了较好的经济和社会效益。这一经验的推广，很快在北京高校总务后勤系统形成了改革热潮。这一时期，在市高教局的指导下，学校制定、修改了各种规章制度，建立健全了各种人员的岗位责任制，初步进行了成本核算，制定了奖惩办法，改变了几十年来高校总务后勤单纯的行政管理，不计成本，不讲核算的状况。逐步打破了总务后勤部门“大锅饭”和平均主义的分配制度。同时，总务后勤部门提出了为教学、科研、师生员工生活服务的原则，明确了总务后勤工作的方向。承包制增强了总务后勤部门的生机和活力，为下一步改革奠定了基础。

第二阶段：1984～1987年，为实行多科多项承包阶段。在各级领导的支持下，承包责任制得到了进一步发展和广泛运用。由单项、单科承包扩展到多科多项，多形式、多层次、多结构的承包责任制。如，北京理工大学、北方工业大学、北京航空航天大学、北京工业大学等25所院校从1985年起，逐步分别实行了总务后勤任务、经费、人员、管理四位一体的大承包。同时，有些学校总务后勤部门为满足师生不同层次的消费需要，挖掘内部潜力，开展社会服务，通过微利服务的收入来弥补学校的经费不足和提高职工待遇。1986年底，市高教局制定了伙食、车队、环卫管理、校园变化、宿舍管理等五项及格标准，对北京的高校总务后勤部门进行检查评比，推动了改革，改进了工作，使北京高校总务后勤工作质量上了一个新台阶。根据高校总务后勤管理改革的实践，清华大学、北京大学等提出了优质服务、服务育人、管理育人（三服务、两育人）的宗旨和方向，确立了总务后勤在高校中“服务、管理、育人”的地位和作用。1985年5月，北京高校后勤管理研究会成立，推动了高校总务后勤管理理论的研究。

第三阶段：1988年以后，为治理整顿、深化改革的阶段，在这个阶段中，中央提出社会主义初级阶段的理论和治理整顿的指示精神。市高教局为贯彻中央的指示和国家教委全国高校后勤工作会议精神，在1988年召开的北京高校后勤工作会议上提出了“认真总结经验，深化改革，优化管理，稳步发展各种经济承包责任制”的要求。各高等学校总务后勤部门在认真总结经验的基础上，强化管理，加强基础工作，理顺关系，完善各种形式的承包制。25所总务后勤大承包的学校在管理体制上进行了改革尝试，有的实行了政企分开，两权分离，明确甲乙方的管理体制；有的实行后勤办公室或经济承包审理委员会领导下的甲方监控的体制；有的实行“四位一体”以自我监控为主管理的体制等。其他高校总务后勤部门实行以岗位责任制为核心，责权利紧密相结合的综合承包、综合管理的体制。1991年3月14日，市高教局为贯彻党的十三届七中全会和市委六届十次会议精神，进一步深化高校总务后勤管理改革，建设具有中国特色的高校后勤工作系统，召开了北京高校总务后勤工作会议。会议肯定了10年来高校总务后勤改革的成绩，要求深化改革，完善各种形式的承包制；在深化、细化管理上下功夫，使高校总务后勤管理朝着规范化、标准化、科学化方向发展。

撰稿人　王金瑞

审稿人　马淑珍

五、中专学校综合配套改革全面展开

从1984年开始，北京市中等专业学校，有6所学校率先进行改革试点。1990年，在总结6所试点学校经验的基础上，北京市决定将改革在中专学校全面展开。

遵照市委、市政府确定的“打破‘三铁’，转换机制、提高待遇、提高效益”的指导思想，中专学校综合配套改革主要集中抓好四项工作：

第一，实行校长负责制。根据国家教委关于中专学校原则上继续实行校长负责制，也可以根据学校规模大小和工作任务需要，实行党委领导下的校长负责制的规定，已进行改革的学校中，有12所学校实行党委领导下的校长负责制，有33所学校实行校长负责制。实行校长负责制的学校都普遍订立了党委、学校行政和教代会三个工作条例，实行党委领导下的校长负责制的学校都普遍制定了党委、校长分工责任条例。这些条例明确了校长对学校负有全面责任，党委是学校的政治领导核心，教职工代表大会是学校实行民主管理、民主参与的基本形式等问题，对于学校政治思想工作，干部管理等一些工作也都作出了具体规定，明确了职责。各校普遍建立的教代会，对于改革的指导思想、改革方案都进行了反复的讨论和审议，提出了意见。

第二，实行教育目标责任制。学校根据党和国家的教育方针和办学任务，制定学校培养人才的总体教育目标和工作目标，在定岗、定职、定责的基础上，逐步订立以评估教育质量为主的考核标准和办法。多数学校注意从校情出发，根据不同行业的特点，制定教育目标。各校把学校提高教育质量的主要内容，如德育放在首位，树立坚定、正确的政治方向；对提高教学质量，加强实践性教学环节，加强社会实践等都提出目标，建立责任，逐项落实。

第三，实行教师、干部聘任制。市编制办公室对每个学校逐个进行了定编定员，各校按照“条件公开，平等公正，择优上岗，合理组合”的原则，在定岗定编的基础上，对教师、干部实行聘任制。把干部教师的考核与聘任结合起来，建立了合同管理制度。打破了“铁饭碗”、“铁交椅”，使干部、教师队伍结构合理，整体优化。

第四，实行工资总额包干和校内结构工资制。学校的编制确定后，以市人事局为主，由市财政局、编办、文教办、高教局派员组成联合工作小组，逐校确定增资额度及财政预算列支办法，确定各校的工资总额。学校根据本校情况，制定校内结构工资方案。一般包括基础工资、岗位工资、兼职工资、工龄教龄工资及效益工资等五个部分。工资与每人完成任务的质量、数量相结合，合理进行分配，“打破平均主义”、“大锅饭”，体现了多劳多得、优质优酬、奖罚分明的分配原则。

各校在改革中，十分重视加强思想政治工作，注意发挥共产党员的模范作用。如北京汽车工业学校党委提出了在党员责任区保证改革的八项要求，纺织工业学校党委提出了党员在改革中应正确对待的六个关系。

北京市政府和学校主管局（总公司）十分重视中专学校的改革工作，各主管单位陆续成立了中专改革领导小组，讨论中专改革方案，积极支持学校的改革工作。市政府综合管理部门，把学校的改革与“八五”计划中专学校的建设发展相结合，与中专学校的调整相结合，与重点办好一批中专学校相结合。市政府领导同志亲自指导改革实践，陆宇澄副市长多次听取有关中专学校综合配套改革工作汇报，作了一系列重要指示。市政府先后拨出150万元专款，作为中专学校改革的补助经费。

目前，改革已初见成效。如北京第二轻工业学校实行综合配套改革后，进一步调动了广大教职工的积极性，办学效益不断提高。与1988年相比，在校生增加近200人，而外聘教师由28人下降为2人；科室由原来的25个，精简为18个；中层干部由35人减到21人。过去“有人不干事，有事无人干”的现象已有所改变。“人人有责、人人负责、各尽其责”的精神，正在逐步形成。

北京市中专学校在实行深化内部管理改革的同时，教学改革等也在逐步深化。一是把德育放在首位，建立完整的学生政治思想教育体系。市高教局召开了有全市中专学校领导和有关同志参加的专题研讨会，对德育的内涵、领导体制、全员意识、全员参与、教书育人等进行了全面的研讨。在对中专马列主义理论课全面检查的基础上，提出了改进马列主义理论课教学的7条意见。各校普遍改革和加强了学生管理工作。二是以加强实践教学作为教学改革的突破口，逐步试行建立完整的实践教学体系，使师生实践能力考核标准化、规范化。如北京卫生学校、北京城市建设学校等制定了专业实践能力培养大纲，对专业实践能力提出了具体的三级要求，调整了实验教学时数，试行实验单独设课，有独立的教学计划、大纲和考核标准。三是面向社会，为经济建设服务，试行建立教学与生产实践及技术服务相结合的办学机制。如北京建材工业学校等与企业联合办学，开办各种不同形式、不同类型、不同层次的职后培训班；加强厂校配合，建立固定的实习基地，对学生和青年教师实行顶岗实习、实践制度。这些措施对全面提高学生的实践能力起了积极作用。四是适应社会需要，改革专业设置、课程体系及知识结构，提高教学质量。市一轻工业学校、仪器仪表工业学校在深化专业改革的试点工作中，紧紧围绕本行业的实际需要，突出行业特点。如仪器仪表工业学校采用机电一体化改革措施，以实际需要为出发点，加强专业的适应面。一轻工业学校把发酵专业中发酵设备和发酵工艺课合并，采取三段讲授，把讲课与实习结合起来，提高了教学质量。五是逐步改变对学生的统包统分制度，进行招生与分配制度的改革，扩大服务面。市计算机工业学校试行招收乡镇企业的自费生和为县乡招收不转户口、不包分配的学生。同时，在毕业生分配工作中，实行择优分配制度，试行有指导的“双向选择”和有偿分配，为乡镇企业培养了急需人才，密切了供需双方的联系，也增加了学校的效益。

撰稿人　谢幼琅　朱兆勇
审稿人　林澌生

成人教育

一、概况

1990年，北京成人教育坚持社会主义的办学方向，以岗位培训为重点，广泛开展了各项成人教育培训活动，累计培训各级各类人员达210万人，与1989年相比增加59万人，增长39%。这是10年来培训人数最多的一年，标志着成人教育在改革中稳步发展。

（一）坚持社会主义的办学方向，开展德育工作，加强成人教育系统的思想政治教育

1990年，市成人教育局印发了《关于加强各级各类成人院校德育工作的意见》，明确了各级各类成人院校开展德育工作的指导思想、目的和任务，确定了市委教育工委对成人院校德育工作的领导关系。为深入贯彻《意见》，先后召开了成人高等院校、中等专业学校及10所民办大学的校长会和北京市成人教育德育工作研讨会，从思想上、理论上提高了各级领导对德育工作的认识，交流了德育工作经验，推动了成人教育系统德育工作的开展。

各级各类成人院校加强了对德育工作的领导，大部分成人高等院校成立了由院校党委牵头、吸收党政工团干部和政治教师参加的思想政治工作小组，充实了政工干部队伍，加强了班主任工作。如农业管理干部学院各系配备了专职党总支书记（或副书记）和政治辅导员。各类成人学校开设了马克思主义理论课，成立了马克思主义理论课中心教研组，开展教学内容和方法的研究。在8所成人中专学校进行了加强思想政治教育的试验。民办大学普遍建立了学校党团组织。经过一年来的工作，成人教育系统的德育工作出现了新的局面。在教师节期间首次评选表彰了丰台区职工中等专业学校、市二轻工业总公司职工大学2个德育先进集体和42名德育先进工作者。

（二）岗位培训工作向深入发展，涌现了一批好的典型

岗位培训工作经过前几年的宣传、组织、试点等工作，1990年又有新的发展。首先在培训人数上有较大增长。据统计，1990年全市共有89.2万人参加岗位培训，与1989年相比增加52万人，增长率为140%。这标志着成人教育工作的重点已经转移到岗位培训上来。其次，随着岗位培训工作的深入，特别是96个行业207个主要工种的达标性岗位培训，已总结出一些成功的经验，有一批好的典型。如北京市化工总公司在本系统34个企业技术工人中，全面实行了持证上岗制度；市税务局对税务专管员进行全方位的岗位培训，制定出培训、考核、使用等配套政策；中国工商银行北京市分行对信贷员开展了以必备专业知识、职业道德和必备工作能力为中心内容的岗位培训；市建委在全市建筑行业按岗位规范要求进行培训考核，实行施工工长

1990年各级成人学校基本情况

单位：人

学校类别	学校数（所）	毕业生数	招生数	在校学生数	教职工数 计	其中：教师
一、成人高等学校	88	40956	33554	120564	12533	5266
广播电视大学	2	1420	4039	12674	628	272
职工高等学校	50	6038	4770	17093	4278	1914
农民高等学校						
管理干部学院	32	4608	3188	7189	6988	2719
教育学院	2	1487	1278	4086	482	248
独立函授学院	2	743	308	1566	157	113
普通高校举办						
函授部		19058	13418	54818		
夜大学		7602	6553	23138		
干部专修科						
二、成人中等学校	909	210525	17654	207057	15732	7436
1.成人中等专业学校	131	13819	17654	40470	9719	4422
广播电视中专	1	1004	3993	7945	830	383
干部中专	16	615	396	1232	716	291
职工中专	78	8047	9167	19594	5310	2166
农民中专	16	3006	3158	8043	662	314
教师进修学校	20	1147	940	3656	2201	1268
2.成人中学	508	5911		19747	5507	2848
职工中学	508	5911		19747	5507	2848
农民中学						
3.成人技术培训学校	270	190795		146840	506	166
职工技术培训学校						
农民技术培训学校	270	190795		146840	506	166
三、成人初等学校						
1.职工初等学校						
2.农民初等学校						
其中：扫盲班						

承包工程必须持有岗位资格证书的制度；大兴县实行“绿色证书”培训制度等。这些单位的岗位培训走出了本行业的路子，积累了好的经验：（1）从职工本岗位的生产、工作实际需要出发，将培训与生产、经营、管理有机地联系起来；（2）把岗位培训工作作为评定企业管理上等级的基本条件之一，促使企业重视、依靠教育；（3）把培训考核取得岗位资格培训证书作为发放奖金、晋升效益工资、等级工资的一个重要依据。这些经验，为开展岗位培训与人事、劳动、工资制度的改革，探索了路子。

全市成人教育管理干部的培训开始起步。市成人教育局与人事局联合下发了《关于开展成人教育管理干部岗位培训的意见》。计划在1992年以前，对未达到岗位规范要求的成人教育管理干部，分期分批进行达标培训。经考核取得的岗位培训证书，作为任职资格证明。市成人教育局委托市成人教育学院，于1990年6月至10月，举办了第一期有22名区县成人教育局局长、市综合计划、经济监督部门教育处长参加的达标培训试点班，探索了成人教育管理干部岗位培训的经验。同时，对各类管理干部的培训也有一些新进展。

（三）成人学历教育稳步发展，教育质量不断提高

1990年成人高、中等学历教育在发展中提高。根据《北京市成人高等院校评估意见》，市成立了成人高校评估工作委员会和评估工作小组，并分别在北京人民警察学院、西城区职工大学等7所院校进行评估试点，已总结出初步经验，对促进学校的科学管理和基础建设，提高教育质量起到了积极推动作用。成人中专也在积极进行评估工作的准备。

1990年是北京市高等教育自学考试创建10周年，全市已形成个人自学、社会助学和国家考试相结合的社会化高等教育形式。据统计，自学考试制度创建以来，已开考37个专业，累计有24万人参加考试，报考上百万科次；有16056人获得专、本科毕业证书，其中170人获学士学位。为宣传自学考试的成果，市自学考试委员会召开了庆祝高等教育自学考试创建10周年大会，举办了反映自学考试10年成就的展览，出版了《北京高等教育自学考试》手册。李鹏总理为自学考试创建10周年题了词。

（四）农村成人教育成果显著

1990年是国际扫盲年。市扫盲工作领导小组和市成人教育局认真贯彻国务院《扫盲工作条例》，狠抓了检查、指导和验收工作。除发放扫盲课本和巩固提高课本外，还制定了《北京市个人脱盲考核发证办法》和《基本扫除文盲单位考核验收办法》等文件。为推动扫盲工作的深入开展，7月，召开了全市扫盲工作经验交流会，陆宇澄副市长到会并讲话，肯定了扫盲工作的基本经验（即：组织领导、任务责任、干部教师队伍、经费和考核验收标准、办法的五落实），提出了要巩固扫盲成果并连续检查3年的要求。由于领导重视，目标明确，措施得力，工作扎实，全市扫盲工作成绩显著，得到市政府和国家教委的充分肯定，有2人被评为全国扫盲先进工作者。据统计，截止到1990年底，全市15～40岁的30200名青壮年文盲，已扫除29748人，使全市文盲率由原来的3.5%下降到0.02%。北京市已成为基本无青壮年文盲的城市。

农村乡（镇）成人学校建设又有新的发展。全市293个乡（镇）已全部建起成人学校，实现了陆宇澄副市长1988年提出的在1990年底以前每乡要有一所成人学校的目标。3年来，每年累计有三、四十万农民参加文化技术学习。1990年，乡（镇）成人学校在校舍规模和教学质量上也有改善和提高。目前，多数乡（镇）成人学校能做到“六有”，即：有较健全的领导班子，有教学计划，有专兼职教师，有教学活动，有教学基地，有经费来源。通县18个乡（镇）已有14个乡的成人学校达到本县提出的“每校五亩地、20间房、办长班人数不少于60人、短训班不少于2000人次、必须具备声像教学”的要求和标准。市成人教育局为推动乡成人学校建设，1990年底组织14个郊区县成人教育局负责同志，分片到各郊区县开展乡（镇）成人学校互学互查活动，促进了学校向规范化方向发展。

大兴县对农民开展“绿色证书”培训制度在其他郊区县得到推广，丰台、昌平、通县、平谷、延庆等区县也先后开展了“绿色证书”培训，对本地区从事果林、种植、养殖、农机等专业的技术人员和承包人员进行了技术资格培训，全年培训人数达2.3万余人。海淀区和丰台区又在乡（镇）企业职工中开展

了"红色证书"培训，持证上岗的试点工作。同时，各种短期实用技术培训继续蓬勃发展，使京郊农村初步形成科教兴农、科教致富的新格局。

（五）整顿社会力量办学，加强对社会力量办学的引导和管理

1990年8月，市政府发布了《北京市社会力量办学管理办法》，扩大了社会力量办学的管理范围，使对社会力量办学的管理有了法规依据。为贯彻实施《办法》，市成人教育局制定了《〈北京市社会力量办学管理办法〉实施细则》。在积极宣传、贯彻文件精神的同时，开展了民办大学的自查工作；对中低层次的民办学校进行了办学资格及条件的复审。截止到1990年底，对符合办学条件的492所学校颁发了办学许可证。同时，市成人教育局还拟定下发了《北京市社会力量办学招生广告管理暂行规定》、《北京市社会力量办学财务管理暂行规定》等配套文件。对社会力量举办的高等学校的招生加强了管理，发出《关于社会力量举办的高等院校1990年招生工作的通知》，明确规定：1990年各校招收的新生，学员学习期满、成绩合格，一律不颁发本校毕业、结业证书，只发给由市成人教育局统一印制的《结业证明》。通过对社会力量办学的整顿，使乱办学现象初步得到制止，管理逐步走向正轨。

撰稿人　张　定　罗亚辉
审稿人　尤　文

二、管理干部培训工作

（一）轮训乡镇领导干部

为贯彻《中共中央关于加强农村基层政权建设的通知》和《民政部、中央组织部关于认真做好乡镇干部培训工作的通知》，1988年北京市制定了乡镇党政领导干部三年岗位培训规划，到1990年底，已基本完成了京郊乡镇党政领导干部轮训一遍的任务。3年来，市委组织部、市民政局采取集中脱产的形式，办班10期，每期两个半月，共培训乡镇领导干部1015人，占全市应培训人数的81%，乡均306人，乡镇覆盖率达到了100%。其中培训乡镇党委正副书记323人，占应培训人数的65%，正副乡长692人，占应培训人数的90%。主要做法是：

1.按岗位工作需要设置课程、选编教材。乡镇领导干部的工作是面对全局，管理政治、经济和文教卫生等的综合性复杂劳动。根据这一特点和岗位规范的要求，培训班开设了基础课、经济管理课和实务知识课三类课程。党政干部分别编班，学习内容有同有异。马列主义基本理论、法律基础知识与农村经济学和乡镇企业经营管理学为公共课。另外，乡镇党委书记班增设思想政治工作概论和党的建设两门课；乡镇长班增设行政管理学和农村政权建设两门课。在教材内容上，注意针对性和实用性。自编的《农村经济管理概论》、《乡镇企业经营管理学》、《乡镇实用法律基础知识》等教材，都注意到突出重点，实用性强。

2.根据干部特点，采取灵活多样的教学方法。乡镇领导干部一般都具有比较丰富的实际工作经验，分析能力较强，但需要在总结经验的基础上提高理论水平。为此，在教学方法上采取了课堂讲授、自学研讨、专题讲座、辅导答题、经验交流和实地参观等，即实行"四个结合"：讲授理论与总结经验相结合；理论教学与案例教学相结合；课堂讲授与自学研讨相结合；系统讲课与专题讲座、参观学习相结合。同时，选好任课教师，保证教学质量。在教学中，注意选择专业理论基础比较扎实，政策水平比较高，实践经验比较丰富，表达能力比较强，教学效果比较好的教研室主任以上的骨干教师任课。主管单位与农业管理干部学院共同组建了一支相对稳定、配套的岗位培训的教师队伍，确

保了教学质量。

3.加强领导，严格管理。北京市干部主管部门、业务指导部门和办学单位密切配合，分工协作，形成了一部(组织部)、一委（农工委)、一局(民政局)、一校(农业管理干部学院）四位一体的办学领导体系，加强了综合协调管理。

通过岗位培训，80%以上的学员取得了优良成绩。提高了乡镇领导干部的理论素养及用马列主义的立场、观点和方法来观察、认识社会问题的能力，从而坚定了社会主义信念，加深了对党的路线、方针、政策的理解，提高了坚持四项基本原则，反对资产阶级自由化的自觉性。同时，也学到了经营管理知识，增强了法制观念，提高了管理和决策能力。

（二）举办成人教育处长岗位培训试点班

1990年4月，受国家教委委托，北京市成人教育学院举办了成人教育处长岗位培训试点班，按国家教委成人教育司拟定的《成人教育处长岗位规范》的要求实施培训。通过培训扩大了学员们的信息交流，提高了成人教育管理干部的业务素质。

（三）对工业系统小型企业厂长进行岗位培训

1990年，市经委为了提高小型企业厂长的管理水平和领导水平，以适应深化企业改革的需要，决定用两年的时间对小型企业厂长普遍进行一次岗位培训。培训由市经委制定规划，组织编写指导性教学计划、大纲和教材，审定培训院校，颁发证书；由各局、总公司，各区县经委组织实施。培训的主要内容是：领导学、营销学、财务管理、经济法和深化企业改革的理论及方针政策，总学时为164学时。到1990年底已有11个局、总公司，10个区县，1800多名厂长(其中区县企业的厂长占70%)参加了培训，并取得了市经委统一颁发的岗位培训证书，占市工业系统小型企业厂长总数的45%。

撰稿人　靖祖皎　金万里　谢文艳

审稿人　尤　文

三、进行企业教育综合改革实验

为促进城市教育体制的深化改革，国家教委于1989年9月25日决定在全国100个大中型企业进行教育综合改革实验，北京市有10家大中型企业被确定为实验单位，它们是：首都钢铁公司、北京市食品公司、北京有机化工厂、北京新新时装公司、北京包装装潢制品厂、北京市塑料制品厂、北京市第六建筑工程公司、北京西郊粮库、北京铁路分局、北京吉普汽车有限公司。

市成人教育局于1989年11月召开了10家实验单位及其主管局、总公司教育部门参加的企业教育综合改革工作会议，对这项工作进行了具体部署。1990年一季度，市成人教育局会同国务院有关部委、市政府有关单位的教育部门，深入各实验单位，与企业领导及教育、劳动、人事等部门共同研究，逐个落实企业教育综合改革实施方案。

10个企业教育综合改革实验单位的基本作法是：(1)做好宣传动员。各教育综合改革实验单位，通过各种方式组织学习有关文件精神，进行专题讨论，提高企业领导和广大职工对进行企业教育综合改革的目的、意义、内容的认识，增强荣誉感与责任感，使企业教育改革成为整个企业工作的共同行动。(2)开展调查研究，制定实施方案。各实验单位对本企业的生产、经营现状、发展趋势和教育状况、职工队伍素质以及今后的需求，进行了调查研究及分析，在此基础上制定出本企业的教育综合改革实验实施方案，提出实施步骤、措施及有关配套政策，经职工代表大会通过上报国家教委及市政府。(3）建立领导机构。各实验单位本着

“统一领导，分工负责，通力协作，密切配合”的原则，建立了由企业厂长(经理)或党委书记任组长，有教育、劳动、人事、生产、科技、财务、工会、共青团等部门参加的教育综合改革领导小组。有的企业加强了对教育部门的领导，增加了人员，做到厂长(书记)挂帅，统一指挥，各部门相互协作，有效地推进了企业教育综合改革工作。（4）选定起步项目。各企业选定了一两个或三五个起步项目，作为本企业教育综合改革实验的突破口。

市成人教育局为加强对教育综合改革的宏观管理和指导，制定了《北京市开展企业教育综合改革实验的意见》。准备用10年时间，通过四个阶段，分步骤推进这项改革实验。1990年12月13日～15日，市成人教育局在平谷召开了有各实验企业厂长(经理)、教育部门负责人及有关主管委、局、总公司教育处长参加的北京市企业教育综合改革工作座谈会，总结了一年来教育综合改革的基本情况，交流了经验，讨论了《北京市开展企业教育综合改革实验的意见》(讨论稿)，提出了1991年的工作任务。

撰稿人　刘承邠
审稿人　尤　文

四、搞好亚运会的职工培训

为了以最佳的工作状态和精神面貌迎接第十一届亚运会，市政府要求各部门、各行业，特别是商业、服务业大力开展职工培训工作。市商委发出了在全市商业基层企业经理和售货、服务人员中开展服务规范化培训的文件。到亚运会前夕，全系统培训了基层企业经理1.3万人和售货、服务人员16.8万人。市旅游局对大饭店的服务员、旅行社的导游员、出租汽车公司的司机共3.1万人进行了迎亚运规范化培训。市公共汽车公司，以圆满完成亚运会服务为中心，对2万余名司售人员进行了上岗达标培训。市城建总公司系统承担亚运会工程的单位共举办200多期培训班，涉及到50多个施工作业点，30多个工种，累计培训职工1万多人次。市公安交通管理局专门成立了业务培训工作领导小组，全局每名干警至少接受了一次以“迎亚运，做好本职工作”为主要内容的战前培训。通过培训，广大职工提高了搞好亚运会为国争光的自觉性，受到了一次生动的爱国主义教育，增强了职业道德观念，树立了正确的服务质量观。

撰稿人　贺向东
审稿人　尤　文

五、开展成人高等学校评估

1990年8月28日，市成人教育局下发了《关于对北京成人高等学校开展评估工作的意见》，旨在加强对成人高等学校的宏观指导和管理，提高办学水平和教育质量，推动成人高等教育改革和发展；也使成人高等学校加强同社会的联系，接受社会检验，更好地适应经济和社会发展的需要。

北京成人高等教育，10年来有很大的发展，办学条件逐步改善，管理制度日益完善，教学水平不断提高。但按照治理整顿、深化改革的形势要求，北京成人高等教育的宏观管理还需要加强，学校布局应该更趋合理，专业设置尚待认真调整，有必要通过评估总结经验，找出差距，根据实际情况研究并制定成人高等教育的调整改革方案。

为了保证评估质量，市成人教育局成立了以局长尤文为主任，包括市计委、人事局、经委、各成人高校协作会和专家参加的评估工作委员会。评估委员会研究制订了《北京成人高等学校评估指标体系》、《北京成人高等学校评估条件及分值表》、《关于北京成人高等学校评估工作的安排》等文件，力争在1992年初完成评估工作。

1990年，评估委员会选定了有一定基础、有代表性的人民警察学院和西城区职工大学为试评估学校。人民警察学院属系统办学，校舍、设备较好，有较严格的管理制度，是公安系统人才培训的基地。西城区职工大学是社区性成人高等学校，业余为主，文科专业多，该校立足本区，面向社会，近几年管理水平有较大提高，是大城市地区性职工大学的代表。评估委员会及有关评估工作人员40余人参加了对以上两校的试评估。试评估工作锻炼了队伍，取得了评估的实际经验，检验了评估标准，修改了不符合实际的评估条件，研究掌握了评估条件的尺度；并使各校了解了评估前的准备工作。试评后，评估委员会下发了评估报告，并与两校的主办单位和学校领导交换了意见。

在试评估基础上，逐步向其它学校推开，分5个评估组对管理干部学院、中央单位举办的职工大学、地区办职工大学、经委系统职工大学、局办职工大学进行评估。评估组都召开了预备会，组织了评估小组，落实了评估日程。

经委系统职工大学评估小组负责同志和职工大学协作会，邀请了市经委教育处、首钢及各有关局教育处长共同研究了评估问题，并探讨了调整、联合问题。评估小组首先评估了化工局职工大学、仪表工业职工大学。

地区职工大学协作会组织了包括各校校长、专家的评估小组，并吸收了部分教务负责人参加。1990年评估了朝阳区职工大学、市总工会职工大学。

中央单位举办的职工大学评估小组首先评估了中央党校职工大学。

管理干部学院和局属职工大学两个组建立了组织，安排了评估日程，培训了干部。

撰稿人　何祥生

审稿人　尤　文

天 津 市 教 育

概　　况

1990 年各级普通学校基本情况

单位：人

学 校 类 别	学校数（所）	毕业生数	招生数	在校学生数	教职工数 计	教职工数 其中：教师
一、普通高等学校	28	16529	14984	54657	28821	41121
研　究　生		1329	1128	3618		
本　　科		10147	9158	39114		
专　　科		5053	4698	11925		
二、普通中等学校	882	110898	140119	41260	64439	42658
1.中等专业学校	73	11548	10784	38870	10253	4745
中等技术学校	62	8886	8343	30302	8699	3944
中等师范学校	11	2662	2441	8568	1554	801
2.普通中学	707	92313	120627	345770	50372	35312
高　　中	173	19828	21932	65647		7365
初　　中	534	72485	98695	280123		27947
3.农业、职业中学	102	7037	8708	27961	3814	2601
高　　中	97	5429	7328	25995		2518
初　　中	5	1608	1380	1966		83
4.工读学校	3	小学 4 初中90	小学14 初中84	179	233	98
三、小　　学	3259	101398	142349	855319	56773	47110
四、特殊教育学校	13	小学49 初中70	小学96 初中60	631	304	204
五、幼 儿 园	303	75654	71240	150946	9117	4778

1990年各级成人学校基本情况

单位：人

学校类别	学校数（所）	毕业生数	招生数	在校学生数	教职工数	
					计	其中：教师
一、成人高等学校	50	9235	7196	25942	6769	2999
广播电视大学	1	1415	2304	7978	278	99
职工高等学校	40	5448	4102	13050	4420	2120
农民高等学校						
管理干部学院	8	803	491	1730	1619	572
教育学院	1	1569	299	3184	452	208
独立函授学院						
普通高校举办						
函授部	(9)	854	2264	7401		
夜大学	(13)	865	1600	6113		
干部专修科		534	41	272		
二、成人中等学校	190	489287	60378	51987	7819	2400
1.成人中等专业学校	112	8474	13167	22062	5004	2400
广播电视中专	1	1768	5686	5608	74	34
干部中专	14	95	311	649	705	269
职工中专	69	2715	4421	11434	2806	1365
农民中专	9	199	2673	2826	347	179
教师进修学校	19	3697	76	1545	1072	553
2.成人中学	35	8453	7000	11249	2000	
职工中学	35	7037	7000	10000	2000	
农民中学		1416		1249		
3.成人技术培训学校	43	472360	40211	18676	815	
职工技术培训学校						
农民技术培训学校	43	472360	40211	18676	815	
三、成人初等学校		17923		4310		
1.职工初等学校						
2.农民初等学校		17923		4310		
其中：扫盲班		17836		3806		

撰稿人　刘　毅　王　挥
　　　　于全和
审稿人　金永清　叶文山
　　　　缪礼寅

普 通 教 育

1990年，天津市普通教育工作以坚持社会主义的办学方向，进一步提高教育质量和效益为主要目标。

一、提高学生素质，把德育放在首位

市教育局针对过去思想政治工作薄弱的状况，进一步确立德育工作在学校工作中的首要地位和作用。突出抓了以下工作：

(一)加强爱国主义教育

1990年，天津市中小学普遍把加强爱国主义教育、坚定学生社会主义信念列为思想政治教育的重要内容。各中小学利用鸦片战争史料，结合天津地方帝国主义侵华实例，普遍开展了多种形式的爱国主义教育活动，提高学生的民族自尊心、自信心和爱国热情。开展教育的方式有：(1)向学生推荐并组织学生阅读有关帝国主义侵华史、中国人民反帝斗争史和社会主义建设史，使学生了解历史，对比现在，提高觉悟。(2)组织学生访问革命老前辈，亲耳聆听帝国主义侵华的罪行和中华民族不屈不挠对敌斗争的光荣传统。(3)观看近代反帝斗争题材的影片《林则徐》、《甲午风云》、《火烧圆明园》等。(4)组织学生参观大沽口炮台、望海楼教堂、各国“租界地”旧址、旧“英国兵营”等，仅此一项活动，参观学生人数达10万人。和平区还将座落在本区内的20余个革命遗址拍成录像片，供更多的青少年学生观看，从中受到教育。(5)用文艺形式展示中华民族反帝爱国的光荣史，河西区10几所小学，1000多名学生排练演出大型雕塑、歌舞音乐剧。(6)举办以反映祖国历史和激发爱国热情为主要内容的演讲会、报告会、故事会。(7)举办以《鸦片战争的故事》、《话说鸦片战争》两本书为内容的“鸦片战争150周年知识竞赛”活动。参加竞赛的中小学生达80多万人。通过区(县)、校层层选拔，114名学生参加了市级预赛，36名学生参加市级决赛，6名学生获一等奖，12名学生获二等奖，18名学生获三等奖。天津电视台市级决赛进行了现场录像，并两次在电台播出。(8)开展“勿忘国耻，振兴中华”、“弘扬民族精神，立志报效中华”为内容的主题班会、校会及团队会活动。(9)举办征文比赛。有的中学举办“我站在圆明园遗址上”诗歌征文和“租界地考察报告”征文等比赛活动。

通过教育活动，激发了广大学生的爱党、爱国意识，第七十四中学学生参观了大沽口炮台后深有体会地说：我们要牢记鸦片战争留给人们的思考，记住历史的昨天。历史证明“只有共产党才能救中国，只有社会主义才能救中国”。

(二)社区教育向农村发展

天津市以德育大纲为依据，学校教育为主阵地，社区教育为依托，家庭教育为基础的一体化青少年教育网络已初步形成。1990年社区教育的新特点是由市区向农村发展。主要表现在：(1)开展社区教育的区县由1989年的5个发展到18个。(2)社区教育的区(县)、街(乡)和居民委员会三级领导体系已基本健全。全市18个区县全都建立了社区教育协调委员会，有253个乡(镇)、街相应地建立了协调组织，占全市乡(镇)总数73.12%。社区教育的育人、管理、执法、支教及协调功能日益显示出来。(3)充实了社区教育的领导力量。各区县从中小学抽派了766名干部和教师到乡(镇、街)专门从事社区教育工作，促进了农村社区教育的发展。(4)开辟和扩大校外活动基地，到年底发展到2457个，劳动技术教育实验田1452亩，1990年内有445414名学生参加了社区教育的实践服务活动。(5)各级党、政领导部门将社区教育列入议事日程。区、乡(镇)把这项工作列为整体事业的一个重要组成部分，并下力量抓好。全年农村共召开社区教育工作会议和经验交流会6次，总结推

广了一批社区教育的经验。

天津市城乡社区教育的发展，打破和改变了长期以来普通教育封闭的办学模式，做到学校、社会、家庭三位一体，紧密配合，培养社会主义的劳动者和接班人。河东区利用社区教育基地和形式，加强对青少年学生的教育。1990年，全区18个街，包括97所中小学在内，都相继建立了青少年社会实践基地、社会服务基地、社会劳动基地、传统教育基地以及精神文明基地等3168个，吸收了全区90％以上的中、小学生参加基地举办的各种教育活动和丰富多彩的课余生活，使学生们学到了书本上、课堂上学不到的知识。红桥区注意开发社区教育资源，利用社区内各种阵地，组织学生参加社会实践、社会服务、社会调查等活动。到1990年，全区中小学已建立长期社会实践、社会服务点1667个，有1188户烈军属、孤老户、残疾人的服务工作，均由各校学生对口承包。河西区为发展社区教育，投资3000多万元，新建了11万平方米的文化教育设施。1990年，全区开辟校外文化活动阵地267个，社会实践基地718个，组建德育讲师团、报告团和艺术团28个，配备校外辅导员3486人，为孤、老、残、烈、军属服务小组1638个，组织报告会、故事会、演讲会、文艺演出953场次。参加活动的中小学生20万人次。全区90％以上的中、小学生在多彩的活动中受到教育。

（三）完成一批德育大纲配套工程

为了把德育渗透到教学领域中去，市教育局进行了一系列改革和试验。在总结多年教学经验与教训的基础上，根据各科教学大纲、教材内容，按章节或单元制订出初中语文、数学、英语、物理、化学、生物、历史、地理、音乐、美术等10个学科的《德育纲要》(试行稿)，在5月9日召开的天津市中小学学科德育工作会议上发布试行。还完成了一批与德育大纲配套的工程，如南开区根据试点经验制定《中学思想教育条例大纲》，把《德育大纲》的内容，分年级、按系统列出细则。河西区还编写了《家庭教育大纲》、《青春期教育纲要》、《中小学思想品德考核办法》、《时事政策教育纲要》等。

（四）德育科研活动深入开展

1990年，市、区(县)普遍建立健全了德育教研、科研机构，充实了研究人员，增强了研究力量。到年底，全市有专、兼职德育教研、科研人员1500多人，形成了一支专兼结合、素质较好的科研队伍。

德育科研的重点之一是如何把德育渗透到各科教学中去，为此，各级教研、科研机构普遍开展了“寓德育于学科教学”的课题研究。市教育教学研究室确定了41个专题，试验点69个区校，取得了一批成果。在此基础上，于下半年普遍组织了研究课、观摩课及科研成果交流活动。仅市级组织的德育研究课就有147节，参加的干部、教师4010人；召开德育研讨会79次，交流论文62篇。

1990年12月28日起，举办了“初中学科德育经验交流活动周”，有5个学科介绍了贯彻《德育纲要》的初步经验。同时，选出寓德育于语文、地理、历史等授课范例进行公开观摩。这些经验的特点是：(1)把德育纳入每一节课的教学目标，使德育、“双基”、智能三方面有机地结合起来，落到实处。(2)教师注意了自身师德修养和政治思想水平的提高，在教学过程中，以高度的事业心、责任感和爱国激情感染学生。(3)历史、地理课冲破原教材的局限，适当充实古今中外对比内容，绘制成形象直观的投影教材，用于教学，进行爱国主义教育。(4)音乐、美术等艺术学科打破课堂的局限，做到课内外、校内外结合进行教学，体现寓“德”于“美”，德美结合的要求。

德育科研工作成果显著。1990年，在全国有30个省、自治区、直辖市数万名中学政治教师参加的首届教学论文评选中，天津市有5篇论文荣登金榜，其中新华中学教师王晓瑞、寇用勤的《在人生观教学中把握人生观、世界观与行为教育三位一体化》获一等奖；第七中学教师王玉惠的《试论政治课教学中的感情交流》、宝坻县大口屯高中教师黄连成的《幸福择定，意识重构》获二等奖；民族中学教师王春来的《中学德育工作有效性的思考》及汉沽区第八中学李军的《创设多样性课堂情境，讲好"爱祖国、爱人民"》获三等奖。天津市获奖论文的篇数在这次评选中居全国首位。

1990年4月，又有11篇德育科研论文在天津召开的第二届北方9省市德育工作研讨会上获奖，其中一等奖2篇、二等奖4篇、三等奖5篇。此外，有4篇获特别奖，27篇获优秀论文奖。

(五)千名优秀德育工作者受表彰

1990年，天津市普教系统在10多万教师中广泛开展了"学习优秀教师，关心孩子成长，为学生服务，为家长分忧"的竞赛评比活动。各中小学、幼儿园认真进行了动员，层层开展竞赛评比，涌现出大批在教书育人、管理育人、服务育人等方面成绩突出的优秀德育工作者。在教师节期间，由市教育局、市中小学幼儿园教师奖励基金会共同召开了表彰大会，表彰了市级优秀德育工作者1060名；区级1256名。并分别颁发了荣誉证书及物质奖励。9月8日，市委、市政府又召开了大会，予以表彰。

1990年，市教育局在学生中广泛开展了"学雷锋、学赖宁、见行动"的教育活动，中小学生做好事成风。爱党、爱国、走社会主义道路的信念越来越坚定。有6806名学生被评为市级"三好"学生；有10185人做好事受到社会各方面的表扬；有251名学生品学兼优受到国家教委表彰。有10万名中学生提出入团申请；有809名学生申请入党。学生在校犯罪率由1989年的万分之一点九下降到万分之零点七。天津市在全国31个省、自治区、直辖市及有关单位学赖宁活动总结评比中荣获"全国红旗单位"称号。

二、实施义务教育有新进展

天津市农村地区普及九年制义务教育坚持全面实施，逐年分批实现的方针。1990年，经过检查验收，又有48个乡镇达到普及义务教育的标准。至此，达标的乡镇增加到116个，占全市乡镇总数的52.25%。

天津市政府连续3年把创造实施义务教育的条件列入改善城乡人民生活20件实事之一。1990年向达标的48个乡镇拨发教学仪器设备补助费10万元。从1988年至1990年，3年累计拨款1103万元，使农村办学条件得到了较好的改善。(1)充实了教学设备。按照教学大纲的要求，小学普遍设有自然常识实验室；中学有理、化、生实验室。有些学校还装备了语音、微机、电教等现代化的教学设施，对提高教学质量创造了有利条件。(2)师资队伍的整体素质有了明显的提高。1990年，中小学教师的学历合格率，小学达83.25%；初中达56.55%。(3)学生流失基本上得到了控制。市教育局推行了大学籍管理的办法，以区县为单位，对全体在册学生实行统一编号、建卡、定期验印，对流动学生实行校、乡、区(县)三级层层负责的制度。1990年，小学生流失率降为0.12%，比1989年下降了0.16个百分点；初中学生流失率为2.04%，比1989年下降了0.98个百分点。(4)农村校舍从"一无两有"向"八配套"发展。由平房向楼房化过渡，农村有些学校已建成花园化学校。1990年，危房率下降到1%以下，提前达到国家教委的要求。1990年多方集资达7811.44万元，新建、翻建、大修校舍40.6万平方米，其中改造危房和简易校舍28.4万平方米。新建实验室、阅览室和配套房屋6.4万平方米，建校门189个，筑围墙4.5万延长米，新制和修复课桌椅7.3万余套。(5)教育质量不断提高。小学的入学率、巩固率、毕业率、普及率均保持在99%以上,高于国家规定的考核标准。中学的教育质量也获得了大面积提高,1990年毕业合格率(不含补考数)为87.25%,比"七五"初期提高了22.16个百分点。

实施九年制义务教育,初中是薄弱环节,市教育局从1985年开始,把加强初中建设,治理基础薄弱校列为推行义务教育的重点工作来抓。1985年至1986年确定的98所基础薄弱校,经过综合治理,到1990年底,按照市教育局下发的《天津市市区初中校达标的基本要求》检查验收,全部达到治理标准要求的有75所,实现基本达标的有23所。其中,有14所被评为先进校。到年底,市区治理基础薄弱校的工作已基本完成。至此,全市9个区的294所初中校中,有254所全部达标,占86.4%,40所基本达标。农村有270所初中校达到市颁标准,占农村初中校的50%。

改变基础薄弱校的主要措施是:(1)舍得投资,用于改善办学条件。5年来,拨给基础薄弱校的专用款项达2100万元,改造和新建实验室659个,语音室58个,音乐教室62个,添置计算机1402台。使薄弱校的教学设备全部达到国家教委颁布的一类标准。(2)加强和充实干部、师资力量。到1990年底,共充实校级干部239人;优先分配大专毕业生到校任教1461人,配备骨干教师668人。使市区90%的基础薄弱校干部力量和师资水平都有了较大的加强和提高。(3)改革招生办法,提高生源质量。实行小学毕业生就近入学,使基础薄弱校的生源扩大,学生的质量提高。

到年底,市区有65所基础薄弱校学生毕业率均在90%以上,年巩固率达到98%,优秀率在20%以上。

三、干部师资队伍建设不断加强

加强师资队伍的思想建设。1990年以加强教师队伍思想政治建设为重点,着重组织教师学习党的方针政策,进一步坚定社会主义信念,坚定改革开放的信心,使广大教师更加热爱党,拥护党的领导。继续在中小学教师中进行端正教育思想的教育,使广大教师树立"人人都是德育工作者"的思想,提高教书育人的自觉性。深入开展师德教育,1990年7月,市教育局制订下发了《天津市中小学教师素养规范》,对中小学教师提出坚持四项基本原则,坚持改革开放,反对资产阶级自由化,忠诚人民教育事业,严谨治学等18条要求。各学校认真贯彻执行,收到成效。1990年评选出市级优秀德育工作者1060名;树立和宣传了全国教育系统劳动模范,全国"五一"劳动奖章获得者,市第十九中学化学教师郭雅素等教书育人的4个典型;汇集36位优秀教师先进事迹,出版发行了《教坛风流》;摄制了11名优秀教师专题电视片《耕耘者之歌》;组织优秀教师巡回报告团;命名了83名特级教师。

加强师范教育。对中等师范学生以爱国主义教育为中心,结合学习有关"反对资产阶级自由化"的文件材料,组织"纪念鸦片战争150周年"、"学雷锋"、"学赖宁"等活动,进行思想政治教育。并以教书育人为中心,开展学科领域的德育工作。印发数学学科德育纲要,编写了中师政治课教材《人生与师德》,在部分中师校试用。引导学生深入社会,了解国情,与工农结合,摸索了一条培养农村合格师资的途径。总结出《加强实践环节,培养合格师资》的论文,被全国农村师范学校教改会选用。静海县师范学校在整体性教育教学改革中,试行《新教学方案》,突出抓住实践环节,走向社会,建立学雷锋基地、学农基地和教育实践基地。

教师在职培训。采取脱产、业余、函授、电视卫星教育等多种形式、多层次、多渠道、多规格开办大专班、研究班、专业合格班以及专题培训班,培养在职中小学教师和干部。

1990年，高师本科业余班毕业221人，函授毕业100人；高师专科业余班毕业229人，函授班毕业580人；师大学前教育专科毕业15人；卫星电视毕业生321人取得本科学历，1910人取得专科学历。全市小学教师有5106人经过进修取得合格学历，达标率为90.3%。初中教师和高中教师学历达标率分别为72.7%和61.8%。并有一部分小学和初中教师达到比规定高一级的学历。

随着教师学历达标率的提高，积极推进继续教育。1989年天津市人大发布了《关于专业技术人员继续教育的规定》，市教育学院和市区一些进修学校进行试点。召开现场会，介绍了红桥区教育局和教师进修学校开展继续教育的经验。在此基础上，1990年市教育局制定了《天津市中小学教师继续教育实施办法》。市教育局和各区县教育局都成立了继续教育领导小组，草拟了继续教育管理、考核、发证等方面的规定。许多区县教育局和学校也都建立健全了管理制度。市教育局还成立了继续教育教材建设委员会，完成了继续教育教材纲要和教学计划的编写工作。全市共办中小学教师20个职级、学科的试点班40余个，培训2000余人。天津教育学院首次设置大学后继续教育班，招收大专以上学历或具有中级以上职称的在职中学和干部271名。

充实和稳定教师队伍。1990年，分配大中专毕业生3867人，其中高校本、专科生1437人，中专生2430人，充实到教师队伍。天津市内6个区在1990年出现第二次小学入学高峰，造成小学教师缺编，市教育局经过组织协调，从中学抽调241人到小学任教。为改变农村边远贫困地区师资不足和郊县缺乏音体美等艺术类教师的现象，市教育局会同高教局等单位完成师大、师专在农村定向招生180人和定向保送生12名，招收音体美各师范专业师资945人。1990年天津市普教系统教职工普调一级工资，改善了教师待遇。市教育局与市人事局、财政局联合制定了《天津市农村年老病残民办教师离岗后生活补助费的实施办法》，使2300名民办教师的老有所养问题得到妥善解决。

中小学行政干部的培训工作取得新进展。1990年，市教育局制定了《关于加强中小学校长培训工作的意见》，并成立干部培训领导小组，负责组织全市中小学校长的培训工作。在普遍轮训中小学行政干部的基础上，重点对市区中小学校长进行了第二轮培训。举办了三届中学校长研讨班。7月，制订了《天津市中小学领导干部素养规范》，并开始试行。组织全市90%中小学校长收看卫星电视“中小学校长管理讲座”。各区县按讲座内容结合本区、县实际，组织了校长培训班，受到国家教委有关部门的肯定与表扬。8月，市教育局召开中小学校长培训工作研讨会，进一步推动这一工作。

1990年12月，市召开师资工作会议，讨论制定天津市“八五”期间中小学师资队伍建设规划及关于加强普教系统思想政治工作的意见。全面总结了“七五”期间天津市师资队伍建设的经验和问题。提出“八五”期间天津市师资队伍建设的目标、任务和具体措施。

四、劳动技术教育纳入中学生必修课表

1990年，天津市中小学劳动教育和劳动技术教育已全面开展。3月30日召开了中学劳动技术现场会，交流了经验。会上，规定中学生劳动技术教育课程纳入中学生必修的课表，劳动技术课程的成绩载入中学生的档案，作为中考和高考的参考科目。为此，市教育局制订了两条措施：（1）劳动技术教育正式纳入中学教学计划内，初一年级至高二年级每学年要有2至4周的劳动技术课，高三年级每学年用4周的时间，安排学生到工厂、农村等地进行社会实践活动。（2）劳动技术课的总成绩，作为中考和高考的参考成绩。学生没有此项成绩者，有关部门可取消其参加中考和高考的资格。根据上述精神，各中学全部开设了劳动技术课和社会实践课，有劳动课专用教室325间。95.3%的小学开设了劳动课。为保证中学劳动技术课教学质量，市教育局组织编写了23个专业的劳动技术教育课教材。各中学劳动技术教育的内容包括劳动知识、劳动技能和日常劳动表现三个方面。开设的劳动技术课程有植物栽培、缝纫裁剪、电子技术、工艺制作、装璜美术、中英文打字等近20门。全市已建起300多个劳动基地。农村中小学建劳动技术教育实验田1452亩。和平区、河西区都建立了劳动技术培训中心。河北区截止到1990年11月，已在校内外建起了95个学生劳动基地，各中学每学期分批组织学生到这些基地进行劳动实践锻炼，使劳动技术教学向正规化发展。1990年，全区高中和初中劳动技术课开课率达到100%。通过劳动实践已有8500多名学生初步掌握了一些生产劳动技能。在区教育系统举办的劳动技能比赛中，许多学生成绩优良。

撰稿人　王　挥　刘　津
审稿人　叶文山

高等教育

一、概述

1990年，天津市普通高等教育贯彻“坚持方向、稳定规模、调整结构、深化改革、改善条件、提高质量”的方针，在教学、科研和管理工作中坚持以马克思列宁主义毛泽东思想为指导，培养学生在德、智、体几方面都得到发展。

1990年7月，天津大学石油分校撤消，全市大学分校减至5所。与上年比较，全市高校在校本科生减少1411人；专科生减少354人。在校硕士研究生(含研究生班)减少193人。在校博士研究生增加45人。在校研究生、本科生、专科生的比例为1:10.8:3.3。

1990年全市普通高等学校(含大学分校)招生与上年比较，本科生增加395人；专科生减少615人；硕士研究生(含研究生班)减少38人，博士研究生增加32人。全市共招收委托培养生1328人，自费生370人，干部专修科41人，函授生2264人，夜大学1600人。

1990年，全市普通高等学校(含大学分校)专任教师中，有教授572人(占专任教师总数5.1%)；副教授2662人(占24%)；讲师4926人(占44%)，助教2505人(占22.5%)。

积极开展科学研究和社会服务，为社会主义精神文明和物质文明建设服务。1990年，中共天津市委、市政府提出重点发展外向型经济的战略，市高教局与各高等学校多次进行研究。12月，市政府召开高等学校为天津市发展外向型经济服务工作研讨会，市委、市政府领导同志与高等学校负责人就高等学校在发展外向型经济中的地位和作用、加速培养外向型人才、开展科学研究、科技开发需要解决的政策、信息等问题进行了深入研究。高等学校发挥科技与智力优势支援经济建设。当年，全市普通高等学校及医学院校附属医院，通过多种渠道共拨入研究与发展经费4250万元，较上年增加15%。进行研究课题2118项，新开课题746项。完成“863”高技术课题21项，“七五”国家科技攻关项目179项。出版科技专著210部，发表学术论文4190篇，318项科研成果通过鉴定(其中与其他部门合作58项)，其中经济效益好、学术水平高的315项。高等学校理工农医类科研成果获奖的有64项，其中国家发明奖7项，国家科技进步奖7项，部门科技进步奖30项，省级科技进步奖20项。在天津市自然科学基金项目、21世纪青年科学基金项目、哲学和社会科学“八五”规划课题和社会科学青年基金等项目中，高等学校承担的项目均为全市总数的60%以上。高等学校当年与社会签定技术转让合同224项，成交金额757.7万元，当年实现金额482.2万元，部分科研成果出口。年内天津市已将亏损的柠檬酸厂600余名干部职工和全部厂房设备，整建制划归南开大学化工厂，作为校办企业，成为高等学校为地方社会经济服务的一种新尝试。

改善办学条件。市属高校事业费较上年增加9.8%。市高教局进一步改进“综合定额加专项补助”的经费分配办法，将本专科学生的综合定额标准拉平，优先发展重点学校和效益好的学校，积极扶植条件差的学校，全年共安排1568万元专项补助，使市属5所高校更新取暖锅炉，3所高校翻新食堂，4所学校大修2.2万平方米教学楼。各学校配备了语言实验室，添置了一批微机和电教设备，更新了4000余张学生用床。

列入天津市人民政府改善城乡人民生活20件实事的天津中医学院第一附属医院工程、天津美术学院教工住宅工程、天津师范专科学校杨村分部学生宿舍工程全部完工。年内，高校系统24户人均居住面积低于2.5平方米的特困户的居住条件全部得到改善。市高教局还对高校教工住房情况进行了全面调查，对危漏房屋和未按抗震设防要求加固的校舍情况进行了检查。

对外交流取得进展。1990年，聘请外国专家工作恢复正常。全市普通高等学校共聘请长期外国文教专家和教师86人，短期专家100人。7所学校接收来自45个国家和地区的留学生374人，短期班就学人数恢复到300人。市属高等学校国家公派和地方单位公派各类留学人员104人，派出团组7个，接待外国来访代表团18个共70余人次。

天津市高等教育系统加强了对外宣传工作，邀请外国专家参观天津市工厂和农村，介绍改革开放的形势和成就；市高教局与天津人民广播电台联合举办了第二届外国人说普通话比赛。中共天津市委教育卫生工作委员会和市高教局还召开了近期留学回国中青年教师座谈会，积极创造条件，使学成归来人员更好地发挥作用。

二、加强高等学校党建工作

中共天津市委十分重视并直接部署和领导了天津市高等学校的党建工作，并以党建工作来推进高校各项工作的开展。10月，中共天津市委组织部、市委教育卫生工作委员会和市高教局党组联合召开天津市高校党建工作会议，市委书记谭绍文在会上强调，抓好党的基层组织建设是一项长期的工作方针，要切实摆上重要日程，从高校工作的特点和实际出发，一个问题一个问题地解决，扎实做好工作。要把思想建设放在高校党建的突出位置。会议对高校党建工作进行了部署。

根据会议精神，1990年天津市对18所市属高等学校领导班子进行了调整，同时协助6所国家部委直属高等学校调整了领导班子，共提拔副校级以上领导干部30名，平级交流14名，共占校级干部的56%。同时加强了对校级干部的培训，共协调38名副校级以上干部到中央和市委党校学习，以提高领导干部的理论水平。

在基层党组织的建设中，天津市根据每年抓好三分之一党支部的安排，争取用3至5年时间，把高等学校大多数基层党支部建设成为坚强的战斗堡垒。与此相配合，市高教局狠抓教研室建设，先后邀请300余名教研室主任和教师征求意见和建议，在此基础上开始制定教研室工作条例和评估标准，力求通过教研室工作和党支部工作的有机结合，把党的教育方针真正落实到基层。天津市还健全了高等学校政工机构，聘请了一批马克思主义理论队伍带头人，建立了一支约占高等学校学生总数14%的学生骨干队伍。

三、把德育放在首位，培养学生树立坚定正确的政治方向

市高教局根据《关于加强和改进高等学

校马克思主义理论课教学的意见》，修订了教学大纲。专门设立了高等学校马克思主义理论教学研究基金，以鼓励马克思主义理论课教师开展研究，年内，对第一批课题进行了评审，确定了12项研究课题。同时，进行了哲学、政治学、社会学、新闻学改革试点。南开大学等校在调查研究的基础上，重新明确学科方向，修订专业教学计划。南开大学分校提出了文科教学改革总体方案，当年开始按大科类招生，并实施新的教学计划。市高教局还初步建立了《中国革命史》课程试题库和该课程的评估指标体系，并对部分学校的马克思主义理论课教师进行了培训。

贯彻落实《德育大纲》，发挥德育在培养学生世界观、人生观和共产主义道德情操中的重要作用。开展了高校系统“坚持社会主义道路”和“树立正确人生观”专题教育活动。全市高校从2—3月开始，掀起了学雷锋活动热潮。天津纺织工学院以“学雷锋精神，做四有新人”为主题，开展“春天的奉献”、“我为党旗增光彩”等活动，号召和组织师生从身边到周围，由近及远，扎扎实实做好事。天津财经学院把发扬雷锋精神与双增双节、勤俭治校结合起来，动员师生的主人翁精神为国分忧，勤奋工作和学习。天津师范专科学校“学雷锋、树新风”常抓不懈，形成师生互相关心、助人为乐的风气。天津大学等校的学生在“为什么学雷锋”、“如何学雷锋”的讨论中，对社会和人生进行深入思考，思想深处发生积极变化。在上半年全市性的“学雷锋实践日”和下半年“迎亚运树新风”等活动中，高等学校师生以多种方式向社会展现了良好的形象。

开展多种以育人为目的的校园文化活动。举办了高等学校迎亚运第二届体育节，参加人次超过10万。首次举办了高校系统校园文化大型研讨活动，校园文化活动深入系、班和学生宿舍。

开展学生社会实践活动，将其作为培养社会主义建设合格人才的必要途径，开展了“明国情、向人民群众学习；紧跟党，走正确成长道路”的暑期社会实践活动，组织“天津市大学生迎亚运未来建设者社会实践营”到京津塘高速公路义务劳动，组织学生赴洪湖革命老区考察服务。全市共有3万多名大学生参加了各种义务劳动、社会调查、挂职锻炼、科技服务、专业培训等形式的实践活动。275名社会实践先进个人和41个先进集体受到表彰。

1990年底，对“创三好、争先进”活动中评选出来的先进个人和集体进行了表彰，10人为市级三好学生标兵，169人为市级三好学生，41人为市级优秀学生干部，40个先进集体。

四、继续深化教育改革

(一)优化结构

对机械、计算机、农学等专业，按拓宽专业口径招生，实行学生入学两年，学完基础课后再分专业进行培养，以提高学生对未来工作的适应性。对商品养护、新闻、应用物理、外语小语种等长线专业，严格控制招生数量，采取了少招生、隔年招生、隔三四年招生等办法。对会计、临床医学、师范英语、中文等短线专业，则挖掘学校潜力，增加招生，以满足社会需求。为加速培养边远农村九年制义务教育的合格师资，1990年天津市在部分郊县招收定向到乡师范生180人，并对入学和学习期间的待遇采取一系列优惠政策。

(二)积极进行教学改革

继续进行部分基础课的统测和评估。天津市参加全国大学英语四级考试通过率由上年的46.82%上升到50.09%，南开大学、天津大学四级通过率连续两年超过85%。天津市举办的大学英语二级考试通过率为71.63%，大学英语三级考试通过率为51.15%。6所学校的学生首次参加全国大学俄语四级考试，通过率为51.2%。1990年，天津市首次组织了高等学校工科类专业“高等数学”课程统考，以推动基础课建设，总通过率为82%。

加强考试环节的整顿，带动学风和教风建设。天津大学制定了《天津大学考场规则》、《加强考试工作的若干规定》、《主监考人员注意事项》等文件，重新修订了守则，并从教书育人的高度对教师做好考试工作提出明确要求。针对考风考纪中的问题，天津大学加强了四个方面的工作。一是严格进行考试资格审查，每学期对学生的出勤和完成作业等情况进行多次抽查，凡发现三次无故缺勤、缺交三分之一作业或实验报告等情况，均取消其考试资格；二是加强科学命题，认真评阅试卷，重要的基础课、技术基础课同时出A、B两套试题，以作备用或补考，数学、物理、化学、物理化学、制图、电工技术等课程实行统一阅卷；三是坚持考前清场；四是严明考纪。通过以上措施，提高了考试质量，考场纪律明显好转，考场秩序良好率达97%。天津第二医学院从教育入手，严格制度。1990年开始将全校期中考试集中时间进行，加强了考前教育，组织师生学习关于考试的规定，提高学生遵守考场纪律的自觉性，对违反考试纪律的行为，及时进行严肃处理。天津大学分校把考试改革作为发挥教师的主导作用、促使学生主动学习的重要环节。认真研究了传统笔试存在的弊病，连续三个学期对物理、画法几何等课程实行“口笔结合”考试，高等数学课实行“大题量、分题式”笔试，模具专业课实行抽题口试，机械系专业课采取抽题——编程——上机调试操作的考试方法，等等。这些改革在较大程度上堵塞了考试中的漏洞，促进了教师对大纲、教材和教学法的研究，增加了考试的透明度，锻炼并提高了学生解决实际问题的能力。

体育教学实行课内外一体化。根据高等学校学生的心理、生理特点，重新修订了体育理论课教材，建立了体育课试题库，制定了体育课授课质量评估标准，举办了第一期体育课程建设研讨班，初步解决了体育教学课内外脱节的问题。狠抓了早操和课外锻炼，全市高等学校学生体育锻炼达标率为85%。试办高水平运动队已完成基础性工作，运动成绩逐步提高。在市19届大学生田径运动会上，21人次打破15项全国大学生纪录，17人次打破4项天津市纪录，9人次打破23项市大学生纪录。南开大学女子排球队在全国高校第六届“兴华杯”赛中蝉联冠军，在全国排球甲级队联赛中七战七胜，由甲级C组晋升B组。天津财经学院女子篮球队成为20年来天津市女子篮球队进入全国甲级队的第一支队伍。天津外国语学院女子国际象棋队获得“拼搏杯”国际象棋比赛团体第一名。天津理工学院女子手球队在全国高校手球联赛上获得冠军，并进入全国甲级队。以天津师范大学、天津财经学院为主体的大学生田径队在一些重大比赛中有20名运动员达到运动健将或进入全国田径同类项目前20名行列。南开大学女子排球队、天津财经学院女子篮球队、天津理工学院女子手球队、天津外国语学院女子国际象棋队被授予“天津市大学生优秀运动队”称号，64名学生被授予“天津市大学生优秀运动员”称号，11名教练员受到表彰。

(三)加强师资队伍建设

市高教局将学校定编人数落实到校，学校将总编制层层分解落实到基层各部门。为了对初、中、高级不同层次的教师进行知识更新和中青年教师上岗前的职业培训，提高教师的政治、业务素质，7月市高教局在天津师范大学成立了天津市高等学校师资培训中心。

在教师职务评聘工作中，高等学校创造条件，让一批中青年教师挑重担。南开大学按照按需设岗、依岗定职、严格评审、择优聘任的原则，实行急需优先，保证重点，兼顾一般；质量第一、政治与业务、教学与科研、基础研究与应用研究并重，国内培养与国外培养一视同仁；考虑学科长远发展，采取不限名额、机会均等、公开公平竞争的方法，破格评聘6名45岁以下教授，14名35岁以下副教授。

（四）加强学校管理，优化育人环境

1990年，天津市高教局在全市高等学校中开展了“以育人为中心，创建文明、整洁、有序的育人环境”为重点的治理整顿学生宿舍工作。高教局组织力量调查分析了学生宿舍在思想教育、文化活动、生活管理等方面长期存在的问题，提出“思想工作进宿舍，管理工作上台阶”的工作思路，召开动员大会，组织部分学校进行学生宿舍管理改革试点，推行管理规范化、制度化；发挥校、系两级党团组织和思想政治工作部门的作用，把热爱劳动、勤俭节约、艰苦奋斗、团结互助、集体主义等方面的基础文明教育深入到宿舍中去；发挥和提高学生自我管理、自我教育、自我服务的能力和作用，建立宿舍管理的学生骨干队伍。6月在天津纺织工学院召开了全市高等学校学生宿舍管理工作现场经验交流会。纺织工学院的经验是，以改善思想与舆论环境、治安环境、学习环境、卫生环境、人际关系环境为目标，把学生宿舍工作纳入党委议事日程，各系党政学工部门形成实体，班主任、党员教师深入宿舍做思想工作，聘任一批了解和关心学生、工作认真负责的离退休干部教师和工人担任宿舍管理员以及建立学生骨干队伍。会后，市高教局发布了《天津市高等学校学生宿舍工作条例》和《学生宿舍工作评估指标》，在各学校全面试行。许多学校结合本校实际，健全了管理机构，成立校、系学生宿舍管理部门和学生“三自”委员会，形成较完整的宿舍管理网络。同时，进一步完善卫生、用电、财产、安全等管理规则、奖罚条例以及评比检查办法。市高教局成立了全市高等学校学生宿舍管理研究会，把学校分为5组开展交流和研究，并强化了自查、互查和全市性评估检查的制度。

学生宿舍治理整顿，使学生宿舍工作由单纯的管理和服务向育人转化。天津财经学院、天津商学院、天津轻工业学院、南开大学、天津医学院、天津理工学院等一批学校根据自己的条件，创造出以“浓厚团结友爱氛围”为主题的“最佳宿舍”、“最佳学风宿舍”、“标兵宿舍”、“达标宿舍”等系列评比活动及宿舍文化体育活动等，学生在自我教育、自我管理、自我服务中提高了文明素质和修养。

1990年，天津市高等学校系统开展了财务大检查、办班情况检查、收费情况检查、整顿建设市场、清理整顿物资、整顿验收校办工厂等工作。在双增双节活动中，市高教局重新核定了各学校用水指标，通过完善管理、更新设备，推广节能技术等手段，使月用水量较上年下降30%左右。

撰稿人　刘　毅
审稿人　金永清

全日制中等专业教育

1990年，新建了天津市农业银行学校，使全市中专学校（不含中等师范学校，下同）增至62所。与1989年比较，在校生增加906人，毕业生增加1443人；教职工增加243人，其中专职教师增加87人；校舍增加4.25万平方米。

1990年，天津市全日制中等专业教育的工作重点是继续深化改革，提高质量、提高效益。

一、坚持把德育放在首位，加强思想政治教育

1990年，天津市全日制中等专业学校深入贯彻《中专德育纲要》、《中专学生日常行为准则》、《中专学校学生德育考核办法》等文件，德育向深层次发展，并总结推广了第一轻工业学校全方位开展思想政治工作，冶金机电学校加强师资队伍思想建设，园林学校抓典型、典型引路，化工学校对学生全面管理，无线电机械学校的军训工作，护士学校的劳动实践与医德教育，以及建材工业学校丰富多彩的校园文化建设等经验，推动了中专学校教书育人、管理育人、服务育人的不断深入。

对中专学校师生进行了国际形势教育、坚持社会主义道路和树立正确人生观的教育。召开了三次政治课教学经验交流会，两次对全体政治教师进行培训辅导。还在全市中专学校进行了“学哲学，讲国情”知识竞赛；开展了学习雷锋，3万名中专生走出校门义务为社会作贡献活动；组织了学习教书育人先进典型的活动；首次开展了市级优秀学生评选活动，评选出市级优秀学生265名、优秀学生标兵10名；举办了天津市第11届中专田径运动会。还出版了天津市中专学校体育课教材。这些活动，丰富了中专学校思想政治工作的内容，促使德育工作逐步深化。

二、教育教学领域的改革

1990年，天津市中专学校多规格、多层次、多形式培养人才的办学体制初步形成。不少学校既招收应届初、高中毕业生，又招收在职干部和职工；办学形式既以普通全日制教育为主，又积极开展了全脱产、半脱产、业余、函授、自学考试等多种形式的教育；在培养规格上，既坚持中专学历教育为主，又举办了岗位培训、短期进修、专题讲座等非学历教育。对招生制度进行了改革，扩大了委托代培、定向培养的数量，并试行自费生、收费生制度。1990年底，全市中专在校生中，有干部中专班56人、职工中专班2070人、农民中专班72人、走读生4443人。此外，还有招收干部、职工、农民的进修班、短训班、函授班学员2170人。

1990年，对中专学校的专业再次进行了调整。新增了供热与空气调节、外贸经济、针灸等12个专业，使全市中专学校设置专业总数达214个，基本形成了以工科为主体，包括财经、政法、医药、农林、文艺、体育等科类的中专教育体系。

一年来，有48所学校开设了以工农业生产为主要内容的劳动课，占全市中专学校总数的77.4%；有60所学校开展了军训，占96.8%。

1990年，天津市中专学校继续进行了调整工科教学计划、加强实践性教学环节等七个方面的改革试点。橡胶工业学校正在进行“二、一、一”教学体制改革试点，即学生两年在校内学习基本理论，一年到校外实习基地进行专业技能训练，一年回校进行专业知识讲授、毕业设计及答辩。铁路工程学校正在进行教学、生产实践、技术服务三结合新体制的试点。

撰稿人　于全和

审稿人　缪礼寅

成人教育

一、概况

1990年，中共天津市委、市政府、市人大、市政协和市顾委等领导人关心和重视成人教育，对成人教育工作做过多次批示或指示，并亲自考察职工教育；市人大常委会两次听取成人教育工作报告，并于12月19日通过了《天津市职工教育条例》；市政协专门听取过成人教育工作汇报。对成人教育的改革和发展，起到了有力的作用。

1990年，天津市成人教育根据全市的“一切着眼于稳定”、“变困难为机遇”的工作中心，积极主动地为经济建设服务。围绕进一步治理整顿和深化改革，加强思想政治工作，提高教育质量和办学效益，促进经济的发展和社会主义精神文明建设等，开展各种形式的成人教育。

全市73个系统(部门)167万名工人中，参加各种学习和培训的有44.8万人；在57.6万名干部中，参加各种学习和培训的有19.6万人。

成人高等学校在校学员中，有学历班25942人、专业证书班20365人、其他31007人。成人中等专业学校在校学员中，有学历班22062人、专业证书班6138人、其他8774人。

1990年，高等教育自学考试，共开考了25个专业的206门课程，有35921人参加了74186科次的考试。单科合格率为44.5%。全年共有2057人获得大学专科毕业证书，128人获得大学本科毕业证书，201人取得专业证书。有10名残疾人考生荣获中国残疾人福利基金会“残疾人自学成才奖”。

一年来，天津市对社会力量办学进一步扶持和鼓励。制订和发布了社会力量办学、教学、财务、收费标准、颁发结业证、刊播张贴招生广告、评估等一系列规定，停办了教育质量差或以赢利为目的的几十所学校。至1990年底，全市共有社会力量举办的学校282所，比1989年增加48所。全年招生11.2万人，结业17.5万人。

1990年，天津市农村成人教育三级办学网络基本建成，培训面不断扩大。郊区(县)成人中等专业学校增加5所，乡镇成人文化技术学校增加7所，村(厂)业余学校(班)增加550所。全年农村参加学习和培训的达66.49万人。

天津市成人教育师资队伍得到了加强。1990年，全市成人学校专职教师中，有高级职称的691人；有兼职教师6255人。

二、加强成人学校思想政治教育

1990年，天津市先后召开了成人高等学校、成人中等专业学校思想政治工作会议，交流了成人学校开展思想政治教育的验经，研究制订了加强和改进成人学校思想政治工作的意见。

一年来，天津市成人学校在全体教职工和学员中，进行了坚持社会主义道路和树立正确人生观的专题教育。组织市管理干部学院、新华职工大学等校教师，编写了《只有社会主义才能救中国》、《社会主义道路是振兴中华的必由之路》、《改革开放必须坚持社会主义方向》、《社会主义事业必须坚持共产党的领导》等9讲辅导材料，促进了专题教育的不断深入。

同时，把德育贯彻到教学领域中，增强了政治基础理论课、讲座等，有的放矢地进行了四项基本原则教育，社会主义、爱国主义教育，民主、纪律、法制教育，职业道德教育以及独立自主、艰苦奋斗教育，努力培养社会主义“四有”新人。

三、企业教育综合改革实验

1989年，天津市轧钢三厂、石化公司、通信广播公司、公用局、静海油脂厂、八一面粉厂、天津碱厂和大港发电厂，被批准为全国企业教育综合改革实验单位。这8个单位及其主管委、局，经过组织培训、反复研讨和论证，于1990年5月，相继制定出教育综合改革的初步方案，并把教育改革纳入企业深化改革的总体规划。经过半年多的实践，已取得了显著进展和初步成效。1990年10月，在国家教委举办的企业教育综合改革实验讲习班上，天津市作了“面向经济，服务经济，认真抓好企业教育综合改革实验”的经验介绍。

(一)建立改革实验的组织

各实验单位理顺了关系，健全了管理体制。石化公司建立了统管职前、职后教育的教育委员会，并健全了三级办学网络。通信广播公司恢复了职工教育委员会。八一面粉厂建立了以厂长为首的领导小组，各业务部门和车间也建立了相应机构，并设置了培训员。轧钢三厂、天津碱厂等单位还在厂职代会内专门设立了教育综合改革监督小组。

(二)加强改革实验的基础性工作

各实验单位普遍对职工队伍的工种、文化、技术和思想状况进行了全面的调查和分析，对企业近期和长期发展战略进行了认真研究和论证，对人才需求进行了预测。在此基础上，石化公司建立和完善了继续工程教育、岗位培训、学历教育及经费使用等10项管理制度，并对先培训后上岗、实现育人用人一体化做出了明确规定，还编写了39个工种600万字的工人培训教材。天津碱厂编写出5000多项100万字的工作标准化材料。大港发电厂编写了11类19册54万字的培训教材，并整理出150多万字的技术培训资料。市公用局在所属第二煤制气厂、自来水公司等单位的54个关键岗位，实行了持证上岗制度。

此外，各实验单位普遍增加了教育投入，改善了办学条件。石化公司建立了9个技能训练基地。天津碱厂将企业留利的2～3％作为新增教学设备的专项基金，并集资4.7万元作为教育奖励基金。

（三）确定改革实验的内容和目标

各实验单位在改革内容上突出了“综合性”，做到了人事、劳动、教育、财务部门统筹，职前与职后，培训、考核与使用一体化，把改革分配制度、用人制度作为突破口，做到政治、文化、技术教育一起抓，全面改变企业育人、用人环境。

在改革的目标上，各单位坚持高标准。大港发电厂提出：1991年运行集控主岗人员全部达到大专水平，1995年中层技术干部全部达到大专水平，使机组运行达到每值9人的世界先进水平。轧钢三厂建立了经常性的工人升级考核制度，每年择优升级。石化公司从1991年起，实行先培训后上岗制度，对职工择优定岗，量才使用。天津碱厂已对54个关键工种135个岗位5000多名技术工人进行了培训考核。

四、职工培训

1989年下半年以来，天津市部分企业遇到了生产任务不足的困难。中共天津市委、市政府决定，将开展职工培训作为企业走出困境的七项措施之一。1990年1月4日～6日，市人大7名副主任、2名秘书长和20多名常务委员，分四路视察了机械、电子等行业22个单位的职工教育。同时，市委还将“关于搞好职工培训，提高职工素质问题的研究”，列入1990年重点调研课题。市第二教育局编印了《天津市职工教育经验汇编》，并对37个区、局的510个岗位规范及岗位目录进行了汇总和通报。

1990年5月28日，天津市委、市政府召开了企业职工培训经验交流会。市公用局、东亚毛纺厂、大港发电厂、迅达摩托车公司、粮油食品厂、轧钢三厂、肉联厂介绍了经验。国家教委副主任王明达到会并讲了话，市委书记谭绍文作了题为《把职工培训作为重要战略措施抓好》的报告。这次会议，进一步推动了职工培训的深入发展。

（一）突出干部岗位培训

1990年，天津市岗位培训突出了领导干部的岗位培训。到年底，全市大中型企业领导干部参加厂长（经理）、党委书记、三总师岗位培训的达1097人，占应培训对象总数的33.13％；中小型企业领导干部参加培训的1089人，占33.44％。同时，对企业车间主任、主要管理科室负责人开展了规范化岗位培训。仅经委系统就培训了4000余人。

全市已有1.9万名党政干部参加了岗位培训，其中局级干部200多人、处级干部4000多人。一年来，举办了区（县）党委组织部长、乡（镇）长（党委书记）岗位培训班，有144人取得了合格证书；开办了领导管理决策培训班，有770人取得了合格证书。

（二）加强工人岗位培训

在对14个工种近500人进行高级工培训试点的基础上，1990年天津市开展了技师和高级技师的评聘试点。全年，天津市有20万名青年工人参加了岗位练兵、比武活动。并在京、津、沪三市和团中央、全国总工会等部门联合举办的全国青工技术大赛上，取得了好成绩。此外，还在全市职工特别是青年职工中，开展了“双基”(基本国情、基本路线)教育，有22万人参加，占应参加人数的30%。

(三)开展停产、半停产企业的职工培训

1. 分期分批对停产、半停产企业职工进行政治、技术轮训和系统的文化基础教育。天津迅达摩托车公司组织一线职工分期参加全脱产轮训。他们以分厂为单位编班，由分厂书记、厂长任班主任，并成立了临时党、团组织。轮训班开设“政治时事”、“全面质量管理”、“班组建设”、“摩托车基础知识”等课程，每期两个月。市建材系统针对84.1%的企业停产、半停产和职工文化水平低(初中占51.4%、小学毕业以下占13.7%)的实际情况，开办了初、高中文化班。

2. 利用生产淡季，集中进行各类人员的系统培训。市政工程局积极开展“冬训”，17个业务系统开办了36种培训班，对广大职工进行了开工前必备知识和技能的系统培训。市建筑工程局利用冬闲时间，对职工开展了一岗多能、多面手的培训。

3. 适应企业转产、职工转岗的需要，对职工进行岗前培训。东亚毛纺厂职工培训率达98.7%，人均培训114.6课时。通过培训，组成了以销售为“龙头”的销售、原料、采购、新产品开发、多种经营、节约挖潜6支队伍，研制投产了5个新品种20多个新花样的产品，扭转了生产大幅度滑坡的局面，创一次定货会成交6万件毛衣的纪录。

4. 在生产间隙，进行急需的短期培训。一些企业编写出“章回”式教材，采取“零存整取”的形式，分段进行累积式教学。天津印刷厂实行“二部制”，每天半天生产、半天培训。人民制药厂的教学人员深入车间，按生产流程对不同工序人员，视生产任务插缝办班，实行“运动式”教学。石英钟厂在意外停工时，由车间技术员对职工进行即时的岗位业务技术培训。

天津市各级各类成人学校，积极主动为企业职工培训提供服务。一是根据企业实际和生产需要灵活办班。二是对经济效益不好的企业缓、减、免收学费。全年减收、免收学费30多万元，缓收学费60多万元。三是送教上门，义务办学。四是无偿提供师资、场地，把企业职工请进来培训。五是发挥成人学校的智力优势，扶持困难企业。1990年，全市成人学校为企业开办培训班数百个，培训学员7000多人。

五、成人中等教育

1990年，天津市成人中等教育深化改革，取得了新的成效。

(一)成人高中

市第二教育局进一步加强了职工高中的管理。对全市职工高中班逐一进行了审查，调整了教学计划，严格了入学条件，改革了统考办法，制定了各科教学大纲的使用意见，并建立了6734名学员的学籍管理手续。全年举行了两次统考，有34996人(其中自学考生6778人)参加，共及格37895科次。严格了发证制度，全年验发毕业证书7038份，单科结业证书13875张。

1990年，天津市还进行了成人职业高中办班的试点。市冶金局、市政工程局、市供销总社分别举办了不同类型的试点班，把岗位培训与职工高中结合起来，学习职工高中课程和岗位必备的专业知识。

(二)成人中等专业学校

深化成人中等专业教育的改革。

1. 在工科、文科专业教学改革试点的基础上，将21个专业归类合并为14个专业。重新确定了这些专业的培养目标，并根据成人、在职、定向教育的特点，制定了新的教学计划和教学纲要，组织编写了重点学科的教材。还增设了家电维修、电磁电热计量、建筑装饰材料、地铁运输、邮政金融等10多个专业。

2.在规模、条件、管理较好的成人中等专业学校试行了单科累积制。实行这种教育教学管理制度，缓解了工学矛盾，方便了职工学习，增强了办学活力。1990年底，全市这类学员已有7000余人。

3.成人中等专业教育与岗位培训、职称评聘培训进一步紧密结合。建筑施工与管理、市政施工管理、房地产管理等专业试办专业证书教育与岗位培训同步进行的"双证班"，已培训3000多人。家用电器维修、汽车运用与修理等专业试办毕业证书教育与岗位培训同步进行的"双证班"，已培训200多人。机械制造、化工、财会、企业管理等10多个专业试办单科证书教育与岗位培训、职称评聘资格培训同步进行的"三证班"，已培训1000余人。

4.14所职工中等专业学校的21个专业，举办普通中专班，招收应届初中毕业生1100多人，开展初中后职业技术教育。

5.市广播电视中等专业学校开设了14个专业。试行了预科生制度，保证了新生质量。为满足乡镇企业培训会计统计人员的需要，有针对性地调整了教学计划，修改了音像教材，提高了教学质量和办学效益。

同时，天津市进一步加强了成人中等专业教育的广播电视、面授、自学考试三种形式的沟通和联合，已在部分专业统一了教学计划、大纲和教材。三种形式发挥各自优势，学科成绩相互承认，允许学员借读、转修，提高了整体办学效益。既方便了学员，又有利于教学适应行业特点。

六、农村成人教育

1990年，天津市农村成人教育以郊区（县）成人中等专业学校（以下简称成人中专学校）为"龙头"，乡（镇）成人文化技术学校为重点，村（厂）业余学校（班）为基础的三级办学网络基本建成。

（一）郊区（县）成人中专学校

1990年，北郊区、南郊区、武清县、宝坻县、宁河县各新建成人中专学校1所，使全市农村成人中专学校增至9所。到1990年底，这类学校在校学员比1989年（下同）增长2倍；其中全科学员增长1.9倍。专职教师增长90.4%。校舍增长1.4倍。

天津在成人中专学校农村成人教育中，起到了"龙头"作用。一是开设本郊区（县）急需的专业，积极为当地经济建设服务。二是广开学路，大胆探索"辐射"办学的路子。静海县成人中专学校在县纺织厂设点办班，招收机械、纺织工程专业和机械专修班学员100多人，实行了学校组织教学、工厂管理实习的"双向管理"。三是为乡、村办学培训师资和提供教学资料。

天津农村培养成人中专人才，坚持"两条腿"走路，实行面授、广播电视教学、自学考试相结合。市农业广播电视学校开设农学、林果、蔬菜等7个专业，招生1395人，毕业481人，1990年底在校生达2086人。市广播电视中专，为乡镇企业开设会计统计专业，招生4430人，占该校全年招生总数的83.5%。1990年，全市农村有732人参加中等师范、幼儿师范等10个专业的中专教育自学考试。

（二）乡（镇）成人文化技术学校

1990年，全市办学的乡（镇）221个，占乡（镇）总数的99.1%；培训学员378335人，占农村学员总数的56.9%。其中，218所成人文化技术学校培训学员217576人，占乡（镇）培训学员总数的57.5%。

乡（镇）成人文化技术学校在改革中逐步完善。1990年，有专用校舍的已达183所，比1989年增加9所；校舍面积36695平方米，增长10%。一年来，加强了乡（镇）成人文化技术学校的科学化、规范化、制度化建设，已建成一类校12所。宁河县苗庄乡成人文化技术学校坚持教学、试验、推广相结合的教学法，推广10项新技术，促进了农业生产的发展。1990年，全乡粮食总产达1366万公斤，比1989

年增长6.2%；平均亩产420公斤，增长32.5%。

（三）村（厂）业余学校

1990年，全市办学的村2586个，占村总数的66.8%；培训学员279278人。村业余学校的特点，一是主要举办周期短、实用性强的技术班。已结业的191130人中，村业余学校培养的占51.4%。二是厂办学占相当比重。村业余学校为第二产业培训的89593人中，工厂直接培训的占83.4%。

1990年，天津农村扫盲成绩显著。到1991年初，天津农村15～45周岁的24098名文盲中，已有18471人脱盲，使青壮年文盲率下降为0.016%。全市12个郊区、县全部成为“完成扫除青壮年文盲任务区县”。

七、成人高等教育

1990年，天津市成人高等学校继续进行调整和深化改革。对广播电视大学工作站，开始检查验收。对成人高等学校的专业进行了调整，撤消了部分重复和老化的专业，新增了审计、城市燃气热能供应工程、西方会计、经营销售、外向型企业管理等专业。1990年底，天津市成人高等学校共有专业194个，比1989年增加28个。

全市有39所成人高等学校的133个专业，试行专业证书教育，共有学员24763人。同时，结合职称评定培训，经委系统的12所成人高等学校举办了单科及格证书教育，共招收学员9286人，已颁发单科及格证书15178张。

1990年，天津市继续在7所成人高等学校的11个专业进行高等职业技术教育的实验。继续在14所成人高等学校的22个专业实行招收应届高中毕业生的高等职业技术教育。其教学计划分为知识教学和实践教学两部分。专业知识教学时数，文史类为1600学时以上，理工类为1800学时以上；理论基础课、专业基础课、专业课的课时比例一般为3：4：3。实践教学包括实验、认识实习、模拟上岗实习等，共800学时以上。成人高等职业技术教育，强化了学员职业思想、职业道德和动手能力，缩短了毕业学员上岗适应过程，深受企业欢迎。

1990年5月29日～30日，天津市召开了高等职业技术教育总结暨经验交流会。北京市成人教育局、上海市高教局、黑龙江省教委、沈阳市教委有关领导应邀出席了会议。国家教委副主任王明达到会讲话，认为天津市试办高等职业技术教育的经验，给全国的职工大学的改革指明了方向。

撰稿人　于全和　任长元
蒋占和　张长海
和　锋　张恩录
杨春山　胡振裕
刘亚先
审稿人　缪礼寅　赵宝琪
刘贵顺

河北省教育

概　况

1990年各级普通学校基本情况

工读、特殊教育学校单位：人
其他学校单位：万人

学校类别	学校数（所）	毕业生数	招生数	在校学生数	教职工数 计	教职工数 其中：教师
一、普通高等学校	51	2.28	2.38	7.60	3.53	1.36
研究生		285(人)	226(人)	698(人)		
本科		1.04	1.06	4.40		
专科		1.24	1.32	3.20		
二、普通中等学校	6072	72.81	79.33	231.04	24	17.95
1.中等专业学校	306	3.13	3.55	10.76	2.46	1.22
中等技术学校	131	1.73	2.20	7.08	1.77	0.84
中等师范学校	175	1.40	1.35	3.68	0.69	0.38
2.普通中学	5403	65.70	75.78	207.60	19.86	15.60
高中	658	10.54	10.81	31.24		2.56
初中	4745	55.16	64.97	176.36		13.04
3.农业、职业中学	362	3.98		12.67	1.66	1.13
高中	274	3.15		9.80		0.22
初中	88	0.83		2.87		0.91
4.工读学校	1			4		
三、小学	48568	82.56	125.32	705.48	29.04	26.99
四、特殊教育学校	17	95	503	1894	467	353
五、幼儿园	2031			125.23	5.04	3.96

1990年各级成人学校基本情况

单位：万人

学校类别	学校数（所）	毕业生数	招生数	在校学生数	教职工数	
					计	其中：教师
一、成人高等学校	52	1.83	1.54	5.87	1.06	0.42
广播电视大学	1	0.44	0.55	2.13	0.10	0.04
职工高等学校	25	0.24	0.18	0.59	0.37	0.16
农民高等学校						
管理干部学院	10	0.22	0.10	0.27	0.36	0.10
教育学院	16	0.61	0.36	1.34	0.23	0.12
独立函授学院						
普通高校举办						
函授部		0.25	0.25	1.11		
夜大学		0.07	0.10	0.43		
干部专修科						
二、成人中等学校	5558	246.62	209.07	172.02	2.3	1.21
1.成人中等专业学校	344	2.87	3.90	9.21	0.81	0.50
广播电视中专	5	1.36	1.37	2.72	0.10	0.10
干部中专	7	0.06	0.03	0.09	0.05	0.11
职工中专	51	0.35	0.34	0.77	0.21	0.03
农民中专	123	0.07	0.12	0.31	0.06	0.03
教师进修学校	158	1.03	2.04	5.32	0.39	0.23
2.成人中学	353	3.69	5.38	5.93	0.18	0.12
职工中学	230	1.01	1.39	1.86	0.15	0.11
农民中学	123	2.68	3.99	4.07	0.03	0.01
3.成人技术培训学校	4860	240.06	199.79	156.88	1.30	0.59
职工技术培训学校	1680	32.91	36.52	25.43	0.45	0.23
农民技术培训学校	3180	207.15	163.27	131.45	0.85	0.36
三、成人初等学校	35290	282.80	270.44	261.97	2.60	0.51
1.职工初等学校	716	7.80	5.78	5.06	0.11	0.02
2.农民初等学校	34574	275.00	264.66	256.91	2.49	0.49
其中：扫盲班	9950	28.63	24.12	28.35	0.11	0.01

1990年，河北省各级各类教育事业发展的指导思想是：在党的十三届四中、五中全会精神指导下，认真贯彻落实治理整顿、深化改革的总方针；坚持教育的社会主义方向，全面贯彻执行党的教育方针，把加强党对学校工作的领导和强化政治思想教育放在首位。根据全省经济建设和社会发展的需求，继续深化高等教育改革，努力提高教育质量；深入进行农村教育综合改革实验，巩固发展职业技术教育；加强包括幼儿教育、特殊教育在内的基础教育，进一步提高九年制义务教育的普及程度；整顿提高各级各类成人教育，实施“燎原计划”，注重办学社会效益。使教育为全省各条战线培养、输送德、智、体全面发展的合格人才。

1990年是国民经济发展第七个五年计划

的最后一年，与1989年和“六五计划”(1985年)相比较，高等教育办学规模有所控制，全省普通高等学校与1989年相比无增减，较1985年增加4所。在校研究生比1989年减少58人，下降7.07%，较1985年增加105人，增长17.10%。本、专科在校生比1989年增加967人，增长1.29%，较1985年增加17774人，增长30.52%。全省中等专业学校，比1989年增加1所，较1985年增加12所，在校生比1989年增加4859人，增长4.73%，较1985年增加3459人，增长47.3%。全省普通高中比1989年减少34所，较1985年减少94所，在校生比1989年增加140人，增长0.04%，较1985年减少1.78万人，下降5.3%。农职业中学比1989年减少6所，较1985年减少20所，在校生比1989年增加3047人，增长2.46%，较1985年减少9265人，下降6.8%。1990年包括中专、中技、农职业中学在内的中等职业技术学校招生人数占高中阶段招生总人数的48.33%；在校生占高中阶段在校生总数的46.77%，比1989年增加1.63个百分点，较1985年增加11.67个百分点。

基础教育得到加强，进一步提高了义务教育普及的程度。1990年全省幼教在园(班)幼儿比1989年增加7.53万人，增长6.4%，其中城乡小学附设的学前班在班幼儿107.45万人。全省小学在校生比1989年增加28.32万人，增长4.18%。初中在校生比1989年减少880人，下降0.22%。全省九年制义务教育普及的程度是：7～11岁适龄儿童入学率99.3%，比1989年提高0.11个百分点，在校小学生年巩固率98.39%，比1989年提高0.39个百分点，小学毕业生升入初中达79.9%。从1986年开始，经省政府逐年检查验收，到1990年全省180个区、县(含县级市)全部达到普及初等教育的标准，完成了在80年代普及初等教育的任务。

随着教育事业的发展，1990年全省教育基本建设投资有所增加。全年预算内基建投资3382万元(其中高教直属项目2362万元，补助地方教育基建投资1020万元)；1990年国家教委补助的预算内基建投资975万元；省财政和国家教委补助高校教职工住房基建540万元。上述共计基建投资4897万元，较1989年增加215万元，增长4.6%。截止1990年底，高教直属院校基建计划全部按时完成，施工面积12万余平方米，竣工7万余平方米。1990年，全省用于改善中小学办学条件的总投资达8.09亿元，创历史最高纪录，修建校舍442.6万平方米，比1989年增长20%。

基础教育

一、发展幼儿教育

1989年，国家教委发布了《幼儿园工作规程(试行)》和《幼儿园管理条例》。为落实这两个法规，河北省教委于1990年4、5月份对滦平、兴隆、青县、沧县、任丘、南皮6个县(市)的75个村、450名幼儿、450名家长、337名幼儿教师进行了抽样调查；同年6月，又调查了张家口、唐山两市城市幼儿园办学情况。结合全省幼教工作实际，1990年6月25日，省教委、卫生厅、总工会、省妇联等6单位联合制发了《河北省贯彻〈幼儿园管理条例〉和〈幼儿园工作规程(试行)〉实施办法》(以下简称《办法》)。《办法》确定了“从实际出发，在国家办园的同时，坚持动员和依靠社会力量，采取多渠道、多形式发展幼教事业的方针”。并对幼儿园(班)登记备案、师资考聘、办园条件、领导职责、保育与教育等问题做了明确规定。省教委还选择保定市和新城县、涿州市分别为城镇和农村落实两个法规的试点市(县)，保定市重点试行《幼儿园工作规程》，其它两县(市)则重点试行《幼儿园管理条例》。1990年11月，省教委在保定市召开了全省幼教现场会，观摩、交流了贯彻两个法规的经验、做法，幼教工作逐步走上依法治教的轨道。

自1988年4月开始，省教委与中央教育科学研究所合作，在青县、沧县、南皮、滦平、兴隆6个县(市)进行了农村幼教整体改革实验。这项实验研究得到荷兰伯纳德·范·列尔基金会(Bernard Van Leer Foundation)资助。目的是通过经济条件不同的6个县(市)，建立直接面向农村，适合农村特点的幼儿教育体系，探索一条迅速有效地提高我国农村幼儿教育质量和幼儿素质的途径。该项实验历时3年，已初见成效：(1)办园(班)形式向多样化转变，因地制宜建立不同形式的园(班)。人口集中的乡村建立单式学前幼儿班；乡(镇)所在地建立中心幼儿园；人口分散的山村建与当地小学低年级复式班混合的幼儿班，达不到建园(班)的小自然村建立幼教巡回辅导站、活动站。(2)实验县(市)配备县、乡两级专职或兼职幼教干部1～2名(也称幼教辅导员)，与省、地(市)教育部门幼教专管机构配套，形成省、地(市)、县、乡四级幼教视导网络。(3)提倡、推广利用当地自然材料，自制幼儿教具。(4)培养适合农村特点的幼儿师资。1990年6月，河北省就该项实验研究成果在全国第四届幼教研究会年会上做了介绍。同年10月，在新加坡召开的亚太地区"无幸福儿童"研究会上展出了实验成果，受到各与会国代表好评。该项实验还在继续进行，取得的经验已开始在河北省及其他省、市推广。

二、实施九年制义务教育

(一)开展《义务教育法》宣传月活动

从1989年起，河北省委、省政府确定每年4月为《义务教育法》宣传月。为搞好1990年宣传月活动，各级政府领导发表了电视讲话，或召开广播大会；采取入户宣传、街头演出、集市咨询、知识竞赛、开辟电视专题节目等形式广泛宣传。1990年宣传月活动的突出特点是：(1)宣传教育要坚持社会主义办学方向，把德育放在学校工作的首位；(2)宣传"人民教育人民办，办好教育为人民"，动员全社会关心教育、支持教育；(3)宣传依法保护儿童接受义务教育的权利，明确地方领导、家庭、学校各自的责任和义务。宣传月活动使领导、群众提高了知法、懂法、守法的自觉性，收到了明显效果，仅张家口、邢台等5个地(市)统计，在宣传月中就有4257名流失生返校学习，清退童工787名。

(二)继续改善办学条件

1990年3月，省政府召开全省中小学改善办学条件暨捐资助学表彰大会。9月，省教委组织人员对11个县(市)进行义务教育必备办学条件的检查验收。两项活动促进了中小学办学条件进一步改善。全省1990年新建修缮中小学校舍442.6万平方米，新购教学仪器196.4万件(台)，文体器材76.9万件，图书资料847.4万册，分别是1989年的1.2倍、2.1倍、2.5倍和1.7倍。在改善办学条件中，群众集资、捐资是主要经费来源，涌现出许多新的捐资助学先进人物。如涉县女农民企业家刘金鱼，投资24万元为家乡新建一所初级中学，原来需要到外村上初中的小学毕业生全部升了初中，普及了九年制义务教育。1988年，省教委发布了《义务教育必备办学条件标准》，经检查验收，1988年全省有61个县(市)达到义务教育小学阶段必备办学条件的标准。1990年又有18个县(市)和707个乡(镇)达标，共计79个县(市)和707个乡(镇)。其中，有8个县(市)和255个乡(镇)达到了义务教育初中阶段的标准。从人口覆盖面看，达到小学必备办学条件标准地区的人口占全省总人口的20%，达到初中办学条件标准地区的人口占8.79%；达标乡(镇)与全省乡(镇)总数所占比例，小学阶段为27.7%，初中阶段为11.8%。

在改善中小学办学条件工作中，河北省提倡、重视自制教具活动。1990年两次举办全省小学自制教具培训班，并在保定召开自制教具现场会。据统计1990年全省中小学各科自制教具 18.7 万件，相当于1979～1989年自制教具的总和。

（三）改革教学，提高质量

1990年11月，省教委在唐山市召开了全省中小学教学工作会议，制发了《关于加强中小学教学工作的意见》等 4 个文件，强调强化中小学德育教育，进一步纠正一些学校片面追求升学率的错误倾向，要求全面贯彻党的教育方针，努力提高中小学教育质量，培养合格人材。8 月，省教育学会、省教育科学研究所联合举办了全省中小学优秀教学成果评奖活动，评选出一等奖 5 项，二等奖14项，三等奖13项和鼓励奖 6 项。在抓教学质量中，省、地（市）、县教育部门领导和教研人员，深入教学第一线，指导教学，改革教学方法，推广先进经验。省教科所的教研人员深入到中小学听课400余节，举办各学科教研活动达95次。

在教材建设上，河北省承担了国家教委委托编写九年制义务教育小学复式教学教材的任务，其中，《语文》、《数学》、《生活与科学》三学科第一册已编印出书，并开始在省内部分学校试用。与此同时，修订了河北省历史、地理乡土教材，制定了《河北省普通高中毕业会考实施方案》，为1992年开始实行高中会考制度做了必要的准备工作。

（四）加强中小学教师队伍建设

1990年，河北省培训中小学师资的主要工作是：（1）在调查了解在职中小学教师对学习的要求和意向的基础上，制定了《河北省中小学教师继续教育的意见》。（2）7 月在青县召开卫星电视中师培训现场会。（3）利用世界银行贷款选派外语教师出国进修，举办中学英语师资强化训练班。（4）进行1990年中小学教师《专业合格证书》考试。全省幼教及中小学专任教师学历达标情况如下表：

项目 \ 年级	幼教	小学	初中	高中
专任教师学历达标人数	中师、高中毕业及以上 24.44 万人	中师、高中毕业及以上 21.32 万人	大专毕业及以上 4.70 万人	本科毕业及以上 0.95 万人
学历达标占 %	59.43%	79.01%	36.06%	37.3%
与 1989 年相比%	+1.8%	+2.35%	+4.80%	+2.36%

河北省自1981年起，为解决民办教师转正问题，县县办起了中等师范学校。1990年，根据实际需求预测，省政府责成省编委、教委进行调查，经与各方面商议，拟撤消停办 102 所，保留41所，此方案待省政府批准后实施。

（五）控制中小学生流失

1990 年，省教委在任丘、望都、尚义三个经济状况不同的县（市），对中小学在校生流失问题进行调查。调查结果表明：小学、初中、高中流失率分别为0.4%、2.75%、0.3%。流失的特点：女生高于男生；初中高于小学和高中；农村高于城市；超龄生高于适龄生。流失生去向：乡（镇）或个体企业做工，以初中生居多；回家务农或辅助性劳动，以贫困地区女学生居多；参军，以城市初中生居多。

为控制在校中小学生流失，河北省采取了相应措施：（1）不少地、市规定，凡流失生严重的县、乡、村不能评为文明单位，其领导干部不能评为先进工作者。（2）逐级建立流失生报告制度。（3）加强学校管理，完善学籍管理制度。（4）清查。制止学校乱收费。此外推广了康保、尚义两县建立基础教育档案资料，适当调整学校布局，灵活多样办学，加强师资培训等，减少在校生流失的经验和做法，收到了一定效果。与1989年相比，1990年小学、初中、高中在校生流失率分别下降了5.1、2.32、3个百分点。学生流失问题得到有效控制。

（六）把发展特殊教育纳入义务教育轨道

1990年4月，省教委、民政厅，省残疾人联合会联合发出了《关于进一步贯彻落实全国特殊教育工作会议精神的通知》，提出把特殊教育纳入义务教育的轨道，明确规定发展特教事业的方针、政策、措施，制定了发展规划，要求到1992年全省消灭特教空白县（市）。据此，省财政厅拨出特教专项补助费350万元（含中央补助款），用以新建、扩建特教学校；省教委连续举办两期培训班，培训特教教师150余人；石家庄市所辖4个市区分别办起弱智班，9月，新学年开始之际均招生开课。上述措施推动了特教事业的发展，据1990年底统计，全省新增特教学校6所，扩建特教学校4所，开办弱智儿童辅读班31个，连同原有校（班）共有特殊教育学校24所（含聋校15所，盲聋合校3所，弱智学校6所），在校生2104人，比1989年增加544人。此外，还有30多个县（市）近90名盲童随当地小学插班就读，进行实验性入学试验。

三、强化中小学德育工作

1990年3月，中共河北省委宣传部、省人大、政协牵头，组织省教委、总工会、团省委等有关单位，分三个小组对20个县（市）的62所中小学校的德育进行了全面督导检查。5月，省教委在邢台地区巨鹿县育红小学召开全省“戴洁净的红领巾，做廉洁的小公民”现场会。“六一”儿童节前夕，表彰了24名燕赵小英雄，857名三好学生，217名优秀学生干部，并利用鸦片战争150周年、八国联军侵占北京130周年、火烧圆明园90周年、抗日战争胜利45周年等纪念活动，大讲帝国主义侵华历史和中国人民革命斗争历史，对学生进行生动的爱国主义教育。

上述措施，进一步强化了学校德育工作，各级领导也加强了对学校德育工作的领导，将德育工作摆在了各项工作首位。衡水、石家庄、邯郸、沧州等地、市党政部门建立了学校德育工作委员会或领导小组，有的领导同志亲自担任校外辅导员或建立与学校定期联系制度及联席会议制度。各地中小学校普遍成立了党支部领导下的德育领导小组，配有专（兼）职干部，有的学校成立了业余党校，或党（团）章学习小组，发挥团组织、少先队的积极作用。组织学生参加社会调查，把德育渗透到各学科和校内外一切活动中。1990年石家庄地区无一中小学学生犯罪，“学雷锋、学赖宁”，敬老助残，宣传法制、交通规则的活动十分活跃，青少年思想教育工作取得了明显成效。

职业技术教育

1990年河北省继续进行城乡中等教育结构改革，职业技术教育有了进一步发展。全省中等专业学校、中等技工学校和农职业中学共802所。全省县（区）以上就业前职业培训能力一次可达10万人左右，城市70%待业青年可经过培训后就业，农村接受各种技术培训的高初中毕业的在乡青年每年约有五六十万人次。

一、动员全社会力量，发展职业技术教育

1990年河北省除依靠国家财力继续在城市兴办较正规的中等专业学校、技工学校外，主要是动员各行各业，因地、因部门、因行业，多规格、多形式兴办职业技术教育。

（一）教育部门与行业、企业联合办学

双方通过合同形式，明确各自承担的责任、义务、权利。一般由教育部门提供办学场所、负责办学管理和文化课师资，企业提供办学经费、专业课教师，课程设置按企业生产需要，毕业生由企业按需择优录用。保定市联办职业中学占现有职业中学的90%以上。

（二）大中型企业或行业自办中等技工学校

凡千人以上较大厂矿或职工人数较多的行业，由厂矿或行业主管部门出钱、出人、出物办学，招收本单位职工子女，并面向社会招生，毕业后分配在本单位，充实技术工人队伍。1990年全省劳动部门和大中企业办的中等技工学校222所，在校生达6万人，招生人数2.3万人，其中，大多数学校是企业、行业自办的。

（三）县办综合技术学校

由县政府统一规划、把原县办职业中学、农民中专、技工学校、农业广播学校合建一起，一校多制、设备及师资互补互用，既是职教中心又是科技实验推广中心。1990年河北省80%左右的县（区）都办起了综合技术学校。

（四）乡（镇）办职业技术学校

由乡（镇）政府主办，把成人教育、基础教育与职业技术教育"三教合一"办学。还有的把乡镇党校、普法学校、农民技校融为一体办学。这些学校培养、培训的主要对象是在乡初、高中毕业生，学习的主要内容是农村适用科学技术。全省60%乡（镇）都有这类学校。

（五）初级职业中学

主要由县以下教育部门主办，试行"3＋1"或"五·四"学制、招收小学毕业生，既担负普及九年制义务教育任务，又教授一定的职业技术。承德地区青龙县1990年初级职业中学占全县初中学校的65%。

二、坚持为当地经济建设服务的办学方向

（一）职业技术教育设置的专业结构与城乡经济建设结构相一致

河北省职业技术学校专业设置紧密结合全省经济建设需要，沧州市的化学工业较发达，该市职业中学主要设置与化工有关的各类专业，为当地培养化工人才。石家庄市纺织工业闻名全国，是河北省支柱工业之一，该市集中力量办起与纺织工业相适应的职业技术学校。安国县古称药都，是我国北方中药材集散地，当地相应办起以中药材种植、采集、泡制加工等为主的药材职业技术学校。1990年全省各级各类职业技术学校共设各种专业达200余种，其中绝大多数是根据全省经济发展需要而设置的。

（二）把发展职业技术教育纳入当地经济发展总体规划

承德地区在制定当地经济发展规划时，把经济发展计划、科技进步计划和职业技术育人计划三者统筹安排。1990年农业部门制定了26项科技推广方案，各县农职业中学，按需招生，按计划培养。在实施推广方案中8000多名农职中师生直接参与，2369所乡办农民技术学校承担了培训任务。其中隆化县职业中学水利班39名学生帮助当地测量、规划了350条渠道，设计扬水工程40处，规划修整土地5000亩，在新技术推广中学到了真本领。

（三）发展职教与开发资源相结合

河北省地域广阔，各地都有自己的资源优势，职业技术教育的发展紧紧与开发资源相结合。青龙满族自治县矿物资源丰富，已探明矿种就达28种之多，县办职业综合技术学校增设采矿、矿测两个专业共5个教学班，招收250名学生，毕业后安排到各矿点，成为当地开发矿山资源的一支生力军，职业技术教育已成为培养当地实用技术人才的主渠道。

三、走"经、科、教"统筹，发展职业技术教育的新路子

从1989年下半年开始，河北省在国家教委指导下，在农村教改综合实验县实行"经、科、教"统筹，由县政府出面，把经济建设、科技发展和兴办教育三者统为一体，统一规划，统一安排，统一筹措人、财、物。1990年“经、科、教”统筹的路子进一步完善。最早确定的农村教改实验县阳原、完县以及后来新辟的实验县获鹿等县都成立了由县长任组长的“经、科、教”统筹领导小组，抽调经委、科委、教委熟悉各自业务的人员，组建统筹办公室主抓实施。获鹿县在县政府直接领导下，县农业局划拨农场耕地300亩；县工业局划拨年产值百万元以上的化工厂；县商业局提供了养殖100头牛、5000只鸡的养殖场，其他有关部门无偿提供200余万元的设备和资金，只用一年时间就建起能容纳20个教学班、设施齐备的县综合技术学校。1990年该校在校生达1500余人，教职工271名，设有会统、企管、医护、钳工、水泥、电子、化工、牧医、服装等12个专业，是该县人才培训、科技示范、推广先进技术和传播科技信息的中心，为振兴当地经济，培养急需人才作出了贡献。河北省实行“经、科、教”统筹发展职教的作法，得到了国家教委、国家科委等有关部委的肯定。目前，除12个实验县以外，涉县、东光、柏乡、迁安等县也走上了“经、科、教”统筹发展职教的路子。

四、加强职业道德教育，强化思想政治工作

1990年河北省各级各类职业技术教育，突出把思想政治教育摆在首位，注重职业道德教育，全省城市职业中学着重进行发扬主人翁精神教育，农职业中学则侧重进行集体主义观念和立志务农教育。阳原县王家庄村靠近大秦公路，过去一些人经常扒窃往来车辆所载货物，一年内有28人被公安机关查处。1988年村里办起职业技术学校，青少年入校既学农业适用技术，又接受法制教育，使村貌、民风发生显著变化。1989年人均年收入由过去的250元增至5000元，全村无一人犯罪，被评为“精神文明村”。唐山市少数久未就业的青年，在一段时间里，受坏人唆使，寻衅滋事。市烹饪职业学校办起后，这些青年入校接受教育，树立了社会主义职业道德观，毕业后安排各大宾馆、饭店为旅游业服务，成了业务出众的二、三级厨师，受到中外游客的称赞。1990年3月，省教委召开了职业技术教育思想政治工作经验交流会，推广了阳原、唐山等地的经验，全省职业技术学校的政治思想工作进一步得到加强。

五、加强领导，不断总结、宣传典型经验

河北省围绕全省经济建设和社会发展战略，把发展职业技术教育列入各级党委、政府重要议事日程，列入领导干部考核内容。省委、省政府每年都要研究几次职教工作，自1988年以来，每年都召开全省农村教改工作会议，并把教育列为考察地、市、县班子的重要内容。1989年承德地区有一个县没完成农职中学招生任务，当地领导人受到严肃批评后，1990年这个县采取措施，增加投入，改善职业教育的办学条件，如数完成当年招生任务，职教工作有了明显起色。1990年8月，省人大教科文卫工作委员会会同省教委、省劳动人事厅等部门分赴各地检查省人大发布的《河北省发展职业技术教育暂行条例》（1985年）、《河北省发展职业技术教育实施办法》（1987年）的执行情况，涉县县办职业中学等11所学校被推荐为国家教委认定的重点职业中学。安平县北郭村农业中学等7所学校被评为全国科技兴农先进集体。

河北省各级领导在发展职业教育中，十分注意总结、宣传典型经验，以典型带动全局。继1987年国家教委和河北省政府在全省确定阳原等3个县为教改实验县后，1989年又把实验扩大到12个县，这些实验县在职教发展上做出成绩后，省委、省政府及时对他们的经验进行总结、宣传、推广。如，获鹿县“加强经科教统筹”的经验；张家口地区行署“建立领导承包职业学校制度”的经验；保定市

“发展联合办学”的经验；丰宁满族自治县“为当地经济建设和社会发展服务”的经验等等。在这些实验县带动下，其他县、市职业技术教育发展很快。地处太行山老根据地的涉县是个山区穷县，3年投资240万元，办起了一所占地171亩，有19个教学班，11个长线专业，17个短线专业的集科研、教学、培训、推广于一体的多功能综合职业技术学校，为振兴当地经济培养人才。

为进一步推动职业技术教育的发展，河北省拟定了“八五”期间职教发展规划，主要内容是：到1995年各类中等技术学校在校生数要占高中阶段在校生总数50%以上；城市要发展企业办学和联合办学，使新增职工接受必需的职业技术教育和岗位培训；农村实行“经、科、教”统筹，各县集中力量先办好1所职业技术学校，同时，积极发展初级职业中学；普通高中要开设职业技术选修课，初中、小学开设劳动技术教育课；“八五”期间全省重点办好60所职业高中，20所中专、20所技工学校。

高 等 教 育

1990年河北省普通高等院校，除中央部属12所学校外，地方所属院校1990年招生18779人，毕业18151人，在校生59080人，分别比1989年增加279人、760人、594人。1990年，自费生招生506人，干部专修科招生63人。

一、坚持社会主义办学方向，把政治思想教育放在首位

1989年春夏之交政治风波之后，河北省各高等学校认真进行了反思，清醒地认识到由于国外资本主义加紧推行和平演变战略和国内资产阶级自由化思潮的影响，一个时期以来淡化了党对高等院校的领导，削弱了师生思想政治教育，影响了高等教育的健康发展。为此，必须坚定不移地坚持社会主义办学方向，加强高等学校思想政治教育。中共河北省委决定，成立中共河北省委教育科学工作委员会，主要负责高校思想政治工作和干部的选配。省委教科工委下设思想政治教育处，直接帮助、指导各高等学校搞好师生思想政治教育和校风校纪建设。在省委的领导下，各高等学校充实加强了校级党委领导班子，健全了政工机构和政工队伍。一年来，省委教科工委、省教委负责同志多次深入各高等学校，协助校党委加强思想政治工作，主要抓了以下工作：（1）加强对大学生马列主义基本原理的教育，使其树立正确的人生观、世界观，坚定社会主义信念，拥护共产党的领导。省教委组织编写了《马克思主义原理》、《社会主义建设》、《中国革命史》等暂用教材。（2）加强校风校纪建设，落实国家教委发布的《高等学校学生行为准则》、《高等学校校园秩序管理若干规定》，进行法制教育和读书目的教育，优化育人环境，引导大学生为四化建设刻苦求知。（3）发动高校全体教职员工教书育人、管理育人、服务育人，把思想政治教育渗透到教学、生活各个方面，清除资产阶级自由化不良影响。（4）结合北京第十一届亚运会，纪念鸦片战争150周年、抗日战争胜利45周年等活动，组织大学生参加亚运火炬接力和各种纪念会、报告会，对他们进行爱国主义和热爱共产党的教育。（5）积极创造条件，为大学生提供社会实践的机会，利用寒暑假和教学实习深入社会，深入工农，进行自我教育。上述措施，使全省各高等学校出现了安定、团结的局面，学校面貌发生了较大变化，教学秩序稳定，校貌整洁，学风浓厚，师生政治思想觉悟也有了明显提高，坚定了社会主义信念和立志为四化建设献身的决心。

二、稳定发展规模，提高教育质量

1990年河北省高等教育贯彻中央提出的治理整顿，深化改革的方针，继续结合全省实际，稳定发展规模，挖掘办学潜力，提高教育质量，讲求办学整体效益。

（一）清查、调整专业设置

省属高等学校专业设置汇总表（一）

科类＼专业数	专业种数			专业点数		
	合计	本科	专科	合计	本科	专科
理科	9	9	—	10	9	1
工科	68	49	19	100	65	35
农科	19	14	5	34	21	13
林科	6	2	4	6	2	4
医科	10	8	2	16	12	4
师范	19	16	3	120	24	96
社科	36	22	14	52	23	29
体育	2	2	—	2	2	—
总计	169	122	47	340	158	182

高等学校各科招生学生数及比重表（二）

科类＼学生数及比重	本专科招生数	比重%	其中			
			本科招生数	比重%	专科招生数	比重%
工科	8430	34.9	4919	58.4	3511	41.6
农科	1482	6.2	974	65.7	508	34.3
林科	357	1.5	147	41.2	210	58.8
医药	2216	9.2	1408	63.5	808	36.5
师范	7701	31.9	1935	25.1	5766	74.9
文科	653	2.7	308	47.2	345	52.8
理科	547	2.3	381	69.7	166	30.3
财经	2531	10.5	693	27.4	1838	72.6
政治	56	0.2	56	100	—	—
体育	130	0.5	130	100	—	—
艺术	31	0.1	—	—	31	100
总计	24134	100	10951	45.4	13183	54.6

注：（1）上表所列均为1988学年度数字

（2）表（二）含在本省中央部属院校学生数

从1989年开始，省教委为适应“科技兴冀”的发展战略，力争建成适合省情、门类较全、比例合理的高等教育体系，组织人力对省属42所高等院校现有专业种类和学生情况逐校进行了清查。清查情况详见左表（一）、（二）。

清查结果表明，现有高校专业设置及招生数额存在不合理之处：一是部分专业设置重复，布点多，规模小，效益不高。如工科院校设有本科专业49种、65个专业点，其中重复设置11种，单班独进专业点41个；二是有的老专业培养的人才与实际需要趋于饱和，急需进行调整；三是与本省主导产业的纺织、食品、建材、外贸等对口专业薄弱，培养人材数量不能满足需求，有的还是空白（食品专业）；四是除师范外，其余专业专科所占比例过小，本、专科结构不合理。据此，省教委拟定了省属高等院校专业调整的原则和初步方案。继1989年逐步调整之后，1990年对重叠、长线专业实行限额招生，适当控制发展规模；对一些短线专业则适度增加招生名额；对全省主导产业急需的人才，有计划地增设新专业并开始招生；根据本、专科专业结构不够合理的实际，扩大专科招生规模，增加办学投入。全年调整新增6个学科、5个专业点，省属院校专业设置逐步趋于合理。

（二）努力提高教育质量

1990年河北省把提高教育质量作为深化高等学校改革的重要内容，采取了一系列措施：（1）省教委制发了《河北省普通高等学校本专科教学管理评估方案（试行）》，按学科组织人员分别对部分院校教学工作进行调查、评估。（2）举办由各高等院校教务处长参加的教学管理研讨班，提高教学管理水平。（3）组织全省部分学科的统一考试，促进教学。1990年本科院校统考公共必修课《中国革命史》，师专统考物理专业《电磁学》。（4）建立学生实习基地或社会实践点，加强教学的实践环节。全省高等师范学生实习基地共

381处。河北大学、河北师范大学、河北师范学院分别在易县、正定、获鹿等县建有社会实践固定联系点。河北化工学院与衡水地区部分乡(镇)建立了联合办学关系。(5)提高师资水平。1990年省属院校共派出130名中青年教师外出进修，同时，河北大学等接收本省兄弟院校40名教师进修。省教委委托有关学校举办培训班、研讨班27期，累计培训教师1300余人次。为掌握全省高等教育师资队伍构成情况，省教委师范教育处率先建立了全省高等师范学校师资数据库。1990年河北省普通高等学校专任教师队伍结构情况如下表：

类　别	专任教师数	其中				
		教授	副教授	讲师	教员	助教
中央部属院校	3383	46	522	1430	79	1306
省属院校	10202	181	1777	4259	151	3834

三、科研工作取得新进展

1990年，河北省共有4800多名高校师生参与、参加了科研活动，共承担自然科学类研究课题1480个，社会科学类研究课题39项(其中，国家下达3项、省教委下达36项)。承担的研究课题较1989年增加614项(个)。鉴定科研成果222项。发表学术论文2600篇，出版专著64部，获奖38项。高校筹措科研经费1100多万元，较1989年增加630多万元。

加速科技成果向生产力转化，是河北省高校科研工作的主攻方向，各校相继建立起科技开发服务机构，仅理工类院校1986—1990年5年里就为省内外转让技术成果505项，创造经济效益近10亿元，同时为学校创收924万元。农林院校科研工作积极参加地方性区域开发治理，推广农业技术成果196项，增产粮食30多亿公斤，皮棉4000多万公斤，经济效益达30多亿元。1990年12月全国高校科技工作会议上，河北省介绍了建立"科技兴农协作中心"，为当地经济建设服务的经验，受到与会者好评。

四、加强研究生教育

1990年初，河北省组织人员对各院校研究生的外语教学进行检查评估，历时4个月。同时，增设了马列主义理论必修课。省教委与天津市高教局联合召开了研究生教育改革研讨会。1990年经国家教委批准，河北医学院获准中西医结合专业博士授予权，河北师范大学等院校获准11个硕士学位授予点。截至1990年底，全省高等学校共有博士授权专业5个，硕士授权学科72个。

五、进行军训试点工作

从1985年开始，河北省根据国家教委和中国人民解放军三总部指示以及《兵役法》规定，开展了在校生军训试点工作。1990年试点的大中学校共37所，其中高等院校有河北师范大学、河北承德医学院和华北电力学院3所。每年接受军训的学生万名以上。几年来的试点工作证明，军训教育锻炼了青年，培养了他们的爱国主义、集体主义和吃苦耐劳精神，提高了遵纪守法观念，增强了组织纪律性，在校内外产生了积极影响。1990年3月，中共河北省委武装委员会批准，成立河北省军训领导小组，下设办公室(设在河北省军区机关)。3所试点学校也建立了相应的领导小组和办事机构。同年，省财政厅规定：军训经费列入教育事业费开支。3所试点学校拨款43万元。同年6月，省军区与省教委制发了《河北省学生军事训练工作暂行条例》(草案)，对军训形式、内容、时间、教员配置、经费、物资以及各有关部门职责做了具体规定，使军训工作制度化。1990年全省接受军训的大中学生有1.7万名。

六、面向基层搞好毕业生分配

1990年，河北省正式派遣分配当年本专科毕业生21069人，研究生480人。分配中坚持面向基层、面向生产第一线的原则，重点保证能源、交通、农业、教育等行业所需人才。分配在基层第一线的毕业生占毕业生总数的89%。来自张家口、承德边穷地区的学生，一般回原籍。师范院校毕业生全部分配到教育战线，充实师资队伍。在毕业生分配改革中，继续在河北工学院、河北机电学院两校试行“双向选择”，积累了一定经验。同年11月，省人民政府对自费生分配做了具体规定，增拨了分配指标，省教委、劳动人事厅联合制定了实施意见，全省省属院校自费毕业生2810人，已录用安排1415人，占自费毕业生总数的50%。

成人教育

一、整顿成人高等教育

80年代，河北省成人高、中等教育发展较快，各地、各部门兴办了一大批各类成人学校，为培养、培训急需建设人才作出了贡献。但是，由于宏观失控，管理不善，一些地方出现了乱办学、乱发文凭、乱收费的现象。1990年9月，省人民政府发出《河北省成人高等教育治理整顿工作意见》并召开会议进行具体部署。采取自查自纠及联合检查的办法，自上而下全面整顿，到1990年底自查工作接近尾声，乱办学等现象得到控制。与此同时，有针对性地采取了整顿措施：

1.改革成人高等教育模式，由学历教育转向岗位培训和专业证书教育，强化专业文凭、证书申报、审批、发放手续，严格审查新生入学资格和条件。1990年7月，省教委组织了全省成人高校招生统一考试，并统一录取，把住了新生入学关。

2.调整成人高校专业布局，撤并部分长线专业，适当扩增少数短线专业，把专业设置的重点放在农业、金融、企管、轻纺等方面。对以取得学历证书为目的的干部大专班等文科学校停办停招，严加控制。

3.加强对社会力量办学的管理。1990年10月，省教委会同有关部门组成了河北省社会力量办学管理委员会，下发了《社会力量办学管理费收缴和使用管理办法的通知》等文件，对各部门和社会团体主办的成人学校有关政策做了统一规定，并且依照文件规定，在石家庄市34所成人高中等学校进行检查整顿的试点。经逐校评审，该市18所成人学校获准继续办学，2所试办，其余14所撤并停办。

4.改进成人高校招生工作。1990年河北省大中专招生工作委员会规定：除河北省电视大学、河北农业大学和河北中医学院两校函授部可以招收社会青年以外，其他成人高等学校均不准招收社会青年；凡在职干部、职工报考成人高校除按已规定的条件外，报名时一律交验工作证，并将工作证复印件贴在报名表上，杜绝报名中弄虚作假现象；自1990年起，成人高校新生录取工作，采取全省集中于一地，由省大中专招生办公室统一录取的办法。

经过整顿，全省成人高等教育办学失控的现象得到纠正，乱办学、乱发文凭、乱收费也得到治理，保证了成人高等教育健康发展。

二、实施“燎原计划”

从1988年开始，河北省确定52个县(市)，259个乡(镇)为实施“燎原计划”示范县(乡)，为全省“科技兴农”、发展教育服务。继1989年召开全省“燎原计划”工作会议之后，1990年下半年在涿州市召开了全省实施“燎原计划”第二次工作会议，决定新增5个县、36个乡(镇)为实施“燎原计划”示范县(乡)，扩大实施范围。

“燎原计划”实施一年多来，对振兴农村经济，加快科技推广和培养人才以及社会主义精神文明建设都起到了积极作用，有7个乡(镇)受到国家教委表彰，50个乡(镇)受到省教委表彰。同年11月，联合国教科文组织的官员到涿州市清凉寺乡考察，对实施“燎原计划”给予很高评价。

(一)通过“燎原计划”，教育优先发展的战略地位正在落实

全省57个示范县，295个示范乡(镇)中，有80%的县和90%的乡(镇)由第一把手亲自抓“燎原计划”的实施。由于党政领导重视，教育投入不断增加。承德地区财政拨款20万元，15个示范乡自筹款72万元，全部用于农村成人技术学校建设。藁城市设立“燎原奖”，拨款3.2万元用于“燎原计划”的实施。

(二)强化了农村科技推广、传播

示范县都集中力量办起县办综合职业技术学校，示范乡也办起了成人农业技术学校，大力引进和推广先进的农业技术，培育良种和培养实用人才，形成教学、科普、信息、生产、实验、经营融为一体的“燎原”服务中心。

(三)“燎原计划”取得了良好经济效益

获鹿县自1989年实施“燎原计划”以来，县、乡两级培训实用技术人才158.7万人次，引进推广新品种3763项，创农业产值7.7亿元，获得经济效益2.3亿元。武邑县清凉镇通过“燎原计划”示范实验，建起小麦、玉米、棉花等15个育种基地共4700亩，培育良种15万公斤，农业增收54万元，人均年收入由425元增长到600元。

(四)管好用好“燎原计划”贷款

为支持河北省实施“燎原计划”，1989、1990两年内，国家共提供“燎原计划”贷款2040万元；中国科技财务公司拆借短期贷款1860万元；各级“燎原计划”贷款管理机构对463项申请贷款项目全面审核后，确定了231项，筹集资金4200万元。上述贷款由省教委“燎原计划”贷款办公室统一掌握，用于支持各县(乡)实施“燎原计划”。据统计，各贷款项目共创造了832万元直接效益和3853万元的社会经济效益，围绕贷款项目举办各类培训班近万期，培训45万人次，推广技术134项，促进了当地教育与经济的发展。

三、不停顿地扫除文盲

1990年8月，省教委为进一步加强扫盲工作，发出通知，对县、乡两级基层单位扫盲机构设置、计划落实、脱盲考核、经费等问题进行全省性检查。经省教委抽查统计：全省140个县(含县级市)均达到国家规定的基本无盲县的标准，青壮年文盲比例下降到2.38%。邯郸、邢台、石家庄、承德、唐山、秦皇岛、沧州7个市和张家口、承德两个地区青壮年文盲已不足1%。全省成人初等学校3.53万所(班)，其中扫盲毕业(结业)生28.63万人，农村青壮年劳力受教育年限平均为7年，居全国第7位，脱盲后继续接受教育的成人中学353所，各种技术培训学校4860所，在校学员154.05万人。

河北省各地扫除文盲的主要做法：(1)当地领导如教育部门把扫盲任务纳入干部量化管理目标进行考评。(2)组成一支由成人教育干部、中小学师生、离退休干部和在乡中学毕业生参加的扫盲大军，任务包干到人，扫盲到户。(3)各级政府积极筹措扫盲经费860万元，主要用于无偿发放扫盲课本近60万册。(4)办好农村成人业余小学或业余初中班，巩固脱盲成果。全省脱盲后参加业余小学学习的有23万人，参加业余初中班的有9万人。(5)扫盲致富一起抓，治穷先治“愚”。邯郸地区永年县治穷先治愚，县长发表扫盲公开信，开展扫盲月活动，建立县、乡、村三级扫盲网络，动员广大农民自觉投入扫盲行列。该县把扫盲与普及教育相结合，堵住产生新文盲的口子；把扫盲与中心工作相结合，将计划生育、普法教育、土地管理等融进扫盲和文化学习之中；把扫盲与科技扶贫相结合，请农民秀才、专家传授技术，把文化与科技同时送到农民手中。经过一年多努力全县青壮年文

盲由1989年的9.27%，下降到1990年的6.2%，经济效益有明显增长，贫困落后面貌有了改变，受到省、地表扬。

撰稿人 李 铭

审稿人 周治华 孙庚齐

山西省教育

概　况

一、各级各类教育发展情况

1990 年各级普通学校基本情况

工读、特殊教育学校单位：人
其　他　学　校　单　位：万人

学校类别	学校数（所）	毕业生数	招生数	在校学生数	教职工数	
					计	其中：教师
一、普通高等学校	26	1.54	1.59	5.20	2.14	0.90
研究生		0.03	0.02	0.07		
本科	12	0.69	0.78	3.12	1.63	0.68
专科	14	0.82	0.79	2.01	0.51	0.22
二、普通中等学校	4451	53.5	55.02	162.55	16.84	12.41
1. 中等专业学校	125	2.68	2.87	8.68	1.69	0.83
中等技术学校	100	1.82	1.93	6.01	1.37	0.67
中等师范学校	25	0.86	0.94	2.67	0.32	0.16
2. 普通中学	3944	47.63	48.29	145.08	14.08	10.88
高中	411	7.27	7.87	22.31		1.77
初中	3533	40.36	40.42	122.77		9.11
3. 农业、职业中学	380	3.18	3.86	8.78	1.06	0.70
高中	237	2.17	2.86	6.18		0.51
初中	143	1.01	1.00	2.60		0.19
4. 工读学校	2	60	34	64	78	32
三、小学	42195	51.31	55.78	297.40	17.88	16.37
四、特殊教育学校	13	475	503	2336	694	426
五、幼儿园	7849			81.61	3.81	2.89

1990 年各级成人学校基本情况

单位：万人

学校类别	学校数（所）	毕业生数	招生数	在校学生数	教职工数 计	其中：教师
一、成人高等学校	45	0.97	1.38	3.97	0.63	0.26
广播电视大学	1	0.19	0.20	0.77	0.06	0.02
职工高等学校	27	0.16	0.13	0.40	0.21	0.10
农民高等学校						
管理干部学院	6	0.12	0.08	0.16	0.17	0.05
教育学院	11	0.30	0.31	0.88	0.19	0.09
独立函授学院						
普通高校举办						
函授部		0.15	0.56	1.47		
夜大学		0.05	0.10	0.29		
干部专修科						
二、成人中等学校	6754	81.20	74.87	79.88	1.99	1.34
1.成人中等专业学校	191	2.71	2.21	6.53	0.57	0.30
广播电视中专	7	1.32	0.60	2.61	0.02	0.01
干部中专	15	0.14	0.14	0.43	0.07	0.04
职工中专	52	0.58	0.78	1.63	0.22	0.10
农民中专	3	0.01	0.02	0.03		
教师进修学校	114	0.66	0.67	1.83	0.26	0.15
2.成人中学	442	1.05	0.82	1.59	0.11	0.07
职工中学	82	0.51	0.45	0.53	0.05	0.02
农民中学	360	0.54	0.37	1.06	0.06	0.05
3.成人技术培训学校	6121	77.44	71.84	71.76	1.31	0.97
职工技术培训学校	730	8.55	8.12	8.67	0.21	0.15
农民技术培训学校	5391	68.89	63.72	63.09	1.10	0.82
三、成人初等学校	15773	59.72	43.01	59.91	1.52	1.23
1.职工初等学校	266	1.06	1.29	1.59	0.07	0.05
2.农民初等学校	15507	58.66	41.72	58.32	1.45	1.18
其中：扫盲班	4029	2.24	3.23	4.64	0.46	0.39

二、召开全省教育工作会议

1990 年，省委、省政府结合山西实际，认真贯彻落实《中共中央关于教育体制改革的决定》和党的十三届四中、五中、六中全会精神。为使教育更好地为山西的社会主义建设服务，省政府于1990年 2 月 26 日至 3 月 2 日召开全省教育工作会议。会上传达了国家教委 1990 年工作会议及全国筹措教育经费、改善办学条件山东现场会精神；研究了如何加强基础教育及各级各类学校的思想政治工作；部署了全省1990年教育工作；讨论了关于多渠道筹措教育经费，集资办学，改善办学条件以及尽快实现“一无两有三配套”的措施；表彰了捐资助教、集资办学成绩突出的先进单位和个人。会议提出1990年要着重抓好三项工作：一是要全面加强和改进各级各类学校的思想政治工作，坚定不移地坚持党对教育工作的领导，坚持教育的社会主义方向，坚持把坚定正确的政治方向始终放在教育工作的首位，坚持把培养社会主义事业的建设者和接班人作为学校工作的根本任务；二是要坚决贯彻治理整顿、深化改革的方针，使全省教育事业纳入持续、稳定、协调发展的轨道；三是深入发动群众，改善办学条件，加快以九年制义务教育为重点的基础教育发展步伐。省政府决定，把发展基础教育作为全省90年代整个教育事业发展和改革的重点。1990年要集中精力抓好办学条件的改善，具体目标是：全部消除中小学危房；分两年完成全省23所中等师范学校、幼儿师范学校的规范化建设；在全省范围内基本普及初等教育。

三、加强学校思想政治工作

按照省委、省政府的统一部署，省教委首先配合有关部门，对高等学校的领导班子进行了调整、充实和加强；建立健全了政工机构，充实加强了政工队伍。全省高校恢复了党委系统的职能机构，配齐了专职政治辅导员，建立健全了各种思想政治教育制度，扭转了高校思想政治工作的被动局面，促进了学生的思想转化。中小学政工机构的建设也在抓紧进行，一支以团队干部、班主任、政治课教师和管理人员为主体的思想政治工作队伍已基本形成。以爱国主义、社会主义教育为重点的思想教育活动在全省各级各类学校广泛开展。在改革政治理论课教学的同时，组织编写修订了《大学生思想品德课教程》、《法律基础课教程》、《人生哲理教程》等9种教材，突出了社会主义教育和反对资产阶级自由化、反和平演变的内容。同时，结合纪念鸦片战争150周年，各级各类学校对学生深入进行爱国主义和中国人民革命斗争史的教育；结合学雷锋、学赖宁、学李双良活动进行革命人生观、社会主义道德和集体主义的教育；利用重大节日和各种纪念日，广泛开展忆传统、讲传统的革命传统教育。高等学校还有计划地组织了形式多样、生动活泼的暑假社会实践活动，学生深入到工厂、农村、部队、学校进行科技咨询、服务和培训；组织了赴革命老区和延安的自行车考察团，赴上海宝钢考察团，赴吕梁地区经济考察团，“迎亚运、爱中华”巡回演出团和“科技兴晋、医疗扶贫”小分队。据不完全统计，参加暑假社会实践活动的高校学生达2.6万人，占省属高校在校生总数的64%。所有这些，都对加强党对教育的领导，坚持学校的社会主义办学方向，稳定学校安定团结的政治局面，促进学生的思想转变发挥了积极的作用，也保证了全省教育事业的健康发展。

四、教育督导评估工作取得显著成效

1990年，省教委先后开展了以德育为重点的中小学教育五项督导复查，对各级地方政府的教育工作和中小学办学水平的督导评估，对全省中师幼师办学质量的全面检查和督导评估，对高等学校物理学科的教学评估。通过督导评估，中小学德育工作进一步得到加强；教育经费基本上做到了“两个增长”，学校危房得到改造。全省中小学实现了“一无两有”；教师待遇有了明显改善；中小学生流失得到控制；乱收费现象得到有效制止。到1990年底，全省有114个县(区)基本普及初等教育，占全省县(区)总数的96.67%。

督导评估进一步提高了各级政府对发展教育事业的认识，增强了其责任感和使命感，也解决了一些教育发展中的突出问题。对课程建设，总结推广先进教学经验，弥补和改进教学管理中的漏洞和不足，推动教育行政管理的规范化、科学化，促进教学质量和中小学办学水平的提高等方面都起了重要的作用。同时，省教委和省委组织部联合印发了《关于在全省各级督导机构内设置督学职务的若干规定》，省教委报请省政府批转了《关于进一步加强督导工作的意见》，并举办了三期督导人员培训班。1990年,全省已有90多个县区建立了督导机构,督导人员达360多人。

基础教育

1990年,山西省基础教育事业坚持以实施九年制义务教育工作为中心,以发动全社会集资办学、努力提高基础教育办学条件为重点,多方面采取措施,全面贯彻党和国家的教育方针,不断提高教育质量和办学效益,全省基础教育事业得到较大发展。截止1990年底,全省小学入学率为98.9%,在校生巩固率为98.9%,毕业率为98.7%;小学毕业生升入初中的升学率为80.7%,初中在校生巩固率为95%,毕业率为95%。

一、基本完成了普及初等教育的任务

1990年,全省118个县(区、市)中,除临县、交口、岚县、浑源4个县外,其余114个县(区、市)通过了省政府的验收,达到了普及初等教育基本要求。已普及初等教育的县(区、市)占全省县(区、市)总数的96.6%,人口数占全省人口总数的96.4%,标志着全省已基本完成普及初等教育的历史任务。

二、实施义务教育管理工作取得新进展

(一)建立义务教育管理的有效机制

全省各地在上下级人民政府之间签订了义务教育国标责任书,强化了各级政府负责人在实施义务教育中的责任和义务,建立了严格有效的管理机制。全省12个地、市的专员或市长都与所属县(区、市)的政府领导人签订了不同形式、不同年限、不同内容的实施义务教育目标责任书,大部分县(区、市)长与所属乡(镇)长也签订了义务教育目标责任书。

(二)加强了普通中小学办学条件规范化建设工作

为使各地根据九年义务教育需要,在中小学校舍设施及教学设备达到“一无两有三配套”的基础上更上一个新台阶,朝着规范化方向前进。1990年省教委下发了《关于普通中小学规范化建设的意见》,规定了各类不同中小学办学条件规范化建设的具体标准,并提出了实施规划、资金筹集和检查验收办法,使全省中小学办学条件建设有了更高的目标。

(三)确立了一批实施义务教育的示范学校

从1988年开始,省教委对原来确定的省示范小学、示范初中分批分期进行检查、验收。1990年,检查验收合格的太原市第37中学等93所初中学校,太原市南城区桃园小学等110所小学分别被正式确定为山西省示范初中、示范小学。

三、开展群众性集资办学活动,努力改善办学条件

1990年山西在开展群众性集资办学活动,努力改善基础教育办学条件方面取得显著成绩。山西的捐资助教、集资办学活动已开展了8年,前7年全省累计筹集办学经费8.44亿元,年均集资1.2亿元,共新建校舍827.5万平方米,维修危房695.4万平方米,使各地特别是农村中小学的办学条件得到较大改善。1990年,为使集资办学活动更加深入开展,加快中小学实现“一无两有三配套”的步伐,在省委、省政府的领导下,在社会各界的大力支持下,省教委积极贯彻“依靠人民办教育,办好教育为人民”的方针,认真学习山东等地经验,广泛进行宣传发动,努力提高人民群众特别是各级党政领导干部对集资办学的认识,使集资办学在全省范围内再一次掀起新的高潮。省政府下发了《关于多渠道筹措教育经费改善基础教育办学条件的通知》。7月,省委、省政府办公厅及时转发了运城地委、行署的集资办学经验。10月21日,在运城召开了山西省集资办学经验交流会,副省长吴达才出席会议并作了重要讲话。各地市分管教育的副专员、副市长、教育局长,各县正

(副)县长、教育局长及先进集体和先进个人代表共计400余人参加了会议。会议期间，运城、吕梁、晋中、大同、永济等13个地、市、县介绍了本地区的集资办学经验；表彰了集资在10万元以上的45个先进集体和集资在5万元以上的20名先进个人；并组织与会代表到临猗、永济、河津、夏县等县进行现场参观。经过艰苦努力，1990年全省集资达4.08亿元，按全省2800万人口计算，人均捐资15元多，相当于过去7年全省累计集资额的48.3%和1990年省拨普教基建投资2000万元的20.4倍。利用这些筹集的资金，1990年，共扩建校舍121.9万平方米，维修危房98.5万平方米。中小学校舍危房比例大幅度下降，由1989年的4.34%下降为1.57%，在全省范围内基本消灭了危房。到1990年底，省教学仪器公司已为全省150所重点中学、19所中师、124所示范小学按国家一类标准配备了教学仪器，为125所农职业中学按二类标准配备了教学仪器，为1067所乡镇初中配备了教学仪器。大部分地区实现了“一无两有”，部分地区实现了“三配套”，基础教育的办学条件有了明显改善。

四、勤工俭学工作取得新进展

勤工俭学是全面贯彻党的教育方针，培养一代新人的重要措施，也是弥补教育经费不足，增强学校自我发展能力的一条重要渠道。1990年，省教委认真贯彻国务院和省政府有关文件精神，努力落实省政府关于建立校田、校林、校办工厂(场)的规定和对校办企业的优惠政策，大力开展勤工俭学活动。在1989年中小学勤工俭学总产值达到2.6亿元、纯收入7600万元、补助教育经费4992万元的基础上，1990年又有了新的突破，总产值达3亿元，纯收入突破1亿元，跨入了全国中小学勤工俭学先进行列，促进了全省教育事业的发展。

五、全面贯彻教育方针，努力克服片面追求升学率倾向

为了纠正中小学片面追求升学率的错误倾向，省教委在全面贯彻党的教育方针的过程中，努力端正办学思想，切实减轻学生过重的课业负担，及时总结和推广了省实验中学和实验小学在各科教学中渗透政治思想品德教育的经验；制定实施了中小学生体育锻炼标准和艺术教育规划以及劳动教育大纲；对初中毕业生返校重读以及中小学生流失等问题也从政策上作了限制，在一定程度上遏制了片面追求升学率的势头，促进了学生的全面发展。

(一)减轻小学生过重的课业负担

1990年1月7日，李鹏总理在太原市一所小学两名五年级学生的来信上批示：“留作业太多，不利于小学生德、智、体全面发展。这件事议过多次，请抓紧解决。”1990年，国家教委发文重申《关于减轻小学生课业负担过重问题的若干规定》，要求各地教育行政部门必须认真组织所属小学解决好这一问题。省政府立即召集有关部门开会，专门研究了滥编、滥印、滥发、滥用学生复习资料问题，明确规定今后教育部门、出版部门、新华书店等有关部门未经省教委批准都不得再向学校印发销售各种复习资料和练习册；同时，要求中小学严格执行国家规定的教学大纲和授课计划，在作息时间和作业量上均不得突破。

(二)注重建设了一批具有特色的优秀小学

1990年，省教委对各地、市具有特色的优秀小学进行了考察和评选，共评选出太原市北城区新建路小学等23所小学为山西省“具有特色优秀小学”，这些学校在坚持全面贯彻教育方针，培养学生德、智、体、美、劳全面发展的基础上办出了各自的特色。

(三)加强了艺术教育工作

1990年，省教委把中小学艺术教育工作列入重要议事日程，在太原市召开全省艺术教育观摩研讨会，现场观摩了太原市关东小学、海边街小学等学校开展艺术教育活动的情况，就加强学校艺术教育工作，全面贯彻教育方针进行了研讨。

六、幼教事业健康发展

1990年是山西省幼儿教育事业治理整顿、稳步发展的一年。2月，省教委转发了《国家教委关于实施〈幼儿园管理条例〉和〈幼儿园工作规程(试行)〉的意见》，并结合全省实际情况制定了具体的实施意见。提出要重视幼教干部、园长及教师的选拔配备和培训提高工作，要搞好管理体制改革，建立起地方负责、分级管理和各有关部门分工负责的管理体制。要求各级教育行政部门认真履行职责，充分发挥在幼儿教育方面的综合管理作用，建立和健全管理机构，配备和充实有一定政策水平和行政管理能力、懂专业的行政管理干部。省教委成立了幼教处，与省托幼办合署办公。全省12个地市中，阳泉、太原、大同、吕梁、雁北5个地市成立了幼教科，晋中、长治、朔州、临汾4个地市加强了幼教干部力量。1990年暑期，省教委在省教育学院举办了为期半个月的全省幼教行政干部、示范幼儿园园长培训班。

在贯彻实施《条例》和《规程》的过程中，把示范园建设作为大面积提高保育教育质量的突破口。1990年4月和10月，省教委组织力量，分两次对各地市申报的47所县区幼儿园进行了检查验收，有39所验收合格。通过连续3年的验收工作，全省共建成97所独立建制、园舍设备基本齐备、师资素质较好、保育教育水平较高的示范幼儿园，省教委为这批幼儿园颁发了示范园验收合格证书。

七、特殊教育事业发展较快

1990年，山西省特殊教育师范学校和省广播函授学校特教部开始正式招生，培养特教师资，同时还举办了盲童随班就读、弱智教育的师资短训班。截止1990年底，全省已有60个县(区、市)办起了特殊教育学校或在普通学校附设弱智班、聋哑班，使全省50%以上的县(区、市)消灭了县一级特殊教育空白点。新建了晋城市聋哑学校，扩建改造了7所聋哑学校，大同、忻州聋哑学校附设了盲童部，成为盲聋哑学校。在全省建立了《残疾儿童少年登记卡》和7—15周岁残疾儿童少年入学情况登记制度，为有计划地稳步发展特殊教育事业打下了较好基础。

职业技术教育

1990年，山西省职业技术教育工作贯彻“巩固提高、积极发展、深化改革、完善政策、加强评估、提高质量”的指导方针，经过广大职业技术教育工作者的不懈努力，全省职业技术教育事业又有了新的发展。中等职业技术教育的在校生达到188656人，占高中阶段在校生总数的45.8%，与普通高中在校生之比达到1∶1.18，即将达到1∶1的合理比例。职业技术教育正在对全省社会经济发展发挥着积极的作用。

一、高等职业技术教育

山西省高等职业技术教育自1984年起步以来，经过不断挖潜完善、巩固发展，已初步形成规模。截止1990年底，有职业大学2所，在校生1519人，教职工276人；有职业师范专科学校1所，在校生922人，教职工216人。职业大学开设的专业，多是普通高校没有开设或很少开设而又为社会所急需的短缺专业。如中文秘书、档案、汽车驾驶与维修、办公自动化、锻压工艺、厂矿医疗、高级护理、家电维修等等。1990年11月，山西省召开了首次职业师专、职业大学校长会议。会议传达了国家教委召开的高等职业技术师范教育办学指导思想座谈会精神，研究了高等职业师专、职业大学的办学指导思想、职业中学的师资培养计划，讨论了《关于进一步办好全省高等职业技术院校的几点意见》。会议交流了太原大学“系科相对稳定、专业随机应变”和职业师专加强实习指导的经验。这次会议对把职业大学办成示范性、综合性、技艺性的院校，起了很大的促进作用。

二、普通中等专业技术学校

(一)1990年山西省中等专业技术学校概况

类别＼项目	学校数	毕业生数	招生数	在校生数	教职工 计	其中：专任教师
工　业	26	6427	6424	20288	5186	2399
农　林	17	1523	2498	9462	1914	856
医　药	15	3602	3425	11239	2196	1058
财　经	21	4586	4445	11504	2153	1019
政　法	4	1075	823	1555	488	213
体　育	5	473	834	2771	586	342
艺　术	10	366	816	3164	1138	763
其　它	2	131	0	78	82	32
总　计	100	18183	19265	60061	13743	6682

(二)根据社会经济发展需要，调整、增设专业

以农业学校为例，农学专业增开了果树、蔬菜、观赏植物和农业生态与环境保护课程；牧医专业增开了淡水养鱼、饲料加工、畜产品加工及兽医卫生检验等课程，增强了学生的实际工作能力。同时，为满足社会需求，还增设了农业经济、农业区划与土地管理、农业标准化与农业技术推广、陆地水文、乡镇企业管理、经济林、烟草种植与加工等短缺专业。在实践技能培训方面，各校均按教学大纲要求制定了训练项目。在具体安排教学实习与生产实习时，重视课程特点与农事季节，并注意了实习与农业生产需要的一致性，把教学与农业生产有机地结合起来。

(三)加强横向联系，提高办学效益

山西省太原冶金工业学校先后与9个企事业单位建立了固定联系，还聘请冶金企业的17名领导干部担任顾问，成立了校外顾问组，并定期召开会议，向各厂矿通报学校工作情况，听取大家对学校工作的意见和建议。全省中等专业技术学校中，有70%的学校校长按照学生的培养去向，深入厂矿、农村、企事业单位进行了大规模的调查研究，写出调查报告200多篇。这些调查报告，对转变学校的办学思想、改进教学方法和教学内容、提高办学效益，提供了可靠的依据。同时，面向社会，积极为农村培养急需人才，1990年除9所农业学校和13所医药卫生学校继续招收农村青年，举办农村青年不包分配班外，又增加2所农业机械化学校举办农村青年不包分配班。

(四)加强学科活动，开展教育科研

1990年成立了山西省中等专业学校图书馆协会和山西省中等专业学校机械原理与机械零件研究会，并正在筹建山西省中等专业学校外语研究会。10月，山西省中等专业学校思想政治教育研究会召开了第三届年会。这次会议总结了研究会成立5年来的主要工作，交流了经验，表彰了27个思想政治教育先进集体和116个先进个人。会后省教委制定了《关于加强中等专业学校思想政治工作的试行意见》。

山西省中等专业学校图书馆协会成立后，积极开展工作，受省教委委托，从10月4日至11月19日，组织了由20名中专学校图书馆馆长组成评估组，对93所中专的图书馆进行了评估。评估采取一听、二看、三座谈、四汇报的方法，既肯定工作成绩，找出存在问题，又提出了改进意见和建议。以评促改，取长补短，使各校明确了奋斗目标和工作方向，实际上是一次很好的馆际协作活动，使中专学校图书馆更好地为教育改革提供高质量服

务。这次检查评估，进一步摸清了全省各校图书馆的现状，有力地推动了图书馆工作的开展，促进了学校图书馆事业的发展。

三、职业中学

为及时解决职业中学办学中存在的问题，1990年4月21日至26日，省教委召开了山西省重点、合格职业中学校长会议，全省97所重点、合格职业中学校长和各地、市教委（教育局）职教科长参加了会议。国家教委职教司司长杨金土出席会议并讲了话。与会同志参观了稷山县职业中学、临猗县第一职业中学、阳泉市职业中学、阳泉市交通职业中学、平定县职业中学、阳泉矿务局第二职业中学。太原市教委等12个单位在会上介绍了经验。并向1989年验收合格的28所职业中学颁发了合格证书。会议着重研究了农村职业教育、城市职业教育及发展职业教育的政策等问题。会后，各地联系实际学习、贯彻会议精神，采取措施，集中抓了职业技术教育的巩固提高工作。

1990年继续检查验收了17所职业中学为合格职业中学。至此，全省城乡已经办起了113所办学指导思想明确、规模适当、质量较高、具备基本办学条件的职业中学。全省118个县（区）中，已有89个县（区）有了办学条件较完善的职业中学，占全省县（区）总数的75.4%。这些职业学校适应当地经济建设和社会发展的需要，开设了家庭经营等急需专业，加强了实践教学等薄弱环节，努力为农村培养实用技术人才，在“三教”统筹和农、科、教结合中，在帮助农民脱贫致富的过程中，发挥了积极的作用，作出了突出的贡献。

为了加强对职业教育的管理，全省11个地、市的教育行政部门（不含朔州）除雁北地区外，都建立了职业教育专门管理机构；许多县（区）教委（教育局）也成立了职教股或配备了专职职教干部。许多地、市成立了由计划、劳动、人事和农、科、教等部门组成的职教领导小组。一些县（区）还成立了由社会上热心职业教育的人士或部门组成的职业中学董事会或职业中学管理委员会。山西省职业技术教育学会太原、阳泉、吕梁、晋中分会也相继成立。

为了推动全省职业教育的发展，扩大职业教育的社会影响，加强各地、市职业学校的横向联系及丰富学生的暑假生活，省教委和省体委于7月17日至23日在阳泉市举办了全省第二届“职教杯”篮球赛。省教委、省旅游局于7月12日至21日联合组织了山西省首届职教夏令营。6个地、市的100多名优秀学校领导干部、优秀教师、“三好”学生、优秀学生干部参加了夏令营活动。夏令营以讲座形式组织交流了职教经验；以兴趣爱好、专业技能特长分组开展了活动。

四、技工学校

1990年全省技工教育本着“进一步贯彻治理整顿方针，深化技工学校改革”的指导思想，主要做了以下工作：

（一）狠抓了技工学校招生工作的制度化、规范化管理

在招生工作中实行四公开一监督，要求各地、市把招生人数、报考条件、招生政策、考试成绩与录取结果原原本本向群众公布，接受群众的监督和检查。在招生工作中，严查了2795名考生的违纪问题，并对太原、定襄等6个试场作弊问题进行了处理。除对以上6个考场做了考试成绩无效的处理外，还对工作不负责任的15名考点负责人与监考人员，给予了行政纪律处分。狠煞了歪风邪气，受到群众的好评。

（二）加强技工学校的思想政治教育和教育管理

10月，在大同矿务局技校召开了全省技工学校思想政治工作研究会，并成立了山西省技工教育学会。临汾电力技工学校等10所学校在会上介绍了作好思想政治工作的经

验。临汾电力技工学校从严治校的经验受到了国家教委和劳动部的重视。12月，能源部在该校召开了现场会，部党组作出了《开展向临汾电力技工学校学习的决定》，省电力局、省教委、省劳动局授予该校“山西省职业技术教育标兵单位”称号。

（三）抓整顿、促发展

结合产业结构和专业设置的调整，按照省1987年制定的技工学校检查验收标准，1990年又验收了9所技工学校，使全省合格技校达到37所。同时重点扶持发展了雁北地区技工学校、侯马市技工学校、省农牧技工学校、省劳改技工学校、省粮食技工学校5所技工学校。1990年，全省共有技工学校97所，在校生达40096人。

高 等 教 育

1990年，山西高等教育在加强党的领导，坚持社会主义办学方向，加强思想政治工作，继续以教学带动科研，以科研促教学，广泛开展社会实践，继续扩大高等教育的对外开放与交流等方面取得了成效。高等教育体制正逐步理顺，专业、科类、层次等结构和比例的调整也在有计划地进行，招生与毕业生分配制度也进行了一些改革。高等学校采取优化结构、总量控制的原则，办学效益有所提高。承担招生任务的分校大专班已由1989年的9所减少到4所。到1990年，全省高等学校在校生比1989年增长0.2%，专任教师比1989年增长0.7%。

一、加强青年教师培养培训工作，高等学校试办硕士研究生主要课程学习班

为进一步贯彻落实《关于加强全省青年教师培养培训工作的意见》和《山西省高校师资工作会议纪要》精神，使高校青年教师的培养、培训工作做到有计划、有目标，确保质量，1990年省教委相继作出《关于全省高校举办硕士研究生主要课程学习班的暂行规定》及其《补充规定》。决定从1990年起在有条件的高校试办硕士研究生主要课程学习班。学习班的主要任务是：对全省普通高校的青年教师进行硕士研究生主要课程的教育，使其具备所从事专业必须具备的基础知识、专业基础知识和专门知识，以提高普通高校的教学质量和科研水平。学习班招收的主要对象是：1975年以来（含1975年）大学本、专科毕业在普通高校任教的，未接受过硕士研究生学历教育或未在助教进修班等各种教师培训班接受过研究生主要课程学习的专任教师（包括助教、讲师）。1990年经省教委批准试办硕士研究生主要课程学习班46个，在校青年教师500余人参加了学习。

二、加强教学管理工作，以评估手段促进教学质量的全面提高

根据省教委《关于开展物理课程建设和教学质量评估工作的计划及实施办法》的有关精神和安排，1990年在评估统考和各校开展自评工作的基础上，省教委于5月按不同科类组织3个专家组，分别对全省农医、工程、综合与师范四类10所本科院校普通物理学课程进行实地考核评估。按照《山西省高校普通物理课程建设和教学质量评估专家组评估工作细则》的要求，专家组审阅了学校的自评报告，听取了学校领导的有关汇报，通过抽测、听课、检查各教学环节、查阅各种教学和管理文件及有关资料，召开各种类型座谈会，参观检查实验室及仪器设备等工作程序，对评估指标体系5项一级指标和25项二级指标进行了检查和复核，经过分析研究作出客观评价。通过评估，各校的普通物理教学管理和教学建设制度逐步健全，各教学环节如教师批改作业、辅导、答疑、习题课等更加落实。学校的实验室建设也按照专家组的意见进行了充实，实验条件大为改善。普通物理课评估也带动了其它课程的建设，有的学校制定了具体的各门课程的评估计划，促进了教学改革和教学质量的提高。

三、加强研究生教育工作，高校办学水平进一步提高

6月13日至15日，省教委召开研究生工作会议，有关高校和科研单位的负责人参加了会议。会议交流了1988年以来全省加强研究生思想政治工作、招生、培养、分配使用方面的经验。研讨了新形势下如何开展研究生教育工作问题。会上还成立了山西省研究生教育研究会。

经国务院学位委员会批准，1990年山西师范大学获得硕士学位授予权。省属高校新批准有硕士学位授予权的学科、专业点共15个：山西大学的分析化学、理论物理、计算机应用、区域地理学；山西农业大学的作物遗传育种、作物营养与施肥、兽医内科学；山西医学院的生物化学、内科学（内分泌与代谢病）、传染病学、外科学（普外）、眼科学；山西师范大学的政治经济学、戏剧学（戏曲学）、应用数学。新增列的博士生指导教师有山西大学的杨频，山西农业大学的王中英、汤祊德，山西医学院的赵荣瑞。截止1990年，工、农、医、师、综合类大学都有了授予硕士学位的单位和学科、专业点，为全省高教事业的发展，为高校办学水平的进一步提高奠定了良好的基础。

四、加强科研管理工作，高校科技工作进入经济建设主战场

为了加强对高校社会科学研究工作的领导，健全管理制度，省教委印发了《关于加强高等学校社会科学科研管理工作的几点意见》。文件要求：（1）各级领导要提高对高等学校社会科学研究管理工作重要性的认识，切实加强对这项工作的领导。（2）要明确科研管理的指导思想。（3）要制定科研规划和计划，精选科研课题。具体安排科研项目时，必须坚持与“一个中心、两个基本点”紧密结合，与学科建设紧密结合，与培养合格人才紧密结合。（4）加强科研项目的管理，建立、完善科研成果管理制度。（5）加强科研经费的筹措和管理工作。省教委要从当年的专项经费中划出一定比例，重点资助省教委计划内的项目。（6）加强科研队伍的建设。各级领导务必把提高队伍素质作为一项战略性任务抓紧抓好。

7月3日至4日，省教委召开高校科技工作会议。会议集中讨论了全省高校如何为科技兴农作贡献的问题。大家一致认为，农业是我国的经济基础，是社会稳定的主要因素之一。发展农村经济是全党、全国人民的共同任务，高等学校负有重要责任；各高校要统一思想，提高认识，增强为科技兴农服务的意识和责任感，发挥各自的优势，组织队伍，落实任务，为振兴农业服务。会后，省教委组织山西农业大学80余人确定科研项目，明确主攻方向，并采取集中申报的办法，一次从省科委争取到研究开发经费30万元。

五、召开师范专科教学工作会议，提高师范生源质量

1990年4月12日至14日，省教委召开师范专科教学工作会议。重点研究如何坚持社会主义办学方向和指导思想，以及推行主辅修制问题。修订了由二年制改为三年制有关专业的教学计划。研究并通过有关师范院校招生改革方案。当年，太原师专试行了提前单独招生。全省师范院校试行了从民办教师中招收一定比例的考生和第一志愿报考师范院校降分投档优先录取等招生改革办法。全省师范院校生源质量比往年有所提高。

成人教育

1990年是山西省成人教育继续提高和稳步发展的一年，在省委、省政府的重视与领导下，经过各级教育行政部门和社会各界的共同努力，一个以岗位培训为重点，从进一步扫除文盲到大学后继续教育的多规格、多层次、多形式，多门类的成人教育体系已基本形成。在振兴山西、培养合格人才、提高广大劳动者素质方面，成人教育发挥了巨大的作用，收到了很大效益。过去的一年中，根据国家教委的安排部署，山西省成人高等教育在治理整顿中健康发展，成人中等专业教育的办学规模有所扩大，农村扫除文盲及农民文化技术教育有较大发展，社会力量办学的管理逐步得到加强，高等教育自学考试也在发展中逐步得到完善。

一、成人高等教育

山西成人高等教育，1990 年在治理整顿中健康发展。年初，省教委召开了由各类成人高校校(院)长和普通高校成人教育处长参加的全省成人高等教育工作会议。会议传达贯彻了全国和全省教育工作会议精神，要求各类成人高等学校必须坚持社会主义办学方向，加强党的领导，始终把思想政治教育放在各项工作的首位，培养德才兼备的社会主义建设者。

经省政府同意，省教委、人事局、劳动局于年初联合发出《关于对成人高等教育毕业证书和专业证书由省教育行政部门统一验印的通知》。《通知》规定：从 1990 年起，全省教育学院、广播电视大学、普通高等学校（含部属院校）举办的函大、夜大、干部专修科、教师班，同职工高校、管理干部学院一样，毕业证书一律实行由省教育行政部门统一验印的制度。未经省教委验印的毕业证书，一律不予承认。省外学校在省内招收的函授生，其毕业证书是否由山西省验印，由学校所在省、市、自治区教育行政部门确定，并向山西省用人部门作出解释。对1990年以前颁发的毕业证书，各校要进行一次清理，并向省教委备案和向社会公布。同时还规定，成人高等教育专业证书一律由委托业务部门和省教委共同验印，未经两家共同验印的证书无效。

在1989年试办职工高等职业技术教育专业班（简称高职班）的基础上，省教委和省劳动局于1990年继续在晋西机器厂职工大学、大众机械厂职工大学、山西机床厂职工工学院和太原重型机器厂职工大学试办高职班。招收具有高中毕业文化程度，专业工龄在 5 年以上或取得四级以上（含四级）工人技术级证书的在职工人，经过 2 至 3 年培养，使其在专业知识上达到大专水平，同时在专业技术上达到六级工水平。试办高职班，深受企业和工人的欢迎。

3 月，根据国家教委、人事部《关于加强成人高等教育试行〈专业证书〉制度管理的若干意见》，山西提出了具体实施办法。规定举办专业证书教学班，要由省教委和省人事局共同审批，重申委托单位和承办学校要严格审批程序，严格学员入学资格审查，使专业证书班的招生规模由1989年的 13000 余人下降到 7000 人。通过办班学校自查和省教委抽查，绝大多数学校的管理比较严格，教学比较认真，教学质量可以保证。

8 月，根据国家教委召开的全国普通高校成人教育工作会议精神和国家教委《关于普通高等学校成人教育治理整顿工作的若干意见》，省教委成立了成人高等教育治理整顿工作协调小组，下设办公室，并对协调小组和办公室的工作职责作了明确的规定。随后省教委又印发了《关于做好普通高校成人教育治理整顿工作的通知》，召开了全省普通高校成人教育工作会议，部署了普通高校成人教育的治理整顿工作。强调存在的主要问题是：一些学校办学指导思想不够端正，管理松弛，质量下降；少数学校存在着乱办学、乱收费、乱发证等“三乱”现象，宏观管理亟待加强。到1990年底，各校已按照要求，基本上完成了治理整顿第一阶段自查的任务。

二、成人中等专业教育

1990年，山西省成人中等专业教育的规模有所扩大，教学质量也有所提高。

年初，根据国家教委有关精神，调整了部分成人中等专业学校的管理体制。中央农业广播电视学校山西分校与中央农业广播电视学校脱钩，经省政府批准，成为独立设置的山西省农业广播电视学校。并对学校的领导组成员进行了调整，副省长郭裕怀兼任领导组组长和山西省农业广播电视学校校长。省农牧厅和省教委联合对农业广播电视学校地市和县区分校进行了评估入位工作，促进了办学条件的改善。中央农业广播电视学校山西乡镇企业会计函授学校，也经省政府批准，成为独立的山西省乡镇企业函授学校。

1990年，继续开展了成人中等专业证书制度的试点工作。招生采取本人申请，单位推荐，业务部门和学校组织考试，省教委批准录取的办法。1990年度成人中专专修班共招生1550人。

为了培养中年业务骨干，解决生产和工作的急需，在成人中专招生中继续试行了推荐生制度。1990年度共招收推荐生2204人。

针对山西省农业广播电视学校主要招收农民的特点，1990年经省教委批准，该校实行由省成人教育招生办公室组织单独招生的办法。1990年共招生17000余人。

三、扫盲、农民文化技术教育

1990年在“国际扫盲年”活动的推动下，山西省积极贯彻国家教委等10部门共同召开的迎接国际扫盲年全国电话会议的精神，自上而下广泛宣传发动，在全省形成了扫除文盲的高潮。根据省教委的安排，各地对文盲现状再次进行了摸底调查，并修改或重新制定了扫除剩余文盲的规划。为了加强对扫盲工作的指导，部分行署、市和县、区成立了由政府有关领导同志和有关部门负责同志参加的扫盲或农民教育协调领导机构。省教委也加强了对扫盲工作的检查督促，先后两次组织全省性的扫盲检查，同时对雁北、晋城两地市进行了重点抽查。5月，省教委在襄汾县召开了全省扫除文盲工作现场会，及时总结推广了襄汾县领导重视、层层落实扫盲任务等方面的经验。会议提出的扫除剩余文盲不留空白村和加强扫盲后巩固提高工作的要求，受到与会同志的重视，并在全省各地得到了贯彻落实。

1990年，全省共组织12万多名农村青壮年文盲参加了各种形式的扫盲学习。经考核，已有6.6万人脱盲，基本上完成了1990年度的扫盲任务。据全国第四次人口普查资料统计，经过建国以来40年的努力，山西15周岁以上人口中的文盲已由建国初期占人口总数的80%以上下降为11.30%，全省青壮年文盲占同龄人的比例下降到2.2%。为了进一步推动扫盲工作，省教委对全省在国际扫盲年作出突出贡献的芮城县陌南镇等42个扫盲先进乡(镇)进行了表彰奖励，有力地促进了各地农村扫盲及扫盲后教育的深入开展。

在大力抓紧扫除剩余文盲的同时，全省继续开展了对500万在乡的初高中毕业生实用技术培训工作。截止1990年底，各地市已培训104万人次，使他们大都掌握了一两项农村实用技术。为了进一步抓好农村实用技术培训工作，省教委组织编写了44本农村实用技术培训系列教材，并陆续出版发行。据1990年底统计，全省已办起县、乡、村三级农民文化技术学校14463所，其中县办26所，办学面达23.4%；乡镇办1595所，办学面达82.9%；村办12842所，办学面达40.5%。

四、社会力量办学和高等教育自学考试

自1989年省政府发布《山西省社会力量办学管理暂行办法》以来，山西省社会力量办学在清理整顿、严格管理、提高质量等方面做了大量工作，社会力量办学面貌有了一定改观。1990年经省教委批准，成立了山西省农村致富技术函授大学和太原市自修大学，使全

省社会力量举办的高等教育层次的学校发展到15所。据不完全统计，仅这15所学校在校生已逾万人。社会力量举办的各类技术培训学校也有了很大发展，仅太原市就有200多所，有3万多人参加学习和培训。为了尽快提高社会力量办学的理论研究水平，太原市成立了社会力量办学协会，并组织了“晋阳杯”全国社会力量办学理论研讨会，得到全国26个省、市、自治区的响应和支持，会议共收到论文121篇。对推动全省社会力量办学的健康发展起了很大作用。

山西省高等教育自学考试事业在1990年也得到全面的提高和发展。1990年举行了三次考试，开考了本科、专科及中专三个学历层次的文、法、理、工、农、医、财经、哲学等8个学科门类的34个专业、515门课程。一年累计报考人数197340人，报考科次559392，实考人数达157971人。1990年共有6512人通过考试获得毕业证书，其中大专6220人，中专292人。从1984年至1990年，累计毕业生数达18640人，其中大专18348人，中专292人。

撰稿人 张忠政 段双灵
何汉耀 任月忠
齐春仙 许建良
张正义 张泽民
温彭年 孙怀煜
审稿人 宋玉岫

内蒙古自治区教育

概　况

1990年，内蒙古自治区教育战线深入贯彻落实中共十三届四中、五中、六中全会和自治区第五次党代会精神，根据国家教委工作部署，加强和改进学校思想政治工作，落实德育的首要地位，继续推进治理整顿，坚持深化改革，拓宽教育经费来源渠道，改善办学条件，促进了各类教育事业持续、稳定、协调发展，教育工作取得了显著成绩。

一、1990年全区教育事业基本情况

各级普通学校基本情况

单位：人

学校类别	学校数（所）	毕业生数	招生数	在校学生数	教职工数 计	教职工数 其中：教师
一、普通高等学校	19	10319	9870	32610	13088	6755
研究生		131	81	253		
本科	12	5071	5237	21378	11322	5765
专科	7	5117	4552	10979	1766	990
二、普通中等学校	2507	372345	425627	1234584	134526	96180
1. 中等专业学校	101	15630	16578	49800	15304	7364
中等技术学校	80	10809	11866	36888	12382	5779
中等师范学校	21	4821	4712	12912	2922	1585
2. 普通中学	2058	325072	363642	1066167	108035	78677
高中	415	61956	69333	200362		16326
初中	1643	263116	294309	865805		62351
3. 农业、职业中学	347	31643	45407	118507	11134	10125
高中	201	16467	25157	59654	11134	6313
初中	146	15176	20250	58853		3812
4. 工读学校	1			110	53	14
三、小学	14634	384363	446068	2342865	173546	153799
四、特殊教育学校	14	86	333	912	283	194
五、幼儿园	630			375944	17997	10813

各级成人学校基本情况

单位：人

学校类别	学校数（所）	毕业生数	招生数	在校学生数	教职工数	
					计	其中：教师
一、成人高等学校	21	7541	8424	31516	4228	2060
广播电视大学	1	2043	1717	8621	939	352
职工高等学校	8	1114	1123	3763	807	417
农民高等学校						
管理干部学院	2	882	540	1110	598	278
教育学院	10	2338	2572	7861	1884	1013
独立函授学院						
普通高校举办						
函授部	(4)	971	2008	8280		
夜大学	(2)	193	464	1881		
干部专修科						
二、成人中等学校	1443	141764	221148	280358	7324	4137
1.成人中等专业学校	120	12462	14168	36256	5691	3169
广播电视中专	2	3804	3067	7971	310	101
干部中专	6	377	1819	2244	272	118
职工中专	54	3910	5480	13243	2467	1335
农民中专	3	187	40	142	76	54
教师进修学校	55	4184	3762	12656	2566	1561
2.成人中学	681	15124	18473	22702	1493	653
职工中学	571	14344	17426	19215	1333	514
农民中学	110	780	1047	3487	160	139
3.成人技术培训学校	1323	129302	206980	244102	1633	968
职工技术培训学校	278	43275	46619	50182	889	454
农民技术培训学校	1045	86027	160361	193920	744	514
三、成人初等学校	3238	307613	295359	341822	1847	1132
1.职工初等学校	40	670	895	5152	41	29
2.农民初等学校	3198	306943	294464	336670	1806	1103
其中：扫盲班	446	40431	45443	59517	647	581

在全区范围内完成了普及初等教育的历史任务。1990年全区共有小学14634所，另设教学点92382个，学校网点布局基本覆盖总人口；学龄儿童入学率达到97.9%，年巩固率达到98%，毕业率达到95.9%，分别比1989年增长0.4、0.7和1.9个百分点；小学生流失率控制在2%以下。自治区100个县旗市（区）基本普及了初等教育，开始有计划、有步骤地实施义务教育。

普通初中和农职业初中分别比1989年增加16所和8所，初中阶段的学校网点布局作了进一步调整，81.8%的小学毕业生能够升初中就读，比1989年提高了2.9个百分点。

普通高中规模基本稳定，校数略有减少。全区普通高中比1989年减少了12所，在校生人数大体稳定在1989年的水平。

加强了对幼儿教育的管理，各级幼儿园向标准化、规范化发展。到年底，全区有3个班以上的幼儿园630所，不足3个班的828处。在园幼儿中有小学附设学前班24.51万人。

职业技术教育开始步入地方统筹，面向生产、注重实效的轨道，中等教育结构改革逐步深化。全区农职业高中比1989年增加6所，在校生增加3000人。各类中等职业技术学校招生5.08万人，与普通高中招生人数之比为0.73：1。1990年，普通初中和农职业初中毕业学生27.83万人，升入普通高中6.93万人，升入农职业高中2.52万人，升入技工学校9000人，升入普通中专1.21万人。毕业生的多渠道分流，使升学率由1989年的40％提高到41.5％。

普通高等教育进一步稳定规模、调整结构。调减了研究生教育的规模。通过逐年调减，在校研究生人数由1986年的514人减少到1990年的253人。控制本专科招生数量，调整本专科比例，使结构趋向合理。

成人高中等教育进一步调整整顿，岗位培训逐步加强。1990年，自治区所属成人高校招生数和在校生数均比1989年有所减少。成人中等专业学校的招生数和在校生数则分别比1989年增加5100人和1.17万人。1990年是国际扫盲年。全年扫盲近10万人。15～40周岁的青壮年文盲人口比例由1989年的8.4％下降到6.6％。全区89个农牧业旗、县基本达到了国务院规定的脱盲标准。

民族教育得到进一步发展。1990年，全区设有少数民族小学3027所、中学422所、农职业中学37所，小学比1989年减少157所，普通中学和农职业中学分别比1989年增加14所和2所。在38所中专开设蒙语授课专业或民族班，在10所普通高校开设了23种蒙语授课专业，在7所成人高校中开设了蒙语授课专业。1990年各级学校少数民族在校生，除普通中学比1989年减少1400人外，其余均有增

1990年各级普通学校少数民族在校生人数及比重

单位：人

	各民族总数	汉族		蒙古族		其他少数民族	
		人数	比重(％)	人数	比重(％)	人数	比重(％)
普通高等学校	32175	23335	72.52	7750	24.09	1090	3.39
其中：地方所属	29978	21289	71.01	7689	25.65	1000	3.34
中等专业学校	49800	36921	74.14	11345	22.78	1534	3.08
中等技术学校	36888	28798	78.07	6897	18.70	1193	3.23
中等师范学校	12912	8123	62.91	4448	34.45	341	2.64
普通中学	1066167	855057	80.20	181503	17.02	29607	2.78
高中	200362	155579	77.65	38919	19.42	5864	2.93
初中	865805	699478	80.79	142584	16.47	23743	2.74
农职业中学	118507	103187	87.07	12703	10.72	2617	2.21
高中	59654	50385	84.46	7238	12.13	2031	3.41
初中	58853	52802	89.72	5465	9.29	586	0.99
小学	2342865	1872774	79.94	394934	16.86	75157	3.20
1989年末人口总数(万人)	2112.53	1729.92	81.89	315.69	14.94	66.92	3.17

注：（1）其他少数民族包括回族、满族、朝鲜族、达斡尔族、鄂温克族、鄂伦春族等。
（2）在各级各类学校蒙古族学生中，使用蒙古语言文字授课的学生占50％以上。

1990年各级普通学校蒙古语言文字授课在校学生人数及比重

单位：人

	蒙古族学生数	蒙古语文授课		加授蒙古语文		计	
		学生数	占蒙生%	学生数	占蒙生%	学生数	占蒙生%
普通高等学校	7750	4003	51.65	—	—	4003	51.65
其中：地方所属	7689	4003	52.06	—	—	4003	52.06
中等专业学校	11345	7375	65.01	—	—	7375	65.01
中等技术学校	6897	3398	49.27	—	—	3398	49.27
中等师范学校	4448	3977	89.41	—	—	3977	89.41
普通中学	181503	102009	56.20	12668	6.98	114677	63.18
高中	38919	23317	59.91	4118	10.58	27435	70.49
初中	142584	78692	55.19	8550	6.00	87242	61.19
农职业中学	12703	7728	60.84	510	4.01	8238	64.85
高中	7238	3664	50.62	380	5.25	4044	55.87
初中	5465	4064	74.36	130	2.38	4194	76.74
小学	394934	225385	57.07	16650	4.22	242035	61.28

加。其中小学增加1.55万人，农职业中学增加1200人，中专(含中师)增加2100人，普通高校增加100人。各级各类学校在校生中，少数民族所占的比重均高于其人口比重。

二、召开1990年全区教育工作会议

1990年4月3日至7日，在呼和浩特市召开了全区教育工作会议。这次会议以中央全会和自治区党代会精神为指导，突出了当前教育工作的重点，集中研究了加强自治区各级各类学校思想政治工作和调整教育结构，大力加强基础教育、中初级职业技术教育等问题。

自治区党政领导对这次会议十分重视。会议期间，自治区党委副书记张丁华，自治区党委常委兼高校工委、教育厅党委书记陈奎元，自治区政府副主席赵志宏均出席并作了重要讲话。自治区高校工委、教育厅党委副书记，教育厅厅长白音向大会作了题为《总结经验，振奋精神，努力完成我区教育事业治理整顿和深化改革的任务》的报告。

会议认为，党的十一届三中全会以来，随着自治区各项建设事业的发展，教育事业得到了迅速恢复和发展，取得了显著成绩。为了巩固已经取得的成绩，需要一段时间重点进行充实、提高、调整、整顿。会议指出，在今后几年内教育战线主要任务，一是切实加强各级各类学校的思想政治工作，维护安定团结的政治局面，二是认真贯彻治理整顿和深化改革的方针，把更多精力集中到调整教育内部结构，提高教育质量方面来，促进教育事业持续、稳定、协调地发展。

会议要求各级教育部门和学校真正把加强思想政治教育落到实处。要采取各种途径和形式，在学生中广泛、深入地开展爱国主义、国际主义、社会主义、共产主义的教育，开展革命传统、革命理想、艰苦奋斗和民族团结的教育，引导青少年养成良好的道德风尚，树立正确的人生观和世界观；要发挥广大教职工教书育人、管理育人、服务育人的积极作用，建立党、政、工、团、教齐抓共管，各司其责的教育网络，共同实施学校的德育工作；要加强学校政工队伍的思想建设和组织建设，有计划、有步骤地分批培训各类学校的政工干部，不断提高他们的政治业务素质；要进一步建立和完善各级各类学校德育工作检查评估制度，把德育工作的好坏作为考核学校工作、校长工作和党政干部工作的重要依据，把教书育人的实绩作为教师职务评定、工资晋升的必备条件。

会议提出，要适应经济和社会发展要求，进一步调整教育结构。总的要求是：坚持从自治区的实际出发，着眼于理顺教育的内部关系，在规划教育事业发展时，适当降低重心，合理而有效地控制高等教育规模，把优先发展民族教育，大力加强基础教育和中初级职业技术教育，全面提高劳动者的素质，摆到突出的位置上来，使教育更好地为自治区的现代化建设服务。

这次会议还具体安排了1990年全区教育方面的10项重点工作，强调要把治理整顿和深化改革结合起来，把抓规划、抓措施和抓落实、抓检查结合起来，扎扎实实地完成1990年的任务。

三、切实加强党对教育工作的领导

一是根据自治区党委的决定，于年初成立了内蒙古自治区党委高校工作委员会和教育厅党委，其主要职能是：领导高等学校和教育厅各级党组织搞好思想、组织、作风建设；贯彻执行中央、自治区党委有关教育工作的方针、政策；做好党员的管理教育工作；管理高等学校和教育厅机关及教育厅所属单位的干部。二是加强各级各类学校领导班子的建设。各级党委对大中小学的领导班子普遍进行了考核、评议、调整和充实。使学校领导班子的结构有了一定改善，政治、业务素质有了提高。特别是党的领导班子明显得到加强，保证了各级党组织的政治核心作用和战斗堡垒作用的正常发挥。三是进一步加强了学校的思想政治工作。1990年，自治区党委、政府和高校工委、教育厅先后召开了全区高校党建工作会，呼市地区中专及中小学党建工作座谈会和全区中小学思想政治工作会、中专思想政治工作会、学校德育工作表彰会以及高校思想政治工作研究会、青少年德育工作研讨会等专题性会议。通过这些会议进一步总结交流了学校思想政治工作的经验；表彰了德育工作先进单位和个人；研究制定了落实德育首要地位的政策和措施，并下发了有关文件。一年来贯彻会议精神和文件精神，各级各类学校的思想政治工作有了新的转机，在全区范围内初步形成了重视德育的局面。

四、着手研制自治区教育事业“八五”计划和十年规划

为了切实加强对教育事业的宏观管理，保证全区各类教育事业在“八五”期间以至今后十年能够持续、稳定、协调地发展，1990年，自治区教育厅把制定全区教育事业发展“八五”计划和十年规划作为一件全局性的大事来抓。首先把规划工作列为1990年要着力抓好的重点工作之一，在全区教育工作会议上进行了具体部署；其次成立了从厅长为首的规划协调领导小组，并筹组了自治区义务教育、中等教育、高等教育和成人教育规划工作组；三是拨出专款10万元，落实了开展规划工作的经费；四是按照国家教委《1991—2000年中国教育发展和改革纲要(草案)》和《全国教育事业“八五”计划和十年规划要点（初稿)》以及自治区政府《“八五”计划和十年规划的总体思路》，讨论确定了自治区各类教育事业“八五”期间和今后十年的战略目标、基本任务和相应的政策措施。经过紧张工作，在深入调研、反复论证的基础上，到年底，形成了《义务教育规划（草案)》、《中等教育包括中专、中技、中职、中师和普通高中规划（草案)》、《关于普通高等教育“八五”计划和十年规划指导思想与改革调整的若干问题》(讨论稿)和《成人教育规划(草案)》，为尽快完成自治区教育事业发展“八五”计划和十年规划打下了坚实基础。

五、继续推进农村牧区教育综合改革

1990年，全区在原有3个综合改革试验旗的基础上，又确定11个旗县为农村牧区教育综合改革试验旗县。同时提出了以下几点要求：一是实行基础教育、职业技术教育、成人教育“三教统筹”和农(牧)、科、教统筹；二是把发展基础教育、职业技术教育和成人教育同实施“星火计划”、“燎原计划”、“丰收计划”结合起来，纳入当地经济、社会发展战略规划，统筹管理，抓好落实。三是建立由旗县政府主要领导牵头，分管领导负责，教育、科技、计划、财政、劳动人事、税务、公安等有关部门负责人参加的统筹管理机构，负责制定规划、筹措经费、调配师资、组织教学、安排人才使用、进行教学质量评估等工作。四是各级政府对教育工作的领导，实行严格的任期目标管理责任制。从自治区到盟市、旗县、乡镇苏木，一级抓一级，层层抓落实。一年来，试点工作取得了新的进展。敖汉旗在开展综合改革以来，逐步确立了科技致富、教育兴旗的指导思想，提出了以基础教育为基础，以职业技术教育为突破口，以成人教育为依托，实施“三教统筹”，农、科、教结合的综合改革思路，为全区的综合改革提供了颇有指导性的借鉴。该旗被确定为全国实验县之后，从旗到乡、村进一步充实加强了统筹领导力量，不少乡镇配备了科技副乡镇长，协助一把手抓统筹。他们把农业部门推行的“丰收计划”、科技部门推行的“星火计划”和教育部门推行的“燎原计划”结合起来，努力做到规划统筹和实验项目统筹。康营子乡自筹经费2.3万元，由统筹领导办公室统一规划，各有关部门全力配合，开辟了10个实验小区，进行了7个项目的实验，当年就收到明显的效益。四道湾子镇通过两级农校开展了“水稻寒地早育稀植”、“玉米制种”等实验项目推广，种植了250亩水稻，当年增产3.125万公斤，开辟的5200亩制种实验田创纯收入182万元。

基础教育

1990年，自治区把大力加强基础教育摆在突出位置，认真落实德育的首要地位，积极组织实施九年制义务教育，进一步深化改革，有力地促进了基础教育的发展。

一、认真落实德育的首要地位

自治区教育厅制订了《关于加强和改进中小学德育工作的意见》，于5月5日正式下发全区执行。8月中旬召开了全区中小学思想政治工作会议，交流全区中小学开展思想政治工作的经验，讨论教育厅拟订的关于加强中小学德育工作的文件。会后，教育厅下发了《内蒙古自治区中小学教职工德育职责试行条例》和《内蒙古自治区中小学生操行评定试行办法》。根据这次会议精神，在教师节，教育厅会同劳动人事厅、文教工会表彰了251名在中小学德育工作方面做出突出贡献的优秀教师和19个先进单位，并为这些优秀教师每人晋升一级工资，将其中36名民办教师选拔为公办教师。

开展向乌云学习活动。哲里木盟库伦旗一中高级教师乌云的感人事迹见报后，引起全社会强烈反响。自治区高校工委、教育厅党委作出了《关于向乌云同志学习的决定》，在全区教育系统开展向乌云学习活动。教育厅在包头、呼市等地组织了乌云事迹报告会，参加师生逾万人，收到良好效果。

一年来，全区各级教育行政部门和广大中小学认真贯彻中央和自治区有关文件及会议精神，逐步建立健全了德育工作领导机构，选配了专兼职政工人员，充实了党、政、团、队、学工作队伍，开展了《教职工德育职责条例》和《学生操行评定试行办法》的试点工作，制定了加强德育工作的实施细则和评估、考核办法，使德育工作得到了进一步加强。自治区还先后举办了牧区苏木中心校校长培训

班和青少年德育工作研讨会；各盟市、旗县普遍举办了中小学校长、党团组织领导干部、少先队辅导员培训班，开展了德育课研究和教师培训活动。全区各级中小学普遍重视和加强了“五爱”教育和日常行为规范教育，突出了爱国主义、集体主义和民族团结教育，恢复了升国旗、唱国歌制度，开展了学雷锋、学赖宁、学乌云等活动。德育工作的加强，使中小学的校容校貌、校风校纪有了明显好转，师生的精神面貌发生了较大变化。

二、依法实施九年制义务教育

(一)制定实施义务教育规划

1990年初，全区大部分地区组成了由各级政府带头，教育部门和有关部门参加的规划领导班子。经过自上而下的部署，规划到乡苏木，算帐到学校，自下而上地综合平衡，反复研讨论证，形成了从乡镇苏木到自治区，层层衔接的义务教育规划。待各级人大审议通过后，将采取目标责任制的形式层层组织实施。

(二)建立义务教育管理制度

从1990年9月新学年度开始，呼和浩特、包头、乌海、赤峰等城市市区和部分大厂矿企业，约占全区15%人口的地区开始依法实施九年制(或八年制)义务教育，在约占全区35%人口的地区开始依法实施初等义务教育。为推动实施工作，自治区人民政府委托教育厅制定了《内蒙古自治区建立义务教育目标责任制若干问题的暂行规定》、《内蒙古自治区依法实施义务教育申报及审批工作的暂行规定》等文件，逐步形成了一整套比较完善的义务教育工作制度。主要包括：义务教育目标责任制度、档案制度、入学通知制度和缓学免学审批制度、证书制度、办学条件检查验收制度、督导评估制度、流失生报告制度等。

(三)义务教育办学条件有了明显改善

1.1990年，全区用于改善中小学和中等师范学校办学条件的总投资有两亿多元。其中自治区4150万元，盟市、旗县7700万元，群众集资8700万元，勤工俭学等800万元。全年共修建中小学校舍95万平方米，校舍砖瓦化程度达到83%，添置课桌凳24万单人套。全区基本实现了“一无两有”，学校危房比例由1986年的17%下降到3%。306所高中，完中建起了图书馆、阅览室。1988～1990年三年建起城镇中小学教职工住宅47万平方米，有8600万户教职工迁入新居。师范学校、教育学院的校舍建设和教学设备发生了明显变化。

2.师资队伍的建设主要抓了培养培训和队伍管理。1990年，各类师范院校招生1.69万人，比1989年增加300多人。经过专业合格证书考试和中师自学考试，有4553人获单科结业证，2024人获专业合格证书。在加强队伍管理方面，首先把住了师范院校毕业生分配关，但90%以上的毕业生分配到中小学任教，同时制定了《关于加强中小学教师队伍管理的规定》和《民办教师管理暂行办法》，严格教师队伍的管理。

3.完成了教师高、中级职务评聘工作，处理了首次评聘以来的遗留问题。经过职务评聘，全区中小学特级教师已达90人，高级教师达4496人，一级教师17430人，中级以上职务教师占中小学专任教师总数的18.62%。队伍建设促进了师资合格率的提高，到年底全区小学教师学历合格率达67.3%，初中教师为40.8%，高中教师为40.2%，分别比1989年提高2.8、5.7和1.7个百分点。

(四)进一步深化基础教育改革

1990年，全区在完善学校内部管理体制的改革和教学领域的改革方面又有了新的进展。中小学在继续实行和完善校长负责制的同时，在部分学校试行了党支部领导下的校长负责制。其次，学校内部人事制度和分配制度的改革有了新的突破。1988年，乌盟开始在集宁市和察右前旗选定部分中小学，实行公开招聘校长、聘任教师、改革劳动制度和分配制度，打破大锅饭，引入竞争机制，调动了教职工的积极性。同时也有助于解决城镇教职工严重超编、人浮于事的问题。1990年，乌盟首先在这两个市旗大面积推行了这项改革，引起了自治区政府的重视和兄弟盟市的关注。7月初，由自治区政府主持，劳动人事、文化、教育、卫生等部门参加，在集宁市召开了全区推广集宁文教卫生系统综合配套改革经验现场会。

在深化教学领域的改革方面，主要是根据加强德育的要求，对中小学语文、政治、历史、地理等课程的教材、教法进行改革。如呼和浩特市第19中学，在教学改革中明确规定各科教师的职责，提出讲历史首先要讲爱国主义思想，教育学生树立献身祖国、献身内蒙古的思想；讲数学要培养学生缜密的思维、严谨的作风，养成向真、向上、向美的品德和实事求是的科学态度；讲政治要教育学生养成理论学习与实际表现相统一的思想作风。各中小学还普遍加强了劳动(劳技)教育和社会实践教育。年初自治区制定下发了《关于中小学劳技课若干问题的意见》，编辑出版了中小学劳技课教材。各级教育行政部门和学校结合地区和学生的特点，调整了教学计划，普遍开设了劳动(劳技)课和社会实践教育课，加强了校内外劳动教育和实践教育基地的建设。同时，抓紧了运用九年制义务教育教材改革的实验。在加强民族语言文字授课教学方面，也进行了探索。自治区教育厅会同内蒙古电台联合制作了民族小学蒙语文教材标准音配乐朗诵磁带和蒙语教唱歌曲节目，深受牧区中小学欢迎，对提高民族中小学的教学质量发挥了积极作用。

职业技术教育

为了大力发展职业技术教育，贯彻自治区政府1989年作出的《关于为农村牧区培养家庭技术员的决定》，实现到1995年为全区316万农牧户每户培养1名初、中级家庭技术员的奋斗目标，在1990年初召开的全区教育工作会议上，专题研究了发展中初级职业技术教育的问题，提出了目标要求和应采取的具体措施。第一，1990年农村牧区要有10%左右的普通初中附设“3＋1”学校，开展高中后、初中后、小学后实用技术的培训。与此同时，要求县、乡、村三级农牧民教育网络相结合，重点实施对回乡初中毕业生和农牧民的科技教育。第二，进一步改革和完善中等教育领导管理体制，在建立“科教统筹”和农牧科教结合新体制的同时，进一步调整职业技术学校的布局和专业设置，各盟市、旗县首先集中力量办好现有培训中心和综合性职业高中。第三，调整普通中专的布局和专业设置，加强教学管理和学生管理，充分发挥中专在职业技术教育中的骨干作用。一年来，各地从实际出发认真贯彻上述精神，使中初级职业技术教育迈出了新的发展步伐。

一、兴办“3＋1”学校，培养中初级人才

1990年，全区各地认真学习巴盟经验，把发展中初级职业技术教育，培养农牧民实用技术人才的重点放在了兴办“3＋1”教育上。不少盟市、旗县召开了专门会议，作出相应决定，有的还建立了各级目标管理责任制。如兴安盟行署做出四项具体规定：(1)一律停办初三补习班，集中力量办“3＋1”初等职业班，列入事业规划，保证编制和经费；(2)中师、中专、技工学校招生时，要对“3＋1”班学生加试一门专业课，专业课成绩不及格者不予录取；(3)农牧中专划出一定指标，定向招收“3＋1”职业班学生；(4)“3＋1”班的专业课时不得低于总课时的30%。由于各级领导重视，到年底全区兴办“3＋1”初级职业班的学校达461所，占初级中学总

数的33%，在校学生达 55494 人。

二、开展职业中学办学水平评估，集中力量办好重点职业高中

1990 年，自治区政府决定对全区各级重点职业高中进行办学水平的评估和认定，成立了由自治区政府牵头，教育等有关部门参加的领导小组，制定了自治区《职业中学办学水平评估细则》和《旗县综合性职业高中办学水平评估指标体系》。上半年各盟市开展自评活动。为了达到重点职业高中的水平，各地积极增加投资，努力改善办学条件，合理布局，统筹专业设置，有力地促进了当地职业技术教育的发展。在盟市旗县自评、自查的基础上，年底，自治区政府对全区 30 所首批办好的职业高中进行了评估、认定。其中，呼市第二职业高中、包头市第四职业高中、奈曼旗八仙筒蒙古族职业高中、乌拉特前旗第一农职业高中等 5 所学校被批准确定为自治区级重点职业高中。

三、加强中等专业学校的思想政治工作，严格教育教学管理

（一）深入开展中专学校德育调查研究工作

自治区教育厅和内蒙古中专教育研究会于上半年联合对中专学校的德育工作进行全面调查。先在呼和浩特市地区选择 3 所不同类型的中专进行试点调查。4 月底，成立了 19 个调查组，在全区全面展开。这次调查历时两个月，调查学校 78 所。通过全面调查，基本摸清了全区中专学校德育工作的现状和学生的思想状况以及学校的管理情况，提出了加强和改进德育工作的意见和措施。

在上半年调查研究的基础上，于 11 月26 日至 30 日召开了全区中专学校德育工作会议。会后下发了《内蒙古自治区中等专业学校德育工作条例》。

（二）召开全区中专教学管理工作会议

1983年全区大中专院校学校管理工作会议以后，各中等专业学校普遍加强了管理工作，成立了必要的管理机构，制定了有关规章制度，基本形成了稳定的教学秩序，使中专教育步入了正轨。“两乱”以后，为稳定中专的教学秩序，自治区教育厅把加强中专的管理与实现高校的稳定同样重视，作为重点来抓。1989年下半年进行了全区中专办学条件和管理水平的检查评估。1990 年初，教育厅又着重围绕教学管理，召开了呼和浩特、包头二市部分中专教务科长座谈会，组织了专题调查研究。同时，会同内蒙古中专教育研究会、思想政治工作研究会起草了全日制普通中专《教学管理规定》、《学生学籍管理规定》、《教师管理条例》，编制了关于学校教学计划、教学管理、考核评估等 14 种表格。在此基础上，于 4 月 24 日至 27 日召开了全区中专教学管理工作会议，总结交流全区中专加强和改进教学管理的经验，讨论修订了教育厅拟定的加强中专学校教学管理的有关文件，安排了下一阶段教学管理工作。会后，各校认真贯彻会议精神，教学管理工作程度不同地得到加强。如呼和浩特交通学校、内蒙古人民警察学校结合实际，制订了有关规章制度，编印了教师手册；内蒙古粮食学校建立和完善了《教师业务档案；内蒙古工业学校制订了便于操作、比较规范、行之有效的教学管理程序和表格，强化了教学管理中的各个环节。

高 等 教 育

1990年，内蒙古自治区高教战线，在深入反思、认真总结经验教训的基础上，围绕加强党的领导、坚持社会主义的办学方向，全面正确地贯彻党的教育方针，进一步治理整顿和深化改革，做了大量工作。

一、加强党对高等学校的领导

自治区高校工委和教育厅党委成立后，根据中央和自治区党委的部署，采取了有力的措施，切实加强党对高等学校的领导。

（一）明确高等学校的领导体制

除内蒙古农牧学院继续试行校长负责制外，其它院校一律实行党委领导下的校长负责制。

（二）加强高等学校党的领导班子建设

高校工委从5月初开始对全区19所普通高校的领导班子进行全面考核，到年底已考核了16所院校的97名校级领导干部，对8所院校的领导班子进行了调整、充实。与此同时，区党委在内蒙古党校举办了高校正处级以上党员领导干部培训班，促进了领导班子马列主义理论水平和政治素质的提高。

（三）加强高校党的思想作风和组织建设

主要抓了六项工作：一是加强马列主义基本理论的学习，进一步提高党员和干部的政治素质；二是积极开办业余党校，培训党员骨干；三是严格党的组织生活，搞好党内监督；四是狠抓总支、支部建设，发挥基层组织的战斗堡垒作用和共产党员的先锋模范作用；五是贯彻中央关于密切党同人民群众联系的决定精神，加强党员干部同教职工、学生的联系，建立党委书记、总支书记接待日制度；六是普遍开展了党员评议和重新登记工作。

（四）贯彻“稳定压倒一切”的方针，认真做好稳定局势的工作

首先，认真进行清查工作，并根据党的政策妥善作了处理。其次，加强了政治保卫工作，普遍建立了有领导参加的值班制度，设立了各级保卫委员会，充实了保卫人员。第三，建立健全了信息网络。

（五）开展以形势教育为中心的思想政治教育

1990年春季开学后，全区各高校普遍利用7～10天的时间组织广大师生集中进行形势教育。围绕“坚持社会主义道路”这条主线，深入进行形势、政策教育和民族团结的教育。一年来，各高校在充分发挥政治理论课主阵地作用的同时，围绕坚持四项基本原则和反对资产阶级自由化，针对师生中存在的一些深层次的思想认识问题，开展了“只有社会主义才能救中国，才能发展中国”、“共产党的领导是中国人民的历史选择”、“加强社会主义民主和法制建设”等专题教育。各高校普遍加强了对师生员工特别是青年学生的思想政治工作。内蒙古工学院等院校，在学生工作方面，初步形成了一个系统（学生工作系统）、三个层次（校、系、班）、四条主线（党、政、团、学）、三支队伍（专职、兼职、骨干）总体优化的运行机制，使思想政治工作得到明显改善。

二、稳定规模，调整结构，主动适应经济、社会发展的需要

1990年，自治区高等教育继续贯彻“稳定规模、优化结构、深化改革、提高教育质量和办学效益”的方针。一是根据按需培养的原则，压缩了研究生规模；二是继续调整本专科比例，1990年本专科招生比例为1:1，专科招生比1980年增长了61.0%；三是在继续调整科类和专业结构的同时，在人财物等方面实行倾斜政策，加强了新上专业和重点学科的建设；四是扩大定向招生比例，拓宽人才通向基层的路子。

为了使高等教育更好地适应经济和社会发展的需要，在自治区政府主持下，教育厅在调查研究、充分论证的基础上，制定了《关于进一步调整高等教育结构的意见》，明确提出：在治理整顿期间，不增设新校，不新上专业和专业点，不扩大办学规模；年招生人数和在校生人数大体稳定在1989年的水平，“八五”后期，专科可略有增加；明确了农、林、医、师院校的职能和分工，综合大学面向经济建设发展应用学科，控制、调整一般基础学科，同时承担为中等学校培养部分师资的任务；进一步调整层次结构和专业结构。在层次结

构方面，根据"按需培养"原则，合理确定研究生规模，继续控制本科生规模，适当发展专科教育，在专业结构方面，压缩长期供过于求的长线专业办学规模，扩大短线专业的办学规模，根据需要和可能，增设一些急需的缺门专业，同时采取淡化专业界限、设置专门化等途径，改造老专业，拓宽专业面，增强适应性；对普通高校中的成人高等教育和尚未达到设置标准的高等学校，也要进行调整和整顿。这个文件已经自治区党委审议通过。

三、加强管理，从严治校，优化育人环境

1990年以来，各高校认真贯彻治理整顿的方针，坚持"严"字当头，综合治理，突出重点，狠抓落实，切实加强管理，使校风、教风、学风开始好转，生活、教学、政治秩序迅速恢复，学生的思想状况和精神面貌发生了明显变化，厌学风得到了控制，学校的"小气候"正朝着好的方向发展。

其主要措施，一是加强领导，完善管理体制。各校大都成立了学生工作委员会，统筹党、政、工、团、学各方面的力量，齐抓共管，形成合力。二是综合治理，优化环境。驻院校派出所、保卫处抓学校的治安保卫工作和校园秩序；教务处以抓考试纪律为重点，严肃学习纪律；学生处同团委、学生会配合，统管学生纪律和学生宿舍；总务处在管好伙食的同时，全面做好后勤服务工作。三是开展学雷锋、树新风活动，奖优罚劣，扶正祛邪。据呼和浩特地区9所高校近一年来的统计，在学雷锋活动中，累计做好人好事2万余人次，共表彰三好学生809人、优秀学生干部628人、优秀团员603人、文明宿舍44个，与此同时，对447名违纪学生进行了处理，引起一定的震动，正确的舆论开始形成。四是加强规章制度建设。严肃校规校纪。为了优化育人环境，在调查研究的基础上，高校工委和教育厅又制订了《进一步加强管理，从严治校的意见》，由自治区党委办公厅和自治区政府办公厅批转各校执行。总体目标是："要在三年内，即到1992年底，使各高校管理工作走上轨道，实现校风、教风、学风的全面好转，使学校小环境的治理有一个根本的改善。"1990年10月底，召开了全区高校学生管理及学籍管理工作经验交流会，制定了开展全区高校宿舍管理和食堂管理评估工作的指标体系和评估办法。从12月中旬开始，高校工委、教育厅筹组了两个评估小组，对全区18所高校的学生宿舍、食堂管理工作进行检查评估，实事求是地总结和评价各校的管理水平，收到了明显效果。

四、加强劳动教育和实践教育，引导师生走同工农相结合的道路

1989年12月，自治区政府召开了全区高校加强学生劳动教育和实践教育工作会议。根据会议精神，教育厅制订了《关于加强高等学校劳动教育和社会实践教育的意见》，由自治区党委办公厅和政府办公厅下达各地区、各部门和高等学校执行。一年来，各高校认真贯彻《意见》精神，着重从以下两方面加强劳动教育和实践教育。一是调整教学计划，增加了劳动教育和实践教育的时间。劳动教育每学期定为7～10天，四年不少于8周。二是加强劳动和实践基地的建设。1990年自治区从高校专项经费中划拨150万元，用于校内实践基地建设，同时加强了校外基地的建设。据统计，到年底各高校已建立相对稳定的校外基地和专业劳动教学实习点137个。例如内蒙古农牧学院农牧系建立的凉城、宁城、察右前旗、临河等校外"三结合"基地，在劳动和实践教育中发挥了重要作用，既为科技兴农作出了贡献，也使师生受到了锻炼。在察右前期实习的8名学生中有5名要求毕业后留在前旗工作，并得到批准。一年来各高校在劳动教育和实践教育方面迈出的步子大，成效显著。内蒙古农牧学院去年下半年以来，先后派出155名教师和907名高年级学生到农村、牧区、军营，支农、支军、扶贫，共开展服务项目55项，培训农牧民及农牧业技术人员1.8万人次。内蒙古医学院先后分三批安排900名学生到农村牧区参加劳动锻炼。各高校还普遍利用寒暑假组织学生参加社会实践，使学生广泛地接触社会，了解国情和区情。1990年暑期，全区高校有两万多名学生，分四个层次参加社会实践活动，足迹遍布十几个省市自治区和全区12个盟市的90多个旗县市区。其中，进行专题考察达2400多人次，撰写论文两万多篇，开展各项咨询服务1300多项，举办各类讲座400多期。这是近年来规模最大，组织最好的一次学生暑期社会实践活动。为此，自治区于10月召开全区高校暑期社会实践总结表彰大会，有6个先进单位、45个先进集体、95名优秀指导员、506名先进个人、92篇优秀论文和12个先进基地受到表彰。

成人教育

1990年，自治区成人教育继续贯彻治理整顿和深化改革的指导方针，加强思想政治工作，调整和改革教育结构，积极推进联合办学，着力加强岗位培训，为实现重心下移和转轨定向创造了条件。

一、加强和改进成人院校的思想政治工作

1990年，各成人高中等院校，根据高校工委《关于加强和改进高等学校思想政治工作的若干意见》的精神，主要采取了如下几项措施：一是把思想政治工作列入学校重要议事日程，坚持做到有计划、有安排、有措施、有检查，注重实效；二是充实和加强政工队伍；三是制定思想政治工作条例；四是调整教学计划，开设了思想政治课和民族理论、民族政策课。

二、加强岗位培训，促进成人教育重心下移

在总结前三年试点经验的基础上，1990年岗位培训在全区普遍推开，全年共培训60万人，相当于前三年的总和。在重点抓好职工适应性培训的同时，各地进一步开展了规范性培训试点。据不完全统计，全区物资、邮电、商业、人事、金融、税务、轻工、交通、财政等系统及14个大型企业制定了160多种岗位规范，并且多数已开办了试点班。各有关部门普遍制定了岗位培训方案。自治区劳动人事部门、经委系统制定了国家行政工作人员和“三总师”、厂长、经理的岗位培训实施方案，为全区的岗位培训提供了借鉴。1990年，教育厅会同有关部门组织力量深入盟市、大厂矿企业进行了岗位培训的专题调查，掌握了大量数据，为制定自治区岗位培训实施方案做了准备，同时在全区范围内开展了岗位培训经验材料和有关论文征集活动，已征集材料、论文近百篇。

三、调整成人教育结构，实行联合办学，提高整体办学效益

一年来，通过认真检查评估和深入调查研究以及地区和部门的积极配合，全区成人高、中等教育的调整有了实质性进展。

推动地区性职工大学、管理干部学院、电大分校、教育学院实行联合办学。条件具备的一步到位，实行实体联合；条件暂不具备的，先搞松散联合而后逐步过渡到实体联合。原包头机械局职工大学与包头市职工大学实体联合，内蒙古经济管理干部学院与内蒙古管理干部学院合并；另有8所职工大学通过建立协作会的形式实行松散联合。此外，全区还成立了4个学科和专业协作组，定期开展校际间教学研究活动。

对成人中专进行了调整和撤并。在全面检查评估的基础上，根据自治区教育厅拟定的调整成人中专的三条原则，经过充分讨论，提出了撤并27所、限期整顿7所，即将原87

所职工（干部）中专调整为60所成人中专的调整方案。自治区政府于年底正式批准了这个方案，使成人中专的调整迈出了重要的一步。

撰稿人　赵　逵

审稿人　秦政奇　朱成德

辽宁省教育

概　况

一、各级各类教育发展情况

1990年各级普通学校基本情况

工读、特殊教育学校单位：人
其他学校单位：万人

学校类别	学校数（所）	毕业生数	招生数	在校学生数	教职工数 计	其中：教师
一、普通高等学校	63	3.56	3.64	12.73	5.8	2.3
研究生	(26)	0.16	0.14	0.43		
本科		1.8	2.0	8.2		
专科		1.6	1.5	4.1		
二、普通中等学校	3259	62.63	71.55	206.56	23.15	17
1.中等专业学校	166	3	3	10.3	2.5	2.3
中等技术学校	135	2	2.1	7.5	2	1.8
中等师范学校	31	0.9	0.9	2.8	0.5	0.5
2.普通中学	2489	55.1	62.9	181.1	18.5	13.3
高中	398	8.1	8.9	25.8		2.2
初中	2091	47.0	54.0	155.3		11.1
3.农业、职业中学	591	4.5	5.6	15.0	2.1	1.34
高中	537	4.1	5.2	14.1		1.3
初中	54	0.4	0.4	0.9		0.04
4.工读学校	13	366	452	1375	529	283
三、小学	15630	59.2	59.6	407.3	24.9	21.2
四、特殊教育学校	72	424	12.51	64.53	1972	1386
五、幼儿园	9714			93.7	7.8	4.3

1990年各级成人学校基本情况

单位：万人

学校类别	学校数（所）	毕业生数	招生数	在校学生数	教职工数 计	其中：教师
一、成人高等学校	83	2.9	3.2	10.8	1.5	1.07
广播电视大学	3	0.7	0.7	2.2	0.2	0.1
职工高等学校	61	0.6	0.6	2.0	0.9	0.4
农民高等学校						
管理干部学院	7	0.1	0.1	0.2	0.2	0.47
教育学院	12	0.2	0.2	1.1	0.2	0.1
独立函授学院						
普通高校举办						
函授部		1.0	1.2	3.8		
夜大学		0.3	0.4	1.5		
干部专修科						
二、成人中等学校	2977	67.8	86.1	75.1	2.61	1.44
1.成人中等专业学校	274	3.3	3.3	7.8	1.4	0.77
广播电视中专	18	0.2	1.5	2.5	0.03	0.02
干部中专						
职工中专	143	0.7	0.8	2.3	0.7	0.3
农民中专	21	0.2	0.4	0.7	0.07	0.05
教师进修学校	92	2.2	0.6	2.3	0.6	0.4
2.成人中学	475	3.4	4.8	5.6	0.31	0.17
职工中学	255	2.0	3.1	3.7	0.26	0.14
农民中学	220	1.4	1.7	1.9	0.05	0.03
3.成人技术培训学校	2228	61.1	78.0	61.7	0.9	0.05
职工技术培训学校	605	23.1	29.9	22.7	0.5	0.3
农民技术培训学校	1623	38.0	48.1	39.0	0.4	0.2
三、成人初等学校	12455	99.8	105.4	113.0	1.2	0.32
1.职工初等学校	440	3.0	2.7	8.2	0.1	0.03
2.农民初等学校	12015	96.8	102.7	104.8	1.1	0.27
其中：扫盲班	3500	3.9	7.4	8.0	0.4	0.1

撰稿人　邓庆祥

审稿人　陶增骈

二、全省教育事业工作概况

1990年，辽宁省各级各类教育事业进一步端正办学指导思想，在治理整顿和深化改革中稳步、协调发展，其中许多工作取得了突破性进展。

（一）进一步端正社会主义办学方向，认真落实德育的首要地位

1990年，全省各级党政领导认真把德育当作一件大事来抓，切实加强了领导。省委召开了高校党的建设工作会议，成立了高教

工作委员会。各大专院校普遍实行了党委领导下的校长负责制，从组织和思想上保证了党对高校的领导。在贯彻省委、省政府《关于加强和改进中小学德育工作的决定》中，各市、县(区)相继建立起由党政领导挂帅的学校德育工作领导和协调机构，逐步扩大了社区教育网络，进而形成了党政工青妇，学校、社会、家长齐抓共管中小学德育工作的新局面。

各级各类教育根据自己的特点，有的放矢地强化了思想教育。在高等院校积极推广沈阳电力专科学校坚持社会主义办学方向、从严治校的经验，加强了对学生进行马克思主义世界观和人生观的教育；广泛组织大学生社会实践活动，大、中专学生进一步了解国情，了解工农，思想感情开始发生可喜的变化。中小学校通过贯彻落实省委、省政府《关于加强和改进中小学德育工作的决定》，并认真组织实施《德育大纲》，学生思想品德教育有了新的起色，爱国主义、集体主义、社会主义教育深入课堂，遍及校园，行为规范化教育和“学雷锋、学赖宁”活动广泛开展。全省小学、初中学生品德操行合格率逐年提高，涌现出张冬梅、纪美焕以及抚顺雷锋小学等一批英雄人物和先进群体。

(二)以基础教育为重点，推进各级各类教育持续、稳定、协调发展

——基础教育，继续抓好按计划、有步骤地实施九年制义务教育。1990年，省人大修订通过了《辽宁省九年制义务教育条例》，大连、鞍山等市也结合实际制订了具体实施办法，使义务教育法规建设不断完善。同时加强了义务教育的执法检查和督导、评估工作，保证了《义务教育法》的贯彻落实。目前，全省所有城市和95%的乡镇，进入实施初等义务教育；已有920所初中进入实施初中阶段义务教育，占全省初中总数的40%，学校覆盖人口占全省总人口的42%。随着教育改革的不断深入，教育观念发生了转变，开始由“应试模式”转向“素质教育”。全省14个市的城区和县镇全部取消了小学升初中的考试，实行就近对口直升，注重面向全体学生，同时对薄弱初中普遍采取了强化措施，这项牵动全局的重大改革，促进了中小学校教育质量的提高。1990年全省小学毕业生合格率达到97.93%，初中毕业生的及格率由1987年的60%上升到70%左右。学校体育卫生工作得到加强，体育达标率在97%以上。近视眼发病率有所下降，得到控制。

幼儿教育、特殊教育、少数民族教育进一步受到关心和重视，语言文字工作也取得了较大的成绩。

——职业技术教育，坚持贯彻省政府提出的调整、巩固、提高的方针，积极促进按行业集中办学和校企联合办学，从而不仅使职业高中更加适应经济和社会发展的需要，也为其自身的发展、完善打下了坚实的基础。全省已有14所职业高中被国家教委批准为省级重点职业高中，职业高中的办学质量有了较大的提高，职业高中毕业生越来越受到社会的欢迎。中等专业学校通过调整和改革，学校的结构、布局进一步优化。

——高等教育规模得到有效控制。地方大学由原来的42所调整到22所，停止筹建2所，逐步改变了地方高校规模小、投资效益低的被动局面。同时，积极开展教育评估的试点，强化学校管理，促进了教育质量和办学效益的提高。高校科研以服务于经济建设为重点，积极开展工作，取得了显著成就。据42所高校统计，1990年共鉴定科研成果297项，其中有4项获国家发明奖，1项获国家科技进步奖；获中央各部委科技进步奖的有63项。

——成人教育正向着以岗位培训和实用技术教育为重点的方面发展。全省进行规范化岗位培训试点的企业已达300多个，参加培训的职工近100万人，培训率超过10%。对社

会力量办学进行了认真的整顿，取得较好效果。1990年是国际扫盲年，全省共扫除文盲10万余人，农村15至45周岁人口中非文盲率达到了98.5%，成为全国非文盲率最高的省份。

（三）多渠道筹措资金，改善办学条件工作有了新进展

1990年，在全省经济形势严峻、财政资金困难的情况下，省委、省政府采取有效措施确保了教育事业的发展。教育投入继续有所增加，全年预算内教育事业费达15.7亿元，比上年增加1.4亿元，增长了10%。尤其是多渠道筹措教育经费成绩突出，被国家评为集资办学先进省。全省各县（区）建立了人民教育基金制度，1990年全省预算外教育资金达9.3亿元，比上年增长了18%。勤工俭学纯收入达3.7亿元，其中补充教育经费1.8亿元。

1990年，在全省基本消除中小学危房，实现“一无两有”的基础上，着力加强办学设施标准化建设，已有3300所中小学校的办学设施基本上达到省级标准化要求。利用太阳能取暖的校舍试点建设成绩显著，竣工9万平方米，不仅节约了能源、资金，也净化了学习环境。国家有关部委对此予以充分肯定，并在辽宁省召开现场会积极推广。

（四）加强教师、干部队伍建设，促进了教育管理和教学水平的提高

经过几年的努力，全省已初步建成师范教育体系和师资培训网络，中小学教师队伍得到充实。为加强民办教师队伍的建设，1990年有1000名优秀民办教师被择优转为公办教师，1000名有培养前途的青年民办教师被送到中师深造。通过认真组织达标培训，教师素质逐步提高，小学和初中教师文化达标率分别达到83.9%和48.7%，高中教师达到70%以上。对高校德育教师，围绕坚持社会主义方向问题进行了培训。卫星电视教育有了突破性进展。1990年全省新建地面接收站185个，市、县教育电视台40个，已开播4个，共培训中小学教师1万多人。

全省教育战线的干部培训工作初步形成了“三级管理、三级培训”网络。已有2.4万名中小学校教导主任以上的干部接受了岗位合格培训，占应训对象的71%，干部教育对提高学校管理水平起到了重要的作用。

省教师奖励基金会积极开展活动。1990年全省表彰了208名中小学优秀校长以及311名优秀班主任，效果很好，不仅推动全社会尊师重教，而且树立了一大批好样板。

（五）进一步治理教育环境，深化改革取得成功的经验

1990年，全省重点治理整顿了教育战线存在的乱收费、乱办班、乱发中小学教学用书的“三乱”现象，并取得一定成效。全省共检查社会力量举办的校（班）1596所，占应检查总数的90%以上。对检查不合格的学校，责令限期整顿139所，停办256所。加强了对中小学教育教学用书的管理，明令禁止编印、发行复习资料700万套。省教委会同物价部门联合组织了中小学收费大检查，认真处理了违纪学校，并将罚没违纪款退给学生100万元，上缴8.34万元。普通高校计划外招生清退工作也有很大进展，目前已处理3274人，占超招人数的95%。

教育改革在许多方面进行了积极的试点和探索，并取得一些成功的经验。教学、科研、生产三结合有了新的进展。农村教育综合改革探索出为当地经济和社会发展培养人才的新路子，全省已建立起5个农村教育综合改革实验县和150个“燎原计划”示范乡，开展技术培训134万人次，推广实用技术1000余项，创经济效益1.4亿元。

教育教学领域改革向纵深发展。1990年，省政府在黑山县召开全省中小学教育教学改革经验交流会，总结、交流了黑山北关学校“坚持教改30年，创造语文教学新体系”的经验。同时也推广了沈阳铁路第五小学“开展

愉快教育，减轻学生作业负担"等一批新的经验。

积极贯彻改革开放的方针，全省对外教育交流日趋活跃。1990年，辽宁教育国际交流协会与美中师范教育联合会在大连市联合召开学术讨论会，加强了校际间的交流与合作，目前全省已有36所高校同国外194所高校结成"友好学校"。1990年7月，辽宁省还代表国家教委首次承办亚洲中学生足球锦标赛并获得圆满成功，产生了良好的政治影响，受到好评。

撰稿人 马 莹
审稿人 陶增骈

基础教育

一、幼儿教育

1987年10月，省政府决定撤销原托幼办，机构编制并入省教委，幼儿教育纳入教育体系管理。1988年3月省教委正式成立了幼儿教育处。1990年，全省14个市除锦西市外都成立了幼教科(处)，90%以上县(区)成立了幼教股(科)，40%的乡镇配备了幼教专职干部。各市普遍配备了幼教教研、科研人员，形成了由教育行政、教研、科研和师资培训机构组成的较为完整的幼教体系。1990年5月，经省政府同意，省教委发布了《辽宁省幼儿教育分级管理的暂行规定》，进一步明确了各级教育行政部门分级管理幼儿教育的职责分工。

1990年，全省幼儿教育有以下几个特点：

(一)动员和依靠社会各方面力量，按照国家、集体、个人一起上的方针多渠道、多形式地发展幼儿教育事业，重点是城市和经济基础较好的农村地区

目前全省城市幼儿园已基本满足群众送子女入园(班)的需要。农村已有4个市普及了学前一年教育。各级政府努力把幼儿教育纳入城市、县镇、乡村建设的总体规划，在新建和改造居民区时统筹规划与当地人口相适应的幼儿园。1990年全省新建园所481个，扩建、翻建458个，总投资5056万元。

1990年实施幼儿教育两个法规以来，各市不同程度地增加了对幼儿教育的投入，各项经费逐步落实，民办园所的房屋、水电、煤气等费用均按民用标准收缴。全省普遍实行按质定级、按级收费政策，可收取建园费、代办费以及家长应付的一定保育费。所收费用主要用于改善办园条件，缓解了幼儿园经费紧张的矛盾。

(二)强化科学管理，完善对幼儿园的各项管理制度

1988年12月，省教委发出了《关于实行幼儿园登记备案制度的通知》，加强了全省幼教事业的宏观控制和科学管理。

1989年3月20日，省教委下发了《关于进一步加强全省学前幼儿班管理的意见》，明确提出小学附设学前班属幼儿教育范畴，应按幼儿教育规律管理，严禁二部制小学举办学前班，严禁诸如规定不入本校学前班不得进入本校一年级的作法，严禁招生考试和任何形式的测试，防止小学化。要求各地对学前班进行整顿，建立视导评估制度。1990年3月，省教委又印发了《辽宁省幼儿园工作评估方案》，着力发挥评价的导向、激励和改进的功能。

(三)建设合格稳定的幼教师资队伍

1990年6月30日，省教委下发了《辽宁省幼教干部培训规划》，按照省、市、县三级分工，对不同层次的园长提出不同要求，规定今后凡新任园长都必须具备与岗位要求相适应的文化专业水平，开始实行园长岗位培训合格证书制度，每人脱产学习两个月，1995年前全部轮训一遍。1990年8月27日，省教委、省劳动局联合发出《关于将幼儿园、托儿所保

育员改行学徒制度的通知》，规定从1990年10月1日起对尚未转正定级的保育员实行技术等级制度，指出今后配备保育员应考虑所具备的劳动素质、知识水平和履行职责的能力，全面考核，择优录用。

（四）深化改革，全面提高保教质量

在贯彻实施两个法规中，进一步明确了保育与教育结合的实际意义，重视加强了幼儿品德教育，充分发挥了游戏的教育作用，创设和利用良好的教育环境，向幼儿进行全面发展教育有了新的进展。省教委举办了首届幼儿园教师玩教具展览，展出的400件优秀作品不仅显示广大幼儿教师的聪明才智，而且促进了广大保教人员创造性地将“规程”精神与幼儿园教育活动实际相结合的能力，克服了创造教育环境无从下手的畏难情绪，调动和发挥了广大保教人员深化幼教改革的积极性。

二、中小学教育

1990年，辽宁省中小学教育坚持以党的十三届七中全会精神为指导，坚持教育的社会主义方向，坚持教育为社会主义建设服务的方针，从实际出发，发展和改革教育，全省中小学教育有了新的进展。

（一）学校德育工作普遍得到加强

1990年，省委、省政府发出了《关于进一步改进和加强中小学德育工作的决定》，省教委转发了国家教委《关于进一步加强中小学德育工作的几点意见》。为贯彻落实文件精神，省教委会同省委宣传部对中小学德育工作进行检查，并召开了德育工作汇报会，交流各地经验，同时提出，在新形势下落实中小学德育的首要地位要抓住四项德育基地建设和十项德育基本制度建设。4月17日，省教委在抚顺市召开了辽宁省中小学学雷锋现场会，并作出《关于推广雷锋小学学雷锋经验的决定》。

为把德育工作切实落到首位，并使之系统化、科学化、整体化，省教委结合贯彻中小学德育大纲，进行了中小学德育系统工程的试点，组织编写了《中学生国情教育读本》，全省自下而上开展了国情教育，举办了国情知识竞赛和纪念鸦片战争150周年的演讲活动。全省普遍抓了中小学生日常行为规范的训练和养成，具体制订了中小学生日常行为规范达标要求和检查验收办法。中小学生道德面貌发生了明显的变化。全省评选出200个规范达标先进集体，学雷锋、学赖宁活动小组20余万个，涌现了张冬梅、纪美焕等一批助人为乐，舍己救人的英雄少年。目前全省基本上形成了以班主任为主体，全体教职工人人参与的中小学德育工作队伍，保证了德育工作寓教育、教学、管理、服务之中，坚持不断地进行。制订并实施了《中小学教师职业道德规范》，将教师的职称评定同政治表现、教书育人结合起来，对连续从事学生、教师思想工作20年以上并做出显著成绩的人员，授予荣誉称号。1990年，全省评选出300名中小学模范班主任。

（二）制订实施义务教育规划，深入进行教学改革

《义务教育法》颁布以后，辽宁省根据各地经济、文化发展不平衡的实际情况，制订出“四、三、二、一”的实施九年制义务教育规划。到1990年9月，全省有920所初中进入实施初中阶段义务教育，占全省初中总数的40%，覆盖人口占全省人口的42%，全省实施九年制义务教育总体规划的第一步基本实现。为扎扎实实按质按量实施义务教育，认真组织好阶段检查验收工作，1990年省教委发出了《辽宁省九年制义务教育初中阶段办学条件标准》和《辽宁省九年制义务教育初中阶段验收细则》。省人大重新修订并发布了《辽宁省九年制义务教育条例》。省教委会同省人大教科文卫委部署在全省开展义务教育检查，对鞍山、大连、铁岭三个市进行重点调查。

1990年以省政府名义召开了辽宁省教学改革经验交流会，推广了一批教学改革的成功经验，研究了“八五”期间中小学教学改革的意见。目前全省中学教育观念开始发生变化，由“应试教育”向“素质教育”转变，全省在学制、课程、教材、教法、考试等方面进行了22项改革实验，其中列入国家的教学改革实验项目有12个。全省初高中加强了职业技术教育，加强了劳动技术教育，开课面达80%以上。办学模式上分别采取了初三分流、高三分流等方式，提高了教学质量。初中年巩固率达95.2%，初中毕业生的文化及格率由1987年的60%上升到70%左右，初中学生品德合格率达98%以上，体育达标率97%以上。全省小学生的入学率为99.37%，毕业生的合格率为97.93%，普及率为99.53%。

（三）不断加强师资队伍建设和师范院校办学条件标准化建设

省教委根据国家教委《三年制中等师范学校教学改革方案》，于1990年3月，发布了《辽宁省三、四年制中等师范学校教学计划（试行）》。新教学计划打破传统单一必修课设课模式，形成必修课、选修课、课外活动、教育实践有机结合的统一整体，从1990年秋季开始实施。6月，省教委召开首届师范专科学校校长例会，研讨当前师专教育教学领域存在的主要问题。会议决定对“师范专科生培养规格”、“三年制师专教学改革方案”、“高师本科教育理论课程改革”三个专题进行研究，已提出初步研究报告。

根据国家教委《关于进一步做好高等师范院校招生工作的意见》的精神，省教委决定从1990年起在锦州师范学院附属中学试办高师预备班。在锦州、锦西、朝阳、阜新、盘锦5市试点招生；在丹东、铁岭2市师范专科学校试点招收农村初级中学民办教师。省教委规定，高师预备班学生在校学习期间每月享受助学金20元（由省教委拨付），毕业后选拔一定数量品学兼优的学生免试保送到锦州师院深造，其余毕业生如果当年未被高师录取，可回校复读一年，复读期间不享受助学金待遇，复读一年后报考高师而未被录取者，国家不包分配。同时规定，报考师范专科学校的民办教师考生必须是在市教育行政部门统一整顿后备案在籍，具有高中毕业文化程度或同等学力，连续任教至今，年龄不超过35周岁者。报考者参加全国普通高等学校统一招生考试。报考外语专业考生免试数学，报考非外语专业的免试外语。

省教委还决定，1989～1990学年在师范院校青年教师中开展“教学新秀”和“为人师表”活动，以促进青年教师进一步端正教育思想，提高青年教师师德修养和教育教学能力。

为加速实现师范院校办学条件标准化建设，省教委制定了在“八五”期间辽宁省中等师范学校分三批实现标准化和师范专科学校经调整后实现标准化建设的规划。1990年有9所中等师范学校基本达到国家规定的办学条件标准。为改变师范院校校容校貌，省教委提出了《辽宁省师范院校建设文明校园的意见》。《意见》下发后，各校结合本地实际，周密规划布局，大搞净化、美化、绿化和校园文化建设，把校园建设成具有师范特点的环境。

撰稿人　李东升
审核人　陶增骈

职业技术教育

1990年，辽宁省职业技术教育进一步贯彻落实省政府提出的“调整、巩固、提高”的方针，继续理顺职业技术教育内外部关系，深化和完善各项改革，取得了较好成绩。

为促进职业高中标准化和规范化建设，对全省职业高中进行检查评估根据国家教委发布的《省级重点职业高级中学标准》，5月，在各市组织自检的基础上，省教委组织力量，用了近40天时间，对14个市和59所学校进行了较为全面的检查评估，评选出14所省级重点职业高级中学，已向国家教委公布备案。有4所职业高中被评为全国职业技术教育先进单位。检查评估工作推动了全省职业高中办学条件和教育质量的提高。

全省设置服装专业的学校有87所，在校生1.2万人。为了宣传职业教育，加强实践教学，推进服装专业的教学改革，检阅教学改革成果，7月和8月，省教委组织全省服装职业高级中学师生服装大赛。比赛内容包括制作、设计、时装表演。全省职业高级中学有8支模特表演队参加了第二届大连服装节时装表演，演出30多场次。职业高中师生设计的15套服装参加了全国“木兰杯”服装大赛，其中3套获奖。在大连博览中心展销大厅中，职业高中师生制作的10000多套(件)服装，受到消费者的欢迎。10月国家教委在上海举办的职业高中服装设计和制作比赛，辽宁省参赛选手获1项一等奖，3项二等奖，2项三等奖，总分列全国第一。

1989年末，省政府批转了省教委、计经委、财政厅《关于调整地方普通中等专业学校的报告》。提出要改变一些中专校服务范围窄、规模小、办学效益差，布局和专业科类设置不尽合理，投资不足、办学条件差的局面。文件规定撤销2所学校；把11所学校合并为4所，16所学校实行部门间联合办学；12所学校经过改善办学条件，扩大服务范围；11所学校限期改善办学条件，达到设置标准。全省中等专业学校(不含中师)由136所调整到125所。经过调整，中专学校布局和专业设置更加合理，虽然学校数减少了，但办学条件改善，办学规划扩大，办学效益提高，增强了适应性。省政府于9月18～21日在抚顺召开地方普通中专调整现场会，推广了抚顺市调整工作经验。王文元副省长在会上作了《认真搞好中专调整，充分发挥中专在四化建设中的作用》的报告。此项工作受到国家教委的肯定。

9月，受国家教委职业技术教育司委托，辽宁省教委承担了中等专业学校办学水平评估的试点工作，为全国1991年要开展的中专办学水平评估提供了有益的经验。

高等教育

一、强化教学管理

1990年，省教委把提高教学质量作为高校教学管理工作的重点，加强对教学工作的宏观管理、宏观指导和评估检查，促进了教学质量的提高。

(一)重视和加强政治理论课教学和改革

为了贯彻落实《中共中央关于改革学校思想品德和政治理论课程教学的通知》和《中共中央关于改进和加强高等学校思想政治工作的决定》，省教委组织修订、编写了《中国革命史》、《中国社会主义建设》教材，于1990年秋季开始在全省高校使用。为进一步加强对全体学生进行系统的马克思主义基本理论和社会主义教育，省教委起草了《关于加强高等学校马克思主义理论课教学的意见》，印发各高校贯彻执行。

(二)开展教育教学评估工作

1990年8月至12月，省教委对全省高校进行了《中国革命史》课程教学评估，有力地促进了该课程的建设和其它各科马克思主义理论课教学工作。

(三)加强对教学质量统测，实施大学英语分类管理、分级考试

1990年3月印发了《关于对全省高校大学英语实行分类管理的通知》，对不同类型学校的学生基础阶段的大学英语提出不同等级

(二、三、四、六级)的要求。同时,省教委制订并下发了《辽宁省大学英语二、三级考试大纲》和《辽宁省高等专科学校大学英语教学基本要求》。以上规定,使不同层次的学校各安其位,因材施教,加强基础,较好地完成教学任务。

(四)教材建设

为了加强高等学校教材的使用和管理,1990年编写了大学英语、马克思主义理论课、教育学、心理学、书法和演讲学等教材。

(五)重视和加强实践性教学环节,取得一定经验

毕业生预分毕业实习的做法受到企业、学生的欢迎,并得到国家教委的肯定。1990年8月,国家教委副主任朱开轩参观了鞍山钢铁公司实习生公寓,对鞍钢接待实习学生的工作给予好评。

(六)评定优秀教学成果,交流总结教学管理改革经验

1990年2月27日,省教委在沈阳市召开了辽宁省普通高等学校优秀教学成果表彰大会,副省长王文元代表省委、省政府在会上作了重要讲话,并向获奖教师代表颁发了荣誉证书。7月17～20日,国家教委在辽宁召开全国普通高等学校优秀教学成果奖励工作表彰大会,省教委在会上交流了开展优秀教学成果评选表彰工作的经验和作法,得到国家教委的肯定。9月至10月,省教委对高等学校的教学管理工作改革情况进行了调查研究,12月末在沈阳召开了全省普通高校教学管理改革经验交流会。

(七)学位工作

到1990年底,辽宁省硕士生招生学校已由1978年的6所发展到26所,博士生招生学校发展到10所。到1990年全省共有博士学位授予点72个,硕士学位授予点324个。

二、调整地方大学

辽宁省高等教育在"六五"期间发展过快,1981年全省高校由41所增加到62所,不仅使全省整个教育事业的发展失去平衡,违背了教育规律,而且大大超越了省经济承受能力。为加强对高等教育的宏观管理,深入贯彻"治理整顿、深化改革"的方针,保证高等学校的质量,促进高等教育事业有计划、按比例地协调发展,以适应社会主义建设需要,省政府根据实际情况,对高等学校进行充实整顿,也包括广播电视大学、教育学院、职工大学等一并进行调整。

这次调整从1987年开始,历经三年,通过大量调查和充分论证,经过各市的共同努力,对地方大学中,未经充分论证仓促上马,造成布局不合理,专业设置重复,规模偏小,投资效益和社会效益都比较低的学校,对办学条件差,教学质量得不到保证的学校,对校名缺乏科学依据,攀高求大,名称与实际不符的学校,进行了调整、整顿、充实、加强。到1990年10月,国家教委正式批准辽宁省市办大学调整方案:将鞍山大学与鞍山电大合并,改为鞍山市高等职业专科学校,鞍山市教育学院并到鞍山师范专科学校;将抚顺大学与抚顺市电大合并,改为抚顺市高等职业专科学校,抚顺市教育学院并入抚顺师范专科学校;将本溪大学与本溪电大合并,改为本溪市高等职业专科学校,本溪市教育学院并入本溪师范专科学校;将丹东大学与丹东市电大合并,改为丹东市轻纺工业专科学校,丹东市教育学院并入丹东师范专科学校;将锦州市教育学院并入锦州师范专科学校,撤销锦州大学;将阜新市教育学院并入阜新师范专科学校,阜新矿业学院分院并入省电大阜新市分校;将营口大学、营口市职工大学、营口市电大合并,改为营口市高等职业专科学校,营口市教育学院并入营口师范专科学校;将辽阳大学撤销,辽阳市教育学院并入辽阳师范专科学校;将铁岭市教育学院并入铁岭师范专科学校;撤销锦州医学院朝阳分院,停止筹建朝阳

大学。经过调整，全省地方大学由原来的42所减为22所，停止筹建2所。通过调整，改变了辽宁省高等学校小而全，投资效益低的局面，促进了联合办学、委托培养等多种形式的发展，提高了高等教育的经济效益和社会效益，而且适应了全省经济和社会对专门人才的需要，初步形成了布局合理，科类齐全，形式多样的高等教育体系。

三、做好学生管理工作

1990年10月29日，省教委在东北工学院召开了部分高校参加的普通高等学校学籍管理工作座谈会，座谈对国家教委《普通高等学校学生管理规定》实施情况及遇到的问题，以及高校的校风校纪建设、安全教育、违纪学生的处分、本专科交叉、双学位、退学收费试读等情况。会议还讨论修改了《辽宁省高等学校学生行政处分规定》。

1990年省教委首次把高等学校学生管理列入科研项目，提出了“高等学校学生管理工作在培养学生中的地位与作用”；“当前高等学校学生管理工作中存在的问题及改进设想”；“高校学生学籍管理中存在的问题及其改进探索”等20个专题，在高等学校中开展研究。11月20～22日，省教委在东北财经大学召开辽宁省高等学校学生管理工作研讨会。会议收到论文70篇，主要交流了东北财经大学“积极开展勤工俭学努力培养合格人才”，沈阳电力专科学校“加强行为管理、必须同深入细致的思想政治教育相结合”，中国医科大学“对大学生实行德、智、体综合测评的探索”等经验，在此基础上编辑了《辽宁省高等学校学生管理》一书。这项工作的开展，推动了全省高校学生管理工作逐步走向规范化、科学化。

为了更好地贯彻实施《高等学校学生行为准则》，省教委还会同辽宁电影制片厂影视中心、辽宁音像教育出版社联合拍制了《太阳，这样升起》4部电视系列片，利用电化教育手段，向学生进行品德教育。

四、加强学生思想政治教育

1990年高校学生思想政治工作以坚持社会主义道路教育为中心，认真落实德育在学校教育中的首要地位，加强学生管理，开展社会实践活动，努力培养社会主义事业的建设者和接班人。

根据这一指导思想，在1989年省高校德育研究会第三届会员代表大会上，介绍了沈阳电力专科学校端正办学指导思想，把德育放在学校教育工作首位，将思想教育与严格管理相结合的经验，对于推动全省高校的思想政治工作起了一定作用。1990年还在高校学生中开展了社会主义专题教育，省教委在3月举办了社会主义专题教育师资培训班。全省有65所高校79人参加了培训，全年为各高校提供进行社会主义教育参考资料20份，为各高校进行社会主义教育创造了条件。

为使残疾学生亲自感受到社会主义祖国对残疾人的爱护和关心，省教委同省残联联合，首次对全省26名优秀残疾大学生举行了表彰奖励会。使残疾学生受到了深刻教育。省教委还同省文化厅联合，请大连市金州区德胜乡农民乐队在沈阳5所高校进行了义务演出，使大学生亲眼看到改革开放后富裕起来农民的精神风貌和高尚的道德情操，受到了生动的社会主义教育。

为了培养和提高高校思想政治工作人员，1990年在沈阳师范学院和辽宁师范大学举办了两个思想政治教育专业单学位班，共招收34名学生。沈阳师范学院还接受了一些高校从大学二年级学生中推荐的学习思想政治教育专业的单学位9名学生，为高校培养思想政治工作后备力量。

五、开展大学生社会实践活动

1990年暑期，全省各级党政团学组织和高等学校广泛组织以“投身实践，了解国情，尽职社会，服务人民”为主题的暑期大学生社会实践活动。省委宣传部、省教委、团省委先后组织了暑期"大学生社会实践营"，"知我省情、爱我家乡"大学生辽东半岛考察团，老干部与大学生"我们的青年时代长青夏令营"三项示范活动。各市、各高等学校也分别组织了以"了解改革、了解国情"、"走访革命前辈、学习模范人物"、"追求校友足迹，坚定成才方向"等为主题的考察活动，以及"服务家乡，尽职社会"、"支援三辽，扶助中小企业"、"参加社会管理和社会监督"等项劳动、服务活动和岗位见习活动。据统计，全省有20万大中专学生奔赴工厂、农村的重点地区、重点单位、重点工程，共组成为重点工程献青春义务劳动团百余个、社会实践营千余个、为家乡建设服务小分队万余个，建立社会实践营地和服务点达1300多个，写出调查报告、体会文章15万余份。

在总结深化社会实践的教育成果基础上，省教委、省委高教工作委员会、团省委于12月25日联合召开了1990年全省高教大学生社会实践工作总结大会，表彰了大学生暑期社会实践先进单位41个、大学生暑期社会实践先进接待单位17个、大学生社会实践先进个人22名。

六、高校科技工作在"科技兴辽"中作出重要贡献

辽宁省有高等学校63所。其中，中央部委属25所，省属17所，市属21所。有博士点72个，硕士点324个。

辽宁省高等学校有雄厚的科研力量和条件。全省高校有教授1062名，副教授5109名，讲师10452名。仅理工农医学科方面，从事科学研究的全时人员达6736人。此外，还有博士研究生417名，硕士研究生4100名，大学本科生79765名，他们结合学位论文、毕业设计，也参加了一定的科研工作。同时，各高校在其上级主管部门的支持和批准下，成立了118个专职科研机构，研究与发展人员2403名，其中教授281名，副教授458名，讲师621名，其他高级技术职务人员67名，中级技术职务人员281名。这支队伍不仅人数多，层次高，而且专兼职人员结合，老中青结合，具有很大的活力和创造力。全省高校学科齐全，设备先进。现在各类专业807个，实验室2211个，国家计委拨巨资在2所院校建立了3个全国重点开放实验室。全省高校2万元以上科研仪器设备总值达1877亿元，学生平均拥有图书136册。高校科研和教学的物质基础有了明显改善，为高校进行科学研究和培养高级专门人才创造了有力的条件。

各高等学校为振兴辽宁服务的做法有以下几种：

1.选派科技副县长，大力推广农业新品种、新技术，加快农业发展和脱贫致富的步伐。沈阳农业大学、东北工学院、大连理工大学、沈阳工业大学四校先后向海城市（县级市）、建平县、喀左县、阜新县选派了科技副县长，帮助发展经济和脱贫致富。如沈阳农业大学在海城市搞了17套综合技术推广项目，仅"水稻高产高效益栽培技术"一项就使35万亩水稻平均亩产提高10%，节支增收2854万元。该校在贫困的辽宁西部建平县推广6个系列22个项目，效益达8698.9万元。建平县的农业总产值由3.8亿元增至4.6亿元，增长21.1%；粮食总产量由2.06亿公斤增至4.65亿公斤，增长62.6%；农业人口人均粮食由215.9公斤增至340.4公斤，增长57.7%；农民人均收入由158元增至329元，增长108.2%。

2.与大中型企业联合，建立长期、稳定、全面的技术合作关系，致力于科技成果工程化、商品化。大连理工大学与大连重型机器厂联合建立了装卸机械开发研究室，已经开发出6种港口装卸新设备，交付使用了2种。如400吨/小时螺旋式卸船机已在山东省烟台港使用，挡住了进口（每台300万美元）。东北工学院与抚顺钢铁厂全面合作，建立了稳固的研究、开发基地。

3.以高新技术为突破口，积极进行开发推广工作，取得了很大的经济效益。东北工学院研制的“DG 氯化铁综合防水技术”已应用于国家工程500多项，累计经济效益达1亿元。大连理工大学研制的“钢锭模及冒部结构优化设计软件系统”已用于鞍钢Zx8.31型钢锭模，使平均使用次数由54.59次提高到137.8次，使模耗由18.62公斤/吨下降到6.5公斤/吨(国际先进指标为7公斤/吨)。沈阳工业大学研制的“2马力水下铵铁硼电机”已用于中型海洋机器人上，与美国沛瑞海洋工程公司生产的水下电机相比，额定输出功率提高100%，效益提高10%。大连铁道学院研制的“能源管理信息系统(EMIS)”已在大连市72家万吨以上耗能大户投入运行。沈阳工业学院研制的“工业炉窑计算机控制系统”已有5种(锅炉、煤气热处理炉、硫酸浓缩炉、污泥楚烧炉、水泥杆养生干燥炉)15台投入运行。

4.积极支持小型企业和乡镇企业发展，取得明显效果。大连铁道学院在大连松树电焊机厂开发了3大类8个系列20多个规格的新产品，使该厂的产值由11万元增加到560万元，利润由1.7万元增加到170万元，职工人数由28人增加到256人，厂房面积扩大了4400平方米。该厂已获大连市先进单位和明星企业。

5.为发展外向型经济服务。东北工学院研制的“金属陶瓷热电偶保护管”已出口加拿大、日本、法国、比利时。大连水产学院培育的“光合细菌”用于对虾饲料添加剂，可增产123.1%。已引来香港海外投资集团与大连市在金州区金石滩建立了大连联合水产发展有限公司加工厂，年生产能力为500吨，年产值125万元。大连理工大学帮助大连机械刀片厂开发的CyWMn钢锒钢刀片，不但替代进口节省外汇120万美元，而且出口创汇20万美元。该校协助本溪重型汽车厂设计研制的“辽宁——392型60吨矿用载重汽车”已生产20台，替代进口，节省外汇300多万美元。

撰稿人　朱恩田
审稿人　陶增骈

成人教育

一、扫盲工作

1990年是国际扫盲年，辽宁省教委充分利用这一有利时机，在全省掀起了扫盲高潮。截至1990年底统计，各地筹措扫盲经费465.8万元，全省当年参加扫盲学习的达16.1万人，已扫除文盲10万人。1990年实际入学人数和扫除文盲人数分别是原计划的161%和133%，全省农村15至45周岁人口中非文盲率已达到98.5%。

在扫盲工作中，全省各地认真贯彻国务院《扫除文盲工作条例》和省政府批转省教委等部门《关于大力开展农村扫除文盲工作意见》，结合实际，制定了地方政策和乡规民约，将扫盲工作纳入各级领导的任期目标，作为考核领导政绩的主要内容之一，实行了“双线”承包责任制，层层签订了扫盲责任状，逐级分解任务指标，把扫盲的责任落实到教师和扫盲对象，把扫盲工作的好坏同乡(镇)、村领导的工资、奖金挂钩，同文盲学员的切身利益挂钩。省、市、县还层层培训了师资骨干。

除此之外，坚持了“一堵二扫三提高”的原则，采取有力措施，减少中、小学生流失，堵住产生新文盲的渠道；对已脱盲的学员，采取签订继续教育合同的办法，组织他们参加实用技术学习，以巩固扫盲成果，防止复盲。

为保证扫盲工作的顺利开展，经省政府同意，成立了省扫除文盲工作协调小组，由副省长王文元任组长。1990年先后两次对全省扫盲工作进行检查，推动了扫盲工作的开展。

二、职工岗位培训和文化基础教育

1990年，全省岗位培训试点已扩大到各行各业中的大、中、小型企业及县区所属企业，培训对象也扩大到各级各类干部、各种专业人员和主要岗位的工人。据统计，1990年全省参加职工岗位资格培训的有40.8万人，结业32.9万人；参加班组长培训的有20.5万人，结业18.4万人。

全省岗位培训工作的主要做法：一是领导亲自挂帅，成立相应组织，把岗位培训纳入厂长(经理)任期目标，纳入承包租赁合同，纳入企业升级指标。二是试点面不断扩大，全省已有300多家企业进行了规范化岗位培训试点，铁路、冶金、石油、商业等系统开展了全行业性的试点工作。试点企业还充分运用企业自主权，制定了培训、考核、待遇相挂钩的政策。三是有针对性地总结一些典型经验，推动全省岗位培训的发展。在1990年国家教委召开的全国岗位培训工作座谈会上，辽宁省有8个典型经验做了交流，省教委介绍了《我们是如何指导和推动岗位培训工作深入发展的》经验。四是突出能力培养，提高岗位培训的实效。编写了部分技能教材，建立和完善技能培训基地，改革培训方法，配备了技能培训教师；开展技能培训的理论研究。五是把政治思想和职业道德教育作为培训的重要内容，增强职工的主人翁意识和奉献精神。省广播电视大学通过电视教育形式普及职业道德基础理论常识教育，培训了23.7万人，有22.4万人考试及格获得结业证书。六是各级教育行政部门做好统筹协调和指导服务，与有关部门既有分工，又互相配合，注意发挥行业和地方两个积极性。7月，省教委、劳动局、人事厅、体改委和省总工会联合转发了国家教委等部门《关于开展岗位培训若干问题的意见》，促使全省岗位培训积极、稳定、协调地发展。

在搞好岗位培训的同时，职工基础文化教育也有较快发展。到1990年底，全省职工高中累计毕业23.5万人。为保证职工高中的教学质量，省教委在全省范围内进行了抽考，组织编写了《职工高中自学指导》一书。同时试办了职工职业高中，把学习文化知识和提高本岗位工作技能密切结合起来。

三、农民实用技术培训

据1990年底统计，全省有县办农民技术学校15所，乡(镇)办农民文化技术学校1206所，村办农民文化技术学校12264所，乡(镇)村的办学面分别为95%和76%，参加各级各类实用技术培训的农民已达500万人次，初步形成一个多层次、多形式、多门类的县、乡、村农民教育网络。目前，全省已有400所乡(镇)农民文化技术学校达到了国家及省有关部门规定的建制标准。

1990年，为落实省政府提出的1989、1990两年内对每个农户培养一个“明白人”的要求，省教委会同省农牧厅、省科委、省科协、团省委、省妇联、省电台等部门在辽宁电台开辟“农业实用技术学习班”专题节目，联合开展了大规模的农业实用技术培训活动，收到了很好效果。省教委还积极配合省妇联、团省委等部门开展“学文化、学技术，比成绩、比贡献”的双学双比竞赛活动，制定了《辽宁省农村青年科技工程三年规划》，调动了广大农村青年、妇女学科学、学技术的积极性，促进了一支懂技术、善经营、会管理的新型青年农民队伍的形成。

各级党政部门及教育部门把农民教育工作纳入了工作日程，为乡(镇)、村农民文化技术学校开展实用技术培训提供了大量的土地、荒山和教学实习实验基地。同时建立了一支热爱农民教育事业、自觉为农民服务的教师队伍。

四、成人中等专业教育

1990年全省成人中等专业教育以改革求

发展，以质量求生存，事业有了很大发展。各成人中等专业学校紧密结合本地区、本部门对中等专业人才的需求，设置了与其相适应的专业，共开设专业156个。1990年招生数比1989年增长50.9%，在校生增长17.8%。成人中等专业学校在办好学历教育的同时，发挥多功能作用，结合本地区、本部门的实际需要举办各类短训班、进修班，招生22002人，结业21111人。全省18个厅(局)委托27所学校举办干部中等专修班34个，招生2806人。

改革广播电视中专招生办法，试行预科制，实行水平考试。考生报名后，免试进入电视中专预科班，经半年文化课学习，由教育行政部门采取分期分科认定水平的考试办法进行考试，合格者录取为广播电视中专正式学员，从而不仅解决了生源不足的问题，也保证了招生质量。1990年，全省电视中专招生人数为上年招生数的5倍，其中水平考试录取者占录取总数的79%。

开展了办学水平和教育质量评估工作，抚顺市的9所成人中等专业学校首先进行了教育评估试点。评估内容包括：领导管理机构、办学方向、教师队伍、教学管理、办学条件等。通过评估，不但充实了成人中等专业学校的办学条件，也提高了教育质量和办学效益。

五、农民中专

1990年省教委制定了《辽宁省农民中等专业学校暂行规定》，对全省农民中等专业学校的办学指导思想、建校条件、建校审批程序、办学形式、学习年限、招生、学历、学校建制及学籍管理等问题作出了原则规定。农民中专开设的专业包括为大农业服务的农学、畜牧、兽医、果树、水利等，还开设了房屋建筑、农经管理、乡村医士等为农村经济和社会发展服务的专业。农民中专以多形式、多功能，学历教育与非学历教育相结合的办学形式，成为培养农村中级专门人才和各种实用技术人才的培训基地。在推广科学种田、科学饲养、试验示范及技术推广等方面起到了积极作用。

1990年9月，省教委召开全省首次农民中专工作会议，总结了农民中专成立10年来的办学经验。10年来，全省农民中专共为农村输送中专学历毕业生5882人，平均每个乡镇4.6人。学员毕业后基本能够直接有效地为当地经济建设和农民致富服务。除此之外，还为农村培养万余名实用技术人才，受到了当地的欢迎。

六、成人高等教育

1990年，经过调整整顿，全省成人高等学校为134所(不含教育学院)，其中广播电视大学3所，职工高等学校61所，管理干部学院7所，函授、夜大学63所。全年本专科毕业生占高等学校毕业生总数的41.7%。另外，成人高校举办的各类单科班、进修班、培训班招生42178人，结业39568人。

(一)职工高校结构、布局逐步趋于合理化、科学化

1990年继续调整了职工高校结构，推动联合办学。经过调整、联合，全省职工高校总数61所，比1985年减少24所，共设置工科等9大类443个专业，基本形成了适应经济建设发展需要的职工高校体系。

(二)加强了对普通高校成人教育的管理

1990年全省各普通高校对举办成人教育情况进行了自检自查，重点查规模、查投入、查教育质量。经过整顿，“三乱”现象得到控制和处理，全省34所举办函授教育、夜大学的普通高校建立健全了成人教育管理机构和各项制度。

(三)广播电视大学充分利用现有条件，多功能办学

1990年广播电视大学成人学历教育开设64个专业，招生6520人，毕业6971人，在校生22140人。同时坚持学历教育与非学历教

育并举，1990年专业证书教育招生602人，结业576人，在校生1406人；单科生在校生856人，结业722人；大学生继续教育招生4257人，结业3267人；电视师范教育招生1176人，自考助学班招生698人。此外，还开展了岗位培训、实用技术培训和职业道德培训。

（四）对试办的成人高等教育《专业证书》教学班进行了检查整顿

全省有45个厅局委托42所高等学校举办成人高等教育《专业证书》教学班662个，开设专业119个，在籍生人数25181人。经过检查，基本摸清了全省《专业证书》教育的试点情况，全省办得好的、比较好的教学班占教学班总数的55%，办得一般的占25%，较差的占20%。在检查整顿中，清退不符合入学条件学员1253人，占学员总数的5.7%。

七、社会力量办学

1990年，全省社会力量举办的各级各类学校（班）在校学员31.4万人，累计结业人数120余万人。按照省政府《批转省教委关于对社会力量办学进行清理整顿意见的通知》要求，1990年集中对全省社会力量举办的1596所各级各类学校（班）进行了全面检查，其中经各市检查合格的1201所，限期整顿的139所，停办的256所。经过清理整顿，“三乱”现象初步得到控制，部门之间的协作关系得到加强。绝大多数市做到，没有教育行政部门的批准，工商部门不予刊登广告，物价部门不予发收费许可证。在各市进行清理整顿之后，省教委对各市社会力量办学清理整顿工作进行了验收检查，并对26个社会力量办学先进管理集体、18个先进办学单位和56个先进管理工作者、26个先进教师进行了表彰。

撰稿人　马　莹
审稿人　陶增骈

吉林省教育

概　况

一、各级各类教育发展情况

1990年各级普通学校基本情况

单位：人

学校类别	学校数（所）	毕业生数	招生数	在校学生数	教职工数 计	教职工数 其中：教师
一、普通高等学校	42	22520	22281	76641	38810	14791
研究生	(16)	1390	1204	3835		
本科		11948	11446	47633		
专科		9182	9631	25173		
二、普通中等学校	2427	418883	501689	1404409	151386	101780
1.中等专业学校	119	19597	20751	65179	16652	7731
中等技术学校	97	14457	14740	46944	13726	6360
中等师范学校	22	5140	6011	18235	2926	1371
2.普通中学	1955	342614	424396	1195740	119419	84492
高中	348	65958	61949	180702		16141
初中	1607	276656	362447	1015038		68351
3.农业、职业中学	347	56558	56473	143153	15138	9469
高中	315	48734	48029	114672	6018	7858
初中	32	7824	8444	28481	9120	1611
4.工读学校	6	114	69	337	177	88
三、小学	10746	431187	4085370	2761232	178695	145952
四、特殊教育学校	28	417	461	4720	1430	964
五、幼儿园	2657	261862	256177	428565	31474	20506

1990 年各级成人学校基本情况

单位：人

学校类别	学校数（所）	毕业生数	招生数	在校学生数	教职工数 计	教职工数 其中：教师
一、成人高等学校	50	16489	18392	60766	7301	3456
广播电视大学	1	2747	3386	11597	1728	767
职工高等学校	30	3148	3662	10517	1914	921
农民高等学校	4	384	138	353	267	126
管理干部学院	8	1013	714	147	2039	754
教育学院	7	562	643	3278	1353	888
独立函授学院						
普通高校举办						
函授部		7674	8547	31706		
夜大学		961	1302	3168		
干部专修科						
二、成人中等学校	2827	693026	443560	772261	24547	12834
1.成人中等专业学校	165	39238	9519	54749	9843	5644
广播电视中专	2	694	954	3304	154	88
干部中专	7	229	181	491	291	127
职工中专	76	6554	7989	20339	3722	1946
农民中专	11	17262	395	9285	910	612
教师进修学校	69	14499		21330	4766	2871
2.成人中学	642	73247	45914	78198	2934	1064
职工中学	150	18787	15535	18342	2317	729
农民中学	492	54460	30379	59856	617	335
3.成人技术培训学校	2020	580541	388127	639314	11770	6126
职工技术培训学校	637	278549	73274	246458	8512	4860
农民技术培训学校	1383	301992	314853	392856	3258	1266
三、成人初等学校	11716	435498	482062	631571	6602	2552
1.职工初等学校	244	17006	8473	14560	177	147
2.农民初等学校	11472	418492	473589	617011	6425	2405
其中：扫盲班	3392	75314	38320	39606	1073	518

据 1990 年第四次全国人口普查结果，吉林省每10万人中拥有大学文化程度的人数为2154人，居全国第 5 位；每10万人中拥有中学以上文化程度的人数为41163人，居全国第 6 位；每 10 万人中拥有小学及小学以上文化程度的人数为76490人，居全国第 5 位；文盲、半文盲人口占全省总人口的比重为 10.49%，非文盲率列全国前 5 位。

二、年度工作方针

1990年是“七五”的最后一年，在省委、省政府的领导下，全省各级教育行政部门和广大教育工作者认真贯彻党的有关教育方针、政策，以坚持一个首位（德育在学校工作的首位）、抓好两项基本建设（办学条件和师资队伍建设）、深化三个方面的改革（教育管理体制改革、农村教育综合改革和教学领域改革）

为中心，坚持教育为社会主义建设服务的方向，继续保持和发展各级各类学校特别是高等学校的稳定局面，使整个教育事业得到持续稳定发展，为“八五”和今后十年教育事业发展奠定较为坚实的基础。

省委、省政府切实加强了对教育工作的领导。9月上旬，省委召开第16次常委会议，听取了省教委的工作汇报，并就几个急需解决的主要问题进行了讨论，印发了会议纪要，出台几项发展教育事业的政策性规定。教师节前夕，省委书记何竹康多次过问教育工作，给予具体指导，并为反映青少年学雷锋、学赖宁先进事迹的《闪光之路》一书作序，省长王忠禹也给予教育多次具体指导，并在全省中小学德育工作会议上作了重要讲话。省委副书记谷长春，副省长李德洙、张岳琦分别深入到基层学校调查研究，主持或参加教育工作的有关会议并讲了话。省人大责成省政府，对“一法（《中华人民共和国义务教育法》）一例（《吉林省义务教育条例》）”的宣传、学习和落实情况进行了认真的检查验收，推动了普及九年制义务教育工作。各市、地、州政府（行署）进一步完善了教育目标责任制、研究教育工作的例会制、建立联系学校工作制度，把教育工作列为考核领导干部政绩的重要内容，对教育工作抓得更紧、更实、更自觉。一些地方党委和政府还开展了旨在推动教育事业发展的活动。如四平市把1990年定为“师资年”，辽源市和四平市出台了多渠道筹措教育经费的新措施、新规定，镇赉县开展了“教育年”活动，长岭、双辽县委和政府下决心整顿民办教师队伍，摸索出可贵的经验。在1990年内，各级党委和政府对教育工作的认识更高，开始了从一般的思想重视到确定责任意识的转变，取得明显的工作效果。

三、切实加强各级各类学校的思想政治工作

省委、省政府十分重视学校的德育和思想政治工作。在前几年党的领导被淡化、思想政治工作被削弱的情况下，吉林省高校党的工作机构、思想政治工作队伍始终没撤。1990年，吉林省把稳定教育特别是高校局势作为压倒一切的政治任务。成立了高校工作领导小组；省委常委和省政府领导都建立了联系点；省教委主任各负其责，分片联系，深入调查研究，加强对高校的工作指导。一是坚持进行社会主义道路专题教育。省教委会同省委宣传部举办了多期骨干培训班、理论研讨班。加强了马克思主义理论课的改革、考核以及对专题教育的检查评估。二是从严治校。发布了高校管理规程，在全省高校中统一开展管理宣传月活动，教学秩序和校园治安秩序明显好转。三是加强了高校党建工作。认真贯彻全国党建工作会议精神，组织力量对全省普通高校党建情况进行了调查研究，总结了工作经验。四是对部分院校的领导班子进行调整，加强了领导力量。五是组织大学生参加社会实践，走与工农相结合的道路。暑假期间，组织全省42所高校的4万名大学生，历时50天，开展了松辽平原科技开发实践工程活动。在全省建立社会实践点712处，建立社会实践小分队983个，完成各种调查报告和社会实践总结5万余篇。

中小学德育工作坚持从小学抓起，在对现状做了调查研究的基础上，省委、省政府召开了全省中小学德育工作会议；制定了吉林省《关于进一步加强和改进中小学德育工作的若干意见》，明确今后一个时期，德育的摆位、体制、内容、队伍、环境和领导等问题。全省主要抓了四个方面的工作：一是各级党委和政府加强了对中小学德育工作的领导。成立了由领导同志参加组成的中小学德育工作领导小组，实行联席会议制度，研究解决中小学德育工作中的重大问题；教育行政部门设立了德育工作机构或配备了专人；进修院校和教科院（所、室）都配有专门机构或专职人员，初步形成了管理、教学、科研、培训“四位一体”的中小学德育工作指导体系。二是建立校长负责的领导体制。全省中小学普遍实行了校长负责制，明确了校长与党支部的工作职责，加强了配合与合作；乡村学校党的工作实行县教育局党委与乡(镇)党委双重领导的体制。三是切实加强了思想政治教育和道德教育。严格执行《中学德育大纲》、《小学德育纲要》、《中国少年先锋队教育纲要》和中小学生日常行为规范，建立了升挂国旗和每周举行升旗仪式的制度；有94%的中小学开设了劳动教育和劳动技术课，建立健全考核、评估制度。同时，深入开展学雷锋、学赖宁和学习本地及身边的先进人物，收到好的教育效果。四是加强了中小学德育工作队伍建设。全省注意抓了教师队伍的师魂、师德、师观、师能建设，把教职工教书育人的成绩作为评价教学和其他工作、评聘职称、表彰奖励、晋升工资的必备条件。推广了白城市明仁小学校长、特级教师赵涌同志“和谐施教、悉心育人”的教改经验，省委、省政府专门作出《关于开展向赵涌同志学习活动的决定》，在明仁小学召开了现场会。教师节前夕，全省评定出10位德育特级教师。出版了反映广大教师先进业绩的《奉献之歌》一书。在174所小学开展的德育整体改革实验，取得成效。中小学德育工作普遍受到重视和加强。

基础教育

以普及九年义务教育为重点的基础教育事业稳步发展。全省已有58个县(市、区)普及了小学教育，占县(市、区)总数的98%，有640个乡镇经检查验收，开始实施六年段义务教育，占全省乡镇总数的68.6%。初中建设进一步加强，全省小学升初中的入学率达86%，大中城市基本普及初中教育；按照分期分批办好初中的规划，全省已有562所初中经验收达到办学标准，占初中总数的30.64%，为全面普及初中奠定了基础。普通高中教育规模比较稳定，教育质量有所提高。

一、认真宣传贯彻《义务教育法》和《吉林省义务教育条例》

1990年省政府将“一法一例”纳入全民普法内容，抓住宣传和执行两大环节，提高广大干部群众的法律知识，强化教育法规的法律权威，使基础教育开始走上法制轨道，加快了普及九年义务教育步伐，全省初步形成了依法立教、依法兴教、依法治教、依法保教的局面。

(一)落实教育战略地位，促进基础教育走上法制轨道

在省人大的指导下，省政府加强了普及“一法一例”组织领导，协调有关部门共同搞好面上的普法宣传；多次研究部署和检查普法工作；听取并采纳人大代表和政协委员有关教育普法工作的意见和建议。政府主管部门成立了领导小组，具体组织实施。各市、县、乡也普遍成立了普法领导机构。党委宣传部门、普法部门、政府司法部门和教育行政部门都制订了具体规划，层层布置，落实普法责任制。在教育内部由各级教委包学校，学校包教师，教师包学生，学生包家长，力争做到“一法一例”家喻户晓；在教育外部由各级普法部门落实到机关、企事业单位和居民委员会，尽可能消灭死角。省教委举办了多期全省性的培训班，分别培训县以上教育行政部门的主要领导干部和督学人员。1990年，全省共举办培训班200多期，培训普法骨干4.5万人。编写了《“一法一例”知识问答》，发行2万多册；各地翻印有关普法材料近10万份。全省的普法宣传，既有一定声势，又注重实效。一是充分发挥广播、电视、报刊等新闻媒介的宣传作用。省电台多次播出宣传“一法一例”的专题节目。延边朝鲜族自治州仅县乡两级就播出1765次普法专题广播和电视

节目。二是举办"一法一例"宣传日、周、月和宣传一条街活动，大造舆论，有的地方还举办了知识竞赛，收到好的效果。三是发挥教育部门在宣传中的骨干作用和带头作用，以学生和学生家长为媒介，以学校为阵地向社会宣传。四是在城区一些街道竖立永久性标语牌，在农村的集市、学校和沿街墙壁书写永久性标语，提醒人们牢记和遵守义务教育法规。

(二)认真执法，以法规范行为

在学法的过程中，各地和各单位对照法律、法规查摆问题，使学法的成果变为守法的行为，引导公民、法人自觉守法，把法律规范运用到贯彻义务教育法的各个方面。主要围绕权利、义务这个核心，查各级政府及有关部门的六项职责(制定规划、设置学校、筹措经费、贯彻方针、培养培训师资、执行处罚)的落实情况；查企事业单位办学、捐资助学、尊师、拒招童工四项义务的履行情况；查学生家长保证子女按时入学和接受规定年限的义务教育两项任务的完成情况；查学校贯彻教育方针和教师师德建设情况。同时，对法律、法规中禁止性规范的执行情况进行检查。据1990年的不完全统计，全省共查处违反"一法一例"的典型案例300多件，并进行了严肃处理，使社会各方面看到教育法规的强制性和权威性，尝到了依法治教的甜头。

(三)加强督促检查，切实保证普法质量

各地都采取一些措施，对普法宣传和贯彻情况进行督促检查、考核验收。按教育和社会两张卷，由省统一命题，各地自行组织考试验收。据统计，全省96%的教育系统职工，90%的机关干部和城镇职工及80%以上的农村普法对象参加考试，取得了比较好的成绩。

一年来的普及"一法一例"工作，提高了干部群众的法律意识，为基础教育走上法制轨道奠定了思想基础；增强了社会依法兴教的责任感和义务感，促进了教育工作中实际问题的解决；维护了学校的合法权益，推动了教育的治理整顿和深化改革。

二、督导工作取得新进展

1990年，吉林省继续实行"双线目标管理责任制"。年初，李德洙副省长分别同各市、地、州政府(行署)的领导签定了政府系列的目标管理责任书；省教委陈谟开主任分别同各市、地、州教委(教育局)主任(局长)签定了教育系列目标管理责任书。同时，对上年"双线目标管理责任书"执行情况进行了总结表彰，浑江市、吉林市、辽源市获得成绩显著地区奖，各得奖金5万元；长春市、通化市、延边朝鲜族自治州、四平市、白城地区获成绩达标地区奖，各得奖金3万元。10月，省教委组织4个检查组，对8个地区执行《责任书》的情况进行督导检查，重点检查了中小学德育工作、学生流失和乱收费以及劳动技术教育课开设等情况，并结合检查，对国家教委部署的五项督导检查进行了复查。以地区为单位对全省84所重点中学开展了督导检查；对企业基础教育进行了首次督导检查。全省市县两级督导机构进一步健全，督导队伍得到充实，有291名专职督导人员领取了督学证。按照国家教委的要求，于6月11日至8月11日举办了第3期督导人员培训班，有72人参加培训。召开了第二届省督导工作研讨会，交流了25份经验材料。督导工作受到国家教委有关方面的充分肯定。

三、全面实施一、二、三系统工程

年初，省教委总结了几年基础教育工作的实践经验，提出基础教育实施"一、二、三系统工程"，即坚持一个首位——把德育工作放在首位；抓好两项建设——师资队伍建设和办学物质条件建设；深化三项改革——教育管理体制改革、农村教育综合改革和教学领域改革。实施这项系统工程的基本思想，一是解决办学方向问题，二是解决事业发展问题，三是解决教育改革问题，根本目的是要加快实施九年制义务教育的步伐，推进基础教育事业的发展。

为了把这项工程的基本思想贯彻落实到实际工作中去，在深入调查研究的基础上，经省政府批准并以省政府名义召开了四个重要会议：5月召开了全省中小学德育工作会议，11月在白城市明仁小学召开了全省小学教育改革现场会，12月召开了全省多渠道筹措资金、改善办学条件工作会议和全省中小学师资工作会议。通过四个会议，总结了工作经验，出台了一些政策，明确了工作任务和要求，把工作思路具体化了。各地根据系统工程的要求，结合本地实际，确定了某个时期侧重某一方面的工作重点，形成本地的工作特色。

四、师资队伍建设得到加强

吉林省把师资队伍建设作为全年三项重点工作之一，并将其列为各级政府和各级教育行政部门目标责任制。完成了全省中小学专任教师队伍现状调查。教师职称评聘工作的验收和专业技术职务评聘复查工作圆满结束。12月，省教委在四平市召开了全省中小学师资工作会议，总结了工作，部署了新的工作任务。

各级师范院校的改革进一步深化。根据基础教育发展和改革的要求，调整专业设置，改革教育方法，加强教育理论教学和教育实践环节。改革招生和毕业生分配办法，尽力保证农村和边远地区中小学新师资的需求；制定和发布了吉林省中等师范学校“三·一”分段教学计划，使毕业生缩短了从事小学教育的适应期。

在职教师和中小学领导干部的培训工作得到加强。各级教师进修院校的作用得到进一步发挥。通过高师函授、自学考试、卫星电视师范、专业合格证书考试等多种途径，使近2万名中学教师、4万多名小学和幼儿教师参加了各种形式的学历进修。开办了一些学科骨干教师岗位培训班和三级教师岗位培训班。小学教师继续教育的试点工作也正在展开。1990年，高中教师学历达标率达到52.7%，初中教师学历达标率达到46.2%，小学教师学历达标率达到81.6%，分别比上年提高3.2、4.7和7.3个百分点。还有17546名中小学教师获得专业合格证书。

教师地位和待遇有所提高。全省认真落实已经出台的改善教师地位和待遇的政策与规定，完成了公办教师的调资工作，提高了中小学班主任的津贴标准，使用自然减员指标，将2000名优秀的民办教师转为公办教师。系统地开展了教师特别是民办教师工作和生活条件的调查研究，在此基础上，提出关于进一步落实民办教师工资待遇若干意见，并会同省财政厅、人事厅联合下发了解决民办教师老有所养的暂行规定。为每个民办教师增加工资13元，兑现民办教师的陈欠工资。继续抓了农村教师家属扶贫工作，召开了现场会，作出部署，层层抓落实。

五、办学条件得到改善

吉林省继续坚持“依靠人民办教育，办好教育为人民”的方针，在确保国拨教育经费“两个增长”的同时，多渠道筹措教育经费，增加教育投入。一是征收教育费附加。各市地州都按2%的比例征收城市和农村教育费附加，所征得的资金绝大部分用来改善办学条件。二是鼓励和支持各地开辟一些地方性经费渠道。有的市、县已经征收鞭炮销售附加费和机动车辆附加费；有的把城市建设维护费用于教育的比例提高到10%；长春市和吉林市开始从城乡建设配套费中拿出部分用于校舍网点建设；一些城市从建设及预算外基建投资中提取一定比例用于校舍修建；部分地方减免了中小学校舍建设的税费。三是发动社会各界和人民群众集资办学、捐资助学。四平市等市县在职工干部中开展按月工资总额1%的比例集资办学、捐资助学活动；有的市、县采取向群众借款，财政贴息偿还的办法集资建校，或采取先借基建物资，财政担保还款的办法修建校舍，都收到比较好的效果。四是大力发展勤工俭学，增强学校自我发展的能力。各级政府和有关部门继续采取一些优惠政策，积极扶持勤工俭学活动。全省有12811所中小学、农职业学校和中等专业学校开展了勤工俭学活动，普及率达96.7%。全省勤工俭学总产值12亿元，比上年增加0.6亿元；纯收入为2.4亿元，比上年增加0.14亿元，其中一半用于补充教育经费。由于多渠道筹措教育经费，增加教育投入，学校办学条件有了明显改善。

1990年全省支出教育事业费9.3亿元，比上年增长8.7%。全省共投资2亿多元，新建校舍面积36.2万平方米。危房由上年的24.6万平方米，减少到9.3万平方米，比例由1.8%下降到0.7%，基本消灭了一级危房。二部制授课班数大幅度减少，中学已全部消灭了二部制，小学二部制多集中于一两个大城市，比上年减少491个班。中小学校舍砖瓦化比例达到97.1%。“三室”建设有新的进展，目前中小学有实验室7445个，比上年增长14.5%；医务室3120个，比上年增长20.5%；图书室4590个，比上年增长13.5%。新增学生课桌椅5.6万套。普通教育基建投资重点放在中等师范和教师进修学校，仅1990年省、市两级就投资1100万元，使办学条件得到较大改善。

六、幼儿教育

省政府认真贯彻落实国家发布的有关文件精神。3月23日，省政府主持召开了第三次幼儿教育协调会，省财政厅、人事厅、建设厅、卫生厅及省妇联等部门的负责同志参加。会后，下发了《研究全省幼儿教育工作的专题纪要》。《纪要》对加强幼儿教育提出五点意见：一是积极、稳妥、协调地发展幼儿教育事业；二是进一步提高幼教工作重要性的认识；三是加强领导，健全机构；四是贯彻法规，依法治教；五是分工协作，各负其责。各地坚持两条腿走路的方针，积极筹措资金，改善办园条件，缓解了入园难的问题。省财政厅拨款补助40处街道（乡镇）中心幼儿园；吉林油田、吉林化学工业公司等企业和浑江市、吉林市昌邑区、双辽县等，为幼儿园筹措资金都在100万元以上。延边州投入630多万元，新建29所幼儿园，3～6周岁幼儿入园（班）率达到81.3%，6周岁幼儿入园（班）率达96%以上。全省幼儿教师培训工作得到加强，省、市、县共举办222期培训班，有16000名幼儿教师参加了培训。省幼儿教育办公室命名关丽辉等20名同志为吉林省幼儿教育工作职业道德标兵。

七、特殊教育

4月7日，省教委召开会议，传达了第二次全国特殊教育工作会议精神。并提出：要不断提高对特殊教育的认识，把残疾儿童的教育纳入义务教育的轨道；实行多种形式办学，逐步形成以一定数量的特殊教育学校为骨干，以大量的特教班和随班就读为主体的残疾儿童教育的新格局；教育部门要加强管理；动员社会力量，加强各部门的配合与协调。省教委制定了《吉林省特殊教育学校检查评估细则》，9月，组织检查评估小组对各校进行检查，年底，召开总结表彰会。省委、省政府领导对特殊教育十分重视，省长王忠禹在省教委、民政厅、省残联《关于我省特殊教育工作情况的报告》上批示：“对特殊教育应予以重视，并要有特殊政策”。根据批示，省教委与有关部门进行了协调和落实。到1990年底，全省特殊教育学校发展到28所，其中盲童学校1所、聋哑学校22所、弱智学校5所；弱智辅读班39个。全省各类残疾儿童少年平均入学率达到38.1%，比上年提高4.9个百分点。

八、学校建设与改革

在小学艺术教育方面主要抓了整体改革

实验。指导磐石县全面总结评估了3年来进行的小学艺术教育整体改革实验的经验和成果，并在国家教委基础教育司召开的全国中小学艺术教育实验工作汇报、研讨会上作了大会发言，受到好评。省教委在四平、辽源、通化、浑江等地推荐的基础上，确定了省第二批小学艺术教育传统校。为了活跃全省小学校园文化生活，省教委组织了部分小学音乐教研员和教师编辑出版了《吉林省校园歌曲集》，推动全省小学群众性歌咏活动的深入开展，初步形成“班班有歌声，人人唱好歌”的局面。

针对初中教育的基础性特点和薄弱的状况，工作的基本思路是：积极推进，稳步发展；合理布局，控制规模；坚持标准，提高质量。一是继续坚持推进初中达标校建设，规划了第二批达标校建设的目标并进行了第一次验收，坚持按规划、有标准、定时限、有验收、再抽查的工作环节，做到抓一所成一所，抓一批巩固一批。把初中达标校建设作为实施九年义务教育的具体步骤。1990年经过验收，初步达标238所。二是继续推行并完善初中毕业升学考试制度。坚持把毕业与升学考试区别开来，以毕业会考成绩评价学校的工作；发挥考试的调节、平衡作用，将历史、地理、生物三科会考成绩列为参加升学考试的条件分，改变了初中教育长期忽视历史、地理、生物教学的状况；坚持统一命题和考试，便于以统一的基本教学要求，引导学校加强常规教学管理，提高教学质量。经抽样调查，全省普通初中1990届毕业生会考及格率为74.3%。三是探索适应农村经济发展需要的初中教育模式。在教育思想上，树立为当地社会主义建设服务的思想，变升学教育为素质教育；在教学内容上，结合实际，上好劳动技术课；在教育形式和方法上，实行“初三分流”、“3＋1”和试行初中四年制等，使不能升学的初中毕业生掌握一定的生产技能，全省涌现出一批初中教育改革的实验校，积累了一定的经验。

高中教育：完成了国家教委委托的关于制订普通高中改革新教学计划的调研报告；组织重点中学高中校长学习、讨论了普通高中会考的有关文件，为在1991年进入高中会考做了一定的准备。

中等职业教育

吉林省中等职业技术教育在调整中巩固提高。全省独立设置的农职业中学347所，在校生143153人，加上普通中等专业学校和技工学校，中等职业技术学校在校生占高中阶段在校生人数的56.8%。经国家教委批准，全省评估确定10所重点职业高中，形成一批骨干学校。

一、召开全省中等专业学校办学基本条件检查评估总结验收工作会议

4月中旬，省教委在长春市召开了全省中等专业学校办学基本条件检查评估总结工作会议。讨论并提出了关于落实德育的首要位置、中专学校的领导体制、进一步改善办学条件、认真进行专业设置评估、进一步深化教学改革等问题。省教委发出《全省中等专业学校办学基本条件检查评估结果情况的通报》。全省86所参评学校中，符合办学基本条件的一类学校10所，基本符合办学条件的二类学校36所，办学条件较差的三类学校32所，不具备办学基本条件的四类学校8所。省政府办公厅转发了省教委关于检查评估情况和今后工作意见的报告。年内，省教委对8所四类学校基本办学条件做了全面的督导检查。

二、研究制定吉林省普通中等专业学校教学管理规程

为加强中等专业学校的教学管理工作，省教委组织省中专教学管理研究会的部分同志，广泛征求基层学校的意见，研究制定了

《吉林省普通中等专业学校教学管理规程》。《规程》共9章，75条，内容包括总则，教学行政管理，教学计划、教学大纲和教材，理论教学，实践教学，学业检查与评定，教师，教学管理评估，附则等。并附有教学管理评估指标体系及教学管理规程各类表格20余种。

三、加强中专教学研究

省中专教学管理研究会设数学、化学、计算机、语文、制图、机械原理与机械零件、电工电子等教学研究会，开展了大量的研究活动。组织了教材研究、语文交流、教学经验交流、青年教师讲课比赛、教具展示、实验室规范探讨等活动。

四、职业技术教育有新发展

1990年，吉林省继续在吉林职业师范学院、吉林农业大学、吉林艺术学院举办职业中学专业课师资班，开设服装设计与工艺、工业与民用建筑、作物栽培、畜牧兽医、农村机械、特产园艺、音乐等专业，列入普通高校招生计划。从职业高中优秀应届毕业生中对口招生157名，实行定向、定额、定专业培养。招生工作主要实行两项改革：一是招生指标定向到县；二是加大专业课考试比重，使专业课成绩占整个成绩比例的60%以上。在推荐和考试办法上，采取地区组织推荐，招生学校先组织考专业课，省组织考文化课的办法。

1990年，吉林省对职业高中的布局、专业设置进行了调整。明确提出县城以下职业高中的布局按1至2所规划，将加强农科类专业建设作为重点，对现有职业高中实行“五定”，即定规模、定专业、定基地建设、定基本建设、定专业课师资培养。

省教委根据国家教委发布的《省级重点职业高级中学的标准》，制订了吉林省省级重点职业高级中学评估指标体系，并在学校自评和各地区自检的基础上，对43所职业高中进行了检查评估。长春市实验职业高中、第一汽车制造厂职业技术学校、吉林市女子职业高中、吉林市郊区第一职业高中、汪清县第一职业高中、白城市第一职业高中、双辽县农职业技术教育中心、辽源市第一职业高中、通化市第一职业高中、浑江市实验职业高中等10所学校，经国家教委认定为吉林省重点职业高中。

五、举办职业教育专科师资班

省教委根据国家教委《关于加强职业技术学校师资队伍建设的几点意见》的精神，结合本省职业中学专业课教师数量上、质量上严重不适应职业技术教育发展和提高教育质量要求的现状，与有关部门共同决定，委托吉林职业师范学院和吉林农业大学举办职业教育专科师资班，列入普通高校招生计划，共计招生60人，学制二年，开设家庭经营、家用电器专业，招收不具备大专以上学历，有培养前途的中、青年骨干教师，进行正规的系统的专科学历教育。

高等教育

高等教育在稳定规模、调整结构的基础上，教育质量不断提高。教学领域的一些改革取得进展，优秀教学成果的推广、省级优秀课程的达标验收、高校教学管理规程的发布试行以及大学外语教学的探索，使教学改革不断深化。

一、形势与政策教育

针对大学生的思想实际和国际局势变化给学校思想工作带来的一些影响，年初，省教委在全省高校广泛深入地开展了坚持社会主义道路专题教育和《关于社会主义若干问题学习纲要》的学习，并结合全省高校实际下发了有关文件，对社会主义道路专题教育进行了认真组织和部署。在工作中着重抓了四个环节：一是抓各高校党政领导的学习。举办了高校党委书记、校长学习班，提高认识，加强领导。二是抓了专题教育的讲授、辅导队伍的组织、培训工作。由省统一培训高校党委宣传部长、学生处长、团委书记、马列课教研室和思想教育课教研室主任等共200多人。三是抓典型引路，以点带面。省教委领导亲自带队深入到东北师范大学蹲点，调查研究，帮助解决实际问题，推动整个面上工作的开展。四是抓检查、总结、经验交流工作。在长春市、吉林市分别召开了专题教育经验交流会，收到好的效果。经过一年的社会主义道路专题教育，大学生的思想逐渐平稳，认识正在提高。

针对国内外政治、经济形势的发展变化，省教委与42所高校建立了全方位的信息联络网，指定专人负责，及时收集整理《情况反映》，共出38期，为上级领导正确决策提供了可靠的依据。

二、马克思主义理论课教学改革

1990年，省教委在深化理论课教学改革方面着重抓了四个方面的工作：第一，总结了5年来高校理论课教学改革的经验。在充分准备的基础上，7月召开了全省高校马克思主义理论课改革经验交流会。在国家教委8月召开的全国高校理论课教学改革会议上，吉林省教委在大会上介绍了经验。第二，抓了理论课教师培训工作。7月上旬，省教委举办了中国革命史、中国社会主义建设、马克思主义原理三门课的教师培训班，共计培训150多人。第三，省教委对政治理论课教材进行了统一审查、统一编写、统一管理，使教材建设走上正轨。第四，省教委于12月组织了对全省高等学校中国革命史课的统一考试，参加考试的本专科学生达12000多人。

三、教育与管理

1990年省教委在确定高等学校工作目标时，把严肃校风校纪，加强学生管理作为全年稳定高校局势的一项重要工作。年初，省教委会同省公安厅联合召开了加强高校学生和校园管理工作会议，下发了《吉林省全日制普通高等学校学生管理规定》，并印成小册子，每生一册。每校至少拿出一个月时间，集中对学生进行校规、校纪的学习与教育，加强学校和学生的管理。为配合各高校加强管理，省教委与四平师范学院联合编制了《大学生行为准则》电教片，在高校播放后，反映很好。中国教育电视台曾三次播放了这部电教片。经过广泛宣传、学习和教育，全省高校校风、校纪明显好转，学生各种违纪现象大为减少，违纪率比上年下降1.65个百分点。

四、制定普通高校及专业充实调整方案

省教委会同省计经委、财政厅，在进行调查分析和充分论证的基础上，制定了《吉林省普通高校及专业充实整顿方案》。《方案》的主要内容有：高校及专业设置、整顿的指导思想和原则、实施步骤及保证措施。1990年主要是整顿吉林市联合大学和四平市联合大学；调整长春大学、吉林职业师院、吉林体育学院、吉林艺术学院等院校的办学服务面向；调整科类比例，确定发展规模，即扩大工科培养，适当压缩供大于求的农科、财经等科类比例；调整层次、专业结构，即控制本科和稳定研究生教育规模，适当扩大农科和医科专科比例，撤并部分重复设置的专业，缩减长线专业招生比例，增设地方经济建设急需的短缺专业。成立了由省计经委、教委、财政厅组织的联合工作组，监督、检查和指导全省高校及专业的充实整顿工作。

五、高校课程建设与达标检查验收

在认真总结试点经验的基础上，省教委制定了《吉林省高等学校课程建设达标检查验收实施方案》，并于10月至12月间，组织有关专家、教授在对全省高校开展课程建设与评估情况进行检查的同时，对全省高校申报的43门课程中的39门课程建设达标情况进行了验收，有30门课程基本达到省级优秀课程的标准。12月30日，省教委发布文件，批准了吉林工学院的物理化学、金属热处理原理、金属学、高等数学、画图几何及机械制图，东北电力学院的电力学、电机学、工程流体学、理论力学等12所学校的30门课程为首批省级优秀课程。这次达标检查验收，对全省高校特别是被检查验收的学校震动很大，对加强高校教学工作，提高教学工作地位，深化教学改革都起到比较明显的推动作用。

六、大学外语课程建设

省教委已经连续6年抓了外语教学研究和教学改革。1990年，建立吉林省大学英语二、三级考试制度，下发了《关于举行大学英语二级和三级标准考试的通知》，首次考试有9481名学生参加；组织全省高校参加全国英语四、六级和首次全国大学俄语四级考试，参加全国大学英语四、六级考试的学校增加到32所，考生达11704人，其中二年级学生(即1988级)通过率为35.25%，比历届最高水平提高3.51个百分点；全省有514名学生参加全国首次大学俄语四级考试，通过率为37.94%，比全国高校平均通过率高出0.3个百分点，其中吉林大学分子生物学系学生刘卫华以99.5分的成绩名列全国第1名；吉林省承担了全国大学英语考试部分阅卷任务和全国首次大学俄语四级考试全部阅卷任务。密切联系本省大学外语教学实际，开展形式多样的教学研究活动，组织召开大学外语教学改革经验交流会，交流文章105篇；组织4次信息发布会和专题报告会，将最新学术动态及时传播给广大外语教师；组织专家、学者编写两套大学生英语和研究生英语教材；内部出版《大学外语标准化考试资料汇编》，提高了大学英语考试的管理水平；取得了一批大学外语科研成果，其中“大学俄语测试问题研究”通过吉林省教育科研成果鉴定，并已成为拟定全国大学俄语教学大纲、四级考试样题和试题的重要基础。

七、高校优秀教学成果的奖励与宣传交流

1990年2月24日，在长春冶金地质专科学校隆重举行全省普通高校首届优秀教学成果奖励大会，奖励在教书育人、教学改革、教学管理、提高教育质量等方面取得的141项省级优秀教学成果(其中1项获国家级特等奖、12项获国家级优秀奖)。奖励大会以后，省教委组织全省高校抓了4项工作：一是多形式、多渠道宣传交流优秀教学成果。集中举办了全省获国家级奖励的成果展览，有5000多人次参观学习；组织高校以校、系为单位召开各种类型的表彰奖励活动；充分利用各种新闻媒介，宣传报道优秀教学成果；组织全省高校对1989年优秀教学成果评奖工作进行了认真的总结，提出了《精心组织，认真评选，广泛交流，推进教学》的报告，录制了《教苑盛事》的专题录相片。二是组织有关专家开展优秀教学成果评奖工作专题研究，先后对优秀教学成果的概念与内涵、先进性与广泛性、理论性与实践性、以及评选条件、奖励政策、组织实施、成果管理等有关问题进行专题理论探讨和研究，为国家教委起草了《高校教学工作奖励暂行办法》建议稿。三是组织部分高校进行建立优秀教学成果立项申报制度的试点。四是决定在今后的优秀教学成果评选中，对一般高校实行只有省级优秀课程，才可申报省级以上课程类的成果奖。

八、对外文化交流

高校对外合作与交流，贯彻官民并举方针、聘请外国文教专家单位由“六五”期间的21个增到27个，聘请外国专家(含外籍教师)由302人增加到794人；接受捐赠总价值达1040万元的设备和资料。与国外建立校际关系的院校由11校增加到18校；国外对口院校由27校发展到59校(含成人高校)。吉林省教育代表团对加拿大的访问以及官方和民间的对外交流与合作活动日益活跃，成果显著。

九、高等学校博士、硕士学位授权点的新发展

1990年10月5日，经国务院学位委员会第9次会议批准下达的第四批博士、硕士学位授权学科、专业名单中，吉林省高等学校被批准新增博士学位授权学科、专业点有：吉林大学的世界经济，吉林工业大学的机械制造、金属塑料加工，长春地质学院的水文地质与工程地质；被批准为硕士学位新增授权点的学科、专业有：吉林大学的半导体材料，吉林工学院的机械制造、金属材料及热处理、化学工程，吉林医学院的临床检验诊断学，吉林财贸学院的会计学等27个。至此，吉林省高等学校共有博士学位授权学科、专业点60个，硕士学位授权学科、专业点278个。

十、科学技术奖励与科学研究

根据国家有关规定，经省政府批准，省教委于11月10日发布《吉林省教育委员会科学技术进步奖励办法》。奖励范围为：吉林省各高等学校研究并应用于社会主义建设的新科学技术成果；推广、应用已有的先进科学技术成果；确有学术水平和实用价值的自然科学理论成果；为决策科学化与管理现代化而进行研究的软科学成果。同时规定，这些成果必须是列入省教委科研计划的项目，或是由省教委组织或主持鉴定评审的项目，或是列入省级以上科研计划的基础理论项目（必须有公开发表的论文或专著）。

1990年度吉林省高等学校从事科研活动的人员达27000人。在156个科研机构中，自然科学64个，工程与技术43个，农业科学7个，医学学科36个，其它学科6个。在科研队伍与科研机构建设上，表现了两个突出特点：第一，青年科研人员比重增大，科研机构中博士和硕士生占总数的46%；第二，一些高等学校实行教科分流、教科轮换制度，缓解了专职科研人员编制不足问题。

高校科研课题纵横交错，成果高于历年。1990年高校具有科研课题2491项，其中新开课题888项；国家计委、科委课题47项，其中"七五"攻关18项，"863"高技术18项；各主管部门和国务院各部门489项，其中"七五"攻关76项；国家自然科学基金231项；省市462项；企业委托392项；国际合作2项。1990年全省高等学校出版科学专著411部；发表学术论文6176篇，其中国外学术刊物登载464篇；有153人次出席国际学术会议，交流论文177篇，1208人次出席在国内召开的学术会议，交流论文740篇；鉴定科技成果410项；有147项成果获奖，其中获国家自然科学奖1项，国家发明奖8项，国家科技进步奖135项。全省高校签定技术转让合同91项，出售专利10项，成交金额298.6万元。

吉林省教委在深入调查、充分论证的基础上，建立了两个科技兴农示范点，纳入年度科研发展计划。（1）由吉林农业大学承担，在农安县龙王乡进行的"吉林省中部农区粮食中产变高产综合示范研究"项目，计划投入经费10万元，三年完成。通过调整种植业结构；引进高产品种；综合推广实施水稻"床土调酸"、"塑料棚育秧"技术，"玉米优化配方施肥"、"玉米模式化栽培"技术以及"赤眼蜂防治玉米螟"生物防治技术，已初步取得效果。1990年龙王乡农业总产值比1987—1989年平均产值增长1.44倍，达4300万元；畜牧业产值比前三年平均值增长99.4%，粮食总产增加1.13倍。（2）由延边农学院承担的、在珲春市万亩果园实施的"苹果梨果树早结果、高产优质规范化栽培模式研究"项目，可实现果树4年开花，5年结果，与传统栽培技术果树8年开花、10年结果相比，具有明显的经济效益。

十一、高校后勤工作的检查评估

省教委、团省委、省教育工会于2月联合发出《关于对我省高等学校后勤工作检查评估的通知》，上半年由各校按《通知》精神进行自检。6月份组成近30人的评估检查团，对40所普通高校和8所成人高校后勤工作进行检查评估。根据评估得分，进入先进行列的有吉林工业大学等9所院校；比较好的院校有15所；一般的院校17所；较差的有7所。国家教委在6月发布的关于表彰全国高等学校后勤工作先进集体和先进个人的决定中，吉林省有吉林工业大学、吉林化工学院、长春建筑专科学校荣获全国高等学校后勤工作先进集体称号；有20名同志被评为全国高等学校后勤工作先进个人。

成人教育

以岗位培训为重点的成人教育取得一定成绩。职工岗位培训的试点面达到13%，有的市达到20%以上，参加学习的职工由1989年的5.7万增加到15万多人。

一、职工高等教育的治理整顿

年初，召开了全省普通高校主管成人教育的院(校)长和有关负责人会议，研究部署全省职工高等教育的治理整顿工作；下发了《吉林省职工高等教育治理整顿意见和评估验收的办法》、《关于在全省电大分校和工作站开展检查评估工作的通知》和《关于对1990级成人高校、成人中专学生入学资格复查的通知》。围绕学校布局和专业设置、办学指导思想、办学条件、教学质量等问题进行认真的自查，边整边改。对1990级不符合入学条件的学员清退了100多人。

二、成人大中专〈专业证书〉教育

“专业证书”制度在吉林省成人教育中已试行三年。1990年考生来源主要是各相关企事业单位的管理责任和技术岗位的职工，由省业务主管部门下达招生指标，单位推荐，主管部门审核批准后，集体报名参加考试。省教委组织人力封闭命题印卷，并组织全省统一入学考试，省教委会同省人事厅共同组织录取。1990届大专专业证书班计划招生19800人，参加考试19045人，实际录取16406人；中专专业证书班计划招生5455人，参加考试2514人，实际录取2051人，体现了择优录取。

三、职工教育开始走上法制轨道

1990年，根据省政府立法工作计划的要求，制定了《吉林省职工教育条例》，经省第七届人民代表大会常务委员会第二十次会议讨论通过，从1991年1月25日起实施。《条例》共8章40条，对职工教育的地位作用、指导思想、职责、职工受教育的权利和义务、办学和教学、教育人员、经费和奖惩等方面，做出具体规定。

四、社会力量办学健康发展

1990年，全省社会力量举办的学校(班)750所，有110000人参加学习，其中高等学校(班)126所(个)，参加学习的有38327人；中等学校(班)168所(个)，参加学习的17132人；初等学校(班)389所(个)，参加学习的54541人。共开设48个专业，其中自学考试助学开设20个专业，其它学校(班)开设28个专业。为了加强管理，先后制定了《关于社会力量办学基金吸取、使用、管理有关问题的通知》、《关于高中等教育自学考试辅导学校(助学班)管理有关问题的通知》、《关于普通、成人高中等学校(院)举办非学历教育校(班)管理的暂行规定》。省教委会同省法制局对乱办学、擅自扩大招生范围、乱收费、乱刊登广告的83所学校(班)进行了检查，并做出处理，对违反有关规定的19所学校(班)给予罚款处理。制止了23所学校(班)的乱收费现象，对16所学校的有关人员进行批评教育，对13所学校(班)限期整顿，对7所学校(班)给予内部通报批评，使全省社会力量办学中的“三乱”问题基本得到控制。

五、职工岗位培训

1990年，岗位培训试点工作本着积极稳妥、突出重点、注重实效、逐步完善、适当超前、形成制度的原则，紧紧围绕经济建设和社会发展需要，试点面不断扩大。截止年底，全省规范化岗位培训试点面达到13%；参加适应性岗位培训的职工达56万多人。在全国职工岗位培训座谈会上，吉林省推荐了5份经验材料，其中吉林化学工业公司的经验在大会做了交流。并向国家教委推荐的20多个部门及单位的岗位培训规范及经验材料。

六、农村扫盲工作

1990年，吉林省在国际扫盲年中开展了丰富多彩的宣传活动，31个县(市)开展了“扫盲月”、“扫盲周”活动，标语口号遍布全省各乡镇。加强了扫盲的基础建设，全省15—50周岁的农民都填写了省统一印制的《农民文化技术卡片》；制定了各类岗位责任制度和奖惩制度，加强了扫盲工作的组织管理；全省共编写课本20多种，脱盲后读物30多种。组织了全省扫盲工作检查验收，制定了《吉林省扫盲工作检查验收评分标准》，统一制卷，加强考场管理，提高了验收工作的质量。全省15—40周岁人口中的文盲比例由1988年的4%下降到1%；41—50周岁人口中的非文盲比例达到93%。

七、燎原计划的实施

吉林省1990年实施“燎原计划”，主要是突出重点，首批燎原计划示范乡镇基本建成。在147个示范乡镇中，重点抓了50个。这些乡镇从组织机构、培训规划到基地建设、设施配套等都得到加强，初具规模。二是组织“燎原计划”生产示范项目效益检查。从检查结果看，70%的项目发展比较健康。11月，国家有关部门曾来吉林省检查项目落实情况。三是1/3乡镇的农民文化技术学校建设达到标准化要求。这些学校做到了独立设校，有专职校长、专职教师、图书档案、取暖设备、实习基地、专用经费等。大面积实用技术培训取得成效，1990年突破了400万人，受训面占农村劳动力的80%，不少乡镇达到了全员培训的要求。东丰县、蛟河县、农安县和德惠县农科教统筹的经验，分别在国家教委召开的有关会议和所办的刊物上进行了介绍或刊载。

撰稿人　杨胜超

审稿人　陈谟开

黑龙江省教育

概　　述

一、各级各类教育发展概况

1990年各级普通学校基本情况

工读、特殊教育学校单位：人
其　他　学　校　单　位：万人

学校类别	学校数（所）	毕业生数	招生数	在校学生数	教职工数	
					计	其中：教师
一、普通高等学校	42	2.449	2.554	8.381	4.242	1.752
研究生	（16）	0.152	0.125	0.39		0.16
本科	28	1.201	1.268	5.315	3.649	1.305
专科	14	1.096	1.161	2.676	0.593	0.287
二、普通中等学校	3339	58.45	6.98	200.321	21.41	14.95
1.中等专业学校	107	1.599	1.907	6.624	1.748	0.725
中等技术学校	77	1.061	1.418	4.534	1.384	0.543
中等师范学校	30	0.538	0.489	2.09	0.364	0.182
2.普通中学	2818	52.285	61.953	180.148	17.669	13.005
高中	600	8.929	9.502	26.717		2.279
初中	2218	43.356	52.451	153.431		10.726
3.农业、职业中学	413	4.566	5.940	13.549	1.992	1.22
高中	400	4.455	5.723	13.055		1.186
初中	13	0.111	0.217	0.494		0.034
4.工读学校	1	1	22	63	44	18
三、小学	17092	63.577	63.7	397.712	25.006	21.574
四、特殊教育学校	66	570	967	6094	2250	1450
五、幼儿园	1826			57.705	4.063	2.443

1990年各级成人学校基本情况

单位：万人

学校类别	学校数（所）	毕业生数	招生数	在校学生数	教职工数 计	教职工数 其中：教师
一、成人高等学校	138	2.486	2.815	8.519	1.255	0.574
广播电视大学	2	0.517	0.66	2.106	0.113	0.054
职工高等学校	57	0.526	0.629	1.807	0.662	0.316
农民高等学校						
管理干部学院	10	0.165	0.137	0.322	0.182	0.068
教育学院	21	0.402	0.238	0.954	0.298	0.136
独立函授学院						
普通高校举办						
函授部	(29)	0.632	0.873	2.391		
夜大学	(19)	0.244	0.278	0.939		
干部专修科						
二、成人中等学校	3071	170.854	196.798	126.817	4.153	2.274
1.成人中等专业学校	460	4.555	4.791	13.19	1.772	0.911
广播电视中专	22	0.44	0.4	0.78	0.058	0.008
干部中专						
职工中专	232	1.242	2.114	4.809	1.012	0.509
农民中专	69	1.3	1.373	3.442	0.16	0.098
教师进修学校	137	1.573	0.904	4.16	0.543	0.296
2.成人中学	414	2.428	4.129	3.585	0.78	0.486
职工中学	391	2.332	4.006	3.427	0.762	0.477
农民中学	23	0.096	0.123	0.158	0.018	0.009
3.成人技术培训学校	2197	163.871	187.878	110.042	1.601	0.877
职工技术培训学校	968	93.659	106.842	41.651	1.083	0.714
农民技术培训学校	1229	70.212	81.036	68.391	0.518	0.163
三、成人初等学校	10698	219.939	220.243	179.706	6.061	1.473
1.职工初等学校	15	0.166	0.622	0.619	0.019	0.009
2.农民初等学校	10683	219.773	219.621	179.087	6.042	1.464
其中：扫盲班	4016	12.689	12.735	12.086	3.642	0.6

二、省委、省政府作出教育工作决定

1990年是实施"七五"规划的最后一年，也是治理整顿、深化改革的关键性一年。省委、省政府在年初做出了《关于进一步加强教育工作若干问题的决定》。《决定》要求各级党委和政府"必须坚持把发展教育事业放在突出的战略位置"，坚持"社会主义建设必须依靠教育，教育必须为社会主义建设服务，以及人民教育人民办"的指导思想，进一步调动全党全民全社会和全体教育工作者的积极性，全面贯彻党的教育方针，深化教育改革，加强教师队伍建设，增加教育投入，加强对教育工作的领导，使全省教育事业持续、稳定、协调发展。《决定》共分六个部分：

1. 全面贯彻党的教育方针，培养合格的社会主义建设者。《决定》要求各级各类学校坚持教育的社会主义方向，必须保证党对教育的领导，全面贯彻党的教育方针。首先要加强和改进德育工作。要始终坚持把培养学生具有坚定正确的政治方向摆在首位，把德育贯穿到教育、教学、管理和社会、家庭教育的一切活动之中。其次，学校要坚持以教学为中心，全面提高教育质量。同时要求社会各界和各部门进行综合治理，优化育人环境，共同把教育工作搞好。

2.深化教育改革，优化教育结构。《决定》指出，深化教育改革的指导思想是：贯彻党的十三届五中全会精神，遵循教育的特点和规律，从实际出发，抓好教育治理整顿和深化改革，加强基础教育，以农村教改为重点，端正办学思想，优化教育结构，……提高教育质量和办学效益，充分发挥教育在社会主义现代化建设中的作用，为科技兴省服务。

3.加强教师队伍建设，提高教师素质和待遇。《决定》指出，建设一支政治立场坚定、业务素质优良、结构合理、相对稳定的教师队伍，是教育事业的根本大计，也是当务之急。《决定》从"提高教师素质""提高教师待遇""加强教师队伍管理"三方面提出一系列切实措施。

4.增加教育投入，改善办学条件。《决定》指出，教育经费是特殊的战略性产业投入，确保教育经费的稳定来源和增长，是落实教育战略地位的一项基础措施。解决教育经费问题，要调整财政支出结构、投资结构和消费结构，建立以财政拨款为主，多渠道筹措教育经费的新机制。《决定》提出八项措施，以保证教育经费的稳定增长。

5.提高全民教育意识，人民教育人民办。

6.树立新的教育观念，加强对教育工作的领导。要求各级党委和政府，都要认真贯彻执行《决定》，省直有关部门根据《决定》的精神和要求，制定具体落实意见，并向省政府办公厅提出书面报告。

省政府在下发《决定》以后，立即把1990年教育工作的任务目标分解下达给各级政府和省教委等省直有关部门，并于1990年2月召开了全省教育工作会议，会上副省长黄枫做了工作报告，由省教委等有关部门提出了《关于加强学校思想政治教育工作若干问题的意见》、《黑龙江省深化农村教育综合改革实施方案》、《黑龙江省加强师资队伍建设的方案》、《关于奖励多渠道筹措教育经费改善办学条件先进单位的办法》、《社会集资办学暂行规定》等五个文件，经过大会讨论修改后做为省政府文件下发，使省委省政府的"决定"得到进一步的落实。

黑龙江省委、省政府曾在1989年3月下发了《关于在全省开展教育大讨论的通知》，1990年结合贯彻省委、省政府的决定，把这一大讨论的重点引导到"人民教育人民办，办好教育为人民"这一主题上来。经过一年来的大讨论，提高了全省各级党政领导和广大人民群众对教育在经济建设中地位作用的认识，调动了各级政府、社会各界和广大群众办教育的积极性，使教育的战略地位逐渐得到落实。

省教委为了贯彻省委、省政府的决定，召开了一系列工作会议，总结和推广先进经验，树立了一批先进典型。1990年8月，全国28省市农村教育综合改革研讨会和国家级农村中等教育改革研讨会分别在黑龙江省齐齐哈尔市和佳木斯市召开。会上介绍了讷河、龙江、桦南等县深化教育改革的经验，表扬了讷河县老莱中学、佳木斯市红旗中学、龙江一中等一批先进典型。1990年9月省教委在牡丹江市召开全省师范院校、中小学德育工作经验交流会，会议总结了全省几年来德育工作的情况，交流了经验，使全省各级各类学校的德育工作得到了进一步的加强。1990年9月国家教委在黑龙江省佳木斯市召开了全国城市教育综合改革实验工作会议，会上佳木斯市委、市政府做了《深化城市教育改革，为社会主义建设服务》的经验报告。这一系列的重要会议对全省的教育改革起了巨大的推动作用。

基础教育

一、实现普及初等教育，推进九年义务教育

截止1990年末，全省69个县(市)、63个市区，共132个县(市)、区，人口35214873人，均达到了普及初等教育的要求。至此，全省实现了普及初等教育。

自1980年，省委、省政府认真贯彻中共中央、国务院《关于普及小学教育若干问题的决定》组织实施普及小学教育以来，经过10年的努力，目前全省普及了初等教育，入学率达99.02%，巩固率98%，毕业率97.47%。办学条件有明显改善。1990年生均校舍面积3.16平方米，二部率1.32%，危房率4.2%；小学专任教师215735人，学历达标155233人，获专业合格证书3369人，合格率达73.5%。为了进一步巩固普及初等教育成果，提高教育质量，不失时机地提出了在全省中小学开展规范化学校建设，到目前，全省已有20%以上的小学达到了省级小学规范化建设的要求。

在普及初等教育的同时，积极稳步地推进九年制义务教育。各地、市、县根据《义务教育法》和《黑龙江省关于初级中等义务教育必备条件》要求，结合本地实际情况，制定并修改了义务教育规划，从1990年秋季新学期开始，全省分批进入普及九年义务教育的新阶段，在哈尔滨、齐齐哈尔、牡丹江、佳木斯、大庆市的部分市区，密山市、勃利县、富锦市、肇州县等县镇及林业、农场系统的部分企业实施初级中等义务教育，做为全省九年制义务教育试点单位，积累经验，指导今后实施义务教育工作。据统计，全省有初级中学2218所，在校生1534309人，小学升初中升学率为82.84%，普通初中巩固率为92.2%。

二、继续调整中等教育结构，深化教育改革

1990年，继续控制普通高中的发展规模，调整了高中网点布局。普通高中学校由1985年的828所，调整到600所，减少了228所，在校生由335900人，减少到267169人，减少68731人。加强了农村初中和城市薄弱初中建设。本着合理布局，注重规模效益的原则，对农村初中网点布局进行了调整，一是按万人左右设1所初中，一个乡大体规划1至2所初中，二是有计划地分期分批调整戴帽初中，今年摘帽率达20%，由上年的1500处降到1200处。

在调整和控制普通中学的同时，加强了劳动教育和职业教育，使普通中学由升学教育转到主要为当地经济发展服务的轨道。

三、落实德育首要地位，加强思想政治教育

1990年，进一步落实《中共中央关于改革和加强中小学德育工作的通知》，结合本省工作实际，制定了《关于加强学校思想政治教育工作若干问题的意见》，修改和完善了《黑龙江省改革和加强中小学德育工作细则》。

1990年9月，在牡丹江市召开了全省师范院校、中小学德育工作经验交流会。会议总结了几年来全省德育工作的情况，树立了10名先进德育工作者标兵，推广了以牡丹江市立新实验小学、龙江县一中为代表的10所学校开展德育工作的经验。

黑龙江省确定把每年3月份定为学雷锋、学赖宁活动月，围绕纪念鸦片战争150周年和贯彻《国旗法》严格升降国旗仪式，对学生进行生动具体的爱国主义教育。

坚持教育与生产劳动相结合。全省多数中小学创办了劳动教育基地，按教学计划开设了劳技课。农村学校现有学生生产劳动的

校田61万亩，每所农村中学校田平均45亩，小学为30亩。在劳动过程注重对学生渗透思想品德教育，树立了以牡丹江市立新实验小学为代表的坚持劳动教育，全面育人的典型，1991年2月，国务委员兼国家教委主任李铁映号召全国各类学校学习、推广、发展立新实验小学的经验。

四、加强师资队伍建设，优先发展师范教育

1990年，按照省委、省政府《关于进一步加强教育工作若干问题的决定》的要求，省教委制定了《加强师资队伍建设方案》，把教师队伍建设作为一项战略性任务切实抓好。

加强师德教育，提高教师的政治素质。1990年，在全省教师中深入开展了师德教育活动。健全并坚持教师政治理论学习制度，提高教师思想政治水平。开展了“教书育人，为人师表”和“如何当一名合格的人民教师”的大讨论，对教师进行职业责任、职业道德和职业纪律的教育。并把教师执行职业道德规范情况作为评聘、晋级、评奖和选派出国留学的重要依据。在4所师范学校试点贯彻德育大纲，这4所试点校都被评为1990年全省德育先进集体。

坚持教师进修培训制度，提高教师业务素质。1990年，加强了中小学教师的培训，建立培训网络，健全岗位培训制度。在区域高师指导委员会的指导下，发挥师范院校、教师进修院校的作用，统筹安排各地的师资培训工作，坚持在职提高师资的主要途径，广泛开展教学研究、互帮互学，观摩教学等活动，提高教师素质。各地按照教师进修院校服务范围，对不同层次的骨干教师有计划地进行轮训，并进行考核，作出评语，载入教师业务档案。1990年，全省中小学专任教师学历情况如下表：

小学专任教师学历情况

单位：人

	专任教师	占总数%
合　　计	215735	
中师、高中毕业及以上的	155233	72.0
中师、高中肄业及初师、初中毕业的	54828	25.4
初师、初中肄业及以下的	5674	2.6

注：合计中取得“专业合格证书”的教师3369人。

普通中学专任教师学历情况

单位：人

	初中		高中	
	专任教师	占总数%	专任教师	占总数%
合　　计	107263		22785	
高等学校本科毕业及以上的	6952	6.5	9359	41.1
高等学校专科毕业及本专科肄业两年以上的	44569	41.6	10982	48.2
高等学校本专科肄业未满两年的	3155	2.9	460	2.0
中专、高中毕业及以下的	52587	49.0	1984	8.7

改革师范院校招生和分配制度，重点保证农村学校的要求。1990年，对现有师范院校确定服务区域，实行区域性招生和定向合同制。师范本科招生50%定向到县；专科80%定向到县，其中50%定向到乡镇；中师90%定向到乡村。由县教育行政部门和定向生签定《定向培养，定向就业合同书》，并在当地公证处公证。在全省师范学校试行招收约占招生人数10%的民办教师，有计划、有步骤地提高初中民办教师水平，使其学历逐步达

到专科毕业程度，更好地胜任初中教育教学任务，提高初中教育质量。通过省属高等院校音乐、体育、美术专业试行定向招生，重点解决县、乡两级中学急需的音、体、美专业教师。

重点加强师范院校的建设。1990年，对师范院校做到“三优先”，即基建投资优先，安排事业费优先，师资补充和培养提高优先。全年，省、市（地）两级用于中等师范学校的基本建设投资达783万元，校舍竣工面积1.64万平方米。安排师资培训费和专项经费328.1万元，用于添置师范学校的内部设备，维修和补充事业费的不足。

中小学教师的社会地位和生活待遇有了明显提高。据调查，全省中小学教师月平均工资达到175.51元，公办教师的工资收入在国民经济12个大的部门中由倒数第2位上升到正数第6位。截止1990年，全省已有80%的中学教师，86%的小学教师评上职称。省委、省政府制定了提高教师待遇政策。除国家统一安排外，省四年表彰一次各级各类优秀教育工作者；每年给千分之二教师晋升一级工资的奖励；教龄满30年以上的优秀教师授予荣誉称号，颁发证书；对在乡镇（不含县镇）以下工作的教师的工资向上浮动一级做为岗位津贴；各级各类学校男教师教龄满30年，女教师满25年的，退休后照发全薪。鼓励教师终身从事教育工作，安心于在农村及边远地区工作。一年来，为城市中小学教职工解决住房927户，面积9.4万平方米。教师的医疗、保健等社会福利方面的待遇也得到逐步提高。现在全省广大农村，教师职业正在成为令人羡慕的职业。

五、中小学办学条件得到明显改善

1990年，在工业滑坡、市场疲软、财政短收的情况下，全省财政教育支出仍达11.03亿元，比1989年增加0.93亿元，增长9.2%，同时，各地从多渠道筹措的改善办学条件经费达4.2亿元，比历史最好水平的1989年增加5000万元，使全省中小学办学条件得到明显改善。

1990年年初，全省中小学有危房80万平方米，其中一级危房36万平方米。一年来，新建扩建校舍62.13万平方米，全省中小学二部制授课率下降到1.2%。翻建危房35万平方米，使全省危房占校舍总面积的比例下降到4.2%，基本消灭了一级危房。全省中小学砖瓦化程度达到85%以上，约有90%以上的市县学校基本实现了“一无两有”。增添学生桌椅45万单人套；购置教学仪器23.8万件，体育器材6.7万件，图书282万册；修围墙33.3万米；植树411.5万株。各级政府和教育行政部门对勤工俭学进一步重视，全省有90%以上的市、地、县制定了扶持中小学勤工俭学的优惠政策。1990年全省勤工俭学总收入达到2.2亿元，实现了比1989年增长10%的计划，补充了教育经费的不足。

六、少数民族教育、幼儿教育和特殊教育得到发展

全省民族教育机构初步形成体系。在全省范围内，民族教育工作量较大的市地均有民族教育行政和教研机构，有民族教育专兼职干部191人。办学条件明显改善，全省民族学校基本实现“一无两有”，90%以上的小学实现砖瓦化。少数民族学前班发展迅速，目前已发展到427个班，入班儿童8718人，占全省少数民族学前6周岁儿童总数的84%。全省有民族中小学649所，在校生82750人，民族师范学校2所，在校生826人。

1990年，在理顺幼教工作管理体制之后，召开了全省幼教工作会议，深入贯彻《幼儿园管理条例》和《幼儿园工作规程》。加强幼儿园学前班管理，提高保育教育质量，进一步克服学前班教育小学化倾向，积极推进幼儿园（班）的规范建设。全省有幼儿园1826所，在园幼儿57.72万人。

1990年，认真贯彻国务院办公厅转发国家教委等部门《关于发展特殊教育的若干意见》，将特殊教育纳入义务教育轨道，各地教育部门把特教工作同普通教育一齐抓，积极挖掘潜力，扩大特教场所，总结推广了残疾儿童在普通小学随班就读的经验，采取多种形式办学，现有特殊教育学校68所，在校生6666人。

工读教育取得显著成果。在黑龙江省先后召开了全国和东北地区工读教育研讨会，推广了哈尔滨市工读学校办学经验。

职业技术教育

一、职业技术教育走上持续、稳定、协调发展的轨道

黑龙江省几年来对中等职业技术学校加强宏观调控，在发展中不断调整，到1990年已经形成了较为合理的布局。大城市一般有30所左右，中小城市一般有15所左右，县镇一般设1所农校高中，1所职业中学，大县乡以下一般有4所左右，小县乡以下也有1至2所农职业学校。1990年底，全省有各类中等职业技术学校710所（不含中师），在校生总数28.3万人，其中农职业中学413所，在校生13.5万人。农职业中学创办10年来，毕业生累计44.4万人，加上各种短训班，总共培养250多万人。

1990年，黑龙江省继续控制普通高中的发展规模，同时，扩大了中等职业技校的招生规模，1990年底，高中阶段职业技校在校生的比例由42.6%提高到51.8%，增长了9.2个百分点。

目前，全省在15%的农村普通中学进行了学制改革，试行“三加一”、“四年制”、“初二分流”、“五·四制”等办学形式，使学生在中学阶段学会一二项生产技术。龙江县等先进县，把劳动课和劳动技术课作为普通中小学必修课，纳入教学计划，同时逐步完成教材、师资、基地三项基本建设，发挥学校智力优势，积极参与实施“燎原计划”，推广农业科学技术。

二、坚持为地方经济服务的办学方向

1985年前，全省职业技术学校只有20多种传统专业，到1990年，仅413所农职业中学就开设210种专业，这些专业都是根据当地经济建设的实际需要设立的，如庭院经济、烤烟生产等专业颇具地方特色。

农村教育综合改革试验区和“燎原计划”示范乡都以发展职业技术教育为突破口，把学校办成人才培养、技术推广、科学实验、技术咨询、经营服务“五位一体”的阵地，还利用学校智力和技术的优势，积极推广“上挂、横联、下辐射”、“一校带一村、一生带一户”的经验，普及农业技术，开发农民智力，提高农民素质。龙江县以实施“燎原计划”为纽带，重点抓好三教统筹和农科教结合。按管理层次把普通教育、职业教育和成人教育三种教育置于县、乡、村统一领导下，对三种教育的规模、速度、布局统一规划，对经费、师资、设备、基地统一安排，建立三种教育纵向连接、横向沟通的体系。以兴农的需要为中介，以发展农村经济为结合点，加强对农、科、教方面的领导，人才培训计划统一安排，“燎原计划”项目共同确定，“丰收”、“星火”、“燎原”三个计划结合实施，培训经费统一筹措。县政府统一协调农业、教育、科技三家，形成农业出题目，科技出办法，教育出人才，全县出成果的局面，形成教育与经济互相促进的良性循环。

三、积极探索职业教育改革的新路

1990年，全省职业技术学校普遍加强了学生的思想教育工作，在进行爱国主义、社会主义和集体主义教育的同时，特别重视职业道德教育。富裕县农技高中坚持组织学生学习党的农村政策和县政府关于发展农职业教育的文件，坚持组织学生深入实际，走访调

查，请毕业生回校作报告，增强了学生为振兴家乡而献身的使命感、光荣感与责任感。哈尔滨市第一高级职业中学、佳木斯市第一职业中学也都有较好的经验。

在教学内容和教学方法上的改革，主要是强化了实用性、专业性与实践性，提高学生的动手能力、应变能力和经营管理能力。许多学校还试行了“双证制”(毕业证书和技术等级证书)，收到了较好的效果。

继续进行招生、学制和毕业分配制度的改革。1990年，全省77所普通中专中，有56所招收初中毕业生，学制4年，共招7495人，占招生总数的61.3%；各类中专招收定向生1317人，不包分配生1050人，自费生322人，委托生529人。学制长短结合，办学形式不拘一格。全省中等职业教育形成四个办学层次：(1)市县办；(2)乡镇办；(3)企事业单位办；(4)大行业系统办。学制有2年3年的长班，也有几月几天的短期实用技术培训班。办学出现了教育部门与企业部门联办、企业自办等好形式。“先培训，后就业”的制度在城镇逐步得到贯彻。

全省413所农职业中学中，有100所左右是办得有特色的学校，其中国家认定的省重点甲级农职业中学10所，1986年省认定的重点甲级校26所，甲级校37所。这些学校办学思想端正，办学路子正确，办学成效显著，在社会上有良好的影响。

四、有待解决的问题

黑龙江省职业技术教育从总体上说，还是一个薄弱的环节，办学水平不高，规模、质量和效益都还不能适应经济建设和社会发展的需要。在一些部门和地方的领导中，还存在着不重视职业技术教育、轻视中、初级技术人才和工艺型人才的培养、忽视劳动者素质提高的问题。职业技术教育管理体制、服务体系、资金投入、配套政策、办学思想等方面，都还存在一些实际困难和亟需解决的问题。

高 等 教 育

一、进一步端正办学方向，高等教育事业稳步发展

1990年，全省高等学校进一步认真贯彻《中共中央关于教育体制改革的决定》，使高等教育更好地为国家和全省经济、社会发展服务，省教委提出了“分层次办学”的指导思想。各院校根据全省的统筹规划与分工，按照“找准自己的舞台，演好自己的角色”的要求，端正盲目追求数量、追求高层次的思想，进一步明确了办学方向，重新制订了发展与改革的规划，并按照规划与所面向的地区、部门加强了联系，使经济与社会发展更好地依靠高等教育，高等教育的发展进一步得到了社会参与和支持。

1990年继续调整高等教育发展速度和规模，抑制“六五”期间的过热势头。全省高等学校仍保持42所，其中部属院校14所，省属院校28所；本、专科在校生比1989年增加684人；在校研究生比1989年减少210人。每年招收本、专科生基本稳定在24000人左右，研究生控制在1200人左右，其中省属院校本、专科生14000人左右，研究生300人左右。高等学校的教职工队伍也比较稳定，现有教职工比1989年减少34人，专任教师比1989年增加153人，其中有教授692人，副教授3264人，讲师5753人。

二、以稳定高校政治局势为重点，加强思想政治工作

1990年，全省高校思想政治工作的外部环境和内部环境发生了可喜的变化。中共黑龙江省委明确了高校实行党委领导下校长负责制的领导体制，党的领导得到了加强，思想政治工作开始摆到了学校工作的首位。各个院校坚持以稳定局势为中心，以校风、学风建设为重点，以理论学习和正面教育为主要形式，针对一些师生的思想认识问题，深入开展了以《马克思主义哲学纲要》和《社会主义若干问题学习纲要》为主要内容的理论学习及“坚持四项基本原则，反对资产阶级自由化”和“坚持社会主义道路，树立正确人生观”的专题教育，并围绕改进与加强教师、学生思想政治工作，开展调查研究，总结与推广了大庆石油学院、哈尔滨工业大学、哈尔滨医科大学等院校的经验，采取一系列切实可行的措施，有力地维护了全省高校的政治稳定，广大师生的思想状况有了显著变化，出现了积极向上的好势头，校风、校纪有了明显好转，教书育人和社会实践普遍得到加强。

三、调整内部结构，整顿教学秩序，改善办学条件

在高校内部结构的调整上，全省采取拓宽专业口径和服务范围，扩大现有专业培养能力，增加急需专业，重点增加专科层次和应用型专门人才的培养。哈尔滨工业大学增设工业外贸专业，东北林业大学增设林业工程安全专业，黑龙江中医学院新增设中药资源专业，为培养应用型专门人才创造了条件。同时，根据全国经济发展和实施初中阶段义务教育的急需，重点增加了轻、纺、化和师范类的音、体、美、外语以及短缺专业的招生，增加了企业和农村急需的工科、农科专科的招生。确定这些短缺专业每年增招1000多人，使应用型专门人才的培养能力得到了加强。此外，为了提高培养初中师资的质量，还将师范专科学校的学习年限由现有的二年调整为三年制。

在整顿办学秩序方面，从1986年开始就收缩大专班（点）和减少大专班（点）的招生。到1990年已经停止了23所中等专业学校大专班（点）的招生。全省高等教育由扩大外延到发展内涵，消除了虚肿现象。同时，还集中清理了各院校的校外办学点，采取坚决措施制止了乱办班等不良现象，使高校的教育、教学工作能够有秩序地正常进行。

在办学条件改善上，坚持充实和提高并重的原则。一方面努力增加政府经费的投入，设立了图书、设备专款，并引进世界银行贷款；另一方面鼓励学校通过正常的科技、智力服务增加收入，改善办学条件，重点加强图书馆、实验室以及教学、生活设施的建设。1990年，全省高校校舍面积为390万平方米。其中，省属高校增加了52万平方米。全省高校教学实验设备总值达到3.3亿元。有相当一部分学校的实验设备已达到国际80年代的先进水平，并有5个实验室成为国家重点实验室。在图书馆建设上，1990年除少数学校外，大多数学校都已建成或正在建设图书馆。哈尔滨船舶工程学院新建一座11174平方米的图书馆，是当前全省高校图书馆中面积最大、建筑标准和现代化程度最高的一座。全省高校图书馆藏书有1230万册。各院校的体育设施、住宿和就餐条件以及供水、供电、供暖等教学、生活基础设施也有了不同程度的改善。

四、以培养经济建设和社会发展需要的合格人才为中心，深化教育和教学改革

在招生、分配制度改革方面，不断完善定向招生、定向培养、定向分配制度。在原来农、医、师类院校招收定向生的基础上，又扩大到部分工科专业招收定向生。并坚持采取增加定向招生比例和指标到县、师范专科学校实行区域性招生、增设边境班和少数民族预科班、实行边境保送制度以及委托部委院校培养和与外省交换培养等措施，使人才通往农村、边远地区和基层工矿企业的渠道进一步畅通。这些改革受到了社会的普遍欢迎和国家教委的肯定。

在教学领域改革方面，从1988年起，先后在黑龙江大学、哈尔滨师范大学、哈尔滨科技大学三个专业和东北农学院、绥化师范专科学校两所学校进行综合改革试点，1990年继续进行了试点工作。与此同时，全省其它高校在教育思想、教学内容、教学方法和教学管理方面，也进行了大量的改革和探索。哈尔滨师范大学总结1984年以来教学改革的基本思想和所采取的实际措施，将教学工作和教学管理的要求概括为“33221系统工程”，并围绕这个系统工程的“施工”，召开了全校性的第六次教学改革汇报会、青年教师教学经验交流会、常规教学管理现场会，下发了《关于常规教学管理工作的意见》等，使全校教学改革的目标、方向更加明确、系统，有力地促进了教学质量和教学管理水平的提高。东北农学院以全面提高教学质量为中心，深化教学改革，加强教学管理，制定了《东北农学院课堂教学规范》、《东北农学院关于加强考试管理的规定》、《关于学生参加劳动考核的暂行规定》，对整顿教学秩序，从严治学，提高教学质量和管理水平起了积极作用。

在重点学科和学位建设上，“七五”期间就继续设立重点学科建设专款和委托培养研究生专款给予鼓励支持。到1990年，全省有8所院校15个学科（专业）被确定为国家重点学科。经过全国第四批学位授予权评审，全省已有9所高校获博士学位授予权，培养博士的学科、专业点70个，博士导师125人；有16所高校获硕士学位授予权，培养硕士的学科、专业点243个。其中，省属高校有4所获博士学位授予权，培养博士的学科专业点24个，博士导师40人；有7所高校获硕士学位授予权，共119个学科、专业点。此外，在哈尔滨工业大学、哈尔滨船舶工程学院、哈尔滨建筑工程学院还设有6个博士后流动站。这些重点学科和学位建设，对充实提高全省科技队伍和高校师资队伍水平起了重要作用。

五、积极开展科技兴省和国际教育交流

在科技工作方面，明确了科研工作方向，把科研工作的重点转移到为经济建设服务上来。坚持分层次、有重点，基础研究、应用研究和开发研究合理配置的原则，鼓励科技人员进入经济建设主战场，推广先进技术，创办科技实体，使全省高校的科研工作出现了新局面。据统计，1990年全省42所高校共有专门性研究和开发机构120个，参加研究与开发活动的人数为6375人；当年投入科研经费7820万元，比1989年增加44.7％；共承担研究与开发课题4440项；取得科研成果537项，比1989年增加29.4％；发表论文6594篇，比1989年增加12.1％；出版科技专著308部，比1989年增加8.8％；获得部（省）级以上科技成果奖励306项，比1989年增加49.3％，其中受国家级奖励的有9项。为了发挥高校的科技优势，积极组织高校科技力量为“科技兴省”“科技兴农”服务。省教委在调查研究的基础上制定了《关于高等学校“科技兴省”“科技兴农”工作的意见》和《黑龙江省高校科技成果推广应用工作方案》，并确定肇州、克东、桦南等县为“科技兴省”试点县，利用高校的群体优势，从科技咨询、科技攻关、科技转让和配套培训人才等方面对试点县给予综合帮助。截至1990年底，全省有30所高校近4600名师生到试点县和其它地区的企业、农村开展各种技术服务，承担企业技术改造项目480多项，技术转让和技术服务项目370多项，收到近2亿元的社会经济效益。

在国际教育交流方面，积极稳妥地扩大了对苏交流，保持和发展对日交往，并积极开展对加拿大和美国的教育交流。1990年省教委研究制定了高校对苏交流的五年规划和与俄罗斯联邦共和国高教与中专部实施教育交流的二年规划。同时派出了黑龙江省高等教育代表团，访问俄罗斯联邦共和国，签署教育交流合作协议，建立了中苏两国地方教育行政部门之间的友好合作关系。各高校也与苏联对口院校开展了教育交流。其中哈尔滨工业大学、黑龙江大学、东北农学院利用与苏联的友好校际关系积极开展了教育、学术等方面的交流活动。其它一些高校也相继在苏联找到了相应的对口院校，并已经或准备就教师交流、教材互换、单项科研合作等开展有实效的工作。过去高校对日交流的基础较好。1990年黑龙江大学、哈尔滨师范大学等院校又分别派出了小规模的工作组去日本访问，加强校际协作关系。对加拿大、美国也继续积极地开展了交流工作。加拿大卡尔加里大学按计划派来的汉语班学生到哈尔滨师范大学学习。卡尔加里职业培训中心的校长、副校长等人也访问了哈尔滨大学，并建立了校际友好关系。省外办和省教委还派出3人工作小组访问美国威斯康辛州和加拿大阿尔伯塔省，进一步扩大了友好往来和外籍教师、学生的交流渠道。还利用美国的美中师范教育学会、普林斯顿——亚洲学会等组织到中国访问时机，同他们建立了联系，开拓了中美教育、学术交流的新的合作关系。在留学生接待工作上，1990年全省共接待外国留学生162人，比上年增加1倍。在派出留学和进修工作上，坚持按照国家教委的原则和要求，除向日、美、加等国派出留学、进修、访问、考察人员外，增加了向苏联和西欧一些国家的派出人员。1990年全省高校共派出留学和进修人员119人，其中省属高校63人；访问、考察人员123人，其中省属高校43人；大专以上层次办理自费留学人员108人。

六、加强教师队伍建设，提高教师的政治和业务素质

全省高校从学校发展的战略高度把加强教师队伍建设作为学校建设的核心，坚持常抓不懈，全省高校教师队伍的质量发生了巨大变化，具有研究生学历的教师人数已占队伍总数的20%。为了加强教师队伍建设，全省各高校都很重视教师状况调查，对教师整体情况进行量化分析，制定规划，建立制度，采取切实可行的措施进行落实。1990年，省教委专门召开了全省高校师资工作会议，总结交流近10年来教师队伍建设经验，分析队伍现状，研究今后发展与提高的措施。

各高校都把青年教师的培养放在突出地位。从选留到使用、培养与提高环环抓紧，采取各种措施使他们尽快成长。对成绩优异者破格晋升职称，并给予奖励。如哈尔滨工业大学不受指标限制，破格为15名青年教师晋升正副教授、正副研究员和高级工程师的职称，年龄最小的29岁。哈尔滨船舶工程学院为鼓励青年教师脱颖而出，评选出教学、科研成果突出的10名“十佳”青年教师。各院校还积极采取措施，逐步解决青年教师的生活实际问题。

成人教育

一、职工岗位培训

1990年全省成人教育工作的重点仍然是职工岗位培训。1989年末，省教委总结下发了省供销社、哈尔滨电机厂等26个部门和企业关于建立岗位培训制度、制订配套政策、突出技能培训、开展单元教学等新经验，有力地推动了岗位培训试点工作的健康发展。1990年，在进一步制订和完善岗位培训规范的基础上，试点范围已从大中型企业逐步扩展到小型企业和县区企业。全省开展规范化岗位培训试点的企业已达1782户。各市(地)、各部门按岗位要求开展定向培训，主要岗位培训已经逐步规范化、制度化。参加规范化岗位培训的职工44.6万人；参加各类适应性岗位培训135.5万人；培训初级技术工人25.8万人，中级技术工人26.6万人，高级技术工人4.2万人。总计有236.7万人参加各级各类岗位培训，企业职工全员培训率为40%。1990年11月，全省第二次岗位培训经验交流会在大庆市召开。会议全面总结交流了四年多来岗位培训的基本经验，表彰奖励了在岗位培训工作中成绩突出的试点企业和职工教育先进工作者。

二、职工中等、高等教育调整改革

自国家教委、人事部1988年发出关于成人高等教育试行《专业证书》制度的文件后，黑龙江省《专业证书》班发展较快。目前，已有75个厅局级单位委托83所各类高校举办《专业证书》班，共招生6万多人(其中，职工高校1万多人)。职工中专自1987年试办《专业证书》班以来，共招生7700人；单科证书班自1989年试办以来，共招生1170人。1990年，省教委根据有关文件精神，结合本省实际，下发了两个有关治理整顿的文件，并从审批手续、执行教学计划、学员入学条件等方面对《专业证书》班的49702人进行审查。其中，6461人不符合入学条件，占总数的13%。根据有关规定，这些学员均已被劝退，并取消学籍。通过审查，保证了《专业证书》制度试点工作的健康发展。

职工大、中专继续进行调整联合。按照《成人高等学校设置的暂行规定》精神，省教委多次制订调整、联合方案，并与国务院有关部委和省主管部门等协调。目前，已有纺织、兵工、机械、建筑等23所职工高校实现联合办学。这些学校是在人、财、物、隶属关系、培养任务不变的前提下，在教学上实行实体联合(即：统一专业设置、统一招生、统一教学计划、统一学籍管理、统一使用教师、统一使用设备)。调整联合后，全省有职工大学57所，专职教师3155人，在校生19000余人，年招生6000人左右。职工中专232所，专职教师5000多人，在校生4.8万人，年招生21000人左右。

根据企业部门的需要，从1987年起，试办了高等职业技术教育。在8所职工高校的11个专业中进行试点，招生570人。

根据成人高校、成人中专设置规定的要求，继1989年进行的全省职工大、中专办学水平综合评估后，1990年，又进行了职工高校教学水平综合评估工作。采取学校自评、市(地)联评和省总评的方法，对参评学校进行了办学方向、教学水平、教师管理、学员管理等方面的全面检查，促进了学校进行科学管理、提高教学质量。省教委对在这次评估中取得优秀成绩的哈尔滨市工人业余大学等17所学校授予教学优秀奖。职工中专教学评估工作已在11月份进行试点，预计1991年全面展开。

三、整顿社会力量办学

近年来，社会力量办学有较大的发展。1990年，全省企事业单位、集体经济组织、私营企业、民主党派、人民团体、社会团体、学术团体及公民个人举办的各级各类学校(班)1683所，开办文化教育、职业技术教育、社会文化生活教育三大类60多个专业，在校学员达13万多人。近年来，社团办学共为社会培养110万人，初步形成了多层次、多规格、多渠道的社会力量办学体系。为了进一步端正办学方向，提高教学质量和社会效益，省教委按照《黑龙江省社会力量办学管理暂行规定》的精神，在全省范围内对社团办学进行了一次执法大检查。准予1303所学校登记；有74所学校限期改善办学条件，暂缓登记；停办282所；取缔非法办学24所。通过大检查，进一步整顿了办学秩序，促进了社团办学事业的健康发展。

四、干部教育、广播电视教育、自学考试

全省共有管理干部学院10所。自1986年至1990年，共培养专科毕业生7000多人，岗位培训、《专业证书》班等培训各类管理干部2.5万人。近两年来，按照省委、省政府关于治理整顿深化改革的部署和要求，管理干部学院的调整工作正着手进行。省宣教管理干部学院改为省行政学院，承担公务员培训任务，逐步减少成人高等学历教育任务；省农垦管理干部学院与本系统的成人高校联合；省森工管理干部学院与本系统成人高校合并，成为全省森工系统的培训中心。

近年来，广播电视大学有较大的发展。

除省电大外，全省有16所市(地)广播电视大学，109所省直和市、县级分校、工作站，2800多个基层教学班。在全省范围内初步形成了以省校为中心，市(地)校为骨干，县校为基础的广播电视教育网络。目前，共开出大专17个学科门类107个专业，中专7个学科门类20个专业及非学历教育等项目。全省电大教职工2400多人，其中专职教师1000多人。已培养大专毕业生8.6万人，中专毕业生1.8万人。

高等教育自学考试自1983年开考以来，已开设30个专业，考试课程471门。共有146万多人次报考。取得一科以上合格成绩的在籍考生近13.7万人，已有19个专业的19万名考生毕业。

五、农村知识青年实用技术培训掀起热潮

随着"科技兴农"战略思想的落实，各级政府已把农民教育纳入地方经济发展的总体规划，并把农民技术培训工作列入政府工作日程，实行目标管理。一些地方还制定了农民教育的地方性政策，鼓励农民学文化、学科学。全省农村广泛开展了以农村知识青年为重点的实用技术培训，并向经常化、制度化方向发展。1990年，全省县、乡、村三级农民学校培训青壮年农民300万(其中，知识青年120万人)，占青壮年农民总数的40%，超过历史最高水平。目前，全省85%的县(市)办农民(成人)中专(技术)学校、80%的乡镇办农民技术(科技)学校、90%的村办农民业校已经形成了一个县、乡、村三级农民科学文化教育体系，各部门还组织起农业（农、林、水、畜、机、种等)技术服务、技术推广网络。每年有320万农民在这里受到政治、文化、技术等方面的教育和训练。各地在培训中坚持"实际、实用、实效"的原则，面向地方、面向生产，紧紧地与当地资源开发、新技术推广和"星火计划"、"丰收计划"相结合，与地方经济发展规划相结合。采取县训师资、乡训骨干、村训一般的培训方式，进行"农、林、牧、副、渔、工、商、运、建、服务"的38类300多项的实用技术培训，直接有效地为发展地方经济服务。1990年，全省农村知识青年实用技术培训以小麦、大豆、水稻、玉米四大粮食作物和亚麻、甜菜、烤烟三大经济作物为重点，全面普及推广良种、农药、地膜和先进的栽培管理技术，推动了农村经济建设的发展。绥化地区面向全区广大农户，每年开展百万农民的新技术推广教育活动，做到每户培训一个技术明白人。从而使"丰收计划"项目达标，实现了"三分之一的耕地提供二分之一的产量"指标。"星火计划"的亚麻种植、编织、刺绣等项目分别达标，创年产值710万元。木兰县由于迅速普及了"水稻寒地稀植"、"本田高台育苗"和"旱育稀植标准化栽培"技术，使水田面积由1984年的12.13万亩增加到1990年的42.7万亩(约占总耕地面积的一半)。粮食产量有了大幅度增长。

六、坚持高标准扫除文盲

扫盲工作继续落实《扫除文盲工作条例》和全国扫盲工作会议精神，坚持高标准、高质量扫除文盲。1990年，全省扫除文盲11.3万人，超额完成扫除10万文盲的计划指标。文盲已减少到39万，文盲率为6.09%。

近年来，省、地、县、乡、村层层建立健全了扫盲领导管理机构。各地都将扫盲任务纳入了振兴地方经济的总体规划中，实行了政府领导下的各有关部门齐抓共管的体制。全省已形成政府、教育部门和群体三个系列的扫盲责任制，从而达到扫盲工作思想落实、领导落实、指标落实、学习对象落实和措施落实。同时，还完善了文盲普查、群众参加扫盲、包教保学、扫盲检查、教学管理、文盲考核与验收、扫盲奖惩、文盲档案、文盲报告等10项制度，有力地推动和保证了扫盲工作的开展。1990年，全省办扫盲班1.61万个，结成包教保学对子13.4万个。青壮年文盲入学22.4

万人，占全省文盲总数的44%。在抓脱盲人员的巩固提高工作中，各地坚持“扫除一批，巩固一批”。本着“随毕业，随升学”的原则，以村（屯）为单位，就地编班（组），继续学习。各地普遍采取办初小文化班和技术班的办法，通过两年左右的时间达到巩固提高的目的。也有些地方采取技术培训、家庭学习组、读报组和自学等形式巩固提高。一些地方政府对脱盲学员实行承包、农业物资供应优先等政策，调动和鼓励脱盲人员继续学习。据统计，在1986年以来脱盲的31万人中，已有13.8万人参加农民初小班学习，占总数的44.5%；有14.3万人参加技术班学习，占总数的46.1%；一部分人参加了实用技术培训。总计有90%以上的脱盲人员在不同形式的巩固提高班学习，基本上控制了复盲现象。

为了提高扫盲质量，教育部门积极组织培训扫盲干部和教师，使他们适应扫盲工作的需要。目前，全省已形成具有2000多名干部、4.95万名教师、14.67万包教“小先生”的扫盲队伍。1988年以来，省、地（市）、县分别组织编写扫盲和脱盲后文化技术教材，满足了扫盲教学的需要。1990年，省教委拨出11万元扫盲奖励费；各地、（市）、县从财政、农村教育事业费附加和地方统筹金中解决农民教育经费问题。据调查，全省村级农民业校教育经费年平均近300元；乡（镇）农民文化技术学校经费年平均近3000元。

尽管农民教育的形势很好，但仍存在一些问题：办学领导体制没理顺，教育、农业、林业、水利、畜牧等各口的农民培训缺乏统一规划；办学经费和师资力量不足，总体办学能力不强。特别是乡（村）农技校（业校）条件差。

撰稿人　谢　岚　毕德来
徐光忠　王文运
单雪丽
审稿人　陈龙俊　孟　新
谢　岚

上海市教育

1990年教育工作的重点是，认真贯彻落实上海市学校思想政治工作会议精神，坚持教育为社会主义服务，教育与生产劳动相结合，德智体全面发展的方针，加强和改进各级各类学校的思想教育工作，切实抓好“坚持社会主义道路”和“为人民服务”专题教育。除了加强校内的思想教育外，还要组织大、中学生参加社会实践，接触实际，了解国情，增进与工农的感情。各有关部门都要采取切实措施，帮助学校落实学生社会实践、生产实习、军事训练、劳动锻炼的基地，以及中小学生校外活动的基地。

全社会都要关心青少年的健康成长。要认真抓好小学、中学、大学三个阶段和学校、家庭、社会三个方面的教育衔接工作，特别是理论、文化、艺术等部门，要为青少年提供优质的精神食粮。社会各界与教育部门要相互支持，密切配合，同心协力，创造青少年全面发展的良好环境。继续试点和推广社区教育委员会的做法和经验，形成中小学生思想教育的社会网络。要团结和依靠广大教师，帮助他们提高思想政治水平和教书育人的历史责任感，共同培养社会主义事业可靠的接班人。

深化教育、教学改革，端正办学指导思想，进一步提高教育质量。高等教育要控制规模，调整结构，对专业重复设置、质量不能保证的学校，实行并转、专业调整或联合办学。继续贯彻执行义务教育法，抓好中小学师资特别是青年教师的培训，提高教学质量，减轻学生负担。继续完善高考和中小学升学制度，健全普通教育分级办学、分工管理的体制。加强和发展职业技术教育，增加中等职业技术学校招生，对未进入高中阶段就学的初中毕业生进行职业培训，提高劳动者素质。加强各级各类人才的岗位培训和继续教育，重视培养高层次的外向型经济管理人才。

市政府和区县政府都要根据上海经济和社会发展的需要，修订教育规划，改善办学条件，关心教师生活。1990年由地方各级财政安排，用于教育事业费的总投入，将比去年增长12.5%。1990年市区教育费附加的新增部分和农村教育费附加，主要用于解决市区小学入学高峰矛盾和市区弄堂小学、郊区陈旧校舍的改造。

普通教育

1990年上海市普通教育工作按照“一要稳定，二要鼓劲”的方针，坚持办学的社会主义方向，全面加强和改进学校的思想政治工作，继续深化教育教学改革，深入进行治理整顿，努力提高教育质量和办学效益，促进教育更好地为社会主义建设服务，取得了新的进展。

普及九年义务教育工作进一步发展。适龄儿童少年全部进入小学和初中。全市小学在校生比1989年增长3.9%，在校初中生比1989年增长5.6%。小学和初中流失率比1989年有所下降，小学从0.06%下降到0.02%，

1990年各级普通学校基本情况

单位：人

学校类别	学校数（所）	毕业生数	招生数	在校学生数	教职工数 计	教职工数 其中：教师
普通中学	712	133589	170923	483117	66237	41336
高中	264	30428	34008	97991		
初中	448	103161	136915	385126		
工读学校	15			1630	812	360
小学	2630	136612	181412	1101921	74846	59846
特殊教育学校	29	249	567	3341	1053	613
幼儿园	999			417522	43529	27902
中等专业学校	110	20337	19070	61661	14928	6593
中等技术学校	99	15033	16249	51076	13245	5668
中等师范学校	11	5304	2821	10585	1683	925

初中从0.68%下降到0.3%。

1990年初中毕业生升入高中阶段教育的为8.04万人，占全市毕业生总数的75.9%。全市普通高中在校生比1989年增长1.6%。全市3周岁至未满6周岁的幼儿入园率为80.1%（市区基本入园，郊区为61.6%）。

一、进一步加强和改进中小学德育工作

各级党委和政府、各中小学进一步贯彻加强对德育工作的领导。中小学德育大纲和中小学生日常行为规范的实施工作，中学生社会实践活动和高中学生的军训都得到加强。

坚持把爱国主义教育放在突出的位置。结合纪念鸦片战争150周年和抗日战争胜利45周年，市、区县和学校通过电影展映、影评、读书活动和讲故事活动等多种形式，对中小学生进行了生动的反帝爱国教育，激发了学生的爱国主义热情。结合第十一届亚运会取得的成就和中国在亚运会上取得的巨大成绩，对学生进行爱国主义教育。

对学生进行共产主义理想教育。在全市中小学生中开展了“学雷锋、学赖宁，做党的好孩子”的教育活动，组织学生与中国女排老队员以及其他英雄模范人物见面活动，用英雄形象、先进人物无私奉献的崇高品德感染学生，使学生懂得应把个人理想同国家命运紧密结合起来，从小树立共产主义远大理想。通过教育活动，涌现了500多名优秀少先队员和一大批市、区县三好学生和先进集体。

在各学科教学中渗透德育。除了提高政治课教学质量，注意解决中学生中深层次的思想认识问题外，在其他学科教学中加强爱国主义教育、国情教育、理想教育和辩证唯物主义与历史唯物主义基本观点的教育。市教育局专门组织编写了主要学科进行爱国主义、国情教育的参考材料，并召开了在学科教学中渗透德育的经验交流会。

建立、健全德育工作管理制度。制订《关于加强和改进中学生思想品德考核的意见（试行稿）》和学校教育工作评估及班级德育工作评估的标准，在部分区县的部分学校中进行试点。同时还加强校外教育管理，制订和实施了《少年宫（之家）评估标准和辅导员岗位职责与工作标准》。

依靠社会力量，发展校外教育。市教育行政部门与各有关部门和各区县联合整理与开放了一批爱国主义教育和革命传统教育基地、少年儿童活动营地和学生参加社会生产劳动的基地，扩大了学生参加社会实践和社会服务的网点。投资25万元，改善校外教育的基本设施。总结和发展社区教育，举办上海市社区教育展览会，推动了社区教育的发展。

总结德育工作经验，探索德育理论。召开了上海市中小学德育理论研讨会。配合国家教委在上海召开全国部分城市中小学德育工作经验交流会。市教育局总结了近几年来全市德育工作的基本经验，提出了进一步加强德育工作的总体思路。市教育局与国家教委督导司共同编辑了《上海中小学德育工作的探索与实践》一书。

加强法制教育。1990年底召开了上海市中小学、中等职业技术学校法制教育工作会议，总结推广一批法制教育经验，制定了《关于加强本市中小学、中等职业技术学校法制教育的意见》和《上海市中小学、中等职业技术学校法制教育纲要(试行)》。

加强中小学德育工作队伍建设。举办了中小学校长德育工作讲习班，有500多人次参加。与上海师大高师培训中心联合举办了学制一年半的德育高级教师培训班。

二、加强管理，全面提高教育质量

解决中小学生课业负担过重的问题。1990年，市教育行政部门通过调查研究，提出了包括加强教学管理、改革课程教材、改革招生办法、加强薄弱学校、加强师资队伍建设、加强督导评估、改革办学体制和优化社会环境等8项内容的综合治理措施。在加强教学管理方面，市教育局在重申以往有关规定的基础上，制订了《关于端正办学思想，加强教学管理，减轻中小学生过重负担的十条规定》，印发了《上海市关于加强中小学生教学常规管理的意见》。在端正教育思想、改进教学内容和方法、加强教学管理等方面提出了具体要求。各级教育督导部门加强了督促、检查。市教育督导室对普陀、静安两个区和市二、格致、七宝、嘉定一中等8所学校进行了教育督导。

市和区、县教育行政部门继续采取积极措施，加强薄弱学校，缩小校际办学水平差距，大面积提高教育质量。郊县对“燎原计划”示范乡校主要领导干部进行了培训，制订了《“燎原计划”与农村教育综合改革实施方案》，召开了实施“燎原计划”与农村教育综合改革理论研讨会。1990年底评出99所加强初中先进学校，“七五”期间加强薄弱初中的目标基本达到。

中小学体育卫生工作。针对市学生体质较差的状况，加强了学生素质训练。经过努力，全市学生体质由居于全国中下水平提高到中等水平。中小学生视力不良率稳中有降。市区85%、郊县60%的学校达到体育设备配备标准。村小学以上都有卫生箱，中心小学以上都有卫生室。

学校艺术教育和劳动技术教育得到了加强。从宏观上加强对学校艺术教育的领导，1990年成立了市艺术教育委员会，健全了各级艺术教育管理和教研系统。制订了《上海市学校艺术教育发展规划(1990～2000年)》。组建了上海市学生艺术团。积极配备充实劳动技术课教学设备，改善劳动技术课教学的条件，全市50%以上的区县建立了劳动技术教育中心。举行了中学生劳动技能竞赛，82名学生获得了“金锤奖”。高中学生的计算机考试采用上机操作的方法，已在全市高中普及了计算机教学，提前两年实现了普及目标。

教育科研得到加强。市教育局发布了《教育科研课题指南》，确定市级重点科研课题5项，市级一般课题23项。结合“八五”教育科研课题规划的制定，还召开了教育科研成果推广会。

加强幼儿教育管理。区、县幼儿园为加强常规管理，普遍制订了保育工作细则和保健教师日常工作细则。在努力提高教育部门办的幼儿园教育质量的同时，加强了对乡村办、企事业办、民办幼儿园的业务领导。逐步理顺农村幼儿园管理体制，推广村办乡管，三级办园二级管理的经验，调动了乡(镇)村两级积极性。目前，全市已有三分之一的乡幼儿园实行了村办乡管。

特殊教育加强了聋哑教育管理。规定聋哑学校学生经九年教育后，成绩合格者，承认其初中毕业学历，完善了聋哑教育体系，也为聋哑学生毕业后就业创造了条件。市区、郊县开展了弱智校(班)的调整与增设工作，进一步发展了弱智教育。

三、课程教材改革和初中招生办法改革有了新的发展

上海市中小学课程教材改革已进入了新阶段。1990年编订了九年义务教育各科课程标准，内容包括总纲和语文、数学、英语、政治、历史、地理、物理、化学、生物、音乐、体育与保健、美术、计算机、中学社会、小学社会、劳动技术、职业导向、理科、自然常识等19门学科的标准，已获市课程教材改革委员会原则通过。

完成了中小学起始年级各科教材52册的编写工作，同时编写了30多册选修科教材。这些教材通过审议已经发稿，可供1991年秋季试点学校试用。这些教材体现基础教育的基础性，重视基础训练，突出能力的培养，加强实践教学环节；同时根据学科的特点渗透思想教育，体现了课程教材改革方案的总体思想。为搞好《中小学课程改革方案》和新编教材的试点，市成立了试验工作组，确定了课程教材整体试验学校和学科试验项目，并已开展试点的准备工作。同时，还开展了优秀课外活动评选工作，这是实施课程改革方案的配套措施。全年征集到113个课外活动方案，经过评选，评出7个一等奖，37个二等奖，49个三等奖。

初中招生办法改革正在深入。1990年郊县农村初中已实行了就近对口入学。市区已有闵行、宝山两个区的中小学基本上对口就近入学。其余区均实行“划小块，填报一个志愿，就近入学”的办法，部分区还作了进一步改革的试点。为了加快市区初中招生办法改革的步伐，市教育局制订了《上海市市区初中招生办法改革方案》。《方案》的近期改革目标是：取消全区选拔性小学毕业统考，实行大部分小学毕业生划块就近分配入学，少部分学生按切块指标推荐(选拔)入学的办法。1991年秋季招生，各区将按照这一方案逐步实行。

四、加强教师的思想政治工作，全面提高教师素质

年初，召开了上海市中小学师资工作会议，全面规划学校干部和师资队伍建设，研究实施《上海市中小学教师进修规定》的有关问题。会后，市教育局制订了《关于加强中小学教师思想政治工作的意见》，印发了《上海市中小学教师职业道德标准》，对中小学教师政治思想和道德修养方面提出了全面要求。各区、县为加强教师思想政治工作，组织教师学习《关于社会主义若干问题学习纲要》，开展学习陶行知的活动，要求全体教师树立为人民教育事业无私奉献的精神，加强爱生教育，制止体罚学生的不良倾向，进一步廉洁从教，不少区县制订了《教师思想政治工作条例》，有的还制订了《青年教师工作条例》。

《上海市中小学教师进修规定》已从1990年起正式实行。共开设职务培训试点课程641门次，参加培训的有23187人次。继续开展了专业合格证书考试工作，年内共开考76门学科，参加考试4497人，及格2900人，及格率64.5%，取得专业合格证书的达2000人以上。对1987年以来颁发的教材教法合格证书进行了验收，合格的为10496人。现在全市教师的达标率：高中教师为66.2%，初中教师为80%，小学教师为74.4%。

五、继续进行教师专业职务评审和特级教师的评选工作

1990年，普教系统专业技术职务补缺评审工作着眼于师资队伍建设和教师队伍素质的提高。努力缩小实际评审与规定任职条件之间的差距。在具体做法上做到“五公开”，即公开政策、公开任职条件、公开考核、公开本人申报材料、公开送审材料数。这次共评出7104名中级教师，858名高级教师。

1990年开展了评选特级教师的工作。经过基层推荐，专家评议，领导审定，市政府批准，评选了73名特级教师。

1990年进行了优秀青年教师的评选、表彰工作，评出了201名优秀青年教师，树立了12名优秀青年教师标兵。

搞好教师后备力量的培养。1990年的高师、中幼师的招生工作完成了任务。地方高师的招生全部实行保送和选送的办法，共招生1400人，其中本科生1085人，专科生315人。委托有关高校培养本科生共29人，专科生286人。中师招生单位有所压缩，区县教育学院、教师进修学校停止了招生。中师共招2152人，幼师共招520人。

六、增加教育投入，改善办学条件

1990年，全市普通教育经费财政实际拨款85680.73万元，比1989年净增10288.44万元，增长13.6%，超过了市九届人大三次会议通过的要求增长12.5%的指标。其中，市财政拨款6553万元，增长10.02%；区财政拨款53270.58万元，增长14.1%；县财政拨款25857.15万元，增长13.6%。同时，国务院决定从1990年8月起把城市教育费附加征收率确定为2%后又比1989年增收2274万元。中小学全年收取学杂费4255.46万元。全市校办工厂纯收入1.80亿元，比1989年增长11%。全年社会集资、捐资办学2360万元。

教育经费的增加，为全市中小学校舍、设施、设备的改善创造了条件。1990年，全市共投资20380万元用于小学校舍建设，新建、改造和扩建校舍49.9万平方米。其中，“七五”期间计划改造64所弄堂小学，到1990年实际完成改造67所。市区改造、加层、扩建小学87所，建筑面积达7.71万平方米，配套学校竣工24所，建筑面积6.58万平方米，共计竣工111所，建筑面积14.29万平方米，缓解了市区小学入学高峰带来的校舍不足的矛盾。1989～1990学年度郊县陈旧校舍的改造计划基本完成，改造学校206所，翻建面积15万平方米，完成投资4445万元。1990～1991学年度的改造计划正在实施中，开、竣工项目达83所，预计能如期完成改造计划。全市中小学危房已基本消除，校舍设施逐步配套。1990年，全市中小学共更新课桌椅15.21万双人套，改建实验室244个，为完全中学配备语音实验室设备57套，为每个区县装备中小学音乐教室各1间，装备了23所职业学校的教学实习基地。

1990年，全市多渠道集资建造教职工住房取得较大发展。全年投入中小学教职工住房资金共7760万元；比历史上教职工住宅建设投资最多的1987年还多1616万元。其中，国家教委补助220万元，市财政投入3262万元，城市教育费附加安排1500万元，区县集资2778万元，施工面积为17.93万平方米，竣工面积为8.28万平方米。可解决住房困难户2000户左右。

撰稿人　樊超烈　顾剑华
仇言瑾
审稿人　袁　采

高等教育

一、基本情况

1990年，上海高等教育事业坚持社会主义办学方向，着手制定“八五”规划，控制发展

1990年普通高等学校基本情况

单位：人

学校类别	学校数（所）	毕业生数	招生数	在校学生数	教职工数 计	其中：教师
普通高等学校	50	37538	35155	129784	70565	25788
研究生		2953	2803	8533		
本科		21408	20759	91444		
专科		13177	11593	29807		

规模和调整高校结构，完善和深化教育改革，切实提高教育质量和办学效益，为上海和全国的经济建设和社会发展服务。

全市普通高校比上年减少1所。本专科毕业生增加2065名，招生增加575名，在校本专科生减少4840名。此外，还有进修生2944名，短训班学员9103名，外国留学生876名。毕业研究生2953名，其中，博士生227名，硕士生2450名，研究生班学员276名；招收博士生374名，硕士生2394名，研究生班学员35名；在校博士生1105名，硕士生7198名，研究生班学员230名。高等学校教职工，比上年减少919名。专任教师中，有教授1330名，副教授5661名，讲师10081名，教员826名，助教7890名。此外有聘期一年以上的外国专家107名。

1990年全市高等教育事业费为47079.9万元，比上年增长14%；基本建设投资为25210.5万元，比上年增长4.4%；竣工面积29.66万平方米，比上年增长16.8%，校舍总面积已达561.8万平方米。

二、加强思想政治工作，把德育放在首位

(一)加强马克思主义理论课和文科教学

市高教局组织30所高校的马克思主义理论课教师，对全市高校马克思主义理论课的指导思想、课程设置、领导体制、教师队伍建设、教学内容、教学方法等进行了专题调查。7月，市教卫党委、教卫办、高教局召开了专门会议，提出了加强和改进马克思主义理论教育的意见和要求，推动了各高校领导进一步提高认识，落实了加强和改进的具体措施。对马克思主义理论课程的设置进行了改革，同时全市高校已全部将中共党史课改为中国革命史课，有23所高校开设了中国社会主义建设课，15所高校开设了马克思主义原理课，部分高校开设了世界政治经济和国际关系课。在教学中，突出了国情教育，爱国主义、社会主义、独立自主、艰苦奋斗教育和坚持四项基本原则、坚持改革开放的教育。市高教局组织部分高校专家学者针对理论教育中的热点、难点，编写了《马克思主义理论教育的若干现实问题》、《对青年深层思想理论问题的若干思考》等教材，举办教师培训班。部分高校教师兼任学生政治辅导员，参加学生政治学习，结合学生思想实际进行教学。使马克思主义理论课已引起了相当部分学生的重新学习和研究的兴趣。

1990年，市高教局还对全市普通高校的文科选修课开设情况进行了调查。调查表明，目前绝大多数高校均已开设文科选修课程，开设最多的复旦大学，已达453门次。据重点调查的33所高校统计，10多年来累计开设文科选修课2880门次，参加选修学生164811人次，任课教师达2847人，所开课程中82.5%已编有教材或讲义，60.7%已纳入考试范围。各高校领导重视选修课程建设，完善审核、报

名、考核等管理制度，采用学分制与选修制挂钩方法，并采取鼓励又适当控制的方针，文科选修课建设得到健康发展，使学生扩大知识面，提高应用和动手能力。学生认为文科选修课开课效果好。

（二）抓紧校风、校纪建设

1990年市高教局和各高校继续采取措施，整顿和加强校风校纪建设。绝大多数高校学生学习风气开始好转，参加晚自修率平均已达50%以上，校园内一度出现的经商热、赌博风已基本制止。针对少数高校上半年学生违纪、违法现象出现回升的现象，市高教局及时在全市高校开展校风、校纪自查活动。还在中国纺织大学蹲点调查，对1800名学生、340名教师、干部进行问卷调查。新学年开学后，各校校风、学风均有所好转。年底全市共评出大学生三好集体标兵2个，三好学生标兵6人；优秀学生干部标兵1人；市三好集体45个，市三好学生343人，优秀学生干部117名；文明寝室88个。

（三）组织大学生社会实践活动

继各校开展“希望”、“人生之路”、“改革与大学生的历史责任”、“当代知识分子成长”、“建设者的风采”、“理想之光”等主题暑期社会考察后，1990年，共青团上海市委、上海市高教局组织了以“创业者之歌”为主题的暑期社会实践活动。据统计，全市共有530支社会实践队伍在近百个社会实践基地和数千个社会实践点上开展了学习考察、科研开发、科研服务、调查研究、文化培训、公益劳动、慰问演出等多种形式的活动，参加活动的大学生总数达5.2万人，占在校大学生总数的43%。市高教局、团市委组织了400多名优秀大学生赴大庆、攀枝花钢铁公司等10个国家重点工程和大型企业的“创业者之路”社会考察活动，还开展了以“我为浦东开发献才智”为重点的“90上海改革与发展”系列调查活动。首次组织暑期返沪的500名大学生开展“了解上海90新貌”考察活动。各高校从实际出发，组织开展了各种小型、分散、就近的考察活动，相当部分学生通过活动了解了国情、民情，提高了认识，转变了对一些问题的看法和观点。市高教局和团市委联合召开了大学生社会实践汇报会，授予上海交大等5校优秀组织奖，对复旦大学等10校予以表彰，上医大学生的《浦东新区现有卫生资源调查》等14篇报告获优秀论文奖。上海交大等校还将社会实践活动成果作为校内思想教育的内容取得良好效果。

1990年3月，上海市政府召开各委办、局、大型企业联席会议，讨论建立大学生校外实习和社会实践点问题，并原则通过《上海市普通高校的实习暂行规定实施细则》，会后又多次召开有关工业局及高校参加的协调会，全市各方面积极配合，到年底已建立216个大学生社会实践活动基地及300个实习点。1990年5月，上海市政府办公厅批转同意市高教局和市农委联合提出的大学生在校期间参加一次为期两周的农业劳动的意见。在郊县农村和市有关部门的支持下，各校精心安排，上半年，8所高校2000名大学生先行下乡劳动，取得初步经验和成效。下半年，30多所高校的近万名大学生下乡，参加一定的农业劳动，并进行社会考察。参加劳动的大学生普遍反映收效显著。各高校也对如何组织大学生参加农业劳动取得了初步经验。

开展大学生军训工作。1990年，全市除复旦大学1500名新生分别到南昌和大连的两所军校参加一年军训外，还有20所高校约18000人安排在校内集中军训。华东师范大学等校学生通过军训，思想精神面貌发生较大变化，尤其在加强纪律性和吃苦耐劳精神方面有明显提高。

三、稳定规模，优化结构，加强统筹协调与宏观管理

（一）调整院校布局，促进重复、相近设置

院校联合、合并

上海市高校布局调整已在1990年开始起步并取得了进展。上海冶金专科学校和上海第二冶金专科学校合并为上海冶金专科学校。上海大学国际商业学院与上海大学工商学院合并也正在积极地进行。

初步确定市属院校专业调整方案。1990年，市高教局组织了对23所市属高校241个本专科专业点的自我评价。评价内容为办学效益、办学条件、社会需求等三个方面。据初步分析：社会需求基本明确、办学条件具备的有49个，社会有部分需求、办学条件需加以扶持的或师资队伍虽强但目前社会需求不大的有111个，需进一步明确社会需求、充实条件的有61个，不符合专业设置原则的有20个。在此基础上确定的调整方案是：（1）进行专业合并。这将涉及4所院校的21个专业点。合并后可减少约12个专业点。（2）停办需求极少、办学条件差的科技新闻、应用摄影等6个专业。（3）在招生计划上作较大调整，采取隔年招生的专业有上海师范大学的古典文献、上海科学技术大学的光电子技术、上海轻工业专业学校的皮革塑料成型等专业。确定26个本专科专业暂停招生一年。（4）适当扶持有社会需求但办学条件差的上海大学的经济法、上海化学工业专科学校的环境治理等专业。

（二）完成对管理、计算机、会计三类专业的评估

1990年，上海市高教局组织专家对全市高校45个管理专业、25个计算机专业、16个会计专业进行了评估。这三类专业占全市高校专业点总数的1/8，是近年来专业点增加较多、重复布点较为突出的专业。评估结果：管理专业合格11个，基本合格22个，基本不合格12个；计算机专业合格8个，基本合格11个，基本不合格6个；会计专业合格3个，基本合格7个，基本不合格6个。对24个列为基本不合格、被亮黄牌的专业，采取了调整措施。即停办办学条件差、非学校主要的专业；暂停教学质量低、条件差专业和专业点招收国家计划生，只准招委托培养生；暂停部分部属院校不合格的专业在上海地区招生；适当减少部分特殊类型管理专业招生数，充实其办学条件；促使主管部门加强、扶持学校主体和主导专业，限期上等级，达到基本合格。

（三）开展“四定”工作（定任务、定规模、定编制、定经费）

市高教局成立了“四定”工作小组。上半年，在调查研究和分析测算的基础上，提出了市属高校“四定”的初步意见。基本原则是：核定近期发展规模、人员编制、经费分配和进行结构调整要从适应上海社会发展和经济建设对人才的需求出发，与国家可能提供的财力、物力相一致，克服脱离实际、追求自我完善、盲目发展的倾向。首先在上海第二医科大学进行试点，取得了初步经验。随后又经过反复讨论，初步完成了上海科学技术大学、上海工业大学、上海师范大学、上海中医学院等校“四定”工作，为学校制订“八五”规划提供了依据。

（四）继续开展评估工作

市教卫办和市高教局调整了评估工作领导小组，计划今后三四年内对上海农学院、上海工程技术大学、上海大学、上海技术师范学院等4所新建院校进行合格鉴定性评估；对上海科学技术大学、上海第二医科大学、上海中医学院、上海师范大学等校进行办学水平评估。1990年，已按计划完成对上海农学院的合格鉴定性评估；完成了对上海工业大学、上海城市建设学院等6所高校的实验室评估，顺利结束历时两年的首次对全部市属高校实验室的评估。

四、推动教学改革，加强实践环节，努力提高教育质量

（一）探索、总结合作教育办学模式

上海市高校借鉴国内外高等教育开展产学合作、工学交替合作教育的经验，从1985年起进行探索实践。1990年，市高教管理部门将探索扩大到工科本科院校，至此，上海高校的合作教育主要有三种形式：一是上海工程技术大学纺织学院借鉴加拿大滑铁卢大学办学模式，学生每学年36周理论教学与10周顶岗实践交替进行，毕业生提高了动手能力，缩短了毕业后适应期，受到企业欢迎；二是上海海运学院航海系、轮机系、船电系船上专业学生试行最后半个学年的预分配，将毕业实习与见习期捆起来计算的改革；三是支持8所专科学校继续进行"三明治"式的工学交替、合作教育的试点。

（二）确定建设第二批市属高校重点学科

1990年年初，在顺利通过首批21个重点学科建设验收后，开始第二批重点学科的评选、定点、规划与论证和组织实施工作。根据按需布点、同行评议、择优扶植、突出重点的原则，经评审确定了上海工业大学、上海科学技术大学等7所市属高校的精密仪器与机械、通信与电子系统等21个学科为第二批重点建设学科。第二批重点学科在经费拨放使用上，强调与相关专业基础课同时进行建设，全面处理好科研、教学、队伍建设等方面的问题。

（三）完善以育人为中心的配套教育改革

华东化工学院近年来积极探索教育改革新路子，将本科教育分为基础教育和专业教育两个阶段的人才培养机制，使基础教育与中学阶段教育衔接，使专业教育适应社会的需要。学校将基础教育阶段教学时间从一年延长至两年。前两年，学生集中在基础部，后两年分流到各系。基础阶段教育的教学目的是坚持"在育人中教书"，变制订"教学计划"为"教育计划"，在教育各环节中均突出育人，要求每位教师兼具横跨第一课堂与第二课堂的职责和能力。学校对进入基础教育阶段教学的教师，由基础部实行全校范围内的一年一聘的公开招聘，对应聘教师发放一定数量的岗位津贴，使他们集中精力全身心的投入教育教学工作。经考核不能胜任的教师则流动到其他工作岗位。实行两年基础教育后在第二学期末进行一次教师和学生的双向选择。学有所长的学生均可分流进入自己喜爱的专业学习，在四年级专业教育的最后阶段，所有学生进入全校100多个教科组，让学生以"准工作者"身份与教师一起参加科研，完成毕业设计和论文。目前，学校正在研究专业教育起始阶段三年的教学计划，以衔接两个教育阶段的"接口"，使之配套成龙。

（四）体育教学走上正规

1990年，继续加强体育教学大纲、教材、教学内容等建设。尤其狠抓了体育教学质量，专门组织专家拟定了体育教学评估指标，并选择复旦大学、上海工业大学、上海冶金专科学校等3所不同类型的高校进行体育教学质量的检查。在京、津、沪3市高校的体育教学联查中，获得了好评。当年上海高校组团参加了上海市第九届运动会，获金牌15枚、银牌34枚、铜牌35枚，金牌数在全市各系统中居第三位。

五、发挥高校科技优势，鼓励兴办科技产业，为振兴上海经济服务

（一）研究发展高校科技产业的对策

1990年年初，市高教局提出的发展高校科技产业问题的调查报告，引起了国家教委和上海市政府领导的重视。根据市政府领导的意见，市政府研究室、教卫办和高教局联合组成课题组，对高校发展科技产业问题进一步进行调查研究，并提出了专题报告。市教卫党委，教卫办和高教局召开了讨论高校科技产业的发展问题的会议，制订了有关的政策规定。在与上海漕河泾新兴技术开发区举行了合作开发高技术产业恳谈会后，上海科学技术大学等校已表示了进入开发区的意

向。许多高校已开始具体落实项目。

(二)积极承接上海市14项重点工业科技攻关项目

1990年，上海交通大学、复旦大学、同济大学、华东化工学院等10余所高校共承接攻关课题近150项，约占上海市攻关项目总数的1/3。在1990年攻关项目招投标中，上海高校中标37项，占全市中标项目的29.6%，实际承担了40多项攻关课题。上海高校科技攻关的特点：一是加强组织领导，充分发挥高校优势。华东化工学院加强校内联合，在招标中成立了协调组，实行优化组合，结果中标10项，中标率达37%。上海交通大学承接12项课题，合计课题数列高校之冠。二是高质量按计划完成攻关任务。至年底，实际完成攻关课题28项，超额完成3项。同济大学承担的箱体FMS项目是引进消化吸收项目，其关键引进技术因国际环境变化遇到了很大困难。学校决定自行开发，将课题组成人员由6人增加到19人，保证按计划完成项目，在上海市1990年科技攻关奖励中，高校共获奖25项，占全市26%，占当年高校应完成项目的89%。

(三)积极投入科技兴农

1990年，上海高校响应中央提出的中国科技兴农年和上海市政府提出“科技兴农”的号召，采取措施投入科技兴农。一是以农业院校为龙头实行校际协作。上海高校组织了几次校际多向交流和双向交流，实现了优势互补，上海农学院与复旦大学的基因工程技术培育水稻新产品系列，与华东师范大学的牧草选育栽培，与上海第二医科大学的保健食品临床应用，与上海铁道学院的强力增产素合作科研项目等均获成功。二是动员高校参加科技兴农展览和招投标。上海市有12所高校精选90余项成果参加展览。1990年在上海市科技兴农招标、投标中有23项中标，占全市科技兴农项目的32.6%。三是科技兴农与提高经济、社会效益，建设米袋子、菜篮子工程紧密结合。上海农学院至1990年底已在农村建立70多个基地，设立了百亩粮田丰产方和科技兴农示范点，该校运用“上农特种米深加工研究”与“黑稻乌贡一号开发利用”成果，1990年提供了商品米30万公斤，开发成黑米深加工食品10种，使“黑色食品”风靡上海市。该校“中西兽医结合治疗奶牛不孕症”已在27个省市自治区的牧场、奶牛场推广，产生经济效益近亿元。上海水产学院的鱼场经营管理体系研究及相关技术运用后，上海渔塘亩产量由中下水平跃居全国大中城市之首。上海对虾养殖业也从无到有，形成2万亩水面规模，已成为上海市重要的创汇农业基地。

(四)积极争取和完成科研任务

上海市高教局1990年科研项目基金395.7万元，已全部用于市属高校列题。全市高校列入上海市重点合同项目的(包括结转)193项，列入自然科学基金项目的137项，列入青年基金项目的158项，是“七五”期间获成果最多的年份，其中达到国际水平的272项，国内首创的206项，居国际先进水平的292项。高校申报市科委登记的成果508项，比上年增长84项。全年出版专著584部，发表各种论文9248篇。全年开展各类研究课题8421项，其中国家级课题约2500项。从各种渠道获得科研总经费1.76亿元。目前，全市高校86%的科研课题，83%的人力，84%的经费均与国民经济建设直接相关。高校获1990年度上海市科技进步奖85项，占上海市276项颁奖总数的30.8%，继续在各大系统中保持领先地位。其中一等奖3项，二等奖22项，三等奖60项。

撰稿人　谢仁业

审稿人　卜中和　金同康

成人教育

1990年各级成人学校基本情况

单位：人

学校类别	学校数(所)	毕业生数	招生数	在校学生数	教职工数 计	教职工数 其中：教师
一、成人高等学校	74	23024	13496	60914	13954	5358
广播电视大学	1	909	835	2868	351	82
职工高等学校	56	11992	3768	18375	9780	3996
农民高等学校						
管理干部学院	5	293	174	809	729	261
教育学院	12	1811	820	3640	3094	1579
独立函授学院						
普通高校举办						
函授部	(13)	3442	4985	21666		
夜大学	(28)	4577	2914	13556		
干部专修科						
二、成人中等学校	641	62455	99936	110066	17030	9676
1.成人中等专业学校	114	12520	12056	28205	7051	3802
广播电视中专	1	3782		5914	10	3
干部中专、职工中专、农民中专	102	8223	10970	21144	5640	2965
教师进修学校	11	515	1086	1147	1407	834
2.成人中学	190	14704	30341	21885	2042	1180
职工中学						
农民中学						
3.成人技术培训学校	337	35231	57539	59976	7937	4694
职工技术培训学校						
农民技术培训学校						
三、成人初等学校						
1.职工初等学校	46	39996	24822	21854	1369	805
2.农民初等学校						
其中：扫盲班		72000				

注：另有岗位培训1839000人次，其中技工培训353900人。

1990年，上海成人教育坚持以法治教，以法促教，在深化教育改革，重点发展岗位培训，加强综合管理，提高教育质量和效益等方面都取得了一定成效，保持了稳定发展的局面。全市职工接受各类成人教育的在学人数有109.7万人，约占职工总人数的21.95%；农民接受各类成人教育的在学人数近60万人次，约占农村劳动力的21%，各类从业人员参加岗位培训达183.9万人次，其中工人技术等级培训35.39万人。全年接受继续教育的工程技术人员和经济管理干部有4.8万余人，参加社会力量举办的文化、艺术、卫生、实用技艺、职业补习等各类教育的成人有17.2万人。

一、加强思想政治教育

1990年，各级各类成人学校的思想政治教育得到加强。年内，市委办公厅转发了教卫党委《关于加强对全市各级各类学校思想政治工作的领导和指导的意见》后，市成人教委组织力量调查了成人学校思想政治工作的现状，召开了地区业余大学、成人中专和社会力量办学思想政治工作经验交流会，筹建了成人高校思想政治工作研究会。为加强班主任工作建设，市教育局、高教局和工业、建筑、财务、交通等行业先后召开了成人中、高等学校和社会力量办学班主任工作经验交流会。

企业职工教育结合贯彻上海工业企业思想政治工作会议精神，通过职工政治学习对职工进行党的基本路线、基本国情教育和独立自主、艰苦奋斗革命传统教育、法制教育以及职业道德教育。一年来，企业职工政治学校发展到1200多所，参加政治轮训的职工有92万人次。

二、广泛开展岗位培训

上海的岗位培训由试点着手，摸索经验，以点带面，逐步展开。1990年，全市岗位培训人数占成人教育在学人数的81%，并向规范化、制度化方向发展。

(一)积极稳妥地开展规范化岗位培训

1990年，全市工业、交通、财贸、建设、教卫、金融等有关方面已制订成4000多个岗位的规范要求。各部门根据要求组织编写了管理干部、关键岗位、主体工种、特殊工种的岗位培训教材达160余种。1990年，全市参加规范化岗位培训的职工有23.5万人。市医药、海运、仪表、纺织、机电、轻工、建材等行业培训了车间主任、工段长3000余名；企业的质量管理、计划管理、教育管理、劳动工资管理及政工干部受训人数达1800余名。市外经贸委对全市2000多名外销人员实行了资格培训考核，受到了国家对外经贸部的表扬。至1990年底，全市工业、交通、建设系统的31万名班组长有28万人参加了班组长管理知识和能力的培训、考核，其中近18万人取得了班组长培训合格证书。全市开展了班组长管理知识培训优秀学员、优秀成果奖和培训工作优秀组织者及先进集体的评选活动，评出优秀学员114名，优秀成果奖23个，先进培训集体50个。开展了“爱我班组”演讲比赛。为巩固班组长培训成果，市有关部门拟订了把班组长培训工作转入正常化、制度化的有关文件。一些行业、企业积极着手班组长岗位培训制度化建设。

1990年7月，市经委、市成人教委在全市班组长培训和部分行业开展车间主任岗位培训的基础上，下发了《关于在本市工业企业全面开展车间主任岗位培训工作的意见》，提出1992年基本完成现职车间主任岗位培训的目标，并要求逐步建立车间主任持证上岗制度。市工业、建设、财贸等行业分别召开了岗位培训工作会议，交流经验，制定进一步开展岗位培训和加强管理的文件。市财办、建委等系统还组织了对基层岗位培训教材、教学和管理的评估工作。

(二)大规模开展适应性专项培训

为适应企业技术进步，产业结构、产品结构调整的需要，全市适应性专项培训有较大规模的发展。1990年全市参加培训的职工达78.11万人次。许多企事业单位结合新产品、新工艺、新设备投产的需要，及时地组织短期的专项培训或一事一训，以适应生产发展需要。上海第六制药厂抓住生产发展中的关键产品，针对质量、工艺中的薄弱环节，大力开展多种类型的岗位培训，促进了企业技术进步，产值比1989年增长13.74%，利润也逐年上升。高桥石化公司从发生的严重爆燃事故中引出教训，对新设备操作工人实行“新装置工人取证制度”，先培训、后上岗，保证了生产持续、安全、稳定。部分企业在市场疲软、停产转产中不失时机地安排职工分批轮训，为增强企业发展后劲，稳定职工队伍，加强精神文明建设等方面发挥了积极作用。

(三)工人技术等级培训有新的发展

1990年培养了中级工9万余名，高级工1.1万余名，并在1989年试点的基础上又评聘了一批工人技师和高级技师。到1990年底，全市中、高级技工已接近技术工人总数的55%，基本达到“七五”规划目标。近几年来，随着岗位培训的发展，工人的技术等级培训指标从指令性开始转向指导性。各行业、企业结合各自的特点、技术要求按岗位的需要开展技术等级培训。上海建筑路桥机械设备有限公司根据岗位的不同需要划分岗位的技术等级，制订岗位规范，并把培训、考核、使用、待遇相结合，企业的产品质量、经济效益显著提高，受到外商的好评。

三、发展经济管理干部和工程技术人员的继续教育

1990年，上海市工程技术人员接受各类继续教育的有3万余人。大中型企业领导干部参加高层次继续教育的人数累计已达713人，占培训对象的50%；中小型企业领导干部参加培训的有1600余人，并对即将上岗的后备干部实行了先培训、后上岗的办法。

为适应上海经济发展需要，继续教育注重了先进性与实用性、针对性相结合。冶金、机电、邮电等系统把工程技术人员的继续教育与科研项目结合，并实施年度实绩考核制度，促进科技人员根据岗位需要加强知识更新。经济管理干部的继续教育开始注重借鉴发达国家的管理经验与我国国情和上海的经济环境相结合，探索和研究管理理论与实践。在教学方法上注重了理论与实践的结合，创造了“模块教学”、“案例教学”等新形式。在教学内容上发展到学科的复合重构，如市机电工业管理局与市人事局合作开办了机电一体化高级科技讲习班。

四、调整和发展成人学校教育

1990年，全市各类成人学校在治理整顿、深化改革中进一步调整布局、优化结构，提高质量。

(一)治理整顿成人高等教育

上海市针对普通高校存在的成人教育管理不归口，校外设点过多疏于管理，乱收旁听生、乱办班、乱发证等问题查处了一批学校。

压缩专业证书教育招生规模。1990年改年度招生两次为一次，加强了专业证书入学条件审核，纠正了以往入学学员专业不对口，年龄、文化基础不符合要求等现象，通过入学统考招生2900人，为上年招生数的1/3。同时对历届结业学员进行发证资格审查，共发合格证书1.4万份，占招生总数4万人的35%。

市高教局对成人高校进行了审核，停办了部分成人高校的年度招生资格。

开展大专班教育规格试点，部分成人高校将大专班的教育规格转变为提高在职业务干部素质的教育。市高教局总结了医疗器械维修、作业长管理、企业计算机管理等专业改革的经验，并组织论证了冶金工业联合职工大学炼钢、轧钢行业关键岗位专业人员大专班的教学计划，提出了1991年成人高校大专班教育规格改革的试点方案。

由市成人教育委员会牵头，组织高教局、教育局等有关方面在调查研究的基础上，提出了全市职工高校和业余大学调整改革方案和职工大学进一步实行联合办学的设想。

(二)改革成人中等专业教育

市教育局进一步加强了对成人中等专业学校办学质量评估。1990年，全市已评估了38所学校，有23所已获得评估合格通知书。评估促进了全市中专学校办学水平和教学质量的提高。同时，市教育局加强了学员入学条件审核，有计划有步骤地调整和修订中专各类教学计划，使成人中专的教学计划既能体现成人教育的特点，又能达到全日制中专标准。

电视中专继续加强同工业局联合办学，不断拓宽开办路子。1990年发展到11个专业，29个辅导站、联办站。在加强管理、提高质量的基础上，电视中专结合专业开展电器制作、焊接技术、财会、珠算技能、计算机操作、英文打字、服装加工等系列技能竞赛，提高学员的动手能力，受到了社会的欢迎。

1990年，成人中等专业教育招生数与成人高校招生数之比为2.68:1，结构趋于合理。

（三）积极开展扫盲和成人文化基础教育

1990年5月，市成人教育委员会、教育局下发了《上海市扫除剩余文盲工作的意见》，提出1991年底前，凡具备接受扫盲教育能力的农村和城市15至45周岁男性和15至40周岁女性公民中非文盲人数达到95%以上。9月5日，市成人教育委员会、教育局召开扫盲工作会议，交流了长宁区、青浦县等开展扫盲工作经验。要求各级政府提高认识，加强领导，健全组织，采取措施，力争在1991年底完成扫盲任务。市教育局编写了扫盲手册，召开了扫盲工作现场会等，进一步推动了扫盲工作。1990年全市有9.2万人参加扫盲学习，脱盲7万余人。郊区各县未达到扫盲要求的乡由26个减少到12个，未达到扫盲要求的企业由1185个减少到461个。

继续抓好未达到初中文化程度的青壮年职工和农民的文化基础教育。1990年，通过学校教育、自学考试等方式培养了初中毕业生1.4万余人，高中毕业生4.2万人。

五、加强对社会力量办学管理，促进社会力量办学健康发展

《上海市社会力量办学管理办法》实施后，各区依法对社会力量办学进行检查、整顿。至1990年4月，全市209所学校获得了“办学许可证”，80所学校需限期整顿缓发“办学许可证”，104所学校取消了备案资格，4所不具备函授教育条件的学校被撤消，初步治理了社会力量办学中的乱收费、乱发证现象。

1990年2月，市成人教育委员会会同教育、高教、劳动、财政、物价、税务、工商行政等有关部门组成检查组，对全市12个区和1个县实施《社会力量办学管理办法》的情况进行检查。通过检查，市、区、县教育、劳动部门调整和充实了管理力量，加强了对社会力量办学的管理。长宁、徐汇、静安、宝山、普陀、卢湾、黄浦等大部分区都设立了专门组织，并纳入地区成人教育综合管理范围，实行归口管理。

《社会力量办学管理办法》的实施和检查，进一步推动了社会力量办学的健康发展，全市涌现了一批如中华业余进修学校、上海文化生活技艺学校、沪东科技进修学校等注重教育质量、社会效益好的先进办学单位。

六、加强成人教育综合管理，提高整体效益

为逐步改变成人教育存在的政出多门、多头领导、重复办学等现象，提高整体效益，上海市成人教育加强了综合管理。

1990年1月，市成人教育委员会与市农委、市教育局共同制定了《关于加强农村成人教育综合管理的几点意见》，要求各县政府加强领导和统筹管理，充实和健全管理机构，切实行使统一领导和管理的职能。年底对各县执行情况结合《上海市职工教育条例》实施和扫盲工作一起组织检查。《关于加强农村成人教育综合管理的几点意见》下达后，各县着手理顺部门之间、条块之间关系。川沙县制订文件，加强了对岗位培训的归口管理；嘉定县成立了集各类县级成人教育办学机构为一体的县成人教育中心，提高了基地、设备的使用效益。

1990年9月，市成人教育委员会、市财政局联合下发了《关于加强职工教育经费管理的意见》。规定了市、区、县各业务主管部门（除企事业单位的直接上级主管部门外）向各单位布置有关职工教育培训任务，需动用职工教育经费，应事先征得同级成人教委同意。

1990年12月，市成人教育委员会主任谢丽娟主持召开了分管成人教育的区、县长会议，推广长宁区、川沙县、嘉定县加强成人教育综合管理的经验，要求区县政府加强成人教育的综合管理，更好地为地区经济发展服务。

七、开展农村教育和企业教育综合改革实验

全市列入国家教委102个企业教育综合改革实验单位的宝钢总厂、上海手表厂、上海第六制药厂、上海港务局、上海石化总厂等12个单位，都建立了由企业领导负责的教育综合改革领导班子，开展了对本单位人员结构摸底调查和对后备劳动力需求的预测，制订了企业教育综合改革方案，选定了改革的起步项目。为加强综合改革的信息交流，全市12个实验单位建立了每季一次的例会制度，对实验中的问题进行专题研讨。改革实验单位开始探索建立适合企业发展目标和人才结构所需要的教育运行机制和严格、有效的教育管理体制。

农村教育综合改革实验结合“燎原计划”的实施，在“三教”并举、协调发展、建立布局合理的农村教育体系上有所发展。“燎原计划”示范县、示范乡的培训中心和乡镇成人中等文化技术学校为推广农村实用技术、培训回乡知识青年学习一技之长发挥了重要作用。

1990年，上海成人教育存在的问题和困难主要是：成人教育与上海经济建设、社会发展相互促进的有效机制尚未形成；岗位培训的配套措施未能跟上，培训与使用、待遇相脱节，影响从业人员参加培训的积极性；职能部门办学重复的现象未能根本解决，造成资金、时间、精力的大量浪费；市级成人教育管理体制不顺，力量分散，影响全市成人教育的统筹规划和宏观调控。

撰稿人　谢　培

审稿人　张持刚

江苏省教育

概　　况

一、各级各类教育发展情况

1990年各级普通学校基本情况

工读、特殊教育学校　单位：人
其他学校　单位：万人

学校类别	学校数（所）	毕业生数	招生数	在校学生数	教职工数	
					计	其中：教师
一、普通高等学校	70	4.60	4.55	15.36	69618	27615
研究生		0.26	0.22	0.67		
本科		2.04	2.16	9.01		
专科		2.30	2.17	5.68		
二、普通中等学校	6380	85.27	109.52	311.52	282240	196452
1.中等专业学校	195	3.84	4.28	13.99	24530	12042
中等技术学校	161	2.85	3.45	11.42	19841	9738
中等师范学校	34	0.99	0.83	2.57	4689	2304
2.普通中学	5808	76.45	99.08	281.97	239420	172513
高中	1017	13.77	13.95	40.76		32725
初中	4791	62.68	85.12	241.21		139788
3.农业、职业中学	374	4.98	6.15	15.54	18193	11845
高中	371	4.93	6.13	15.49		11798
初中	3	0.05	0.02	0.05		47
4.工读学校	3	35	57	200	97	52
三、小学	30557	103.78	90.12	612.29	305655	269508
四、特殊教育学校	95	500	2400	10200	2456	1666
五、幼儿园	22799			165.65	87071	72060

1990 年各级成人学校基本情况

单位：万人

学校类别	学校数（所）	毕业生数	招生数	在校学生数	教职工数 计	其中：教师
一、成人高等学校	92	2.09	2.25	7.87	0.96	0.46
广播电视大学	1	0.60	0.53	2.02	0.17	0.06
职工高等学校	68	0.32	0.33	1.09	0.34	0.18
管理干部学院	11	0.11	0.05	0.12	0.16	0.07
教育学院	12	0.30	0.25	1.07	0.29	0.15
普通高校举办						
函授部	(30)	0.55	0.85	2.75		
夜大学	(39)	0.21	0.24	0.82		
二、成人中等学校	3276	95.78	118.25	115.25	2.70	1.45
1.成人中等专业学校	250	2.05	2.92	10.88	1.25	0.63
广播电视中专	3	0.42	1.03	3.67	0.09	0.06
干部中专	7	0.07	0.03	0.08	0.04	0.01
职工中专	160	0.77	1.19	3.59	0.70	0.35
教师进修学校	80	0.79	0.67	3.54	0.42	0.21
2.成人中学	870	10.14	13.42	16.34	0.46	0.23
职工中学	543	6.34	9.29	9.84	0.32	0.15
农民中学	327	3.80	4.13	6.50	0.14	0.08
3.成人技术培训学校	2156	83.59	101.91	88.03	0.99	0.59
职工技术培训学校	613	27.84	29.21	24.41	0.51	0.34
农民技术培训学校	1543	55.75	72.70	63.62	0.48	0.25
三、成人初等学校	2938	77.79	87.71	80.16	0.58	0.21
1.职工初等学校	449	5.00	3.91	4.27	0.06	0.02
2.农民初等学校	2489	72.79	83.80	75.89	0.52	0.19
其中：扫盲班		7.14	3.39	8.34	0.15	0.03

1990年江苏省继续调整中小学的学校布局，全省小学比上年减少939所，初中比上年减少159所，高中比上年减少12所。实施义务教育的工作正在有计划地进行，全省有994个乡（镇）依法宣布实施不同年限的义务教育，覆盖人口2809.95万人，人口覆盖率为43.64%。中等教育结构在调整中进一步优化。各类中等职业技术学校在校生总规模达到34.43万人，占整个普通高中阶段在校生总数75.19万人的45.79%。普通高等学校比上年减少1所。

1990年是全国“七五”计划的最后一年，江苏省的各级各类教育事业经过调整，在总体比例、布局结构、内部结构、个体规模、经费投入、师资配置等方面都有所改善，它为今后全省进一步深入教育改革、提高教育质量，提供了较好的基础。

二、各级各类学校的思想政治工作

1990年年初，江苏全省11个市的市委、市政府先后召开了中小学思想政治工作会议，学习有关文件，贯彻全省中小学思想政治工作会议和省委《关于加强和改进中小学思想政治工作的意见》的精神。各地把加强德育作为保证社会主义事业后继有人的一项重大

“六五”、“七五”期间各级普通学校发展、调整情况对比

		“六五”期间		“七五”期间	
		1980年	1985年	1986年	1990年
高等教育	学校数（所）	43	70	71	70
	五年增长率	62.79%		－1.4%	
	在校生（万人）	8.3	11.96	13.27	15.36
	五年增长率	44%		15.74%	
中等教育	学校数（所）	5236	6681	6793	6377
	年平均增长率	5.52%		－0.91%	
	在校生（万人）	328.81	305.89	309.28	310.8
	年平均增长率	－1.39%		0.06%	
初等教育（小学）	学校数（所）	38143	33988	33390	30557
	五年增长率	－10.89%		－8.48%	
	在校生（万人）	836.90	677.92	670.65	612.29
	五年增长率	－19%		－8.7%	

战略任务和社会主义精神文明建设的奠基工程，从整体上着眼，加强了对德育工作的领导。南京、苏州、南通等大部分市、县都成立了由党委、政府主要领导负责的中小学德育领导机构或协调机构。徐州等市、县的教育行政部门建立和健全了管理学校德育工作的机构，或确定专人分管德育工作。许多市、县、乡已经把德育工作作为干部岗位责任制的内容，定期进行考核。

为了使德育工作逐步实现序列化、制度化、科学化，江苏省教委先后制发了《关于实施〈小学德育纲要〉的意见》、《〈中学德育大纲〉实施细则》、《中学德育工作考核评估指标》、《中学生思想品德考核方案》和《加强中小学班主任工作的意见》等5个文件，使学校德育工作有统一的规范要求，并有利于具体操作，受到基层的欢迎。全省各地普遍开展了多种形式的学雷锋、学赖宁活动和以纪念鸦片战争150周年为主题的爱国主义教育活动。在继续广泛开展中小学生日常行为规范教育和训练的同时，强化了坚持四项基本原则、反对资产阶级自由化的政治教育。各地中小学努力寓德育于教学、管理、服务之中，逐步形成全员育人、全程育人的格局。各地涌现了一批助人为乐以及舍己救人、保护人民生命财产的优秀学生。无锡无线电工业学校学生钱劲松与持刀盗窃歹徒英勇搏斗，不幸牺牲，被省委追认为中国共产党正式党员，省政府授予革命烈士称号，省教委通报号召全省中小学生向他学习。

江苏的高等学校继续把稳定局势放在首位，加强对师生的思想政治教育。为了逐步解决深层次的思想问题，除了系统进行政治理论教育和形势政策教育，帮助学生确立坚定正确的政治方向外，还组织学生参加社会实践活动，走与工农相结合的道路。1990年暑期，以“国情、人生、责任”为主题，各高校有300多位校、系领导和700多位思想政治课教师参加了组织和具体工作，共有10万多名大学生参加社会实践活动，参与率达90%以上，有1/4的学校参与率达99%以上。为了加强高校政工队伍特别是青年政治理论课教师队伍的建设，年初，省教委对全省高校政治理论课教师的基本状况作了一次全面摸底调查。在此基础上，与省委党校联合举办了两期青年政治理论课教师进修班；暑假期间，举办了高校政治辅导员上岗前培训班，对留校任辅导员的260名毕业生进行岗前培训。为了逐步改变高校政工人员缺乏的状况，1990年在南京师范大学试招了省属本科院校在校二年级学生40名，从三年级开始学习政治思想教育专业，毕业后回原推荐学校从事思想政治工作。

基础教育

一、义务教育取得新进展

1990年江苏省正在按计划、有步骤地实施义务教育，取得了以下几个方面的进展。

（一）制定了全省实施义务教育的总体规划

首先，由各地对本地区的经济、文化、教育、人口出生等状况进行调查、分析，对实施义务教育所需的师资、经费、校舍设备逐乡、逐校、逐项进行测算、论证。经过自上而下和自下而上的反复酝酿，从实际出发制定了本地区实施义务教育的规划。在此基础上，全省汇总形成了义务教育总体规划，并经江苏省七届人大常委会第十一次会议审议通过。根据这个总体规划，江苏省将于1998年普及九年制义务教育。

（二）危房基本消除，办学条件明显改善

据不完全统计，1990年江苏省多渠道筹措修建危房改善办学条件经费9.15亿元，修建校舍面积398万平方米，购置双人课桌66.5万张，购置双人课凳74.7万条。全省中小学危房面积占校舍总面积的比例下降到0.7%，实现了江苏省政府提出的消除中小学严重危房的奋斗目标。与此同时，各市、县中小学内部配套建设也取得了明显成效，全省乡镇初中已配备实验中心，新建了一批实验室和图书阅览室，充实了教学仪器、图书资料和体育器材。全省中学生生均占有校舍面积达到5.32平方米，小学达到3.52平方米。全省城乡中小学基本做到了瓦房化，门窗采光条件有了显著改善。大多数农村中小学建起了围墙，安装了校门，铺上了水泥路，绿化、美化了校园，基本实现了“一无两有多配套”。

（三）继续调整学校布局

江苏各地依据“以实施义务教育为中心，以提高办学效益为目的，为提高教育质量服务”的指导思想，继续积极、稳妥、合理地调整中小学布局。实行低（年级）分散，高（年级）集中，撤校并班不撤点的办法，学校的布点既充分考虑当地人口现状、发展趋势、地理条件、交通、经济、文化状况，也考虑方便群众送子女就近入学和有利于提高办学规模效益。到1990年底，全省共摘掉带帽初中109所，撤并初中159所、小学939所。中、小学校的布局日趋合理。

（四）严格管理，实行依法治教

（1）建立实施义务教育任期目标责任制和义务教育汇报制度，把实施义务教育的情况作为干部政绩考核的重要内容，要求各级政府每年要把义务教育实施的情况向同级人民代表大会和上级政府汇报。（2）履行宣布实施一定年限义务教育的法律程序。农村由乡镇人民政府，城市由区人民政府根据义务教育办学条件标准进行自查，填写《江苏省实施初等（初级中等）义务教育审批表》，向上级人民政府提出申请，经上级人民政府审查确认基本符合规定的义务教育办学条件标准后，行文批准，方可宣布。省、市人民政府或教育行政部门组织抽查。（3）建立义务教育档案管理制度。省教委制定了《江苏省实施义务教育年度情况表》、《江苏省实施初等（初级中等）义务教育审批表》、《江苏省义务教育检查验收表》、《江苏省乡镇义务教育基础资料目录》，对义务教育实行科学、严格的管理。

二、加快发展特殊教育

为了加快特殊教育事业的发展，让更多的残疾儿童有入学的机会，江苏省在兴办特殊教育学校和普通小学附设特教班的同时，自1987年起，在部分市县开展了盲童和弱智儿童在普通学校随班就读的试点。1990年进一步扩大了这一试点，已有2000多名盲童和弱智儿童在普通学校班级中接受特殊教育。为保证这一工作的顺利进行，江苏省教委采取了以下一些措施：

（一）加强对试点工作的领导

参加试点工作的县（市）都由宣传部、教育局、民政局、妇联和团委等单位的领导组成领导小组，主管教育的副县长任组长。各试点县在制定教育事业发展规划和年度计划时，都将残疾儿童随班就读工作列入其中。为了做好宣传发动工作，地方报纸、电视台也积极给予配合。

（二）为残疾儿童随班就读提供办学经费和必要的条件

省教委每年都从特殊教育专项补助费中拨出专款用于随班就读试点单位培训师资和添置教学设备；各市、县、乡及学校也都在经费上给予了保证。同时，还发动社会各界多方集资。

（三）抓师资的选配和培训工作

在残疾儿童随班就读的学校和班级中，配备事业心和责任心强、热爱残疾儿童、自愿献身特教事业，具有较强业务能力，年龄在40岁以下，身体健康的教师担任残疾儿童的辅导教师，发给聘书，并组织培训。近几年，省、市两级每年都举办特教师资培训班，讲授盲童和弱智儿童的生理、心理的基本特征及各科教材教法。对盲童教师还重点讲授盲文符号的读写方法。到1990年为止，全省盲童随班就读试点的辅导教师都已经能够比较熟练地掌握盲文，基本胜任了教学和辅导工作。为了稳定教师队伍，江苏还落实了辅导教师的特教补贴。有的地方根据学生人数的多少，按辅导教师基本工资的5％～15％予以补贴；有的地方则定期集中补助。

（四）为残疾儿童随班就读提供必要的教学规范和条件

首先是教学计划的落实。残疾儿童在普通班级中学习，可以按照残疾儿童的需要，单独制定不同于正常儿童的教学计划，提出适宜于他们的教学要求，并按这一套教学计划和教学要求组织考核评定；也可以执行正常班级统一的教学计划，然后根据残疾儿童的需要提出不同于正常儿童的教学要求，并按这个要求组织考核评定。其次是教材的落实。采取各种措施，保证盲童能够及时使用盲文课本，并提供盲文课外读物；同时对弱智儿童使用的普通教材进行了必要的调整，把每个单元中弱智儿童必须掌握的内容挑选出来作为教学重点，其余的内容则可降低要求。

（五）加强管理，努力提高残疾儿童随班就读的教学质量

首先，充分利用江苏省原有的特殊教育优势，发挥特殊教育学校的辐射作用，建立了以特殊教育学校为中心的辅导网络。对特殊教育教学点采取双重管理的办法，残疾儿童的常规管理由所在班级、学校和乡镇中心小学承担，同时，把残疾儿童的随班就读教学点作为地方特殊教育学校的下伸点，接受特殊教育学校在业务方面的管理和指导。其次，为残疾学生建立了专门的学籍和教学管理制度。（1）县、乡、校三级在全国调查摸底的基础上建立残疾儿童卡片，记载残疾儿童的各项基本情况，入学后即纳入学校正常学籍管理的轨道；（2）建立残疾学生档案，定期将学生各方面的发展情况记入档案；（3）对残疾学生实行单独评估，重点看残疾儿童在原有基础上的提高和发展，成绩不计入所在班级正常儿童的班平均成绩。再次，坚持残疾儿童与正常儿童教学、活动的一体化，做到课程设置基本统一，教学工作基本同步，集体活动一同参加，让残疾儿童始终生活在正常的社会环境中，各方面得到均衡发展。

附

□宜兴市为盲童随班就读探索新路

宜兴市是全国基础教育先进县，近几年来，在发展特殊教育事业方面不断探索，锐意改革，取得初步成效。宜兴市先后创办了培智学校1所，聋哑学校1所，在普通小学附设的聋哑教学点6个，在校聋哑儿童104人，学龄聋哑儿童入学率接近60％。1987年，宜兴市在中央、省、无锡市教委指导帮助下，作为全国首批组织盲童就近随班就读的5个试点县(市)之一，开展了盲童到普通小学随班就读的实验。到1990年为止，开设盲童教学点6个，8～15周岁7名盲童已全部入学，学会了汉语拼音，较为熟练地掌握了盲文符号，5人已升入四年级学习，摸读盲文的速度已达到或接近正常儿童的朗读速度，能独立阅读盲文图书，并能写盲文书信；其余2人已进入三年级学习。

宜兴市开展盲童随班就读实验的主要做法是：

一、切实加强领导，摸清盲童情况

宜兴市成立了由分管市长和教育、民政、宣传部、共青团、妇联等领导组成的盲童教育领导小组。市人民政府作出了在全市普及盲童教育的决定，下发了《开展盲童教育的意见》。各乡镇把开展盲童教育纳入了义务教育的轨道。为了摸清盲童情况，市教委会同民政部门对盲童致盲的时间、原因、心理、生理、智力、受教育程度、家庭经济状况及临近小学的师资设备等作了全面调查和具体分析，分别采取不同措施：把智力正常的盲童列为教育对象；对弱视儿童，选配合适的弱视放大眼镜，进入普通班学习；对有顾虑，不愿送孩子入学的家长及时做好动员工作；对生活困难的盲童，发动少先队、共青团广泛开展助残活动，帮助解决具体困难，为盲童教育的开展奠定了基础。

二、抓好培训辅导，建设师资队伍

宜兴市挑选盲童教师的标准主要是：师德好、业务素质好、身体健康。为了提高教师业务水平，市教委和上海市盲童学校建立了挂钩联系。培训辅导教师的主要形式有集中学习，短期培训；每年暑假由盲校教师进行教材教法辅导；到上海盲校现场参观学习；建立书面联系，教学中发现问题及时与上海盲校书信联系请教，建立每学期一次盲童随班就读教育研究活动；教委教科所、教研室及中心小学有关同志经常到点上听课，研究工作，帮助解决具体问题。为了激发盲童教师的工作积极性，该市还建立了定期发放特教津贴和定期慰问盲童教师两项制度。

三、分步实施，在实践中探索

宜兴市开展盲童随班就读的实验，经历了三个阶段。第一阶段，教师每周两次辅导盲童学习盲文符号，后因效果不佳而停止。第二阶段，插班学习，采用复式教学形式指导盲童学习盲文符号，为同步教学奠定了基础。第三阶段，自1988年春季开始，盲童随班就读进入同步教学阶段，即：盲童与正常儿童一起采用同一教学内容按照同一教学进度进行教学。

四、广泛开展助残活动，创造良好环境

为了使盲童进校后有一个团结、友爱、和谐的学习环境，在盲童周围形成一个温暖的集体，各有关学校普遍加强了对正常儿童的社会主义人道主义教育。少先队组织开展了“我和盲童交朋友”、“我为盲童送温暖”等多种形式的活动，形成了人人尊重盲童，个个主动帮助盲童的好风尚，使盲童在团结友爱的集体中生活，在和谐、欢乐的气氛中学习。

宜兴市采用盲童随班就读的形式，解决了盲童入学的困难，受到了学生、家长的欢迎及社会的好评。

三、普通高中教育

（一）教育改革继续深化

1990年，江苏省普通高中在教育改革上着重抓了总结经验、明确方向、理清思路、修订方案、深入实施等项工作。1990年8月17日至19日，省教委在南京召开了全省改革试点中学研讨会，会议实事求是地估价了全省高中教育改革的形势，总结了“七五”期间高中教育改革经验，指出了存在的问题，提出了进一步深化改革的意见。意见包括：转变教育观念，增强改革意识，全面培养人才；突出课程改革重点，逐步形成整体改革方案；努力创造良好的改革环境；切实加强对教育改革的领导等。南京师范大学附中等学校认真修订改革方案，经过反复论证，征求意见，抓紧付诸实施。教育改革的深化，促进了教育质量的全面提高。在全省统一组织的高中毕业会考中，9门学科均达到及格以上成绩的学生占60％多，有的学科的及格率达到90％以上。海安县中学高三学生王庆根，1990年7月在法国巴黎举行的有28个国家、112名选手参加的第22届国际奥林匹克化学竞赛中获得金牌。

“七五”期间，江苏一些学校从转变教育观念、端正教育思想入手，着眼于课程结构、教学内容、教学方法、评价、考核等方面的改革，着力构建新的教育教学框架。到1990年为止，各具特色的改革新格局正在逐步形成。南京师范大学附中根据未来社会主义建设对学生素质的要求，在实践中总结出学生基本素质的10项目标，根据这些素质目标，设计由学科性、活动性和环境性课程相结合的、必修和选修相交叉的复式课程结构，适当压缩必修课周课时，增加选修课；开设了劳动技术课、社会实践课等，全面提高学生素质。无锡市一中坚持把德育放在学校工作的首位，根据时代特点和学生实际，深化德育改革，逐步形成特色鲜明的“三旗”、“三校”教育，即：党旗、团旗、队旗教育和少年团校、青年团校、预备党校教育；努力做到思想教育系列化、理想教育具体化、行为教育规范化、自我教育制度化，为学生的健康成长奠定了坚实的思想政治基础。地处集镇的建湖县上冈中学为了明确办学方向和培养目标，在广泛开展社会调查的基础上，把当地社会和经济发展需要的各种知识有机结合在必修课中，同时在选修课、劳动技术课和社会实践课中加强实用知识教育，走出了一条德、智、体、美、劳全面发展，农、工、副、商、服务五业齐上的办学新路子。省苏州中学在深化课堂教学改革的同时，大力加强课外活动，为学生专其所好、展其所长创造条件，使学生得到了生动活泼的发展。1990年国家教委在苏州中学召开了全国课外活动教育现场会，总结经验向全国推广。

（二）重点高中通过检查验收

江苏省于1980年确定了首批办好的重点中学95所，1987年又增加1所，共计96所。为了继续办好这批骨干学校，经省政府同意，省教委决定用3到5年时间，对全省重点高中进行全面系统的检查验收，重新确认。对达不到重点高中标准的，取消重点高中资格；非重点高中达到重点高中标准的，经申报和检查验收，可以确定为省重点高中。根据这一决定，1990年省教委制定下发了《江苏省重点中学基本合格标准》和《江苏省重点中学检查验收细则》。《细则》分为贯彻教育方针、示范性和实验性、学校管理、基本设施4项内容，共计70项具体指标。在各地、各校对照标准自查整改的基础上，省教委组织力量，先后对首批申报的31所重点高中进行了检查验收，确认这些学校为首批合格重点高中。

四、勤工俭学

1990年全省开展勤工俭学的学校数为32120所，比上年增加了269所，普及面由上年的83.5％上升到88％，接纳学生参加劳动的基地达22441个，比上年增加了4014个；勤工俭学的纯收入为40155万元，比去年增加了3577.4万元，连续第六年居全国第一位。在纯收入中用于改善办学条件的为15988.8万元。

江苏省学校开展勤工俭学活动的主要形式是校办工厂。1990年全省校办工厂的固定资产为112591.7万元，比上年(63339万元)增加了49252.7万元，增长43.7%；工业产值为391665.4万元，增加了73586.7万元，增长了23.1%；工业利润35661.2万元，比上年增加了2863.9万元，增加了8.7%。校办工厂纯收入超过100万元的有20家，50万元以上至100万元的有80家，30万元以上至50万元的有144家，10万元以上至30万元的有778家，5万元以下的有11563家。

1990年的江苏中小学校园经济也得到较快发展。据统计，农村中小学开展种植、养殖等活动的学校，从49%上升到60%左右，经济效益也有较大幅度的提高。南京市、东海县、如东县、溧阳县开展校园经济活动的做法，在全国农村中小学勤工俭学工作会议上作了介绍，得到了大会肯定。

职业技术教育

一、农科教结合发挥兴农作用

1990年5月，江苏省农林厅、科委、教委、科技干部局、乡镇企业管理局、水产局、农业银行联合在徐州召开了全省农科教统筹工作会议，总结了全省农科教统筹工作的经验，探讨新形势下农村教育特别是农村职业技术教育如何为科技兴农、振兴农村经济服务等问题。会后江苏省教委主要抓了以下几项工作：

(一)把农村教育引入科技兴农的主战场

各地通过宣传、社会发动、行政法规、政策措施、评估督导等，形成强大的社会舆论，使各类教育特别是基础教育转移到着眼于全面提高人的素质，主要为本地服务的轨道上来。无锡县人均产值第一的东绛乡，前几年为了出几个大学生，曾要求恢复已停办的普通县中，通过端正教育思想，改变了传统观念，毅然退出升学竞争，使各类教育一心一意地为本乡经济发展服务。中等专业学校逐步打破“铁饭碗”，农业中专开始招收部分不包分配的学生，培养农民技术员和科技示范户，全部招收农村学生。全县11所县办中专全部不包分配，直接为本县培养技术人才。

(二)因地制宜发展农村职业技术教育

1990年，江苏高中阶段职业技术教育与普通高中招生数在校生数分别达到1∶1.11、1∶1.15。全省县以下(不含县镇)农村职业中学与普通高中招生数、在校生数之比分别为1∶2.05、1∶2.45。从前苏南纯农业职业技术教育一直办不起来，如今大多办成亦工亦农，不但职教巩固发展，而且提高了农民的技术素质，产生了明显的经济效益。1989年全省358个亿元乡、镇人均产粮543公斤，比全省人均产粮高7.3%，亦工亦农的职业技术教育促进了乡镇企业与农业的共同发展。

(三)农村职教的课程结构改革

1990年，全省已有省编劳动技术课教材24种，各地还根据地方经济特点、农民求知热点编了一批乡土教材。江苏的农村经济推行家庭综合经营模式，职业中学课程设置也注重综合性。文化基础课，学时占30%；专业必修课，农艺、园艺、畜牧、水产、农用机电、家庭经营管理、庭院生产综合化技术等，占50%；根据地区和家庭需要开设的实用技术选修课，占20%。教学内容突出实用性，以适应当地家庭经营或承包经营的实际需要，学生结合家庭需要边学边干，见效较快。同时试行学分制，学生因家庭经济需要，可保留学籍，回家边生产边自学，适当时候到校上课，参加考试，成绩记入总学分，学分达到规定标准，准予毕(结)业。

（四）各类学校参与农村经济开发

近几年来，江苏省教委组织部分高校、中专校参与农村经济开发、技术服务。农业中专校在建好校办农、牧场，发挥其在提高教育质量和为当地农业生产起示范作用的同时，日益重视校外基地建设。全省8所农业中专有一半以上都与附近的乡建立了农业技术开发联合体，把技术培训、技术推广和技术服务结合起来，收到明显的成效。农村职业中学利用自己的优势，直接投入科技兴农。学校坚持"上挂（挂靠对口的农业院校、科研部门）、横联（与农业中专横向协作）、下辐射（向下与专业厂、场、户、村挂钩）"，走"教学、实习、科学实验、生产、服务"五结合的办学之路，努力把学校办成农村技术人才培养中心、信息咨询中心、社会服务中心和生产经营示范基地。

（五）实施"燎原计划"促进农科教结合

1990年，全省不少乡成人教育中心、农村职业中学和普通中学，都有实施"燎原计划"的项目，各类学校充分利用现有的校舍、设备、人才、技术，开展各种实用技术培训，提高了教育的整体效益。1990年全省农民参加技术培训人数达170.6万人，占参训总数68.5%。随着乡镇企业治理整顿的深化，全省还组织了100万企业职工参加培训，普遍提高了劳动者的素质，促进了农村经济的稳步发展。全国商品粮基地之一的铜山县，30%的农户主初步掌握了一二项技术，乡村农、林、牧、渔技术员40%达到初、中等技术水平，乡镇企业管理干部50%以上达到中专或高中文化程度，职工的90%达到初等技术水平，全县引进工农业实用新技术480多项，开发新产品220多个，农业良种覆盖面积达80%，农村经济稳步发展，农民生活水平不断提高。

二、中等专业学校的规范化管理

1990年2月，江苏省教委制定并印发了《江苏省中等专业学校校园环境管理规划（试行稿）》等4个管理规则文件。8月又印发《江苏省中等专业学校4项管理检查评分标准细则》。各中专学校组织师生员工反复学习，统一认识，在此基础上对照规则进行自查，并根据评分细则找出差距，边查边改。10～11月，由各市教育行政部门组织本地中专学校进行互查、总结。12月，省教委与省中等专业教育研究会在常州联合召开了全省中专学校4项管理规则检查总结交流会议，总结了1990全省各市、各中专学校实施4项管理规则的经验，表彰了南京铁路运输学校等30所中专学校。

江苏省中专校在贯彻4项管理规则中，着重抓了以下几方面的工作：

（一）领导重视，层层发动

很多学校成立了由校长挂帅，各有关部门负责人参加的贯彻4项管理规则领导小组和自查小组。在校园、教室、宿舍、餐厅管理方面分别以总务、教务、学生、膳食部门为主，各科室密切配合。同时十分重视和积极发挥班主任的重要作用，形成上下结合、部门配合、党政一体的管理网络。各校把4项管理规则印发到基层，并利用黑板报、专栏、广播、校刊等广为宣传，使之深入人心。苏州市的中专学校把贯彻4项管理规则与全市开展的"迎亚运、迎国庆、迎丝绸节、创卫生文明城市"活动结合起来，取得了很好的效果。

（二）突出重点，在"高、严、全、细"上下功夫

"高"是高标准。各校都以管理规则为标准，边查边改，不仅仅满足于达标，而是力求比标准做得更好。"严"是从严要求，向高标准努力，取得好的成绩。"全"是指全方位管理，通过4项管理促进其它方面的管理。无锡商业学校提出6个结合，具有代表性。即贯彻规则与考核班主任，与开展文明班级竞赛，与学生德、智、体、美、劳五育综合测评，与劳动课，与内部工作协调，与思想教育和行政

手段相结合。同时强调全员全过程管理，全校参加。"细"是做过细的工作。各校都把治理脏、乱、差作为重点内容，发动群众大打攻坚战，优化育人环境。

（三）完善制度，使4项管理经常化、制度化、规范化

（1）各校在学习对照管理规则的基础上，普遍修订了校园环境、宿舍、教室、餐厅管理制度以及其它方面的管理制度。（2）健全责任制。许多中专校根据本校的实际情况，将管理规则的内容逐项分解到总务、行政和学生管理部门等有关职能科室，然后再分解到教研组、班级、有关部门和个人，用责任牌明确标出其职责范围。（3）考核与创先评优结合。各中专校把贯彻管理规则与教职工每月奖金和先进班级、"三好"学生挂钩，努力使这项工作变成广大师生的自觉行动。

高等教育

1990年，江苏省高等教育工作以稳定高校局势为中心，坚持社会主义办学方向，大力加强思想政治教育，继续整顿学校秩序，积极推行教育、教学领域的改革，高教事业逐步走向稳定、健康、协调发展的轨道。

一、把德育工作放在首位，积极引导大学生坚持又红又专，走与工农、与实践相结合的道路

高校德育工作在开展国情教育的基础上，着重抓了大学生的人生观教育。1990年9月，省教委《关于在高校学生中开展人生观专题教育的通知》发出后，全省70所高校普遍开设了人生哲理课，教育青年学生树立正确的世界观和人生观。一向比较薄弱的研究生思想教育工作，也初步理顺了管理体制，基本做到了"三落实"，即领导落实、机构落实、管理和教学人员落实。

遵照中宣部、国家教委、共青团中央《关于1990年暑期高等学校学生社会实践活动的几点意见》的精神，1990年，江苏省有10万多名大学生参加了暑期社会实践活动。据30所高校统计，学生参与率达94.5%，全省3000多名大学生参加了学校组织的各项活动，180多名校、系领导直接参与组织领导，350名政工干部和600多名政治理论课、思想品德课教师随学生参加了活动。在暑期社会实践活动中，全省涌现了一批先进单位。南京大学等10所高校和盐城市、镇江市、昆山市受到中宣部、国家教委和团中央的通报表彰，南京大学的"看十年巨变、明历史使命"专题活动，被评为全国最佳社会实践主题活动。

与前几年相比，1990年江苏大学生暑期社会实践活动更突出思想教育，更强调点面结合，更注重面向全体学生。江苏大学生暑期社会实践活动正在从游击式、单一型和抓点倡导向基地式、综合型和普遍要求制度化过渡。1990年，全省已有50多所高校建立了300多个校外社会实践基地。在地方党政部门、共青团组织和社会各界的配合和支持下，大学生们积极投身社会实践，走向社会，了解国情，学习工农，接受教育，提高了思想认识。

高校教学领域进一步加强了社会主义办学方向的贯彻落实。年初，省教委印发了《关于加强普通高校教学管理工作的意见》，围绕教学工作如何坚持社会主义方向提出了明确的要求，突出强调了文科的教学管理，严格规定了课堂教学纪律和选修课、讲座的开设制度。按照《意见》要求，各高校全面清理了文科（包括政治理论课）课程的教材及讲义等配套资料。省教委还组织开展了文科的"文学概论"、"政治经济学"、"史学概论"3门专业理论课程的教学研讨，并在全国率先制定了这3门课程的教学基本要求，为文科教师坚持四项基本原则，正确开展文科教学提供了依据。

二、贯彻《大学生行为准则》，整顿校园秩序、教学秩序和生活秩序

为了改变近几年来高等学校基础管理薄弱的状况，彻底清除动乱给高校秩序带来的消极影响，净化育人环境，把端正社会主义办学方向真正落到实处，江苏省从抓高校工作的基本方面着手，扎扎实实地宣传、贯彻《大学生行为准则》。同时，大力整顿校园秩序、教学秩序、生活秩序。在贯彻《准则》和“三整顿”工作中，各高校主要抓了以下几个方面：(1)广泛宣传发动，努力提高认识。全省各高校普遍组织校领导、中层干部、教职工和学生学习《准则》。各校利用校报、壁报、广播等传播工具，通过组织演讲、系列讲座、知识竞赛、文艺演出、观看录像等活动，广泛宣传，使《准则》深入人心。(2)采取具体有力的措施，组织落实。各校普遍落实了贯彻《准则》和实施“三整顿”工作的分管领导和具体主管部门，进一步完善了有关规章制度，严格检查。有的开展了大学生素质综合测评，并将测评结果与学生的奖惩、毕业分配挂钩。(3)建立和巩固良好的学校秩序。首先是加强教学各环节的管理，严格作息和考试纪律；其次是大力整顿治理宿舍、食堂、教室的脏、乱、差；再次是整顿治安、清污扫黄。(4)引导学生自觉、自治、自律。各校都注意通过培养学生骨干，发挥他们的模范带头作用。一些学校积极为学生的自我教育、自我管理提供宣传舆论阵地。有的学校吸收学生参与学校管理，让学生从中受到教育和约束。

1990年3月，省教委等部门组织全省高校党政领导和有关部门负责同志近200人，对各高校贯彻《准则》和开展“三整顿”工作情况进行了全面检查，评出了11所学校予以通报表扬。通过贯彻《准则》和整顿，江苏高校各项秩序有明显改观，大学生的基础文明素质有了较大提高。

三、深化高等教育改革，提高教育质量和办学效益

(一)积极推行高校招生改革

针对往年师范院校生源不足、新生素质不高的情况，1990年江苏省属高师院校文、理科专业试行了“提前单独招生，定向录取”的办法，将招生计划定向到县，以高考预选成绩为依据，增加面试，定向录取。全省有11.6万名考生报考师范院校，占参加预选报名总数的61.4%，其中5553人被师范院校录取。新生的质量较高，专业思想较为巩固。1990年，还在南京市金陵职业大学、江苏农学院进行了单独招收优秀在职高中毕业生、职业中学和中专应届毕业生的试点。

(二)通过外部调整和内部改革，进一步增强了专业适应性

针对近几年长线专业人才相对饱和的情况，江苏省根据经济建设和社会发展的要求，调整、缩减了一批长线专业的招生，审核批准了7个省内短缺专业的招生。同时，主动调整了专业结构，使本、专科招生比例达到1:2左右。专业教育的内部改革着重放在围绕培养目标、制度和实施培养规格上。工业专科学校和职业大学机械、电子、土建、化工、管理五大类专业培养规格已进入试点阶段。为了主动适应中学教育和农村教育改革的要求，为农村中学培养“一师多用，一专多能”的人才，江苏省教委组织了师范专科主辅修制的调查和论证，并制订出14个辅修专业培养规格方案，与前几年已制订的师专各科类主体专业培养规格相配套，形成了师专人才培养目标的一整套规范，为师专教育改革提供了重要依据。

(三)研究生教育加强了应用型人才的培养，初步摆脱了被动、封闭的培养模式

江苏各高校走出校门，加强同企事业单位的联系，主动走委托培养、定向培养和联合培养的新路子。中国矿业大学、南京化工学院等院校，积极与本系统、本地区行业和企业

挂钩，联合培养应用型研究生，成效显著。同时，在学科专业改造、拓宽培养口径、加强应用性方面作了尝试。通过努力，研究生招生和分配情况良好。1990年，经国务院学位委员会审核批准，江苏高校新增博士点24个（其中省属高校5个），新增硕士点44个（其中省属高校7个），省属高校新增博士生导师18名。到1990年年底，全省27所培养研究生的高校中，共有博士点159个，硕士点448个。

四、高校科技工作直接面向地方经济建设取得新的进展

1990年，江苏省高校自然科学研究基金安排给地方高校的科研项目有113项，下达经费116.9万元。由省教委主持鉴定和国家教委、农业部、省科委等部门委托省教委鉴定的高校科研成果有140多项。江苏高校科技工作和应用科技成果为社会服务工作取得了以下进展：（1）初步理顺了高校科技服务管理体制。在1989年清理高校各类公司的基础上，又撤并了一批不合格的科技公司和企业。针对高校技术市场中存在的问题，制定了高校技术市场管理条例，确定了由省教委归口审批高校科技企业，纳入地方二商管理部门登记注册的管理体制。此外，还建立了高校科技合同认定制度，并培训了一批高校技术合同认定员。全省高校技术合同统一由省教委归口登记。（2）加强了政策导向。为了调动高校为地方经济建设服务的积极性，并为高校科技工作提供政策上的支持，江苏省政府先后批转了省教委《关于进一步组织高校为发展地方经济服务的意见》和省教委等部门《关于高等学校开展社会服务的意见的请示》。（3）加强了高校与地方部门的信息交流。1990年，省教委两次组织召开部分高校和省有关厅局参加的科技工作汇报会，高校向业务主管部门汇报自己的科技力量、可转让成果、能够提供的服务；业务厅局则向高校介绍各自的行业特点、需要研究的项目内容等，省计经委还向高校通报了全省“八五”科技计划要点。通过面对面的恳谈，加强了高校科技与地方经济建设之间的相互沟通。（4）江苏高校已开始重视校际协作，形成高校科技的群体优势，拓宽服务面向，增强服务能力，改变了以往高校科技力量分散、组织薄弱、效益不高的状况。1990年，省教委等先后组织高校科技服务人员赴南通、张家港、武汉、句容、南京、烟台等地，参加科技信息发布、成果交易、经济恳谈活动，与地方部门、企业成交了一大批科技项目。其中，在江苏省首届科技成果和实用技术展交会上，32所高校联合推出了300多项科技产品参展，签订意向性合同234项，成交金额达1000多万元，69个产品分获展交会金奖和银奖。（5）高校科技扶贫出现新的发展势头。在总结江苏农学院与响水县建立“生产——教学——科研”联合体成功经验的基础上，普遍建立校、县（行业）定点挂钩模式。全省选出了13所学科较多的高校分别与苏北13个财政补贴县定点挂钩、双向合作。高校向挂钩县提供科技服务和人才培训，挂钩县为高校学生提供实习和社会实践基地，为高校教师开展科技服务提供方便。与前几年相比，高校与苏北贫困县在各类项目上的合作正由以往的科技服务、合作开发产品向“全程服务”过渡，提高了合作效益。江苏工学院在承担大丰轻机厂委托的微型空压机应用技术的一个项目（投资600万元）中，从软件设计，设备的选型、制造、安装、调试到技术人员的培养，全部由学院负责，为企业节省资金90多万元，消除了企业的后顾之忧，被当地称为“钥匙工程”。

成人教育

1990年，江苏的成人教育进一步执行治理整顿、深化改革的方针，继续坚持面向企业、面向生产、面向基层的办学方向，为促进江苏经济、社会的发展起了积极的作用。

一、职工教育健康发展

1990年，据对全省651万全民、集体企业职工统计，参加各类文化技术学习的有254.8万人(其中岗位培训217万人，占职工学习总数的85%)，全员培训率为39%。与1989年相比，学习人数增加16万人，全员培训率提高1.2个百分点。

1990年，江苏的职工教育有如下特点：(1)企业办教育的内动力增强。越来越多的企业认识到：人才开发与科技开发、产品开发、市场开发是企业发展的四大支柱。开展职工教育的积极性显著提高。南京汽车制造厂为适应企业发展和市场竞争需要，动员3000多人参加文化技术学习，并组织5批193人次出国接受培训。通过学习和培训，全员的质量意识、安全意识和竞争意识得到强化，技术水平与管理水平得到提高，产品销售与产值、利税不断增长。(2)重视思想政治教育。许多部门和单位围绕“一个中心、两个基本点”的基本路线，对职工特别是青年职工进行国情教育、法律知识教育和职业道德教育。淮阴市1990年组织6万青工参加政治轮训，合格率达95%以上，稳定了企业、稳定了人心。(3)注意与生产实践的结合，重视生产技能的培养。为改变以往职工教育重理论轻实践的状况，不少地区和部门按照实际、实用、实效的原则，广泛开展生产练兵、技术比武，结合新产品试制、新工艺推广和技术改造进行现场培训。技术比武和岗位练兵已成为提高职工生产技能的重要途径。扬州无线电二厂是个职工不足600人的企业。他们采取每周五天安排生产，一天安排学习的办法，组织职工开展技术攻关和工艺革新，提高了产品质量与企业效益，使企业充满生机与活力。1990年，产值和利润分别是1981年的833.55%和407.45%，产品“电荷放大器”在国际招标中夺魁，该厂被评为部、省、市职工教育先进企业。(4)职工教育理论研究比较活跃，并日益受到重视。全省各地都建立了成人教育、职工教育的研究组织，有团体会员526个，个人会员2000余名。职工教育的理论研究得到了各地党、政领导和社会的支持。连云港市副市长及市委宣传部等12个部门的负责人分别担任了该市职工教育研究会的名誉会长或顾问。

职工教育的工作重点转移到岗位培训。1990年，江苏省各地、各部门开展职工岗位培训，主要采取了下列办法与措施：(1)全面实行岗位培训目标责任制。针对部分企业领导人重眼前利益、轻人才培养的短期行为，盐城、淮阴等市广泛宣传国家体改委《关于把企业干部职工培训工作纳入厂长任期目标责任制的意见》，把职工培训列入地方经济和社会发展规划，作为企业升级和评比先进的重要条件。年初，由市政府出面，与市直各部门和县(区)政府负责人签订职工培训目标管理责任书，然后由部门、县(区)政府与企业，企业与生产车间、科室层层签订目标责任书。南通、连云港、扬州等市为推行职工培训目标管理责任制，制定了考核细则和奖惩办法，并在第二轮承包中，把岗位培训、工人技术等级培训、干部培训等列入企事业承包经营合同。南京市规定：从1990年起，凡进行新一轮承包的企业，必须将职工培训列入企业发展规划，并作为厂长任期目标责任制的重要考核内容。(2)调动职工参加岗位培训的积极性。省、市建筑行业规定：1992年以前，一级、二级建筑企业的施工员、材料员、质量员、统计员、财会员等都要经中级培训合格方能上岗。无锡市规定，新职工必须参加岗位培训，经考试合格，才能定级。无锡油嘴油泵厂规定工人经高级工培训，获得高级工证书或获得技师职称者，发给岗位津贴。还有一些单位实行“三挂钩”制度，即岗位培训与工资奖金挂钩、岗位培训与专业技术职务评聘挂钩、岗位培训与评选先进挂钩。扬州客车厂实行定期考核和奖励办法，将工人的待遇同技术水平挂钩。上述措施，有效地调动了职工参加岗位培训的积极性。(3)抓好岗位培训基础建设。省教委成人教育局为推动岗位培训工作，制定了《江苏省科级以下职工教育管理干部岗位规范》和《江苏省职教管理干部岗位培训教学计划》。一些地区、部门和单位，积极组织力量制定岗位分期目录、岗位规范、教学计划、教学大纲、选编教材、培训师资、加强基地建设。南京油脂化工厂编制了19个技术工种43个岗位的规范标准，并在机修、钛白粉、硬脂酸3个关键车间作培训试点。常州市公交公司由经理挂帅，抽调4名工程师历时6个月，编写了近30万字183个工种的岗位规范。省化工厅、交通厅、商业厅、供销社、医药总公司等也根据各系统的实际需要，组织编写了一批岗位规范，苏州、南通、无锡等市组织2000多名职教干部学习成人教育学、成人教育心理学、成人教育管理学等专业课及成人教育政策法规、应用文写作等选修课，提高了他们的政治业务素质和组织管理水平。扬州、淮阴市开办企业政治学校师资培训班，培训师资2000多人，为企业开展青工政治轮训发挥了重要作用。

二、进一步开展农村扫盲

1990年全国第四次人口普查，江苏省15周岁以上文盲数占总人口的比重为17.23%，比1982年第三次人口普查时的26.84%下降了9.61个百分点，超过全国同期平均下降水平。1990年，全省入学的文盲20万人，脱盲15.8万人。1990年，江苏省开展农村扫盲主要做了以下几方面的工作：

(一)广泛宣传，加强领导，增加投入

为开展国际扫盲年工作，各地利用报刊、电台、有线广播、文艺表演等形式，进一步广泛宣传《扫除文盲工作条例》，提高广大干部与群众对扫盲意义的认识。5月，省教委、省委宣传部、省文化局等9个部门联合转发了国家教委、中央宣传部、文化部等10个部门《关于建立扫盲领导机构联合开展扫盲工作的通知》，南京、淮阴、徐州、扬州等市相继建立了联合开展扫盲工作的领导机构。全省扫盲任务较重的30多个县(市、郊区)及所属大部分乡镇也都建立了扫盲领导小组。根据国家教委和省教委检查扫盲工作的通知要求，各县(市、郊区)人民政府组织教育、农业、妇联等部门对扫盲工作进行了检查，省教委和各市于年底对42个县的90多个乡镇进行了检查。为增加扫盲经费，南京、镇江、常州、无锡等市规定，农村教育费附加用于扫盲和农村成人教育的比例不低于5%或10%。1990年，省财政还拨款30万元奖励65个扫盲先进乡镇和99个扫盲先进工作者。

(二)继续实行扫盲教育承包制

1990年，各地实行了两条线的扫盲承包责任制。一条线是行政线：县政府包乡镇，乡政府包行政村，村民委员会包组织发动，层层签订扫盲责任状或合同书，落实扫盲任务；另一条线是教育线：县教育行政部门、乡镇中心小学、村小学层层承包扫盲教育，学校组织教师承包扫盲教学，限期脱盲。对扫盲工作中作出成绩的学校和教师，由县(市、郊区)教育部门颁发《学校扫除文盲实绩证书》和《学校教师扫盲教学成果证书》，作为评定先进的重要依据。许多地方在实施扫盲责任制过程中还努力做到扫盲工作与各级行政领导的工作目标，与教育、农业、妇联、团委、科协等部门的工作，与乡村干部、教师的报酬，与文盲学员的切身利益等挂钩。

(三)加强管理，严格验收，确保质量

各级教育行政部门加强对扫盲的检查督促和组织教学工作。省教委规定统一使用省编《成人识字课本》。许多县统一了扫盲教学要求、学习时间和教学进度，并积极开展扫盲教学业务指导和教学研究活动。一些地方对个人的脱盲验收实行由县统一命题，进行单人、单桌的书面考试和个别阅读考核，确保扫盲质量。

（四）堵、扫结合，加强脱盲后的继续教育

各地坚持“一堵二扫三提高”的原则，在大力扫除文盲的同时，采取切实措施，加强脱盲后的继续教育工作，堵住新文盲的产生。省政府规定，对施教区内14周岁以下的文盲，作为普及义务教育的对象，一律由小学收回插班或编班学习。1990年全省12～14周岁的文盲15247人，其中动员回小学学习的有9482人，占总数的62.18%。1990年全省学龄儿童的入学率和小学在校生巩固率都达到99%以上，基本上堵住了新文盲的产生。为了巩固扫盲成果，省教委和省妇联联合编写了《农村妇女文化技术课本》，供脱盲后的妇女学习。1990年，全省参加各类实用技术培训的人数达到249万人次，比1989年增加47万人次。实用技术培训既促进了农业生产的发展，又巩固了扫盲成果，调动了农民的扫盲积极性。

撰稿人　袁云庭　张　仁
程益基　殷天然
施知行　李步斗
王兆明　马　斌
徐子敏　管仲夷
冯荣坤　马征里
金连平

审稿人　胡星瑨　蔡霖村
金鱼为

浙江省教育

概　　况

1990年各级普通学校基本情况

单位：人

学校类别	学校数（所）	毕业生数	招生数	在校学生数	教职工数 计	教职工数 其中：教师
一、普通高等学校	37	18820	18937	62454	26787	11578
研究生		847	842	2606		
本科		9138	8811	37587		
专科		8835	9284	22261		
二、普通中等学校	3824	551495	715189	1859842	140401	103644
1.中等专业学校	141	21229	22333	66710	14980	7260
中等技术学校	112	16479	16014	47770	12141	5761
中等师范学校	29	4750	6319	18940	2839	1499
2.普通中学	3353	499232	647838	1696180	115911	89783
高中	559	82302	85994	254425		17843
初中	2794	416930	561844	1441755		71940
3.农业、职业中学	328	30972	44960	96815	9440	6562
高中	318	30095	44041	94212		6474
初中	10	877	919	2603		88
4.工读学校	2	62	58	137	70	39
三、小学	31806	658101	646030	3724345	148757	134614
四、特殊教育学校	43	222	832	3443	729	555
五、幼儿园	11824			751635	39859	33556

1990年各级成人学校基本情况

单位：人

学校类别	学校数（所）	毕业生数	招生数	在校学生数	教职工数 计	其中：教师
一、成人高等学校	37	9232	8251	30488	3965	1904
广播电视大学	2	2469	1681	6860	1351	603
职工高等学校	26	1399	818	2774	1103	569
农民高等学校						
管理干部学院	3	43	212	344	461	172
教育学院	6	1649	1807	6251	1050	560
独立函授学院						
普通高校举办						
函授部	(18)	2285	2959	10441		
夜大学	(13)	943	605	3339		
干部专修科		444	169	479		
二、成人中等学校	3691	727985	737122	681631	9827	4789
1.成人中等专业学校	127	6847	6905	27509	3623	1931
广播电视中专	12	769	2018	7337	233	171
干部中专	1	67	107	145	14	8
职工中专	65	3322	4176	11522	1731	942
农民中专	2	65		128	28	15
教师进修学校	47	2624	604	8377	1617	795
2.成人中学	351	18903	29213	46573	782	490
职工中学	120	11354	19181	31905	534	318
农民中学	231	7549	10032	14668	248	172
3.成人技术培训学校	3213	702235	701004	607549	5422	2368
职工技术培训学校	742	145665	131800	113307	2846	1248
农民技术培训学校	2471	556570	569204	494242	2576	1120
三、成人初等学校	7369	420137	548659	492355	2218	670
1.职工初等学校	138	37887	49909	16616	51	34
2.农民初等学校	7231	382250	498750	475739	2167	636
其中：扫盲班		75825	139837	144714	1375	351

基础教育

一、全省实施九年制义务教育取得新的进展

1990年，全省小学学龄儿童入学率、在校学生年巩固率和小学毕业班的毕业率分别达到99.26%、99.49%和99.32%，均比1989年有所提高。小学毕业生升入初中的比例达到85.37%，比1989年提高3.63个百分点。义务教育年龄段儿童入学率达到94%。到1990年9月，全省已实施九年制义务教育的乡（镇）达到1459个，占全省乡（镇）总数的45.7%，覆盖人口达2274.7万，约占全省总人口的54.9%。

初中流生继续得到控制。1990年全省初

中在校生年巩固率提高到95.13%，比1989年提高2.12个百分点。初中、小学的留级比例也得到有效控制，分别下降到0.9%和2.31%。

小学、初中、高中教师在数量上发展的同时，文化素质有所提高，专任教师合格学历的比例均比1989年提高。小学专任教师中达到中师、高中毕业及以上学历的90983人，占总数的67.6%，与1989年相比增加了3.1个百分点；初中专任教师中达到专科毕业及以上学历的41276人，占57.4%，比1989年增加了6.8个百分点。普通高中专任教师中达到本科及以上学历的8479人，占47.5%，比1989年增加了2.3个百分点。各地普遍开展形势教育和师德教育，教师队伍的精神面貌发生较大变化。

通过上下结合，发动群众，多渠道筹集资金，大力改善办学条件，全省范围内已基本消除中小学危房，危房面积已下降到占校舍建筑总面积的1%以内。中小学破旧校舍的改造工作也正在进行。

特殊教育事业发展加快。1990年特殊教育学校数达到43所，比1989年增加11所，在校学生3443人，比1989年增长15.3%。经过多年筹建，温岭师范特教部已于1990年秋季正式开办，首期招收聋哑师资专业班学生40名。全省有14所聋哑学校和幼儿园建立了聋儿语训点，聋儿语训落后的局面开始得到改变；绍兴、湖州、杭州等地有15名聋儿回到了有声世界，其中9人进入普通小学就读。1990年，省政府安排特教专项补助费135万元，连同国家教委的130万元，补助各地新建和扩建特教学校22所(班)。1990年5月20日，省教委在绍兴市召开了全省特殊教育工作经验交流会，学习传达1990年全国特教工作会议精神，总结交流自1988年全国和省特殊教育工作会议以后各地发展和办好特殊教育事业的经验，部署下一阶段工作。会议明确提出，要在进一步办好现有特教学校，全面推动盲、聋哑等各类特教事业发展的同时，今后要把发展特教事业的重点放到弱智教育方面，力争通过若干年努力，逐步形成以创办一定数量的弱智学校为骨干，相当数量的弱智儿童辅读班和随班就读为主体的弱智教育事业格局。来自全省各盲、聋哑、弱智特殊学校的负责人，各地教育行政部门以及省民政厅、残联等部门的代表60余人出席了会议。

二、基础教育各个方面的改革进一步深化

(一)大型、综合教育改革试验取得重大进展

多年来，针对基础教育存在的弊端，全省农村教育在端正办学思想，加强德育工作，促进全面发展，全面提高教育质量等方面，进行了许多实验和改革，涌现了一批教育科研实验和改革的先进典型。宁波市农村小学整体优化教育实验，采取“思想理论引导，目标评估导向”，以乡(镇)为单位，根据现有办学条件，大面积提高全体学生全面素质作为实验目标。该实验自1987年实施以来，已由4个实验乡扩大到135个乡(镇)，积累了大量的理论和实验成果，在省内外获得较高评价，1990年4月被评为全国首届教育科学优秀成果一等奖。

慈溪市鸣鹤镇中心小学在数学教学中，以三算(笔算、珠算、口算)结合为基础发展到珠算式心算。他们的实践表明，进行珠算式心算训练，有助于小学生从具体到抽象，形成数的概念，认识数位，理解运算的意义和法则，提高学习兴趣，加速过好四则运算关，既提高了数学学习的质量，又减轻了课业负担。通过训练，学生的思维敏捷性、记忆力、想象力等有了明显的增强。

绍兴县柯桥实验区的“基础教育与人的社会化——大面积提高农村基础教育质量的实验研究”(国家教委“七五”重点科研课题)

自1987年9月开始实施,历时3年,已完成第一项实验,并于1990年7月通过了国家鉴定,被《中国教育报》等报刊所介绍和报道。该实验以培养年轻一代适应、服务、促进农村的两个文明建设为目标,在调查研究和理论分析的基础上,提出了两个基本假设:一是调控教育投入结构,优化教育资源的组合,可望使农村基础教育的产出以超常速度递增;二是确立正确的农村教育功能观念,优化教育管理,改革教育内容和方法,克服脱离实际的弊端,使农村教育培养出能够积极地、广泛地参与当地农村社会主义建设和健康生活的一代新人。第一轮实验已初步验证了两个基本假设的理论;同时转变了旧的教育观念,改革了中专制度,恢复了正常教学秩序,减轻了学生过重的负担,促进了德、智、体全面发展,缓解了片面追求升学率的倾向,提高了教育质量。

杭州市天长小学、杭州大学教育系合作进行了"小学生最优发展综合实验"及以此为基础的整体改革实验。这次实践的目的在于探索小学教育整体优化的路子。实验强调以整体的观点考察全部教育工作,强调用综合性方法处理和解决各种教育问题,强调作为教育主体的学生积极主动参与教育过程,促使学生身心得到主动的生动活泼的最优发展作为教育工作的起点和归宿。这项实验自1983年9月起,已进行了6年,反映阶段性成果的《小学教育综合实验初探》一书,已于1990年4月获全国首届教育科研成果一等奖。

(二)普通高中会考制度逐步完善

浙江省自1988年试行普通高中证书会考制度以来,已进行了政治、语文、数学、英语、物理、化学、生物、历史、地理等9门必修课的考试,以及物理、化学、生物实验操作和劳动技术、社会实践、体育等6门科目的考查,计有220万人次参加了考试。到1990年秋,已顺利完成了第一轮会考的试行工作。首批《普通高级中学会考证书》已经颁发,近9万名普通高中毕业生领取了证书。3年来在各级教育行政部门和广大师生的支持下,在各级考务人员的辛勤努力下,取得了可喜进展:(1)全省会考制度初步建立。有了一个较为合理、可行的实施方案。(2)在总结绍兴师专成功经验的基础上,在全省师专推广了"依据会考成绩加面试择优录取"的招生办法,大大改善了师专的生源。部分地区在社会招工招干中,还开始使用会考成绩。高中证书会考开始得到全社会的承认,会考权威性逐步确立。(3)通过会考使普通高中更好地贯彻党的教育方针,落实教学计划;调动了一般学校师生的教学积极性;加强了教学管理,推动教育改革,提高办学效益和教育质量。高中会考正在对中学教育起着正确的导向作用。(4)会考的考务队伍和管理系统已初步形成。(5)建立了"高中会考系列研究"课题的试验点、观察点,并已获得阶段性成果。

1990年3月16日～20日,国家教委在杭州召开了全国中学升学和考试制度改革工作会议,来自全国各地的113名代表参加了会议。会上充分肯定了上海、浙江等地试行会考的经验,并决定自1990年起用两年时间在全国推行会考制度。

(三)进行普通高中分流试点工作

湖州市自1989年底开始,在保持普通高中基本学制不变的情况下,对高中三年级准备升学或直接就业的学生实行分流。1990年湖州市应届高三年级学生3866名,志愿申请接受职业技术教育的学生290人,占应届高三学生的7.5%。这些学生在职业技术分流班经过一个学期的学习,大部分已愉快地走上了各自的工作岗位。湖州市的具体做法是:

1.宣传发动,统一认识。通过多种形式组织广大干部、教师学习,使大家认识到普通高中分流教育旨在发展学生的兴趣、爱好和特长,使他们能更好地适应经济和社会发展的需要。

2.调整教学安排,保证分流教育时间。参加试点的学校，要在坚持正确的办学思想指导和保证完成教学大纲所规定的高中学生“双基”要求的前提下，并在参加普通高中证书会考全部科目考试后，于高三年级的第二学期初实行分流。

3.统筹规划,采取四种形式办好分流班。打破校际界限,在市、县范围内统筹安排，采取了有条件的普通中学单独办、几所学校联合办、委托职业高中办和厂校挂钩办等四种形式,开办了综合职教、中英文打字、家电维修、服装裁剪等职教分流班，较好地解决了普通中学生举办职业技术分流班时的具体困难。

三、中小学劳动技术、劳动教育发展较快

1990年全省自上而下普遍地对小学劳动、中学劳动技术教育情况进行了检查。检查结果表明,全省劳动技术教育形势喜人。

劳动、劳技课开设面进一步扩大。据52个县(市、区)的初步统计,普通高中和初中劳技课的开出率已分别达到93.4%和90.7%，小学劳动课开出率达85.6%。劳动课开设门类达40多种。

中小学开展劳技教育的条件正在不断改善。在52个县（市、区）中，46.8%的中学和26%的小学建立了相对稳定的劳动基地。经过多种途径的培训和学习，一支专兼职相结合的劳技教师队伍已经形成，全省已有中学专职劳技课教师800多名，兼职劳技课教师7000多名;小学专职劳动课教师200多名，兼职劳动课教师2万多名。有3名教师已被聘为中学劳技高级教师。全省组织编写了自小学三年级至高中各年级的劳动、劳技教材25种,1990年发行143.68万册。

在中小学勤工俭学活动中，劳动和劳技教育得到重视和加强。1990年4月，浙江省教委下发了《关于在中小学勤工俭学活动中加强劳动和劳技教育的意见》。10月,省教委在宁波市海曙区召开了全省城区勤工俭学劳动教育经验交流会,宁波市海曙区文教局、杭州市高银巷小学等12个单位在会上介绍了经验。他们的共同特点是:在勤工俭学活动中，将育人与创收结合起来，坚持把育人放在首位;从城区学校的实际出发，采取多种形式，加强劳动基地建设；坚持勤工俭学与劳动教育、职业技术教育的有机结合;建立劳动教育管理组织,健全制度,落实措施;加强领导,教学、科研、勤工俭学三方面紧密配合等等。

四、以乡土教育实践为依托，推进乡土教育研究的开展

浙江省自1978年以来，一直重视乡土教育工作。全省绝大部分县、市都有了自己的乡土教材，并据此开展了多种形式的乡土教育活动。1990年7月，浙江省教育学会在舟山市普陀区召开了乡土教育研讨会，来自全省各地的教育工作者和专业工作者代表44人参加了会议。会上成立了跨系统、综合各学科的乡土教育研究团体——浙江省乡土教育研究会,并选举产生了首届理事会。该研究会的主要任务是协调全省乡土教育的科研规划,组织重点项目研究;配合有关单位开展调查研究、科学实验和咨询活动；举办各种会议，交流乡土教育及其延伸问题的教育理论和教育改革的科研成果与经验；普及乡土知识；组织有关乡土教育研究资料的编写及研究成果的评奖活动。该会的成立，将对全省乡土教育的实践与理论研究工作的进一步深化,促进教育改革,使教育更好地服务于当地两个文明建设起到推动作用。

撰稿人　鲁林岳　顾　玮

职业技术教育

1990年，中等职业技术教育已走上了稳步前进、协调发展的阶段，只新增设了部属的浙江地质学校。学校布局、内部层次结构比较合理，办学条件有所改善，教育质量有相应提高。

一、继续改革农业中专的招生制度

1990年，12所农类中专招收面向农村、不包分配的学生555人，比1989年增加了24.4%。农类中专招生分配制度的改革，促进了中专毕业生到农村、基层、集体和乡镇企业工作。如嘉兴农校，1990年招收不包分配的学生已占全校招生数的80%。该校为了适应农村经济发展的需要，首先改变只招收统包统配学生的办法，试办了以招收农村"两户"及其子女和农村有志务农青年为对象的不包分配班，学生毕业回农村务农，学校培养目标清楚，学生学习目的性明确，为农业中专的教育改革，走出了一条新路子。

二、深化农职业技术教育改革

为了适应农业经济发展，全省有67所农职业学校开设了农村综合经营专业班120个，有学生4500人。全省初、高中开设了农技课或劳技课，不同程度地引进了职教因素。"三加一"和初中学生毕业后的短期职业技术培训有了一定进展。1990年嘉兴市以嘉兴农校为龙头，把各县农技校、乡成人文化技术学校和乡初中、村农技员联成四级农技教育网络。由嘉兴农校制订教育大纲和培训计划，编写教材，培训区、乡干部和农技师资，再由他们培训乡、村农技人员，由乡村农技人员推广到农村千家万户，形成网络，使农村职业技术教育直接为科技兴农、振兴农村经济服务。宁波、绍兴两市的网络工作开始起步，嘉兴、衢州市等地农村职教网络的农科教结合、"三教统筹"、"燎原计划"的实施正向深层次发展。

三、强化职业中学内部建设

为了加强职业高中内部建设，在职业教育中起好示范作用，制订了《关于浙江省示范性职业中学基本要求的若干意见》。1990年，国家用130万元的补助经费重点武装了10所职业高中，并由省与各地签订协议，由地方落实配套资金。据不完全统计，各地已拿出配套经费400万元，使各示范性职业中学不断改善办学条件，越办越好。

四、对技术学校的招生制度进行改革，毕业生实行"双证"制

到1990年底，全省共有技工学校96所，招收新生7703人，在校生19604人(均含国家计划外自费生)。1990年，全省技工学校招收国家计划外自费上学、自谋职业的学生占招生总数的1/5，共培训在职职工、待业青年、军地两用人才等共12156人。同时，进一步实行毕业生"双证"制，扩大考核覆盖面。1990届毕业生参加技术等级考核的占毕业生总数的62.5%，比1989年提高了30个百分点。毕业生技术等级水平也有提高，获得三级工以上技术等级证书的占参考人数的92.7%，比1989年提高了5.8个百分点。

五、召开全省职业技术教育工作会议

省委、省人民政府于1990年10月13日～17日在杭州召开了全省职业技术教育工作会议。会议由副省长柴松岳主持，省委副书记沈祖伦在会上讲了话，副省长李德葆作了题为《提高认识，深化改革，把我省职业技术教育提高到一个新水平》的报告。会议期间，国家教委副主任王明达，省教委、省劳动人事厅、省农业厅、省计经委等领导分别作了发言。会议对《浙江省中等职业技术教育条例》(草案修改稿)、《关于加强和发展职业技术教育的若干规定》(征求意见稿)进行了讨论。12月11日，省人民政府发布了《关于加强和发展职业技术教育的若干规定》。

六、成立全省中等职业教育研究会

为了加强对职教的理论研究，促进职教的发展，1990年成立了浙江省中等职业教育研究会。制订、颁发了职业高中12个专业教学计划和专业实验设备配备配置标准。

撰稿人　陆玲娣　肖中男
钱晓芳

附

□嘉兴农业学校坚持为本地区农村经济建设服务走出新路子

党的十一届三中全会以后，农村面貌发生了深刻变化，特别是乡镇企业的兴起，家庭适度规模经营的发展，标志着农村的经济建设进入了一个新的阶段。农村经济建设的进一步发展，要依靠科学技术，要提高农民科学文化水平，要有一大批懂技术、会管理、善经营的创业型人才。为了适应本地区农村经济发展的需要，1985年，在省农业厅和省教委的领导与支持下，嘉兴农校开始了毕业生不包分配的试点。从具有初中毕业文化的青年农民中招生，采取学年、学分制相结合的办法，进行使中专毕业生直接通向农村的探索。1989年开始，又进行了如何发挥农业中专在中等农职业教育中的骨干龙头作用，建立农村职教网络的探索。

嘉兴农校根据本地区的特点，自1985年起，突出抓了难度最大，而又最为重要的，以粮油生产为主的种植业的试点。具体目标放在搞活家庭规模经营，提高社会效益、经济效益和生态效益方面，以期重新唤起青年农民对土地的热情。这就要求学校转变指导思想，把试点班的培养目标，从"就业型"转变为"创业型"，从"飞鸽牌"转变为"永久牌"，把学生培养成立足家庭，服务乡村的新一代农民。创业的基点放在搞活家庭规模经营上面。几年来的实践证明，试点的方向是正确的，方法也是可行的。

从第一个试点班毕业生的去向看，29名学生中，在家创办家庭生态农场，或一边创建庭院经济、生态农业，一边受聘于当地乡农科站搞农技推广服务的13人，占毕业生总数的44.8%；由于家庭缺少创业条件，只受聘于农科站或服务公司的12人，占41.4%；2个学生在国营农场搞承包经营；2个学生准备出国。这一状况打破了中专生国家如不安排，就不能发挥作用的传统观念和做法，从而为农业中专的教育改革走出了一条新的路子。如毕业生王健和章建琴(女)，自1986年冬开始在家长的支持和学校的帮助下，边学习、边实践，对家庭土地等的利用，作了全面规划和调整：在确保粮食不减产的前提下，拿出2亩土地，挖深沟，垒高畦；畦上种葡萄，沟内养鱼；葡萄行间种植蔬菜、瓜豆等。把生活用房的一部分腾出来，养蚕、养鸡、养猪、养兔，以鸡粪喂猪，猪粪喂鱼、肥田，形成一个良性的生态循环，取得了很好的社会效益、经济效益和生态效益，受到当地政府和群众的高度赞赏。据1987年统计：王健家粮食总产6247.84公斤，比1986年的5525公斤增产13.08%，人均产粮1041.3公斤；章建琴家粮食总产7113.5公斤，比1986年的7092.5公斤增产21公斤，人均产粮1185.6公斤。农副业收入一年比一年好。1989年这两家净收入都超过2万元，人均3000多元。

一边受聘于乡农科站，一边创建庭院经济、生态农业的毕业生，如邢月忠、陈国荣、徐立人等，1988年年收入也均在万元以上。

实践证明：(1)家庭农业生产的规模经营，只要经营得法，是大有可为的。如王健、章建琴两家，通过引进良种，提高复种指数，实行科学管理，粮食亩产很快提高。王健家从1986年的756.85公斤提高到879.98公斤；章建琴家从1986年的810.11公斤提高到 929.87 公斤。在确保粮食总产的同时，经济收入也大幅度增加。（2）建设土地规模为 1 公顷左右的家庭生态农场，在嘉兴地区的农村有着普遍意义。据嘉善县统计，拥有20亩以上的农户只有 29 户，但 10～20 亩的却有 8600 多户，占总农户的 10.4%。在目前农业生产仍以人力耕作为主的情况下，从经营效益看，也以 15 亩左右为最好。他们在校学习期间，经济收入已经接近和超过了在乡镇企业做工的同龄人。这就充分展示了科学技术和合理智能结构的强大物质力量，也证明了农业中专人才是下得去、用得上、留得住的。（3）按照家庭实际进行创业活动，是容易为学生接受的。这些学生不仅得到家庭成员的全力支持，而且引起周围群众的极大关注。群众在他们那里不光看得到，而且学得到。他们引进的良种，很快在本村、本乡得到普及。在某些方面起到了乡农科站难以起到的重要作用。（4）榜样的力量是无穷的。试办的家庭生态农场的初步成功，推动了试点班乃至全校的教育改革的深入发展。一批又一批学生利用星期天和节假日，前往两户参观。百闻不如一见。原来把试办家庭生态农场看作“天方夜谭”的同志信服了。在试点班的影响下，统招统配班的学生中，有 2 人提出了试办家庭生态农场、124人提出了创建庭院经济的要求。他们也希望把学习与家庭农业生产紧密结合起来，做到边学、边用、边致富。

职业技能的培养是学生走创业道路的基础。嘉兴农校对不包分配班学生在教学上的原则是：农忙在家，农闲在校；短线课程先学，长线课程后学；共性的内容集中学，个性的内容分散学。在教学计划上，试行了组合式教学，即将有关课程分成若干组合，再按组合进行教学安排。例如，种植专业分成粮油、养殖、机电、经营和选修 5 个组合。在具体安排上，一是重视基础理论教学，一般掌握在 35%左右；二是突出实践性教学环节，加强职业技能的训练，使学生掌握一至几项过硬本领，并与家庭的农业生产紧密结合起来。根据各自的实际情况及当地经济发展需要，分别组装成粮果型、粮畜型、粮渔型、粮菜型或粮花型等各种生态农业。在加强职业技能训练中着重注意两点：

1. 理论与实践结合。一是边学边做。如第一个种植试点班的花卉课，理论教学与实践教学的时数为 1：1，每人对五针松、山茶、杜鹃等 5 种主要花卉嫁接50株，近百个接口，按成活率高低评分；又如果树课，每人芽接桃树 7 株、梨树 35 株。二是请进来与走出去。为了帮助学生开拓视野，及时接受新的知识和信息，学校定期举办系列讲座，聘请校内外有关专家作专题报告，每学期七八次，先后请秋蕃茄大王、西瓜能手、养鸽行家、种植葡萄、草莓的专家来校传授经验。同时，还组织学生去慈溪县，对那里的立体农业、葡萄村、草莓专业户等进行实地参观和考察。三是在校与在家结合。为了使学生掌握的知识与技能尽快地转化为生产力，对于不包分配班的实习，尽可能放在自己家里，并利用假期参加劳动，积极实施各项生产计划，以促进家庭生态农场或庭院经济的建设和发展。

2. 为职业技能训练创造条件。一是加强实习农牧场基地建设。经过 3 年多的努力，基本上把校内实习农牧场办成嘉兴农村的缩影，使嘉兴农村的主要生产项目在校内均有所反映。农牧场基地根据本市农业发展的需要和学校专业进行合理布局，除粮油作物外，还逐步充实和扩展了植物园、果蔬园、桑园、蚕室、牧场、鱼塘等，使学生从这里可以看得到、学得到，部分优良品种买得到。实习农牧场基地的建设，不仅确保了实践性教学的开展，还为教师科研活动提供了充分条件，并对改善师生福利发挥了重要作用。据近五年统计，该基地先后向农村提供稻麦良种 1700 公斤，良种桑苗 15.2 万株，良种桑接穗 1000 多担，食用菌菌种3万多袋，提供畜禽产品5000多公斤，肉鸡6000多只，取得了很好的社会效益和经济效益。同时为了充分发挥实习基地在实践教学中的作用，学校把每周半天的劳动作为一门必修课程排入课表，由专业教师、班主任、农场技术员共同负责。每次劳动课，都要根据劳动内容、数量和质量进行评分，并记入成绩册。1987年起，又把部分土地落实到班级，由专业教师与学生共同进行目标管理，以进一步培养学生的生产技能，提高综合管理能力。二是加强实验室建设。实验课一直被作为加强实践性教学的重要内容，贯穿于教学的全过程。按照教学大纲规定的要求，各课程实验开出率高的已达100%，最低为91%。三是重视校外实习基地的建设。校外基地有蚕种场、县良种场、农科所、乡政府和家庭农场等。对学生的生产实习，凡能顶岗的，一律顶岗实习。这样做，既加强了学生的责任感，提高了实习效果，又使生产单位减少了用工。

嘉兴农校这几年加速教改步伐，多形式多规格为本地区农村经济建设培养急需人才。在学历教育中，逐步减少统招统配生，增加不包分配生。1987年招收了一个不包分配的蚕种班，旨在为地处农村的蚕种场培养"留得住"的技术人才。1988年面向全省粮食生产大户，招收了一个规模经营班。1989年又跨出了新的一步，在招收的4个班128名学生中，有3个班级100名学生为不包分配生，占招生总数的80%。其中的一个班与嘉善县人民政府联合举办，在该县的干窑、凤桐、西塘、下甸庙、姚庄和罗星等6个乡（镇）先行试点，由乡、村推荐报名，经省单独考试后，择优录取。原则上每村招收1名。招生对象是热爱农村，热爱农业，家庭具有农业规模经营条件，家长支持，身体健康的初中毕业生。推荐报名122人，经考试后，实际录取42名。这个班的学生每学期安排6周回家（乡）实习，毕业后由乡政府负责管理，如果使用则由乡（村）补贴，做到立足家庭，服务乡村，既是科技示范户，又是农业技术推广户，也是未来村、乡干部的后备队伍。学习期间除享受学校奖学金外，还实行奖励性质的经济补贴，其经费从所在乡农业发展基金中列支。第二年继续向其他乡（镇）招生。县政府打算花几年时间，为全县每个村都培养1名"立足家庭，服务乡村"的"永久牌"技术人才，把全县的村级农技服务与推广网络建设好。

学校还应嘉兴市城、郊两区的委托，在这两个区范围内招收了1个职业高中班（家庭经营专业），学制二年，培养目标以从事家庭农副业生产经营为主。另外还为湖州市招收了1个蚕种不包分配班。学校还充分利用现有条件，积极开展各种培训和科技服务工作。长的1年，最短的3天。1984年以来，先后举办过24期培训班，受训人数达1116人。总之，凡是生产需要的，学校都尽力去办。

目前农村需要各种人才，即使每个村培养1人，仅嘉兴市就有1820个村，加上湖州市就有3000多个村，只靠1个嘉兴农校是承担不了的。但充分利用农校的师资、设备，在农村职教中发挥骨干作用，则是完全可以的。嘉兴市人民政府在1989年成立了农村职业技术教育领导小组，由两位分管农业和教育的副市长任正副组长，把农科教及各有关部门的领导都集合进来。并成立了设在嘉兴农校的农村职业技术教育中心。以各县（市）农技校为第二层次，乡镇成教中心和初中为第三层次，形成全市农村职业技术教育的网络。中心建立后，立即开展了一系列的调查研究，春节后连续举办了两期研讨班，重点解决办学的指导思想问题。中心还负责帮助第二、三层次的学校解决师资和教材，1990年暑假组织了两期农技课的师资培训班。并组织了农村职教和干部培训读本的编写工作，第一套有关粮油作物的4本，已送北京农业出版社出版，全套准备编 12～14 本。这套书由富有经验的老师编写，针对性强。中心还负责对创业学生的技术咨询和培训。如平湖农技校每年都派学生来校学习食用菌，边做、边学、边用。有的学校缺专业师资和实验条件，嘉兴农校就派教师走出去，上门帮助，或请进来代培。在市政府的重视和关心下，学校还专门建立了嘉兴市回乡务农优秀毕业生科技发展基金，现已筹资 75 万元。这笔基金，由职教中心负责管理，基金的利息主要用于扶持优秀毕业生的创业活动。

嘉兴农业学校供稿

高等教育

一、进一步加强高校思想政治工作

1990年，省市有关部门和各高等院校在如何将坚定的政治方向摆在学生工作的首位，如何进一步加强学校思想政治工作方面做了大量工作，并取得了较明显的效果。

省委高校工委、省教委于 9 月发出了《浙江省高等学校学生思想品德记实考评意见(试行)》，各高等学校据此建立了相应的领导机构，并在不同范围内对学生的思想品德试行记实考评，对改变学生品德鉴定“千人一面”的现象，起到良好的作用。

11月，省教委对在杭州的13所高校校风校纪进行了检查。从检查情况看，各校校风校纪有明显好转，学生的学习积极性有了提高，扑克风、麻将风、考试作弊风基本刹住，无故不上课的情况已基本改变，浪费粮食、寝室脏乱、损坏公物等情况也有好转。

二、进行农、林、水院校和高师院校招生改革试点

为培养全省农、林、水生产第一线从事经营管理和科技推广人才，克服农、林、水普通院校目前一定程度上存在的“招不来、下不去、留不住”的状况。1990年对浙江农业大学的畜牧兽医专业、浙江林学院的林学专业、浙江水产学院的海洋渔业专业的招生办法进行了改革。改革内容包括：面向生产实际，招收畜牧兽医技术工作人员、农牧场技术职工、乡农技员和林技员、林业职工等在职人员；招生名额定向到县，考生须经所在单位(或政府)推荐，县生产主管部门同意后方可报名；学校组织单独考试，择优录取；学生毕业后回原单位工作。1990年，上述 3 个专业共招生80名。

为了进一步吸引广大品学兼优、立志从事教育事业并具有当教师素质的青年报考高师院校，1990年，全省 9 所高师院校在1989年绍兴师专招生改革试点的基础上，扩大试行部分专科专业提前单独招生。这些高师院校的中文教育、政史教育、英语教育及部分理科教育专科专业共提前录取新生2088名，占1990 年高师院校本专科招生数的 40%左右。实践表明，这一改革是成功的。

考生报名踊跃，高师院校选择余地较大，大大超过往年招生数与考生数的比例。如杭州市，两省的比例达1:41；往年高师生源最匮乏的温州市，两者比例也达1:18.5。

录取的新生普遍热爱教育事业，专业思想较为巩固，从事教师工作的素质比过去有所提高；有许多人是中学时代的班团活动骨干、文娱积极分子、优秀干部、三好学生等。

由于在提前单独招生中，还配之以农村户口的新生应占85%以上的政策，故农村户口、偏僻山区、海涂乡的新生比例比往年有所增加，有利于改变全省城乡、地区之间师资不平衡的状况。

三、加强和改进高校学生校外实习和社会实践工作

为了加强和改进高等学校校外实习和社会实践工作，省委办公厅、省政府办公厅于1990年10月发出通知，要求高等学校把搞好学生校外实习和社会实践，作为坚持社会主

义办学方向的重要内容，通过教育行政部门和有关业务主管部门、基层单位的指导、协调与支持，将这项工作落到实处，抓出成效。省财政为此决定从1990年起，每年拨款150万元，作为对高等学校校外实习和社会实践工作的专项补助。省政府决定杭州钢铁厂、杭州制氧机厂、临安西天目山管理局等30个单位为省级首批综合实习基地。

12月，省委宣传部、省委高校工委、省教委、团省委联合召开了大学生社会实践表彰大会，表彰了社会实践先进单位50个，先进个人76名。

四、修订高师有关专业三年制教学计划

1990年，浙江师大、台州师专、舟山师专的物理教育专业，绍兴师专、湖州师专、丽水师专的化学（生化）教育专业，宁波师院的地理教育专业，舟山师专的政治（政史）教育专业等，学制由二年改为三年。在制订三年制教学计划中，主要是根据实施九年制义务教育和农村教育改革的需要，考虑到农、科、教统筹的原则，进一步调整高师专科的专业面向、课程设置与教学内容，实行主辅修制或双学科制，使学生能拓宽知识面，加强劳动技术教育，加强各种能力培养，毕业后能胜任初中两门课程的教学任务。

五、高校科研成果喜人

1990年，省教委对全省高等学校1987～1989年的科学技术研究成果、哲学社会科学研究成果进行了评审。杭州大学金松寿的“控制论化学”、浙江大学董光昌的“非线性二阶偏微分方程”、杭州大学毛树坚、张念慈、邵建忠等的“草鱼出血病的病理、病原及防治技术研究”、浙江医科大学卞如濂、谢强敏、唐法娣等的“汉防己甲素的抗过敏作用机理研究”、浙江大学叶志镇、唐晋发的“磁控溅射光学薄膜理论与应用系统研究”等5个项目获省教委科学技术进步一等奖；浙江大学蔡燧林、张平光的“多项式微分系统研究”等27个项目获省教委科学技术进步二等奖；杭州大学江金生、胡关初的“偏微分方程数值解”等62个项目获省教委科学技术进步三等奖。浙江财经学院楼远的“投资项目评估学”、杭州大学汪飞白的“诗海——世界诗歌史纲”两个项目获省教委哲学社会科学优秀成果一等奖；浙江医科大学管敏政的“医学科学学导论”等15个项目获省教委哲学社会科学优秀成果二等奖；浙江大学马庆国、倪平、黄海龙等的“浙江省微电子工业前景研究”等36个项目获省教委哲学社会科学优秀成果三等奖。

1990年首次从全省高校科研经费中划出一块，专门用于高师院校的教育教学科研，调动了广大教师积极参与教育教学科研的积极性。通过专家评审，确定了对23个高师教育教学科研课题予以经费补助。杭州师院方天培教授的《班主任工作教程》等已正式出版。

六、停止筹建中华高等专科学校

根据国家教委治理整顿精神，1990年7月，省政府办公厅决定停止筹建中华高等专科学校。中华高等专科学校是1984年经省政府办公厅批准筹建，隶属于原《光明日报》驻浙江办事处。学校在筹建期间的1984年、1985年设置室内外环境设计和服装设计两个专业，并进行招生，共有77名学生毕业。中华高等专科学校停止筹建后，原学校的人员、财产均转入杭州大学科技开发服务部。

撰稿人 叶 宏 周晓英

成人教育

一、加强成人学校的思想政治教育

1990年，浙江省的各级各类成人学校普遍重视和加强了思想政治教育。3月底，杭州市教委召开了在杭的省、市属成人中专学校书记、校长会议，总结交流经验，研讨在新形势下加强成人中专学校的思想政治工作问题。4月底，省教委组织对慈溪市的成人中专学校、乡镇成人文化技术学校、总工会职工学校和厂办职工学校的德育工作进行调查。为了加强成人高校、成人中专学校的思想政治教育和政治理论课的教学工作，省教委成人教育办公室和省成人高校政治理论课教研大组(筹)于11月15日～17日共同举办了浙江省成人教育政治理论教育研讨会，对推动全省成人高校、成人中专学校的社会主义理论教育和加强学校思想政治工作，起了积极作用。

二、积极、扎实地开展国际扫盲年活动

年初，省政府和省教委通过各种形式大力开展国际扫盲年的宣传，使全省的国际扫盲年活动从一开始就引起各级领导和有关部门的重视。经省人民政府批准，成立由省教委、省委宣传部、省妇联等10个单位联合组成的浙江省扫除文盲协调小组，省教委主任邵宗杰任组长，有关厅、局负责人任副组长。各市(地)、县一般也都成立了相应的组织，形成了全社会对扫盲工作齐抓共管的局面。在9月8日国际扫盲日，省扫除文盲协调小组召开了全省扫除文盲工作表彰大会，表彰了25个扫盲工作先进单位和59名扫盲先进工作者，并将部分扫盲先进单位、先进工作者的事迹制成录像带，发给各地学习、宣传。通过这次表彰活动，全省扫盲工作又掀起一个新的高潮。全省各地组织文盲半文盲入学人数达216000人，实际扫除文盲118000人。11月28日至12月7日，省教委、省妇联、省农业厅等部门与国家扫盲检查组，共同组成扫盲工作联合检查组，对舟山、宁波、绍兴市、定海区、奉化市、上虞县进行了检查。国家扫盲检查组肯定了浙江省扫盲工作取得的成绩。据1990年第四次全国人口普查10％人口的抽样统计分析，全省15至40周岁人口中的非文盲人数已占该年龄段人口数的90.9％。

三、继续实施“燎原计划”，促进农村教育改革

1990年是浙江省实施“燎原计划”的第三年。为了进一步推动全省实施“燎原计划”工作，省教委于5月初举办了两期燎原计划培训班，部分市(地)、县教委(局)、乡镇党政领导和成人文化技术学校校长共300人参加了培训。实施“燎原计划”的工作越来越受到各级领导的重视。要求实施“燎原计划”的乡(镇)，由1989年的36个县(市)的88个增加到68个县(市)的164个。“燎原计划”的实施，已初步取得成效。一些乡(镇)成人文化技术学校不但结合当地实际，积极开展实用技术培训，而且进行产业开发；不但积极为当地两个文明建设培训人才，而且创办了工厂和实验农场，进行试验示范，作出了突出成绩。德清县的高林乡、南路乡、钟管镇的成人文化技术学校受到了省政府领导的表扬；不少乡(镇)实行农、科、教结合，“普教、职教、成教”三教沟通，协调发展；有的乡(镇)成人文化技术学校还积极创造条件，承担部分“三加一”班的教学任务，促进了农村的教育改革。实施“燎原计划”推动了县、乡、村三级培训网络的建设。省教委于12月底召开了乡(镇)成人文化技术学校省联系点第三次会议，总结一年来省联系点学校取得的成绩。这些成绩表现在：(1)为农服务，为乡(镇)企业技术进步服务的办学指导思想更加明确；(2)办得好的乡(镇)文化技术学校越来越多，经验越来越丰富；(3)学校的教学、实验基地建设进一步得到重视；(4)充实了师资队伍，提高了队伍素质；(5)培训对象不断扩大，层次逐步提高。省教委要求各级教委进一步加强对农村成人教育的领导和管理，努力办好一批示范学校，乡(镇)成人文化技术学校要在当地实施“燎原计划”的工作中积极作出贡献。1990年，乡(镇)成人文化技术学校已发展到1930所，占全省乡(镇)总数的59.5％，县、乡、村三级成人文化技术学校共举办各种培训5.88万期，参加学习的农民达287.3万人。乡(镇)成人教育专职干部和教师队伍进一步充实，素质进一步提高。湖州市选派了45名从浙江农村技术师范专科学校、浙江农业大学、浙江林学院毕业的大专生充实到农村成人教育队伍，全省农村成人教育管理干部中专专修班已有520多人结业。

四、职工岗位培训进一步发展

1990年，全省参加岗位培训的干部、工人有720221人，其中岗位资格培训的15.8万人，技术等级培训和各种适应性培训的56.2万人。干部、工人参加50学时以上各类学习的有880407人，占干部、工人数的24.65%。参加岗位培训的干部、工人占参加50学时以上学习人数的比例，由1989年的74.1%提高到81.8%。企业领导干部和业务骨干的培训有较大发展，1990年有4.5万名企业领导和管理干部接受现代化管理知识的培训，有15万名专业技术干部接受继续教育。到1990年底，全省已有2000名技工被聘任为技师。各级业务(行业)主管部门继续抓好岗位培训的基础工作和资格性培训的试点工作，涌现出一批先进典型。杭州机床厂结合企业产品结构调整，在职工中开展了“五新”教育，即围绕新产品投产开展岗位培训，围绕新技术推广开展技术培训，围绕新设备运行开展适应性培训，围绕新管理方法的实施开展普及教育和对新工人进行上岗培训。国家教委确定的大中型企业教育综合改革实验单位之一的湖州丝绸印染厂已编制了《职工教育综合改革实验规划》，制订了“以提高班组管理能力为主要内容的班组长系统岗位培训”和“丝绸染整企业教育、科研、生产一体化模式探讨”两个起步项目的实施方案，并已开始实施。各地、各部门还加强了职工教育办学条件和基础建设，全省职工教育专用校舍建筑面积人均0.34平方米，达到了国家规定的低限要求。

五、成人高等、中专教育在治理整顿中稳步发展

省教委成立了成人高等教育的治理整顿工作调查组，于6、7月间对杭州大学、浙江师范大学等普通高校举办的成人高等教育进行了重点调查。1990年，省教委决定停止浙江广播电视大学招收未经成人学校招生考试，以取得高等专科毕业证书为目的的自学视听生，并规定自1990年7月1日起，浙江广播电视大学颁发的毕业文凭必须经省教委验印。同时，还妥善处理了制止“三乱”工作中的一些遗留问题。

1990年，全省有19所普通高等学校设有函授部，有13所办有夜大学。高等教育《专业证书》班在学1万人，干部中专《专业证书》班招生4500人。1990年，高等和中等专业自学考试共开设文、理、工、医4个科类的33个专业，56人取得大学本科毕业证书，3708人取得大专毕业证书，1715人取得中专毕业证书。

六、成人教育科研工作取得新成果

在各地广泛开展成人教育科研工作的基础上，省教委于年初召开了1988～1989学年度论文评审会，评出一等奖1名，二等奖4名，三等奖8名。浙江省成人教育协会于10月24日被正式批准成为全国成人教育协会的团体会员，并于年末召开了第一届年会，会上评出优秀论文52篇。

撰稿人　白锡定　任海龙
审稿人　邵宗杰　何　欣
　　　　徐可效

安徽省教育

概　况

一、各级各类教育发展基本情况

1990年各级普通学校基本情况

单位：人

学校类别	学校数（所）	毕业生数	招生数	在校学生数	教职工数	
					计	其中教师
一、普通高等学校	37	22152	20361	64168	27396	11691
研究生		693	525	1720		
本科	19	9118	9101	37265		
专科	18	12341	10735	25183		
二、普通中等学校	5072	698173	860822	2426718	194011	145873
1.中等专业学校	135	23805	26661	82160	14550	7805
中等技术学校	90	15179	18434	56670	10120	5299
中等师范学校	45	8626	8227	25490	4430	2506
2.普通中学	4375	627483	771285	2181776	163908	127059
高中	619	88192	94495	274507		20472
初中	3756	539291	676790	1907269		106587
3.农业职业中学	559	46807	62729	162721	15442	10945
高中	333	26051	34089	85454		
初中	226	2.756	28640	77267		
4.工读学校	3	78	147	61	111	64
三、小学	35054	1029854	98.51万	633.22万	29.50万	27.09万
四、特殊学校	18	155	438	2094	424	297
五、幼儿园	1763			496118	20865	17581

1990年各级成人学校基本情况

单位：人

学校类别	学校数（所）	毕业生数	招生数	在校学生数	教职工数 计	其中教师
一、成人高等学校	28	13569	14208	50681	4367	1894
广播电视大学	1	2305	2857	13517	596	153
职工高等学校	15	1559	1240	4160	1463	712
农民高等学校						
管理干部学院	3	734	271	1158	645	255
教育学院	9	3842	3239	8823	1663	774
独立函授学院						
普通高校举办						
函授部		3924	5316	17150		
夜大学		1205	1285	5873		
干部专修科				66		
二、成人中等学校	1533	156919	255071	399646	4335	2350
1.成人中等专业学校	134	25476	22436	52501	3155	1521
广播电视中专	20	5280	4793	13948	291	158
干部中专	15	1121	804	2770	348	193
职工中专	59	5308	2294	7400	1820	789
农民中专			50	154	23	14
教师进修学校	40	13761	14495	28229	673	367
2.成人中学	301	19571	20346	23535	493	338
职工						
农民						
3.成人技术培训学校	1098	111878	212289	323610	687	491
职工技术培训学校						
农民技术培训学校						
三、成人初等学校	2879	336160	427873	561975	1154	1101
1.职工初等学校						
2.农民初等学校						
其中扫盲班	1890	211528	323026	410380	356	292

二、年度工作重点与工作部署

1990年，安徽省教育工作继续贯彻“治理整顿，深化改革”的方针，从省情出发，进一步调整教育结构，充实办学条件，切实加强管理，重点突出加强学校思想政治工作和基础教育。

3月，省教委召开全省教育工作会议，部署了全年工作：（1）加强和改进思想政治工作，把德育放在学校工作的首位。（2）贯彻持续、稳定、协调发展的原则，进一步稳定、充实、调整和完善前几年的改革措施，积极稳妥地完成各级各类教育事业发展计划。（3）搞好高校的充实整顿和结构调整工作，提高教育质量和效益，优化高校的层次和专业布局，组织高科技人员参与企业的技术改造和农村的科技扶贫，重点组织好50个有明显经济效益的科研成果推广、应用和开发工作。（4）大力加强基础教育，积极稳步推进九年义务教育的实施，多渠道筹措教育经费，加强师资培训，改善中小学办学条件。（5）积极发展职业教育，加强职业学校的基地、教材、专业课师资建设，每县集中办好1～2所职业中学，积极推进农科教统筹协调。（6）继续整顿成人教育，坚决制止“四乱”现象，扎实开展扫盲工作，完成扫除文盲30万的任务。（7）加强管理，优化育人环境，各级教育部门和高校要建立健全教育内部审计机构。（8）加强机关建设，改进工作作风。

基础教育

1990年，安徽省基础教育工作以进一步提高普及水平和教育质量为中心，加强管理，分类指导，取得了新的进展。

一、小学教育

经省验收又有16个县普及了初等教育，全省105个县级行政区域已有94个按“基本要求”普及了初等教育，普及人口覆盖率达95.8%。全省初等教育适龄儿童入学率98.2%，在校学生年巩固率97.9%，毕业率97.1%，普及率96.4%，分别比上年提高0.3、1.7、1.3、2.4个百分点。对已经普及的地区，提高标准要求。1987年发布了《安徽省进一步提高普及初等教育水平的基本标准》，1989年末省教委对已经省验收基本普及初等教育的县（市、区），作出了1991年至1994年分期达到“提高标准”的安排。1990年初，各地（市）、县（市、区）大力宣传，并将达标的任务规划到乡（镇），实行目标管理。各地（市）均于1990年秋、冬对首批达标的乡（镇）进行了试点考核。

开展“加强贫困地区小学教育”实验，积极探索经济不发达地区加速普及初等教育的有效途径。安徽省承担的联合国儿童基金会和国家教委联合进行的“加速贫困地区小学教育”的实验，1990年开始第一个周期（5年）的实施。霍邱、六安、寿县、临泉、阜南、颍上、凤台、岳西、太湖、枞阳10个贫困县共93所农村小学承担了此项实验。年初，自下而上修订了实验方案和本年度计划，8月，省教委举办了实验点50多名乡（镇）长培训班，学习了义务教育法规和教育管理知识。一年来，实验进展顺利。实验区内适龄儿童入学率、巩固率均提高3至5个百分点，高出当地的平均水平。有50所项目学校新办了幼儿园或学前班，学前一年幼儿入园（班）率由22%提高到52%。10个县都在项目学校分别开展了“注音识字，提前读写”、自然课和劳动课与当地生产生活相结合等教学改革实验，各地已开始通过请进来、走出去等途径，发挥项目学校的示范作用和辐射功能。

完善常规，强化管理。省教委于1990年初发布了《关于加强普及初等教育管理若干问题的意见（试行）》，根据《意见》又制定了6个系列的文件，把管理制度纳入常规，从1990年秋季新学年起在全省实施。

加强小学以爱国主义教育为中心的德育工作。全省小学普遍开展了五个专题教育和“五个一”活动。五个专题是“古老文明的中国”，“灾难深重的中国”，“不屈不挠的中国”，“伟大新生的中国”和“充满希望的中国”。“五个一”是：唱一首歌颂祖国的歌，写一篇赞美祖国的文章，举办一次祖国之最的智力竞赛，开一次祖国颂的主题班会和开展一次“我为祖国作贡献”的活动。芜湖、马鞍山、贵池三市和桐城县等自编了乡土历史、地理教材，金寨、宣城地区结合当地的史迹，对学生进行革命教育。

1990年底，省教委在萧县召开了全省农村小学办学水平评估工作会议，总结萧县试点经验，研讨评估方案的修订，布置在全省开展小学办学水平的评估工作。省教委还决定重新发布农村小学和城市小学两套办学水平评估指标体系，并进一步抓好县以上教育评估督导机构建设，分期分批培训评估人员。

特殊教育工作取得新的进展。1990年全省特殊教育学校增加4所，总数发展到18所，弱智幼儿与正常幼儿一体化教育试验点由1个发展为2个。为加速特殊教育事业的发展，省政府决定设立特殊教育补助费，1990年安排专项补助费201万元，其中省财政拨出100万元。特殊教育改革也由点到面地展开。地处农村的宿县聋哑学校，初步建成包括种植、养殖、加工、技术开发和成品销售的“立体农业”基地，促进了教育与生产、就业的结合。宿县的办学经验已在全省推广。黄山区甘棠幼儿园弱智幼儿一体化教育实验，已取得阶段性成果，已有3名弱智幼儿智力得到较好的发展，随普通小学就读。针对这项试验即将扩大分布点的需要，省教委和英国救助儿童会驻香港办事处联合举办了弱智儿童教育研讨班，有关的医疗、教育、社会福利工作者和弱智儿童家长代表计50人参加了为期10天的培训。11月，省政府召开了全省特殊教育工作会议，提出了把对残疾儿童、少年的教育纳入义务教育范畴，进行全面规划，分步实施。

二、中学教育

1990年，全省初中减少10所，完中减少5所；小学附设初中班由326所减少到282所；在校生增加2万人；小学毕业生升学率为68.5%，比上年增长1.8个百分点，初中毕业生升学率为26.5%，与上年持平。普通中学专任教师学历达标率，初中为47.7%，高中为58.5%。

(一)认真落实德育首要地位

加强领导，建设队伍，建立健全德育工作体制。全省许多市、县成立了中小学德育领导小组，马鞍山、合肥、芜湖、宣城等地(市)增设了专管中学德育工作的科室。多数规模较大的完全中学设立了政教处，许多学校把教书育人、管理育人、服务育人列入教职工岗位责任制，作为表彰奖励、评定职称、晋级晋职的主要依据之一。

坚持方向，充实内容。1990年，全省中学对学生进行了形势教育和以坚持四项基本原则为中心内容的政治教育，着重解决拥护党的领导和走社会主义道路的问题。各地各校还采用生动活泼的形式和学生乐于接受的方法，开展德育工作。

建立网络，创设青少年成长的优良环境。全省许多中学加强了校风校纪建设和学校各项管理工作，进一步完善各项规章制度，净化、美化校园，优化校内育人环境。同时还加强与学生家长和社会的联系，形成学校、家庭、社会三结合的教育网络。城市中学普遍创办了家长学校，成立家长委员会，有的学校还建立了家庭联系簿或联系卡。芜湖、马鞍山等市建立了社会教育委员会、少儿教育协调会，共同创造良好的社会教育环境，促进青少年健康成长。

加强德育研究，开展德育评估。省及各地、市、县相继成立了中小学德育研究会，对德育内容、方法、途径、后进生转化、家庭教育在青少年成长中的作用等课题进行专题研究，定期召开德育工作研讨会和班主任工作经验交流会。

(二)积极实施普及初中阶段义务教育

分类指导，积极推进。1990年，全省已经实施普及初中阶段义务教育的一类地区共有初中663所，占全省初中总校数的14.5%；初中学校分布比较合理，规模比较适当，平均1.2万人口的地方有1所初中，每所初中平均近10个班，每校在校生570人左右；在校生共计38万人，占全省初中在校生总数的19%；初中专任教师2.31万人，占全省初中教师总数的21.7%，其中教师学历合格率为69.8%，高出全省初中教师学历合格率22.1个百分点。一类地区初中教育的普及程度明显高于其他地区。小学毕业生升学率，省辖市的市区连续4年达到100%，县镇达95%左右，多数乡镇在95%以上；初中在校学生的年巩固率大多数在97%以上，流失率控制在3%以下；毕业合格率在95%左右。对二、三类地区，强调发展初中要量力而行。

为了推进初中阶段的义务教育，省教委修订了《安徽省普及九年制义务教育基本要求和验收办法》，制定了《安徽省示范初中办学的基本标准》，省教委并于1989年和1990年先后到马鞍山、宿县、安庆、滁县等地市调查一类地区普及初中阶段义务教育的进展和档案资料建设情况；总结交流经验，研究解决存在问题的对策措施。两年来，按照分级负责的原则，省举办了业务培训班，为地、市培训骨干，同时加强了普及义务教育的档案资料建设工作。

建立流失生报告制度，加强对流失生的控制。省教委从1989年起就全省控制流失生工作先后几次发文，多次组织人员对流失生情况进行检查，逐级建立了流失生报告制度。贵池市、砀山县和繁昌县全面试行“义务教育合同书”办法，新生入学注册时，家长与学校签订合同，并经县公证处公证，学生中途辍学，要给家长以处罚。不少地方建立了制止流失生工作责任制，广泛开展“无流失生乡镇、无流失生学校、无流失生班级”竞赛活动，收到了一定效果。

（三）开展教学改革，提高教育质量

1990年继续抓好芜湖、马鞍山市的城市教学整体改革和当涂、祁门县的农村教育整体改革。1990年又确定了金寨县的塔畈初中等12所学校为农村综合改革实验县联系校。为了推动农村中学劳动技术教育，对全省中学开设劳动技术课的情况进行了调查，发出关于中学开设劳动技术课情况的通报，全省3766所初中有2460多所开设了劳动技术课，其中有1100所建立了劳动技术课实验实习基地。

认真贯彻国家教委《现行普通高中教学计划调整意见》。结合省情制订了《安徽省调整后的普通高中教学计划》，并决定从1991年秋季入学的高一新生开始实施。实施调整后的教学计划与试行普通高中毕业会考制度同步进行。

认真开展中学生课外科技活动。1990年，省教委与科协、共青团、妇联等单位协作，进行了青少年科技活动调查。合肥一中学生林傲、铜陵一中学生余嘉联分别参加国际中学生化学、数学奥林匹克竞赛，两人均夺得金牌。

（四）加强学校管理，推进中学规范化建设

省教委对宿县地区、黄山市、休宁县等地的分级办学、分级管理和中等教育结构改革、中学布局调整等问题进行调查研究。确定继续控制普通高中发展，每年招生保持在9万人左右，严格禁止计划外招生。

为了加强对中学的管理，先后进行了初中数学质量情况调查，普通中学办高考、中考补习班情况调查，中学收费情况调查，社会向中学乱摊派情况调查。进行上述4次调查后都写出了调查报告，研究并提出对策，为加强中学管理提供了依据。

加强重点中学建设和管理。省教委对重点中学的校舍建设、危房情况、实验仪器、电教设备等状况进行调查，提出了改进省重点中学校舍、逐步充实仪器设备的意见，制订了省重点中学办学的基本要求（初稿）。召开了省属重点中学校长工作会议，举办了首届省属重点中学学生田径运动会。并按照义务教育的要求，修订了中学学籍管理办法。

为建立、健全教育督导制度，深入开展中、小学校的督导评估工作，安徽省教委于1990年7月成立督导室，组织对中小学五项督导检查的补课和复查。在各地完成县级自查的基础上，对11个县（区）、38个乡（镇）105所中小学进行了重点抽查，同时对1989年国家教委重点抽查的繁昌、霍邱县进行了复查。并发布了《安徽省农村全日制完全小学办学水平评估指标体系》，制定了34项评价指标。

1990年安徽省校办工业总产值为3.8亿元，勤工俭学总纯收入8761万元，分别比上年增长21%和20%。全省开展勤工俭学的中小学校发展到27449所，占学校数的68.3%，学生人均收入达到10元。1990年全省勤工俭学总纯收入用于补助教育经费部分为4066万元，其中，2393万元用于改善办学条件，促进了教育事业的发展。

1990年安徽省农村中学实验中心网络化建设，经省验收，又有滁州、濉溪、泗县、肥东、五河等18个县完成，全省实现农村中学实验中心网络化的县达到38个。

（五）加强教育科学研究

1990年，安徽省制定了《安徽省教育科学规划领导小组工作条例》、《安徽省教育科学研究省级课题管理办法》、《安徽省"八五"教育科研课题指南》等文件，并公布试行。在1990年全国首届教育科学优秀成果评选中，安徽省王世杰等合写的《休宁县经济和教育的调查报告》获报告类一等奖。王业春的《关于安徽省民师归宿的探讨》、杨新生的《关于高校教学责任制问题的探讨》获论文类二等奖。

三、中等师范教育与师资培训

1990年，省教委制定了《关于切实加强和改进中等师范学校思想政治工作的意见》，对中等师范学校思想政治工作的任务、内容、途径，以及加强领导和队伍建设等，提出了明确要求。

为推进中等师范学校面向农村，为农村培养合格的小学教师，主动为农村两个文明建设服务，中国陶行知研究会、中华职业教育社、全国教育工会联合在安徽省举办了农村师范教育改革研讨班，全国27个省、自治区、直辖市的近200位中等师范校长参加。作为现场观摩的肥西师范学校和徽州师范学校，为农村师范教育改革提供了4条经验，研讨班的同志一致认为值得推广。这四条经验是：（1）面向农村，面向小学，主动适应农村社会主义建设的需要。（2）农村师范教育改革必须整体规划，配套实施。（3）加强与农村小学的联系，并建设农村"中心小学"，推动农村师范学校改革，实现培养适应农村两个文明建设人才的目标。（4）大力发扬奉献精神和开创精神，建设一个坚强的领导班子和一支过硬的教师队伍。

省教委制订了《安徽省三年制中等师范学校教学计划（试行）》，安排了人口学、电工基础、农业技术、小学复式数学等24门选修课，编写印发了24门选修课教学大纲。按照国家教委的要求，省教委决定：自1990年秋季起，首先在淮南、徽州、马鞍山、合肥等12所师范学校的一年级，开始实施新的教学方案和教学计划，在总结经验后，到1992年在全省中等师范学校全面实施。

1990年底，全省小学专任教师学历合格率为68.2%，初中专任教师学历合格率为47.7%，高中专任教师学历合格率为58.5%。1990年取得《专业合格证书》的教师，小学为12083人，占小学教师总数4.5%；初中为6338人，占初中教师总数5.9%；高中为709人，占高中教师总数3.4%。

1990年，安徽省利用卫星电视教育培训中小学教师，全省有11000名小学教师取得中师进修毕业学历。

1990年6月，省教委召开了中小学师资培训工作会议，提出了安徽省"八五"期间中小学师资培训工作的重点由学历教育向继续教育逐步转移和过渡。先后召开了小学、初中两个层次教师职后继续教育试点工作研讨会，印发了会议纪要。

职业技术教育

1990年，安徽省职业技术教育发展有五个方面的工作成效。

一、农科教统筹为农村职业技术教育的发展注入了新的活力

农科教统筹组织体系基本形成。各地、市、县相继成立了由政府主要负责同志领导的农科教统筹协调领导小组，设立办公室，落实了人员、地点和经费。1990年底，县级以上农科教办公室共配备专职人员132人，兼职人员141人。部分试点乡还配备了专职或兼职农科教干事，建立乡(镇)工作站(或办公室)、科技服务合作协会等。

农科教统筹呈现出点上深化、面上拓开、整体推动的新局面。1990年，在全省推广了休宁等22个试点县开展县级经济教育调查，探索农科教统筹协调的经验，作为实行统筹协调的基础工程；并部署52个县进行县级经济教育调查。各地在搞统筹时，因地制宜，出现了一批典型。休宁县的“一校六站”，淮南市的农科教“百人讲师团”、铜陵市、来安县等的“绿色证书”制度等，使农民掌握实用技术和科技服务两方面任务落到实处。1990年11月，农业部、国家教委、国家科委、林业部、中国农业银行联合在滁县地区召开部分省市农科教结合工作座谈会，参观了滁州市、来安县，肯定了安徽的做法。

乡级农科教统筹日趋成熟和完善。滁州市施集乡提出经济开发目标，将有限的人、财、物集中投放到施集职业高中，并以其为依托，办职业高中班和短期培训班，通过教学、试验、示范，把技术推广到千家万户。休宁县溪口等17个试点乡(镇)以农村职业中学和普通中学为主要依托，成立农科教协会，组建讲师团，举办农民文化技术学校，建立科技示范基地，推广实用技术，培养新型农民技术员和科技生产能手，初步形成了农村科技推广服务体系。各地的农科教讲师团既为农村培训师资队伍，又进行技术推广和项目开发。农村科技示范基地，也是农村职业中学的生产实习基地。

农科教统筹推动了农村职业技术教育的蓬勃发展。1990年底，全省农村职业中学初步形成了水产、畜禽、蚕桑、茶林、食用菌、中草药、水果蔬菜、工艺制品8大系列近百个校内校外结合的基地群，出现了一批人才效益、经济效益、社会效益都较好的职业技术教育基地。

二、城市职业技术教育的配套改革进一步深入

加强劳动制度与教育制度的配套改革。合肥市教育、劳动部门联合成立职业教育办公室，实行“双元共管”的体制，先培训、后就业，先招生、后招工的政策进一步得到落实和完善。1990年，有9个省辖市职业高中应届毕业生的录用率都在90%以上。

强化学生的实践技能训练，提高学生的劳动素质。1990年5月，合肥市劳动局、教育局、企业工改办、职教办公室联合发布了《合肥市技工学校、职业高中毕业生技术考核暂行办法》，规定自1990年起招收的新生毕业时全部实行技术等级考核制度，由市劳动局发给技术(业务)等级证书，凭获得的技术等级证书录用在技术对口岗位上的，不再实行见习期，用人单位按规定定级。

进一步推进“双元制”教育试点工作。1990年，安徽省部分城市继续开展企校合作培训的“双元制”试验。合肥市、芜湖市3所职业高中开设了5个专业的“双元制”实验班。合肥市24所职业学校中，联办的班级占75%，联办的行业有27个主管局和公司，联办单位有40家工厂和10个事业单位。办班时各用人单位均与学校签订协议，明确各自承担的责任。合肥市职业技术教育中心有31家合作培训的定点企业，把招生、用工、分配等环节都纳入职业培训全过程中，做到用人预测计划、招生计划、教学计划、毕业生录用计划和招工计划五统一。

广开城市职业技术教育资金筹集渠道。芜湖市政府制定了职业教育基金筹集办法，成立基金管理办公室。筹集渠道主要有：从职工工资总额中提取；从城市建设维护费和教育费附加中提取；个人、团体、企事业单位和社会各界的捐款；财政专款补助等。规定自1990年第四季度起，从全市职工工资总额中提取1.5%作为职业教育基金，由各专业银行分季度一次划拨。

为改善职业学校的办学条件，各地积极调拨设备，帮助职业学校搞好教学实习基地的建设。1990年，芜湖市调拨了价值100万元的电子设备建成职业教育中心生产实习车间；马鞍山、铜陵分别为职业高中提供了价值120万元和90万元的机床、纺织机械设备。

三、中等职业学校评估工作开始起步

1990年10月，省教委发布《安徽省重点职业高中评估方案(试行)》。11月，组织了全省性的职业高中视导评估，确定了首批13所省级重点职业高中，并在《关于评定首批省级重点职业高中的通知》中，明确了重点职业高中的五项任务：(1)全面贯彻教育方针，办好稳定的具有优势的骨干专业(工种)；(2)实行经(农)科教统筹结合，加强与行业或经济部门的合作，办成行业性或区域性的职业教育中心；(3)在教学改革、管理、办学形式、生产经营、科学实验、技术推广、社会服务方面起示范作用；(4)沟通职前教育与职后培训的联系，对在职职工、农村回乡初高中毕业生和基层干部实施继续教育；(5)积极开展职业教育研究，探索职业教育规律，成为本地区、本行业职业教育科研基地和职业教育信息咨询中心。

1990年，安徽省劳动局继续对所属技工学校进行整顿、验收工作。在学校自查基础上，对办学条件、教学管理、教学实践、教学成果等内容进行综合评估。到年底，已验收合格技工学校28所，占技工学校总数的25%；同时还审查批准新办技工学校3所。

四、中等专业学校行业化试点有了良好开端

1990年10月，安徽省成立了纺织职业技术教育中心。“中心”以安徽纺织工业学校为依托，集教学、生产、应用科研、社会服务于一体，实行经科教统筹、产教结合的“双元管理”。其主要任务是统筹规划、协调管理，承担纺织行业技术、管理人员和师资培训；组织开展教研活动；建立综合性的纺织职业技术教育实习中心；为企业和学校提供科技服务与信息咨询。11月，省教委、纺织工业厅联合举办了安徽省纺织教育10年成果展，召开了全省纺织职业教育工作会议。

1990年12月，在省经贸委领导下，成立了安徽省外贸学校董事会，由外贸系统30多家企事业单位组成。其主要任务是建立董事会基金，为外贸学校的发展提供经费、信息、人才、技术等方面的支持。

五、深化职业技术学校招生升学制度的改革

1990年，全省普通高中与职业高中实行分流招生，凡报考普通高中的初中毕业生不得同时报考职业高中，职业高中实行单独招生；农村职业高中可经县(市)教育部门批准，由学校自行考试和录取。同时还规定，各类职业高中可根据当地经济发展的实际需要，结合学校专业特点，可以实行定向招生。

进一步完善职业中学毕业生升学制度。省教委发出文件对高校职业师资班对口招收农职业中学历届毕业生的有关问题作出规定：1990年高等学校职业技术师资班农业专业已全部从农村职业中学历届毕业生中招收，不招收普通高中应届毕业生。招生采取推荐加考试的办法，择优录取，毕业后回原地任职业中学专业课教师。

高 等 教 育

1990年，安徽省高等教育以思想政治工作和高校内部专业结构调整为重点，推动教学和科学研究的发展。

一、政治思想工作和学生管理

安徽高等学校在实行党委领导下校长负责制的基础上，加强党委机构建设，专职党务工作者和政工干部的编制定额已接近或超过学校师生员工总数的1％。

各高等院校坚持把政治思想教育放在首位，积极开展以坚持社会主义道路、坚持党的领导为主要内容的思想政治教育。运用专题讲座，集中学习，以及围绕"了解社会，学习工农，明确责任"为主题，开展丰富多彩的社会实践，有针对性地解决学生思想深层的模糊认识，帮助学生坚定社会主义信念，树立为人民服务人生观。部分高校还把思想教育、形势政策教育和劳动教育列入教学计划，作为必修课学习和考试。为进一步加强党对高校的领导，中共安徽省委决定，建立省委高校工作委员会，负责全省高校思想政治和组织工作。

1990年起，各高校全面实施《安徽省普通高校学生学籍管理系统工程》。其内容包括建立三项制度，即：建立学生学籍档案制度、学籍变动情况汇报制度以及学生毕业资格审查制度。3月，在合肥地区12所高校学生管理工作座谈会上明确，学生管理工作原则上以学生工作处为主，学籍管理主要由教务部门负责。1990年省教委经过广泛征求意见和论证，邀请部分学校学生管理专家和实际工作者，编写了《高校学生管理通论》一书。

二、高校专业结构调整

1990年，专业调整的原则是：面向社会发展、经济建设和科技进步，以优化结构、提高效益为宗旨。（1）理科类专业：采取保护、改革、控制的方针，除对部分专业实行政策倾斜外，其他理科类专业要调整专业方向、更新课程设置和教学内容，使其改造发展成为相近应用型专业，并控制新增理科类专业。（2）工科专业：充实、加强、稳步发展。对现有工科专业设置点给予重点投资，促进办学条件改善，进行课程设置和教学实践改革，培养面向基层的应用型、工艺型人才。非工科类高校部分相近专业也应拓宽专业口径，增加工科专业方向。（3）农林类专业：拓宽专业面，加强应用性和实践性，稳步发展产后服务专业。将现有单纯为产前、产中服务的各个不同专业合并，优化课程结构，建立基础宽、方向多、应用性突出、灵活性强的大科类专业。（4）医药类专业：加强基础学科，改革课程设置，拓宽专业服务方向。增加卫生防疫、妇幼保健、诊断技术及骨科、儿科、麻醉、仪器维修等科类和专科层次的人才培养。（5）师范类专业：稳定、改革、控制，增加职业教育和为当地经济建设服务的实用技术课程或专业方向。师范专科学校继续试办双学科（主辅修）专业，控制新增师范类专业点。

经过调整，全省已撤并皖南农学院；蚌埠食品专科学校和蚌埠联合大学合并办学，改名为蚌埠高等专科学校；合肥外语专科学校改为合肥联合大学外语部；淮南市也决定将皖南职工财会中专并入淮南联合大学。经调整充实后的10所省属高校，新增校舍建筑竣工面积4.36万平方米，基建5.9万平方米。增加专任教师68人，正副教授180人，投入教学仪器经费387万元，图书16万册。地市属7所高校，新增竣工面积6万多平方米，增加专任教师146人，正副教授52人，投入教学设备费313万元，图书8万册，受到国家教委检查组的好评。

三、学位学科专业点设置

1990年，安徽医科大学列为新增博士学位授予单位。安徽医科大学的药理系，合肥工业大学的机械制造，中国科技大学的分子生物学、信号与信息处理、计算机软件等为新增博士学位授权学科专业点，共增加博士生指导教师17名。全省新增硕士学位学科、专业点25个，其中部属11个，省属14个。至此，安徽省共有博士授予单位33个，学科专业点155个。

四、科研与科技开发

1990年，全省高校共出版433部专著（教材），其中哲学社会科学专著300部。发表学术论文4832篇，其中自然科学论文3677篇。鉴定科技成果194项，其中达国际水平44项，达国内首创和国内先进水平的分别为40项和94项。获国家和省部级以上奖励的成果72项。科技成果的推广转让也得到增加，1990年成交转让合同236项，金额共达1400多万元，当年实现金额474多万元，产生经济效益达5亿多元。

在科教兴农和扶贫方面，安徽省高校根据各自优势，面向实际，对研究周期短、投入少、见效快的课题，采取优先立项、经费扶持的原则，积极为农业服务。安徽农学院在霍山、金寨、霍邱等19个县市建立了农业技术推广示范基地，举办各种业务技术培训班，培训农民技术员，在研究“宿县万亩吨粮田示范”和“治淮洼地农业综合治理”两个项目中，已产生17950万元的经济效益。在参加黄、淮、海农业综合开发中，有80多名专家、11个项目投入开发工作，安徽大学、安徽工学院等一些院校还参加了沿江开发工作。在尖端研究方面，1990年底，中国科技大学同步辐射装置调试工作，提前达到设计标准。1990年10月，国家重点项目火灾科学研究实验室开始建设。

五、招生与毕业生分配

加强科学管理，完善招生办法。具体做法是：（1）实行一校阅卷统分的“一条龙”招生管理办法；（2）减少降分幅度，缩小照顾范围，重新规定了优秀学生干部、优秀学生、体育竞赛优胜者的照顾政策，对委托培养、自费生招生，坚持面向社会，从高分到低分择优录取，改变了过去只招委托单位子女和降分过多的做法。1990年还新增了照顾少数民族考生的规定。（3）改进考生志愿填报方式设立三个第二平行志愿，增加录取机会，加快档案周转。（4）严格执行招生计划，录取工作在录取场地一次结束。1990年，全省参加报考人数为15.68万人，计划招生2.26万人。省内外356所高校在安徽省实际录取2.27万人，其中国家任务1.64万人，委托代培4781人，自费55人，电大函授普通专科班1468人。

1990年全省共派遣毕业生19832人，其中省属高校14400人，在皖部属高校4780人，研究生652人。在分配工作中加强宏观指导，引导毕业生面向基层，坚持优才优分，实行主要由国家负责按计划分配的制度。在计划调配上优先考虑省重点建设项目和艰苦地区的重点单位以及贫困（山区）县的需要。对来源于23个贫困县（区）的毕业生，凡县（区）需要的，都分回生源县（区）工作。同时规定“推荐、录用”的范围主要面向毕业生来源地区，到县的比例不小于50％。

成人教育

一、成人高等教育

1990年，安徽省重点对成人高等学历教育开展治理整顿。省教委成立了治理整顿领导小组，普通高校按照要求也成立了领导机构。8月下旬，省教委召开全省普通高等学校成人教育治理整顿工作会议，同时下发了治理整顿工作《实施意见》。至年底，已顺利通过了自查、互查两个环节，对发现的问题提出了处理意见。

1990年，各类成人高校共录取新生12695人（不含部分部委审批提档 1096 人），新生结构中，工人占 39.6%，干部占 30.3%，教师占29.6%，其他占 0.5%。

1990年，省教委和省人事局联合采取措施，加强对《专业证书》教育的管理。（1）严格办班审批程序，坚持先规划后申报、先审批后开班的原则。（2）严格学员入学资格审查。规定了学员必备的条件，强调学习必须是工作需要、岗位要求和专业对口。（3）实行全省统一招生考试。规定文化知识考试成绩120分，专业基础知识考查为及格者为入学考核合格。（4）加强教学和证书管理。省教委、省人事局联合制订了成人高等教育《专业证书》教学班管理暂行规定，凡人事管理在本省的部门举办的《专业证书》教学班，必须纳入省内管理，并使用省教委、省人事局统一印制、编号，省业务主管部门统一验印的专业证书。至1990年底，成人高等教育《专业证书》教学班学员发展到近 2 万人，办班的省级业务主管部门增至60多个，承办的高校50所，设有文、理、工、农、医药、财经、政法、体育、艺术、管理等10大科类120多种专业，专业点310多个，这些专业都是用人部门所急需的。已结业并获得专业证书的6300名学员回到了各自的工作岗位，深受所在单位的欢迎。

1990年，省教委及有关部门联合下发了《关于开展全省专业技术人员继续教育工作的意见》，要求继续教育逐步做到：与社会主义经济建设相适应，与不断发展的科学技术对知识更新的需要相适应，与干部人事制度改革相适应。强调继续教育要综合管理，实行统一领导。至1990年底，首次推行试点的省建筑总公司、马鞍山钢铁公司和蚌埠市部分行业部门的试点工作已取得明显效果，接受继续教育的专业技术人员将获得本专业的“继续教育证书”，作为评聘专业技术职称和职工晋级的一项考核凭证。

二、加强社会力量办学管理

1990年，省教委严格按照《安徽省社会力量办学管理暂行办法》管理社会力量举办的学校。一是把好办学审批关，不符合办学条件的不予批准；凡教学内容、招生对象、办学条件不符合办高层次学历的学校，一律不许称“大学”或“学院”。二是把好教学关，省及各地教育行政部门对已批准建立的学校进行教学质量检查，合肥、安庆等地停办了少数教学质量低劣的学校。三是把好收费关，强调按国家和本省规定的标准收费，收取的学杂费应用之于学员。马鞍山、蚌埠、芜湖等地还制定了具体的收费办法。四是把好发证关。由于加强了管理，社会力量办学中的“三乱”现象已基本控制。1990年底，全省社会力量举办的非学历教育学校近500所，培训人次达20万，其中接受成人高等教育的达 3 万人次。

三、成人中专教育

（一）安徽省成人中专教育实行三种证书制度

以全科班教育为主体，同时举办干部中专专修班，并试办单科累进制教育。1990年，全省各类成人中等专业学校（班）180多所，累计招生约7.1 万人（不含农业广播电视学校），已毕业 5.5 万人，开设专业 200 多个，涉及工科、财经、医科、农科、政治、文体 6 大科类，基本形成门类较为齐全的成人中专教育体系。1990年有21个厅（局）举办了专业证书教育，140余所学校（含党校80余所）开办专修班，累计招生7.8 万人，6 万余人经省教委验印发了专修班证书。1990年，安徽省在两所办学条件较好的电视中专分校举办单科累进制教学班，开设企业管理、财会、机械 3 个专业，学员根据需要确定学习目标，学完专业的全部课程，获取毕业证书，也可学完专修班课程获取专业证书，还可选修某一学科或几个学科，获一个或几个单科合格证书。参加单科累进制学习的，入学考试由学校组织，结业时由省教委对所学科目的一半进行抽查考试。1990年安徽省继续进行专修班转全科班的教育试点。

（二）加强对农业广播电视学校的管理

省教委规定各地农业广播学校参加省组织的统一招生和毕业验考，使其向正规化迈进。1990年4月，省教委、省农经委联合下达《关于加强我省农业广播电视学校建设的通知》，并下发了《安徽省地市县农业广播电视学校评估验收标准》和《关于农业广播电视学校评估验收实施意见》，对评估的组织领导和方法步骤提出要求，省和各地市相继成立评估验收领导小组，目前，已有8所地市县分校验收合格。

（三）加强对业余、函授、广播电视教育的毕业验考制度

规定凡采用不脱产教学形式的各类成人中专学校，其毕业生均应参加省教委组织的毕业验收考试。1990年全省组织了3次规模较大的毕业验考，涉及十几所学校，19个专业的49个学科，考生达3万多人，2万余人验考合格领到毕业证书。

（四）加强成人中专教学计划的管理

安徽省教委1990年转发了国家教委《关于制订成人中等专业学校教学计划的原则意见》，并提出3条贯彻意见：（1）对照文件精神，重新修订各专业教学计划。（2）加强思想政治教育和实践性教学环节。（3）根据本省实际，适当调整学习年限。还规定1990年底以前，各校将修订的教学计划送主管部门审核后，报省教委审定，未经审定的教学计划，不予承认。目前教学计划的审定工作正在进行。

四、自学考试工作

1990年，安徽省举行了两次自学考试。4月，举行了第12次高等教育自学考试和第7次中专自学考试。高等教育开考专业有本科阶段的汉语言文学、会计学、统计学、机电一体化工程专业；专科阶段的汉语言文学、会计学、统计学、英语、工业经济管理、政治管理、行政管理、法律、人口学、海关管理、气象学、中医学、中药学、档案管理、计算机及其应用、机电一体化工程、工业与民用建筑、机械制造与工艺等18个专业共69门课程。中专开考专业有护士、统计和城市金融3个专业共15门课程。10月，又举行了第13次高等教育自学考试和第8次中专自学考试。全年高教自学考试报考者达220905人，其中130564人次获单科合格证书；中专自学考试报考者7269人，其中10555人次获单科合格证书。1990年，自学考试有高等专科毕业生5353人，中专毕业生383人。

五、农村扫盲工作

安徽省1989年冬共办扫盲班23000多个，入学人数达79万，经1990年春进行脱盲考试，脱盲40万人，超达脱盲30万的年度计划。同时，扫盲后继续教育也有新的进展，扫盲巩固提高班入学人数达13万人；已举办乡（镇）农民文化技术学校1700多所，全省乡（镇）办学面达50%，一年来农村成人学校举办多种实用技术培训班共培训近100万人次，有的学校还承担了初中“3＋1”的职业技术培训任务。

撰稿人 钱业荣 李仲谋 李育胜
阎建华 林光中 刘玉环
吴 正 胡桂芳 琚仲达
喻远宝 王 峰 杨千秋
陈永远 薛守学 檀智明
张培银 朱 庆 章钟清
邓英达 马肇栋 徐业昌
李 峰 吴 炜 杜经超
汪红兵 张守祥 邸建伟
吴富信 陈从至 王东华
丁 颖 徐宗亚
审稿人 朱仇美 王世杰 吴之季

福建省教育

概况

一、各级各类教育事业发展情况

1990年各级普通学校基本情况

工读、特殊教育学校单位：人
其他学校单位：万人

学校类别	学校数（所）	毕业生数	招生数	在校学生数	教职工数	
					计	其中：教师
一、普通高等学校	36	1.84	1.75	5.68	2.05	0.89
研究生		0.05	0.04	0.12		
本科		0.67	0.70	2.91		
专科		1.12	1.01	2.65		
二、普通中等学校	1727	31.07	45.41	117.86	11.19	8.25
1.中等专业学校	103	1.64	1.91	5.89	1.12	0.60
中等技术学校	78	1.04	1.23	3.91	0.81	0.42
中等师范学校	25	0.60	0.68	1.98	0.31	0.18
2.普通中学	1362	27.11	40.17	104.85	9.18	7.07
高中	416	5.45	5.69	15.47		1.37
初中	946	21.66	34.48	89.38		5.70
3.农业、职业中学	262	2.32	3.33	7.12	0.89	0.58
高中	239	2.19	3.17	6.61		0.55
初中	23	0.13	0.16	0.51		0.03
4.工读学校	1				6	3
三、小学	19472	53.33	56.74	337.08	17.45	14.88
四、特殊教育学校	14	106	250	1347	315	220
五、幼儿园	7958	42.33	50.12	74.32	3.16	2.69

1990年各级成人学校基本情况

单位：万人

学校类别	学校数（所）	毕业生数	招生数	在校学生数	教职工数 计	其中：教师
一、成人高等学校	20	0.54	0.77	2.57	0.17	0.09
广播电视大学	2	0.15	0.30	1.01	0.02	1.01
职工高等学校	9	0.09	0.10	0.37	0.03	0.02
农民高等学校						
管理干部学校	4	0.09	0.05	0.12	0.05	0.02
教育学院	5	0.06	0.04	0.09	0.07	0.04
独立函授学院						
普通高校举办						
函授部		0.13	0.23	0.83		
夜大学		0.02	0.05	0.15		
二、成人中等学校						
1.成人中等专业学校	202	0.63	0.94	2.47	0.56	0.26
广播电视中专	4	0.05	0.22	0.67	0.03	0.01
干部中专	91	0.35	0.51	1.04	0.09	0.03
职工中专	30	0.22	0.19	0.48	0.19	0.08
农民中专	1	0.01	0.01	0.02	0.003	0.004
教师进修学校	76			0.26	0.25	0.14
2.成人中学	153	0.45	0.89	1.33	0.04	0.03
职工中学						
农民中学						
3.成人技术培训学校	1132	35.48	48.70	50.46	0.15	0.07
职工技术培训学校						
农民技术培训学校						
三、成人初等学校	13098	24.91	38.26	39.59	0.17	0.06
1.职工初等学校						
2.农民初等学校						
其中：扫盲班	7398	16.63	23.18	22.76	0.11	0.03

1990年，全省小学比1989年减少65所；毕业生比1989年增加4.11万人，其中简易小学毕业生3.12万人，比1989年减少0.29万人；招生比1989年减少1.03万人；在校生比1989年增加0.31万人。

普通中学比1989年增加45所，其中完全中学和高级中学比1989年减少10所；初级中学比1989年增加46所。另有职业中学办普通初中135所，小学附设初中班312所。普通高中招生比1989年增加0.38万人；毕业生比1989年减少0.77万人；在校生比1989年减少0.30万人。普通初中招生比1989年增加3.74万人，其中小学附设初中班招生2.4万人，占招生总数的6.96%；毕业生比1989年减少0.71万人；在校生比1989年增加4.51万人。

职业中学比1989年减少6所。职业高中招生比1989年增加2861人，职业初中招生比1989年减少506人。职业高中毕业生比1989年减少335人，职业初中毕业生比1989年增加473人。职业高中在校生比1989年增加3049人，职业初中在校生比1989年减少279人。在职业中学中，有职业中专学校27所，其毕业生、招生、在校生数分别占职业高中学生总数的16.52%、17.41%、20.07%。

中等专业学校比1989年减少1所，招生比1989年减少543人，毕业生比1989年减少455人．在校生比1989年增加2402人。

普通高等学校招生比1989年减少401人，毕业生比1989年增加567人，在校生比1989年减少1402人。其中省属普通高校招生比1989年减少1402人，毕业生比1989年增加715人，在校学生比1989年减少1304人。

成人高等学校校数与1989年持平，招生比1989年增加493人，毕业生比1989年减少2234人，在校生比1989年增加1021人。成人中等专业学校招生比1989年增加757人，毕业生比1989年减少3472人，在校生比1989年增加968人。其它各类成人文化技术学校学生达166.7万人，比1989年增加33.28万人。

全省幼儿园比1989年增加1536所，入园幼儿人数比1989年增加1.93万人，在园幼儿比1989年增加4.55万人。

全省盲聋哑学校8所，组织入学187人，毕业106人；在校生1070人，比1989年减少150人。全省弱智儿童辅读学校（班）6所，组织入学63人；在校生383人，比1989年增加106人。

二、召开全省教育工作会议

1990年2月，省政府在福州召开全省教育工作会议，传达了国家教委1990年工作会议精神。陈明义常务副省长、刘金美副省长到会并作了重要讲话。代表们学习了中央领导同志在国家教委1990年工作会议上的讲话和李鹏总理给石狮市坑东小学全体少先队员的亲笔信。回顾了1989年及改革开放10年来福建教育事业的发展和改革情况，总结了经验教训，部署了1990年全省教育工作。

会议指出，必须坚持教育的社会主义方向，加强思想政治教育，切实把德育放在首位。会议要求：（1）认真学习马克思主义的基本理论，广泛开展爱国主义和革命传统教育；（2）广泛深入地开展学雷锋活动，培养学生树立远大的共产主义理想；（3）加强学校思想政治教育的基地建设；（4）加强思想政治工作队伍的建设；（5）充分发挥广大教师教书育人的关键作用；（6）优化育人环境，形成全社会齐抓共管的局面。

会议对1990年的教育工作作出了部署，要求以实施九年制义务教育为重点，加强基础教育，协调发展各类教育事业。要加快初等义务教育的实施步伐，争取1990年实施初等义务教育乡（镇）达到全省乡（镇）总数的一半以上；要下决心改变初中落后的状况，切实完成全省34.6万人的招生任务和1990年秋城市的市区与县城所在镇按时依法宣布实施初级中等义务教育；要进行综合治理，切实控制中小学生流失现象，小学生流失率控制在1%以内，初中生流失率控制在10%以下；要抓好师资队伍建设、教材建设和办学条件建设。高等教育要控制规模，优化结构，提高效益；要多渠道筹集教育经费，改善办学条件；要加强农村教育，更好地为农业发展服务；要深化教育管理体制改革，加强教育队伍建设。

基础教育

一、基础教育得到进一步加强

1990年，福建省幼儿教育和中、小学教育事业稳步发展。小学生流失率大幅度降低，由1989年的1.49%下降到0.87%，控制在1%以内；初中生流失率为7.27%，比1989年降低了5.29个百分点；高中生流失率为2.99%。全省幼儿入园率为52.6%。小学入学率达99.1%，巩固率达99.1%，普及率达97.9%，留级率为6.7%，毕业率达99.5%。小学毕业生升初中比例为64.96%；初中毕业会考及格率达75.5%，初中毕业生升普通高中、职业高中、中等专业学校的比例为49.71%。

1990年，福建省基础教育的师资队伍素质有所提高。据统计，全省幼儿园专任教师学历达标率为51.57%，小学专任教师的学历达标率为72.14%，初中专任教师学历达标率为76.86%，高中专任教师学历达标率为58.97%。

二、把德育放在首位，加强思想政治工作

1990年2月19日，中共中央政治局常委、国务院总理李鹏，给福建省石狮市坑东小学少先队员写信。信的全文如下：

"我很高兴地看到你们的来信和照片，向你们表示感谢和问好。

少年儿童是祖国的花朵，未来的希望，愿你们以雷锋、赖宁为榜样；好好学习、天天向上，立志成为中国社会主义事业可靠的接班人。"

2月23日，福建省委、省政府向各地发出通知，要求把学习李鹏总理给石狮市坑东小学全体少先队员的信作为一件大事来抓，同当前全省正在开展的社会主义教育活动、军民"共学、共建、共发扬"活动以及学雷锋、学赖宁活动紧密结合起来，进一步推动全省教育和其他各项事业的发展。2月24日，省委书记陈光毅、省长王兆国专程前往泉州，将信转交给坑东小学校长和少先队员代表。

根据省委的指示精神，1990年全省中小学普遍开展学习、贯彻李鹏总理给石狮市坑东小学少先队员复信的精神，把德育放在学校工作的首位，加强爱国主义、社会主义和集体主义的教育，有计划地开展鸦片战争150周年纪念活动，加强国情教育；开展岗位学雷锋、校园树新风活动；配合社会上"扫黄"斗争，加强课外阅读指导，读好书，反腐蚀等一系列的教育活动。

在进行德育时，注意抓改革试点工作。小学德育在1989、1990两年试点工作的基础上，11月初召开德育试点校汇报会，总结交流了14篇试点工作经验，并组织小学德育工作大检查，帮助和推动6个地、市成立小学德育研究会。中学德育试点工作广泛开展。厦门市开展了贯彻中学生日常行为规范的试点工作；漳州市进行中学德育评估试点工作；宁德、福州、漳州三地、市进行操行评定试点；福州市试行德育检查评分办法。通过以上试点指导并推动了全省面上的工作。

加强德育的基本建设。一是德育基地建设，着重抓了劳动基地、社会实践活动基地、爱国主义和革命传统教育基地的建设。目前，全省有22个县达到了"一校一地"的要求（即：中小学校校有劳动基地），全省中学有50%的学校有劳动基地。全省小学在广泛开展"双学"活动中，大力开展军民共学雷锋、共建社会主义精神文明、共育"四有"新人的"三共"活动，建立了一大批"共建"示范校和联系校。省教委决定拨出专项经费在龙岩、武夷山等地筹建6个德育基地。二是德育教材建设，注重编印出版具有本省特色，适应中小学特点的乡土德育材料，录制了一些专题德育录像片，如《百年沧桑》，汇编全省德育工作经验选集《实践与探索》、《最佳德育活动选》。三是德育队伍建设，协同有关部门组织优秀教师巡回讲演团，推动全省中学教职工开展师德教育，全省表彰了一批"讲师德、育新人、讲奉献、争先进"的优秀人民教师。总结、推广泉州师范附小抓青年教师师德教育的经验，促进各地注意培养、提高青年骨干教师。四是加强德育规章制度建设，制订德育工作的实施细则、办法。

三、九年制义务教育实施工作进展顺利

1990年，福建省在普及九年制义务教育方面，本着“积极稳妥、扎扎实实”的原则做了大量工作：(1)开展宣传教育活动，坚持依法治教。省教委与省司法厅联合发出《关于加强学习宣传〈义务教育法〉的通知》，要求各地把宣传《义务教育法》列入普法教育的内容。(2)制订有关配套法规性文件，印发了《关于建立乡、镇初等义务教育档案资料的通知》和《关于印发实施初级中等义务教育有关文件及表格的通知》，推进九年制义务教育的发展。(3)开展九年制义务教育课程教材试验。全省参加试验的有4个县、区(闽侯县、仙游县、长泰县和泉州市鲤城区)。(4)加紧师资的培养和培训。全省师专、中师每年招生稳定在1.1万人左右，为小学和初中的教师补充提供了保证；坚持对在职教师进行培训、考核，同时严格控制中小学教师的外流。(5)努力改善中小学办学条件。(6)特殊教育事业有新的发展，龙岩、三明两所聋哑学校正加紧建设，另有9所弱智学校(班)也在筹办中。泉州师范内设特教师资部，开始培养特殊教育师资。(7)加强执法检查工作。

通过以上各项工作，推进了全省九年制义务教育的顺利实施。1990年又有5个市区、291个乡(镇)宣布全面实施初等阶段义务教育，使全省宣布全面实施初等义务教育的乡(镇)达513个，占全省乡(镇)总数的51.9%；覆盖人口达1557万人，占全省人口总数的51.7%。全省已有16个市辖区、60个县(市)城关所在镇和22个农村乡(镇、场)依法宣布全面实施初级中等义务教育；覆盖人口495.6万人，占全省人口总数的16.5%。

四、加强幼儿园管理

省教委着手制定《福建省实施〈幼儿园管理条例〉办法》，以加强各级政府对幼儿园(班)工作的领导和管理，进一步改善幼儿园的办园条件。还决定对全省各类幼儿园实行登记注册制度，在1992年前分批完成对现有各类幼儿园的登记注册工作。

五、特殊教育工作划归教育部门主管

福建省政府于1990年12月下达了《关于特殊教育划归教育行政部门主管的通知》，要求省教委、民政厅尽快搞好特教学校的交接工作。省政府还批准成立了省特殊教育协调小组。要求各级政府加强领导，针对全省特殊教育较为落后的状况，在经费、项目安排、师资配备及劳动就业等方面，各有关部门应密切配合，重点扶持。各地部署、检查、评比、验收普及初等教育时，应把特殊教育作为其中内容之一。

六、多渠道筹措教育经费，改善办学条件

1990年，福建省多渠道筹措经费改善基础教育办学条件的金额达55592.3万元。其中，财政预算内拨款15009.1万元，占27%；征收教育费附加及配套费11194.1万元，占20.14%；原杂费收入3749.8万元，占6.75%；勤工俭学收入1645.5万元，占2.96%；社会捐资助学收入22690.7万元，占40.81%(其中侨胞及港澳台同胞捐资8503.2万元，占15.3%)；其他收入1303.1万元，占2.34%。1990年新建扩建校舍竣工面积184.38万平方米，维修校舍面积达57.2万平方米，新增一批附属设施(包括围墙、厕所、校门等)，添置课桌椅及各种教学设备23.84万件。全省中小学校舍的危房比重从1989年末的3.76%下降为1990年末的2.42%。全省农村完小基本实现“一无两有”。

但是，1990年福建遭受了多次台风暴雨自然灾害。据不完全统计，全省中小学倒塌校舍22.3万平方米，因受灾造成新危房面积达45万平方米，教学设备及附属设施(围墙、厕所等)也遭到损坏。全省中小学直接经济损失达1.72亿元。

职业技术教育

一、中等职业技术教育稳步发展

1990年，全省高中阶段各类职业技术学校共招生62381人(比1989年增加3447人)，其中技工学校招生11620人(比1989年增加1000人)。高中阶段职业技术学校招生数占高中招生总数的52.3%。全省高中阶段各类职业技术学校在校学生达153365人(比1989年增加5851人)，其中技工学校在校学生28400人。高中阶段职业技术学校在校学生数占高中在校学生总数的49.8%。

1990年，全省教育部门办的城市职业高中每校平均规模达578人，县(镇)职业高中每校平均规模达321人，农村职业高中每校平均规模达202人。全省职业高中的流动率为5.97%，比1989年的10.3%有明显的下降。全省职业高中专任教师中有本科学历的占55.3%，比1989年低了1.5个百分点。

二、深化改革，努力提高教育质量

一年来，全省各类职业技术学校普遍注意把德育放在首位，加强思想政治教育和职业道德教育。有计划地开展一系列的德育活动，做到分阶段、有主题、范围广、效果好。如开展以"闪光青春"为主题的学雷锋活动，以"青春理想"为主题的音乐周系列活动，以"迎亚运、爱我中华"为主题的爱国主义教育，以"热爱中国共产党、热爱社会主义"为主题的坚定社会主义信念的教育活动。绝大部分中专、职业高中学校都组织学生参加军训，与当地部队开展"军民共建"等活动；还组织人员重新编写了职业高中《职业道德》课本，加强对学生的职业道德教育。

充实、提高职教师资队伍。全省安排了职教师资班447名大专毕业生充实到急需的学校教学岗位上去。同时，开展师资短期培训工作。5月、7月分别在永安、古田举办养兔和竹荪栽培培训班，各地职业中学的70多名专业课教师参加了技能培训；组织部分职业高中校长和地、市职教科长分赴湖南农学院和浙江大学培训。

继续深入教育改革，根据社会、经济发展需要对专业进行调整与改造，压缩长线专业，努力提高办学效益和适应能力。积极开展各种教学研究，职业高中机械、电子、服装、美术、财会、音乐、幼教、体育等专业中的教研组，为加强学生技能训练，培养动手能力，开展了形式多样、生动活泼的教研活动，促进教学质量的提高。

为了提高职业中学的办学水平和教学质量，根据国家教委《关于对职业高级中学开展评估，认定省级重点职业高级中学的通知》精神，从9月中旬开始，在各地、市广泛开展评估的基础上，经过复查，省人民政府审批，认定了龙岩华侨职业学校、泉州华侨职业学校、永安农业职业学校、厦门旅游职业学校、福州文教职业学校等5所学校为省的首批重点职业高级中学。

三、普通中专提高办学效益

1990年，全省技术中专继续深化改革，办学规模效益有明显提高。招生12270人，其中招收初中毕业生8942人，占招生数的72.9%，比1989年提高了6个百分点；在校学生39082人，比1989年增长4.55%；每校平均规模达514人，比1989年增加了48人。技术中专学校专任教师中具有本科学历的3768人，占专任教师总数的63.14%，比1989年提高了3.7个百分点；具有专科学历的1560人，占专任教师总数的26.14%，比1989年提高了0.2个百分点。

加强了宏观管理，提高学校的规模效益和办学质量。根据社会需求和合理布局的原则，开设新专业，改造老专业，拓宽专业服务面。为了加强中专学校管理和建设，草拟了《福建省中专学校办学评估标准》，为1991年开展中专学校办学条件评估检查做好准备，以促进全省中专学校的管理工作逐步科学化和规范化。

高等教育

一、高等教育协调发展

1990年，全省普通高校共开设专业253个(其中省属188个)。高校本专科比例已得到明显改善。1990年全省普通高校本专科在校生比例已经调整为1∶0.91（省属院校为1∶1.26)；非师范类院校调整为1∶0.6(省属院校为1∶0.93)。"七五"期间，省属高校还新增3个博士点，使省属高校博士点达到8个。

二、加强高校党的建设

1990年4月28日至30日，中共福建省委在福州召开了全省高校党建工作会议，传达了全国高校党建工作会议精神。省委书记陈光毅，副书记袁启彤，常委、宣传部长何小川分别在会上作了重要讲话，强调当前加强党对高校的领导，坚持社会主义办学方向，是摆在我们面前的一项艰巨而紧迫的任务，要采取有力措施，使高校党建工作真正在思想上、组织上、措施上得到落实。陈光毅指出，高等学校坚持党的领导，坚持社会主义办学方向，是办好有中国特色的社会主义大学的前提。福建是全国改革开放试验区，我们要进一步探索在改革、开放的形势下办好大学的新路子。社会主义大学的根本任务是培养社会主义事业接班人和建设者，培养有理想、有道德、有文化、有纪律的新人。

1990年，高等学校认真贯彻落实全国高校党建工作会议精神，学习江泽民同志"五四"讲话和《关于社会主义若干问题学习纲要》，普遍加强了对广大师生进行马克思主义基本理论、社会主义、爱国主义、革命传统、国情和法制教育。全省组织50000多名大学生回乡参加社会实践，提高了学生对"稳定压倒一切"的认识，增强了对坚持四项基本原则、反对资产阶级自由化的理解，增进了对工农群众的感情，坚定了在中国共产党领导下走社会主义道路的信念和决心。据统计，1990年全省普通高校中申请入党的学生有13008人，其中3773人被吸收入党。学生的学习风气回升，良好的校风逐步形成。

三、加强高校招生的廉政建设

为加强教育部门招生的廉政建设，纠正行业不正之风，福建省招生委员会和省教委制订了《福建省高等学校招生工作廉政建设制度》，规定对普通高校招生实行"十公开"，即：国家招生各项政策、招生来源计划、政治思想品德考核条件和体格检查标准、全省各科类考生报考人数、照顾录取政策和享受照顾考生的名单、大中专招生各批录取最低控制分数线、各招生院校投档比例、招生院校第一志愿报考人数、院校录取新生的结果和省确定专业录取线以上落选考生名单及原因、人民群众监督检查的措施和办法。这个文件对成人高校、研究生招生的"公开"内容也做了规定，并制定监督检查措施和处罚规定。同时还制定了《关于师范类大中专毕业生调配工作实行"公开与监督"的暂行规定》，对公开毕业生调配方针、政策、原则、纪律等监督措施做了规定。

四、高等学校科研工作有新的进展

1990年福建省高校积极发挥科技优势，高校科研课题比1989年增加。获国家自然科学基金项目38项；获国家社会科学基金资助项目12项。1990年国家颁发的三大科技奖，福建省高校有5项成果获奖，占全省获奖总数的38%。高校的9名科技人员被国家教委和国家科委授予"全国高等学校先进科技工作者"称号，32名从教40年以上、成绩显著的老专家、老教授获国家教委颁发的荣誉证书。

全省高校积极响应省委、省政府"科技兴

农”的号召，采用多种形式为发展农业作贡献。福建农学院年初组成赴三明科技兴农服务队，经过近一年的努力，为三明市的粮食总产、单产都创历史最高水平作出了贡献，促进了三明市农业综合技术开发。福州大学等高校还积极开展对连城县的科技扶贫工作。

五、对省属高校进行充实整顿

1990年省属高等学校继续贯彻治理整顿方针，抓紧做好部分省属普通高校的充实、整顿和高校内部结构的调整与优化，重点抓方案的修订、落实和检查、督促。省教委组织力量调查了有关部门和地（市）及20多所高校进行充实整顿的工作进展情况，并就撤并学校等问题同有关地(市)、学校进行协商。根据省政府1990年第10次常务会议精神和国家教委赴闽调查组提出的意见和建议，对充实整顿方案作了两次较大的修订，基本完成和落实兴化职业大学、闽东职业大学、南平职业大学、厦门职业经济学院等四校撤并调整的具体实施方案。完成了七个大专班的调整方案并付之实施。对其他限期达标学校也进行了调查。

结合部分普通高校的充实整顿工作，1990年还重点抓了对现设专业的优化与改造。进行了普通高校本科、专科专业的清理工作和制订1991年部分本科专业暂停招生的方案。

1990年全省高校招生放宽了乡镇企业干部、职工报考条件和年龄限制。开设乡镇企业急需的专业班，定向培养，实行“预科生”政策；继续招收“资格生”、“往届生”。在毕业生分配方面，省政府批转了省计委等部门《关于做好1990年福建省大中专毕业生分配工作的意见》的通知，要求优先考虑经济、科技、社会发展的重点建设、技术改造项目的需要，大力支持农业，发展外向型经济、教育等行业。

六、严格自费出国留学审批工作

1990年初，福建省决定具有大学及其以上学历人员自费留学归口由教育部门审核。省教委自1990年2月开始受理以上学历人员自费留学的审核工作。省教委先后召开了9次自费留学审核问题协调会，同省人事局等有关单位联合制订实施办法。在省侨办、对台办、省公安厅、省人事局等单位的共同配合下，新的自费出国留学政策得到较好的贯彻实施。1990年，全省共受理了具有大专以上学历自费出国留学人员975人。其中按规定享受照顾待遇的220人。

成人教育

一、成人教育有新发展

1990年农村成人教育，进一步巩固发展县、乡、村三级办学，对广大农民进行各种形式的实用技术培训和社会主义教育。全省县成人教育中心发展到40所；乡镇农民文化技术学校发展到912所，办学乡镇占全省农村乡镇总数的94.8%；村级办学面达到92%。县、乡、村三级共举办各种文化教育班2.45万个，参加学习人数66.27万人；举办各类专业技术班3.96万个，培训农民122.82万人。此外，还举办各种专业技术、普及法律常识、人口、计划生育等方面的社会教育讲座，受教育农民达104.9万人次。

全省继续开展职工岗位培训试点工作。培训面越来越广，全省参加岗位培训的干部职工达67.56万人。在办学过程中，注意发挥职能部门作用，多渠道、多形式制订岗位规范；根据需要和可能，灵活安排培训内容；依托各部门、各系统党校、干校、培训中心和成人学校等举办岗位培训班，提高办学的整体效益。

成人高等学校继续开办专业证书班，并有12所成人高校举办第二学历教育。为促进各类成人中专提高教学质量，1990年省教委对79所成人中专的部分专业和课程进行抽考，并进行了质量分析。

1990年，继续试行招收“三生”制度（预科生、资格生、往届生）和“三种证书”制度（学历教育、专业证书班和单科结业班）；继续在部分职工业余大学对中文、英语等8个专业教学计划进行改革，删减陈旧课程内容，充实现代科学知识，努力把学员培养成为应用型、开拓型人才。

1990年4月，福建省开始着手对成人高教的治理整顿。成立了福建省成人高教治理整顿调查组，抽调了14所成人高校的部分干部、教师，深入福州、厦门等9个地市的成人高校进行实地调查，在此基础上重点抓了7所成人高校的治理整顿工作，取得了初步的成效。

二、扫盲工作有新成绩

1990年是国际扫盲年。为了推动全省扫盲工作广泛深入开展，省委、省政府号召全社会都来关心扫盲工作，省政府还批准由省教委、省委宣传部等11个部门领导组成福建省扫除文盲工作协调小组，并拨出200万元专款支持扫盲工作。全省各地采取各项积极措施，大力扫除文盲，成效显著。全省共扫除文盲19.27万人，比1989年多扫盲13.73万人，为10年来全省扫盲取得的最好成绩；脱盲后参加巩固班学习结业7.11万人，参加业余高小班学习毕业8.28万人，均创历史最好成绩。省教委副主任王昕在全国扫盲工作会议上作了典型发言。

三、自学考试成果喜人

福建省于1983年开展自学考试工作，先后开考了汉语言文学等3个大学本科专业，英语等23个大学专科专业和金融等7个中专专业。到1990年底，已举行15次全省规模的高教与中专自学考试，每次开考课程均在100门以上，报考人数都在4万人左右。累计有15万多人参加了考试，已有18人获得大学本科毕业证书，11411人获得大学专科毕业证书，134人获得中专毕业证书，此外，全省还颁发了37万多张单科合格证书。

四、广播电视教育稳步发展

1990年，福建省广播电视教育在治理整顿中主动适应经济建设的需要。大专学历教育注意调整专业结构，发展社会急需的专业，1990年，共招新生3014人，比1989年增加635人，其中新开设机电、硅酸盐等7个专业，招收新生2655人。全省县级电大大专学历教育在校生数超过100人的有18个县、市。中专学历教育注意面向农村办学，办学布点遍及全省9个地（市）、29个县（市）、33个乡（镇）。1990年，共招新生2223人，比1989年增加544人。省广播电视大学还积极开展各种非学历教育，招收学员9484人。岗位培训、专业技术培训的项目、种类、招生人数都较往年有大幅度增加。

各地广播电视教育机构普遍加强了对办学和教学工作的管理。增加了教师和管理人员；积极开展教学研究，1990年先后组织各种形式教研活动12次；组织编写各类课程辅导材料和制作各种音像教材；组织教师深入基层教学点开展教学辅导；认真落实教学的各个实践环节，把好质量关。

1990年，全省广播电视教育机构的自身建设也得到进一步加强。经省政府批准成立了全省第一个县（市）的电大分校——永安分校。三明电大分校与三明业余大学实行联合办学。

撰稿人　杨炳明　张凯民
　　　　吴仁华　戴　颖
审稿人　傅宗弼

江西省教育

概况

1990年各类普通学校基本情况

单位：人

	学校数（所）	毕业生数	招生数	在校学生数	教职工数 计	其中：专任教师
总计	37994	1590966	1699560	6909563	438238	367807
一、研究生	(11)	215	137	479		(381)
其中：省属学校	(6)	163	103	367		(309)
二、普通高等学校	30	13616	17103	56608	25561	9076
其中：省属学校	23	9854	13204	42559	18606	6570
1.国家任务		12850	16456	53810		
2.委托培养		336	279	653		
3.自费生		370	327	2051		
4.干部专修科		20		13		
5.教师本专科		40	41	81		
三、普通中等学校	3232	541547	719723	1986410	154002	118959
1.中等专业学校	102	21040	22364	61675	14347	6442
其中：省属学校	91	18435	19328	52375	11511	5336
中等师范学校	30	9323	8854	26754	3669	2096
2.普通中学	2801	490162	643425	1807751	127304	105006
高中	555	83917	87603	262252		19251
初中	2246	406245	555822	1545499		85755
3.农业、职业中学	326	30316	53912	116927	12262	7474
高中	280	23866	43273	91738		6311
初中	46	6450	10639	25189		1163
4.工读学校	3	29	22	57	89	37
四、小学	29894	860228	754079	4502250	238620	224063
五、特殊教育学校	11	98	224	1195	257	217
六、幼儿园	4827	175262	208294	362621	19798	15492

1990年各类成人学校基本情况

单位：人

	学校数（所）	毕业生数	招生数	在校学生数	教职工数	
					计	其中：专任教师
总　　计	5098	252363	344230	481272	59442	6198
一、成人高等学校	27	11083	12683	33823	4732	2165
其中：省属学校	23	9148	10455	27264	4103	1910
1.广播电视大学	1	1815	4092	7479	855	489
2.职工高等学校	16	1931	1529	4554	1352	761
3.农民高等学校						
4.管理干部学院	3	929	769	1556	1093	240
5.教育学院	7	2490	2100	7783	1432	675
6.独立函授学院						
7.普通高等学校举办						
函授部	(10)	3437	3497	10322		
夜大学	(9)	481	696	2129		
二、成人中等学校	763	118970	126383	169639	6264	3381
1.成人中等专业学校	162	6822	11318	28215	4557	2493
广播电视中等专业学校	2		1093	1532	65	24
干部中等专业学校	5	166	165	350	245	99
职工中等专业学校	63	3693	3616	10400	2267	1227
农民中等专业学校	2			12		
教师进修学校	90	2963	6444	15921	1980	1143
2.成人中学	117	16125	25627	33492	859	499
职工中学	108	15844	24723	31675	836	491
农民中学	9	281	904	1817	23	8
3.成人技术培训学校	481	96023	89438	107932	848	389
职工技术培训学校	95	22701	24480	29617	481	303
农民技术培训学校	389	73322	64958	78315	367	86
三、成人初等学校	4308	122310	205164	277810	4159	652
1.职工初等学校	16	670	797	1037	16	14
2.农民初等学校	4292	121640	204367	276773	4143	638
其他教育事业					44287	

在1990年2月25日至28日召开的省教委1990年工作会议暨全省中小学德育工作会议上，确定了全年教育工作总的目标：抓好两项任务、一个重点、三项建设、四项改革。两项任务是，纠正10年来的最大失误，加强各级各类学校的思想政治教育，维护安定团结的政治局面；认真贯彻党的十三届五中全会的方针，促进教育事业持续、稳定、协调发展，努力提高教育质量。一个重点是大力加强基础教育。三项建设是师资队伍建设、办学条件建设、教材建设。四项改革是教育管理体制改革、农村教育综合改革、教育内部管理改革、招生分配制度改革。按照这一目标，全年做了以下几项主要工作：

一是坚持社会主义的办学方向，切实加强学校思想政治工作。

各级各类学校进一步加强了学校的思想政治工作，坚持把德育工作放在学校一切工作的首位，加强了党的领导，加强了思想政治工作队伍的建设，形成了思想政治工作的合力。对广大师生广泛开展了坚持四项基本原则、反对资产阶级自由化以及社会主义、集体主义、爱国主义、革命传统和社会实践等方面的教育，并把思想政治教育与建设优良校风和学生行为准则、规范养成教育相结合，在教职工中深入开展了教书育人、管理育人、服务育人活动，把思想政治工作渗透到各项教学活动和业务领域中去。全省高校开展的以“五有十无”为中心的大规模校风检查，形成了全省高校思想政治工作的一大特色。中小学围绕加强爱国主义教育，组织开展了国情教育，纪念鸦片战争150周年等一系列活动；在全省范围内开展了学雷锋、学赖宁活动的评比；在全省评选“三好”学生和优秀学生干部，表彰了优秀班主任、辅导员和团、队干部。结合江西老区特点，革命传统教育走上了系列化、制度化、规范化、深入持久的轨道；学校、社会、家庭教育网络逐步形成。从而，把全省学校思想政治工作和德育提高到一个新的水平。教育战线局势稳定，正气上升，育人环境有了改善，广大教职工和青少年学生的精神面貌发生了可喜变化。

二是坚持教育改革的探索，促进教育的发展与提高。

在管理体制上，按照中央的决策，对基础教育实行“县、乡两级办学，县、乡、村三级管理”的体制和鼓励先进、扶持“老、山、边”贫困地区的政策，极大地调动了各级政府和广大人民群众办学的积极性，使基础教育的面貌在短期内发生了深刻变化。高等教育在加强计划管理和宏观调控的同时，扩大了高校的管理权限，增强了高校的办学活力。

在教育结构上，继续适度降低教育重心，对高等教育适当控制规模和速度，不断优化结构，提高教育质量和办学效益。1990年，省属高校招生较1989年仅增长 0.7%，研究生招生增长 8.7%，增设了 6 个急需的专科专业，扩大了工、农、林、政法科类的招生比例。同时，把工作重点放在大力发展职业技术教育和巩固普及小学教育成果，积极推进初等义务教育上。农职业高中招生和在校生人数分别较1989年增长10.7%和9.6%。职业技术教育高中阶段招生和在校生人数分别占高中阶段的47.3%和42.5%，较1989年提高 1.22个百分点和 2.79个百分点。各地兴办了一批很有特色的示范性农职业技术学校；在弋阳、宜丰等县、市进行“三教统筹”、农科教结合的农村教育综合改革试验，取得了成功经验，促进了当地经济的发展。9 月中旬，召开了全省深化农村教育改革暨进一步改善中小学办学条件工作会议，总结交流近几年农村教育为当地经济建设服务的经验，研究了深化农村教育改革的方向与步骤，部署了在 1991 年初对学校德育和劳动技术教育、校园建设、义务教育“五率”、农村职业技术教育、扫盲教育等六个方面进行检查。全省在基本普及小学教育的基础上，根据各地普及基础不平衡的实际和一部分薄弱地区小学在校生流失率偏高的现状，在提高、充实师资和完善办学条件的同时，继续对普及小学教育的“四率”进行检测评估，把中小学在校生巩固率列入各地政府的目标管理，以实现更扎实、更高标准的普及，并采取有力措施，使小学、初中生流失率有了较大幅度的下降，为实施义务教育打下了良好的基础。初中招生和在校生人数较1989年增长 5.2%和 3.7%。小学适龄儿童入学率达 98.2%，巩固率达 98.1%，毕业率达95.6%，创本省历史最高水平。

在招生、分配制度改革方面，扩大了定向招生的比例，农业院校专科及中专实行单独报考、单独划线录取和将招生指标分到县等措施，有利于为全省农业开发总体战和老区脱贫致富培养人才。招生考试、阅卷、录取办法进一步得到完善。高校毕业生分配采取的增人增资、行业包专业、地区包生源、按职工总数2％接受毕业生、毕业研究生不受编制限制、师范院校毕业生一次性分配到教育战线工作、优生优分等措施，解决了毕业生出口不顺问题，保证了教学、生产第一线的需要。

三是坚持多渠道筹措教育资金，继续改善办学条件。

教育经费有所增长，各项筹集教育经费措施逐步得到落实。1990年，全省预算内教育事业经费83658.8万元，较1989年的75641.3万元增长8017.5万元，增长10.6％，比省财政收入增长8.4％高出2.2个百分点；各类学校生均经费比1989年也有提高，普通高校由1905元提高到2102.8元，中学由149元提高到164元，小学由68.2元提高到81.2元。

1990年，教育事业经费尽管实现了两个增长，经费总数也比1989年增加8017.5万元，但比全省各类学校新增加教师、教师职称评定、晋调工资等增加人头经费9055.5万元还少1038万元。因此，教育事业经费中公用经费比1989年减少1038万元，公用经费比例由1989年的23.96％下降到20.43％。

调整高校基建投资结构，加快了高校教工住房建设。1990年，省教委共安排省属高校基建投资2564万元，施工面积16.4万平方米，竣工面积7.6万平方米，其中教工住房竣工2.73万平方米，逐步缓解了教工住房紧缺的矛盾。

集资改造中小学危房和校园“六配套”建设取得显著成效。1990年，全省通过各条渠道筹集中小学校舍修建资金3.56亿元，新建、改建、维修校舍面积272.57万平方米。全省中小学危房比例由1989年的2％下降到0.62％。校园“六配套”乡(镇)累计818个，占全省乡镇总数的44.2％。

四是重视师范教育，加强了师资队伍建设。

全省招收中学教师学历培训13200人(高师卫星电教10000人，教育学院等3000人)，招收小学教师学历培训6444人。与此同时，中小学教师、校长的非学历培训工作进一步开展，1990年有3万人次参加中小学教师专业证书考试；参加各种专题短训学习共4万人次；举办中小学校长培训班7次，有350人参加学习。1990年，高中教师学历达标率达35.5％，初中达44.6％，小学达67.1％。全省普通高校实行了青年教师岗位证书制度，有300人取得了岗位证书，走上教学岗位第一线。这项工作得到国家教委肯定，并在华东地区各省推广。

为了改善教师的工作条件和生活待遇，继续划拨专项指标用于解决长年坚持在农村教学第一线的骨干教师家属子女“农转非”；从中师招生计划中划出30％的比例招收民办教师；民办教师报酬实行乡(镇)统筹；进一步完善民办教师管理和退养制度；对解决教师工资、住房、公费医疗、职称评聘等，继续实行倾斜政策；在全社会广泛开展尊师重教活动，表彰奖励优秀教师等。广大教师心情舒畅，以极大的热情投身到教育改革中去，涌现了一大批教书育人、为人师表的优秀教师和先进工作者。

经过一年来的艰苦努力，全省教育工作形成了主要工作重点突出、各项工作齐头并进的大好局面。1990年全省教育工作获得全面丰收，许多方面得到国家教委等中央部门的表彰和肯定。多渠道筹措资金改善办学条件工作，由于成绩比较显著，受到了国家教委、财政部、国家计委、农业部的表彰奖励。1990年12月四部委召开表彰大会，省政府领导同志在大会上介绍了经验，大会给省政府颁发了奖旗，并发给奖金300万元，连同7月财政部奖励200万元，共500万元。在郑州召开的全国民办教师工作经验交流会上，江西省作了发言，介绍了临川、永丰、遂川三县抓民办教师整顿，建立民办教师福利基金、实行民办教师养老保险等经验。12月中旬，在江西抚州召开了全国教育电视台工作现场会，推广江西建设地方教育电视台站和管理经验。

撰稿人　李国祥

基础教育

全省基础教育在各级政府的重视下，进一步得到充实和加强。在巩固、提高普及小学教育成果，因地制宜、量力而行地发展初中的同时，继续控制高中的发展，重点放在有计划、分步骤地实施义务教育，加强学校思想政治工作，改善办学条件。1990年，全省高（完）中较1989年减少11所，在校学生较1989年减少0.13万人；普通初中较1989年增加5所，在校生较1989年增加5.49万人，是近10年来在校学生最多的一年；小学较1989年减少1412所，在校生较1989年减少25.28万人，小学生减少的原因主要是计划生育后生源减少；幼儿园较1989年增加307所，在园幼儿是本省人数较多的年份之一；特殊教育学校较1989年增加3所，在校学生较1989年也有发展。

1990年的基础教育工作，着重抓了以下几项工作：

一、接受国家教委对江西省中小学教育工作进行五项督导、检查

国家教委赴江西省的“五查”组一行10人，在山东省政府顾问马长贵率领下，于5月7日正式开始工作。“五查”组和省教委的同志一起组成两个小组，分别到了九江、景德镇、南昌市和上饶、抚州、赣州、吉安、宜春地区，在22个县市察看了108所学校，所到之处就“五查”的内容和各级政府的领导、乡村干部、校长、教师、学生、家长广泛进行接触，座谈讨论，交换意见。5月21日，“五查”组向江西省人民政府报告了五查情况，认为江西省的各级领导对贯彻国家教委《关于对中小学教育工作开展五项督导检查的通知》是认真的、积极的，也取得了显著成效。对于江西省中小学教育工作五个方面总的情况表示满意，特别是对中小学校舍危房改造工作和近年来控制中小学生流失取得的成绩给予了高度评价。

二、切实加强中小学校思想政治工作

年初，省教委和省委宣传部联合召开了全省中小学校德育工作会议，表彰了33所德育先进学校和145名德育先进工作者。会后，联合制订下发了《关于加强和改进江西省中小学德育工作的通知》。

1990年，全省中小学德育工作把爱国主义教育作为一项主要内容来抓。一年来，围绕加强爱国主义教育，在中小学组织开展了国情教育、纪念鸦片战争150周年、北京亚运精神教育等一系列活动。配合活动的开展，组织编写了《中国、屹立于世界民族之林——国情读本》和《鸦片战争风云录》。为了推动各地纪念鸦片战争150周年活动的深入开展，省教委组织了报告团赴各地市，为中小学校举办“鸦片战争及近代中国”专题报告会，并在各地广泛开展活动的基础上，举办了全省纪念鸦片战争150周年中学生讲演比赛以及全省中小学纪念鸦片战争150周年学术讨论会。

学雷锋、学赖宁是在全省中小学生中广泛开展的又一项活动。3月，省教委下发了《关于在全省中小学中开展学雷锋活动的通知》，编写了学习材料，并在全省范围内开展了学雷锋活动的评比，全省评选出11名学雷锋积极分子标兵，举办了全省中小学学雷锋、学赖宁活动图片展览，使全省中小学掀起了90年代学雷锋的新高潮。为了加强优秀班主任和“三好”学生评选表彰工作，制订了《江西省中小学三好学生、优秀学生干部评选条例》、《江西省中小学优秀班主任评选条例》，并于当年评选了省“三好”学生、优秀学生干部437名。

江西是著名的老革命根据地，革命传统是十分宝贵的精神财富，为了充分发挥这一精神宝库的优势，召开了全省中小学革命传统教育座谈会，在广泛认真调查研究的基础上，努力从江西的实际出发，制订下发了《关于在中小学中加强革命传统教育的意见》，使革命传统教育的各项制度得到进一步的完善，革命传统教育走上了系列化、制度化、规范化、持之以恒、深入持久的健康发展道路。

三、积极推进义务教育，控制中小学流失生

在积极宣传、贯彻义务教育法的过程中，狠抓了普及小学教育的巩固提高。经地市验收，全省101个县、市、区已基本普及小学教育，但鉴于各地普及教育基础不平衡和一部分地区小学在校生流失率偏高的现状，在提高、充实师资和完善办学条件的同时，继续抓了普及小学教育的“四率”检测评估，以实现扎扎实实、更高标准的普及，努力完成实施初等义务教育的任务。一年来，全省各地认真执行省教委制订的《关于巩固提高小学教育普及水平检测指标要求》，把普及小学教育推向了一个新的台阶。

在中小学流失生近几年逐年下降的良性发展趋势的基础上，1990年提出了小学不超过3％、初中不超过5％的流失率控制目标。为完成这一任务，省教委一年之中4次行文或发明传电报，委领导多次下基层检查督促，有关业务部门组织了对宜丰等19个类型不同的县进行抽样调查，研究提出综合治理措施。并把控制流失生目标逐级分解到地（市）县（区），责任到人，建立和坚持对流失生的检查和报告制度。省教委在工作中注意抓好两头：巩固先进地区，注意帮助薄弱地区。一年来，全省教育部门上下一致，采取有力措施，小学、初中生流失率有了较大幅度的下降，小学生流失率由1989年的3.5％下降为2.03％，初中生流失率由1989年的7.78％下降为4.07％，超过了原来预定的目标管理要求。

鉴于全省农村小学复式教学面比较大的现状，注意面向农村，着手抓了复式教学的总结工作。召开了江西省复式教学汇报会和全省复式教学工作会等两次专门会议，制订了《江西省农村小学复式教学管理暂行条例》和《江西省农村小学复式教学常规》，使全省复式教学工作走上健康发展的轨道。

为了适应以乡（镇）为单位宣布实施义务教育，从1990年开始，在教学仪器的配备上，由以校为单位装备改为以乡（镇）为单位配备，并单独划出120～150万元的教学仪器经费，重点装备当年宣布实施义务教育的乡镇。

1990年，全省义务教育规划的执行情况是好的。整个工作积极、稳妥，各地对于实施义务教育更加主动。至年底止，全省累计已有13个县（市、区）和600个乡镇依法宣布实施小学阶段的义务教育，超过了原定规划544个乡镇的指标。

四、继续抓好中小学危房改造和校园配套建设

为了实现在三五年内，全省中小学危房比例每年稳定在1％以内，消除一、二类危房，逐步改造土木结构的老校舍，建成一批标准化学校的目标，针对少数地方对危房改造和校园“六配套”建设存在松劲、畏难情绪的情况，省政府于5月初发出通知，要求各地、各部门进一步加强领导多方集资，继续改善中小学办学条件。省教委着重采取了五项措施：一是会同省计委、财政厅、建设厅制订《关于进一步加强领导，多渠道筹集资金，继续改善中小学办学条件若干问题的意见》，确定一年内的工作目标任务和政策措施，由省政府转发。二是召开专员、市长会议研究中小学危房改造和校园配套建设问题。三是争取中央、省专项下达中小学校舍修建补助经费和投资2074万元。四是每季度召开一至二次全省校建工作汇报交流会，及时掌握各地的进展情况。五是通过抓新建县三个月完成三年的计划实现校园"六配套"的典型，推动全省校园"六配套"建设。由于采取这些措施，1990年的中小学危房改造和校园"六配套"建设在原有基础上向前推进了一大步。

五、体育卫生工作

坚持把"两课、两操、两活动"作为实施体育教学的基本要求，省教委领导和业务部门的同志下地、县和学校，经常注意检查和督促"两课、两操、两活动"的落实。积极推行中学生体育合格标准，严格把关，表扬了好的单位和个人，对执行过程中标准不高、要求不严的6个地、市及11所中学进行了批评，并派专人去学校帮助整改，提出了进一步搞好这项工作的六项措施。结合北京举办亚运会的宣传，大力开展了《学校体育工作条例》的宣传教育。

为了表彰长期在农村学校体育教学工作中作出贡献的教师，省教委、省体委联合在全省开展了农村学校百名优秀体育教师评选活动，共评出了101名农村学校优秀体育教师，并在南昌召开表彰大会，对优秀体育教师进行了表彰奖励。

撰稿人　何少加

职业技术教育

1990年，江西职业技术教育本着稳步发展、注重质量、努力为当地经济建设服务的办学原则，取得了可喜的成绩。

一、农职业中学发展较快

农职业中学较1989年增加4所；招生较1989年增加5207人，增长10.7%；在校学生较1989年增加10268人，增长9.6%，是最近几年发展最好的一年。

农职业中学中，高中较1989年增加2所；招生较1989年增加4388人，增长11.3%；在校生较1989年增加8904人，增长10.7%。初中较1989年增加2所；毕业生较1989年增加27人；招生较1989年增加819人；在校生较1989年增加1364人。

围绕全省农业开发总体战略目标的实施，农村农职业中学有较快发展，学校210所，较1989年增加5所；招生32145人，较1989年增加3923人；在校生68322人，较1989年增加6923人。在农职业高中阶段，增设本省急需的、实用的科类、专业，填补了政法等科类的空白，到1990年，工科、农科、林科、医药、财经、政法、体育、艺术等12大科类齐全。农村职业教育中，农、林科专业发展较快，招生19413人，较1989年增长20.8%，在校学生38569人，较1989年增长14.5%，为全省农业经济的发展培养了大批农业技术人才，初步形成了一个具有江西特色的农村职业教育体系。

1990年，重点抓了以下几方面的工作：

1. 认定首批省级重点职业高级中学。按照国家教委规定的《省级重点职业高级中学的标准》，结合本省的实际，评选出首批省级重点职业高级中学7所：南昌市第一职业中学、景德镇市陶瓷职业技术高中、萍乡市宣风职业中学、崇义县农林技术学校、泰和县职业技术高级中学、奉新县冶城职业中学、弋阳县农业技术学校。

2. 按照国家教委的部署，在省内开展了全国职业技术教育先进单位和先进工作者、科教兴农先进学校、回乡务农优秀毕业生的评选活动，汪强、朱金粟等10人被评选为全国职业技术教育先进工作者；宜丰县教育局、江西银行学校等6个单位被评选为全国职业技术教育先进单位；奉新县冶城职业中学、弋阳县农业技术学校、萍乡市宣风职业中学被评为科教兴农先进学校；曾文葛、钟小方、黄学辉被评为回乡务农优秀毕业生。

3.开展了评选首批职业中学“三好”学生、优秀学生干部活动。全省有120名职业中学学生被评为省“三好”学生，24名被评为省优秀学生干部。对被评为省职业中学“三好”学生、优秀学生干部的学生，省教委规定：(1)在招工招干时，予以优先录用或聘用，对其中回乡参加农业生产、开展技术服务或自谋职业的，积极给予扶持。(2)保送一部分到江西农业大学、南昌职业技术师范学院对口专业深造。1990年，有55名省职业中学“三好”学生、优秀学生干部被保送到江西农业大学、南昌职业技术师范学院对口专业深造。

4.对职业中学在职教师进行了培训。为了提高农职业中学专业教师教学水平，使他们了解和掌握当前农业生产的新技术，更好地担当起农业新技术的教学与推广任务，促进农科教结合和“三教”统筹，省教委在江西农业大学举办了全省农职业中学农业新技术师资培训班，有59名教师参加了培训。1990年7月，省教委根据农职业中学对专业教师的需求，在江西农业大学设立了农村职业教育系，成为全省农村职业中学专业教师的一个培训基地。

5.组织编写了部分职业中学专业教材。为抓好全省职业中学专业教材建设工作，提高职业中学的办学质量，省教委职业技术教育处、省科技出版社并邀请省新华书店于1990年12月13日至16日在南昌市召开了全省职业中学专业教材建设工作座谈会。这次会议总结交流了本省职业中学专业教材建设工作经验，部署了教材编写工作，制订了教材建设近期规划。会议提出，力争在二三年之内编写出适合省情的农、林、牧等几类专业配套教材。会上布置了《农业气象》、《食用菌栽培》、《土壤肥料》、《遗传育种》、《农畜产品加工》等10种教材的编写任务。

6.召开了全省深化农村教育改革暨进一步改善中小学办学条件工作会议。这次会议，于1990年9月12日至15日在南昌市召开。会议提出，深化农村教育改革，要使农村教育“转轨上台阶”。基础教育要引进职业技术教育因素，普通中小学要在学好文化基础课的同时，按教育计划和大纲的要求，开好劳动技术课。各县要在3年内办好1所能起骨干和示范作用的农职业中学。要办好乡镇农民文化技术学校，开展实用技术培训，实施“燎原计划”，大力扫除文盲。省要继续抓好宜丰、弋阳、宁冈、井冈山等县市的农村教育综合改革试验，各地、县也要选择一批县、乡、村、校作为试点单位，通过试验，推动工作。

二、中等专业教育在改革中稳步发展

全省有中等专业学校(不含中师)72所，其中工科25所，农科10所，林科2所，医药13所，财经11所，政法5所，体育3所，艺术2所，其他1所，在校学生34921人。教职工10678人，其中专任教师4346人。专任教师中，有高级讲师561人，讲师1337人。根据全省经济和社会发展的需要，1990年省人民政府批准新办了江西省旅游学校、江西省人民武装学校；省教委批准新增了饭店服务与管理、人民武装、麻醉医士、轻工企业管理等短缺专业；拓宽了综合统计等一些专业的专业面；对省物资、出版等学校招收高中毕业生、学制二年的部分专业改为招收初中毕业生，学制四年，逐步理顺中等专业教育的学制关系。

为了进一步深化中等农业教育改革，省教委和省农牧渔业厅3月联合召开了全省中等农业教育深化改革会议。会议传达了农业部、国家教委召开的全国农业中专深化改革现场会议精神和全国燎原计划与农村教育改革实验县会议精神，总结了1988年本省4所农校招收不包分配班的经验，研究了如何发挥中等农业学校在农、科、教结合，为发展农业作贡献的骨干作用问题。会议商定樟树农业学校1990年招收一个不包分配园艺专业班,指标到县,面向园艺场的职工子女和农村从事园艺工作的专业户。会后,省教委下发了《关于我省农林中专和农职业中学深化教育改革、做好科技兴农工作的实施意见》的通知。

根据国家教委关于"各省、自治区、直辖市教育行政部门对本地中等专业学校应定期进行检查和质量评估"的精神,省教委于6月组织了3个检查组对10所中等专业学校的全面工作进行了检查,并抽考了政治、语文、数学3门课程。通过检查,发现了典型,总结了经验,也看到了存在的一些问题,经与主管部门交换意见,将逐步予以解决。

撰稿人　邓弘　熊焰

高等教育

1990年,全省高等教育工作,根据"坚持方向,稳定规模,优化结构,深化改革,改善条件,提高质量"的方针,围绕坚持社会主义办学方向,加强党的领导,强化思想政治工作,培养德、智、体全面发展的社会主义接班人和建设者这个中心任务,重点抓了优良校风的建设、高校的充实整顿、搞好社会实践和科技兴农等几项工作。

一、坚持社会主义方向,加强党的领导,把德育放在第一位,促进高校稳定向上局面的发展

根据全国高校党建工作会议精神,省委进一步强调了高校党委的领导地位,发挥党组织在学校中的政治核心作用;进一步明确了高校仍然实行党委领导下的校长负责制,学校的发展规划、重大改革措施、师资队伍建设、主要机构设置和学校工作计划等重大问题通过党委集体讨论决定,然后由校长统一组织实施、全面负责;进一步采取了措施加强高校党的建设,提高党员的政治素质,发挥基层党组织的战斗堡垒作用。同时,省委作出决定,继续坚持不定期研究高校的重大问题的制度,建立省委领导同志联系高校的制度,确定省委书记毛致用联系江西农业大学,省委副书记、省长吴官正联系江西大学,省委副书记刘方仁联系江西师范大学,省委副书记、副省长蒋祝平联系江西工业大学。

高校普遍加强了思想政治工作,通过一系列专题思想政治教育和以思想教育为主的清查清理工作,开展向优秀大学生欧阳泉平学习,表彰优秀青年教师等活动,高校局势更加稳定,学生思想的转变取得明显效果,健康的政治空气开始在高校占主导地位。积极学习马列主义、毛泽东著作,政治上要求进步的人数不断增加,学雷锋、树新风在高校蔚然成风。据32所高校统计,1990年成立学马列、读好书小组1418个,参加学习的达2.43万人,占在校学生总数的43.4%;建立学雷锋活动小组1479个,参加活动的达3.55万人,占在校学生总数的63%;举办业余党校培训班346期,培训师生1.44万人次;学生写申请书要求入党的4923人,已有497人光荣加入了中国共产党。

二、开展以"五有十无"为主要内容的校风建设活动,把师生主要精力集中到建立良好教风学风,搞好教育改革,提高教育质量上来

在总结近几年高校校风建设经验的基础上,省教委于1990年9月发出了《关于在全省高校深入开展校风建设活动的意见》,明确提出在全省高等学校中开展以"五有"(有健康的政治空气,有良好的教风学风,有严明的校规校纪,有优美的校园环境,有扎实的领导作风)、"十无"(无聚众喧哗,无张贴大小字报,无传播、复制、观看、贩卖反动、淫秽书刊和声像制品,无非法组织活动和非法刊物，无考试舞弊，无赌博，无酗酒，无打架斗殴，无师生个人经商，无故意损坏公物）为主要内容的校风建设活动，把全省高校校风建设提高到一个新的水平。

通过一年来的校风建设，全省高校发生了可喜的变化：高校局势持续稳定向上，各种不安定的因素及时得到消除；学生的学风明显好转，厌学情绪得到较好地克服，组织纪律性不断增强，绝大多数学生能够做好"五按时"（按时起床、按时早操、按时上课、按时自习、按时就寝），屡禁不止的打架斗殴、酗酒赌博、考试舞弊、恋爱越轨等歪风邪气基本刹住；教师教书育人和教风建设有了新的发展，绝大多数教师与学生班组、寝室、社团建立了联系，主动做学生工作；领导作风有了很大转变，普遍重视了以党风带校风，以教风促学风，层层落实责任制，齐抓共管建校风，领导深入基层、机关服务基层逐渐形成自觉行动；学校治安环境和校容校貌有了很大改变，学生宿舍、教室和校园脏、乱、差得到治理，违章建筑、乱停车辆、放养鸡鸭、乱种作物等现象得到处理，校园绿化、美化程度有了提高。

为了进一步推动校风建设活动深入开展，省委宣传部、省教委在1990年12月至1991年元月组织了校风检查评估组，对全省32所高校的校风建设进行了检查评估，总结了经验，找出了问题，评出了一批先进典型，对在校风建设中取得优异成绩的江西农业大学、九江师范专科学校、江西财经学院、抚州师范专科学校四校给予了重奖，对取得优良成绩的江西工业大学等八校给予了表彰。

三、搞好充实整顿工作，调整高教结构，促进高教事业持续、稳步、协调发展

根据中央关于治理整顿的精神和国家教委关于高校充实整顿的要求，省教委会同有关部门在第一季度抽调了18名同志，先后到江西农业大学、江西大学和抚州、吉安地区，就高校充实整顿和深化改革问题，进行了为时一个半月的调查研究，与学校共同商定了充实调整工作的方案。特别是对高等农业教育问题，与江西农业大学领导、干部和教师一起进行了研讨，对该校专业调整和招生、分配制度的改革提出了具体方案。在此基础上，省教委对全省高校充实整顿方案进行了修订，对四所办学条件太差的高校和少数长线专业停止了招生，责令其充实整顿。

一年来，全省高校办学条件普遍有所改善。在事业经费方面，1990年高校生均经费为2102.8元，比1989年增长9.4%，其中公用经费比1989年增长6%；同时高校普遍开展了"双增双节"活动，特别是节能工作成绩突出，据34所高校统计，1990年水、电、煤开支，比1989年节约100余万元。在基建投资方面，1990年省属高校基建投资比1989年增长4.4%，新增房屋面积近10万平方米。在仪器设备和图书资料方面，1990年全省高校实验室仪器设备总值13135万元，比1989年增长8%；馆藏图书981.3万册，比1989年增长1.6%。在师资队伍建设方面，总体上有所提高，教授、副教授占教师总数的比例，由1989年的19.1%上升到1990年的23.9%；各校普遍重视了青年教师工作，通过思想政治教育、下基层锻炼和开展岗位培训（省高师师资培训中心一年来举办青年教师岗位培训班6期，培训了310人），青年教师的思想、业务都有很大提高。

1990年，全省普通高校继续稳定了招生规模，缓解了部分高校超负荷运转的矛盾。招生人数较1989年增长1%，其中省属学校增长0.8%；在校学生较1989年增长6%，其中省属学校增长8%。高教结构经过调整，增加了农、林、政法科类的招生比例，专科招生人数占招生总数的比例较1989年增长3.3个百分点。

四、贯彻教育与生产劳动相结合的方针，搞好社会实践，开展科技兴农活动，逐步建立教学、科研、生产三结合的体制

各高校普遍重视了组织学生参加社会实践和生产实习，并作为促进学生理论联系实际，扩大知识领域，与工农群众相结合，培养社会主义建设合格人才的一项重要措施。暑期组织了5万余人参加以“兴赣富民、科技兴农”为主题的社会实践活动。同时根据教学的要求改进了生产实习（临床实习、教育实习）工作。为了改进和加强高等学校社会实践和生产实习工作，省人民政府发出《关于加强高等学校社会实践和生产实习工作的通知》，规定本科生在校期间参加社会实践和生产实习时间为4～6个月，3年制专科生为3～4个月，2年制专科生为2～3个月。确定160个单位为高校第一批校外实践实习基地，其中县(市)35个，厂矿48个，农、林场11个，事业单位56个，其他单位10个。要求高校加强对实践实习工作的领导，选派得力干部、教师带领学生下去，严格要求，严格训练，严格考核，凡考核不及格的学生，不发给毕业证书。同时要求接受实践、实习的单位，要把配合学校培养人才、搞好实践实习工作作为自己份内的重要职责，要妥善安排师生的实践实习活动和生活，重视师生的安全与健康，努力改善食宿、学习、劳动保护、卫生等方面的条件。

根据省委、省人民政府关于大力开展科技兴农的精神，省教委于4月份作出《关于高等学校积极开展科技兴农的决定》，下半年又先后发出《关于鼓励高等学校教师、科技人员为科技兴农服务的几点优惠办法》、《关于全省高校为科技兴农定点县深化教育改革服务的意见》等文件。这些文件，对高校开展科技兴农提出了要求，并且作出了一些政策规定，鼓励广大教师为科技兴农作贡献。文件规定，凡获得省科技兴农特别奖、一等奖者，可直接晋升高一级技术职务，获得二、三等奖者，在评聘技术职务时可考虑优先晋升或破格晋升。一年来有25所高校确定了42个科技兴农定点县，3000余名师生奔赴农业生产第一线开展了各种服务，为发展农业生产作出了一定贡献。

撰稿人　梁必骞

成人教育

一、农民教育

(一)加强对扫盲工作的领导

1990年是国际扫盲年。1月8日，副省长张逢雨召集省教委等10个部门的负责同志参加中央10部委召开的电话会议。2月22日，省长办公会听取了省教委关于扫盲工作汇报。会议确定：由分管教育的陈癸尊副省长发表电视讲话，并在全省范围内开展多种形式的扫盲宣传活动，以造成声势；把扫盲工作列入各级政府目标管理，落实责任制；在扫盲的同时，抓好普及小学教育，采取切实可行的措施，堵住新文盲的产生，并做好脱盲后的巩固提高，广泛开展实用技术培训。会议还确定，在近5年内，省财政在安排教育经费时，适当增加扫盲活动经费，1990年增加20万元。根据省长办公会议精神，3月5日省政府发出《关于加快扫盲工作步伐的通知》，要求全年扫盲13万，力争16万。为贯彻中央10部委电话会议精神和省政府扫盲工作通知要求，各地(市)层层召开了扫盲工作会或在教育工作会上对扫盲工作进行部署，以政府名义下达文件，分解指标，提出要求，实行“双线承包”，责任到人。许多地方还从实际出发，制定了乡规民约，督促扫盲对象参加学习。

(二)广泛进行宣传，实行齐抓共管

3月19日，省政府发出通知，成立全省

扫盲工作领导小组，由陈癸尊副省长任组长。各地也相继成立了相应组织。省妇女“双学双比”领导小组把扫盲作为一项重要内容进行考评。科协、农、林、老区建设办公室等部门举办各种实用技术班。文化、宣传、广播、影视部门也都积极予以配合。江西画报辟出了扫盲专栏；江西日报、电台刊登、播出了反映扫盲工作的文章和评论员文章；省电教馆会同中国教育电视台拍摄了扫盲工作电视片；省教委翻印了2万余份《扫除文盲工作条例》和《扫盲宣传要点》，发至乡、村张贴。各地还采取了多种形式，为扫盲造声势，扩大办学面，把扫盲基点落实到村，消灭空白点。

（三）解决扫盲经费

省教委、省财政厅于2月10日联合发出通知，就农民教育经费作出规定。要求“农民教育经费占教育经费的实际支出比例不低于2%，从预算内提取农民教育经费，列入普通业余教育经费、专项支出。农村教育附加费须有一定比例用于农村成人教育，一般不应低于3%”。为调动扫盲教师积极性，文件还规定：“从1990年起，每脱盲1人，经考核验收合格，可支付扫盲教师报酬10元，从划拨和筹集的扫盲经费中列支。”1990年，全省各地用于扫盲教育的经费达390多万元（不含省财政增拨的20万扫盲教育经费和扫盲专项补助经费15万元）。

（四）建立检查、报告及表彰制度

10月6日，省教委下发了《关于检查扫盲工作的通知》，11月组织了100余人对全省各地的扫盲工作进行了抽查。各检查组采用推荐和抽样相结合的办法，确定检查地点。这次检查，共抽查了17个县的34个乡镇。在上述乡镇中，参加考核人员4018人，1990年脱盲人员为4139人，占脱盲人员的97.08%，及格率为96.26%。经各地考核验收，1990年全省参加扫盲学习的31.6万人中，有20.48万人脱盲。并有100.15万人次参加了各种形式的实用技术培训。

12月19日～23日全国扫盲工作协调小组派出检查组，重点检查了江西的九江、宜春、新干、万载等县（市）的扫盲工作，参加了全省农村扫盲工作会，听取了各地（市）扫盲工作情况汇报，充分肯定了江西农村扫盲工作所取得的成绩。

为了表彰先进，省教委授予宜春、赣州、南昌、新余等地（市）为1990年扫盲先进单位；授予新建县等10个县为扫盲工作先进县；授予李超彬等101人为省扫盲先进工作者。

二、成人高等教育

（一）开展以“五有十无”为中心的校风建设活动

1990年，全省高校工作会议提出，要继续加强学生的思想政治工作，并确定在全省成人高校开展以“五有十无”（与普通高校同）为中心的校风建设活动。为了把这项活动搞好，省教委先后下发了《关于在全省成人高校开展校风建设活动的意见》、《江西省成人高校校风建设检查评估细则》。一年来，各校领导对建设良好校风十分重视，加强了领导，采取了有力措施，校风建设普遍取得了明显成效。广大教师教书育人，为人师表，以严谨的教风带动良好的学风建设。年底，省教委派出由39人组成的9个检查评估小组到独立设置的成人高校进行检查评估，评出江南财经管理干部学院、南昌飞机制造公司工学院、江西行政管理干部学院为校风建设先进单位。对在校风建设中取得优良成绩的江西广播电视大学、吉安地区职工大学、江西电力职工大学、江西省机械职工大学、新余钢铁厂职工大学、南昌市业余大学、抚州地区电大分校等7所成人高校也给予了表彰。

（二）对成人高校进行治理整顿

1990年6月，省教委在江南财经管理干

部学院召开了各类成人高校校长座谈会，传达了国家教委在上海召开的关于普通高等学校成人教育治理整顿会议精神。会后，下发了《关于我省普通高等学校成人教育治理整顿工作的意见》，要求全省各普通高校从成人学历教育、非学历教育和高等教育自学考试三个部分着手，按办学条件、规章制度、收费标准等11个方面进行治理整顿。治理整顿分自查、互查两个阶段进行，自查工作已于1990年结束，对发现的问题及时进行了处理。

(三)制订部分成人高等教育收费标准

省教委会同省物价局、省财政厅分别制订了江西广播电视大学、普通高校举办的函授和夜大学以及专业证书教育收费标准。文件规定：电大理工类全脱产学生每年学费为520元，半脱产480元；文科类全脱产学生420元，半脱产380元。普通大学举办的函授和夜大学收费标准为：函授的经常费用，理科类每生每学年收取250元，文科180元；夜大学的经常费用，理科类每生每年收取300元，文科类250元。函授和夜大学所需实验、实习费，理科类每生每年100元，文科类每生每年60元。关于成人高等教育专业证书的收费标准：理科类脱产学员每生每年950元，半脱产550元，业余350元；文科财经类脱产学员，每生每年为700元，半脱产450元，业余250元。

(四)各类成人高校毕业证书均实行验印

1990年，省教委对江西广播电视大学、江西行政管理干部学院1990届毕业生的毕业证书实行验印。同时，对这两所学校在1990年以前由学校颁发的毕业证书进行了审核。至此，凡由本省举办的各类成人高校所颁发的毕业证书已全部实行由江西省教委验印，未经验印的毕业证书一律不承认学历。

(五)制订成人高校设置标准

为了搞好成人高校的治理整顿，改善办学条件，根据国家教委关于成人高校的设置标准，在调查研究的基础上，草拟了《江西省管理干部学院、职工高等学校设置标准》、《江西广播电视大学分校设置标准》(讨论稿)。

(六)加强《专业证书》教育的管理

1990年经省教委、省人事厅审批，举办成人高等教育专业证书班79个，录取学员3770名。在举办专业证书教育中，各校严格按照条件审查学员入学资格，实行全省专业证书班入学统一考试。学习结束前，由省教委进行抽查考试，合格者，由省教委会同办班委托单位共同验印，以保证专业证书班的质量。

三、成人中等教育

(一)改革招生制度

从1990年开始，江西成人中等专业学校招生考试不分文理科，统一考政治、语文、数学三门课程。招生改革使成人中等专业学校生源回升，报考人数达8434人，完成招生计划的82%。

(二)对农业广播电视学校学员进行学历认定考试

根据国家教委、农业部《关于改革农业广播电视学校管理体制及有关问题的意见》，对中央农业广播电视学校1987级在校生4081人进行了学籍认定考试。同时，对农业广播电视学校各地(市)分校进行了入位调查。

(三)加强教学管理

根据国家教委《关于制订成人中等专业学校教学计划的原则意见》，结合全省实际，省教委制订了实施办法，并对全省成人中专开设的82个专业的教学计划进行了审订。增设了思想品德教育课。17个专业、学科教学协作组相继开展了教研活动。省教委还组织力量对各类成人中等专业学校所开设的学科进行了抽查考试。中华会计函授学校改由地方管理后，首届毕业的600余名学生也全部参加了省教委组织的抽考。通过抽考，促进了各校教学质量的提高。

(四)职工高中开展各种岗位培训

1990年，职工高中学生参加各种岗位培训的达 46826 人。

(五)举办专业证书班

1990年经省教委批准，有11个系统委托成人中等专业学校举办了17个专业证书班，录取学员 800 人。

四、高等、中专教育自学考试稳步发展

全省自学考试在原有开考 3 个本科、16 个专科、 7 个中专专业的基础上，根据社会需要和用人部门的要求，1990年增开了英语(本科)、财政、税收、会计(二) 4 个高教专业。全年报考人数共达117083人，275734人次，分别比1989年增长5.1%和5.9%；全年共有3766人获得大专毕业证书， 718 人获得中专毕业证书。此外，为满足全省广大考生自学用书的需要，健全和完善了教材资料供应发行制度，全年供应和发行考试教材资料290余种，计 30 多万册。

撰稿人 余印根 钟显东 张莱宗

审稿人 黄定元 周绍森 倪少成 胡寿根 李国祥

山东省教育

概　况

一、各级各类教育事业发展情况

1991年各级普通学校基本情况

单位：人

学校类别	学校数（所）	毕业生数	招生数	在校学生数	教职工数 计	其中：教师
一、普通高等学校	49	33870	35697	107861	46704	18377
研究生	(19)	766	664	2039		
本专科	49	33104	35023	105822	46704	18377
二、普通中等学校	7497	1256923	1401534	4066404	387405	285066
1.中等专业学校	236	35423	48634	148504	31634	16000
中等技术学校	170	20149	32925	102789	23845	11848
中等师范学校	66	15274	15709	45715	7789	4152
2.普通中学	6699	1151400	1254000	3673000	324027	249459
高中	693	161900	162100	473400		37492
初中	6006	989500	1093900	3199600		211967
3.农业、职业中学	562	70100	98900	244900	31744	19607
高中	510	67200	93900	232400		18538
初中	52	2900	5000	12500		1069
三、小学	61845	1448400	1580900	8182100	446395	414653
四、特殊教育学校	89	453	2196	8157	2405	1632
五、幼儿园	45733			2117500	105227	89552

1991年各级成人学校基本情况

单位：人

学校类别	学校数（所）	毕业生数	招生数	在校学生数	教职工数 计	其中：教师
一、成人高等学校	53	29317	32580	117693	12745	5164
广播电视大学	2	9968	9189	29369	3914	1509
职工高等学校	30	2912	3677	10508	4639	1764
管理干部学院	5	919	1366	3983	1233	432
教育学院	16	5948	5497	20936	2959	1459
普通高校举办						
函授部	(34)	6932	10446	43314		
夜大学	(33)	2638	2405	9583		
二、成人中等学校	2962	721217	572727	753433	25083	12875
1.成人中等专业学校	344	61806	59548	159356	16432	8090
广播电视中专	38	8018	10818	19005	677	401
干部中专	35	5810	4583	11627	1364	757
职工中专	131	22508	25430	58240	7709	3408
农民中专	21	2080	3784	7615	989	605
教师进修学校	119	23390	14933	62869	5693	2919
2.成人中学	77	11511	13179	16477	595	370
职工中学	56	10435	12085	14849	505	315
农民中学	21	1076	1094	1628	90	55
3.成人技术培训学校	2541	647900	500000	577600	8056	4415
职工技术培训学校	440	60300	55200	53300	2278	1305
农民技术培训学校	2101	587600	444800	524300	5778	3110
三、成人初等学校	35079	1296200	1213300	1396300	17588	7991
1.职工初等学校	380	31300	25800	28400	375	234
2.农民初等学校	34699	1264900	1187500	1367900	17213	7757
其中：扫盲班	15625	252500	206300	264900	6667	2775

二、全省教育工作会议

1990年3月17日至22日，山东省人民政府在济南召开了全省教育工作会议。各市地分管教育工作的市长、专员和教育局长(教委主任)，各大企业教育处长，省直有关部门负责人参加了会议。会议主要议题是：贯彻全国筹措教育经费、改善办学条件山东现场会和国家教委1990年工作会议精神；总结交流中小学德育工作，改善办学条件，加强内部管理，实施义务教育等方面的经验；讨论会议文件；部署今后工作。会议期间，代表们分两路考察了淄博市、寿光县、莱芜市、新泰市城镇校舍改造和中小学内部设施配套的情况，副省长张瑞凤、宋法棠到会讲了话，青岛市、泰安市等6个单位介绍了经验。会上讨论修改了《关于实施义务教育若干问题的意见》、《关于加强中小学管理的意见》、《关于加强中小学校长培训工作的意见》、《关于加强中小学教师培训工作的意见》、《山东省艺术教育工作规划》、《关于迎接国际扫盲年，加快扫盲工作步伐的意见》、《关于进一步实施燎原计划的意见》、《关于全省职业学校实习基地建设的意见》8个文件，并于会后印发各地执行。会议要求全省各级教育部门和学校，认真贯彻治理整顿和深化改革的方针，进一步落实教育的战略地位；加强德育和学校思想政治工作，全面提高教育质量；继续依靠人民办教育，充实和改善办学条件；加强教育理论研究，深化教育改革，使全省教育事业持续、稳定、协调发展，更有效地为社会主义现代化建设服务。

三、多渠道增加教育投入，继续改善办学条件

1990年，山东省继续坚持“依靠人民办教育、办好教育为人民”的方针，全省教育总投入40.38亿元，比1989年增加3.88亿元，增长10.63%。其中，国家财政预算内教育经费支出为23.73亿元，占总投入的58.76%；各级政府征收用于教育的税费7.78亿元，占总投入的19.26%；企业办学教育经费为1.22亿元；勤工俭学和社会服务收入用于教育经费1.50亿元；其他财政性资金用于教育0.14亿元；学杂费1.89亿元；社会集资、捐资用于教育3.05亿元；学校其他收入用于教育1.07亿元。

1990年，山东省普通高校学生生均占有教育经费4024.46元；中等师范学校生均占有经费1542.37元，比1989年增加158.88元；普通中学生均占有经费199.83元，比1989年增加22.99元，其中公用经费33.37元，增加1.73元；小学生均占有经费77.18元，比1989年增加8.90元，其中：公用经费5.58元，增加0.4元。

1990年，山东省继续抓了办学条件的改善，重点放在城镇中小学校舍改造和农村中小学内部设施的配套上。全省共筹集校舍改造资金8.31亿元，其中用于城镇校舍改造的达5.14亿元，用于农村校舍修缮改造的3.17亿元。1990年，共完成城镇学校校舍改造面积1224.16万平方米，有25个县、市、区完成了省定城镇学校“五达标”的任务，通过了省教委验收；完成农村中小学校舍修缮面积114.66万平方米，建筑面积108.92万平方米。1988年以来，全省用于农村中小学仪器设施配套的资金达3778.2万元。省属普通高校，“七五”期间共完成基建投资4.42亿元，新建校舍103.49万平方米，教学、生活用房状况都有了较大改善。师专校舍建设采取了统筹规划，省市共同负担、重点投资的措施，5年共完成基建投资2.11亿元，新建校舍46.64万平方米。

1990年，山东省加强了乡镇教育经费管理。1986年以来，山东省实行了将国拨教育事业费包干到乡镇的办法，对调动乡镇办学积极性，改善中小学办学条件起了很大的作用。但由于教育事业的发展，人员经费的开支项目和数额大大增加，在一些地方出现了拖欠教师工资，不愿接受新教师，和乡镇间师资调配难等问题。针对这些情况，1990年9月6日省教委、财政厅联合发出《关于乡镇教育经费有关问题的通知》，提出4点要求：一是各有关部门要进一步增强教育为本的自觉性和紧迫感，对教育事业继续采取倾斜政策，想方设法增加投入，努力改变教育经费紧缺的状况；二是各县（市、区）在安排教育经费时，对经济基础差、财政困难、公办教师工资福利及民办教师补助确实无力安排的乡镇，要从每年增加的教育经费中切实予以保证；三是强化教育事业费附加征收手段，切实按规定征足用好，保证中小学民办教师和学校公用经费的需要；四是乡镇教育行政部门要配备专职财会人员管理教育经费，财政、审计等部门要做好检查监督工作，保证教育经费的合理使用，提高资金使用效益。

1990年，全省共征收城乡教育费附加76731万元，占当年教育事业费支出的38.5%，比1989年增长12%。城市教育费附加从1990年8月1日起，征收率由1%提高到2%，管理形式由预算外管理改为预算内管理。全省共征收城市教育费附加12091万元，比1989年增长33.2%。农村教育费附加全省征收64641万元，比1989年增加5171万元，增长8.7%。

1990年，全省城乡教育附加实际支出77318万元。其中用于农职业学校4758万元，占6.15%；用于普通中学31590万元，占40.86%；用于小学37951万元，占49.08%；用于其他学校3019万元，占3.91%。

山东省对农村教育事业费附加的征收管理主要有两种形式，一是乡征县管，二是乡征乡管。从管理效果看，前者能较好地按规定及时征齐，并基本解决了挤占、挪用的问题。全省正在大力推广这种管理形式。

基础教育

一、基本情况

1990年，山东省初等教育在全省普及的基础上不断提高，九年制义务教育开始有计划、有步骤地实施，基础教育得到进一步加强。小学学龄儿童入学率和小学在校生巩固率分别为98.6%和97.9%。由于人口增长率下降，小学在校生由"七五"计划初1986年的870.41万人，下降到818.21万人。普通初中在校生由1986年的325.77万人，下降到319.96万人。小学毕业生升学率由1985年的66%，提高到75.9%。普通高中近年来适当控制了招生规模，在校生由1986年的50.42万人，下降到47.34万人。"七五"期间，全省共毕业小学生766.75万人，毕业初中生493.26万人，毕业高中生83.07万人。

1990年，山东省把实施义务教育作为整个教育工作的重点，大力开展了《义务教育法》的宣传，进一步加强了对实施义务教育的领导，建立健全了各项规章制度，实行了义务教育责任制。全省有3个市地把义务教育法列入了普法教育的范围，9个市地确定了义务教育宣传月，12个市地组织了义务教育专题宣传活动。1990年9月10日，省教委印发了《山东省县(市、区)和乡(镇)义务教育的实施程序》，对实施义务教育的领导、条件、评估和验收程序等作了明确规定。为加强义务教育的微观管理，还制定了《初中、小学学生辍学报告制度》和《义务教育证书制度》。全省普遍开展了义务教育实施水平的评估，有2161个乡镇完成了自评，市地或县区对其中1566个乡镇进行了复核评估，其中达到优秀水平的133个，良好水平的364个，合计497个，占复评乡镇数的31.7%。全省涌现出一批实施义务教育的先进典型。泰安市在全市乡镇推行了"年度目标责任书"制度；淄博市张店区和兖州县等建立了义务教育的奖惩制度；东平县、莱芜市、高密县、昌邑县率先在乡镇设立了义务教育的视导员或执法监督员，对违反义务教育法的行为依法予以追究。1990年省教委表彰基础教育先进乡镇298个，有力地促进了全省义务教育工作的开展。据1990年底统计，全省2454个具有办学职能的乡、镇、城区办事处中，有397个宣布实施了初级中等义务教育，1833个宣布实施了初等义务教育，两项合计占全省乡镇总数的91%，比1989年提高6个百分点。连同城市人口计算，全省实施中等义务教育的人口为1501万人，中等义务教育的人口覆盖率为17.8%；实施初等义务教育的人口为7753.5万人，初等义务教育人口覆盖率为91.9%。

二、中小学德育工作进一步加强

1990年，山东省各级教育行政部门和中小学校，认真贯彻落实《中共中央关于改革和加强中小学德育工作的通知》和省委、省政府关于贯彻中央通知的意见，端正办学指导思想，切实把德育放在学校工作的首位，采取措施，努力拓宽德育渠道，优化育人环境，强化德育工作队伍，并组织了全省范围的学校德育工作的综合评估。全省开展了贯彻实施中小学德育大纲(纲要)、中小学生日常行为规范的试验和试点工作。突出抓了学生的爱国主义教育、集体主义教育和日常行为规范的养成教育。为加强学校德育工作的领导,1990年初,省教委设立了中小学德育工作处。不少市地县都成立了由当地党委、政府领导同志牵头,有关部门负责人参加的德育工作领导小组,在教育部门和规模较大的完中配备了专职德育工作干部。

(一)中小学国情教育

从1990年4月开始,山东省确定134所初级中学,268所小学为国情教育试点学校,先后下发了《关于进行国情教育试点的通知》和《关于国情教育试点的补充通知》,对试点工作的组织领导、教育内容、方法步骤、课时安排及教材等问题作了明确的规定,提出了具体计划和要求。试点中,全省初三、高二年级普遍开展了国情教育。同时重视和加强了国情教育的宣传,各地各学校层层组织了国情知识竞赛、读书演讲会等丰富多彩的教育活动,使全省中小学国情教育工作由试点逐步深入、普及。结合国情教育的开展,全省有7万多所中小学开展了“学雷锋、学赖宁、树新风”活动,全省涌现出一大批德育工作先进单位和个人。

(二)国旗教育

1990年10月,省教委制订发布了《贯彻〈中华人民共和国国旗法〉严格中小学升降国旗制度的实施细则》,将中小学升降国旗活动制度化,并作为爱国主义教育和德育工作的重要内容。规定“中小学除假日和星期日外,应当每日升挂国旗”,“学校除假期外应每周举行一次升旗仪式”。为配合升降国旗活动,省教委还组织编写了《国旗教育资料》,用以指导学校的国旗教育活动。目前,全省所有中学和90%的小学都建立了升降国旗制度。

三、教育及教学改革

1990年,山东省县以下教育,继续推广平度经验,全省有21个县被评为学年度先进县。重点抓了中小学内部管理和规范化学校的建设,大面积提高教育质量。以学校“校长负责制”、“教师聘任制”和“工资总额包干制”为主要内容的“三制”改革进一步深化。

(一)普通中小学规范化建设

各市地普遍制定了加强学校管理,建设规范化学校的意见和措施。临沂地区首先从农村中小学抓起,下发了《关于确定1990年为中小学管理年的决定》和《关于创建地区级管理规范化学校的意见》。狠抓了德育工作首要位置的落实、校容校貌的改善和教与学的常规管理,有66所农村中小学达到地区级规范化学校标准,被命名为“地区级管理规范化学校。”全区70%以上的学校达到了“三季有花、四季常青、干干净净、整整齐齐、有条有理”的要求。在各地工作的基础上,1990年12月24日,省教委制定下发了《关于在普通中小学评选规范化学校的意见》。对建设规范化学校的要求、评选方法、评选条件等作了明确规定。规范化学校的评选采取分级评选、达标升级、动态复检的方法,分为省市地级规范化学校和县区级规范化学校。各级规范化学校命名后要不定期地进行抽查,发现不符合规范要求的,取消命名。《意见》印发以后,普通中小学规范化建设开始在全省范围内铺开。

(二)中小学艺术教育

1990年10月8日,省教委印发了《山东省学校艺术教育实施方案》,对全省艺术教育的实施提出了具体要求和措施。《方案》共分目标要求、管理、教学、师资、设备、教育质量六个方面的内容。规定:在1990年至1995年的6年间,全省逐步形成健全、有效的学校艺术教育网络;加快艺术师资队伍建设,基本缓解艺术师资缺乏的状况;城镇学校艺术教学场地、设备器材基本配套,农村学校艺术教育设备器材条件明显改善。为本世纪末在全省各级各类学校普及艺术教育打好基础。依照这一发展目标，1990年10月8日，省教委还制定发布了《山东省中小学校艺术教育基本要求》，从学校管理、课堂教学、课外活动、教学设备、教育教学目标等五个方面对中小学艺术教育提出了明确要求，规定了一些具体指标，并作为全省各级教育行政部门督导、检查基层学校艺术教育工作的基本标准。

1990年2月至10月，山东省教委艺术教育委员会和省儿童戏剧研究会联合举办了全省中小学校园戏剧大奖赛，有近200万名师生、学生家长和教育工作者参加。这次活动中涌现出一大批内容健康、艺术水平较高的优秀剧目，展示了艺术教育的成果。

(三)招远县中考制度改革

为了克服和纠正学校存在的片面追求升学率的倾向，全面贯彻党的教育方针，招远县在全县实行了中考制度的改革。在对学校实行科学、全面评估的基础上，将评估结果同高中、中专招生名额分配挂钩，引导学校由升学竞争转变为办学水平和全面教育质量的竞争，收到了良好的效果。

招远县的基本做法：一是制定评估标准。先后建立了"办学条件"、"办学水平"两大评估指标体系，形成了《乡镇初中办学基础条件评价分类标准》和《乡镇初中教育水平评价标准》。办学条件分为校舍、教学设施、教育经费、师资水平四个方面，按国家和省的有关规定，分为三类标准。办学水平的评价，分办学思想、学校管理、教学质量等三大项指标39项子指标。这两大项评价体系基本覆盖了学校、社会教育建设、教育教学工作的各个方面，贯穿于教育工作的全过程。二是严格实施评估。首先各学校根据评估标准自评，作出自评鉴定报告；然后由乡镇评估小组逐一对所属学校评估，形成全乡镇综合评估结论，并提出改进工作的对策、措施；最后由县教育局督导评估常设机构——教育科学研究室组织复评，随机抽样对乡镇部分学校、部分评估指标及学校自评结果进行核实、验证。三是根据评价结果，分配招生名额。四是在全县统一举行高中、中专、技校的招生考试，按乡镇所分招生名额择优录取新生。

招远县教育评估与中考招生名额挂钩的实验至1990年已经完成了第一个周期的任务，在端正办学方向，引导学校全面竞争，消除片面追求升学率，推动学校规范化管理和进一步改善办学条件方面起到了十分积极的作用。目前，招远县又拟定了该项实验1990年至1994年第二周期的方案。计划在实验继续深化、完善的基础上，首先在烟台全市推广。

四、中小学校长培训和师资队伍建设

(一)中小学校长培训试点

1990年5月，省教委会同省委组织部、省人事局联合下发了《关于加强中小学校长培训工作的意见》，提出用5年的时间将全省中小学校长培训一遍。根据这一精神，省教委积极开展了试点工作，在省教育学院举办了高中校长岗位培训试点班，在青岛、烟台、惠民3市地举办了初中校长培训试点班，在莱芜、乳山等七县市举办了小学校长培训班。按国家教委发布的"全国中小学校长岗位培训指导性教学计划"实施培训，一年完成计划规定的课程。据统计，1990年全省通过各种形式培训的中小学校长达24359人次，其中岗位培训878人。

(二)小学教师继续教育试点

据1990年初统计，全省小学教师学历达标率已达77.72%。小学教师培训已开始由达标培训转向继续教育，为适应这种需要，1990年，山东省在平度、乳山、诸城、牟平、邹县、聊城等县市的教师进修学校开展了小学教师继续教育试点。试点主要是针对具有初级职务的小学教师进行。通过以加强政治思想教育和提高教育、教学能力、科研能力为目标的培训，全面提高教师的政治、文化、业务素质。

（三）师范院校招收民办教师

1990年，省教委决定在中师和高师院校招收部分民办教师。报考条件是政治素质好，有一定教学能力，经过1987年省登记在编，持有《民办教师任教证书》，年龄在45周岁以下。招生采取单独命题、考试、录取的办法。全省中等师范学校招收小学民办教师4500人；高等师范学校招收初中民办教师720人，其中中文专业520人，数学专业200人。

（四）制定山东省中小学教师考核工作意见

为加强中小学教师的考核，科学地评价教师工作，检查教师履行职责，完成教育、教学任务的情况，1990年7月23日，省教委印发了《山东省关于中小学教师考核工作试行意见》，从考核内容、考核方法、考核要求三个方面对中小学教师的考核工作提出了要求。考核内容包括思想品德、教学实绩、班主任工作、教学研究和教学改革等方面。要求各学校（学区）都要建立教师考核领导小组，每学年考核一次。

1990年，全省中小学教职工总数达到77.04万人，其中专任教师66.41万人。普通中学教职工总数为32.40万人，比“六五”计划末的1985年增加5.57万人，年平均增长3.84%；小学教职工总数为44.64万人，比1985年增加4.08万人，年平均增长1.94%。高中、初中、小学教师的学历合格率分别由1985年的27.3%、14.2%、60.5%，提高到36.54%、35.92%、77.72%。

五、基础教育五项督导检查复查

根据国家教委关于对1989年进行的基础教育五项督导检查工作复查的通知精神，1990年10月下旬，省政府会同省人大、省政协组织省政府办公厅、省教委、计委、建委、财政厅、人事局等部门，成立了以副省长宋法棠为团长、省政协副主席丁方明为顾问的山东省基础教育检查团。在各市政府、行署自查的基础上，对济南、淄博、临沂、菏泽、济宁、聊城、德州等8市地的23个县（市、区）、44个乡（镇）、145所中小学进行了重点调查。复查的主要内容有：中小学德育工作情况；教师待遇，特别是民办教师的待遇情况；制止乱收费和乱编乱印复习资料的情况；校舍改造情况和中小学劳动技术教育等情况。

复查结果表明：自1989年“五查”以来，全省各市地贯彻国家教委和省政府的指示，采取切实措施，巩固发展“五查”的成果，认真解决发现的问题，查出的大部分遗留问题得到了解决，基础教育有了新的发展。一是德育工作薄弱的局面有了较大改变。各市地普遍召开了德育工作会议，明确了德育工作的首要地位。德育工作队伍普遍得到了加强。各地开展了学雷锋、学赖宁，升国旗、唱国歌，纪念鸦片战争150周年等爱国主义教育活动。二是教育经费有了较大幅度地增长。财政预算内教育拨款近年来逐年增长，中小学公用经费也有不同程度的增长，教育费附加的征收、管理工作得到了进一步重视。三是有关教师待遇的政策基本落实、教师的工资、补贴和福利待遇基本兑现，不少地方实行了民办教师退休制度，有的实行了民办教师工资与职称挂钩，教师待遇明显提高。四是校舍改造有了新进展。一年来，全省突出抓了农村学校内部设施的配套建设和城镇中小学的校舍改造，取得了十分明显的效果。五是小学学生流失基本得到了控制。1989年“五查”统计，全省小学学生流失率为1.34%，1990年11月统计，全省小学学生流失率下降到1.29%。六是制止“三乱”取得了初步成效。各地采取切实措施，严格收费项目和标准，制止乱收费和乱编乱印、派销复习资料的现象。复查中也发现了一些亟待解决的问题，主要是：德育工作有待于进一步加强；教师待遇问题上还存在一些尚未解决的难题；教育的投入必须进一步增加；提高教育管理水平的工作应引起足够的重视；治理“三乱”的工作也要继续加强；同时在制止学生流失方面还存在着死角。针对复查发现的问题，检查团提出了六条具体建议。根据这些建议，省教委研究制定了解决的措施。

六、特殊教育及幼儿教育管理

1990年，山东省特殊教育工作重点抓了普及。全省有9个市地召开了特教工作会议，总结经验、部署工作，并制定了一些发展特殊教育的特殊政策。潍坊市把1990年定为“特教年”，拟定了10项工作要点，除设立专项补助外，1989、1990两年，全市对特教的投入超过700万元。在各地工作的基础上，省教委于10月在淄博市召开了全省特教工作会议，全面总结了各地在发展特殊教育方面的经验，推广了潍坊、青岛等市地和昌乐、胶州等县市发展特殊教育的经验，推动了全省特教工作的开展。

1990年，山东省共有幼儿园（所）45733所，其中，县以上城市5342所，农村40391所。为加强对全省托幼工作的管理和领导，1990年2月7日，省政府发出了《关于加强托幼工作的通知》，对调整和完善托幼工作的领导管理体制，继续鼓励多形式、多渠道创办幼儿园（所），加强保教队伍建设和各部门分工负责共同做好托幼工作等问题作出了比较明确的规定。《通知》强调：全省托幼工作由省妇联移交省教委主管。为加强协调指导，仍保留由各部门负责同志组成的山东省托幼工作领导小组。1990年4月14日，省政府办公厅发出《关于公布调整后的山东省托幼工作领导小组成员名单的通知》，决定由副省长宋法棠任组长，省政府副秘书长于德普、省教委副主任王恩大、省妇联副主任侯逾璋任副组长，省卫生厅、计委、财政厅、建委、劳动局、人事局、总工会、行管局负责同志任成员。托幼工作领导小组办公室设在省教委。

1990年6月26日至29日，省政府召开了全省托幼工作会议，总结交流了全省托幼工作经验，表彰了托幼工作先进单位和个人，部署了今后工作，会后省教委与省妇联交接了工作，省教委成立了学前教育处。管理体制的调整，对加强全省托幼工作，衔接学前和小学阶段的教育起到了十分重要的作用。

职业技术教育

一、职业技术教育规模不断扩大，学校建设不断加强

据1990年底统计，全省各类中等职业技术学校已发展到1013所，其中职业高中、职业中专510所，普通中等专业学校236所，技工学校267所。职业学校在校学生迅速增长，职业高中、职业中专1990年在校生比1985年增长79.3%，平均年递增8.89%；普通中专在校生比1985年增长48.2%，平均年递增8.19%；技工学校在校生11.86万人，比1985年增长236.9%。各类中等职业技术在校生共达49.95万人，占高中阶段在校生总数的51.34%。各级劳动就业训练中心发展到117所，年培训能力达3万多人。成人技术培训学校发展到2541所，年培训能力达57.76万人。逐步形成了一个行业基本配套、结构大体合理、形式多样而又能与其它教育相沟通的职业技术教育网络。

职业技术学校的行业门类基本齐全。1990年，全省各类中等职业学校共设置专业400多个，涉及农业、林果、畜牧、水产、机电、能源、化工、建筑、纺织、交通、轻工、经济管理、财会、外贸、商业、旅游服务、幼师、卫生、艺术、体育等十几个门类，基本覆盖了第一、二、三产业的各个方面，改变了过去以农学为主的格局。

职业技术学校基本建设不断加强。1990年，仅全省职业高中（职业中专）建筑面积就达208.7万平方米，固定资产总值达3.3亿元。在1990年全省职业高中评估中，参评的55所学校平均校舍面积超过1.3万平方米，教学仪器价值近30万元。

二、大力实施“燎原计划”

1990年5月，省教委下发《关于进一步实施“燎原计划”的几点意见》。《意见》强调，要提高认识，更新观念，进一步发展和改革农村教育，把“科教兴鲁”的战略方针落到实处。要进一步明确“燎原计划”的任务和要求，积极推进“燎原计划”的实施。全省确定64个县的232个乡(镇)作为实施“燎原计划”的第一期工程。要加强领导，采取措施，切实保证“燎原计划”目标的实现。1990年6月，由省教委牵头，省农业厅、林业厅、科委、科协、泰安市教育局、山东农业大学等单位的领导和专家参加，对莱芜市实施“燎原计划”的方案进行了认真论证，并将该方案转发至各市、地、县。1990年，全省各类农村学校共举办培训班9万多期，推广科技项目1453项，培训486万多人次，科技项目推广直接经济效益达1.2亿元。泰安市的60个省、市燎原计划示范乡镇，1990年产值大多比未实施燎原计划前都有所增长，有的增长13%以上。

三、深化教育改革

莱芜市在抓好教育内部三教统筹的同时，积极探索农科教结合的机制，走出了教育、科技与经济有机结合、互相促进，共同发展的新路子。莱芜市提出“依靠大教育，运用大科技，开发大农业”的口号，在精心制定发展规划的同时，狠抓了农业、科技和教育的结合，主要采取了5种形式：(1)以技术推广和基地建设为依托，在项目中结合。先后推广了良种繁育、配方施肥、地膜覆盖等9项实用技术；进行了小麦综合增产、旱地中产变高产、果树优化栽培等12个科技攻关项目的实验。全市建立了15个示范基地。(2)以服务组织为载体，在服务中结合。全市有乡级科技服务组织287个，村级服务组织4000多个，参与的农民达40万人。(3)以科技示范点为样板，用能人带动结合。到1990年底，莱芜市共建立示范乡镇15个，示范村358个，示范队500个，示范户14800户。通过对他们的培训、引导和扶持，带动了农村各业的发展。(4)以政策引导和行政手段，在承包中结合。在家庭承包的基础上，莱芜市科技承包有了较快的发展，这些承包以科技为先导，以物资为基础，行政领导是保证，从根本上实现了国家对农村经济的计划性同农民个体经营分散性的统一。(5)以乡镇培训中心为龙头，在培训中结合。莱芜市市里有中等层次的成人学校，乡镇设培训中心，管区设培训站，村按万人一处开办了民校，形成了以乡镇为龙头，管区为纽带，村为主体，专业户、农技学会为补充的培训网络。全市有12万多农民接受了培训，市直企业有6000多名中级技工和8000名初级工接受了岗位培训，近万名青壮年参加了扫盲学习。为了促进农业、科技和教育的有机结合，莱芜市在实践中摸索出三种运行机制。一是统筹规划、管理协调的领导机制。市、乡镇村和企业层层建立了农科教结合领导小组，建立了相应办事机构。在工作上实行“四个统一”，即统一制定规划，统一确定开发项目及配套措施，统一使用推广基地和培训设施，统一组织各部门参与。二是建立行政手段、经济手段和法律手段相结合的调节机制。以政府为主体，以农科教协调发展的总体出发，运用政令、奖罚和法律手段对整个农科教活动进行调节、控制。三是建立奖优罚劣的激励机制。制定了培训奖惩制度，规定凡15～40岁之间的青壮年完不成学习任务，工人不予提资晋级，农民不准参与经营或承包。市里每年对实施情况进行检查评比，对成绩突出者给予奖励。

职业技术学校拓宽了专业面，进行了产教结合、校企结合的“双元制”试点。1988年，联邦德国汉斯·赛德尔基金会代表团考察了平度市的职业技术教育，并与国家教委签订协议,在平度市职教中心(包括分校) 合作举办双元制农业职业培训中心。这个“中心”，将在农艺、果林、农村机电、农村民用建筑、农村经济管理、农村养殖专业实施双元制职业教育的模式,致力于农业职业的一级培训,并争取把合作的内容扩展到培养农业技术员的二级培训。平度市还于1990年10月派出10名教师赴德国巴伐利亚州接受双元制专业教学法的培训。同时德方还向“中心”派遣长、短期专家指导教学工作。该“中心”是中德合作举办的第一个农业职业培训中心。

1989年，胶州市决定在全市范围内推行职业初中模式。目前全市已有职业初中17所,在校生达5500人,占初中阶段在校生总数的25%以上。1990年,胶州市委、市政府就办好职业初中下发了文件,对办学指导思想、办学方向、发展目标、办学经费、师资队伍建设、领导管理体制等问题提出了具体意见和要求。

经过实践，山东省初步探索出了长短结合、以短促长、联合办学等灵活多样的职业教育办学形式,“教学、生产、科技推广、经营管理、社会服务”多位一体的教学体制正在形成。1990年，胶南县职业中专等18所学校被省政府批准为省级重点职业高中(中专)，由国家教委备案、公布。10年来,全省各类职业技术学校共培养中等专业技术人才80多万人,短期职业技术培训1000多万人次。农村职业技术学校结合教学，广泛开展了科技试验、技术推广、生产示范和经营服务等，在社会主义建设中发挥了积极的作用。

四、职教师资队伍建设

1990年，山东省职业技术教育师资队伍建设得到了加强。全省各类中等职业技术学校共有专职教师4.98万人，兼职教师1000多人。省教委一方面继续安排普通高校职教师资班招生，在全省12所高校设立职教师资班21个，采取统招和推荐相结合的办法共招收新生653人；另一方面,充分发挥省职教师资培训中心的作用，加强了职业技术学校在职教师培训工作,先后举办了机械基础、服装等专业的短期培训班11个,培训专业教师400余名。还同各市、地教育部门配合,举办了各种类型的新技术讲习班、研讨班5期,培训教师500人次。在高校职教师资班的基础上,成立了以培养职教师资为主的山东工程学院职教工程系。

高等教育

一、加强思想政治工作

为了加强高等学校党的建设,1990年,中共山东省委召开了全省高校党建工作会议，充实调整了29所高校校级领导班子，组建了省委高校工作委员会，坚持省委常委固定联系一所高校的制度，举办党员教授政治理论学习班，进一步增强了学校党组织的战斗力和凝聚力。同时，在高校师生中积极开展以坚持社会主义道路、坚持党的领导为主要内容的社会主义思想教育,统一组织了“科教兴鲁建设营”、“重点工程劳动营”和“国情省情考察营”活动,使学生在与工农结合、与实践结合过程中提高思想,增长才干。

全省高校党建工作会议于5月21日至23日在济南召开。各普通高校党委书记、院校长，各市地委分管高校工作的书记及部分市地的组织部长、宣传部长、教委主任，省直有关部门负责同志参加了会议。会议传达了全国高校党建工作会议精神，研究了全省加强高校党的建设,改进思想政治工作,稳定学校局势等问题。省委书记姜春云、副书记马忠臣、常委苗枫林、谭福德和副省长宋法棠出席会议讲了话。

1990年12月,经省委决定并报中央批准,设立了中共山东省高校工作委员会。高校工委是省委领导全省高等学校党的工作的派出机构，在省委的直接领导下进行工作，并接受省纪委、省委组织部、宣传部、统战部的工作指导。其职责范围是：组织全省高校认真贯彻党的方针、路线、政策；主管高校党的建设工作；领导高校思想政治工作；协助省委组织部和中央有关部委管理全省高校的领导班子，对高校的干部工作进行宏观管理和指导；主管高校的纪律检查、知识分子工作和统战工作；协调有关部门关心和支持高校工作。省委要求，各市地委仍要继续对驻地高校的领导，协同省高校工委加强全省高等学校的思想政治工作。

二、调整结构，稳定规模

为切实提高普通高校的办学效益和教育质量，进一步优化专业结构，增强高校适应经济和社会发展需要的能力，1990年10月，省教委发布了《山东省普通高等学校专业设置暂行规定》。《规定》指出，普通高校的专业设置及其调整，应当根据山东省人才培养的客观需要，正确处理层次关系，形成合理的专业结构和布局，在保证质量和效益的基础上稳步发展。凡已设专业能通过拓宽专业服务方向，或扩大招生、委托培养、联合办学等形式可以基本满足人才需求的，不再增设专业。已有本科专业的，不再单独设立其名称相同或相近、或服务方向大致相同的专科专业。新设专业需有5年以上稳定的人才需求量，有符合专业培养目标的教学计划和其它必需的教学条件。

为适应社会和经济发展的需要，省教委批准新增专业7个，即：青岛大学电子学与信息专业、山东工程学院企业管理师范专业和液压传动与控制专业、山东中医学院中医文献学专业、潍坊医学院麻醉学专业、山东公安专科学校公安交通管理专业、济南联合大学烹饪专业。另新增专业点7个，即：山东纺织工学院服装专业、聊城师范学院音乐教育专业、山东经济学院审计学专业、山东艺术学院美术教育专业和音乐教育专业、枣庄师范专科学校美术教育专业等。1990年10月，经国务院学位委员会第9次会议批准，山东省高校有7个博士点、32个硕士点分别获得博士、硕士学位授予权。经国务院学位委员会批准，山东省高校又新增博士生导师28名。

为拓宽培养口径，省政府确定并经国家教委同意，于12月22日发文，正式将山东农业机械化学院更名为山东工程学院。更名后，该院原有农机专业继续保留和加强。

全省普通高校现有49所，在校生达10.79万人，其中省属高校为7.27万人，初步形成了多层次、多形式，学科门类基本齐全的高等教育体系。

三、重视教学改革，提高教学质量

1990年，山东高校重视教学改革，加强了教学实习和社会实践性环节，教学质量不断提高。在1990年6月国家教委举行的全国大学英语四级统考中，全省1988级本科生通过率达到66.25%，居全国第一。山东省高校共有13828人报名参加，考试通过人数为9307人，占1988级14048名学英语本科生总数的66.25%。山东省通过率高于全国平均通过率18个百分点，高出全国重点大学3.45个百分点。

为鼓励在教学工作中取得突出成绩的教师，提高教学质量，1990年5月，山东省召开首次普通高校优秀教学成果授奖大会，省委书记姜春云、副省长宋法棠等为获奖人员发了奖。全省高校有19项成果获国家优秀奖，27项获省一等奖，122项获省二等奖。

四、招生与分配工作改革

经国家教委和省政府批准，1990年山东省实行了将高校招生计划分配到市地的办法。本科招生计划，省按照各市地1987年至1989年3年录取新生的平均数为基数，在参照

1989年实际录取数的基础上，根据1990年全省本科招生计划和各市地事业发展及人才需求情况稍作调整，分理科、文科两大类虚分到市地，不具体落实到学校和专业。专科招生计划分配办法是，部、省属专科学校（专业）招生计划，原则上根据各市地1989年理工农医、文史、外语类的招生情况分配，一般未做大的调整；市地属高校艺术、体育专业招生计划的80%安排在当地招生，20%在其他市地招生，理工农医、文史、外语类招生计划基本上安排在当地招生；专科招生计划按文科、理科两大类实分到市地，具体落实到学校专业。面向全省统一招生的本、专科委托培养招生计划随国家任务招生计划一起分配到市地，面向市地（含市地）以下单位招生的委托培养招生计划归委托培养单位或按合同划定的生源范围所在的行政区招生，不参加计划统一分配。

根据农业部、国家教委《关于普通高等农业院校试行招收有一定实践经验学生的通知》，山东省在山东农业大学畜牧专业招收了30名有实践经验的专科学生。考生经村民委员会、乡镇政府逐级推荐，由市（县）招生办公室审查批准，办理报考手续，参加全国普通高校招生统一文化考试，加试农业综合技术知识。省招生部门按农业综合技术知识和统一文化考试成绩分别划线，分数线以上的考生档案送交学校审查录取。从实际效果看，这批新生的政治素质、学习积极性、自治能力等均好于其他学生。

为使普通高校招生考试试题更加科学化、标准化，提高阅卷质量，节省阅卷经费，经国家教委考试管理中心同意，1990年山东省高考科目中的政治、英语、历史、地理、化学、物理科实行了分卷考试。这6科试题中的选择题部分使用计算机评卷，主观题部分人工评卷，最后由计算机将考生两部分得分合成。计算机评卷科学、公正，受到广大考生及社会各界的普遍好评。

1990年，山东省共分配毕业研究生和大中专毕业生70450人。其中，省属院校毕业生52950人（毕业研究生301人，高校毕业生24001人，中专毕业生28648人）。分配到市地57827人，占可分数的82.1%；分配到省直单位（包括省属高校）7547人，占可分数的10.7%；分配到中央驻鲁单位和外省市5076人，占可分数的7.2%。山东省切实加强了对毕业生分配工作的领导，成立了以宋法棠副省长为组长，有省政府办公厅、省教委、计委、人事局、劳动局等部门负责人参加的省毕业生分配工作领导小组。认真做好毕业生分配、调配计划的制定工作，教育广大毕业生服从国家分配，到祖国最需要的地方建功立业。省教委还与国家教委高校学生司、山东电视台联合摄制了思想教育片《青春无季》，较好地配合了毕业生思想教育工作的开展。在工作中坚持原则，严格把关，主动邀请纪检、监察部门参与分配工作。

高校自费毕业生择优录用工作也顺利完成。根据国务院和国务院高等学校毕业生分配工作领导小组有关文件精神，经省政府批准，省教委、计委、人事局、劳动局、公安厅、粮食局六部门于1990年11月29日联合下发了《关于择优录用国家统一招生计划内招收的自费、电大和函授普通专科班毕业生的通知》，规定1990年择优录用的对象是：1986年后国家统一招生计划内招收的自费、电大和函授普通专科班至今尚未就业的合格毕业生。截止到1991年1月31日，全省共录用5103人，其中被市地属单位录用4318人，占84.6%，被省直企、事业单位录用288人，占5.6%，被中央驻鲁单位录用497人，占9.7%。此外，青岛市根据青岛市政府的规定，录用了青岛市属学校国家计划内招收的自费、电大普通专科班毕业生968人。

五、高校科研工作

到1990年，全省高校中已建成研究所

(室)268个，比“六五”末期增加54个。“七五”期间，全省高校共承担各级纵向课题和各类横向委托任务13083项；共取得科研经费1.6亿元，其中1990年已达4698.3万元，是1985年1442.7万元的3.26倍；出版自然科学著作1487部，发表自然科学论文26474篇；出版社会科学著作2818部，发表社会科学论文13931篇；取得重要科技成果1765项，其中具有国际先进水平的达240多项，属国内首创的有428项，达到国内先进水平的有878项；有37项成果在国际发明展览中获奖，有38项获国家自然科学奖、国家发明奖和国家科技进步奖，有610项获得省(部)级奖励。高校科研工作还以多种形式进入经济建设主战场，30多所本科院校还与100多家大中型企业、20多家企业集团和1000多家乡镇企业建立了稳定的科技开发、人才培训关系，与14个贫困县建立了科技扶贫对口支援关系。已推广技术成果800多项，创直接经济效益35亿多元。

1990年，全省高校有一大批科研成果受到国家级或省(部、委)级奖励，有的还获国际性奖励。获国际性奖励的有2项；获国家自然科学奖1项，国家发明奖3项，国家科技进步奖2项；获1990年山东省科技进步奖49项；全省高校获得1990年国家教委科技进步奖甲类(理论成果)、乙类(技术成果)、丙类(技术成果推广)共计20项，其中一等奖4项，二等奖4项，三等奖12项，丙类奖是第一次评奖，山东省高校就获得9项，占获奖总数的17%，位居全国各省市之首；获山东省第五次社会科学优秀成果奖97项，其中一等奖3项，占一等奖总数的75%，二等奖30项，占二等奖总数的56%；1990年，省教委对240项优秀科研成果、7个科研管理先进集体、30名科研管理先进工作者进行了表彰、奖励。此外，还有一些成果获得了国家有关部委和省有关厅局(市、地)的奖励。

六、高校后勤管理

1990年11月，省教委在济南召开了首次全省高校后勤工作会议。参加会议的有全省54所高校的分管校(院)长、总务长和总务处长共90多人。省人大、省政府、省政协的领导同志出席了会议。会议肯定了改革10年来山东省高校后勤工作在服务育人方面取得的显著成绩，表彰了山东大学等54个先进集体和136名先进个人，并受国家教委委托，向连续从事高校后勤工作年满30年的554名干部职工颁发了荣誉证书和证章。会议动员全省高校后勤干部职工继续贯彻“三服务两育人”的宗旨，努力搞好以伙食为中心、以学生宿舍为重点的高校后勤工作。

高校的治安保卫工作得到了加强。根据公安部、国家教委、劳动人事部、财政部《关于在部分高等学校设立公安派出所实施办法的通知》，经山东省公安厅、教委、编委批准，山东大学、山东师范大学、山东工业大学等15所高校设立公安处、科。学校公安处、科既是公安机关的派出机构，又是高校的安全保卫机构，接受学校和公安机关双重领导。

成人教育

一、扫盲工作

1990年，为迎接国际扫盲年，省教委、省委宣传部等10部门联合发出《关于进一步开展扫盲工作的通知》。《通知》强调：要广泛宣传、深入贯彻《扫盲工作条例》；落实1990年扫盲35万人的计划，凡已普及初等教育的山区，要在1990年完成扫除青壮年剩余文盲的任务；要加强领导，通力合作，齐抓共管，保证扫盲工作的顺利开展。由省教委、省委宣传部、省文化厅、广播电视厅、农业厅、林业厅、省军区政治部、团省委、省妇联、省科协等部门负责人参加，成立全省扫盲工作协调领导小组；实行督促检查和考核验收制度。根据以上部署，上下动员，积极参加国际扫盲年活动，掀起了扫盲热潮。有人大、省政协及时向全省发出了“扫除文盲刻不容缓”的呼吁。副省长宋法棠在山东电视台作了关于尽快扫除全省青壮年文盲的电视讲话。报刊、电台、电视台等新闻媒介大张旗鼓地进行扫盲舆论宣传，及时报道先进典型、扫盲经验和成效。全省所有市地、县(区)都召开了专题会议部署扫盲工作，把扫盲工作列入重要议事日程，实行了行政领导负责制，分级承包扫盲任务，签订扫盲合同，订立奖罚制度和乡规民约。全省已有12个市地、100多个县、市，还分别建立了党委、政府领导挂帅，各有关部门负责同志参加的扫盲协调领导机构。教育部门认真做好扫盲教材的编写、师资等工作。省教委组织编写的扫盲用《农民文化技术课本》发行了50万册。发动全省中小学教师、中学及小学高年级学生当扫盲先生。据统计，国际扫盲年中全省共举办扫盲班组42765个，入学人数达697074人，经验收已脱盲465451人，全省青壮年人口非文盲率已提高到93%以上。

1990年12月，省教委、省妇联、省扫盲工作领导小组在济宁市召开了全省扫盲工作会议，交流了扫盲工作经验，研究部署了今后的扫盲工作，表彰奖励了100名全省扫盲先进工作者。

二、加速农村文化技术学校的建立与管理

近几年来，由于全省各乡镇党、政领导普遍重视农民文化技术学校的建设和发展，征用土地、建设投资、办学经费、师资配备等问题得到了及时解决，乡镇农民文化技术学校发展迅速。1990年又新建学校200余所。目前，全省乡镇农民文化技术学校已达2260所，占乡镇总数的92%，校舍面积近50万平方米，实验实习基地总计约18000亩，总投资1亿多元。1990年，全省乡镇农民文化技术学校培训农村基础干部、乡镇企业职工、青年农民约300万人次。

农业广播学校的管理得到了加强。自1988年农业广播学校纳入教育部门管理以来，省教委本着成人中等专业教育统一规格要求的原则，充分考虑农业广播学校远距离教学和农民学习的特点，从学校设置、招生计划和毕业考试等几个方面有针对性地加强了管理，制定了省、市(地)、县三级农业广播学校办学标准。1990年，省教委组织力量对全省150所农业广播学校市(地)、县(区)分校进行了验收评估，有122所学校符合省教委、农业厅《贯彻国家教委、农业部〈关于改革农业广播电视学校管理体制及有关问题的意见〉的通知》所确定的标准，即办学规模300人以上，财政单列办学经费3万元以上，校舍达标，教学设备齐全，师资力量、学校管理较为完善，已批准备案。同时，根据国家教委要求，组织了全省农业广播学校1987级4个专业42000人的毕业验收考试，约1万人考试合格获得了中专学历证书。

三、普通高校成人教育的治理整顿工作

截止到1990年，山东省有30所普通高校举办了函授教育，有34所普通高校举办了夜大学，在校生共计5.2万多人。山东省普通高校举办成人教育近10年来共培养本、专科毕业生达5万余人，对于满足社会主义建设事业对专门人才的需要和调整高等教育的结构起了积极的作用。但是，普通高校成人教育也存在着一些亟待纠正和解决的问题，如一些学校乱办学、乱收费、乱发文凭，办学指导思想不够端正，管理松弛，质量下降，影响了高校成人教育的社会声誉，阻碍了成人教育的健康发展。1990年6月，省教委转发了《国家教委关于普通高等学校成人教育治理整顿工作的若干意见》，并确定全省治理整顿成人高等教育工作分三个阶段进行：(1)学习有关文件，提高认识，动员准备。省教委成立了成人高等教育治理整顿工作协调小组。(2)明确治理整顿目的要求，各校进行认真自查、互查。(3)确定于1991年3月至10月，省教委组织检查验收小组逐个进行检查验收。1990年12月，召开了全省普通高校成人教育工作会议。会议要求：对于违反国家规定，乱办学、乱收费、乱发文凭的问题要立即制止，坚决刹车；建立健全成人教育管理机构，加强教学管理，提高教学质量；抓紧搞好自查，认真制订整改措施，进一步端正办学指导思想，使普通高校的成人教育更加稳定、健康地向前发展。

四、成人高等《专业证书》教育

山东省成人高等《专业证书》教育自1987年试行以来，有了较大的发展。目前已有57个省直部门、单位，53个学校举办成人高等教育《专业证书》班，共招收学员52143人，已结业4万余人，在学9777人。1990年3月，省教委、人事局联合转发了国家教委、人事部《关于加强成人高等教育试行〈专业证书〉制度管理的若干意见》，并结合全省试点情况，强调：（1）进一步做好对实行《专业证书》制度的意义和作用的宣传工作，提高认识，端正办学指导思想。（2）试点期间严格控制办班规模和校外班数量。（3）严格履行《专业证书》教学班审批程序。（4）继续加强对现有教学班特别是校外班的检查指导工作。

五、自学考试工作

1990年，山东省自学考试报考人数大幅度回升，12月报名者达113292人，达到开考以来应试人数的最高峰。主要措施有：（1）根据自学考试为全省经济建设服务的方针，调整了专业开考计划，增开4个专业，停考4个专业。（2）成立专门机构，强化社会助学，在自学教材方面首次实行包供政策，受到考生欢迎。（3）加强了自学考试宣传工作。与《大众日报》联合举办的自学考试有奖征文活动，扩大了自学考试的社会影响。（4）开展了自学考试理论研究。年内举办了全省自学考试理论研讨会，这一活动为自学考试科学决策提供了依据。（5）加强自学考试办公室系统的管理，着重提高办考人员的政治和业务素质。

六、卫星电视教育

广播电视教育迅速崛起。1979年山东广播电视大学创办以来，全省16个市地全部建立了电大或分校，90个县区建立了工作站。全省共开设大专专业59个，中专专业13个。1990年底统计，全省大专层次累计招生125622人，毕业72577人，相当于同期普通高校毕业生的1/3。中专层次累计招生52000人，毕业12100人。同时，组织岗位培训和继续教育培训131082人次，其中大专层次单科生90082人。

卫星电视教育网络进一步健全。1986年国家开通卫星电视教育频道以来，全省狠抓了教育电视收转网络的建设和教学的管理工作。经过几年的努力，全省已建成教育电视台5座，卫星地面接收站658座，放像点5000多处，为发展社会大教育，进行各种专业课程的教学，帮助农民学习致富技术提供了优越的条件。

1990年12月24日，经山东省政府研究确定，山东省与国家教委联合开通中国教育电视台第三频道。国家教委负责提供卫星转发器，山东省负责卫星上行站建设及组织对星发射的软件。卫星上行站与山东教育电视台同时建设，由省教委统一管理。中国教育电视第三频道，主要是为基础教育、教师继续教育、高等教育自学考试、职业技术及农村实用技术教育、大学后继续教育提供播课服务。其信号可覆盖全部国土及亚洲大部分地区。

撰稿人　王景华　徐明祥
审稿人　吕可英　马　钊
郭思民

河南省教育

概　况

一、各级各类教育发展情况

1990年各级普通学校基本情况

单位：人

学校类别	学校数（所）	毕业生数	招生数	在校学生数	教职工数 计	教职工数 其中：教师
一、普通高等学校	47	26570	26967	81409	35670	14020
研究生	(22)	476	334	1037	653	853
本科	18	9634	10353	41293	17667	6547
专科	29	16460	16280	39079	17350	6820
二、普通中等学校	8902	1075831	1340111	3819138	340118	265441
1.中等专业学校	170	40434	51089	137319	25133	12260
中等技术学校	127	20017	27729	76749	18480	8390
中等师范学校	43	20417	23360	60570	6653	3870
2.普通中学	8249	993652	1225263	3525628	296832	240481
高中	920	167029	169237	492624	55298	37939
初中	7329	826623	1056026	303304	241534	202542
3.农业、职业中学	480	41702	63704	156086	18086	12671
高中	418	35146	55031	134033	16470	11290
初中	62	6556	8673	22053	1616	1381
4.工读学校	3	43	55	105	67	29
三、小学	43286	1625952	1724627	9611494	477081	443385
四、特殊教育学校	33	165	631	2795	766	522
五、幼儿园	4786	780119	895416	1156479	49637	37984

1990年各级成人学校基本情况

单位：人

学校类别	学校数（所）	毕业生数	招生数	在校学生数	教职工数 计	教职工数 其中：教师
一、成人高等学校	51	21623	24032	76761	8024	3816
广播电视大学	1	7127	3966	16577	1788	740
职工高等学校	29	2715	2542	6619	2506	1265
农民高等学校						
管理干部学院	4	774	580	1414	1352	539
教育学院	17	4057	5798	14056	2378	1272
独立函授学院						
普通高校举办						
函授部	(23)	6950	11146	38095		
夜大学						
干部专修科						
二、成人中等学校	2429	636952	546002	588877	20901	11743
1.成人中等专业学校	237	28503	33601	66976	12347	6286
广播电视中专	6	164	2998	3700	780	350
干部中专	1	2915	3423	12594	2869	1081
职工中专	66	4251	3061	8982	2444	1266
农民中学	32	1292	3123	5903	1350	739
教师进修学校	132	19881	20996	35797	4904	2850
2.成人中学	138	18488	20197	20709	1298	889
职工中学	121	17468	19366	19390	1257	868
农民中学	17	1020	831	1319	41	21
3.成人技术培训学校	2054	589961	492204	501192	7256	4568
职工技术培训学校	424	126765	97585	101347	3146	1871
农民技术培训学校	1630	463196	394619	399845	4110	2697
三、成人初等学校	26565(班)	1453789	1336806	1426666	38754	17798
1.职工初等学校	353(班)	29989	43776	49532	335	122
2.农民初等学校	26207(班)	1423800	1343030	1377134	28419	17676
其中：扫盲班	19684(班)	416192	456285	468334	14921	9098

基础教育不断得到加强，全省基本实现普及初等教育的任务。1990年，全省学龄儿童入学率达98.78%，在校学生巩固率达98.49%，分别比上年提高0.77个百分点和1.29个百分点。在园幼儿数达115.65万人，超出责任目标0.65万人，适龄儿童入园率达到30%左右。特殊教育学校发展到33所，比上年增加5所。年招生能力达631人。在校学生2795人，比上年增加388人，普通初中在校学生比上年增加3.78万人。普通高中学校比上年减少18所。全省初中生流失率下降为4.6%，小学生流失率下降为1.5%。普通高中专任教师中，本科毕业以上的人数占40.28%，比上年提高1.9个百分点；普通初中教师专科毕业以上学历的占28.58%，比上年提高4.6个百分点；小学教师中高中毕业

以上及取得“专业合格证书”的比例为72%，比上年提高了2.4个百分点；幼儿园教师中高中毕业生及以上比例达57.1%，比上年提高了1.6个百分点。全省计划内民办教师总数减少到288874人。计划内中小学民办教师占教职工总数的比重下降为31.4%。

中等教育结构进一步得到调整，职业技术教育有新的发展。全省各类中等职业技术学校比上年增加25所。各类中等职业技术学校学生占整个高中阶段学生总数的比例，招生达42.7%，在校生提高到39.6%，比上年增加1.7个百分点。其中170所普通中专在校生占整个高中阶段学生数的比例为16.8%；专任教师中，有高级讲师1271人，讲师3615人，分别占专任教师总数的10.4%、29.5%。各地在新建、改建职业中学的基础上，积极举办普通中学“三加一”等形式的职业班，各类职业学校（班）在校学生比上年增加1.1万人，增长7.6%；各类农职业学校专任教师比上年增加1334人。

普通高等教育在改革中得到充实提高。招生和在校生的增长速度均低于“七五”时期的前几年，规模得到有效控制。全省共有20多个长线专业实行停招、减招达600多人，并相应增加了化工、机电、建筑及师范和医疗专科等短线专业科类的招生。高校专任教师中有教授322人，副教授2598人，讲师4735人，具有高级和中级职称的教师数分别占专任教师数的20.8%和33.8%。

成人教育在治理整顿中改革发展。全省成人高校本专科学历教育招生总数比上年减少1250人，在校生比上年减少2107人。教职工总数（不含普通高校举办的函授、夜大学）比上年增加65人，专任教师中，具有高级职称的536人，占专任教师总数的14%。全省各类成人中专招生比上年增加11354人，增长51%；在校生比上年增加2149人。各类成人中初等文化技术教育加强了实践环节的教学和专业技术培训，全年累计招收学员189.92万人次，培训城镇职工和农民60多万人次，扫除文盲、半文盲41万多人。全省文盲、半文盲占总人口的比例由建国初期的80%以上下降到16.15%。

二、年度教育工作方针

1990年，河南省教委贯彻省委、省政府关于“科技兴豫、教育为本”的战略方针，认真治理教育环境、整顿教育秩序，积极调整教育结构，继续深化各项改革，牢牢坚持社会主义办学方向，切实加强各级各类学校的德育和思想政治教育。

1990年初，河南省召开了全省教育工作会议，省长程维高同参加全省教育工作会议的副市长、副专员和部分高校校院长座谈，根据省政府第四次常务会议讨论意见，要求教育事业在1990年实现10项工作目标：

1.对占全省高校总数30%的13所尚未达到国务院发布的《普通高等学校设置暂行条例》要求的高校，进行整顿、充实、加强、提高，使之逐步达标。搞好学校内部专业结构的调整，使之符合本省社会发展和经济建设的需要。

2.在全省实现普及初等教育。尚未实现普及初等教育的9个县，要采取得力措施，确保本年普及小学教育。同时，要在全省建设100个普及九年制义务教育示范乡，依靠先进典型推进义务教育的实施。

3.提高师资素质，加强教师队伍建设。一方面要切实加强师范院校的建设，另一方面，把师资达标的任务分解到各市、地、县，层层抓落实。

4.继续改善中小学办学条件。1990年消灭原有的危房和新增危房；争取90%的中小学实现校舍、课桌凳、围墙、大门、厕所、操场六配套；一部分学校达到标准化。并连续10年抓紧改善办学条件，逐步实现全省中小学校建设的标准化。

5.大力推广栾川县农村教育综合改革的经验,发展“三教统筹”、“农科教三结合”的改革经验,发展职业技术教育,争取三五年内所有县都达到栾川县的水平。

6.认真总结和推广汝南县设立人民教育基金的经验,收足收好教育费附加,多渠道筹措教育资金,解决办学经费不足的问题。

7.积极地、逐步地解决农村民办教师问题。一方面,通过师专、中师招生和优秀民办教师转为公办等方式,每年招一批、转一批;另一方面,严格控制民办教师指标,已招生、转正的民办教师指标不能再顶替聘用,坚决不准再增加计划外民办教师。

8.认真解决高校青年教师的住房问题。1990年开始多方筹集资金建设一批住房,连续干三年,基本解决高校青年教师的住房问题。各市地继续推广“三三制”建房经验,解决城市中小学教师住房困难。

9.省政府要研究制定一套政策,为广开渠道、多方筹措教育经费提供政策上支持。

10.1990年是国际扫盲年。各地要搞好宣传,抓紧工作,本年实现扫除文盲30万人,各地一定要完成下达的指标任务。

国家教委领导同志对于河南的教育工作给予充分肯定,1990年10月、11月,中共中央政治局委员、国务委员兼国家教委主任李铁映和国家教委副主任何东昌,专程到河南考察教育工作,李铁映听取了省委书记侯宗宾、代省长李长春等关于政治经济和教育情况的汇报,由省委副书记吴基传和省委常委、副省长于友先等陪同,先后视察了郑州大学、河南农业大学、河南大学以及登封县、孟县、汝阳县和兰考县的10余所农村中小学校,沿途听取了洛阳市、焦作市和开封市主要负责同志关于当地教育工作的汇报。在偏僻的山坳、遥远的村校、学生的课堂和群众改造中小学危房的施工工地,李铁映同广大干部、群众和学校师生亲切交谈,倾听意见,座谈讨论教育的改革与发展,鼓励各级干部坚持不懈地抓好教育工作。

李铁映在考察时强调,社会主义学校必须坚持社会主义办学方向,加强思想政治工作;并对其它方面的教育工作做了许多重要指示。

基础教育

一、全省普及初等教育

1990年底,河南省最后一批9个县,通过省教委组织检查验收,颁发了普及初等教育合格证书。至此,全省118个县、市适龄儿童的入学率、年巩固率、毕业率,均达到或超过了国家规定普及初等教育的标准,实现了在全省普及初等教育的历史任务。

河南省普及初等教育工作,历时10年多,大体经过三个阶段。1980年至1985年,原教育厅制定分期分批普及初等教育的规划,采取措施,在农村掀起了普及初等教育的热潮。经过试点工作,树立了坚持标准,分类要求,全面检查,严格掌握,决不弄虚作假,决不降格以求的指导思想,培训了一批普及初等教育专职干部队伍,保证了普及工作的健康发展。到1985年底,城市市区和68个经济和文化基础较好的县、市达到了普及初等教育的标准。1986年后,省教委认真贯彻《义务教育法》和《河南省义务教育实施办法》,加快了普及初等教育的步伐,到1989年底,又有41个中等发展程度的县先后达到普及的标准。1990年是河南普及初等教育的攻坚阶段。全省尚有永城、新蔡、确山、濮阳、台前、范县、固始、淮滨、息县等9个县没有普及初等教育。这些县多是在贫困山区、黄河滩区或低洼易涝区,自然条件差,经济基础薄弱,实现普及的难度大。

为使这些县如期实现普及任务,1990年初,省教委同9县的人民政府签订了目标管理责任书；召开9县的汇报座谈会；省教委领导同志以及有关处室干部多次深入9个县调查研究，帮助他们解决实际问题。省教委于9月在潢川召开普及初等教育现场会，听取情况汇报，共同研究实现普及初等教育的有关问题。9个县的干部、师生为如期实现普及初等教育做了大量工作，分别成立了由县委和县政府主要领导任组长，人大、政协和有关局委参加的领导小组，狠抓初等教育普及工作。濮阳县县委书记几乎跑遍了全县的学校，督促乡村领导重视教育，指示有关部门为学校办了上百件实事，解决了许多问题。通过深入宣传、广泛发动，使普及教育成为广大群众的自觉行动。息县及时总结本县关店乡普及初等教育工作的先进经验，召开现场会予以推广。9个县的县委、县政府都把实现普及初等教育的任务层层分解，落实到县、乡、村，落实到各级教育行政部门、学校和个人。新蔡县实行领导包干制，由县长负责抓全面，教育局长和有关部门领导包分片，股长包乡，普及初等教育工作队包村。各县还举办简易教学班，动员适龄儿童入学和回收辍学儿童复学，实行插班就读，同时加强教学管理，改革教学方法，提高教育质量，让学生进得来、留得住、学得好。

河南省在普及初等教育过程中，除严格执行国家规定的“四率”标准外，还根据本省校舍危房比例大、民办教师多的特点，增加了两条标准要求：一是普及县要实现校校无危房，班班有教室，学生人人有课桌凳；二是民办教师的经济待遇要得到落实，把普及初等教育建立在坚实的基础之上。1990年实现普及的9个县，在财政较为困难的情况下，不等不靠，多渠道筹集教育资金，改善办学条件。确山县设立教育基金，全县机关干部、工人、农民、学校师生普遍动员起来，捐资助学。省教委和地区教委也下拨专项补助款，帮助学校搞好校舍，充实教学设备。这些县民办教师经济待遇普遍得到落实，使普及初等教育的工作队伍得以稳定。经过各方面的努力，9个县如期实现了普及初等教育。1990年底，在各县自查、地市检查的基础上，省教委派出检查组对9县的“四率”达标情况，实现“一无两有”和落实民办教师待遇等，进行了检查。结果表明，9个县基本上达到了普及初等教育的标准。

河南人民用持续41年的努力，尤其是党的十一届三中全会以后的全面发展，完成了普及初等教育的历史任务。1990年与1949年相比，全省人口翻了一番，但小学校增加了1.31倍，在校小学生数增加了4.95倍；适龄儿童入学率由17%左右提高到98%以上；小学教职工的数量增长了11倍，教师的文化业务素质也有明显的提高。

二、中小学德育建设得到加强

1990年，河南各级党委和政府普遍建立了德育工作领导小组，切实加强对中小学德育工作的领导。省教委会同省委宣传部、团省委成立了学赖宁活动办公室，通过召开宣传动员大会、进行巡回报告辅导、举办夏令营等多种活动，促进了全省中小学生学习赖宁活动的健康开展，涌现出学赖宁先进个人198名，赖宁大队100个，赖宁中队295个，学赖宁活动先进县、区55个。许多市、县党政领导同志深入学校，指导德育工作。临颍县委书记和县长分别把县第一、第二高中和职业高中作为德育工作联系点，经常到学校与师生座谈，考察学生思想状况，帮助学校做好思想政治工作。

中小学通过各个学科教学，加强思想政治教育和国情教育。省教委要求各级教学研究部门把思想政治教育内容体现在各有关学科的教学活动中，同时也采取措施加强一些学科的教学要求。规定初中历史、地理为初中升高中的升学考试科目，或者作为初中二年级的结业会考科目，会考成绩按一定比例计入升学考试总成绩。这样，加强了这些学科的建设，突出了国情教育和历史教育。各地中小学认真贯彻德育大纲和学生日常行为规范，健全学习和生活管理制度，注意养成教育。开封市教委编写了《中学德育大纲实施细则》及《小学品德教育》等学习手册，开展了“让精神世界更美好”读书活动。为实现德育工作科学化、规范化，省教委制定县、市德育工作评估标准和中小学德育评估标准，通过试点检验，初步取得较好的效果。

实行综合治理，优化社会环境。安阳市关心下一代协会积极配合党委、政府和教育部门，开展中小学生思想政治教育工作。开封、郑州、平顶山、邓州等市县，许多学校形成了学校、家长、社会三结合教育网络。各地有关部门在治理整顿社会不良习俗、净化文化市场、优化育人环境方面，采取了一些过硬的措施，使社会环境向有利于青少年学生健康成长的方面转化。

加强学校德育和思想政治工作队伍建设。1990年，各级党委普遍加强了学校党组织的建设，帮助中小学进一步调整充实德育工作队伍，把一批忠诚于党和人民的教育事业，热心德育工作，有一定德育工作经验，作风正派，责任心强的骨干教师充实到德育工作队伍中去。学校积极引导全体教职工教书育人、管理育人、服务育人，把德育贯穿到学校的教学、管理和后勤服务各项工作中去。各级政府和教育行政部门，有计划地培训提高德育工作者，认真落实德育教师、德育工作者的政治待遇和生活待遇。

三、中小学教师待遇落实，政治、业务素质普遍提高

1990年11月，省教委受省政府委托，会同省人大常委会教科文卫委员会、省计经委、省人事厅等部门，对全省中小学教师待遇落实情况等问题进行了督导复查。结果是，全省各地公办教师的工资、教龄补贴、班主任津贴、10%的增资、每月的节约奖、书报费、洗理费等，基本得到兑现，除少数县外无拖欠现象。临颍等县在财政收入困难的情况下，教师工资的发放优先于党政干部。渑池县坡头乡，机关干部的奖金、书报费、洗理费没有发，教师却分文不少。扶沟县政府每年对城镇公办教师补贴医疗费12万元左右，大部分乡财政也要为全乡公办教师补贴医疗费4000元左右。三门峡市政府从1990年5月开始，给全市教师颁发《教师证》，教师凭证可在市属范围内优先购粮、就医、乘车，以示对教师的尊敬。

河南省民办教师数量很大，民师待遇能否落实，对基础教育有直接影响。1990年教师节，省政府将1987年以来受到省级以上表彰的1100多名民办教师转为公办教师。全省计划内民办教师按政策评聘了教师专业岗位职务，已有88个县、市已按照规定照发了专业职务工资。多数地方民办教师工资比同职务公办教师的月工资低一级，信阳市、长葛县等8个县、市实现了同公办教师同工同酬。汝南县除由县统筹按月发给民办教师工资外，每人每月补贴白面14.5斤；对出村任教、食宿在校的另加补贴。辉县市民办教师经过职称评聘后，工龄津贴、班主任津贴与公办教师享受同等待遇。

省教委连续数年重点加强师范学校建设。1990年为进行师范学校标准化建设，省教委投资750万元，市、地投资1090.9万元，在建续建项目26个，建筑面积42528平方米，教学仪器、设备、图书等方面的办学条件也有较大改善。全省教育学院和教师进修学校继续整顿提高，不断提高办学效益，全年毕业本、专科进修学员4057人。教师进修学校中，进修中师学历的小学教师35797人。省教委1990年为教师进修院校下达专项补助费450万元，用于改善办学条件，培训中小学教师队伍。

1990年的中小学教师《专业合格证书》文化知识考试工作，总体效益比上年度又有新发展，考试合格人数有较大增长。共计参加各级各类专业考试的教师有6.9万人，10.2万科次，及格3.71万人，5.13万科次。单科及格率为50.3%，比1989年增长2%，其中高中增长13%。有1万名教师取得专业合格证书，比1989年增长1倍以上。

为加快教师队伍建设，1990年中等师范招收民办教师7260人，师专招收1130人，采取集中强化培训、提高教学能力的办法，经过在教学岗位的实习，考核合格者到期分配担任公办教师。

四、多渠道集资、改善中小学办学条件工作取得突破性进展

1990年，河南省充分调动社会各界和人民群众兴办学校的积极性，进一步多渠道筹措教育经费，解决中小学危房，并实现学校校舍、课桌凳、围墙、大门、厕所、操场的“六配套”建设，办学条件得到明显改善。据统计，全省共筹集预算外教育经费总额达19.17亿元，相当于同期全省财政拨款19亿元的总和，比1989年集资增长1倍多。其中社会群众集资10.89亿元，征收教育费附加5.64亿元，勤工俭学纯收入1.58亿元。本年共维修改造中小学危房和破旧校舍300多万平方米，中小学危房面积下降到9.9万平方米，约占校舍总面积的0.26%。全省有92%的中小学实现了“六配套”，各地还添置图书资料、教学仪器、体育器材，美化校园、改善教学条件和校园环境。一年来突出抓了以下几项工作：

（一）党政领导高度重视多渠道筹集资金，改善办学条件

各级党委、政府都把这项工作纳入全年的管理目标，当作一件大事来抓。省政府于年初召开常务会议，研究部署全省筹资兴学工作。接着专门召开了由市长、专员及教委主任、计委主任、财政局长参加的全省筹措教育经费，改善办学条件会议，总结经验，表彰先进，对集资办学进行全面部署。各市、地、县、乡也由党委或政府召开会议，贯彻落实全省会议精神。各级领导干部亲自抓，带头捐资。据不完全统计，全省有45名市地级领导、2041名县级领导、32151名乡级领导为建设学校捐了资。7月，省教委在焦作市召开现场会，总结交流全省各地集资办学经验，推动这项工作深入开展。

（二）实行目标管理责任制，采取切实有效的政策措施

为把开展多渠道筹措经费，限期解决中小学危房工作落到实处，省长与市长、专员，市长、专员与县长，县长与乡长以及各级教委主任、局长，逐级签订目标管理责任书，把这项工作列为考核各级政府和有关领导工作政绩的主要内容之一，增加了各级政府和业务主管领导干部的责任心和使命感。1990年，在已经实施的各项政策措施的基础上，省教委会同有关部门先后制订了“六配套”标准及其验收办法，提出了学校建设的质量要求，加强了校容校貌校风校纪的管理，优化了育人环境，全面提高了教育质量，赢得了人民的好评。省教委、计经委、财政厅、农牧厅还制定了《关于表彰奖励多渠道筹措教育经费改善办学条件先进单位的意见》，把全省筹资兴教工作推向新的高潮。

（三）深入基层调查研究，切实帮助解决实际问题

全省组织大批干部深入基层调查情况，研究问题，落实任务。焦作市、许昌市组织力量对城乡所有中小学逐校、逐房、逐项进行检查，建立危房改造和实现“六配套”情况档案。新乡市、南阳地区先后由管理干部和业务人员深入每一所学校落实任务，进行分类指导。信阳地区领导集中1个月时间深入基层，普遍检查集资办学工作，对问题较大的地方，及

时组织现场办公，研究解决存在的问题。

各市地、县以山东省的先进经验为榜样，组织基层单位结合本地实际情况，采取措施推动改善办学条件工作全面开展。南阳地区在全地区推广“双向承包责任制”的经验，即乡、村包学校，负责筹资办学，解决民师待遇，维护学校治安等；学校包思想政治教育，教育质量，学校管理。

（四）抓好宣传教育，动员社会各方面力量投入集资兴学

省和各市地十分注意加强宣传教育。省政府及时以《政府工作通报》来肯定、推荐各地集资办学的先进典型。由报纸、广播、电视宣传各地先进经验措施，使集资办学工作家喻户晓，人人皆知。焦作市的《焦作日报》，先后刊登30多篇集资办学文章，市电视台先后8次播放电视片《百年忧患》。通过广泛宣传，激发了广大干部、群众集资办学的积极性和自觉性。地处伏牛山区的贫困县汝阳，在温饱问题还没有完全解决的情况下，勒紧腰带办教育，提出再穷不穷学校，再苦不苦孩子。全县280多所学校已新建170多幢楼房；1990年又集资900万元，进一步改善办学条件。该县付店乡银麓村，共210户840人，分布在海拔1600米的九沟十八岭的45个自然村，是贫困乡的特贫村，他们在村干部的带领下，艰苦奋斗，集资15.3万元，建成一栋560平方米的两层教学楼，并且实现了“六配套”。

职业技术教育

1990年，河南省中等职业技术教育又有新的发展，城市以巩固提高为主，重点作好毕业生的安置就业工作，农村以发展为主，重点办好示范性学校并作好宣传发动工作。目前全省已建设省级示范性职业学校23所，预备示范性职业学校4所，企业示范性职业学校4所。为加速职业技术教育的发展，省政府规定，所有企事业单位招工招干，必须首先从职业技术学校毕业生和经过二年以上职业技术培训的结业生中录用，并在每年国家下达的招工计划中确定较大的比例，用于招职业学校毕业生。对于乡村的农职业中学毕业生，在技术开发、就业等方面给予优惠。同时以示范性职业技术学校为龙头，使职业技术教育向高标准、深层次发展。

各市地、县在发展职业技术教育，提高专业技术教育质量等方面，分别采取了有力措施，创造了一些好的经验。

信阳地委、行署1990年组织了10多人的职业教育检查团，对9县1市职业技术学校毕业生就业安置工作进行重点检查。行署规定，从1990年7月1日起，凡全民企业单位招工，应招者必须持有职业高中、职业中专或劳动就业训练中心的职业教育学习一年以上的毕业或结业证书。地区劳动人事局落实了这个规定，1990年全区招收新工人2214人，基本上都是从“五大”毕业生、职业高中毕业生和受过职业技术培训一年以上的青年中录用。信阳市专门用250个招工指标招收职业高中毕业生，报名的162人，择优录取156人。各县、乡两级政府，对农村职业学校毕业生规定优惠就业办法，在选聘乡村技术员、选拔乡村干部、招收乡镇企业工人，提供扶贫贷款或生产贷款、供应化肥、农药和优良品种等方面给予优先照顾。罗山县绝大多数村配备了职业高中毕业的科技副村长；固始县每个乡都配备了蚕桑技术员；淮滨县委组织部门要求各乡镇大胆提拔任用效益突出的职业高中毕业生，为他们充分发挥技术才能提供较好的社会环境。

焦作市为了进一步提高全社会对职业技术教育的认识，在5月的市教育工作会议期间，组织了市区及近郊14所职业高中近300名学生上街宣传，共展出版面31块，开展裁

剪、家电维修等服务项目50多项。同时还组织拍摄了职业教育电视专题片《腾飞的翅膀》。通过分期分批组织市、县各级领导赴先进地区考察学习,结合外地经验和当地情况,采取了发展职业技术教育的措施。沁阳市成立了由副市长牵头,计划、劳动、经济、农林等部门负责人参加的职业教育委员会。各地根据经济发展需要,合理设置专业,城镇以电力、机械、冶金等工业及服装、幼师、财会、烹饪、卫生等通用专业为主;农村以农、林、牧为主,兼顾当地经济特点,设置竹编、养鸭、食用菌等专业。为了继续扩大职业高中招生能力,1990年焦作市新建职业高中2所,改办了4所普通高中为职业高中,并在11所普通高中附设17个职业高中班,从而使全市职业高中累计达57所,招生数达到8050人,占高中阶段招生数的44.4%,比上年增加6.9%。市教委积极指导各地继续抓好示范性职业技术学校的建设,使这部分学校的办学条件得到进一步改善,办学效益也相应有所提高。

许昌市委、市政府决定,1990年首先在市区实现职业技术教育的突破,使市区内不能升学的初、高中毕业生普遍接受职业技术培训。为此,一是进行劳动需要预测调查,要求市区内所有企业规划出三年的分年度、分专业、分工种性质的劳动用工需要数量,为合理设置培训专业提供依据;二是对市区内普通中专、成人干部中专、技工学校进行摸底,在此基础上确定12所学校承担培训初、高中毕业生任务,并督促这些学校落实教学计划、教材、师资队伍、经费和其他办学条件,保证按时开学;三是认真组织培训学生的录取工作,实行市区内统一报名、统一填报志愿、统一考试、统一调剂录取;四是市教委加强对职业技术培训的管理,制定学籍管理办法,对学生入学、考试、思想品德、纪律、奖惩、毕业等均有明确要求,并积极开展教学研究活动,努力提高培训质量。目前市区内初、高中毕业生接受初、高中职业技术培训的共有800人,其中高中生368人,分为7个教学班,初中生432人,分为8个教学班。这项工作受到学生家长和全社会的关注,已有良好的开端。

各地农村职业高中利用自己知识技术、人才、良种的优势,为促进当地经济的发展发挥了良好的作用。地处大别山的鄂豫皖老区的新县职业高中开展校外定点服务,指导135个专业户的生产经营,其中养鱼22户、种茶叶21户、种葡萄23户、种猕猴桃8户、种花卉11户、种板栗15户、养鸡17户、养鳖5户、农产品加工13户。经过科学技术指导,这些专业户生产经营水平普遍有所提高,年收益达21.4万元。信阳县狮河港职业高中,自1988年以来开设食用菌专业,引进香菇、蘑菇、平菇、竹笋等20余个品种加以推广。食用菌栽培技术已辐射到狮河港、董家河、谭家河三个乡的大部分村民组,狮河港乡香菇生产由1988年的几万棒发展到1990年的120万棒,年产香菇11.25万斤,产值450万元,户均收入800余元,成为当地发展经济的一大支柱产业。固始县陈淋职业高中利用蚕桑技术和塑料大棚蔬菜栽培技术给当地经济的发展以明显的促进。学校成了当地蔬菜良种、幼苗、生产技术推广站,师生成了菜农的技术顾问。截止11月,有19个种瓜专业户、8个蔬菜种植户与学校签定了生产技术承包合同,42户向学校交了下一年春季优良蔬菜种苗预定金。学校的蚕桑专业班,学生在校内学,回家应用,把家庭变成实习场,技术知识很快变成物质财富,90%以上的毕业生成了蚕桑大户,平均年收入2000余元。其蚕桑栽培技术推广到千家万户,创年收益约在60万元以上。

高等教育

1990年,河南省高等教育的工作重点是

在加强高校党的建设，抓好思想政治工作的同时，紧紧围绕提高教育质量和学生素质这一中心任务，以治理整顿和深化改革为基本指导思想，进一步加强宏观管理，在改善思想政治教育，改革教学，促使科研为经济和社会发展服务等方面，取得了新的进展。

一、思想政治教育继续得到改进和加强

各高等学校实行党委领导下的校长负责制，由党委亲自抓师生的思想政治教育工作，普遍建立健全了领导机构，重视政工队伍建设。1990年全省高校广泛开展形势教育、社会主义道路和世界观、人生观的教育。许多大学生积极参加政治学习，自动组织马列学习小组，形成了学习马克思主义、毛泽东思想的热潮。据不完全统计，全省高校共组织马列主义学习小组900多个，参加学习的学生2万多人。中共河南省委书记侯宗宾三次召开大学生学习马列、毛著积极分子座谈会。“五四”青年节，侯宗宾同省会部分高校的学生代表亲切座谈，并赠送与会代表每人一套《马克思恩格斯选集》、《毛泽东著作选读》、《邓小平文选》，还发表热情洋溢的讲话，希望大学生们都能够理解党和政府对学生的关心、爱护和信任，理解党和人民需要培养更多、更优秀的无产阶级革命事业接班人的渴望；希望大学生们振作精神，坚定信心，立志成才，做到政治上坚定，思想上进步，学习上刻苦，心理上健康，有炽热的爱国热忱、积极的劳动态度、自觉的法律意识、无私的奉献精神，树立科学的世界观、正确的人生观、高尚的道德观，努力塑造一代大学生朝气蓬勃、奋发向上的新形象，争做合格的共产主义事业接班人。

为加强和改革公共政治理论课教学，1990年10月，省教委会同省委宣传部、高校工委，在郑州举办了全省高校政治理论教育讲习班，高校200余名领导和政治理论课教师参加，就当前政治理论课教改中存在的问题进行了研讨。省教委还就高校政治理论教育的机构设置、人员配备、师资条件、经费保障等问题，作出了明确规定和要求。

高校普遍重视课内外教育活动与社会实践活动紧密结合。结合纪念鸦片战争150周年，各校组织多种形式的纪念活动，对青年学生进行爱国主义革命传统教育。郑州大学学生范显良寒假为五保老人修房摔成重伤，各校积极开展向这位具有雷锋精神的优秀大学生学习活动。1990年暑假期间，高等学校有8万多名学生参加社会实践教育活动，各校以“求知于工农，奉献于社会”为主题，重点组织学生参观、考察改革开放取得显著成绩的地方、单位或重点工程，走访劳动模范和先进人物，进行生动具体的社会主义道路教育和人民群众是历史的创造者的教育。大学生建立1700多个调查组、小分队，分赴老、山、穷地区和建设工地进行考察，参加劳动锻炼，开展教育、智力扶贫、访问群众等活动。全省共建立社会实践活动基地955个，长期挂钩联系点811个，还组建起890个大学生科技建设营。

二、教学改革与教材建设的新发展

为加强对学校教学质量的监测和宏观管理，1990年省教委采取随机抽卷分析的措施，对省属高校期终考试的试卷进行随机抽调，并组织人员对试卷的命题科学性、改卷严格程度、学生掌握所学课程的情况进行了认真研究分析，并在商丘召开了专门工作会议，将情况及时通报各校，促进了教学改革工作。同时，省教委还决定设立河南省优秀中青年教师奖励基金，制订了奖励基金管理办法，鼓励在教学、科研方面作出突出贡献的优秀中青年教师尽快脱颖而出。

1990年，河南高等教育重点抓了加强实践环节的教学改革。开封医学专科学校率先试行了“三个一”的制度，即一年级上基础课，二年级上专业课，三年级集中实习。由于实习时间比较集中并有所延长，对于提高学生的动手能力和适应能力大有好处。信阳师范学院通过多次深入一些县、乡中学调查研究，在1990年进行“双向培训”改革试点。将实习时间适当延长，专科实习时间由原来的一个月改为两个半月，放在二年级下学期进行；本科实习时间由原来的一个半月改为一个学期；放在四年级上学期进行。学生到普通初、高中学校顶岗实习，并纳入中学教师岗位目标管理，所受奖惩，师院予以承认，记入本人档案。被顶替下来的未达标的教师，到师院根据自己在中学所授课程选择专业，接受专业合格证书考前培训。这样既有利于学生实习，又使接受实习学校从中受益，收到较好的效果。

省教委教材建设管理工作委员会本着从严掌握的精神，1990年对全省报送的60余种教材、教学参考书进行了研究审查。批准其中28种使用由省财政补贴出版。本年全省高校使用财政补贴出版的教材共34本，补贴金额达26万余元。同时对各校油印讲义的改造工作进行了检查督促，使绝大部分高校的油印讲义得到不同程度的改进，部分有条件的高校已全部改为胶印。省教委还拟定下发了普通高校教材工作规程。

三、高校科技为经济建设和社会发展服务

高等学校积极响应河南省委、省政府“科技兴豫，教育为本”的号召，在科研工作取得突破性进展的基础上，狠抓科技推广与科技兴农工作。1990年，全省高等学校对外签定技术转让合同100项，成交金额894.9万元，当年实现106.3万元。全省高校为实施技术转让有370人下乡下厂，其中到乡镇企业的257人，有力地推进了技术推广和科技兴农工作。省委书记侯宗宾于10月18日专程到河南农业大学现场办公，对教师在科技兴农中所表现的无私奉献精神给予表彰，同学校领导和教授座谈，商讨了科技兴豫的重大问题。

根据省委、省政府科技扶贫的统一安排，河南农业大学先后为新县、南召、方城等县选派了科技副县长，派出了科技开发团。经过科学合理的论证考察，送去了适用技术，先后帮助引进农作物和畜禽良种23个，建立科技示范点23个，举办不同类型、不同层次的培训班近100期，有2万人次参加了学习，编写、印发有关资料2万余册。推广实用技术10类101项，建立3个科技扶贫经济实体，还为当地培养了大批科技致富带头人。为了加快科研成果转化为生产力，学校还组织教师把教学研究中取得的成果进行示范，组装配套，成为农民群众看得见、摸得着、学得会、干得成的科技样板。在校外基地建设中，成功地创造和运用了“百、千、万”（百亩试验田、千亩试验区、万亩开发方）、“户、乡、县”的示范推广模式，为科技兴农和科技兴豫不断创造新的经验。

河南农业大学还提前完成了黄淮海平原农业开发任务，先后有200多名教师和科技人员分赴通许、许昌、柘城、郸城和平顶山等45个县市进行了综合农业技术高产开发，促使黄淮海平原1163万亩玉米由三年前的亩产222公斤提高到289公斤，增产30%，由低产跨入高产。该校研究成功的“泡桐速生丰产栽培技术”和“盐碱地植棉技术”，被国家科委列为重点农业科技推广项目，“烟草多效素”被国家烟草总公司作为科技新产品向全国烟区介绍。

豫西农业专科学校针对育种工作周期长、难度大，市场上良种紧缺的情况，组织精干力量，加强育种工作。通过多年努力，选育成功豫麦10号、豫西881、豫西882、花555等比较优良的品系，其中豫麦10号已在省内外建立了138个实验点，累计增产小麦3.3亿公斤。该品种已被评审为国家级小麦良种，成为河南唯一的国家级良种。

四、进一步完善高校招生制度

高等学校一年一度的招生工作，是广大

群众十分关心的热点。省教委为了进一步密切同基层和人民群众的联系，把进一步完善高校招生制度，严格招生纪律，维护高校招生考试的严肃性和高等教育的信誉，作为改进工作作风、加强廉政建设的重要突破口，切实抓紧抓好。1990年招生工作继续实行招生指标、评分标准、录取政策、考试成绩、录取分数线、录取办法、录取结果、各种照顾政策等八项公开，并对招生工作人员严格执行办事公道、说情无效、送礼不要、请吃不到的工作纪律。此外，又采取了一系列的改进措施。一是主动邀请有关部门和人民群众对招生工作实施监督。7月下旬，省教委主动向省人大常委会汇报招生工作，争取人大常委派干部进驻高招录取现场，对整个工作过程进行监督。为及时向社会上公开新生录取情况，省招生办公室克服重重技术难关，将录取结果用计算机联网远程通讯及时传递到市地招生办公室，再送到有关中学公布，让群众监督。二是录取期间请省级和郑州、开封新闻单位派记者进驻录取场地采访监督。三是进一步广泛宣传高校招生的有关政策和规定，让考生家长、中学师生和各级干部熟悉和掌握政策规定。四是严格对招生录取办公场地的管理。

为使招生工作进一步科学化，河南省逐步扩大现代化手段在招生录取中的应用范围。1990年又试行了四项革新：（1）增加了分卷考试科目，普通高考由1989年的英语、化学、政治3科分卷考试，增加到6科，新增了地理、历史、生物3科。分卷后，客观性题试卷全部用光电阅读器评阅；（2）在普通高校招生和成人高校招生录取工作中试行计算机辅助录取，能准确、及时、合理地提供信息和调配考生，严格按从高分到低分的原则为录取学校提供档案，使录取工作公正合理，同时也能有效地识别涂、改考生志愿的违纪行为；（3）采用计算机联网的办法与各市地进行远程通讯，及时转送录取结果，使考生及家长能迅速得到准确信息；（4）利用微机和光电阅读器在试卷密封状态下完成登记分数和复核工作。不仅有效地保证登分过程的保密性，而且大大提高了工作效率，减少了误差。在国家教委召开的1990年标准化考试创新奖评审会议上，河南省的四个参评项目全部获奖。

在成人高校招生中，违纪事件屡有发生，尤其严重的是替考现象。1990年成人高校招生考试共查出各种违纪者3621人，其中替考者1117人。凡经查出的替考者和其它舞弊的考生，各地纪检、监察部门都进行了严肃处理。为了保证入学新生质量，省教委要求各成人高校对新生普遍进行入学复试和资格审查。经过认真复查，有867名新生被取消入学资格。

1990年，省教委严肃认真地妥善处理普通高校超计划招生问题。河南省普通高校1988年超计划招生20492名，涉及30所高校的200多个专业。根据国家教委指示精神，省教委结合河南实际研究制订三条意见：一是允许部分学生参加自学考试，由省自考办专门组织考试，考试结果按自学考试规定办理；二是允许这批学生参加1990年普通高校和成人高校的招生考试；三是发给中止学习的学生应退回的学费。这些措施有效地解决了超计划招生的清退问题。

成人教育

1990年河南省成人教育以整顿成人高等学历教育、努力扫除青壮年文盲和大力培训回乡知识青年为重点，在改革发展中努力提高成人教育的质量和水平。

一、以治理“三乱”现象为突破口，努力提高成人高等教育的质量

为了深入贯彻执行成人高等教育“控制规模、保证质量”的治理整顿精神，河南省政府成立了以副省长于友先为组长，由省教委、省委组织部、省计经委、劳动人事厅等部门领导组成的河南省成人高等教育治理整顿领导小组，办公室设在省教委。全省有24所高校成立了治理整顿领导小组，制订切实可行的整顿方案，认真进行自查自纠，端正办学指导思想，以坚决查处“乱办学、乱收费、乱发毕业文凭”现象为突破口，采取有效措施，严格管理，严格要求，努力提高成人高等学历教育的办学水平。

(一)加强管理，严把“入口”

1990年成人高校招生考试采取了三项措施。一是考前查资格，即：复验身份证、工作单位证明；不准普通高中在成人高考期间放假、过星期日，不批假等措施，有效刹住了替考风。原报名参加成人高招考试的有10万余人，实际参加考试的只有8万余人，20%多的替考者未能进入考场。二是考中查纪律，即：加强考场巡视，严格主监考制度，严厉查处违纪考生。1990年成人高考查出的考场违纪考生，都视情节按规定作了相应的处罚。三是考后查水平，即：对录取的新生进行入学复试，包括资格复查和文化知识复试。经过复查，共查出替考者125人。

(二)严格制度，管好“出口”

1990年河南省教委实行了成人高等教育毕业生资格审验制度，成人高等教育毕业生资格审查表未经省教委审验，成人高校一律不得颁发毕业证书。同时，省教委加强了对成人高等专业证书教育的管理，会同省人事厅审查批准57个委、厅、局委托37所高校举办的81个专业证书教学班。

(三)清理整顿社会力量办学

1990年，河南省教委对部分市地申报的50所社会力量办学申请进行认真审查，并实地考察了其中的30所学校，经过严格审查，批准基本具备办学条件的14所学校试办。同时，采取行政的、经济的、法律的手段，坚决果断地查处了一批“三乱”现象严重的学校，分别对一批学校给予停办或取缔的处罚。与此同时，还加强对社会力量办学许可证的年审和招生广告的审批等管理工作。截止11月底，成人高校治理三乱自查清理工作基本结束，成人高等学历教育和社会力量办学乱办班、乱收费、乱发毕业文凭的“三乱”现象得到有效制止。

二、加强法制建设，以法扫除青壮年文盲

1990年河南省扫盲实际入学人数达73万人，脱盲53.8万人，脱盲率达到73.7%。扫盲后继续教育结业人数达60多万人。经省人民政府验收，有15个县(市、区)达到基本扫除文盲单位要求，使全省基本扫除文盲的县(市、区)达到85个，占全省总县数的76.6%。第四次全国人口普查表明，河南省总人口的文盲率已由1982年第三次全国人口普查的26.28%下降为16.15%。全省的非文盲率由全国的第21位上升到17位。1983年至1990年全省累计扫除文盲276.11万人，平均每年扫除文盲34.51万人，成为全国文盲率下降最快的省份之一。西平、邓州、新安、清丰、林县被评为全国扫盲先进县，其中西平县还获得联合国教科文组织颁发的“克鲁普斯卡娅国际扫盲奖”。河南扫盲教育的主要做法是：

(一)广泛宣传发动，以法扫除文盲

1990年是国际扫盲年，河南省人民政府借此东风，广泛宣传扫盲的重大意义，把扫盲活动推向高潮。省人民政府把3月定为扫盲宣传月，专门召开迎接国际扫盲年全省电话会议，分管农业的宋照肃副省长和分管教育的于友先副省长发表讲话，号召全省上下齐动员，通过各种形式广泛深入开展扫盲活动。各级地方政府的负责同志也发表了广播电视讲话。《河南日报》、河南电台、河南电视台以及市地的报刊、电台、电视台都编发了扫盲专版和专题节目。省教委录制了《中原扫盲巡礼》电视专题片，印发了6万多份《关于扫盲工作几个政策性问题的回答》，在全省各地广为张贴。各市地扫盲行政部门也结合当地的实际，录制了一系列反映农村扫盲和成人教育的电视片。为了使扫盲工作纳入法制化轨道，使全省初步形成的有文化者都来教，不识字者都来学，人人为扫盲作贡献的新局面能持之以恒，河南省人大常委会通过了《关于切实加强扫盲工作的决议》，使扫盲工作有了法律依据，为以法扫除青壮年文盲奠定了基础。

(二)实行责任目标管理，切实加强对扫盲工作的领导

河南省委、省政府对扫盲工作非常重视，从1988年起就把扫盲工作列入各级政府的责任目标，实行目标管理。1989年，省政府发出《关于进一步开展扫盲工作的通知》，对扫盲工作的规划、目标、方针政策、领导管理、人员经费等作出明确规定，并成立了扫盲工作领导小组。各市(地)、县、乡、村也层层建立了扫盲领导机构。1990年，省长程维高又签署了河南省人民政府第13号令，发布了《河南省〈扫除文盲工作条例〉实施办法》。省政府在9月8日国际扫盲日召开了全省扫盲工作会议，总结工作，表彰先进。于友先代表省政府同各市地签订了1990～1991学年度扫盲责任书。此后，省扫盲工作领导小组两次组织成员单位实地检查了全省17个市地的60个县(市、区)、141个乡镇、313个行政村的扫盲工作。从检查的情况看，全省扫盲领导机构已基本建立，扫盲工作责任制自上而下全部实行。全省省级扫盲和农民教育经费由50万元增到100万元。市地扫盲拨款总额达180万元，各地群众自筹扫盲经费的数额和教育费附加用于扫盲教育的比例有明显的提高。据统计，1990年全省多渠道筹措扫盲和农民教育经费达到2436万元。

(三)狠抓教学环节，努力提高扫盲质量

一是狠抓扫盲师资队伍的建设。目前全省共有扫盲专职管理人员、教师8151人，平均每个乡镇3.8人；行政村有专职教师15540人，兼职教师37553人，平均每村1.13人。为提高扫盲教育师资水平，1990年省成人教育培训中心举办3期扫盲专职干部、教师培训班，培训200多人。各市(地)县通过采取办培训班、派讲师团，召开扫盲教师例会等形式对教师进行培训，提高他们的政治素质和业务素质。二是改革教学内容，加强教材建设。为适应农村改革形势和农民脱贫致富的需要，省工农教材教研室按照学文化与学技术相结合，脱盲与脱贫相结合的原则，编写了《文化技术课本》、《妇女识字课本》、《实用语文》、《实用科技》、《实用数学》等教材，各地还编写了乡土教材100余种，深受学员的欢迎。三是从实际出发，采取多种形式办学。各地采用全日制、半日制、隔日制等形式集中办班，对居住分散、学员较少的地方，采取包教包学的方式，并积极开展了汉语拼音识字法、直观教学法、环境教学法的试验。许多地方还广泛利用电化手段进行教学。信阳地区创造的巡回影像教学方法受到国家教委副主任何东昌的肯定。四是采取措施，加强管理。1990年省扫盲工作会议强调要“村村扫盲、消灭空白点”，各地普遍实行了定任务、定进度、定时间、定检查和统一辅导、统一批改作业、统一进度、统一考试、统一验收的“四定五统一”管理制度，收到较好的效果。新安县将13个乡镇划为4个扫盲责任区，4名正副县长每人承包1个，并把扫盲工作的好坏作为县长政绩考核的重要内容。濮阳市政府从各县抽调80多名干部派驻各乡，坐阵督导扫盲工作，很多青年文盲是在“不娶文盲妻，不嫁文盲夫”的舆论中走进扫盲班的。商丘地区针对妇女文盲多的特点，集中力量举办妇女扫盲班，并在扫盲班中教唱歌、教剪裁，提高了妇女文盲的入学率。许昌县对剩余的分散文盲采取每个教师包教1人，三个“小先生”辅导的办法，也收到好的效果。五是加强扫盲后继续教育，巩固

扫盲成果。省的扫盲计划坚持脱盲指标与脱盲后继续教育指标一起下达，并规定了扫盲后继续教育的标准和管理办法，要求脱盲后的学员必须掌握一至二项实用技术。1990年全省参加扫盲后继续教育的人数达72万，结业60万。扫盲教育与农民脱贫致富的有机结合，有力地推动了扫盲和农村经济的发展。

（四）严格验收标准，严格考核质量

为增强考核验收的严肃性和科学性，河南省制订了一系列考核验收办法，并建立了扫盲工作定期督导检查和报告制度，省每年督导检查一次，市地每年检查两次。市地每年8月底向省政府报告上年度扫盲工作情况，省政府在每年的国际扫盲日前后公布县以上单位扫盲的情况。省政府明确规定，申报扫盲验收的县，必须是普及初等教育二年以上，所属各乡村青壮年脱盲率在90%以上的县。对脱盲学员的资格认定，实行村主任负责制和准考证、身份证、脱盲证查验制度，考核结果张榜公布，接受群众监督，防止弄虚作假，保证扫盲质量。

三、实行目标管理责任制，切实加强回乡知识青年的培训

自1988年起，河南省人民政府就把每年培训100万回乡知识青年列入目标管理责任制，并作为20项重要责任目标之一，切实加强对这项工作的领导。教育、农业、科技等有关部门分工负责、相互合作、齐抓共管、联合办学，提高了回乡知识青年培训的整体效益。1990年，全省教育行政部门培训76万回乡知识青年，连同其他有关单位培训的回乡知识青年，总数超过100万。

在培训回乡知识青年的工作中，各地坚持因地、因人、因时制宜的原则，注意根据当地经济、社会发展和资源优势，根据农民脱贫致富的需要和广大回乡青年的愿望选择项目，把知识青年培训和“星火计划”、“丰收计划”、“燎原计划”、“黄淮海平原农业开发计划”相结合，开展多层次、多渠道、多规格、多形式的培训，强调理论与实践相结合，普及与提高相结合，增强计划性、针对性、实用性，强化实践技能。对当年毕业的回乡高初中学生采用“三加一”毕业证和技术合格证一齐发的方法，使毕业生在离校时就能学会一些生产技术和经营管理知识，减少重复培训造成的浪费。

经过几年的不懈努力，以省成人教育培训中心为龙头的农村成人教育初步形成完整的体系。1990年全省农民扫盲教师达69409人，其中专职教师20184人，农林牧、科技部门的科研人员、技术推广人员和农机、乡镇企业部门的工程技术人员也都是技术培训的骨干力量。根据国家教委、农牧渔业部、财政部《乡（镇）农民文化技术学校暂行规定》，省有关部门分别制订了乡镇成人学校的检查验收标准，扎扎实实地抓乡镇成人学校的基础建设，并确定100所乡镇成人学校为示范学校。目前全省共有县办成人中专或成人教育中心114所，乡镇成人学校1980所，占乡镇总数的93.44%。村办农民文化技术学校（班）39448个，占行政村总数的84.27%。截止1990年7月，全省1979年以来回乡的736万多名知识青年，已有659万多名经过培训，培训率为90%，其中已有71907人获得农民技师、助理技师、技术员等职称，65306人被选拔为农村基层干部，251084人被录用为乡镇企业职工，13877人被选聘为农民扫盲教师，160830人成为村专业户、重点户和科技示范户。回乡知识青年获得各种科技成果奖16692项。

撰稿人　介　新　孙增福
审稿人　徐玉坤

湖北省教育

概　　况

一、各级各类教育发展情况

1990年普通教育基本情况

单位：人

学校类别	学校数（所）	毕业生数	招生数	在校学生数	教职工数 计	教职工数 其中：教师
总　　计	41737	1654844	1932925	9525045	691128	530594
普通高校研究生	(23)	2346	2116	6411		
科研机构研究生	(22)	126	76	309		
普通高等学校	63	36979	38024	130355	63351	24624
其中：地方学校	36	13850	15904	47581	16386	7129
（短期职大）	10	2398	2178	6898	2498	1175
普通中等专业学校	222	39548	48931	145811	28323	14407
其中：中师	35	10213	9467	30579	5957	3424
干部、职工中专		3948	2576	7100		
普通中学	4737	639910	785143	2115639	199516	154388
初　中	4091	517078	666252	1772975		124998
高　中	646	122832	118891	342664		29390
农、职业中学	451	36179	54592	129022	16297	11306
其中：高中	325	27434	37503	89010		8263
小　　学	32309	899610	1003126	6230606	334985	295710
特殊教育学校	34	89	859	2270	735	477
幼儿园	3914			764436	47838	29622
工读学校	7	57	58	186	119	60

制表　谌杏林　张文彬

1990年成人教育基本情况

单位：人

学校类别	学校数（所）	毕业生数	招生数	在校学生数	教职工数 计	其中：教师
总　　计	4338	972432	837333	1175445	32240	16775
成人高等学校	86	45184	31627	115403	10491	4739
广播电视大学	16	10457	5351	22630	2000	768
职工大学	47	3128	2162	7708	4173	1970
管理干部学院	8	1292	954	2480	1951	781
教育进修学院	14	11944	4121	15384	2347	1208
独立函授学院	1	1250	1024	4069	20	12
高校办函授、夜大学		17113	18015	63132		
成人中等专业学校	302	49506	31024	114354	13471	7082
广播电视中专	2	1238	197	2093		
职工、干部中专	213	31154	23090	86712	10300	5210
农民中专	40	4163	3818	11294	1227	735
教师进修学校	47	12951	3919	14255	1944	1137
成人中学	134	6950	9969	12183	612	405
初　　中	71	2449	2585	3295	156	109
高　　中	63	4501	7380	8888	456	296
成人技术培训学校	1221	459999	423585	477588	4461	2858
成人初等学校	2595	410793	341128	455917	3205	1691
其中：扫盲班	1818	110958	122136	142154	2183	1448

注：另有自学考试在籍生20万人未计入总数

制表　谌杏林　张文彬

二、全省教育事业工作概况

1990年，湖北省教育坚持教育的社会主义方向，全面贯彻党的教育方针，加强和改进学校的思想政治工作，进一步充实和完善改革措施，较好地完成了预定的工作任务。

（一）加强学校思想政治教育和德育工作，稳定学校局势

针对前几年学校思想政治工作薄弱的状况，各级各类学校普遍加强思想政治教育和德育工作，广泛开展学习雷锋，“两兰”(潘星兰、杨大兰)等英雄模范人物活动，进行军训；高、中等学校采取多种形式，坚持对教职工、学生进行四项基本原则教育，法制和纪律教育，革命人生观教育，将思想政治工作贯穿于教学的过程之中；加强和改革马列主义理论和思想政治课教学，注意结合学生的思想实际，回答学生关心的现实问题。全省组织数万名大、中专学生开展社会实践活动，培养为人民服务的思想感情和本领。与此同时，各校严于管理，教育学生自觉遵守校规校纪、养成良好的文明道德习惯；并对违纪现象坚决进行处理。中、小学校认真贯彻落实全国、全省德育工作会议精神，开展以纪念鸦片战争150周年为主要内容的爱国主义教育系列活动，包括征文、知识竞赛、文艺汇演等；召开全省中小学德育工作经验交流会，交流开展思想政治教育和德育工作的经验，布置和确定了15所学校进行中、小学德育大纲和纲要的试点工

作;评选和表彰318名省级三好学生和158名优秀学生干部。

(二)以实施九年制义务教育为重点，抓好基础教育

1990年,又有6个县基本达到普及初等教育的要求，全省普及初等教育的地域覆盖率由1989年的88%上升到93%,人口覆盖率达95%(比全国平均水平高4个百分点)。在各地自评基础上,组织力量对全省197个乡镇进行小学义务教育评估检查，召开全省农村普及小学教育经验交流会，总结推广各地依法治教的经验,表彰了钟祥县胡集镇等13个先进乡镇。1990年，全省小学和初中流失率分别为1.15%和4.5%,低于全国2.37%和4.82%的比例。组织了全省高中历史学科的毕业会考,及格率达96.2%。通过会考,对于克服文理偏科现象起到了一定的导向作用。在1990年国际中学生数学、物理、化学奥林匹克竞赛中，湖北省参赛选手全部获奖，共获金牌3枚，银牌1枚，铜牌1枚，奖牌数占全国的1/3。加强劳动技术教育,举行了全省第一次劳技课统考。

(三)加强师资队伍建设，提高教师队伍素质

1.调整师专学制，拓宽专业口径。并对中文、数学等7个专业实行主辅修制;从全省各地选择136所具备一定条件的初中作为师专学生固定教学实习基地。组织全省教育学院自查贯彻落实国务院批转原教育部关于《加强教育学校建设若干问题的暂行规定》的情况,并接受了国家教委的复查,引起了各级政府和教育行政部门对教育学院工作进一步的重视。

2.师资培训取得了新进展，干部培训开始起步。据统计,1990年全省中小学、幼儿园教师中有11960人经过成人高考、中考进入师范类各种层次的学历培训,高中、初中、小学教师达到合格学历的比例为44.5%、44.5%、73.4%比1989年分别上升5.3、16.4、6.2个百分点;有77000余名中小学、幼儿园教师参加专业合格证书考试，各学段平均及格率为57.5%，超过了以往任何一年。还改革了中小学教师系统进修的招生办法，恢复推荐保送制,在黄石、沙市教育学院试办了小学教师大专班，进行小学教师学历达标后的继续教育试点。确定江陵等4县市为全省中小学校长岗位培训试点单位，在省教育学院举办了3期干部教师培训班。

3.教师管理趋向制度化、规范化。在调查研究的基础上,起草并下发了《湖北省中小学教师师德规范》、《湖北省高等学校教师考核实施办法》、《湖北省高等学校教师职务聘任实施办法》等文件,对教师在思想品德、业务水平、职务评聘等方面都作出了具体的规定,使教师管理逐步走上制度化、规范化的轨道。经过民主评议推荐,评定中小学特级教师442名。

(四)发挥高等学校的科技优势，积极主动为经济建设服务

各高校在搞好教学的同时，充分发挥其智力优势,加强应用科学研究及技术推广,开展科技咨询服务。在1990年11月举行的全省工业科技成果交易会上，华中理工大学等24所高校共有310项科技成果和近百件实物样品参加展出,签订各类合同600余项，占交易会成交合同总数的44%,技术成交额3000万元,占交易会成交额的35%。1990年,鼓励大学生开展科研活动，实行一年一度的大学生优秀科研成果评奖制度，全年共评出优秀科研成果450项,其中不少成果具有广泛的实用价值。

(五)贯彻“治理整顿”方针，加强教育管理

1.成人教育管理得到较大加强。针对成人高等教育存在的乱办学、乱收费、乱发文凭的现象，湖北省召开了全省成人高等教育工

作会议，明确了成人高等教育治理整顿的方针、范围和办法。会后下发了《关于成人教育招生广告管理的有关规定》、《关于普通高等学校成人高等教育毕业证书验印的通知》、《关于加强成人高等教育试行〈专业证书〉制度管理的若干意见》等文件，使成人高等教育工作基本有章可循，整顿工作初见成效。

2.整顿民办教师队伍。1990年，召开了全省民办教师管理工作经验交流会，襄樊、孝感等地介绍了整顿民办教师队伍的经验，提出加强民办教师管理措施。各地贯彻落实会议精神，全年共调整、精简民办教师近2万人。

3.学校乱收费现象基本得到控制。省教委组织专门班子，深入到基层和学校调查审计，对于清查出来的乱收费金额根据不同情况进行了处理。同时还从实际出发适当调整函授、夜大学、广播电视大学收费标准，并与省物价局、财政厅联合下发了《关于清理和整顿中小学收费的通知》，调整了收费项目和标准，明确规定了收费办法，在社会上引起了较好的反响。

（六）存在的问题1990年湖北省教育工作还存在一些问题：

1.学校思想政治工作仍然比较薄弱。在一部分高校青年教师和学生中，思想上深层次的问题还没有真正解决。学校、社会、家庭齐抓共管的局面还没有真正形成，育人环境尚待优化。

2.教育经费紧张。一是财政投入不足，1990年预算内教育经费支出在财政总支出中的比重下降。二是人头经费比重上升，公用经费继续下降。基建投资也偏少。师范学校校舍条件仍然较差，全省中师、师专和师院经国家教委检查，全部未达到国家规定的建设标准。

3.教师的看病难、子女就业难等问题虽已引起各级领导重视，但尚未真正得到解决。中央和省有关提高教师经济待遇的政策，在一些地方还没有完全落实。

撰稿人　张　杰

基础教育

一、制订发展幼儿教育的意见和措施

1990年2月22日，省政府办公厅发出通知，转发省教委等部门《关于加强和改革我省幼儿教育工作的意见》。《意见》明确了“幼儿教育事业实行地方负责、分级管理和有关部门分工负责”的原则，强调“各级教育部门要认真承担牵头的任务，主管本地的幼儿园管理工作”，改变了过去幼儿教育工作职责不明的状况。《意见》提出发展幼儿教育事业，要动员和依靠社会各方面的力量，多渠道、多形式的发展方针。《意见》还对筹措经费，改善办园条件；统筹规划，加强幼儿教育师资队伍建设；端正办园指导思想，提高保教质量等方面提出了具体要求。4月12日至14日，省教委召开全省幼儿教育工作会议，贯彻落实国务院有关文件和省政府《意见》的精神。

1990年，全省开始贯彻实施《幼儿园管理条例》和《幼儿园工作规程（试行）》，并在天门、麻城两市进行试点。6月省教委组织试点工作经验交流。10月举办全省地、市、州幼儿教育专职干部及部分幼儿园园长贯彻《条例》和《规程》的短训班。这些措施加强了幼儿园的管理，加速了全省幼儿教育事业的发展。1990年，全省在园幼儿比1985年增长了49.2%，其中学前班幼儿40.98万人，比1985年增长了103.5%。全省幼儿入园率由1985年的14.2%增长到22.53%。

撰稿人　袁希树　张维春

二、开展小学义务教育评估检查

为了进一步贯彻《中华人民共和国义务教育法》和《湖北省义务教育实施办法》，1989年3月6日省教委印发《湖北省实施九年义

务教育近期工作的意见》，制订《湖北省乡(镇)实施小学义务教育评估指标(试行)》，并于当年12月对全省11个地、市的39个乡镇小学义务教育实施情况进行了试点评估检查。

1990年5月，省教委在应城市召开了全省实施小学阶段义务教育工作经验交流会，介绍了义务教育的形势。目前，全省7～11周岁适龄儿童入学率达98.8%，在校学生年巩固率、学生毕业率、12～15周岁少年小学教育普及率均达到和超过国家规定的标准。到1990年，全省98个县级单位已有89个通过了省普及初等教育检查验收，占全省县级单位的90%。其他县也接近和基本达到普及初等教育标准。会上，表彰和奖励了钟祥县胡集镇、枣阳市吴店镇、应城市城中办事处、罗田县大河岸乡、江陵县岑河镇、崇阳县大桥乡、枝城市陆城办事处、宜城县郑集镇、松滋县西斋镇、公安县藕池镇、荆门市东宝区麻城乡、丹江口市六里坪镇、鹤峰县下坪镇等13个乡、镇、办事处。这次会议还提出了1990年及今后一段时期，全省要以乡镇为单位对小学义务教育实施情况进行评估检查的指导思想、工作步骤、法律程序及实施目标。

根据会议的部署，1990年，全省以乡镇为单位，对小学义务教育实施情况进行了阶段性的评估检查。孝感地区教委印发了《关于乡镇实施小学义务教育评估细则》，确定34个乡镇为1990年评估单位，举办了全区普教干部培训班。郧阳地区教委确定8个评估试点乡镇，并召开了全区试点乡镇专题工作会议。据统计，1990年全省有14个地、市、州共对193个乡镇进行了评估检查，其中孝感地区34个、咸宁地区14个、黄冈地区32个、宜昌地区10个、襄樊市18个、荆州地区33个、郧阳地区8个、郧西自治州13个、武汉市5个、黄石市6个、宜昌市2个、鄂州市3个、荆门市12个、神农架林区3个。1989年至1990年全省共对232个乡镇进行了评估检查，约占全省2367个乡镇总数的1/10。

三、进行“五四”学制试验

为了进一步端正办学思想，有利于学生的全面发展和个性特长，达到大面积提高教育质量，完成九年义务教育的目标和任务，全省从1986年秋开始在武汉市武昌区开展“五四”学制试点实验。当年试点小学有武昌实验小学、中华路小学，对口试验初中为武汉市第四十五中学。到1990年秋，全省已有武汉、沙市、荆州、襄樊、黄冈、郧阳、十堰、荆门、孝感、黄石、宜昌等11个地、市及第二汽车制造厂等大型厂矿的近100所初中、300所小学对口开展了“五四”学制实验。实验学校受到当地政府和教育行政部门的重视，省成立了指导组，各县、市均有领导分管这项工作。在实验过程中，所有实验学校的办学条件都有不同程度的改善，师资队伍培训及教材研究工作也相应得到加强。

撰稿人　袁希树　曾庆宏

四、举办黄鹤美育节

为了加强中小学生的思想政治教育和学校美育，培养学生健康向上的审美情趣，提高艺术教育的质量，湖北省教委于1987年7月13日至16日在武昌举办了首届黄鹤美育节。内容有音乐美术教学示范课、教学录像观摩课、经验交流、学术报告、专题辅导、美术作品展览、优秀文艺节目表演等。全省中小学、中师、职业中学一万多人参加了开幕式活动。1990年9月1日至24日举办了第二届黄鹤美育节。本届美育节以中小学音乐、美术的“三优”评选(优质课、优秀文艺节目、优秀美术作品)为主要内容，兼顾中师、职业中学及幼儿园的艺术活动，同时评选美育工作先进单位。参加本届美育节活动的有村以上中小学、中师、职业中学的学生共120万人，教师12万人。共评选出70节优质金杯奖美术课、200多件优秀美术作品、130多个优秀文艺节目和44个美育先进单位。

撰稿人　袁希树　张维春

五、特殊教育迅速发展

1990年全省贯彻落实省政府办公厅转发省教委等8单位《关于发展我省特殊教育的意见》的精神，特殊教育有较大的发展。全省新建聋哑学校23所，普通学校附设聋哑班8个，弱智教育学校3所，附设弱智班9个，在麻城市、仙桃市、宜昌县开展了盲童随班就读试验，已有13名盲童进入普通小学随班就读。武汉市还在两所小学开展弱智儿童随班就读试验，已有4名弱智儿童入学。截止1990年12月，全省特殊教育学校发展到39所，其中有5所为年度统计后新建校，在校学生数增加到2270人，与1989年相比，学校数、学生数分别增长200%和43.7%。盲聋哑儿童入学率由1989年的1.71%提高到3.2%，弱智儿童在特殊教育学校（班）就读的有500人左右，还有一些在普通小学随班附读。1989年全省86个地、市、县（不含城市区），只有10个办有特殊教育学校，仅占11.6%，1990年已办校（班）的达43个，占50%，其中15个地、市、州都办有特殊教育学校（班）。全省已初步形成特殊教育学校、普通学校附设特殊教育班和残疾儿童进入普通学校随班就读的格局。

不断改善特殊教育的师资和办学条件。襄樊特殊教育师范学校于1989年开始招生，1990年在校学生达到77人。武汉市在普通中等师范学校附了特师班。1990年省教委委托武汉市第一聋哑学校和第二聋哑学校分别举办了一期3个月的师资培训班，全省有103名学员参加培训；委托武汉盲校举办了一期盲童附班就读师资培训班，培训学员12名。到1990年底，全省特殊教育学校（班）共有教职工735人，其中专任教师477人，分别比1989年增长46%、39%。为了改善办学条件，1989年和1990年两年中省财政、省教委共拨出特殊教育专款165万元，其中1990年拨款90万元。各地、市、县也积极筹措特殊教育经费，用于特殊教育学校（班）的校舍建设和设备购置。

撰稿人　袁希树　石盛全
雷方圣

六、勤工俭学持续稳定发展

1990年全省有35600余所中小学开展了勤工俭学活动，开展面达94.3%；有校办产业的学校23297所，占总校数的61%。学农基地20828个，面积26.6万亩，校办工厂3057个，第三产业网点7700个，从事勤工俭学的专职人员5万余人。开展劳动教育的学校34552所，开展率为97%。1990年，全省勤工俭学总产值10.09亿元，纯收入1.81亿元，学生人均收入21.1元，用于补充教育经费1.08亿元，占中、初等学校国拨教育经费的12.1%，其中用于改善办学条件6291万元，修建校舍119万平方米，用于师生集体和个人福利4354万元。

1990年10月14日至17日，省教委在蒲圻市召开全省勤工俭学现场会暨勤工俭学工作汇报会。总结交流了全省开展勤工俭学工作的经验：（1）各级领导重视和有关部门支持。多数地方成立了以分管教育的专员、市长、县长为组长、有关部门负责人参加的勤工俭学领导小组，定期研究工作，为勤工俭学解决实际困难。全省有113个县区以上单位（包括大型厂矿企业）成立勤工俭学管理机构，配有专职干部616人，具体指导和管理勤工俭学工作。1990年各级财政为校办企业提供周转金3822万元，各级专业银行为校办企业贷款3445万元，各级计划、物资部门为校办企业供应原材料7447吨。（2）因地制宜，采用多种形式发展校办产业。城镇学校以发展工业和第三产业为主，农村学校以发展种养为主，厂矿学校以发展与大工业配套的加工业为主，确定一手抓普及，一手抓重点，突出“四有”“四重”的发展方针。“四有”即有基地、有专人、有收入、有劳动教育活动。咸宁地区达到“四有”标准的学校有2263所，占总校数的89.8%，该区学农基地普及最好的蒲圻市校均35亩，“四有”学校占总校数的88.8%。“四重”即有一批重点校办企业及开发项目，一批重点学校，一批重点乡镇，一批重点种养业基地。1990年全省校办企业共有20项产品获省优产品，3项获国家教委优质产品称号。（3）加强校办企业管理。校办工厂企业以技术进步为动力，以提高经济效益为中心，强化管理。1990年全省校办企业被评为地、市级管理先进企业3家、质量管理先进企业1家、科技型企业2家。黄石市第三中学长征制药厂获“全省企业管理优秀奖”金杯和“湖北省管理先进企业”称号。校办农业企业以提高单位面积产量和收入为重点，创造了“班田制”和“专班制”等经营管理模式。（4）通过传授实用技术，进行技术开发和推广，使校园经济和庭院经济相结合，为繁荣当地经济作贡献。全省校办企业产品有20个种类，12000多个品种投入市场。

撰稿人　王业全　雷方圣

七、试办小学教师进修专科

1990年5月23日省教委发出通知，决定从本年起试办小学教师进修专科，属职后大学专科层次的继续教育。它是针对小学教育教学的实际需要，在中师毕业的基础上，再系统学习有关专业基础理论，研究小学教育艺术，了解国内外小学教改的最新信息和发展趋势，总结小学教学实践的经验教训，掌握从事现代小学教育的必备知识与手段。学员脱产进修两年，学完教学计划规定的课程，考试合格，由主办学院发给经省教委验印的专科毕业文凭，享受专科毕业生待遇。1990年首先在沙市、黄石教育学院试办，面向全省重点小学、中心小学和实验小学，共招收具有中师毕业文化水平和小学一级教师以上职称、教龄在8年以上的小学教师90名。

撰稿人　谈云龙　周应佳

八、教师进修试行保送制度

1990年，省教委决定有计划地推荐保送一部分优秀中小学教师到高等学校深造。湖北大学、湖北教育学院等7所高等学校首批试办专科起点本科函授保送生班和专科班。招收条件是：（1）坚持四项基本原则，忠诚社会主义教育事业；（2）1979年以来获得县（市）人民政府（党委）和地、市、州以上教育行政部门的先进（优秀）教育工作者称号；（3）具备相应的学历或教师《专业合格证书》；（4）年龄在30岁以上、50岁以下、且专业教龄在8年以上；（5）身体健康。经过层层推荐审批，全省招收保送生250人进入高等院校深造。

撰稿人　谈云龙　范义虎

九、培训中小学校级干部

为了提高中小学校级干部的政治素质、业务水平和管理能力，1990年7月7日省教委与中共湖北省委组织部、省人事厅联合发出《关于加强我省中小学校级干部培训工作的意见》。《意见》规定，用3至5年时间把全省现有中小学校级干部按岗位职务的标准的要求轮训一遍。培训内容主要有马克思主义基本理论、教育政策与法规、学校管理等，每期300个学时，学习结束，经过考核，发给相应的岗位培训证书。要求从1995年起，全省中小学的校长和支部书记，原则上持证上岗。

为了落实培训任务，省教委对全省中小学校级干部的基本情况进行了普查。普查结果：全省中小学共有校级干部51692人，其中小学39720人，初中8209人，高中2347人，职业中学1063人，中师、进修学校353人。在这些干部中，有70%以上的人未系统学习过教育管理理论。为了使培训工作有计划有步骤在全省开展，1990年省教委确定沙市、江陵县、红安县、汉川县等4个县市围绕培训形式、理论联系实际、考核、经费来源、教学管理等问题进行培训试点：边试验、边总结、边完善，逐步积累经验。1990年湖北省的中小学校级干部培训已被国家教委确定为全国试点单位。

撰稿人　谈云龙　周应佳

十、组织普教干部学管理知识

为了提高中小学领导干部队伍的素质，国家教委决定通过中国教育电视台逐步开设供中小学校长进修提高的有关课程。1989年11月14日省教委发出《关于组织好中小学校长收看学校管理电视讲座的通知》。到1990年3月，全省已有16000多名普教系统教育管理干部（小学校长9500多人，中学校长3500多人，教育行政干部3000多人）收看了学校管理电视讲座。各地在收看时采取了"三结合三为主"的方法，即分散收看与集中收看相结合，以分散为主；假期收看与平时收看相结合，以假期为主；收看与研讨相结合，以研讨为主。此外，有60多个县市录制了电视讲座的全部内容，准备以后再组织广大中小学校长学习讨论。十堰市教委拨出2600多元专款，用于录制声像教材和办培训班。全省各地共举办短训班102期，7000多人参加短训班收看和讨论。

撰稿人　谈云龙　雷方圣
周应佳

十一、开展师德教育

1990年2月5日，省教委印发《湖北省中小学教师师德规范》（试行草案），在中小学（含职业中学）和师范院校、教师进修院校教师中试行。随后，省里又组织力量编写了《湖北省中小学教师师德教育纲要》，作为对中小学教师进行师德教育的专门教材。6月29日省教委发出《关于使用〈湖北省中小学教师师德教育纲要〉的通知》，要求全省各种形式、各种层次的师资培训班，尤其是各级各类师范院校（含有师训任务的有关普通高校）、教师进修院校举办的脱产进修班、函授班、卫星电视班等，从1990年9月起，都要按照《纲要》开设师德课，认真组织教学。未参加过师范院校、教师进修院校培训的中小学教师，由地、市、州、县教委和学校组织学习，提高中小学教师的师德修养和为人师表的政治、业务素质。

撰稿人　谈云龙　周应佳

十二、加强民办教师管理

湖北省从中共十一届三中全会以来采取措施，加强民办教师队伍的管理工作。

1.调整民师队伍。全省于1982年和1988年两次对民师队伍进行调整，使民师总人数由1980年的305101人下降到1990年的167060人，民师占中小学教师的比例由1980年的53.5%下降到1990年的32.3%，除"民转公"和中师招收的一部分外，全省净减民师92556人。调整后，各地对留任的民师建立了人事档案。

2.从政治上培养关怀民师。全省民师中有中共党员10710人，其中半数以上是1980年以来发展的；有25000多人担任了中小学校长、主任；受县（市）以上表彰的有18000多人，其中1989年有300人被评为全国和全省优秀教师（教育工作者）。

3.提高民师的业务素质。到1990年，全省已有95%的民师参加了各种不同形式的培训学习。有本、专科毕业生3282人，中师毕业生29167人，尚在参加中师函授学习的32000人，有71929人取得专业合格证，占民师专任教师总数的45.1%，民师教材教法考试合格率达97%。

4.将部分优秀民师转为公办教师和招收到中师学习并分配到小学任教。1984年以来全省共有26500名优秀民师转为公办教师；

1983年以来，全省中等师范学校计划内招收并予分配工作的民师共有14300多人。

5.认真落实民师的待遇。全省民师共评聘中学一级教师442人，二级教师1846人，三级教师2127人；小学高级教师9820人，一级65952人，二级教师38415人，三级18384人。职务评聘后，有些地方参照公办教师的办法实行了职务工资。全省有946个区乡实行小学民师工资统筹，人均年工资853元；有571个区乡实行中学民师工资统筹，人均年工资904元。湖北省从1986年起，每年拨款700万元，用以增加山区民师补助费。1990年，山区小学民师每人每年补助270元，中学民师补助320元；平原小学民师补助220元，中学民师补助270元。

6.建立民师福利基金。1990年全省民师福利基金总额达到368万元，已有2210名民师办了退休养老手续，年补助金额达16.8万元。

为了进一步加强民办教师管理，1990年3月20日省教委制订了《湖北省民办教师管理暂行规定》，对民师的管理体制、任教资格、聘任、调整、权利、待遇、考核、奖惩等方面提出了要求。其中规定：民师由县(市)教育行政部门管理，任教资格由县(市)教育行政部门审定；对民师实行定编、定员、定岗、定责、定工作量和实行职务聘任制；民师在政治上和公办教师享有同等的权利和待遇等。

撰稿人　黄木生　雷礼金
雷方圣

职业技术教育

一、职业技术教育蓬勃发展

“七五”期间，湖北省职业技术教育在改革中蓬勃发展。

中等教育结构发生了根本变化。到1990年全省各类中等职业技术学校（含中专、中师、技术学校、职业高中）招生11.4万人，占高中阶段招生总数的49%；在校学生30万人，占在校生总数的46.3%，省辖市市区发展较快，普通高中与职业高中在校生之比，已普遍超过1∶1，达到中央提出的与普通高中招生数“大体相当”的要求。

各类职业技术学校不断发展，从初级到高级的职业技术教育体系已见雏形。1990年有职业高中325所，在校生8.9万人，居全国第10位；有普通中专(不含中师)187所，在校生10.8万人(不含中师和干部中专班)，学校数和在校生数分别居全国第一、第二位；有技工学校159所，在校生7.8万人；全省试办职业初中133所，在校生3.9万人，学校数和在校生数分别居全国第四位和第三位。高等职业技术教育开始起步：全省有职业大学10所，在校学生6898人。湖北工学院、湖北农学院、咸宁教育学院、孝感师专等院校开办了职业技术师范系(班)。

办学条件不断改善。“七五”期间，全省职业中学年均增加基建面积8.9万平方米；全省职业高中增加专业设备价值2000多万元，增加专业教师914人，总数达2895人，班均专业课教师由1985年的0.82人增加到1.54人。中专校舍总面积由1985年的183万平方米增加到293万平方米，增长60%。此外，湖北省还接受世界银行贷款250万美元，分别贷给武汉无线电工业学校、沙市职业教育中心、黄石职业教育中心、宜昌职业教育中心、武汉市第二职业教育中心和荆州技工学校，以改善这些学校的办学条件。

初步建成一批办学思想端正，教育质量较高，能在本地区乃至全省起骨干示范作用的中等职业技术学校。1990年全省各级各类重点职业技术学校共有101所，占中等职业技术学校总数的14.3%。其中全国重点中专6所，省重点中专5所；省级重点职业高中19所，县级重点职业高中71所。

为全省经济建设培养了一批中、初级技

术人才。全省职业中学结合当地经济发展的实际，开设各种专业、工种近200个，约30个专业门类。从1986年到1990年，各类职业技术学校(含初级职业中学)毕业生累计达60多万人。

撰稿人　林春赞

二、公安县农科教统筹办职业技术教育

公安县围绕农业实行农、科、教统筹办职业技术教育。全县成立了由县长任组长，分管财经、农业、科技、教育的副县长任副组长，有关部、办、委、局负责人组成的职业教育领导小组，发挥统筹职能，解决发展农村职业教育的实际问题。自1987年以来，全县每年为职业教育筹集资金70万元。县劳动人事部门每年划拨一定数量的招工指标安置城镇户口的职业学校毕业生。对回乡从事个体生产和庭院经济的毕业生发放一定数量的贴息贷款和平价农药、化肥、良种、地膜等生产资料。县农委承担多位一体的牵头任务，把职业中学的实验田纳入县良种生产计划，进行杂交水稻亲本繁育试验。县科委把职业中学作为科技下嫁的载体，纳入“星火”计划，并用职业中学的基地建立科研实验站。县教委狠抓初、高中毕业生的实用技术培训，全面推行毕业证和技术合格证的“两证制”。

公安县共有各类职业学校23所，开设24个专业，突出学“农”，把学校基地办成庭院经济和高产田样板，在籍学生7000余人，结合学校教学，学生在家实习经营。县职业高中和县农委联合在浅埠头乡观东村办点，使该村三组101家农户形成一园果、一塘鱼、一圈猪、一群鸡鸭鹅、一片四季菜、一口沼气池、一块高产田的模式，多种经营年收入25万元。

撰稿人　林春赞　余　彬
献　政　田　方

高等教育

一、高教事业有较大发展

1990年，湖北省高教工作贯彻“坚持方向，稳定规模、优化结构、改善条件、提高质量”的方针，适当控制了发展速度，全省本专科招生比上年增加601人，在校本专科生比上年减少31人；在校研究生比上年减少370人。按社会实际需要，进一步调整了学科、专业和层次结构，加强了与经济建设密切相关的农业、基础工业、轻工、食品等学科专业。将师专学制由二年改为三年，以培养一专多能的、适应农村普及九年制义务教育的初中师资。在深化教学改革、提高教学质量和办学水平方面也有新的进展，建立了一批教育实习和社会实践活动的基地，开展了教材评估活动，建设了一批重点课程，加强了师资培训工作。由于稳定了高校的发展规模，并增加了投入，高校办学条件有一定的改善。

与此同时，全省高校主动适应湖北经济、社会发展需要，发挥科技优势，为实施“湖北在中部崛起”的战略作出贡献。1985年以来，全省高校共承担科研任务19930项。其中，直接为全省经济建设服务的项目占40%；投入科技经费2.485亿元，平均每年投入科技人员1.25万人；取得科研成果2500余项，科技开发、服务、咨询成果在5000项以上，共向生产部门转让技术成果1000余项，其中获省以上科技成果奖1144项，获国家级自然科学奖、发明奖、科技进步奖等61项，创经济效益近40亿元。

二、开展以“奉献者之路”为主题的大学生社会实践活动

1990年，湖北省高等学校10万余名大学生利用暑假深入工厂、农村、部队，以“奉献者之路”为主题，开展了形式多样、声势浩大的社会实践活动。一是组建了16个省级大学生社会实践活动营，有18所高校的800多名学生参加；二是由各校组织了近800个校系级社会实践活动小分队，有万余名学生参加；三是由地市州县组织回乡学生参加的社会实践活动。各级党政部门对大学生社会实践活动高度重视，中共湖北省委专门发了文件，省政府拨出5万元专款予以支持，省委宣传部、高教工委、省教委、共青团湖北省委、省教育工会联合成立了湖北大学生暑期社会实践活动办公室。各高校和各地党政有关部门对这次活动精心组织，活动前有动员培训，活动中有检查指导，活动后有总结宣传。大学生在社会实践中，广泛开展社会调查、公益劳动、军事训练、科技文化服务等各种活动，学习工农，了解国情，服务社会，通过实践活动培养了大学生的业务能力，在思想上受到了深刻的教育：

第一，增强了维护社会稳定的自觉性。大学生在社会实践中深刻地感受到广大人民群众珍视和希望社会稳定的强烈愿望，耳闻目睹了动乱和暴乱给政治和经济造成的严重影响，认识到只有在长期的安定团结的环境下，才能使我国的建设和改革得以顺利进行。

第二，增强了对中国共产党、对社会主义的信念。大学生在社会实践中接受革命传统教育，认识到社会主义来之不易，并在实践中体验到社会主义制度的优越性，中国走社会主义道路是唯一正确的选择。许多学生还亲眼看到党的基层组织在现代化建设中的核心作用以及广大基层党的干部、党员的感人事迹，从而坚定了对党、对社会主义的信念。经过各方面的努力，高等学校政治上、思想上积极健康的因素正在增长，学生骨干队伍逐步扩大，学习马列、追求真理的风气开始形成。据武汉地区30多所高校统计，几乎学生班都成立了学习马列主义小组，参加学习的人数近5万人，占武汉地区高校大学生总数的三分之一。全年申请入党的学生达2万余人，占学生总数的18%。

第三，增强了历史使命感和社会责任感。大学生在实践中加深了对国情的了解和对经济建设、改革开放艰巨性、复杂性的认识、观察社会问题比过去全面和深刻，认识到自己的理想不能脱离社会实际，成才不能背离人民的需要，激发了刻苦学习的积极性和自觉性。一年来，校风学风有了明显好转，一度在高校中存在的厌学风、铺张浪费、谈情说爱等不良现象得到了制止。

第四，加深了与工农群众的感情。在火热的社会实践第一线，广大劳动人民的奉献精神使大学生深受感动，不少学生认识到“自我设计”、“自我奋斗”的天地是狭小的，只有具备真才实学，踏实肯干，乐于奉献的知识分子才能受到人民的欢迎，青年学生只有走与工农相结合的道路才是唯一正确的道路。武汉地区高校学生开展了学雷锋、学两兰活动，先后有20万人次走出校门，开展公益劳动，便民利民等为人民服务的活动，受到群众的赞誉。

大学生在社会实践活动中受到了教育，增长了才干，用自己的知识为社会做出了有益的贡献。据不完全统计，大学生在社会实践期间，撰写调查报告、论文6万余篇，提合理化建议10万余条，参加各种劳动创直接经济效益400多万元，有力地支援了四化建设。为此，中宣部、国家教委、团中央将武汉水利电力学院、华中理工大学、湖北医学院、武汉大学、同济医科大学、华中农业大学、湖北农学院、武汉钢铁学院等8所高校评为1990年社会实践活动先进单位，并将“奉献者之路”评为1990年最佳社会实践主题活动。湖北省对在社会实践活动中成绩突出的36所高校、75个集体和161名个人进行了表彰，并组织了社会实践活动演讲报告团到各校巡回演讲，还举办了社会实践活动成果展览，巩固扩大了大学生社会实践活动的成果和教育面。

三、组织青年教师下基层锻炼

湖北高校35岁以下的青年教师占专任教师总数的42.75%。为使他们健康成长,各院校改变"重成果轻思想,重使用轻教育"的观念,提出了青年教师必须坚持正确的政治方向,走与工农相结合,与社会实践相结合道路,并于1989年11月前后组织1985年以后毕业任教的1200名青年教师,分赴全省县以下的基层单位进行为期一年的实践锻炼。

中共湖北省委、省政府批转了省委高校工委、省教委《关于组织我省高校青年教师分期分批到基层锻炼的意见》,要求各级党委和政府以及组织、人事等部门切实加强领导,做好接待工作。高等学校把这项工作作为培养青年教师的重要步骤,各校都有一两名校(院)级负责人分管这项工作,还制定出有关青年教师下基层的政策措施。如把参加社会实践锻炼作为青年教师提职晋级、出国留学的条件之一;对下去锻炼的教师定期考核和鉴定;在评定专业技术职务时,将锻炼期间的工作计算为相应的教学和科研工作量,将他们所取得的科技成果与校内其他人员的成果同等对待,撰写的较高思想和理论水平的社会调查报告,也作为教学科研成果予以承认。各校还抽调政治素质、业务水平、身体条件较好的干部带队,加强对青年教师参加社会实践锻炼的领导和指导,帮助他们解决思想和生活上的实际问题和困难,使各项工作顺利进行。

通过下基层锻炼,使青年教师进一步了解国情,认识社会,加深了对党的基本路线的理解,增强了同人民群众的思想感情,增强了为人民服务的社会责任感和实现四个现代化的信心;培养了实事求是、艰苦奋斗的工作作风,许多青年教师在锻炼期间运用自己的专业知识为基层服务,提高了实际工作能力,在实践中增长了才干;赴襄樊市财政部门锻炼的中南财经大学青年教师,通过调查研究总结了该市实行"梯级财源开发"的经验。这一经验推广后,取得了好的效果。国务委员王丙乾对此给予了很高的评价,认为襄樊建设"梯级财源"的做法,是保证财政收入稳定增长的一条重要经验,值得在全国推广。

四、检查评估学校教材工作

国家教委1988年将湖北省列为全国第一批进行高校教材工作检查评估的六个试点单位之一。湖北省于1988年6月开始进行这一工作。考虑到全省高等学校层次多、类型多、分布广等特点,确定以重点大学和老校为重点,武汉地区的高校都参加评估,荆州、沙市、宜昌地区高校较集中,也派评估小组进行检查验收,其他院校按《湖北省高等学校教材工作评估实施方案》进行自评。这样,参加省检查验收的高校共43所。在评估小结的基础上,省教委于1990年12月4日召开了全省高等学校教材工作经验交流会,总结了教材工作检查评估的情况,并对教材工作成绩突出的22所学校进行了表彰。检查评估结果表明高等学校教材工作取得显著成绩。

一是教材工作机构健全,队伍稳定。被评估的43所高校中,有35所高校建立了教材科,另有2所高校设有教材办公室,1所设有教材研究室,有24所高校建立了教材工作委员会,各校都有一位校(院)长和教务处长分工管教材工作。全省有了一支政治素质好、业务能力强、相对稳定的教材工作队伍。

二是教材供应基本保证了按时开课。各院校在教材供应工作中,坚持计划发行,书库管理和财务管理符合有关条例要求。教材配套率一般达到95%,课前到书率达到98%左右,有的学校达到100%。

三是教材建设成绩显著。重点学校重视教材建设工作,从经费上予以保证,采取措施鼓励教师编写教材。武汉大学自编教材率达62%,公开出版教材314种,其中获部委级以上奖的教材有82种。华中理工大学5年公开出版教材533种，获部级以上奖的有20种。华中师范大学近几年公开出版教材162种，其中有部分质量较高。此外，湖北大学、中南财经大学、中南政法学院等校在教材建设方面也取得一定的成绩。

四是教材研究工作活跃。被评估的43所学校，5年中发表在各种期刊杂志上的教材研究论文近500篇。省高校教材协会自1985年成立以来，积极组织各校开展教材管理的研究，通过召开年会和办刊的形式交流研究论文。

五是有了教材印刷基地。各高校建立了印刷厂，基本能满足自编教材的印刷。现在大部分学校正在抓油印讲义的技术改造，争取尽快改为铅印或胶印，有条件的则引进软印刷。

六是声像教材开发受到重视。被评估的学校中有32所有声像教材，对加速教学手段现代化，提高教学质量起了积极作用。

教材工作中也存在一些问题和不足。如有的重视教材供应工作，忽视教材建设工作。有的教材只是低水平的重复出版，造成人力、物力、财力浪费，学生对教材质量不高反映强烈。教材工作还存在基础设施陈旧，经费短缺的现象。

撰稿人　郑年春　杜海鹰

成人教育

一、治理整顿成人高等教育

湖北省成人高等学历教育按学校性质和办学形式分为独立设置的成人高校，普通高校函授、夜大学、高等教育自学考试三类。成人高等学历教育发展趋势是好的。但是，在前进中也存在一些混乱现象：

一是层次和专业结构不够合理。大量举办的是大专学历教育，高层次岗位培训及大学后继续教育很少。历年招生和毕业生，除师范专业外，人数最多的是财经、文史和管理专业，而经济建设急需的工、农、医和理科类专业人数很少，与实际需求有差距。

二是少数学校存在乱办学，滥发文凭的现象。有的学校违反规定招收旁听生；有的用函授、夜大学招生指标办脱产班，降低专业证书班学员入学要求，有些普通高校在校外办成人教育班(站)，不讲办学条件、师资等投入不足，个别学校的系(部)自行对外签订办学合同、滥登招生广告等。

三是一部分成人高校，特别是部门和企业办的职工大学，生源不足，难以为继。1987年以来，已有半数以上的学校每年只能招收一个班。1988～1989学年度，职工大学在校学生不足50人的有11所，占23%；不足100人的有22所，占46%；1989～1990学年度的这种情况有增无减，办学效益难以提高。

针对成人高等教育中存在的问题，1990年开展了治理整顿工作。7月3日至5日，召开全省成人高等教育工作会议，决定治理整顿分三步走：第一步各校自查、自报，边整边改，于10月底写出自查报告和整改意见；第二步，从1990年11月至1991年6月由省组织力量检查验收；第三步，1991年下半年全面开展质量评估，加强管理，完善制度。现已进行完第一步，进入第二步，取得一些阶段性成果，包括加强成人教育招生广告的管理，制止乱招生现象；整顿专业证书教育秩序，严格审查学员入学资格，不合格者予以清退；对各类成人高等教育毕业文凭全部实行统一验印，杜绝滥发文凭现象；对少数已招收的“超前生”的学习年限，从其参加招生统考正式录取之日算起，修满规定的年限；制订函授站、校外班的检查评估方案；自学考试严格实行办学与办考、命题与辅导相分离的原则，等等。治理整顿工作仍在有计划、分步骤地深入进行中。

撰稿人 关学丰 杨永才
张明礼

二、乡镇成人文化技术学校办学水平提高

“七五”期间，湖北省的乡镇成人文化技术学校得到了迅速的发展，实现了省政府规定的“乡乡办成校，县县有重点”的要求。截止1990年，全省有乡成人学校1221所，占全省农村乡镇总数的97.7%。全年共开办各种政治、文化和实用技术培养班约4.2万个，培训243.4万人次，为传播推广农业新技术，提高农村劳动者素质，促进农村两个文明建设作出了积极贡献。

各地注意抓成人学校的领导班子建设，教学实习基地建设。同时开展“上一个项目、培养一批人才、推广一项技术、联系一批村户、富裕一片群众”的活动，走开放式办学道路，发挥乡成人学校综合性、多功能作用，办学水平和办学效益不断提高，不少学校已成为当地信息服务、科技推广和试验、示范中心。省教委从中选定24所乡成人学校作为经常性的联系点，使之发挥示范、带头作用。1990年全省对乡成人学校的财政投入484.3万元，改善了部分学校的办学条件。乡成人学校教材建设工作进一步加强，省教委连续三年组织编写了乡成人学校教材30多种，并委托湖北广播电视大学摄制了配套声像教材，为发展农村电化教育创造了条件。

撰稿人 杨永才 刘怀俊

三、积极投入“国际扫盲年”活动

1990年是联合国确定的“国际扫盲年”。湖北省认真贯彻国务院《扫除文盲工作条例》和省人民政府《关于进一步做好扫除文盲工作的通知》，推行扫盲工作“责任在政府、任务在教育部门、行政领导负责”的承包责任制，动员全社会关心、支持和参与扫盲工作。全年共举办各种扫盲培训班1.5万多个，组织扫盲对象41.7万多人参加学习，经考核有29.3万多人脱盲。至此，全省15至40周岁人口中剩余文盲约70万人，非文盲率达96.18%。全省有70个县(市)达到基本无盲的标准，其中52个县(市)15至40周岁人口中非文盲率达到95%以上，占全省县(市)总数的71.1%。

1990年1月，省政府召开电话会议，贯彻国务院召开的迎接国际扫盲年电话会议精神，动员和部署全省扫盲工作。今后，省成立了以副省长韩南鹏为组长的全省扫盲工作领导小组，各地市州也相应建立了领导机构。接着开展了扫盲宣传月活动，寒假期间，全省组织7.2万中小学教师和90多万小学高年级学生参与扫盲工作，有近20万扫盲对象受到帮助和辅导。9月，结合纪念第25届国际扫盲日，召开全省扫盲工作暨表彰会，传达全国扫盲工作会议精神，总结交流扫盲工作经验，表彰黄冈县等30个先进集体和刘全国等100名先进个人。12月，全国扫盲协调小组湖北检查组对孝感和郧阳两个地区的扫盲和农民教育工作进行了检查，认为国务院《扫除文盲工作条例》和全国有关扫盲工作的会议精神，在湖北得到了认真贯彻落实，全省扫盲工作取得了显著成绩。

撰稿人 汪振序 刘怀俊

四、用好“燎原计划”贷款

湖北省从1988年开始实施“燎原计划”。1989年初，全省有10个县市被确定为“燎原计划”示范县，有92个乡镇被确定为示范乡镇，先后有97个单位承担了“燎原计划”专项贷款任务，共计金额429万元(不含武汉市)。有6所小学、38所职业中学、53所成人学校利用此专项贷款，扶持和新上了一批周期短、见效快的种植、养殖和农产品加工项目。1990

年，新选定30个项目，申请专项贷款201万元，用以扩大贷款项目的经营规模。各有关学校围绕项目，培训急需的人才。据统计，每年培训专门人才在10万人次以上，年创利润100万元以上，初步显示了实施“燎原计划”富校富民的作用。

为了加强“燎原计划”贷款项目管理，湖北省注意按照项目论证报告确定的投向，及时使用贷款资金，并督促投入部分配套资金，争取近期经济效益。要求贷款单位单独建帐，单独核算，资金使用由项目负责人把关，责任到人，保证项目可行，贷款能够产生效益。适时对贷款项目和资金使用情况进行检查评估，总结经验，研究管理理论，表彰先进。

撰稿人　汪振序　刘怀俊

审稿人　陈德清　罗成杰

胡学荣

湖南省教育

概　况

1990年各级普通学校基本情况

工读、特殊教育学校单位：人
其他学校单位：万人

学校类别	学校数（所）	毕业生数	招生数	在校学生数	教职工数	
					计	其中：教师
一、普通高等学校	46	2.73	2.74	9.03	3.69	1.44
研究生		0.07	0.07	0.21		
本科		1.05	1.09	4.40		
专科		1.61	1.58	4.42		
二、普通中等学校	5925	76.71	102.39	275.38	23.36	17.65
1.中等专业学校	141	3.49	3.21	9.93	2.08	0.92
中等技术学校	108	1.97	2.16	7.07	1.68	0.7
中等师范学校	33	1.52	1.05	2.86	0.40	0.22
2.普通中学	5234	70.06	93.07	252.4	19.92	15.81
高中	873	14.50	16.17	45.03		3.25
初中	4361	55.56	76.90	207.37		12.56
3.农业、职业中学	549	3.16	6.11	13.05	1.36	0.92
高中	391	2.28	4.64	10.89		0.81
初中	158	0.88	1.47	2.16		0.11
4.工读学校	1				30	15
三、小学	49099	107.44	115.35	693.86	32.89	30.66
四、特殊教育学校	13	51	327	1077	337	222
五、幼儿园	2806			92.37	3.91	2.95

1990年各级成人学校基本情况

单位：万人

学校类别	学校数（所）	毕业生数	招生数	在校学生数	教职工数 计	其中：教师
一、成人高等学校	47	3.61	2.91	9.93	0.58	0.28
广播电视大学	1	1.15	0.89	3.31	0.11	0.04
职工高等学校	34	0.37	0.37	1.06	0.23	0.12
农民高等学校						
管理干部学院	4	0.16	0.14	0.28	0.11	0.05
教育学院	8	0.86	0.51	1.71	0.13	0.07
独立函授学院						
普通高校举办						
函授部		0.69	0.57	2.26		
夜大学		0.38	0.43	1.31		
干部专修科						
二、成人中等学校	3529	40.59	38.96	49.53	2.43	1.22
1.成人中等专业学校	263	2.90	3.03	8.70	0.93	0.51
广播电视中专	6	0.33	0.23	0.58	0.0041	0.0027
干部中专	29	0.14	0.13	0.26	0.10	0.048
职工中专	81	0.55	0.91	2.45	0.36	0.17
农民中专	40	0.38	0.55	0.93	0.15	0.088
教师进修学校	107	1.45	1.21	4.48	0.32	0.20
2.成人中学	426	2.38	3.04	4.01	0.47	0.19
职工中学	103	1.59	1.44	1.75	0.30	0.11
农民中学	323	0.79	1.60	2.26	0.17	0.081
3.成人技术培训学校	2840	35.31	32.89	36.82	1.02	0.51
职工技术培训学校	410	7.92	7.47	7.61	0.43	0.21
农民技术培训学校	2430	27.39	25.42	29.21	0.59	0.30
三、成人初等学校	18274	88.31	72.70	93.47	2.16	0.93
1.职工初等学校	84	5.69	6.11	7.67	0.19	0.09
2.农民初等学校	18190	82.62	66.59	85.80	1.97	0.84
其中：扫盲班	9051	26.37	23.06	30.68	1.16	0.44

1990年，湖南省各类教育事业开始出现稳定协调发展的局面。全省小学学龄儿童入学率为98.65%，比1989年提高0.39个百分点，年巩固率为98.3%，比1989年提高0.6个百分点；初中在校学生比1989年增加4.1万人，初中毕业生升高中的比例为29.7%，比1989年提高2个百分点；各类中等职业技术学校814所，在校学生26.23万人，占高级中等教育在校学生总数的36.8%，在校人数比1989年增长9.4%；普通高等院校招生数比1989年增加1.6%，在校学生88210人，比1989年减少0.7%；成人高等院校招生数比1989年减少11%，在校学生比1989年减少6.4%，盲目发展的势头得到控制。

撰稿人　戴次义

审稿人　周衍桐　沙省之

基 础 教 育

一、普及九年义务教育

(一)《义务教育法》执法检查

为发展湖南基础教育，促进九年义务教育的实施，省教委会同省人大教科文卫委员会对全省各级人民政府贯彻执行《义务教育法》的情况进行检查。重点检查各级政府在学习宣传《义务教育法》、巩固普及初等教育成果、分期分批实施九年义务教育规划、落实义务教育经费、改善办学条件、制止学生辍学、提高教师政治业务素质、改善教师地位和待遇等方面所采取的措施。检查采取各级政府自查与人大代表视察相结合的方法进行。从乡政府起，逐级按要求检查。检查结果表明：各级政府在学习、宣传《义务教育法》方面做了卓有成效的工作，初步树立了依法治教的观念。依照《义务教育法》的规定，各地都制订了实施的规划；并多渠道筹措经费，改善办学条件；运用法律武器，采取各种措施制止中小学学生辍学。总的情况是好的，但也有个别地方政府法制观念淡薄，义务教育经费尚未落实，学生辍学的现象还未得到有效制止。检查对各级政府是一次触动，推动了《义务教育法》的实施，收到了较好效果。

(二)修订义务教育规划

湖南省各级政府把修订义务教育规划作为贯彻实施《义务教育法》，确保义务教育落实的一项重要措施。全省规划要求，占全省总人口20%的地区在1995年前实施九年义务教育；占全省总人口65%的地区在2000年前实施九年义务教育；其余占全省人口15%的地区到2005年左右基本实施九年义务教育。为使规划更加符合客观实际，省教委抽调30多人到长沙县河田乡、干杉乡进行了全省修订义务教育规划的试点。并于10月召开各地、州、市、县教委负责人会议，要求以县(市)为单位修订规划，落实到乡(镇)，并经同级人民代表大会审议、通过，向社会公布，接受监督。会后，各地都相应召开了规划修订工作会议，并组建临时性工作班子，从调查入手，提出分类实施的意见。省教委还转发了临湘县认真贯彻省农村教育工作会议精神，切实抓好九年义务教育规划修订工作的经验。全省乡(镇)一级的修订工作绝大多数在1990年年底结束。

(三)改善办学条件

1990年，湖南省在基本普及初等教育的基础上，狠抓办学条件的改善，提出实现“一无两有”、“六配套”的任务。1990年，全省投入中小学校舍建设的经费达5.1亿元，改造危房和新建校舍240万平方米，基本消灭了严重危房。各地相继掀起了以“六配套”为主要内容的创建基础教育合格乡(镇)初中、中心小学、村办小学的活动。长沙市政府建立了创建基础教育合格乡(镇)和合格学校的检查验收制度，按目标管理要求进行验收。岳阳县委、县政府向全县人民发出创建合格学校的倡议书，得到群众的拥护和支持，自愿筹资建校，献工出力。全县共创基础教育合格乡(镇)7个，合格乡(镇)初中12所，合格中心小学9所。

湖南省还把中小学图书资料配套作为改善办学条件的重点来抓，决定用5年或更长一点时间把全省所有中小学的图书馆(室)建设好，藏书达到国家教委规定的标准。从1990年开始，省教委每年拨出200万元作为中小学图书专项补助基金，用于图书馆(室)藏书建设，并逐年公布中小学图书馆(室)必备书目和推荐书目。

(四)特殊教育迅速发展

1990年6月，湖南省教委、民政厅、财政厅和省残联联合召开有各地、州、市教委主任、民政局长、财政局长和残联负责人以及省直部分厅局领导等100余人参加的全省首次特殊教育工作会议。确定把发展特殊教育同当地实施一定年限的义务教育统一规划、统一部署、统一检查，并提出全省特殊教育发展的目标。省政府办公厅批转了省教委、计委、财政厅等8部门联合制定的《关于发展全省特殊教育的若干意见》。为保证办学经费，省财政当年拨款100万元，省教委也拨专款100万元作为特教专项补助经费，民政厅、残联在社会福利有奖募捐和残疾人福利基金中划出部分经费，由教育部门统一掌握，用于发展特殊教育。暑假期间，省教委培训新办特教班和随班就读的教师68人。1990年全省新办聋哑学校4所，其中2所已开学招生。至此，全省14个地、州、市除大庸市外都各有1所特殊教育学校。普通学校附设特教班从零起步发展到30班，学生351人。随班就读形式的教学也有了很大的发展。

二、加强中小学校德育工作

（一）召开中小学德育研讨会

1990年1月，省教委召开了全省中小学德育研讨会。会议强调，要从思想上和实践上落实德育的首要地位，制定和执行好一套中小学德育工作常规，建立德育导向政策，努力建设以政治课教师、班主任和团队干部为骨干的全体教师教书育人的队伍。要加强小学思想品德课和劳动课、中学思想政治课和劳动技术课，深入持久地开展学雷锋、学赖宁和社会实践活动，把学校教育、家庭教育和社会教育结合起来，形成中小学德育的新格局。各地、州、市也都相继召开了中小学德育工作会议，结合本地实际，贯彻落实省中小学德育研讨会提出的各项措施，使全省中小学的德育工作普遍得到加强。

（二）开展学雷锋，学赖宁活动，进行以不忘国耻为主线的爱国主义教育。

1990年2月，省教委发出《关于在全省中小学广泛深入地开展学习雷锋活动的意见》，得到全省中小学师生的积极响应，涌现出一批学雷锋、学赖宁的先进集体和个人。10月省教委与团省委等单位联合表彰了452个先进集体和2875名先进个人，在全省引起较大反响。

为了纪念鸦片战争150周年，对中小学生进行鸦片战争史实和中国近代史教育，湖南省开展了以不忘国耻为主线的爱国主义教育，编写了《不忘国耻，警钟长鸣》（中学版、小学版），作为对中小学生德育教育的补充教材，共发行700多万册，由教师课内讲授，并指导学生课外阅读。各地还开展了演讲、参观、主题班会等活动，让学生从祖国的历史发展中寻找正确方向，收到了较好的效果。

三、教育教学改革

（一）表彰中小学优秀教研成果和先进教改经验

湖南省在“七五”期间开展教育教学改革，取得了明显成果。为进一步调动全省教育工作者的教研教改积极性，使优秀成果和经验得到推广，省教委在各地、州、市评选上报的106项教研成果和70项教改经验中，评出优秀教研成果49项（一等奖7项，二等奖14项，三等奖28项），先进教改经验30项（一等奖8项，二等奖11项，三等奖11项）。其中王楚松、孟湘砥的《教育实验与全面发展—湖南师大附中整体教育实验的探索》荣获全国首届教育科学优秀成果二等奖。省教委作出表彰优秀教研成果暨先进教改经验的决定，对全省中小学的教育教学改革起到了积极的推动作用。

（二）推广优秀教研成果

湖南省各级教育行政部门和中小学校把推广省教委确定的优秀教研成果作为教育教学改革的重点工作。据1990年底统计，全省中小学开设各类教改实验班和成果推广班10192个（高中班225个，初中班2771个，小学班7196个），参加实验推广的教师2700多人，学生40万人。其中，“拼音学话，注音识字，提前读写”实验、“童话引路”语文教改实验、“部件识字”实验、“三算结合”实验、“复式教学整体改革实验”、“初中数学自学辅导法实验”等影响较大。

(三)实施《现行普通高中教学计划的调整意见》

省教委于1990年6月召开贯彻实施国家教委《现行普通高中教学计划的调整意见》工作会议，决定当年秋季入学的高一新生全部实行调整后的教学计划，对现有二、三年级也作了过渡性调整。7月，举办了高中教学大纲(修订本)业务培训班，对各地、州、市的语文、数学、外语、物理、化学、历史、地理、生物等8科的教研员进行培训。各地、州、市、县也层层举办培训班，使全省高中教学都能按新的调整计划实施。

(四)继续实行高中毕业会考制度

1990年是湖南省实行高中毕业会考制度的第二年，全省普通高中五个年级416161人参加了会考。基本情况是：(1)高三文科：参考人数44326人，人均78分，各科都及格人数占75.55%，合格率(总分360分以上)95.06%，按6门课程单科计算，及格率在86%以上。(2)高三理科：参考人数93110人，人均78.4分，各科都及格人数占71.63%，合格率(总分420分以上)94.14%。按7门课程单科计算，及格率均在83%以上。(3)高二生物：参考人数129834人，人均78.5分，及格率93.25%，优秀率53.91%。(4)高二地理：参考人数129930人，人均80分，及格率95.09%，优秀率60.13%。(5)高一历史：参考人数151178人，人均82.8分，及格率94.67%，优秀率71.28%。

会考成绩统计表明，湖南省在前几年整顿教学秩序、加强学校管理等方面所做出的努力，已显示出初步的综合效益。1990年会考试题的难度不低于1989年试题，而会考成绩从总体上讲，明显优于1989年。这说明全省教学水平有了普遍提高。

四、幼儿教育

为发展学前教育，湖南省认真贯彻实施国家教委发布的《幼儿园管理条例》和《幼儿园工作规程》，组织广泛讨论，研究落实措施。组织幼教工作者收看“幼儿园教育”电视讲座，收看者达2万人次。8月，省教委举办为期1周的地、州、市、县幼教行政干部培训班，培训140多人。省教委还拨出20万元补助专款，由各县、市举办农村学前班师资培训班，共培训近万人。此外，还下拨示范园设备补助费30万元，以促进示范性幼儿园的发展。

撰稿人　郑际平　伍国保

审稿人　周衍桐　沙省之

五、教育督导工作

1990年，湖南省的教育督导工作有较大进展，初步打开了局面。

(一)开展首批县市教育督导评估

1990年3月19日至4月13日，省教委组织督学干部、专家等52人，分为3个督导团对黔阳等8个县市开展首批县市教育督导评估。在8县市共调查了17个乡镇、599所学校、24个厂矿、同117个部门进行了座谈，查阅了近3年的有关文件、资料。在此基础上，按照省颁方案和评分细则逐项评分。评估结果：临澧县名列榜首，黔阳第二，益阳县、株洲县、冷水江市、南县、湘潭县都达到先进等级标准；益阳市也接近先进水平。《湖南日报》、《中国教育报》先后报道了评估结果。督导评估后，8县市的党政部门专题研究了教育，针对存在的主要问题和督导团的意见、建议，制订了改进措施，采取多种方式贯彻落实。在各县市反馈信息后，省教委于8月2日向全省各行署、各州、市、县(市)政府发出文件，决定对评为先进等级的临澧县、黔阳县、益阳县、冷水江市、南县、湘潭县以及1989年试点时评为先进等级的郴县授予教育工作先进县(市)称号,并各给予5万元工作奖励费。

(二)培训督学人员

1990年9月8日,省教委在湖南教育学院举办了全省首届督学人员培训班,参加培训的69名学员来自13个地区的56个县(市),大多是有20年以上教育工作经验的中年骨干。培训班严格按照国家教委发布的《教育督导人员岗前培训教学计划》组织教学,开设了马克思主义专题选讲、教育基本原理、教育管理通论、教育督导与评估、教育政策与法规、时事政策教育、教育统计等7门课程,共授课200学时,讲授了28个专题。培训班始终贯彻理论与实践相结合的原则,完成理论教学后,全体学员分别参加了省教委组织的中小学调查和乡镇教育调查。

(三)加强教育督导机构建设

1990年2月,省政府任命省教委副主任,党组副书记冯象钦为主任督学,加强了教育督导工作的领导力量。同时,省教委又在省政府增拨的教育经费中划出100万元作为督导专款,为开展教育督导工作提供了经费保证。各地州市县也逐步加强了督导机构的建设,至1990年底,全省14个地州市都建立了督导机构,有专职督学人员21人、兼职督学人员11人。125个县(市、区)中有63个建立了督导机构,有专职督学人员122人,兼职督学人员78人。

(四)着手研制新的督导评估项目

1990年初,省教委督导室即布置部分县市研究制订乡镇教育督导评估方案,并同省教委普教处、省教科所共同组成课题组,开展中小学德育评价系列的研究。1990年10月19日至11月4日,结合省首届督学人员培训班的实践活动,组织理论工作者和实际工作者共180人,分为8个调研组,分别调查中小学德育和乡镇教育情况,并对乡镇教育督导评估方案和小学生、初中生、高中生思想品德评价方案进行了试测试验,随后又组织了论证。

撰稿人 邓武魁

审稿人 周衍桐 沙省之

六、师范教育在改革中前进

1990年,湖南省师范教育坚持深化改革,大胆实验探索,进行了一些有益的尝试,主要抓了两项工作。

(一)开展中小学教师继续教育试点工作

湖南省现有中小学专任教师46万多人,通过10年中小学师资培训工作,教师队伍素质不断提高。为了不失时机地对已经具备合格学历的中小学教师,有计划地进行学历合格后的继续教育,1990年春,湖南省召开了中小学教师继续教育工作座谈会,发布了在中小学教师中开展继续教育的文件,继续教育的试点工作在全省积极稳步地开展起来。正在试点的继续教育,包括各级专业技术职务教师的岗位培训、新教师培训、小学教师大专层次学历培训,以及其他不同层次不同形式的短训,如音乐、美术等短线学科专业教师的岗位培训等。开展继续教育的总目标是,力争在本世纪末建设一支数量足够、质量合格、学科配套、结构合理、相对稳定的中小学教师队伍。全省继续教育的实施,大体分实验、过渡、全面推行3个阶段。湖南省中小学教师继续教育,与学历培训和专业合格考试培训交错进行,在不放松学历培训和专业合格考试培训的同时,开展了多种形式的继续教育试点工作。全省105所县、市教师进修学校,绝大多数学校都进行了试点,培训了一批教学骨干,提高了教师的教育教学能力,受到教师们的普遍欢迎。

(二)试行中等师范学校教学改革新计划

从1988年开始,省教委根据国家教委发布的三年制中师教学方案,从湖南实际出发,制定了《湖南省三年制中等师范学校教学计划》(试行)。从1990年秋季起在全省30所中等师范学校同时进行试点，参加这项实验的中师学生达5000人。新的中师教学计划与过去使用多年的部颁计划比较，有两个明显的优点：（1）培养目标更加明确，坚定办学的社会主义方向。新教学计划强调培养热爱社会主义祖国，热爱中国共产党，热爱小学教育事业，掌握马克思主义的基本观点，有良好的社会公德和教师的职业道德，有艰苦奋斗和求实创新的精神，有从事小学教学工作必备的文化知识、技能和一定的审美能力，有初步的生产劳动知识和技能，有健康体魄的全面发展的小学教师。（2）突破沿袭多年的单一的课堂教学模式，实行必修课、选修课、教育实践、课外活动、生产劳动相结合。新教学计划试行以后，增开了选修课37门，使中师教育主动适应当地经济、文化发展的需要，拓宽学生的知识面，培养学生从事小学教育教学的能力，特别是担任多学科教学的能力。新教学计划还加强了教育实践这个重要环节，将课外活动统一排入课表，并注意组织学生参加一定的生产劳动，培养学生的劳动观点和劳动习惯，学习一些工农业生产知识和技能。这对于培养德、智、体、美、劳全面发展的小学教师，具有重要的意义。

同时，省教委还组织编写了一批中师补充教材，包括《教师职业道德》、《国情教育》、《教育实验》、《中外著名教育家教育思想》、《劳动技术基础》、《写字教程》、《普通话训练》、《小学电化教育》等20余种，充实和丰富了中师教育教学内容，保证了新教学计划得以顺利试行。

撰稿人　陈若海
审稿人　沙省之　周衍桐

职业技术教育

1990年，全省职业技术教育工作的重点仍然放在农村，农村职教有了进一步的巩固和发展，农村教育综合改革不断深入。全省大力推广了怀化地区以农业部门为主，农科教三家联合办农村职业教育的经验。至1990年底，已有30多个县市的农职业高中，实行了农业部门牵头举办，农科教联合办学的体制；其余大部分县市的农职业学校，由教育部门主办，农业、科技部门参与联合办学，改变了过去教育部门独木难支的局面。这种管理体制的改革，有利于解决办学经费、专业技术课师资及实习场地建设等困难，从而使大多数农职业学校的面貌得到了改变。

在发展农职业教育中，全省把办好农村家庭经营专业作为工作重点。至1990年底，已有96所农职业学校开办了这一专业，在校学生13000人，其中1990年招生7000人。为办好一批重点学校，省教委制定了创办示范性农职业学校的6条标准，并经过申报和检查验收，确定了13所省级示范性农职业学校，增加了投资，逐校落实了建设项目。省教委还与学校所在县市政府签订了协议书。为了促进农村教育更好地为农村经济和社会发展服务，1990年元月，正式建立了全省农业职业教育和农业技术推广新网络，以湖南农学院为龙头，地市农业中专为骨干，县市农职业高中为枢纽，乡镇农校为基础，便于上下沟通和横向联系。一年内，湖南农学院派出10位专家到12所农职业中学指导教学和科研，派遣134名师生深入郴县、江永两县，办农民技术培训班100多期，培训农民1万多人次，推广优良品种40多个，新技术20多项，取得了良好的社会效益和经济效益。全省已有3352个乡镇办起了农民文化技术学校，办学面达97.6%，其中2246所达到合格乡镇农村标准，合格率为67%。一年来，全省乡镇农校共办班39538个，参加学习的达153万人次，其中接受实用技术培训的达130万人次。全省利用乡镇农校及村级农校点办扫盲班17476个，参加学习的文盲达当年扫盲对象的46.78%。为了探索农村教育综合改革和发展的规律，省教委组织了全省性的农村教育综合改革研讨活动，并评选出一批优秀论文汇编成《面向未来》一书，已由湖南教育出版社出版。

撰稿人　戴次義

审稿人　沙省之　周衍桐

附

□怀化地区实行农科教结合兴办农职业教育的体制成效显著

怀化地区是湖南西南边远小区，经济、文化基础差。近几年来，该区围绕山区经济开发，大胆改革探索，实行农科教结合办农职业教育的办学新体制，有力地促进了该区农村经济的发展。1990年6月，湖南省委、省政府决定在全省推广怀化的经验。

该区原有12所农职业高中，都是普通中学改建的，由教委一家主办。学校普遍存在专业课师资少、生产实习基地缺乏、办学经费严重不足、学生招不进留不住等困难，特别是学校如何切合当地需要办学，更是急待解决的问题。这些问题仅教委一家难以解决好。这种局面，引起地委和行署领导的关注。他们认为，该地区经济落后的症结是农民文化技术素质低，农业科技人才十分缺乏，急需通过发展农职业教育，为农村培养科技“二传手”和农民科技致富的带头人，才能加快山区经济的开发；而农职业教育办得不景气，原因就在办学体制不顺，因此必须改变由教委一家独办农职业教育的局面。1987年3月，地委行署决定，在加强教委的协调指导和归口管理的同时，农职业学校实行“农委主办，农科教联合办学”的体制。为此，行署召集分管农业的副县长和县市农委，科委主任会议，专题研究动员，并要求各县要象抓农业重点工程建设一样抓好农职业教育。会后，芷江侗族自治县率先实行了新的办学体制，县政府明确规定了农科教三家的办学职责：农委负责配备专业课教师，筹集部分办学经费，制订招生计划，建设生产实习场地，安排学生实习，指导和扶持毕业生就业；教委负责配备文化课教师，提供原有教育场地、设施及正常教育经费，指导学校教育教学管理和进行办学质量评估；科委负责为学校提供科技信息和资料，安排科技推广项目及配套资金。芷江县农职业中学实行这种办学体制后，很快见到成效。怀化地委、行署召开全区教育工作会议，号召全区农职业教育学芷江，并把实现农职业中学办学体制转变列为同县市签订双文明目标管理责任制的内容，限期完成。到1989年，全区12所农职业中学全部实行了农科教联合办学的新体制。从1989年起，该地区又在乡镇进行了农民技术培训，科技示范、科技推广和服务一体化试点，由乡镇政府统筹，将乡镇农民文化技术学校及农口在乡镇的各站、所、办结合起来，建成乡镇农科教中心。目前，该区已办乡镇农科教中心85个。1990年上半年，行署成立了农科教统筹领导小组，下设办公室，进一步加强了对农科教结合的领导与协调。

理顺了办学体制的怀化地区农职业教育，迅速步入了健康发展的轨道。学校领导力量和专业师资得到加强。全区各县农委抽调12名得力干部到学校任校长，还抽调78名干部担任学校中层管理干部。这些同志有技术，懂经济，会管理，与教育部门的同志相互补充，相得益彰。芷江县农委副主任易春生任农职业中学校长后，在县政府和农科教三家的支持下，学校面貌改变很快：校园由10亩扩大到40亩；校舍由2500平方米扩建到13000平方米；生产实习基地由5亩扩大到180多亩；仪器设备总价值由不足2万元增加到近20万元；学生由200多人增加到500多人；学校成为全县农业技术骨干人才培养和技术推广的中心基地。1990年，省教委确定该校为示范性农职业学校，国家教委认定该校为省级重点职业中学。实行新的办学体制以后，该区各县市农业部门调派了53名技术干部到学校任专职教师，其中高级职称2人，中级职称13人，还有不少农业技术人员任农职业中学的兼职教师；这些教师享受原农业部门的福利待遇，教育部门按教师待遇给予补贴，他们都安心农职业学校工作。生产实习基地也扩大了。1990年，学校新征种植基地600多亩，养鱼水面300多亩，相当原有基地的3倍；这些生产实习基地大都成为高产示范基地。经费渠道拓宽了。除正常人头经费得到保证外，农科教三家为学校多渠道筹集基建、实验室、生产实习基地建设经费360多万元。各农职业学校根据当地资源优势和商品经济发展的需要，调整了专业结构，使之设置合理。毕业生有了用武之地。近几年，除教委安排了185人到乡镇农校任教，农口各部门安排589人到乡镇农、林、畜场站和企事业单位工作外，大多数回乡务农的毕业生，得到农委、科委和乡镇的扶持，其中150多人成了科技示范户，农民致富的带头人。这些学生科技致富，使农民看到了希望，激发了送子女上农职业中学的热情。芷江农职中1989年招生200人，填报志愿的却有800人；黔阳农职中发出录取通知100份，来校报到的却有108人，有8人是被普通高中录取后"跳槽"过来的。

该区实行农科教综合的办学体制后，坚持把育人和用人，技术培训和科技推广通过共同办学的途径有机地结合起来，努力把县农职业学校和乡农科技中心办成科技兴县、兴乡的枢纽和龙头工程。为了配合开发山区经济，农业部门帮助学校调整教学内容，规划生产示范；政府则以县农职业中学和乡农科教中心为依托，大力推广实用技术。县农职业中学不仅办三年制长班，还办中短期培训班；不仅培养人才，还为广大农民提供良种和技术承包。芷江县适合养鹅，芷江农职业中学就建起了年产仔鹅10万只的孵化场，县科委又帮助引进了优良鹅种，养鹅迅速成为该县发展经济的一条重要途径。学校坚持为山区开发和农民致富培养留得住、用得上的技术人才。全区农职业中学毕业生中，有1/3成为农村技术骨干。他们中有为农民的畜禽防病治病，义务出诊2000余次，挽回10万多元损失的土专家；有坚持田头搞科研获得成功，在省级专业刊物发表论文的小博士；还有靠科技兴办乡村企业，产品打入港澳市场的农民企业家。近3年来，全区农职业中学和乡镇农科教中心共办实用技术培训班近万期，培训农民60多万人次；还有大批回乡农职业中学毕业生给农民示范带头。这样，就形成一个上下沟通、左右环流的农村科技推广网络，使农业科技传播到村、到户，能够做到抓好一项培训，就能推广一个项目，办好一个专业，就能发展一个产业。1990年，该区杂交水稻种植面积达270.2万亩，总产11.16亿公斤，比1989年增加38.44万亩，增产9907万公斤；以冰糖橙为主的柑桔种植面积扩大到44万亩，总产1.06亿公斤，比1989年增加11万亩，增产2760万公斤；烤烟和晒烟种植面积扩大到20万亩，产量达1333万公斤，比1989年增加10万亩，增产561万公斤；中药材1.85万亩，创产值1342万元，比1989年增加0.85万亩，增加产值635万元；食用菌由零星生产扩大到年产值37.2万公斤。

撰稿人　彭酉滨

审稿人　周衍桐　沙省之

高 等 教 育

一、概况

1990年湖南高等教育坚持社会主义办学方向，努力提高教学质量，扎扎实实地开展工作，取得了较好的成效。

（一）高等教育事业稳定发展

1990年，继续贯彻治理整顿的方针，坚持调整中稳定规模，停办了湖南科技大学，将其并入湖南中医学院，3所条件差的学校也停止了招生。全省46所普通高校在校本、专科生88210人，比1989年的88833人少623人。全省高校招收研究生691人，在校研究生2121人。

（二）在全省高校开展坚持社会主义道路教育

这项工作是经省委批准于1989年底部署的，全省13万多师生员工参加了这一活动。为了搞好这一教育，全省培训了3000多名骨干，各院校制定了教育计划，举办了110多期培训班。同时，坚持理论教育与社会实践相结合，组织了3000多名骨干分赴厂矿、农村参观、劳动和社会调查。数万名大学生参加了暑期的社会实践活动，有的学校还建立了社会主义教育实践基地。通过教育活动，广大师生精神面貌有较大变化：一是社会主义信念增强了，据对5000名学生调查，认为中国走社会主义道路是正确的占92%；二是学马列的多了，全省已有近千个学习马列小组，参加学习的人员达1万多名；三是业务学习的积极性提高了，校风学风呈好转趋势，全省高校到课率达96%，晚自习到位率达90%。与此同时，由省教委组织，在全省大学生中开展“树立起人生的路标”的读书活动，即组织学生阅读《雷锋的故事》、《把一切献给党》、《红岩》等10本书。各学校把读书活动与坚持社会主义道路相结合，与对大学生进行世界观、人生观、价值观教育相结合，与学雷锋、做好事相结合，广大学生还联系实际写了心得体会。全省各高校参加读书活动的学生达68761人，占学生总数的78.76%，有858人、7所学校获得省教委的表彰奖励。

（三）开展教学综合检查，加强常规管理

加强常规教学管理，是深化改革和提高教学质量的基础，是全面贯彻党的教育方针的保证。1990年上学期，在省教委的统一要求下，各高校普遍开展了教学综合检查。这次检查的特点：一是综合性，检查的内容包括教师教学、学生学习、教学管理等。二是自检和抽检相结合。全省各高校普遍结合期中教学检查进行自检，在自检的基础上，采取随机抽样的办法，组织力量，分5个组检查了10所学校，其中本科6所，专科4所。三是重点突出。这次检查以学生班和教研室为检查单位，查学风、查教风。每所抽查的学校，各重点检查两个班、两个教研室。如检查教研室，要查工作计划、工作日历、教学大纲、教案、作业批改及听取学生对这些教研室教学工作的反映。检查结果表明，高等学校的教学工作进一步得到重视和加强，学风教风继续好转，大多数教研室对教学认真负责。但也发现在教研室建设、青年教师的教育培养、教书育人等方面的工作还比较薄弱，学生学习的自觉性还不够高。各院校针对存在的问题，采取措施，加以改进。

（四）推进教育、教学改革

1990年，湖南高等教育的改革又迈出新的步子。省教委拨出10万元专款，支持省属高校对教学改革的研究和实验，经学校申请和省教委审核，已确定24个课题，使改革逐步走上有计划的轨道。一些学校进行了专业综合改革的实验，湖南农学院1989年在园艺系将果树、蔬菜、观赏园艺3个专业合并，试行按系招生，加强实践，拓宽专业，按需定向的改革，1990年又扩大到农学系、农经系和农业工程系。此项改革突破了原来专业的培养模式，按通用基础阶段、扩大专业面阶段，按需定向阶段实施教育和教学，以达到培养基础扎实、专业面广、综合素质高、适应能力强的农业专门人才的目的。试行“按系招生”改革的还有湖南大学、中南工业大学、湘潭大学、湖南轻工业专科学校的一些学科专业。湖南师范大学政治教育系组织100名学生，连续两年每年用一个月时间，分别到望城县和常德市直接参加当地农村社会主义教育工作，使学生了解国情，了解社会，促进理论与实践的结合。省教委还批准了零陵师专“渗透劳动职业技术教育，为山乡培养合格初中教师”的综合改革方案。这项改革目的在于适应农村初中教育改革需要，建立新的教育体系，培养新型的初中教师。他们的改革思路和作法在1990年国家教委召开的高等专科教育会议上进行了介绍，与会代表认为路子好，是一项很有希望的改革。

（五）组织高校参加农村区域开发

湖南各高等院校在前几年参加科技兴农活动的基础上，1990年又参加了区域开发工作，开展科技服务。湖南农学院配合全省经济建设的战略部署，除继续参与洞庭湖环湖丘陵、武陵山区、红黄壤、紫色土等项目开发外，从1990年起又承担了湖南农业综合项目，确定了郴县、江永等49个县为重点开发县；组织10名著名专家、教授顾问团，巡回进行咨询服务；派出由100多名师生组成的两支科技兴农服务队，长期在郴县和江永驻点搞示范、培训和推广科技成果。1989年在全省重点推广10大成果，创经济效益1.5亿元。此外，学院在全省建立6个综合基地，与41个县建立了固定联系；在基层举办了各种类型的学习班627期，培训了52234人次，取得了明显的成绩。驻郴县科技兴农服务队，引进水稻、红菇、玉米、蔬菜、果树、茶叶、生猪等良种36个，推广实用技术40项，示范面积3640亩，辐射面积13.8万亩。驻郴县华塘镇服务队1990年推广烟草优良高产栽培技术，每亩增产36公斤，500亩样板田总产值增加8.66万元，200亩低产柑桔园，亩产由1989年的136公斤上升到862.5公斤。湖南农学院还为农村职业中学提供全程服务，派教师帮助长沙、桃江、汨罗、郴县等县的农业联业中学规划学校建设、论证专业设置、制定教学计划、培训专业课教师，还主编了几十种专业课教材；并受国家教委职业技术教育司的委托，承担了我国南方各省农业职业中学校长的培训任务，1990年共举办三期，400多名校长参加了学习。

二、高等师范专科教育的调整、充实与改革

1990年2月，国家教委在湖南召开了全国加速师范院校标准化建设，培养合格中小学教师座谈会。省教委主任龙禹贤在大会上介绍了湖南师范教育调整、充实和深化改革的情况，国家教委副主任柳斌到会作了重要讲话。与会代表参观了怀化、零陵、邵阳、衡阳、常德、益阳6所师范专科学校和其它一些师范院校。大家一致认为湖南师范专科学校经过调整、充实和改革，布局合理，规模效率好；改革的路子对，教育质量高，真正为湖南初中教育，特别是农村初中教育培养了一支合格的教师队伍。

（一）优先发展，合理布局，重点建设，创造了良好的育人环境

湖南始终把发展高等师范专科教育作为发展初中教育的一项战略措施来抓。在经济不宽裕的情况下舍得投资，并注重投资效益。（1）统筹规划。在学校布局上，不搞一地市一校，坚持全省一盘棋，讲究规模效益。省教委在深入调查、对初中教育发展所需各类师资周密预测的基础上，于1985年对师范专科学校建设作出了整体规划，确定了稳定巩固充实扩大已建学校，不建新校的方针。全省14个地、市，只在9个地市建立了师

范专科学校。现9所师范专科学校每校学生都在1400人以上，有3所已近2000名学生。在专业布点上，不搞学校小而全，需求量大的中文、数学、外语等专业各校都设；需求量小的，则分湘南、湘西、湘北三大地区分别配套设点，实力较强的老校多设，新校少设；投资大的专业，少设点，重点建设，设置一个，办好一个。这样，每校多则9～10个专业，少则6～7个专业。体育、音乐、美术专业投资大，耗资多，教育有其特殊性，全省只在4所学校设点。地理专业也只在3所学校设点。（2）加强基本建设，改善办学条件。湖南每年用于师范专科学校建设的资金超过1000万元，至1990年，生均建筑面积已达32.9平方米，超过了国家规定的标准。校园面积由1980年的1794亩扩展到1990年的2461亩，各校少则200多亩，多则400多亩。9所师范专科学校教学楼、实验楼、图书馆、运动场四大教学建筑设施，除3所学校各差一项以外，已全部新建，大都是当地的宏伟建筑。9所师范专科学校图书资料共达310万册，邵阳师范专科学校有图书50多万册，教学仪器设备也得到了充实。（3）大力加强师资队伍建设。湖南把师资队伍建设看成是发展师范教育事业的一项十分重要的基本建设，是保证学校教育质量的关键。在补充数量的同时，采取措施，提高教师队伍的整体素质。一是组织200多名青年教师分批下到农村初中任教，锻炼半年到一年，促进他们熟悉初中教育和思想上、政治上的健康成长。二是业务上培训提高，省里和各师范专科学校每年拿出专项经费，用于师资培训。几年来，9所师范专科学校共有2085人次到校外进修，读助教进修班、委托培养研究生。省里成立了师资培训中心，开设各学科的研讨班、培训班，并为青年教师开设了函授研究生课程。现大多数专业点有1～2名毕业研究生。在校内采取以老带新的办法，既辅导青年教师理论学习，又指导他们教育实践。各校还聘请了外籍教师任教，提高教师的外语水平。三是合理地评定职称，稳定教师队伍，至1989年，全省9所师范专科学校1965名专任教师中，教授、副教授有458人，占教师总数的23.3%。

（二）坚持社会主义方向，加强思想政治工作

湖南各师范专科学校全面贯彻党的教育方针，把德育放在首位，重视对教师、学生进行经常的思想政治工作。（1）对学生进行马克思主义基本理论和社会主义道路教育。各学校坚持开设马列主义理论课以及形势教育、法制教育课。1989年政治风波之后，各校利用有利时机，普遍对师生进行坚持社会主义道路教育，组织他们学习马列著作。据岳阳师范专科学校1990年上半年统计，全校1741名学生，拥有马列著作8300册，全校成立了51个课余学习马列小组。（2）深入开展专业思想教育。湖南各师范专科学校把教育学生献身农村基础教育事业作为全部思想政治教育的落脚点，并贯穿于培养的全过程。有的学校统一制定了专业思想教育的规划和基本要求，即一年级初步树立热爱教师的职业意识；二年级初步巩固专业思想；三年级要有为农村初中教育献身的准备。在实际工作中常抓不懈，把它作为经常性政治工作的一条红线，贯穿在学校各项工作之中。还利用假期、教育实习，组织学生对农村义务教育的现状和前景进行调查，使学生了解国情、民情和家乡义务教育实际，激发学生热爱农村、献身家乡初中教育的责任感和使命感，收到了良好的效果。几年来，湖南师范专科学校毕业生到位率都在95%以上。（3）加强学校管理，营造育师环境。湖南师范专科学校重视管理在培育未来人民教师过程中的教育作用，形成了一整套行之有效的管理办法。一是健全了一系列规章制度，各项工作有章可循；二是加强学生管理，学生入校，每人发给一本学生

手册，对学习和生活环节都有具体规定，对违纪学生，严格按校规校纪处理；三是建设整洁优美的校园环境，各学校都是花园式单位，同时开展文明教室、文明宿舍、文明食堂评比竞赛活动，促进学生健康成长。（4）普遍建立健全了教书育人、管理育人、服务育人的岗位责任制，教师、干部、职工都是德育工作的一员。

（三）面向农村初中，深化教育改革

1986年以来，各师范专科学校围绕培养农村需要的、一专多能的初中教师的主题，深化教育教学改革。（1）改革招生制度。1983年起，全省师范专科学校招收的学生90％以上定向到县，保证农村特别是边远山区的需要，同时还实行了招收部分保送生和民办教师的办法，提高了新生的素质。（2）建立教育实习基地。1986年以来，各师范专科学校在当地教委的支持下，选择条件好的初中学校，实行互利互惠的办法，共建设了90个固定的教育实习基地，新建或改建实习用房2万多平方米，添置实习用的床、桌、椅2千多套。省教委共拿出90万元用于资助奖励建设得好的学校。这些初中学校既是学生实习、青年教师到初中任教锻炼的场所，也是师范专科学校教育改革的试验园地，加强了同初中教育的联系。（3）实行主辅修制，拓宽学生知识面，培养学生兼教相关课程的能力。经省教委批准，已有政治专业辅修历史、历史专业辅修政治、化学专业辅修生物、体育专业辅修生理卫生，共25个专业点，学制相应由两年改为三年。另外还结合专业特点，开设辅修班或辅修项目，如中文专业开设农村应用文秘辅修班，物理专业开设家电维修技术、中学仪器维修技术项目。（4）深化职业技能训练。一是把教育实习贯穿在培养的全过程。一年级开展教育见习活动，每周用半天在附近中学参加备课、听课、评课等教学活动；二年级组织模拟教学；三年级进行教育实习，时间由原来的4周增加6至8周。二是强化毛笔字、粉笔字、钢笔字和普通话的训练，都要进行过关合格考试，成绩记入档案。三是开设半年到一年的音乐、美术选修课，列入课表，适应了学生毕业后担任班主任工作的需要。四是让学生做初中的实验，每个理科学生要把中学有关课程教学中所有实验全部作一次，提高动手能力，增强适应性。（5）适当渗透劳动技术教育。零陵师范专科学校开设多种形式的劳动技术教育教学项目，如畜禽饲养、淡水养殖、果树栽培、缝纫技术等。每个项目安排250个课时左右，其中30％用于讲授基本理论知识，70％用于学习实际操作和参加劳动，并以此推动总体教育教学改革，建立了劳动技术教育实践基地。湖南师范专科学校在进行上述改革的同时，还从实际出发，适当调整学制，修订教学计划，完善培养方案，编写适合师范专科学校的教材等。通过改革，已经逐步形成了师范专科教育的特色。

撰稿人　蒋易春

审稿人　周衍桐　沙省之

成人教育

一、扫盲工作形势大好

1990年是国际扫盲年。湖南省扫除青壮年剩余文盲的工作，出现了1981年以来的最好形势。国家教委要求湖南1990年完成20万名文盲脱盲任务，实际完成了27.89万名，超额完成任务的39.45％。全省已有81个县市、2808个乡镇达到基本无盲单位标准。全国第四次人口普查结果表明，湖南省文盲、半文盲人数由1982年第三次全国人口普查时的961.22万人下降为1990年的733.79万人，文盲、半文盲人口占总人口的比例由1982年的17.48％下降为1990年的12.10％。湖南省1990年扫盲工作的特点是：

(一)各级党委、政府重视扫盲工作

全省各级党委、政府把扫盲作为一件大事来抓。既把扫盲当作提高民族素质、促进社会主义现代化建设的战略任务，又把扫盲当作稳定社会、增强我国声誉的政治任务。全省上下认真贯彻国务院《扫除文盲工作条例》和全国扫盲电话会议精神，省政府批转了省教委关于认真做好扫除文盲工作的意见，对全省的扫盲工作进行了全面部署。省委、省政府在1990年全省农村教育工作会议上，把扫除青壮年文盲工作作为90年代全省教育工作的三大基本任务之一。省里10个部门和团体联合成立了扫盲工作协调小组，14个地州市和109个县市、3430个乡镇成立了由政府负责人牵头，有农业、科技、教育、文化、妇联、共青团等部门负责人参加的扫盲领导小组，定期研究和检查扫盲工作。8月，省扫盲协调小组从10个成员单位抽调30多人，组成9个检查组，对全省各地进行了为期半个月的扫盲检查，督促各地扎实地抓好扫盲工作。

(二)开展多种形式的国际扫盲年活动

省教委发出文件，确定3月为全省扫盲宣传月，并拍摄了扫盲电视片《光明之路——献给国际扫盲年》，在湖南电视台播放。省教委主任在电视台就扫盲问题发表了专题讲话。全省各地还利用新闻媒介和其他各种形式宣传扫盲。邵阳市各县在文盲集中的地区将文盲必识的汉字书写在大型识字牌上，让文盲学习。该市的新邵县出动扫盲宣传车，跑遍全县23个乡镇，受到宣传的群众达15万人次。该市的城步县组织57个宣传队，利用文艺形式进行宣传，在乡村巡回演出1570场，观众达5万多人次。由于广泛开展了国际扫盲年活动，到3月底，落实到人的扫盲计划就达28.21万人。

(三)重点解决扫盲经费、师资和教材等基本问题

全省除农民教育经费和一定比例的农村教育费附加主要用于扫盲外，还通过多渠道筹集扫盲经费1234.19万元，其中地县财政拨款达到270.94万元，乡财政拨款355.26万元，乡村统筹230.75万元，群众集资302.23万元，其他渠道筹集75.01万元。全省扫盲农民教育专职干部4223人，乡村专职教师8933人，兼职教师95532人，都投入了扫盲工作。同时，动员乡村基层干部参加扫盲，发动农村中小学教师和中学生及小学高年级学生投入扫盲。据不完全统计，全省投入扫盲人员29.25万人，其中小学教师9.73万人，中小学生12.21万人，群众教师2.06万人，乡村干部3.79万人，其它各界人士1.46万人。溆浦县组织4235名小学教师开展扫盲，每个教师包教1至3名文盲，使9100多人摘掉了文盲帽子。为了解决扫盲教材，省教委组织专门班子编写了扫盲教材《让我们学习》、《让我们继续学习》和扫盲后提高教材《实用语文》、《实用算术》、《实用科技》。这5种教材由湖南教育出版社发行30万册。全省有益阳、零陵、邵阳等8个地市和澧县、吉首、临湘等40多个县市及部分乡镇自编了扫盲教材及补充读物，较好地满足了文盲学习的需要。

(四)抓典型，总结推广经验

湘潭市在全市开展了创高标准基本无盲地市活动，扫除青壮年文盲，青壮年非文盲率达到99.8%。省教委受省政府委托，对湘潭市进行了验收，该市已成为全省第一个高标准基本无盲市，并受到省里表彰。他们的经验是市政府用签订责任书的形式，建立承包责任制，并拿出1万多元作为承包奖金。省教委推广了湘潭的经验，促进了全省的扫盲工作。娄底市在全市实行扫盲“三包一奖”责任制，即市政府领导分片包乡，乡镇政府领导分片包村，村委领导分片包人；凡按期完成扫盲任务的，给予奖励，未完成任务的，从干部年终政绩考核的300分中扣除15分，使扫盲工作落到了实处。为了总结推广各地扫盲经验，表

彰先进，11月召开了全省扫盲工作总结表彰大会，共表彰了1个地区级扫盲先进市，20个扫盲先进县(市)，31个扫盲先进乡，150扫盲先进工作者。同时，总结了14个典型经验在大会发言推广。湖南省有4名扫盲先进个人在全国扫盲工作会议上得到表彰和奖励，有5名扫盲工作者获得全国扫盲“巾帼英雄奖”。

二、湖南省县办农民中等专业学校进行首次评估

湖南省现有县办农民中等专业学校（简称农民中专）36所。为了进一步提高办学效益，服务于农村经济，1989年10月，省教委发《关于对县办农民中等专业学校办学效益进行评估的通知》，提出了办学方向、学校规模、教学质量、基地利用、毕业生作用、学校管理6个方面的评估内容。为使评估工作落到实处，省教委1990年2月下发了《关于印发湖南省县办农民中等专业学校办学效益评估方案及评分细则的通知》，把6项评估内容分解成38项明细指标，并给每项指标记分，共计基本分为100分。规定基本分80分、总分100分以上者为合格，基本分70分、总分90分以上者为基本合格。各校根据规定的项目指标狠抓落实。通过一年多的努力，大多数学校已基本达到标准。1990年12月，省教委从有关方面抽调42人组成6个组，对全省36所农民中专进行了全面的检查评估。其中，接受评估的学校34所，接受检查的学校2所。评估结果，接受评估的34所学校有28所合格，6所基本合格。通过开展评估活动，促进了农民中专建设，提高了办学效益。

（一）加强对农民中专的领导，学校的领导班子得到充实加强

36所农民中专的领导班子成员，1989年为111人，其中具有本科学历的37人；1990年为121人，其中具有本科学历的44人。各校都配备了正副校长、党支部书记、教务和总务主任。不少学校的校长还是由分管文教或农业的副县长兼任的。36所农民中专均成立了校务委员会，委员会主任由县领导担任，教委、农业、科委、财政、人事等部门负责人参加，定期研究学校的重大问题。如桃源县农民中专的校务委员会，每年定期召开3次会议，听取学校校长汇报，研究学校工作。两年来，先后召开了7次校务委员会，研究改革学校办学体制、教学实验大楼修建等重大问题，使学校工作有了新的起色。

（二）增加对学校的投入，改善办学条件，充实教师队伍

1990年对36所农民中专的总投入为822.34万元，每校平均22.84万元，比1989年增加投入231.80万元，使学校的办学条件不断得到改善。1989年校舍总面积为209305平方米，校均5814平方米；1990年为220185平方米，校均6118平方米。1990年仪器设备总价值为441万元，校均12.46万元，比1989年增加25.98万元。1990年，共有图书43.52万册，校均1.2万册，比1989年增加11.38万册。专职教师队伍得到充实。1990年为868人，校均24人，比1989年增加145人，每校平均增加4人。教师队伍的学历也有提高，1990年具有本科学历的教师比1989年增加57人。

（三）提高了办学效益

由于各校端正了为当地经济服务的办学方向，增加了投入，改善了办学条件，因此培养的人才增加。1990年毕业学生3152人，培训实用技术人员9615人，比1989年分别增加586人和7249人。招生报考人数和录取人数也有所增加，1990年报考18324人，校均509人，录取5152人，校均143人，比1989年分别增加7519人和975人。在校学生，1990年为8628人，比1989年增加403人。学校为农村输送的人才，在当地经济建设中发挥了积极的作用。同时，学校的生产实习基地和厂（场）的示范作用增强，收入增加。1989年生产实

习基地的产值为180.1万元，利润为31.74万元，校均0.88万元；1990年分别为211.9万元、58.1万元和1.63万元。校办工厂1989年为19个，利润13.2万元；1990年校办工厂34个，利润24.2万元。

撰稿人　罗元保

审稿人　沙省之　周衍桐

附

□桃江农民教育又有新进展

桃江县被国家教委列为农民教育联系县，农村教育综合改革和“燎原计划”试点县。进入90年代，农民教育又有新进展。

一、开展村级扫盲达标活动

桃江是全国扫盲先进县，曾获国家教委首批嘉奖。据全国第四次人口普查，全县15周岁以上人口的非文盲率已达92.94％。其中，15～40周岁青壮年中，非文盲率已达98.88％。为了高标准完成扫盲任务，县政府作出了在全县开展村级扫盲达标活动的决定。达标条件是：（1）全村青壮年非文盲率达98％以上；（2）15～25周岁的青少年文盲、半文盲全部扫除；（3）7～15周岁未读完小学的校外青少年，全部组织入学，（4）脱盲学员继续学习的人数在80％以上。在自检自查的基础上，村里提出申报，县、区、乡逐级组织验收。1990年先在金光山乡试点，摸索经验，召开现场会议，并在全县抓了1/3的达标村验收。要求1991、1992年，全县768个村全部达到这个标准。这种村级扫盲达标活动有几个好处：一是缩小了扫盲的验收考核单位，有利于消灭空白点、后进点，促进扫盲工作平衡发展和高标准的实现；二是把“一堵、二扫、三提高”的扫盲工作方针，真正落在基层，落在实处；三是把普及教育和扫除文盲的责任制，建立在村级单位，落实到家家户户，有利于增强全民教育意识，树立“教育为本”的思想，有效地促进两个文明建设。

二、筹建第一批农科教中心

为了持续、稳定、协调地发展经济，促进大农业、大科学、大教育的有机结合，桃江县委、县政府作出了实行农科教结合，建立乡镇农科教中心的决定。由县成人教育部门牵头，与农业、科技部门合作，在反复调查研究和深入宣传发动的基础上，着手筹建金沙洲、大栗港、栗山河、鲊埠（回族乡）、三官桥、天湾、桃谷山、龙拱滩、修山、浮邱山、高桥、石井头等12个乡镇农科教中心。

乡镇农科教中心，以乡镇农校为依托，“一校八站”即乡农校、农技站、林业站、畜牧站、经营站、农机站、农电站、水管站、文化站相结合的科技、教育兴农实体。是兼有行政指挥、教育培训、科技推广和经营服务等多功能的复体型机构。在科教兴农中，坚持“五个统一”，“三个不变”。“五个统一”是：经济开发，统一规划；科技培训，统一安排；示范样板，统一建设；经营服务，统一管理；活动经费，统一筹集。“三个不变”是：实行结合的“一校八站”，其业务隶属关系不变，人员编制不变，原有经费渠道不变。乡镇农科教中心的主要任务是围绕全乡经济发展规划，重点抓好农民科技培训和示范网点建设。为使科学技术迅速进村入户，尽快转化为现实的生产力，乡镇农科教中心着重抓了领导管理体系，教育培训体系和科技示范体系的建设。

三、建立科教示范户联合会

科教示范户，是农村先进生产力的代表。桃江的同志认为，农民学习技术有个鲜明的特点，叫“三分看书、七分看样”，“村看村、户看户，科技兴农喜看示范户”。为此，桃江县从1987年起就重点抓了科教示范户的建设。目前，全县已发展到4000多户。1990年县成人教育部门与农科部门配合，召开了科教示范户座谈会，成立了桃江县科教示范户联合会，选举产生了理事和常务理事，先后召开了两次理事会，决定以科教示范户引路，在全县开展推广百项科技成果的竞赛活动。实践证明：一个名符其实的科教示范户，就是一所民间科普小学校，是发展农民职业技术讲习所的重要基地，也是实现教育社会化、社会教育化的一条重要途径。科教示范户联合会的成立，必将使农民教育产生一个新的飞跃。

撰稿人　吴奉安

审稿人　沙省之　周衍桐

广东省教育

概　况

1990年各级普通学校基本情况

单位：人

学校类别	学校数（所）	毕业生数	招生数	在校学生数	教职工数 计	其中：教师
一、普通高等学校	45	35073	30715	99228	38841	15735
研究生		1410	1102	3299		
本科	23	12466	13220	54645		
专科	22	21197	16393	41284		
二、普通中等学校	4628	814678	959441	2683541	217512	159430
1.中等专业学校	224	34930	41873	120823	19976	10152
中等技术学校	179	24892	31278	89956	15555	7559
中等师范学校	45	10038	10595	30869	4421	2593
2.普通中学	3879	712904	828609	2340301	178487	134728
高中	837	110310	124526	361234		24693
初中	3042	602594	704083	1979067		110035
3.农业、职业中学	525	66844	88959	222389	19049	14534
高中	513	64243	84958	211749		13953
初中	12	2601	4001	10640		581
4.工读学校	4			26	32	16
三、小学	24610	824945	1299348	7472928	329460	277262
四、特殊教育学校	16	107	484	1872	401	288
五、幼儿园	7469	803576	979311	1500521	65195	42905

1990年各级成人学校基本情况

单位：人

学校类别	学校数（所）	毕业生数	招生数	在校学生数	教职工数 计	教职工数 其中：教师
一、成人高等学校	61	27008	26248	87153	8561	4848
广播电视大学	2	4321	6255	17090	1830	1718
职工高等学校	35	5413	4177	14712	2399	1144
农民高等学校						
管理干部学院	11	2715	2185	5483	1711	695
教育学院	13	7594	5282	22497	2621	1291
独立函授学院						
普通高校举办						
函授部		3076	5228	15878		
夜大学		3889	3121	11488		
干部专修科						
二、成人中等学校	2189	1295992	83193	1067965	7855	21851
1.成人中等专业学校	277	37521	44703	120436	6631	4742
广播电视中专	2	2657	2560	13461	386	386
干部中专	5	945	15376	39133	1860	1767
职工中专	128	10912	1055	1837	68	63
农民中专	49	4353	6910	15948	1174	923
教师进修学校	93	18654	18802	50057	3143	1603
2.成人中学	424	51378	38490	83398	1224	1414
职工中学		20765		32824		827
农民中学	424	30613	38490	50574	1224	587
3.成人技术培训学校	1488	1207093		864131		15695
职工技术培训学校		774660		864131		
农民技术培训学校	1488	432433				15695
三、成人初等学校	6493	699586	887946	1041748	9292	1330
1.职工初等学校						
2.农民初等学校						
其中：扫盲班	2741	79584	78703	99396	3843	440

普通教育

1990年，广东省普通教育事业继续稳定、协调发展。全省适龄儿童入学率达92.29%，比1989年提高0.19个百分点，在校生年巩固率98.31%，毕业班毕业率97.59%；小学毕业升初中率87.56%，比1989年提高3.06个百分点。至1990年底，全省又有11个县（区）实施九年义务教育经检查验收达到要求，使全省实施九年义务教育的市、县、区达到30个，镇、乡163个，人口达1325万。控制中小学生流失工作取得成效。1990年小学生非正常流动率为0.9%，比上年下降0.1个百分点；初中生非正常流动率为3.9%，比上年下降2个百分点。

1990年，实施九年义务教育贯彻“因地制宜，保证质量，创造条件，以条件定速度”的原则，结合当地的经济条件、文化教育基础，对原规划进行调整，全省将经过三个五年计划到2000年，基本实现普及九年义务教育。为此，省根据《义务教育法》规定，草拟了《广东省实施九年义务教育办学条件标准及验收办法》，对实施九年义务教育的办学条件标准、师资质量、办学经费等方面提出要求，指导各地按质按量实施九年义务教育。

1990年，广东省有高中、完中837所，6972个教学班，在校学生361234人。本年度招生129526人，实际毕业生110310人。专任教师24693人，其中大学本科毕业及以上学历的有10958人，占44.38%。本年度的高中教育，主要围绕加强管理和提高质量进行工作，学校继续完善校长负责制、教师聘任制，加强学校各项管理，使各项工作逐步转入正轨。本年度还加强人口教育，全省确定40所中学为人口教育试点学校。

1990年，在省委、省政府的统一领导和部署下，广东省中小学校舍危房改造工作取得了突破性的进展。据统计，至年底止，全省各级集资10.78亿元，拆建大修校舍危房面积610多万平方米，竣工面积470多万平方米；全省有危房学校18104所，已动工修缮的有16072所，占危房学校的88.4%；已竣工的学校10362所，占危房学校的57.5%；动工面达80%以上的有17个市，完工面达60%的有14个市，基本实现了省委、省政府提出的改造危房“动八完六”（即动工面达80%，完工面达60%）的要求。一年来新建钢筋水泥结构楼房6000多幢，砖木结构房舍3000多幢，建筑质量比过去有较大的提高。

学校内部管理体制的改革进一步深化，一步到位实行“两聘两制一包一奖”（两聘：聘任校长、聘任教师；两制：校长任期目标责任制、教师岗位责任制；一包：学校经费包干；一奖：实行奖励工资制）的学校有12303所，占全省中小学校总数的42%；分步到位实行“两聘两制”的学校有25989所，占学校总数的80%。这项改革调动了各级党政部门、社会各界办教育的积极性，提高了教师的经济待遇和社会地位，增强了校长教师的事业心和责任感，提高了办学效益。

以全面贯彻教育方针，提高教育质量为中心的教育教学改革也取得进展。全省以启发式教学为中心，开展多种教法改革实验进行了5年，已取得初步试验成果。5月，在国家教委召开的全国乡土教材工作会上，广东省报送参加评比的6种乡土教材全部获奖。其中《珠江口上的明珠——番禺》、《孙中山先生故乡——中山》和《中山历史》获全国优秀乡土教材一等奖。广东省教育厅教材编审室被评为全国乡土教材建设先进单位。在全国中学生数学竞赛中，广东省获陈省身杯团体第一名；在全国电子计算机竞赛中，广东省分获软件、硬件第7名和第8名。12月，国家教委在湛江市召开了全国学校体卫工作研讨会，向全国推广湛江中小学体卫工作经验。第十一届亚运会期间，广东省普教有两篇论文在亚运会科学论文报告会上宣读，并被选入亚运会体育科学论文集。另外，还有11篇论文参加第二届全国学校体育论文报告会，其中有3篇获得一等奖。广东省中学生男女篮球队分别获得1990年全国中学生男子篮球比赛冠军、女子篮球比赛亚军。1990年振兴杯全国中学生排球比赛，广东省中学生男队获得第3名。国家教委连续两年对部分高等院校一年级学生进行身体素质测试，广东省输送的学生均获得第一。

1990年全省中小学校教学仪器设备进一步得到充实。目前全省108所县以上重点中学中，有96所有实验室及教学仪器配备达标，占88.9%；一般中学3219所，有实验室及仪器配备达标的，分别为27%和14.4%。6月，省教育厅召开了全省教学仪器生产工作会议。发布了《广东省教学仪器设备生产管理暂行规定》、《广东省教学仪器质量管理暂行规定》，加强了广东省教学仪器生产的管理和建设。据统计，广东省教学仪器生产的自给率，已从1989年的35%增至65%，新开发的教学仪器产品品种有70多个。

1990年是广东省勤工俭学恢复、发展的第十年。目前，全省开展勤工俭学活动的中小学有2.4万所，占学校总数的82%；校办企业的总产值达12亿元，纯收入1.75亿元，其中用于补充教育经费1.1亿元。1990年校办企业收入比1989年净增2000多万元，固定资产净值达2亿元。

为了使教育事业进一步得到全社会群众的理解、关心和支持，4月，省教育厅、省高教局和省电视台等单位联合开办了广东电视珠江台“岭南教育”专题节目，每周播出一集，全年共播出40集。1990年教师节，省教育厅、省高教局、省教育领导小组办公室和省教育工会等单位共同组织了本省大、中小学优秀教师教书育人报告团，到全省19个市和部分县作了23场报告，直接听众达10万人次，引起了强烈的反响。省教育厅还组织评选出第三批特级教师299名，报省人民政府批准，在庆祝教师节大会上给予表彰，颁发证书。

撰稿人　陈　钢　林　球
潘光一　彭红光

一、幼儿教育

1990年，广东省幼儿园比1989年增加189所。其中，教育部门办的208所，其他部门办的1531所，集体办的5529所，个人办的201所；共有40677个班，比1989年增加1954个班，在园(班)幼儿比上一年增加8万多人；其中小学附设学前班845887人。园长、教师中学历达到中师（幼师）毕业程度以上的占51.95%。

省教育厅发出文件，要求各地采取各种形式广泛宣传、学习，并结合当地实际组织实施《幼儿园管理条例》和《幼儿园工作规程(试行)》。

“六一”前夕，广东省政府、省政协和广州市委、顾委、人大、政府的负责同志卢钟鹤、王屏山、张汉青、肖鸣、赖竹岩、刘念祖、李兰芳等及省直属机关的负责同志共40多人视察慰问了广州市8所幼儿园和小学，并观看了文艺晚会演出。“六一”国际儿童节期间，省教育厅拨款4万元给国家扶贫县龙川、五华、大埔、丰顺，作为幼儿园和小学购买教玩具的补助。还与省妇联、省卫生厅一起前往贫困山区慰问少年儿童。

12月底，召开实施《幼儿园工作规程》试点工作研讨会，落实试点工作部署。广州市东方红幼儿园和广州市幼儿师范学校附属幼儿园被确定为实施《规程》全国试点园。深圳、珠海、汕头、中山、江门、佛山、茂名、肇庆、清远市各选择1所幼儿园作为省试点园。为进一步办好学前班，克服小学化倾向，教育厅组织人员重编学前教材，计有幼儿用书《说话》、《品德》等5种，教师用书《语言》、《品德》等7种。

撰稿人　程五一

二、特殊教育

1990年，广东省特殊教育继续发展。全省特殊教育学校比去年增加4所。共有盲校2所，聋校7所，弱智学校7所。新增弱智辅读班24个。在校学生由1989年的1400多人增加到1800多人。一年来，广东省各级财政用于发展特殊教育的基建投资达606万元，群众集资53万元，中央下拨省特教补助费80万元。“六一”儿童节全省表彰优秀残疾儿童150名。7月，省教育厅举办了广东省第一届特殊教育学校田径运动会。运动员来自全省6所聋哑学校16岁以下的学生近百人，竞赛的项目有男女100米、400米、4×100米接力跑和跳高、跳远、铅球等12项。省政府办公厅、省民政厅、省体委、省妇联、省残联、省募委会等省直单位和部门领导20多人出席运动会开幕式。广东省副省长卢钟鹤在开幕式上讲了话，省教育厅副厅长陈锦铎给优胜的运动员颁奖。7月下旬，召开省残疾儿童教育基金会第一次理事会，13名理事和省残联、省募委会等部门以及部分捐款单位的领导共24人参加。基金会成立一年多来，先后拿出基金利息共14万元支持补助了全省7所特殊教育学校和市、县开办的弱智儿童辅读班，用于基建投资、设备购置，奖励优秀学生和特教工作者以及慰问残疾学生。教师节，全省表彰了优秀特教工作者33名。12月，省教育厅、省民政厅、省残联联合召开了广东省特殊教育工作会议，专门研究特殊教育的对策，是本省40年来的第一次。

撰稿人　钟院生

三、中小学德育工作

1990年，广东省各级教育行政部门和中小学校，认真贯彻关于加强青少年学生政治思想教育的指示精神，建立健全有关制度，采取一系列有效措施，努力改变学校德育工作存在的薄弱状况，把德育摆在首位，使全省中小学德育工作适应不断发展的形势要求。

年初，省教育厅召开的1990年度教育工作会议，强调进一步贯彻教育方针，端正办学指导思想。要求学校德育工作做到认识到位、领导到位、队伍到位和措施到位，并部署了进一步学习推广潮州德育工作经验，形成教育网络，深入开展爱国主义教育、学雷锋学赖宁和中小学生日常行为规范养成教育的工作。

3月，结合纪念毛泽东同志“向雷锋同志学习”题词发表27周年，在全省900多万中小学生中开展“学雷锋、学赖宁、树新风活动月”活动，掀起一个高潮，涌现了一大批学雷锋的先进学生典型。省教育厅、团省委联合表彰了翁源县胡元柱等5名为扑救山火而牺牲的学生，并命名为“护林小英雄”，还表彰了100名舍已救人、勇斗歹徒的学雷锋优秀学生。

结合纪念鸦片战争150周年，在全省中小学广泛开展爱国主义教育系列活动。5月底在东莞市召开全省中小学爱国主义教育工作现场会，总结交流了全省中小学在新形势下开展爱国主义教育的经验，研究爱国主义教育形成制度、长期坚持开展等问题。此后，省教育厅举办了19个市学生参加的“学历史、识国情”近代史知识竞赛、优秀中学生歌手大赛。中国教育学会、广东教育学会等单位于9月在虎门召开了“鸦片战争150周年青少年爱国主义教育研讨会”，研究探讨改革开放形势下加强对青少年进行爱国主义、社会主义教育的特点、途径和规律。

1990年，广东省的中小学德育研究得到加强，有新进展。10月底到11月上旬，先后召开了广东省中学思想政治课教研会第二次会员代表大会暨1990年年会、广东省中小学德育工作者代表大会暨德育工作研讨会。选举产生了省中学思想政治课教研会第二届理事会，成立了广东省中小学德育研究会，选举产生了德育研究会第一届理事会。两会收到发言、交流的经验、论文共90多篇，就中小学德育工作的“纲、规、本”结合、德育目标管理、德育考核评估、后进生教育转化、学生违法犯罪的控制与预防等重要课题进行深入研究探讨。

撰稿人　郑大卫

四、加强中等师范教育

1990年，广东省中等师范教育工作以加

强思想政治工作，全面提高教育教学质量为指导思想，着重加强德育和学校管理，贯彻国家教委发布的新教学方案。1988年以来，广东省贯彻国家教委关于加速实现中等师范学校办学条件标准化的要求，使中等师范学校办学条件标准化建设取得了很大进展。至1990年底，3年来全省各级对中等师范学校的基建投资累计达7500万元，新建校舍建筑面积18万平方米。另外，图书和教学仪器设备建设的投入约500万元。培训专科起点的中等师范学校在职教师读本科的约200人，加上调整、引进、脱产进修等措施，中等师范学校教师学历达标率从1987年的49.1%上升至65.6%。

广东省对中学教师学历达标后继续教育的准备工作从1990年正式起步。1990年，中学教师《专业合格证书》考试除国家教委开考的44门课程外，还有国家教委作为试点，批准广东省自行命题的8门课程。经认真组织，1990年参加《专业合格证书》考试的中学教师共3098人（初中教师2461人、高中教师637人）。通过考试，初中教师单科合格人数1216人，合格率49.5%，比1989年提高了13个百分点；高中教师单科合格人数308人，合格率为48%，比1989年提高了6个百分点。

1990年，广东省教师进修学校的工作重点是开展学历达标后的继续教育。小学教师学历达标后继续教育的准备工作是从1988年开始的，目前，已形成了教学计划和大纲的试用稿，并全面开展小学教师岗位培训教材的编写工作。小学教师继续教育的另一内容是开展高一学历层次的培训。1990年，广东省举办小学教师大专班的试点学校有韶关、湛江、佛山、顺德、三水、梅县、南海等7所教师进修学校，招生250人，有在校学员515人。

撰稿人　王建年

职业教育

1990年，广东省职业教育坚持稳步发展、巩固提高的方针，大力改善办学条件，逐步提高教育质量和办学效益。全省职业中学办学规模趋于稳定，且略有发展。全省职业高中比1989年增加8所；连同在368所普通中学办的1500个职业高中班，共有4643班，比1989年增加208个班。招生数比1989年增加0.41万人。毕业生数比1989年增加1.01万人。在校学生数比1989年增加0.6万人。职业高中与普通高中招生的比例为39.6:60.4，在校生的比例为37:63。职业中学连同中师、中专和技校，招生数占高中阶段招生数的52.7%，在校生数占高中阶段在校生数的51.6%。中等教育结构单一化的不合理状况得到改变，达到了1985年中共中央《关于教育体制改革的决定》的目标要求。职业中学教师比1989年增加1087人，平均每班3人。其中，文化课教师，平均每班1.79人；专业课教师，平均每班1.21人。近年委托高校代培的职业中学教师，1990年最后一批毕业，其中有建筑专业57人，电子计算机专业33人，服装专业25人。1987年省属农科院校招收职业中学对口专业毕业生，开办职业中学师资班，1990年首届毕业250人，都分别回到原县市范围的职业中学任教。专业师资不足仍是职业中学发展和提高所遇到的主要困难之一。

利用世界银行职业技术教育项目贷款，在国内外购置教学设备和培训教师，广州市电子职业中学和江门市工交职业高级中学被批准分别贷款70万和60万美元。省政府同国家教委签订了协议，1990年开始执行。

1990年职业中学的教学改革取得成绩。2月，省市总结了一批职业中学的德育工作经验。广州市财经职业中学、南雄县职业中学和广州市第一商业职业中学、中山市建斌职业中学等校经验被选入国家教委职教司编的《中专职业中学德育专集》。

职业中学学生的职业技能训练有所提高。6月，编印了电类专业14门课程的《技能训练大纲》，发到各校试行。并组织部分电类专业班学生参加音响技术课程职业考试。9月，组织部分职业中学的服装专业班学生参加服装制作选拔赛，选出5人参加10月的全国比赛。为加强专业技能教学，由省教育厅教材编审室组织改编的职业中学农科教材，1990年已出版农业基础课教材7种，农业技术课教材4种。11月底到12月，顺德和南雄召开教学研讨会和经验交流会。部分市县1990年也先后成立职业中学的专业教研组织，开展教研活动。

1990年，按照国家教委的布置和发布的标准，省、市、县逐级开展了重点职业中学的评估认定工作。12月底经广东省人民政府批准，首批重点职业高级中学共14所。

撰稿人　罗运铢

成人初、中等教育

1990年，广东省成人初、中等教育又有新的进展。

农民教育方面：1990年是国际扫盲年，省先后4次召开农民教育会议，研究贯彻落实国家教委等10个单位联合召开的全国迎接国际扫盲年电话会议精神，全省19个市有13个成立了扫盲协调小组，先后动员和组织23万多人参加扫盲学习，有20.3万多人脱盲。参加扫盲学习的人数和脱盲人数分别为1989年的3倍和5倍。全省15至40周岁青壮年中的文盲由1989年占全省青壮年总数的2.3%下降到1.4%。全省所有县、乡镇青壮年非文盲率都达到国务院规定的95%以上的要求，并涌现了一批青壮年无文盲乡镇。全省已有1516个乡镇办起农民文化技术学校，办学面占全省乡镇总数的90.7%(其中广州、东莞、珠海、茂名、清远、潮州等市乡镇办学面达100%)。有280所和550所乡镇农民文化技术学校经审查批准分别建制为初级中学或镇、乡中心小学。一年来，有70多万人参加各种长班实用技术培训；有385万多人次参加各种技术短期培训班学习或各种实用技术讲座。参加培训人数约占全省青壮年总人数的20%。全省乡镇成人文化技术学校加强了基本建设，专用校舍已达27.4万平方米，较上年增加12.6万平方米，平均每校面积达180平方米。有实习农场102281亩，实习工厂31897平方米。不少学校遵循提高农民思想道德素质和文化技术素质，为当地经济振兴服务的办学指导思想，在探索和改革农村成人教育方面取得成果；在实施“燎原计划”的116个示范乡镇，这类学校对实施试验生产项目起到了推广和辐射作用。

职工教育方面：一年来，参加学习50个学时以上的干部有531716人，占全省干部统计人数的31.3%，较1989年增加1.3%。其中参加高中文化学习的有10544人，毕业6407人；参加初中文化学习的有2460人，毕业1778人；岗位培训353646人，结业85833人。参加学习50个学时以上的职工有957783人，占全省职工总人数的23.1%，较1989年增加3.1%，其中参加高中文化学习的有13601人，毕业7503人；参加初中文化学习的有6219人，毕业5077人；岗位培训864131人，结业292322人。职工教育专用校舍建筑面积为2228643.36平方米，较1989年增加247283.69平方米，增长1.1%，职工人均占有校舍面积为0.38平方米，较1989年增加0.03平方米。职工教育专职教师9690人，较1989年增加1273人，占全省职工总数的1.66%，但与中央提出的3%的要求，仍有一定距离。职工教育经费年度支出2.41亿元，占职工工资总额的1.61%，由于职工工资总额增加大，因此，职工教育培训经费所占比例较上年减少 0.17 个百分点，但与中央提出的1.5%相比，略有超出。

撰稿人　林　洪
审稿人　林受之

普通高等教育

一、概述

1990年，广东省普通高等学校中有部委属院校11所，省属院校34所；本科院校 23 所，专科学院校22所。招生总数比上年增长1%。在校生中，部委属院校 34720 人，省属院校 61209 人，各种办学形式的在校生比例分别为：国家任务在校生占 73.5%，委托培养占 21%，自费占4.4%，干部专修科、教师本专科占 1.1%，在校生总数比上年减少 4.4%。在校研究生中，博士生 292 人，硕士生 2984 人，研究生班研究生23人。全省招收学位研究生的院校有 16 所，其中招博士生的院校 8 所。在广东高校就读的外国留学生338人，港澳生 1041 人。1990 年，广东省普通高校共为社会输送本专科毕业生33663人，毕业研究生1410人。整体办学规模与1989年基本持平。

1990年，广东省普通高校专任教师中，有教授733人，副教授 3557 人，讲师 6084 人；外国文教专家、教师有117人。专任教师与学生的比例达1:6.1，基本适应广东高等学校教育工作的需要。

1990 年，广东省普通高校有校舍面积 474.7万平方米(其中部委属院校 220.2 万平方米，省属院校 254.5 万平方米)，生均校舍 49.5平方米；高校图书馆藏书1540万册(部委属院校742万册，省属院校 797 万册)；当年省属高校基建投资计划 4413 万元，建筑面积18万平方米，年底完成投资约3600万元，建成校舍 5.5 万平方米。

1990 年，广东高等教育积极进行学校布局和专业的调整工作，努力优化教育整体结构。经国家教委批准，分别将佛山师范专科学校、嘉应师范专科学校、韶关师范专科学校、肇庆师范专科学校与佛山大学、嘉应大学、韶关大学、西江大学合并办学，撤销上述 4 所师范专科学校的独立建制。同时，根据全省经济建设的需要，有计划地调整了一些重复设置的专业，压缩长线专业，适当发展短线专业及应用学科专业。基本改变了以往以增加数量、扩大规模为基本特征的发展模式。

二、全面加强学校思想政治教育工作

针对一段时期以来高校思想政治工作薄弱的情况，1990年广东高等教育重视在学校工作的各个方面加强思想政治教育。首先，进一步加强了党对学校的领导，全省高校除暨南大学、汕头大学实行校长负责制外，一律实行党委领导下的校长负责制；同时，建立健全学校各级党团组织，确立党对学校的绝对领导地位。其次，加强学校思想政治工作队伍的组织建设和思想理论建设，省委高校工委与省高教局先后举办了高校党委书记读书班、学校党委宣传部长培训班、高校马列主义教研室主任培训班、新选留毕业生（政工人员）上岗前培训班和在职政工干部培训班等多种学习班，选留了 100 多名优秀毕业生充实学校政工队伍。第三，积极做好学校德育工作，编写了《社会主义人生实践》等德育教材，学生的思想政治教育工作不断加强。各高校把培养学生具有坚定正确的政治方向摆在学校工作的首位，在进行政治形势教育和法制教育的基础上，对广大青年学生开展坚持社会主义道路，树立正确人生观和为人民服务的教育，批判和抵制资产阶级自由化思想，积极利用纪念鸦片战争150周年的有利时机，通过举办各种活动，广泛开展爱国主义教育。同时，把学生的社会实践活动纳入学校教学计划，雷州师范专科学校等校积极定期

组织师生到定点单位参加社会调查，寒、暑假组织学生回乡调查，用大脑去思考，用双手去实践，接受国情、民情再教育，收到良好效果。当年全省建立11个大学生社会实践基地，有1万多名大学生参加了社会调查，大学生们通过接触社会实际，较好地解决了对坚持党的领导和走社会主义道路等方面的思想认识问题。

三、治理整顿，深化改革，加强管理

（一）加强校风学风建设

1990年，广东普通高等学校教育认真贯彻《普通高等学校学生管理规定》和《普通高等学校校园秩序管理若干规定》，整顿校风学风，加强对校园和学生的全面管理工作。华南理工大学、广东工学院等高校多次召开系主任、教务员、教师代表会议，修订本校现行的管理制度和管理办法，制定出贯彻规定的实施细则。许多高校成立了校风校纪建设领导小组，从抓考试风气和课堂纪律入手，狠抓校风学风，整顿校园秩序，在思想、学习、生活、操行等方面，加强对学生的管理。同时，针对一些高校"乱办学、乱招生、乱发文凭"和"乱收费、乱罚款、乱摊派"两个"三乱"现象，进行治理整顿，纠正教育内部不正之风，学校面貌发生了明显变化。

（二）抓好教学工作的整改与提高

广东高教主管部门先后组织人员，对惠阳师范专科学校、佛山师范专科学校等校的教学工作进行全面评估，对中山大学等10所院校的教材工作进行试点评估，通过检查评估，总结推广先进经验，找出存在问题，促进了高等学校教学管理水平的提高。广州金融专科学校等院校，在教学工作中狠抓课程的改革和建设，加强科学管理，坚持进行教学的检查、评比，开展校、系、室三级听课，组织课堂巡视，开展课堂教学质量检测和教师教学水平评估，严格考试纪律等一系列管理制度，并把系统的思想政治教育工作融于教学管理当中，取得较好的成绩。学校体育工作进一步加强，各高校群众性的体育运动蓬勃开展，在广东省第八届运动会上，高校队参加田径、篮球等9个项目的比赛，共获得5枚金牌、8枚银牌、9枚铜牌，其中一人打破一项世界纪录和一项全国纪录，田径队和男子排球队被评为精神文明运动队。

（三）加强学校后勤管理工作

省高校主管部门积极组织各高校后勤管理部门，研究探索提高学校后勤管理工作水平的新路子，发挥高校后勤工作为教学、科研和师生生活服务的重要作用，巩固学校安定团结局面。先后举办了多期高校三、四级厨（点）师等后勤人员业务培训班，考核了110名高校厨（点）师，提高后勤工作人员业务素质。同时，积极配合有关部门，解决好学校粮油、煤等生活必需品的供应问题，改善师生生活条件；在全省高校中大力开展节约一度电、一桶水、一斤粮、一斤煤的增收节支活动，开展"文明校园"的检查评比工作，定期对学校的饮食卫生、宿舍管理、环境卫生、校园绿化等逐项进行检查，促进了校园美化和社会主义精神文明建设，1990年广东有42所普通高校达到了文明校园的标准。

（四）大力促进高校档案工作

1990年6月成立了广东省档案学会高等学校分会，建立健全了高校档案工作8个分片协作组，促进了全省普通高校档案工作的开展。各高校认真贯彻执行国家《档案法》和国家教委发布的《普通高等学校档案管理办法》，解决了档案工作中一些实际困难和问题，充实专职档案工作人员队伍，扩大档案工作用房面积，添置仪器设备，全省高校档案工作的条件得到了不同程度的改善。并且按照省档案局的要求，以档案综合管理达标升级为目标，加强档案业务建设，现已有4所高校被省市档案工作主管部门确认达到省一级机关档案综合管理标准，2所高校达到省二级标准。

四、改革招生和毕业生分配制度

1990年，广东省招生主管部门对普通高校招生工作进行了一些改革。规定当年代培生的招生合同书须经所在市、县计划、人事部门认可，并报县、市招生办登记，再报省计委、省高教局批准后才能生效，以便保证代培生毕业后能到代培单位工作。扩大师范院校招收免试保送生的比例，本科师范院校和非师范院校的本科师范专业，由原来的10%扩大到25%～30%，师专扩大到15%；在华南师范大学等部分师范院校试行单独划线，招收一部分有实践经验、业务水平较高的民办教师入学。这些措施，对改变师范院校生源紧缺，招生质量下降的状况起了很好的作用。毕业生分配工作也进一步改革，对一些供需矛盾突出的长线专业，采取"行业包专业、地区包生源"，同时，适当控制外省生源的长线专业毕业生进入广东，对五邑大学、深圳大学等7所市属高校毕业生，纳入省分配计划。根据有关文件精神，制定《广东省1990年高等学校国家计划内自费毕业生就业录用办法》，妥善解决自费生的就业问题。同时，积极做好毕业生的思想教育工作，通过组织参观、就业指导和咨询等活动，提高毕业生的思想觉悟，1990年全省高校出现了毕业生离校快、报到率高、落实分配计划好的现象。

五、加强高校科研工作，积极开展科技兴农服务

1990年，广东高校科研工作在继续健全学校科研机构、充实科研队伍的同时，重点抓了高校重点学科的建设和科技兴农工作。先后组织专家、教授对省属高校14个重点学科、6个重点扶持学科进行评估，评估结果，撤消了4个不具备条件的重点扶持学科，确定2个条件较好的新申报学科办重点扶持学科。对高校社会科学的研究，强调必须以马克思主义为指导思想，坚持四项基本原则，认真清除资产阶级自由化思想的影响。积极开展科技兴农活动，省高教局确定高要、花县两个重点扶持县，并与两县联合成立科技兴农协作委员会和科技兴农基金会，组织高校充分利用学校教育、科研的优势，开展科技支援农业、扶贫科技开发工作。华南农业大学采取"队伍长驻，人员轮换"的方式，先向英德、高要、花县、宝安等县派出多支科技兴农实践队，开展试验推广科技成果、科普宣传、技术咨询、技术培训等服务，协助当地解决农业生产技术上的问题，当年该校获得直接经济效益80多万元，并产生了显著的社会效益。

1990年广东高校有185项科研成果获奖，其中获国家发明奖2项、国家科技进步奖2项、国家有关部门奖25项、省科技进步奖和自然科学奖24项、广东省高教局科技进步奖132项。广东高教部门的高考标准化改革实验，也获全国首届教育科学研究优秀成果一等奖。

普通中等专业教育

1990年广东省普通中等专业教育稳步发展，当年新开办了广州海关学校、黄埔卫生学校、河源卫生学校等3所中专学校。至此，全省中专学校中有工业学校51所，农业学校18所，财经学校35所，政法学校9所，体育学校13所，师范学校45所，林业学校2所、医药学校35所，艺术学校11所，气象、民政、烟草学校各1所，综合性中专学校2所(宝安县中专学校、电白中专学校)；隶属中央部委学校16所，地方学校208所。

1990年，广东省普通中专学校普遍重视加强学生的思想政治教育工作，把德育工作摆到学校日常工作的首要位置，省高教局颁发了广东省普通中专学校《德育大纲》、《学生日常行为规范》、《学生操行评定办法》、《班主任工作条例》等文件，并组织学校结合实际贯彻执行，有效地促进了学校德育工作的科学化、规范化。

为了加强教学管理，提高教育质量，1990年广东省普通中专教育重点抓了学校教学管理水平的评估工作，先后对47所部属、省属中专学校开展教学管理水平评估，广州、佛山等市也参照省制定的评估指标体系和评估办法，对本市市属中专学校进行教学管理水平评估。通过评估，检查、总结了学校、教务科、教研室三级教学管理工作经验，进一步明确了学校三级机构的职责和规范要求，促进了学校教学管理水平和教学质量的提高。省高教局针对评估中暴露的问题，着重抓了提高教学管理干部素质的工作，委托华南师范大学成人教育学院，以业余、脱产学习两种形式，分别举办中专学校的校级、科级和教研室三级管理干部培训班，请教授、专家系统讲授教育理论、管理科学和教育测量与评估等3门课程，先后有500多名管理干部参加了培训，结业时，学员普遍写出了较高水平的理论联系实际的论文。

成人高等、中专教育

一、成人高等教育

1990年，广东省重点抓了成人高等教育办学秩序的治理整顿工作，认真清理整治“乱办学、乱发文凭、乱收费”的现象。对前几年一些学校违反国家和省有关规定乱招生、乱办学的情况，在充分调查研究的基础上，分别具体情况，做出了妥善处理。通过组织安排参加1990年全国成人高考补录、抽考所学专业主干课程和组织验证等工作，妥善解决了深圳大学等校前几年违纪招收的近万名学生的出路问题，消除了不安定因素；同时，对违纪学校以及学校责任人进行了严肃处理，基本制止了成人高校“三乱”现象的发生。在教学管理上，着重抓了成人高等教育教学质量的提高工作，省教育主管部门制定了一系列检查、抽考、评估的管理制度，定期对成人高校的教学质量进行检查、抽考。1990年对全省试办的高等教育专业证书班的16个专业、24个教学班进行了主干课程的检查抽考工作，保证了专业证书班教学质量；根据国家教委的布置，完成了对全省12所试办的成人高校的检查验收工作；积极开展教研活动，组织有关高校专家、教授成立了成人高等教育各学科教材编审小组和成人高等教育普通物理、高等数学、力学、英语、电子电气、机械等学科的教学研究会，研究审查成人高等教育各科类的教学计划和大纲，结合本省成人教育的特点，编写了《普通物理》等成人高等教育教材。

二、成人中专教育

1990年，突出抓了以评估为中心，完善和充实学校各个教学环节和教学设施的工作。成人中专教育立足为乡镇企业、为农村商品经济和生产服务的办学方向，根据学用结合、长短结合、业余与脱产并举的原则，努力探索符合实际的教学方法，办出成人中专教育的特色；在学校建设方面，坚持采取国家投资和集资办学相结合的形式，充实、完善办学条件，1990年全省成人中专共投入资金4000多万元，使学校教学设施得到进一步的补充和更新。目前，专业教学计划规定的实验、实习课程，各校均可独立完成；加强教学管理，坚持实行在校学生学期抽考和应届毕业生参加全省统考的制度，保证了成人中专教学质量的提高。

三、高等、中专教育自学考试

认真贯彻国家和省有关自学考试工作的规定，根据社会和经济发展的需要，在保证质量的前提下，发挥自学考试的多种功能，扩大服务面。到1990年底止，广东全省已开考21个大专专业，6个本科专业，12个中专专业，报考人数达292811人次（实考率为75.5%，考试合格率为55.99%），已有7521人获得毕业证书，530人获专业证书。广东高等、中专自学考试也吸引了不少港澳台同胞，到年底，港澳台同胞报考专业有15个，报考人数累计达1726人，已有11人获大专毕业证书，在海内外产生一定的影响。在搞好考试管理工作的同时，广东高等、中专教育自学考试主管部门积极进行考试管理工作现代化的建设，在广州、湛江、汕头、茂名等市建立了自学考试电脑管理系统，下半年已有6个市实行了电脑计分和管理工作，大大提高了工作效率。

撰稿人　李　敏　郑建辉
审稿人　区社能

附

□深圳教育的10年发展

一、教育事业的10年发展概况

深圳建市初期，市委、市政府提出了“教育要与经济建设同步发展”的方针，经过10年来的努力，各项教育事业有了很大的进步，对促进特区的经济建设和发展起到了巨大的作用。

全日制学校发展情况

类＼数＼年	1979年—1980年	1990年		十年全市新增学校数(特区)
		全　市	其中：特区	
幼儿园	15所	245所	120所	230所(105所)
小学	226所	275所	80所	49所(41所)
中学	24所	56所	31所(含职中7所)	32所(24所)
中专	1所	7所(含技校1所)	6所(含技校1所)	6所(6所)
大学	—	2所	2所	2所(2所)
合计	266所	585所	239所	319所(178所)

全日制学校学生发展情况

类＼数＼年	1979年—1980年	1990年		十年全市新增学生数
		全　市	其中：特区	
幼儿园	1072人	37425人	24553人	36353人
小学	45488人	111711人	56300人	66223人
中学	13037人	55054人	31895人	42017人
中专	—	3234人	2944人	3234人
大学	—	3964人	3964人	3964人
合计	59597人	211388人	119656人	151791人

全日制学校教职工发展情况

类 \ 数 \ 年	1979年—1980年	1990年		十年全市新增教师数
		全市	其中：特区	
幼儿园	42人	2267人	1763人	2225人
小学	2041人	5061人	3143人	3020人
中学	970人	4679人	2994人	3709人
中专	—	548人	501人	548人
大学	—	1348人	1348人	1348人
其他教育事业	—	436人	436人	436人
合计	3053人	14339人	10185人	11286人

各级成人学校基本情况表

学校类别	学校数（所）	毕业生数	招生数	在校学生数	教职工数	
					计	其中：教师
一、成人高等学校	3	1592	1814	7061	381	227
1. 广播电视大学	1	411	749	2692	129	73
2. 教育学院	1	130	280	471	230	154
3. 夜大学	1	1051	785	3898	22	0
二、成人中等学校	14	2526	3556	5244	154	109
1. 成人中等专业学校	6	351	848	1865	70	51
广播电视中专	1	121	223	891	5	5
职工中专	5	230	625	974	65	46
2. 成人中学	8	2175	2708	3379	84	58

二、10年来的工作与成就

（一）积极探讨适应特区经济发展需要的教育体系

1984年12月首次召开特区教育理论会，就特区教育的特点、教育结构、教育管理、教师队伍建设、思想政治教育等问题进行研讨，为形成特区的教育体系打下基础。1988年底至1990年开展的特区教育发展战略研究，研究了基础教育、师范教育、职业教育、高等教育、成人教育、干部教育各类教育课题，采取理论与实践相结合，领导、专家和群众相结合，教育部门和社会各界相结合，特区内外相结合的办法，提出了《深圳市1990～2000年教育发展战略研究报告》。1990年6月6日，市委办公厅和市政府办公厅联合将《研究报告》提交社会各阶层人士广泛征求意见。9月14日，市委、市政府专门邀请了国内教育界专家教授对《研究报告》作咨询评审，出席评审会议的有：全国政协常委、全国政协法制委员会副主任浦通修，中国教育学会副会长张健、吕

1990年基础教育五率情况表

幼儿教育（含学前班）	入园率	全　市	95.6%
		特　区	
小学教育	入学率	全　市	99.98%
		特　区	99.99%
	巩固率	全　市	99.96%
		特　区	100%
	毕业率	全　市	96.72%
		特　区	98.35%
	普及率	全　市	99.98%
		特　区	100%
	流失率	全　市	0.039%
		特　区	
初中教育	入学率	全　市	100%
		特　区	100%
	巩固率	全　市	99.19%
		特　区	99.73%
	毕业率	全　市	97.29%
		特　区	97.45%
	流失率	全　市	0.81%
		特　区	0.27%
	毕业生升学率	全　市	
		特　区	86%

型伟，全国马列主义教育思想研究会理事长厉以贤，厦门大学高等教育科学研究所所长、教授潘懋元，华南师范大学教授李钖槐，上海市教育发展战略研究总课题组负责人王生洪，上海市教育局局长袁采，国家教委教育发展研究中心副主任谈松华，天津市教育科学研究院常务副院长王宗敏，上海市教育发展战略研究报告主要执笔人徐海鹰以及深圳大学校长魏佑海等。

1990年年底，根据社会各界广泛咨询和专家的评审意见，总课题组对《研究报告》作最后的修改完善，形成了《深圳市教育发展战略研究报告》第10稿，并报市委、市政府审批，最后由市人大常委会批准通过后实施。

（二）积极、慎重、坚持不懈进行各项教育改革

1.教育管理体制改革。1984年，首先在宝安县进行分级办学、分级管理的试验。1985年开始，特区内中学陆续分批下放各管理区，各区也逐步将小学下放给街道办事处管理，至1987年，全市分级办学、分级管理的格局大体形成。

2.学校内部管理体制的改革。1984年，特区内学校开始试行校长负责制，学校实行党政职能分开，明确校长全面负责管理学校的责任，党支部起保证监督作用，职代会实行民主管理监督。1986年，在中小学试行工资福利费总额包干，扩大了学校的自主权，调动了学校教职工的积极性。1989年，又在19所中小学进行“三制”（校长负责制、教师聘任制、校内结构工资制）的改革试点工作。到1990年，全市实行“两聘两制一包一奖”（聘任校长、聘任教师，校长负责制、教师岗位责任制，工资包干，浮动奖）的学校已达248所。

3.教学领域的改革。1984年起，在教育思想、教学内容和教学方法方面进行了60多项改革。坚持多年的小学教学引探教学经验也获得成功。1990年召开了全市中小学教学改革经验交流会，有40多所中小学介绍了以启发式教学为中心的教学方法的改革经验。

4.积极、慎重开展全市中小学教学综合性、整体性改革的试验工作。1985年开始在实验学校、福田中学、螺岭小学、园岭小学等4所中小学开展的整体改革试验，已经初结硕果。在1990年召开的中小学教学整体改革研讨会上肯定了这项改革试验的共同经验，即：教育目标整体化、教学内容科学化、教学方法

活泼化、教学手段现代化。为了进一步扩大改革试验的成果，1990年，开展教学整体改革的学校已由4所扩大到11所。同时，进行了教材改革的试验。几年来，编写了《特区知识》、《深圳史话》、《深圳市乡土地理》、《小学低年级说话课》、《小学健康教育》等补充教材，其中，《深圳史话》获全国乡土教材评选二等奖。

（三）大力加强和改善德育工作

从1980年开始，就注意坚持开展四项基本原则的宣传教育，切实改进教育方法，依靠全体教师做思想政治教育工作。1985年11月召开了特区“四有”教育经验交流会，1986年12月召开了特区中学思想教育专题研讨会，1988年底和1989年4月又分别在沙头角中学和实验学校召开了德育工作座谈会，系统地总结了近10年来特区德育工作坚持“排污不排外，宜导不宜堵，有所引进，有所抵制，放中有防，防而主动”的方针，同时总结出“强化队伍，统一步调；突出重点，有机结合；全面渗透，合理安排；正面疏导，深入心灵；内外沟通，共育新人”的德育工作经验。

1990年，深圳市委、市政府决定把这一年定为教育工作的“德育年”，使德育工作再迈上一个新台阶。2月，市委工作会议上，市委书记、市长李灏指出：“对青少年从小就要重视思想品德的培养，从小就要进行热爱祖国、热爱人民、热爱社会主义、热爱共产党的教育。这是一项提高特区人的总体素质的基础工程，学校、家庭、社会要密切配合，切实搞好。”

深圳市在“德育年”主要抓了10项工作：（1）召开全市教育工作会议，部署“德育年”五大工作任务；（2）组织市、区有关部门领导到全国德育工作先进地区潮州市考察；(3)召开全市青少年德育工作经验交流会；（4）恢复、健全各级青少年德育工作领导小组，全市54所中学和263所小学健全了德育领导机构，形成了学校、家庭、社会齐抓共管的青少年德育工作网络；（5）确定实验学校等12所学校为市委、市教委领导的基层联系点；(6)将《深圳市教育发展战略研究报告》提交100万特区人民讨论，并交全国部分教育专家审定；（7）教师节期间表彰103名优秀德育工作者和优秀教师；（8）组织大中小学生进行社会实践和社会调查，编印了《深圳市中小学生调查报告汇编》；（9）编辑出版图片集《深圳教育十春秋》和优秀中小学教师事迹选《情系校园》；(10)与《中国教育报》联合举办“社会主义纵横谈”征文比赛。

1990年全市中小学犯罪率为0.0042%（特区0.0071%），比1989年的0.0073%有所下降；违法率为0.071%，比1989年的0.1%也略有下降。

（四）建立了一支素质优良的教师队伍，提高了教师的社会地位与待遇。

10年来，从全国各地招聘、商调来特区工作的1万多名教师，根据特区对外开放的特点和教育发展的需要，不断提高自身的思想、文化和职业道德的水准。近几年来，全市95%以上的教师在教师节期间都受到各级教育行政部门的奖励，被评为合格教师。由于全社会参与，市委、市政府的重视，教师的待遇不断得到提高，目前，全市中小学教师的工资比相应级别的机关干部略高20%；从1983年以来，在特区住房紧缺的情况下，市政府多次给教师拨出建房专款或直接拨给住房，至1990年，全市共解决教师住房近3000套，使1989年前调入的教师基本上有了住房。1988年教师节成立的中小幼教师奖励基金会，目前已筹集基金2500多万。由于重视了思想建设及工作生活条件的不断改善，教师队伍趋于稳定并得到优化，特区中小学教师达标率情况是：幼儿园教师全市95.66%，其中特区97.89%；小学教师全市92.80%，其中特区96.42%；初中教师全市90.9%，特区96.3%；高中教师全市80.3%，特区85.6%；职业高中教师全市54.7%，特区69.42%。

1990年，全市评定、确认教师专业技术职务875人，其中高级职务6人，中级职务107人，初级职务762人。还为150多名原中教4、5、6级评定为中学一级教师职称的人员办理了增资审批手续。至1990年底，全市中专、中、小学已评定高、中、初级专业技术教师职务的教师共6748人，其中高级职称217人，中级职称1760人，初级职称4771人。文千祥等8名教师被评为广东省第三批特级教师，103名教师被评为市优秀德育工作者和优秀教师，在"教师节"期间，全市95%的教师受到各级奖励。

（五）确保教育投入，改善办学条件

10年来，全市教育投资达12.8亿元，新建大、中、小、幼各类学校319所（特区内178所），新增教职工11286人，新增学生151791人。

1990年，市委、市政府继续把教育投入放在重要位置。全市教育投资达21057万元（特区17123万元），占财政预算内支出10.63%（特区9.49%）。在投入的教育经费中，基建投资为6355万元（特区5721万元），事业费为14702万元（特区11402万元），事业费比1989年增长11.79%（特区增长18.23%）。

1990年，全市下达学校基建投资5560万元，特区内教育部门完成投资4400多万元，建成了滨河小学、泥岗小学、红荔幼儿园、黄木岗幼儿园和光明畜牧场子弟中学；对深圳中学、实验学校、电子技术学校等校完成配套完善和改扩建工程。对校舍危房的改造工作也在加紧进行。至1990年，全市拆建41所学校，改造危房面积达10748.6平方米，已完成竣工面积46919平方米。针对宝安县尚有的5900平方米危房，教育部门深入到9镇30所学校了解并积极反映情况，市财政拨款100多万元，县、乡镇多方集资333万元，解决了宝安县的校舍危房，使全市中小学校舍基本消灭危房。

10年来，全市各学校教学仪器和设备状况有了改善。1990年，全市教学仪器及电教设备总值1227.85万元（教学仪器总值531.48万元，电教设备总值697.37万元），为建特区前的近96倍。1990年净增总值417万多元，比1989年增长51.5%。全市有21所中学（特区20所）、91所小学（特区54所）已按一类标准配齐教学仪器设备。

（六）整顿教育秩序，认真治理三乱

对深圳大学、深圳师范专科学校的现有专业进行清理。对深圳大学开放的78个本科专业进行复核，并对原经省、市审批的深圳大学7个、师范专科学校14个专科专业进行复核。同时，对这两所高校几年来未经国家成人高考而自行招收的市内外学生12000余人（其中师范专科学校400多人）进行清理，加强了对成人高等学历教育的管理，区别不同情况认真解决万余名国家不承认学历的学生的遗留问题。深圳教委与物价、财政部门对全市中小学的收费情况作了全面检查。8月，在报上公布取消设备费、治安费、卫生费等8项学校自定的收费项目；9月，对高校、中专的全日制学生收费项目和标准以及各级全日制学校的招生报名费进行清理。对全市中小学乱办班和滥订教学参考资料的现象也作了纠正。

（七）体育卫生工作成绩显著

10年来，学校体育卫生机构逐步完善。市教委、市体委和卫生局分设有体卫处、学校体育处及学校卫生科。市、区（县）、校三级形成了体育卫生行政管理、业余训练和卫生保健网络。1990年底还成立了深圳市卫生保健所。体育卫生师资队伍有较大发展，全市现有大学、中专体育教师34人，校医26人，中小学体育教师425人，校医和卫生保健员94人；其中，37.9%和59.2%的小学体育教师具有大专和中专以上学历，97.3%的中学体育教师具有大专以上学历。学校体育卫生设备、设施有了较大改善。全市各类学校的场(200米以上的田径场)、馆、池共有42个,62%的中学和67%的小学体育卫生器材达到广东省中小学体育卫生器材配备标准。各校十分重视美化、绿化、净化工作。1990年底,国家卫生检查团对罗湖区清秀幼儿园和实验小学进行抽样检查获得满分。

1990年,广东省对19个市教育部门的体育卫生工作进行评估,深圳市评为A级(优秀),受到全省表彰。由陈家钧、邓日燊、罗育毅与广州体育学院青年研究会联合撰写的《深圳特区学校体育健康教育发展战略研究》论文在亚运会科学论文报告会上受到好评。1990年,全市中小学学生体质得到进一步加强,体育达标率为90.8%,优秀率上升到15.4%。在1990年举行的广东省第八届运动会上,深圳市体育代表团中学生运动员共186人,占代表团总人数的68%,在深圳市获得的44枚金牌中,学生运动员获金牌38枚,另外,还获银牌21枚和铜牌25枚。

撰稿人 吴俊辉
审稿人 廖槎武

广西壮族自治区教育

1990年，广西壮族自治区党委、政府进一步增强“教育为本”意识，认真贯彻国家有关方针政策，加强对教育的领导，坚持教育的正确方向，坚持改革，增加投入，坚持治理整顿，努力改善办学条件，全区各级各类教育继续沿着正确的方向稳步健康地向前发展。

概　况

1990年各级普通学校基本情况

工读、特殊教育学校单位：人
其　他　学　校　单　位：万人

学校类别	学校数（所）	毕业生数	招生数	在校学生数	教职工数	
					计	其中：教师
一、普通高等学校	24	1.0857	1.0916	3.8375	1.62	0.68
研究生		157(人)	116(人)	375(人)		
本科	13	0.50	0.47	2.10	1.21	0.51
专科	11	0.57	0.61	1.70	0.41	0.17
二、普通中等学校	3085	40.60	56.38	155.09	13.05	9.30
1.中等专业学校	121	2.25	2.18	7.17	1.56	0.69
中等技术学校	95	1.61	1.44	4.92	1.21	0.53
中等师范学校	26	0.64	0.74	2.25	0.35	0.16
2.普通中学	2751	36.89	51.04	140.88	10.80	8.15
高中	457	5.75	7.83	21.26		1.49
初中	2294	31.14	43.21	119.62		6.66
3.农业、职业中学	210	1.46	3.16	7.04	0.69	0.46
高中	124	1.12	2.48	5.40		0.37
初中	86	0.34	0.68	1.64		0.09
4.工读学校	3			29(人)	35(人)	18(人)
三、小学	15789	69.00	97.94	560.55	23.12	20.46
四、特殊教育学校	2	28(人)	130(人)	474(人)	160(人)	82(人)
五、幼儿园	2368			81.28	2.74	2.04

注：（1）农职业初中86所含初、高中合设的33所
（2）小学所数不包括教学点38923个
（3）特殊教育在校学生数474人含小学开办弱智儿童辅读班21个点218人。

1990年各级成人学校基本情况

单位：万人

学校类别	学校数（所）	毕业生数	招生数	在校学生数	教职工数 计	其中：教师
一、成人高等学校	24	0.72	0.77	2.38	0.40	0.20
广播电视大学	1	0.37	0.27	1.17	0.07	0.03
职工高等学校	9	0.07	0.10	0.27	0.08	0.04
农民高等学校						
管理干部学院	4	0.07	0.07	0.15	0.07	0.03
教育学院	10	0.21	0.33	0.79	0.18	0.10
独立函授学院						
普通高校举办函授部						
夜大学						
干部专修科						
二、成人中等学校	1412	52.04	54.38	65.55	0.88	0.70
1.成人中等专业学校	135	0.96	2.13	5.96	0.57	0.48
广播电视中专	1	0.01	0.03	0.59	0.04	0.20
干部中专	16	0.06	0.11	0.28	0.05	0.30
职工中专	42	0.30	0.74	1.98	0.23	0.12
农民中专	2	0.03	0.03	0.12	0.01	0.01
教师进修学校	74	0.57	1.25	2.99	0.24	0.15
2.成人中学	169	0.25	1.13	1.13	0.03	0.02
职工中学	17	0.08	0.74	0.51	0.01	0.01
农民中学	152	0.17	0.39	0.62	0.02	0.01
3.成人技术培训学校	1108	50.22	51.09	58.46	0.28	0.20
职工技术培训学校	93	2.17	3.05	2.19	0.06	0.03
农民技术培训学校	1015	48.05	48.04	56.27	0.22	0.17
三、成人初等学校	10942	77.52	110.08	131.02	0.94	0.82
1.职工初等学校	30	0.36	0.43	0.42	0.01	0.01
2.农民初等学校	10912	77.16	109.65	130.60	0.93	0.81
其中：扫盲班	2972	9.69	17.87	23.46	0.49	0.40

注：（1）本表教职工及专任教师系指专职，不含兼职

（2）广播电视大学1所，下设分校16所

（3）普通大学举办函授部、夜大学数字未做统计

1990年，广西各级各类学校达3749所，在校学生共1002.61万人，约占全区人口的1/4，比上年增加176万人，增长21.3%。

基础教育。小学比上年增加61所，村小教学点38923处，在校学生比上年增加12.97万人，其中少数民族学生占42.3%。学龄儿童入学率达96.79%，在校学生年巩固率达97.47%，毕业率达95.74%。小学毕业生的升学率为63.57%。全区有76个县(不含7个县级市)，入学率在95%以上的有60个，在90%以下的仅有1个县。1990年小学生流失率为2.23%，留级率9.49%。一年级在校学

生中复读生、留级生人数占23.85%，比上年降低1.62个百分点。普通中学比上年增加54所，高中及完全中学比上年增加5所。全区初、高中招生与上年相比，分别增长14.1%和11.38%；初中和高中在校生分别比上年增长6.18%和10.44%。初中毕业生升学率上升到41%，提高了7.5个百分点。全区在园儿童，城市、县镇比上年增长4.20%；农村比上年增长36.16%；小学附设学前班6252个班，有幼儿62.92万人，占在园儿童总数的77.4%。

中等职业技术教育。1990年全区各类中等职业技术学校在校学生比上年增加11656人，在校学生占高中阶段在校生总数的41.48%。普通中等专业学校在校学生与上年相比减少0.9%。中等技术学校招生比上年减少13.09%，在校学生比上年减少3.1%。中等师范学校（其中幼师1所）在校学生比上年增加4.4%。普通中等专业学校在校学生按科类分：工科占26.58%，农科占9.88%，林科占1.74%，医药占14.34%，财经占11.35%，政法占1.95%，体育占0.38%，艺术占0.89%，师范占31.37%，其它占1.51%。有48所普通中学开设了212个农职业教学班，共招生31598人，比上年增加34.78%，在校学生70391人，比上年增加22.18%，毕业生14615人。

普通高等教育。1990年全区普通高等学校有7所院校招收研究生。全区普通高校招收本、专科学生比上年增加0.33%。毕业生、在校学生与上年基本持平。在校学生按办学形式分，国家计划培养占在校学生总数的92.68%，委托培养占1.11%，自费生占5.82%，干部专修科146人，占0.38%。

成人教育。全区成人高等学校本专科在校学生比上年增加9.57%；其中，广播电视大学增加8%，职工大学增加28.9%，管理干部学院减少4%，教育学院增加17.8%。另有单科班、进修班、培训班及其他班结业人数18070人，招生23685人，在校学生14334人。全区举办中等职业技术培训的成人农职业技术学校比上年增加34所，在校学生比上年增加32.12%。全区有77%的乡镇、70%的行政村建立了文化技术学校，接受各种实用技术培训的数以百万计人次。

教师队伍。1990年，全区各级各类学校教职工比上年增加3.7%，其中专任教师比上年增加2.3%。小学教职工中，少数民族教职工占44.2%，民办教职工占27.6%，民办教职工所占的比例比上年下降1.2%；另有代课教师57593人，相当于教职工总数的24.9%，比上年增加27.6%。专任教师中：学历合格率为73.9%，比上年提高2.6个百分点，专业合格率为15.65%。每一个教职工和专任教师分别负担学生24.2人和27.4人。普通中学教职工中，少数民族教职工占34.1%，民办教职工占7.7%，民办教职工所占比例比上年下降0.6个百分点；另有代课教师8169人，相当于教职工总数的7.56%。专任教师比上年增加1.91%。初中专任教师学历合格率为43.4%，专业合格率为10.7%，学历合格与专业合格的教师共占专任教师总数的65.6%，比上年提高2.9个百分点。每一教职工和专任教师分别负担学生13人和17.28人。农职业中学教职工中，少数民族教职工占26.46%，民办教职工占3.5%，其中专任教师比上年增加8%。专任教师中，初中教师学历合格的为26.8%，专业合格的为17.8%，比上年提高7.6个百分点。高中专任教师中，学历合格为30.7%，专业合格为7.9%，学历合格和专业合格共占38.6%，比上年提高3.2个百分点。每一教职工和专任教师分别负担学生7.75人和11.74人。农职业中学初高中专任教师中，专业课教师占34.7%，比上年提高4.1个百分点；普通中等专业学校教职工比上年增加0.76%，其中专任教师比上年增加1.55%和10.04%。每一个教职工和专任教师分别负担学生4.6人和9.86人。普通高校教职工比上年增加1%。其中专任教师比上年增加0.3%。专任教师中，有教授179人，副教授1589人，讲师2550人。中级以上教学职称共4318人，占专任教师总数的63.18%。每一个教职工和专任教师分别负担学生2.33人和5.53人。

教育基本设施。1990年，全区普通高校占地面积达1.20万亩，校舍建筑面积185.24万平方米，其中教学行政用房72.95万平方米，生活及福利附属用房106.11万平方米，其他用房6.18万平方米；普通中等专业学校占地面积达1.45万亩，校舍建筑面积208.23万平方米，其中教学行政用房68.93万平方米，生活福利用房116.86万平方米，其他用房22.44万平方米；普通中学占地面积11.01万亩，校舍建筑面积948.45万平方米，比上年增加5.03%；农职中学占地面积1.65万亩，校舍建筑面积72.10万平方米，比上年增加2.79%。中小学校舍危房面积占校舍总面积比例由1988年的25.3%下降到1990年的0.58%。全自治区89个市、县经检查验收已有80个县、市达到了校校无危房标准。

基础教育

1990年，各级党委、政府对发展和改革中小学教育采取了一系列重大政策和措施，切实加强了基础教育工作。

一是进一步完善基础教育的管理体制。1990年，区、地、县三级教育行政部门，在全面调查情况，认真总结经验教训的基础上，针对当前农村经济、社会和教育发展的新情况和新问题，研究进一步完善分级办学、分工管理的新体制。自治区人民政府于1990年6月4日至8日在岑溪县召开了有各地、县主管教育的副专员、副县长以及地、县（市）教育局、财政局、人事局负责人参加的全区现场会。根据现场会讨论统一认识的几个问题作出了《关于进一步搞好分级办学、分工管理的意见》的决定，并由区人民政府办公厅转发各地贯彻执行。《意见》明确规定：（1）各级人民政府、各有关部门，必须进一步提高认识，从实际出发，采取切实可行措施，认认真真、扎扎实实地抓好这项工作。（2）进一步健全乡、村分级办学、分工管理教育的组织机构。乡（镇）可成立教育委员会，由乡（镇）政府1名懂得教育规律、善于教育管理的负责人任主任，设副主任1至2人。乡（镇）教委委员可吸收本乡（镇）企业、学校、财税、农林等有关部门负责人参加。乡（镇）教委下设办公室，负责管理日常工作，受乡（镇）人民政府的直接领导和县教育局的指导。村一级要成立办学董事会（办学领导小组），由村党支书或村公所领导任董事长（领导小组组长），吸收学校领导、教师代表及有威望的群众代表参加。（3）进一步明确分级办学、分工管理的职责范围。《意见》规定，当前着重加强对农村教育综合改革的领导和管理，要求自治区人民政府及教育职能部门，加强对全区农科教结合、“三教”统筹、实施“燎原计划”以及教育综合改革实验的宏观规划和指导，制订有关方针政策，并组织督促检查；地区行署、市人民政府及教育职能部门，要指导和帮助各有关县（市）制订教育综合改革实验规划，并认真抓好典型，指导面上工作；县（市）人民政府及教育职能部门，负责制订实施本县（市）的综合改革实验的发展规划和具体措施，促进本地“三教”协调发展；乡（镇）人民政府及教育办事机构，结合本地实际，制订“三教”发展规划，采取措施，办好乡（镇）管理的学校，并确定本地初中劳技课、小学劳动课、职业中学专业课和成人教育的实用技术教材内容，同时，为实施九年制义务教育开展职业技术教育、成人教育提供必备的办学条件；村公所、村民委员会和办学董事会（办学领导小组），要实施初等义务教育，改善本村的办学条件，关心教育工作，发动适龄儿童入学，督促、动员流失生回校、扫除青壮年文盲，帮助学校办好勤工俭学、优化育人环境。（4）各级人民政府和分管教育的书记，尤其是乡（镇）人民政府，要认真实行“三教”统筹，逐级制订规划、措施，按照预定的目标和要求努力争取实现。（5）进一步发扬各级教育行政部门的统筹职能，各级分管教育的书记要深入基层调查研究，发现和培养典型，及时总结推广经验，对分级办学、分工管理工作进行检查、督促、评估，为党委、政府当好参谋。（6）拓宽经费来源渠道，增加教育投入，加强对教育经费的管理使用。（7）加强对教师队伍的建设和管理，认真落实知识分子政策，切实为教师办实事，改善教师工作生活条件，提高教师的社会地位和经济待遇，重视抓好教师队伍的培训提高工作，努力提高教师的政治和业务水平。要认真抓好民办、代课教师的考核和管理。乡（镇）要对民办、代课教师登记造册，建立档案，同公办教师一样管理；对不合格的民办、代课教师要限期提高，仍不合格的，经县（市）教育部门批准，予以辞退；聘请民办代课教师要按有关规定办理手续。（8）切实加强对分级办学、分工管理工作的领导。各级人民政府要把分级办的事、分工管理的工作列入重要议事日程，第一把手要重视教育，经常过问，及时解决工作中遇到的问题。各级政府在制定任期目标责任制及任命领导干部时，要把分级办学、分工管理工作作为一项重要的考核内容。要建立健全各种有关规章制度，使分级办学、分工管理工作逐步实现制度化。要注意工作方法，坚持从实际出发。

由于农村分级办学、分工管理体制得到进一步的贯彻落实，调动了农村基层组织抓好“三教统筹”的积极性，促进了全区农村教育的蓬勃发展。

二是加强中小学的常规管理。一年来，自治区教委一直把中小学常规管理作为一件重要工作来抓，制定了《广西壮族自治区全日制中小学常规管理30条》，并加强督促检查，进行督导评估。各地根据常规管理30条的内容和要求，结合本地、本校实际，分别制定了《思想政治工作常规管理》、《教学工作常规管理》、《组织纪律常规要求》等，促进了中小学良好的校风、教风、学风的形成，推动了学校的教学改革，提高了教学质量。

三是采取切实可行措施，努力提高边远山区少数民族女童入学率和巩固率。长期以来，边远山区少数民族女童入学率和巩固率很低，严重影响这些地区普及小学教育的进程。1990年，自治区教委在调查、分析女童入学率低和流失率高的原因的基础上，充分依靠当地党政部门和教育行政部门，大力宣传发动群众，采取了有效措施：（1）加强宣传工作，解决思想认识问题，克服当地“男孩读书，女孩养猪”的旧思想和旧观念；（2）针对少数民族女生的心理特点，改革学校管理和教学方法，单独编班，因人施教，调动女生的学习兴趣；（3）送教上门，在女童入学率很低的村寨专设女童班；（4）开展多种形式办学，如简易小学、半日制学校；（5）改革教材，文化课主要教语文、数学，加教民族工艺品制作和一些实用技术，使女生学有所得；（6）以鼓励为主，对积极入学的女童张榜表扬，对积极动员和送女童入学的家长和村屯通过各种形式给予表扬；（7）召开各种现场会，总结推广先进经验，表扬好人好事；（8）改变学校领导、教师作风，深入各村屯，勤家访，多动员，密切家校联系。通过以上措施，边远山区女童入学率和巩固率明显提高，不少地方女童入学率从1989年的10%上升到1990年的60%以上，进而提高了整个适龄儿童入学率和巩固率。如三江、融水、隆林、金秀等几个少数民族自治县适龄儿童入学率分别达到92.89%、91.2%、90.92%、97.14%，逐步接近或超过全区平均水平。

四是进一步加强中小学的德育工作。制定了《广西壮族自治区中小学德育工作规范》，并印发全区各地贯彻实行。在当地党委和政府的直接领导下，有的以乡（镇）为单位，有的以学校为单位，召开了学习贯彻《规范》的动员大会，号召广大师生认真学习贯彻，切实把德育工作摆在学校一切工作的首位。各级教育督导部门把学习贯彻《规范》作为督导工作的主要内容之一来抓。不少学校根据《规范》的内容和要求，结合本地、本校实际，将《规范》内容要求具体化、条例化，并加以量化，制定评分标准，使学习、贯彻《规范》更加扎实、深入、持久、有效地开展下去。有的学校结合各科教学对学生进行思想教育，把德育工作贯穿到学校的各个领域中去。由于学校德育工作有所加强，广大中小学师生精神面貌发生了很大的变化。

五是进一步改善中小学校教学设备。1990年，全区中小学基本消灭了危房，受到了国家教委、国家计委、财政部、农业部的表彰奖励。与此同时，各地乘胜前进，采取国家补一点、地方给一点、群众筹一点、勤工俭学拿一点的办法增加投入，充实加强学校教学设备，使中小学办学条件进一步得到改善。1990年底，经自治区组织对全区 83 个县（市）、5 个区辖市和 1 个港区共89个行政区域单位中小学实验室建设的检查验收，已有 85 个县（市）达到要求，占应验收总数的 95.5%。此外，全区已建成教育电视台（含收转台）34座，全区 98 个县（市）已有 97 个单位建成教育电视卫星地面接收站并开始使用。全区已有各类放像点（指地、市、县）2500 个，初步形成了卫星电视教育网络。全区中小学电教器材等价值已达 2000 余万元，各类电教设备达 23000 台件，拥有各类幻灯教学用的投影片 90多万张，录音带 13 万盒，录像带 8500 个小时，教学电影拷贝 4000 个。中小学教学设备的不断改善，促进了教育质量的提高。

职业技术教育

1990 年，自治区把发展职业技术教育作为脱贫致富、走向小康的一项重要战略措施来抓，多次召开会议研究，并草拟《广西壮族自治区人民政府关于大力发展职业技术教育的决定》，要求在 1991 年召开全区教育大会讨论通过实施。与此同时，根据广西经济、社会发展的实际需要，突出抓了如下几项工作：

一、扩大规模，提高效益

广西职业技术教育点多规模小，全区共有中等职业技术学校 435 所（其中普通中专 121 所，农职中学 210 所，技工学校 104 所），1989 年在校生总数为 97947 人，平均每校为 225.16 人，每一个教职工和专任教师负担的学生分别为 6.17 人和 10.8 人，可见效益之低，但潜力也较大。为此，力争挖掘办学潜力，扩大规模，提高效益。1990 年扩大招生，使在校学生增加了 72291 人，并根据广西脱贫致富急需有关中、初级专门人才的实际，对原有的专业作了适当调整，使学校办学效益有所提高。

二、继续努力提高教学质量

1990年，自治区教委采取了必要的措施。一是建立健全有关教学管理规章制度，制订了《广西中等专业学校学生学籍管理制度》和《广西普通中等专业学校教学管理制度》，以进一步加强对学生德、智、体等诸方面的全面考核和教师教学工作的管理。二是深化教学改革，加强教学计划和管理。全区实行统一的教学计划和统一的教学要求，并定期检查、考核。三是积极开展教研活动，努力探索教学改革的新路，并成立了中等专业学校管理协会，加强了校际之间的教学联系和经验交流。四是加强和完善实验基地建设和教学设备，自治区拨出 520 万元的专款，用于改善职业中学的实验基地建设，以提高学生动手能力。五是组织技能竞赛，加强技能训练，1990年先后两次组织职业高中旅游服务专业的600名学生参加全区“庐山杯”旅游知识大竞赛和服装制作选拔赛。

三、加强专业师资队伍建设和培养

继续在广西农学院、广西大学、广西工学院等8所高等院校的20个专业点举办职业专业师资培训班，共招生407名；加强专业师资培养基地建设，拨出专款90万元，建设广西农学院职业师范系实验大楼；请进来，派出去，一年来选送62名职业中学专业教师参加有关高等院校举办的专业合格证书班，并选送32名职业高中校长到湖南、浙江等区外高等院校进修，同时适当地请当地种养能手和技术人员到校讲课；重视改善职业中学师资的工作生活条件，对其家属、子女工作、入学问题尽力给予优惠照顾，注意做好职称评定工作，以稳定农职业中学师资队伍，进一步调动他们工作的积极性和创造性，立志献身于职业技术教育事业。

四、加强对中等职业技术学校的评估督导

1990年，区教委组织了有67人组成的12个评估小组，分别对52所中等专业学校和部分职业高中的办学指导思想、办学方向、办学基本条件、学校管理、专任教师、教学工作、德育工作、体育、美育、卫生、劳动工作、办学经费和办学效益等几个方面进行综合评估，并逐项打分评定。通过评估，总结了经验，发现了问题，及时提出了整改意见，推动了各类职业技术教育的健康发展。

五、加强各类职业技术学校干部、教师的社会主义基本理论的学习

区党委宣传部、区教委联合发出通知，部署各地和各部门中等职业技术学校的干部和教师要认真学习《关于社会主义若干问题学习纲要(试用本)》，全区数百所中等职业技术学校的数万名干部、教师参加学习。广大干部、教师认真学习、理论联系实际，进一步加深了对社会主义基本理论的认识，提高了觉悟，更加坚定了社会主义方向，表示要努力办好有中国特色的社会主义中等职业技术学校。

六、努力实施“燎原计划”

根据对广西经济建设、科技推广和人才需求的分析预测，1990年制订了广西实施“燎原计划”的规划和具体方案，要求在做好普及义务教育工作的基础上，充分发挥农村各级学校的智力和技术的相对优势，与农业、科技等部门结合，开展与当地经济建设密切相关的实用技术和管理知识的教育，提高农村劳动者素质，带动农村的千家万户依靠科技致富。首先是在浦北、博白、岑溪、象州等10个县，马山、六硍、亚山等100个乡开展代号为“科教兴农10—100工程”的示范。

(一)在示范县首先抓好一两所示范性职业技术学校，作为培养人才、推广科技的典范

学校根据本县产业结构的变化，认真抓好种植、养殖各专业，以培养大批中、初级专业人才和当地脱贫致富带头人为目标，使职业技术学校毕业生走上社会劳动岗位后能大显身手，真正成为依靠科技致富的专业户，成为农村科技推广、典型示范的“二传手”，推动当地的经济发展。同时，要求职业技术中学要负责培训全县职业技术课教师，再由他们为乡(镇)、村举办各种技术骨干培训班，并依托各乡(镇)、村农民文化技术学校，使先进实用技术迅速辐射到广大农村千家万户，从而形成：职业中学——普通中学——农村文化技术学校——广大农户”的实用技术推广网络。浦北县利用这个方法推广杂优水稻种植17万多亩，占水田面积51.5%，产量达20631万公斤，比上年增长34.5%，打破了粮食产量徘徊不前的局面，真正发挥了县职业技术

学校的"龙头"作用。

(二)建设"燎原"基地,加速技术辐射

近年来,自治区一直十分重视抓好教学、生产实习基地的建设,在人力、物力、财力上给予重点扶持,逐步建成一批能用比较先进的科学技术,对当地生产起积极推动作用的示范基地。这些基地主要着眼于围绕当地经济发展急需的、属于实用技术范围的、具有辐射能力的、农民广泛受益的"种、养、加工"等方面来进行。充分发挥基地的实习、示范、推广、生产、培养人才的多种功能。不少人通过在基地参加实践,学到了实用技术,回到农村后,大搞科学种养,脱贫致富。横县马山乡农民文化技术学校利用"燎原计划"专项贷款,建设教学实验基地,搞木薯粉加工和立体养殖配套工程,利用木薯渣养猪、鸡、鸭、鹅;利用畜禽粪便养鱼,每年获纯利6.25万元;学校利用这一基地辐射技术,开办淀粉加工和种养技术培训班42期,培养淀粉加工技术骨干200多人,培训中小学教师、高、初中毕业生、专业户、重点户共8200多人,带动全乡办起58个小淀粉厂,淀粉总产占全县1/2,不但刺激了木薯产业的发展,而且推动了禽畜养殖业的发展,全乡养猪比上年增加5200头,养鸡增加4万多只,人均纯收入近900元,比上年增加250元。目前,实验县的县、乡(镇)、村、校层层有基地,层层抓培训。农民在这里学到文化技术,中小学生在这里得到实践锻炼,掌握了1门至多门农科技术,培养了劳动观点和动手动脑的能力。

(三)突出重点,立项开发

几年来,在横县、浦北、博白等3个教改实验县及玉林市,以普通中小学、职业中学和乡镇农民文化技术学校为依托,选定一批对振兴当地经济、培养人才、辐射技术、促进教改起作用的重点项目,给予重点扶持,并以项目为突破口,将劳动技术课引进普通中小学,改变农村职业中学的课程结构和增加专业课课时,加强成人学校的实用技术培训,推动各县"燎原计划"的实施和农村教育综合改革的发展。

立项开发,主要是从当地经济社会发展总体规划确定的产业结构和发展方向出发,注重经济效益和社会效益,这是立项的根本指导思想和基本出发点。如横县的自然生态环境宜于发展蚕业,所以决定重点投放"燎原计划"专项贷款扶持横县职业中学建立丝绸厂,以该厂为骨干,带动全县扩大蚕桑面积3～5万亩,以期形成产值数千万元的新的支柱产业,使职业技术教育同建立新兴产业紧密地结合起来。

两年来,广西先后有14个乡得到国家"燎原计划"专项贷款的资助,其中接受贷款的普通中学5所、职业中学7所、小学1所。这些单位及其实施项目,都起了示范作用,收到良好经济效益和社会效益。1990年4月,全国燎原计划专项贷款发放和管理工作研讨会在广西浦北县召开,国家教委领导及与会代表对广西自治区的工作给予充分肯定。在此基础上,认真总结经验,找出差距,进一步组织实施广西"科教兴农10—100工程",争取在全区较大面积地推广实验县的教改经验。

高等教育

1990年,广西高等教育主要围绕坚持方向、深化改革、治理整顿、提高质量等方面开展各项工作。

一、加强学校思想政治工作

在上年高校思想政治工作取得成绩的基础上,继续向广度和深层发展。一是进一步加强马列主义理论和党的基本知识的教育,以逐步从根本上解决学生思想深层问题。区党委联合召开了全区高校党建会议,提出了加强对全区高校进行马列主义理论和党的基本知识的教育，对学习内容、要求、方法和时间安排都作了统一的规定。一年来，各高等学校在校党委的直接领导下，认真组织广大师生学习，许多学校组织了马列主义学习小组，广西大学、广西师范学院、梧州地区教育学院等一些院校还举办了业余党校，参加学习的师生达4200多人次。自治区组织编写了《风波以后思想教育》、《社会主义教育材料选编》等学习参考资料和《中国革命史》、《中国社会主义建设》、《思想教育课简明教程》等师专教材，同时还组织写了10集《大学生思想修养》教材系列片和10集《生命与道德》教学系列片。许多学校举办了各种形式的国情区情报告会、当前社会主义运动讲习班等。二是利用寒、暑假有领导、有目的地组织大学生参加社会实践活动，数万名大学生走出校门，到工厂、农村、工地开展社会调查，体验生活，接受工农教育，增进工农感情。为了及时总结参加社会实践活动取得的成果，全区高校组织大学生社会实践活动征文比赛，大学生们写出了许多感人肺腑的心得体会，普遍认识到，在学校小课堂只能学到一些书本上理论的东西，到社会大课堂去才能真正学到我们所需要的知识。三是组织大学生运动会和举行艺术节活动。1990年全区举行了大学生运动会，有上万名大学生参加。各校先后还举办了艺术节并进行汇演。通过这些活动，把思想教育寓于活动之中，陶冶大学生的革命情操。一个时期以来大学校园一片沉闷的空气被一扫而光，出现了团结、紧张、严肃、活泼的一派生机盎然的新景象。

二、改革高校招生分配政策，疏通人才通往少数民族地区的渠道

广西少数民族有1700万人，占地面积为全区总面积的60%以上，而且有丰富的自然资源，由于历史的原因和特定条件的限制，少数民族地区经济发展缓慢，文化教育比较落后。为了开发建设少数民族地区，振兴广西经济，必须加强少数民族地区的人才培养。1990年，对高校招生作了具体规定，即：区内高等院校录取的少数民族学生数要达到少数民族人口占全区人口的比例；对于区内民族院校录取的少数民族学生(除外语外)要占民族院校实际录取人数的90%以上，其他院校要占35%左右。对山区、边境少数民族聚居地区考生还要适当降分录取，如：在全区范围内(除辖区5市)对瑶、苗、侗、毛南、仫佬、回、彝京、水、仡佬等10个人口稀少的民族考生和对融水、三江、金秀等13个民族自治县的考生(含汉族考生)照顾10分录取。上述县如经降分照顾后仍没有考生达到最低录取线，每县择优录取10名左右。区内其他县(市)和区辖5市郊区的少数民族考生照顾7分；区辖5市的少数民族考生照顾5分；对散居在汉族地区的少数民族考生，在与汉族考生同等条件下，优先录取。这些学生均实行定向招生、定向培养、定向分配。

三、全面调整人才培养结构

1990年普通高校控制了本科招生，扩大了专科招生，使本专科招生之比由上年的1∶1.42变成1∶1.5。在科类结构上，扩大了社会需求量较大的农、林、医药、师范类的招生，如农科招生545人，占5.6%，比上年提高0.6个百分点，林科招生199人，占2.1%，比上年提高0.65个百分点，医药类招生1122人，占11.6%，比上年提高1.8个百分点，师范类招生4386人，占45.3%，比上年提高4个百分点。为了保证农、林、医药、师范有足够的生源和质量，对上述科类的生源结构作了适当的调整，把国家任务招生数本科的60%，专科的100%定向到地市，并继续实行“统一考试、单独填报志愿、单独划线、提前录取”的办法。与此同时，压缩了社会需求量不大的文理等科类和一些长线专业招生，并在专业结构上作了必要的调整，拓宽专业面，增强专业的适应性和针对性，加强应用型人才的培养。

成人高等教育，减少了学历招生，逐步把成人高校从学历教育转到以岗位培训为主的轨道上来，坚决贯彻了“以专科为主、业余为主”的原则。1990年本科招生347人，占4.5%，专科招生7341人，占95.4%；招生总数中，全脱产为3282人，占42.68%，业余学习4406人，占57.31%。

四、加强治理整顿

1990年，区教委制定了《贯彻国家教委〈关于普通高等学校成人教育治理整顿工作的若干意见〉的实施意见》，针对当前全区高等教育存在的问题，要求在继续贯彻落实区教委1988年以来发出的有关治理整顿的有关规定的基础上，明确进一步治理整顿的目的、范围和内容，治理整顿的方法步骤以及加强治理整顿的组织领导。各校在校党委的统一领导下，积极开展治理整顿工作。乱办学、乱收费、乱发证书的“三乱”现象基本得到控制，学校正常的教学秩序进一步好转。

五、高校副食品生产基地建设初见成效

自治区党委、人民政府把高校副食品生产基地建设当作关心群众生活、稳定社会秩序一项重要工作来抓，多次召集有关部门参加的会议，研究解决实际问题；主管教育和经济工作的领导亲临生产基地现场，及时研究解决建设中的政策、资金问题，其他有关部门也积极支持。自治区在财力还比较困难的情况下，拨借了200万元作为基地建设基金。自治区财政厅、副食品办公室等有关部门和南宁市在有关政策、土地、水面等各方面给予很大的支持和照顾，区教委和各高校加强对基地建设的组织领导，发扬自力更生、艰苦奋斗精神，因地制宜，确定项目，统筹安排，使全区高校副食品生产基地建设有了较大的发展。目前，全区24所院校已有14所建立了以种植、养殖、加工为主的副食品生产基地，现有鱼塘1000多亩，百头以上养猪场10个，千只以上养鸡场6个，养鸭场6个，奶牛场2个，全年生产累计：活鸡23万公斤，鸭15万公斤，猪肉35万公斤，鲜鱼25万公斤，鲜蛋52万公斤，一批院校初步实现了鸡、鸭、蛋、鱼、鲜奶等副食品自给有余，多数院校基本实现豆制品、米粉糕点自给，各校副食品年生产总值达5000多万元。加强高校副食品生产基地的建设，对改善师生员工生活，减轻国家负担，稳定高校局势，起到了重要的作用。

成人教育

1990年，各级党委、政府把发展成人教育作为脱贫致富、发展生产的一项重大战略措施来抓，全区各级各类成人教育方兴未艾，并初步取得可喜成绩。

扫盲工作取得了突破性进展。1990年新年伊始，在全国扫盲电话会议后，自治区人民政府就召开了全区扫盲电话会议，同时发出了加强扫盲工作的文件，接着成立了由区党委常委、区人民政府副主席李振潜任组长的全区扫盲工作协调小组，加强扫盲工作的领导，组织了近20多万人的扫盲工作队深入基层，开展各种宣传活动。大部分地、市、县和乡村相应建立了扫盲工作领导小组，主管教育的领导亲自担任组长，把扫盲工作纳入政府目标管理，层层建立承包责任制。自治区教委2月发出了加强扫盲工作的通知，大量印发《扫除文盲工作条例》、宣传口号和问答题。全区把2月作为扫盲宣传月，运用报刊、广播电视等宣传工具和其他形式开展扫盲宣传，许多基层干部、中小学教师还深入各家各户宣传发动扫盲对象入学。许多地方采取集中办班、分散包教、巡回教学、送教上门等形式扫盲。教师学生人手一册扫盲课本，建立健全扫盲考勤制度，加强脱盲验收，严格把好质量关。各个部门积极协作，齐抓共管，各级妇联组织好“双学双比”活动，努力扫除女文盲。经过一年的艰苦努力，经检查验收，目前全区已有11个地、市(含防城区)93个县(含县级市级城区、郊区),达到基本扫除文盲标准,占全区县总数的88.5%。当年脱盲22.3万人,超额完成了原定的扫盲任务。全区15周岁及15周岁以上文盲半文盲人数占总人口数的比例已由1982年全国第三次人口普查的16.94%下降到1990年全国第四次人口普查时的10.61%。

农民实用技术教育蓬勃发展。自治区制定了《关于贯彻执行〈乡(镇)农民文化技术学校的暂行规定〉的实施方法》和评估标准。大抓乡(镇)成人学校基础建设。一是抓基地建设。全区乡(镇)农技校已发展到1108所,77%的乡(镇)、70%的行政村建立了农民文化技术学校。二是组织培养成人实用技术学校教师队伍。三是抓实用技术教材的编印和发行工作,全区共发行10万多册。4月还在南宁首次召开部分乡(镇)农技校校长座谈会,就办学和发挥农技直接为农村两个文明建设服务等问题进行了座谈。成立农技校协作会,积极开展"三后"教育(即小学、初中、高中毕业后)。农村文化技术学校的蓬勃发展,为农村成人教育打开了一条新路,每年有数以百万计的农民参加各种实用技术学习和培训,并掌握了一定的科学技术,运用于劳动实践,有的脱了贫,致了富,有的还成了万元户。

职工教育有较大的发展。1990年,为企业单位培养了一批生产骨干和管理人才。全自治区经济部门239.06万名职工中,参加各类培训人数达63.1万多人,受训面达26.39%。其中,参加岗位资格培训的9.4万多人,接受过高等教育的3.8万多人,接受过中专教育的3.37万多人,高、初中教育的0.63万多人。在全区88.4万名干部中,参加各类培训的19.5万多人,其中参加岗位培训的13.31万多人,资格培训的3.12万多人,适应性培训的10.2万多人,接受高等教育的2.93万多人,中专教育的2.43万多人,高、初中教育的0.24万多人。在全区153.677万工人中,参加各类培训的43.50万多人,其中参加岗位培训的41.71万多人,资格培训的6.58万多人,技术等级培训的14.12万多人,适应性培训的21.01万多人,接受高等教育的0.86万多人,中专教育的0.93万多人。

成人中等专业教育(不含教师进修学校)处于基本稳定状态。全自治区现有独立建制的成人中专比上年增加1所。年内,各类成人中专学校及普通中专学校招收的成人中专全科班学员1.17万人,比去年减少5.64%;毕业学员7200余人,比去年增加33.25%;在校学生3.8万余人,比去年减少20.83%。干部中专专修班招生3600余人,比去年增加21.52%;结业2900余人,比去年增加30.75%;在校学员4000余人,比去年增加29.37%。1990年成人中等专业教育一是抓端正办学指导思想;二是加强宏观管理;三是努力提高教学质量。

社会力量办学近年发展较快,但乱招生、乱收费、乱发文凭的"三乱"现象比较突出。1990年,主要任务是抓好清理整顿,加强管理,区教委转发了国家教委关于招生广告审批权限的通知,明确本区广告审批程序。其次是做好年审换证工作。区教委审批备案的31个高层次社会办学单位,经重新审查,给22个换发了新证。南宁市审核的学校113所,经审查发给新证的74所,缓发证1所,停办38所。再是加强财务管理,教育、财政和物价部门联合检查学校收费情况,严格收费标准。

一年来,广西教育事业取得了一定的成绩,但还存在不少问题,主要是:(1)教育优先发展战略地位在一些地方还没有真正落实;各级各类教育在办学指导思想、办学模式和教学内容上不同程度地存在着脱离实际、脱离社会、脱离群众的现象。(2)学校的思想政治工作有待进一步加强,目前,各级各类学校中仍存在重智育轻德育、重业务轻政治、重理论轻实践的倾向。（3）分级办学、分工管理体制还有待进一步落实完善，各级教育部门对教育的统筹管理有待进一步加强。（4）教育经费短缺现象仍相当严重。（5）教师的总体素质与教育发展和改革的要求仍不适应，中小学教师缺额较大，教师队伍青黄不接的问题相当突出，尤其是高等教育骨干教师的年龄断层十分严重。教师特别是民办教师、代课教师的待遇仍需进一步改善。（6）教育发展水平还比较落后。

撰稿人 覃盛裕 梁全进
审稿人 侯德彭

海南省教育

概　况

一、各级各类教育发展情况

1990年各级普通学校基本情况

单位：人

学校类别	学校数（所）	毕业生数	招生数	在校学生数	教职工数 计	教职工数 其中：教师
一、普通高等学校	5	3999	2460	7652	3151	1215
研究生			6	26	18	18
本科		830	1193	4334		
专科		3169	1267	3318		
二、普通中等学校	552	84771	96548	274461	30115	20160
1.中等专业学校	26	3313	4169	9997	2193	1101
中等技术学校	18	1836	2454	5542	1293	648
中等师范学校	8	1477	1715	4455	900	455
2.普通中学	482	77965	87404	252232	26351	18046
高中	187	15147	21697	59087		4337
初中	295	62818	65707	193145		13709
3.农业、职业中学	44	3493	4975	12232	1571	1013
高中	42	3127	4523	11017		923
初中	2	366	452	1215		90
4.工读学校						
三、小学	4693	83352	175044	965204	46982	39021
四、特殊教育学校	1				14	6
五、幼儿园	400	49389	58048	103730	4519	3131

1990年各级成人学校基本情况

单位：人

学校类别	学校数（所）	毕业生数	招生数	在校学生数	教职工数 计	教职工数 其中：教师	兼任教师
一、成人高等学校	5	2499	2466	8123	617	387	309
广播电视大学	1	516	195	1821	96	66	250
职工高等学校	2	91	89	388	75	31	51
农民高等学校							
管理干部学校							
教育学院	2	891	1079	2550	276	149	8
独立函授学院							
普通高校举办							
函授部		789	739	2566	170	141	
夜大学		212	364	790			
干部专修科							
二、成人中等学校	31	3343	3428	8031	957	479	102
1.成人中等专业学校	27	3198	3222	7673	952	474	83
广播电视中专	1	148	14	487	9	5	28
干部中专							
职工中专	6	174	438	1186	181	89	26
农民中专	3	125	205	371	82	39	12
教师进修学校	17	2751	2565	5629	680	341	23
2.成人中学	4	145	206	358	5	5	19
职工中学	1	65	120	220	4	4	10
农民中学	3	80	86	138	1	1	9
3.成人技术培训学校							
职工技术培训学校							
农民技术培训学校							
三、成人初等教育	470	3210	23223	64108	4	4	1632
1.职工初等教育							
2.农民初等教育	470	3210	23223	64108	4	4	139
其中：扫盲班	1167(个)	696	11208	42258			1493

1990年，全省普通高等学校在校学生比1989年减少1823人；专任教师比1989年增加16人；讲师以上职称的740人(教授31人、副教授221人、讲师488人)，比1989年增加3人。

全日制中等专业学校比1989年增加2所；在校学生比1989年增加1073人；专任教师比1989年增加134人。农、职业中学比1989年增加2所；在校学生比1989年减少480人；专任教师比1989年增加133人。技工学校在校学生比1989年增加427人；全省中等职业技术学校学生占普通高中阶段学生总数的42.06%。

普通中学(含私立中学)比1989年增加1所；在校学生比1989年减少12191人(因小学五年制改为六年制，毕业生减少)。1990年，初中升学率为49.2%，高中升学率为30%。专任教师比1989年增加203人。

小学（其中私立小学17所）因调整教学点，比1989年减少68所；在校学生比1989年增加46179人。1990年，全省学龄儿童入学率98.9%（其中女童入学率98.6%），小学生升学率为80.29%。专任教师比1989年增加1567人。

幼儿园，教育部门办的19所，其他部门办的257所，集体办的108所，私人办的16所；在园幼儿比1989年增加9379人（含私立的16所的在园幼儿1269人）。教养员比1989年增加208人。

聋哑学校1所，有教职工14人；学校正在兴建，尚未招生。

成人高等教育，普通高校举办的函授、夜大学2所、广播电视大学1所、职工大学2所、教育学院2所：在校学生比1989年增加1442人；成人中等专业学校在校学生比1989年增加6289人。成人初等学校在校学生64108人，其中扫盲班232个，在校学生42258人；兼任教师1632人。

二、召开全省教育工作会议

1990年2月，国家教委主任李铁映来海南视察，对发展海南职业教育，办好师范教育作了一系列重要指示。

3月6日，海南省召开了教育工作会议。各市县教育局、直属单位和农垦厂矿企业教育处、大专院校、省教育厅直属学校领导参加会议。会议传达了李铁映的指示精神和国家教委工作会议精神，总结了海南1989年教育工作，并就1990年工作做了安排；副省长孟庆平在会上讲了话。会议强调要加强基础教育；大力发展职业技术教育，并使各类教育协调发展。

海南各级政府努力通过各种渠道，增加教育经费投入，改善办学条件。据统计，1990年共投入47715.2万元，在教育投入总经费中：国家对教育投入42406万元，占88.87%；社会对教育的投入1573万元，占3.3%；个人负担的教育费用3736.2万元，占7.83%；其中在地方财政预算内教育总投入中，用于基建支出3436万元，比1989年增长19.51%。全省当年新增建校舍41.91万平方米。

进一步加强学校的思想政治教育工作。9月10日，中共海南省委书记邓鸿勋在海府地区庆祝教师节会上，强调指出：各级各类学校要加强学校思想政治工作，稳定学校秩序，稳定社会安定团结，促进特区经济的发展。省教育厅成立高教工委办公室，加强高校党建和思想政治教育工作，与此同时，继续抓好中小学德育试点学校的德育整体改革试点工作，加强学校德育。各级各类学校加强国情、省情教育、革命传统教育、爱国主义教育、法制教育、革命人生观教育。组织学生参加社会实践，开展“学雷锋、学赖宁”活动，实行从严治校，优化育人环境。

海南省的教育，在1990年继续得到省委、省政府的重视和支持。9月教师节期间，中共海南省委书记邓鸿勋、副省长辛业江等同志，到海南大学、海南教育学院看望教师，并现场办公，处理了海口水泥厂对这两所院校的污染问题。省教育厅完成了2981名民办教师职称评审工作。会同省财税厅解决了中师、中专、教师进修学校具有30年教龄的教师享受100%退休金问题。11月，全省高校有8位教师被评为全国高校先进科技工作者；有122位教师被评为省级先进科技工作者。

撰稿人　唐和亲

审稿人　谢　峰　徐金龙

基础教育

一、实施九年制义务教育

继续调整九年制义务教育规划。为了办

好小学和初中，保证九年制义务教育的顺利实施，省教育厅再次调整了全省普及九年制义务教育的规划，并具体落实到乡镇。同时提出了中小学校办学的必备条件(讨论稿)，经过多次修改的《海南省普及九年义务教育条例》，于10月16日经省政府常委会议通过。1990年普及初等教育比1989年又有所发展，适龄儿童入学率98.9%(其中女童入学率98.6%)，年巩固率97.6%，毕业率98.36%，普及率99.2%，升学率80.29%。小学和初中在校生分别占全省总人口的14.71%和2.96%。

建立和完善责任制体系。1990年，省教育厅首先进一步完善了“地方负责、分级办学、分级管理”的体制，在加强省对教育的决策和统筹权的同时，扩大市县乡镇对教育的统筹管理权，让学校在国家法规指导下享受更多的办学自主权，使基础教育进一步地方化，充分调动了各级领导办教育的积极性。其次，继续推进学校内部管理体制改革，完善校长负责制，教职工聘任制及校长任期目标责任制，教职工岗位责任制，学校工资总额包干等各种管理制度的配套改革，充分调动校长办好学校、教师教书育人的积极性。三亚市崖城小学试行校长任期目标责任制改革后，学校面貌有了显著的变化，期终考试，双科及格率比1989年同期提高了20%，适龄儿童入学率由原来的98%提高到100%，巩固率由99%提高到100%，小学毕业升初中率为100%。

二、中小学教育与教学

(一)加强德育工作

1990年，省教育厅继续抓好德育试点学校的德育整体改革试点工作，健全德育领导机构，制订了德育整体改革工作方案。一是要求各中小学把德育渗透到各科教学之中，落实到课内外校内外教育的全过程；二是开展人口教育和青春期教育，将海南华侨中学、海口市一中、那大二中、三亚二中、琼山中学、八所中学等6所中学作为开展人口教育和青春期教育的试点学校；三是广泛开展庆祝海南解放40周年、建省2周年、纪念鸦片战争150周年等一系列活动，根据《中华人民共和国国旗法》，建立升降旗制度，进行爱国主义教育和革命传统教育；四是开展“学雷锋、学赖宁，做赖宁式的好少年”活动，进行亚运精神教育等。通过各种形式的德育活动，广大中小学生德育素质有了很大提高，涌现出海口市二十七小学等一些德育工作先进单位。为了总结经验，推广德育试点学校的德育整体改革的经验，11月召开了全省中小学德育工作经验交流会，会上表彰了1000名学赖宁先进少年；评选全省三好学生230名(高中67名、初中72名、小学生91名)，优秀学生干部83名(高中38名，初中45名)。

(二)开展教改活动，提高教学质量

1990年，省教育厅教科所在继续推行小学语文“注音识字、提前读写”教学法和小学数学推行“马芯兰教材教法”两项改革的基础上，把现行小学六年制的教学内容，在不降低要求的前提下，提前到五年完成。验收结果表明，试验班学生经过五年的学习，普遍达到或超过普通六年的学习要求。此外，组织全省首届小学语文中青年教师阅读调教活动及调教中部分获奖的教师到琼海、三亚、乐东等9个教学点进行巡回示范教学，推动了教学改革的开展。

完善升学考试制度。省教育厅在总结实行普通高中会考制度经验的基础上，制定了高中毕业会考的内容和语文、数学、英语、物理、化学、历史、地理、生物、政治等9个学科的会考标准。这套会考标准得到国家教委和其他试点省的肯定，在上海召开的全国普通高中会考总结会上做了经验介绍。

经过深入的教改活动，教学质量显著提高。1990年，省教科所组织全省中学生先后参加全国初中数学竞赛联赛、全国高中数学竞赛联赛、全国计划单列城市外语竞赛、第七届全国中学生物理竞赛和全国化学奥林匹克竞赛，都取得较好的成绩，初赛获奖的人数分别为38、38、30、42和28名。其中获物理科一等奖的学生参加全国决赛，获三、四等奖的各1名；获化学科一等奖的学生参加全国复赛，获三、四等奖的各1名。

（三）体育卫生工作有新的发展

1990年，省教育厅贯彻执行国家发布的《学校体育工作条例》和《学校卫生工作条例》，制订了实施办法以及《海南省学校体育卫生工作检查评比细则》，取得了较好的效果。据统计，1990年《国家体育锻炼标准》的施行率为56.3%，达标率为47.1%，比1989年分别提高了6.3个百分点和4.4个百分点。中学生近视眼、沙眼、肠寄生虫、贫血等患病率分别从1989年的19.43%、21.5%、26.5%、40.8%，下降到17.6%、19.4%、22.5%、27.6%。在国家教委关于部分高校对1990级新生"体育合格标准"检查结果公报中，海南省中学生三项（150米跑、立定跳远、推铅球）素质测试合格率居全国第三位。中小学体育成绩普遍有了提高。海南省中学生体育代表队参加第六届全国中学生"振兴中华杯"排球赛，文昌中学、琼山中学男队蝉联冠、亚军，文昌中学、琼山中学女队分别获第三名和第五名；在1990年全国中学生田径比赛中，海南省中学生田径队获男子团体总分第四名和男子标枪、三级跳远、五项全能三块金牌（金牌总数居全国第三位），女子团体总分从1989年第18名进入第12名，为历来所取得的最好成绩。

（四）控制中小学生流失

1990年上半年，省教育厅对中小学生流失的问题进行了调查研究，下半年，又组织人员抽查海口等6个市县，并总结推广先进市县、乡镇的经验，有效地控制了流失生的辍学现象。据统计，全省小学生流失率比1989学年度减少0.76个百分点，降低到1.04%，低于全国平均流失率（3.2%）；初中生流失率比1989学年度减少2.9个百分点，降低到4.4%，也低于全国平均流失率（7.2%）；高中生流失率比1989学年度减少2.6个百分点，降低到1.8%。

（五）抓好治理整顿，强化行政管理，纠正不正之风

1990年，省教育厅组织专门小组，对部分市县滥印、滥征订中小学复习资料和试卷的情况进行调查后，对一些造成较坏影响的单位进行通报批评。通报重申各市县任何单位和个人不得违反国家教委规定非法编印、销售复习资料和试卷，违者将严肃查处，从而煞住了这股歪风。还对一些重点中小学高价招收计划外学生，对转学生、插班生乱收费、高收费以及违反规定举办复读班等情况进行调查，制订了《中小学收费办法》，制止了乱收费的现象。

三、师资建设工作

海南中小学师资培训基地建设已初具规模，师资培训体系已经形成，全省除了中等师范学校8所外，还拥有19所教师进修学校（含2所中师进修部）和2所教育学院，教职工970人，其中专任教师511人，在校学员8196人；师训基地面积555亩，校舍建筑面积约8万平方米。近年来，各级教育部门对这些学校的办学规模、领导班子、师资队伍、教学设备、实验仪器等配备都很重视，不断加强和充实。办学经费逐年增加，1990年又投入了55.5万元，保证了师资培训工作的顺利进行。

1990年，省教育厅采取脱产进修、短期培训、函授、《专业合格证书》、《教材教法合格证书》考试、考核等多种形式培训师资。在海口、三亚、定安、屯昌、陵水等10所进修学校举办各类短训班15期，共培训在职小学教师1284人次。年初，组织了16个学科，30名中小学教师参加国家教委举办的九年制义务教育教材培训班学习；暑假，海南教育学院与美国英语协会举办了有80人参加的英语教师培训

班；6 月，选送80名中学校长到中央教育行政学院培训；9 月，通什教育学院、海南教育学院举办二期有 80 名中学校长参加的培训班；10月，又组织全省教师进修学校的 25 名校长到辽宁、江苏、上海、湖南、湖北、四川等省市参观学习；年终，组织1262 名中小学、幼儿园教师参加《专业合格证书》等多种形式考试、考核，提高教师的业务水平。现小学、初中、高中教师学历合格率分别达到83.1％、58.1％和 32.4％。

师资培训工作做法是：

深入调查研究，端正办学方向。省教育厅多次组织干部深入教育学院和大部分教师进修学校调查研究，召开各种形式的座谈会，了解办学的具体情况，针对办学方向上存在的问题，开展宣传教育，宣传琼海教师进修学校到乡镇巡回辅导研究班和三亚市教师进修学校坚持在乡镇设语文、数学单科研究班的先进经验，帮助各校进一步明确办学方向。

坚持“三多”（多层次、多规格、多形式）、“三为主”（业余、短训、自学）原则，面向小学办学。1990年，除了继续举办专科、中师学历班外，还积极创造条件在海南教育学院开办高中本科班；举办《专业合格证书》和各种形式、各种规格的短训班、单科班、教师研究班等。

积极开展中小学教师和校长继续教育工作。一是组织编写中学校长岗位培训教材；二是计划 3 年内将全省现任中小学校长轮训一遍；三是积极开展小学教师岗位职务培训，大抓中师学校和教师进修学校几个主要学科统考，严格把好质量关；四是进行小学教师高一层次学历教育的试验。1990 年，经省政府同意在琼台师范学校招收40名小学大专班的试验工作，在海南教育学院招收117名在职小学教师参加小学教师师专班，为小学培养大专学历的骨干教师。

四、增加投入，改善办学条件

（一）中小学危房改造成绩显著

1990年，省教育厅坚持把中小学危房改造作为战略任务来抓，年初，召开了全省中小学危房工作会议，拟订全省中小学危房的改造计划，提出三年内将危房降到 3 ％以下的奋斗目标，接着召开专门会议，请省、市、县国土局给予支持，在全省开展中小学用地范围的测定工作，避免学校用地被挤占。省教育厅还组织了中小学校舍危房大检查，共检查了 44 个乡镇 207 所学校，对全省各中小学、师范、教师进修学校校舍的基本建设投资情况进行全面调查摸底，逐一登记，造册存档，建立档案资料，为今后掌握和指导校舍基本建设工作提供了依据。1989年省政府下拨救灾专款 2000 万元，1990年又下达危房改造专款和补助专款共 2812 万元。省教育厅又根据海南实际，要求危房改造必须全部钢筋水泥化，这一作法得到上级充分肯定。为了调动各级政府和社会群众集资办学的积极性，根据实际情况规定配套和集资的比例。据统计，1990 年各市县就配套了846 万元，完成了下达任务 781 万元的 108 ％。为了保证资金效益、工程质量，省教育厅举办了两期施工质量检查员培训班，42人参加了培训学习，现各市县都有检查员具体负责本市县各学校工程项目的施工监督。1990年新建和改建校舍面积 39.5 万平方米，使危房比例由 1989的23.48％降 到 18.73％。截至年底，全省中小学及其它教育校舍面积达到 404.2万平方米，其中现有校舍中钢筋混凝土结构校舍面积达223 万平方米，占校舍总面积的 55.15％，比1989 年同期增加 7.14％。

1990年，省教育厅还经过多方努力，成立了海南省教育基金会理事会筹备委员会，并制订有关章程、制度，现已落实基金 300 多万元。

（二）电化教育和教学仪器建设有新的发展

1990年，省教育厅在电化教育和教学仪器建设方面做了以下几方面工作：（1）采取措施多方筹措，使教学仪器经费增加到430万元(其中基层自筹近100万元)，比1989年增加了30%，创造了海南历史上教学仪器投入的最高数；（2）制定了《重点中学实验室建设暂行规定》，使实验室建设的标准化、规范化、科学化有了统一标准，并按规定在海口一中、加积中学等学校进行示范性实施；（3）为重点中学、师范学校配备了近400套微电脑，新建微机室16间，语音教室12间，充实更新仪器框架250个，实验室桌凳360套，改建新建地理图8个，生物园13个，在海南中学、海口一中等学校还建起卫星电视地面接收站，视听教室、劳技室、英文打字室等；（4）完成了12个市县(校)和电教馆等单位的14座卫星电视地面接收站的设计、安装、调试工作，开通了中国教育电视台两个频道节目，使海南省现有卫星电视地面接收站达到23个；（5）完成了中南、西南10省(区)音像教材汇编中的海南省自编教材的分类、编辑汇报。并编制了反映海南省中小学校容校貌标准化、规范化和科学化建设的科教电视片——《海南校园展新姿》，在全省播放和国内发行。

五、勤工俭学

1990年，省教育厅开展以校园经济为主的勤工俭学活动。年初，发出了学习琼海县长山园、伍园、文子等3所小学的经验，进一步发展校园经济的通知后，全省有100多个单位前往参观，一个开展勤工俭学，大搞校园经济的热潮在全省各校兴起。省教育厅还组织了5个市县教育局的同志前往江苏、山东、上海等先进地区参观学习；召开全省勤工俭学工作会议，进一步促进了勤工俭学的发展，兴办起一批校办企业，校园经济有了新的发展。据统计，全省勤工俭学开展面为89.8%(1989年为83.8%)，校办农场生产基地4000多个，作物面积8.7亩，第三产业服务网点440个，纯收入1414万元，比1989年增加了404万元。对海南省中小学勤工俭学活动以发展校园经济为主的做法，国家教委副主任邹时炎来海南考察时给予充分肯定，并在全国勤工俭学工作会议上作了介绍。省教育厅为了进一步使勤工俭学再上一个新台阶，年终还表彰了琼海县教育局等18个勤工俭学先进集体和王禄波等3位先进个人。

六、民族教育管理进一步加强

1990年，海南省教育厅增设民族教育处，并确定了一名副厅长分管民族教育。上半年组织人员对省内外民族教育的情况进行了考察和调查，对民族教育发展的路子进行了研究探索。起草了《关于海南省少数民族教育问题的报告》上报省政府。目前，海南民族教育事业有了很大的发展。据统计，全省专为少数民族设置的中学84所，小学814所，在校学生共有215694人，占全省中小学在校学生的18%，略高于全省少数民族人口17%的比例。为了使广大民族学生有一个较好的学习场所，省教育厅加紧了民族重点中学——国兴中学的创建工作，已建筑教工宿舍、教学楼、科学馆和学生食堂等12771平方米。并于9月招收高一、初一共7个班，388个民族新生。省教育厅被评为全国民族团结进步先进集体。

七、建立、完善督导制度

为了加强中小学教育、教学工作的管理和指导，省、市、县教育行政部门都建立和完善了督导制度，相继成立督导室(股)，使全省形成督导工作网络，有效地促进了学校坚持社会主义办学方向，全面贯彻党的教育方针。

撰稿人　唐和亲

审稿人　谢　峰　何家忠

高等教育

1990年，海南省普通高等教育事业在调整、整顿和改革中继续稳步发展。各高等院校认真贯彻教育全面发展，面向实际的方针，努力提高教育质量，培养海南大特区经济建设实际需要的人才。

一、调整专业结构，加强宏观管理

海南建省前，普通高等学校共设置45个专业，其中本科专业15个，专科专业30个。建省后，为了适应大特区经济建设和发展职业技术教育的需要，增设了部分专业，现普通高等学校共设专业93个，其中本科专业31个，专科专业62个，一些特区建设急需的涉外经济类、外语类和政治类专业相继上马，初步改变了海南以前在专业设置上基本是农、医、师的状况。

省教育厅为了增强高校主动适应经济和社会发展需要的能力，以利于优化专业结构，提高教育质量和办学效益，根据有关文件精神，结合海南的实际，制定了《海南省普通高等学校专业设置暂行管理办法》(讨论稿)，提出了专业设置的基本原则、基本条件、专业设置的审批和备案以及检查监督等，并于10月召开全省高等学校专业清理工作会议，进行讨论修改。

二、加强管理，优化育人环境

(一)加强管理

1990年，海南省教育厅成立了高校工委办公室，加强大、中专学校党的建设和思想政治工作的领导，继续贯彻《中共中央关于改进和加强高等学校思想政治工作的决定》，为省委起草了《关于贯彻全国高等学校党的建设工作会议精神的意见》，制订了《海南省高等学校学生管理实施细则》，并将这些文件汇编《海南省高校学生管理手册》，发给学生人手一册。各高校结合本校实际，补充修订学生学籍管理实施细则，健全教学的规章制度，稳定教学秩序，保证教学任务的完成。

(二)加强马列主义理论教育

1990年，各高校围绕"一个中心，两个基本点"的主题，深入开展爱国主义教育、社会主义教育。在干部中开展《马克思主义哲学学习纲要》的学习；在全体教工中开展《关于社会主义若干问题学习纲要》的学习；在副科级以上党政干部中开展马列原著的学习；在学生中，除坚持上好马列主义原则、中国革命史、社会主义建设3门公共课和形势与教育、法律基础、大学生思想修养3门思想政治教育课外，还开设"坚持社会主义道路"专题课和举办纪念鸦片战争150周年等一系列讲座，对师生进行教育。在学习中，讲求实效，把学生思想教育纳入教学计划，严格考勤，严肃考试，注意教学质量。通过学习使师生认识了人类的命运和国家的前途等根本问题，认识到和平演变和反和平演变是资本主义制度与社会主义制度进行斗争的重要形式，增强了坚持四项基本原则，走社会主义道路的信心。

(三)把思想政治教育寓于丰富多彩的活动之中

各高校在学生中广泛开展诗词、书画、摄影、体育、文艺汇演等各种竞赛活动。海南师范学院在"五·四"前后，举办规模较大的第二届大学生艺术节，内容有书画、曲艺、乐器、舞蹈、声乐等，大学生以艺术形式表达自己热爱祖国河山的心声。举办"学雷锋、树新风"的演讲比赛，举办纪念"一二·九"运动的"辉煌的历程"大型歌舞剧和第四届"教师之声"朗诵比赛等活动。开展社会实践活动，海南大学在假期中，组织1000名学生深入到省内各地开展服务型、社会调查型的社会实践，并与海南军区等单位挂钩，建立社会实践基地。海南师范学院除了组织学生深入海口、三亚、琼中等19个市县，开展"了解海南、认识社会、参与改革”的社会调查活动外，还在附近中学建立长期的教育实践基地，开展定点、定时、定员、定项目的教育实践活动，参加活动的达6400人次，共计10000多个学时。通过这些健康有益的活动，既丰富了学生课余生活，又扩大了学生的知识眼界，陶冶了学生的情操。

(四)狠抓校风校纪建设，创造了良好的学校环境

1990年，各高校都建立健全学生工作管理机构，完善各项学生管理规章制度。海南大学的7个学院都成立了学生工作办公室，并配备了干部，基本配齐专职政治辅导员。华南热带作物学院成立校风校纪检查小组和校园环境检查小组，严格学生学籍管理，抓好课堂纪律、考勤、晚自修检查，严格执行考试制度和淘汰制，对于考试作弊的和考试不及格的学生，按学籍管理规定给予处理。与此同时，积极开展创先进班级及期末考试成绩评比活动，对学生进行德、智、体全面的量化综合评价，促进了学生的课堂纪律、学习风气的好转。

三、积极开展教学、科研、生产相结合活动

1990年，海南各高校的教学、科研工作贯彻“稳定规模，调整结构，深化改革，提高质量”的方针，加强教学与科研的管理，提高办学效益和办学质量，为海南大特区建设服务。

(一)修订教学计划，建立健全科研机构，建立科技活动基地

各高校除了修订教学计划外，还建立科研机构和建立科技活动基地。海南大学成立了科技开发委员会和科技开发中心，并在校园内划出200亩地作为科技开发区；华南热带作物学院在有限的经费中调剂和筹措了20万元，建立了一个植保田间实验室、一个标准养虫室和两个钢架结构的大型荫棚，为教学科研改造了良好的条件。

(二)密切与生产的联系，积极开展科研

1990年，各高校加强了科研工作的领导，利用各种机制，激励教师联系海南建设实际开展科研活动，取得了显著的成绩。全省高校申报国家和省科研项目共有105项，其中海南大学张本副教授主持的“江西省鄱阳湖综合考察和治理研究”，经实验已取得直接经济效益1亿多元，获国家级1990年科技进步二等奖；林钧副教授长期进行热带水果的保鲜贮藏和加工的研究，海南师范学院钟义副教授参加铜鼓岭自然保护区的综合考察，海南医学院胡增石教授进行“急慢性溃疡愈合研究”，成绩显著，均被评为1990年度全国高校先进科技工作者；华南热带作物学院李道庆、陈建明进行“微波测定天然胶乳干胶含量”的推广，获1990年国家教委科技进步一等奖，钱庭玉研究“中国天牛幼虫分类”获1990年国家教委科技进步二等奖，李整民进行挖机中运行相关参量的研究，获1990年国家教委科技进步三等奖，还有教师及科技人员进行“海南岛东亚飞蝗发生及其防治研究”，于1990年4月通过部级鉴定，该成果填补了我国热带地区飞蝗研究的空白，达到国内同类研究的先进水平。海南大学的教师和科技人员主持或参与引种美国哈密瓜试验(乐东县)、斑节对虾人工繁殖技术的研究、立体转绘仪的研制、海南铜鼓岭自然保护区科学考察等4项科研项目，获得省首届科技进步一等奖。著述方面，发表学术论文320篇，文学创作和作品136篇，出版著作41部。其中获省级以上奖励表彰的有122人。

(三)积极进行科技推广

华南热带作物学院在这方面的成绩较为突出，主要作法是：(1)推广优良品种，1990年，推广了橡胶高产优良品种热研88——13、7——33——97等25万多株，使各示范基地及部分贫困乡镇新植胶园实现了良种化；在

乐东推广种植腰果优良无性系1200多亩，为昌江提供腰果优良无性系并帮助芽接5万多株；在保亭、通什、白沙等10多个县(市)推广速生抗风树种刚果12号桉40多万株；在通什、琼中等地推广木薯良种5000多亩，这些新品种作物生长良好。(2)研制和推广农用新物资。在贫困地区推广应用“丰产灵”面积达2.7万多亩，水稻平均每亩增产10——15%，花生平均每亩增产16——20%，瓜菜平均每亩增产20%。如白沙县细水乡420亩水稻示范田施放新研制的多元素复合肥，平均每亩增产稻谷50公斤。在乐东县等地推广应用新配制农药TB$_1$号，并配制推广“灭菌灵”，防治胡椒、黄萎病、瓜菜枯萎病效果显著。推广引进新配制虫敌1号，防治瓜菜等作物的蚜虫病害效果很佳。(3)加速推广实用技术，在白沙县推广橡胶乳加工技术，改造落后的民营橡胶加工工艺，使一级干胶率上升为60%，最高的达80%，增强了民营橡胶产品的市场竞争能力；在推广割胶技术，中龄橡胶芽接割制改革技术，低产胶园改造及橡胶丰产栽培技术、低产腰果园改造技术等方面均取得了较好的经济效益。1990年，该院被评为全国高等学校科技工作先进集体。

(四)创办新的科技示范基地，开展科技扶贫

华南热带作物学院，近年来派出科技人员在白沙、琼中、通什、乐东等县(市)指导贫困地区农民建立约5000亩橡胶丰产栽培示范基地，在乐东县建立1000亩高产腰果示范基地。这些基地的作物长势良好，成活率达95%以上，最高的达99%。此外，还加强对科技副县长的指导，做好他们的后盾，协助他们总结经验，推广经验，帮助提高业务水平。学院现已初步摸出一条科技扶贫的路子，总结出“统一规划，成片开发，分户管理，扶贫到户”的经验，科技扶贫逐渐显示出良好的经济效益和社会效益。1990年被评为全国民族团结进步先进集体。

四、招生工作

1990年，海南省高等、中等专业学校招生统考工作，完成得较好。

普通高等、中等专业学校招考，全省报名人数20236人。此外，还有报考职中师资班的考生375人，报考华南热带作物学院试点班的农场农村青年119人。在海南下达普通高校指令性招生计划4596人，其中部属、外省院校2996人，省内院校1600人，实际录取学生4598人；国家下达指导性招生计划644人，实际录取417人：其中委托培养招生计划493人，录取271人；自费生招生计划146人，录取146人。

中等专业学校在海南招生的学校42所，国家下达指令性计划2430人，其中招初中毕业生1456人，招高中毕业生974人，实际录取初中、高中毕业生2430人；委托培养招生计划155人，实际录取122人；自费招生计划21人，实际录取21人。

在招生工作中，海南省教育厅、省考试管理中心始终按照政策办事。(1)加强招生队伍建设，提高执行纪律自觉性；(2)治理招生外部环境，排除不正之风干扰；(3)坚持公开制度，接受社会监督；(4)按政策规定，采取得力措施严格把好考试、评卷、录取三道关，顺利地完成了招生任务，获得社会群众和广大师生的普遍赞扬。

在招生工作中，采用现代化设备和手段，摸索出初步的经验，基本上形成微型计算机辅助管理系统，实现了现代化手段的管理，在全国评比中获二等奖。

五、改善办学条件

1990年，海南省普通高等教育，中央及省各级财政通过各种渠道共投入2240万元，比1989年增长14.87%，其中基建费1649万元，比1989年增长29.84%，新建校舍15813平方米；教学仪器设备价值有2290万元，图书资料有95.5万册，为提高教学质量提供了物质

基础。

撰稿人　唐和亲
审稿人　南新燕

职业技术教育

海南省职业技术教育事业发展迅速，一个高、中、初等职业技术教育互相衔接，职前职后互相结合，多形式、多层次、多渠道办学，普通教育、职业教育、成人教育“三教”统筹，教育、科技、经济相互沟通的职业技术教育体系正在逐步形成。

一、普通中等专业学校

全省普通中等专业学校开设农学、会计、财政、税收、金融、对外贸易、电力、医疗卫生等45个专业，现有校舍建筑面积15.9万平方米，平均每个学生38平方米，实验设备固定资产273.4万元，图书资料21.23万册，平均每个学生51册。大多数中专学校已具有一定的规模，办学条件比其它职业学校优越。

改善和加强德育工作。1990年，海南各中等专业学校都健全德育管理机构，加强德育工作。组织学生认真学习《中专生守则》、《中专生日常行为规范》、《学生奖惩制度》和《卫生制度》等，树立正确的人生观，明确学习任务及遵守校规校纪；结合学生思想实际，进行革命传统教育、爱国主义教育和法制教育；继续深入开展学雷锋、学二兰（湖北省杨大兰、潘星兰）、学林春霖等英雄人物活动，同时寓思想政治教育于第二课堂，加强对学生的品德行为的系列教育以及职业道德教育，提高学生的思想认识。

调整专业结构，改革教学内容。各中等专业学校都根据海南大特区经济建设的需要，认真研究专业设置，大胆改革教材，更新教学内容，增设一些新兴的学科和应用性学科，培养学生一专多能；同时转变学院型人才的培养为实用型人才的培养，适当删减部分学科的理论内容，增加实验教学和毕业实习时间，加强学生的实践和动手能力的培养。经过教学改革，各中等专业学校的教学质量普遍有所提高。海南省商业学校被评为全国职业技术教育先进学校。

横向联合办学。各中专学校在办学过程中，大力加强横向联合，加强与社会的联系，为地方经济建设服务。农垦卫生学校根据学校的条件和当地人才的需要，和北京卫生学校、汕头卫生学校联合举办制药专业班和临床检验士班，为垦区解决卫生防疫队伍人才的短缺问题。通过横向联合办学也给自己带来了新的信息，沟通了与他校的联系，互相学习，取长补短，提高了办学效益。

省教育厅在调查评定的基础上，写出《海南省普通中专学校现状和发展意见》，初步制订了“八五”发展规划。

二、中等师范教育

全省中等师范学校的专任教师455人中有高级讲师57人，讲师124人。开有普师、幼师、音乐、美术、体育等专业。

理顺管理体制。海南省教育厅根据省政府关于《加强中等师范学校建设意见》中提出的“省、县共管，以省为主”精神，决定文昌师范学校、琼海师范学校和临高师范学校实行以省为主的管理体制。与此同时，省财税厅已作出决定：从1991年起，8所中等师范学校的经费列入省教育事业发展经费，由省直拨。

改革学制和专业结构。1990年，省教育厅在琼台师范学校实行三、二分段，举办了小学教师大专班，培养小学骨干教师；在海南民族师范学校举办一个四年制中师班，降分录取少数民族、边远地区的学生，先用一年时间补习初中文化课，后三年执行三年制中师教学计划，解决山区、少数民族地区缺乏教师的问题；同时，调整部分中师专业结构，增设图画、音乐、体育、英语专业班，扩大部分专业招生数量，以满足小学教学的需要。目前已初步形成学制结构和专业结构比较合理的中师教育体系。

加强学校管理，提高办学效益。3月，省教育厅召开了全省中等师范学校和教师进修学校管理工作会议，针对学生学籍管理中存在的问题，制定了《海南省中等师范学校学生学籍管理条例》和《海南省中师函授生学籍管理办法》，加强学生的学籍管理，提高办学效益。

强化思想政治工作。各中等师范学校坚持把德育放在学校各项工作的首位。认真贯彻《中等师范学校德育大纲》和《中等师范学校学生行为规范》。狠抓校园文化建设，促进了学校精神文明建设。琼台师范学校、琼海师范学校和海南农垦师范学校，近年来认真抓好学校的规范化、标准化建设，取得了显著成绩，先后被评为全国中等师范教育先进单位和全国农垦战线教育先进单位。各学校还结合开展“学雷锋、创三好”活动，举办庆祝海南解放40周年、建省两周年和纪念鸦片战争150周年等报告会，举办图片展览，组织演讲会和专题文艺晚会等活动，对学生进行生动活泼的爱国主义教育和革命传统教育，提高了学生的思想政治觉悟。

深化教学改革，全面提高教育质量。中等师范学校是培养合格教师的基地，必须坚持为社会主义经济建设服务和普及九年制义务教育活动，面向农村小学。为此，省教育厅调整了中师教学计划，制订了《海南省实施(三年制中等师范学校方案)的意见》，印发了《海南省中等师范学校学生基本功训练手册》，深化教学改革，加强对学生的基本功训练，使学生毕业后能适应农村小学教学工作。

三、职业教育

1990年，全省农、职业中学开设有应用电子、农学、热带作物、动物饲养、畜牧兽医、机电、旅游、轮机驾驶、果树、栽培、种桑养蚕，海水养殖捕捞、工艺美术、服装裁剪、财会统计等29个专业。技工学校10所，在校学生2627人，教职工535人，专任教师227人。开设有电工、电力、汽车驾驶、邮电电子、机电、统计核算等30个专业。

普通中学渗透职业技术教育。省教育厅根据普通中学担负两重任务的要求，采取灵活多样的形式，在普通中学渗透职业技术教育附设职业班。目前全省有26所普通中学附设61个职业班，学生达3026人；已有66300多名普通中学学生接受了不同程度的劳动技术教育；白沙县、保亭县的9所中学试行“初二后分流”教育，琼海县、三亚市的3所中学试行“三加一”办学形式。对未考取普通高中的初中毕业生再进行一年职业技术教育。此外，省教育厅还以琼海县的文市、新市，白沙县的打安、育新等4所初级中学作为试点，结合实施“燎原计划”，试行在基础教育中引进职业技术教育因素，并配合开展教、科、农结合的试验，探索农村教育综合改革的路子。

教师队伍建设。为了解决职业学校专业课教师的问题，省教育厅每年从高考指标中划出120名，由海南大学、华南热带作物学院、海南师范学院培养。另外，还举办四期在职专业课教师短期培训班，培训了121名教师。

办学条件逐步得到改善。从1988年以来，各级政府在预算内经费中安排了826.2万元办职业中学，其中安排危房改造费148.5万元，专项补助76.4万元，学校现有校舍面积13.6万平方米，平均每生为11平方米。

1990年，各职业学校的教育教学质量普遍提高，儋县大成中学被评为全国职业技术教育先进单位；陵水黎族自治职业中学被评为全国科技兴农先进学校；施壁浩（省供销学校校长）、柳基位(白沙县教育局局长)被评为全国职业技术教育先进工作者；王录和(屯昌县育新小学毕业生)被评为全国回乡务农优秀毕业生。

撰稿人　唐和亲
审稿人　谢　峰

成人教育

一、成人高等中等教育进一步发展

成人高等教育。1990年，海南省有成人高等学校5所，还有海南大学、海南师范学院等5所普通高校举办的成人学历教育和培训班。共有教职工453人，在校学生8129人，其中普通高校举办的成人教育在校学生3364人。成人高等教育贯彻业余为主、脱产培训为辅的方针，坚持短线专业多办、长线专业少办或不办的原则。开设了行政管理、企业管理、对外贸易、国际金融、法律、公安司法、涉外会计、食品加工、轮机驾驶、旅游英语、中文秘书等各种应用专业，已培养社会急需的各种人才1万多人。

成人中等教育。海南省现有成人中等专业学校31所，成人初等学校470所。全省各类函授学院、培训中心55个，培训人数25000多人次。据统计，1990年，全省干部、职工参加各项培训的共计13万多人次，其中干部资格培训9646人，适应性培训16000多人；工人资格培训2万人次，适应性培训4万多人。对提高干部职工的管理水平、生产技能起了重要作用。

农村地区实施"燎原计划"。1989年，经国家教委批准，海南省的琼海、白沙县为实施"燎原计划"农村教育改革实验县。同时，各市、县也确定3至5个乡(镇)作为实施"燎原计划"示范乡。为了办好这些示范点，年初，省教育厅组织人员分别到儋县、白沙、乐东、三亚、定安、万宁、琼海、文昌、屯昌等9个市县16个乡(镇)，进行调查研究，总结、推广经验，同时落实安排国家教委"燎原计划"办公室关于140万元贷款问题和组织编写农民教育教材问题。

实施"燎原计划"初具成效。海南省各市县积极开展三级办学，进行农民科技文化教育，现有县办农业文化技术学校3所，在校学生360人，乡镇办农民技术中心学校145所，管区（村）办农民科技文化技术培训班1850个，受训166120人次。农民科技文化教育得到各级政府的重视，各市县普遍建立起农民科技教育协调委员会或领导小组。白沙县委、县政府成立了以县长为组长，主管农业、教育、科技的副县长和人大副主任为副组长，教育、科委、科协、农委、农业、热作、畜牧、水产等部门的主要领导为成员的领导小组，县每年从财政收入中拿出50万元用于发展职业技术教育。充分利用职业中学、乡镇农民技术夜校，为农村培养了初、中等技术人才1600多人，举办各种培训班650期，4万人受训。80％的青壮年农民掌握了三种以上农作物栽培技术，使全县农民年均收入从1982年的112元增加到1990年的585元。

二、社会力量办学

自1988年底海南省政府发布了《海南省社会办学管理的暂行规定》后，社会力量办学发展很快。目前经省教育厅批准备案的各级各类函授学校(院)培训中心、补习班等共55所，其中高等21所，中等34所，专职办学人员和教师1000多人，学员25000多人次。在55所学校中，由事业单位办的10所，经济组织团体办的33所，民主党派办的3所，离退休人员和社会知名人士办的9所，其中，海南大学退休教师陈冠中、海南华侨中学退休校长陈修发等创办的海南邱海外语学校，琼台师范学校退休教师王兴德创办钟声文化补习学校（1990年改名钟声职业技术学校），自创办至今已为海南大特区经济建设培养了1467名人才(钟声职校1267名，邱海外语学校200名)，博得群众的赞扬。

社会办学的特点：(1)渠道多，有企事业单位、民主党派、各种经济组织团体、离退休人员和社会各阶层知名人士办学；（2）办学形式灵活多样，适应性强，有43所以业余为主，12所是脱产学习的培训中心(校)，利于解决工学的矛盾；（3）专业、学科齐全，设有实用英语、电子、美工、电器、新闻、文学、企业管理、财务会计、缝纫剪裁、医药卫生、中医针灸、武术、气功、美容、机械、英文秘书、旅游等100多个专业。主要是非学历教育的实用技术培训和生活文化教育，也有高等教育和中等教育的自学考试辅导班；（4）广开学路，不花国家经费，适应群众对学习的需要，激发群众勤奋学习的新风尚，促进两个文明的建设。

为了使社会力量办学沿着正确的健康的方向发展，海南省教育厅、财政厅、物价局联合发布了《社会力量办学学杂费管理暂行规定》。省教育厅按照有关精神，对社会力量办学进行了整顿调整，符合办学条件的学校(院)发给办学许可证，对于管理混乱，办学质量低的学校，给予撤销办学资格处理。8月6日，对办学指导思想不正造成很大影响的海南文学艺术函授学院作出撤销的决定。国家教委办公厅发文指出"海南省教育厅这一决定是正确的"，并将这个决定转发全国各地。《中国教育报》在11月20日以头版头条报道了海南省治理整顿社会力量办学情况，并发了短评。

三、扫盲工作取得显著成绩

1990年，省教育厅根据国家教委和省扫盲领导小组的部署，制订了《1990年扫除文盲工作规划》，将扫盲任务具体落实到各市县，各市县也将任务落实到乡(镇)村。为了加快扫盲步伐，省教育厅成人教育处全体干部深入到琼海县的会山、阳江，澄迈县的新吴、永发、桥头，临高县的文澜江、新安，屯昌县的黄岭、屯郊，琼山县的永兴、石山，定安县的仙沟、龙门等6个县13个边远地区和少数民族乡镇协助扫盲工作，同时编印了《扫盲课本》5万册，免费发给学员学习。据统计，到年底，全省举办扫盲班1167个，参加学习的有15—40岁的文盲、半文盲共42258人，已脱盲的21149人。在扫盲工作中涌现出一批积极分子，有38名被评为省级扫盲先进工作者，其中乐东县张裕钧、临高县苏应民被评为全国的扫盲先进工作者。

四、加强成人教育理论学习

1990年5月，省教育厅召开省成人教育协会理论研究会，开展学术交流活动，有13位同志宣读了论文；7月组织各市、县成人教育科(股)长到北戴河参加基层成人教育工作者岗位培训班，探讨成人教育在社会主义建设中的地位、作用和战略任务，提高了成人教育工作者的理论水平和业务素质。

五、成人高等、中等专业学校招生和自学考试

1990年，全国有136所各类成人高等、中等专业学校在海南省招生，计划招生6768人，其中大专3657人，中专3111人。录取新生共3871人，其中大专2550人，中专1321人。

高等、中等自学考试，据统计，海南省全年开考34个专业。上半年报考总人数3256人，共计7034科次，合格率48%；下半年报考总人数3489人，共计8320科次，合格率52%。

撰稿人　唐和亲
审稿人　陆万朝

四川省教育

综　述

一、事业发展概况

1990年各级普通学校基本情况

工读、特殊教育学校：人
其　他　学　校：万人

	学校数（所）	毕业生数	招生数	在校学生数	教职工数	
					计	其中：教师
一、普通高等学校	60	4.36	4.34	14.65	6.52	2.47
研究生	(26)	0.23	0.18	0.55		
本科		2.12	2.16	8.94		
专科		2.01	2.00	6.16		
二、普通中等学校	6900	112.60	150.55	428.28	37.15	27.12
1.中等专业学校	285	4.76	5.20	15.40	3.68	1.61
中等技术学校	173	2.71	3.17	9.37	2.71	1.11
中等师范学校	112	2.05	2.03	6.03	0.97	0.51
2.普通中学	6024	103.47	137.83	394.24	31.00	24.02
高中	1203	16.13	19.44	53.28		4.22
初中	4821	87.34	118.39	340.96		19.80
3.职业中学	591	4.37	7.52	18.64	2.47	1.49
高中	484	3.87	6.55	15.86		1.36
初中	107	0.50	0.97	2.78		0.13
三、工读学校	14	263	326	503	292	159
四、小学	75025	186.51	134.86	926.65	48.42	43.17
五、特殊教育学校	46	134	826	2435	670	521
六、幼儿园	19064	71.74	90.11	147.94	7.84	6.10

1990年各级成人学校基本情况

单位：万人

	学校数（所）	毕业生数	招生数	在校学生数	教职工数 计	其中：教师
一、成人高等学校	93	3.33	4.06	12.15	1.28	0.57
广播电视大学	3	0.98	1.26	3.47	0.11	0.03
职工高等学校	60	0.46	0.33	0.99	0.52	0.23
管理干部学院	11	0.20	0.15	0.34	0.25	0.10
教育学院	18	0.59	0.76	1.99	0.33	0.17
独立函授学院	1	0.18	0.25	0.94	0.07	0.04
普通高校举办						
函授部		0.70	0.90	3.11		
夜大学		0.22	0.41	1.31		
二、成人中等学校	6880	205.62	165.53	185.76	2.7	1.71
1.成人中等专业学校	318	2.75	4.44	9.29	1.04	0.61
广播电视中专	3	1.67	3.13	6.31	0.12	0.06
职工中专	76	0.47	0.63	1.53	0.32	0.18
干部中专	16	0.13	0.17	0.41		
农民中学	26	0.11	0.16	0.34	0.06	0.04
教师进修学校	197	0.37	0.35	0.70	0.54	0.33
2.成人中学	834	3.73	5.89	9.74	0.53	0.42
职工中学	112	0.81	0.84	1.28	0.09	0.05
农民中学	722	2.92	5.05	8.46	0.44	0.37

二、召开省教育工作会议

1990年4月9日至12日，四川省人民政府在成都召开了教育工作会议。各市（地、州）县分管教育的副市长（专员、州长）、副县长和市（地、州）教委主任以及省级有关部门的代表近400人参加了会议。省委书记杨汝岱、省长张皓若及省人大、省政协、省委宣传部领导出席了会议并讲了话；副省长韩邦彦传达了国家教委有关会议精神，省教委主任卢铁成就1990年全省教育工作做了部署。会议着重就如何落实教育的战略地位，多渠道筹集教育经费，改善办学条件等问题进行讨论。会上，省政府对基本消除危房的104个县（市、区）给予表彰和奖励，并发给证书。

省委书记杨汝岱在会上强调：应当遵循教育与经济建设协调发展并使教育适当超前的原则，即使在当前治理整顿、经济遇到暂时困难的时候，也要下狠心确保教育发展需要，各级党委和政府都应把改革和发展教育事业列入当地经济建设和社会发展总体规划。省长张皓若要求政府“一把手”亲自抓教育，把发展教育事业列入政府的议事日程，无论经济遇到多大困难，也要确保教育优先发展。省委副书记冯之蔚作会议总结。

会议确定：1990年四川省教育工作的指导思想是：继续贯彻落实党的十三届四中、五中、六中全会精神，坚持治理整顿和深化改革的方针，着重在坚持社会主义办学方向、全面加强和改进学校的思想政治工作，维护安定团结、稳定高校局势，优化育人环境，拓宽经费来源渠道，改善办学条件，提高教育质量和办学效益方面作大量工作，使全省教育事业得到持续、稳定、协调、健康发展。

三、教育经费的增长和投入

四川省各级党政领导机关以“振兴四川经济，必须首先振兴四川教育”为指导思想，坚持“依靠人民办教育，办好教育为人民”的原则，动员社会各方面力量，多渠道筹措经费，增加教育投入，不断改善办学条件。

1990年，全省预算内外教育经费支出总额为37亿元（不含中央部属各类学校的经费投入，以下同），比1989年增加4亿元，比同期国民生产总值增长4.2%的速度高7.2个百分点。其中，国家财政预算内教育经费支出达25.35亿元，比上年增加2.72亿元，增长12%，高于同期财政经费性收入增长4.33%的速度，预算内教育经费支出占财政支出的比重为18.01%，比上年上升0.22个百分点。全省人均教育经费支出除普通高等学校外，其他各级各类学校都有所增加，增加速度最快的是小学，达到24.64%，增长金额最多的是中等师范学校，达218.64元。预算内教育事业费实际支出22.1亿元，比上年增长2.8亿元。

省通过多渠道筹集的预算外教育经费达10.5亿元，比1989年增加3526万元。其中，各级政府征教育税4亿元（农村教育费附加3.2亿元），社会服务及勤工俭学资金1.7亿元，学生个人交纳的学费、杂费1.6亿元，社会捐（集）资助学1.2亿元，其他经费2亿元。

四川各地在多渠道筹集教育经费方面创造了不少好的经验，成都、德阳、绵阳、乐山、重庆市等5市群众集资办学的预算外教育经费按人口平均超过全省平均集资水平，使5市农村中小学校舍面貌有较大改变。经济不发达的万县、宜宾、达县等地区集资办学经费数额也较上年有大幅度增加。

在教育经费支出持续增长的同时，四川各级教育行政部门在资金的投入上保重点、攻难关，除确保教职工人员工资和福利待遇的开支外，尽量把有限的教育经费用在刀刃上。省普教预算内外教育经费支出31.2亿元中，用于改善办学条件的资金达9.1亿元，占29%；用于改造中小学危房的资金达3.9亿元，占用于改善办学条件资金的43%。全省新建、扩建普通高校校舍12.4万平方米，使校舍总面积达到675.6万平方米；新建、扩建中小学校舍243万平方米，外加消除危房203万平方米，使全省原有260万平方米中小学危房所占的比重由上年的2.1%下降到0.55%。又有80个县达消除校舍危房标准。全省仅剩余50万平方米危房校舍，占校舍总面积的0.8%，基本完成了消除中小学危房的任务。至此，解决了长期困扰基础教育发展的一个重大难题。同时，各类学校固定资产总额增长4%，中小学生缺课桌凳的人数也比1989年减少2万人，许多学校的教学仪器设备、图书资料得到充实和更新，一些乡（镇）学校实现了“一无两有”，或“一无多有”，开始出现了一些规范化学校。

但由于四川教育战线长，基础差，加上物价上涨和人头费增加等因素，真正用于提高教育质量的教学设备、图书资料等业务费用仍然很少。1990年全省尚缺中小学校舍1500万平方米，亟待改造的劣质校舍3000万平方米，有17万中小学生缺木制课桌椅。

四、教师队伍状况

（一）教师队伍相对稳定

1990年，四川全省高校专任教师中，有教授974人，副教授4996人，讲师9655人，教员808人，助教8297人，分别比上年少81人、196人、50人，多85人、94人。按教师年龄结构分：30岁以下8915人，31～35岁3154人，36～40岁1556人，41～45岁1714人，46～50岁2602人，51～55岁4283人，56～60岁1952人，61岁以上554人。

普通中学教师比上年增加8000余人，现有初中教师19.80万人，高中教师4.22万人，平均每班教师由1989年的2.68人增至2.94人，平均每一教师负担学生由1989年的16.9人减少到16.4人。教师中，具有高等学校本科及以上学历的，高中占教师总数的53.09%，初中占教师总数的7.42%；具有本科肄业两年以上及专科毕业的，高中占教师总数的39.26%，初中占教师总数的33.53%；本科肄业未满两年及专科肄业的，高中占教师总数的1.46%，初中占教师总数的3.86%；高级中等学校毕业及以下的教师，高中、初中分别占教师总数的6.19%，55.19%。

省职业中学教师比1989年增加0.1万人。其中，职业高中比上年增加0.09万人，职业初中比上年增加0.01万人。

小学教师比1989年减少2.9万人，高级中等学校毕业及以上学历的占73.09%，高中肄业及初中毕业的占23.83%，初级中等学校肄业及以下的占3.08%，平均每一教师负担学生数由上年的23.3人减少到21.5人。

中小学师资队伍职称比例：小学：高级18.8%，一级46.4%，二级21.4%，三级3.7%，其他9.7%；初中：高级3%，一级29.1%，二级34.7%，三级20%，其他13.2%；高中：高级19.8%，一级37.5%，二级25.2%，三级8.8%，其他8.5%。胜任教学情况：小学，骨干教师15%，胜任教学35%，基本胜任40%，不胜任10%；初中，骨干10%，胜任30%，基本胜任40%，不胜任20%；高中，骨干20%，胜任40%，基本胜任30%，不胜任10%。

中等技术学校教师比上年增加200多人，高等学校本科毕业及以上的占57.83%，高等学校本科毕业及本专科肄业两年以上的占26.24%，高等学校本专科肄业未满两年的占0.61%，中专、高中毕业及以下的占15.32%。中等师范学校教师比1989年增加100人，高等学校本科毕业及以上的占57.55%，本科肄业未满两年以上及专科毕业的占31.90%，本科肄业未满两年及专科肄业的占0.45%，高级中等学校毕业及以下占10.1%。

成人高校专任教师中有教授35人，副教授1022人，讲师2058人，教员936人，助教1651人；兼任教师4201人。成人中专学校有兼任教师2604人。

（二）师资培训工作得到加强

1990年省高等师范学校培养规模扩大，全年共招收本、专科学生12649人，在校生38694人，毕业生13773人，分别比上年增加721人，1360人，2341人。高师培训工作除抓在职、在岗培养和举办青年教师助教班外，省在四川师范大学建立高校师资培训中心，并在该中心举办进修学者培训班，先后为省属院校培养讲师以上中青年骨干教师近100人，经验受到国家教委肯定并在全国推广。

省中等师范教育以落实学校建设规划，调整布局，推进办学条件标准化建设为重点，继续贯彻《三年制中等师范教学方案》（试行），工作有新的突破。省教委在对南充、乐山、内江3市（地）中师管理体制、办学条件标准化建设进程问题进行调查的基础上，提出了全省调整22所中等师范学校的具体方案，与此同时，组织了成都、泸州、广元、宜宾、重庆等5所中等师范学校进行《新方案》试点；中师招生工作在上年改革的基础上，开始全面推行招生面试，全省有43所师范学校招生时将面试成绩以100分为满分汇入总分，60所师范学校以面试成绩50～70分为满分汇入总分，5所幼儿师范学校以120分为满分记入总分。面试提高了新生的文化素质及专业素质，为师范生基本训练奠定了良好的基础。省民办教师招生也有新的改革：中专招生从过去“一套试题统天下”的做法转变到从民办教师的实际出发，增加教材教法知识，体现师范、成人特点，由省单独统一命题组织考试，提高了民师招生质量。

中小学师资培训工作继续抓学历培训和继续教育的试点工作，全省确定45所学校进行继续教育试点，比上年增加33所，已办班30个，1万余名学员参加培训。国家教委特地在自贡市召开了全国中小学教师培训工作会议。绵阳市中区教师进修学校师资培训工作经验受到国家教委重视，已决定将该校的经验摄制成电视片在全国播映。省决定在职的高中、初中、小学、幼儿园教师的教材教法考试和《专业证书》文化考试及格成绩可以互通；并开始进行颁发证书的试点，全省约有9000名在职教师取得《专业合格证书》。

四川省在调查研究的基础上制定了全省5年内对中小学校长进行一次岗位培训的规划，并在全省10个地区办起了试点班。省教委加强对中小学教师队伍的建设和管理，专门调查了成都、内江、绵阳、乐山、宜宾、涪陵、万县、凉山等市、地、州、县教师队伍状况，提出了《四川省教委加强初级中学教师队伍建设的意见》，确定重点解决单设的初中学校的教师队伍的管理和建设问题。

通过学历培训，小学教师学历达标率上升至73.1%，较上年提高2.2个百分点；初中教师学历达标率上升至40.9%，比上年提高4.1个百分点；高中教师学历达标率上升至53.1%，比上年提高1.5个百分点。

基础教育

1990年，四川省中小学德育工作进一步加强，基础教育改革更加深入，教学秩序得到治理整顿，办学条件改善，教育质量不断提高。

一、继续加强中小学德育

四川省中小学德育工作继续贯彻《中共中央关于改革和加强中小学德育工作的通知》和国家教委《关于进一步加强中小学德育工作的几点意见》，各项工作进一步落到实处。1990年6月，省委、省政府作出了《关于加强和改进中小学德育工作的决定》，对全省中小学德育工作进行了全面部署。省委宣传部、省教委召开了全省中小学德育工作会，杨汝岱等领导同志在会上作了重要讲话，会议还表彰了德育工作先进集体、先进个人。省教委围绕《决定》精神，召开全省基础教育例会布置德育工作；把全面贯彻教育方针，落实德育工作首要地位作为1990年督导检查工作的重点，组织力量调查了德阳、绵阳、广元、达县、南充、宜宾等6个市、地德育工作情况；提出了中小学校在语文、历史、地理等学科教学中，加强对学生的思想政治教育和国情教育的要求，并决定从1990年起安排初中二年级进行历史、地理两门学科结业考试；在全省范围内逐级开展小学思想品德课优质评选活动，有25名优质课教师获奖；由省委宣传部、省教委、省教育工会联合制定了《四川省中小学教书育人暂行规定》（征求意见稿）；召开了全省中小学德育工作研讨会和经验交流会。

全省中小学德育工作领导机构进一步得到加强。自贡、德阳、成都、内江、宜宾、绵阳、南充、达县、涪陵、万县、泸州、攀枝花等地、市及阿坝自治州都先后成立了由党委、政府负责同志任组长，宣传、教育等部门领导同志参加的中小学德育工作领导小组。自贡市所辖的22个县（区）及170多个乡（镇）确立了德育工作机构或主要负责人，全市24个班以上的15所中学均建立了政教处。全市制定了《德育整体改革六年规划》，组织了包括幼儿园、小学、中学、大学共计23所学校进行幼、小、中、大德育工作“一条龙”试验。绵阳市规定初中18个班以上、高中12个班以上的学校均要建立政教处，每两年召开一次德育工作表彰会。成都、宜宾将德育为重点的督导检查纳入对区（县）政府年终考核内容。重庆将德育工作的检查结果列入年终评价的相关指标，并作为1990年教师节表彰德育先进集体和个人的依据之一。

继续组织全省中小学开展学雷锋、学赖宁活动。省委办公厅批转《关于在全省深入开展学习赖宁活动的意见》，要求各级党政部门把学赖宁同学雷锋活动结合起来，要象当年学刘文学那样，把学赖宁活动深入开展下去。成立了由省委副书记宋宝瑞任组长的学赖宁活动领导小组，由领导小组牵头对全省21个市、地、州学赖宁活动进行了检查。全省19个地、市、州和绝大多数县、市、区都成立了学赖宁活动领导小组。万县地区、内江市、德阳市等财政还拨了开展学赖宁活动专款。成都、自贡、德阳等地举办了班主任、辅导员指导学生学习赖宁培训班。广大中小学校把学赖宁活动与实施《中学德育大纲》、《小学德育纲要》、《中学生日常行为规范》、《小学生日常行为规范》有机结合起来，通过教学和团体活动，引导学生以赖宁、雷锋为榜样，走全面发展的成长道路。涪陵地区通过学赖宁活动，涌现出1286名不同层次的先进个人，863个先进集体，全地区转变双差生4627名，广大学生为学校、国家、社会和群众做好事达18万多件，为烈军属、五保户、残疾人等赠送物品价值96000多元，建立各种服务队和活动小组近11万个。省委宣传部、省教委、团省委联合召开了全省学赖宁先进分子表彰会，表彰了“十佳”少先队员和300名先进个人，60个先进集体。

全省中小学还开展了以纪念鸦片战争150周年为重点的爱国主义教育活动。充分利用鸦片战争等历史事件，采取生动、直观的教育方式对学生进行“没有共产党就没有新中国”，“只有社会主义才能救中国”等爱国主义教育。成都、重庆等市对此项活动抓得扎实。

为进一步使全省中小学德育工作落到实处，省教委重视中小学教职工队伍思想建设。1990年秋季开学后，全省组织广大教师学习了《关于社会主义若干问题学习纲要》和《邓小平论教育》，各地均举办了骨干培训班。

配合中小学德育工作，进一步加强了中小学劳动技术教育。据统计，劳动技术课在中学的开设面（含戴帽初中班的校点）达90%以上。省教委对1989学年度中学开展劳动技术教育取得显著成绩的乐山市、德阳市及达到劳动技术教育合格基本要求的34个县（市、区）和达到劳动技术教育优秀级的284所中学进行了通报表扬。

二、继续抓好九年制义务教育工作

1990年四川基础教育得到了各级党政部门的高度重视和支持。各地重点推进小学阶段义务教育，稳步发展初中，大面积提高初中的教育质量，继续控制中小学生流失，认真抓好学前教育和特殊教育。

小学教育质量进一步提高。1990年，全省小学在校生数虽比上年减少近84万人，但在校生流失率由上年的2.68%下降到2.08%，在校生留级率亦由上年的2.5%下降到2.3%。入学率及升学率情况见下表：

学龄儿童入学率

万人

	7～11岁儿童总数	其中：已入学数	占总数的百分比
总　数	696.93	671.51	96.35
其中：农村	579.69	549.41	94.78
女儿童	334.00	314.82	94.26

中、小学入学率、升学率情况

项　目	年　份		增　加
	1989年	1990年	百分点数
学龄儿童入学率	95.9	96.35	0.45
小学毕业生升学率	57.9	64.00	6.10
初中毕业生升学率	32.1	32.2	0.1
高中毕业生升学率	23.9	25.80	1.9

注：小学毕业生升学率包括升入普通中学、职业中学，初中升学率包括升入高中、职业高中和中专，不包括升入技工学校部分。高中毕业生升学率包括升入普通高校本、专科，不包括升入中专、技校部分。

1990年全省又有10个县基本普及了初等义务教育，使占全省总人口94%的地区和164个县(市、区)基本普及初等教育。全省99.46%的乡办有中心小学。

普通中学稳定中有所发展。1990年全省初中学校比上年增加77所。全省办有初中的乡(镇)6318个，占全省乡(镇)数的72.9%。初中招生超招6300人。在校生比上年略有减少。近年来初中在校生流失率居高不下的状况有了明显改变，由上年的8.02%下降到5.76%，初中毕业生的升学率则提高了2.1个百分点。全省单设初中校比上年增加77所；附设初中比上年减少182所。

全省高中超计划招生1.7万人。在校生的流失率降低了0.72个百分点。全省单设高中校比上年减少17所。

1990年，还新增成都市第二十中学、大弯中学、都江堰市中学为省重点中学。

幼儿教育进一步发展。全省幼儿园比上年增加2655个，在园幼儿比上年增加24.9万人。

特殊教育受到重视。全省特殊教育学校比上年增加8所，学生增加543人；工读学校增加1所。开展了建国以来首次特殊教育奖评活动。

在进一步推进九年制义务教育工作中，把控制中小学生流失列入各级政府的重要议事日程，建立了层层岗位责任制。针对初中的高入学率带来的高流失率，着力研究了初中事业的发展问题。各地在努力办好现有初中的基础上，抓了薄弱初中的建设工作。一方面扩大初中招生规模，适当满足广大群众送子女读初中的要求，另一方面进一步改革教学内容和教学方法，适当引进职业技术教育因素，同时有计划地加速乡中心小学与乡初中的分设，建立独立的乡初中，对初中的稳步发展、教育质量的提高起了促进作用。1990年，全省实行由省命题和部分地区自行命题的初中毕业会考试验，全省近百万学生参加，及格率为64.3%。

1990年，民族地区普及初等义务教育健康发展。成立了成都西藏中学并正式招生。四川民族地区中小学教育开始走出低谷，数量上得到一定的发展，质量逐步提高。根据省委、省政府关于三州(甘孜、阿坝、凉山)财政包干补贴的要求，省教委、省民委联合下发了关于用好2%补贴资金，搞好三州民族寄宿制、半寄宿制乡中心完小建设的通知，决定从1990年开始，用三至四年时间，在三州完善和新办民族寄宿制、半寄宿制乡中心完小600所，使甘孜、阿坝两州办半寄宿制高小班的聚居乡基本得以覆盖，到90年代中期，每年住校生达到4.32万人，毕业1.82万人。

省教委把办好牧区乡寄宿制小学和农区聚居乡半寄宿制高小班的建设作为1990年民族教育工作的重点，调查了阿坝、凉山的工作情况。据统计，1990年民族自治地区小学入学率、巩固率，比上年分别提高1.5个百分点和3个百分点，小学毕业生数比上年提高17%；自治区当年基本普及初等教育的县5个，乡60个左右，使全省民族自治区基本普及初等教育的县共达到9个，乡200多个。

三、基础教育管理体制和教学改革不断深入

1990年全省继续坚持分级管理、分工负责的原则，进一步把责任落实到乡。据对全省17个市、地、州的统计，实行校长负责制的学校共计2744所，其中小学1906所，中学837所，幼儿园1所；全省中小学普遍建立了教职工岗位责任制；教师聘任制和结构工资制也在部分学校进行试点。全省开展了建国以来首次中小学教学改革经验成果评奖活动，共评出优秀成果一等奖3个，2等奖10个，三等奖17个。

治理“三乱”工作继续得到加强。省教委派人随省政府组织的清理“三乱”试点工作组赴绵竹县进行了为期3个月的调查清理工作，为全省范围内制止乱收费工作提供了第一手资料。四川省清理不合理负担领导小组办公室与省教委联合下发了《关于纠正普教战线“三乱”问题，减轻群众负担的通知》，为全省制止乱收费提出了政策依据。学校教学秩序进一步好转，治理整顿初见成效，全省涌现出许多治理“三乱”的先进单位。

全省普及中小学实验教学工作开始启动。汶川县、乐山市中区、绵阳市中区、青白江区、达县市、珙县作为试点县(市)，已于1990年12月全部实现普及。全国中小学普及实验教学现场会在四川成都市青白江区和什邡县召开，该地区普及实验教学情况受到了国家教委重视和与会代表好评。全省中小学勤工俭学1990年纯收入突破两亿大关，与利税合计达到2.38亿元。

职业技术教育

1990年，四川省职业技术教育发展较快。职业中学在校生比1989年增加1.69万人，其中，职业高中发展幅度较大，在校生达15.86万人，比上年增长9%，职业高中在校生与普通高中在校生之比为0.58:1。

全省中等专业学校比1989年增加4所，中等专业学校招生规模有所扩大，在校生比1989年增加3789人，其中，中等师范学校在校生减少372人。大学本专科学生与中专生之比日趋合理，1990年为1:0.57:1.05。1990年全省向社会输送了职业高中毕业生38699人，中等专业学校毕业生47635人，两项合计比1989年多8694人，增长11.2%。

省职业技术教育工作开始出现好的势头。职业中学积极进行基本建设，扩充实习场地，办学条件不断得到改善。职业技术教育的办学指导思想进一步明确，农村职业中学普遍开设了直接为农村经济服务的种植、养殖专业，城市职业中学毕业生就业率一般达80%以上。职业中学1990年招生6.5万人，超过计划500人，其中种植、养殖专业招生19951人，比上年增加了3177人，占县镇、农村职中招生数的42.1%，比上年增长3.2个百分点；职业高中学生流失率由上年的9.73%下降到8.69%。农业中专招收不包分配学生的改革和举办职业高中班有所发展。1990年全省农业中专不包分配班学生达4420人，占同类中专在校生总数的58%。职业中学教学工作中实践性教学环节有所加强，温江农校不包分配班的学生参加实践活动的时间占总课时的一半以上；雅安农村职业中学三年制学生有一年的时间参加实习和生产劳动。

四川省职业技术教育贯彻抓住重点，攻克难关，突出质量，巩固发展的方针，突出了三个方面：第一，办出职教特色。国家和省拨的职教专项补助费，80%用于农村，重点扶持农村类专业搞得好的职业中学。职业技术学校招生重志愿不重考分，定向推荐考生，树立典型，以点带面。宣汉县毛坝职中“引进一个项目，开发一个产品，开办一个专业，培养一批人才，兴旺一个行业”的办学经验突出。1990年，省选择5所地方政府高度重视、为农村服务成效显著的职业中学，按《省级重点职业高级中学的标准》，省、市(地)、县共同给予倾斜投资和重点指导，争取三年建成全省第一流的农村职业中学。第二，加强职教师资队伍建设，提高教师水平。1990年在原有脱产或函授进行学历教育的基础上，省试招了职教第二学历免试生，全省250多名在职教师接受了实用技术培训。还成立了职业技术教育研究室和种植、养殖、机电、建筑、财经5个中心教研组，并着手教材编写工作；对农村职业中学重在提高校长的政策管理水平，明确学校培养任务。1990年通过选送参加国家教委在湖南农学院举办的农村职中校长培训班、中华职教社农村职教干部培训班和省内培训农村职中干部等途径，共培训农村职业中学校长90人次。第三，着力解决农村职业中学办学难、城市职业中学毕业生就业难问题。在强化学生技能培训，开展社会服务活动，提高教育质量，以取得社会信任的基础上，农村职业中学在办学过程中，上挂大专院校、科研单位，学习、引进先进实用技术；横联本地各业务部门，联合办学，向乡、村辐射，传递先进技术。许多农村职业中学采取校联乡、班挂村、人包户的办法，送技术到农民家中，帮助贫困户脱贫致富，受到了农民群众欢迎，办学难的问题进一步得以解决。城市职业中学由教育、劳动人事部门加强联系，大力发展联合办学，进一步广开就业门路，拓宽了就业渠道。成都、自贡等市联合办班人数已占城市职业中学在校生数的70%以上。攀枝花市、达县地区、宜宾地区劳动部门从招工指标中划出了一定比例，用以单独招收职业高中毕业生。城市职业中学毕业生就业难的矛盾也得到缓解。1990年，省进行了中等教育结构改革10年来的首次表彰活动，表彰了举办或支持中等职业技术教育成绩显著的先进集体130个，先进工作者604名，并推荐了全国职业技术教育先进集体10个，先进个人16名，向国家教委推荐科技兴农先进职业中学5所，回乡务农优秀毕业生6名。

四川省继续进行了职业中学办学条件评估，结束了全省163所中专学校办学条件评估工作，审查确定了23所省级重点职业中学。

职业技术教育还重点加强了德育工作。职业中学继续贯彻中共中央和省委关于加强和改进中小学德育工作的通知精神，在实施中学生德育大纲和进行中学生行为规范训练的基础上，突出职教特色，着重抓了“四四教育”，即：四项基本原则教育；四职（职业意识、职业理想、职业道德、职业纪律）教育；四自（自尊、自律、自立、自强）教育；四农（对农村学生进行爱农、学农、务农、兴农）教育，使职业中学学生的思想品质和职业道德得到进一步培养和提高。

结合农村职业技术教育，农村教育综合改革实验工作继续深入，为当地经济建设服务的作用越来越明显。1990年，四川省加强了实施“燎原计划”工作的指导和管理，各地根据农村教育综合改革实验的要求及工作目标，经过一年努力，使农村教育面貌发生了明显的变化。在农村教育综合改革示范乡，党政一把手抓教育，大教育、大统筹、合理布局、统一规划的局面开始形成。广汉、温江、仁寿、大竹、合川、叙永等县（区）在三教统筹、农科教结合方面已摸索出初步的经验，推广应用了大批实用科学技术，促进了农村经济的发展，显示出较好的整体效益。1990年，国家教委在四川温江、广汉召开全国第2次“燎原计划”与农村教育改革实验县工作会议，与会代表高度评价了四川农村教育综合改革和实施“燎原计划”工作。

普通高等教育

1990年，四川省普通高等教育工作继续稳定规模，调整结构，充实办学条件，提高教学质量和办学效益，事业有所发展。

全省普通高等学校仍为60所。招生数和毕业生数比1989年略有增加，在校生略有减少。全省每万人口中有本、专科学生13.2人，比全国平均少5.1人，居全国第21位。本、专科学生结构比例由1989年的1∶0.57调整为1∶0.58。

研究生教育进一步加强了应用型人才培养。全省培养研究生的博士点119个，硕士点414个，在校研究生比1989年减少568人。地方所属学校研究生培养规模较小，在校生仅有484人，占全省研究生数的8.7%，其中，博士生27人，硕士生457人。

一、高校德育工作

四川省高校继续坚持以马克思主义、爱国主义为核心的正面教育，继续进行德育理论研究和改革试点，坚持把德育工作放在学校工作的首位。1990年全省高校局势稳定，学生思想逐渐正常，情绪日益活跃，要求入党人数不断增多。建立了由省委、省政府负责同志主持的教育工作联席会和高校党委书记例会的制度，确保了高校的稳定和对思想政治工作的领导，制定了具体工作措施。

继续在成都、重庆、自贡、西南师范大学四地(校)进行大、中、小、幼德育整体改革试验，开展在学科教学中渗透德育，加强国情教育和爱国主义教育的试点工作，效果显著。高等学校校园秩序、校风、校貌明显好转。由省委宣传部、研究室，省教委、公安厅、团省委、省教育工会和成渝两市市委宣传部等单位组成的省委高校调查组先后到25所高等学校进行调查，认为全省高等学校认真贯彻党中央的有关精神，在德育整体改革方面做了卓有成效的工作，取得了明显效果。

高等学校党建工作继续深入。1990年5月，省委组织部、宣传部、省教委联合召开全省高校党建工作会议，确定了工作方针。举办了暑期高等学校党委书记读书班，系统学习《关于社会主义若干问题学习纲要》和《邓小平论学校教育》，同时坚持定期召开高校党委书记例会传达中央精神，交流党建工作经验。还组织了广大学生学习电子科技大学优秀学生党员陈邦清的活动，进一步充实了高校党建工作的内容。

高等学校加强了马克思主义理论课和思想教育课的建设。在中国革命史等课程中引导学生自觉学习马克思、列宁和毛泽东原著，并加强了政治理论课教材建设，由省统编的《马克思主义原理》等8种教材已正式出版，还建立并坚持了马克思主义理论课、思想教育课课程教研室主任例会制度。

二、高等教育教学、管理工作

1990年，四川省继续宣传、巩固和推广国家级和省级首届优秀教学成果，进一步促进和推动高等学校教学改革，严格教学管理，提高教学质量。全省高等学校围绕办学方向，清理教学内容，整顿教学秩序，深化教学改革，重点修订了教学计划，加强课程建设。四川大学、重庆大学、西南农业大学、成都科技大学、乐山师范专科学校被国家教委评为首届优秀教学成果组织工作先进集体。

继续组织大学英语统考。1990年开始，进行了本科英语专业的标准化考试和少数师专英语专业的水平测试。全省有2.5万名学生参加统考，情况良好。

研究生工作进一步加强。省成立了高校研究生教育学会，继续组织了普通高校第四批硕士和博士学位申报工作，并建立了普通高校申报博士后科研流动站。经国务院学位委员会审核批准，全省高校新增67个硕士点，其中省属院校13个，分别是：重庆医科大学2个，成都中医学院4个，四川农业大学3个，四川工业学院2个，四川音乐学院1个，重庆师范学院1个，四川师范大学1个；新增博士点22个，其中省属院校4个，分别是：重庆医科大学2个，成都中医学院2个。省还组织评议和申报了川北医学院为学士学位授予单位，并获国务院学位委员会批准，使省属13所本科院校都有学士学位授予权，10所学校有硕士学位授予权，重庆医科大学、成都中医学院、四川农业大学有博士学位授予权。

继续进行教材建设。省教委接受国家教委委托，组织开展了8个不同类型的高等学校教材评估试点工作，全年共审查300多本教材书稿。

学生社会实践活动进一步加强。经省委、省政府审定，1990年省教委下发了《关于加强和改进高校校外实习和社会实践的意见》，对高校学生实习基地的建立，实习经费的比例和实习收费标准，实习师生的粮油、副食品供应，接受实习单位和高校的职责等作了规定，长期困扰普通高校的校外实习和社会实践难题得以解决，受到单位和学校的普遍欢迎。

1990年，全省在28所高校中试行省制定的《高等学校档案工作规范》，受到国家教委的重视和全国高校的关注。使全省高等学校档案工作进入了一个新的发展阶段。

三、高校科研工作

1990年继续贯彻“经济建设必须依靠科学技术，科学技术工作必须面向经济建设”的战略方针，把主要科技力量投入到为国民经济建设服务的主战场，实行教学、科研、生产三结合，工作取得了显著的成绩。

四川省属高校科研经费增长可达20%左右。据统计，1990年1至11月，西南交大、电子科大、重庆大学科研经费已分别达到或接近1000万元，成都科技大学达到1200万元；与1989年相比，四川大学科研经费增加100多万元；西南民族学院增加181万元。

科技成果推广规模增大，获得的经济效益有所增加。四川农业大学、西南农业大学等5所农业院校，1990年推广科技成果124项，比上年增长40.9%，获得经济效益16.5亿元，比上年增加12.3万元。

1990年，全省高校获国家级科技奖16项，为1989年的2.28倍。其中，获特等奖1项，一等奖1项，二等奖3项。四川农业大学继“籼亚种内品种同杂交培育雄性不育系及岗D型杂交稻”获1988年度国家发明一等奖之后，1990年该校的“小麦高产、抗锈的优良种质资源繁育及其姊妹系”又获得了国家发明一等奖。

全省高校1990年获四川省科技进步奖106项，占全省奖励总项数308项的34.5%。其中，有5项获得一等奖，占一等奖总项数的50%。四川农业大学主持并同有关单位合作研究的“再生稻及其利用”、“四川西部林区冷杉腐朽病规律和开发的理论与技术研究”，华西医科大学主持、合作研究的“缺铁性贫血实验及临床和群体防治十年研究”，西南交通大学主持、合作研究的“常温USA射流曝气串移处理屠宰废液的工程应用”，成都地质学院同有关单位合作研究的“四川松潘东北寒钊矿床地质地球化学特征，控矿因素及找矿方面研究”获一等奖。在高校获奖的106项中，省属高校有34项，是近几年来四川省属高校获省科技进步奖数量最多的一年。

1990年高校社会科学研究进一步坚持了社会主义方向，调整了古今研究的比重。省教委设立了社会研究青年基金，促进优秀年轻科研人员较快的成长。全省高校社会科研取得了大批新成果。据四川大学等11所高校统计，共出版专著、译著、教材247部；发表学术论文2011篇，其中省级以上刊物发表的有1803篇；获得科研奖励35项，其中国家级、部、省级奖97项。在1990年省第四届哲学社会科学优秀科研成果评奖活动中，高校有81项获奖，占奖励总数的54%。

四、高校招生和毕业生分配工作进一步加强

1990年，四川省高校招生工作以稳定大局为中心，加强管理，严格计划，调整政策，完善办法。全省各类高校、中专考生51.9万人（不含中师考生），录取新生15万人。新生质量好，录取工作顺利，学校和社会普遍反映较好。

四川省普通高校招生1990年取消预选，招生工作受到各级党政部门和组考单位的重视。重庆市在取消预选后，进一步加强了区、县招办建设，市中区、巴县、合川等多数区（县）招办的编制、办公条件都得到了进一步改善。涪陵地区、甘孜州、成都市、内江市、南充地区乐山市、达县地区、广元市、黔江地区、绵阳、万县等地（市）领导都亲临招生第一线主持工作。广大招生工作者无私奉献，精心办考；凉山州在运考卷途中遇到山洪暴发，公路塌方，有关人员以“人在试题在”的精神，肩挑背扛，长途跋涉7个小时将试卷安全运抵目的地；甘孜州招办送考卷在二郎山受阻，送卷的同志忍受着蚊虫叮咬，在木棚中监守试卷两天两夜，以高度的责任心保证了招生工作的顺利进行。

1990年，四川省的毕业生分配工作继续坚持统筹安排、合理使用、加强重点、兼顾一般、面向基层、加强生产第一线和学以致用、人尽其才的方针和原则。全省共接收高校毕业生27400余人，其中，派遣到中央在川单位的约占4%，省级厅局所属单位占8%，大型企业0.7%，市、地、州87.3%。1990年毕业生人数多，但社会对毕业生的总需求比往年大幅度减少。对此，省里改进了分配计划，扩大调配渠道，保证每个毕业生有落实的分配单位，解决了分配工作中的问题，收到明显成效。

四川省还首次开展了评选优秀毕业生的活动，共评选出800名优秀毕业生并分配到省、市(地)党政机关工作，对鼓励在校生德、智、体全面发展，加强毕业生思想教育起了积极的作用。

1990年，还办理了4000余名自费生、函授生和电大普通专科毕业生的就业手续。

成人教育

1990年，四川成人教育继续贯彻中央关于改革和发展成人教育的一系列决定，取得较好成效。

一、农民教育工作扎实，进展顺利

(一)扫盲工作是年度农村教育工作的重点

据统计，1990年，全省总计组织120多万人参加扫盲，经检查验收，实际脱盲78.6万人，比计划扫盲人数多38.6万人。全年新增达到扫除文盲标准的县3个(沐川县、秀山县、兴文县)，全省累计达标县164个，占全省县总数的75.9%，占全省农村县总数的78.8%。

四川省政府、省教委对扫盲工作抓得早，抓得扎实。年初，省政府主持召开了全省迎接国际扫盲年电话会议，各市（地、州）政府(行署)和县的主管领导，农业、科协等部门、团体的负责人3000人听了副省长韩邦彦和省教委主任卢铁成关于扫盲工作的重要讲话。会议要求各级政府加强领导，继续坚持一堵、二扫、三提高，严格检查验收，确保扫盲质量的方针。会后，省政府组织了地、市、州政府(行署)负责人到内江、乐山、绵阳、德阳、宜宾、重庆、达县、自贡、泸州等地（市、州）调查研究，以省政府办公厅的名义下发了《关于建立定期报告扫盲工作情况制度，落实全年扫盲任务的通知》。省政府批准成立了扫盲工作领导小组，韩邦彦任组长，卢铁成任副组长，农业、科协等10个部门负责同志参加了领导小组。韩邦彦还在四川电视台和《四川日报》分别发表电视讲话和文章。省教委与《四川农村报》联合举办了扫盲知识讲座暨有奖扫盲知识竞赛活动。省政府表彰了100名扫盲先进工作者。

各地根据《扫除文盲工作条例》规定及有关会议的要求和部署，认真领导，制订规划，落实任务、经费、教材、奖惩等措施，解决了一些具体问题，确保完成省下达的扫盲任务。特别是一些边远山区、贫困山区县工作扎实，争先创优。万县地区所辖的10个县(市)中，有8个县(市)为省的贫困县，地区行署和各县(市)人民政府重视扫盲工作，全区在1989年扫除28000多文盲的基础上，1990年又组织了19万青壮年文盲入学，脱盲9万人；南充地区12个县(市)中，有4个县属国家级贫困县，该区前两年已扫除文盲74000人，1990年又脱盲5万人；甘孜州前几年基本没有开展扫盲教育，到1990年止，已脱盲18500人，工作大有起色。

全省扫盲工作的主要做法是：(1)加强

领导，建立健全省市、地、州、县扫盲工作领导小组或扫盲检查验收小组。（2）及时贯彻落实《条例》和全国有关会议精神。各级党委、人大、政协支持扫盲工作，县一级及时将任务落实到乡村。（3）制定下发扫盲文件。（4）进一步完善扫盲承包责任制。各地普遍推行“双线承包三方负责制”，即党政部门承包扫盲的组织、动员，保证文盲参加学习，负责扫盲经费的筹措和乡规民约的落实；市长、县长、区长、乡镇长、村长逐级签订承包合同或责任书；教育部门承包教学任务及检查验收，保证脱盲时间和质量。市地州县教委（教育局）、区教办、乡教办（中心小学）、专职干部、教师逐级签订责任书或承包合同。三方负责即：党政部门、教育部门和扫盲对象各负其责，发挥优势，积极配合、参与和支持扫盲工作。

（二）农村实用技术教育

坚持政治、文化、技术三结合的原则，以提高质量，努力增加办学育人效益和社会效益，为科教兴农服务，为农村两个文明建设服务为指导方针。各地普遍联系本地自然、生产、人才优势，深化短平快实用技术教育，加强新技术的引进、推广，认真选择适合本地经济发展的重点专业和骨干专业，进行教学、科研、试验、生产“一条龙”试验。促进了全省农民文化技术教育事业迅速发展。乡（镇）农民文化技术学校发展到6085所，比上年增加357所，乡农校总数占全省乡镇总数的70%以上。内江、德阳、自贡、成都等几个市（地）几乎乡乡办起了农民文化技术学校。全省参加各类实用技术培训的人数达1300多万人次，其中，参加系统学习的250多万人次，参加各类短期培训的1060万人次。此外，乡农校开设了政策、法制、社会文化等教育内容，参加学习的有500多万人，还有一些专业户办学，传授致富技术或知识，参加学习的9万多人次。

二、继续进行成人高、中等教育的治理整顿工作

四川省以端正办学指导思想，加强管理，制止“三乱”，保证质量，培养合格人才为中心，深入进行自查清理。自查范围包括全省所有兴办成人教育的普通高等院校、广播电视大学、成人高等学校。自查结果表明，治理整顿已初见成效。但四川大学、重庆大学、成都科技大学、四川师范大学等12所院校仍在举办“超前班”，已引起国家教委的重视。

1990年，省教委与计划部门配合，加强了对成人高、中等教育的管理，初步控制了发展规模。省属成人高等教育招生比1989年减少0.5万人；首次举行全省成人高等和成人中等专业教育《专业证书》教学班的招生统考，参加考试的人数达2万多人，质量基本得到保证。

三、职工教育突出以岗位培训为重点

四川省积极推广全国城市教育综合改革试点经验。东方汽轮机厂、四川化工总厂、成都无缝钢管厂、冶金部第八建筑公司、重庆市红岩机器厂、中国人民银行重庆市分行参加试点。1990年全省参加各类学习、培训的企业职工达303万多人次，其中，接受岗位培训的265万多人次，占全年职工在学人数的87.4%。

四、社会力量办学不断完善

1990年，社会力量共举办各级各类学校（班）2700多个，培训各级各类人才38万多人。社会力量办学已从单一的文化补习发展为职业技术培训、岗位培训、社会文化和生活教育、继续教育等多种教育模式，成为为地方经济服务的学校和场所。

省自学考试工作出现持续发展的局面。全年报考人数达34.64万人，是省自学考试开考以来报考人数最多的一年，居全国首位。

撰稿人　彭润商　龚德宣　何庆庆
审稿人　王可植　纪穑缘

贵州省教育

概　况

一、教育事业发展概况

1990年度各级普通学校基本情况

单位：人

学校类别	学校数（所）	毕业生数	招生数	在校学生数	教职工数 计	教职工数 其中教师
一、普通高等学校	24	8440	8072	27147	12197	5469
研究生		106	39	177		
本科	9	3797	3669	15203	8898	3765
专科	15	4537	4364	11767	3299	1704
二、普通中等学校	1926	318220	373234	1071201	87966	64851
1.中等专业学校	112	16122	17493	53531	11748	6024
中等技术学校	83	10187	11948	36204	9104	4456
中等师范学校	29	5935	5545	17327	2644	1568
2.普通中学	1595	287176	331829	965399	71314	55528
高中	392	39777	48172	133485		10125
初中	1203	247399	283657	831914		45403
3.职业中学	216	14858	23750	52102	4849	3266
高中	126	6489	14246	28242		1983
初中	90	8369	9504	23860		1283
4.工读学校	3	64	162	229	55	33
三、小学	21554	482034	790826	4350502	183171	166662
四、特殊教育学校	6	42	170	640	156	107
五、幼儿园	1120			191912	11446	9148

注：（1）在普通中学高中学校数中有377所属完全中学。

（2）职业中学高中学校数中有24所属初高中合设学校。

（3）小学教学点数为11205个。

（制表：张羽菊）

1990年度各级成人学校基本情况

单位：人

学校类别	学校数（所）	毕业生数	招生数	在校学生数	教职工数	
					计	其中教师
一、成人高等学校	20	6971	7548	19112	3371	1417
广播电视大学	1	3083	2939	7121	660	280
职工高等学校	6	304	408	1208	567	254
管理干部学院	5	951	724	1655	774	345
教育学院	8	1780	1506	3297	1050	516
普通高校举办						
函授部		718	1592	4517	320	22
夜大学		135	379	1314		
二、成人中等学校	307	116905	105622	144680	2633	1296
1.成人中等专业学校	41	6928	10085	33225	2119	1020
广播电视中专	3	4400	5976	23185	904	403
职工中专	17	1832	3438	8807	632	254
干部中专	7	278	362	585	226	146
教师进修学校	14	418	309	648	357	217
2.成人中学	4	195	509	555	61	34
职工中学	4	195	509	555	61	34
3.成人技术培训学校	262	109782	95028	110900	453	242
职工技术培训学校	14	4600	4859	6734	194	98
农民技术培训学校	248	105182	90169	104166	259	144
三、成人初等学校	1010	288263	413542	485080	4828	764
1.职工初等学校	10	3915	1510	289	3	3
2.农民初等学校	1000	284348	412032	484791	4825	761
其中：扫盲班	867	239595	316743	412535	4703	755

（制表：张羽菊）

1990年，贵州教育事业在调整结构中协调发展。

基础教育得到加强。普通高中比1989年减少9所，普通初中比1989年增加26所；普通高、初中在校学生比1989年增加32289人；高中招生比1989年增加2688人，初中招生比1989年增加46416人；高中专任教师10125人（其中高等学校本科毕业及其以上学历的5480人），比1989年增加397人，初中专任教师45403人（其中高等学校专科毕业及其以上学历的23213人），比1989年增加1852人。小学比1989年减少835所；在校学生比1989年减少53056人；招生比1989年增加16938人；专任教师166662人（其中中师、高中毕业及其以上学历的99588人），比1989年增加2364人。适龄儿童入学率达到91.33%，比1989年增加2.58个百分点。幼儿园比1989年增加85所。盲聋哑学校4所，比1989年增加1所，在校学生456人，比1989年增加41人；专任教师66人。弱智儿童辅读班14个，比1989年增加5个，在校学生184人，比1989年增加83人；专任教师4人，比1989年增加15人。工读学校比

1989年增加1所，在校学生比1989年减少47人；专任教师比1989年减少15人。

中等教育结构有所改善，普通中学规模得到控制，农职业教育有较大发展。普通中等专业学校在校生比1989年增加888人；专任教师比1989年增加371人。成人中等专业学校比1989年增加9所；在校学生比1989年增加4198人；专任教师比1989年增加188人。农职业中学比1989年增加9所；在校学生比1989年增加8046人；专任教师比1989年增加251人。高中阶段的职业学校学生占各类高中阶段学生的44.86%。

高等教育：普通高等学校在校学生比1989年减少666人；专任教师比1989年减少61人。成人高等学校在校学生比1989年减少1285人；专任教师比1989年增加26人。普通高等院校的规模得到控制，各类成人教育蓬勃发展。

二、召开全省教育工作会议

1990年4月5日至9日，贵州省委、省政府召开全省教育工作会议，着重研究如何加强基础教育和中小学德育工作。

会议提出，要树立全党全民重视教育的思想。要确保教育经费的稳定来源和持续增长，逐步建立起以国家财政为主、辅以多渠道筹措教育经费的新体制。继续发挥国家财政主渠道的作用，认真贯彻执行中央关于教育经费增长的政策，同时动员社会各方面办学的积极性，多渠道筹措教育经费。省委、省政府决定，按城市"三税"的1%至1.5%的比例计征城市教育费附加；按农村人均纯收入的1%的比例计征农村教育事业费附加，委托各级粮食部门在粮食入库时代征（贫困户免征）；从城市维护建设税中拿出3%至5%的比例用于教育，改善办学条件；已划拨到各地、州、市掌握的基建投资应保持适当的比例用于中小学基建，至少恢复到1986年的投资水平。同时强调各级财政要大力增收节支，对净增财力按一农业、二教育、三其它的顺序安排投入。

会议提出，一定要把德育工作放在中小学教育工作的首位。各级党政部门要把加强对中小学德育工作的领导列入重要议事日程，每年至少研究一至两次。中小学校要加强对学生的德育教育，加强教师队伍建设。学校、社会、家庭密切配合，形成全社会关心青少年健康成长的良好环境。

会议提出，要进一步深化改革，以普及初等义务教育为中心，积极而稳妥地推进贵州的基础教育。要继续推进基础教育管理体制的改革，实行分级办学、分工管理；切实抓好农村教育综合改革实验，实行"三教统筹"，农、科、教协调发展；积极、稳妥地推进学校内部管理体制的改革，提高办学效益和教育质量；进一步改革和完善升学考试制度，纠正片面追求升学率现象。要加强基础教育师资队伍的建设，建设一支德才兼备、数量足够、结构合理、相对稳定的教师队伍；加强基础教育办学条件的建设，在解决"一无两有"的基础上从实际出发逐步完善配套；加强中小学教材的建设，有计划、有步骤地推广一批比较成熟的教改成果。要在人力、物力、财力上采取倾斜政策，大力扶持民族地区教育，推进民族教育体制改革，建立多形式、多层次的民族教育体系。

三、增加教育投入，改善办学条件

（一）全省教育事业经费实际支出情况

1990年，贵州省教育事业费银行支出数为66408.2万元，实际支出决算数为65636万元，实际支出决算数比1989年增加9703.7万元，增长17.35%。在教育事业费实际支出数中，人员经费为49242.7万元，占教育事业费支出的75.02%，比1989年增加6977.6万元，增长16.51%；公用经费16393.3万元，占教育事业费支出的24.98%，比1989年增加2726.1万元，增长19.95%。

1990年，全省教育经费支出总额为72248.1万元(教育事业费66408.2万元加教育基建投资5839.9万元)，占全省国民生产总值的2.82%，占全省财政总收入的20.57%，占全省财政总支出的14.97%(教育事业费占全省财政总支出的13.76%)。按全省人口总数计算，人均教育支出为22.11元，比1989年增加2.37元，增长12%。

1990年，每个学生占有教育事业费实际支出(生均经费)分别为：普通高校2830.42元，比1989年增加203.46元，增长7.75%；中师生1131.98元，比1989年减少84.85元，下降6.97%；普通中学164.92元，比1989年增加20.43元，增长14.14%；小学生74.71元，增加10.24元，增长15.88%。

(二)教育事业预算外经费支出情况

1990年预算外收入为9724.9万元。中小学预算外总收入为8124.2万元，占普通教育事业费的14.36%；中小学预算外支出为7869万元。全省高等学校“学校基金”总收入为1099.8万元，其中1989年余额585.6万元，1990年收入为514.2万元；“学校基金”支出459.1万元；“学校基金”年末结余640.7万元。

(三)全省教育事业基本建设完成情况

1990年，全省教育事业基本建设在继续贯彻执行“控制和压缩”原则的基础上，年度计划共安排投资6798万元，到年底实际完成6541万元，占安排投资的96.22%。其中国家预算内投资2615万元，完成2555万元，占97.71%；自筹投资4183万元，完成3986万元，占95.29%。

1990年全年房屋施工面积共计519743平方米，其中高教160551平方米，普教359192平方米；房屋竣工面积共263742平方米，其中高教39747平方米，普教223995平方米。

1990年全省教工住宅完成投资1437万元，占总完成投资的21.97%；住宅施工面积128356平方米，占总施工面积的24.7%；住宅竣工面积67192平方米，占总竣工面积的25.48%。

经过一年的努力，贵州教育事业办学条件得到进一步改善。

四、民族教育

据1990年年底统计，贵州有小学、普通中学、农职中学、中等专业技术学校、中等师范学校以及高等学校在校少数民族学生共达185万多人，占在校学生总数的32.75%，接近全省少数民族人口34.6%的比例。

近年来，贵州省对17个少数民族贫困县的职业技术教育进行了重点扶持，省投资700多万元，帮助每县办好一所综合性示范性的民族职业技术学校。采取长短结合的培训方式，已为当地培养农林、畜牧、兽医、果蔬、农机、建筑等农村适用技术的初、中级乡土人才8296人，培训2万多人次(含回乡初、高中毕业生)。据1990年统计，17所少数民族贫困县的民族职业技术学校拥有802亩实习实验场地，校舍面积48875平方米，共设置61个专业；有在校学生3550人，其中少数民族学生2651人，占在校学生总数的72.14%；有各种实用技术短期培训班24个，学员960人。

针对少数民族地区普及初等教育急需小学教师的情况，根据贵州省各主要少数民族分布的特点，在黔东南、黔南、黔西南3个自治州和少数民族人口较多的毕节、铜仁和安顺地区，优先、重点办好8所中等民族师范学校。5年来，省及地(州)、县对8所民族师范共投资2104万元，新建扩建校舍面积11.6万多平方米，添置了价值200万元的教学设备和图书资料，8所民族师范学校面向所在地(州)的边远少数民族乡村招生，以招收少数民族学生为主，主要为边远少数民族乡村培养合格而稳定的本地本民族教师。据1990年统计，8所中等民族师范学校共有120个教学班，在校学生5558人，其中少数民族学生4204人，占在校学生总数的75.6%；来自边远民族贫

1990年度民族教育基本情况

单位：人

学校类别	在校学生数			教职工数			专任教师数		
	学生总数	其中 少数民族学生数	其中 占学生总数(%)	教职工总数	其中 少数民族教职工数	其中 占教职工总数(%)	专任教师总数	其中 少数民族专任教师数	其中 占专任教师总数(%)
全省总计	5654153	1851467	32.75	297886	86083	28.9	247558	75241	30.39
普通高等学校	26970	8841	32.78	12197	1201	9.85	5469	544	9.95
成人高等学校	13281	3302	24.86	3051	251	8.23	1395	134	9.61
中等技术学校	36204	12282	33.92	9104	1099	12.07	4456	732	16.43
中等师范学校	17327	8436	48.69	2644	782	29.58	1568	526	33.55
普通中学	965399	282542	29.27	71314	17401	24.4	55528	13986	25.19
农、职业中学	52102	14791	28.39	4849	1267	26.13	3266	908	27.8
小学	4350502	1485728	34.15	183171	62399	34.07	166662	56932	34.16
幼儿园	191912	35495	18.5	11446	1671	14.6	9148	1474	16.11
盲聋哑学校	456	50	10.96	110	12	10.91	66	5	7.58

注：(1)普通高等学校在校学生数不含研究生数。

(2)成人高等学校在校学生数、教职工数、专任教师数不含普通高校举办的函授部、夜大学的学生数、教职工数和专任教师数。

(制表：王碧海)

困乡的学生3501人，占在校学生总数的63.2%；1986年至1990年先后有5届中师毕业生，计5308人，其中分配到乡和乡以下小学任教的4559人，占85.9%，分配到边远民族贫困乡任教的3460人，占65.2%。全省共有1146个边远民族乡分到了中等民族师范的毕业生。

在贵州农学院、贵阳医学院和贵州民族学院等高校举办了民族班(预科班)，主要面向边远贫困地区招收少数民族学生；高等学校招生继续对少数民族考生实行照顾10分或20分的录取办法。1990年少数民族考生高考录取人数占录取总人数的比例已达34.8%，全省9所本科院校在校少数民族本科生有4629人(其中来自农村的1971人)，占在校本科生总数的29.1%。中专教育方面，三个自治州先后建立了一所民族行政管理学校，专门培养少数民族地区区、乡干部和技术人才，现有在校生1543人。除贵阳市外，各地卫生学校均举办了民族医士班，定点招生，为边远少数民族聚居的农村输送了大批基层医务人员。另外，三个自治州继续办好民族师范专科学校，现共有在校学生2288人。黔南州还建立了一所民族医专，有在校学生276人。

基础教育

一、中小学德育工作得到加强

1990年，中共贵州省委、省政府作出《关于加强和改进中小学德育工作的决定》，要求各级党、政应加强中小学德育工作的领导和管理，各地要逐步建立健全德育工作机构，充实、提高德育工作队伍，加强德育科学研究教学研究工作。小学思想品德课和中学政治课的改革实验工作正积极进行，教学质量不断提高。围绕纪念鸦片战争150周年、迎亚运、实施《国旗法》等活动进行的爱国主义教育形象、生动。“学雷锋、学赖宁”活动成效突出，学生中好人好事层出不穷。学生日常行为规范的养成教育在中小学校普遍开展后，师生的精神面貌有较大改观，校风、校纪、校容、校貌有了新的变化。

二、普及初等教育的县已过半数

1990年，贵州省关岭、惠水、平塘、大方、黔西、正安、桐梓等7个县经省、地（州）政府验收，基本达到普及初等教育县的标准。至此，全省共有47个县普及了初等教育，占全省县总数的54.65%。全省共有2972个乡镇通过了以乡为单位的普及初等教育验收，占全省乡镇总数的75.5%。已验收的县、乡人口数有2332.5万人，约占全省总人口的72%。

三、中小学危房改造取得新突破

为巩固前三年危房改造工作成绩和搞好新产生危房的改造维修工作，省人民政府批转了省教委《关于加强中小学危房维修改造和配套建设的意见》，决定将中小学危房改造工作延长一年（至1990年底），以后逐步转入正常维修和配套建设。据不完全统计，全省1990年共改造维修中小学2143所，改造危房面积70.09万平方米（其中拆除重建47.8万平方米）。省级共安排资金3449万元（其中：中央补助949万元，不发达地区发展资金1100万元，省财政小教基建投资200万元，省民族机动金200万元，省危房改造补助款1000万元）。地、县自筹危房改造资金5765万元（其中：地区级财政安排专款1064万元，县级财政专款2221万元，乡村群众集资2480万元）。中小学配套建设工作已开始起步。据不完全统计，全省进行配套建设的学校有600所，其中达到教室、办公室、寝室、厕所、操场、围墙、校门“七配套”要求的有48所。

四、实施普通高中毕业会考制度

贵州省普通高中从1989年入学的新生开始，试行高中毕业会考制度。会考采取考试和考查两种方式，考试科目为：政治、语文、数学、物理、化学、生物、历史、地理、外语9个学科；考查项目为：劳动技术课和物理、化学、生物3个学科的实验操作。考试与考查一律在本学科教学全部结束后进行，学完一门考一门。实施会考后，高校招生考试也将进行相应的改革。

普通高中毕业会考政策性强、工作量大，涉及千家万户，贵州省教委为此提出了“大胆改革、精心施工”的要求，省高中毕业会考协调工作小组、省高中毕业会考命题委员会及各学科的科目委员会制定了《贵州省试行普通高中毕业会考制度的实施方案》及与会考制度配套的相关文件：9门考试科目的会考标准、4个考查项目的考查标准和办法、《贵州省普通高中学生毕业标准（试行办法）》、《贵州省普通高中毕业会考学籍管理暂行办法》以及高中调整教学计划的意见和各科教材调整意见等。先后对教师、考务人员和各级教育管理干部共约2000人次进行了培训。

1990年7月5日，1989年入学的高中一年级学生进行了历史科高中毕业会考。全省42637名考生参加考试。结果：平均分为78.82分；标准差为23.04；得分率，第一卷为83.42%，第二卷为73.2%；试卷信度大于0.9；95.48%的学生取得了合格成绩。

五、开展教育督导工作

贵州省到1990年底，全省9个地、州、市基本建立了督导室，有督导人员16人；59个县有督导机构或督导人员，占全省县总数的68.6%，有督导人员101人。1990年除继续对督导人员进行培训外，还在全省范围内开展了教育督导工作。

首先在全省范围内进行了中小学教育工作“五查”的复查工作。主要是检查1989年“五查”中发现的问题是否已经解决，各级政府的整改意见是否认真落实。在复查中，强调把中小学德育工作列为重点。复查结果表明：中小学德育工作得到加强，多渠道筹措教育经费局面打开，教师待遇有所改善，危房改造取得新突破，中小学生流失增长的势头得到控制，乱收费现象已基本制止。

此外，省、地、县分别开展了督导工作。省教委组织了普通中学办学水平督导评估试点工作，除贵阳市外，其余8个地、州、市在30所中学进行了试点。省教委印发了《贵州省中学教育常规管理基本要求（纲要）》和《贵州省中小学德育工作评估方案（试行）》作为评估的标准。贵阳市组织了对全市35所普通中学及部分厂矿子弟学校的督导评估工作。安顺地区制定了《普通中学教育评估方案（试行）》、《JIP实验项目学校评估方案》。黔东南州制定了《县（市）教育行政工作督导评估方案》、《中等师范学校督导评估方案》。六盘水市制定了《六盘水市普通中学教育工作评估方案（试行）》，并在11所中学组织实施。湄潭县人民政府建立了对区（镇）、乡政府教育工作督导评估制度，对复兴场区公所的教育工作进行了督导评估。

六、贯彻实施幼儿园工作规程及管理条例

1990年初，贵州省教委及有关部门在全省范围内开展了宣传《幼儿园工作规程（试行）》、《幼儿园管理条例》的活动。5月，举办了全省地、州、市、县幼儿教育专职干部和视导员150多人的培训会，学习两个法规文件。截止年底，各地、州、市和30%的县举办了学习两个法规的培训班。省教委、物价局、财政局、卫生厅制定了《贵州省幼儿园登记注册规定（试行）》，规定：全省实施幼儿园登记注册制度，未经登记注册，任何单位和个人不能举办幼儿园（班）；县镇以上城镇所在地举办的幼儿园（班），地处农村的工矿企事业、部队举办的幼儿园（班），均需提出书面申请，由主管部门出具同意办园的证明，到所在县（特区、区、市）的人民政府教育行政部门登记。还规定：凡提出登记注册申请的，由县教育行政部门组织有关方面审查幼儿园的办园条件、方向、宗旨、招生范围、教材、教师等，符合条件者，由教育行政部门注册发给办园许可证，达不到条件的，整顿之后，在规定的期限内，重新验收。幼儿园的开办和关停要报教育行政部门批准。各地、州、市均已基本完成登记工作和注册的试点。10月，省教委、卫生厅、建设厅共同签发了《贵州省幼儿园办园基本条件（试行）》，作为幼儿园（班）注册的基本要求。

七、盲、聋哑、弱智三类特殊教育均有发展

1990年，贵州省盲、聋哑、弱智三类特殊教育均有发展。盲教育：首次在都匀市、三穗县进行盲童随班就读试验，效果良好。此次试验结束了贵州盲童不能与正常儿童同班学习的历史，同时又为偏僻贫困山区的盲童提供了受教育的机会。聋哑教育：黔西南州聋哑学校于9月正式招生开学，有3个班级、49名学生、8名专任教师。弱智教育：贵阳市乌当区成立启智学校，有3个班级、32名学生、9名专任教师；遵义市、兴义市和六盘水市钟山区，均在普通小学附设一个弱智儿童启智班，学生分别为15人、12人、12人，专任教师分别为4人、2人、3人。

职业技术教育

一、农村教育综合改革取得进展

1990年，贵州农村教育综合改革继续在清镇、独山、黔西、乌当等县区试点，实行普教、职教、成教“三教统筹”，农、科、教协调发展，为在全省全面铺开此项工作积累了一些有益的经验。开展农村教育改革实验的县、区、乡，多数学校积极引进职业技术教育因素，在小学普遍开设劳动课，初中开设劳动技术课，部分学校已有自己的劳动实验基地，有的县还进行“3＋1”（即普通初中加一段时间的职业技术教育）试点。实验县集中力量办好一所多功能、综合性、起骨干作用的职业技术学校或培训中心，上挂（高等院校、科研部门）、横联（各行各业）、下辐射（农村千家万户），形成各具特色、讲求实效的培训网络。各县职业技术学校重点培养农村急需的中、初级技术、管理人才，已开始在教育为当地经济服务中发挥“桥梁”作用。学校除招收一定数量的长班外，还根据本县经济和社会发展的实际需要，积极举办各种类型的短期职业技术培训，对回乡知识青年、退伍军人、专业户、重点户、科技示范户进行农业实用技术培训，使他们掌握一两门先进适用技术，成为科技“二传手”。目前，全省职业技术学校已开办农技、食用菌、电工、化工、环保、企管等40多种专业，为城乡各行各业培养有文化、懂技术的专业人才。

二、省教委确定首批示范职业高中

1990年，贵州省教委在对各地、州、市申报的职业中学进行考察的基础上确定9所学校为首批示范职业高中。它们是：湄潭县职业技术学校、龙里县农业中学、贵阳市服装职业学校、松桃县民族职业技术学校、兴义市职业技术学校、榕江县民族职业技术学校、威宁县职业技术学校、安顺市宁谷农业中学、水城县职业技术学校。示范职业高级中学必须坚持社会主义方向，全面贯彻党和国家的教育方针，坚持教育为社会主义现代化建设服务，坚持教育与生产劳动相结合，主动适应当地经济建设和社会发展需要，培养德、智、体、美、劳全面发展的，具有良好职业道德和熟练职业技能的中等技术(管理)人员。学校应在教育教学改革、学校管理、办学形式、生产经营、科学实验、技术推广、社会服务等方面起示范作用，并为当地其他职业学校提供办学经验以及师资、设备、业务咨询等方面服务。省教委要求各地、州、市加强对示范职业高中的领导，争取在二三年内将示范职业学校建设成具有贵州特色的省级重点职业高中。省教委还决定每四年对示范职业高中进行一次评定和复查，对起不到示范作用的学校，取消其示范职业高级中学的称号及名牌。

三、部署中等农牧学校评估工作

1990年10月，省教委、省农业厅联合召开全省中等农牧学校办学水平评估工作会议，主要内容是：传达农业部《关于开展全国中等农业学校办学水平评估工作的通知》，部署对贵州中等农牧学校进行办学水平评估，并以铜仁农校为评估试点单位。10所中等农牧学校办学水平的评估工作，要求1991年上半年完成，评估工作按农业部的规定，从办学条件、管理与改革、质量与效益等三个方面进行。

四、开展全省技工学校毕业生技术等级考核工作

1990年，贵州省开展了技工学校毕业生技术等级考核工作。发布了《贵州省技工学校毕业生实行技术等级证书制度的规定》和《贵州省技工学校毕业生技术等级证书实施细则(试行)》等两个文件。全省实行了技术等级证书的技校23所，参考毕业生4000余人。经过技术等级操作技能考核，达到三级标准的3773人，占参考人数的94.3%；达到四级标准的236人，占参考人数的5.9%。实行技术等级证书制度，促进了技校教育办学指导思想的转变，促进了改变重理论教学、轻生产实习的倾向，促进了毕业生在培养、考核、使用、待遇等方面的改革。

高等教育

一、高等院校加强思想政治教育

1990年，贵州省高等院校对学生进行了坚持社会主义道路的专题教育。主要作法有：(1)调整充实马克思主义理论课的教学内容和重点。《中国革命史》着重进行没有共产党就没有新中国、只有社会主义才能救中国的教育。《马克思主义原理》着重进行科学世界观的教育。《中国社会主义建设》着重进行建设有中国特色的社会主义和改革开放中两条路线斗争的教育。(2)贯彻理论联系实际的方针，开展大学生思想状况调查，组织马克思主义理论课教师深入系、班，了解学生的思想实际，有针对性地进行教学。(3)加强教材的编写和修订工作。省教委组织编写了《马克思主义原理》、《大学生思想品德修养》教材，修订了《中国革命史》教材。（4）培训骨干。省教委举办了马克思主义理论教育研讨班和《大学生思想品德修养》教师培训班，共培训教师140人。（5）加强形势教育。“形势与政策”课每周增加2学时。组织学生学习《关于社会主义若干问题学习纲要》、《社会主义能够救中国》、《坚持社会主义道路教育电视》等书和系列讲话。通过教育，广大青年学生进一步坚定了在中国共产党的领导下走社会主义道路的信念。

1990年暑假，贵州省委高校工委、省教委、团省委以“人民送我上大学，我献知识为人民”为主题，组织30所高校近万名大学生深入贵州铝厂、水城钢厂、开阳磷矿等20多个重点企业和毕节、大方、普定、从江等50多个县的农村，开展社会实践活动。省有关部门负责人组成了贵州省高等学校社会实践活动领导小组，省政府拨出专款13万元资助活动的开展，宣传、教育、共青团等部门统筹协调。社会实践活动中，有8个单位受到中宣部、国家教委、团中央的通报表彰，贵州省还表彰了30个先进集体和70名先进个人。

二、高校公共英语教学质量逐年提高

1990年贵州省大学英语考试获合格证书的人数达128人，为1989年的三倍。近几年贵州省高校公共英语教学质量逐年提高，每年大学英语考试通过的人数都比上年增加。根据国家教委有关规定，结合本省生源、教学等方面的情况，贵州本科院校每年均只参加一次大学英语考试。省教委每年布置工作时，均要求各本科院校一方面要积极支持学生报考，一方面要坚持自愿报名参加的原则；要把全国统考看成是对大学公共英语教学的促进，在国家教委颁布的新的大学公共英语教学大纲的指导下，结合实际积极探索改进办法，逐年提高教学质量。为鼓励学生的积极性，省教委还要求各高校应将考试成绩与奖学金的发放、毕业生的分配、免试攻读硕士学位研究生的推荐等结合起来。近年来全省有近20人通过四级英语考试之后，又通过了六级考试。

三、高校科研工作稳步发展

1990年，贵州省高等学校有科研机构人员174人，其中普通高等学校155人。1989年到1990年，共承担了259项科研课题（基础研究136项，应用研究108项，试验发明15项），其中国家自然科学基金项目13项，国家科委和计委7项，国务院其他部门项目13项，省下达项目118项，企事业单位委托15项，国际合作项目6项，自选项目68项，其他15项。有65项科研成果通过鉴定，其中达到国际水平3项，属国内首创4项，属国内先进水平38项，其他20项。转让技术成果3项，成交额为45000元，当年实现金额25000元。出版科技专著34部，在国内外发表学术论文1216篇。7项科研成果已由国家专利局公开申请发明专利说明书。62项成果获科技进步奖，其中国务院有关部门奖励13项，省政府奖励49项。高等学校已成为全省科学技术发展的一支重要力量。

四、继续改革招生、分配制度

1990年，贵州省继续深化高校招生改革，共招收保送生163人，招收定向生3097人，招收委托培养学生623人，招收全自费生149人。在普通高校招生工作的几项照顾政策中，降分录取的少数民族考生4298人，占录取新生总数的34.8%；对3个民族自治州所属各县和各民族自治县连续工作满15年以上的汉族干部和公办中学教师子女照顾录取的考生94人；对残疾考生照顾录取55人；对归侨考生、华侨子女、归侨子女和台湾省籍考生照顾录取15人；对地区级以上优秀学生干部、三好学生、体育尖子等均按国家规定照顾录取564

人。1990年研究生招生工作采取三种办法：对大学应届本科毕业生，由毕业院校推荐，招生单位考试(考核)录取；对大学本科毕业后具有四年以上工龄的优秀在职人员，由国家教委批准的院校单独组织考试（含面试)录取；对其他考生，经全国统一考试，再由招生单位复试录取。

1990年大中专毕业生分配工作的主要政策和措施是：（1)对已纳入国家统一招生计划的大中专毕业生、毕业研究生，仍然实行按计划为主的办法分配工作。（2)在加强宏观管理的前提下进一步深化改革，继续坚持统筹安排、合理使用、加强重点、兼顾一般和面向基层、充实生产第一线、学用一致的方针和原则。(3)对来自3个自治州、31个贫困县的毕业生，只要所学专业是这些地方(包括中央和省在这些地方的直属单位)所需要的，原则上都应分配回去。(4)认真贯彻“择优分配”、“优才优用”的原则。省级党政机关选拔了90多名品学兼优的毕业生充实到各部门。分到有关机关后，凡未经过实践锻炼的，要先安排到基层锻炼一至二年。

五、对新入学的高校学生实行收取学杂费制度

根据贵州省教委、省物价局、省财政厅关于普通高等学校收费的规定，从1990年学年度开始，对新入学的本、专科学生（包括委托培养学生)、自费生实行收取学杂费的制度。本、专科生学杂费，每生每学年100元。住校生宿费，每生每学年20元。对师范专业学生免收学杂费和住宿费。对农学院、民族学院本、专科生、定向到31个贫困县的定向生以及地矿、石油、水利等艰苦专业学生免收学杂费。对家庭经济确有困难的学生酌情减免学杂费，减免人数控制在10％以内，减免金额控制在5％以内，减免期一年，期满后重新确定。自费生除按规定交纳学杂费和住宿费外，还应交纳培养费。

成 人 教 育

一、扫盲工作跃上新台阶

1990年，贵州省政府十分重视扫盲工作，采取了切实有效的措施，使扫盲工作跃上了新台阶。国家教委布置贵州省1990年完成20万人的扫盲任务。经各地努力，1989年9月至12月脱盲195508人，1990年1月至7月脱盲136544人，全省共计扫盲332052人，完成扫盲任务数的166.9％，使全省15至40周岁青壮年文盲率从1979年的61％下降到19.1％。1990年共验收9个基本无盲县(特区)，分别是金沙县、大方县、关岭布依族苗族自治县、盘县特区、普安县、惠水县、毕节县、安龙县和丹寨县；此外，还验收2个地区级基本扫除文盲单位：铜仁地区和遵义地区。目前，全省共有62个县(市、区、特区)经验收已达到国务院规定的基本扫除文盲标准。各地农村成人教育在扫盲的基础上，正把发展农民的职业技术教育和“三后”(小学后、初中后、高中后)职业技术培训作为重点来抓。到1990年全省乡(镇)农民文化技术学校共开设农村各种种植业和养殖业及家用电器等短期培训班，培训70多万人次。特别是在农村教育改革实验区，利用农民文化技术学校，举办各种类型的成人职业技术培训，逐步形成职业技术培训网络。

二、积极实施“燎原计划”

贵州省实施“燎原计划”，到1990年已推广技术项目40余项，结合农民文化技术学校，举办各类实用技术培训班，培训7万余人次，形成了以推广杂交包谷、杂交水稻和快速养猪法为龙头的种植、养殖业体系，提高了农村广大劳动者的素质，增强了吸收、应用农业新技术的能力，取得了较好的经济效益和社会效益。1990年，清镇县在农户中推广应用快速养猪法，年生猪出栏数比传统饲养方法增加1倍；天柱县渡马乡栽种“交三单交”优良杂交包谷，亩产达到800公斤以上，创该地历史最高纪录，以致出现群众争购争种良种现象。1990年9月，由省教委组织各县农村教育专职干部50人到江苏省宝应县学习特种鱼养殖技术，他们把学到的技术在全省各地进行推广。同时，还在教改实验区之一的乌当区单独招收了119名具有高中以上文化程度的农村基层干部，在省电大就读一年制党政管理专业证书班，这些基层干部素质的提高，对普遍提高当地劳动者的素质起到积极的推动作用。1990年2月，还招收了121名全省各贫困县的党政干部参加省民族学院一年制党政管理专业证书班的学习，并在学习期间进行了“交三单交”优良杂交包谷的栽培和管理培训及实践。与此同时，各“燎原计划”示范县、乡也根据当地实际，因地制宜地积极开展各种“实际、实用、实效”的技术培训。1990年贵州省接受“燎原计划”贷款60万元，已分别贷给了遵义县成人教育中心、湄潭县职业中学、松桃县孟溪农民文化技术学校等单位，款项已全部到位并投入使用。

三、部署成人高教治理整顿工作

1990年10月4至6日贵州省教委召开成人高等教育工作会议，副省长龚贤永作了《关于成人高等教育治理整顿工作的意见》的讲话，就成人高教治理整顿的指导思想、措施办法和要求等问题作了指示。对治理成人高教的乱办学、乱收费、乱发文凭现象，要求学校首先把好入学关，必须是参加全国成人高考录取的学生，才能取得接受学历教育的资格；在教学上要把好质量关，按规定教学大纲授课；毕业要把好验印关，由省教委盖章。这样才能保证按照国家的规格要求培养各类合格人才。省教委领导要求各高校认真贯彻会议精神，对照文件逐条进行自查，年底写出自查报告送省教委审查。

四、大中专自学考试顺利进行

1990年，贵州省大中专自学考试共接纳51179人报考122386科次，与1989年相比，报考人数增加4262名，报考科次增加44378科次，增长率分别为11.56%和56.88%，呈稳定发展趋势。其中中专学历层次，由于秋季开考了公安管理专业，使考生由春季的2898人、7062科次上升为9468人、26732科次，增长率分别为226.7%和278.4%。1990年，又有1214名考生获得国家颁发的高等教育自学考试本、专科毕业证书。至此，贵州省高等自学考试已为国家输送4454名专科（基础科）毕业生、50名本科毕业生。

撰稿人　鲁源安　潘建春

审稿人　万方亮　符康荣

云南省教育

概况

一、各级各类学校基本情况

1990年各级普通学校基本情况

单位：人

学校类别	学校数（所）	毕业生数	招生数	在校学生数	教职工数 计	其中：教师
一、普通高等学校	26	14778	13190	43992	17079	7754
研究生		248	151	467		
本科	12	6280	5638	23985		
专科	14	8250	7401	19540		
二、普通中等学校	2397	386896	499727	1381511	110022	80066
1.中等专业学校	138	20656	22932	73779	13458	7093
中等技术学校	110	12543	15382	49296	10325	5323
中等师范学校	28	8113	7550	24483	3133	1770
2.普通中学	2030	339895	443991	1239451	90860	69238
高中	503	55660	65075	180593		12331
初中	1527	284235	378916	1058858		56907
3.农业、职业中学	228	26337	32790	68241	5665	3712
高中	186	17050	20740	48966		2942
初中	42	9287	12050	19275		770
4.工读学校	1	8	14	40	39	23
三、小学	53556	645865	799868	4468606	190635	174159
四、特殊教育学校	7	72	294	1275	239	175
五、幼儿园	1434			300644	16191	11966

1990年各级成人学校基本情况

单位：人

学校类别	学校数（所）	毕业生数	招生数	在校学生数	教职工数	
					计	其中：教师
一、成人高等学校	21	9430	6712	25112	2796	1264
广播电视大学	1	3732	2207	6106	543	240
职工高等学校	13	443	161	682	927	390
农民高等学校						
管理干部学院	1	291	221	582	205	101
教育学院	6	1656	1174	4362	1121	533
独立函授学院						
普通高校举办						
函授部		2502	2306	10932		
夜大学		806	643	2448		
干部专修科						
二、成人中等学校	3108	660556	603240	649680	6128	2830
1.成人中等专业学校	141	4050	8757	32418	3835	1789
广播电视中专	4	713	1800	19925	526	146
干部中专			665	818	119	117
职工中专	13	1923	4473	7623	1303	585
农民中专						
教师进修学校	124	1414	1819	4052	1887	941
2.成人中学	38	8217	7811	8298	215	37
职工中学						
农民中学						
3.成人技术培训学校	346	286363	110783	111705	580	262
职工技术培训学校	31	27988	3780	4457	246	76
农民技术培训学校	315	258375	107003	107248	334	186
三、成人初等学校	2583	361926	475889	497259	1498	742
1.农民初等学校	2571	361630	470793	492163	1482	726
2.职工初等学校	12	296	5096	5096	16	16
其中：扫盲班	2093	163330	359888	380762	1214	663

二、召开全省教育工作会议

1990年3月24日，省教委召开全省教育工作会议。会上，省教委主任张继康提出云南省教育工作今后着重要解决的几个问题：（1）把改进和加强思想政治工作放在首位，坚持党对教育工作的领导，坚持教育的社会主义方向；广泛开展爱国主义教育，经常不断地开展形势教育，寓思想教育于各种活动之中；加强劳动和实践环节，引导师生走与工农相结合的道路；加强和改进高等学校马克思主义理论课和中小学思想政治课、思想品德课，加强党的建设，建立和完善中小学德育工作的领导体制。（2）加强基础教育，抓好"三项改革"和"三项建设"。"三项改革"即：教育管理体制的改革；农村教育的整体改革；中小学校长负责制、教师聘任制和学校岗位责任制(或内部结构工资制)的改革。"三项建设"即:师资队伍建设;教材建设;办学条件的建设。改善办学条件要实行以国家拨款为主的多渠道筹措教育经费的体制,广泛发动群众集资办学。(3)积极发展各种形式的职业、技术教育。(4)普通高等教育在稳定局势的情况下,调整本、专科在校生比例,调整专业结构,适当发展应用学科,拓宽专业面。(5)成人高等教育实现学历教育向专业证书、单科证书、学历证书的转变,实现单一功能向短期培训、岗位培训、继续教育多功能的转变。三年内每年扫除文盲20万,争取每年每一农户至少有一人接受过实用技术培训。(6)民族地区的教育以普及小学教育为重点。对40所寄宿制民族中小学和300所半寄宿制民族高小实现目标管理,争取到1992年完成民族地区由五年制向六年制过渡的任务。

基础教育

一、省委、省政府召开全省民族贫困山区经济教育发展现场会和全省农村教育工作会议

1990年6月29日,云南省委、省政府在地处滇西北角、俗称"小凉山"的宁蒗县召开全省民族贫困山区经济教育发展现场会。参加会议的有57位县委书记,一部分地、州、市、县民委、教委、科协及省属几十个部门的负责同志,这在全省还是第一次。省委书记普朝柱在会上提出云南省高寒贫困山区发展经济教育的基本思想:(1)治穷必须治愚,开发经济必须同开发智力相结合,把提高全民族文化技术素质摆到首要战略地位;把重点放在办好基础教育和职业技术教育上;解决好学与用的矛盾,使民族教育达到"学以致用,学能致富"的目的。(2)从高寒山区的实际出发,因地制宜,实事求是,找准路子,扬长避短,择优发展自己的经济。(3)发扬自力更生、艰苦奋斗的精神,不"等、靠、要"。这次会议对推动民族贫困山区教育事业发展起了重要作用。

12月10日,省委、省政府在昆明召开全省农村教育工作会议。省委、常委、副省长保永康在会上讲话,对如何进一步发展与改革云南农村教育提出以下基本思路:(1)因地制宜建立和完善农村教育体系。县以下的农村把教育工作重点放在办好基础教育和各种形式的职业技术教育上;中等农业教育今后不再新增布点,保持适当规模,主要在调整招生对象,科学设置专业,改善办学条件,提高教学质量,培养当地农村适用人才上下功夫;高等农业教育在近期内相对稳定规模,调整层次和专业结构。(2)坚持正确方向,深化农村教育体制改革。坚持农村教育的社会主义方向,把德育放在学校工作的首位;进一步改革管理体制,促进"三教"统筹和农科教结合;改进教学内容和方法,更好地为发展农村经济服务;建设一支德才兼备的师资队伍,充分发挥教师办学的积极性。(3)完善有关政策,为农村教育的改革和发展创造条件。增加教育投入,改善办学条件;对省定为24个农村智力开发试点县乡镇、农技站负责开办的职业技术学校,每校增加两个事业编制;农业大中专学校计划内招收的自费生和不包分配生,参照全日制大中专学校的有关规定,由各所在地粮食、商业部门供给粮油和副食品;劳动人事部门要随着农业教育的改革,制定具体政策,实行从不包分配的农业大中专毕业生和农职业中学毕业生及农村中学"三加一"班毕业生中对口择优录用的制度,对不参加"三加一"班或其他农职业培训班学习的农村青年,一般不准参加招工招干考试;财政、金融、物资等部门要在资金、物资方面给各级各类农业院校和农职业中学一定的扶持,税务部门要在税收方面给予照顾。

二、召开全省中小学、幼儿园、中专德育

表彰暨经验交流会

1990年9月9日，省委宣传部、省教委、省中小学幼儿教师奖励基金会联合召开全省中小学、幼儿园、中专德育表彰暨经验交流会，会上表彰了昆明市中华小学、东川师范学校、昆明市第三幼儿园等德育工作先进集体33个，优秀德育工作者266人。

三、发布基础教育分级管理暂行规定

1990年10月19日，云南省人民政府发布《云南省基础教育分级管理暂行规定》，分别对省、地、县、乡、村各级部门在基础教育中的主要职责作出明确规定，保证了地方教育事业的顺利开展。

四、幼教事业稳步发展

1985年到1990年，全省幼儿园、学前班从4344所(班)发展到7110所(班)，增长63.7%。在园儿童从19.7万人增加到30万人，增长52.3%。其中农村学前班发展尤其迅速，从2363班发展到5676班，增长140.2%；入班儿童从7.2万人增至12.5万人，增长73.6%。全省每万人中在园儿童由58.5人增加到82.4人。教职工人数从10761人增至16191人。教师队伍的学历达标率明显提高，中师及高中毕业以上的占56%。中师、高中肄业及初师、初中毕业的占35.9%，初师、初中肄业及以下的占8.1%。在幼儿园专任教师总数中，受过学前教育专业训练的4002人，占总数的33.4%。全省确定148所县级示范幼儿园和191所首批实施《幼儿园工作规程》的园(所)，其中昆明市第三幼儿园被定为全国实施《规程》的试点园。

五、中小学生升学率、巩固率及教师学历情况

1990年，全省普通初中毕业生升学率为40.7%，其中升入普通高中的占22.9%，升入农职业高中的占7.3%，升入普通中专的占6.8%，升入技工学校的占3.7%。小学毕业生升学率为60.5%，其中升入普通初中的58.7%，升入农职业初中的占1.8%。学龄儿童入学率为94.64%，比1989年增长0.11个百分点。小学在校生巩固率为94.3%，应届毕业生毕业率为96.1%。

1990年，全省普通中学专任教师中，高校本科毕业及以上的占16.5%，专科毕业及本专科肄业两年以上的占42.9%，本专科肄业未满两年的占1.3%，中专高中毕业及以下的占39.3%。小学专任教师中，中师、高中毕业及以上的占65.7%，中师、高中肄业及初师、初中毕业的占25.4%；初师、初中肄业及以下的占8.9%。在小学专任教师中，中师、初师毕业的合计占总数的50%。

六、进行九年义务教育课程教材改革试验

此项试验涉及220所学校，374个班，18086名学生。其中：采用人民教育出版社"六·三制"教材的小学44所，136班，6472名学生；中学33所，118班，6255名学生。采用人民教育出版社"五·四制"教材的小学3所，6班，280名学生；中学4所，8班，400名学生。采用四川版"六·三制"教材的小学5所，15班，835名学生；中学5所，24班，1300名学生。采用省编教材的小学47所，60班，2214名学生。初中毕业后参加职教试验的4所，7班，330名学生。

昆明铁路三中在试验教材的教学中改革教学方法。(1)充分利用教材编写的特点进行教学。如：根据语文教材突出母语的特点，加强语言训练；根据英语教材顺应世界外语教学新潮流的特点，强调语言的实际运用，改变过去注重语法教学，忽视口语训练的弊病；理化生物课强调学生的实际操作能力，突出实验课教学，使学生看得见，摸得着，闻得到。(2)掌握学生心理，激发学生的学习兴趣和主动性，体现学生的主体作用。教师从学生的年龄特点、心理状况出发，搞好从课堂教学计划到讲解、设疑释疑、练习等环节的设计，以教材作为例子，使学生能举一反三，扩大视野，增加信息量。（3）贯彻“少而精”、“启发式”的原则。“少”，但能体现教学目的的集中、单一；“精”，是在“得当”、“精”上下功夫，不把“启发式”理解为“提问式”或“问答式”。（4）加强基本概念、基本理论的教学，把各门知识最基本的概念和基本的理论知识传授给学生。进行有预见性的教学，加强学生基本技能的训练，改变以往教学中搞题海战术，对学生实行“管、卡、压”等的做法。（5）以“速读、精思”为中心，扭转过去教学中学生阅读速度慢，教师教学语言慢，不能积极思维的状况，提高课堂教学质量和效率。加强非智力因素的培养，教给学生正确的学习方法和良好的学习习惯。开展相关的课堂教学辅助活动，如：语文课的课前背诵诗歌，办手抄的小报，成立文学社，演出话剧小品等；英语科举办英语角、模拟情景戏剧小品表演等，促进课堂教学质量的提高。昆明铁路三中在教学方法的改革中，还注意其他相关因素的学习和研究，如：教学方法的改革充分考虑处在成长发展之中的、具有差异性和能动性的学生发展；教学方法的改革特别注意使之能有效地选取、组织、传递和运用信息；注意教学方法中的双向反馈；在改革中既重视“教法”也重视“学法”，不仅使学生学会，而且使学生会学；注重教学方法的多样性，要求教学方法因地制宜，因人而异；在教学方法的改革中，不单纯以考试分数论高低，逐步建立全面反映学生发展的科学评估标准；处理好传统与改革之间的关系；克服改革中的片面性。

永善县第六中学在试行四川版“六·三制”教材中把握教材特点，进行教法学法改革。如：在语文课的教学中，教师利用教材上的导语，引入课文，达到入情；利用旁批，理清自已的思路，指导学生凭借旁批抓住课文的重点、难点，启发学生深入地阅读思考、学习课文。老师在教学中充分把握住“六、三制”四川版教材重点突出、可读性强，融思想性、科学性、启发性、趣味性为一体等特点，在课堂教学中注意精讲，注意启发式教学，从以往“以讲代学”、“以讲代练”的圈子里跳出来，把学习的主动权交给学生。注意学生实践，学生在教师的指导下，动手动脑，课堂气氛活跃。

七、发起“捐献一元钱活动”，为教师奖励基金集资

1990年，云南省中小学、幼儿教师奖励基金会与省教委、省总工会、团省委、省妇联等12个单位联合发起“捐献一元钱活动”，目的是弘扬中华民族尊师重教的优良传统，推动全社会关心和支持教育。截至1990年底，共收到捐款90多万元。基金会募集的资金总额已达550万元。

八、利用国际合作交流培训师资

“七·五”期间，联合国儿童基金会援助的3个周期项目，金额逾70万美元，主要用于培训师资。

1988年开始执行的世界银行贷款中学教师培训项目，云南省共获优惠贷款170万美元。

依托云南师范大学建立的西南地区少数民族外语教师培训中心，接受联合国援助金额150万美元，除30万美元用于购置设备外，其余大部分用于人员培训等软件建设。该中心已于1990年开始招生。

从1985年起，云南省每年都有中学教师接受公派出国进修学习。至1990年，共有20多名中学教师分别到美国、英国、澳大利亚、加拿大进修学习。

聘请外籍教师直接参加中学外语教师培训工作。1987年、1988年暑期举办的ESEC英语听说强化培训班，由美方提供教材，派遣教师授课，有70名教师参加培训。1989年、1990年邀请美国英语应用学会在昆明举办哈伯特教学法培训班，共有96名教师参加培训。

职业技术教育

一、农村职业技术教育的发展

云南省在农村职业教育中除办好农、职业中学、农业中专，在普通中学举办职业班外，还积极引进现代化远距离教育手段，开办省农业广播电视学校。广播电视学校下设102所分校，1981年以来共招中专学历生36530人。省农垦局也相应建设农业广播电视学校，在读生858人。电视大学开办面向农村的大中专教育，先后招收大专生5693人，中专生1602人。1990年又开办云南燎原广播电视学校，面向全省农村开展职业技术教育。

省级财政逐年增加对农业大中专学校的投入，使办学条件得到改善。地、县、乡各级政府和有关部门也从各方面采取措施，增加投入，加强和发展农村教育。

1988年后，全省共有100个乡实施“燎原计划”，17个县开展农村教育综合改革试点。

二、职业技术教育坚持多形式、多渠道办学，并围绕当地脱贫致富、发展经济开设专业，培养人材

宁蒗彝族自治县农职业学校坚持为当地经济服务，从实际出发，按脱贫致富的需要开设专业，既办学制二、三年的长班，也办一年、半年、三个月的短班和几天、十几天的专项培训，使职业教育产生了较好的社会效益。学校先后开办建筑、木工、林业、农业、牧医、商业、钟表、家电、乡村医生、果树栽培、动物饲养、水利、财会等13个专业、20个班级，招收学生922人，到1990年已毕业534人。学校还开办食用菌栽培技术、新法养猪、果树管理、地膜栽培等种养技术短期培训班124期，有3810人次受训。学校在教学过程中，注重培养学生的实际动手能力。教学中增加专业课的比重，适当减少文化课，比例为6∶4，强调文化课为专业服务。如在语文教学中，删节古文、文言虚词等，增加农村应用文、说明文等。专业课不照搬中专、职业高中教材，而是针对农村实际需要和本地自然条件加以选择，尽量选教使学生回乡后能致富的实用技术。在具体教学活动中，改变先学文化课和专业基础课，后学专业课，毕业前才接触实际的常规做法，让学生在学了一定基础知识后就接触专业。如：家电班在学习电学、电工基础知识的同时，就让学生组装收音机；果树班边进行教学边在校内外进行育苗、嫁接、种植、修剪等；牧医班和乡村医生班在校内把兽医门诊和医疗门诊的临床诊治同课堂教学结合起来；建筑班在学习期间就参加建校，第一学年为学校修建了600多平方米的教学楼和200平方米的办公楼，第二学年投入社会分组承包工程，不但学到了技术，还解决了大部分学习和生活费用；木工班课堂教学3个月后，就在实习教师的指导和带领下承包家具制作，毕业前还为学校制作课桌凳100套，高低床、图书架、办公桌各30套(架)。学校还重视为社会服务，农、林、牧、医各专业每年都要按生产季节下乡一两次为农服务。

陆良县1988年5月定为云南省农村教育综合改革试点县后，确立党委、政府统筹，“大家教育大家办”的管理体制，建立起县、乡(镇)、村公所(办事处)三级教育管理网，实行“三教”地方化，分级管理，分级负责。(1)变“升学教育”为“素质教育”，在普通教育中注意渗透职业技术教育的因素，小学开设劳动课，中学开设劳动技术课。1990年，全县415所中小学，有385所开设劳动课或劳动技术课，占学校总数的93.2%。中小学校结合劳动技术课，广泛开展勤工俭学活动。勤工俭学面达72%，直接参加劳动的学生占70%以上，开展的项目有种植、采摘、养殖校办工厂等。(2)职业技术教育牢固树立为本县经济、社会发展需要服务的观念。县职业中学1990年已有学生736人，14个教学班，开设了以家

庭经营、林果园艺、畜牧兽医、妇幼保健为骨干的10个专业；有30.25亩实验、示范基地，已进行了30个包谷品种的实验示范和2个包谷品种的稳产高产试验，12个品种的水果试验。同时，与挂钩的乡村搞了15亩水稻的丰产实验；在校内搞了两个不同品种的柑桔、花卉栽培实验；与地区畜牧局、县畜牧局挂钩在校内进行3种不同添加剂和皮蛋白粉饲养肥猪的试验。1987年到1990年，全县共开办高初中“三加一”班42个。大部分职中毕业生和“三加一”班的毕业生回乡后能利用所学专业技术为当地经济建设服务，走上脱贫致富的道路。（3）加强农、科、教统筹，由县农业、科技、教育等部门联合成立领导小组，聘请23名科技人员组成“燎原计划”宣讲辅导团。1989年到1990年，对195名乡（镇）干部和技术骨干进行粮食方面9项增产措施的培训，组织编写包括11项农业技术措施在内的乡土教材并印发5万余份；编制农业实用技术录像带6部（包括薄膜技术、包谷营养袋育苗定向移栽、烤烟、科学使用化肥等），发给各乡（镇）。各乡（镇）放映上述录像片326场，观众达27.9万人次。农村教育综合改革的大教育观念的逐步形成，促进了全县社会经济持续、稳定发展。

三、制定农村智力开发试点县工作实施方案

1990年，省委、省政府确定禄劝、呈贡、永善、陆良、罗平、寻甸、西畴、泸西、峨山、镇源、孟连、禄丰、元谋、武定、大理市、洱源、云龙、龙陵、盈江、中甸、兰坪、景洪、宁蒗、云县等24个县和东川市3个乡为云南省农村智力开发试点县（乡）。试点县（乡）的任务是在县委、县政府的统一领导下，既把本县的经济开发与智力开发结合起来，使农村教育和两个文明建设都取得明显效果，又要为全省探索和总结农村教育改革和发展的经验。同年12月26日，省委、省政府制定《云南省农村智力开发试点县工作实施方案》。《实施方案》包括以下要点：（1）各试点县建立由县长任组长，有关部门负责人组成的农村智力开发领导小组，制定经济、教育发展规划和试点实施方案。（2）县城和经济发达地区2000年实现九年义务教育，民族地区、贫困地区、边疆地区重点普及小学教育。普通中小学因时、因地制宜地引进职业教育因素。（3）大力发展小学后、初中后、高中后的“三后”教育，农村小学通过举办“六加七”班或星期六、星期日的短期培训班等多种形式，对应届和历届不能升学的学生不断进行文化技术培训。高中毕业未升学的学生，通过县乡职业技术学校或其他途径进行职业技术培训。（4）试点县要办好一所起骨干和示范作用的职业中学。乡职业技术学校与农民文化技术学校结合，两块牌子，一个实体，一套班子，一套设置，既学文化，也学技术。（5）以乡或村为单位进行智力资源的普查登记，范围是历届回乡的初高中毕业生、具有相当于初中以上文化程度的复退转业军人、有一定专门技术的能工巧匠、当年回乡的初高中毕业生。（6）各试点县由农技站负责，每年抓几项能促进当年增产的关键性、突破性的技术措施，作出短期单项培训计划，培训到农户，加快推广步伐，做到当年就见成效。（7）各地（州、市）党委和政府、省级有关部门、大专院校、科研单位和大型企业，要与试点县定点联系，派出干部下到试点县，在县委、县政府的统一领导下，协助做好试点工作，为农村开发智力服务。

高等教育

1990年5月17日至20日，国家教委副主任何东昌视察了云南工学院、云南农业大学、云南大学、云南民族学院和云南师范大学，就高等教育工作中一些重要问题发表了意见。

一、各高校采取多种措施，努力提高教育质量

云南民族学院进一步端正办学方向，把更多的精力集中到调整内部结构，提高教育质量方面来。他们采取的措施是：召开全院教学工作会和教学经验交流会，在全院征集教改方案，试行《教学质量评估办法》；加强基础课教学，各系均安排高水平、有经验的教师上基础课，同时聘请国内外知名教授、学者来校讲课；建立教师业务档案，加强对青年教师的培养；建立试题库，严格考试制度，试行中期筛选和淘汰制。云南工学院重新制订和修订教学计划。新制定的90级本、专科教学计划基本达到整体优化的目的，具有以下特点：（1）重视和加强了德育课。思想品德系列课“人生哲理”、“形势政策”、“法律”、“大学生思想修养”4门课程列为必修课；“中国革命史”、“马克思主义原理”、“社会主义建设”3门课保证210学时以上。（2）加强了基础课。外语教学做到四年不断线，并适当增加学时。“科技英语”、“文献检索”、“工业企业管理概论”列为必修课并适当增加学时。（3）加强实践性教学环节，增强对学生动手能力的培养。（4）加强劳动观念的培养，将公益劳动列为必修课，不及格的要重修，重修不及格的不能毕业。（5）拓宽专业，增开选修课，部分系和专业实现了后期分流。云南大学在有计划地进行主干课程建设的同时，着力抓好与之配套的课程质量评估工作。1990年下学期对250门本科必修课程试行学生评估，发放近2万份标准化评估表，回收率达85%以上。云南师范大学修订15个本科教学计划。修订后教学计划的特点是：加强社会主义教育实践，把德育放在首位；课程设置体现高师教育特色和全面发展的原则，适当拓宽专业业务范围；重视基本功训练，使学生能写一笔好字，写一手通顺文章，有一副好口才，毕业后能胜任一门高中主修课的教学，能组织和指导班级集体活动，会做班主任工作，理科学生还会制作一些实验装置，会修理家用电器。由于采取有效措施，1990年各校教学质量普遍提高。

二、加强师资队伍建设，帮助中青年教师尽快成长

1990年，省教委制定青年教师参加社会实践锻炼的政策，决定1985年以后由高校毕业直接分配到高校工作的青年教师、青年党政干部及其他专业技术干部均应下基层参加社会实际锻炼，期限一般为一年。要求各高校从实际出发，结合学科、专业特点，按照有利于青年教师增长才干、锻炼成长的原则，采取多形式、多渠道的锻炼途径，组织青年教师到农村教育综合改革试点县、贫困县或昆明市以外的厂矿企业、乡镇企业任职，或到农职业学校、乡镇中学任教等等。凡不服从组织安排下基层锻炼或在基层锻炼考核不合格者，均不得评审、聘任高一级专业技术职务或任命高一级行政职务，不得安排公费出国学习。

各高校都注意对中青年教师在政治上、业务上进行培养、培训。如：云南大学从1989年开始，每学期对青年教师开新课和新任课进行任课资格审查。1990年对55位青年教师进行任课资格审查，要求开辟新课和新任课的青年教师按要求写出教学大纲、教材和教学参考书等，然后先由系、教研室组织试讲，再让同行教师、专家及学生对讲课教师提出教学法、教学经验等方面的意见和建议，帮助青年教师尽快成长。云南工学院提出加强中青年教师队伍建设的8条措施：（1）贯彻党的知识分子政策，做到政治上充分信任，思想上严格要求，工作上放手使用，生活上关心照顾。（2）确定培养方向，合理定岗，提供上讲台机会。（3）设立云南工学院青年科学基金，作为中青年教师科研课题的“点火费”。（4）增加云南工学院出版基金，为教师著书立说排忧解难。（5）对有突出贡献的中青年教师的职称晋级，由学院直拨指标，不受学历、资历、原职务、任职年限和部门指标限制。（6）逐步改善中青年知识分子的工作、生活条件，在实验室使用、住房、夫妻两地分居等方面，采取适度倾斜政策予以解决。(7)注意选拔德才兼备的中青年知识分子到各级领导岗位上任职。(8)学院每两年评选一次有突出贡献的中青年专家。

三、组织师生参加社会实践活动

1990年暑期，云南各高校普遍组织师生参加社会实践活动。包括社会调查、知识咨询、顶岗实习、团干部培训、中学生课外辅导、义务扫盲、为民服务等。云南大学的社会实践采取“以面为主，点面结合”的方式，团委除组织由48名师生组成的“云南大学赴中缅边境社会实践服务团”到耿马县孟定镇进行社会、经济、文化方面的综合社会实践及社会服务活动外，还由20多名同学组成科研小组，进行“大学生心理行为现状研究”的课题研究。为配合“国际扫盲年”活动，团委专门组织力量深入基层进行扫盲宣传和文字普及工作。云南经济管理干部学院每学期都让学生有一定时间深入实际，进行社会调查活动，并撰写调查论文。在共青团中央、全国学联等单位发起的全国暑期大中专学生“国情与改革”系列调查征文评选活动中，学院有6人获奖，其中二等奖2人。昆明工学院在1990年暑期由学院党委挂帅、院团委牵头，集中组织3支队伍分别深入江川县(考察县属企业)、云南冶炼厂(挂职锻炼、顶岗劳动、岗位培训)、昆明市官渡区福海乡(办扫盲班等)开展社会实践活动。云南省艺术学院组织1986级毕业班学生赴老山前线，与前线官兵在猫耳洞同吃同住。学院还要求每个学生暑期参加本地区扫盲、社会调查活动，并由当地文教部门进行鉴定，返校后提交暑期活动心得或调查论文。

四、高校科研与科研管理的改革

为推动高校科研工作，1990年省教委编辑出版了《云南省高等学校科学研究获奖成果汇编》。《汇编》汇集了1978年到1989年12年间云南省18所高等学校取得的具有明显社会效益和经济效益的获奖科研成果。这些成果共651项，其中获国家级奖励的35项，获省、部(委)级奖励的428项，获地、厅(局)级奖励的188项。获奖成果中，属自然科学研究的530项，属社会科学研究的121项。按学科分，有9个方面：哲学16项，经济学28项，教育学18项，文学22项，历史学12项，理学124项，工学139项，农学71项，医学197项。为进一步推动高校科研工作的发展，1990年省教委提出高校科研补助经费划拨和科研管理的改革办法26条。主要包括：(1)变科研划块补助与项目补助相结合的办法为以项目基金为主的管理办法。(2)新建含1100多位自然科学和社会科学专家在内的专家库，变单一的行政审批课题为依靠专家民主评审，在择优的基础上再进行行政审批。(3)变自由选题为有计划的导向选题，增强导向性。(4)加大项目基金的比例，使之占科研补助经费总额的60%；科研划块下拨经费占总额的比例缩小为30%；奖励性拨款为奖励性基金，占10%。(5)在60%的项目基金中，基础研究、应用研究和开发研究项目占20%，社会科学研究项目占15%，科技兴农、科技成果推广项目占15%，青年教师科研项目占10%。

五、完善高校招生、录取改革措施

1990年，云南省所属高等院校扩大招收定向研究生的比例，同时提高招收有实践经验的优秀在职人员的比例，并规定非定向培养的硕士研究生毕业后只能在本省范围内分配就业。为保证边远地区和艰苦行业能够分配到所需的人才，农林医师院校在继续执行定向招生政策的基础上又采取了3条措施：(1)扩大招收有实践经验的优秀在职人员和优秀回乡知识青年。这部分考生采取由省命题、单独考试、分类划定录取线的办法，实行定向招生、定向分配。(2)扩大招收预科生。将单一的民族预科扩大为民族预科和普通预科两种，即预科除招收少数民族考生外，也招收边疆、贫困地区农村户口的汉族考生。新生入学补习1年后，由省命题，组织统一考试和录取。（3）在全省41个贫困县、28个民族自治县、35个边疆县的县一中，推荐保送1％～2％优秀少数民族应届生到师范专科学校及农林医师院校专科班学习。保送生依据复习统测成绩集中录取。进一步完善对少数民族考生和体育尖子的照顾政策：根据民族之间和居住地区之间文化经济的差别，对不同民族、不同地区分别给予10分、20分、30分或同等条件下优先录取的照顾；高中阶段参加省级体育竞赛获得单项前8名、集体前5名的主力队员均可作为体育尖子照顾。

六、开展国际合作交流

云南省从1986年以来聘请外国专家、教师共1282人，其中外国教师641人，长期专家257人，短期专家384人。这些专家、教师来自美国、英国等10多个国家和地区，他们为各学校开设了若干门新课，充实更新了教学内容，改进了教学方法，补充了师资力量的不足。

云南省从1986年以来接收来自美国、法国、泰国等10多个国家和地区的留学生共203人，为他们开设了10多门课程，有的学校成立了对外汉语教学中心和教研室，形成了一套规章制度。

5年来，云南省先后接待外国官方、民间教育代表团和国际友人3630人次，举办学术报告会百余次，涉及学科30多类；接收赠款、赠物和资助约合1150万美元，给云南省的教育事业带来了一定的经济效益，改善了办学条件。

5年来，云南省派出留学人员366人。留学人员回国后开设新课73门，完成科研项目135项。

成人教育

一、发布《〈扫除文盲工作条例〉实施办法》

1990年2月13日，云南省政府发布《〈扫除文盲工作条例〉实施办法》。《实施办法》共24条，主要内容包括：（1）扫盲工作实行以块为主，分级负责。各级人民政府及其派出机构制定本地区的规划和措施，组织有关方面分工协作，具体实施，按规定的要求完成扫盲工作任务。（2）各级教育行政部门具体负责管理本行政区域内的扫盲工作，组织培训专职人员和教师，编写教材和读物，开展教学研究、交流经验和表彰先进等活动，指导教学工作，保证扫盲教学的质量。（3）扫盲与义务教育统筹规划，同步实施。（4）扫盲教育要讲求实效，把学政治、学文化和学科技知识结合起来。扫盲教学应符合成人教育规律，注意调动学员的主动性和积极性，注意识字能力的培养，速见成效。扫盲的形式，应因地制宜，灵活多样。在少数民族地区，应尊重少数民族的习俗。（5）扫盲工作实行行政领导责任制，扫盲任务列入县、乡（镇）、城市街道和企业、事业单位行政负责人职责范围，作为考核其工作成绩的一项重要内容。各级人民政府应建立岗位责任制，明确行政主管领导和有关行政部门及成人教育专职人员、教师的责任。乡（镇）人民政府、村公所应采取措施，订立乡规民约，督促文盲、半文盲接受扫除文盲教育。

二、制定《基本扫除文盲单位考核验收办法》

1990年9月15日，云南省下发《基本扫除文盲单位考核验收办法》。《办法》规定：（1）个人脱盲标准。农民识1500个汉字，企事业单位职工和城镇居民识2000个汉字；能看懂浅显通俗的报刊和文章，能记简单的帐目，能写简单的应用文。用少数民族语言、文字扫盲的脱盲标准是：拼音文字，能够熟练掌握字母的读、写和拼音规则；表意文字，识1000个字；音节文字，识1500个字。能用上述一种文字阅读民族文字的通俗书报，能用民族文字记简单的帐目和写简单的应用文。经脱盲考核合格者，由考核单位报县教育行政部门审核后发给统一规格的脱盲证书。（2）基本扫除文盲单位标准。农村县以下乡、村基本扫除文盲单位：15～40周岁人口中，除不具备扫盲学习能力的人以外，非文盲人数达到85%以上。县以下乡、村基本扫除青少年文盲单位：15～25周岁人口中的非文盲人数达到90%以上。基本扫除文盲单位和基本扫除青少年文盲单位还必须具备：初等教育必须普及；所辖基层单位都要达到标准和要求，个别达不到要求的边远乡村，也不能低于80%；少数民族、妇女人口中的非文盲人数不得低于80%。城镇行政、企事业基本扫除文盲单位（包括集体企业）：15～40周岁人员中，除不具备脱盲学习能力的人以外，非文盲人数达到90%以上；所属基层单位（如车间、工段）都要达到标准和要求。

三、扫盲工作的几点基本做法

（一）从实际出发，突出重点，稳步推进扫盲工作

针对自然地理条件、社会经济发展水平、教育基础的不平衡性和文盲分布状况，本着先易后难的原则，分阶段实事求是地提出扫盲工作的步骤和要求。如昆明市西山区针对山区民族乡文盲较集中的情况，突出抓山区扫盲；南涧县扫除青少年文盲后，接着把扫除青壮年文盲作为重点；江川县经省政府验收为基本扫除文盲县后，继续集中力量举办妇女扫盲班；澜沧县根据民族的意愿，先用民族语言文字扫盲（1990年已脱盲的1629人中，92%是使用民族语言脱盲的），再引导脱盲人员学习普通话和规范文字。

（二）普及初等教育和扫盲同步规划，同步实施

在加强初等教育的同时，农村小学普遍实行"一长管两校"（即校长既管日校，也管扫盲夜校），"一师教两班"（即教师白天教小学班，晚上教扫盲班），充分发挥农村小学分布面大、联系面广、熟悉教学业务的优势，扩大扫盲工作的宣传面和发动面，提高扫盲教学的质量和效率，加快扫盲的进程。

（三）落实行政领导责任制，实行扫盲工作目标管理

从1981年起，教育系统内部逐步建立各种形式的责任和任务目标。1988年起又进一步在政府行政系统建立扫盲责任制，形成行政领导以"包入学、包巩固"为主，教育部门以"包教学、包脱盲"为主的纵横交错的扫盲责任制，并逐级以责任书（合同）的形式落实到基层，落实到人。禄丰县副县长分别与各乡乡长、教育局长签订责任书；曲靖市副市长、教育局长亲自深入基层进行调查研究，督促检查，解决问题；陆良县的乡村基层干部，除组织群众制订有关的乡规民约外，还出任扫盲班班主任，逐家逐户动员和组织文盲入学。

（四）改革扫盲教育，治愚治穷一起抓

扫盲工作不断克服脱离社会经济发展、脱离群众求知求富要求的弊端，克服教学中"儿童化"的倾向，从成年劳动者的学习特点出发，把文化教育与政治教育、技术教育、文化活动结合起来，使扫盲对象在识字中学技术，在学技术中识字。在扫盲教材中大幅度地增加与生产、生活密切相关的内容（约占课文总数的1/2），增加旨在提高识字能力的、符合成人学习心理特征的识字方法指导的内容。在教学中还根据农时季节和学员的要求，适时增开实用技术课程，编写提供相关的通俗读物，组织健康的文娱活动。近年来，全省各地根据生产、生活的需要，教授"科学养猪"、"包谷营养袋育苗定向移植"等50多项农、林、牧和农产品加工方面的技术以及其他有关计划生育、卫生保健、法律、时事政治方面的知识，取得显著的经济效益和社会效益。

1990年是"国际扫盲年"，全省组织近50

万文盲、半文盲入学，扫除文盲22万，超额10%完成1990年度的扫盲任务，是自1978年恢复扫盲工作以来扫除文盲人数最多的一年。至1990年，全省累计扫除420多万少年、青壮年文盲、半文盲。全省文盲率从建国初期的95%以上下降为30%左右。有6个县(市、区)达到基本扫除文盲的标准和要求；8个县(市、区)达到基本扫除青少年文盲的标准和要求；另有604个乡(镇)，5450个行政村(办事处)也达到基本扫除文盲或基本扫除青少年文盲的标准和要求，其中包括丽江县拉巴支乡、澜沧县竹塘乡战马坡村等一批民族聚居的贫困山区。全省共创办743所乡村农民文化技术学校，每年平均为20多万脱盲人员、中小学毕业生提供继续学文化、学政治、学技术的场所和机会。

撰稿人　文　萍
审稿人　蔡寿福

西藏自治区教育

概　况

1990年7月下旬，中共中央总书记江泽民到西藏视察，会见了参加全区学校党建会议的部分代表，亲自到拉萨市第一小学、日喀则地区师范学校、日喀则地区中学、日喀则市第一小学等学校调查，并为拉萨第一小学题词："为祖国和雪域的明天勤奋学习。"在了解西藏教育发展的基本情况后，江泽民同志指出，西藏各级党组织和各级领导干部，一定要把开发智力，发展教育，培养人才，提高西藏各族人民的科学文化素质，提高到战略高度来认识和对待。发展西藏教育，要坚持两条腿走路的方针，首先要立足于区内，以加强基础教育为重点，努力办好区内各级各类学校，同时继续办好各类内地西藏班。在内地开办西藏班，对于使西藏的青少年了解祖国，从小树立"两个离不开"的思想，具有极为重要的意义，必须毫不动摇地坚持下去。江泽民同志强调在教育事业的发展中，要特别注重德育教育，始终把坚定正确的政治方向放在第一位。要结合我国的国情和西藏的区情，加强爱国主义和社会主义教育，使广大学生从小就懂得，西藏是祖国大家庭中不可分割的一部分，没有中国共产党就没有社会主义的新西藏。一定要把各级各类学校办成培养社会主义接班人的坚强阵地。江泽民总书记的重要指示，为发展西藏的教育事业指明了方向。

1990年，西藏自治区认真贯彻江泽民同志关于西藏教育工作的指示和国务院第二次援藏工作会议、全区第三次教育工作会议精神，进一步深化教育改革，以提高教育质量为中心，重点加强基础教育，优先发展师范教育，努力改善办学条件，加强党对学校的领导和思想政治工作，稳定学校局势，促进了全区教育的稳步发展。

一、教育发展基本情况

1990年，全区共有各级各类普通学校2593所，比1989年增加67所。共有教职工16002人，比1989年增加816人；其中少数民族教职工12000多人，占教职工总数的75%。专任教师12351人，比1989年增加720人；其中少数民族教师9360人，占教师总数的75.8%。各级各类学校共有在校生187401人，比1989年增加19367人；其中少数民族在校生170322人，占学生总数的90.9%。共招收新生46807人，其中少数民族新生40630人，占新生总数的86.74%。共培养小学以上毕业生16799人，比1989年增加1549人；其中少数民族毕业生13300多人，占小学以上毕业生总数的79%。内地办学继续发展，1990年内地西藏班共招收初中班新生1275人，高中班新生302人，中师班新生304人，中专班新生620人。到1990年底，内地西藏班已分布于全国21个省、市的19所中学、35所中专学校，在校学生7600多人。全区成人教育特别是农牧区扫盲教育得到广泛开展，全区文盲半文盲比例下降到44.43%。

1990年各级普通学校基本情况

单位：人

学校类别	学校数（所）	毕业生数 计	毕业生数 其中：少数民族	招生数 计	招生数 其中：少数民族	在校生数 计	在校生数 其中：少数民族	专任教师数 计	专任教师数 其中：少数民族
一、普通高等学校	3	587	286	645	404	2025	1291	719	254
本科		270	134	365	273	975	683		
专科		317	152	280	131	1050	608		
二、普通中等学校									
1.中等专业学校	15	900	697	1171	901	4175	3248	618	297
中等技术学校	10	624	474	706	480	2425	1683	378	187
中等师范学校	5	276	223	465	421	1750	1565	240	110
2.中等技工学校	1	125	88	137	96	239	167	45	24
3.普通中学	63	5873	4202	6516	5106	21303	15960	2323	1016
高中		1494	830	1870	1102	5321	2887	604	137
初中		4379	3372	4646	4004	15982	13073	1719	879
4.农业、职业中学						500			
高中						300			
初中						200			
三、小学	2474	9314	7933	38338	34128	157402	149656	8506	7665
四、幼儿园	37					2257		140	

注：中等专业学校毕业生、招生、在校生数中，含高校中专部学生；普通中学在校生中，含农业、职业班在校生500人。

二、加强党对教育工作的领导，加强学校思想政治工作

（一）召开全区学校党的建设工作会议

1990年7月，受自治区党委委托，区党委组织部、宣传部、自治区教科委党组联合召开了全区学校党的建设工作会议，研究、讨论了有关学校党的建设中一系列重大问题，形成了《全区学校党的建设工作会议纪要》。

《纪要》进一步强调了加强党对教育的领导的重要性。指出必须加强党对各级各类学校的领导，加强思想政治工作，把学校办成培养社会主义事业建设者和接班人的坚强阵地。（1）要求加强各级教育部门和学校党的建设，确保党在学校教育工作中的领导地位。为此，经中共西藏自治区委批准，决定将自治区教科委党组改建为中共西藏自治区教育科技工作委员会（简称教科工委），领导直属院校党的工作，研究、制定有关学校教育的方针、政策，指导、检查、督促全区学校党的工作。各地（市）县也相应地加强教育行政部门党的建设。同时，加强各级各类学校党的组织建设，对各级各类学校党组织的机构设置、人员配备作出了明确规定。为加强党的领导，各高等学校、中等专业学校均实行党委领导下的校长负责制。（2）加强政工队伍和师资队伍建设。要加强对学校政工干部和教师的培养和培训，不断提高其思想政治素质和业务能力，争取尽快建立一支责任心强、素质较高的专兼职结合的政工队伍，建立一支以党员为骨干，包括共青团员和积极要求进步的教师组成的又红又专的德育教师队伍。（3）加强思想政治工作。各级各类学校在教学、科研、行政、后勤管理等各项工作中，要坚定不移地坚持四项基本原则，用马列主义、毛泽东思想作指导，把培养无产阶级革命事业接班人放在首位。加强对教学的管理，坚持用马列主义、毛泽东思想占领讲台，严禁宣扬资产阶级自由化观点、“西藏独立”观点、唯心主义观点和各种消极错误的思想观点。把马克思主义民族观、宗教观贯穿到教学、科研和各项活动中。（4）各级党委加强对教育的领导。从思想上提高对教育的战略地位的认识，切实把教育作为“百年大计”列入党的工作日程，经常了解教育情况，帮助学校解决实际问题，做好思想政治工作。

（二）坚持社会主义办学方向，加强思想政治教育

为认真贯彻全区学校党的建设工作会议精神，各地（市）先后召开了地（市）学校党建工作会议，研究、部署了本地学校的党建工作，各学校也认真传达了学校党建工作会议精神，提高了对加强学校党的建设和德育工作的认识。各级教育部门和各级各类学校党的组织建设得到明显加强。各地市均成立了教体工委，领导地市中专、中学、小学党的工作。各高校加强了党委建设，调整、充实了领导班子，恢复或增设了党委办事机构。全区15所中专学校，有12所成立了党委。从西藏实际出发，各大中专学校均实行了党委领导下的校长负责制。全区重点中小学建立健全了党组织，地方党组织也加强了对一些暂时没有党组织的农牧区小学的领导。通过加强学校党组织的建设，增强了党的战斗力，加强了党对学校的领导。

以育人为中心，加强思想政治工作。各级各类学校把德育放在学校一切工作的首位，各科教学，特别是马克思主义基本理论和政治课教学，用马列主义、毛泽东思想作指导，认真体现社会主义、爱国主义方向，把传授知识同育人有机地结合起来，不失时机地加强思想政治教育，切实把思想政治教育寓于各科教学之中。同时，努力改进思想政治教育的方式方法，寓思想政治教育于各项活动之中。组织学生到工厂、农村参观，特别是利用亚运会在我国举行的有利时机，组织学生进行火炬传递，宣传亚运会在北京召开的意义，为亚运会捐款捐物作贡献，以激发学生的爱国热情。一些大中专学校和中学，利用寒暑假、农忙假，组织学生参加社会劳动和社会实践，让学生接触工农，认识社会，增强学生建设家乡、振兴中华的责任感。各学校开展了学雷锋、学赖宁活动，提高了思想觉悟，带动了校风的转变，好人好事在各校层出不穷。

社会各界关心和保护青少年的健康成长，为青少年成长创造良好的社会环境。文化市场得到整顿，宣扬凶杀、色情、封建迷信等不健康思想的音像制品、书刊在学生中流传的现象得到制止。文艺、出版、广播、电影、电视等文化部门，积极为学生提供教育性强、格调高、适合青少年需要的各种读物和精神文化产品。乡镇、街道、工厂、部队等单位也积极为学生参加社会实践、开展军训等提供方便，并选派优秀分子担任校外辅导员，配合学校搞好思想政治教育。

青少年学生的思想觉悟有了明显提高。通过开展以维护祖国统一、反对分裂为主要内容的爱国主义教育，使学生对近年来拉萨发生的多次骚乱事件的性质、根源和危害有了更进一步的认识，坚定了西藏是祖国不可分割的一部分的信念，增强了维护祖国统一的自觉性。通过民族观教育，使学生对民族问题有了比较正确的认识，牢固树立了“两个离不开”的思想。通过思想政治教育和历史知识的学习，使广大学生深刻认识到，只有在中国共产党的领导下，中国人民才有当家作主的权利，获得翻身解放，取得中国革命和建设的胜利。和平解放以来，西藏在政治、经济、文化等各方面都取得了很大成就，发生了翻天覆地的变化，这一切都是中国共产党正确领导的结果，都是走社会主义道路的必然

结果，使广大学生更加热爱中国共产党，坚定了走社会主义道路的信念。

三、加强教育管理，稳定教育局势

各学校在抓紧思想政治教育的同时，制订和完善了各种规章制度，加强了教学、科研、后勤等各方面的管理工作，尤其加强了教师管理和学生学籍管理，通过狠抓校风校纪建设，使全区学校局势稳定。自治区教科委多次行文，对大中专学校招生、学历文凭发放、学籍、专业设置、教学等加强管理。自治区教科委还下发了《关于加强学校教学计划、放假制度管理的通知》，强调全日制中小学必须按教学计划开设所有课程，严禁升学考什么，学校就开设什么课程的现象；各学校必须按国家和自治区的规定执行放假制度，不得随意决定放假或停课，不得利用假期给学生补课。

四、各级党政组织和领导干部重视教育，努力改善办学条件

自治区党委和政府从西藏实际出发，提出科技、教育兴农兴藏的战略方针，充分体现了"百年大计，教育为本"的战略思想，积极发展各级各类教育事业，努力增加教育投入，亲自抓学校党的建设，指导学校思想政治教育。各地(市)县党政部门也非常重视本地教育事业，经常研究解决教育发展中存在的问题，为教育解决实际困难。那曲地区明确提出县委书记一定要亲自抓教育。日喀则地区党政领导到各县了解教育发展情况，加强了各县教育管理部门建设，将各县文教局改成了教育局。日喀则地区康马县重视本县教育的发展，在巩固加强公办学校的基础上，积极发展民办教育，促进了全县教育的发展。农牧区乡、镇党组织，也加强了对学校的领导。

努力增加教育投资，改善办学条件。1990年全区教育投资达14500多万元，其中基建投资达3800多万元(含第二次援藏工作会议项目及自筹资金)，学校办学条件得到较大改善。大中专学校和中小学校舍建筑总面积达148.5万多平方米，比1989年增加14.7万平方米。基建投资重点转移到全区中小学，1990年中小学校舍建筑面积增加了10.3万平方米，占全部新增面积的70%。许多宽敞明亮的太阳能教学楼拔地而起，促进了全区教育的发展。

五、充分利用现代化教育手段，积极发展电化教育

为进一步发展电化教育，自治区教科委下发了《关于开展全区电化教育工作的意见》，指出，西藏地域辽阔，交通不便，人口稀少，居住分散，而社会和经济发展对各级各类人才的需求又十分迫切。因此，充分利用电化教育发展教育事业，具有十分重要的意义。要求各地各学校重视电化教育，积极发展电教事业。1990年全区地面卫星单收站建设取得突破进展，共安装调试16座，使地面卫星单收站发展到86座，电视单收站网络基本形成。以藏语授课、中小学师资培训、职业技术教育和成人教育为主要内容的电教软件制作工作进展很快，自治区电化教育馆完成了藏语小学《数学》系列教学片(9～12册计142讲)、藏语初中《代数》第四册53讲的摄制工作，翻译配音电教片15部，修改10省区电教协作片3部，摄制完成了幼儿教育专题片《让您的孩子更聪明》，收录了中国教育电视台电教节目800多课时。3所高校均建成了电教中心，装配了较先进的电教设备。到1990年，已自制、复制了初中《代数》、《高等数学》、《学习方法讲座》、《西藏病虫害的预防》、《中共党史》、《新概念英语》等各类教学片。全区中专、中小学电化教学也开始起步，部分学校建立了电教室，从1979年至1990年，自治区共投资700多万元，为学校购置了电视机、监视器100余台，录放机、放像机200多台，收录机400余台。

六、加强藏文教材编译，搞好教材管理和发行工作

随着藏语言文字的学习、使用和发展，藏语文教材的编译、出版工作有了迅速发展。1990年自治区教材编译局编译了《中国地理》下册，初中《社会发展简史》上下册，初中《代数》三、四册，初中《几何》第三册，以及物理、生物、化学等100多万字的藏文教材，完成了24种教材、教学参考书的出版及57种中小学教材的再版工作。为加强自编教材的管理，保证编译质量，1990年4月，西藏自治区教材审查委员会正式成立，规定全区所有中师、中小学和幼儿园自编教材、教学参考书，农牧区扫盲教材、各种乡土教材和补充教材，一律经教材审查委员会审查合格后，方可使用。自治区教科委同时下发了《关于成立自编教材（讲义）审查领导小组的通知》，要求各高等学校成立由各级领导、专家教授、教师和教材（讲义）编写者共同组成的自编教材（讲义）审查领导小组，负责教材（讲义）的审查工作。教材审查组织的成立，对确保自编教材（讲义）的思想性、科学性、适用性、系统性，加强教材管理具有重要意义。

由于西藏地广人稀，交通不便，学校分散，多少年来中小学教材供应不及时问题一直比较严重。从1989年开始改革了教材征订和发行办法，地（市）以上所在地由自治区新华书店负责征订发行，地（市）以下由教育部门负责，收到了良好效果。1990年全区大多数学校在开学前收到了足够数量的教材和教学参考书，基本做到了“课前到书，人手一册”，保证了中小学教学工作的顺利进行。

七、加强以少数民族为主的师资队伍建设

全区高等、中等师范教育得到积极发展。1990年全区共有高等师范在校生745人，其中少数民族学生638人，占高等师范在校生总数的85.6%；共有中等师范在校生1750名，其中少数民族学生1565人，占中等师范在校生总数的89.4%。为加速少数民族师资队伍的培养，大中专院校招生首先保证师范专业生源需求，1990年区内高校共招生645名，其中师范专业270名，占招生总数的41.9%；中等专业学校共招收新生1171名，其中师范生465名，占招生总额的39.7%。师范专业主要招收少数民族学生，其中高等师范专业少数民族新生255名，占新生总数的94.4%；中师专业招收少数民族新生421名，占新生总数的90.5%。专任教师的培训提高工作同时得到发展，1990年全区师资培训经费提高到41万元，区内高等、中等师范院校、重点中学积极开展教师培训提高工作，部分教师被选派到内地有关院校深造。1990年区内共培养高等师范毕业生299名，培养中师毕业生230名，区外高校为西藏培养师范毕业生51名，全部分配到基层学校任教，壮大了以少数民族为主的师资队伍。

八、坚持对外开放，加速教育发展

首先对区外开放，在内地21省市19所中学、35所中专学校开办西藏班，每年输送一定数量的高中毕业生到内地高校学习、深造，为西藏培养各级各类人才。其次对国外开放，派出教育工作者到国外考察，学习国外先进管理经验；派出留学生，到国外学习先进科学文化知识，有了第一位藏族女博士研究生；招聘外籍教师，提高外语教学水平；广泛吸收、利用外资，发展西藏教育事业。拉萨市当雄县在联合国儿童基金会的帮助下，建成了成人教育、职业技术教育中心，对中小学教师、乡（村）干部、卫生保健人员、财会人员以及畜牧兽医进行培训，并招收中小学毕业生进行职业技术培训。1987年以来，教育中心举办各类培训班30多期，培训各类人员1000多名，提高了各类人员的文化素质和技术水平。拉萨市堆龙德庆县，在英国拯救儿童基金会的帮助下，举办了两期小学教师培训班，维修了部分小学校舍。

九、继承、发扬民族优秀文化遗产

藏语言文字在各级各类学校得到广泛学习和使用，全区大中专学校、中小学普遍开设了藏语文课，全区小学基本实现了藏语授课，初中藏语授课正在拉萨中学、拉萨第一中、日喀则地区中学、山南地区二中4所中学的各一个初中班进行试点。大中专院校师范专业，对藏语文的学习非常重视，1990年由自治区教科委统一命题，对西藏大学地理、生物、化学、历史、物理、数学、汉语文等师范专业毕业生和中师毕业生进行了藏文考试，98.5%的毕业生成绩合格。为继承民族优秀文化遗产，在西藏大学藏医系的基础上，成立了西藏大学分院——藏医学院，加强了藏医研究和藏医人才的培养，1990年共培养藏医本科人才27名，培养藏医中专毕业生40名，共招收本科新生30名，招收中专新生70名。

撰稿人　李炳灿

基础教育

一、基础教育发展基本情况

1990年，全区幼儿园共有教职工224人，其中专任教师140人。专任教师中具有初师、初中毕业及以上学历的94人。全区有幼儿园37所，小学附设学前班172个。全区共有小学2474所，比1989年增加76所；其中公办小学504所，民办小学1927所，企业办学43所。小学共有教职工9573人，比1989年增加567人，其中少数民族教职工占90.9%。小学专任教师比1989年增加567人，其中少数民族专任教师比1989年增加573人。专业教师中具有中师、高中毕业及以上学历的2799人，占专任教师总数的32.9%。1990年全区共有普通中学63所，其中完全中学19所。中学共有教职工3180人，比1989年增加115人，其中少数民族教职工3180人，占教职工总数的50.8%。初中专任教师中具有大学专科毕业及以上学历的1078人，占专任教师总数的62.7%。高中专任教师中具有大学本科毕业及以上学历的428人，占专任教师总数的70.9%。据统计，1990年全区7～11周岁适龄儿童入学率达到54.4%，全区各地市的入学率分别为：山南68.1%，拉萨62.4%，林芝45.3%，昌都68.1%，日喀则48.9%，那曲26.6%，阿里19.1%。有22个县的入学率在70%以上。全区普通小学在校生巩固率达到68.2%，毕业率达到82.1%。中小学办学条件得到较大改善，1990年全区教育基建投资3816万元，其中中小学基建投资经费1854万元，占教育基建经费总数的48.6%。1990年，全区普通中学校舍建筑面积共37.6万平方米，比1989年增加2.4万平方米，其中危房面积2.4万平方米，占总面积的6.4%。普通小学校舍建筑面积共76.9万平方米，比1989年增加7.9万平方米，其中危房面积13.5万平方米，占总面积的17.6%。中小学教学仪器配备工作取得很大进展，从1979年到1990年，全区购置教学仪器共用款700多万元，其中主要用于中小学。全区30%以上的中学建起了实验室，部分中小学建起了微机室和语言教学室，有些学校建起了实验教学楼。还发放了上千套小学教学教具箱、小学常识教具箱。为方便农牧区游动上课的需要，配备了几千块便于携带的不怕水及酸碱侵蚀的两面可用的小型合成黑板。中小学电教设备配备也取得了可喜成就。办学条件的改善，为提高教育质量奠定了良好基础。

二、加强寄宿制学校，对少数民族实行特殊照顾政策

西藏地广人稀，交通不便，发展基础教育必须以寄宿制为主，办好一批重点中小学。全区在城镇、乡村开办了一大批寄宿制中小学。1990年全区普通小学住宿生达29651人，全部为少数民族学生，比1989年增加6217人，住宿学生已占少数民族小学在校生总数的

19.8%。普通中学共有住宿生8100人，比1989年增加236人，其中少数民族学生8053人，占住宿学生总数的99.4%，占少数民族中学在校生总数的50.5%，初步实现了发展基础教育以寄宿制学校为主的目标。

为加速少数民族人才的培养，提高民族素质，吸收更多的少数民族适龄儿童入学，继续实行了对贫困县、边境县及重点中小学少数民族在校生的“三包”和人民助学金制度。1990年全区普通小学少数民族在校生中有25764名享受“三包”待遇，有24606人享受人民助学金，分别占少数民族小学在校生总数的17.2%和16.4%。全区普通中学少数民族在校生中，有8981人享受“三包”待遇，有3246人享受人民助学金，分别占中学少数民族在校生总数的56.3%和20.3%。“三包”和人民助学金制度的实行，极大地调动了少数民族少年儿童入学的积极性，促进了基础教育的发展。

三、鼓励和支持社会力量办学，发展基础教育

西藏教育起步晚，发展缓慢，教育经费来源渠道单一，学校数量较少。而由国家兴办大量学校，困难很大。社会力量办学作为国家办学的一种补充形式，在西藏尤为重要。西藏社会力量办学，主要是发展民办小学教育，40年来为西藏教育的发展作出了重大贡献。1990年，全区共有社会力量开办的小学1970所，是公办小学的2.9倍，在校学生70422人，占全部小学在校生总数的44.74%。日喀则地区康马县采取“三结合”的形式，即由县财政部门负责解决民办教师的工资，教育部门提供教学用具、用品及教材，办学乡村解决校舍，1990年兴办10所民办小学，增加入学新生300多人，使全县适龄儿童入学率由56%提高到71.8%。

四、加强中小学德育工作

1990年4月10日至13日，自治区教科委组织召开了全区中小学德育工作会议。会议通过了《关于加强中小学德育工作的意见》等文件，提高了对加强中小学德育工作重要性和紧迫性的认识，进一步明确了中小学德育工作的基本任务，即：坚持四项基本原则，保证学校的社会主义办学方向，把全体学生培养成为维护祖国统一和民族团结的有理想、有道德、有文化、有纪律的社会主义建设者和接班人。

会议还通过了《西藏自治区中学德育大纲(试行)》和《西藏自治区小学德育纲要(试行)》，对中小学德育的目标、内容、途径、原则等作了具体规定。会议强调要特别加强以维护祖国统一和民族团结为主要内容的爱国主义教育及热爱社会主义教育、热爱中国共产党的教育、马克思主义毛泽东思想教育、集体主义教育、自力更生、艰苦奋斗教育和日常行为规范教育。

全区中小学德育工作会议的召开，推动了中小学德育工作的开展。各中小学加强了党的组织建设和德育工作队伍建设，增强了教书育人、管理育人、服务育人的自觉性，改善了学校育人环境。对学生集中开展了爱国主义和热爱社会主义、热爱中国共产党的教育，使广大青少年学生了解西藏在祖国大家庭中的发展历史，树立了西藏是祖国不可分割的一部分，藏民族是中华民族大家庭中一员的思想，坚定了坚持中国共产党的领导，走社会主义道路的信念。

五、中小学体育事业健康发展

学校体育场地和体育器材建设是发展学校体育事业的基础工程，仅1990年，自治区教科委就投资80万元用于中小学体育场馆建设。全区大多数中学和部分小学都建成了比较标准的体育场地，有的中学还修建了体操馆、室内篮球馆、风雨棚运动场。自治区教科委每年投资10万元用于配备全区中小学体育器材，全区地市所在地以上中小学教学用体育器材已基本配齐。体育教师队伍建设也取得很大成绩，西藏民族学院体育系和自治区体育学校为中小学提供了大批体育师资。到1990年底，全区中小学共有体育教师271名。

全区公办中小学均把体育课列为必修课，基本能按国家教委发布的体育教学大纲要求实施教学。课外体育活动开展比较广泛，形式多样，内容丰富。学生每天坚持做课间操，课外体育活动时间每天均在1小时以上，许多体育项目深受中小学生的欢迎。农牧区民办小学根据本地特点，广泛开展民族传统体育项目，如骑马、摔跤等。课外体育活动丰富了学生的课余生活，锻炼了学生的体质。1990年举行了全区第9届中学生田径运动会暨第四届少年田径赛，共有10个队350名运动员参加，其中4个队63人打破39项自治区少年田径纪录。各中小学每年春季均举行学校运动会。

撰稿人　李炳灿

职业技术教育

一、中等职业技术教育基本情况

全区共有中等专业学校15所，技工学校1所，其中师范学校5所。设有师范、农学、林学、畜牧兽医、护士、药剂、医疗、藏医、藏药、电信、邮政通信、财政、会计、银行信贷、音乐、器乐、舞蹈、藏戏、话剧、公安、体育、水电、电工等近30种专业。中等专业学校共有教职工1202人，其中少数民族教职工736人，占教职工总数的61.2%，共有专任教师618人，其中少数民族教师297人，占专任教师总数的48.1%。中专学校共有在校生4175人，比1989年增加215人；其中少数民族在校生3248人，占在校生总数的77.8%。为加速少数民族专业人才的培养，在招生工作中认真贯彻以招收少数民族学生为主的方针。1990年中等专业学校共招生1171人，其中少数民族新生901人，占77%。1990年共培养中专毕业生900人，其中少数民族毕业生697人，占毕业生总数的77.4%。中等专业学校已成为培养以少数民族为主的中级专业技术人才的摇篮。30多年来，中等专业学校为西藏社会发展和经济建设培养毕业生两万多人。全区现有技工学校1所，教职工86人，其中专任教师45人；1990年有在校学生239人，培养毕业生125人，招生137人。中等专业学校和技工学校在办学中认真贯彻"多层次、多规格、多种形式办学"的方针，除办好普通班外，还开办有干部、职工专修班，短期或中期培训班，30多年来共培训、轮训在职干部、职工1万多人次。中等专业学校和技工学校不断调整专业设置和教学内容，拓宽服务方向，提高办学效益，已成为西藏职业技术教育的骨干力量和主要基地。一些普通中学，如拉萨市二中、日喀则地区康马县中学、昂仁县中学等，根据当地经济、社会发展的实际需要，开办了财会、文秘、旅游服务、烹饪、服装、绘画、建筑、畜牧等职业班，共有职业班在校生500余人。一些中小学增加了职业技术教育课程，有些学校招收中小学毕业生，开展小学后、初中后职业技术教育。通过几年来的教育体制改革，不断调整教育结构，西藏的职业技术教育已初具规模，初中后学生分流比例已达到1:1。

二、加强学校管理，开展中等专业学校办学水平评估

1990年，加强了学校管理工作，特别是加强了对全区中等师范学校的管理。自治区教科委下发了《西藏自治区中等师范学校管理规定(试行)》，进一步明确了中等师范学校的任务、管理体制、思想政治教育、教学、实习、教师和学生管理、学校建设、后勤管理等问题。同时，为进一步加强对全区中等专业学校的宏观管理和指导，推动学校全面贯彻党和国家的教育方针、政策和法规，提高管理水

平和办学效益，促进学校向正规化、科学化、制度化发展。自治区教科委在1990年3月制定印发了《西藏自治区中等专业学校办学水平评估方案》，决定对全区中等专业学校办学水平进行评估。评估方案共分4个一级指标，31个二级指标，108个三级指标。

9月17日至12月8日，由自治区教科委、计经委、拉萨市教体委和各中专学校组成的评估团对全区中专学校进行了评估。评估围绕思想政治工作、组织管理、教学管理、后勤管理工作4个方面，通过听、看、查、问等方式进行。听，即听学校各部门工作汇报，听学校主管部门的介绍，听师生员工的反映，听课；看，即看学校自评总结、经验材料，看学校工作各个方面的岗位责任制、考核制度及各种规章制度、管理措施，看校风校貌、教学设施、图书资料、实验室，看校园文化建设等；查，即查学校规章制度、管理措施，查思想政治工作是否到位、是否落到实处，查教书育人、管理育人、服务育人及教育与生产劳动相结合的情况，查教室及宿舍管理，查财务、总务、膳食工作，组织考试进行检查等；问，即召开教师座谈会、学生座谈会、政工人员座谈会，进行个别走访等。评估团共召开各种座谈会40多个，查阅材料400余种50多万字，听课100余次，抽查考试20余次，观看学生实际能力现场表演9次。自治区卫生学校办学总体水平达到优秀标准，被评为全区第一名，自治区银行学校被评为第二名，日喀则地区师范学校和自治区警察学校并列第三名。还评选出后勤工作先进单位2个，服务育人先进个人21名，尊师重教主管部门4个，先进教师35名。通过评估，促进了中专学校管理水平和办学水平的提高。

三、深化教育体制改革，促进教育为经济建设和社会发展服务

为改变教育同实际脱离的状况，树立教育为经济和社会发展服务的思想，全区努力实施“三教统筹”和“燎原计划”，在普通中学增加劳动技术课程，开设职业班，深化教育体制改革。自治区教科委确定山南乃东县为“燎原计划”示范县，实行“三教统筹”和农、科、教统筹，开发引进适合当地条件的生产项目，让群众吸收消化，以培养一批中、初级人才，提高劳动者素质。乃东县在基础教育中增加了职业技术教育内容，在成人教育中把扫盲教育与实用技术培训结合起来，开发引进了一些生产项目，开办了养猪、蔬菜生产、面粉加工、榨油等生产基地，开办了民族服装裁剪缝纫、卡垫编织等培训班，促进了教育发展，促进了当地经济发展和社会进步。

撰稿人　李炳灿

高等教育

一、基本情况

全区现有西藏大学、西藏民族学院、西藏农牧学院3所普通高校和一所大学分院，即西藏大学藏医学院。设有师范、文、理、工、农、林、牧、医、体育、艺术等27个专业。1990年高校共招收新生645名，毕业学生587人。高校共有各类在校生2025人，其中少数民族学生1291人，占在校生总数的63.75%；共有教职工1737人，其中少数民族教职工703人，占教职工总数的40.47%；共有专任教师719人，其中少数民族教师254人，占专任教师总数的35.33%。高等学校共有教授4名，副教授57名，讲师247名，助教351名。各校都建立了图书馆，共有各类藏书83.4万册。高等学校占地总面积达2462082亩，建筑面积211015平方米。1990年新增建筑面积14549平方米，正在施工面积3585平方米。

二、加强高等学校党的建设

各高校认真学习贯彻中共中央有关加强高等学校党的建设问题的文件和全区学校党

建工作会议精神，正确处理党政关系，坚持党委领导下的校长负责制。学校的一切重大问题，如办学指导思想、学校改革、人事调动、干部选拔、招生、分配等，均由党委集体研究决定。校长根据党委的决定对教学、科研、后勤等工作全面负责，决定和处理职责范围内的行政事务。认真抓好党的组织建设、思想建设和党风建设，充分发挥党委在学校工作中的核心领导作用。目前，高校共有党总支26个，党支部88个，党员 948 名。各高等学校党委均能起到政治核心作用，各级党组织和广大党员都能发挥战斗堡垒作用和先锋模范作用，党的思想建设、组织建设已逐步得到加强。

三、深入基层，了解实际，开展社会实践活动

为落实中央关于深入基层、密切党群、干群关系的精神，切实提高教学质量，为西藏的建设服务，1990年 5 月，西藏民族学院选派了16名教师分赴日喀则市、江孜、康马等地，进行为期一年的工作锻炼。在锻炼过程中，教师们结合西藏实际，撰写了20余篇有实际意义和参考价值的社会调查报告和教学论文。

自治区教科委根据中共中央宣传部、国家教委、共青团中央联合下发的《关于1990年暑期高等学校学生社会实践活动的几点意见》精神，要求各高校成立活动领导小组，制定学生社会实践活动的文件，提出寒暑假期间学生社会实践活动的内容、方法、要求以及组织领导、完善制度等。参加暑期社会实践活动的西藏民族学院二年级以上的本专科学生，共交回调查报告427份，内容涉及到工厂、农村、机关、学校、市场等方面；西藏大学、西藏农牧学院均积极组织学生，成立了社会考查团，利用寒假赴山南、林芝等地进行社会考查，并要求学生写出社会调查报告，进行大会交流，使学生走向社会，了解社会，热爱西藏，学为所用，并进行自我教育，收到了良好的教育效果和社会效益。

四、加强高等教育管理

（一）加强高校的学历、学籍管理

为加强治理整顿，严格管理，自治区教科委发出了《关于全区学历管理有关问题的通报》和《关于治理整顿学历管理工作的紧急通知》，重申了对学历管理的分工：自治区教科委负责地方院校的学历问题，区党委组织部负责党校、团校的学历问题，部队院校的学历问题由部队负责处理。此外，任何单位、集体、部门或个人均不得擅自认定学历。要求各单位各学校对已经处理过的学历问题认真进行清理，凡与学历管理的有关文件不符合的，应坚决予以纠正。开展学历清理工作，进一步加强了对全区学历工作的管理，基本上纠正了一度出现的混乱和失控现象。

为加强高校的学籍管理工作，自治区教科委发出《关于报送普通高等学校学籍管理情况统计的通知》，要求各校将1987年以来每学年的学生学籍管理情况进行统计，规定在每年的10月 10 日前报送自治区教科委，形成常规统计制度，进行统一的规划和科学的管理。

（二）加强教学管理，提高教学质量

各学校继续抓紧教学计划、教学大纲的修订工作。严格按计划和大纲施教，从严治学，狠抓课堂教学的管理。本着“稳定、充实、调整、提高”的原则，着重抓了师资队伍的稳定、提高，加强民族教师和学科带头人的培养。

在进行学校的“三风”（校风、教风、学风）建设中，针对部分教师责任心不强、学生学习风气不浓、考试作弊等不良现象，开展了治理整顿工作。要求教师加强自身修养，严于律己，为人师表。认真抓学籍的管理工作，一方面进行正面教育，要求学生树立良好的“三风”及专业思想，加强思想政治引导工作。对学生出现的问题，严肃对待，冷静处理。有章必依，违章必究。同时采取参加课外活动、劳动等多种形式，让学生自觉地投身于“三风”建设之中。经过治理整顿，各高校的教学、工作、学习、生活秩序都较往年有了明显改善。

撰稿人　李明文

成人教育

1990年是国际扫盲年。根据国家教委的有关指示精神，西藏自治区重点加强了农牧民扫盲教育，同时在高等和中等教育自学考试、职业技术培训和干部培训等方面，取得了一定的成绩。

一、农牧民扫盲教育

自1987年以来，西藏成人教育的重点已逐步从干部职工培训转移到农牧民教育上来。许多地县为发展本地经济，帮助农牧民脱贫致富，都程度不同地开展了扫盲和实用技术培训相结合的农牧民教育工作。举办了农业经济管理、土肥、植保、栽培、草场网围栏、兽医、选种、农机维修等项目的技术培训。有的还专门成立了农牧民夜校。全区现已有30多个县普遍开展起农牧民教育工作。

那曲地区纳色乡有197人参加扫盲，其中142人自愿筹集了扫盲经费，全乡形成了以文盲为耻、脱盲光荣的新气象。洛扎县扫盲夜校有16所，脱盲69人；文盲半文盲人数已从1987年的284人减少到10人，脱盲率达98.76%。乃东县有夜校127所，学员3530人，上课时间较以往有所增加，卡多、金鲁两乡的脱盲率已达75.7%和62.3%。在统考验收中，全县共有6279人参加考试，合格的有4221人，及格率达67.2%，具有小学三年级以上水平的标准脱盲率达43.9%。

根据国务院《扫除文盲工作条例》和国家教委《扫盲工作检查提纲》、《扫盲教育宣传要点》的精神，自治区教科委在全区30多个县开展了扫盲教育工作，先后4次组织人员，到墨竹贡卡、堆龙德庆、加查等扫盲试点县进行调查研究。向全区发放5万余套《藏语文》扫盲教材，并委托拉萨市第一小学编写了《数学》扫盲教材。共拨款20多万元作为扫盲资助经费下达各县，解决了各县扫盲经费短缺、教材不足等问题。

全区现有那曲、林芝、江孜、扎囊、乃东、加查、堆龙德庆、当雄、墨竹贡卡等10个县被列为扫盲教育试点县，其中乃东县被评为全国扫盲先进县。据不完全统计，1990年全区受扫盲教育的农牧民已达5万余人，文盲半文盲率已下降到44.43%。

二、高等和中等教育自学考试

1990年继续开展自学考试工作。为使自学考试顺利进行，自治区教科委和自治区自学考试委员会发出了《关于做好全区第12次自学考试工作的通知》和《关于做好1990年下半年自学考试工作的通知》，对考试的时间、地点、科目、规章制度作了严格规定。在拉萨、格尔木、日喀则、山南、林芝、昌都、那曲等地市设立了考点。1990年，开设了会计(专科)、法律(专科)、藏语言文学(中专)3个专业。参考人员583人，其中获单科合格证书的有376人。截止1990年底，共组织12次自学考试，开考6个专业(大专4个，中专2个，已停考3个专业)，参考学生达21000人次，发放单科合格证书6908个，其中大专4432个，中专2476个。共有毕业生299人，其中大专193人，中专106人。

三、普通高校和中等专业学校的干部培训

各普通高校和部分中专学校，坚持多层次、多规格、多种形式办学的方针，普遍开展了干部培训工作，设有干训部、干部专修科或干部进修班，以提高广大干部职工的业务水平。1990年，3所高校的进修班共招收学员

131人，毕业学生59人；短训班招收学员170人，毕业学生162人。短训班和进修班共有在校生316人。中等专业学校的进修班在校生有96人，短训班在校生有170人。

四、干部职工及农牧民职业技术培训

1989年11月，自治区下发了《关于同意筹建商业职工中等专业学校的批复》。1990年，正在筹建中的商业职工中专学校招收了25名学员，开设了1个商业会计中专班，举办了1期商业财务物价培训班，培训学员30人。现有兼职教师5人，专职教师32人。

日喀则大部分县都积极开展了技术培训工作，对农牧民进行水土保持、田间管理等方面的技术培训。康马县为解决农牧区的兽防、财会、卫生人员素质差、人才青黄不接等问题，经过一年的筹备，1990年12月创办了职业培训班，分兽防、财会和卫生3个班，培训学员60人。拉萨市城关区举办了9期文科师资培训班，开设了音乐、自然和教材教法3门课程，有98名少数民族学员接受了培训。乃东县也举办了一期卡垫培训班，那曲县举办了一期羊毛粗加工技术培训班等，积极开展“双学双比”活动。此外，法律业余大学、城关区手工业技术学校等一些群众自学、助学组织也都积极开展了职工“双补”和技术培训工作，对提高干部职工的文化素质和劳动素质起到了促进作用。

撰稿人　李明文

审稿人　邹开华　刘庆慧

陕西省教育

概况

一、各级各类教育事业发展情况

1990年各级普通学校基本情况

单位：人

	学校数（所）	毕业生数	招生数	在校学生数	教职工数 计	教职工数 其中：教师
一、普通高等学校	47	30255	27961	101133	51130	19558
研究生		2204	1797	5716		
本科		17060	17758	71977		
专科		10991	8406	23440		
二、普通中等学校	3388	602880	524419	1454681	154051	110533
1.中等专业学校	107	18513	19711	60289	17493	7156
中等技术学校	86	10238	11752	39663	14695	5557
中等师范学校	21	8275	7959	20626	2798	1599
2.普通中学	3041	459514	471773	1326371	127861	98272
高中	632	92399	102620	292479		23464
初中	2409	367115	369153	1033892		74808
3.农业、职业中学	239	24853	32935	67916	8654	5079
高中	229	24173	31088	63821		4865
初中	10	680	1847	4095		214
4.工读学校	1			105	43	26
三、小学	37155	427373	584159	3537503	193292	176756
四、特殊教育学校	11	101	230	1194	325	216
五、幼儿园	1283			593774	21895	16351

1990年各级成人学校基本情况

单位：人

学校类别	学校数（所）	毕业生数	招生数	在校学生数	教职工数 计	教职工数 其中：教师
一、成人高等学校	43	10891	8635	28536	5037	2018
广播电视大学	2	5991	3967	14609	214	41
职工高等学校	32	1111	1170	3281	2773	1026
农民高等学校						
管理干部学院	3	827	747	1543	635	277
教育学院	6	2962	2751	9103	1415	674
独立函授学院						
普通高校举办						
函授部		4406	6567	24071		
夜大学		1072	2258	6533		
干部专修科						
二、成人中等学校	2080	451907	386442	431527	8863	3981
1. 成人中等专业学校	145	8326	11004	30754	4143	1975
广播电视中专						
干部中专						
职工中专	49	3244	9205	23489	2206	968
农民中专						
教师进修学校	96	5082	1799	7265	1937	1007
2. 成人中学	56	3764	4545	4010	274	195
职工中学	48	3566	2942	2605	195	116
农民中学	8	198	1603	1405	79	79
3. 成人技术培训学校	1879	439817	370893	396763	4446	1811
职工技术培训学校	288	22028	17733	22537	843	539
农民技术培训学校	1591	417789	353160	374226	3603	1272
三、成人初等学校	11893	666625	683648	619717	9692	1499
1. 职工初等学校	58	28261	27573	5770	91	40
2. 农民初等学校	11835	638364	656075	613947	9601	1459
其中：扫盲班	6441	162242	221336	226006	5257	630

二、成立中共陕西省委教育工作委员会、陕西省教育委员会

为了加强全省教育工作的领导，更好地落实中共陕西省委、省政府提出的“教育奠基”方针，将思想政治工作同教育事业有机地结合起来，促进全省基础教育、职业技术教育、高等教育、成人教育等各类教育事业持续、稳定、协调发展，中共陕西省委、省人民政府决定于1990年3月成立中共陕西省委教育工作委员会、陕西省教育委员会。上述机构4月1日正式对外办公。副省长孙达人兼任省委教育工委书记、省教委主任；石大璞（常务）、张克俭、余清华（女）任教育工委副书记；张克俭（常务）、石大璞、戴居仁、陈敏钰、陈瑞瑜、屈应超任教委副主任。

1990年，陕西省的教育事业在各级党政

的重视和支持下，在广大教育工作者的共同努力下，认真贯彻落实1989年9月省教育奠基工作会议精神，坚持社会主义办学方向，坚持把思想政治工作和德育工作放在首位，以实施六年义务教育、发展职业技术教育为重点，加强师资队伍建设，积极开通筹措教育经费渠道，治理整顿，深化改革，优化教育结构，改善办学条件，全面提高教育质量，各项教育事业得到持续、稳定、协调发展。

基础教育

一、教育综合改革

(一)农村教育综合改革

1990年，陕西省农村教育综合改革工作取得显著成效，省确定的渭南地区和韩城、蒲城、合阳、泾阳、洛川、宝鸡、南郑、城固等农村教育综合改革实验县(市)全面贯彻党的教育方针，改革的指导思想逐步明确，党政主要领导都把教育作为经济发展的战略措施来抓，并决心改变教育与经济不相适应的现状。各实验县(市)普遍实行"三教统筹，农科教结合"，职业教育和成人教育大家办学或联合办学，有关部门分工协作的管理体制，充分发挥教育的服务功能，使农村各类教育主动适应农村经济和社会发展的需要，取得了经验：一是加强组织领导，改革和完善管理体制；二是多渠道解决办学经费；三是加强师资队伍建设；四是有关部门制定配套政策，支持农村教育综合改革；五是发挥政府统筹职能，搞好农科教的统筹结合；六是大力实施"燎原计划"，发展农村经济。1990年，全省50个县的95个"燎原计划"示范乡(校)共贷款709万元，开发94个燎原计划项目。8个农村教育综合改革实验县(市)依法实施六年义务教育的乡镇达114个，占这些县(市)乡镇总数的41%；学校的思想政治教育和德育工作、小学的劳动教育和中学的劳动技术课教育都得到加强：职业中学已发展到27个，在校学生10546人。服务于当地经济建设的办学思想进一步明确，普遍实行了教学、生产、科技服务相结合的办学体制。渭南地区还改革了农村职业中学的招生制度、管理体制，适应了农村实际需要。在省确定农村教育综合改革实验区的同时，各地(市)也确定了各自的实验县(区)、乡(镇)，大力进行农村教育综合改革。例如咸阳市，除省确定的泾阳县外，又建立了自己的试验县4个；渭南地区确定了30个乡(镇)为首批综合改革试验点。

(二)企业教育综合改革

根据国家教委关于在100个企业进行教育综合改革实验的通知，1990年省教委协同有关部门，将西安航空发动机公司、陕西彩色显像管总厂、西北电管局、西安电力机械制造公司等4个企业定为全国企业教育综合改革实验单位，同时还决定选拔西北国棉五厂等10个企业为陕西省企业教育综合改革实验单位。

二、中小学教育

(一)学校德育工作

1.召开德育工作会议，制定加强中小学德育工作规划。1990年1月，召开了全省中小学德育工作会议。会后下发了《改进和加强中小学德育工作的实施意见》，这个文件的主要内容：一是强调党对德育工作的领导，在县(市、区)教育行政部门建立党委，在乡(镇)党委领导下联合建立中小学教育支部（或总支)；二是建立、健全德育管理机构和研究组织，确立中小学德育目标管理责任制，发挥全体教职员工育人的积极性；三是规定德育的基本内容；四是提出了德育的途径与方法；五是倡导建立社区教育委员会，利用社会文化场所向青少年进行思想政治教育，提高家庭教育水平，优化德育环境。

2.加强了党组织对学校工作的领导。1990年，各地进一步整顿和健全了学校的党组织和领导班子，城镇和规模较大的中小学普遍设立了党支部，农村学校在乡(镇)党委领导下，联合建立了教育支部或总支，使学校的思想政治工作从组织上得到了保证。

3.加强了教师的思想政治教育和师德教育，充分发挥教师的政治导向作用。1990年，全省10个地(市)都恢复了教师暑假学习会制度，开展了社会主义教育活动。当年暑假，全省有26万名教师参加了学习会，占中小学教师总数的92%。渭南、西安等地、市，还在教师中广泛开展了“我为人民多奉献”活动，组织“师德报告团”，评选“教育世家”等，广大教师的精神面貌发生了很大变化，事业心、责任感得到了进一步增强，促进了教书育人活动的深入开展。

4.开展了多种形式的自我教育活动。各地通过“三热爱”讲演比赛、校歌比赛、书画展览、书评影评、文艺会演、优秀教师巡回报告、纪念鸦片战争150周年和迎“亚运”等活动，对师生进行深入的国情教育和爱国主义教育，全省仅参加讲演比赛的师生就有25万余人，听讲者超过100万人。省电视台对优秀讲演者进行录像，正式播放后，在全省引起强烈反响，收到良好效果。各地还通过学雷锋、学赖宁、学“十佳”活动，对中小学生进行共产主义理想教育、革命传统教育和中华民族传统美德的教育。通过“行为规范月”活动，加强了学生的养成教育。

5.突出对高中学生进行形势教育。全省各中学都将形势教育列入工作计划，并及时给每个高中学生配发了《高级中学形势教育学习材料》。各校普遍组织政治教师同学生谈心，深入了解学生的思想状况，有的放矢地进行较为直观、灵活多样的形势教育。汉中和榆林地区组织学生参加“党旗颂”电影放映活动月；安康地区开展“唱十首革命歌曲，读十本革命书籍、学十位英雄人物”活动，大大激发了中学生对党、对祖国、对解放军的热爱之情；西安市组织了“国旗升挂和国歌奏唱”评比活动，西安中学还开展“我家这十年”调查活动，使学生通过家庭这个“窗口”十年中在经济、文化等方面的变化，真实地认识到社会主义制度的优越性，更加坚定走社会主义道路的信念。

6.进一步优化育人环境。全省中小学普遍开展了创建“文明学校”活动，并配合社会上的“扫黄”斗争，开展了“读好书、交坏书”活动，省教委拨出10多万元按国家教委规定的书目，给全省中小学配发好图书。不少地方还注意把校内、校外教育结合起来，建立起学校、家庭、社会三结合教育网，创建良好的教育环境，使中小学生健康成长。

(二)坚持治理整顿，进一步端正办学思想

1990年，省教委明确提出实现两个良性循环，即教育与社会、经济发展的良性循环和教育内部的良性循环，并以此作为治理整顿的指导思想，制定各项具体政策和措施，以保证全省教育事业持续、稳定、协调地发展。

1.端正办学指导思想，加强素质教育。省教委主要抓教育思想的转变，即从单纯的升学教育转变为主要为当地建设培养人才，同时兼顾为高一级学校输送合格的新生，使普通教育真正为提高公民素质奠基。

2.调整学校布局结构。1990年初，副省长孙达人亲自率领调查组对渭南地区华县、富平、韩城三县(市)中小学布局调整进行专题调查，提出“控制、压缩高中，重点调整初中，高小相对集中，初小基本稳定”的调整构想和原则，省教委根据这一思路，正在制订调整实施方案。

3.整顿办学秩序。根据国家教委的要求和《陕西省全日制普通中学学籍管理规定》，各地坚决制止大办补习班、超计划招“高价生”和初中毕业生补习复读等错误做法，对乱收费、乱编滥印复习资料等不正之风，认真进行了纠正。咸阳市认识明确，动手早，使初中办补习班的问题基本得到解决。延安地区采取坚决措施，在1990年初中专招生考试中，取消了1600多名复读生的考试资格。全省已有9个地、市实行了中专只招收应届初中毕业生的规定，初中毕业生重读问题开始得到制止，教育内部的良性循环有了新的转机。中专师范乱办班、乱收费问题，也得到有效制止。

（三）坚持依法实施义务教育

1990年，全省按照标准，经过验收依法宣布实施六年义务教育的乡（镇）达430个，加上过去验收的，总数达到847个，占全省乡（镇）总数的32.3%。在实施义务教育工作中，各地深入学习和宣传《中华人民共和国义务教育法》，增强了以法治教的观念。一些县、乡又根据实际制订了执行《义务教育法》的细则，用法律形式使在校学生得以巩固。在具体实施义务教育过程中，认真做到坚持标准，保证质量。宝鸡、渭南、商洛等地市，尊重群众的首创精神，发挥群众办学的积极性，建立了一批示范性小学、标准化小学和标准化初中，省教委及时推广了他们的经验，使义务教育的实施水平不断得到提高。咸阳市坚持“一手抓实施，一手抓督导”，对杨陵、泾阳等区、县实施六年义务教育较早的一些乡（镇），重新进行督导评估，促使办学标准和教育质量进一步提高。1990年，全省各地还全面进行了以加强基础教育为重点的“五项督导检查”。通过实施义务教育，加强中小学生学籍管理。省、地、县三级拨专款500多万元，帮助贫困边远地区的贫困学生购买书籍和给予被褥补助，全省中小学生流失现象得到有效控制，延安、咸阳、渭南三地市都在控制线以下（小学在3%以下，初中在5%以下）。榆林地委和行署根据近几年在校学生流失较多的实际情况，在全区开展了规模宏大的《义务教育法》和《陕西省义务教育实施办法》的宣传活动，采取有力措施，控制学生流失，并制造表册，建立统计报告制度。同时，地区教育局又会同劳动、工商、物价等部门，制订条例措施，严格禁止招用童工，统一调整并颁布了学杂费收费标准，制止了乱收费现象，减轻了学生及家长的经济负担。此外，他们还推广了榆林市“宣传教育，行政手段，经济罚补”的工作经验，即由各级政府出面，主管教育的乡（镇）长、教育专职干部、学校校长、班主任层层落实责任，动员流失学生返校；政府对村委会或居委会提出行政要求；对富裕户屡教不送子女复学者，采取罚款等强制措施，对于贫困户实行经济减免或补贴，收到良好效果。1989年到1990年，全区有3000多名青少年返校复学，现建制学校入学率、巩固率、毕业率、普及率都达到省颁标准。全区12个县市全部实现了普及初等教育的目标。

1990年，陕西省小学学龄儿童入学率为98.05%，在校学生的巩固率为96.94%，毕业班的毕业率为97.24%。流失率显著下降。全省小学升初中的比例已达到86.81%，大中城市和经济条件比较好的地市，初中入学率已基本达到普及九年义务教育的要求。1989年11月以前，全省的县（市）、区都普及了初等教育。

（四）坚持依法保护中小学，制定保护条例

1990年8月24日，由陕西省第七届人民代表大会常务委员会第十六次会议审议通过《陕西省中小学保护条例》，自1990年10月1日起施行。《条例》主要内容是对中小学的校园校产、教学环境、教学秩序和教师学生人身安全的保护作出具体规定。《条例》颁布和施行后，使多年来许多中小学校舍、场地、勤工俭学基地被单位、个人、村民侵占、蚕食，教学秩序受到不法分子滋扰，教师和学生被侮辱、殴打的事件日趋减少，受到广大师生和社会各界的欢迎。

三、师范教育和师资管理

1990年，陕西省师资队伍的培训和师范、进修院校的建设工作逐步走向规范化、科学化、制度化。各地普遍重视和加强了中等师范学校的标准化建设。省教委表彰了延安师范学校等10所办得好的师范学校。经过全省各级教师进修院校多渠道、多层次、多形式的开展在职教师培训工作，1990年，全省脱产进修取得高师本、专科和中师学历的有3500多人，卫星电视中师、中师函授和高师函授毕业的11000多人，有34000人参加了国家教委组织的中小学教师合格证书考核，成绩比1989年有较大提高。全省小学教师的学历合格率达到76.69%，初中教师的学历合格率达到40.84%，高中教师的学历合格率达到47.95%。1990年，为了充实和加强特殊教育师资队伍，依托西安市盲哑学校建立陕西省特殊教育师资培训中心，当年为陕西省培训特殊教育师资24人，还为宁夏回族自治区培训特殊教育师资28人。省教委制订了在四年内把中小学校长轮训一遍的规划，并进行了试点。宝鸡市提出了“三结合、三为主”(即培训形式为短期离职学习与长期在职学习相结合，以在职学习为主；培训方法为集中辅导与业余自学相结合，以业余自学为主；培训内容为指定统一教材与自选有关辅导材料相结合，以学习统一教材为主)的培训方针，分级实施，形成一套完整的校长培训工作基本模式。他们在组织管理上，由重视两头(即重视开头的安排布置与最后的考核)发展为重视全过程管理(既重视安排布置、考核，又重视检查、辅导、阶段考核等中间环节)；在培训内容上，由开始的选用现成教材发展为与有关高校协作，自己组织编写适合本地实际的培训教材；在考试方式上由单纯的笔试发展为结构成绩；在工作布置上，由把干部培训工作作为单项工作安排布置发展为把其作为整个教育工作的一部分，同整个教育工作同时安排，列入县(区)目标任务管理内容，年终实行量化考核综合评分，从而提高了校长的教育理论素养和管理效能。现在校长管理学校，首先注意端正办学方向，以培养目标为中心，以素质教育为重点安排工作；在管理方法上，由粗放管理转向科学化、规范化管理；在管理内容上，由管事为主转向以管人为主；在管理方式上，由单纯依靠个人经验和简单的行政命令转向依靠规章制度、岗位责任制进行自我约束，实行自我管理。延安、咸阳、汉中等地、市对教师队伍进行全面整顿，在坚持思想政治教育的前提下，着重抓了教师的事业心、责任心和职业道德教育，并采取核编定员的办法，进行组织整顿，对不适应教学工作要求的民办教师进行离岗安置。在从严治教、抓好教师队伍整顿工作的同时，各级政府在尽可能的范围内为教师排忧解难，多办实事。宝鸡市1990年由财政拿出60万元，为民办教师每人每月增加5元工资，并且打入基数。榆林等市县将中小学班主任津贴提高了10～20元。7月省教委与财政厅、人事厅联合下发了《关于农村年老病残民办教师生活补助费的暂行规定》，从政策上解决了民办教师老有所养问题。

四、勤工俭学

1990年，全省中小学勤工俭学有以下几个特点：

(一)对勤工俭学的认识有了较大提高

勤工俭学创收育人的功能显示得比较明显。如咸阳市认识到勤工俭学是富校育人的综合工程后，积极寻找富校与育人的有机结合点。他们根据本市90%以上的学校在农村，校园空地面积大，搞种植有优势的实际情况，大力发展校园经济。到1990年底，全市校园经济基地达1.3万亩，校均3.2亩，果园面积6000亩，栽植果树77万株，种植粮食及其它经济作物1000亩，收入194万元，比1989年增加87万元，从而使农村中小学的勤工俭学由过去的采集捡拾发展为培育良种、种植药材、蔬菜、栽植果树的校园经济主体结构模式，不仅促进了学校管理水平的提高和德育工作的加强以及整个教育质量的提高，而且也促进了农村经济的发展和干部群众管教育、办教育意识的增强。

(二)在政策上为发展勤工俭学铺了路

省政府发布了《关于进一步开展勤学有关问题的通知》后，一些地(市)县(区)也相继作出了有关加强中小学勤工俭学的决定，解决了勤工俭学工作中许多政策性问题，有力地促进了中小学勤工俭学事业深入持久地发展。到1990年底，全省开展勤工俭学活动的中小学达到39239所，占总校数的97%，基本上实现了普及化。

(三)勤工俭学三级管理网形成

1990年，从省到地、县基本理顺了中小学勤工俭学管理机构，形成了三级管理网。全省107个县(区)，共有行政或事业编制的勤工俭学专管人员4000多人。不少乡、镇还配备了勤工俭学专职干部。

(四)贯彻因地制宜的发展原则

省教委根据全省86%中小学在农村的特点，始终坚持因地制宜、因势利导，提出陕北陕南学校主要发展校办农业，关中除农业外，努力发展校办工业，使勤工俭学稳步发展，经济效益明显提高。1990年全省中小学勤工俭学纯收入达7528万元，比1989年增长24.27%，为“七五”规划最后一年要求达到4000万元的1.8倍。全省还出现了两个勤工俭学纯收入超千万元的地、市(西安、渭南)，20个超百万元的县(区)。在校学生的人均收入也由“六五”规划末一年的3.38元，上升到“七五”规划末一年的15.2元，增加了3倍多。1990年全省勤工俭学收入用于改善办学条件和补助教育经费的有4612万元，用于改善师生福利的有1604万元。此外，还有7968所中小学用勤工俭学收入对23.4万多名学生实行了“一免”到“三免”(免收学杂费、书本费、文具费)，免收金额132万多元。

五、经费筹措

1990年，全省各级财政对教育的投入都有较大幅度的提高，在安排年度预算时把新增财力的20%用于教育。多数县(市、区)实现了“两个增长”。全省多渠道筹措教育经费取得了新的成绩，1990年全省开征的教育费、税有：城镇“三税”附加由1%提高到2%，农村教育费附加按人均纯收入1～3%，全民和集体职工按年工资总额的1%捐资助学，另外还开始征收城乡私人建房、专控商品教育费附加。到年底，“三税”附加征收了4000多万元，已开征农村教育费附加的有75个县(区、市)，1990年征收了8418.5万元左右，为1989年征收额的1.31倍。从1990年春季起，适当调整了中小学学杂费标准，非义务教育阶段开始收取学费，增加了借读费、住宿费等收费项目，学杂费收入可增加1900.2万元。此外，陕西省还争取到世界银行给普教贷款2500万美元，利用外资发展地方教育事业，帮助贫困地区实施六年义务教育。

全省群众性的集资办学活动1990年仍保持良好势头，用于学校建设的总投资达2.93亿元，其中群众集资1.77亿元，共新建校舍126万平方米，维修校舍93万平方米，全省出现了一批标准较高的中小学校。西安、渭南、宝鸡、咸阳、延安等地、市通过集资办学，有计划地改建乡镇初中，为实施初中阶段义务教育创造了条件。通过集资办学，全省危房比例由1989的5.22%下降到1990年的3.35%。

六、教育教学管理

1990年，全省各级教育行政部门普遍开始把注意力由解决教育外部条件为重心转向研究和解决教育内部的问题上，在加强教育教学管理、提高教育质量方面，一是重视和加强了教育教学的常规管理，全省建立健全了各级督导机构，培训了督导人员，开始有计划地对县(区)、乡(镇)的教育工作和学校的管理质量进行督导评估。多数地、县制订了学校管理常规和教学常规，建立了检查汇报制度。宝鸡市普遍推行管理目标责任制，把教学和管理工作分解成若干指标，加以量化，便于实施和评估、检查。铜川市以改进课堂教学为重点，加强对整个教学过程各个环节的管理和质量控制，进行严格考核，确保教学质量。二是教研教改有了新的进展。1990年，继续在全省开展“赛教评优”活动，涌现出一批“教改能手”和教学新秀。省教委在西安市碑林区、宝鸡县进行九年制义务教育新教材试点，各地也普遍建立了自己的教改实验点，进行单科的或综合性的教改实验。商洛地区7个县、市普遍建立了教改实验点，有1万多名学生接受实验教学。汉中地区组织专家学者编写中学劳动技术课教材，从年初开始，在8万名中学生中进行劳动技术课教学实验。省教委根据国家教委的部署和全国人口教育工作会议精神，除在普通中学普遍开设人口教育课之外，又在50所农村成人文化技术学校开设了人口教育课(简称P20项目)。省教委和各地在体育、卫生和艺术教育等方面，也进行了不同程度的探索和改革，1990年全省表彰了62名先进校医和卫生保健工作人员，广大中小学生在德智体诸方面全面发展。西乡一中高三学生汪建华于1990年7月8日在北京举办的第31届国际中学生数学奥林匹克赛中，以42分的满分夺得金牌，西安交通大学附中高三学生吴明扬于1990年7月初在荷兰举办的第2届国际中学生物理奥林匹克赛中为我国争得一枚金牌。

职业技术教育

1990年，陕西省建立起一批示范性职业中学和骨干专业。省教委先后批准泾阳县职业技术学校、汉中市工业技术职业高中、榆林市职业中学、柞水县职业高中为陕西省示范职业高中。12月，省政府批准西安市艺术师范职业学校、西安铁路分局高级职业中学、安康市新安高级职业中学、泾阳县职业技术学校、韩城市新农职业中学和洛川县农职业中学为省级重点职业高级中学。这些学校为全省职业技术教育的发展起到了样板和示范作用，提高了职业技术教育的发展水平和办学质量。咸阳、汉中等地市的一些县，在理顺职业教育体制、落实“先培训、后就业”方面，取得了一定的突破。渭南地区职业教育坚持不断优化外部环境，深化内部改革，提高办学质量，增强办学效益和改革职业中学招生，取得了新的进展。安康地区在职业教育的结构、内容、方法等方面实施了一系列改革，进行了大胆的探索，收到良好效果。他们首先将全地区所有职业中学单设化，有效地制止了门口挂职业中学牌子，里面搞升学教育的错误做法。接着多形式、多层次、多规格地大办职业教育，全区涌现出教育部门办、业务部门办、教育部门与业务部门联合办、企业自办、私人办等各种办学形式，且互相补充、互相完善、互相渗透。

1990年5月，省教委发布了《陕西省职业高级中学设置试行办法》和《陕西省职业高级中学学籍管理试行规定》。这两个文件的实施对进一步办好职业高级中学，促进各地经济、社会发展，推动教育改革，改善办学条件，建立良好教学秩序，提高教育教学质量等起了积极的推动作用，使职业高级中学教育健康发展。

1990年，省教委积极推行普通中学渗透职业技术教育。安康地区在这一方面走出新路。这个地区的农村中学，开展职业技术教育已形成制度，列入学校议事日程和教学内容，作为考核学校工作的一条标准，同时列入文明学校验收之中。农村中学的学生职业技术课不及格者，不予毕业，及格者发给毕业证书和相应的证书。农村中学根据当地经济发展和农民劳动致富的实际需要，由低级到高级，循序渐进，一年至少向学生传授一项适合当地需要的实用生产技术。这样初级中学的毕业生至少能掌握3项实用生产技术，完全中学的毕业生至少能掌握6项实用生产技术。这个地区普通中学渗透职业技术教育共有五种形式：一是利用劳动技术课进行职业技术教育，普通中学按照《中学教学大纲》要求，严格保证劳动技术课课时，根据《大纲》要求和当地实际需要，结合乡土教材，向学生传授实用生产技术。二是利用其它学科渗透职业教育，许多学校都利用基础课教学向学生渗透当地适用的生产技术。如利用生物课教学向学生讲授食用菌生长原理和生产技术知识，利用物理课教学向学生讲授常用电器知识和维修技术。三是根据当地生产需要，开展技术讲座，在大力推广矮化玉米、水稻育秧等项技术过程中，不失时机地聘请各方面技术人员用讲座的形式，向学生讲授生产技术知识并进行各项试验。四是搞好学生毕业前的技术培训。学生在毕业前集中一定时间进行适合当地需要的各种适用技术培训。五是开展初中分流实验教学。在一部分农村初中进行分流试验，就是根据学生学习成绩，采取自愿的原则，在初二或初三最后一学期，对学生重新编班，对一部分进行集中培训，让他们掌握必要的生产技术和致富本领，学生毕业返乡后能迅速运用所学技术劳动致富，推动当地生产。岚皋县民主中学对毕业生进行蚕桑生产技术培训，取得显著效益，学生回乡后，运用自己所学技术，广泛开展秋蚕防病治病工作，使民主区秋蚕产量和产值都翻了一番。区委书记在总结工作时激动地说："我们今年能取得这样的成绩，与民主中学的职业技术培训分不开。"1990年普通中学渗透职业技术教育的工作已在安康地区大面积展开。在全地区241所中学中，已有95%的学校根据当地需要，开设了劳动技术课，对学生进行实用技术培训。

目前全省又有一批普通中学开办了职业班或实行毕业生就业前的"双证班"（毕业证和培训证），或在初中实行"三加一"的职业技术教育。1990年5月，省教委表彰了41个职业技术教育先进集体，91名职业技术教育先进个人。

撰稿人 王掌印 李 愿
审稿人 陈敏钰

高 等 教 育

一、高等教育的调整与发展

1990年，陕西高等教育的布局和结构进行了初步调整。在学校布局上，把西安师范专科学校与西安大学合并为西安联合大学。对普通高校的层次结构也作了一定调整。本科的规模基本稳定，研究生和专科的规模有所压缩。在校研究生人数比1989年减少509人，本科生减少670人，专科生减少2560人。本专科生中专科生的比重由1989年的26%多下降到24%多。普通高等学校中委托培养、自费生和干部本专科在校学生数及其比重下降幅度较大，国家任务基本稳定。科类结构根据社会的需求也有一定变化，工科、林科、医科和政法略有增长，其余科类都略有降低。

普通高校高级职称的人员有所减少。在专任教师中有教授721人，副教授3965人，讲师7334人，教员278人，助教7260人。

1990年，对普通高校计划外自费生的问题进行了整顿和处理。陕西省有46所高校在1988年和1989年两年违反国家招生管理规定，擅自招收11000多名计划外自费生，造成办学条件和管理工作的困难，影响学校正常教学和生活秩序，有些学校还发生学生哄闹，影响到陕西高校和社会的稳定。为此，省教委根据国家教委和陕西省委的要求，把处理计划外自费生列为高校治理整顿的一项重要任务，按照国家的规定和学生学习的实际，采取转入自学考试使合格毕业生取得国家文凭的办法，妥善地加以解决，于1990年9月和12月进行了考试，对全部课程考试及格、思想品德鉴定合格者，经省考委审核后发给专科毕业证书，对没有全部通过规定考试科目的学生，不发任何证书和证明，允许学生持单科合格证书参加常规自学考试。据统计，全省46所普通高等学校，138个专业的11618名计划外自费生参加了考试，考试合格的有4000多人。合格学生已进入各级人才库，由用人单位择优录用。

"七五"期间，是陕西历史上培养学历专门人才最多的时期。1986～1990年，高等学校培养了本科生8.33万人，专科生11.49万人，研究生9487人；另外通过自学考试取得大专学历的有1.43万人；加上中专毕业生10.87万人，合计达33万人。五年间，共分配给陕西中专以上的毕业生28.19万人，减去自然减员的3.13万人，使陕西的学历专门人才总量达到88.66万人，比1986年的63.61万人增长了39.5%。

二、稳定高校的局势，坚持社会主义办学方向

1990年，陕西高等学校的局势是稳定的。一年来，加强了各院校领导班子的建设，认真进行了党员登记工作，提高了党组织的战斗力。认真开展了高等教育的反思，在反思的基础上，端正办学方向，进行社会主义教育，批判资产阶级自由化。全省高校采取各种形式组织8万余名大学生参加社会实践，了解社会，了解国情，向群众学习，提高觉悟，增长才干，收到较好的效果。如全省有20多所高校组织4000多名学生参加延安革命传统教育夏令营活动，使学生具体了解延安时期艰苦创业的历史，学习延安精神，接受革命传统教育。又如西安交通大学、延安大学等校组织学生到陕西彩色显像管厂、第二汽车制造厂等改革开放成绩突出单位参观学习，进行劳动，了解工业发展的情况。各高校还普遍推行了校园秩序的整顿，强化对校园文化的组织、管理和引导。引导广大青年学习马列主义、毛泽东思想和社会主义的理论和实践；组织和引导开展第二课堂的活动，结合专业进行学术研究活动；组织开展健康有益的文艺、体育、琴棋书画等多种活动。各高等学校还加强了法制教育，严肃校纪和法纪。

各高校普遍进行了以社会主义教育为中心的政治思想工作，在师生中集中解决对社会主义的信念问题。有些学校从理论和实际的结合上，使学生认识社会主义的历史必然性，认识目前发生的动荡曲折改变不了社会主义最终胜利的趋势。各高校从三个方面加强了思想政治工作：一是加强了党政工团经常的思想教育工作；二是加强了马克思主义理论课的教学工作；三是加强了教书育人、管理育人、服务育人的工作。通过一年的工作，学生的思想有了一定的进步，部分学生自觉组织马列主义、毛泽东思想学习小组；有些学生参加业余党校学习，学习党的基本知识，积极要求入党；一度出现的部分学生"厌学"的情绪有所改变，教育质量出现了回升的趋势；绝大部分毕业生自觉服从组织分配。如分配方案宣布后，绝大多数院校在开始办理派遣手续3天内，毕业生离校率达95%以上，不少院校达98%以上。学生中好人好事不断涌现。宝鸡师范学院英语系学生任培，为了抢救落水儿童，光荣地献出了自己年轻的生命。牺牲后，中共宝鸡市委授予他"张华式大学生"的称号，共青团陕西省委授予他"模范共青团员"的光荣称号。省委教工委、省教委授予他"乐于奉献、舍己救人的优秀大学生"称号。

三、科研和科技服务工作

1990年，全省高校共承担科研课题5497

项，当年开展的新课题1887项，当年投入科研经费8524万元，投入人力9885人。在课题总量中，基础研究的课题952项，占17.3%；应用研究课题3567项，占64.9%；试验发展课题978项，占17.8%。其中有一批高新技术的研究项目，全省高校共承担"七五"计划科技攻关课题241项，国家高技术"863"计划任务30项。

1990年，自然科学方面共出版科技专著331部，发表学术论文7319篇。共鉴定科技成果562项，其中国际水平的135项，国内首创的128项，国内先进水平的210项，其它89项。有247项科研成果获奖，其中获国家发明奖8项，国家科技进步奖8项，国家部门科技进步奖122项，自治区、省、直辖市科技进步奖109项。

为了促进高等学校与大中型企业建立长期技术协作关系，1990年省经委与省教委组织了机械、电子、轻工等15个工交部门240家大中型企业的397名厂长、总工程师，分三批考察了西安交通大学、西北大学、西安公路学院等7所高等学校的科研成果和部分实验室，促进了企业对高等学校的进一步了解。如宝鸡卷烟厂总工程师李志中在考察西北轻工业学院后说："我原以为我们厂的设备都是从国外引进的先进技术，这次考察对我厂不会有大的收获，高校也解决不了我们的技术难题。听了西北轻工业学院的成果介绍和实地考察后，发现我们厂急待解决的白肋烟生产技术，在西北轻工业学院已有了成熟的科研成果，我们双方签订了协议。"组织大中型工业企业考察高等学校取得了可喜的效果，促进了一批重大科技项目的成交。高校向企业介绍科技成果1500项，企业向高校提示技术难题303项，双方达成初步意向的项目有626项，签订正式合同和协议的项目有359项，其中有187项列入省经委计划改造计划。有一批项目可以在"八五"期间形成规模生产。如西北工业大学与陕西飞机制造公司联合开发大功率稀土永磁发电机，与西安重型机械厂联合开发中型稀土永磁电机，与115厂联合开发小型稀土永磁冰箱电机，与西安仪表厂联合开发微型稀土永磁电机，将形成大、中、小、微四条生产线，年产值可达两亿元以上；又如陕西机械学院发明的陶瓷刀片，根据不同的加工材料，比硬质合金刀片寿命提高5至10倍，陕西省数十家工厂决定采用，每年可为国家节约1000万元以上。

10月，省教委召开了高等学校科技工作会议，对80年代陕西高校科技工作进行了回顾，肯定了10年科技工作的成绩，总结了基本经验，分析了存在问题，提出进一步加强高校科技工作的几条意见：（1）明确全省高校科技工作的指导思想，制订陕西高校科技发展10年规划；（2）贯彻"教育奠基，科技兴陕"的战略方针，积极为经济建设主战场服务；（3）加强基础研究和高技术开发，保持高校科技发展后劲；（4）增强对科学研究的投入，建设一批具有国内先进水平的重点学科和重点实验室；（5）加强高校科技开发工作，促进高校科研成果向生产转化；（6）加强高校人文、社会科学和软科学的研究工作；（7）采取有效措施，加强学术梯队建设，培养一批年轻的学术带头人；（8）加强科技人员的政治思想教育和法制教育，提高科技人员的职业道德和法制观念；（9）加强国际、国内学术合作与交流，活跃学术思想；(10)加强对高校科技工作的领导，强化高校科技工作的管理。

"七五"期间，全省高校共取得科研成果3000多项，获奖成果2000多项，获得国家科技进步一等奖10项，有西北工业大学的"924鱼雷"、"Tc11钛合金材料盘模锻件的工艺研究"、"叶片无余量精铸工艺研究与应用"、"航空涡轮喷气发动机"；西安交通大学的"低碳马氏体的应用基础及开发技术"、"人口系统定量研究及其应用"、"2000年的中国"；西北轻工业学院的“提高汉口路山羊皮质量研究(组织部分)”；陕西机械学院的“坑口碾压混凝土筑具技术”；西安电子科技大学的“185船载微波统一测控系统”等。这10项成果在国内发生了重大影响，取得了显著的经济效益。据不完全统计，五年累计经济效益已达20多亿元。西安交通大学年经济效益100万元以上的成果有45项。陕西机械学院的“均衡凝固技术”已在全国28个省市两千多家工厂推广应用，取得经济效益8000多万元。该项成果已被录入《中华人民共和国重大成果选编》，列为“七五”和“八五”全国重点推广项目。

1985年以来，共出版人文、社会科学专著743部，发表论文4412篇，并形成了具有陕西特色及优势的重点学科和研究集体，取得了一批在国内外有重要影响的成果。如史念海教授主编的《中国历史地理论丛》在海外深受欢迎。张岂之教授的《中国近代哲学史》、《宋明理学史》、《中国思想史》被国家教委定为统编教材。

四、加强生产实习工作

1990年，对高等学校的生产实习和学生参加社会实践的工作进行了广泛深入的调查，分析了情况，总结了基本经验，确定了生产实习基地，建立了生产实习指导委员会，提出了改进和加强高等学校学生参加生产实习、社会实践、农业生产劳动的意见，由陕西省委和省政府下发文件。其主要内容是：(1)提高全社会对高等学校学生生产实习和社会实践的认识，强调做好生产实习和社会实践工作是高等学校和社会有关部门、单位的共同责任，要求各方面密切配合，共同做好。(2)高等学校和接受单位，要建立健全学生校外实习和社会实践的管理机构，加强领导和管理。接受单位要指定职能部门兼管此项工作，并根据实习要求确定相应的专职管理人员。(3)高等学校和接受单位要各施所长，互补所需，按照互惠互利的原则，建立校外实习和社会实践基地，进行双向支持。(4)高等学校对接受实习和社会实践活动的单位提供优惠服务：按照双方协议，有计划地接受实习单位的技术和管理人员进修；选派教师担任兼职顾问；帮助解决生产中的技术难题；指导开发研究；提供信息和咨询服务等。(5)接受单位在人力、物力、技术、资料等方面支持高校的生产实习，尽可能创造条件，在指导教师的指导下，让学生上岗操作，培养学生的动手能力；提供实习必需的技术资料和图样；提供必需的劳动保护用具和用品；解决实习学生和指导教师食宿等生活问题。(6)实习基地单位对有关高校在收取各项费用上应给予优惠。实习学生所需的特殊劳动保护用品、用具和消耗品，以及在高温、有毒、有害生产岗位上实习可享受的保护津贴等，基地单位应予保证。(7)高等学校应将学生实习所需的经费开支列入学校年度教育事业费预算中。学生在校外实习和社会实践中完成科研和咨询任务所得的收入，学校可提取一定比例，用于学生实习和实践活动的开支。(8)接受学生实习的单位所收实习费只限于管理费、讲课费、搭伙费和住宿费，不得再收其他费用。(9)高等学校要安排一定的时间组织学生到农村参加生产劳动，并进行社会调查。各院校要把学生参加农业生产劳动列入教学计划，并要加强思想教育和安全纪律教育。各高校还应逐步建立相对稳定的农村劳动教育基地。(10)成立陕西省高等学校学生校外实习指导委员会，协调、指导、检查高校校外实习和社会实践工作。

五、新增了一批博士和硕士学位授权学科、专业点

1990年，经国家批准陕西高等学校新增加12个博士学位授权学科、专业点和25个硕士学位授权学科、专业点。陕西高校共有博士学位授权学科专业点85个，硕士学位授权学科、专业点347个。

六、对外交流工作

1990年，陕西省高教系统共接待外宾和港澳、台同胞507批，3310人。省教委与苏联白俄罗斯加盟共和国人民教育部、莫斯科大学、泰国朱拉隆功大学等签订了双方交流与合作协议或意向书。省教委和部分高校还与国外79所高校或教育部门建立了教育交流关系。1990年，通过国家公派、单位公派，出国留学、进修和工作人员达200多人。审核办理全省各系统自费出国留学人员250人。各院校加强了对出国留学人员的管理工作，教育留学人员在完成学业后按期回国服务。当年学成回国的留学人员共168人，其中获得硕士学位的9人，获得博士学位的11人。一些学成回国的人员作出突出贡献。全省高校有80名留学回国人员的80余项科技成果在全国首届留学回国人员科技成果展览会上展出。西安交通大学、西安外国语学院等5所高校的8位教师参加了国家教委等部门召开的作出突出贡献的回国留学人员表彰会，并受到江泽民、李鹏等党和国家领导人的接见。

5月，省教委召开了高等学校外事工作会议，对10年来外事工作进行了回顾，肯定了成绩，明确了当前外事工作主要抓好五项工作：（1）坚定信心，多做工作，积极主动地开展国际交流与合作；（2）加强派出人员的管理工作，坚持“调整结构，精选精派，定向定人，保质保回”的原则；（3）加强外国专家和留学生的管理工作；（4）加强对外宣传工作；（5）加强外事工作的领导。

撰稿人　杨汉名
审稿人　戴居仁

成人教育

一、职工教育

（一）开展岗位培训

1990年，省教委认真贯彻落实国家教委、劳动部、人事部、国家体改委、全国总工会《关于开展岗位培训若干问题的意见》，协同有关部门积极开展岗位培训工作。不少企业结合实际进行岗位培训，创造了不少好经验：有的在企业第二轮承包中，实行职工岗位培训目标管理，奖惩兑现；有的在申报技工培训中实行考核、发证和工资挂钩的配套政策；有的把继续教育作为科技干部培训的重点，抓好新技术、新知识的应用和专业学习；有的以新产品开发和企业升级为突破口，推动岗位培训；有的根据生产、经营的实际需要，进行主要工种岗位培训试点，经过严格考核，颁发岗位合格证书，实行无证不能上岗操作的制度，使企业在提高产品质量、增加产量、降低消耗等方面取得显著的经济效益。铁路、煤炭、物资等业务主管部门和大中型企业制定局部岗位培训规范标准，体现出实用性、通用性、专业归类性、层次性和动态性。全省职工岗位培训的形式也趋于多样化，有脱产或半脱产培训、业余培训、联合办学等。省兵工系统为了克服一个企业封闭式的办学弱点，大力发展企业之间、职工学校之间、企业与社会其它单位之间的联合办学，缓和了工学矛盾，提高了培训质量，加速了人才开发。据不完全统计，1990年，全省参加岗位资格培训的职工有18.2万名，其中工人12.8万名，干部5.4万名，参加适应性岗位培训的职工达42.9万名，其中工人30.2万名，干部12.7万名。

（二）培训职工教育管理干部，管理队伍不断壮大

1990年，省教委先后组织省级有关委、办、厅、局职工教育管理干部和部分企业负责职工教育的领导同志70多人，分两批到北京等地学习职工教育管理经验，同时组织各地（市）、县（区）成人教育管理干部90多人分三批参加中央教育科学研究所举办的基层成人教育干部岗位培训班。此外，省内还多次举

办培训班、研讨班，组织学习职教理论，有效地提高了全省职工教育管理干部的理论素质和管理才能，加强了职教管理队伍建设。全省现有职工教育专职管理干部9761人，专职教师7659人。

(三)整顿社会力量办学

根据国家教委关于社会力量办学的有关规定，省教委下发了《关于暂停对社会力量举办的学校审批一年的通知》，对现有学校进行清理整顿。全省现有社会力量举办的学校912所，专职教职工2218人，其中专职教师1011人，另有兼任教师2204人。

通过治理整顿及多渠道、多层次、多规格的培训，全省职工教育获得较大发展。到1990年底，全省参加各级各类学习的职工达91.5万名，其中工人64.9万名，干部26.6万名。此外，职工教育办学条件也有了较大改善，现有各级各类职工学校680所，教学专用面积1167万平方米，人均0.42平方米。

二、农民教育

(一)大力开展扫盲工作

在1990年“国际扫盲年”中，省教委动员全省中小学、职业中学教师以及小学四年级以上的学生投入到扫盲活动中去。各地从新时期特点出发，走出扫盲教育的新路子，其共同特点：一是在指导思想上坚持一堵、二扫、三提高的方针，把扫盲工作由过去重数量转变到重质量上来，巩固提高实施六年义务教育成果，堵住新文盲产生的渠道。二是在管理上把扫盲工作由过去只靠教育部门抓转变到把扫盲工作真正纳入各级政府的重要议事日程，建立扫盲目标责任制，各方配合，齐抓共管，形成搞好扫盲工作的新机制，把扫盲与“星火”、“丰收”、“燎原”三大计划紧密衔接，与妇联“双学双比”、团委“超前计划”、“希望工程”等相互沟通，在人力、物力、财力诸方面发挥“共同效应”。三是在工作布置上，把扫盲工作由过去的单打转变为“三教”统筹规划同步发展。四是把扫盲工作与农民技术教育有机结合起来，全面提高农村劳动者素质。延安地区在摸底建档的基础上，从实际出发，以青壮年为重点，制定规划，先易后难，分步实施，到1990年底，全区13个县(市)都实现了“基本无盲县”的要求，延长县还被评为全国扫盲先进县。据统计，1990年，全省共扫除青壮年文盲、半文盲29.5万人，其中扫除妇女文盲19.4万名，已有104个县(区)达到了国家规定的脱盲标准，15～40周岁青壮年的非文盲率达到93.7%。9月8日，省召开了纪念“国际扫盲年”暨扫除文盲表彰大会，100个扫盲先进集体和96个扫盲先进个人受到表彰奖励。12月，全国扫盲检查组对陕西扫盲工作进行严格检查后，给予充分肯定。

(二)加强农民技术教育

1990年，全省各地从教育的战略地位出发，把农民技术教育纳入当地经济建设的整体战略之中；狠抓县、乡、村农技校建设，建立农民教育新体系，同时以主导产业为龙头，积极开展实用技术教育。不少县区按照农村需要，根据农时季节，有计划地开展各类技术培训，传播和推广先进的农作物栽培管理经验，在插种、施肥、防虫、田间管理等关键生产环节，采取以短为主、长短结合的形式，举办培训班，开展技术咨询，有力地推动了农业科技和农村经济的发展。兴平县充分发挥县、乡、村三级农技校的作用，坚持集中培训巡回指导，帮助农民科学种田，全县建立了6个农民专业技术研究会，143个农业科技小组，6000多个科技示范户，同时建起5万亩辣椒、5万亩大蒜、3万亩果树和2000亩渔业基地，1990年总产值达3.2亿元，粮食总产22.6万吨，农民人均收入477元，比1987年提高了22%。户县甘河乡西宋村农技校组织学员坚持研究小麦、玉米良种，培育出小麦新品种，既满足了其它乡镇农民需要，又使本村小麦亩产由过去的150公斤提高到1990年的350公斤，该校果林班学员研究“腐根再植法”，救活了1000多棵老化苹果树，收入达20多万元。到1990年底，全省县、乡、村农技校达1万余所，其中县办111所，乡办1908所、村办8114所，达到国家一委两部标准的乡镇农技校有285所。1990年，全省县、乡、村三级农技校共培训283万人次。

三、成人高等教育

1990年对成人高等学校进行了多方面整顿：（1）切实把成人高校作为国家高等教育的一项重要任务，纳入整体规划，统筹安排，健全管理机构；（2）要求成人高校坚持社会主义办学方向，加强思想政治工作，坚持贯彻党的教育方针；（3）加强宏观管理，制订规划，使结构布局合理，专业适应需要；（4）成人高校的学历教育要坚持质量标准，严格要求；（5）严格控制函授学历教育的招生范围；（6）非学历教育的教学内容要根据社会的需要，不能以盈利为目的；（7）举办自学考试辅导班要严格审批手续，接受教育行政部门的管理和自学考试机构的指导；（8）成人学历教育和非学历教育的收费严格执行有关规定，禁止超标准收费；（9）普通高等学校任何二级机构（系、处）和个人，未经批准不得擅自办学；（10）普通高校刊登成人教育招生简章、广播要校长批准，并报省教委审查核准；（11）各种形式成人教育的证书或证明明确规定应有专门机构审核发放。

撰稿人　王掌印　李　愿
杨汉名
审稿人　陈敏钰　戴居仁

补　正

《中国教育年鉴》1989卷713页
“陕西省教育”四、高等教育之前应补：
撰稿人　李　愿　王掌印
审稿人　屈应超

甘肃省教育

概　况

1990年各级普通学校基本情况

单位：人

学校类别	学校数（所）	毕业生数	招生数	在校学生数	教职工数 计	教职工数 其中教师
一、普通高等学校	18	10740	10460	33857	15525	5855
研究生		437	307	1052		
本科		5444	5171	21897		
专科		4859	4982	10908		
二、普通中等学校	1780	332176	345375	1059600	92060	68417
1.中等专业学校	116	15555	16271	49709	12100	5878
中等技术学校	93	10198	11284	33238	9857	4601
中等师范学校	23	5357	4987	16471	2243	1277
2.普通中学	1472	301434	309070	964872	74785	59137
高中	485	66227	66227	203476		13471
初中	987	235207	242843	761396		45666
3.职业中学	192	15187	20034	45019	5175	3402
高中	164	14298	18945	42616		3283
初中	9	889	1089	2403		119
初高中合设	19					7303
三、小学	24200	299700	405180	2416918	132213	124522
四、特殊教育学校	5	52	166	796	198	137
五、幼儿园	521			200673	9407	5327

1990年各级成人学校基本情况

单位：人

学校类别	学校数（所）	毕业生数	招生数	在校学生数	教职工数	
					计	其中教师
一、成人高等学校	24	4662	5957	19947	2060	1081
广播电视大学	1	1614	1498	8643	156	62
职工高等学校	18	706	829	2105	958	541
管理干部学院	1	206	205	459	218	109
教育学院	4	939	541	1617	728	369
独立函授学院						
普通高校举办						
函授部		648	2130	5218		
夜大学		549	754	1905		
二、成人中等学校	740	111582	180274	190072	5580	194
1.成人中等专业学校	97	5777	10454	28910	3875	1420
广播电视中专	2	1996	5370	16617	1034	123
职工中专	34	1703	3562	9203	1528	666
干部中专	6	223	357	596	271	91
农民中专	2	34	50	151	24	5
教师进修学校	53	1821	1115	2343	1018	535
2.成人中学	13	306	568	748	132	82
职工中学	11	276	503	683	125	80
农民中学	2	30	65	65	7	2
3.成人技术培训学校	630	105499	169252	160414	1573	412
职工技术培训学校	68	21624	25634	20836	343	124
农民技术培训学校	562	83875	143618	139578	1230	288
三、成人初等学校	1934	123610	292342	316399	2187	315
1.职工初等学校	2	200	170	170		
2.农民初等学校	1932	123410	292172	316229	2187	315
其中：扫盲班		91438	257878	288619	2173	306

根据国家教委1990年工作会议精神，1990年3月，甘肃省召开了全省教育工作会议。提出，1990年全省教育工作要以党的十三届四中和五中全会精神为指导，把坚定正确的政治方向放在第一位，全面贯彻党的教育方针，治理整顿，深化改革，优化育人环境，提高教育质量，进一步稳定教育形势，促进各级各类教育持续、稳定、协调发展，更好地为社会主义建设服务。

会议安排部署了1990年的全省教育工作：

加强学校思想政治工作，落实德育在学校工作中的首要地位。在对教育战线工作进行认真深刻反思、系统总结经验教训的基础上，要在各级各类学校广泛深入地开展坚持四项基本原则，坚持改革开放，反对资产阶级自由化的教育，以及爱国主义、社会主义和共产主义理想、品德教育，重点解决培养什么人的问题。注重思想政治工作制度和队伍建设，坚持教书育人、服务育人、管理育人，积极创造适合青少年健康成长的良好环境。

全省基础教育仍然以普及九年制义务教育为重点，狠抓义务教育法的贯彻实施。发布《甘肃省实施义务教育法办法》，逐步把义务教育的实施纳入法制的轨道，促进依法治教的进程，提高全省学龄儿童入学率。要继续采取措施，探索和完善民族地区教育发展的路子，提高老、少、边、山、穷地区学龄儿童和女童入学率。根据有利于普及九年制义务教育，有利于提高投资效益和教育质量的原则，积极进行中小学布局调整。

职业技术教育以内涵发展为主，通过调整、充实，逐步提高教育质量和办学水平。在稳步推进中等专业学校专业结构调整工作的基础上，进行职业中学的专业调整，增强职业技术教育适应经济建设的能力。

高等教育在稳定规模的基础上，继续进行专业结构调整，强化质量管理，提高办学水平。

继续进行成人教育的治理整顿，建立和完善成人学历教育的统考、抽考和毕业证书验印制度。进一步整顿社会力量办学，制止“三乱”现象。开展多种形式的扫盲教育，广泛开展实用技术培训。

加强师范院校和师资队伍建设。把高校师资队伍建设，作为提高高等教育质量的一项重要措施，重点解决教学、科研力量的“断层”问题，为高校今后的发展奠定师资基础。加强对中小学教师的管理和培训，努力提高教师合格率。继续推进师范院校标准化建设，提高师范院校教学质量和办学水平。

进一步深化农村教育改革。完善分级办学、分级管理体制，增强县、乡一级政府的统筹管理职能，以实用技术培训和科技项目推广为重点，推进“燎原计划”试点工作。

唱好“排危、配套、管理”三部曲，进一步改善基础教育办学条件，提高教育质量和效益。在继续鼓励社会各界和广大群众集资办学、捐资助学的同时，狠抓教育费附加的征收管理工作。

在学校各级党组织的领导下，充分发挥学校各种组织在管理工作中的重要作用，建立良好的校风、教风和学风。注重从日常管理入手，积极探索管理科学化、规范化、系列化的办法和途径，完善基础教育督导网络，促进学校管理水平和教育质量的逐步提高。

1990年，甘肃省教育战线贯彻全省教育工作会议精神，各类教育事业继续稳定、协调地向前发展。

撰稿人　马光荣

基础教育

1990年，甘肃省进一步完善基础教育分级办学、分级管理的体制，加强师资、校舍设备配套建设，探索经济文化不发达地区普及九年制义务教育的路子，在大力普及初等义务教育的前提下，促进基础教育稳定协调发展。

一、坚持社会主义办学方向，加强中小学德育工作

在贯彻《中共中央关于改革和加强中小学德育工作的通知》精神的过程中，甘肃省进一步端正办学指导思想，加强了中小学德育工作。陇西县安家门小学，在校长带领下，10多年坚持学雷锋，艰苦奋斗，严谨治教，把一所原来条件极差的农村小学办成了教书育人、充满活力的模范学校，为全省教育战线树立了一面旗帜。省教委作出了向安家门小学李兰华校长学习的决定，并召开动员大会，总结推广安家门小学的经验。全省中小学普遍掀起了一个学雷锋、学赖宁、树新风的热潮，促进了学校德育工作的深入开展。9月，省委宣传部和省教委召开了全省中小学德育工作会议，总结交流了学校德育工作的经验，表彰奖励了200个先进集体和300名先进个人，印发了《中共甘肃省委关于进一步加强中小学德育工作的意见》，进一步明确了德育在学校工作中的首要地位，并从拓宽德育工作的途径，加强德育工作队伍建设，优化育人环境，完善德育工作体制等方面提出了具体要求。同时确定20所中小学为全省德育工作试点学校。各地、县也都召开学校德育工作会议，加强了对学校德育工作的领导。全省城镇中小学普遍成立了家长学校，一些学校开展了军民共建、警民共建活动，逐步形成学校、社会、家庭三结合的教育网络。

二、积极稳步地普及九年制义务教育

1990年，全省继续坚持实事求是、因地制宜的方针，扎扎实实地普及九年制义务教育。省人大、省教委组织人力到三地两市调查研究，修订了《甘肃省实施义务教育法办法》，经省七届人大第十六次常委会议审议通过，在全省发布实施。各级党委、政府、教育行政部门和学校，认真学习、宣传、贯彻实施办法，进一步增强了广大干部、群众的执法意识，使基础教育逐步走上了以法治教的轨道。

根据省政府实施九年制义务教育规划，省教委年初对当年普及初等教育的镇原县、庆阳县的工作进行了安排部署和督促检查。这两个县的人民政府根据普及初等教育的要求，广泛发动群众资集办学，积极改造和搬迁窑洞小学，改善办学条件，确保了普及任务的完成。全省普及初等教育的县达到44个，5个城区基本普及了初级中等教育。全省学龄儿童入学率达到94.4%，比1989年提高0.5个百分点，女童入学率达到89.9%，比1989年提高0.7个百分点；小学在校学生巩固率达到95.6%，比1989年提高1.5个百分点；小学应届生的毕业率达到94.6%，比1989年提高1.7个百分点；12—15周岁少年儿童普及率达到88%，比1989年提高10.5个百分点。为了促进贫困地区普及初等教育的进程，联合国儿童基金会与甘肃省教委在8个县的64所小学确定了加强贫困地区小学教育项目，为贫困地区办了一批示范性学校。

三、调整布局，提高办学效益

针对全省普通高中布点多、办学规模小、办学条件差、效益低的问题，本着有利于普及九年制义务教育，有利于提高投资效益和教育质量的原则，省教委制定了《关于调整中学布局提高办学效益的意见》，要求一般每6—8万人口设1所高中，1.5—2万人口设1所初中，每个行政村设1所小学，边远的自然村设村学。同时，集中了学校设点的审批权，新建高中，由地、州、市报省教委审批；小学布点的调整，小学附设初中班，由乡（镇）报县、市、区教委审批。另外，加强了招生计划的管理，要求中学招生不得突破省里下达的计划。1990年学校布局调整工作取得了一定成效。与1989年相比，小学由24483所减少到24200所，教学点由183个增加到412个，小学附设的学前班由2655个增加到3674个，独立初中由1012所减少到987所，高中由498所减少到485所；初中招生人数由23.8万增加到24.3万，小学毕业生升入初中的比例，由77.8%提高到81%；普通高中招生人数由6.5万增加到6.6万，初中毕业生升高中的比例由26.6%提高到28.2%。通过学校布局的调整，小学教育得到了加强，中学教育得到了巩固提高，使基础教育逐步向底面大、重心低、层次结构合理的方向发展。

四、唱好“排危、配套、管理”三部曲，进一步改善办学条件

1990年，在继续鼓励社会各界和广大群众集资办学、捐资助学的同时，狠抓教育费附加的征收管理工作。全年集资4500万元，征收教育费附加7600万元，加上各级财政投入和其它资金，用于改善办学条件的资金达到1.054亿。全省中小学危房比例下降到4.36%，68个县基本实现了小学“一无两有”。在抓好校舍建设的同时，加强了教学设备配套工作。全省已有40%以上的中小学完成了校园配套建设，35%的中学配备了理科教学仪器设备，69%的小学配备了自然教具箱。中小学勤工俭学开展面达到80%以上，纯收入达到2100万元，比1989年增长16.7%。在全国集资办学表彰大会上，甘肃作为筹措教育经费，改善办学条件工作成绩突出的省区之一，受到了表彰奖励。

学校管理是中小学教育工作中的一个比较薄弱的环节。针对管理中存在的突出问题，省教委于1990年2月制定了《关于加强中小学管理工作若干问题的意见》，要求各级中小学从抓好常规管理工作入手，建立健全各项管理制度，从严治校，科学育人，以管理为突破口，全面提高中小学的教育质量。兰州市召开了百名校(园)长参加的学校管理工作现场会，开展了查校貌、看管理，查精神、看态度，查作风、看校风，查教风、看学风，查设备仪器利用、看艰苦创业作风的“五查五看”活动。制定了《普通中小学标准化要求及评估方法》，并确定了全市100所中小学为首批标准化建设学校。各地都涌现出一批管理好、教育质量高的典型，国家教委副主任何东昌视察甘肃时，曾为一些县、市和学校题了词。金塔县被誉为“塞上教育明珠”，张掖市小满乡中心小学被誉为“农村社会主义精神文明的中心”，武威市蚂蝗小学被誉为“精神文明的典范”。

五、积极发展幼教事业，把特殊教育纳入普及义务教育的轨道

1990年，全省幼儿教育工作主要贯彻《幼儿园管理条例》和《幼儿园工作规程》，省里举办了地、州、市幼教干部和部分幼儿园园长培训班，着重组织学习《条例》和《规程》，讨论贯彻实施的意见。同时，对全省各类幼儿园进行了注册登记和调查摸底工作。把特殊教育作为整个教育发展的重要组成部分，提上议事日程，纳入普及义务教育的轨道。省教委为各地培训了一批特教师资，并在兰州商学院开办了残疾人财会大专班，在兰州市盲聋哑学校附设了中专班。各地积极创造条件，举办特教班或组织残疾、弱智儿童进行随班就读，残疾儿童入学率有所提高。1990年，全省在园（学前班）幼儿比1989年增加4.2万人，幼儿接受学前教育的比例达到16.7%，比1989年提高3.1个百分点。特殊学校5所，弱智儿童辅读学校9所，在校学生796人，在校学生比1989年增长11%。

撰稿人　李生全　何馨芳

职业技术教育

1990年，甘肃职业技术教育继续贯彻稳步发展、提高效益的方针，明确了加强骨干(中专)，协调两翼(技工学校、职业中学)，长短并举，合理布局，增强实力，适应经济的“大职教”思想。在改革和发展职业技术教育中，着重做了以下几项工作。

一、进行专业结构的调整

对普通中专和技工学校，省教委、省劳动局组织调研，并配合有关业务部门，结合行业和产业、产品结构调整，对部分学校的培养方向、专业设置、课程结构进行改造或调整。对职业中学，教育部门利用其“船小好调头”的优势，一手抓试点，一手抓大面积专业改造的调研准备工作。省、地、县在17所学校进行了专业改造试点。与此同时，省教委按照拓宽专业面、增强适应性、加强实践环节、提高动手能力的原则，在大范围评估、调研的基础上，重新制定了职业中学各专业的教学计划，将原有的67个窄专业合并为33个宽专业，将文化课与专业课教学时数的比例由原来的4:6调整为3∶7。

二、加强对职业技术教育的宏观控制与

管理

职业中学发展初期，有的县、乡在未履行审批手续的情况下，办起了一些不具备基本办学条件的学校和布局不甚合理的学校。对此，省教委在年初重申了学校审批备案制度，并对现有职业中学逐一进行审查，符合条件的予以备案，不符合条件的限期改进或调整，然后分期分批审查备案。第一批已有84所学校经审查后备案。其余学校的审查备案工作正在继续进行。普通中专毕业证书验印程序和办法得到进一步完善，工作进展顺利，取得了制止乱招生、乱办班的明显效果。职业中学从本年度开始，已经备案学校的学生毕业证书，由省教委统一印制，地、州、市教育行政部门负责验印。

三、继续进行职教体制改革

按照“三教统筹”的思想，积极推动职业技术教育与普通教育的结合、渗透。许多地方的农村中、小学从当地实际出发，开设职业技术教育课程，不仅促进了学生的全面提高，而且也使多形式、多规格的职业技术培训得到了发展。部分农村职业中学在“燎原计划”实施中发挥了重要作用。按照“以育人为目的，以教学为中心，实行教学、生产、服务、建校四结合”的思想，改进和完善学校工作体制。曾经在一些农村职业中学中出现的重生产、轻教学的现象已经得到纠正，把生产服务纳入教学育人的轨道。农业类中专招生与分配制度的改革试点继续进行。兰州农业学校定向为榆中县举办林果专业班，招收具有高中毕业文化程度的青年农民入学，在校学习期间，实行县、校共管，毕业全部回本县，在农业生产第一线发挥作用。

四、开展办学水平评估

省教委于1989年提出了职业高中A、B、C三级评估试行方案，把办学的基本要求和基本条件作为C级标准，把省级重点职业高中的办学标准作为B级标准，把全国示范性职业高中办学标准作为A级标准。在1989年对26所学校进行C级评估的基础上，1990年重新修订并正式印发了评估方案，对18所学校进行了B级或C级评估。同时在1989年和1990年B级评估的基础上，认定了4所省级重点职业高中。评估时首先由学校自查自评，再由地区组织复评，最后由省教委组织验收评估。对达到C级标准的学校，发给“合格职业高中”牌子；达到B级标准的学校，发给“示范性职业高中”牌子，并给每校奖励1万元，用以改善办学条件。省劳动局也从1989年起，逐一对技工学校进行办学基本条件评估、省颁办学标准评估和部颁办学标准评估。到1990年底，全省有22所职业高中达到了C级标准，11所达到了B级标准，有38所技工学校达到了省颁合格标准。为了搞好普通中专的评估，省教委制定了《普通中专办学水平评估方案》，确立了包括111个三级评估项目的指标体系，并于1990年第四季度在6所学校进行了评估试点。一些部属、省属中专的主管部委、厅局也对学校进行了不同类型的单项评估。1989年以来，在三类中等职业技术学校中开展的评估，产生了积极的影响，起到了对办学方向的导向作用和对当地教育行政部门和办学单位的督导作用。通过逐一审查备案，一批一批扶持，一级一级评估，使各学校的办学水平得到不断提高。

职业技术教育教学研究与指导工作得到加强。1988年以来，中专教学研究会由原来的3个发展到11个，从而使全省性的职业技术学校学科教学工作研究较前有了新的发展，在全省范围内，初步形成了由省职业技术教育学会牵头，中国甘肃路易·艾黎教育思想研究会协同配合，各职教学科研究会为骨干，各职业技术学校学科教研组为支撑点的职教教学研究与指导体系，并开展了内容丰富、形式多样的活动。1990年组织开展了全省职业技术教育优秀科研成果评奖活动，共收到论文400余篇，已出版的专著、教材20多本，从中评选出一、二、三等奖30个；组织培训了参加全国职业中学服装专业学生技能比赛的省代表队，在比赛中取得了较好的成绩；组织召开了艾黎教育思想研讨会，交流了23篇论文。各学科研究会也分别组织了年会、研讨会、论文评奖、学科竞赛及专题调研等活动。

以上各项工作，使甘肃职业技术教育取得了"消肿健身"，增强对经济发展适应性的明显成效。但从总体上看，职业技术教育仍然是甘肃教育体系中的薄弱环节。从外部环境看，轻视职业技术教育的观念仍然存在；社会就业环境和劳动用工制度还没有形成合理使用各种规格的专业技术人才的机制；管理体制的局限使各种办学力量尚未形成合力。从内部环境看，资金投入不足，办学条件普遍较差；在事业发展的同时没有同步建立和形成完善配套的支持服务体系；由于缺乏经验，在办学体制、教育思路、教学内容和方法等方面都还不能适应经济和社会发展的需要。

撰稿人　王仲伦　钱　旭

高等教育

1990年，甘肃省高等教育认真贯彻"坚持方向、稳定规模、优化结构、深化改革、改善条件、提高质量"的方针，取得了一定的成绩。

一、加强高校党的建设和思想政治教育工作

1990年7月，甘肃省委组织部、宣传部、省教委党组联合召开了高等学校党建工作会议，中共甘肃省委发出《贯彻〈中共中央关于加强高等学校党的建设的通知〉的意见》，高校党建工作出现了新的局面。一是全省18所普通高等学校实行党委领导下的校长负责制，并选拔了一批政治上强、懂管理、熟悉业务的干部充实到党委工作部门，健全了党委工作机构；二是把加强领导班子建设作为党建工作的关键，采取有效措施，切实加强了高等学校领导班子的组织建设、作风建设和思想建设；三是加强基层组织的建设，努力提高基层干部的素质，增强党组织的战斗力；四是加强经常性的党性教育工作，提高党员的政治素质。各高校普遍开展了"创建先进党支部，争做优秀共产党员"的活动，并把这项活动同学雷锋、学先进模范人物结合起来，使党员在本职岗位上真正发挥模范带头作用。

进一步加强了高校思想政治工作，落实德育在学校教育中的首要位置。

(一)加强高等学校思想政治教育队伍建设

从1987年起，逐步建立了政工人员培训制度。1990年，省委宣传部、省教委决定，在全省高校开展优秀思想政治工作者评奖活动，当年表彰奖励高等学校优秀思想政治工作者100名。

(二)切实抓好马列主义理论课和思想政治教育课课程建设，努力发挥思想政治教育主渠道作用

组织两课教师开展教学检查工作，结合大学生深层次思想问题，在充分调查研究的基础上，编写出版了《大学生成才修养》、《马克思主义若干问题研究》等，作为全省高校学生思想品德修养课教材和马克思主义理论课主要参考教材；结合社会主义教育，邀请"'吉化人'事迹报告团"给兰州地区高校3000名学生作了专题报告，受到同学们的热烈欢迎。

(三)加强对大学生社会实践活动的领导，使大学生社会实践活动主题明确，形式丰富，并逐步走向制度化

1990年，省委宣传部、省教委、团省委共同决定把暑期大学生社会实践活动作为对大学生集中进行社会主义、爱国主义教育的重要措施来抓，充分利用甘肃的地域特点和甘

肃在历史、中国革命史中特殊重要的地位，开展了以兰州为中心，辐射东西两片，以“走向社会，学习工农”为主题的学习、劳动实践活动。东部开展以考察陇东老区革命前辈为中华民族解放而奋斗的英雄足迹为重点的“重走长征路”活动；西部开展以丝绸之路为主线的“丝绸之光”活动，以激发学生的爱国主义精神和民族自豪感。省教委表彰了在社会实践中涌现出来的120名先进个人和12个先进集体。这次社会实践活动被中宣部、国家教委、团中央评为1990年大学生社会实践最佳主题活动。

二、以提高教学质量为中心，深化教学领域的改革

(一)进一步重视教学工作，加强教学研究

大部分高校召开了教学工作会或教学经验交流会，总结教学改革的成绩，深入探讨和制定稳步提高教学质量的措施。省教委把每年一度的教务处长联席会既开成教学工作研讨会，又开成教学改革工作会。向全省高等学校推广了天水师范专科学校“端正办学指导思想，从严治教，从严治学”的经验。

(二)加强课程建设，全面开展课程评估

西北师范大学、兰州铁道学院等学校成立了教学督导委员会或教学咨询委员会，调整、确定重点建设课程。从1990年起，在全省8所本科院校开展了大学英语评估工作。各校根据省教委要求，组织有关专家，对本校实验教学工作质量进行了自我检查评估。组织了“神速杯”大学生计算机程序设计竞赛活动，对高等学校计算机教学工作起到了积极的推动作用。

(三)教材建设成绩显著

1987年甘肃省在全国率先落实了高等学校教材出版补贴政策。到1990年，省属高校先后补贴出版教材60多种，相当于1976年至1986年省属高校出版教材总数的3.5倍；成立了甘肃省高等学校教材建设指导委员会，加强了对教材建设工作的领导和研究；建立了教材出版审批制度，严把自编教材质量关；省教委推广了兰州大学油印讲义改造工作经验，在部分高等学校中开展了油印讲义印刷技术改造工作。

(四)开展师范院校教学改革工作

从1988年到1990年，重点进行了师范院校教学改革。继师范院校毕业生质量跟踪调查工作以后，师范院校围绕如何适应本省中学教学实际问题，重点加强了学生基本功训练，严格了实验课程考试环节，着重培养学生动手能力；结合实际，对师范院校学生进行专业思想教育；1987年开始的师专中文专业办学水平评估工作已基本结束，省教委对师范专科学校中文专业的办学水平做出了客观的评价，并指出了今后努力的方向；1989年至1990年，省教委先后拨出108万元的专款，为各师范院校建立长期固定的教育实习基地29个，较好地解决了师范院校学生实习难的问题。

三、科研工作取得新进展

(一)增加科研投入

1990年，省教委、省财政厅把省属高校科研经费由每年51万增加到69万元，以增强省属高校的科研能力。1990年省教委下达了科研项目计划140项，大部分项目已取得了成效。

(二)加强社会科学研究工作

1990年省教委召开了全省高校社会科学研究工作座谈会，传达贯彻国家教委召开的社会科学工作会议精神，明确了社会科学研究工作的目标和任务，并选择了一批重点项目给予经费支持。

(三)开展科研评奖活动

省教委制定了《甘肃省高等学校哲学社会科学优秀成果奖励条例(试行)》及实施细则，修定和完善了《甘肃省高等学校科学技术进步奖励条例(试行)》及实施细则。当年，组织进行了全省高校1979—1989年度科学技术进步奖评奖工作，评选出获奖项目184项，其中哲学社会科学优秀成果奖95项(一等奖17项，二等奖41项，三等奖37项)，科技进步奖89项(一等奖19项，二等奖33项，三等奖37项)。这次评奖工作的特点，是要求论文类成果必须具备5篇以上系列论文，既保证了评奖的公正、合理，又鼓励教师、科研人员在研究方向上进行深入探讨。

(四)办学水平和科研能力得到提高

1990年全省高校新增博士学位学科、专业点3个，新增博士导师12人，新增硕士学位学科、专业点16个。甘肃中医学院被批准新增为硕士学位授予单位。全省高校共设有博士学位学科、专业点18个，博士生导师35名，硕士学位学科、专业点111个。1990年，全省高校出版专著120余部，发表学术论文4000余篇，鉴定科研成果79项。自然科学获省级以上奖励的项目达42项，其中部分成果已达到国内领先或国际先进水平。兰州大学研制成功的"强流中子发生器"曾获国家教委科技进步奖，1990年录入国家教委《中国高等学校重大科技成果与研究进展选编》；甘肃工业大学研制成功的"六轴四联动滚齿计算机数控系统"荣获国家科技攻关项目优秀奖，1990年在北京第二届中国机床工具博览会上展示。

(五)科技兴农取得成效

1990年，是国务院确定的科技兴农年，根据国家和省关于科技兴农的有关精神，省教委对全省高校的科技兴农和科技扶贫工作进行了总结，并通过增加农业科研的投资、科技承包等措施，推进科技兴农和科技扶贫工作。近几年，全省高校开展农业科研项目135项，承担省市农业方面的重大科研项目67项，有70项农业科研成果通过技术鉴定，47项获省部级以上农业科研成果奖励，26项农业科技应用项目收入1990年国家教委编印的《1985—1989年度全国高校科技兴农成果汇编》。至1990年，全省高校科技承包县8个，建立教学、科研、生产三结合基地63个，培养高级专门人才2862人，培养农民技术骨干1万人次。甘肃农业大学发挥自身优势，承担了定西、陇南、天水3地市高寒阴湿地区的8县17乡科技扶贫任务，制定了上述地区的科技扶贫规划及实施方案，在承包期内实现"大多数乡在2—3年脱贫，1年巩固，稳定解决温饱"的奋斗目标。

四、加强高校师资队伍建设

1990年，省教委组织了全省师资队伍状况的调查研究工作，并在此基础上于12月召开了全省高等学校师资工作会议，总结了"七五"期间全省高校师资队伍建设工作，分析研究了师资队伍现状及面临的形势和任务，讨论制定了全省高校"八五"师资规划，提出了加强全省高校师资工作的意见。"七五"期间，全省高校师资工作成绩显著，高等学校通过有计划的引进、培训、出国进修、开展科研和职称改革等措施，使教师队伍得到充实，业务水平普遍提高。5年补充新教师1700人，有42%的青年教师接受了培训，委托培养研究生183人，省属高校公派116名教师出国进修。全省高校教师高、中、初级职称的比例由1985年的1:3.6:5.4调整为2.5:3.6:3.9，教授、副教授人数比1985年增长近两倍。

五、加强对外交流与合作

1990年，省教委本着实事求是的原则，合理确定聘请专家的数量和层次，注重聘请实效，统筹规划，保证急需。1990年聘请外籍教师25人，其中长期文教专家11人。1990年，根据高等学校师资需求状况，组织省属高校教师出国进修，共选派进修教师13人，参加国际学术会议教师10人次，出国考察教师8人次，国外讲学1人，合作科研13人次。1990年，部分高校为提高外国文教专家的教学水平，使专家教学管理工作规范化、制度化，开展了外语教学评估工作，并在10月召开的西北五省区外国文教专家、留学生协作会上进行了交流。省教委根据国家教委发布的《关于具有大学和大学以上学历人员自费出国留学的补充规定》，明确了工作机构，健全了工作制度，按规定对自费出国留学人员进行了审核。

撰稿人　何开源　周亚夫
刘玉泉　何玉娀

成人教育

一、扫盲教育有了新进展

1990年是国际扫盲年，根据迎接国际扫盲年全国电话会议精神，1990年2月，成立了由省教委、农委、团省委等12个部门组成的协调小组。之后，省教委、农委、团省委等8部门联合发出了《关于开展国际扫盲年活动的通知》，对全省开展国际扫盲年活动和开展全省扫盲月活动作了具体的部署安排，确定每年三月为全省扫盲月。国际扫盲日之际，省政府领导同志先后发表了广播和电视讲话。全省有8个地、州、市政府成立了扫除文盲协调领导小组，把扫盲作为为农民群众办的一件实事纳入政府工作日程。在7月召开的全省扫盲工作座谈会和扫盲先进表彰大会上，省政府表彰了永登等13个基本扫除文盲先进县和刘庆三等99名在扫盲工作中做出优异成绩的先进个人。先进县各颁奖牌一面，奖金3万元，先进个人授予《甘肃省扫除文盲先进工作者荣誉证书》，每人奖励150元。同时，副省长张学忠与华池等22个县主管文教的县长签订了《甘肃省农民教育扫盲责任书》。省教委发出动员中小学学生参加扫盲活动的通知，在暑假期间，组织了以中小学师生为主力军的扫盲教师队伍。部分大学生、师范院校的学生也参加了扫盲。兰州商学院暑假期间组织91名大学生结合社会实践在陇西县6个村开展了扫盲工作。陇南地区的西和、礼县等县有253名中师应届毕业生奔赴农村参加扫盲。省教委编写发行了《农村实用技术》和《农村实用数学》，印发了《扫盲宣传要点》、《国际扫盲年专辑》，作为扫盲和扫盲后继续教育的教材和资料。到1990年底，全省共组织50多万文盲、半文盲学习，有近33万青壮年文盲脱盲，全省文盲率由28％下降到26％。同时，乡镇农民文化技术学校发展到700多所，共有70万人次参加了实用技术培训。国家教委等10部委组成的全国扫盲检查组对甘肃省9个地区的14个县(市、区）的扫盲工作进行检查后指出，甘肃的扫盲教育工作细致、扎实，各项措施比较得力；基本普及初等教育的县堵盲工作做得好；扫盲后的巩固提高和继续教育工作也有成效。

二、推进“燎原计划”试点工作

1990年8月，省教委在临夏市召开了全省“燎原计划”工作会议。会议总结前一段各试点县的经验，特别是临夏市枹罕乡的经验，讨论修改了《甘肃省进一步实施“燎原计划”的意见》，提出了今后实施“燎原计划”试点工作的意见。会议总结临夏市枹罕乡实施“燎原计划”的主要经验是：（1）实行农科教结合。按照农科教结合、三教统筹的原则，建立由乡长、乡教委主任为主要成员的实施“燎原计划”领导小组，并与邻近的州农校、农科所、气象局、市文化局、科协、农技站等13个单位协商，成立了由这些单位负责人和科教人员参加的枹罕乡农科教协调指导服务小组，统一培训教师，统一利用培训基地，统一评估培训效果，加强组织和服务协调。（2）以项目为龙头，走培训、从业、致富之路。把培训项目当作影响当地经济的硬技术，在贷款等政策上予以优惠，把培训与培训后的从业，从业后的发展致富结合起来。（3）开展生产新技术的推广培训。（4）加强各类教育，提高农民整体素质。

为了推进“燎原计划”的实施，省里要求各地在试点的基础上，从当地实际出发，进一步修订和完善试点方案；建立和完善农科教体系，把农科教各部门的思想统一到为振兴农村经济服务上来，积极发挥各自职能作用；把“燎原计划”、“星火计划”、“丰收计划”衔接起来，由各级政府统筹安排部署；教育部门搞好普教、职教、成人教育的统筹协调；把对农民的实用技术培训和实用技术推广作为“燎原计划”的重点，以在乡初、高中毕业生和脱盲学员为主要对象；重视农科教基地建设，以农民文化技术学校为主体，建立农科教结合中心；加强政府的统筹协调领导，完善实施“燎原计划”的运行体系。

1990年甘肃省接受国家“燎原计划”贷款116万元，开发项目 20 个，全省“燎原计划”贷款总额已达504万元，扶持项目达75个。

三、治理整顿成人高、中等学历教育

(一)治理整顿普通高校成人教育

根据国家教委《关于普通高等学校成人教育治理整顿工作的若干意见》，针对普通高校成人教育存在的办学指导思想不够端正，管理松弛，质量下降和少数学校乱办班、乱收费、乱发文凭等问题，进一步加强管理，控制规模，提高社会效益，使普通高校成人教育朝着制度化、规范化方向发展。省教委根据《意见》，及时作了安排部署，分三个阶段(即自查阶段、互查阶段、检查验收阶段）进行普通高校成人教育的治理整顿工作。各高校通过学习文件，贯彻精神，提高认识，初步纠正了“三乱”现象及其它问题，进一步强化了管理。省里加强了对毕业证书的审验工作，印发了《关于成人高等教育〈专业证书〉由省教委验印的通知》，从1990年起实施。

(二)强化成人高、中等学校的管理

在加强成人高、中等教育的管理上，采取了以下措施：(1)从计划上调整专业布局，优化专业结构，使省内供需趋于合理；(2)在调查研究的基础上，根据实际，组织编写了工业会计学等课程的统一教学大纲，建立了会计学原理等学科的题库；(3)进一步完善了学籍管理制度，发布了《甘肃省成人高等学校在校生转学暂行规定》。

为了进一步提高成人高、中等教育的质量，省教委发布了《甘肃省成人教育考试条例》、《甘肃省成人高(中)等学校教育质量评估办法》，建立了巡视员制度，使各类成人学校考试走上了规范化，并先后对24所成人中专进行了教学质量评估。同时加强了成人高、中等教育《专业证书》统一考试的管理，对38门课程、5600多名学员进行了统考和抽考，对成人中专的25所学校40门课程进行了质量抽查。

(三)调整成人教育布局、结构

对部分办学条件差、规模小、效益低，学校及专业布局、科类结构不合理的成人高中等学校进行了调整，将兰州石油化工机器厂职工大学、兰州通用机器厂职工大学、长风机器厂职工大学、甘肃机械工业大学合并为甘肃省机械电子职工大学。对个别学校、专业做了暂停招生的处理，从而有效地加强了成人高、中等教育的管理。

撰稿人 李春芮 温攀玺 陈继宗

审稿人 李绍唐 高维新

青海省教育

概　　况

一、各级各类教育发展情况

1990年各级普通学校基本情况

单位：人

学校类别	学校数（所）	毕业生数	招生数	在校学生数	教职工数	
					计	其中教师
一、普通高等学校	7	1930	1725	6214	2999	1470
研究生		15		12		
本科		996	1076	4309		
专科		919	649	1893		
二、普通中等学校	559	77026	83980	235978	24010	18174
1.中等专业学校	39	4216	3378	11286	3133	1670
中等技术学校	23	2196	1841	5822	2065	1015
中等师范学校	16	2020	1537	5464	1068	655
2.普通中学	484	68074	76269	217470	20161	16023
高中	211	18392	20335	59409		4771
初中	273	49682	55934	158061		11252
3.农业、职业中学	35	4730	4326	7161	685	462
高中	33	2855	2344	4905		388
初中	2	1875	1982	2256		74
4.工读学校	1	6	7	61	31	19
三、小学	3839	65130	76497	490350	28582	26515
四、特殊教育学校	1	8	23	153	31	20
五、幼儿园	203			44320	1820	1275

1990年各级成人学校基本情况

单位：人

学校类别	学校数（所）	毕业生数	招生数	在校学生数	教职工数	
					计	其中：教师
一、成人高等学校	8	849	649	2086	589	246
广播电视大学	1	111	147	670	93	26
职工高等学校	6	151	54	122	148	64
农民高等学校						
管理干部学院						
教育学院	1	587	448	1294	348	156
独立函授学院						
普通高校举办						
函授部						
夜大学						
干部专修科						
二、成人中等学校	54	7303	7301	10189	625	301
1.成人中等专业学校	17	1094	1099	2913	546	282
广播电视中专	1	338	293	651	84	44
干部中专	2	87	20	105	79	42
职工中专	14	669	786	2157	383	196
农民中专						
教师进修学校						
2.成人中学	1	72	115	115	7	3
职工中学	1	72	115	115	7	3
农民中学						
3.成人技术培训学校	36	6137	6087	7161	72	16
职工技术培训学校	13	6137	5505	6579	72	16
农民技术培训学校	23		582	582		
三、成人初等学校	596	24536	53282	76500	185	163
1.职工初等学校	1	97	150	150		
2.农民初等学校	595	24439	53132	76350	185	163
其中：扫盲班	540	20612	36451	57598	146	130

二、召开全省教育工作会议

1990年4月10日至15日，省政府召开全省教育工作会议，省委、省政府、省政协的领导出席会议并讲了话。会议传达了国家教委1990年工作会议精神，回顾总结了教育工作的经验教训，探讨了加强学校德育和思想政治工作的途径和方法，进一步理顺了全省教育发展和改革的基本思路。即：从实际出发，把基础教育和民族教育作为全省教育工作的重点，把藏族教育作为一个特殊问题摆到突出位置，大胆探索发展路子；因地制宜地分步骤地发展职业技术教育；高等教育要稳定规模，优化结构，深化改革，改善条件，提高质量；成人教育要大力开展农牧民扫盲教育，职工教育要逐步转向以岗位培训为重点的轨道。为此，在发展规模、速度上，做到持续、稳定、协调发展，避免大起大落；在结构选择上，以九年制义务教育为基础，建立基础教育的多种模式，积极发展职业技术教育，把提高各民族劳动者素质，培养初、中级人才摆到突出位置，同时有计划地培养高级专门人才；在布局上，从全省经济、文化发展不平衡的特点出发，因地制宜，分类规划，制定区域性教育发展计划；在实施步骤上，分阶段推进，逐步建立适应青海经济和社会发展的新的教育机制。

三、学习湟源牧校，端正办学方向

1990年6月9日，省教育厅作出教育战线深入开展学习湟源牧校的决定。湟源牧校于1940年成立。建国后，在党的领导下，面向基层，面向农村牧区办学，培养了一批能“下得去、留得住、用得上”的人才。据统计，建国后共培养毕业生4690名，其中少数民族学生1928名。现在畜牧业生产第一线工作的有2035名，其中80%以上在县以下的基层单位，为青海畜牧业发展作出了贡献。特别是党的十一届三中全会以来，根据青海农村牧区经济发展的需要，湟源牧校调整了专业设置和教学内容，开设了成人中专、短期培训班、委托代培班，建立了兽医院、牛种改良站、实习牧场和良种试验田，积极开展各科试验研究和技术推广，形成了理论与实践相结合的教学体系。6月13日，省教育厅召开全省教育系统开展学习湟源牧校动员大会，省长金基鹏作了题为《弘扬牧校精神、培养“四有”新人》的动员讲话。他指出：“创业、求实、奉献”是湟源牧校精神的体现。学习湟源牧校，就要像湟源牧校那样，把坚定正确的政治方向放在第一位，发扬“创业、求实、奉献”精神，培养“四有”人才，把教育为社会主义建设服务的方针落到实处。

四、“七五”期间教育事业的发展与问题

1990年是“七五”计划的最后一年。“七五”时期与“六五”时期相比，青海教育事业有了新进展。“七五”时期全省高等院校共培养了本、专科毕业生9120人，比“六五”时期增加了3528人；中等专业学校共培养毕业生21140人，增加6419人；农业、职业中学共培养毕业生18009人，增加15896人。基础教育实行地方负责、分级管理的新体制，取得了好的效果。全省学龄儿童入学率由1985年的79.22%提高到1990年的81.48%；占全省总人口40%的地区完成了普及初等教育的任务，有7个县（市属区）达到基本无文盲标准。1990年底，少数民族在校学生数达24.64万人，占在校学生总数的31.7%，比1985年提高5.7个百分点。

教育事业的发展促进了人口文化素质的提高。据第四次人口普查，全省平均每万人中拥有各类文化水平的人数均比第三次人口普查时增加。其中每万人中的大专以上文化程度的人数由80.8人增加到149人，高中（含中专）文化程度的人数由511.5人增加到827.5人，初中文化程度的人数由1398.3人增加到1776.1人。全省文盲半文盲率由29.14%下降到27.70%。

青海教育虽然有了新进展，但对三教沟通，农科教统筹认识不足，措施不力，绝大多数地区未真正起步；全社会尚未确立人民办教育，教育为人民的新观念；教育内部改革进展缓慢，从应试教育向素质教育的转变步履艰难；职业技术教育进展缓慢，高校专业调整难度较大。此外，师资队伍不稳定、骨干教师缺乏、教育公用经费紧缺等问题至今困扰着各级各类学校。

撰稿人　郭存福　滕晓天

基础教育

1990年，全省基础教育在重视学校德育工作，实施九年制义务教育，加强学校常规管理，积极进行教育教学改革，强化体育卫生工作以及开展勤工俭学活动等方面，取得了一定的成绩。

青海省1990年基础教育的情况是：小学学龄儿童入学率为81.48%，在校学生巩固率为94.02%，毕业率为93.51%。小学在校生比1989年减少10,792人。小学生流失率为2.6%，比1989年下降了0.7个百分点。中学在校生比1989年减少1073人，流失率为4.6%，比1989年稍有上升。中小学生流失的原因主要是少数学生弃学务农、弃学经商；部分学校教学质量低下，学生升学无望，中途辍学等。

一、加强学校德育工作

德育工作受到重视。1990年，省政府召开全省教育工作会议，提出了《关于进一步加强和改进中小学德育工作若干问题的意见》。元月，省委办公厅又批转了省教育厅等6厅(局)《关于预防、控制青少年学生犯罪若干问题的意见》。为了贯彻这两个文件，省教育厅成立了德育处，县以上教育部门成立了德育科(股)或指定专人负责德育工作，各中、小学都成立了以党支部为核心，以共青团、教育工会、学生会、少先队相配合的德育领导和管理机构，将德育工作列入教育部门和中小学目标管理之中，初步形成了齐抓共管的工作网络和管理体系。

努力提高德育工作队伍的素质。省教育厅把严格管理同抓德育工作队伍建设结合起来，全省培训中学政治课骨干教师200多人，班主任100多人，会同团省委举办辅导员学校，将团队干部纳入德育队伍的总体之中。7月，举办了现代教育班集体理论讲习班，参加学习的德育教研员、政工员100多人，使德育队伍的整体素质有了提高。

认真落实德育内容。各地中小学遵照《中共中央关于改革和加强中小学德育工作的通知》及《中学德育大纲》、《小学德育纲要》，结合纪念鸦片战争150周年、抗日战争胜利45周年，开展了"五爱"教育和"迎亚运、为亚运会作贡献"的活动；结合学习雷锋、学习赖宁，开展了学蒙托那义活动。并在中学开展了国情教育和人口教育，加强了劳动技术教育。中小学升国旗、唱国歌已得到落实。

深入进行了德育工作研究。省教育厅于1988年确定在20所中小学中进行德育试点工作，1990年，实验项目全部完成。7月，教育厅召开了全省第二次德育试点工作会议，对试点工作取得的阶段性成果进行总结，为中小学德育工作科学化、序列化、规范化、制度化探索了新路子。

二、九年制义务教育有新进展

全省实施九年制义务教育工作，截止1990年底，占全省人口40%的15个县(区)已基本普及了初等教育，占全省人口21.7%的10个县(区)，基本普及了初级中等教育。

青海省九年制义务教育，坚持"实事求是，因地制宜，分类规划，分类指导，保证质量，积极创造条件，以条件定进度"的指导方针，采取措施，稳步实施。

一是加强宣传，提高认识，增强实施义务教育的紧迫感。1990年，全省各地利用广播电视、黑板报、座谈会、编发材料等多种形式，广泛开展宣传《义务教育法》活动。省人民政府在庆祝教师节时，号召全社会关心和支持教育，尊师重教，推进义务教育。互助等县把每年的九月定为义务教育宣传月，湟中县大才回族乡成立了乡政府执法队，挨门逐户宣传义务教育法，动员学生上学念书。通过一系列的宣传教育，全省各级党政领导和人民群众对教育的认识有了进一步的提高，全社会重视教育、关心和支持教育风气日益浓厚，涌现了一大批象湟中、化隆、乐都、湟源关心支持教育的先进县和胡森林、马天益等集资捐助办学，动员学龄儿童入学的先进个人。

二是在全省范围内进一步完善了“地方负责，分级办学”的管理体制。省人民政府在总结推广化隆县教育体制改革经验的基础上，颁发了《青海省基础教育管理体制的暂行规定》，明确了各级人民政府发展义务教育的责任和权利，调动了地方办学的积极性。全省大部分乡镇都成立了由党委书记主管，乡长亲自抓教育的教育委员会，出现了人民教育人民办，办好教育为人民的局面。

三是对实施《义务教育法》和《青海省实施〈义务教育法〉办法》进行检查。省教育厅于5月和9月两次对全省普及初等教育进行了复查，并对民和县普及初等教育进行了验收，使该县成为全省民族自治县第一个普及初等教育先进县。在复查和验收九年制义务教育中，认真贯彻了国家教委《关于严格控制中小学生流失问题的若干意见》，采取了制定乡规民约，宗教人士出面动员，建立流失生报告制度等措施，控制了流失学生。

三、强化学校常规管理

根据省教育厅在4州4县200所乡中小学抽样调查，表明中小学管理工作开始步入规范化、制度化的轨道。

针对过去全省中小学管理工作比较落后的实际，省教育厅把学校管理提到重要日程，采取了一些积极措施：一是要求各地强化学校管理，向管理要效益，向管理要质量。二是完善管理制度，先后制定了《中小学管理工作若干意见》、《强化和改进中小学教育质量管理工作若干问题的意见》等，增强了以法治校的自觉性，克服了管理工作中的盲目性，避免了无章可循的随意性。三是提高管理干部的素质。先后举办了两期教育局长和中学校长培训班，有200余人参加，使他们初步掌握了定性和定量的管理方法，开始从经验型的管理向科学型的管理转化。四是省教育厅领导带队，深入海西、玉树、果洛等州、县中小学进行学校管理的检查督导，对西宁、海东、海南等地学校的常规管理进行检查指导。

由于采取以上措施，使全省中小学校管理工作出现了许多新气象：一是普遍地充实和加强了领导班子。西宁、乐都、湟中等县对少数管理水平低下，采取措施后起色仍不大的班子，果断地进行调整充实，把那些政治素质高，管理能力强的同志提拔到学校领导岗位上来。二是健全了各项规章制度，对教师德、勤、能、绩全面量化考核，使制度落到实处。海东、海西、西宁开始实施校长负责制、教师聘任制、岗位责任制，调动了校长和教师的积极性，提高了教育质量。三是实行了目标管理，引入竞争机制，把德、智、体发展的总体目标分解到学校、年级、班级，定期评比，年终验收，强化了学校教育的各环节，使学先进，争上游，创第一流学校蔚然成风。

四、积极进行教育教学改革

1990年，全省中小学教学改革稳步开展，推动了全省教育事业的发展。主要表现是：

(一)积极推进农村教育的整体改革

在大通、乐都、湟中三县进行了农村教育整体改革的试点。三县均建立了教育整体改革试点机构，从培养当地需要的人才出发，把基础教育、职业技术教育、成人教育和农、科、教有机结合起来统筹管理，互相促进，协调发展，初见成效。

(二)着手筹备高中会考工作

省教育厅成立了高中会考领导小组，程庆麟副厅长任组长。11月召开了全省教研工作会议，传达了全国高中会考工作会议精神，讨论了全省实施高中会考的具体事项，并印发了国家教委《关于普通高中教学计划调整意见》，还举办了有关高中会考的教师培训班，从组织上、思想上为高中会考作了充分的准备。

(三)减轻中小学生的课业负担，端正办学指导思想

省教育厅于5月召开了全省减轻中小学

生课业负担座谈会，总结交流了民和县川口小学端正办学指导思想的经验。11月，省政府办公厅和教育厅联合成立了以副省长班玛丹增为组长的检查组，抽调处级以上干部20多人，对西宁市22所中小学校学生课业负担进行了调查研究。调查结果表明，部分学校尤其是毕业年级存在着学生课业负担过重的问题，即及时采取了有效措施，对减轻学生课业负担起了较好的作用。

(四)教育教学实验取得阶段性成果

西宁市城东区进行的“注音识字，提前读写”5年一轮实验基本完成。实验表明它是改革小学语文阅读教学成功之举。中学物理的有序启动实验，逐步在较大的范围内进行了总结、推广，并获得好评。西宁市教委决定，全市从1990年起有计划开展目标教学，湟中、平安、互助等县也开展目标教学实验工作。全省性教育教学改革实验的有些项目还参加了全国教育改革学术研讨会，并获得了表彰和奖励。

五、加强学校体育卫生工作

年初，省教育厅深入海南州、海东地区和西宁市的部分中小学，检查落实《学校体育工作条例》、《学校卫生工作条例》的情况。在此基础上，以《青海省体育传统项目学校管理暂行条例》和《青海省体育传统项目评比奖励办法》为依据，抽查了部分学校的体育工作，新命名7所学校为传统体育项目学校。

为了全面贯彻教育方针，落实体育在培养全面发展新人的地位和作用，省教育厅下发了《关于中学生报考高一级学校要严格执行体育合格标准的通知》，强调体育不合格的学生一律不得报考高一级学校，不能评为“三好”学生，毕业考试仍不合格者发肄业证。

为了搞好国防教育，6月省教育厅与省军区、省人防办联合召开全省学校国防教育工作会议，青海师大附中、西宁十二中、湟川中学等3所学校666名学生参加了军训。

青海省乐都县是全国农村学校卫生工作试点县，经国家教委、卫生部检查验收，达到试点工作的各项标准。11月份，在上海召开的全国农村学校卫生试点县总结表彰会议上，该县受到了表彰奖励。

六、普遍开展勤工俭学活动

1990年，全省勤工俭学农牧场594个，比1989年增加基地17个，其中校办农牧场489个，工厂43个，第三产业服务网点62个。年总产值达到1200万元，比1989年纯增74万元，纯利润达到250万元，比1989年纯增10万元。

七、进一步加强基础教育的三项建设

(一)原有危房得到改造，办学条件明显改善

1990年全省教育经费达到1.92亿元，占全省财政支出的11.32%，基本保持了教育经费的“两个增长”。省人民政府决定：用3年时间，通过多渠道筹措资金的办法，完成原有危房的改造任务。省政府的决定得到全省州、地、市、县各级政府的支持，也为广大群众所拥护。1988—1990年共筹集资金1.3117亿元，人均集资29元多，共改造旧有危房65.62万平方米，超额完成计划的1.64%，其中：砖混结构的占70%，砖木结构的占30%，使中小学的办学条件得到了显著改善，历史遗留的危房改造任务基本完成。

(二)中小学教师的思想和业务水平有了提高

通过分配大中专院校毕业生补充教师队伍，多种形式培训在职教师，使中小学教师不仅数量有所增加，政治业务素质也有了提高。截至年底，小学专任教师学历合格的为19212人，达标率为72.46%，比1989年提高1.96个百分点；初中教师学历达标11252人，达标率为46.29%，比1989年提高2.69个百分点，高中教师学历达标4771人，达标率为37.52%。在提高教师业务水平的同时，加强教师的思

想政治教育和师德教育。省教育厅制定了《青海省中小学教师职业道德准则》。“准则”从政治思想、道德情操、业务水平、行为规范诸方面对教师提出了具体要求。同时，还表彰了一批像刘让贤老师那样扎根高原、无私奉献的先进典型。刘让贤是互助土族自治县东山乡什巴小学特级教师，他从天津来到极其艰苦的青海高原土族山区，为民族教育辛勤工作了30个春秋。他所辅导的少先队多次获“全国红旗大队”、“全国最佳小队”、“红花集体”。他组织开展的少先队“创造杯”活动获全国最佳奖。他14次被评为全国、省、县优秀教师，优秀辅导员。1989年荣获全国劳动模范称号。1990年6月，省教育厅作出决定，号召全省教师向刘让贤学习。

（三）教材建设有了新进展

《青海历史》、《青海地理》乡土教材已出版试用。海南州教育局教研室编写的《藏语文教学参考》书已脱稿试用。人民教育出版社编写的九年制义务教育教材，开始在平安县一中，平安县第一、二小学、棉纺厂子弟学校进行实验。

撰稿人 任玉贵 王仲林
郭存福 滕晓天

职业技术教育

1990年，青海职业技术教育在宏观上进行结构和布局调整，加强地方政府的统筹职能；微观上探索学校管理、教学内容、教学方法改革的路子，调动部门办学、联合办学的积极性，使职业技术教育有了发展和提高。

一、强化县、乡政府统筹职业技术教育的职能

大通县率先成立职业技术教育委员会。乐都、湟中等县相继成立了职业技术教育统筹的机构，县委、县政府的主要领导担任负责人，计划、财政、劳动人事、教育和其他业务部门参与统筹协调工作，同时制定了配套政策。大通回族、土族自治县人民政府下发了《关于县职校和农校房地产划分等有关问题的通知》，批转了县教育局、劳动服务管理局《关于职业技术学校就业前职业技术培训班扩大招收学员报告》的通知和县劳动人事局、教育局、劳动服务管理局、职业技术学校《关于职业教育有关问题的请示》的通知，对解决职业学校办学经费、师资队伍、办学设施和毕业生就业安置等方面的困难和问题起了重要作用，促进了职业技术教育的发展。大通县受到了国家教委、国家计委、劳动部、人事部、财政部的联合表彰。

二、改革管理体制

青海省职业技术教育改变了已经不注意调动地方和部门办学积极性的状况，实行了职业技术教育主要由地方负责的管理体制，在城市加强了市一级的统筹职能，在农村加强县一级政府的统筹职能；在中专、技工学校和就业前短期技术培训方面，加强部门的责任，调动了地方、部门和企事业单位办学的积极性。省电力局为了改善省电力学校教学条件，投资80万元建实验楼和模拟电厂。省农行、省保险公司、省重工业厅、省商业厅等部门在经费十分困难的情况下，拨出专款，改善本部门职业学校和培训班的办学条件。据统计，全省在1990年开办就业前短期技术培训班2000个，培训8000余人。

三、加强学校管理，改革教学内容

在全省普通中专推广了青海省商业学校教学全过程量化管理的经验。商业学校在教学改革中，以“抓校风、变面貌、上质量”为重点，将教学过程的众多因素进行分解，在教与学两个方面分别确定数量考核的指标和方法。对教职工，以岗位责任制为依据，建立健全德、能、勤、绩的量化考核指标；在学生中，建立健全德、智、体、美、劳的综合测评指标，在定性管理的基础上进行全面的量化测评，避免了定性管理中的笼统性、伸缩性、不确定性等弊端，为全校师生提供了平等竞争的机会和条件，完善了教学全过程的管理体系，激励了教与学的积极性，提高了管理水平和教学质量。该校的珠算在西北地区和全国性比赛中多次获得优异成绩。西宁电力学校加强实践性教学环节，建立模拟电厂，用于实践性教学，培养了学生的实际操作能力。省农林学校师生深入农业生产第一线，配合农村教育综合改革搞社会调查，制定发展规划，协助示范乡实施"燎原计划"，开展短期实用技术培训，指导科学种田，推广先进的农业生产技术，为科教兴农、发展农村经济做出了贡献。

四、探索联合办学的新路子

青海大学附属职业中学与青海轧钢厂、省保险公司、省第五建筑公司等单位联办职业高中班；大通县的陶瓷厂、县粮食局等单位为县职业中学高中班解决专业课教师、教学实习、毕业实习基地，提供部分办学经费，负责毕业生的就业安置工作，学校负责调配文化教师，培养出合格的毕业生。联合办学解决了学校办学中的许多困难，取得了较好的社会效益和经济效益。

五、探索发展农村职业技术教育的路子

省教育厅选择了少数民族地区的大通县青林乡作为农村职业技术教育的试点乡，派干部去进行调查研究，了解乡情，协助乡政府加强领导，制定发展规划，调整作物结构和布局，主攻骨干产业；狠抓短期职业技术培训，提高劳动者素质。1990年，开办了农业科技培训班，就农业气候、作物栽培、植物保护、土壤肥料和田间试验等5个方面的10个专题举办讲座，并编印了农业科技专题讲座材料，印发给乡党政干部、中小学教师和培训班学员。参加培训班的40名学员，结业回乡后配合乡农科站走村串户，传授农业技术，进行辐射培训。全年共培训2663人（次），发送小科技资料2300余份。使该乡家家有了种田的"明白纸"（科学种田技术卡片），90%的农户有了种田的"明白人"，因此，在推广良种、化学除草、药剂拌种、配方使肥、防治病虫害等方面成绩显著。同时，选定了10户农家为科学种田示范户，进行科学种田对比试验，用事实教育农民。还在普通中小学引入职业教育因素，从而提高了劳动者素质，增强了农业劳动技能和抗灾救灾的能力，使全乡在春涝、冰雹等自然灾害都比1989年严重的情况下，粮油单产仍分别比1989年增产5.6%和5.7%，粮油总产量比1989年增加51.5万公斤，农业总收入比1989年增加61万元。

青林乡进行农村教育改革，发展农村职业技术教育的试点经验，受到省政府重视。省政府办公厅的参阅文件1991年第六期转发了省教育厅在青林乡《努力探索发展少数民族地区职业技术教育的路子，为振兴农村经济架桥铺路》的经验材料。省长金基鹏批示将该文发至全省各县和农业区的乡。省政府办公厅在按语中指出："省教育厅结合扶贫工作，在发展职业技术教育，提高劳动者素质，科技兴农及农、科、教一体化建设方面进行了有益的探索。"

六、加强重点职业中学建设

为了提高职业中学的质量，按照国家教委制定的职业中学评估标准，对部分职业中学的办学条件、办学思想、领导班子、师资队伍、学校管理、思想政治工作、毕业生质量等方面进行了认真评估。西宁市第一职业中学，经省、市级评估合格，省人民政府批准该校为青海第一所省级重点职业中学。

撰稿人　姚孝余

高等教育

1990年，青海省普通高等学校认真贯彻

“坚持方向，稳定规模，优化结构，深化改革，改善条件，提高质量”的方针，通过治理整顿和进行高教体制、专业结构、教育思想、教学内容和方法的改革，坚持走内涵发展的路子，使全省普通高等教育事业得到持续、稳步、协调地发展。

一、基本情况

1990年，全省普通高等学校在校学生比1989年减少221人，本、专科生比例为2.28:1。少数民族在校学生2305人，占在校学生总数的37.2%。普通高校共设置理、工、农、医、文、师范6个科类49个专业，其中理科专业3个，在校生占学生总数的6%；工科专业5个，在校生占学生总数的11%；农科专业10个，在校生占学生总数的13%；医科专业2个，在校生占学生总数的13%；文科专业7个，在校生占学生总数的15%；师范专业22个，在校生占学生总数的42%。专任教师比1989年减少40人。专任教师中，有教授18人，比1989年减少10人，副教授229人，比1989年减少28人，正副教授占专任教师总数的16.8%；讲师568人，占专任教师总数的38.6%，专任教师与教职工比为1:2.04；专任教师与学生比为1:4.22。学校共占地1229.3亩，校舍总建筑面积为25.92万平方米，图书馆共有藏书187.2万册。全省当年高等教育事业费支出2746.1万元，比1989年增加306.9万元，基本建设投入经费493万元，比1989年增加60万元。

二、强化思想政治工作，稳定高校局势

一年来，全省高校把强化思想政治工作，坚持社会主义办学方向，稳定高校局势做为压倒一切的首要任务。省委成立了高校工作领导小组，召开了高校党建工作会议，重申并完善了高校实行党委领导下的校长负责制。各校党委对系、处领导班子进行了调整和充实，建立和健全了党办、组织部、宣传部、学生处等职能机构。省教育厅下发了《关于认真做好工作，统一思想，稳定高校局势的通知》，以及《关于禁止在高等学校、中等专业学校校园内随意张贴大小字报和起哄闹事，维护院校正常秩序的通知》；在年初召开的全省教育工作会议上提出了《关于加强高校思想政治工作的意见》。青海大学、青海师专、青海畜牧兽医学院等院校相继举办了业余党校，对广大党员和积极分子进行党课和马列主义基本理论的教育，结合鸦片战争150周年纪念活动举办座谈会、报告会、文艺周、黑板报、广播宣传等形式多样、内容丰富的形势教育活动，向学生进行坚持社会主义道路和树立正确人生观的教育。为了促进学生对国情、省情、民情的了解，暑期组织了大中专院校学生社会实践活动，参加的人数达1万余人次，撰写论文500余篇，调查报告11000余篇。在开展学生思想教育的同时，各校认真贯彻和组织实施国家教委第7号令，加强校园建设和学籍管理。青海大学制定了贯彻《普通高等学校学生管理规定》的细则和“违纪处罚条例”，开展了“四无百日”活动（无赌博、无打麻将、无酗酒、无打架斗殴），青海师专开展了“三文明”活动（文明教室、文明宿舍、文明环境），青海师范大学试行了《学生综合测评办法》，青海医学院开展了“四整顿”活动（整顿纪律、整顿秩序、整顿环境、整顿考勤制度）。为了维护校园秩序，加强高校的治安保卫工作，经省人民政府和省公安厅批准，在青海大学、青海师范大学、青海民族学院设立了校公安派出所。上述措施，对稳定高校局势、强化学校思想政治工作起到了积极的作用。各校在加强思想政治工作的同时，重视学校体育卫生工作，开展国防教育。青海师大485名学生参加了学生军训试点。以师大高水平运动队为主的大学生代表团，在省第10届运动会上夺得金牌14枚，银牌10枚，铜牌5枚，获团体总分第3名，行业团体总分第一。

三、稳定高校规模，进行专业结构调整

1990年，全省开展了普通高校专业整顿和清理工作，进一步完善了教育厅关于专业调整和改造的方案。青海是多民族地区，人口较少，经济、文化、教育事业比较落后，人才需求的种类层次多，批量小，省财政的支持有限。从这些实际情况及全省高校长远发展的战略需要出发，汲取以往的经验教训，确定发展高等教育的指导思想是：基本稳定现有规模；控制长线专业，加强短线专业，拓宽专业面，增强适应性；坚持走内涵发展的路子，重点放在调整课程设置，改革教材内容，改造老专业，加强实践教学环节，立足于培养实用型通用专业人才。为此，调整方案决定：停办青海大学文秘专业，其任务交由青海民族学院汉语文系承担；停办青海民族学院物理学专业；青海大学农田水利工程专业改为水利水电工程建筑专业；青海民族学院数学专业转向为经济数学专业、化学专业转向为分析化学专业；青海师范大学学校教育专业增开中等教育及初等教育方面的课程，并招收部分成人学员，物理专业增开计算机有关课程；青海大学工业与民用建筑专业增开给排水工程及通风采暖方面的课程；青海师范专科学校物理专业增开电工技术和电化教育方面的课程，并逐步过渡到辅修电工技术，数学专业增开计算机课程，逐步过渡到辅修计算机，化学专业转向为应用化学专业；青海师范大学艺术系恢复本科学制等。

四、深化教育改革，完善教育机制

积极稳妥地实行标准化考试的改革。在1989年实行英语科目标准化考试的基础上，认真总结，充实和完善具体工作环节和方法，组织标准化模拟考试，1990年实行了化学科目的标准化考试，同时在全省范围内正式使用机读报名卡，使考生基本信息的管理科学化。

加强毕业生分配工作的领导，改进分配制度。省人民政府成立了由主管副省长为组长、各有关部门负责人参加的大中专毕业生分配领导小组，先后4次召开会议，研究协调毕业生的分配工作。按国家计划统一分配为主的体制，坚持统筹安排，合理使用，加强重点，兼顾一般，面向基层，加强生产、教学、科研第一线和学以致用、人尽其才的方针原则，采取了一系列相应的协调措施，如：实行“两个为主”和“双包”办法，即：省内院校毕业生分配以院校为主，国务院各部委院校以对口厅（局）为主；在统筹兼顾、合理调配的前提下，地区包生源，行业包专业。对长线专业采取指令性分配，在公平竞争的前提下采取择优推荐、择优录用的办法，保证了1990年分配工作的顺利进行。

加强教学管理，促进教学改革。1990年，青海省高等院校普遍加强教学管理和教学改革，加强实践环节，注重培养学生的服务意识、奉献精神和工作技能。青海师专制定了《严格常规教学管理的意见》，严格按教学计划、教学大纲、教材内容进行教学。青海医学院制定了《关于进一步改革考试办法和加强考风建设的几点实施意见》，加强学生学籍管理，并修订、完善教学计划，加强基础理论和基本技能训练。青海大学农学系采用前期强化专业基础和主干课的教学，后期分流培养的教学方法。有些院校还加强了公共外语、计算机及文献检索与利用等三门课的教学。青海师专为了提高师范生的适应能力，还制定了《加强师范生基本功训练》，成立了普通话演讲、写字、书法、教具小制作4个基础训练小组。各校还开展了教学评估和教学优秀成果评比，把评估的成果作为教师提职、聘任的重要依据。

五、重视培养中青年教师

省教育厅在加强高校师资队伍管理，重视师资培训工作的同时，特别注意培养中青年骨干教师，解决师资队伍面临的同步老化和断层问题。在总结“七五”培训工作经验的基础上，各校把制定“八五”培训规划作为一项战略任务来抓。在培训工作中，坚持在职培训、省内培训、校内培训及短期、自学为主的原则。对高校青年助教统一进行以大学心理学和高等教育学为主的岗前培训。青海师范大学在培训规划中提出：帮助青年教师2年过外语关，5年过教学关，7年过科研关，10年达到副教授的水平。为了更有效地组织和协调各校的师资培训工作，省教育厅决定在青海师大成立了青海省高等学校师资培训中心。另外，还拨出一定的专项经费，资助各校培训工作。

六、加强科研工作，完善管理办法

1990年，全省普通高校参加科技活动人数达3029人，其中中级职称以上技术人员1368人。参加科学研究与技术开发工作的全时人数有160人，非全时人数有270人。各院校在完成教学任务的同时，申报各级科研项目103项，列入各级科研计划34项，其中国家自然科学基金项目3项，省科委项目2项，省教育厅项目26项，国家古籍整理研究项目3项，共投入科研经费30.5万元。年底已经完成并通过专家技术鉴定的有18项。同时各院校还承担了委托和自选科研课题，在基础研究、应用研究和软科学研究中取得了不少成果。青海师大“自动伴唱机”、青海医学院“彩色多功能对比敏感度检测仪”、青海畜牧兽医学院“畜禽血营养酱油酿造法”等项目获得实用新型专利及第二届国际发明展览会银奖和优秀奖，并具有显著的经济和社会效益。1990年全省高校有2人获全国高校科技工作先进个人称号，有4名科技人员获青海省优秀专家称号。省教育厅在组织科研项目实施的同时，还加强了高校科研工作科学化、制度化、规范化的管理，修定了《青海省高等院校科学研究管理办法》，加强了计划管理、经费管理和成果管理，有效地指导了全省高校的科研工作。

七、积极开展外事工作

1990年有4所高校共聘请美国、加拿大、日本等国9名外籍文教专家和教师任教，组织了二组3人赴美国和日本进行教育考察，选派了2名教授赴香港和日本参加国际学术会议和进行讲学活动，选派了9人赴英国、德国、蒙古、朝鲜等国学习进修。省教育厅积极开展教育国际交流活动，与美国特殊教育代表团签署了《关于建立青海省特殊教育实验项目协议书》，与日本小岛企业集团签定了《关于派遣赴日留学生协定书》，接受日本友人小岛镣次郎的赠款500万日元，在青海高校设立了“小岛奖学基金”，当年已有7所高校13名优秀学生获得首次奖学金，每生年奖金额为人民币500元。通过对外交流，引进国外智力，吸收资金，促进了高校人才的培养和教育事业的发展。

撰稿人　李惟恒　刘文璞

成人教育

1990年，青海省农业区的扫盲工作向纵深发展，扫盲后继续教育逐步开展；牧区扫盲工作已全面铺开，呈现出喜人景象；成人大中专学校教育在深化改革、治理整顿中稳步发展；岗位培训开始起步，各类职工教育进展迅速；社会力量办学朝着规范化的方向健康发展。

一、农牧民扫盲教育

1990年初，青海省召开了电话会议，就全省范围内开展国际扫盲年活动作了具体部署，副省长班玛丹增在会上作了重要讲话。

为了加强对全省扫盲工作的领导，协调社会各方面力量开展扫盲工作，省人民政府于1990年1月成立了以副省长班玛丹增为组长，由省教育、农林、财政、宣传、畜牧、文化、广播电视、妇联、共青团、科协、军区共11个部门领导参加的全省扫除文盲工作领导小组。州(地、市)、县(区)普遍成立了由政府领导牵头，各有关方面参加的扫盲领导小组。省财政拨款40万元，建立了全省农牧民教育发展基金，主要用于对扫盲先进地区的奖励和开展重点工作的补助。7月，副省长班玛丹增、秘书长孙光荣等同志先后赴循化、乐都等地检查了扫盲工作。

9月召开了全省扫盲表彰大会。会议以“再接再励、发扬愚公移山精神，坚持不懈地开展扫盲工作”为主题，回顾总结了扫盲《条例》发布以来全省的扫盲工作，交流了各地的扫盲经验，通报了各地扫盲进展情况，分解下达了1991年4.1万人的脱盲任务，表彰奖励了5个县(区)、12个乡(街道办事处)、50名个人，同时兑现了《青海省人民政府关于大力开展扫除文盲工作的指示》中有关条款精神，给全省第一个基本实现无盲县——湟源县奖励人民币5万元。副省长班玛丹增在会上讲了话，教育厅厅长马玉麟作了工作报告。

会后，省政府组成了以副省长班玛丹增为团长，教育厅厅长马玉麟、农林厅厅长胡兴华为副团长，省扫盲领导小组各成员单位负责同志参加的扫盲检查团，分赴海北、海东、海西等地，对8个县15个乡镇21个村、25个教学点的扫盲工作进行了全面检查。检查表明，各地的扫盲工作已经引起党政领导和各部门的重视，并且做到了组织领导、专职人员、工作责任、制度措施、教学形式等方面的落实。

11月1日，省人大常务委员会第十七次会议听取了省人民政府关于贯彻国务院《扫除文盲工作条例》和《青海省扫除文盲暂行条例》的情况汇报。会后，省人大第17次会议就扫盲工作发出《会议纪要》，认为青海省的扫除文盲工作还十分艰巨。要求省政府应该不失时机地组织和落实好开展扫除文盲的工作，为最大限度地减少新文盲的产生和彻底扫除文盲做出积极努力。

为及时配合基层扫盲工作，教育厅印刷发行汉文版扫盲识字课本7万册，组织40多人参加了国家教委举办的农村成人教育工作人员业务训练班。

1990年全省农牧民扫盲工作有了突破性进展：共组织扫盲入学96804人，脱盲35571人，超额完成了国家下达给青海省2.5万人的脱盲任务；经检查验收，湟中、乐都两县和西宁市4区，还有73个乡达到基本无盲标准。全省农民技术教育也有了新的进展，建立农民文化技术学校37所。

二、整顿成人大、中专学校

1990年，青海省教育厅下发了《关于开展成人高等教育治理整顿工作有关问题的通知》，分别召开了全省普通高校和成人高校校长工作会议，安排部署了全省成人高教的治理整顿工作。

在治理整顿中，纠正了先入学后取得学籍和随意转专业的现象；严格了教学计划的执行，保证了人才培养规格；制止了学校计划外乱招代培生、委托生的现象；加强了对函授站的设站、教学、学籍、毕业的管理。对于一些教学条件差的函授站，组织专家对其教学质量进行论证，达不到标准的，限期补课；对一些不具备办学历教育资格的函授站，纳入自学考试渠道。通过整顿，把成人高教纳入到了规范化管理渠道。

省教育厅、劳动人事厅、监察厅、科技干部局等单位还联合下发了《关于严格成人大、中专学历教育证书管理的通知》，进一步完善了成人大、中专学校毕业证书的审核验印工作，有效地制止了乱发毕业证书的不正之风，维护了国家学历教育的严肃性，提高了成人学历教育的社会声誉。

治理整顿促进了职工高等学校的联合办学。根据青海省职工高等学校规模小、服务面窄、影响办学效益的情况，教育厅提出了联合办学的方案，组织有关部门、学校负责同志进行了可行性论证，并经全省教育工作会议讨论通过，报经省人民政府批准，将西宁钢厂职工大学、青海重型机床厂职工大学、青海地质职工专科学校、青海建筑职工专科学校、青海卫生职工专科学校等5所学校合并为青海省联合职工大学，总校设在青海重型机床厂职工大学原址，下设西钢分校、地质分校、卫生分校、建筑分校。联合职工大学在办学中实行"八统一"、"四不变"：即统一专业设置、招生计划、教学计划、教学研究、学籍管理、重大考试、毕业答辩及毕业证颁发；各分校的行政隶属关系、组织人事关系、经费来源渠道和固定资产所有权不变。为加强领导，由各分校主管部门及教育厅有关领导共同组成了联合职工大学董事会，负责统筹协调工作。

治理整顿工作促进了成人大、中专学校教育的健康发展。1990年，各校加强教学管理，严格规章制度，重视改进思想政治教育，教育质量有了明显提高。在加强学历教育工作的同时，各校还举办非学历教育的专业证书班6个，招生167名，结业80名；举办中专专业证书班13个，招生330名，结业506名。此外，有7425人次参加了高等、中等专业教育自学考试，3024人(次)取得学科合格证书，168人取得了毕业证书；普通高校干部专修科毕业46人。年内省教育厅还对农业广播电视学校1987级学生进行了资格认可抽查考试。

三、职工教育

以岗位培训为主体的职工教育呈现出良好的发展势头。为了推动全省岗位培训工作的广泛开展，省教育厅会同劳动人事厅、财政经济委员会、经济体制改革办公室和总工会，联合转发了国家教委等5部委《关于开展岗位培训若干问题的意见》，要求各行业、各部门高度重视岗位培训工作。省教育厅还牵头召开了3次专题座谈会，就贯彻中央5部委文件精神，起草了全省实施意见，交流了开展岗位培训的经验，并就全省职工教育管理体制、各有关部门的分工等问题交换了意见。省教育厅就理顺全省职工教育体制问题专题报告省政府，省政府正式批复：全省职工教育工作由省教育厅统一管理，所需编制问题，请专题向省编委报告。

职工教育坚持为经济建设服务的指导思想，按需施教，注重实施，使全省职工教育有了新的发展。据年底对30个部门的统计，干部、工人总数为28.78万人，其中18.98万人参加了各类教育培训，占干部、工人总数的65.96%；参加培训人员中已结业5.15万人，占培训数的26.6%。西宁市共培训各级各类职工2.4万人，占职工总数的20.83%，其中参加培训的干部为4947人，占干部总数的17.74%(其中参加岗位培训的3984人，占干部总数的14.21%)；参加培训的工人为18748人，占工人总数的21.83%。

对全省大型企业的经理、矿长、厂长、总工程师、总经济师、总会计师全部培训了一遍；经过培训达到中级技术水平的工人已占培训技工总数的56%，企业形成了一支以中级技术工人为主体的工人队伍；对班组长、生产骨干、业务骨干和关键岗位人员全部培训了一遍，在职的班组长绝大多数获得了岗位任职合格证。在开展培训工作过程中，初步建成了一支专兼职相结合的职工教育管理队伍和教师队伍。

四、社会力量办学

在鼓励、扶持、引导、管理原则指导下，以省会西宁市为中心的社会力量办学出现蓬勃发展局面，并逐步纳入正规化管理轨道。

1990年，全省社会力量举办的学校(班)，按其性质，分为中等文化教育和职业技术教育两类；按层次和学科划分，学前教育4所，高级中学6所，文化补习学校10所，职业技术教育14所，大专层次辅导学校13所，文化生活教育学校2所。共有专兼职教职工1000多人，在校生5000多人，毕业结业生3.6万人，其中各类职业技术教育毕业结业生1.2万人，占毕业结业生总数的33%。

为加强对社会力量办学的管理，从元月至6月，省教育厅会同省物价、工商、财政等部门，对西宁地区社会力量办学进行了分四个阶段的全面检查评估。第一阶段学习文件，统一认识；第二阶段由区、市教育部门会同有关部门复查；第三阶段省教育行政部门重点抽查一些学校的办学、教学、财务等项工作；第四阶段为总结评估。为了解决评估中发现的问题，教育厅及时制订了《关于对社会力量办学财务管理暂行规定及有关收费问题的补充通知》和《关于加强社会力量办学招生广告管理的若干规定》。通过检查评估，加强了社会力量办学的管理，纠正了乱办学、乱收费、乱发证的“三乱”现象。

撰稿人 阎肃 刘佑 任玉贵

民族教育

1990年，青海民族教育事业有了新的发展与提高。全省专设的民族学校已达1764所，其中：高校2所，中专7所，中学64所，小学1691所；包括进入普通学校的少数民族学生在内，在校少数民族学生总数为245152人，占全省在校学生总数的28%，其中：大学生2305人，中专生4658人，中学生49113人，农职业中学生1226人，小学生182254人，盲聋哑生24人，工读生4人，入园幼儿5568人；教职工12358人，其中专任教师10191人。与1989年相比，学校减少9所，在校学生增长2.5%，专任教师增长3.4%。此外，全省用藏语文授课的小学971所，在校生54202人；中学30所，在校生7794人。用蒙语文授课的小学19所，在校生1703人；中学2所，在校生808人。6个自治州和5个自治县有少数民族农职业中学14所，在校生2554人；普通中学附设职业班28个。全省少数民族学龄儿童入学率为65.2%，巩固率为91.2%，毕业率为87.6%。其中纯牧区入学率为36.4%，巩固率为85.2%，毕业率为92.3%。

为了帮助青海民族教育进一步发展，1990年1月21日，由国家教委副主任何东昌主持召开了青海教育工作汇报会。出席会议的有国家教委副主任柳斌、邹时炎、王明达、专职委员郭福昌，青海省副省长班玛丹增及省教育厅厅长马玉麟、副厅长夏铸等。会议听取了青海民族教育情况的汇报，研究了藏族教育发展与改革中的有关问题。会后草拟了《青海省教育汇报会会议纪要》。《纪要》指出：青海民族教育由于地理环境的自然封闭，加上其他传统因素以及宗教的影响，现代教育起步较晚，发展较为缓慢，特别是藏族的牧区教育，是我国教育的难点之一，要认真组织力量研究和实践。《纪要》就青海藏族教育发展的指导思想提出了7点意见：第一，要重视并切实把藏族教育放在优先发展的地位，提高民族素质，培养人才，民族地区的社会主义建设事业才能顺利发展。第二，要明确重点。青海整个教育的重点是民族教育，民族教育的重点是藏族教育，藏族教育的重点和难点在牧区，要集中力量搞好牧区的小学，切实打好基础。第三，要按照藏族特点、地区特点，改变教育结构，采取适应群众生产、生活需要的多种灵活的办学形式。学文化、学技术、唱歌、跳舞、演藏戏，把学校变成多功能的培训中心，办成群众心里想办的学校，使教育与群众的利益和前途联系起来，增强吸引力，调动藏族群众送子女上学的积极性。第四，要坚持国家扶持和发动群众相结合的原则，认真改善办学条件，努力提高教育质量，使群众送子女入学感到放心。第五，藏族中小学要坚持“双语”教学。第六，要积极开展电化教育，重视发展卫星电视教育及学校电化教育，为各种形式的教育服务。第七，要正确处理藏族教育与宗教的关系，充分发挥爱国民族宗教界人士支持办学的积极性。《纪要》还就今后几年国家教委和青海省着重抓好藏族地区中小学教材建设、师资队伍建设和教改实验等几项工作作出了具体安排。并提出以青海教育学院为基地，创办五省（区）藏族理科双语师资培训中心；在青海民族教材编译处的基础上，创办五省（区）藏文教材协作编译出版基地，以及发展卫星电视教育等措施。青海省教育厅经过认真研究，于9月27日向国家教委报送了《关于上报贯彻国家教委〈青海省教育汇报会会议纪要〉意见的报告》，提出了8条贯彻意见。此外，对创办五省（区）藏文教材协作编译出版基地和创办五省（区）藏族理科双语师资培训中心的问题提出了实施方案，并就建立五省（区）藏族教育卫星上行站的问题写了报告。

1990年初，为了解决全省藏族中小学学制不统一问题，省教育厅发出了《关于统一藏族中小学学制的通知》。《通知》规定：（1）全省用藏语文授课的民族中小学学制统一实行十二年制，即小学六年、初中三年、高中三年。（2）小学从1989年秋季招收的新生开始实行六年制，6年过渡完毕；高中从1990年秋季招收的新生开始实行三年制学制，3年过渡完毕。现有其它班级原来的学制不变。（3）学制改变后，试行青海省教育厅1981年5月制定的《青海省全日制十二年制藏族中小学教学计划（试行草案）》。（4）青海民族教材编译处据此通知精神，做好教材的编译工作。（5）用汉语文授课的藏族中小学仍执行现行学制。

1990年，为了贯彻国家教委领导对青海民族教育的指导性意见，并落实分类规划、分类指导的原则，青海省教育厅领导分别带领有关业务处室的负责人，深入黄南、海西、海南、果洛和玉树等民族自治州县的民族学校了解情况，分析研究问题，写出了调查报告，对加强宏观指导起到了积极作用。

为了进一步搞好在基础教育阶段引进职业技术教育的“双轨制”试点工作，1990年7月，省教育厅和海南州教育局派人到试点的2所民族中学、6所乡寄宿小学进行了检查指导。从检查情况看，多数学校开展了试点工作，其中有些学校搞得比较好，但也发现了一些值得研究和需要解决的问题。为此，9月，省教育厅和海南州教育局在恰卜恰镇召开了承担试点任务的县教育局负责人及试点学校校长座谈会，专门研究并进一步部署“双轨制”试点工作。通过这次会议，提高了认识，统一了思想，明确了任务，增强了信心，解决了师资、教材和经费等方面的一些问题。

1990年9月下旬，为了进一步探索改革与发展藏族教育的新路子，青海省教育厅副厅长夏铸带领民教处负责人赴甘肃省甘南藏族自治州考察藏族教育，学习借鉴甘南州各级党政领导高度重视藏族教育、坚持“双语”教学和充分发挥民族宗教界知名人士在办学中的作用等方面的成功经验。为了落实国家教委与联合国儿童基金会关于加强贫困地区小学教育合作实验项目方案，全面实施青海省1990年计划，1990年10月～12月中旬，青海省教育厅委托省教育学院举办了为期70天的100所项目学校校长培训班，有99人参加培训。通过培训，使学员们更新了教育观念，掌握了教育理论，提高了管理水平。从而为改进项目学校的管理，提高教育教学质量，完成任务奠定了基础。

1990年11月11日，青海省教育厅印发了《青海省民族中小学管理办法》。《办法》规定了民族中小学管理工作的基本原则、对象、范围和内容等，共分七章40条；是青海省建国以来民族中小学管理工作实践经验的结晶，对进一步完善和提高民族中小学的管理工作，保证学校工作的正常运转，促使教育教学质量的不断提高，都将起到重要的作用。

撰稿人　刘永成　刘文璞
审稿人　马玉麟　程庆麟　赵宗哲

宁夏回族自治区教育

概　　述

1990年，宁夏教育事业坚持社会主义方向，大力加强学校思想政治工作和德育工作，在深化改革，改善办学条件，提高教育质量，促进教育更好地为社会主义建设服务等方面取得了新的成绩。

一、教育事业发展概况

1990年各级普通学校基本情况

工读、特殊教育学校单位：人
其　他　学　校　单　位：人

学校类别	学校数（所）	毕业生数	招生数	在校学生数	教职工数	
					计	其中：教师
一、普通高等学校	7	2251	2336	8026	3579	1609
研究生		38	12	34		
本科		988	1073	4370		
专科		1225	1251	3622		
二、普通中等学校	508	92727	101878	305131	24764	18509
1.中等专业学校	26	3696	3891	9068	3023	1505
中等技术学校	22	2311	2417	7738	2499	1218
中等师范学校	4	1385	1474	1330	524	287
2.普通中学	450	85054	93667	284440	20635	16182
高中	133	20270	19302	61787		3954
初中	317	64784	74365	222653		12228
3.农业、职业中学	32	3977	4320	11623	1080	812
高中	31	3522	3711	10535		754
初中	1	455	609	1088		58
4.工读学校					26	10
三、小学	4242	87189	99938	667359	29685	27165
四、特殊教育学校	2			228	64	43
五、幼儿园	213			45115	2839	1613

1990年各级成人学校基本情况

单位：人

学校类别	学校数（所）	毕业生数	招生数	在校学生数	教职工数	
					计	其中：教师
一、成人高等学校	5	2224	2114	6542	749	325
广播电视大学	1	638	763	2539	141	50
职工高等学校	3	526	459	1229	304	149
农民高等学校						
管理干部学院						
教育学院	1	685	428	1381	304	126
独立函授学院		154	207	705		
普通高校举办函授部						
夜大学	(2)	143	257	657		
干部专修科		78		31		
二、成人中等学校	140	56345	88675	70172	1252	630
1.成人中等专业学校	26	2079	2285	5747	746	399
广播电视中专		33	813	1674	19	
干部中专	1	188	54	201	63	38
职工中专	10	1309	1315	3476	349	169
农民中专	2	277		155	38	10
教师进修学校	13	272	103	241	277	182
2.成人中学	4	295	419	969	50	29
职工中学	4	295	419	969	50	29
农民中学						
3.成人技术培训学校	110	53971	85971	63456	456	202
职工技术培训学校	27	15196	17655	4620	385	175
农民技术培训学校	83	38775	68316	58836	71	27
三、成人初等学校	293	35629	64727	63987	81	49
1.职工初等学校						
2.农民初等学校	293	35629	64727	63987	81	49
其中：扫盲班	238	14474	26654	30676	57	49

全区普通高校在校生中，回族学生1270人，占在校生的15.8%。普通中专在校生中，回族学生2009人，占在校生的17.3%。普通中学在校生中，回族学生53458人，占在校生的18.8%。小学在校生中，回族学生215040人，占在校生的32.2%。小学教育进一步普及。学龄儿童入学率达93.9%，年巩固率95.9%，毕业率95.7%。截止1990年底，全区有17个县（市、区）195个乡镇普及了初等教育，在占全自治区人口72%的地区普及了初等教育。高级中等职业技术学校在校生占高中阶段在校生的32.6%。成人教育治理整顿取得进展，技术培训规模扩大。1990年，共有38094人通过脱盲验收，全区乡农民文化技术学校达到216所，占乡镇总数的76%。民族教育稳步发展。正式成立了宁夏大学民族预科部，招收民族

预科生119人，全区普通高校录取少数民族考生比例达到18.29%；小学回族学龄儿童入学率为84.1%；在首府银川市还新建成了唐徕回民中学。卫星电视教育成绩显著。宁夏教育电视台与罗山转播台用微波连通，发射功率40千瓦，在南部山区新建卫星地面接收站32个，基本达到每乡有一个地面接收站。全区卫星电视教育收看网络基本建成。

二、大力加强学校思想政治工作和德育工作

1990年，宁夏各级各类学校努力改变思想政治教育薄弱的状况，坚持把思想政治工作和德育工作放在学校工作的首位。3月至4月，自治区教育厅组成大专院校调研组深入宁夏大学和宁夏教育学院等院校，进行形势政策宣传，做好学校稳定工作。并就学校思想政治工作、毕业生分配、教师进修以及职称评聘等热点和难点问题调查研究，会同自治区计委、财政厅、科干局等有关部门帮助高校解决了一些比较突出的实际问题。4、5、6月，重点加强了对高校稳定工作的领导和部署。4月，自治区教育厅与公安厅联合发出了《关于坚决制止校内随意张贴大小字报和起哄闹事、维护校园正常秩序的通知》，加强了内部治安保卫工作，强化了校园管理，稳定了高校局面。各高校普遍开展了形势教育、基本路线、基本国情和法制教育，引导教育学生坚定社会主义信念。自治区教育厅会同有关部门先后组织了全区高校读书演讲比赛、法律知识竞赛以及学雷锋、纪念鸦片战争150周年等活动。为了组织大学生暑期社会实践活动，自治区教育厅会同自治区党委宣传部、自治区团委组成了领导小组，广泛动员，精心指导，在全区各市、县厂矿企业的配合下，组织90%以上的在校大学生参加了社会实践活动，使大学生加深了对国情、区情以及工农群众的了解，在思想感情上发生了可喜的变化。10月，自治区党委召开了全区高校党建工作会议。各高校陆续健全了党委工作机构，推动了高校党的组织建设和思想建设。

中小学德育工作得到加强。全区各级教育部门和学校认真贯彻《中共中央关于加强和改革中小学德育工作的通知》和国家教委《关于进一步加强中小学德育工作的通知》精神，进一步完善了以学校党支部为核心，校长负责，班主任、思想政治课及各学科教师，共青团和少先队齐抓共管的德育工作体制。全区中小学广泛开展了学雷锋、学赖宁、迎亚运、纪念鸦片战争150周年等教育活动，自治区教育厅组织了全区中小学生“不忘国耻，发愤图强”的征文活动，编印《小学生日常行为规范指导》一书40余万册，小学生人手一册。对自治区8所重点中学和7所寄宿制回民中学进行了办学指导思想和德育工作的专项督导评估。为了及时总结经验，进一步推动德育工作，自治区教育厅组织人员对全区中小学德育工作进行了典型调查，帮助基层总结各类典型经验材料30余份。10月，自治区教育厅召开全区中小学德育工作经验交流现场会，重点观摩推广了石嘴山市开展“师德教育——转化差生工作——养成教育——读好书”德育系列活动的经验，自治区人民政府副主席杨惠云到会并作了重要讲话，会后将各地典型经验材料汇编为《中小学德育探索》一书，印发全区。

三、积极实施“231工程”

为了尽快提高全区广大农民的文化科技素质，加快农业科技进步，推动农村两个文明建设，自治区党委和人民政府在对全区农村教育综合改革实验深入调查的基础上，决定在全区农村实施扫除文盲、扫除科盲，学习文化知识、学习科学技术、学习经营管理，培养和造就一代新型农民的“231工程”。9月28日至30日，自治区党委和人民政府召开了自治区、地、县党政主要负责同志和各部门一把手参加的实施“231工程”现场动员大会，号召各级党委和政府认真贯彻实施“231工程”这一战略决策，抓好这项“科教兴农”的奠基工程。会后，自治区人民政府制定颁发了《宁夏回族自治区实施“231工程”规划（1991～2000）》，规划提出，到2000年，全区农村要在普及初等教育的基础上，基本完成扫除文盲的任务，使15～40周岁人口中的非文盲率达到85％以上。要对现有的100多万青壮年农民进行科普教育和科技培训，使他们能基本了解现代日常生产和生活中的最普通的科学常识，掌握2～3门农村实用技术，在生产经营管理水平上有一定程度的提高，基本上改变农村技术人员缺乏、科技水平落后的状况。

由自治区人民政府主席白立忱挂帅，成立了自治区实施“231工程”领导小组，并决定将办公室挂靠在教育厅，处理日常工作。各市县相继建立了实施“231工程”领导机构，大张旗鼓地开展宣传动员和组织工作。到1990年底全区共办扫盲学习班（点）2500个，组织了98904名文盲参加学习，举办各种农村实用技术培训班2246期，培训17926人次，接受各种形式科普教育的农民达50多万。为了推动“231工程”实施，自治区教育厅和宁夏教育学会联合召开了全区农村教育改革研讨会，对实施“231工程”的必要性和可行性进行了研讨，制定了《深化农村教育改革，实施“231工程”的意见》。全区农村教育改革开始步入一个新的阶段。

四、继续多渠道筹措资金，改善办学条件，完成中小学“六配套”

1990年，自治区人民政府继1988年集中改造危房，1989年集中解决山区课桌凳不足之后，提出了继续多渠道筹措资金，再上一个新台阶，实现全区中小学校门、围墙、操场、水井（水窖）、旗杆、厕所“六配套”。在自治区教育厅1990年工作会议上，自治区人民政府副主席杨惠云代表自治区人民政府同各市县政府负责人签订了完成“六配套”目标责任合同书。自治区筹措1400万元补助各市县，要求山区县按1：1，川区各市县按1：2筹措配套资金，完成“六配套”任务，年底评比验收，兑现奖罚。到年底，全区各市县共筹措资金3924.4万元，翻建危房110933平方米，新建围墙565617米，校门2102个，操场1389个，水井（水窖）1990眼，厕所95107平方米，旗杆2283个，在全区范围基本实现了“一无两有六配套”。7月25日，自治区人民政府常务会议决定，在自治区直属机关、事业单位和人民团体干部职工中开展捐资助学活动。广大干部职工踊跃捐资，先后共有80多个厅局和200多个事业单位和人民团体，共24535人参加捐资，捐资总额71.1万元，其中50万元用于新建银川唐徕回民中学教学实验大楼，其余用作教育基金。

1990年底，在全国多渠道筹措资金，改善办学条件表彰大会上，宁夏被列为国家教委、计委、财政部、农业部表彰的七省（区）之一，获奖金200万元。

五、深入实际调查研究，为教育宏观决策服务

根据自治区党委统一部署，4—5月，教育厅组成3个调查组，由厅长王凤岐带领，对全区农村教育的现状和问题进行了专题调研。《我区农村教育调查综述》、《固原地区教育事业存在的主要问题及对策》两个调查报告，引起有关领导的重视，并收入自治区党委政策研究室编辑的《农村调研课题选编》。

1987年以来，宁夏教育科学研究所承担了全国哲学社会科学“七五”国家重点项目《中国西部8省区九年义务教育研究》协作课题。在对全区不同经济社会发展水平的7个县基础教育现状进行系统调研的基础上，历时3年，完成了《宁夏回族自治区义务教育现状剖析与对策》的研究报告。报告全面剖析了宁夏实施义务教育的背景、输入、过程、进展，并提出了可行性对策。4月，在国家教委举办的全国首届教育科研成果评奖中，宁夏教科所周卫等人的报告《宁夏回族聚居六乡小学五年巩固率调查》获得一等奖。

基础教育

一、解决中学生复读问题，端正办学指导思想

自治区教育厅于1990年上半年组织人力对全区中学生复读问题进行了一次全面调查。8月，召开了全自治区重点中学校长会，统一思想认识，随之发出了《关于停止举办全日制升学复读班的通知》，明确要求自1990年秋季新学年起，银川一中等8所重点中学和宁夏大学附中率先停办复读班和吸收往届生插班复读，并制定了有关政策措施。教育厅督导室对自治区八所重点中学进行了以办学指导思想和德育工作为重点的督导评估，把是否停办复读班做为办学指导思想是否端正的重要标准之一。解决复读问题取得初步成效。与此同时，根据国家教委《关于社会力量办学的若干暂行规定》和《宁夏回族自治区社会力量办学管理办法》的有关精神，着手整顿社会力量乱办升学补习班的问题。自治区教育厅下发了《关于社会力量举办全日制升学补习班有关问题的暂行规定》，规定：(1)社会力量举办国家不承认学历的升学补习班(校)，由办学单位持其上级主管部门同意办学的证明，并同办学申请报告一起，报送当地教育行政部门审核批准，同时报自治区教育厅备案。(2)社会力量办学的主办单位如聘请在职教师担任教学工作，必须事先征得学校组织同意，并将学校同意聘用的函件或证明连同办学申报材料一同报当地教育主管部门审核。任何单位不得私自聘用在职教师任课。(3)各地教育行政部门应根据申请办学单位的申报材料，对办班(校)的各方面情况进行认真审核，对符合条件并在自治区教育厅备案的办学单位，颁发《社会力量办学许可证》。(4)社会力量举办升学补习班(校)，必须有稳定可靠的经费来源，同时可根据有关规定向学员收取适量的学杂费。收费标准按自治区财政物价等部门的规定，由当地物价部门审定。不得以办学为名非法牟利。(5)社会力量举办补习班(校)，必须接受当地教育行政部门的监督、检查，财务工作要接受审计、财政和税务部门以及教育行政部门的检查。学校停办时，要清理帐目。(6)社会力量举办升学补习班(校)的招生广告须经当地教育行政部门的同意、出具证明。否则，不得刊登、播放和张贴。(7)过去未经当地教育行政部门办理审批手续的升学补习班(校)，必须于1990年8月底以前到所在地教育行政部门补办审批手续，否则一律不得继续举办。以上各条，对制止社会乱办升学补习班(校)起到了一定的遏止作用。

二、抓紧实施义务教育工作，推动基础教育事业发展

《义务教育法》颁布以来，自治区全面贯彻教育方针，宣传贯彻义务教育法，制定实施义务教育规划，培养培训中小学教师，推动了基础教育事业的发展。1987年，下发了《关于检查两市〈义务教育法〉贯彻实施情况的通知》；1988年，下发了《关于巩固提高普及初等教育成果的基本要求及考核办法的通知》；1989年，会同自治区人大教科文委员会下发了《检查〈义务教育法〉和〈普及初等义务教育暂行条例〉贯彻情况的通知》；1990年，制订了《宁夏回族自治区初等义务教育办学条件标准的试行意见》(待发)。同时，代自治区人民政府起草了《宁夏回族自治区基础教育地方负责、分级办学、分工管理职责的暂行规定》(待发)。这些文件的制发，加快了自治区实施义务教育的进程。

三、开展中小学校长培训工作，加强教师队伍建设

1990年，自治区教育厅把抓好中小学校长培训工作列入重要工作日程，4月，制订了《1990—1992年中小学校长培训规划》，7月，又印发了《中小学校长培训工作实施意见》，确定由宁夏教育学院负责教学计划、教材、师资培训和考核等业务工作，固原地区、吴忠市、中卫县相继开展了不同形式的校长培训工作。中小学教师在职培训工作成效显著。10月，全区卫星电视首届中师班共有4994名学员按期毕业，中小学教师学历达标率进一步提高。1990年同1985年相比，小学专任教师学历达标率由65.4%提高到78.4%；初中专任教师学历达标率由34.7%提高到68.1%；高中专任教师学历达标率由47%提高到52%。小学民办教职工的比例由32.7%降到19.6%。从1989年起，为了给山区培养回族女教师，在固原民族师范办起以培养回族女教师为主的一年制师范班。1990年7月，首届毕业班80%回族教师(其中回族女教师55名)已顺利毕业。为了加强教师队伍管理，充分调动教师教书育人的积极性，2月，自治区教育厅印发了《关于加强中小学高级教师队伍建设和管理工作的意见》，8月又印发了《关于做好中小学教师职务任期届满后续聘(任命)工作的通知》，全区中小学各级教师经考核，任命了新一轮任期的职务。教师节，自治区人民政府表彰了98名优秀民办教师，中卫、永宁、贺兰等市县普遍提高了民办教师统筹补贴部分的标准。经自治区教育厅批准，吴忠市、盐池县开展了实行民办教师任期聘任制的管理体制改革试点工作。

四、开展九年制义务教育课程教材试验

从1990年秋季开始，自治区在银川、吴忠、盐池3个市县的14所中小学的52个教学班进行了九年制义务教育课程、教材整体试验。同时，在银川市的2所中学的10个教学班进行化学单科试验。这些学校的设备、条件和师资状况，大体上能反映自治区多数中小学的现状，有一定的代表性。各试验学校，在起始年级全面实施了九年制义务教育教学计划(试行草案)和教学大纲(初审稿)，使用人民教育出版社编写的试验教材，完成了预定的教学进度和试验要求。基本做法是：(1)做好试验宣传工作，打消学校和家长的思想顾虑；(2)做好组织落实工作，建立健全领导机构，加强组织领导；(3)制定试验方案，明确目的要求和职责；(4)做好试验学校师资培训工作，加强教学研究活动，做好试验资料的搜集和测查工作；(5)自治区试验领导小组深入试验学校，具体指导，解决问题。

五、推进“加强贫困地区小学教育实验项目”工作

1989年，国家教委和联合国儿童基金会确定宁夏为全国“加强贫困地区小学教育实验项目”的10省(区)之一。1990年，项目工作全面展开，并取得初步成效。

自治区教育厅确定副厅长王世福为项目主任，普教处副处长马维骃为项目副主任。同时组建了有普教处长、计财处长、教科所所长参加的项目领导小组。确定吴忠、灵武、盐池、同心、惠农、陶乐、固原、隆德、彭阳、泾源等10县为实验项目县，每县确定10所乡村小学为项目学校。项目县、校确定的原则是经济贫困，教育基础薄弱，实施义务教育有困难的地区。

1990年初，“加强贫困地区小学教育项目”各级组织机构普遍建立，项目学校普遍颁发了新校牌。县、校项目领导小组成立后，立即向社区、家长广泛宣传了项目学校的宗旨、意义、项目内容、项目要求及项目所要达到的目标；层层落实年度计划和终期目标。3月，自治区项目领导小组举办了县级项目官员、项目学校校长培训班，培训班结束后，项目学校普遍成立了家长委员会，动员组织家长支持学校教育，参与学校活动；层层落实教师自修和培训计划；确定乡、村改善项目学校办学条件的具体规划。

项目活动在10个县的100所小学全面展开，产生了良好的社会影响和辐射作用。灵武县主管教育的副县长陈玉祥和教育局长史盛义多次深入项目学校检查工作，解决问题，他们向项目学校提出要求："完成普及初等义务教育的任务，把项目学校办成小学教育标准化、示范性学校，探索总结出可供全县推广、使用的经验，推动农村教育的发展。"泾源县涝池项目小学成立了由村长、家长、校长、教师、阿訇等人员参加的"村民督教会"，制定了《督教会职责》，发动群众集资办学，利用宗教人士的影响动员儿童特别是女儿童入学。

8月16日至23日，自治区项目领导小组、宁夏教育学会在银川举办了加强贫困地区小学教育项目学校校长培训班。来自100所项目学校的校长和部分项目官员参加了培训。培训的主要内容有：九年制义务教育的要求与实施；义务教育课程改革的指导思想；学校常规管理；教育教学量标管理与分类推进；勤工俭学；甘肃省开展JIP项目经验介绍；自制教具等。

自治区项目领导小组委托三个地区分别为项目学校举办了语文、数学教师培训班，共办班10期，每期40天，参加培训的教师400余人。各县校项目领导小组也举办了各种形式的培训班。吴忠市项目领导小组培训教师260人，并为项目学校培训学前班教师20人。泾源县培训体育和音乐教师20人。教师在岗自修也已全面展开。

学前教育有了发展。经济条件特别困难的固原、彭阳、泾源、隆德、同心5县的50所项目学校，原来仅有4个学前班，一年来发展到20个。100所项目学校开项前，只有24个学前班，现已发展到60个。

地方投入增加，办学条件有较大改善。据不完全统计，项目工作开展一年时间，各级政府及群众集资、捐资总投入已超过294万元。回族聚居的吴忠市，地方政府和群众集资51万元，为五星项目学校新建了教学楼；其他9所项目学校也维修了校舍，添置课桌凳、图书、仪器、文体器材，投入经费计23万元。灵武县地方政府和群众集资20余万元，为学校增加教学设备。惠农县是新建县，地方财政很困难，但县、乡、村三级广泛发动群众，集资15余万元，为项目学校修围墙、建厕所。截止1990年年底，60%以上的项目学校实现了"一无两有六配套"，所有项目学校消灭了危房。

六、勤工俭学

全区中小学开展勤工俭学活动的学校2181所，比1989年增加106所，开展率比1989年上升了12个百分点。校办工厂88个。同1989年相比，学农基地由764个增加到923个，土地面积由7916亩增加到9433亩。1990年全区勤工俭学总产值2203.3万元，总收益577万元(不含中专、技工、农垦学校)，用于补充教育经费295.2万元，比1989年增长77%。全区中小学生勤工俭学人均收入由1989年的5.41元，上升到6.18元。

1990年8月1日至5日，宁夏校办企业代表赴兰州参加了西北五省区勤工俭学产品展销会。石嘴山市第二职业中学生产的瓷器，银川第三中学生产的塑料包装袋、食品袋，吴忠市第一中学生产的玻璃钢装饰画等产品，受到与会代表和广大消费者的欢迎。展销会期间宁夏完成销售额3万余元，成交额20余万元。

8月7日至14日，宁夏承办召开了西北5省区勤工俭学协作会第四届年会。西北、西南8省(市)的代表40多人与会。国家教委校办产业管理办公室负责人参加了会议。会议主要交流了以下几个方面的经验：优化勤工俭学外部环境；积极作好勤工俭学宣传工作，争取各级领导及社会各界的支持；抓好勤工俭学机构建设。基地建设、人员培训、勤工俭学与劳动技术教育、职业技术教育相结合等。

一年来，积极贯彻1990年全国农村勤工俭学现场会暨全国勤工俭学工作会议精神，在各市县串报和确定本地区试点学校的基础上，首批确定盐池县林场小学、中卫县沙滩小学、吴忠市古城回民小学、永宁县白鸽小学、惠农县下营子小学、寇家桥小学、隆德县杨河中学为自治区中小学校园经济开发试点学校。同时下达了中小学校园经济开发试点学校的基本要求。积极扶持10个骨干校办企业，在资金贷款等方面给予扶持，稳定了一批骨干企业。

职业技术教育

一、概况

在自治区党委、政府的领导下，本着巩固、提高、稳步发展的方针，职业技术教育把工作的重点放在了发展农村职业技术教育上。在自治区教育厅1990年工作会议和农村教育综合改革工作会议上，结合宁夏经济发展的实际，对农村职业技术教育做了部署。自治区教育厅厅长王凤峨在工作报告中明确指出，要“坚决把农村教育由‘升学教育’转到素质教育，为农村经济建设和社会发展服务的轨道上来”，“要努力办好直接为农业生产服务的农职业中学，大力开展以种植、养殖、加工业为主的实用技术培训，补充和完善农业科学技术推广体系，促进科技兴农”。教育厅把职教专项经费的62.5%用于农村职业中学。

为了推动农村职业技术教育的发展，6月，自治区教育厅组织了部分县（市）教育局（科）长到甘肃庆阳地区考察学习；组织农学院的同志赴湖南专题考察农村家庭专业，并结合宁夏实际拟定了《宁夏农村职业中学家庭生产经营专业的教学计划（试行）》，下发到各农职业中学试行，组织68名教授、讲师编写了农村家庭经营专业系列教材23种。下发了《关于动员我区农业中专和农村职业中学做好科技兴农工作的通知》，进一步为农村职业中学指明了办学方向。盐池县、中卫县、惠农县政府不仅给农职业中学落实了实习基地，还给部分“三加一”职教班解决了实习基地。依据国家教委发布的《省级重点职业中学的标准》。自治区教育厅制订了《宁夏回族自治区职业中学检查评估评分标准（试行）》，开展了职业中学评估和评选职教先进集体和先进个人的工作。10月，对全区6所职业中学进行了检查评估。经自治区人民政府批准，认定银川市第一职业中学为宁夏省级重点职业中学。

为了保证职业中学健康发展，自治区人民政府就职业中学的领导和管理体制、学校的设置和审批、经费、教学工作和教师、学生的权利和义务等做了具体的规定，发布了《宁夏回族自治区中等职业技术教育规定》。

二、农村教育综合改革实验区

教育厅根据实验区已有的基础，依据《全国农村教育综合改革实验指导纲要》的目标、任务及要求，年初，召开了宁夏农村教育综合改革实验区工作会，部署了宁夏农村教育改革实验县、乡1990年主要工作要求。

吴忠、盐池两个实验县的农村教育工作取得了明显进展：

在县委、政府统一领导下，进一步发挥农村教育综合改革领导小组的职能作用，强化了农科教结合体系。盐池、吴忠两个实验县分别成立了由县委书记、市长任组长的实验区领导小组，建立完善了各乡镇教育领导机构，乡乡成立了教育委员会，主任都由乡党政一把手担任。分级办学、分级管理的体制进一步完善。

切实加强基础教育，初等教育普及成果得到巩固和提高，“四率”又有提高。同时，加强了幼儿园和学前班建设，吴忠市6岁学前教育率提高到85%。

劳动技术教育得到了加强，两县中小学

普遍开设了劳动技术课，分别编写了小学高年级及初中劳动课教材。

逐步调整教育结构，在初中阶段积极渗透职业技术教育因素，职业中学规模有了扩大，生产实习基地建设得到了加强，面向农村需要，开始试办农户家庭经营专业。两县设初中“３＋１”职教班８个，在校生360余人。

农村成人教育得到加强，乡乡办起了农民文化技术学校，吴忠、盐池两县共办农民文化技术学校31所，举办科普和实用技术培训班1036期，培训 52847 人次，15—40周岁青壮年农民非文盲率两县分别达99％和 97.1％。

高等教育和普通中专教育

一、优化高校内部结构

为适应社会对各类人才的需求，1990年４月，教育厅在1988年调查的基础上，再次组织高教处、计财处、大学生分配办公室深入高校进行调查研究。并会同区计委及高校就近几年用人单位对毕业生使用，社会对人才的需求情况进行摸底调查，广泛听取各方面意见，初步形成了优化自治区高等教育结构的基本思路：根据宁夏经济建设和社会发展对人才“多品种、小批量”的需求特点，今后10年内不再建新校，在校生规模控制在8000人以内，年招生计划大体稳定在2100人左右，用这个规模来理顺高校内部的关系，确定学校发展方向，确定各校合理分工及专业设置的侧重点。宁夏大学坚持以师范为主的综合性大学方向，发挥现有中文、英语、数学、物理、化学等专业的优势；工、农、医学院要求根据宁夏黄河流域经济“以农业为基础，工业为主导”的方针，对各自重点专业要加以充实提高，办出特色。对重复设置的专业，在层次上确定分工，宁夏大学师范类学科侧重本科教育，教育学院（含银川师专）、固原师专搞好专科教育，本专科都要在各自的专业层次上办出特色和水平。在专业结构上，视需求情况，增加应用性、技术性强的专业，适当减少或合并专业种类，进一步拓宽专业范围，增强适应性。专业层次上，无论是新设专业，还是老专业改造或专业转向，原则以专科为主，一般不再上本科。在学校分工上，各级各类中学高初中基础课师资由宁夏大学和师专培养，职业中学需要的专业课师资由农学院、工学院、医学院承担。本区缺少的专业技术人员，由国家在计划内安排。在整体布局上，基本维持现状，视需要再行调整。

二、全区普通中专学校办学条件评估工作

根据自治区党委和人民政府有关指示精神，为准确掌握自治区全日制普通中等专业学校现状，充分发挥中专教育在整个职业技术教育中的骨干作用。９月至11月，自治区教育厅在各学校自测自评的基础上，组织有关专家对全区27所全日制普通中等专业学校的办学条件进行了评估。评估工作分三个阶段。第一阶段，进行专题研究。1989年４月，教育厅成立了以副厅长雒秀兰为组长，计财处、高教处和宁夏建筑工程学校有关人员参加的“宁夏中等专业学校教育综合评价系统”课题研究小组，以国家教委发布的《普通中等专业学校设置暂行办法》和《全日制普通中等专业学校人员编制标准》等为依据，在深入调查研究、大量采集各种数据、多次邀请有关专家进行论证的基础上，形成了《综合评价系统》的初稿。之后，又分别在银川师范学校、甘肃白银市建筑工程学校进行了评估试点，根据试点学校意见，并吸收兄弟省市好的经验，经审慎论证、反复修订，完成了《综合评价系统》的研究。该研究成果获得宁夏 1989 年科技进步二等奖。第二阶段，开展自测自评工作。1989年10月26日，教育厅召开了全区中专学校校长及有关部门负责人会议，部署了自测自评工作。各主管部门及学校普遍成

立了自测自评领导小组，重视发挥中层干部作用的同时，发动全体教职工参加，各校自测自评工作于1990年元月如期完成。第三阶段，专家小组深入学校进行实地评估，12人专家组中，既有大学教授和中专学校的高级讲师、讲师，也有中专学校的校长，还有自治区教育厅、计委、财政厅、人才研究所、科协等行政、科研部门的有关负责同志。

专家组历时70天，对全区27所普通中专学校的办学条件，逐校进行了认真评估。在全面掌握并认真分析大量第一手材料的基础上，就办学条件和管理水平所涉及到的领导班子、师资结构、学校设施、学校规模、编制、经费及学校管理五大部分共25项逐项进行了实事求是的评估。专家组通过听取学校领导汇报，查看教学设施和各种材料，召开部分教师、中层干部、行政工勤人员、学生座谈会，就学校的办学条件和管理工作进行充分讨论和评议，形成结论性意见后，向学校及主管部门反馈，最后由每位专家按指标体系量化打分，汇总后得出每所学校的量化分值。

这次中专评估涉及全区27所全日制普通中专学校，除同心阿语学校等4所情况特殊的学校暂未列入评定等级外，其余23所学校均按“评估指标体系”在总分100分的量化指标（不含学校管理20分）中评分：达到81分以上的学校一所，71—80分的5所，60—70分的10所，60分以下7所。

在中专评估的基础上，教育厅提出了《宁夏回族自治区全日制普通中等专业学校的现状、问题及调整改革建议》。其基本思路是：在稳定总体规模的前提下，对不具备办学条件、管理混乱、服务面窄的学校予以撤销；对办学条件尚可，但规模偏小、效益差的学校出示黄牌警告，限期达到要求；对专业设置重复、设计培养能力过大的专业予以合并或撤销；对自治区经济和社会发展急需的专业要尽快增加投资，充实提高。上述方案在广泛征求各方面意见的基础上，报自治区人民政府批准后再由自治区计委、财政厅和教育厅具体组织实施。

成人教育

1990年，宁夏成人教育深入贯彻国务院批转《国家教委关于改革和发展成人教育的决定》和国务院《扫除文盲工作条例》，努力开展扫除文盲和扫盲后继续教育，整顿成人大中专学历教育，加强对社会力量办学的管理，积极做好岗位培训的试点工作。特别是“231工程”的提出和实施，开创了宁夏农村教育的新局面。

一、农民教育

1990年是国际扫盲年，扫盲工作受到自治区党委和人民政府的重视。1月，自治区人民政府召开全区迎接国际扫盲年电话会，杨惠云副主席做了动员讲话；下旬，教育厅修订下发了《关于印发〈宁夏回族自治区扫除文盲验收办法〉的通知》。4月，召开了固原地区首批基本扫除文盲乡验收现场会。同时对“燎原计划”示范乡的试点工作和贷款项目的经济效益进行了检查。6月，自治区人民政府表彰奖励了全区44名扫盲先进工作者。9月自治区人民政府召开了全区纪念国际扫盲日电话会，自治区人民政府副主席杨惠云和政协副主席强锷到会并讲了话。为了实施“231工程”，加强教材建设，编印了《粮食及油料作物栽培技术》、《果树林木栽培技术》、《蔬菜瓜类栽培技术》、《畜禽养殖技术》及《农副产品加工技术》等农村实用技术教材5万余册，全部发到乡（镇）农民文化技术学校。同时编印了“231工程”系列教材：《文化知识课本》和《科学技术与经营管理》课本50万册，发到广大农民手中。

二、贯彻国家教委对成人大中专学历教育治理整顿的精神，促进成人大中专教育改

革与发展

成人学历教育重点抓了成人大中专教学质量、教学管理等工作，坚持成人大中专学校的抽查考试和毕业论文答辩。会同劳动人事厅建立了成人大中专学校学历证书审定制度，加强了“专业证书”班的管理和对学员资格的审查工作。与有关部门配合抓了岗位培训试点，推动了成人教育工作重点向岗位培训转移。

撰稿人　石凤朝　刘乐平
马维骝　张圣哲
崔　岚　丁广兴
何开胜　吕　进
冷德全
审稿人　王凤峨　周　卫

新疆维吾尔自治区教育

概　况

一、全区教育事业稳步发展

1990年各级各类教育发展状况如下表：

各级各类普通学校基本情况

单位：人

	学校数（所）	毕业生数		招生数		在校学生数		教职工数		专任教师	
		计	其中：民族	计	其中：民族	计	其中：民族	计	其中：民族	计	其中：民族
一、普通高等学校	21	8491	4549	7961	4088	31015	17502	17265	5047	7002	2540
其中：普通本专科班		8137	4428	7921	4048	30819	17374	17265	5047	7002	2540
二、普通中等专业学校	112	14260	6789	15586	7671	45985	23897	12989	5373	6158	2903
其中：普通班		10333	4300	11832	5199	34724	16467	10503	3909	4773	2026
师范	22	3927	2489	3754	2472	11261	7430	2486	1464	1385	877
三、普通中学	1958	297235	117015	297641	142837	863118	387981	90062	38280	65814	29586
高中	766	81062	30523	84567	35624	251067	94579			19318	7291
初中	1192	216173	86492	213074	107213	612051	293402			46496	22295
四、农职业中学	134	17938	2528	27968	5672	65862	13577	4469	834	3117	536
五、小学	7247	259301	148678	335552	250104	1857246	1267770	111349	69345	95060	58578
六、特殊教育学校	6	98	7	103	30	610	115	264	33	139	23
七、幼儿园	1161	52274	19454	78037	27963	144164	39354	12738	2808	5992	1414

各级各类成人学校基本情况

单位：人

	学校数	毕业生数		招生数		在校学生数		教职工数		专任教师	
		计	其中：民族	计	其中：民族	计	其中：民族	计	其中：民族	计	其中：民族
一、成人高等学校	41	8873	3002	10047	3583	28989	9802	4220	1370	1872	763
1.广播电视大学	1	2329	645	1955	867	7167	2718	875	247	318	109
2.职工大学	14	1024	127	1179	132	4212	618	575	100	299	47
3.管理干部学院	2	493	216	517	244	1187	598	486	182	201	92
4.教育学院	12	2825	1421	3406	1861	9093	4532	2284	841	1054	515
5.普通高等学校办的成人高校	12	2202	593	2990	479	7330	1336				
（1）教师本专科		206	82	40	40	176	126				
（2）干部专修科		148	39			20	2				
（3）函授部		301	40	891	33	2034	225				
（4）夜大学		1547	432	2059	406	5100	983				

续

	学校数	毕业生数		招生数		在校学生数		教职工数		专任教师	
		计	其中：民族	计	其中：民族	计	其中：民族	计	其中：民族	计	其中：民族
二、成人中等专业学校	105	13673	4091	14463	4291	39617	11110	4003	1410	2102	778
1.职工中等专业学校	30	2632	283	5477	483	12281	952	1615	239	752	124
2.教师进修学校	72	3101	1832	2196	1247	4980	2925	1843	1079	1003	607
3.广播电视中专	3	5167	1146	3460	980	14293	3734	545	92	347	47
4.普通中专办的职工中专班		2484	683	2273	583	6478	1961				
5.社会力量办学		289	147	1057	998	1675	1538				
三、成人中学	38	4278	888	15618	9365	20574	12850	389	100	244	59
四、成人农职业技术学校	154	96390	41887	69203	34275	76161	35735	772	457	482	160
五、成人初等学校	692	328315	266257	185845	158742	387157	337145	821	750	675	612
其中：扫盲班		93088	84512			116511	110871	623	600	589	541

二、大力做好学校稳定工作

1990年国际风云变化多端，自治区各级教育行政部门和学校党组织坚持反对资产阶级自由化和民族分裂主义，努力消除不安定因素，把维护学校和社会的稳定作为压倒一切的中心任务，采取了以下主要措施：

(一)加强领导，把稳定任务落实到基层

3月，自治区教委党组提出了《关于做好学校稳定工作的安排意见》，要求各地教育部门和学校党组织结合实际，制订落实措施。根据自治区党委的指示，教委还组织了教育工作团，下分7个工作组，由教委领导带队分赴和田、阿克苏地区和新疆大学、新疆工学院、昌吉师范专科学校、喀什师范学院、伊犁师范学院，协助基层做好稳定工作。新疆大学认真分析了影响学校不稳定的因素，制定了10条稳定措施，并且逐条落实到基层。各地、州、市教育行政部门在分析当地学校形势的基础上也采取了相应的稳定措施。

(二)加强思想政治工作

1.抓“反思”，帮助广大师生进一步认清1989年春夏之交政治风波的实质、根源、危害性以及中央决策的正确性，加深了对“稳定压倒一切”的重要性的认识；同时结合自治区第八个民族团结教育月活动，通过丰富多采的教育形式，使师生加深新疆的主要危险是来自国内外民族分裂主义势力的认识，增强反对民族分裂，维护祖国统一的自觉性，从而使“两个离不开”的思想进一步深入人心。

2.学习江泽民总书记“五四”讲话精神，大力开展爱国主义教育。各校师生对照讲话精神，反省自身的不足，决心走与工农相结合的道路。各学校还积极引导师生投身到“迎亚运、爱中华”、学雷锋、学赖宁、创建文明学校、纪念鸦片战争150周年等活动之中，激发师生的爱国主义热情。

3.加强政治理论学习，充分发挥政治理论课对学生的正面教育作用。各校根据学生的年龄层次和思想实际，结合国内外形势，进行思想品德教育、历史唯物主义和辩证唯物主义教育、马列主义民族观教育、爱国主义教育、法制教育、社会主义教育等，使学生对社会主义制度的优越性有了进一步的了解，对资本主义和平演变的阴谋有了一定警惕。

(三)举办学习班，发挥党团组织作用

新疆石油学院、新疆师范大学举办党员学习班，学习党的基础知识和有关文件，增强党员的党性观念和共产主义信念。新疆八一农学院坚持办业余党校，培养学生中的积极分子，也使党员的组织性、纪律性和党组织的向心力大大加强。新疆财经学院开办学生会、共青团和班级学生干部学习班，澄清各种模糊认识，稳定了思想情绪。

三、召开自治区1990年教育工作会议

会议于4月4日至7日在乌鲁木齐市召开。各地主管教育的政府领导、教育行政部门和高等院校的负责人共400余人出席。区党委副书记贾那不尔到会讲话，要求各地认真贯彻中央关于稳定是压倒一切的中心任务的指示，切实加强学校的思想政治教育，做好学校的稳定工作，从而为社会的稳定作出贡献。他强调只有稳定才能有好的教育环境，不稳定什么也办不成。自治区副主席兼教委主任毛德华传达了江泽民、李鹏等中央领导同志在国家教委1990年工作会议上与部分代表座谈时的重要讲话。区教委副主任努尔提也夫传达了国家教委1990年工作会议精神，宣读了区教委《1990年工作要点》。与会同志围绕做好教育战线稳定工作、如何加强各级各类学校的思想政治教育、坚持社会主义办学方向、培养社会主义事业建设者和接班人，以及如何深化教育改革特别是农村教育综合改革等问题进行了认真讨论。对提交会议的《1990年工作要点》、《关于进一步加强中小学德育工作的几点意见》、《关于当前农村教育综合改革的几点意见》等文件也进行了研讨。认为这些文件贯彻了中央和国家教委有关会议的精神，所提措施符合新疆情况，表示要努力贯彻执行，同时也提出了修改意见。

四、经费筹措与基建投资

1990年，全区教育经费13.7779亿元，比1989年增长17.2%。其中：中央驻疆各级各类学校经费占22.1%，地方各级各类学校经费占77.9%；国家财政预算内教育经费占79.6%，各级政府征收用于教育的税和费占2.2%，企业办学经费占11.3%，勤工俭学和社会服务收入用于教育的经费（只计算改善办学条件部分）占2.7%。全年教育预算外收入，即多渠道筹集的资金1.7989亿元，相当于全区财政预算内教育事业费（含中央和地方）的23.5%。

在自治区七届人大二次会议上，人大副主任李嘉玉、许鹏等15位人大代表本着“依靠人民办教育，办好教育为人民”的精神，提议在全区开展捐资助学活动。3月，自治区教育基金会举行新闻发布会，区党委副书记、教育基金会理事长贾那布尔发布了在全疆职工、中国人民解放军驻疆部队（含武警）排以上干部中开展“一人一月一元钱”捐资助学活动的消息，并宣读了自治区总工会等43个单位向全疆职工和部队干部发出的倡议书。新闻发布会后，一个关心、支持教育，踊跃捐资助学的热潮在全疆各地掀起。截至年底，共筹集到教育基金3116万元。

1990年，自治区教育基本建设继续贯彻调整结构，控制规模，加强重点，提高效益的方针，全年完成投资1.2801亿元，比1989年增长28.5%。全年校舍施工面积75.67万平方米，其中住宅18.2万平方米；当年竣工校舍49.34万平方米（内中小学校舍43.72万平方米），其中住宅10.14万平方米。1990年教育基建的特点是（1）高校的投资重点转到了教职工住房建设方面。全年共建成住房682套，使高校教工住房紧张的状况得到一定缓解。（2）加强了对布局合理、有一定基础的师范院校的基本建设投入，使部分中等师范学校和教育学院的校舍条件得到一定改善。（3）中小学危房改造工作取得新进展。经过几年努力，全区已有68个县（市）的中小学基本上消除了危房，占全自治区县（市）总数的78.16%。

五、教育科学研究

（一）“新疆教育发展战略”研究

“新疆教育发展战略”是“中国教育发展战略”研究18个区域性研究课题之一。年初，区教委把这次研究列为当年工作重点之一，成立了由努尔提也夫、赵松锐、刘东三位副主任牵头的总课题组，下设9个专题研究组。一年中各专题组做了大量的调查研究工作，在此基础上，总课题组于年底召开了新疆教育发展的区情与环境研讨会，就新疆教育的环境，综合大学、工科、农科、医药、师范院校的发展与改革，职工教育、成人教育、师范教育的现状和问题，焉耆回族自治县教育抽样调查以及教育发展战略研究的主要领域等问题开展了讨论。目前，参与这项研究工作的有伊犁、喀什、和田、巴音郭楞、昌吉、乌鲁木齐、石河子、克拉玛依等8个地、州、市，6所高等院校和区教委机关近百名专兼职科研人员，预计1991年上半年可取得阶段性成果。

（二）中小学教育评价实验

区教委于10月在哈密市召开了全区第三次中小学教育评价研讨会，对评价实验工作的进展情况及评价方案的验证进行了总结。1988年以来，全区已有11个地区开展了教育评价的宣传、干部培训、组织实验等工作。45个县千余名干部参加了学习班，54所中小学接受了诊断评价，44所中小学按评价方案进行了办学实验。目前评价实验有五种情况：（1）哈密、塔城、博尔塔拉地州和自治区直属学校，以试点学校为范围，按评价方案以诊断性、形成性和总结性评价进行全过程的办学实验；（2）阿勒泰和伊犁地区既在试点校进行全过程办学实验，又对各县校按方案进行督导评价实验；（3）昌吉和阿克苏地（州）除按自治区方案选校实验外，还制定了本地区的评价方案并进行实验；（4）喀什、克孜勒苏地（州）选择自治区方案中的部分指标进行诊断性评价实验；（5）克拉玛依市和有色工业局按本系统制定的方案进行督导评价。此外，乌鲁木齐市继续实行本市文明学校评估标准，并制定了思想政治工作和班主任工作评价方案；生产建设兵团部分团场制定了教师工作评价方案；还有一些地方进行了德育、学科教学等单项评价实验。

教育评价实验促进了人们教育思想和观念的转变，从而推动了各地的教育和教学改革。接受评价实验的学校都不同程度地加强了学校管理和学生的思想品德教育。哈密地区的一些学校取消了快慢班、复读班，按国家规定的教学计划开课，不准超课时，提倡课堂优化，减轻学生负担，重视后进生的转变工作，把德育放在学校工作的首位，全面贯彻党和国家的教育方针，努力提高教育质量。存在的主要问题是：（1）对教育评价的目的意义认识不足，多数学校被动受评，积极自评的少；（2）评价工作量大，需参与工作的人员多，统计繁杂；（3）分层等级量标中定性指标多，内涵界定欠具体，宽严不易掌握，影响评价结果的准确度；（4）如何使学校的正常教育工作与实施教育评价办法有机结合起来，如何进行教育、教学过程的形成性评价还缺乏具体的实施办法。

（三）维、汉、哈、回、蒙、柯、锡等民族5～15岁儿童智力发展和教育的比较

1990年成立了课题领导小组，对喀什、克孜勒苏、巴音郭楞、阿勒泰、乌鲁木齐等地、州、市及所属县测试取样9884人。测试取样任务已基本完成。

（四）民族中学教学改革实验

1990年对5所民族中学教学改革进行实验研究。对第一阶段实验研究成果做了总结、考核验收以及比较验证实验效果等方面的技术性工作。

（五）新疆少数民族儿童双语实验

制定了实验计划，编写了实验教材，1989年9月至1990年7月在三岁、五岁两个实验班进行了实验。通过一个学年较系统的双语教学，促进了少数民族儿童的母语和智力发展，找出了发音准确率高和双语学习快的最佳年龄，并总结了从词汇向组词过渡的教学体会。

基础教育

一、幼儿教育稳步发展

1990年，全区有幼儿园1161所，比1989年增长3%；在园幼儿14.42万人（民族幼儿3.94万人），比1989年增长9.5%；专任教师5992人（民族教师1414人），比1989年增长8.9%。1990年幼教工作抓了以下几项：

（一）加强法规制度建设

1990年，区教委制订下发了《自治区幼儿教育工作规划》、《自治区学前班管理条例》、《自治区幼儿园评估意见》、《自治区幼儿园等级划分标准》等文件。为了帮助幼教工作人员学好《幼儿园工作规程（试行）》和《幼儿园管理条例》两个重要行政法规，区教委先后在乌鲁木齐等地、州、市组织了宣讲辅导报告，既提高了幼教人员的认识水平，也为制订两个法规的实施细则作了准备。

（二）为少年儿童办实事

"六一"前后，区妇联、教委等部门在乌鲁木齐市开展了科学育儿、残疾儿童复康、家庭教育等活动。区教委为乌鲁木齐市第二幼儿园、昌吉州第二幼儿园、昌吉州木垒县大石头乡幼儿园装备了18000元的体育设备，向乌鲁木齐市8所小学及盲聋哑学校、12所幼儿园赠送了价值5000元的儿童读物和文体用品。

（三）召开学术年会

自治区幼儿教育研究会第三届学术年会于11月4日～7日在克拉玛依市召开。会议传达了全国幼儿教育研究会第四届学术年会精神，总结上届理事会工作，选举了新的理事会。会议收到《面向21世纪发展幼儿教育事业》等论文、经验介绍100余篇，会上宣读交流了13篇。报告和经验交流使与会者获得了大量信息，了解了全国和自治区幼教战线情况和经验，明确了科研工作的方向、任务，对全区深化幼教改革，提高保教质量和科研水平将起促进作用。

（四）表彰先进

教师节前夕，区教委、教育基金会和残疾人联合会联合表彰了幼教和特殊教育战线的26个先进集体和68名先进工作者。

二、普及初等义务教育

1990年，各地、州分别对一批已经普及初等教育的乡镇进行了检查验收。在此基础上，区教委对15个县（市）、72个农垦团场进行了复查，对吐鲁番、鄯善、福海、拜城、阿克苏等县市进行了重点抽查，经报自治区人民政府批准后颁发了合格证书。截至年底，全区已有3个地（州），68个县（市）经验收合格，基本普及初等义务教育，占全区87个县（市）总数的78.16%。1990年，全区适龄儿童入学率达到97.5%（民族儿童96.9%），小学升学率达到82.2%。小学生流失率为3.3%（民族生3.2%），初中生流失率为3.5%（民族生7.6%），高中生流失率为2.9%（民族生3.2%）。普及初等义务教育受到自治区人大常委会的重视和肯定。根据区人大三届十五次常委会议安排，区教委提出了关于贯彻执行《中华人民共和国义务教育法》和《自治区义务教育实施细则》的情况报告。为加强宣传，以法促教，编印了民、汉文义务教育和扫盲工作法规汇编1万册，发至全区城乡各地。

三、加强中小学德育工作

各级党政和教育行政部门汲取平息反革命暴乱的经验教训，普遍提高了对德育工作重要性的认识，采取一系列措施加强德育工作：

（一）加强德育工作队伍建设

部分地、州、市教育行政部门设立了德育处（科），县教育行政部门普遍建立了领导小组，有的成立了党委。在学校内部初步形成了"一个核心，两个渠道"的德育工作管理体制。"一个核心"即党支部发挥政治核心作用；"两个渠道"即校长——政教处——年级组——班主任组成的行政系列和党支部——共青团——少先队组成的党团系列两个德育工作班子。不少学校建立了学校、家庭、社会三结合的政治思想教育委员会和家长委员会，一些地、县领导兼任委员会主任。

(二)举办学习班，提高教师思想政治素质

喀什地区举办暑期教师整风学习班收到良好效果。全地区12个县(市)所属的1293所中小学的2.7万余名教师参加了学习班。学习班以反对民族分裂，抵制宗教干预、渗透教育和反对资产阶级自由化为重点，以批评和自我批评为武器，以清理思想、提高认识、纯洁教师队伍为目的，始终把思想建设摆在首位。学习班期间，有关领导作专题报告500余次，坚持正面教育。

(三)坚持把德育放在学校工作首位

全区中小学认真执行国旗法，坚持每周一次升国旗、唱国歌制度；联系国内外形势和新疆实际开展爱国主义、社会主义和新疆的主要危险来自民族分裂主义等区情、国情教育和民族团结教育，并为此重新修订出版了《中学民族团结与民族政策》教材；民、汉语学校之间开展联谊活动；开展学雷锋、学赖宁、创文明学校活动，并把它同中小学的日常行为规范教育结合起来，通过上述活动，使青少年的社会主义和爱国主义觉悟不断提高。

四、教育和教学改革

(一)召开中小学教学工作座谈会

自治区中小学教学工作座谈会于7月17日～20日在乌鲁木齐市召开。会议收到工作总结、教学实验报告、教改经验、自编教材等24种；乌鲁木齐、石河子等地州、市教育局及教研室代表在会上介绍了各自教改实验及教研室工作经验；对提交会议的《关于加强和改革我区中小学教学工作的意见》、《关于加强和改进我区教研室工作的意见》两个文件进行了认真讨论。这次会议对促进全区中小学教学改革，提高教育质量起到了积极作用。

(二)进行高中毕业会考试点

区教委在乌鲁木齐市和哈密地区对130多所汉、维吾尔、哈萨克和蒙古族学校的12516名高中一年级学生进行了历史课毕业会考试点，取得了实践经验，准备在全区全面推行高中毕业会考制度。

(三)推进民族中小学汉语教学

区教委于12月25日～28日召开了全区民族中小学汉语教学经验交流会暨先进集体和个人表彰会。会议总结了几年来民族中小学汉语教学工作的情况和经验，对下一步工作作了安排。区民委、民族语文工作委员会负责人也到会讲话，强调学习汉语的重要性。会议表彰了新源县一中等13个汉语教学先进集体和张俊梅等50名先进个人。

(四)开展人口教育

区教委下发了《关于在我区中学开展人口教育的意见》，编写了高中人口教育补充教材，并在新疆教育学院内建立了自治区人口教育师资培训中心，举办了维吾尔和汉语人口教育师资培训班各一期，60人参加了学习。

(五)中小学教材建设

1990年组织审定了民族文字教材43种，其中维吾尔文16种，哈萨克文14种，柯尔克孜文10种，蒙古文3种，总计170万字。委托中国地图出版社编印了汉文《新疆乡土地理图册》，翻译了《高中地理图册》维、哈文版；委托卫生部门编写了《小学健康教育》课本和小学劳动课教材，汉文已出版使用，维文正在修订中。此外，全区20多个地、市、县编印了维、汉文地理乡土教材，其中6种获全国优秀乡土教材奖。

五、教育督导

年初，区教委下发了《关于巩固“五查”成果，继续进行以德育为重点的督导检查工作的通知》，要求各地在上半年对1989年的五项督导检查进行复查，下半年自治区进行抽查。8月，国家教委副主任邹时炎带领督导检查组来新疆检查工作，听取区教委汇报并到乌鲁木齐、吐鲁番、昌吉、阿克苏等地、州、市进行督导检查。年底，自治区人民政府组织区教委、计委、财政、科协等部门组成7个督导组，分别对全区15个地、州、市的56个县(市)，458所中小学进行了以德育为重点的督导检查。通过督导检查，提高了人们对学校的根本任务是培养社会主义的接班人和建设者的认识及抓好德育工作的自觉性。各地普遍加强了学校的政治思想工作，摆正德育在学校工作中的位置。

为了提高县(市)一级政府领导、管理教育工作的积极性，熟悉督导评估工作，区教委拟订了《新疆维吾尔自治区、县、市教育督导评估方案》，并在吐鲁番市和阜康县进行试点，获得了成功。人们反映：教育督导督导政府是“督到点子上，督到了根本”。为在全区普遍开展教育督导工作，区教委举办了自治区首期督导人员培训班，全区各县市教育部门的督导干部80人参加了两个半月的督导业务学习和实习。

六、教师《专业合格证书》考试、考核

1990年，自治区基础教育教师《专业合格证书》共有98门课程进行了考试和考核。其中高中、初中、小学、幼儿园四个层次，汉、维、哈三种语言共89门课进行了考试，汉语初、高中体育、音乐、美术、英语教师的9门技能课进行了考核。考试、考核结果：汉语学校高中教师各专业实考3372人，及格1800人；初中教师各专业实考1904人，及格939人；小学教师各科根据11个地、州、市统计，实考3538人，及格1575人；幼儿园教师根据7个地、州、市统计，各科实考461人，及格297人。维语学校高中教师实考896人，及格446人；初中教师实考1648人，及格643人；小学教师根据8个地、州、市统计，实考2617人，及格582人。哈语学校高中教师实考124人，及格93人；初中教师实考421人，及格306人。全区高中教师达标率为26.6%，初中教师达标率为45.7%，小学教师达标率为72.6%，幼儿园教师中，达到中师、高中毕业的占62.23%，受过专业培训和取得专业合格证书的占31.47%。

七、中小学勤工俭学

1990年，勤工俭学继续贯彻管理育人、服务育人和深化改革的方针，努力调整产业和产品结构，不断完善管理制度，增强了校办企业的活力，提高了经济效益。全区开展勤工俭学的中小学7893所，占全区中小学校总数的83.4%。有校办工厂597家、学农基地4996个、第三产业网点1520个、接纳学生参加劳动的勤工俭学基地4795个。从事勤工俭学工作的职工8888人。全年工农业产值7827.7万元，比1989年增加1547.7万元；纯收入4499.5万元，比1989年增长37%；学生人均收入16.13元。当年收入用于补助教育经费2958.8万元，占当年纯收入的66%；上缴国家税金267.6万元。勤工俭学年纯收入在300万元以上的县(市、含兵团团场)3个，年纯收入在10万元以上的学校48所。主要工业产品48种，其中空气等离子切割机填补了自治区空白。

为推动农村学校开展勤工俭学，区教委与生产建设兵团教委在兵团125团场和阜康县联合召开了全区勤工俭学现场会，总结交流兵团农七师125团场二中、二营学校，阜康县黄土梁回民学校、阜康县职业高中结合德育教育、劳动技术教育开展勤工俭学，开发校园经济，促进农村经济发展的经验，明确了今后一个时期自治区勤工俭学的重点要转向农村，争取用3—5年时间，把占全区80%的农村学校的勤工俭学活动搞上去。

职业技术教育

1990年，全区有独立设置的职业中学134所，加上普通中学举办的各类职业班，共有

1609个教学班。加上中等专业学校和技工学校，校数达到316所，在校生达到150760人(民族学生49890人)，占高中阶段在校生的37.51%。

一、确定省级重点职业高中

国家教委于8月发布了《省级重点职业高级中学的标准》，区教委于9月召开会议进行部署，结合新疆实际制订了《新疆维吾尔自治区重点职业中学的标准》及评估办法。决定先由地(州)对所属职业高中进行初评，再由自治区择优评估。12月，区教委与生产建设兵团教委联合从各地选报的重点职高中择出10所进行评估。从中评出5所办学指导思想端正、办学条件较好、教育质量较高、并对本地经济和社会发展起较好作用的职业高中，报请自治区人民政府批准，确定为首批自治区级重点职业高级中学(1991年元月国家教委已批准认定)。他们是：阜康县职业高级中学、兵团农7师125团职业高级中学、哈密市职业高级中学、乌鲁木齐市第二职业高级中学、石河子市第二职业高级中学。

二、职教师资的培养、培训

“七五”期间，自治区职业中学发展较快，但师资和管理队伍与事业发展不相适应：数量少，质量偏低。为尽快解决这个问题，区教委在以各地自配、自培为主的前提下，积极采取措施，抓了职教师资的培养、培训工作：

(一)举办职业中学师资班

以定向招收普通高中毕业生和保送专业相近的职高毕业生的办法，有计划地在区内普通高等院校举办职业中学师资班。1985至1990年，先后在新疆八一农学院、新疆大学、新疆工学院、新疆财经学院举办了农学、农机、植保、畜牧兽医、农副产品加工、电子技术、化学工程、财会等14个专业的21个师资班，在校学生652人。1990年已有农学、财会等3个专业5个班188名学生毕业(其中民族学生148人)，走上了职教工作岗位。

(二)加强职教师资和管理干部的培训

1987至1990年，区教委拨出15万元用于职教师资和管理队伍的培训。4年中，采取聘请专家、依靠区内外高校和科研部门举办了多期职业中学校长培训班、职教研讨班、专业技术和实用新技术培训班等，共培训职业中学专业课教师236人(民族教师127人)，职业中学校长等管理干部252人(民族干部33人)。

三、加强调查研究，探索职教新路子

1990年，自治区教委会同乌鲁木齐市教委对乌市13所职业中学进行了调查了解，探索发展城市职业教育的路子；派员去伊犁、木垒、吉木萨尔、巴里坤等边远县进行调研，探索发展民族职教路子，同时为制定职教发展规划提供依据。组织部分职教专职干部、校长(包括民族校长)参观北京10年职业技术教育成果展览，并赴兄弟省区考察、取经。1990年，区教委还制订了《职业中学学籍管理暂行规定》。

四、实施“燎原计划”

区教委实施“燎原计划”方案，经自治区人民政府批准转发各地。全区3个农村教育综合改革实验县和20个示范乡，以当地职业中学和农民文化技术学校为阵地，大力开展实用技术培训，取得了明显的经济效益。据不完全统计，全年共举办实用技术培训364期，接受培训的农牧民7.7万余人次，推广了55项实用技术。八一农学院的畜牧、农学和园艺专家到实验县、示范乡进行新技术巡回讲授，并在轮台、阜康两县举办绵羊双羔和育肥试验，培训技术骨干200余人。阜康县实行农、科、教结合，以县职业高中为龙头，办起9个实用技术培训中心、56个培训点，上万人参加了培训学习。仅职业中学引进的乌骨鸡、珍珠鸡养殖项目年利润达10万元，现已开始向农户辐射。该县九运街乡本着实际、实用、实效的原则，以农牧技术为中心，在全乡

34个村民小组设教学点，瞄准当年“星火计划”、“丰收计划”，在点上推广15个实用技术项目，举办玉米丰产精量播种技术和大白菜防腐高产栽培技术学习班，培训农民2850人次，一年便使该乡人均收入增加90元。1990年国家下达“燎原计划”贷款40万元，对示范乡燎原项目的实施发挥了积极作用。

各地在实施“燎原计划”中创造了一些成功的经验。如阜康县实行“星火”、“丰收”、“燎原”三个计划一体化，紧密结合当地生产，编印劳动技术课教材和农牧业实用技术教材供普通中小学选用，在普通教育中引进职教因素；吐鲁番市对实施“燎原计划”的示范村、示范户实行科学技术优先提供、生产资料优先供应、产品信息优先传递的“三优先”政策；轮台县在实用技术培训中做到领导、学员、教师、场所、桌凳、教材、经费七落实；和田县用扶贫资金来实施“燎原计划”，变“输血”为“造血”；玛纳斯县头工乡培训科技副村长；昌吉市六宫乡与当地农校实行乡校挂钩开展科技培训工作等，这些行之有效的经验、做法正得到肯定和传播。

高等教育

一、招生工作

1990年普通高校招生工作认真贯彻了有关政策，录取新生质量好。报名参加高考的总人数为108764人，通过预选正式参加高考的人数为55615人，录取12965人(不包括462名民族预科生)，其中汉族7789人，少数民族5176人。由区内院校录取的6577人中，少数民族有3959人，占62.75%。农、林、医、师院校的专科层次全部定向在县以下招生，落实了中央和自治区将人才培养的路子通向农村、基层的政策，为农村、基层经济建设服务。在全部录取人数中，男生占57.32%，女生占42.68%；文科占25.69%，理科占74.31%。录取残疾考生29人(汉族14人，少数民族15人)。全区录取汉考民(包括回族)54人。民考汉和其他少数民族录取到汉族班插班学习的人数占汉族班新生人数的2.28%。在新疆的少数民族中都录取了学生，对居住在帕米尔高原塔什库尔干的塔吉克族采取特别照顾政策，录取了一定数量的学生。全区各县也都录取了一定数量的少数民族学生。

二、教育改革工作

1990年，继续进行高校民族文字教材建设，列入出版计划的高校民族文字教材共74种，现已出版的有35种，12万册。为加强高校教材管理工作，区教委召开了高校教材建设管理会议，成立了高校教材管理协会和高校印刷技术协会。为了提高汉语教学质量，1990年10月11日～13日，区教委召开了自治区高等学校汉语教学工作座谈会，交流汉语教学经验，讨论修改了区教委草拟的《关于加强高等院校汉语教学工作的几点意见》，成立了汉语教学研究会。

为了加强自治区普通高等学校学生学籍管理，进一步整顿学校的教学秩序，提高教学质量，根据国家教委发布的《普通高等学校学生管理规定》，自治区教委制订了《新疆维吾尔自治区普通高等学校学生学籍管理暂行规定》，于1990年7月28日发布实施。

三、派遣留学生工作

1990年自治区教委按照“按需派遣，保证质量，学用一致”的方针，结合自治区教育事业发展和经济建设的需要，共派出维吾尔、汉、哈萨克和蒙古等民族的青年教师和高级知识分子93人，分赴日本、美国、苏联、英国、加拿大、澳大利亚、新西兰等10个国家和地区留学或进行科研合作。1990年有44人学习期满后回国，在各自的工作岗位上发挥着积极的作用。

1990年，自治区有80名大专毕业以上学历的人员自费到苏联、美国、英国、澳大利亚、土耳其等国留学。自费出国留学人员人数与往年相比有明显增加。

四、评选先进科技工作者和"荣誉证书"获得者

为总结先进经验，树立学习榜样，带动高校科技队伍团结协作，奋力拼搏，为经济和社会发展、科技进步作出更大贡献，根据国家教委有关文件精神，自治区评选出4名高等学校先进科技工作者和10名长期从事教育与科研工作，作出较大贡献的老教授为《荣誉证书》获得者。他们在国家教委召开的全国高校科技工作会议上受到表彰，领取了证书。

五、高校后勤工作

1990年3月25日，召开了自治区高等学校后勤思想政治工作研讨会，交流后勤职工思想政治工作经验，成立了自治区高校后勤管理研究会职工思想政治教育研究分会。区教委对高等学校的伙食、汽车、采暖三个管理办法进行了专题研究，并制定了汽车、采暖两个管理办法，下达各院校试行。举办了后勤管理专业证书班，已毕业41人，充实到各校总务后勤部门工作。对高校技术工人进行培训和考核。参加培训、考核的炊事员281人，评出一级厨师22人，二级71人，三级101人，四级61人，五级19人；对汽车驾驶员开办了两期培训班，培训135人；对水暖、电工、机械等技术工人也进行了培训。1990年4月23日～25日，召开了自治区高校后勤管理先进集体、先进个人表彰会议，表彰了先进集体19个、先进个人61人。

成人教育

一、成人高等教育

1990年，抓了以下几项工作：

(一)治理整顿工作

针对一些成人高校办学思想不够端正，少数学校存在着乱办学、乱收费、乱发文凭的"三乱"现象，区教委及时转发上级文件。要求各成人高校按照文件规定，自检自查，提出并落实整顿措施。对外省高校在新疆所设成人高等教育函授站(点)进行了清理登记，撤并了一批不符合国家教委有关条例的站(点)，制订了审批函授站的程序，使函授教育得到治理。同时把好毕业证书验印质量关，坚持四级审批制度。对不符合条件的坚决不予验印，狠刹不正之风。

(二)教学质量抽考

根据《自治区成人高校教学质量抽查考试办法》，1990年元月对各普通高校附设的夜(业)大学干部专业科、职工大学、业余大学、管理干部学院中在籍学员的88级、89级学员进行了1989～1990年第一学期末抽查考试。参加抽考的有25所院校、215个专业班，13028人次，其中民族考生2238人。汉语班抽考90门课程，及格率为79.9%；民语班抽考26门课程，及格率为74.3%。对不及格的689人进行了补考，经补考仍有两门不及格的39名学生，按学籍管理规定分别由院校作出退学或留级处理。这样，既保证了教学质量，也提高了成人高等教育的信誉。

(三)专业证书教育改革

1990年对全区成人高等教育《专业证书》班实行统一复习提要，统一命题，统一评卷，统一划定分数线，统一录取的措施，共录取了3600人。自治区教委下发了《关于对1990年成人高等教育(专业证书)班新生入学条件进行复查的通知》，要求承办学校对新生进行复查清理。这项工作受到社会好评。

二、成人中等专业教育

1990年进一步改革成人中专教育：(1)针对成人中专教学上存在着重理论、轻实践等问题，转发了国家教委《关于制订成人中等专业学校教学计划的原则意见》，要求成人中专结合新疆实际，对现行各专业教学计划进行修订，保证培养规格。(2)农业广播学校自1983年以来发展较快，但师资力量跟不上，教学质量不高。为改变这种情况，区教委与农业厅组织了农业广播学校检查验收组，深入到南北疆和兵团各师检查验收。并对农业广播学校第四期学员进行了抽考，参加抽考的有10022人，及格者 5661 人，占56.48%。(3)为切实保证成人中专的教学质量，区教委与有关单位印发了《自治区成人中等专业学校教学质量抽查考试试行办法》，并组织了对成人中专自办学以来的第一次抽查考试。

三、社会力量办学

在总结前几年社会力量办学管理工作经验的基础上，1990年提出了《关于加强全区社会力量办学管理的意见》，由自治区人民政府批转各地执行。《意见》对社会力量办学的指导思想、思想政治工作、社会办学设立董事会、教学管理、跨区招生以及财务管理等12个问题作了较明确的规定。自治区人民政府决定成立自治区社会力量办学协调领导小组，由毛德华副主席任组长，其成员包括教育、公安、工商、税务、财政、审计、物价等部门的负责同志。为了对社会力量办学做到统筹规划，1990年下发了《关于建立社会力量办学统计制度》的通知。同时，为了提高社会力量办学主办人的理论素质和管理水平，1990年区教委举办了两期社会力量办学主办人学习班，共有152人次参加学习，经过考试，有140人取得社会力量办学资格证书。区教委还在伊宁市召开自治区社会力量办学理论研讨会，收到论文30篇，将其中6篇选送参加全国“晋阳杯”社会力量办学理论研究评比活动，6篇论文全都得奖。

1990年9月13日～20日，在乌鲁木齐召开了首届西北五省(区)社会力量办学管理工作研讨会。会议期间，交流了社会力量办学的情况和经验，研究、探讨了社会力量办学管理工作的有关问题，考察了新疆4个地州市成人教育工作，参观了8所社会力量办的学校。这次会议进一步促进了西北各省(区)成人教育的横向联系与协作。

四、自学考试

自治区1990年度高等教育自学考试分别于1月、7月进行。1月开考16个专业，37门课程；7月开考19个专业，67门课程。两次共有116346人报考。实际参加考试208472科次，及格91933科次。1990年，高等教育自学考试共有3434人获得毕业证书。截止1990年底，累计有326人获得统计专业证书，有87人获得物价专业证书。

中等专业教育自学考试也分别于1月、7月进行。实际参加考试的有11467人次，及格5479人次。1990年中等专业教育自学考试有3130人获得毕业证书，其中中师专业1612人，金融专业1518人。

五、职工教育

1990年10月，自治区召开部分岗位培训试点单位座谈会，从会上反映的情况看，各单位岗位培训工作进展较快。例如，昌吉回族自治州共举办各种培训班700多期，培训各类人员30225人，培训面达38.4%。新疆联合收割机厂举办了高级工培训班，有91人获自治区劳动人事厅颁发的高级工合格证书，有39人经考评成为工人技师，有168名班组长、24名车间主任、16名党支部书记获得专业培训合格证书。

1990年，区教委多次组织人力，调查了38个厅(局)的职工教育情况，对21个地区和部门的岗位培训进行了系统的调查统计。在调查过程中，检查验收了办学条件较好、教学质量较高的8所职工学校。为提高职工教育管理干部素质，1990年共选送72名职工教育管理干部到上海第二教育学院和中央教育科研所办的基层成人教育管理干部岗位培训班学习。

六、扫盲及农牧民教育

1990年，全区有16万人参加扫盲学习，其中6.5万人脱盲。16～40周岁的青壮年非文盲率已达87.1%。全自治区已有64个县、市(区)达到国家和自治区规定的基本扫除文盲单位的标准。1990年全区乡镇农牧民文化技术学校244所，占乡镇总数的26.6%。

1990年9月，成立了以自治区副主席金云辉为组长的自治区扫盲检查领导小组，对56个县、市，156个乡镇(场)的扫盲及农牧民教育进行了全面检查。检查结果表明，由于各级党政领导重视，农牧民教育发展快，成绩显著，一个全社会关心扫盲和农牧民教育的良好局面已经形成。在8月召开的全区农牧民教育经验交流会上，表彰了50个先进集体和81名先进个人，有3名专职干部获全国扫盲先进工作者称号，受到国家教委的嘉奖。

撰稿人 周 越 齐家庆

审稿人 陈声远

文件选编

综合部分

□学校体育工作条例

（1990年2月20日国务院批准，1990年3月12日国家教育委员会、国家体育运动委员会发布）

第一章　总　则

第一条　为保证学校体育工作的正常开展，促进学生身心的健康成长，制订本条例。

第二条　学校体育工作是指普通中小学校、农业中学、职业中学、中等专业学校、普通高等学校的体育课教学、课外体育活动、课余体育训练和体育竞赛。

第三条　学校体育工作的基本任务是：增进学生身心健康、增强学生体质；使学生掌握体育基本知识，培养学生体育运动能力和习惯；提高学生运动技术水平，为国家培养体育后备人才；对学生进行品德教育，增强组织纪律性，培养学生的勇敢、顽强、进取精神。

第四条　学校体育工作应当坚持普及与提高相结合、体育锻炼与安全卫生相结合的原则，积极开展多种形式的强身健体活动，重视继承和发扬民族传统体育，注意吸取国外学校体育的有益经验，积极开展体育科学研究工作。

第五条　学校体育工作应当面向全体学生，积极推行国家体育锻炼标准。

第六条　学校体育工作在教育行政部门领导下，由学校组织实施，并接受体育行政部门的指导。

第二章　体育课教学

第七条　学校应当根据教育行政部门的规定，组织实施体育课教学活动。

普通中小学校、农业中学、职业中学、中等专业学校各年级和普通高等学校的一、二年级必须开设体育课。普通高等学校对三年级以上学生开设体育选修课。

第八条　体育课教学应当遵循学生身心发展的规律，教学内容应当符合教学大纲的要求，符合学生年龄、性别特点和所在地区地理、气候条件。

体育课的教学形式应当灵活多样，不断改进教学方法，改善教学条件，提高教学质量。

第九条　体育课是学生毕业、升学考试科目。学生因病、残免修体育课或者免除体育课考试的，必须持医院证明，经学校体育教研室(组)审核同意，并报学校教务部门备案，记入学生健康档案。

第三章　课外体育活动

第十条　开展课外体育活动应当从实际情况出发，因地制宜，生动活泼。

普通中小学校、农业中学、职业中学每天应当安排课间操，每周安排3次以上课外体育活动，保证学生每天有1小时体育活动的时间(含体育课)。

中等专业学校、普通高等学校除安排有体育课、劳动课的当天外，每天应当组织学生开展各种课外体育活动。

第十一条　学校应当在学生中认真推行《国家体育锻炼标准》的达标活动和等级运动员制度。

学校可根据条件有计划地组织学生远足、野营和举办夏(冬)令营等多种形式的体育活动。

第四章　课余体育训练与竞赛

第十二条　学校应当在体育课教学和课外体育活动的基础上，开展多种形式的课余体育训练，提高学生的运动技术水平。有条件的普通中小学校、农业中学、职业中学、中等专业学校经省级教育行政部门批准，普通高等学校经国家教育委员会批准，可以开展培养优秀体育后备人才的训练。

第十三条　学校对参加课余体育训练的学生，应当安排好文化课学习，加强思想品德教育并注意改善他们的营养。普通高等学校对运动水平较高、具有培养前途的学生，报国家教育委员会批准，可适当延长学习年限。

第十四条　学校体育竞赛贯彻小型多样、单项分散、基层为主、勤俭节约的原则。学校每学年至少举行1次以田径项目为主的全校性运动会。

普通小学校际体育竞赛在学校所在地区、县范围内举行，普通中学校际体育竞赛在学校所在地的自治州、市范围内举行。但经省、自治区、直辖市教育行政部门批准，也可以在本省、自治区、直辖市范围内举行。

第十五条　全国中学生运动会每3年举行1次；全国大学生运动会每4年举行1次。特殊情况下，经国家教育委员会批准可提前或延期举行。

国家教育委员会根据需要，可以安排学生参加国际学生体育竞赛。

第十六条　学校体育竞赛应当执行国家有关的体育竞赛制度和规定，树立良好的赛风。

第五章　体育教师

第十七条　体育教师应当热爱学校体育工作，具有良好的思想品德、文化素养，掌握体育教育的理论和教学方法。

第十八条　学校应当在各级教育行政部门核定的教师总编制数内，按照教学计划中体育课授课时数所占的比例和开展课余体育活动的需要配备体育教师。除普通小学外，学校应当根据学校女生数量配备一定比例的女体育教师。承担培养优秀体育后备人才训练任务的学校，体育教师的配备应当相应增加。

第十九条　各级教育行政部门和学校应当有计划地安排体育教师进修培训。对体育教师的职务聘任、工资待遇应当与其他任课教师同等对待，按照国家有关规定，有关部门应当妥善解决体育教师的工作服装和粮食定量。

体育教师组织课间操(早操)、课外体育活动和课余训练、体育竞赛应当计算工作量。

学校对妊娠、产后的女体育教师，应当

依照《女职工劳动保护规定》给予相应的照顾。

第六章 场地、器材、设备和经费

第二十条 学校的上级主管部门和学校应当按照国家或者地方制订的各类学校体育场地、器材、设备标准,有计划地逐步配齐。学校体育器材应当纳入教学仪器供应计划。新建、改建学校必须按照有关场地、器材的规定进行规划、设计和建设。

在学校比较密集的城镇地区，逐步建立中、小学体育活动中心，并纳入城市建设规划。社会的体育场(馆)和体育设施应当安排一定时间免费向学生开放。

第二十一条 学校应当制定体育场地、器材、设备的管理维修制度，并由专人负责管理。

任何单位或者个人不得侵占、破坏学校场地或者破坏体育器材、设备。

第二十二条 各级教育行政部门和学校应当根据学校体育工作的实际需要，把学校体育经费纳入核定的年度教育经费预算内，予以妥善安排。

地方各级人民政府在安排年度学校教育经费时，应当安排一定数额的体育经费，以保证学校体育工作的开展。

国家和地方各级体育行政部门在经费上应当尽可能对学校体育工作给予支持。

国家鼓励各种社会力量以及个人自愿捐资支援学校体育工作。

第七章 组织机构和管理

第二十三条 各级教育行政部门应当健全学校体育管理机构，加强对学校体育工作的指导和检查。

学校体育工作应当作为考核学校工作的一项基本内容。普通中小学校的体育工作应当列入督导计划。

第二十四条 学校应当由一位副校(院)长主管体育工作，在制定计划、总结工作、评选先进时，应当把体育工作列为重要内容。

第二十五条 普通高等学校、中等专业学校和规模较大的普通中学，可以建立相应的体育管理部门，配备专职干部和管理人员。

班主任、辅导员应当把学校体育工作作为一项工作内容，教育和督促学生积极参加体育活动。学校的卫生部门应当与体育管理部门互相配合，搞好体育卫生工作。总务部门应当搞好学校体育工作的后勤保障。

学校应当充分发挥共青团、少先队、学生会以及大、中学生体育协会等组织在学校体育工作中的作用。

第八章 奖励与处罚

第二十六条 对在学校体育工作中成绩显著的单位和个人，各级教育、体育行政部门或者学校应当给予表彰、奖励。

第二十七条 对违反本条例，有下列行为之一的单位或者个人，由当地教育行政部门令其限期改正，并视情节轻重对直接责任人员给予批评教育或者行政处分：

(一)不按规定开设或者随意停止体育课的；

(二)未保证学生每天1小时体育活动时间(含体育课)的；

(三)在体育竞赛中违反纪律、弄虚作假的；

(四) 不按国家规定解决体育教师工作服装、粮食定量的。

第二十八条 对违反本条例，侵占、破坏学校体育场地、器材、设备的单位或者个人，由当地人民政府或者教育行政部门令其限期清退和修复场地、赔偿或者修复器材、设备。

第九章 附 则

第二十九条 高等体育院校和普通高等学校的体育专业的体育工作不适用本条例。

技工学校、工读学校、特殊教育学校、成人学校的学校体育工作参照本条例执行。

第三十条 国家教育委员会、国家体育运动委员会可根据本条例制定实施办法。

第三十一条 本条例自发布之日起施行。原教育部、国家体育运动委员会1979年10月5日发布的《高等学校体育工作暂行规定(试行草案)》和《中、小学体育工作暂行规定(试行草案)》同时废止。

□教育系统内部审计工作规定

(1990年5月3日国家教育委员会发布)

第一章 总 则

第一条 为了贯彻执行国家财经法规，加强教育系统财经管理和审计监督，维护财经法纪，提高资金使用效益，保障教育事业健康发展，根据《中华人民共和国审计条例》和《审计署关于内部审计工作的规定》，特制定本规定。

第二条 教育系统内部审计是国家审计体系的重要组成部分，是教育部门、单位加强财经监督和管理，健全自我约束机制的重要环节。

第三条 教育系统内部审计机构在本部门、本单位主要领导人的直接领导下，依照国家法律、法规和政策，对本部门、单位及所属单位的财务收支及其经济效益进行内部审计监督，独立行使内部审计职权，对本部门、单位领导人负责并报告工作，同时接受审计机关和上级主管部门审计机构的业务指导。

第四条 各部门、单位主管审计的领导人，应定期部署和检查本单位的审计工作，听取审计机构的工作汇报，及时批复审计报告，督促和检查审计决定的执行情况。

第二章 审计机构和审计人员

第五条 教育部门、单位根据国家有关规定和财经管理工作的需要设立内部审计机构。

(一)审计署在国家教育委员会设立派驻机构，受审计署和国家教育委员会的双重领导。

(二)凡审计机关未设立派出机构的县级以上各级教育主管部门和普通高等学校，均应设立与本单位财务机构相同级别的、独立的内部审计机构。

(三)各级教育主管部门所属的其他企事业单位和教育单位设立内部审计机构或者配备专职审计人员的有关事宜，由其主管部门根据审计业务工作需要决定。

第六条 教育部门、单位应根据本部门、单位审计工作实际需要，配备适量的审计人员。

各级教育主管部门内部审计机构的设置和审计人员编制，应分别报请各级人民政府批准；学校内部审计机构的人员编制，应在学校总编制内解决。

第七条 教育系统从事内部审计工作的人员应具备必要的审计业务知识，保持相对稳定；内部审计机构主要负责人的任免、调动，应征求上一级审计机构的意见。

审计人员的专业技术职务按照国家和主管部门的有关规定办理。

第八条 教育系统内部审计人员要遵守审计职业道德，依法审计，忠于职守，坚持原则，客观公正，廉洁奉公，保守秘密。

第九条 教育系统内部审计机构和审计人员依法独立行使职权，受法律保护，任何单位和个人不得设置障碍和打击报复。

第十条 各部门、各单位对本部门、本单位及下级部门和所属单位工作成绩显著的内部审计机构、审计人员应予表扬和奖励。

第三章 审计范围和职权

第十一条 审计署驻国家教育委员会审计局指导全国教育系统内部审计工作，并负责对国家教委部分直属单位的直接审计工作。

县级以上各级教育主管部门审计机构负责指导本地区教育系统的内部审计工作，并对所属企事业单位实行审计监督。

高等学校和其他教育企事业单位内部审计机构，对本校、本单位及所属单位实行内部审计监督。

第十二条 教育系统内部审计机构对下列事项进行内部审计监督：

(一)教育事业费、教育费附加、科研经费、专项补助经费、世界银行贷款等教育、科研经费的管理和使用；

(二)单位财务收支计划、外汇收支计划、预算的执行和决算；

(三)学校基金、勤工俭学资金、学杂费、捐资和集资资金等教育预算外资金的管理和使用；

(四)基本建设(含自筹、捐赠基建)投资的管理和使用；

(五)与教育经费、基建投资、预算外资金等收支有关的经济活动及其经济效益；

(六)国家、单位资产的管理和使用；

(七)国家财经法纪的执行情况；

(八)内部控制制度的建立、执行情况；

(九)所属企业单位的厂长(经理)的经济责任；

(十)上级交办或委托以及本单位确定的其它审计事项。

第十三条 教育系统内部审计机构根据国家和本部门、本单位的有关规定，对有关事项实行审签制度。

第十四条 教育系统内部审计机构的主要职权是：

(一)要求有关单位按时报送财务计划、预算、决算、会计报表和有关文件、资料；

(二)检查会计凭证、帐表、决算、资金和财产，查阅有关文件和资料；

(三)参加有关会议；

(四)对审计中的有关事项，向有关单位和人员调查并索取证明材料；

(五)提出改进管理、提高经济效益的建议，表扬、奖励模范遵守和维护财经法纪成绩显著的单位和个人，纠正违反财经法纪和浪费行为并提出经济处罚措施；

(六)对阻挠、破坏审计工作以及拒绝提供有关资料的，经单位领导人批准，可以采取封存帐册和资财等临时措施，并提出追究有关人员责任的建议；

(七)监督检查经领导批准的审计结论和处理决定的执行情况；

(八)对审计工作中的重大事项，向上级主管部门或者审计机关反映；

(九)对本单位与境内、外经济组织合办的企业或项目所投入的资金、财产、技术的使用及其效益等有关事项，以及审计范围内的其它事项，进行审计调查，并反映情况。

第四章 审计工作程序

第十五条 教育系统内部审计机构应根据上级主管部门和审计机关的部署及本单位的具体情况，拟订审计工作计划，报经本单位负责人批准后，组织实施。

第十六条 确定审计事项后，应当在实施审计前通知被审计单位。

第十七条 对审计中发现的问题，可随时向有关单位和人员提出改进意见。审计终结，提出审计报告，征求被审计单位意见后，做出审计结论和处理决定，报经本单位领导人批准后下达。审计处理决定被审计单位和有关单位必须执行。

第十八条 被审计单位对审计结论和处理决定有异议时，可在收到审计结论和处理决定之日起十五日内，向审计机构所在的单位领导人提出。单位领导人应当根据国家有关法规和政策，在二十日内做出是否更改的决定。审计机构和被审计单位对本单位领导人所做出的决定有异议时，可向上级主管部门审计机构或国家审计机关申请复审。

第十九条 审计事项结束后，应建立审计档案，按照规定管理。

第五章 法律责任

第二十条 违反本规定，有下列行为之一的单位或个人，根据情节轻重，审计机构可提出警告、通报批评、行政处分、经济处罚等意见，报请单位领导或监察等有关部门处理：

（一）拒绝提供有关文件、凭证、帐簿、报表、资料和证明材料的；

（二）阻挠审计人员行使职权，抗拒、破坏监督检查的；

（三）弄虚作假，隐瞒事实真相的；

（四）拒不执行审计决定的；

（五）打击报复审计人员和检举人的。

第二十一条 违反本规定，有下列行为的审计机构、人员，其所在单位应酌情处以罚款、行政处分或提请有关部门处理：

（一）利用职权，谋取私利的；

（二）弄虚作假，徇私舞弊的；

（三）玩忽职守，给国家和单位造成重大损失的；

（四）泄露国家秘密的。

第六章 附 则

第二十二条 各级教育主管部门和单位可以根据本规定，结合实际情况，制定具体实施办法，并报上一级主管部门和同级人民政府审计机关备案。

第二十三条 本规定由国家教育委员会负责解释。

第二十四条 本规定自发布之日起施行。1985年12月31日发布的《国家教育委员会关于直属高等学校内部审计工作的暂行规定》同时废止。

□学校卫生工作条例

（1990年4月25日国务院批准，
1990年6月4日国家教育委员会、
卫生部发布）

第一章 总 则

第一条 为加强学校卫生工作，提高学生的健康水平，制定本条例。

第二条 学校卫生工作的主要任务是：监测学生健康状况；对学生进行健康教育，培养学生良好的卫生习惯；改善学校卫生环境和教学卫生条件；加强对传染病、学生常见病的预防和治疗。

第三条 本条例所称的学校，是指普通中小学、农业中学、职业中学、中等专业学校、技工学校、普通高等学校。

第四条 教育行政部门负责学校卫生工作的行政管理。卫生行政部门负责对学校卫生工作的监督指导。

第二章 学校卫生工作要求

第五条 学校应当合理安排学生的学习时间。学生每日学习时间（包括自习），小学不超过6小时，中学不超过8小时，大学不超过10小时。

学校或者教师不得以任何理由和方式，增加授课时间和作业量，加重学生学习负担。

第六条 学校教学建筑、环境噪声、室内微小气候、采光、照明等环境质量以及黑板、课桌椅的设置应当符合国家有关标准。

新建、改建、扩建校舍，其选址、设计应当符合国家的卫生标准，并取得当地卫生行政部门的许可。竣工验收应当有当地卫生行政部门参加。

第七条 学校应当按照有关规定为学生设置厕所和洗手设施。寄宿制学校应当为学生提供相应的洗漱、洗澡等卫生设施。

学校应当为学生提供充足的符合卫生标准的饮用水。

第八条 学校应当建立卫生制度，加强对学生个人卫生、环境卫生以及教室、宿舍卫生的管理。

第九条 学校应当认真贯彻执行食品卫生法律、法规，加强饮食卫生管理，办好学生膳食，加强营养指导。

第十条 学校体育场地和器材应当符合卫生和安全要求。运动项目和运动强度应当适合学生的生理承受能力和体质健康状况，防止发生伤害事故。

第十一条 学校应当根据学生的年龄，组织学生参加适当的劳动，并对参加劳动的学生，进行安全教育，提供必要的安全和卫生防护措施。

普通中小学校组织学生参加劳动，不得让学生接触有毒有害物质或者从事不安全工种的作业，不得让学生参加夜班劳动。

普通高等学校、中等专业学校、技工学校、农业中学、职业中学组织学生参加生产劳动，接触有毒有害物质的，按照国家有关规定，提供保健待遇。学校应当定期对他们进行体格检查，加强卫生防护。

第十二条 学校在安排体育课以及劳动等体力活动时，应当注意女学生的生理特点，给予必要的照顾。

第十三条 学校应当把健康教育纳入教学计划。普通中小学必须开设健康教育课，普通高等学校、中等专业学校、技工学校、农业中学、职业中学应当开设健康教育选修课或者讲座。

学校应当开展学生健康咨询活动。

第十四条 学校应当建立学生健康管理制度。根据条件定期对学生进行体格检查，建立学生体质健康卡片，纳入学生档案。

学校对体格检查中发现学生有器质性疾病的，应当配合学生家长做好转诊治疗。

学校对残疾、体弱学生，应当加强医学照顾和心理卫生工作。

第十五条 学校应当配备可以处理一般伤病事故的医疗用品。

第十六条 学校应当积极做好近视眼、弱视、沙眼、龋齿、寄生虫、营养不良、贫血、脊柱弯曲、神经衰弱等学生常见疾病的群体预防和矫治工作。

第十七条 学校应当认真贯彻执行传染病防治法律、法规，做好急、慢性传染病的预防和控制管理工作，同时做好地方病的预防和控制管理工作。

第三章 学校卫生工作管理

第十八条 各级教育行政部门应当把学校卫生工作纳入学校工作计划，作为考评学校工作的一项内容。

第十九条 普通高等学校、中等专业学校、技工学校和规模较大的农业中学、职业中学、普通中小学，可以设立卫生管理机构，管理学校的卫生工作。

第二十条 普通高等学校设校医院或者卫生科。校医院应当设保健科(室)，负责师生的卫生保健工作。

城市普通中小学、农村中心小学和普通

中学设卫生室，按学生人数六百比一的比例配备专职卫生技术人员。

中等专业学校、技工学校、农业中学、职业中学，可以根据需要，配备专职卫生技术人员。

学生人数不足六百人的学校，可以配备专职或者兼职保健教师，开展学校卫生工作。

第二十一条 经本地区卫生行政部门批准，可以成立区域性的中小学生卫生保健机构。区域性的中小学生卫生保健机构的主要任务是：

（一）调查研究本地区中小学生体质健康状况；

（二）开展中小学生常见疾病的预防与矫治；

（三）开展中小学卫生技术人员的技术培训和业务指导。

第二十二条 学校卫生技术人员的专业技术职务考核、评定，按照卫生、教育行政部门制定的考核标准和办法，由教育行政部门组织实施。

学校卫生技术人员按照国家有关规定，享受卫生保健津贴。

第二十三条 教育行政部门应当将培养学校卫生技术人员的工作列入招生计划，并通过各种教育形式为学校卫生技术人员和保健教师提供进修机会。

第二十四条 各级教育行政部门和学校应当将学校卫生经费纳入核定的年度教育经费预算。

第二十五条 各级卫生行政部门应当组织医疗单位和专业防治机构对学生进行健康检查、传染病防治和常见病矫治，接受转诊治疗。

第二十六条 各级卫生防疫站，对学校卫生工作承担下列任务：

（一）实施学校卫生监测，掌握本地区学生生长发育和健康状况，掌握学生常见病、传染病、地方病动态；

（二）制定学生常见病、传染病、地方病的防治计划；

（三）对本地区学校卫生工作进行技术指导；

（四）开展学校卫生服务。

第二十七条 供学生使用的文具、娱乐器具、保健用品，必须符合国家有关卫生标准。

第四章　学校卫生工作监督

第二十八条 县以上卫生行政部门对学校卫生工作行使监督职权。其职责是：

（一）对新建、改建、扩建校舍的选址、设计实行卫生监督；

（二）对学校内影响学生健康的学习、生活、劳动、环境、食品等方面的卫生和传染病防治工作实行卫生监督；

（三）对学生使用的文具、娱乐器具、保健用品实行卫生监督。

国务院卫生行政部门可以委托国务院其他有关部门的卫生主管机构，在本系统内对前款所列第（一）、（二）项职责行使学校卫生监督职权。

第二十九条 行使学校卫生监督职权的机构设立学校卫生监督员，由省级以上卫生行政部门聘任并发给学校卫生监督员证书。

学校卫生监督员执行卫生行政部门或者其他有关部门卫生主管机构交付的学校卫生监督任务。

第三十条 学校卫生监督员在执行任务时应出示证件。

学校卫生监督员在进行卫生监督时，有权查阅与卫生监督有关的资料，搜集与卫生监督有关的情况，被监督的单位或者个人应当给予配合。学校卫生监督员对所掌握的资料、情况负有保密责任。

第五章 奖励与处罚

第三十一条 对在学校卫生工作中成绩显著的单位或者个人，各级教育、卫生行政部门和学校应当给予表彰、奖励。

第三十二条 违反本条例第六条第二款规定，未经卫生行政部门许可新建、改建、扩建校舍的，由卫生行政部门对直接责任单位或者个人给予警告、责令停止施工或者限期改建。

第三十三条 违反本条例第六条第一款、第七条和第十条规定的，由卫生行政部门对直接责任单位或者个人给予警告并责令限期改进。情节严重的，可以同时建议教育行政部门给予行政处分。

第三十四条 违反本条例第十一条规定，致使学生健康受到损害的，由卫生行政部门对直接责任单位或者个人给予警告，责令限期改进。

第三十五条 违反本条例第二十七条规定的，由卫生行政部门对直接责任单位或者个人给予警告。情节严重的，可以会同工商行政部门没收其不符合国家有关卫生标准的物品，并处以非法所得两倍以下的罚款。

第三十六条 拒绝或者妨碍学校卫生监督员依照本条例实施卫生监督的，由卫生行政部门对直接责任单位或者个人给予警告。情节严重的，可以建议教育行政部门给予行政处分或者处以二百元以下的罚款。

第三十七条 当事人对没收、罚款的行政处罚不服的，可以在接到处罚决定书之日起十五日内，向作出处罚决定机关的上一级机关申请复议，也可以直接向人民法院起诉。对复议决定不服的，可以在接到复议决定之日起十五日内，向人民法院起诉。对罚款决定不履行又逾期不起诉的，由作出处罚决定的机关申请人民法院强制执行。

第六章 附　则

第三十八条 学校卫生监督办法、学校卫生标准由卫生部会同国家教育委员会制定。

第三十九条 贫困县不能全部适用本条例第六条第一款和第七条规定的，可以由所在省、自治区的教育、卫生行政部门制定变通的规定。变通的规定，应当报送国家教育委员会、卫生部备案。

第四十条 本条例由国家教育委员会、卫生部负责解释。

第四十一条 本条例自发布之日起施行。原教育部、卫生部1979年12月6日颁布的《中、小学卫生工作暂行规定(草案)》和1980年8月26日颁布的《高等学校卫生工作暂行规定(草案)》同时废止。

□国务院关于修改《征收教育费附加的暂行规定》的决定

(1990年6月7日)

国务院决定对《征收教育费附加的暂行规定》作如下修改：

一、第三条修改为：

教育费附加，以各单位和个人实际缴纳的产品税、增值税、营业税的税额为计征依据，教育费附加率为2%，分别与产品税、增值税、营业税同时缴纳。

对从事生产卷烟和经营烟叶产品的单位，减半征收教育费附加。

除国务院另有规定者外，任何地区、部门不得擅自提高或者降低教育费附加率。

二、第四条修改为：

依照现行有关规定，除铁道系统、中国人民银行总行、各专业银行总行、保险总公司的教育费附加随同营业税上缴中央财政外，其余单位和个人的教育费附加，均就地上缴地方财政。

三、第五条修改为：

教育费附加由税务机关负责征收。

教育费附加纳入预算管理，作为教育专项资金，根据“先收后支、列收列支、收支平衡”的原则使用和管理。地方各级人民政府应当依照国家有关规定，使预算内教育事业费逐步增长，不得因教育费附加纳入预算专项资金管理而抵顶教育事业费拨款。

四、第八条第二款修改为：

铁道系统、中国人民银行总行、各专业银行总行、保险总公司随同营业税上缴的教育费附加，由国家教育委员会按年度提出分配方案，商财政部同意后，用于基础教育的薄弱环节。

本决定自1990年8月1日起施行。

附：

《征收教育费附加的暂行规定》第三条、第四条、第五条、第八条修改前的条文

第三条 教育费附加，以各单位和个人实际缴纳的产品税、增值税、营业税的税额为计征依据，教育费附加率为1%，分别与产品税、值增税、营业税同时缴纳。

对从事生产卷烟和经营烟叶产品的单位，减半征收教育费附加。

第四条 依照现行有关规定，除铁道、人民银行、专业银行和保险总公司等汇总缴纳营业税的单位集中向指定的银行缴款外，其余的单位和个人，向其所在地银行缴款。

第五条 教育费附加由税务机关负责征收，各级银行要为同级教育部门设立教育费附加专户。

第八条 地方征收的教育费附加，按专项资金管理，由教育部门统筹安排，提出分配方案，商同级财政部门同意后，用于改善中小学教学设施和办学条件，不得用于职工福利和发放奖金。

铁道、人民银行、专业银行和保险总公司等汇总缴纳营业税的单位集中缴纳的教育费附加，由国家教育委员会按年度提出分配方案，商财政部同意后，用于基础教育的薄弱环节。

地方征收的教育费附加，主要留归当地安排使用。省、自治区、直辖市可根据各地征收教育费附加的实际情况，适当提取一部分数额，用于地区之间的调剂、平衡。

□对外汉语教师资格审定办法

（1990年6月23日国家教育委员会发布）

第一条 为了做好从事对外国人进行汉语教学的教师资格的审定工作，提高对外汉语教师队伍的政治业务素质，保证教学质量，特制订本办法。

第二条 对外汉语教师必须坚持四项基本原则，反对资产阶级自由化，热爱祖国，热心弘扬中华文化，热爱对外汉语教学事业，具有良好的职业道德，为人师表，积极承担工作任务并具有一定的对外交往经验，遵守外事纪律。

第三条 对外汉语教师必须具有大学本科以上学历或同等学力，并具有一学年（累计学时为320小时）以上的对外汉语教学经历，取得了一定的教学经验，知识结构应达到下列要求：

（一）教学理论和教学方法方面

1. 了解对外汉语教学的性质和特点；

2. 了解主要的语言教学法流派的基本理论和基本方法；

3. 掌握教育学基本知识。

（二）语言学和文字学知识方面

1. 比较全面地掌握现代汉语理论知识，包括语音、词汇、语法、修辞、文字等方面的基本理论知识，并能对现代汉语的语言现象进行科学分析；

2. 掌握古代汉语的基础知识，具有阅读一般古文的能力；

3. 系统掌握普通语言学知识，并掌握应用语言学的基本知识。

（三）文学知识方面

1. 了解中国文学发展概况，熟悉我国主要作家及其代表作品；

2. 对世界著名的作家和作品有所了解。

（四）其他文化知识方面

1. 熟悉中国的历史和地理，了解主要的名胜古迹，有一定的社会、民俗知识；

2. 具有一般的世界历史、地理知识。

第四条 对外汉语教师能力结构应达到下列要求：

（一）语言文字能力方面

1. 能讲普通话，口齿清楚，熟练掌握《汉语拼音方案》，能辨别和纠正错误的语音语调；

2. 能分析学生常犯的汉字、词汇、语法错误，并掌握科学的纠正方法；

3. 熟悉简繁两种汉字字体，掌握汉字笔顺规则，书写正确、工整；

4. 有较强的汉语口语和书面表达能力；

5. 有一定的外语水平，熟悉教学用语，能进行日常生活会话，能借助工具书阅读专业书刊。

（二）工作能力方面

能有效地组织课堂教学，正确贯彻和运用课堂教学的原则和方法。

第五条 对外汉语教师符合第二、三、四条规定者，可申请对外汉语教师资格证书。出国从事汉语教学工作的教师，必须具有对外汉语教师资格证书。

第六条 国家教育委员会设“对外汉语教师资格审查委员会”，负责领导对外汉语教师资格审查和证书颁发工作。

第七条 申请对外汉语教师资格证书，必须经“对外汉语教师资格审查委员会”考评、审核。

第八条 本办法自公布之日起施行。

□全国普通大、中学校学生体育竞赛暂行规定

（1990年7月1日国家教育委员会发布）

为加强对普通大、中学校学生体育竞赛的领导和管理，切实保证竞赛的质量，特制订本规定。

一、组织学生体育竞赛，应有利于学生德、智、体、美全面发展，以育人为宗旨。要从学校实际出发，贯彻小型多样、单项分散、基层为主、勤俭节约的原则。校际体育竞赛应以当地就近为主，普通小学校际体育竞赛一般不出区、县，普通中学校际体育竞赛一般不出地、市。

二、在开展群众性体育活动的基础上，各学校每年均应组织以“体育教学大纲”和“国家体育锻炼标准”中所设项目为主的全校性运动会。

三、全国大学生运动会每4年举行一次，全国中学生运动会每3年举行一次。如遇特殊情况可提前或延期举行。运动会所设项目于举行前2年公布。

四、全国大学生各单项体育竞赛一般每2年举行一次（少数重点项目可每年举行一次）。应选择现阶段在大学中较为普及的项

目，如：田径、篮球、排球、足球、游泳、乒乓球、棋类等。列入全国大学生运动会的项目，运动会举行的当年不再安排该项目的单项比赛。

各单项体育竞赛均由中国大学生体育协会下属各单项协会主办。各单项协会的年度竞赛计划，必须在举办前一年的10月底以前报中国大学生体育协会批准，并报国家教委备案。

五、全国中学生单项体育竞赛一般安排在该项世界中学生比赛的前一年举行。由国家教委委托中国中学生体育协会或省、自治区、直辖市教育行政部门主办。竞赛计划则根据世界中学生体联的竞赛计划每2年公布一次。没有列为世界中学生体育竞赛的项目，一般不再安排全国性的单项比赛。

六、未经中国大、中学生体育协会批准和未在国家教委备案的任何单位和群众组织，不得擅自组织全国性的学生体育竞赛。跨省、自治区、直辖市的邀请赛、对抗赛、友谊赛等，均需由发起单位上报主办单位领导批准，报中国大学生体育协会或中国中学生体育协会备案。此类体育竞赛均不得冠以“全国”的名称。

七、全国学生体育竞赛要保证质量，控制参加人数，并优先考虑从进行课余训练的试点学校中选派运动员和运动队。

八、学生体育竞赛要树立良好的赛风，切实加强参赛队和运动员的思想政治教育、文化课补习和严格管理。所有参加学生体育竞赛的运动员，必须是符合国家教委颁布的招生有关规定和学籍管理条例规定的在校学生。凡入学前曾是体工队运动员的，不参加普通高校组的比赛。体育专业学生或体育专业毕业生攻读双学位或第二学士学位的只限于参加全国大学生运动会体育院(系)组的各项比赛。对于违反纪律、弄虚作假者要严肃处理。

九、全国学生体育竞赛地点的选定，实行计划安排与协商相结合的办法。在确保完成竞赛任务的前提下，尽可能安排在有条件的学校中举行。

十、全国大、中学生运动会及单项体育竞赛一般安排在寒、暑假期间进行。如遇特殊情况需要在假期以外时间举行的，必须由主办单位报经国家教委批准后方可举行。

十一、全国大、中学生运动会，由主办单位按规定提出所需经费预算，由国家财政核拨。中国大学生体育协会各单项协会及地方大、中学生体育协会主办的单项体育竞赛，原则上国家不负担经费，分别由主办、承办及参赛单位共同负担，并可积极争取社会集资赞助。

十二、本规定适用于普通大、中学校。中等专业学校和职业学校的体育竞赛一般在省、自治区、直辖市范围内进行，或由主管部(委)及其行业体协组织安排。

十三、本规定自发布之日起施行。以前关于普通大、中、小学生参加体育竞赛的规定同时废止。

□普通高等学校、中等专业学校招生计划管理暂行办法

(1990年11月25日国家教育委员会、国家计划委员会发布)

为加强普通高等学校、中等专业学校招生计划的宏观管理，提高计划编制的科学性和执行计划的严肃性，保证普通高、中等专业教育事业稳定、持续、协调发展，现就普通高等学校、中等专业学校招生计划管理工作的有关问题提出如下暂行办法。

一、招生计划的范围和内容

普通高等学校系指经国家正式批准注册

并以高中毕业学生为主要培养对象的全日制大学、学院、高等专科学校和高等职业学校(短期职业大学)。本办法中的招生计划，系指上述学校举办的全日制本、专科学历教育的招生计划，主要包括国家任务、委托培养、自费生三种招生计划形式及其他根据特殊需要确定的临时招生计划形式，如干部专修科、教师本专科等。

普通中等专业学校系指经国家正式批准注册，以应届初级中学毕业生为主要培养对象的全日制中等专业学校，其招生计划系指全日制中等专业学历教育的招生计划。

二、招生计划编制的依据

(1)编制普通高等学校、中等专业学校的招生计划的基本依据是国民经济、社会发展对高、中等专门人才的需求，国家、社会可能提供的办学条件，以及学校自身的状况。

制定的招生计划，必须具有相应的教学、生活条件保障，包括教育经费、基本建设投资、师资力量、教学及生活用房、教学仪器设备等，以确保教育质量。

(2)编制普通高等学校、中等专业学校招生计划，要坚持经济效益、社会效益原则。根据社会需求情况的变化，及时增加短线专业招生，压缩长线专业招生，专业点的布局应适当集中，努力实现学校的规模效益，促进高、中等教育层次、科类、专业结构的合理化。

(3)编制普通高等学校招生计划，应适当考虑当年应届高中毕业生的人数及增减情况，在可能条件下做到当年应届高中毕业生的升学率与上一年度的水平相当。

三、招生计划编制的程序

(1)每年第三季度，根据国务院的统一部署，国家计划委员会、国家教育委员会联合下发关于编报年度普通高等学校、中等专业学校招生计划的通知，就全国普通高等学校、中等专业学校招生总规模、有关方针政策以及编报招生计划的具体要求进行部署。

(2)根据国家计划委员会、国家教育委员会关于编报年度招生计划通知的精神及具体要求，各部门、各地区应及时研究提出本地区、本部门普通高等学校、中等专业学校招生计划(草案)，按规定时间和要求分别报送国家计划委员会和国家教育委员会。省、自治区、直辖市、计划单列市的招生计划(草案)，要由计划部门和教育部门联衔上报。

(3)中央各部门所属学校分学校、分专业招生计划报送国家教育委员会、国家计划委员会的同时，要抄送学校所在地教育行政部门。各部门、各地区在安排所属高等学校、中等专业学校分学校、分专业招生计划时，还应考虑毕业生去向，按有关规定安排好招生来源计划。计划单列市的招生计划(草案)在报送国家计划委员会和国家教育委员会的同时，要抄报所在省、自治区计划委员会和教育委员会(高教局)。

(4)国家教育委员会对各部门、各地区报送的招生计划(草案)进行综合研究，提出分部门、分地区招生计划初步方案，报送国家计划委员会。

(5)国家计划委员会对国家教育委员会报送的初步方案进行综合平衡，并结合各部门、各地区报送的招生计划(草案)提出全国普通高等学校、中等专业学校分部门、分地区招生计划(草案)，经征求国家教育委员会意见后，提交全国计划会议讨论，并经国务院审定后，由国家计划委员会下达到各地区、各部门，待全国人大审议批准后正式执行。

(6)国家教育委员会根据国家计划委员会正式下达的普通高等学校、中等专业学校招生计划和各地区、各部门报送的招生计划(草案)，编制分学校招生计划，会同国家计划委员会下达。

四、招生计划的执行

全国普通高等学校、中等专业学校招生计划下达以后，各地区、各部门、各学校都必须遵照执行。

（1）确需对招生计划进行调整时，须按下列规定履行审批手续：

全国招生总规模的增减，须由国家教委、国家计委共同研究，提出意见，报国务院批准。

省、自治区、直辖市、计划单列市或国务院部委所属普通高等学校、中等专业学校招生总规模的增减，须由有关地区、部门向国家教委、国家计委提出申请，经国家教委研究并商得国家计委同意后，由国家教委行文批准。

在不突破本地区、本部门普通高等学校、中等专业学校招生计划总规模的前提下，各省、自治区、直辖市、计划单列市及国务院各部门可以对所属普通高等学校、中等专业学校分学校、分专业的招生计划进行调整，但应及时报国家教委、国家计委备案。

对国家指令暂停招生或减少招生的学校和专业，学校主管部门不得自行调整其招生计划，其招生计划的变更，须报经国家教委审批。

（2）招生计划的调整工作，一般应在招生报名工作开始之前完成。招生报名工作开始之后，各级教育、计划部门原则上不再处理调整招生计划的申请。

（3）任何个人或单位均不得越权决定普通高等学校、中等专业学校招生计划的调整；各地区、各部门也不得跨越隶属关系向非所属院校下达招生计划；国家下达的招生计划不得擅自挪用。不得擅自在计划外举办任何形式的学历教育及学习时间在二年及二年以上的培训班、进修班，不得滥办班、滥收费、滥发学历文凭。发现这类问题，国家教育委员会、各级政府和学校的主管部门应采取坚决措施及时纠正处理，对主要责任者必须给予行政纪律处分。

（4）各级普通高等学校招生委员会负责本地区的普通高等学校招生工作。录取学生必须严格按照国家正式下达的招生计划进行。招生数字的变更必须经教育、计划部门批准。对任何超计划或无计划的招生，招生委员会应拒绝安排。

（5）正在筹建的普通高等学校不得安排招生。未经国家教育委员会批准，任何成人高等学校、大专班（教学点）及异地举办的普通高等学校分校（分院）均不得安排招生。

□教学仪器优质产品评选办法

（1990年12月10日国家教育委员会发布）

第一章　总　　则

第一条　为鼓励教学仪器生产厂不断提高产品质量，努力生产优质教学仪器产品，以满足教学的需要，结合教学仪器行业的具体情况，制定本办法。

第二条　本办法适用于国家教委归口管理并组织进行的教学仪器设备国家级优质产品（以下简称国优产品）及委级优质产品（以下简称委优产品）的评选。

第三条　教学仪器优质产品的评审工作，由国家教委优质产品评审委员会负责。

第二章　条　　件

第四条　委优产品必须具备下列条件：

（一）已经批量生产并投入使用，产品在评选时的检验测试数据和近两年的出厂检验数据的月平均值均达到或高于现行行业（部、委）标准、国家标准或国际标准的规定，质量处于国内先进水平；全行业评比获前二名。

（二）生产厂质量保证体系健全，或已开展全面质量管理，检验机构、检测手段和规章制度齐全，取得计量合格证书，具备稳定生产优质产品的条件。

（三）创优的产品近两年质量监督检验中，产品质量符合要求，已实施生产许可证的产品，应获得生产许可证书，未发生过重大质量事故。

（四）产品深受用户好评，近两年实际生产量及产值已达到国家教委制定的申请委优产品的最低限额。

第五条 国优产品在符合委优产品条件的基础上，尚须达到《国家优质产品评选条例》规定的各项条件。

第三章 评 审

第六条 优质产品主要在使用量大及用途广泛、对教学有重大影响并代表行业发展方向的教学仪器设备产品中评选。

第七条 新产品已经通过主管部门鉴定、执行行业（部、委）标准并已稳定生产两年以上的，可以参加优质产品的评选。

第八条 优质产品的评选按计划进行。各地教学仪器生产主管部门、委属高等学校和委属教学仪器厂，应在每年8月10日前将创委优规划及3年创国优规划报国家教委优质产品评审委员会。国家教委优质产品评审委员会汇总平衡后，制订出下年度的评委优、国优计划及创国优3年规划。评优计划在创优规划的基础上制订。每年主要根据评优计划组织评选。

第九条 各省、自治区、直辖市及计划单列市教学仪器主管部门根据国家教委优质产品评审委员会公布的评优计划，向国家教委优质产品评审委员会上报参加评选的生产厂名单。委属高等学校和委属教学仪器厂可直接向国家教委优质产品评审委员会报告。教委系统外的生产厂应通过其主管部门向国家教委优质产品评审委员会报告。

未列入计划的省、市优质产品或在国际市场上享有一定声誉的产品，地方主管部门也可向国家教委优质产品评审委员会推荐。各地、各部委上报或推荐的参加委优、国优评选的生产厂名单及产品简介应于2月底以前寄达国家教委优质产品评审委员会。国家教委优质产品评审委员会将根据评优条件，确定参加评优的生产厂并通知有关生产厂及其主管部门。

第十条 评优过程中产品质量的检测工作，由评委会确定的检测单位承担。检测单位要提出检测结果及检测数据汇总表、总体水平分析及需要改进的意见。检测结果由国家教委优质产品评审委员会通知有关生产厂及其主管部门。受检单位要按规定支付抽样、检测费用。

第十一条 申请委优产品的生产厂应在检测结果公布后填写委优产品申请表一式三份、产品简介表一式三十份，由各省、自治区、直辖市及计划单列市教学仪器主管部门审核同意后，于8月10日前报国家教委优质产品评审委员会；委属高等学校和委属教学仪器厂可直接报国家教委优质产品评审委员会。已荣获委优、省优，申请国优产品的生产厂，应按有关规定填写国家优质产品奖申请表一式六份、国家优质产品简介表一式四十份及计算机登记表一式五份，于6月25日前报国家教委优质产品评审委员会。

第十二条 委优产品由国家教委优质产品评审委员会审定。

申请国优的产品，由国家教委优质产品评审委员会按有关规定评比、审查，然后将本届评比检测结果及检测数据汇总表、总体水平分析及需要改进的意见，连同评比总结报告、国家优质产品奖申请表、产品简介表和计算机登记表等资料报送国家质量奖审定委员会；国务院其他主管部门生产的教学仪器产品申报国家优质产品，也可由其主管部门在征得国家教委优质产品评审委员会评审同意后，报送国家质量奖审定委员会。

第四章 奖 励

第十三条 对荣获国家质量奖的产品，依照《国家优质产品评选条例》的规定，由国家质量奖审定委员会颁发国优产品奖证书和标有“优”字标志的奖牌；国家教委发给一次性奖金。委优产品，由国家教委颁发委优产品证书，并发给一次性奖金。

第十四条 获得委优、国优产品称号的生产单位，按照国家规定享受有关优惠待遇。

第五章 管 理

第十五条 委优产品的最长有效期为5年。满5年后未进行重评或未重新确认的产品，其称号自然失效，并不得沿用委优产品称号。

第十六条 委优产品称号在最长有效期内，按国家教委优质产品评审委员会制订的评优计划到下一届同种委优产品评选时终止。上届委优产品若未参加重评或在重评时未被评选上，则失去该产品的委优产品称号。

第十七条 国优产品奖证书和奖牌的有效期由国家质量奖审定委员会确定。国优产品奖证书和奖牌的有效期满后，未经复查确认或重新评选未获奖，不得沿用国优产品奖的称号。

第十八条 荣获国优或委优的产品，生产厂可在该产品或产品说明书、产品检验合格证、包装容器等上面，分别标明国优奖章的荣誉标记或“优”字标志。

第十九条 对获优质产品奖的产品，其上级主管部门应定期或不定期地到获奖单位检查、监督产品质量，并将检查情况抄报国家教委优质产品评审委员会。如果发现质量下降，应责令生产厂立即停止使用优质标志，并及时向国家教委优质产品评审委员会提出报告，经采取措施达到原有质量后，才能恢复使用优质标志。

第六章 处 罚

第二十条 评委会、评审组和产品评比工作组成员应保持廉洁公正，不准以权谋私。违者，由国家教委视情节轻重给予通报批评、提前解聘，直至建议其所在单位或主管部门给予行政处分。

第二十一条 对评审产品的抽样时间、测试情况等，在正式公布之前不得向外泄露。违者，由国家教委视情节轻重给予批评、提前解聘或撤销检验资格。

第二十二条 申请委优、国优产品的生产厂，必须如实上报有关资料。如有弄虚作假，骗取优质产品称号的，由国家教委责令停止使用优质产品称号，并给予通报批评，直至建议给主要责任人员以行政处分。

第二十三条 逾期使用优质产品称号或标志的，由国家教委责令其停止使用优质产品称号或标志，并给予通报批评、罚款，直至建议给主要责任人员以行政处分。

第二十四条 对评审结果有异议的，评委会应查明情况，进行复审，并提出处理意见报国家教委裁决。

第七章 附 则

第二十五条 本办法由国家教育委员会负责解释。

第二十六条 本办法自发布之日起施行。1987年6月30日国家教育委员会发布的《国家教委教学仪器优质产品评选试行办法》同时废止。

□国家教育委员会海外考试考务管理规则

（1990年12月10日国家教育委员会发布）

第一章 总 则

第一条 为完善海外考试的管理，根据在我国境内举办海外考试的实际情况，制定本规则。

第二条 本规则所称的海外考试，是指外国或国外组织在中国举办的各种专门考试，以及港澳地区的组织或个人资助的项目在内地举办的各种专门考试。

第三条 在我国境内举办海外考试，由国家教育委员会归口管理。

国家教育委员会授权中国国外考试协调处(CIECB)（以下简称协调处）即国家教育委员会考试管理中心承办海外考试的考务管理工作。

第四条 协调处可根据需要在各地设立地区海外考试中心(以下简称考试中心)，承办协调处组织进行的各种考试。有关院校应当加强对考试中心的领导并给予支持，确保本规则的贯彻与实施。

第五条 协调处和各考试中心均为非盈利的考试机构。所收费用用于考务及有关的开支。

第二章 考试中心

第六条 考试中心对协调处组织的各类考试负责。严格按照各类考试的要求组织考试。

第七条 考试中心负责考试资料的分装、接送和保管。工作人员必须认真负责，严守纪律，保守秘密。考试后的资料须全部按要求如数交回协调处，不得使用、外借、翻印复制和出售(包括使用过和未使用过，公开的和不公开的)。

第八条 考试中心不得举办与考试有关的培训班，不得向任何培训班提供报名和资料等方面的便利条件。

第九条 考试中心必须严格按照国家规定收取考试费，不得以任何名义增收费用。在报名结束后，应及时与协调处办理财务结算。

第十条 考试中心应负责对考场事故、考生违规、作弊等行为进行处理，并如实汇报。

第十一条 若发生试题失密事件，考试中心和有关人员须立即采取有效措施，严防扩散并及时上报。

第三章 考务人员

第十二条 各考试中心由主任、主考和联络员各一人组成，副主考、监考员、电教员和室外工作人员由考试中心临时聘任。工作人员要相对稳定，以保证有一支熟悉考务工作的队伍。

第十三条 考试中心主任和联络员是考试中心的常设人员，由各中心所在院校挑选责任心强，作风正派，有一定的行政、组织工作能力的人员担任，联络员应有一定的英语水平。以上人员需上报协调处备案。

第十四条 主考由各中心所在院校推荐具有英语副教授以上职称，责任心强，作风正派的人员担任。如主考不在，可聘请一名副主考代理，并上报协调处备案。

第十五条 副主考(每考场一名)由各中心挑选责任心强，有一定组织能力和考务经验的英语讲师以上职称人员担任。

第十六条 监考员(每25名考生配一名)由各中心聘请英语教员担任。在监考人员不足时，亦可聘请其他责任心强、懂英语的校内工作人员担任。

第十七条 电教员根据考试需要配备，由中心挑选责任心强、业务能力强的专业人员担任。

第十八条 主任的职责为：

1. 考务组织与管理工作；

2. 考试的准备工作(包括考场设置、人员调配等)以及考试的善后工作；

3. 监督执行考试的各种规章制度。

第十九条 联络员的职责为：

1. 负责各项考试的报名工作，考试资料的收发，与协调处的业务联系；

2. 协助主考作好考试资料的安全保密工作；

3. 协助主考处理在考试中发生的问题；

4. 收发考生成绩报告单。

第二十条 主考的职责为：

1. 按主考手册考试程序全面负责实施中心的各类考试；

2. 负责对考生的考前填表培训和对副主考、监考人员进行考务培训；

3. 核对并检查中心收到的考试资料，确保试卷以及其它有关资料不得泄密；

4. 巡视考场并随时掌握考试进展情况，严格按照主考手册规定，处理考试中发生的意外情况；

5. 认真填写主考报告，如实反映考试情况。在主考缺席的情况下，由代理主考执行主考的一切职责。

第二十一条 副主考的职责为：

1. 严格按照主考手册的规定程序主持各自考场的考试。确保考试资料的安全；

2. 按考试要求布置、检查考场，保证设备良好运转。指导考场其他工作人员进行工作；

3. 防止、阻止和处理考场上发生的各种违规舞弊行为。如实填写考场记录。

第二十二条 监考员协助副主考做好考场的准备工作；检查考生证件，准确分发与收回考试资料；检查和指导考生按要求填写试卷和答题纸；执行考试程序，维持考场秩序。

第二十三条 电教员负责做好考前考场的照明、线路，设备的检查、维修工作；协助副主考调试好音量、音质；保证听力资料的安全，防止转录和复制录音资料。

第四章 报　名

第二十四条 考生须持有效证件（身份证和工作证或学生证）和单位人事部门的介绍信，按照规定的手续报名。

第二十五条 考生在填写报名表时，须仔细阅读考生手册（Bulletin of Information)，按其要求，由本人用铅笔填写。

第二十六条 考生领取报名表后，不得以任何形式转让他人，如发现领表人与交表人姓名不符，将取消其报名资格。

第二十七条 对考生进行报名资格审查并核验收取的考试费后，方可发给准考证。准考证需贴考生近期小二寸照片并加盖考试中心公章方为有效。

第五章 考　试

第二十八条 考场必须宽敞、整洁、明亮和安静，备有时钟；墙上不得有与考试有关的文字和符号；每个考生座位之间的距离约为1.5米，座位上应标明座位号；考场门上应有明显的考场号及准考证号，校内应有明显的路标；使用听音设备考试的考场应配有良好的设备(包括录放机、线路和耳机)。

第二十九条 核验花名册与本人准考证和居民身份证相符的考生方可进入考场。入场验证时，查考生证件有无公章、钢印，有无涂改、伪造痕迹以及准考证上考试日期、考点及考场等项目是否按规定填写。核对考生准考证、身份证件上的姓名和照片是否与本人相符。

第三十条 有效身份证件指有本人照片加盖单位公章(或钢印)的工作证、学生证、中华人民共和国居民身份证、护照、军人身份证或由单位人事部门出具并附有本人加盖公章的照片的证明。证件不合格者一律不得入场考试。

第三十一条 证件不全者一律等证件合格者入场后再做处理。在填好“证件不符通知单”后可让考生入场考试，并通知考生在考后两天内，前往考试中心验证。逾期者或证件不合格者，一律取消成绩。

第三十二条 在考卷启封开始答题后迟到考生不得入场。

第三十三条 考生入场完毕，副主考负责清点人数（花名册上出席人数应和考场内考生人数相符），发出考试开始指令，严格按照主考手册规定的考试程序进行。

第三十四条 TOEFL 考试中，副主考在调试音量时不可放至试题部分，音量应适中、清晰。听力考试一旦开始，监考人员应暂停巡场，并密切注视耳机线路有无故障。

第三十五条 考试期间尤其是填写答卷过程中，副主考、监考员应认真核对答卷上涂写的姓名、准考证号。

第三十六条 检查考生有无提前拆开试题、跨区做题（GRE 的专业考试除外）、交头接耳、抄袭他人答案、替考和扰乱考场秩序等违规、作弊现象，严格按照主考手册规定处理上述事件，并填写“违规报告”。

第三十七条 在副主考发出停止考试的指令后，考生应立即放下铅笔，停止答卷。监考员逐一收回全部考试资料。考试资料清点无误后，副主考宣布考生退场。

第三十八条 主考和联络员清点考试资料后，将答卷、“主考报告”、“违规报告”、资料清单、考生花名册（TOEFL 考试还应有准考证带照片的一联）等资料于考后最迟隔日用“特快专递”密封寄回协调处，其它考试资料可稍迟寄出。

第三十九条 各考试中心应把考生成绩报告单作为机密件妥善保管，并负责将其成绩报告单分发给考生本人。

第四十条 考试中心应把未收到成绩报告单的考生姓名、准考证号及时报告协调处，由协调处负责与有关考试机构进行交涉。

第四十一条 已用过或未用过的试题及其它保密资料由协调处负责销毁。

第六章 处　罚

第四十二条 如考试中心违反第七条、第八条或第九条规定，由协调处责令其停止违章活动，其非法所得按国家有关规定处理。

第四十三条 考试中心因工作失误而造成严重的考场事故、集体作弊、集体违章和重大失密事件，经调查核实，由协调处通报批评，并酌情给予警告、暂停考试和取消考点的处分。隐瞒不报者，加重处分。

第四十四条 根据第三十六条规定，考生一般违章，由考试中心给予口头警告；严重违章和作弊者，取消其成绩，写出书面检查，并通报其单位人事部门，同时填入“考生违规报告单”。

第四十五条 考务人员违反本规则，由考试中心批评教育，情节严重的由协调处撤消其考务人员工作资格。

第四十六条 考试中心、考务人员及考生对处罚不服的，认为其人身权、财产权受到侵害的，可向作出处罚的上一级行政主管机关提出申诉。对复议决定不服的，可依法提起诉讼。

第七章 附　则

第四十七条 各考试中心可根据本规则制定考务管理具体制度，并需报协调处备案。

第四十八条 本规则由协调处负责解释。

第四十九条 本规则自发布之日起施行。

基础教育部分

□现行普通高中教学计划的调整意见

（1990年3月8日国家教育委员会发布）

为了解决当前普通高中存在文理偏科，学生知识结构比例不尽合理，学生课业负担过重，不利于全面提高学生素质的问题；为了更好地贯彻教育方针，在使学生全面打好基础的前提下，注意发展他们的兴趣和特长，增强他们适应社会生活和生产的能力，决定在新的高中教学计划尚未制定前，对现行高中教学计划进行适当调整，现提出以下几点意见。

一、调整后的时间安排

全年52周，其中教学时间40周（高一、高二年级每学年上课34周，复习考试2周，劳动技术教育4周；高三年级上课24周，复习考试12周，劳动技术教育4周），假期（包括寒暑假期、节假日和农忙假）10—11周，机动时间1—2周。

每周活动总量为36—38课时。

高三年级结束新课时间不得早于3月底。

二、调整后的课程设置

1.调整后的课程结构由学科课程和活动两部分组成。学科课程采取必修课和选修课两种形式。活动包括课外活动和社会实践活动。

2.必修课程开设政治、语文、数学、外语、物理、化学、生物、历史、地理、体育和劳动技术共11科。选修课分两类，一种是单课性选修，在高一、高二年级开设；另一种是分科性选修，分文科、理科、外语、艺术、体育、职业技术六类课程，在高中三年级开设。

3.政治、语文、数学、体育、劳动技术五科在高中三个年级均为必修课。外语、物理、化学、生物、历史、地理等科在高一、高二年级为必修课。与现行教学计划相比较，数学、外语、物理、化学等科必修课的课时有所减少；历史、地理和生物的必修课时略有增加。历史课的教学大纲要增加中国近现代史的内容。其它必修课的教学大纲，要依据适当调整教学内容、适当降低教学要求、适当控制深度的原则作必要的调整。调整后的教学大纲是必修课教学的依据，会考的依据，教学评估的依据和高考的依据，有些学科还要根据调整后的教学大纲重编教材。

4.时事教育是高中思想教育的重要组成部分，必须放到重要位置。时事教育每周1课时，可利用选修课或课外活动时间，分散使用或集中进行。时事教育的内容要在各地党委领导下，由地方教育行政部门根据当时形势和各地实际情况进行安排。可以举办时事讲座，也可以开办时事广播。

5.劳动技术课应该按照现行教学大纲的规定和要求开设。每学年安排4周，每天按6课时计算，可根据学校的具体条件，分散使用或集中使用。各校必须努力创造条件，落实此项教学要求。

6.人口教育是必修的内容，进行人口教育试点的学校，要把人口教育课作为必修课，总课时不得少于16课时。教学时间可在选修课的时间内安排。其他学校要利用选修课或课外活动时间，开设人口教育讲座，还要在政治、生物、地理等课内结合进行。

7.单课性的选修课在高一年级每周3课时；高二年级每周4课时。分科性选修课在高三年级开设。各类选修课的课时数可控制在以下范围内：物理4－6；化学3－5；生物2－4；历史4－6；地理4－6；外语3－5；体育2－3；职业技术4－6；艺术2－3。学校可根据情况自行安排。

除职业技术选修课的教学大纲和教材暂由各地根据本地具体情况自行制定和编写外，国家教委将制定其他各类选修课的教学大纲并编写教材。其中物理、化学、生物、历史、地理、外语等学科选修课的教学大纲都要根据这次调整的原则降低过高的要求。这些选修课的教学大纲是选修课教学的依据，也是高考命题的依据。

8.课外活动包括体育锻炼，知识讲座，科技活动，各类兴趣小组活动，校班会，时事教育等。课外活动时间不得进行补课和辅导。社会实践活动按我委（87）教中字011号文件规定进行，每学年安排两周。可以分散使用，也可以集中使用。

9.国防教育、环保教育等不单独设课，一律安排在选修课和课外活动中进行，或渗透到有关学科中结合进行。

10.计算机课的开设，要根据各地的条件决定。必须在解决物理、化学、生物等学科的实验设备并上好实验课的基础上，创造条件，开设计算机课。可以作为课外活动或者是选修课，也可以在劳动技术课中安排，有条件的地方和学校还可列入必选课或必修课。

三、调整后的普通高中教学计划

学科 \ 时数 \ 年级	高一	高二	高三	授课总时数
政治	2	2	2	184
语文	4	4	5	392
数学	5	4	5	426
外语	5	4		306
物理	3	3		204
化学	3	3		204
生物		3		102
历史	2	2		136
地理	3			102
体育	2	2	2	184
劳动技术	每学年4周	每学年4周	每学年4周	432
社会实践活动	每学年安排2周。在劳动技术课、课外活动或学科教学活动的时间内进行。			
每周必修课总课时数	29	27	14	2240
选修课	3	4	16	
课外活动	6 （体育锻炼：3 其它：3）	6 （体育锻炼：3 其它：3）	6 （体育锻炼：3 其它：3）	
每周活动总量	38	37	36	

注：学校可根据场地、器材和师资等条件安排体育课和体育锻炼活动，但二者总量不应少于5节。

关于《现行普通高中教学计划的调整意见》的几点说明

一、现行普通高中教学计划需要进行调整

现行普通高中教学计划是1981年颁发的。这个教学计划强调扎实打基础，特别要打好语文、数学、外语的基础，注意适应和发展学生的志趣、特长。在必修课的基础上安排了选修课，重视对学生进行劳动技术教育，开设了劳动技术课。几年来，这个教学计划在整顿、建立正常教学秩序，提高教学质量等方面起了较好的作用。但是在贯彻执行过程中也反映出教学计划存在一些问题。

1.现行三年制普通高中教学计划原是为重点中学制定的，因为没有制定适用一般高级中学的计划，全国只好统一使用此计划。由于我国各地师资水平和办学条件相差悬殊，学生的基础也有很大差异，因此，多数学校和学生都不能适应这个教学计划，严重影响了师生教与学的积极性。

2.课程结构比例不尽合理。从单课性选修的教学计划来看，文科和生物的课时偏少，文科内容也不够充实、完整。选修课范围较窄，在培养学生对现代社会生活和生产等方面的适应能力上重视不够。

另外，与现行教学计划相配套的措施一直不完备，没有编写与分科选修教学计划相配套的有关学科的教学大纲和教材。再加上高校招生分科考试的影响，在执行教学计划过程中缺乏督导检查，管理不够严格，因此许多学校侧重文科的班级少开或不开理科课程，侧重理科的班级少开或不开文科课程，使学生知识结构不完整，不利于全面提高学生素质。

解决这些问题，必须从端正办学指导思想，调整教学秩序，加强教学管理，改革课程设置、教学内容、考试制度和考试方法等多方面进行综合治理。在新的与九年义务教育教学计划衔接的普通高中教学计划尚未制定之前，先对现行普通高中教学计划进行适当调整，是一种必要的过渡措施。

二、调整现行普通高中教学计划的原则

普通高中教育要在义务教育的基础上进一步提高学生思想道德素质、科学文化素质、身体心理素质，并且要使学生的个性得到健康的发展，为培养社会主义建设者和接班人奠定良好的基础。因此调整普通高中教学计划应遵循以下原则：

1.加强思想政治教育，加强劳动教育和社会实践环节，适当调整文理科的比例，力求各类课程比例趋于合理，克服文理偏科现象。

2.减轻学生过重的课业负担，减少各门学科过多的内容，降低过高的教学要求和难度，以利于打好基础，大面积提高教学质量。

3.有利于因材施教，发展学生的个性、特长，在打好基础的前提下适当减少必修课的课时，适当增加文科、理科、外语、艺术、体育和职业技术方面的选修课。

4.有利于适应各地发展不平衡的现状，有利于适应师资、生源和办学条件不同的学校的需要。

5.有利于普通高中的整体改革，注意与九年义务教育教学计划和新的普通高中教学计划的衔接，推动高中会考制度的实施。

三、调整后普通高中的课程安排

1.调整后的普通高中学科课程，在必修课为主的原则下，适当增加选修课。选修课分两种：一种为单课性选修，主要安排在高一、高二年级。高一、高二年级单课性选修课的开设可根据学校的条件、学生的要求和社会的需要而定。可以另设新课程，也可以就必修课的某一门或几门开设加深加宽的选修课，还可以开设职业技术选修课，供学生自由选择。另一种是分科性选修，即在文科、理

科、外语、艺术、体育、职业技术等方面有所侧重的选修，主要安排在高三年级。

学校可根据条件选择开设若干类型的选修课。某些类型的选修课，如音乐、美术、体育等，可采取几所学校联合开设的办法。职业技术选修课各学校都要积极创造条件开设。各级教育行政部门要帮助学校解决开设职业技术选修课的困难，并可以设置一些劳动技术教育中心，作为附近学校进行职业技术教学场所，现有的职业技术培训中心也应为附近的学校开设职业技术选修课提供方便。

高三年级学生至少要从同一类型或不同类型的选修课中选修两门学科，选修课结业后，学校要对学生进行考核。

2.各省、自治区、直辖市可根据会考科目的安排，对个别学科开设的年级进行调整，但不能增加每周必修课的总课时。

3.对于师资、生源和设备条件均较好的学校，在达到调整后各门必修课教学大纲要求的前提下，经过省、自治区、直辖市教育行政部门批准后，可适当减少高一、高二年级的必修课时数，适当增加高一、高二年级单课性选修课的课时数，选修课可拓宽教学内容，进一步提高学生的能力，发展学生的智力。

4.根据各地经济、文化发展不平衡的情况，外语课在高三年级可以作为必修课，也可作为必选课或自选课。各省、自治区、直辖市可自行决定采用哪一种方式。如果采用必修课的方式，外语会考安排在高三年级进行。采用必选或自选课的方式，外语会考仍在高二年级进行。

5.各省、自治区、直辖市教育行政部门要加紧对开设职业指导课的研究，组织力量编写教材，积极创造条件，争取一二年内在本地区试行开设职业指导课，对学生进行志愿辅导和职业指导。开设年级和课时数由各地自行决定，教学时间可从选修课与课外活动的时间中安排。

四、关于考试问题

为了减轻学生过重的负担，要严格控制考试次数，加强平时考查。每门学科每年只举行一次考试（包括会考在内），非会考科目的考试一律由学校命题，考试时间由各地根据需要自行安排。除会考外，各级教育行政部门不得举行任何形式的统考。

□国家教委关于进一步加强中小学德育工作的几点意见

（1990年4月13日）

近一年多来，地方各级教育部门和广大中小学校遵循党的十三届四中、五中、六中全会精神，结合新的情况，进一步贯彻落实《中共中央关于改革和加强中小学德育工作的通知》，在向学生进行热爱祖国、热爱社会主义、热爱中国共产党的教育和日常行为习惯养成教育等方面，做了大量工作，取得了新的进展。但是，必须看到，长期存在的中小学德育工作薄弱的状况还没有从根本上得到改变。如何在今后几年内从根本上解决这个问题，是各级教育部门和广大中小学校面临的一项十分严肃和迫切的任务。为此，特提出以下意见：

一、必须进一步端正办学指导思想，切实把德育放在学校教育工作的首要地位

我国中小学校的根本任务是为培养有理想、有道德、有文化、有纪律的建设社会主义事业的接班人，全面提高民族素质，奠定良好基础。德育，即思想、政治和道德教育，对保证人才培养的正确政治方向，促进学生全面发展起着主导的决定性的作用。各级教育部门和中小学校必须深刻吸取平息1989年那场风波的经验教训，进一步端正办学指导思想，抵制资产阶级自由化思潮的干扰，摆脱片面追求升学率倾向的束缚，克服忽视德育、忽视实践的现象，切实把德育放在学校教育工作的首位。

必须看到，在我国社会主义现代化建设过程中，国际、国内的反社会主义势力，总是利用我国改革开放、集中精力进行现代化建设之机，千方百计地采取政治的、经济的、思想文化的种种手段进行渗透、蛊惑和颠覆活动。资产阶级自由化思潮的蔓延泛滥，必然会严重侵袭教育阵地，腐蚀青少年一代。这种渗透与反渗透、“和平演变”与反“和平演变”、颠覆与反颠覆的斗争必将长期存在，有时甚至是很激烈的。因此，落实德育在学校教育工作中的首要地位，坚定正确的育人方向，更具有十分重要和深远的意义。每一个教育工作者对此都必须保持清醒的认识。

落实德育在学校教育工作中的首要地位，要求中小学校必须坚持社会主义教育培养目标，保证学校的社会主义办学方向；形成由校长负责、学校党支部充分发挥政治核心作用的德育工作体制；全体教职工做到教书育人、管理育人、服务育人；德育工作的各项目标、任务、措施落实，并渗透到教学、管理和一切活动之中；重视学校教育与家庭教育和社会教育相结合，形成校内外协调一致的德育工作网络。国家教委决定：在最近几年内，每年组织教育工作督导检查时，都要根据当时的情况，把德育工作的有关问题作为重要内容，以推动各地和广大中小学校切实把上述要求落到实处。

二、要在继续加强学生的道德教育同时，切实加强思想和政治教育

要遵循青少年儿童认知水平和思想品德形成、发展的规律，通过教育，使学生具有爱国主义精神，建设社会主义的志向，遵纪守法的观念，良好的品德和文明行为习惯，并逐步树立阶级分析的观点、劳动观点、群众观点、集体主义观点以及从实际出发、一分为二等初步的辩证唯物主义和历史唯物主义观点，为逐步形成科学的人生观、世界观打下基础。在当前应注意抓好以下几个方面内容的教育：

1. 把爱国主义教育放在十分突出的重要地位。要紧密联系学生的思想实际和社会实际，把爱国主义教育同国情教育，同热爱社会主义和热爱中国共产党的教育结合起来。要使学生从小就知道什么是剥削、压迫，了解帝国主义侵略中国的历史；逐步懂得没有共产党就没有新中国，只有社会主义才能救中国，只有社会主义才能发展中国的道理，坚信中国能够坚持社会主义，中国能够发展社会主义。要教育学生树立民族自尊心、自豪感和自信心，树立鲜明的国家观念、高度的公民责任感和自力更生、艰苦奋斗、建设祖国、为国争光的献身精神。

中小学校要逐步建立和完善热爱祖国、热爱社会主义、热爱中国共产党教育的制度。所有学校都要建立升、挂国旗和每周举行升国旗仪式的制度。今年是鸦片战争150周年，各地和学校都要抓住这个时机，对中小学生进行一次深入、生动的反帝爱国教育，使学生了解近百年来帝国主义列强侵华的历史，歌颂中国人民反抗帝国主义侵略的斗争，并引导学生认识旧中国沦为半殖民地半封建社会的贫穷落后状况和新中国建设社会主义的光辉成就，警惕国外敌对势力“和平演变”的图谋。广大中小学校通过今年的工作，要进一步建立起经常向学生进行爱国主义教育的制度，形成传统的教育活动，建立固定的教育阵地，规定出学生在不同年级必读的书籍、必唱的歌曲、必看的影视片等。

2. 要坚持对学生进行集体主义教育。要用革命先烈和先进人物无私奉献的崇高品质感染学生，抵制极端个人主义思想对学生的影响，教育学生懂得集体利益、国家利益高于个人利益，学会正确处理个人与他人，个人利益与集体利益、国家利益的关系。

要坚持用共产主义理想教育学生，使学生懂得实现祖国社会主义现代化是我们近期的共同理想，将来还要实现共产主义的理想。要引导他们懂得人生的价值在于奉献，把个人理想同国家的前途命运紧密结合起来。要在中小学持续深入地开展学习雷锋、赖宁等英雄人物的活动。

3.要坚持不懈地进行日常行为规范的养成教育。各地和广大中小学校一定要按照中小学生日常行为规范对学生严格要求，严格训练。要以能否做到规范的各项要求，对学生的操行进行评定，按实际表现写出评语。今年，各地教育行政部门要对中小学贯彻学生“日常行为规范”的情况普遍进行一次检查。今后，各地要将此作为一项经常性工作，不断进行。

此外，还要研究改进“三好”学生的评选、奖励制度，纠正单纯按学科分数评定“三好”学生的作法。

三、充分发挥思想品德课和思想政治课的作用

小学思想品德课和中学思想政治课是对中小学生比较系统地进行思想品德和思想政治教育的课。要进一步改革、完善其教学内容体系，搞好教材建设。

小学必须按照教学计划开设思想品德课，每周一课时，不得挪作他用。要不断改进教学方法，提高教学质量。教学中要注意科学性，加强针对性，着重提高学生的思想道德认识和道德判断能力，培养道德情感，以指导他们的行为。

中学思想政治课向学生传授马克思主义基本理论观点的目的在于提高学生的思想政治觉悟和认识能力。教学中必须坚持理论联系实际的原则，改变把思想政治课单纯当作知识课的倾向。考试办法也必须认真进行改革，要有利于提高学生的思想政治觉悟和认识能力，坚决克服死记硬背、猜题押题等片面追求升学率的错误作法。

时事教育是中学政治教育的一个重要组成部分。高中阶段要按教学计划认真上好每周一课时的时事课。初中也应利用班、校会或课余时间在每月或每半月进行一次时事教育。

除了小学思想品德课和中学思想政治课集中对学生进行思想政治教育外，其他各科，特别是语文、历史、地理等学科都负有对学生进行思想、品德和政治教育的任务。各级教育行政部门和中小学要充分重视并切实加强对教学工作的领导和管理，采取措施落实国家教委去年11月8日印发的《关于在中小学语文、历史、地理等学科教学中加强思想政治教育与国情教育的意见》，切实使这方面的工作得到加强。

四、坚持教育与生产劳动相结合的原则，加强社会实践环节

实行教育同生产劳动相结合，是培养全面发展的社会主义新人，提高民族素质的基本途径。劳动和社会实践教育既是德育的重要内容，又是德育的重要手段。各中小学校应根据不同年级学生的特点和教育需要，参照国家教委颁发的小学劳动课和中学劳动技术课教学大纲的要求，制订学生参加劳动和社会实践的方案，确定整体和分年级的目标、内容、时间、教育方法、考核办法、指导力量等，逐步使中小学生参加劳动和社会实践活动制度化、规范化。学生参加劳动和社会实践的时间应纳入教学计划，切实予以保证。此外，还可以利用寒暑假、农忙假或节假日适当组织学生参加社会实践活动或社会公益劳动。

要妥善解决中小学生劳动和社会实践的场所问题。城乡中小学都应积极创造条件，建立校办工厂、农场、林场、饲养场和植物园、实验田等。同时,县、市、区教育部门应积极创造条件,统筹设置一些生产劳动联合体(即劳动技术教育中心等);或提请县、市、区人民政府负责组织当地厂矿企业事业单位同中小学建立固定的挂钩关系，从而形成多渠道的学生参加劳动和社会实践活动的基地。

要切实抓好劳动和社会实践活动中的思想教育环节。各学校在组织学生参加劳动和社会实践活动中，一定要周密计划、精心组织、严格要求,重视活动实效，真正使学生通过劳动和社会实践接触实际,接触工农,认识社会,了解乡情国情,增强爱家乡、爱祖国、爱社会主义的情感,和建设家乡、振兴中华的责任感,培养正确的劳动观点、劳动态度、劳动习惯。学生参加劳动和社会实践的表现，应作为操行评定的一项重要依据。

各地教育部门要因地制宜，办好一批全面落实劳动教育(或劳动技术教育)各项措施的示范性中小学，以点带面地推动这项工作的开展。

五、要进一步优化校内校外育人环境

学校的环境对学生的思想品德有着潜移默化的熏陶和影响。要积极创造条件，让师生在整洁、优美、富有教育意义的环境中学习和生活。要充分发挥校歌、校服和良好的校风、校纪对学生的激励和约束作用。要利用黑板报、壁报、橱窗、广播、图书馆(室)、劳动室、荣誉室、少先队室等多种形式和专用场所，创造良好的教育环境。学校管理在德育工作中具有特殊意义。中小学应从加强常规管理入手,建立健全各项规章制度,寓德育于学校的各项活动之中。

班集体是学生成长的重要园地。各中小学要积极开展创建优秀班集体活动。通过开展丰富多彩的班集体活动，培养学生的集体观念和对班集体的责任感、荣誉感,形成正确的集体舆论,树立良好的班风,逐步培养学生的自我管理和自我教育的能力。集体教育要与个别教育相结合，调动全班每个学生的积极性，促使其个性在集体中得到充分发展。

要在当地人民政府领导下，动员和组织全社会关心和保护中小学生的健康成长。要制订具体政策,采取切实措施,造成强大的社会舆论,树立“关心和保护青少年是每个成年公民责任”的社会观念,使社会各方面从不同角度为加强中小学德育工作提供条件。要继续认真整顿文化市场,坚决制止宣扬凶杀、色情、封建迷信的书刊和音像制品在中小学生中流传。文艺、出版、广播、电影、电视等文化部门应努力多出教育性强、格调高尚、适合青少年儿童需要的各种读物和精神文化产品。社会各种适合青少年儿童参加活动的文化设施应采取优惠办法向中小学生开放。要争取尽快实施《未成年人保护法》,通过综合治理,使青少年犯罪率逐年下降。对社会上危害中小学生身心健康的不法行为，要依照法律严加惩处。

教育行政部门和学校,要主动争取家庭、社会各方面的支持和配合,在实践中探索“三结合”教育的形式和方法。要指导家庭教育，通过家访、家长会、家庭教育咨询、家长委员会、“家长学校”等形式,了解家长对子女进行教育的情况，向家长介绍教育子女的科学知识,推广家长教育子女的成功经验,帮助家长创造良好的家庭教育环境。要积极争取乡镇、街道、工厂、部队、文化科学等单位的支持,建设一支相对稳定的、由各条战线优秀分子组成的校外辅导员队伍。要逐步建立“社区(社会)教育委员会”、“关心下一代协会”等社会组织,组织、协调社会各界支持、关心学校工作，形成全社会关心青少年健康成长的新局面。

六、必须切实加强教师的思想政治工作

中小学教师是工人阶级的一个组成部分，肩负着培养社会主义事业接班人的历史重任,必须具有坚定的工人阶级立场、高尚的道德情操、认真负责的工作态度和艰苦奋斗的工作作风。每一位教师都要以此严格要求自己，加强政治学习和思想道德修养，做到教书育人，言传身教，为人师表。要在地方各级党委和人民政府的统一领导下，加强教师的思想政治工作。在当前，尤其要注意加强坚持四项基本原则的教育、马列主义毛泽东思想基本观点教育和职业道德教育。要健全教师政治学习制度。国家教委和中宣部的有关部门将在今年共同选编供教师政治学习用的材料。学校党支部要认真组织全体教师学习，校长要积极主动配合党支部做好此项工作。

教书育人是教师的神圣职责。要把教书育人列入教师岗位责任制的职责内容，并作为评价教师工作、评聘教师职务、表彰奖励、晋级的重要依据之一。各地人民政府应有计划地对教书育人作出卓著成绩的教师和优秀班主任进行表彰奖励。

主管德育工作的中小学党支部书记、校长、教导主任、团队专职干部、思想政治（思想品德）课教师及班主任是学校德育工作的骨干力量，要认真履行各自的职责，协调一致地做好德育工作。教育行政部门要制定规划，建立培训制度，围绕加强德育工作的主要问题，通过各种渠道和形式，努力使他们在思想业务水平、知识结构、工作方法等方面适应形势发展和学生成长的需要。

德育工作，包括班主任工作是教育业务的重要组成部分。各级教育行政部门应制定必要的政策措施，鼓励教师做好德育工作。今后评聘教师职务，在其他条件基本具备的情况下，对多年从事德育工作并做出显著成绩的，应以其德育工作的表现为重要依据评聘其职务。专职从事德育工作的人员，也应以其德育工作的业绩为依据，按照中小学教师职务试行条例评聘相应的职务。

七、切实加强对中小学德育工作的领导

加强中小学德育和教师的思想政治工作，需要地方各级人民政府同党委紧密配合，根据当地实际情况，从领导体制、机构设置、人员配备、工作制度上，切实落实有关措施。地方各级教育部门必须在当地党委和人民政府领导下，将德育工作列入重要议事日程，做到有机构和人员专管，每年都有具体部署和检查，并及时总结和推广先进经验，解决学校工作中的问题和实际困难。

在中小学校，要建立起由校长负责的领导体制。各地人民政府和教育部门要把做好德育工作，作为校长岗位培训的一项内容，并将学校德育工作状况作为考核校长工作的一个重要方面。中小学党支部要发挥政治核心作用和监督、保证作用，配合校长做好学生的德育工作，认真抓好教职工的思想政治工作。同时，要加强对工会、共青团、少先队、学生会工作的指导，充分发挥它们在加强德育和做好教职工思想政治工作中的组织作用。

《小学德育纲要》和《中学德育大纲》是国家对中小学德育工作的基本要求。要继续抓好实验和修订工作，探讨提高德育工作整体效益的途径。要继续贯彻《中共中央关于改革和加强中小学德育工作的通知》以及其他有关文件，并结合本地实际情况，不断创造和总结新鲜经验。

□国家教委关于改进和加强教学研究室工作的若干意见

（1990年6月6日）

党的十一届三中全会以来，在各级教育行政部门的领导下，省（自治区、直辖市）、地（市）、县（区）各级中小学教学研究室（以下简称教研室）在恢复和稳定正常的教学秩序，执行教学计划和教学大纲，开展教学研究，总结推广教学经验，积极组织教改实验，提高教师的业务水平，以及加强中小学教材建设等方面，做了大量工作，取得了很大成绩，为提高中小学教学质量做出了积极贡献。

但是，当前有些地方的教学研究工作在指导思想和工作职能等方面还有待进一步明确，教研人员数量不足，有的经济待遇不够落实，教研经费也比较紧缺，致使教研室工作还不能适应教育事业发展和改革形势的需要。为了更好地发挥各级教研室的作用，现就改进和加强教研室工作提出如下意见，供各地参照执行。

一、教研室工作必须坚持四项基本原则，面向现代化，面向世界，面向未来，全面贯彻国家的教育方针，更好地适应中小学教育事业的发展和改革需要。为此，在工作方针上，必须注意以下三个方面：

1.必须立足于培养有理想、有道德、有文化、有纪律的社会主义事业的接班人，为全面提高未来劳动者和整个民族的素质奠定基础。

2.必须立足于大面积提高中小学教育质量。要深入基层，深入教学第一线，面向所有的学校，面向全体学生，使他们都能在各自基础上获得充分发展和不断提高。

3.必须立足于提高教师的思想政治和文化、业务素质，热情帮助教师探索、掌握教学规律，不断改进教学工作。

二、教研室是地方教育行政部门设置的承担中小学教学研究和学科教学业务管理的事业机构。其基本职责是：

1.根据中小学教学需要，研究教育思想、教学理论、课程设置、教学内容、教学方法、教学手段和学科教学评价等。

2.根据本地实际，提出执行教学计划、教学大纲和使用教材的意见，为教育行政部门决策提供依据。

3.根据地方教育行政部门的部署，组织编写乡土教材和补充教材。

4.组织多层次多形式的教学研究活动，帮助广大教师执行教学计划，钻研、掌握教学大纲和教材，不断改进教学方法，努力提高课堂教学效益。

5.总结、推广教学经验，组织教改实验，探索教学规律，推动教学改革。

6.指导和帮助教师开展学科课外活动。

7.组织对学科教学的检查和质量评估，研究考试方法的改革。

各级教研室都要改进工作作风和工作方法。要深入基层，深入教学第一线，与教师亲密合作，真诚地为基层服务，为教师服务。要加强科学试验，各级教研室均应立即建立自己的小学、初中、高中的实验点和示范点，注意培养和依靠当地各学科的教学骨干开展教研工作。要坚持从实际出发，对不同类型学校和不同水平教师具体帮助，分类指导。要坚决抵制片面追求升学率的行为，不要搞应试教学，不乱编滥印复习资料、习题集、练习册之类东西，除毕业考试外，不组织各种形式的统考。

三、省、地（市）、县（区）都要设立教学研究室。各级教研室在当地教育行政部门的领导下进行工作，并接受上级教研部门的业务指导。国家教委基础教育司在方针上对中小学教研工作进行指导。

省、地（市）、县（区）各级教研室在职责上应有明确、合理的分工，各有侧重。具体职责划分，由省、自治区、直辖市教育行政部门确定。

各级教研室的机构，可以单独建制，也可同教育科学研究所或教师进修院校联合设置。具体办法由当地教育行政部门根据实际情况自行确定。

各级教研室在实际工作中要加强与当地教育科研部门、教师进修部门、督导部门以及教育行政部门有关处、科、股的协调，做到既有明确分工，又要互相支持，密切合作，提高综合效益。

教研室的教学研究人员原则上应按中小学教学计划规定的课程门类进行配备。其编制数额，应本着精干原则，参照当地教育事业的规模，由各地教育行政部门商当地编制管理部门研究确定。教研室还可以选聘兼职教研员，组成专兼职结合的教研队伍。

四、教研员要加强学习，不断提高自身的思想政治和业务素质，努力使自己达到下列要求：

1.坚持四项基本原则，热爱教育事业，有较强的事业心和责任感，不断学习，勇于创新，注重师德，做中小学教师的表率。

2.有系统、扎实的学科基础理论和专业知识；有一定的教育科学理论素养和较丰富的教学实践经验；掌握教学工作的一般规律，能运用科学的方法开展研究；具有一定的指导教学工作的水平和组织管理工作的能力。

3.具有实事求是的思想作风和科学态度，一切从实际出发，理论联系实际，全心全意为教学第一线服务。专职教研员要定期轮流到学校上课，使教学研究与教学实践更紧密地结合起来，不断提高自身的业务能力。

五、教研室的教学研究人员可以按中小学教师职务系列评聘职务。设在教科所或教育学院的教研人员，也可根据实际情况按科研或高教职务系列评聘职务，并享受相应的职务待遇。教研室评聘高级教师职务的限额可根据教研室工作需要、队伍结构及编制的实际情况确定。

要保证教研人员有足够的时间从事本职工作，并保证他们有一定的进修学习时间。

鼓励教研人员创造性的劳动。对在教学研究工作中做出优异成绩的人员，要给予表彰、奖励。

六、各级教育行政部门要从教研室(所)承担任务的实际需要出发，保证教研室的经费。除拨给经常性经费外，还应按工作需要拨给专项业务费，以保证教研工作的正常开展。此外，还要逐步改善教研工作条件，根据实际需要配备必要的图书资料、教研设备等。

七、各级教育行政部门要提高对教研工作重要性的认识，加强对教研室工作的领导。要经常了解情况，定期听取汇报，研究解决教研工作中的实际困难和问题，提出对工作的指导意见，充分发挥教研室在教学领域内的业务指导作用。

□国家教委关于在普通高中实行毕业会考制度的意见

(1990年8月20日)

自1983年教育部印发(83)教中字011号文提出“毕业考试要和升学考试分开进行，有条件的地方可按基本教材命题，试行初、高中毕业会考”以来，一些省、直辖市进行了认真试验，积累了一定经验，取得了良好效果。实践证明，实行普通高中毕业会考制度，对于全面贯彻教育方针，落实高中教学计划，加强教学管理，克服文理偏科现象，全面提高教学质量具有重要作用。因此，国家教委决定，从1990年起，用两年左右时间有计划地在全国逐步实行普通高中毕业会考制度。现对有关问题提出如下意见：

一、普通高中毕业会考的目的

实行普通高中毕业会考是为了全面贯彻教育方针，加强教学管理，推动教学改革，大面积提高教学质量，给中学教学以正确的导向。

二、普通高中毕业会考的性质和功能

普通高中毕业会考是国家承认的省级普通高中文化课毕业水平考试。它是检查、评价普通高中教学质量的一种手段，也是考核普通高中学生文化课学习是否达到必修课教学大纲规定的基本要求的重要手段。是与高校招生选拔考试具有不同性质的考试。

凡思想品德表现（包括社会实践）合格，会考成绩达到学籍管理中毕业生文化课成绩合格标准，体育达到合格标准的学生，可以取得普通高中毕业证书。

普通高中毕业证书由省、自治区、直辖市教育委员会、教育厅（局）印制，地（市）级教育行政部门验印，学校颁发。

三、普通高中毕业会考的范围、命题标准和成绩评定

1.会考采取考试和考查两种方式。考试科目为：语文、数学、外语、政治、物理、化学、生物、历史、地理。考查项目为：劳动技术课和物理、化学、生物的实验操作。体育课由各校按教学大纲规定的内容进行考试。

2.省、自治区、直辖市教委、教育厅（局）要根据会考学科中必修课教学大纲的基本要求，结合本地区中学教学的实际情况，制定会考范围和标准，作为会考命题的依据。会考试题要力求难易适度，份量适中，使按照教学要求坚持正常学习的学生，一般都能达到会考要求的标准。

3.考试和考查一律在本学科教学全部结束后进行，学完一门考一门。各科进行考试和考查的时间安排，由各省、自治区、直辖市教委、教育厅（局）根据国家教委印发的《现行普通高中教学计划调整意见》确定。

4.会考成绩记分办法。考试科目原始得分用百分制，报告学生成绩可用原始得分或等级分，逐步过渡到统一用等级分。考查项目的成绩只分合格、不合格两等。

四、普通高中毕业会考的实施办法

1.考试科目由省、自治区、直辖市统一命题（包括制订参考答案和评分标准），统一施考，统一评卷，统一统计、分析和报告成绩。确有困难的省、自治区、直辖市评卷工作可放在地（市）一级进行，省、自治区、直辖市教委、教育厅（局）要组织力量进行监测抽查。

2.考查项目由市、县根据统一的会考标准命题，并组织实施。

3.进行综合改革试点的学校和经过评估考察被授予向高校直接保送新生权利的学校，经县（市）以上教育行政部门认可，报省、自治区、直辖市教委、教育厅（局）批准，可以不参加会考。这些学校的高中毕业考试由学校自行命题，组织实施。但试题要送省级会考机构审验，其成绩予以承认。

4.各省、自治区、直辖市的会考成绩具有同等效力。学生跨省、自治区、直辖市转学时，由本省、自治区、直辖市会考成绩管理部门出具成绩证明，接受转学生的省、自治区、直辖市应当给予承认。

补考办法由各省、自治区、直辖市制定。

五、机构

各省、自治区、直辖市教委、教育厅（局）要建立有权威的考试专门机构，配备必要的编制，负责会考的组织、实施和管理等各项工作。

在考试专门机构尚未建立之前，要在省、自治区、直辖市教育行政部门领导下，由普（中）教处牵头，教研室、高校招生考试部门密切配合，分工合作，协调工作。

六、经费

要保证进行会考工作所需的正常经费和必要的设备。可向考生收取考试费。收费标准由各地教育、物价、财政部门根据当地经济发展水平和群众承受能力商定，并报省、自治区、直辖市人民政府批准，不足部分由省、自治区、直辖市从地方教育经费中解决。

七、几点要求

1.在普通高中实行毕业会考制度是基础教育的一项重要改革，各省、自治区、直辖市教委、教育厅（局）必须高度重视这项工作。要有一位领导同志专门负责，并做好各方面的协调工作。要及时总结经验，研究出现的新情况、新问题，并及时采取措施，以保证这项改革工作的健康发展。

为了加强对会考工作的领导，更好地对各地实行会考制度进行指导，国家教委基础教育司负责制定并解释普通高中毕业会考制度的政策，确定会考的科目，指导各省制定普通高中毕业会考的实施方案和会考标准，监督和评价各省、自治区、直辖市实行普通高中毕业会考制度的工作。

国家教委考试管理中心负责对各省、自治区、直辖市普通高中毕业会考的命题、阅卷、成绩评定等进行技术指导，培训会考命题、考务干部，监督会考的考务管理工作，比较并分析考试结果，向委领导及基础教育司等有关部门提供评价会考质量的信息，协调和指导普通高中会考题库的建设工作。

2.各省、自治区、直辖市教育行政部门对实行会考制度态度要积极，步骤要稳妥。要根据本文规定，结合本地实际，制定具体的实施方案，经过论证报当地政府批准后实行，并报国家教委备案。

3.鉴于普通高中毕业会考工作涉及到千家万户，各地要做好对学生、家长和社会的宣传工作，要提高中学校长和教师对会考的认识，正确对待会考，防止出现不良倾向。

4.各省、自治区、直辖市教委、教育厅（局）应加强对会考的管理，建立科学的教学管理制度，督促学校严格执行教学计划，禁止为应付会考而组织各种形式的模拟考试，编写各种复习资料、练习册等。

请各地在建立普通高中毕业会考制度的过程中，将取得的经验和发现的问题，及时上报国家教委。

□国家教委关于施行《中华人民共和国国旗法》严格中小学升降国旗制度的通知

（1990年8月24日）

根据七届人大常委会第十四次会议通过的《中华人民共和国国旗法》（后简称《国旗法》）中关于“全日制学校，除寒假、暑假和星期日外，应当每日升挂国旗”，“全日制中学小学，除假期外，每周举行一次升旗仪式”的规定，为了严格中小学（含各类中等职业技术学校，下同）升降国旗制度，使学生通过升降国旗这一具有教育意义的仪式受到深刻的爱国主义教育，特提出以下意见：

一、各地中小学在升降国旗时，除要严格按《国旗法》中有关条款的规定执行外，结合中小学的具体情况，应做到：

（一）升旗仪式在每周星期一早晨举行（寒暑假除外，遇有恶劣天气可不举行）。

重大节日或纪念日应举行升旗仪式。

（二）举行升旗仪式时，在校的全体师生参加，整齐列队，面向国旗，肃立致敬。

（三）升旗仪式程序是：

1.出旗（旗手持旗，持旗方式可因地制宜。护旗在旗手两侧，齐步走向旗杆，在场的全体师生立正站立）；

2.升旗（奏国歌，全体师生行注目礼，少先队员行队礼）；

3.唱国歌；

4.国旗下讲话（由校长或其他教师、劳动模范、先进人物等作简短而有教育意义的讲话）。

（四）每日傍晚静校前，由旗手和护旗按《国旗法》第十六条规定降旗。

（五）每日升降旗（不举行仪式）时，凡经过现场的师生员工都应面对国旗，自觉肃立，待国旗升降完毕时，方可自由行动。

（六）旗手、护旗要由各班推选代表轮流担任，并经过严格训练后方可执行升降旗任务。

各地教育行政部门可遵照《国旗法》及本通知中的有关规定，针对不同地区的情况和条件，对城乡各类中小学的升降国旗制度提出切实可行、具体明确的要求。

二、各地中小学在今年秋季开学初，应结合建国41周年纪念日，采取多种形式，开展宣传《国旗法》、学习《国旗法》的活动，使广大师生充分认识到制定和执行《国旗法》的重要意义，集中对学生进行一次生动具体的爱国主义教育。

三、各中小学要配合《国旗法》的宣传和施行升降国旗制度，通过校级、班级和少先队、共青团组织，开展丰富多彩的教育活动，深入进行爱国主义和革命传统教育。同时，要不断总结经验，使此项制度的执行持之以恒，取得良好教育效果。

四、施行升降国旗制度，是学校德育工作不可缺少的一项内容。今后，要把这项制度的实施情况列为政府部门督导、检查、评估学校教育的内容之一。各地教育行政部门要加强对各中小学施行《国旗法》情况的检查和指导，发挥升降国旗制度应有的教育作用。

高等教育部分

□普通高等学校学生管理规定

（1990年1月20日国家教育委员会发布）

第一章 总 则

第一条 为了维护高等学校正常的教学工作和生活秩序，保障学生身心健康，促进学生德、智、体诸方面发展，特制定本规定。

第二条 高等学校的学生应当有坚定正确的政治方向，热爱社会主义祖国，拥护中国共产党的领导，努力学习马克思主义，积极参加社会实践，走与工农相结合的道路；应当具有为国家富强和人民富裕而艰苦奋斗的献身精神；应当遵守宪法、法规、校规校纪，有良好的道德品质和文明风尚；应当勤奋学习，努力掌握现代科学文化知识。

第三条 高等学校的主要任务是为社会主义建设培养合格人才。要不断提高教育、教学质量，从严治校，优化办学环境，保证培养目标的实现。健全管理制度应同加强思想教育相结合，对学生以正面引导为主，警惕并抵制国外敌对势力的思想政治渗透和国内资产阶级自由化思潮的侵袭，做好教育和管理工作。

第四条 本规定所称学生管理，是指对学生入学到毕业在校阶段的管理，是对高等学校学生学习、生活、行为的规范。

第二章 学籍管理

第一节 入学与注册

第五条 普通高等学校按照招生规定录取的新生，持录取通知书和学校规定的有关证件，按期到校办理入学手续。因故不能按期入学者，应写信并附原单位或所在街道、乡镇证明，向学校请假。假期一般不得超过两周。未经请假或请假逾期报到的，以旷课论，超过两周不报到者，取消入学资格。

第六条 新生入学后，学校应在三个月内按照招生规定进行复查。经过注册后复查合格，即取得学籍。复查不符合招生条件者，由学校区别情况，予以处理，直至取消入学资格。凡属徇私舞弊者，一经查实，取消学籍，予以退回。情节恶劣的，须请有关部门查究。

第七条 新生进行体检复查患有疾病者，经医疗单位证明，短期治疗可达到健康标准的，本人申请，由学校批准，可准许保留入学资格一年，并应回家医疗。保留入学资格的学生，必须在下学年开学前向学校申请入学，经县级以上医院证明，学校复查合格，方可重新办理入学手续。复查不合格或逾期不办理入学手续者，取消入学资格。

第八条 每学期开学时，学生必须按时到校办理入学手续。因故不能如期注册者，必须履行请假手续，否则以旷课论。未经请假逾期两周不注册的，按自动退学处理。

第二节 成绩考核与记载办法

第九条 学生必须参加教学计划规定的课程考核，考核成绩载入成绩记分册，并归入本人档案。

第十条 考核分为考试和考查两种。成绩的评定，采用百分制或五级制（优秀、良好、中等、及格、不及格）记分。

实行学分制的学校，学生按照教学计划

规定学完某门课程，成绩及格，即获得该门课程的学分。

第十一条　公共体育课为必修课，不及格者应重修。体育课的成绩要以考勤与课内教学和课外锻炼活动进行综合评定。

第十二条　凡擅自缺考和考试作弊者，该课程成绩以零分计，不准正常补考，如确实有悔改表现的，经教务部门批准，在毕业前可给一次补考机会。考试作弊的，应予以纪律处分。

第十三条　学生要按时参加教学计划规定和学校统一安排、组织的一切活动。学生上课、实习、军训等都应实行考勤。不能参加者应事先经过批准。对旷课的学生，根据旷课时数及情节，给予批评教育，直至纪律处分。无故旷课累计超过某门课程教学时数三分之一者，不得参加本课程的考核，并视其具体情况决定是否给以补考机会。

第十四条　对学生思想品德的考核、鉴定要以《高等学校学生行为准则》为主要依据，采取个人小结，师生民主评议的形式，写出有关实际表现的评语。对犯有政治思想、道德品质和其它错误的学生，按照有关处分规定处理。

第三节　升级与留、降级

第十五条　学生学完本学年教学计划规定的课程，经考核成绩及格，准予升级。

第十六条　学业成绩特别优秀的学生，如本人申请跳级，进行考核后，经学校批准，允许跳级。

第十七条　学生考核不及格的课程，按学校的规定补考。一学期或连续两学期累计有三门课程或两门主要课程不及格者，应予留、降级。一年级学生第一学期不及格课程达到留、降级规定时，可跟班试读，准予第一学年结束时再补考一次。补考后视全学年成绩决定升级或留级。

公共体育课不及格，不计入留、降级课程门数。

第十八条　实行学分制的学校，学生所修课程未达到规定学分数的，可编入下一年级。

第十九条　本科学生在校学习期间留、降级不得连续两次，累计不得超过两次；专科学生在校学习期间只能留、降级一次。

第四节　转系（专业）与转学

第二十条　学生有下列情况之一者，可允许转系（专业）、转学：

（一）学生确有专长，转系（专业）、转学更能发挥其专长者；

（二）学生入学后发现某种疾病或生理缺陷，经学校指定的医疗单位检查证明，不能在原系（专业）学习，但尚能在本校或其他高等学校别的系（专业）学习者；

（三）经学校认可，学生确有某种特殊困难，不转系（专业）或不转学则无法继续学习者。

根据毕业生分配制度的改革和社会对人才需求情况的发展变化，必要时学校可以适当调整部分学生的专业、系。

第二十一条　学生转系（专业）、转学均由本人向所在系申请。转系（专业）、转学的手续，按下列办法办理：

（一）学生在本校范围内转系（专业），由系主任提出，所在系（专业）推荐，拟转入系（专业）审核同意，由学校教务部门审批；

（二）转入其它学校者，经两校同意，还须由学校所在省（自治区、直辖市）主管高教部门批准（跨省者须两地主管高教部门批准）。并由转入省（自治区、直辖市）抄送转入校所在地区公安、粮油部门。

学生转系（专业）、转学的手续，应在每学年开学前办理。

第二十二条　有下列情况之一者，不予

考虑转系(专业)、转学:

(一)新生入学未满一学期者;

(二)由一般院校转入重点院校者;

(三)由专科转入本科者;

(四)本科三年级(含三年级)以上或专科二年级(含二年级)以上者;

(五)师范院校(学校认为不宜学师范者除外)转入其他院校者;

(六)自费转为公费者;

(七)无正当理由者。

第五节 休学、停学与复学

第二十三条 学生有下列情况之一者,应予休学:

(一)因病经指定医院诊断,须停课治疗、休养占一学期总学时三分之一以上者;

(二)根据考勤,一学期请假、缺课超过该学期总学时三分之一者;

(三)因某种特殊原因,本人申请或学校认为必须休学者。

第二十四条 学生休学一般以一年为期(因病经学校批准,可连续休学两年),累计不得超过两年。

第二十五条 休学学生的有关问题,按照下列规定办理:

(一)休学学生,原来享受专业奖学金、定向奖学金的按最低等级发放;特殊专业的伙食补助停发。实行贷学金的院校,休学生不享受贷学金。

(二)因病休学的学生,应回家疗养。病休期间享受公费医疗一年,连续病休第二年停止公费医疗,医疗费用自理。享受公费医疗期间,应在当地公立医院就诊,凭医院正式单据向学校报销。

(三)学生休学回家,往返路费自理。

(四)休学学生的户口不迁出学校。

第二十六条 学生因特殊困难等原因须中途停学,但又不符合休学条件,经本人申请,学校批准,可保留学籍一年。保留学籍期满不办理复学手续者,取消学籍。保留学籍的学生不享受在校生和休学生待遇。

第二十七条 学生复学按下列规定办理:

(一)因伤病休学的学生,申请复学时必须由县级以上医院诊断,证明恢复健康,并经学校复查合格,方可复学。

(二)学生休学期满,应于学期开学前持有关证件,向学校申请复学。

(三)休学期间,如有严重违法乱纪行为者,应取消复学资格。

第二十八条 学生在保留入学资格、保留学籍、休学期间,不得报考其他学校。

第六节 退　学

第二十九条 学生有下列情形之一者,应予退学:

(一)一学期或连同以前各学期考试成绩不及格课程有三门主要课程或四门(含四门)以上课程不及格者;

(二)实行学分制的学校,不及格课程学分达到退学规定学分数者;

(三)连续留、降级或留、降级累计超过两次者;

(四)不论何种原因,在校学习时间超过其学制两年者;

(五)休学期满不办理复学手续者;

(六)复学经复查不合格不准复学者;

(七)经学校动员,因病该休学而不休学,且在一学年内缺课超过该学年总学时三分之一者;

(八)经过指定医院确诊,患有精神病、癫痫等疾病者;

(九)意外伤残不能再坚持学习者;

(十)本人申请退学,经说服教育无效者。

按本条规定处理的学生,对学生不是一种处分。

第三十条　在校学习期间擅自结婚而未办理退学手续的学生，作退学处理。

第三十一条　退学学生，由学校审批。

第三十二条　学生退学的善后问题，按下列规定办理：

（一）退学和因各种原因处理离校的学生，回家长或抚养人所在地落户。入学前是在职职工的，参加工作后的工龄与入学前的工龄合并计算。

（二）经诊断为精神病等不符合体检标准之疾病（包括意外致残）者，由家长或抚养人负责领回。

（三）退学学生发给退学证明，并根据学习年限发给肄业证书（至少学满一年）。未经学校批准，擅自离校的学生不发给肄业证书和退学证明。

第三十三条　取消学籍或退学的学生，均不得申请复学。

第七节　毕　　业

第三十四条　学生毕业时作全面鉴定，其内容包括德、智、体三方面。包括政治态度、思想意识、道德品质以及学习、劳动和健康状况等方面。

第三十五条　具有学籍的学生，德、体合格，学完或提前学完教学计划规定的全部课程，考核及格或修满规定的学分，准予毕业，发给毕业证书。本科生按照《中华人民共和国学位条例》规定的条件授予学士学位。

第三十六条　公共体育课不及格者，不准毕业，作结业处理，发给结业证书。

第三十七条　毕业时不及格的课程未达到留级规定或未修满学分者，作结业处理，发给结业证书。结业后按学校的规定补考，及格后换发毕业证书。

第三十八条　无学籍学生不得发给任何形式的毕业证书。

第三章　课外活动

第一节　学生社团

第三十九条　学生社团是本校学生自愿组织的群众性团体。在校学生可以申请加入。

学生成立社团，必须提出社团宗旨、章程、活动内容、形式和负责人的书面申请，报学校批准。

第四十条　学校鼓励和提倡学生社团开展科技、文化、艺术、体育等活动。

第四十一条　学生社团必须服从学校的领导和管理。学生社团在宪法、法律和校纪校规范围内活动，不得从事与本社团宗旨无关的活动。

第四十二条　学生社团邀请校外人员到学校进行社会政治和学术活动，均须经学校同意。

第四十三条　学生社团和个人创办面向校内的刊物，须经学校批准，并接受学校管理。

学生建立跨学校、跨地区的团体和举办面向校外的刊物，须经政府主管部门批准。

学校禁止非法组织活动和出版非法刊物。

第二节　文娱体育

第四十四条　学校提倡和支持学生开展有益于身心健康的文娱体育活动。

学生文娱体育活动不得影响正常的教学秩序和生活秩序。邀请校外文艺团体到校演出，须经学校批准。

第四十五条　学校引导学生养成高尚、健康的审美情趣，树立正确的审美观念，提高识别美丑的能力。严禁传播、复制、观看、贩卖反动、淫秽书刊和声像制品。

第四十六条　学校规定学生参加适当的体育锻炼，鼓励学生参加体育竞赛活动。

第三节 勤工俭学

第四十七条 学校提倡和支持学生开展勤工俭学活动，依法保护学生及诚实劳动和服务获得的收入。

学生勤工俭学活动的主要内容是，与专业学习相结合的科学技术和文化服务；有利于培养劳动观点和自立精神的劳务服务。依照学校和工商行政管理规定，学生可以参加学校组织的各种勤工俭学活动。

第四十八条 学生应树立劳动观念，虚心向工、农、兵学习。学校提倡学生积极参加公益劳动、生产劳动和假期社会实践活动。

第四十九条 除商业和旅游类校(院)系科(专业)可举办实习商店外，学生个人不得从事经商活动。

第四节 社会活动

第五十条 鼓励学生对学校工作提出批评和建议，支持学生参加学校民主管理。学生对国家政务和社会事务的意见和建议，学校应负责向上级组织和有关部门反映。

第五十一条 学生对有关切身利益的问题，应通过正常渠道积极向学校和当地政府反映。

第五十二条 学生举行游行、示威活动，按法律程序的规定进行。

学校有权依法劝阻或制止未经批准的游行、示威等活动。

第五十三条 校园内禁止张贴大、小字报。

第五十四条 任何组织和个人均不得在学校进行宗教活动。

第四章 校园秩序

第五十五条 学生必须遵守校园管理制度，爱护校园公共设施，维护校园正常秩序；讲究文明礼貌，公共卫生；团结同学，关心集体，热爱劳动；创造整洁、优美、安静、安全的学习和生活环境。

第五十六条 出入校门遵守学校门卫制度，主动接受门卫管理。

第五十七条 禁止酗酒、赌博、打架斗殴、聚众喧哗，树立良好的社会道德风尚。

第五十八条 图书馆、阅览室、教室、试验室、宿舍等是学生学习、生活的场所，其设备，是国家财产，学生有责任爱惜和保护，损坏应予赔偿。

第五十九条 学校要健全学生宿舍管理制度，指定职能部门负责管理。学生须遵守宿舍管理制度。

未经学校同意，学生宿舍不得留宿外人，注意人身、财产安全。

第六十条 尊敬师长，尊重教职工人员的劳动，服从管理。

第五章 奖励与处分

第六十一条 对德智体诸方面发展或在思想品德、学业成绩、锻炼身体、课外活动等某一方面表现突出的学生，可分别授予“三好学生”称号或其他单项荣誉称号。

实行精神鼓励和物质奖励相结合、以精神鼓励为主的办法。表扬和奖励的方式有：口头表扬、通报表扬、发给奖状、证书、奖章、奖品或奖学金等。

第六十二条 对犯有错误的学生，学校可视其情节轻重给以批评教育或纪律处分。处分分下列六种：(1)警告；(2)严重警告；(3)记过；(4)留校察看；(5)勒令退学；(6)开除学籍。

留校察看以一年为期。受留校察看处分的学生，一年内有显著进步表现的，可解除留校察看；经教育不改的可勒令退学或开除学籍。

第六十三条 有下列情形之一的学生，学校可酌情给予勒令退学或开除学籍的处分：

（一）有反对四项基本原则的反动言论和行为者；组织和煽动闹事、扰乱社会秩序、破坏安定团结、侮辱和诽谤他人而坚持不改者；

（二）触犯国家刑律，构成刑事犯罪者；

（三）破坏公共财产，偷窃国家、集体、私人财物造成严重损失或危害者；

（四）有偷窃行为而又屡教不改者；酗酒、赌博、打架斗殴、情节严重者；品行极为恶劣，道德败坏者；

（五）违反学校纪律，情节严重者；

（六）一学期旷课超过五十学时（旷课一天，按实际授课时间计）者。

上述学生，经教育后认识错误较好，并有真诚悔改或立功表现者，可酌情减为留校察看的处分。

第六十四条　对犯错误的学生，要热情帮助，严格要求。处理时要持慎重态度，坚持调查研究，实事求是，善于将思想认识问题同政治立场问题相区别，处分要适当。处理结论要同本人见面，允许本人申辩、申诉和保留不同意见。对本人的申诉，学校有责任进行复查。

第六十五条　对学生作出勒令退学、开除学籍的处分，由学校审批，报省、自治区、直辖市主管高教部门备案。其中因政治问题而作出勒令退学、开除学籍处分的，须报经省、自治区、直辖市党委有关部门同意，由省、自治区、直辖市主管高教部门审批。

勒令退学、开除学籍的学生，其善后问题按照退学学生的有关规定处理。

第六十六条　对学生的鉴定、奖励、处分材料，均归入本人档案，不得撤消。

第六十七条　勒令退学的学生只发给学历证明；开除学籍的不发给学历证明。

第六章　附　　则

第六十八条　各省、自治区、直辖市教育行政部门和各高等学校可根据本规定制定实施细则。

第六十九条　本规定由国家教育委员会解释。

第七十条　本规定自1990年1月20日起施行。

□关于高等院校物资工作若干问题的规定

（1990年3月28日国家教育委员会发布）

第一条　为了适应高等教育事业的发展和深化改革，加强高等院校的物资工作（含仪器、设备、器材、材料的供应和管理，下同），特制定本规定。

第二条　要加强物资工作的归口管理，理顺管理体制。所有产权属于学校的物资，不论来自何种渠道或使用何种经费，都要按学校制度统一管理，都要在一个学校批准的正式建制的单位入帐。

第三条　国家教育委员会由条件装备司归口管理物资工作。省市教育行政部门也要明确机构归口主管物资工作。

第四条　各高等院校应由一位副校长主管物资工作，并设物资工作的归口管理机构协助校长工作。规模较大的学校可以设立专项物资（如生产、基建）的二级管理机构。

第五条　物资工作归口管理机构的职责是：

（1）贯彻执行国家有关物资工作的方针、政策和法令，结合实际拟订实施细则；

（2）代表学校或部门管理教学、科研、生产、基建、行政、后勤等单位及校办经济实体的物资工作，组建好物资工作系统，加强队伍建设；

（3）国家管理物资的计划编审、对上申

报、对内分配和使用情况的核查；指导和管理市场采购；

（4）制订完善物资工作的管理制度和措施，建立和健全物资帐册，制订物资统计报表，提高物资利用效益。

第六条 要努力改善物资供应工作，重视和充分发挥各级物资机构在物资供应中的主渠道作用。各物资机构应做到保障供应、优质、优价、优良服务。

一切采购活动应遵守国家政策法令。物资采购中实行计划采购为主，市场采购为辅的原则，努力争取计划内平价物资供应和发挥集团采购（批量采购）优势，保证紧缺物资的供应，减少经费开支。使用单位通过市场自购急用零星物资，一律要到学校指定单位验收，才能报销、入帐和领发使用。只有具有法人代表资格者可以签订采购合同。

第七条 要在认真研究学校历年需求情况的基础上，建立常备物资库。既要防止积压，及时调整贮备品种，又要提高物资工作的适应能力。出库价格可随着物价上涨，适当调高，差价结余必须用于物资贮备，不得用于奖酬金。鼓励各地区高等学校之间开展库存服务协作，可适当收取管理费。削价处理呆滞物资须经主管校长批准。

第八条 要加强校、系两级对重大设备布局的统筹，避免低使用效率的重复购置。

重点实验室建设及重大建设项目的关键设备的购置须经论证，论证工作必须吸收实验室及校物资主管部门的专业人员参加，并经由该部门联合签署后采购，复核后报销。

第九条 改善在用物资的管理，按照原教育部、财政部（84）教供字020号文件印发的《高等学校仪器设备管理办法》和《高等学校材料、低值品、易耗品管理办法》的规定，做好在用物资的管理工作。

第十条 私人不得占用或变相占用公物。已经发生的要限期清理收回；已经使用陈旧或损坏的要折价赔偿。禁止将免税进口的教学科研用品转让其它部门或私人，凡有发生的，一律按偷漏关税处理。

因工作失职造成物资严重损失的，应追究当事人及有关领导人的责任。

第十一条 凡利用学校仪器设备和设施开展社会服务或兴办企业，必须以不妨碍正常教学、科研和生活秩序为原则，并应向学校上交设备折旧费和各种消耗费，补偿相关费用。

第十二条 要提高设备器材的利用效益。通用的大型仪器设备原则上要向全校开放使用，有的要按中心实验室建制，由学校或系领导协调，拟订办法实行共用；一般实验室按面向的范围不同，在系一级或教研组（或研究室）一级建制，仪器设备器材在系或教研组统一协调下使用。凡是将实验室分得过小，建制过多，分散了人力、物力，降低了利用效益的，要进行实验室建制的整顿。

第十三条 建立仪器设备保管、维修和标定的责任制。不能正常运行或测试结果不可靠的仪器设备，原则上不能进入实验课。凡使用未标定仪器设备做出的研究报告，不得作为正式论文发表。

第十四条 定期检查物资工作，及时处理发现的问题，不断完善管理措施和制度。

第十五条 要加强勤俭节约和廉洁奉公的教育，在各项工作中发扬艰苦奋斗的精神。物资工作的各个环节，包括投资政策、采购、保管和使用，都要少花钱，办好事。要认真总结和推广物资工作的先进经验，表彰先进典型。对各种不良作风要进行批评教育。健全财会制度，加强财会核算、审计和监察工作。对各种谋私行为、违纪行为、浪费行为和重大失误，要认真查清，严肃按法纪处理。

第十六条 学校和省、市教育行政部门要加强对物资工作的领导，要重视物资工作。每年排上议事日程，认真研究，并抓好宏观协调和各项工作的落实。抓好物资工作队伍的建设，要组建一支结构合理的物资工作的专业人员队伍，要采取措施，保持队伍的稳定，大力提高政治业务素质，做到一专多能，以适应管理工作的需要。健全各项管理制度，要加强检查督促，采取措施加强管理。

第十七条 本规定自发布之日起施行。过去发布的文件中，凡与本规定不符的，以本规定为准。

□国家教委关于高等学校治理整顿中几个政策性问题的通知

（1990年4月21日）

目前，各地区、各部门正在进行高等学校布局结构的调整工作，并对办学条件达不到国务院《普通高等学校设置暂行条例》规定标准的学校进行充实整顿。这些工作涉及到一些政策性问题，解决不好，将影响治理整顿、深化改革工作的顺利进行。为此，现将有关意见通知如下：

一、关于设置高等学校的审批问题

治理整顿期间，国家严格控制普通高等学校数量的增长。全国普通高等学校数量不再增加，国家教委原则上不再审批增设新的高等学校。对高等学校从低层次向高层次升格，原则上也不再批准，鼓励各学校、各专业在所在层次上办出特色和水平。对少数地区和部门为调整学校的布局结构、提高办学效益、解决急需人才培养等特殊问题，确实需新建个别高等学校的，应按下列原则，从严掌握：

1．以一个省或部门为单位，现有高等学校的校数只能减少，不能增加。

2．申请设置新的普通高等学校，即使确实需要且具备办学条件，也必须采取措施，先撤消不合格的学校或调整、合并布局不合理、需求相对较小、效益不高的学校，以保证设置新校之后，所属普通高等学校的校数只能减少，不再增加。

3．设置个别新的高等学校的审批工作，宜在治理整顿取得一定成效之后进行。今明两年原则上不审批设置新的普通高等学校。

4．要进一步完善院校审批程序。国家教委要建立普通高等学校审批委员会，组织专家论证，并提出审批建议，然后再由行政部门履行审批手续。

审批设置新的成人高等学校问题，也按此原则办理。

二、关于高等学校的联合问题

高等学校的联合（合并）有利于集中人、财、物力，有利于合理调整学校的布局和结构，有利于提高教育质量和办学效益，也有利于促进院校充实整顿工作的顺利进行。国家支持并鼓励地方和部门为达到上述目的而进行的高等学校的联合工作。

1．主要为一个地区服务的普通高等学校与成人高等学校进行实质性联合之后，应保留一个校名，一般不采取“一所学校、几块牌子”的办法。实行一所学校多种功能，仍可按规定举办成人学历教育，并执行成人教育的有关方针、政策和规定。

2．不同科类的普通高等学校联合后，只要其承担的任务不变，其原来享受的各项优惠政策也不改变。例如，师专同其它高等学校联合，只要其培养师资的职能不变，原来享受的提前招生、师范补助专款等各项优惠政策，仍可继续执行。其它科类院校，如农、林、医、财经、政法等，也照此精神办理。

三、关于学校名称问题

高等学校名称的规范化，是治理整顿的一项内容。拟先从专科层次的普通高等学校入手，按《普通高等学校设置暂行条例》的规定，将不规范的学校名称逐步调整过来。对少部分由港澳人士和华侨捐资建设起来的学校，为调动捐资办学的积极性，有利于学校的建设和发展，可以适当通融。

望各地区、各部门根据本通知精神，认真做好高等学校的治理整顿工作，为我国高等教育的稳定、协调、健康发展打好基础。

□普通高等学校招收自费生暂行规定

（1990年7月9日国家教育委员会、人事部、国家计划委员会、公安部、商业部发布）

第一章　总　　则

第一条　为了加强和改善普通高等学校招收自费生工作的管理，特制定本规定。

第二条　自费生是指普通高等学校按招生规定录取并由本人缴纳培养费、学杂费，毕业后可以由学校推荐就业，也可以自谋职业的学生。

第二章　招生计划

第三条　普通高等学校招收自费生，要根据国家及地方的实际用人需要安排招生专业和招生计划。

第四条　普通高等学校招收自费生计划是国家招生计划的一部分。国家在核定的各地区、各部分招生总额中确定招收自费生的比例，由高等学校按照国家编制年度招生计划的要求单独编列，报送主管部门汇总平衡，纳入年度招生计划和生源计划，经批准后执行。各部门、地区、高等学校可以根据具体情况少招或不招，但未经国家教委、国家计委批准均不得在国家核定的招生总额之外擅自增加自费生招生数。地方院校不得跨地区招收自费生。

第三章　招生管理

第五条　普通高等学校招收的自费生，必须参加全国普通高等学校统一招生考试。

第六条　普通高等学校招收自费生，必须坚持面向社会公开招生的原则，使具有自费能力，统考成绩达到一定标准的考生获得平等竞争的机会，以利于社会安定；必须坚持择优录取的原则，以适应培养要求，为社会主义建设输送合格人才。

第七条　自费生报名工作由各地普通高等学校招生办公室统一组织。

各部门、高等学校须在当年4月30日前将招收自费生的专业、人数、收费数额报有关省、自治区、直辖市普通高等学校招生办公室，由招生办公室汇集后向社会公布。未向社会公布的学校和专业不得招生。

第八条　自费生录取工作一般在同批或同一学校国家任务、委托培养招生之后进行。

省、自治区、直辖市普通高等学校招生委员会根据统考成绩和招生计划确定自费生控制分数线。但自费生控制线最低不得低于同批国家任务录取控制分数线20分。高等学校在规定的控制分数线以上录取的学生不足招生计划数时，应减少招生计划数。

第九条　高等学校录取自费生体制和方法由省、自治区、直辖市招生办公室根据具体情况确定。

实行“学校负责、招办监督”录取体制的学校，必须在录取工作开始前向省、自治区、直辖市提出调档比例。调档比例确定后，任何个人不得随意变更。高等学校按照国家有关规定录取新生，并负责处理遗留问题；省、自治区、直辖市招生办公室为学校录取新生提供必要的服务，按照有关法规实行监督。

没有条件实行“学校负责、招办监督”录取体制的，由省、自治区、直辖市普通高等学校招生办公室根据考生志愿和统考成绩，按学校招生计划数的一定比例向学校提供档案，由学校根据考生德、智、体情况择优录取。

第十条 自费生录取名单报省、自治区、直辖市普通高等学校招生办公室审批，并报省、自治区、直辖市政府人事部门备案。

第十一条 自费生政治思想品德考核、身体健康状况检查，按国家有关规定执行。

第四章 在校管理

第十二条 自费生在校期间按《普通高等学校学生管理规定》管理。

第十三条 自费生可以参加优秀学生奖学金的评定。

第五章 就 业

第十四条 毕业自费生是国家按计划培养的专门人才。各级毕业生调配部门应遵照尊重知识，尊重人才的方针，采取措施为自费生就业创造条件。

第十五条 自费生毕业后根据国家需要在多种所有制范围内就业。主管毕业生调配部门要积极引导和鼓励毕业自费生到基层、边远与艰苦地区、集体所有制单位及乡镇企业等国家最需要用人的地方去工作。全民所有制单位录取毕业自费生要在当年国家下达的增人计划内进行。毕业生调配部门必须根据由用人单位出具、经主管部门批准的同意接收证明函开具国家统一制发的《普通高等学校毕业自费生报到证》。毕业自费生凭《普通高等学校毕业自费生报到证》报到，其待遇依据国家有关规定确定。

第六章 户口、粮食关系迁移

第十六条 普通高等学校按规定招收的自费生，是非农业户口和市镇粮食定量供应的，凭高等学校发出的自费生入学通知书将户口迁移到学校所在地的公安部门；凭自费生入学通知书和公安部门的落户证明到学校所在地的粮食部门落粮食供应关系，按大学生口粮定量标准核定供应数量供应粮油。是农业户口的，不迁户口和粮食供应关系，办理城镇暂住户口，口粮、食油自理。为便于学生在校用餐，粮食部门在不超过大学生口粮定量内给予兑换粮票或自费生将口粮交售给粮食部门，由粮食部门办理粮食异地供应，具体办法由省、自治区、直辖市规定。农业户口自费生跨省就学的，不办理粮食异地供应。

第十七条 非农业户口和市镇粮食定量供应的自费生毕业后，被用人单位录用或自谋职业的，均可办理户口、粮食供应转移。毕业生在三个月之内未被用人单位录用或无就业场所的，高等学校将其户口、粮食关系转到原常住户口所在地。农业户口的自费生被用人单位录用后（不包括乡镇企业和私营企业），在国务院下达的“农转非”人口计划内，凭学校所在地省级主管毕业生调配部门开具的《普通高等学校毕业自费生报到证》、户口迁移证到录用单位所在地公安部门落非农业户口；凭《普通高等学校毕业自费生报到证》、公安部门的落户证明和粮食供应转移关系办理粮食定量供应手续。

未被录用的毕业自费生档案转到入学前所在省级政府人事部门的人才交流服务机构统一保管。

第七章 收 费

第十八条 自费生在校期间须向学校缴纳培养费与学杂费。收费标准，原则上不高于国家任务招生培养同类学生所需的实际经常费用，也不要低于国家任务招生培养同类学生所需实际经常费用的80%，有条件的省、自治区、直辖市可以适当减少学生缴费金额，但减收金额部分，应由地方政府补偿高等学校。自费生在校住宿，须按规定标准向学校缴纳住宿费。自费生医疗费由本人自理。

经商国家物价局、财政部同意，具体收费标准由各省、自治区、直辖市教育部门商物价、财政部门按上述原则制订。中央部门所属院校按学校所在地区的规定执行。

第十九条 普通高等学校收取的培养费与学杂费等应由学校统一安排使用，用于自费生在校学习期间的各项费用开支。普通高等学校不得因招收自费生而降低国家规定的教学和学生生活设施标准。

第二十条 普通高等学校招收自费生，应向省、自治区、直辖市招生办公室缴纳招生经费。

第八章 纪 律

第二十一条 省、自治区、直辖市普通高等学校招生办公室、各普通高等学校，应加强对招收自费生工作的管理，严格执行有关招生工作的规章，杜绝各种舞弊行为。对违反普通高等学校招生管理规定的单位和个人，按《普通高等学校招生管理处罚暂行规定》予以处罚。

第九章 附 则

第二十二条 本规定由国家教育委员会负责解释。

第二十三条 本规定自发布之日起施行。

□高等学校校园秩序管理若干规定

（1990年9月18日国家教育委员会发布）

第一条 为了优化育人环境，加强高等学校校园管理，维护教学、科研、生活秩序和安定团结的局面，建立有利于培养社会主义现代化建设专门人才的校园秩序，制定本规定。

第二条 本规定所称的高等学校（以下简称“学校”）是指全日制普通高等学校和成人高等学校。

本规定所称的师生员工是指学校的教师（包括外籍教师）、学生（包括外国在华留学生）、教育教学辅助人员、管理人员和工勤人员。

第三条 学校的师生员工以及其他到学校活动的人员都应当遵守本规定，维护宪法确立的根本制度和国家利益，维护学校的教学、科研秩序和生活秩序。

学校应当加强校园管理，采取措施，及时有效地预防和制止校园内的违反法律、法规、校规的活动。

第四条 学校应当尊重和维护师生员工的人身权利、政治权利、教育和受教育的权利以及法律规定的其他权利，不依照法律，不得限制、剥夺师生员工的权利。

第五条 进入学校的人员，必须持有本校的学生证、工作证、听课证或者学校颁发的其他进入学校的证章、证件。

未持有前款规定的证章、证件的国内人员进入学校，应当向门卫登记后进入学校。

第六条 国内新闻记者进入学校采访，必须持有记者证和采访介绍信，在通知学校有关机构后，方可进入学校采访。

外国新闻记者和港澳台新闻记者进入学校采访，必须持有学校所在省、自治区、直辖市人民政府外事机关或港澳台办的介绍信和记者证，并在进校采访前与学校外事机构联系，经许可后方可进入学校采访。

第七条 外国人、港澳台人员进入学校进行公务、业务活动，应当经过省、自治区、直辖市或者国务院有关部门同意并告知学校后，或按学术交流计划经学校主管领导研究同意后，方可进入学校。

自行要求进入学校的外国人、港澳台人员，应当在学校外事机构或港澳台办批准后，方可进入学校。

接受师生员工个人邀请进入学校探亲访友的外国人、港澳台人员，应当履行门卫登记手续后进入学校。

第八条 依照本规定第五条、第六条、第七条的规定进入学校的人员，应当遵守法律、法规、规章和学校的制度，不得从事与其身份不符的活动，不得危害校园治安。

对违反本规定第五条、第六条、第七条和本条前款规定的人员，师生员工有权向学校保卫机构报告，学校保卫机构可以要求其说明情况或者责令其离开学校。

第九条 学生一般不得在学生宿舍留宿校外人员，遇有特殊情况留宿校外人员，应当报请学校有关机构许可，并且进行留宿登记，留宿人离校应注销登记。不得在学生宿舍内留宿异性。

违反前款规定的，学校保卫机构可以责令留宿人离开学生宿舍。

第十条 告示、通知、启事、广告等，应当张贴在学校指定或者许可的地点。散发宣传品、印刷品应当经过学校有关机构同意。

对于张贴、散发反对我国宪法确立的根本制度、损害国家利益或者侮辱诽谤他人的公开张贴物、宣传品和印刷品的当事者，由司法机关依法追究其法律责任。

第十一条 在校园设置临时或者永久建筑物以及安装音响、广播、电视设施，设置者、安装者应当报请学校有关机构审批，未经批准不得擅自设置、安装。

师生员工或者有关团体、组织使用学校的广播、电视设施，必须报请学校有关机构批准，禁止任何组织或者个人擅自使用学校广播、电视设施。

在校内举行文化娱乐活动，不得干扰学校的教学、科研和生活秩序。

违反第一款、第二款、第三款规定的，学校有关机构可以劝其停止设置、安装或者停止活动，已经设置、安装的，学校有关机构可以拆除，或者责令设置者、安装者拆除。

第十二条 在校内举行集会、讲演等公共活动，组织者必须在72小时前向学校有关机构提出申请，申请中应当说明活动的目的、人数、时间、地点和负责人的姓名。学校有关机构应当至迟在举行时间的4小时前将许可或者不许可的决定通知组织者。逾期未通知的，视为许可。

集会、讲演等应符合我国的教育方针和相应的法规、规章，不得反对我国宪法确立的根本制度，不得干扰学校的教学、科研和生活秩序，不得损害国家财产和其他公民的权利。

第十三条 在校内组织讲座、报告等室内活动，组织者应当在72小时前向学校有关机构提出申请，申请中应当说明活动的内容、报告人和负责人的姓名。学校有关机构应当至迟在举行时间的4小时前将许可或者不许可的决定通知组织者。逾期未通知的，视为许可。

讲座、报告等不得反对我国宪法确立的根本制度，不得违反我国的教育方针，不得宣传封建迷信，不得进行宗教活动，不得干扰学校的教学、科研和生活秩序。

第十四条 师生员工应当严格按照学校的安排进行教学、科研、生活和其他活动，任何人都不得破坏学校的教学、科研和生活秩序，不得阻止他人根据学校的安排进行教学、科研、生活和其他活动。

禁止师生员工赌博、酗酒、打架斗殴以及其它干扰学校的教学、科研和生活秩序的行为。

第十五条 师生员工组织社会团体，应当按照《社会团体登记管理条例》的规定办理。成立校内非社会团体的组织，应当在成立前由其组织者报请学校有关机构批准，未经批准不得成立和开展活动。

校内非社会团体的组织和校内报刊必须遵守法律、法规、规章，贯彻我国的教育方针和遵守学校的制度，接受学校的管理，不得进行超出其宗旨的活动。

第十六条 违反本规定第十二条、第十三条、第十四条和第十五条的规定的，学校有关机构可以责令其组织者以及其他当事人立即停止活动。

违反本规定第十二条第二款的规定，损害国家财产的，学校有关机构可以责令其赔偿损失。

第十七条 禁止无照人员在校园内经商。设在校园内的商业网点必须在指定地点经营。

违反前款规定的，学校有关机构可以责令其停止经商活动或者离开校园。

第十八条 对违反本规定，经过劝告、制止仍不改正的师生员工，学校可视情节给予行政处分或者纪律处分；属于违反治安管理行为的，由公安机关依法处理；情节严重构成犯罪的，由司法机关处理。

师生员工对学校的处分不服的，可以向有关教育行政部门提出申诉，教育行政部门应当在接到申诉的30日内作出处理决定。

对违反本规定，经劝告、制止仍不改正的校外人员，由公安、司法机关根据情节依法处理。

第十九条 各高等学校可以根据本规定制定具体管理制度。

第二十条 本规定自发布之日起施行。

□关于深化改革高等理科教育的意见

（1990年10月11日国家教育委员会发布）

高等理科教育，是以数学和自然科学的基础性学科为主要内容的专门教育。高等理科教育，不仅担负着培养、输送基础性研究人才的重任，而且还要为高技术的研究与开发，工、农、医等应用科学技术的研究与开发，乃至哲学和部分人文、社会科学的研究，培养、输送更多的理科人才。在教育战线内部，高等理科教育是其它各科高等教育的重要基础，还对提高全民族的文化科学水平和文明程度担负着重要的使命。因此，高等理科教育是国家科学、教育发展水平的重要标志，也是经济发展和技术进步，乃至哲学、社会科学进步的重要因素，具有重要的战略地位。为了更好地适应我国社会主义建设的实际需要，迎接21世纪新技术革命和国际竞争的挑战，必须加强和深化改革高等理科教育，全面提高教育质量。

（一）高等理科教育深化改革的目标是：用5年左右的时间，为到本世纪末初步建立起适应我国社会主义建设需要和面向21世纪的、规模适宜、布局合理、结构优化、加强基础、重视应用、水平较高的具有中国特色的社会主义高等理科教育体系打下基础。

（二）在高等理科教育深化改革的工作中，必须坚持社会主义办学方向，认真贯彻执行教育为社会主义建设服务、与生产劳动相结合、德智体全面发展的方针，始终把坚定正确的政治方向放在首位，把培养社会主义建设者和接班人作为根本任务。要加强和改进马克思主义理论教育和思想政治工作，深入开展对资产阶级自由化思潮的批判，并积极引导学生走与工农、实际相结合的道路，了解国情，认真解决好政治方向和为谁服务的问题。还要切实、生动、有效地结合理科教育的特点，对学生进行辩证唯物主义与历史唯物主义世界观和方法论、爱国主义与集体主义、科学道德与献身精神的教育，把教书育人真正落到实处。

（三）面向科学、教育事业，加强基础性科学研究和教学人才的培养，是高等理科教育的基本任务，发展趋势是少而精、高层次。拟从全国重点综合大学和少数全国重点理工科大学中，选择一批数学、物理学、化学、生物学、地质学、地理学等基础学科专业点，从本科入手，重点加强研究生教育，逐步将这些专业点建设成为国家基础科学研究人才的培养基地。为确保这些专业点的生源和教育质量，国家将制定相应政策和培养方案，把坚定正确的政治方向放在首位，强化基础（理论基础和科学实验）训练，保证学生德智体全面发展。多数学校也要在本科阶段根据学生的志趣、特长和学校实际条件，选择少量德智体全面发展的优秀学生，实行因材施教，为研究生阶段输送高质量的本科毕业生。这样做，是为保障国家长远利益的需要而采取的一项战略措施。

（四）扩大高等理科教育的服务面向，把多数理科毕业生培养成为适应实际应用部门需要的、具有良好科学素养的应用性人才，促进理科人才流向厂矿企业和其它应用部门，是今后一个时期高等理科教育改革的重点。要深入进行教育、教学改革，"扬长补短"，在保持理科人才基础扎实、有良好科学素养的前提下，从思想上、心理上、知识能力结构上加强应用意识、应用方法和技能方面的教育与训练，使多数理科毕业生到经济、生产、技术等实际应用部门后，既有较快的适应性，又有长远发展的潜力。

（五）适当控制高等理科教育的总体规模，使之与我国社会主义建设实际需要相适应。控制的重点是数学、物理学、化学、生物学（以下简称数、理、化、生）四大学科（含应用数、理、化）的专业布点和招生规模。今后5年内，不再增设综合大学，一般不再增设理科专业。各校要根据自身的办学条件和毕业生的分配情况，制定本校数、理、化、生四大学科（专业）的调整意见和5年内的招生数量，报学校主管部门和国家教委。必要时，国家教委将商学校主管部门进行宏观控制。经过5年左右的调整和深化改革，使我国高等理科教育走上持续、稳定、协调发展的轨道，使理科专门人才的种类和数量稳定地适应我国近期和长远发展的实际需要。

（六）高等理科本科教育的培养目标是：适应我国社会主义建设实际需要，德智体全面发展，具有良好科学素养，受到基础研究或应用研究初步训练的专门人才。业务规格大致分为两种：一种是主要从事基础性科学研究和教学工作的基础性科学研究人才，这是少量的，在本科阶段应强化基础训练，品学兼优的可以直升研究生阶段；另一种主要从事各种应用性工作的应用理科人才，这一种是多数。各类高等学校应根据这个培养目标的内涵和本校毕业生实际流向确定培养目标的侧重点和各专业的业务规格，不要办成一种模式。从宏观上说，国家教委直属综合大学兼顾培养基础性和应用性理科人才两个方面；地方综合大学以培养适合地方经济、科技、教育事业需要的应用性理科人才和教学工作者（主要是中等学校师资）为主；理工（农、医）科院校则应坚持理工（农、医）结合的方向，培养既有较好的理论基础又有一定的工程（农林、医药）训练的应用性理科人才。

（七）为了落实培养目标的要求，主动适应社会需求变化，必须重新修订全国普通高等学校理科本科基本专业目录、制订理科本科各专业的业务培养规格，进一步修订教学计划。要根据科学技术发展的新趋势和社会主义建设的实际需要，进一步拓宽专业口径，减少专业种数，加强适应性，并与工、农、医等科类统筹研究，修订出新的专业目录。要根据培养目标的不同要求和“加强基础、重视应用、分流培养”的原则，制定各专业的基本培养规格并修订相应的教学计划。要深入进行教育思想、教学内容和教学方法的改革，努力提高教学质量。

（八）加强以教师队伍建设为重点的教学基本建设。加强、改革高等理科教育，提高教育质量，关键是要有一支适应改革需要的水平较高的师资队伍。要采取切实措施加强基础课和专业基础课教学梯队的建设；要积极争取国家将更多的基础科学研究和高技术开发的重点放到高等学校，改善教师的科学研究条件；与此同时学校要积极组织、引导广大理科教师参加各类应用研究，增长新的才干，积累新的资料，充实教学过程；还要注意适当引进一部分优秀的科技人员充实理科教师队伍，逐步改善理科教师队伍的结构。为了适应培养应用性理科人才的需要，除了继续加强实验室建设外，应当十分重视在校内外建立多种形式的实习基地，切实加强教学实习、生产实习等应用性训练。

（九）为各类高等学校培养高质量的数学和自然科学基础课师资，是综合大学理科教育的一项重要任务。除了为各类高等学校提供高质量的毕业生外，有计划地选择若干所综合大学作为师范、工、农、医科等高等学校基础科学课程师资进修、提高的基地，是充分发挥综合大学教育的优势和潜力的有效措施。国家教委将和有关教育行政部门共同商量加以落实。这样，将使综合大学在形成教育内部的“良性循环”中作出更大的贡献。

（十）加强对高等理科教育的领导，密切学校与社会的联系，是高等理科教育改革取得成功的重要保证。各级教育行政部门、学校主管部门、学校党委和行政领导都要切实加强对高等理科教育的领导。对有些比较重大的、影响比较深远的调整和改革，要采取审慎的态度，必要时要经过论证，有的还要经过试点，取得经验，然后逐步推广。为密切学校与社会的联系，一方面学校要积极开展理科人才社会需求和毕业生跟踪调查，作为统一思想，深化改革高等理科教育的重要依据；另一方面学校还要主动向社会，特别是生产、技术部门做好宣传工作，使社会用人部门了解理科人才的特点和作用，为理科人才流向实际应用部门发挥作用创造条件。

□大学生体育合格标准

（1990年10月11日国家教育委员会发布）

一、为了贯彻德、智、体全面发展的教育方针，鼓励学生经常锻炼身体，不断增强体质，提高自我保健能力和健康水平，成为社会主义现代化建设需要的合格人才，根据《学校体育工作条例》，特制定《大学生体育合格标准》（以下简称《标准》）。

二、本《标准》在全日制普通高等学校中实行，适用于有正式学籍的本、专科在校学生（不含体育专业学生）。研究生或其它类型的高等学校学生可参照执行。

三、本《标准》从身体形态、身体机能、身体素质、视力状况及体育课、课外体育锻炼等方面，综合评定学生的体育成绩，《标准》按百分制计分。

（一）开设体育课的年级，学生成绩的评定办法：

1.身体形态满分为10分，用维尔维克指数评定，

$$即：\frac{体重（kg）+胸围（cm）}{身高（cm）}\times 100；$$

2.身体机能满分为15分，用肺活量指数评定，

即：$\frac{\text{肺活量(ml)}}{\text{体重(kg)}}$；

3.身体素质满分为10分，按《国家体育锻炼标准》达标成绩评定；

4.视力状况满分为5分，按视力等级评定；

5.体育课成绩满分为50分，按体育课总成绩评定，其中理论知识满分为10分，其它为40分；

6.课外体育锻炼满分为10分，按早操、课外体育活动的出勤表现评定。

(二)未开设体育课的年级，学生体育成绩的评定办法：

1.身体机能满分为15分，评定办法同(一)；

2.身体素质满分为50分，评定办法同(一)；

3.视力状况满分为5分，评定办法同(一)；

4.课外体育锻炼满分为30分，评定办法同(一)。

(三)属下列情况之一者，奖励3至5分，不同项可累计加分：

1.课外体育锻炼出勤达到应出勤次数的98%以上，并认真锻炼者；

2.《国家体育锻炼标准》达标成绩为优秀或获等级运动员称号者；

3.参加学生体育比赛获优秀成绩者；

4.学生会和班级的体育干部，在组织各项体育活动中工作认真负责者。

四、测试与评分标准

《标准》中的身体形态、身体机能和视力的测试按1985年《中国学生体质与健康调查研究检测细则》中有关方法进行。《标准》的各项评分标准见评分表(表1—4附后)。

五、等级评定与登记

表1　　身体形态评分表

性别	年龄组	10	8	6	4	2	$\overline{X}$	S
指标		维尔维克指数 $=\frac{\text{体重(kg)}+\text{胸围(cm)}}{\text{身高(cm)}}\times100$						
男	十九岁以下(含十九岁)	79.55≤X≤88.25	88.25<X≤90.43 79.55>X≥77.38	90.43<X≤92.6 77.38>X≥75.2	92.6<X≤94.78 75.2>X≥73.03	94.78<X 73.03>X	83.90	4.35
男	二十岁以上(含二十岁)	81.11≤X≤89.13	89.13<X≤91.14 81.11>X≥79.11	91.14<X≤93.14 79.11>X≥77.1	93.14<X≤95.15 77.1>X≥75.10	95.15<X 75.10>X	85.12	4.01
女	十九岁以下(含十九岁)	78.31≤X≤88.53	88.53<X≤91.09 78.31>X≥75.76	91.09<X≤93.64 75.76>X≥73.2	93.64<X≤96.2 73.2>X≥70.65	96.2<X 70.65>X	83.42	5.11
女	二十岁以上(含二十岁)	78.24≤X≤88.5	88.5<X≤91.07 78.24>X≥75.68	91.07<X≤93.63 75.68>X≥73.11	93.63<X≤96.2 73.11>X≥70.6	96.2<X 70.6>X	83.37	5.13

各项的实际得分之和为《标准》的最后得分。总分达到60分为及格、80分为良好、90分为优秀。每学年评定一次成绩并记入《大学生体育合格标准登记卡片》。达到《标准》良好成绩者，方可评为"三好"学生、获奖学金；达到《标准》优秀成绩者，方可获奖学分。学生毕业时的体育合格标准成绩，按各学年（包括毕业当年）的平均成绩评定，凡平均成绩达到60分，同时毕业当年成绩也达到60分者，方可作为体育合格，准予毕业，否则，不能毕业按结业处理。

六、本《标准》解释权属国家教委。

表2 **身体机能评分表**

性别	年龄组	肺活量指数＝肺活量(ml)/体重(kg) 15	12	9	6	3	$\bar{X}$	S
男	十九岁以下（含十九岁）	88.55＜X	80.12＜X≤88.55	63.26＜X≤80.12	54.83＜X≤63.26	X≤54.83	71.69	8.43
	二十岁以上（含二十岁）	90.28＜X	81.96＜X≤90.28	65.32＜X≤81.96	57＜X≤65.32	X≤57	73.64	8.32
女	十九岁以下（含十九岁）	70.7＜X	63.55＜X≤70.7	49.25＜X≤63.55	42.1＜X≤49.25	X≤42.1	56.40	7.15
	二十岁以上（含二十岁）	73.32＜X	65.49＜X≤73.32	49.83＜X≤65.49	42＜X≤49.83	X≤42	57.66	7.83

表3 **达到《国家体育锻炼标准》与《标准》得分换算表**

达到《国家体育锻炼标准》分数	《标准》得分 开设体育课年级	未开设体育课年级
420	10	50
380	9	45
340	8	40
300	7	35
250	6	30
200	5	25
180	3	15
150	1	5

表4 **视力等级评分表**

正常视力（≥1.0）		5分
视力低下	轻度视力不良（0.7—0.9）	3分
	中度视力不良（0.4—0.6）	2分
	重度视力不良（≤0.3）	1分

□大学生体育合格标准实施办法

（1990年10月11日国家教育委员会发布）

一、《大学生体育合格标准》（以下简称《标准》）是对每个大学生接受体育教育状况进行检验的具体尺度，是对大学毕业生进行个体评价的重要内容，也是落实学校体育教育目标的重要手段，它能较全面地反映学生的体质和健康水平。通过《标准》的实施，促使学生掌握体育的基本知识和科学锻炼身体的方法，养成自觉锻炼身体的习惯。

二、《普通高等学校学生管理规定》（国家教育委员会第7号令）中有关体育、健康状况方面的规定，继续执行，本《标准》中不再重复。

三、《标准》应在校（院）长领导下，由教务处、体育教研室（体育部）、校医院（卫生科、医务室）、学生工作部、辅导员（班主任）协同配合，共同组织实施，其职责是：

教务处负责学籍管理和考试安排；

体育教研室（体育部）负责体育课、身体素质的测试和评定成绩；

校医院（卫生科、医务室）负责身体形态、身体机能和视力状况的测试和评定成绩；

学生工作部负责组织各系辅导员（班主任）记载学生的早操、课外体育活动的出勤情况和评定成绩；

各项成绩，由体育教研室（体育部）汇总，并按照《标准》的要求，评定等级，记入《大学生体育合格标准登记卡片》。

四、"视力状况"的评定，按正常视力和视力低下（眼病除外）的程度分别评分。

正常视力，双眼均须在1.0及1.0以上。

视力低下者，按双眼平均视力划分等级。

五、"课外体育锻炼"出勤未达到应出勤次数的85％者，该项成绩应记为不及格，该学年的体育合格标准成绩最高记为59分。

六、学生"课外体育锻炼"的应出勤次数和评分标准，由学校确定，但除特殊情况外，"早操"每周不得少于三次、"课外活动"每周不得少于二次。

七、对患病或有残疾的学生，经医院证明，体育教研室（体育部）同意，可以免测部分项目，但须上保健课，换测其它项目，并注明原因和"保健"字样。

八、《标准》中"未开设体育课的年级"系指体育必修课已结束的高年级。

九、《大学生体育合格标准登记卡片》，学生毕业时要放入本人档案，《大学生体育合格标准登记卡片运行表》供各校执行《标准》时参考使用。

十、各省（自治区、直辖市）教育行政部门对本地各高等学校施行《标准》的情况，要认真检查督促。对施行《标准》成绩卓著的学校和个人，给予表彰奖励；对弄虚作假、徇私舞弊者，给予批评教育，情节严重者，给予行政处分。

十一、为使《标准》的实施更加科学合理、简便易行，各校（院）要积极创造条件，逐步使用计算机，力求管理现代化、科学化。

十二、《大学生体育合格标准登记卡片》由学校按照国家教委的统一规范印制。

□国家教委关于改革高考科目设置的通知

（1990年10月18日）

在省级普通高中会考的基础上改革高考科目设置，是普通高中毕业考试和高等学校招生考试的整体改革，目的是将水平考试和选拔考试分开，使二者各司其职，既有利于中学教学，克服因文理分科或偏科导致的中学生知识结构不完整现象，同时也有利于普通高等学校按专业要求选拔新生，改变现行高考中考试科目偏多，而有些科目与学生入学后所学专业关系不大，但在决定考生能否入学时却起到举足轻重的作用的弊端。

《关于改革高考科目设置及录取新生办法的意见》，是在广泛调查研究，听取各方面意见，并充分论证的基础上形成的，现印发你们。会考已经结束的省，可据此组织试行，并提出具体实施意见报我委备案。

各地教育部门，应高度重视这项改革，切实加强领导，并为保证改革的顺利进行创造必要的条件。要着力宣传这项改革的目的和意义，使有关各方在统一认识的基础上，密切配合，协调一致，把工作做细做好。

在实施此项改革的过程中，各省、自治区、直辖市主管部门应注意听取各方面的反映和意见，及时加以研究、总结，并将有关情况报告我委。

关于改革高考科目设置及录取新生办法的意见(试行)

一、高考科目设置

第一组：政治、语文、历史、外语；

第二组：数学、语文、物理、外语；

第三组：数学、化学、生物、外语；

第四组：数学、语文、地理、外语。

二、选组与考试

各高等学校暨系科、专业可根据高考科目组的设置情况及各自特点，选择一组高考科目作为考生的应试科目。

考生可根据各省、自治区、直辖市招生委员会办公室公布的各高等学校暨系科、专业的考试科目组和本人志向，选择一组作为应试科目。

各高等学校暨系科、专业在选定高考科目组之后，如欲调整，须于一年前提出书面报告。是否予以调整，由各省、自治区、直辖市招生委员会研究决定。

三、录取新生办法

高等学校录取新生时，在对考生学习成绩的考核方面，原则上以高考成绩决定取舍，当考生德、体等方面情况以及高考成绩基本相同时，可参照普通高中会考成绩决定取舍。

高等学校的各系科、专业应按各自选定的科目组进行录取，一般不作科目组之间的调剂录取。如遇特殊情况，须经省、自治区、直辖市招生委员会研究决定是否采取对部分不同组别的学科进行分数等值换算，并调剂录取。

四、招生工作的其他方面，仍按我委有关文件执行。

□普通高等学校教育评估暂行规定

（1990年10月31日国家教育委员会发布）

第一章 总 则

第一条 为了建设有中国特色的社会主义高等学校，加强国家对普通高等教育的宏观管理，指导普通高等学校的教育评估工作，特制定本规定。

第二条 普通高等学校教育评估的主要目的，是增强高等学校主动适应社会需要的能力，发挥社会对学校教育的监督作用，自觉坚持高等教育的社会主义方向，不断提高办学水平和教育质量，更好地为社会主义建设服务。

第三条 普通高等学校教育评估的基本任务，是根据一定的教育目标和标准，通过系统地搜集学校教育的主要信息，准确地了解实际情况，进行科学分析，对学校办学水平和教育质量作出评价，为学校改进工作、开展教育改革和教育管理部门改善宏观管理提供依据。

第四条 普通高等学校教育评估应坚持社会主义办学方向，认真贯彻教育为社会主义建设服务、与生产劳动相结合、德智体全面发展的方针，始终把坚定正确的政治方向放在首位，以能否培养适应社会主义建设实际需要的社会主义建设者和接班人作为评价学校办学水平和教育质量的基本标准。

第五条 普通高等学校教育评估主要有合格评估（鉴定）、办学水平评估和选优评估三种基本形式。各种评估形式应制定相应的评估方案（含评估标准、评估指标体系和评估方法），评估方案要力求科学、简易、可行、注重实效，有利于调动各类学校的积极性，在保证基本教育质量的基础上办出各自的特色。

第六条 普通高等学校教育评估是国家对高等学校实行监督的重要形式，由各级人民政府及其教育行政部门组织实施。

在学校自我评估的基础上，以组织党政有关部门和教育界、知识界以及用人部门进行的社会评估为重点，在政策上体现区别对待、奖优罚劣的原则，鼓励学术机构、社会团体参加教育评估。

第二章 合格评估（鉴定）

第七条 合格评估（鉴定）是国家对新建普通高等学校的基本办学条件和基本教育质量的一种认可制度，由国家教育委员会组织实施，在新建普通高等学校被批准建立之后有第一届毕业生时进行。

第八条 办学条件鉴定的合格标准以《普通高等学校设置暂行条例》为依据，教育质量鉴定的合格标准以《中华人民共和国学位条例》中关于学位授予标准的规定和国家制订的有关不同层次教育的培养目标和专业（学科）的基本培养规格为依据。

第九条 鉴定结论分合格、暂缓通过和不合格三种。鉴定合格的学校，由国家教育委员会公布名单并发给鉴定合格证书。鉴定暂缓通过的学校需在规定期限内采取措施，改善办学条件，提高教育质量，并需重新接受鉴定。经鉴定不合格的学校，由国家教育委员会区别情况，责令其限期整顿、停止招生或停办。

第三章 办学水平评估

第十条 办学水平评估，是对已经鉴定合格的学校进行的经常性评估，它分为整个学校办学水平的综合评估和学校中思想政治教育、专业（学科）、课程及其他教育工作的单项评估。

第十一条 办学水平的综合评估，根据国家对不同类别学校所规定的任务与目标，由上级政府和有关学校主管部门组织实施，目的是全面考察学校的办学指导思想，贯彻执行党和国家的路线、方针、政策的情况，学校建设状况以及思想政治工作、人才培养、科学研究、为社会服务等方面的水平和质量。其中重点是学校领导班子等的组织建设、马列主义教育、学生思想政治教育的状况。这是各级人民政府和学校主管部门对学校实行监督和考核的重要形式。

办学水平的综合评估一般每4至5年进行一次（和学校领导班子任期相一致），综合评估结束后应作出结论，肯定成绩，指出不足，提出改进意见，必要时由上级人民政府或学校主管部门责令其限期整顿。学校应在综合评估结束后的3个月内向上级人民政府和学校主管部门写出改进报告，上级人民政府和学校主管部门应组织复查。

第十二条 思想政治教育、专业（学科）、课程或其他教育工作的单项评估，主要由国务院有关部门和省（自治区、直辖市）教育行政部门组织实施。目的是通过校际间思想政治教育、专业(学科)课程或其他单项教育工作的比较评估,诊断教育工作状况,交流教育工作经验,促进相互学习,共同提高。评估结束后应对每个被评单位分别提出评估报告并作出评估结论,结论分为优秀、良好、合格、不合格四种,不排名次。对结论定为不合格的由组织实施教育评估的国务院有关部门或省(自治区、直辖市)教育行政部门责令其限期整顿,并再次进行评估。

第四章　选优评估

第十三条　选优评估是在普通高等学校进行的评比选拔活动,其目的是在办学水平评估的基础上,遴选优秀,择优支持,促进竞争,提高水平。

第十四条　选优评估分省(部门)、国家两级。根据选优评估结果排出名次或确定优选对象名单,予以公布,对成绩卓著的给予表彰、奖励。

第五章　学校内部评估

第十五条　学校内部评估,即学校内部自行组织实施的自我评估,是加强学校管理的重要手段,也是各级人民政府及其教育行政部门组织的普通高等学校教育评估工作的基础,其目的是通过自我评估,不断提高办学水平和教育质量,主动适应社会主义建设需要。学校主管部门应给予鼓励、支持和指导。

第十六条　学校内部评估的重点是思想政治教育、专业(学科)、课程或其他教育工作的单项评估,基础是经常性的教学评价活动。评估工作计划、评估对象、评估方案、评估结论表达方式以及有关政策措施,由学校根据实际情况和本规定的要求自行确定。

第十七条　学校应建立毕业生跟踪调查和与社会用人部门经常联系的制度,了解社会需要,收集社会反馈信息,作为开展学校内部评估的重要依据。

第六章　评估机构

第十八条　在国务院和省(自治区、直辖市)人民政府领导下,国家教育委员会、国务院有关部门教育行政部门和省(自治区、直辖市)高校工委、教育行政部门建立普通高等学校教育评估领导小组,并确定有关具体机构负责教育评估的日常工作。

第十九条　国家普通高等学校教育评估领导小组,在国家教育委员会的领导下,负责全国普通高等学校教育评估工作。其具体职责是:

(一)制订普通高等学校教育评估的基本准则和实施细则;

(二)指导、协调、检查各部门、各地区的普通高等学校教育评估工作,根据需要组织各种评估工作或试点;

(三)审核、提出鉴定合格学校名单报国家教育委员会批准公布,接受并处理学校对教育评估工作及评估结论的申诉;

(四)收集、整理和分析全国教育评估信息,负责向教育管理决策部门提供;

(五)推动全国教育评估理论和方法的研究,促进教育评估学术交流,组织教育评估骨干培训。

第二十条　省(自治区、直辖市)普通高等学校教育评估领导小组在省(自治区、直辖市)的高校工委、教育行政部门和国家普通高等学校教育评估领导小组领导下,负责全省(自治区、直辖市)普通高等学校教育评估工作。其具体职责是:

(一)依据本规定和国家教育委员会有关文件,制订本地区的评估方案和实施细则;

(二)指导、组织本地区所有普通高等学校的教育评估工作,接受国家教育委员会委托进行教育评估试点;

(三)审核、批准本地区有关高等学校思

想政治教育、专业(学科)、课程及其他单项教育工作评估的结论；

(四)收集、整理和分析本地区教育评估信息，负责向有关教育管理决策部门提供；

(五)推动本地区教育评估理论和方法的研究，促进教育评估学术交流，组织教育评估骨干培训。

第二十一条　国务院有关部门普通高等学校教育评估领导小组，在国务院有关部门教育行政部门和国家普通高等学校教育评估领导小组领导下，负责直属普通高等学校和国家教育委员会委托的对口专业(学科)的教育评估工作。其具体职责是：

(一)依据本规定和国家教育委员会有关文件，制订本部门所属普通高等学校和国家教育委员会委托的对口专业(学科)的教育评估方案和实施细则；

(二)领导和组织本部门直属普通高等学校的教育评估工作，审核、批准本部门直属普通高等学校教育评估的结论；

(三)领导和组织国家教育委员会委托的对口专业(学科)教育评估，审核、提出对口专业(学科)教育评估结论，报国务院有关部门教育行政部门批准公布；

(四)收集、整理、分析本部门和对口专业(学科)教育评估信息，负责向有关教育管理决策部门提供；

(五)推动本部门和对口专业(学科)教育评估理论、方法的研究，促进教育评估学术交流，组织教育评估骨干培训。

第二十二条　根据需要，在各级普通高等学校教育评估领导小组领导下，可设立新建普通高等学校鉴定委员会、普通高等学校专业(学科)教育评估委员会、普通高等学校课程教育评估委员会等专家组织，指导、组织新建普通高等学校的合格评估(鉴定)和专业(学科)、课程的办学水平评估工作。

第七章　评估程序

第二十三条　学校教育评估的一般程序是：学校提出申请；评估(鉴定)委员会审核申请；学校自评，写出自评报告；评估(鉴定)委员会派出视察小组到现场视察，写出视察报告，提出评估结论建议；评估(鉴定)委员会复核视察报告，提出正式评估结论；教育评估领导小组审核评估结论，必要时报请有关教育行政部门和各级政府批准、公布评估结论。

第二十四条　申请学校如对评估结论有不同意见，可在1个月内向上一级普通高等学校教育评估领导小组提出申诉，上一级教育评估领导小组应认真对待，进行仲裁，妥善处理。

第八章　附　　则

第二十五条　学校教育评估经费列入有关教育行政部门的年度预算，并鼓励社会资助；申请教育评估的学校也要承担一定的费用。

第二十六条　本规定适用于普通高等学校。其他高等学校教育评估可参照实施。

第二十七条　本规定由国家教育委员会负责解释。

第二十八条　本规定自发布之日起施行。原发布的有关文件即行废止。

□高等学校会计工作达标升级考核标准(试行)

(1990年12月10日国家教育委员会发布)

一、会计机构及人员

达标

1.按《会计法》规定，设有独立的财会机

构。

2.按《会计法》规定任免财会机构负责人或会计主管人员。

3.按有关规定设置总会计师或由主管校(院)长执行总会计师职责。

4.会计机构负责人或会计主管人员具有财会专业知识，并能较好地组织本单位的会计工作。

5.有与工作任务相适应的一定数量的会计人员，其中至少50%受过中等财经专业以上的培训。

6.设有专、兼职稽核人员，有比较完整的内部稽核制度。

7.建立有文字记载的岗位责任制，聘任上岗的会计人员全部持有会计证。

三级

1.会计主管人员由具备会计师或经济师及以上专业技术职务的人员担任。

2.会计人员70%具有中等财经专业以上学历，20%具备会计师及以上专业技术职务。

3.有计划、有层次地培养财会干部，有定期的业务学习制度。

4.稽核制度健全。

二级

1.按国家有关规定，设置总会计师。总会计师能按照总会计师试行的工作规程行使权限，履行职责。

2.会计人员30%具备会计师及以上专业技术职务。

3.财会人员的培训计划能有效付诸实施。

二、会计核算基础工作

(一)会计凭证

达标

1.发生的经济业务都取得或填制合法的原始凭证，原始凭证各项内容按《会计人员工作规则》的规定真实、完整、准确、及时地填写。

2.自制原始凭证有固定的格式并由财务部门统一印制，建有完整的领用、缴销制度。

3.各种有价票券(如洗澡票、游泳票、电影票、医院挂号票等)，有统一控制的印刷、管理、发行、缴款制度。

4.外文原始凭证，应将其主要内容译成中文，金额一律以折成的人民币为准。

5.记帐凭证具备填制凭证的日期、编号、经济业务内容、会计科目、金额、所附原始凭证张数及制单、审核、会计主管人员签章等内容，每月编一个顺序号。

6.记帐凭证按会计事项发生的日期、顺序填列，不能把几天的会计事项综合在一起填列(一般应一单一事)。

7.会计凭证的书写字迹、阿拉伯数字、人民币符号、汉字大写数的写法和更正错误的方法均应符合《会计人员工作规则》的规定。

8.会计人员妥善保管会计凭证。

三级

记帐凭证差错率不超过2%(抽查100笔)。

二级

记帐凭证差错率不超过1%(抽查100笔)。

(二)会计科目

达标

1.按照国家和学校主管部门的规定设置会计科目，且其核算内容和核算方法符合国家规定。

2.填制会计凭证时应填列会计科目名称和编号，需要登记明细帐的要填写明细科目名称。

3.费用收支应分别按有关规定正确使用会计科目，做到直接费用正确归属，间接费用合理分摊。

4.各单位根据工作需要增设的会计科目，其核算内容和方法应符合会计制度规定。

(三)帐簿

达标

1. 帐簿设置及记帐方法符合国家和主管部门会计制度的规定。

2. 各种帐簿的封面标明帐簿名称、年度，帐首都有“经管人员一览表”，并逐项登记盖章。

3. 各种帐簿均有“帐户目录”或“帐户贴签”。

4. 现金日记帐使用订本式，并在使用前逐页编号。

5. 除固定资产明细帐、材料明细帐、有价证券明细帐之外，其余各种帐簿应每年更新，不得连年使用。

6. 银行存款明细帐、现金出纳帐，应根据会计凭证逐笔登载，不得几笔合计记为一笔。

7. 记帐、结帐、更正错误，必须符合《会计人员工作规则》规定要求。

8. 帐证、帐帐、帐实三相符。

9. 使用计算机打印帐簿亦应符合以上各项要求。

三级

记帐差错率不超过2％(抽查100笔)。

二级

记帐差错率不超过1％(抽查100笔)。

(四)会计核算

达标

1. 严格遵守国家关于现金和银行往来结算制度。

2. 建有定期现金抽查制度，并有抽查记录。

3. 按月核对银行存款帐，编制银行存款余额调整表，逐笔核实，及时处理未达帐。

4. 各种往来款项按照不同资金来源和性质，分别列帐，不得混淆。

5. 各类资金均须分清预算内外根据不同资金来源和性质划清收支渠道，正确归属费用，不得相互混淆挤占。

6. 校办工厂、农场、公司以及其他经营性单位和社会服务，均须按照国家和主管部门有关规定严格核算成本，遵守规定的成本开支范围，进行全额成本核算。

7. 校办厂等生产单位应建立各种原材料的消耗定额和储备定额，有完整的材料收发领退、劳动工时、产品产量质量及出入库等原始记录。

8. 基本建设投资严格遵守国家规定的审批程序，每项工程有概算、预算、决算，对施工单位必须依照“按计划，按进度”拨款原则结算工程价款。

三级

1. 银行往来未达帐挂帐时间不超过四个月。

2. 有具体的暂存暂付款项清理催办制度，往来款项非正常原因挂帐率不超过2％(抽查100笔)。

3. 校办工厂、农场、公司按月进行成本核算。

4. 校办工厂、农场、公司的流动资金有定额、有计划，层层分解，归口管理，核算正确。债权债务及时结清。

5. 各项专项基金的提取和使用符合规定，核算正确，清算及时。

6. 校办工厂、农场和公司正确核算成本(费用)，严格分清本期和下期、在产品和产成品的成本(费用)界限。

7. 校办工厂、农场和公司的销售(业务)收入、应纳税金和利润(或亏损)及其分配核算正确，并符合有关规定。

二级

1. 银行往来未达帐挂帐时间不超过二个月。

2. 有具体的暂存暂付款项清理催办制度，往来款项非正常原因挂帐率不超过1％(抽查100笔)。

3. 校办工厂、农场、公司基本达到成本实、利润纯。

(五)会计报表

达标

1.各种会计报表(统计性质的表报除外)均由会计帐簿产生,做到帐表一致。

2.各种收支业务,应该全部反映在所属资金渠道的会计报表之内,预算内外不得混淆。

3.各种报表数字真实,计算准确,内容完整,字迹工整,装订整齐,报送及时。

4.季度和年度报表应按上级规定的提纲编写文字说明。

5.会计报表经由单位领导和会计主管人员审阅,并签名或盖章。

三级

按季度对教育事业费预算执行情况和财务收支计划执行情况作出分析。

二级

在三级基础上,进一步对预算内、外资金收支状况及校办工厂、农场、公司的生产成本、销售成本、财务收支计划执行情况作出分析。

(六)会计档案

达标

1.会计档案应按归档要求整理、立卷,凭证、帐表加封皮装订,做到整理合乎规范,专人保管,存放有序,并按年度设立档案登记簿。

2.会计档案的管理符合财政部、国家档案局发布的《会计档案管理办法》的规定。

3.会计档案的调阅、移交应有严格、合法的手续。

4.按规定已经过时该销毁的会计档案,应造册经过审查批准后进行销毁。

三、财务管理工作

(一)预算管理

达标

1.对学校预算内外资金,由学校财务部门集中管理,统一分配和核算,实行综合财务计划。

2.编制年度预算方案及各项资金收支计划有定额和依据,切合学校实际,并有详细说明,不得搞赤字预算。

3.对年度预算指标实行有效控制措施,掌握学校各单位资金需要、使用、结余的情况,提出筹措资金的措施,合理调动资金和调整预算。

4.学校内部经济包干分配数字有定额依据,经济承包项目有指标、定额依据,并有检查制度。

5.建立独立核算和二级核算的财务管理制度,并有检查措施。

6.校办工厂、农场、公司及基建投资均应编制财务收支计划并严格执行。

7.学校各种基本数字的增减变化,要设辅助簿册登记,统计准确及时,不重不漏,编报基本数字表真实、准确。

三级

1.对国家和主管部门颁发的管理制度,订有实施细则并认真执行。

2.建有较科学可行的预算分配方法。

二级

1.对预算管理建立分配、控制、评估等全过程科学管理办法。

2.校办工厂、农场、公司的财务管理达到本地区同行业二级水平。

3.财会部门能在参与决策方面发挥较有效的作用。

(二)工资、奖酬金、福利基金管理

达标

1.设立工资基金登记台帐,记录全部职工人数及工资增减变化,借以编制工资发放清单、清册及填制有关报表,分析工资基金计划执行情况。

2.各种预算外收入提取的“奖励基金”、“福利基金”、“酬金”的提取来源和比例符合规定,并设立专户记录提支情况。

3.职工领取的各种奖、酬金,有统一综合记录;正确、完整地汇总奖金总额;并照章缴纳奖金税。

4.福利费每月按标准和实有人数计提,并转预算外“其他代管经费”专户管理,按规定范围支用。

5.校办工厂、农场、公司应按国家和主管部门规定比例提取各项专用基金,并设专户记录、管理,按规定范围使用。

(三)助学金管理

达标

1.根据所掌握的全校各类学生人数,按照人民助学金管理办法编造享受各类助学金名册,并规定有严密的领取手续和检查制度。

2.各类学生的奖学金、临时困难补助和贷款的申请、评定有制度,发放有清册,领取有手续,并有详细的记载,及时回收贷学金。

四、物资管理

达标

1.固定资产的购置,按照上级主管部门规定,年度有计划,大型、贵重仪器设备有可行性论证,有专人管理,学校领导集体研究。经批准的计划外或临时性的购置除落实资金来源外,还有分级批准的手续制度。

2.各类固定资产不分资金来源均由学校物资管理部门入帐建卡,统一管理。

3.固定资产的验收、入库、调出、削价处理、报损报废有统一制定的表式、帐卡(如验收单应有规格、型号、生产厂家、金额、附件等,削价报废单应有原价削价及报废原因、鉴定结果、审批意见等)。

4.购入和自制的固定资产制定登记保管、入帐、检修维护、使用等管理制度,年终有清理对帐的记录,财务物资部门二者做到帐帐相符。

5.确定合理的材料储备总值的定额,并认真贯彻执行。

6.认真贯彻执行上级主管部门颁发的材料、低值易耗品管理办法,有严格的验收、计量、出库及帐、卡、报表制度。

7.除随买随用的零星材料并经批准直接报销外,其余均纳入“经费材料”或“其他材料”帐户管理,并填制“入库单”办理报销手续(生产单位另按国家和主管部门规定办理)。

8.生产及经营性单位按规定提取固定资产折旧费。

9.无物资积压、霉烂、变质、遗失。

三级

1.物资出入库经过计量、检验,手续齐备,实行检验索赔制度。

2.建立财产、物资保管、使用责任制,并认真实施。

3.物资管理部门应逐年清点,做到帐、卡、物三相等。

二级

教学设备利用率、完好率有记录、有考核、有分析。

五、财经纪律

达标

1.单位领导人了解并认真组织实施《会计法》、《高等学校财务管理改革实施办法》等各项财经法规,依法支持会计人员履行会计核算和会计监督职责。

2.坚持按国家及主管部门财务会计制度的规定办事,不扩大开支范围,不提高开支标准,不乱挤乱摊成本。

3.不截留应上交国家税利及收入,不拖欠、挪用公款,不弄虚做假,不私设“小金库”。

4.对不真实、不合法、不准确、不完整的原始凭证和违反国家统一财政、财务制度的收支应按《会计法》的规定处理。

三级

当年无违纪行为。

二级

连续两年无违纪行为。

六、会计人员职业道德

达标

1.坚持原则,实事求是,办事公道。

2.廉洁奉公,遵纪守法。

3.待人接物耐心、和蔼,并认真做好财经法规的宣传、解释工作。

4.热情服务。

七、现代化管理方法的运用

二级

1.能够联系实际运用一种或数种现代化管理方法,参与学校决策,取得一定效果。

2.规模较大的院校(学生在3000人以上),财务处的会计核算工作实现电算化,且其软件设计和应用符合主管部门颁发的会计制度规定。

师范教育部分

□关于当前师范专科学校工作的几点意见

（1990年3月2日国家教育委员会发布）

为了适应基础教育事业的需要，近年来我国的高等师范教育事业得到了迅速发展，学校数由1977年的65所发展到现在的260所，其中师范专科学校由14所增加到183所。1989年招生人数已达13.3万人，在校生人数31.4万人，分别占普通高等学校招生人数和在校生人数的22.3%和15.1%，形成了我国高等教育的一支重要力量。12年来，师范专科学校累计培养了83万名毕业生，为我国基础教育事业的发展，为提高民族素质做出了重要贡献。

在党的十一届三中全会路线指引下，师范专科学校的领导、教职工在办学条件比较困难的情况下，艰苦奋斗，兢兢业业，积极进取，不断改革，做出了显著成绩，涌现出一批坚持社会主义办学方向，坚持为基础教育服务的先进典型。但是，从总体上讲，师范专科学校的思想政治工作还比较薄弱；教育思想还不适应中等教育改革的需要；一些学校的办学条件还没有达到国家规定的标准。为了进一步推进师范专科学校的工作，根据“高等教育近期应以稳定规模、优化结构、深化改革、提高质量为工作重点”的要求，在总结这几年办学经验教训的基础上，对当前师范专科学校的工作提出以下几点意见。

一、加强党的领导，始终把德育工作放在学校一切工作的首位。

高等学校必须坚持社会主义的办学方向，加强党的领导，深入持久地开展反对资产阶级自由化的斗争，努力把高等学校办成培养社会主义事业的建设者和接班人的坚强阵地。师范专科学校担负培养初级中等学校教师的任务。现在师范专科学校的学生，将是未来的人民教师。因此，加强师范专科学校学生的政治思想教育和道德情操的培养尤为重要。

加强党的建设，充分发挥党组织在学校中的坚强政治核心作用，是师范专科学校坚持社会主义办学方向的重要保证。当前，特别要加强基层党支部的建设和党员的思想教育，发挥党支部的战斗堡垒作用和党员的先锋模范作用。师范专科学校实行党委领导下的校长负责制。学校党委对德育工作负有领导责任，同时要充分发挥校长在德育工作中的作用，形成齐抓共管的局面。

师范专科学校要始终把德育工作放在学校一切工作的首位，进一步加强和改革政治理论课的教学，坚持用马克思列宁主义和毛泽东思想对学生进行爱国主义、社会主义、集体主义、革命传统、艰苦奋斗、民主和法制的教育。使学生真正懂得：没有共产党就没有新中国，只有社会主义才能救中国，只有社会主义才能发展中国；四项基本原则是立国之本，改革开放是强国之路；热爱祖国就要热爱共产党领导的社会主义共和国等道理。

依靠走社会主义道路，业务素质优良的教师是办好具有中国特色的社会主义大学的关键。师范专科学校要努力建设一支精干的专兼结合的思想政治工作队伍。要充分发挥广大教师的教书育人作用，引导教师结合思想和工作实际深入学习马克思主义理论，不断提高政治素质，并通过他们平时的言行和教学活动教育影响学生。有条件的学校可以试行指导教师制，选择政治业务素质优良的教师作为学生的指导教师。

要针对高等学校仍然存在的脱离劳动、脱离工农、脱离实际的问题，组织好学生参加生产劳动、军事训练和社会实践活动，使学生了解国情，了解工农，坚定正确的政治方向，逐步树立正确的人生观和世界观。

师德教育是师范专科学校德育工作的重要内容，师范专科学校的教师要为人师表，并教育学生自觉按照教师的道德行为规范塑造自己，成为合格的人民教师。

二、坚持为基础教育服务的办学思想，认真做好招生改革工作。

实施九年制义务教育，提高基础教育水平，关键在于建立一支数量足够、质量合格而稳定的中小学师资队伍。办好师范教育是解决师资问题的根本途径。我国初中在校学生的80％以上分布在农村和县镇，因此，为农村初中培养合格教师是我国师范专科学校的主要任务。各师范专科学校要牢固树立为农村教育服务的办学思想，对学生进行热爱教育事业，特别是热爱农村教育事业的专业思想教育。目前，我国中小学师资队伍存在的主要问题是，合格教师数量不足，高水平的教师少，初中教师的问题尤为突出。师范专科学校担负着培养初中教师这一光荣而艰巨的任务。我们每一个在师范专科学校工作的领导、教师都要有自信心、自豪感和自强不息的精神，努力把工作做好，为培养合格的初中师资而奋斗。

各省、自治区、直辖市要继续探讨高等师范学校的招生改革工作。可以采取师范院校提前单独招生或参加统一考试提前录取，并与定向招生相结合的办法，改革招生工作。各地教育行政部门要重视本地区中学师资队伍的建设，鼓励中学积极指导优秀毕业生报考师范院校。师范专科学校招生要增加面试，全面考查考生德、智、体等方面的素质，提高生源质量。师范专科学校也可面向中师和高中招收少量保送生。

事实证明，师范专科学校实行定向招生，是实行中小学教师地方化，建立一支数量足够、质量合格而稳定的基础教育师资队伍的有效措施。师范专科学校的定向招生工作要从各地、市的实际情况出发，可分学科定向招生到县或乡，也可招临近乡的学生，毕业后到指定乡工作。在实行定向招生的同时，要鼓励城市的学生到农村去，献身农村的教育事业。

我国现有初中教师240万人，其中15％是民办教师。他们与公办教师一样，为我国的基础教育事业发展付出了辛勤的劳动。高等师范学校招收部分民办教师是提高民办教师的政治、文化、业务水平，稳定中小学教师队伍的重要途径之一，要积极开展高等师范学校招收民办教师的试点工作，从1990年起师范专科学校要招收部分民办教师。

三、主动适应农村教育改革的需要，努力培养合格的初中教师。

1986年我国政府颁布了义务教育法，确定在我国实施九年制义务教育。我国人口的80％分布在农村。各师范专科学校要根据我国农村初中规模小，学校教师编制少的特点，主动培养能教一门以上课程的农村初中教师。

我国农村教育的整体改革要求基础教育、职业技术教育、成人教育统筹协调，把基础教育由升学教育为主逐步转变到为当地社会主义建设服务的轨道上来。而农村初中教育的“转轨”尤为重要。它既要成为当地的教学中心，又要为科技普及和文化建设服务。师范专科学校要主动适应农村教育改革的需要，为农村初中培养既能教文化基础课，又能兼教一点劳动技术课的合格初中教师。

因此，师范专科学校要主动适应农村教育改革的需要，进行专业与课程设置的调整。师范专科学校的学制仍为二、三年制并存，由各省、自治区、直辖市根据本地的实际情况确定。二年制师范专科学校在完成必修课的前提下，积极组织好选修课，注重引入职业技术教育课程。提倡三年制师范专科学校实行主辅修制。主修专业课程一般安排在前两年进行，要达到国家教委制定的二年制师范专科学校教学大纲的要求。第三年辅修相近专业、职业技术教育内容或根据学生自己的特长辅修音乐、美术、体育专业的部分课程。也可以在三年内，同时进行主辅修教学。三年制师范专科学校也可实行双专业制，如政史、化生、史地等专业。

各省要统筹规划，集中布点，根据各地实际在师范专科学校设置一些初中急需的短缺专业。并有计划地在本科师范院校和综合大学，开设短线专业专科班，加快初中师资培养步伐。

四、坚持师范专科学校学生的规格要求，全面提高教育教学质量。

师范专科学校要坚持人才培养的质量标准，贯彻德、智、体全面发展的教育方针，培养能够坚持社会主义道路，忠诚人民的教育事业，懂得教育教学规律，具有较扎实的专业知识基础和职业技能，有一定艺术修养、身体健康的初级中等学校教师。

师范专科学校的教学改革要以马克思列宁主义、毛泽东思想为指导，坚持辩证唯物主义和历史唯物主义的世界观、方法论，贯彻理论联系实际的原则，结合教学开展科学研究，认真研究各学科的内在规律，努力提高教育教学质量。

文科的改革要继承和发扬我国优秀的文化遗产，有分析地借鉴世界各国人文科学的优秀成果。批判相关领域的资产阶级自由化观点和形形色色的资产阶级思潮。坚持理论联系实际的优良学风，建设有中国特色的社会主义高等师范教育的文科教学体系。

理科的改革要在坚持全面质量标准的前提下，集中力量抓好实验室建设，改革实验课教学，培养学生的独立实验操作能力。特别是注重培养学生设计初中实验和制作教具的能力。要搞好某些专业的野外实习和工业见习，引导学生联系工农业生产实际。

最近，国家教育委员会组织修订的二年制师范专科学校八个专业（中文、政教、历史、数学、物理、化学、生物、地理）的教学计划和教学大纲是师范专科学校进行教学工作的指导性文件，各校在执行中可根据实际情况作适当调整，但要保证基本规格和要求，要积极选用国家教育委员会统一推荐的教材，努力提高教育教学质量。

师范专科学校各专业要加强课程的改革和建设，积极推进教学内容、教学方法和教学手段的现代化。

作为一个未来的中等学校教师，除了必须具有优良的政治素质和高尚的师德外，还应具备一定的教育教学能力。因此，对师范生进行教师基本功的训练，是高等师范教育工作的一项重要内容。各师范专科学校要进一步加强教师基本功的训练，积极开展形式多样的教学活动。在此基础上，我委拟征集各校有关教师基本功训练方面的教学方案和考核标准，组织力量制定教师基本功训练系列课程教学大纲，并做好教材编写工作。

教育实习是高等师范教育工作的一个重要组成部分，是一门必修的综合性实践性课程。教育实习工作首先要有利于解决专业思想，使学生喜欢教师这个职业，同时懂得一个教师应具有什么样的师德和必备的实际工作能力。教育实习是培养合格教师的重要环节，通过教育实习培养合格中等学校教师是各级教育行政部门、高等师范院校和中等学校的共同责任。师范专科学校要与中学建立固定的联系，确定一批教育实习基地。各级教育行政部门要积极组织安排那些还没有建立教育实习基地的师范专科学校，尽快建立自己的教育实习基地，以保证人才培养质量。各师范专科学校在教育实践中要注意积累经验，在教育实习的组织领导、教学管理、实习内容、成绩评定等方面制定一些具体规定。国家教委将在总结各地经验的基础上，制定出切实可行的《高等师范学校教育实习规程》。

师范专科学校要积极参与基础教育改革的试验，并结合当地初中教育改革中提出的问题，开展教育科学研究。充实教育理论课程内容，改进教学工作。师范专科学校的教师要与初中教师密切协作进行初中教材教法的研究，推广适合当地师资、设备条件的先进教学方法和教学手段，大面积提高初中教学质量，使中等教育与高等师范教育相互依存的本质关系得到充分体现。师范专科学校要在与中学的密切联系中，了解初中教育的实际，根据当地对初中教师知识结构、能力结构的新要求，改进学校的教育教学工作，提高教育教学质量。

教改的关键在教师。师范专科学校的教师都要了解中学实际，懂得教育规律，在教学实践中运用正确的教学方法，体现出师范教育的特点，为学生树立榜样。新分配到师范专科学校的青年教师都要先到初中工作一至二年，并形成制度。各师范专科学校要为教师的学习、进修、教学研究提供必要的条件，充分调动广大教师参加教学改革的积极性，努力搞好教育教学改革工作。

五、加强师范专科学校管理，努力改善办学条件。

师范专科学校要根据党的方针、政策和国家的法令、法规，建立、健全各项规章制度，搞好学校管理。学校的主管部门要对干部进行全面考核，认真配备好党政领导班子。学校的领导、教师、职工都是学校的教育工作者，学校的一切部门，都要本着管理育人、教书育人、服务育人的原则，努力做好工作，形成一个对学生进行培养教育的良好环境。学校要加强教学管理工作，对教师的教学工作要有检查，有评价。对学生要严格要求，严格管理，严肃考试纪律，在学校形成严谨治学的好风尚。发挥学生自我管理、自我教育、自我服务的作用，使学生养成科学的态度、良好的学风、严明的纪律。

我国现有的师范专科学校绝大多数是近十年来新建的。在各级政府的重视下，经过这几年的建设，许多学校基本上达到了国家规定的《一般高等学校校舍规划面积定额》标准。教学楼、实验楼、图书馆、教师学生生活用房成龙配套，具备了高等学校的基本办学条件。

但是，也有一些师范专科学校的办学条件较差，没有达到国家规定的标准。特别在教学仪器、实验设备、图书资料等内部建设上尚有较大差距。各级政府的主要领导同志，要充分认识到师范专科学校在普及九年制义务教育中的重要地位，处理好教育同经济建设的关系，遵循教育与经济协调发展并适当超前的原则，即使在经济遇到暂时困难的情况下，也要确保教育的发展，特别是要优先发展师范教育。遵照国务院国发〔1986〕108号文件第二十四条的规定，国家教育委员会将于“八五”期间对师范专科学校的办学条件进行审核验收。

有些地、市的师范专科学校、教育学院和地方短期大学均未达到批准的建设规模，由于地方财力不足，难于按照各校的规模完成学校建设任务。地方政府可以统筹考虑，在兼顾初中教师培养、培训和地方经济建设人才培养的前提下，组织师范专科学校、教育学院、地方短期大学实行多种形式的联合办学，发挥有限财力的综合效益。

为了保证人才培养质量，在近几年内，要努力改变少数师范专科学校在校舍条件、物质设备极端困难的状况下勉强办学的局面。对于办学条件差、地方财力又难于在近期达到国家规定的办学条件标准的师范专科学校，应进行必要的调整。

职业技术教育部分

□省级重点职业高级中学的标准

（1990年8月16日国家教育委员会发布）

第一章　总　　则

第一条　为办好一批省级重点职业高级中学（以下简称重点职业高中），促进职业中学建设，推动职业技术教育的发展，特制定本标准。

第二条　本标准所称重点职业高中，是指坚持社会主义办学方向，主动适应当地经济建设和社会发展需要，办学条件较好，教育质量较高，在培养人才、为地方经济建设服务等方面成绩显著，在省内享有较高声誉的职业高级中学。

第三条　重点职业高中要全面贯彻国家的教育方针，坚持教育为社会主义现代化建设服务，教育与生产劳动相结合，培养德、智、体、美、劳全面发展的，具有良好的职业道德和熟练职业技能的中等技术、管理人员，中级技术工人和其他从业人员。

第四条　重点职业高中要在教育教学改革、学校管理、办学形式、生产经营、科学实验、技术推广、社会服务等方面起示范作用，并为当地其他职业学校提供办学经验以及师资、设备、业务咨询等方面的服务。

第五条　重点职业高中，面向社会统一招生，并可根据当地需要实行定向招生和接受委托培养。学制一般为3年，并应根据当地需要，举办各种短期职业技术培训。

第二章　办学基本条件

第六条　独立设校。学历教育的在校学生规模，城市不少于600人，农村不少于500人。

第七条　根据当地经济特点和人才需要设置专业（工种）。城市学校的专业（工种）设置，要适应提高企事业单位的技术、管理水平和发展第三产业的需要；农村学校的专业设置，要适应调整产业结构和农民劳动致富的需要，重视办好直接为农、林、牧、渔业服务的专业。

每校须有稳定的、具有优势的骨干专业（工种）。

第八条　有与办学规模和专业设置相适应的土地和校舍，以保证教学、生产、生活、体育活动等方面的需要。校园占地面积，城市学校一般不少于生均30平方米，农村学校一般不少于生均50平方米。校舍建筑面积，一般不少于生均20平方米。住宿学校的学生宿舍建筑面积，每生不得少于4平方米。

第九条　有适应专业特点，满足教学要求的普通教室、专业教室、实验室，以及相应的设备、设施。

第十条　有按专业性质、学生人数配置的实验仪器、设备、标本、模型。按教学计划和教学大纲的基本要求，实验开出率：文化课不低于90%，专业课不低于80%。

第十一条　图书馆应包括教师资料室、学生阅览室、书库。教师资料室的座位按教职工总数的20%设置，学生阅览室的座位按学生总数的15%设置。

适用图书，城市学校生均50册以上；农村学校生均40册左右。报刊杂志不少于200种。

第十二条　有与专业对口的厂、场、店等校内实习基地和较稳定的校外实习基地，工科专业保证实习学生每生一个工位；农、林、牧各专业，应有一定数量的土地、水面和一定规模的示范场所，并鼓励和帮助学生建立与专业对口的家庭实习场地。

第十三条　在保证完成教学任务的前提下，充分利用生产实习基地，开展生产经营和社会服务活动，年创利一般不少于10万元。其收入除用于扩大再生产外，主要用于改善办学条件。

第十四条　有与学校规模相适应的体育运动场地和不少于250米的环形跑道，有满足体育教学和体育活动需要的体育设施和器材。

第三章　学校管理

第十五条　学校领导班子成员要符合干部四化要求，有较高的政治、业务素质，达到大学专科以上文化水平；热爱职业教育事业，懂得职业教育规律，熟悉和了解本地区(本行业)经济发展和人才需求情况；有教育教学经验，有较强的行政管理和社会活动能力；团结协作，勇于开拓，艰苦奋斗，廉洁奉公。

第十六条　学校实行校长负责制、教师聘任制和岗位责任制，有健全的组织机构和各项规章制度，校风校貌良好。

第十七条　与有关部门及企事业单位通过一定的组织形式和工作制度建立了密切的联系。

第十八条　有切实的学校发展规划和具体实施方案。

第四章　教　　师

第十九条　有与学校的专业设置和学生人数相适应的质量合格，结构合理，专职为主，专兼结合的教师队伍。

第二十条　教师要坚持四项基本原则，坚持改革开放，遵守教师职业道德规范，热爱职业教育事业，精心组织教育教学，不断提高教育质量。

第二十一条　除特殊专业外，专任教师与学生的比例，应达到1比10以上。文化课、专业课和实习指导教师的配备比例以文化课、专业课、实习课课时比例为依据。教职工的队伍要精干，工作量要饱满。

第二十二条　教师任职要求按国家教委有关规定执行。

具有高级职务的教师人数占教师总数的10%左右，具有中级职务的教师人数占教师总数的40%左右，每个稳定专业至少有一名具有高级职务的专业骨干教师。

实习指导教师要有指导技能训练和实习的能力，有3年以上本专业实践经验。

第二十三条　有教师培养、培训计划，采取各种有效措施，提高师资水平。

第五章　教　　学

第二十四条　坚持以教学为中心，积极进行教育教学改革，开展教学研究，更新教学内容，改进教学方法和考试方法，采用现代化教学手段，教学质量较高。

第二十五条　各专业教学计划、教学大纲、教材齐全。根据本地区特点和需要选用或编写适用教材。

第二十六条　贯彻理论与实际相结合的教学原则，专业理论教学和操作技能训练密切配合。实习教学有大纲、教材和指导书。对每个技能训练环节有明确、规范的要求。

技艺性较强的专业(工种)，实习学时数不少于总学时数的50%。

第六章　德　　育

第二十七条　要把坚定正确的政治方向

放在首位。坚持德育与智育、体育、美育、劳动教育紧密结合，将思想政治教育贯穿于学校的各项工作之中，积极改进思想政治工作的方式方法，不断总结德育工作经验。

第二十八条 紧密联系国内外形势和学生思想实际，坚持向学生进行四项基本原则、爱国主义、集体主义、社会主义和自力更生、艰苦奋斗的思想教育以及革命传统教育。同时，结合专业特点，对学生进行职业理想、职业道德、职业纪律等方面的教育。

第二十九条 在当地教育行政部门党委或地方党委领导下，校长对学校德育工作全面负责，党组织起监督、保证作用。充分发挥学校各职能部门和工会、共青团、学生会在德育方面的作用以及党员、团员和积极分子的骨干作用。学校有计划地对从事思想政治工作的专职人员进行培训。

第七章 体育、美育、卫生工作

第三十条 认真执行《学校体育工作条例》，上好体育课，开展各种有益学生身心健康的课外体育活动。

在学生中认真推行《国家体育锻炼标准》，体育达标率90%以上。

第三十一条 重视美育，开设美育课或美育选修课，积极开展形式多样的美育活动。有专职或兼职美育教师，有美育教学设备和必要的活动器材。

第三十二条 做好学生卫生保健工作，教育学生养成自觉维护公共环境卫生的品德和良好的卫生习惯。

第八章 毕业生工作

第三十三条 做好毕业生思想教育工作，积极开展职业指导，帮助学生正确选择职业。

第三十四条 采取有效措施，推荐或协助毕业生就业。毕业生就业率较高，专业对口率达70%以上。对毕业生进行跟踪调查，建立档案。特别要做好回乡毕业生的扶助指导工作，使他们在科技兴农方面发挥骨干作用。

第九章 经 费

第三十五条 学校经费有稳定来源。办学部门拨给重点职业高中的生均经费应比当地普通高中高出两倍以上。校舍维修和基建投资纳入地方政府或学校主管部门的基建计划。

第三十六条 地方人民政府和有关部门应当扶持重点职业高中办好校办企业（厂、场、店等），在投资、贷款和税收等方面给予优惠。

第十章 审批程序

第三十七条 省级重点职业高中，评定和复查工作每4年进行一次。根据国家教委的部署，由地（市）政府申报；省、自治区、直辖市教育行政部门组织评估，提出审查意见报省、自治区、直辖市人民政府批准，报国家教委备案。

第十一章 附 则

第三十八条 省级重点职业高中与省级重点中学同等待遇。

第三十九条 本标准由国家教育委员会负责解释。

成人教育部分

□关于制订成人中等专业学校教学计划的原则意见（试行）

（1990年4月21日国家教育委员会发布）

一、指导思想

制订成人中等专业学校的教学计划，要贯彻“一要改革、二要发展”的方针，坚持按需施教、学用结合的原则，明确成人中等专业教育的培养目标和规格要求，从各地区、各部门（行业）的实际出发，结合成人、在职、定向教育的特点，努力提高教学质量，使成人中等专业教育直接有效地为社会主义现代化建设服务。

二、培养目标

成人中等专业学校是培养热爱社会主义祖国，坚持四项基本原则，有良好职业道德的，具有必备的基础知识、专业知识和相应的文化知识，有较强实际工作能力的应用型中等专门人才。

在制订各专业教学计划时，要规定本专业具体的培养目标，明确学员在政治思想、基础知识、专业知识和专业技能等方面应达到的水平。

三、制订教学计划的原则

1.要在调查研究总结经验的基础上，改革不适应社会主义建设需要的教育思想、教学内容和教学方法，围绕培养目标和生产、工作的实际需要，充分论证本专业中等专门人才必备的知识含量和专业技能，处理好政治与业务、基础与专业、知识与能力、主干课程与相关科目、教与学诸方面的关系，使教学计划力求整体优化，产生符合培养目标的最佳效果。

2.加强政治思想教育。对学员进行马列主义、毛泽东思想基本原理的教育和爱国主义、社会主义、集体主义、民主法制、自力更生、艰苦奋斗、职业道德等内容的教育。培养学员坚持四项基本原则，树立坚定正确的政治方向，成为德才兼备，又红又专的社会主义建设者。

3.贯彻少而精、按需施教、学用结合的原则。各专业要从实际出发，分清课程主次，精选内容，主干课程的学时要保证，内容要充实加强，精减陈旧的、非主要的内容，使学员在有限时间内，重点学好本专业必需的知识和技能。

普通课中的主要课程应达到中等专业人才的文化知识含量；要重视基础课程的教育，使学员掌握必备的基础理论、基本知识和基本技能；专业课要从我国经济建设、技术设备更新改造和科学技术发展需要出发，更新教学内容，拓宽知识面，加强针对性和适用性，满足在职学员定向学习的需要。

课程可分为必修课和选修课。必修课占总学时的90％左右。普通课、基础课和专业课三类课程的比重，一般按30∶40∶30的比例安排，不同专业根据需要可适当调整比例。

4.理论联系实际，注重能力培养。加强社会、生产实践教学环节，保证实践教学时间，提高实践教学质量。引导学员把所学知识应用到生产、工作实践中，提高分析问题、解决问题的能力。脱产学习的工、农、医类专业，实践教学时间不少于18周，文科不少于8周。学员已掌握的生产实践技能，经考核，成绩合格者，可予免修。专业不对口的学员，除完成理论学习任务外，需按所学专业，进行实践技能训练，考核合格后，方能颁发毕业证书。

毕业作业（设计）应结合实际进行。学员如能运用所学知识在技术革新、科学试验等方面取得成果，表明确已具备综合运用所学知识的能力，其成果报告、设计或总结可作为毕业作业。

5.统一性与灵活性相结合。制订成人中等专业学校的教学计划，须执行国家有关规定和本《意见》的要求，各地区、各部门（行业）及成人中等专业学校，可根据办学形式和专业不同特点，发挥优势，因地制宜，办出特色。具体教学计划不宜安排过死，在不降低教学总时数和实践环节的情况下，允许学校在课程设置、教学内容和学时分配等方面有一定的灵活性和机动性。

在保证达到培养目标的前提下，注意因材施教。学习成绩优秀的学员，可以提前修读本专业教学计划内的课程。学员已经掌握的课程，可以提出申请，经考试合格，可予免修，在其它批准的成人中等专业学校、中专自学考试获得的单科结业证书，经学校审核认定，确系教学质量有保证水平相当的，可予承认。但认定的单科结业证书，不得超过教学计划课程门数的1/3。提前学完教学计划规定的全部课程，考试成绩合格，实验、学习等环节符合要求的，准予毕业。

四、学年学时的安排

1.教学计划可采用学年制、学分制或单科累计制。

2.学习年限：工科、医科业余学习一般为四年，脱产学习一般为二年半至三年；文科、农科、林科业余学习一般为三年至三年半，脱产学习一般为二年至二年半。

3.每学年按45周安排教学。业余学习每周为14学时左右，脱产学习每周26—30学时。

4.教学总时数（不含实践教学）：工科、医科为2400—2700学时，文科、农科、林科为2200—2400学时。

在保证教学总时数的条件下，每学年教学周数及周学时数，可适当调整并相应地延长或缩短学习年限。

工科、医科类专业一般不开办中专函授教育。要确保函授教育质量，严格控制中专函授规模，严格学籍管理。考虑到初中后教育，学员自学能力较弱，举办中专函授教育的学校，要定期派教师到函授站进行面授，集中面授的时间不得少于教学总时数的40%，并要加强平时辅导答疑。

五、教学计划的管理和适用范围

1.教学计划的管理。国家教委负责颁布《关于制订成人中等专业学校教学计划的原则意见》及有关规定；国务院有关部委教育行政部门和省、自治区、直辖市及计划单列市教育行政部门，负责制订或审定指导性教学计划，并报国家教委备查；成人中等专业学校，根据指导性教学计划，制订或修订实施性教学计划，按隶属关系报省、自治区、直辖市及计划单列市或部委教育行政部门批准后执行。

2.本《意见》适用于各类成人中等专业学校（不含中师）招收初中毕业文化程度、有一定实践经验的从业学员；招收应（往）届初中毕业生的，执行全日制普通中等专业学校同类专业教学计划。

3.招收高中毕业文化程度的从业人员，教学总时数：工科、医科为2000学时，文科、农科、林科为1800学时。

□普通高等学校举办非学历教育管理暂行规定

(1990年12月24日国家教育委员会发布)

第一条 为加强对普通高等学校(以下简称学校)举办非学历教育的管理,制定本规定。

第二条 本规定所称非学历教育包括大学后继续教育和其他各类培训、进修、辅导(不含以获得高等教育自学考试毕业证书为目的的自学辅导)等。

《专业证书》教育按照国家教委、人事部的有关规定实施管理,不在本规定的适用范围内。

第三条 学校举办非学历教育要坚持四项基本原则,坚持改革开放,为适应经济和社会发展需要服务。要端正办学思想,重视思想政治和品德教育,保证办学质量。

第四条 学校在保证完成国家下达的学历教育事业计划的前提下方可举办非学历教育;举办非学历教育必须提供能保证教学质量、与规模相适应的物力、人力投入。

第五条 非学历教育的学习方式可以是脱产的,也可以是业余的。脱产学习的学习时间不得超过一年,业余学习的学习时间不得超过一年半。

非学历教育不得与学历教育混淆、衔接。

第六条 学校面向社会举办非学历教育招收学员的范围一般不得超出学校所在省、自治区、直辖市。计划单列市所属学校举办非学历教育的招生范围由计划单列市和所在省、自治区教育行政部门协商确定。

学校接受部委委托,可举办面向委托部委主管系统的非学历教育。

第七条 学校举办面向所在省、自治区、直辖市招收学员的非学历教育,脱产学习在半年以上、业余学习在一年以上的,应向所在省、自治区、直辖市的教育行政部门提出申请,经批准方可招生;脱产学习在半年以下、业余学习在一年以下的,应向上述部门备案。

计划单列市所属学校向计划单列市教育行政部门履行申报或备案手续,同时抄报所在省、自治区。

第八条 国务院部委安排所属学校或委托其他学校面向本系统举办非学历教育,由部委教育主管部门批准;以函授方式施教的,批准文件须抄报招收学员所涉及的省、自治区、直辖市、计划单列市教育行政部门备案。

学校申请举办跨省、自治区、直辖市面向社会招生的非学历教育,申报材料应经学校所在省、自治区、直辖市、计划单列市教育行政部门审核,报国家教委批准后,方可招生。

申报材料和备案材料均应包括办学形式,招收学员的区域、对象,学习期限,教学计划,使用教材,师资投入,可提供的教学设施和用房,招生人数,收费标准等。

第九条 学校举办非学历教育经教育行政部门批准、备案并出具证明后,应按国务院发布的《广告管理条例》、国家工商行政管理局制定的《广告管理条例实施细则》以及国家教委印发的《关于跨省、自治区、直辖市办学招生广告审批权限的通知》等有关规定发布招生简章。

第十条 学校的非学历教育工作由学校成人教育部门或专门机构统一归口管理。二级学院、系、处以及学校其他机构不得以各自的名义自行举办或与外单位合办非学历教育。

第十一条 学员完成学业,考核及格,由学校成人教育机构(没有成立成人教育管理机构的,则由学校教务处)发给结业证明。结业证明颁发情况应建立专门档案。

结业证明应注明以下内容:

学员的姓名、性别、年龄、学习起止年月；

修学的性质(如培训班、进修班)、形式(如脱产、业余、函授)；

修学课程的名称和考核成绩；

学校成人教育机构(或教务处)印章；

发证时间及编号。

非学历教育不得颁发毕业证书、结业证书、肄业证书等易和学历教育相混淆的证书或文凭。

第十二条 非学历教育的收费标准及经费使用办法，按国家及学校所在省、自治区、直辖市、计划单列市人民政府主管部门的规定执行。

第十三条 普通高校之间，或普通高校与其他学校、社会力量合作举办非学历教育，应以一方为主；为主一方对办学全面负责，并颁发结业证明。合作办学如以普通高校为主，应按本《规定》执行；如以普通高校之外的学校或社会力量为主，则按有关规定或社会力量办学的规定管理。

第十四条 各省、自治区、直辖市、计划单列市教育行政部门应加强对普通高等学校举办非学历教育的指导和管理，国务院有关部委教育部门应协助地方做好对所属学校举办非学历教育的指导和管理工作。

一、要鼓励和支持学校适应社会需求按照本规定举办非学历教育，注意加强对各校举办非学历教育的统筹和协调。

二、要根据适应社会需求，办学力量的投入能保证教育质量，收费合理，规模适度诸项因素认真审批办学的申报材料和备案材料。

三、检查和监督学校非学历教育办学的投入和教学质量。

第十五条 学校如违反本规定举办非学历教育，根据本规定确定的管理体制和权限，主管教育行政部门应按以下原则严肃处理：

一、未经备案或批准，擅自发布招生简章的，责令其在相同范围内公开声明废止。已招生的应停办并退还所收费用。

二、对教学条件不具备或办学力量投入不足，质量不能保证的，责令学校限期整顿或停止办学并退还所收费用。

对弄虚作假，蒙骗学员，借办学之名营私牟利的，要责令学校立即停止办学，退还所收学费并对主要责任者给予行政处分；触犯刑律的，交司法机关追究刑事责任。

第十六条 学校对主管教育行政部门的处理及其他具体行政行为不服的，可参照国家有关规定申请复议。

第十七条 各省、自治区、直辖市、计划单列市和国务院有关部委教育行政部门可根据本规定，结合本地、本部门情况制定实施细则。

第十八条 本规定的解释权属国家教育委员会。

第十九条 本规定自发布之日起实行。

国家教委办公厅档案处整理

审稿人　马樟根

1990年教育大事记

1月1日 中共中央政治局委员、国务委员兼国家教委主任李铁映在石家庄陆军学院和参加军训的北京大学新生一起欢度新年，听取了北京大学新生军训情况的汇报，检阅了军训学生的分列式。

1月2日～3日 受国务院和李鹏总理委托，国务院发言人袁木到石家庄陆军学院看望军训的北京大学新生，祝愿学生把自己锻炼成为国家的优秀人才，并与学生们交流了对国内、国际形势的看法。

1月4日 国家教委在北京召开全国自费出国留学工作会议。

△ 国家教委发出《关于批准有关普通高等学校举办函授教育、夜大学的通知》。

△ 国家教委办公厅印发北京市教育局《关于普教系统开展扫黄工作情况的报告》。

△ 《中国少年报》初中版从1月起更名为《中国初中生报》，邓小平同志为该报题写了报名。

1月6日 《中国教育报》报道：国家教委有关部门负责人就中小学寒假生活安排问题向中国教育报记者发表谈话。希望各地教育行政部门和学校主动争取家长的配合和社会各方面的支持，共同组织好中小学师生的假期生活。

1月7日 国务院总理李鹏在山西省太原市两名小学生的来信上批示："留作业太多，不利于小学生德、智、体全面发展。这件事，议过多次，请抓紧解决。"

1月8日 国家教委、中宣部、文化部、广播影视部、农业部、林业部、解放军总政治部、共青团中央、全国妇联、全国科协10部门在北京联合召开迎接国际扫盲年全国电话会议。国务委员兼国家教委主任李铁映、国务委员陈俊生到会讲话，要求各级政府重视扫盲工作，强调扫盲要和农民学技术、生产致富相结合。1月18日，国家教委印发李铁映、陈俊生、何东昌、关涛的讲话，并通报各省、自治区、直辖市1990年度扫盲计划。

1月9日 国务委员兼国家教委主任李铁映在北京会见美国休斯敦大学教育学院教授、美国国际移民和经济合作发展委员会委员姚李恕信。

△ 中国联合国教科文组织全国委员会第十四次会议在北京召开。全国委员会主任、国家教委副主任滕藤主持会议并讲了话。滕藤在讲话中指出，联合国教科文组织是一个政府间智力合作机构，我国要积极参加这一组织的有关活动。

1月9日～12日 国家教委和河北省政府在石家庄市联合召开河北省农村教改实验区第四次工作会议。国家教委副主任何东昌在讲话中强调指出，教育的根本问题是培养什么人的问题，各级各类学校必须把德育放在首位，教育要和生产劳动相结合。

会议交流了一年来的实验区工作经验，表彰了实施燎原计划与扫盲工作的先进单位和个人。河北省委书记邢崇智、省长岳歧峰、国家教委副主任王明达也在会上讲了话。

△ 国家教委社会科学研究与艺术教育

司在广西大学召开高校社会科学研究工作会议。

1月11日 国家教委发出《关于善始善终做好"五查"工作的通知》。

1月15日 国家教委副主任滕藤就加拿大政府鼓励和纵容我留加人员移民问题紧急约见加拿大驻华大使狄鄂。

1月16日～20日 国家教委1990年工作会议在北京举行。会议重点研究了如何加强学校的思想政治工作和基础教育工作，并部署了1990年的教育工作。

国务委员兼国家教委主任李铁映在开幕式上作了重要报告。17日上午，中共中央总书记江泽民、国务院总理李鹏、国家副主席王震与出席会议的代表就如何进一步发展教育事业问题进行了座谈。江泽民在讲话中强调教育要为培养合格人才作贡献，李鹏在讲话中要求大学生与工农群众相结合。

3月8日，国家教委印发会议有关文件。

1月17日 全国普通高等学校国家级优秀教学成果奖励大会在北京举行。52项成果获得国家级优秀教学成果特等奖，381项成果获得国家级优秀教学成果奖。

中共中央总书记江泽民、国务院总理李鹏、国家副主席王震、人大常委会副委员长严济慈、国务委员兼国家教委主任李铁映出席大会，并向获奖者颁发了证书。李鹏总理在会上作了重要讲话。

1月18日～24日 国家教委副主任滕藤赴印度尼西亚雅加达参加世界全民教育大会地区磋商会议。

1月19日 国家教委、劳动部、人事部发出《关于博士生和在职人员考取硕士生学习期间工龄计算问题的通知》。

1月20日 李铁映签署国家教委第7号令，发布《普通高等学校学生管理规定》。

△ 国家教委在北京人民大会堂举行中国留学人员春节联欢会，中共中央政治局常委李瑞环、政治局委员李铁映、人大常委会副委员长严济慈和400多名留学归国人员出席了联欢会。

1月20日～22日 国家教委直属高校工作咨询委员会综合大学分组会首次会议在北京召开。国家教委副主任朱开轩参加了会议。

1月21日 国家教委召开青海教育工作汇报会。7月25日，国家教委印发《会议纪要》。

1月22日 国家教委举行首都高校优秀年轻教师春节座谈会。北京25所高校的50名年轻教师参加了座谈会。国家教委副主任朱开轩、邹时炎等负责同志到会，并与年轻教师就我国教育、科技发展及高校改革等方面的问题进行了座谈。

1月23日 国家体委、国家教委发出《关于在全国各级各类学校推行〈国家体育锻炼标准施行办法〉的通知》。

1月24日 中共中央政治局常委宋平到清华大学核能技术研究所看望全所教职工，对核能所在建造核供热堆及其它科研方面取得的突出成绩表示祝贺。

△ 国家教委发出《关于加强高等学校专职思想政治工作者正规培训的通知》。

△ 国家教委发出《关于1990年各类成人高等学校招生工作有关事项的通知》。

△ 《人民日报》报道：国家教委考试管理中心负责人就高中毕业会考问题发表谈话。高中毕业会考试验表明，它有利于全面贯彻教育方针，国家教委决定自1990年起3年内在全国所有高中实施。

1月25日 国家教委发布《关于具有大学和大学以上学历人员自费出国留学的补充规定》。2月8日，印发《具有大学和大学以上学历人员自费出国留学审核办法及注意事项》。

△ 外交部发言人对美国国会众院就中国留学人员问题再次通过决议一事发表谈

话，强烈谴责美国国会众院的霸权主义行径，敦促美方采取有效措施，防止事态恶化。

2月2日 《人民日报》报道：1989年下半年，国家教委受国务院委托，派出督导组对26个省、自治区、直辖市1985年以来的中小学教育工作进行了一次督导、检查，这是建国以来中央政府首次对省、自治区、直辖市政府管理教育事业的工作进行督导检查。6月11日，国家教委发出通知，转发《关于中小学教育工作五项督导检查的报告》。

△ 国家体委、国家教委发出《关于授予100所学校为“1989年度全国先进体育传统项目学校”称号的决定》。

2月6日 国家教委发布《透明天球仪》等4项行业标准。

2月6日～9日 国家教委向农村教育综合改革实验县赠送设备、图书仪式在河北省保定市举行。国家教委副主任邹时炎出席仪式并讲话。

2月8日 由香港著名爱国人士李嘉诚先生捐巨资创办的汕头大学举行落成典礼。国务委员兼国家教委主任李铁映代表国务院专程前往祝贺。李铁映在讲话中对李嘉诚先生热心支持内地教育事业表示衷心的谢意。并重申中国政府仍要大力发展教育事业，欢迎港澳同胞、海外侨胞在内地捐资助学。

2月10日 国家教委副主任朱开轩向在京视察的全国人大代表汇报高等教育工作情况时说，针对1989年春夏之交的动乱和反革命暴乱中暴露出来的问题，国家教委从1989年下半年以来采取各种措施，对广大师生进行了坚持高等学校的社会主义方向的教育，并对高校师生加强了政治思想工作，已取得初步成效。

2月10日～14日 国家教委副主任何东昌等到厦门大学进行调查研究。调研期间，何东昌与校领导、教师进行了座谈，强调要切实加强高校中的马克思主义思想阵地，认真把马克思主义理论课教材和教师队伍建设好，努力建立起一支精干而稳定的教师队伍。

2月12日 国家教委发出“《中学生体育合格标准的试行办法》实施情况检查结果公报。”

△ 国家教委发出《关于进一步做好高等学校毕业生思想政治教育工作的通知》。

△ 国家教委发出《关于北京大学等七所高校联合招收华侨、港澳、台湾省学生的通知》。

△ 中国、挪威两国专家在北京举行了远距离教育交流会。

2月12日～15日 《亚洲、太平洋地区相互承认高等教育学历、文凭和学位公约》成员国参加的委员会在泰国曼谷召开首次会议。中国国务院学位委员会办公室主任王忠烈当选为该委员会第一副主席。

2月14日 国家教委办公厅转发人事部《关于博士后研究人员期满出站后分配工作若干问题的通知》。

2月15日 国家教委发出《关于重申贯彻〈减轻小学生课业负担过重问题的若干规定〉的通知》。

2月15日～17日 国家教委在上海召开全国教育审计工作会议暨全国教育系统内部审计工作先进集体、先进工作者表彰大会。

2月16日 国家语言文字工作委员会在北京召开电话会议。国家教委副主任兼国家语委主任柳斌在会上讲了话，强调语言文字工作的基础环节在中小学。

△ 国家教委高教司发出通知，印发《关于制订高等学校农科、林科本科专业的课程教学基本要求的意见》及部分专业主要课程教学基本要求。

2月16～20日 1990年全国高校毕业生和毕业研究生分配计划协调会在西安举行。国家教委副主任朱开轩在讲话中强调各类高校仍以计划分配为主，要求用人部门高瞻远瞩，珍惜人才，储备人才。

2月17日 《中国教育报》报道：国家教委有关方面负责人就一些学校无视法规，继续向学生乱收费现象发表谈话，重申不得以各种名义向学生乱收费。要求各地教育部门坚决贯彻《关于清理整顿中小学收费项目有关问题的通知》，对那些继续乱收费用的地方和学校，各地政府有关部门要及时严肃处理。

△ 李铁映接见以通产相顾问福川伸次为团长的日本财团法人国际研修交流协会代表团，强调完全支持中国教育国际交流协会与该协会的交流，希望继续合作举办第四次国际研讨会。

△ 人事部、国家教委联合发出《关于1989年全国教育系统劳动模范奖励升级问题的通知》。

2月17日～21日 民政部、卫生部、国家教委、国家计委、财政部、总后勤部、全国妇联、中国社会福利有奖募捐委员会和中国残疾人联合会，在北京联合召开了第二次全国残疾人三项康复工作会议。5月5日，印发了崔乃夫的开幕词、陈敏章的工作报告、邓朴方的总结讲话，《全国聋儿听力语言训练工作实施方案》和《三项康复专项经费管理和使用办法》。

2月18日 香港著名爱国人士邵逸夫先生第一批赠款工程项目颁奖典礼在北京师范大学新图书馆举行。邵逸夫先生的代表马临博士、国家教委副主任滕藤、国际教育交流协会会长黄辛白等参加了颁奖仪式。

2月19日 国务院总理李鹏给福建省石狮市坑东小学全体少先队员复信，勉励他们以雷锋、赖宁为榜样，好好学习，天天向上，成为社会主义事业的可靠接班人。在1989年春夏之交的政治风波中，坑东小学的少先队员旗帜鲜明地反对动乱，写信给李鹏总理表明立场。1月20日，他们又致信李鹏总理，汇报了学校开展学习雷锋、学习赖宁活动的情况。

2月20日 国家教委副主任柳斌在新闻发布会上强调，各地教育部门要坚决贯彻有关规定，把小学生的课业负担降下来，使孩子们能够全面发展，健康成长。

△ 国家教委举行新闻发布会，公布了《中学生体育合格标准试行办法》实施情况检查结果公报。表扬了认真实施《办法》的地区和学校，对实施不力的地区和学校提出了批评。国家教委副主任邹时炎在讲话中对今后进一步落实“体育合格标准”提出了要求。

△ 国家教委、国家民委印发《关于内地与新疆维吾尔自治区高等教育支援协作规划会议纪要》的通知。

2月20日～27日 以苏联国家教委主任亚戈金为团长的苏联教育代表团应邀访问中国。何东昌同亚戈金进行了会谈。26日李铁映会见并宴请了代表团，双方回顾了中苏两国教育交流的情况，并就进一步发展两国教育交流与合作交换了意见。

2月21日 国家教委办公厅发出《关于内地西藏班高中、中师学生有关经费标准问题的通知》。

△ 国家教委办公厅发出通知，转发北京市扫盲工作领导小组的汇报材料。

2月22日 国务院妇女儿童工作协调委员会在北京成立。这个委员会将主要负责协调妇女儿童工作需要政府部门解决的有关问题。委员会由国家计委、国家教委、国家科委、国家民委等15个部委和中国科协、全国总工会、共青团中央、全国妇联等群众团体的负责人组成。国务委员李铁映任主任，罗干、阎颖、郝建秀、黄启璪任副主任。

原全国儿童少年工作协调委员会的工作将纳入妇女儿童工作协调委员会，组织机构也相应撤消。

△ 国家教委办公厅发出《关于国家教委成人教育司和考试管理中心在全国各类成人高校统一招生考试工作中职责分工的通

知》。

2月22日～24日 国家教委、民政部、中国社会福利有奖募捐委员会、中国残疾人联合会在北京联合召开全国特殊教育工作会议。国家教委副主任柳斌在会上强调要把特殊教育纳入义务教育的轨道。5月3日发出会议纪要。

2月23日 国家教委发出《关于调整高级访问学者费用标准的通知》和《关于调整国家公费留学人员费用标准的通知》。

2月24日 《中国教育报》报道：国家教委副主任何东昌日前在浙江基层考察教育工作时指出，现在是学习马列的最好时候，广大干部、教师都要认真地读一点毛主席和邓小平的著作，提高政治思想水平。只有先提高自己，才能做好教书育人的工作，培养忠于社会主义、忠于党、忠于人民的接班人。

△ 国家教委、国家物价局、财政部联合发出《关于调整研究生招生报名费收取标准的通知》。

2月27日 国家教委办公厅发出《关于对中学〈世界历史〉教材在教学中进行若干改动的通知》。

3月1日 国务委员兼国家教委主任李铁映会见了由雷蒙德·谢弗主席率领的美国美中关系全国委员会代表团。双方就中美文化教育交流问题坦诚交换了意见。李铁映重申了中国派遣留学生的一贯政策。

△ 农业部、国家教委联合发出《关于普通高等农业院校试行招收有一定实践经验学生的通知》。

3月2日 国家教委发出通知，印发《关于当前师范专科学校工作的几点意见》、《柳斌在全国师范专科学校工作会议上的讲话》和《全国师范专科学校工作会议纪要》。

△ 国家教委发出《关于世界银行贷款地方大学项目执行进展情况的通报》。

3月3日 李铁映给在石家庄陆军学院参加军训的北京大学学生复信，对他们在军训中取得的进步和成绩表示高兴，勉励他们保持坚定正确的政治方向，走与人民相结合、与生产劳动相结合的道路，成长为社会主义事业的接班人。1月20日，参加军训的北京大学学生写信给李铁映，汇报了他们的思想情况和收获。

3月4日 首都万名青少年在天安门广场举行了“学习雷锋精神，争做亚运先锋”主题团队会。中共中央政治局委员、北京市委书记李锡铭等领导同志同首都万名共青团员、少先队员一起参加了团队会。

3月5日 著名儿童故事专家、儿童教育家、中国共产党优秀党员孙敬修在北京逝世，终年89岁。

3月5日～9日 由联合国儿童基金会、联合国教科文组织、联合国开发计划署及世界银行发起并联合主办的世界全民教育大会在泰国举行。以国务委员兼国家教委主任李铁映为团长，国家教委副主任滕藤为副团长的中国代表团参加了大会。

3月5日～11日 国家教委在北京召开教育监察工作座谈会，就如何开展教育监察工作进行了深入的讨论和研究。国家教委副主任何东昌、邹时炎到会并讲话。

3月6日 国家教委副主任何东昌在北京会见了抚顺市雷锋小学的代表，充分肯定并高度赞扬雷锋小学27年坚持开展学雷锋活动及其收到的可喜效果。他强调用雷锋精神培养下一代，对坚持社会主义事业，防止和平演变，具有重要意义。

3月6日～10日 国家教委1990年普通高等学校招生计划工作会议和招生工作会议在湖南长沙市举行。

3月8日 国家教委发出《国家教委1990年工作要点》。

△ 国家教委印发《现行普通高中教学计划的调整意见》的通知。

△　国家教委办公厅印发《关于筹措教育经费、改善办学条件山东现场会情况报告》的通知。

3月9日　国家教委发出《关于中等专业学校(含中师)领导体制问题的通知》。

△　国家教委办公厅发出《关于重申建立人物塑像、纪念碑(馆)有关规定的通知》。

△　国家教委办公厅、公安部办公厅转发《福建省整顿校园治安秩序工作的情况汇报》。

3月10日　国家教委、解放军总政治部发出《军队院校从地方招收高中毕业生工作的若干规定》。

△　国家教委发出《关于将成人教育指导协调工作委员会和职业技术教育委员会合并为成人教育和职业技术教育协调工作委员会的通知》。

3月11日　1990年世界中学生越野跑锦标赛在法国巴黎举行。中国选手夺得女子团体赛冠军，个人赛银牌和铜牌。

3月12日　李铁映签署国家教委第8号令，伍绍祖签署国家体委第11号令，共同发布《学校体育工作条例》。5月14日，国家教委、国家体委联合发出《关于实施〈学校体育工作条例〉的通知》。

△　国家教委办公厅转发辽宁省抚顺市望花区雷锋小学《坚持用雷锋精神培育“四有”新人》经验材料。

3月13日　上午，首都2000名少先队员在北京市少年宫举行“学习赖宁，做党的好孩子”主题队会暨赖宁塑像揭幕典礼，表示要以赖宁为榜样，勤奋学习，做革命事业的接班人。

下午，由北京少年儿童出版社出版的长篇小说《赖宁的世界》举行首发式。

3月14日　国家教委发出《关于认真学习和贯彻李鹏总理在全国普通高等学校优秀教学成果奖励大会上的讲话的通知》。

△　国家教委发出通知，印发《关于国家教委直属高等学校“四定”工作的意见》。

△　国家教委发出《关于核定我委直属普通高等学校近期发展规模的通知》。

△　国家教委、中央宣传部、文化部、广播电影电视部、农业部、林业部、解放军总政治部、共青团中央、全国妇联、中国科协联合发出《关于建立扫盲领导机构联合开展扫盲工作的通知》。

△　国家教委召开新闻发布会，谈中小学校舍建设问题。目前我国中小学校舍面貌已发生了显著变化，1989年全国中小学校舍建筑总面积已达6.8亿平方米。国家教委希望各级政府和广大群众继续重视教育工作，争取在1992年全国大部分省、市和自治区的中小学危房面积控制在3%左右。

△　国家教委办公厅转发全国教育工会《全国农村教师家属扶贫工作四川省万县地区现场经验交流会纪要》。

3月15日～29日　中国教育督导工作考察团访问苏联，了解该国督导制度及工作经验。

3月16日　国家教委发出通知，印发《三年制中等师范学校电化教育基础课教学大纲》。

△　国家教委办公厅发出《关于实施〈标准对数视力表〉的通知》。

3月16日～19日　由国家体委和国家教委联合召开的1990年全国体育运动学校会议在广州市举行。

3月16日～20日　全国中学升学与考试制度改革工作会议在杭州举行。作为考试制度的一项重大改革，我国将普遍推行高中毕业会考制度。国家教委副主任柳斌、邹时炎出席会议，并就考试制度改革、搞好会考等问题讲了话。

3月19日　国家教委办公厅转发国家教委清理整顿公司领导小组《关于试行〈关于高

等学校兴办公司、企业的若干规定〉(试行)的通知》。

3月20日 第七届全国人民代表大会第三次会议在北京开幕。李鹏总理在政府工作报告中谈到教育问题时强调，在治理整顿和深化改革中，要保证教育事业稳步发展。李鹏总理指出，各级各类学校必须切实纠正忽视德育的倾向，始终把坚定正确的政治方向放在首位。各级政府要加强对学校贯彻教育方针情况的督导工作。在财政相当困难的情况下,国家继续增加了用于教育的资金,但同时要充分调动各方面的积极性。李鹏总理特别强调,无论是发展科学技术和教育事业,还是在整个社会主义现代化建设中，都必须充分发挥知识分子的重要作用。

△ 国家教委办公厅发出《关于以鸦片战争150周年为题对中小学生进行爱国主义教育的通知》。

3月22日 国务委员兼国家教委主任李铁映在北京会见世界银行贷款中国第二个大学发展项目外国专家咨询组组长罗森布里斯教授一行，向他们介绍了中国长期教育发展战略、方针和政策。

△ 国家教委发出《关于九年制义务教育体育教学大纲(初审稿)和全日制高中体育教学大纲(征求意见稿)试验工作的通知》。8月2日,国家教委办公厅发出《关于九年制义务教育体育教学大纲和全日制高中体育教学大纲实验工作有关问题的通知》。9月17日至19日，国家教委在吉林省长春市召开了九年制义务教育体育教学大纲实验工作汇报、交流会。

3月23日 中共中央总书记江泽民邀请了北京大学13位学生在中南海座谈，中央政治局委员李铁映、李锡铭参加了座谈。江泽民在讲话中强调青年成才必须走艰苦锻炼之路，提倡大学生到基层锻炼增长才干。他向大学生提出了三点希望:第一,珍惜安定团结的政治局面,成为维护社会稳定的积极力量。第二,勤奋读书,努力掌握马克思主义的基本理论和现代科学技术。第三,严格要求自己,更多地参加社会实践。

△ 全国政协教育组召开联组会议，国家教委副主任何东昌到会听取了委员的意见,并回答了委员们提出的问题。

3月25日 中小学幼儿教师奖励基金会第四次理事会在北京举行。中共中央总书记江泽民、国务院总理李鹏在会见出席会议的理事时，希望社会各方关心教育、支持教育，为培养社会主义事业的接班人而努力。国务委员兼国家教委主任李铁映在讲话中强调，今后要长期、大范围地对教师进行奖励,并使之成为一种社会行为。他希望各级党政领导和社会各界人士大力支持基金会的工作，把这项尊师重教、利国利民的事业做得更好。

3月26日 国家教委、新闻出版署发出通知,同意刘杲同志担任《汉语大词典》工作委员会主任,并转发工作委员会会议纪要。

3月27日 国家教委发出《关于1990年开展教育督导工作的通知》。

3月27日～30日 国家教委在杭州召开省、自治区、直辖市教委、高教(教育)厅(局)科研处长座谈会，着重讨论了高等学校科技兴农和为振兴地方经济服务问题。7月5日，国家教委办公厅发出了会议纪要。

3月28日 国务委员兼国家教委主任李铁映参加了七届全国人大三次会议湖南代表团的讨论,听取代表们的意见,他强调在困难的时候也要保教育。

△ 国家教委发出《关于执行〈普通高等学校招生暂行条例〉的通知》。

△ 国家教委发出《关于1990年继续在部分高等学校举办少数民族班的通知》。

△ 国家教委印发《关于高等院校物资工作若干问题的规定》的通知。

△ 国家教委办公厅发出《1990年教育

审计工作要点》。

3月30日 国家教委举行新闻发布会，国家教委副主任滕藤就“以鸦片战争150周年为题，在全国大中小学开展爱国主义教育活动”发表了讲话，要求各地有关部门和学校抓住时机，对大中小学生进行一次生动的爱国主义教育。

△ 国家教委发出《关于武汉教学仪器厂由华中师范大学代管的通知》。

3月31日 国家教委发出《关于部分普通高等学校1990年暂停招生的通知》。

3月 国家体委、国家教委、国家民委、广播电影电视部、卫生部、全国总工会、共青团中央、全国妇联、解放军总参谋部、总政治部发出《关于在全国积极推行第七套广播体操的联合通知》。

3月～11月 中国教育学会在北京、上海、深圳分别召开四次研究教育方针座谈会。

4月1日 国家教委邀请部分教育界人士代表座谈，国务委员兼国家教委主任李铁映到会听取代表的意见。李铁映在讲话中强调，教育必须解决好方向、发展和改革三个问题，为中华民族的崛起服务。出席座谈会的代表就明确教育方针、加强德育、加快民族教育的发展、注意培养中青年教师等问题发表了意见。

4月2日 国家教委发出《关于1990年西北少数民族师资培训中心招生的通知》和《关于开办新疆班培训少数民族干部的通知》。

4月3日～6日 国家教委科技司在杭州召开部分高校科研处长会议。7月11日，国家教委印发了会议纪要。

4月8日 全国妇联、国家教委、共青团中央、文化部等22个部门发出《关于1990年庆祝“六一”国际儿童节的联合通知》。

4月9日 林业部、国家教委发出《关于林业部部分直属普通高等学校1990年招生试行单独录取的通知》。

△国家教委办公厅发出《关于认真解决民办教师工资拖欠问题的通知》。

4月9日～16日 国家教委教学仪器研究所主持举办第二届高教物理教学仪器优秀研究成果评选活动。

4月10日 建国40年来我国第一次主办的教育科学优秀成果评奖活动结束。国家教委举行新闻发布会，宣布了评选结果：共评出教育科学成果一、二等奖157项。同日，国家教委办公厅发出《关于全国首届教育科学优秀成果评选结果及有关事宜的通知》。

△ 国家教委发出《关于加强对集中免税进口录像机、录像带和微型计算机后续管理的通知》。

4月11日 国家教委发出《关于部分高等学校继续试办成人高等教育专科起点本科班问题的通知》。

△ 国家教委在北京大学召开京津地区委属院校、企事业单位审计工作座谈会。

4月12日 国家教委、国家物价局、财政部联合发出《关于成人高等学校招生经费问题的通知》和《关于修订普通高等学校举办函授和夜大学收费办法的通知》。

△ 国家教委发出《关于委属院校1990年财务工作的若干意见》。

4月12日～16日 中央组织部、中央宣传部、国家教委联合在北京召开高等学校党的建设工作会议。各省、自治区、直辖市主管教育工作的党委副书记、组织部长、宣传部长、教委主任、高校工委书记，国务院有关部委教育司(局)长、部分高校党委书记等400余人参加会议。会议期间，江泽民、李鹏、宋平等中央领导接见了会议代表。中央政治局委员、国务委员兼国家教委主任李铁映在开幕式上讲了话，中组部部长吕枫、国家教委党组书记何东昌作了会议总结。6月5日，中央组织部、中央宣传部、国家教委印发了吕枫、何东昌在会议结束时的讲话。8月15日，中央组织部、中央宣传部、国家教委发出《关于贯彻高等学校党建工作会议精神有关问题的通知》。

4月13日 国家教委发出《关于进一步加强中小学德育工作的几点意见》。

△ 国家教委发出通知，决定在中央广播电视大学内设立中国燎原广播电视学校，以配合实施“燎原计划”，向乡(镇)农技校、职教中心、农职中学提供教学服务。

4月14日 国务院发出通知，要求做好1990年高等学校毕业生分配工作。

△ 国家教委向全国中学校长、教师发出公开信，希望中学校长和教师帮助学生树立正确的择业观，鼓励并指导品学兼优的学生报考师范院校。

△ 国家教委、财政部、农业部联合发出《关于对多渠道筹措教育资金改善办学条件先进单位的表彰奖励办法》。

△ 国家教委批复山东省教委，原则同意该省实行《小学、初中学生国防教育实施意见》。

△ 国家教委发出《关于1990年内地西藏班初中毕业生升学考试有关问题的通知》。

4月14日～21日 应国家教委邀请，古巴高教代表团来华访问。国家教委副主任滕藤主持了与该团的工作会谈。

△ 世界中学生排球锦标赛在土耳其安塔利亚市举行，中国中学生排球队获得男子冠军、女子亚军。

4月17日 《中国教育报》报道：为进一步加强对高校毕业生分配工作的领导和协调，国务院最近决定成立由国务委员李铁映任组长，国务院办公厅、国家教委、人事部、劳动部等有关部门负责同志参加的毕业生分配领导小组，负责研究解决分配工作中的重要问题，协调有关部门的关系。

△ 国家语言文字工作委员会和新闻出版署联合召开新闻发布会，正式颁布了新修订的《标点符号用法》。国家教委副主任、国家语言文字工作委员会主任柳斌要求社会各界重视语言文字的规范化，希望语言文字的学术讨论不要干扰国家语文政策的实行。

4月18日～21日 国家教委召开的国际高等工程教育学术会议在杭州举行。国家教委副主任朱开轩到会代表李铁映向与会代表致欢迎词，并作了题为《中国高等工程教育发展改革中的若干问题》的报告。

4月19日 国家教委发出《关于进一步做好高等师范学校招生工作的意见》。

4月19日～27日 应苏联国家国民教育委员会的邀请，国家教委副主任何东昌到苏联访问。双方签署了中苏1991至1995年教育合作计划。

4月20日 北京市技工教育10年成果展开幕，李鹏总理为展览题词：“发展技工教育，提高职工素质”。

△ 人事部副部长程连昌在全国人事厅(局)长会议上说，人事部将选拔部分优秀大学毕业生到国家机关工作，并就做好这项工作作了部署。

△ 国家教委、国家计委、财政部联合发出《关于制订1990—1992年中小学危房修缮、改建规划的通知》。

4月20日～30日 国务委员兼国家教委主任李铁映到广西考察，访问了广西10个地、市18个县的30多所学校，同各族师生座谈，广泛听取各族干部、师生对教育改革的意见和建议。他在考察时强调，民族教育要为振兴民族经济服务，注重培养既有文化又有生产技能的劳动者，使教育同广大人民群众的富裕、文明、幸福、前途紧密联系起来。

4月21日 国家教委发出《关于高等学校治理整顿中几个政策性问题的通知》。

△ 国家教委发布《初中化学实验箱》等12个行业标准。

△ 国家教委印发《关于制订成人中等

专业学校教学计划的原则意见（试行）的通知》。

△ 国家教委、国家民委联合发出通知，决定设立西藏、四川、甘肃、青海、云南五省（区）藏族教育协作领导小组和协调小组。

△ 国家教委、河北省政府印发河北省农村教育改革实验区第四次工作会议纪要。

4月21日～23日 中国教育图书进出口公司在北京召开1990年度业务工作会议。

4月22日～24日 国家教委组织召开全国高校纪念列宁诞辰120周年理论座谈会。来自全国部分高校的120多位理论工作者参加了座谈，就如何在当前国际国内政治形势下，高扬列宁主义的旗帜，坚持走社会主义道路的问题进行了座谈。国家教委副主任滕藤出席会议并讲了话。

4月23日 国家教委办公厅转发审计署《关于加强教育经费审计工作意见的通知》。

△ 国家教委办公厅发出通知，印发《四川省六校西藏中师班工作座谈会纪要》。

4月24日 国家教委、人事部联合发出《关于试行高等教育自学考试行政管理专业考试计划的通知》。

4月24日～25日 国家教委第二届优质产品评审委员会在北京成立。

4月24日～27日 全国普通成人教育工作会议在上海举行。国家教委副主任王明达在会上讲话，部署了对成人高等学历教育的治理整顿工作。

4月25日 由中央电化教育馆主办的《电化教育》杂志创刊10周年座谈会在北京举行。国家教委副主任邹时炎出席了座谈会。

4月26日～27日 中国—联合国儿童基金会1990～1994同期合作加强师资培训项目主任会议在北京召开。国家教委副主任邹时炎、联合国儿童基金会驻华代表曼佐·阿哈默德先出席开幕式并讲话。

4月26日～28日 中国群众文化学会、中国高等教育学会和共青团中央宣传部在北京联合召开全国校园文化理论研讨会。

4月27日 中华全国总工会召开庆祝“五一”国际劳动节大会，向“五一”劳动奖章、奖状获得者代表发奖。1990年劳动奖章获得者中有教育工作者58人。

△ 国家教委举行新闻发布会，介绍了“全国筹措教育经费、改善办学条件山东现场会”后，各地贯彻落实的情况。国家教委将组织力量，重点调查并了解、检查一些省（市、区）加速中小学危房改造的情况。

4月28日～5月2日 国家教委副主任何东昌应邀访问日本。访日期间，双方共同商定了1990至1994年中日教育合作计划。

4月29日 国家教委办公厅发出通知，印发三起有关学生伤亡事故材料，要求各地教育行政部门和学校务必从中吸取教训，做好各项安全防范工作。

5月3日 首都各界青年和知识分子代表3000多人在人民大会堂集会，庆祝“五四”青年节。中共中央总书记江泽民在会上发表了题为《爱国主义和我国知识分子的使命》的长篇讲话。李鹏、乔石、宋平等中央领导同志出席了会议。

△ 李铁映签署国家教委第9号令，发布《教育系统内部审计工作规定》。

5月5日 为纪念马克思诞辰172周年，首都举行高校学生学习马克思主义汇报会。中国人民大学等5所学校业余党校、团校及马列主义学习团体的负责人介绍交流了经验，8所高校的学生代表畅谈了学习研究马克思主义理论的体会。国务院研究室主任袁木及北京市委有关领导参加了汇报会。

△ 国家教委发出《关于人口教育项目若干工作的通知》。

5月6日 北京景山学校举行庆祝教改实验30周年大会。国家主席杨尚昆打来电话、中顾委常委陆定一写信向大会表示祝贺。李铁映、严济慈、宋任穷、王任重等领导同志出席大会并向优秀学生颁奖。

△ 《中国教育报》社在北京召开1990年度宣传工作会议。国家教委副主任何东昌在讲话中强调,《中国教育报》要靠国家教委和各省市教委同志们一起办，要使之成为党和政府联系教育界广大群众的桥梁和纽带。

5月7日 《人民教育》杂志创刊40周年。国务委员兼国家教委主任李铁映、人大常委会副委员长严济慈、国家教委副主任何东昌为杂志题词，以示祝贺。纪念《人民教育》杂志创刊40周年座谈会在北京举行,国家教委副主任何东昌、滕藤、柳斌、邹时炎出席了座谈会。

5月7日～10日 农业部、国家科委、国家教委、林业部、中国农业银行在安徽滁县地区联合召开部分省市农科教结合工作座谈会,就如何进一步加强农科教结合,促进农村林区经济发展进行了座谈。7月25日,全国农科教统筹与协调指导小组印发了会议纪要。

5月8日 教育科学出版社在北京召开座谈会,庆祝建社10周年。国家教委副主任柳斌出席了座谈会。

5月8日～12日 国家教委学校体育卫生司在郑州召开全国学校国防教育管理工作研讨会。

5月8日～20日 由贝宁、布隆迪、喀麦隆、几内亚、马里、卢旺达、扎伊尔、加蓬8个非洲国家教育官员组成的代表团应邀来中国访问。国家教委副主任何东昌会见并宴请了代表团全体成员，向他们介绍了我国教育发展和改革情况。国家教委有关方面负责人同代表团就我国接受留学生等问题广泛地交换了意见。

5月9日 国家教委党组发出《关于高等学校党员干部学习马克思主义的意见》。

5月9日～18日 联合国教科文组织第134届执行局会议在法国巴黎举行。中国联合国教科文组织全国委员会主任滕藤出席了会议。

5月10日 国家教委发出《关于教育事业“八五”计划和十年规划工作有关问题的通知》。

△ 国家教委办公厅发出《关于进一步做好控制中小学学生流失工作的通知》。

△ 国家教委对全国朝鲜文、藏文教材审查委员会委员换届报告作了批复。

5月11日 国家教委办公厅发出通知，公布1989年度普通高等学校举办函授、夜大学专科教育的备案名单和只准1989年招收一届函授、夜大学专科学生的普通高等学校的名单。

△ 国家教委发出《关于1990年内地有关院校为新疆举办民族预科(班)招生的通知》。

5月12日 《中国教育报》报道：为纪念马克思主义教育家、我国青年运动的著名领导者蒋南翔逝世两周年，清华大学编辑出版了《蒋南翔纪念文集》。邓小平同志为《文集》题写了书名。

△ 中央宣传部、国家教委、共青团中央发出《关于1990年暑期高等学校学生社会实践活动的几点意见》。

5月12日～13日 国家教委副主任何东昌、柳斌、王明达考察了河北省农村教改实验县完县，对完县的教改实验工作给予肯定和赞扬。何东昌在考察时指出，教育必须同生产劳动相结合，学校要参与农村生活的变革。

5月12日～15日 国家教委学校体育卫生司在江苏省江宁县召开了全国农村教育综合改革实验县学校体育工作研讨会。

5月14日 国家教委、中国中小学幼儿教师奖励基金会联合发出《关于庆祝今年教师节活动的通知》。

△ 国家教委办公厅发出《关于各类成人高校招生工作的紧急通知》。

5月15日 由国家教委基础教育司组织有关出版社编辑的鸦片战争150周年教育丛书首发式在北京举行。李铁映在讲话中要求全国各级各类学校，特别是中、小学校，要把以鸦片战争150周年为题的反帝爱国主义教育认真抓好，使广大青少年受到生动、具体的爱国主义教育。他希望各出版单位多为青少年编好书、出好书。

5月16日 国家教委办公厅发出《关于对电视师范教育高师和中师专业自学收看生考试问题的通知》。

△ 国家教委办公厅发出《关于对部分省、自治区、直辖市卫星电视教育高师、中师课程抽考的通知》。

5月16日～6月16日 国家教委条件装备司和中央教育行政学院联合举办高等学校后勤思想政治工作研讨班。学员为24个省、自治区、直辖市的73所高等院校的后勤党委(或总支)书记共70人。

5月17日 新华社消息：以组织老同志关心教育下一代为目的的中国关心下一代工作委员会最近经中共中央批准在北京成立。习仲勋、王任重任名誉主任，康世恩任主任，王照华任常务副主任。

△ 国家教委副主任何东昌到云南省路南彝族自治县民族小学，听取这所小学“双语教学、拼音学话、注音识字、提前读写”实验汇报。

5月18日 国家教委高教司发出《关于公布1990年需由国家教委审批的专业目录内专业名单的通知》。

5月19日 《中国教育报》报道：国家教委有关负责人就1990年全国普通高校招生工作发表谈话。强调招生工作的重点是整顿招生秩序、优化招生环境、完善配套措施、保证新生质量，为高等教育的稳定和健康发展服务。

5月19日～6月11日 国家教委副主任朱开轩率教育代表团访问坦桑尼亚、赞比亚、津巴布韦、布隆迪等非洲四国。

5月20日 首届中国学生营养日大会在北京举行。为了广泛宣传营养卫生知识，促进社会各界重视与支持学生营养卫生工作，提高学生的健康水平，中国学生营养促进会决定每年5月20日为中国学生营养日。国家教委副主任邹时炎到会并讲了话。

5月20日～27日 第九届世界中学生运动会在比利时举行。中国队取得优异成绩，获金牌13枚、银牌9枚、铜牌7枚，破世界中学生运动会纪录8项次，创纪录2项次。

5月21日 国家教委发出《关于高等学校不得擅自换发毕业文凭的通知》。

5月22日 久经考验的忠诚的共产主义战士，中国共产党的优秀党员，无产阶级革命家、教育家，原教育部党组书记、副部长、顾问董纯才因病在北京逝世，终年86岁。

△ 国家教委发出《关于天津理工学院1988年计划外办班问题的通报》。

△ 国家教委发出《关于国家教委直属高等学校监察工作若干问题的意见(试行)》。

△ 国家教委办公厅印发第二届高教物理教学仪器优秀研究成果评选结果。

5月23日 国家教委邀请上海第一师范学校附属小学等7所小学校长，汇报开展“愉快教育”、减轻学生负担的经验。国家教委副主任何东昌、柳斌出席了汇报会。何东昌在讲话中肯定了小学开展“愉快教育”的经验，指出要使学生全面发展，小学应从五育入手。

5月24日 《中国教育报》报道：国家教委副主任柳斌就减轻中小学课业负担问题接受《中国教育报》记者采访时指出：要提高教育质量，就必须下决心减轻学生的课业负担，各级教育行政部门要把这项工作当作普教改革的重要任务来抓。

5月24日～26日 国家教委学校体育卫生司在河南省周口市召开中等学校体育考试试点工作座谈会。8月18日，发出座谈会纪要。

5月25日 国务委员兼国家教委主任李铁映参观了北京市职业教育10年成果展览。

△ 国家教委办公厅发出《关于申请1990年“资助优秀年轻教师基金”有关问题的通知》。

5月26日 中央顾问委员会主任陈云同志题词：“向英雄少年赖宁学习”。

△ 国务委员兼国家教委主任李铁映在北京会见了由院长郭礼敬率领的香港理工学院代表团。

5月28日 国务委员兼国家教委主任李铁映主持召开了国务院高等学校毕业生分配工作领导小组会议。会议检查了1990年全国高等学校毕业生和毕业研究生分配工作的进展情况，研究了分配过程中出现的问题，对继续抓紧做好下阶段的分配工作提出了具体要求。

△ 国家教委办公厅发出《关于实施〈标准对数视力表〉几点意见的通知》。

5月28日～30日 全国中小学校长岗位培训试点工作座谈会在北京举行。开展中小学校长岗位培训，经过北京等一些省、市的试点，已经取得一定成效。试点工作1990年内将在全国进一步推开，为完成对所有中小学校长轮训一遍的任务打好基础。国家教委副主任邹时炎到会听取了各地的汇报，并就培训的有关问题讲了话。

5月29日 中共中央政治局委员李铁映来到解放军总政治部幼儿园，祝贺这所诞生于延河畔的幼儿园50岁生日，并题词：“保育事业是伟大的革命工作”。

△ 《中国教育报》报道：国家教委中小学教育五项督导检查组在云南抽查期间，国家教委副主任何东昌专程前往了解云南省州、县、乡教育情况及高等学校情况。他强调边疆民族地区要结合实际面向各民族办教育。

△ 《中国教育报》报道：就小学教育应从五育入手，全面贯彻教育方针问题，国家教委副主任何东昌再次向《中国教育报》记者发表谈话。他强调要正确评价小学教育，绝不能把升学考试的分数看得太重。

5月30日 国务委员兼国家教委主任李铁映召集国家教委有关司局和国务院法制局等有关单位负责人对《中华人民共和国教师法(草案)》进行了讨论。李铁映要求进一步做好“教师法”的起草制定工作。

△ 中国少年英雄纪念碑在北京玉渊潭公园落成，3000名少先队员举行揭幕式。中央政治局常委宋平等领导同志参加了揭幕式。

△ 国家教委办公厅发出通知，重申有关规定，要求在学校开展不吸烟活动。国家教委副主任邹时炎在5月31日“世界无烟日”前发表讲话，要求各级教育部门和学校作戒烟表率。

5月31日 为庆祝“六一”国际儿童节，中共中央在中南海召开儿童工作座谈会，李瑞环、李铁映、丁关根、陈慕华等领导人出席。李铁映在讲话中强调育人要从少年儿童抓起，陈慕华在讲话中要求以强烈的使命感和紧迫感做好儿童工作。

△ 《中国教育报》报道：国家教委副主任何东昌近日在昆明与高校干部、教师座谈时，提出了建设中国特色的社会主义高等教育体系的目标构想，“办学的社会主义方向落实，高等教育培养的人才符合社会主义建设需要，形成全党全社会关心和支持教育的局面”。

△ 国家教委办公厅发出《关于成立〈中国教育年鉴〉编委会的通知》。

△ 国家教委办公厅发出《关于表扬1989年教育经费统计工作成绩显著单位的通

知》。

6月1日 中共中央总书记江泽民、国务院总理李鹏等党和国家领导人，在天安门广场同4万多名中外儿童共庆“六一”国际儿童节。

△ 江泽民、李鹏等领导同志会见来自全国的优秀儿童少年工作者代表和北京市赖宁式好少年及赖宁中队代表。

△ 为庆祝“六一”国际儿童节、李鹏总理为小朋友题词：“祝小朋友好好学习，天天向上，在祖国的怀抱里茁壮成长”。

△ 国家教委、共青团中央、文化部、新闻出版署联合发出《关于公布1990——1991学年度“全国红领巾读书读报奖章活动”推荐书目的通知》。

6月2日 国务委员兼国家教委主任李铁映会见参加第九届世界中学生运动会载誉归来的中学生体育代表团，强调要把学校体育当作大事来抓，我们培养出来的人才应该健康地为祖国服务50年。

△ 国家教委办公厅发出《关于国家教委成立“成人高等教育治理整顿工作协调小组”的通知》。

6月4日 李铁映签署国家教委第10号令，陈敏章签署卫生部第1号令，共同发布《学校卫生工作条例》。

△ 国家教委、卫生部联合发出《关于实施〈学校卫生工作条例〉的通知》。

△ 国家教委发出《关于农村中小学参加扫盲工作的通知》。

6月4日～12日 国家教委在南京、上海召开全国城市中小学德育工作经验交流会。国家教委副主任滕藤在讲话中指出：“爱国主义是德育的一个重要内容，学校要从小对孩子进行生动活泼的爱国主义教育”。他强调德育需要良好的环境，要努力形成学校、家庭、社会齐抓共管的德育环境。国家教委副主任柳斌在闭幕会上的总结中要求彻底改变德育薄弱状况，建立学校德育新格局。会议就如何加强对中小学生的爱国主义教育和革命传统教育，如何优化校内外育人环境，加强中小学生道德品质教育和思想政治教育等问题进行了研讨。

6月5日 中宣部教育局和《光明日报》教育部联合邀请部分高校马克思主义理论课教师，就如何加强和改进马克思主义理论课教学进行了座谈。与会者就马克思主义理论课的基本任务、理论联系实际问题、教学方法的改进和教师队伍建设等问题发表了意见。

△ 国家教委发出《关于普通高等学校成人教育治理整顿工作的若干意见》。

6月6日 国家教委发出《关于改进和加强教学研究室工作的若干意见》。

△ 国家教委印发《全国中学升学和考试制度改革工作会议纪要》。

△ 国家教委发出通知印发中央广播电视大学1990年教学计划。

△ 联合国开发计划署关于援助我国高等学校管理人员培训及其研究项目的签字仪式在北京举行。国家教委主任助理朱育理出席签字仪式。

6月6日～10日 国家教委在山东潍坊市召开全国农村学校勤工俭学现场会及1990年全国中小学勤工俭学工作会议。国家计委、财政部、国家税务总局等有关部门的领导参加了会议。国家教委副主任邹时炎在讲话中指出，要继续抓好勤工俭学的治理整顿和加强基础管理工作。强调各地要为发展农村勤工俭学创造条件，把这项工作纳入农村教育整体改革计划中去。8月15日、国家教委办公厅印发了会议纪要和邹时炎的讲话。

6月7日 国务院总理李鹏签署国务院第60号令，发布《国务院关于修改〈征收教育费附加的暂行规定〉的决定》。

△ 哈尔滨工业大学建校70周年，国务院总理李鹏、国务委员宋健向这所学校表示

祝贺。

△ 国家教委印发中学教师进修高等师范专科12个专业教学计划(修订稿)。

△ 国家教委发出《关于动员农林中专和农村职业中学做好科技兴农工作的通知》。

6月8日 国家教委发出《关于国家教委直属企事业单位建立监察机构和配备专(兼)职监察员的通知》。

6月9日 《中国学校体育》画册首发式在北京举行。《中国学校体育》画册是建国40年来第一本反映我国各级各类学校体育、卫生、科研的大型画册。国务院总理李鹏、国务委员兼国家教委主任李铁映为画册题词。全国人大常委会副委员长廖汉生、国家教委副主任何东昌、国家体委主任伍绍祖参加首发式并讲话。

6月11日 国家教委党组发出《关于高等学校组织学习〈关于社会主义若干问题学习纲要(试用本)〉的意见》。

△ 国务院高等学校毕业生分配工作领导小组发出《关于继续抓紧做好下阶段毕业生分配工作的通知》。

6月12日 国家教委办公厅发出《关于改进普通高等学校本科专业设置备案工作的通知》。

6月13日～16日 全国高等学校后勤工作会议暨表彰会在武汉市召开。国家教委主任助理朱育理到会并作工作报告。102所高校和505名后勤工作者受到国家教委的表彰。会议向从事高校后勤工作30年的老同志颁发荣誉证书和证章。7月31日，国家教委办公厅公布了表彰全国高等学校后勤工作先进集体和先进个人的决定和名单。9月3日，国家教委办公厅印发了会议纪要和朱育理的讲话。

6月14日 中共中央总书记江泽民在全国统战工作座谈会上进一步阐述了中央对广大留学人员和在海外的中国知识分子的政策。江泽民说，我们一贯相信广大留学人员和在海外的中国知识分子都是爱国的，对祖国有深厚的感情。他说，对去年北京风波后说过头话做过头事的，仍要采取爱护团结方针，一律不予追究；即使参加过反动组织，只要表示悔悟，脱离反动组织，也欢迎回来。

△ 国家教委办公厅发出《关于毕业生鉴定有关问题的通知》。

△ 国家教委办公厅发出《关于加强内地西藏班政治思想教育工作有关问题的通知》。

△ 中国福利会在北京举行第五届妇幼事业樟树奖颁奖大会。特级教师斯霞，幼儿教育专家孙岩和青少年体育专家焦玉莲等7位专家获得这项在妇幼卫生保健、儿童文化教育领域设立的全国专项奖。

6月15日 国家教委就施行《学校体育工作条例》和《学校卫生工作条例》举行新闻发布会。国家教委副主任何东昌在会上发表题为“全面加强学校体育卫生工作”的书面讲话，国家体委主任伍绍祖、卫生部长陈敏章出席了新闻发布会并分别就两个《条例》的实施发表讲话。

△ 国家教委办公厅发出《关于防止发生意外事故的紧急通知》。

6月16日 国家教委办公厅发出《关于建立全国高等师范教育教师数据库的通知》。

6月18日 国家教委办公厅转发国家体委《关于公共体育场所应进一步向中、小学生开放的通知》。

6月19日 新华社消息：据国家民委教育司介绍，1990年全国有3万多名少数民族大学生毕业，是建国以来我国少数民族大学生毕业生较多的一年，他们的毕业分配工作已全部落实，大部分学生志愿回民族地区工作。目前全国已开办12所民族学院，共有76个专业，在校学生12万人，全国有55个少数民族都有本民族的大学生。全国各高校还有

2000名少数民族硕士、博士生就读。

△ 国家教委同意中国统配煤矿总公司成立中国煤炭教育学会。

6月19日～23日 应国家教委邀请，保加利亚科学和高等教育部副部长赫里斯托·赫里斯托夫一行来华访问，双方签署了"关于相互承认文凭学位和证书的协议"。

6月19日～30日 应国家教委邀请，朝鲜民主主义人民共和国教育委员会委员长崔基龙一行来华访问。国务委员兼国家教委主任李铁映会见了朝鲜贵宾。双方高度评价两国在教育领域卓有成效的合作。

6月20日 国家教委办公厅发出《关于认真做好教育科学优秀成果推广应用工作的通知》。

6月21日 《中国教育报》报道：为做好成人高等教育治理整顿工作的协调与指导工作，国家教委成人高等教育治理整顿工作协调小组近日成立，国家教委副主任王明达任组长。

6月22日 国家教委发出《关于国家教委考试管理中心从考生报名考试费中提收部分考试费的通知》。

△ 国家教委同意北京师范大学成立励耘奖学助学金基金会。

6月23日 李铁映签署国家教委第12号令，发布《对外汉语教师资格审定办法》。

△ 国家科委、中国科学院、国家教委、新闻出版署发出《关于使用全国自然科学名词审定委员会公布的科技名词的通知》。

6月25日～30日 国务院学位委员会学科评议组第四次会议在北京举行，对第四批博士、硕士学位授予权进行复审。国务委员李铁映出席开幕式。国务院学位委员会主任委员何东昌和国务院学位委员会副主任委员朱开轩，分别在开幕式上讲话和作报告。6月30日，党和国家领导人江泽民、李鹏、李铁映等会见了出席会议的全体代表。李铁映同志同出席会议的30多位专家进行了座谈。

6月27日 中国燎原广播电视学校开播仪式在北京举行。国家教委副主任邹时炎宣布：中国燎原广播电视学校定于7月1日在中国教育电视台第二套节目正式开播。

△ 国家教委举行新闻发布会宣布，国家教委决定1990、1991年对成人高等教育进行治理整顿。整顿的重点是成人高等学历教育，目的在于贯彻党的教育方针，端正办学思想，维护成人高等学历教育的严肃性，使成人高等教育持续、稳定、健康地发展。国家教委副主任王明达在会上呼吁社会各界共同关心和支持这项工作。

6月27日～30日 国家教委师范教育司在北京召开高等职业技术师范教育办学指导思想座谈会。9月15日，印发座谈会纪要和何东昌、邹时炎、王明达在座谈会上的讲话。

6月28日 中共中央政治局常委、书记处书记李瑞环在中国关心下一代工作委员会座谈会上指出，关心下一代工作是关系到国家命运和前途的一件大事。青年人成长离不开老同志传帮带。

7月1日 国务委员兼国家教委主任李铁映对日本进行友好访问。他在我国驻日使馆会见留日学生代表时，鼓励他们刻苦学习、增长才干，为祖国为人民服务。他强调向国外派留学生的政策是我国改革开放总方针、总政策的一个重要组成部分，不会改变。

△ 国家教委发布《全国普通大、中学校学生体育竞赛暂行规定》。

7月2日 中宣部、国家教委、共青团中央联合举行新闻发布会，就组织好1990年高校学生暑假社会实践活动提出进一步要求。国家教委副主任何东昌、中宣部副部长李彦、共青团中央第一书记宋德福到会讲话。

△ 国家教委印发《关于开展中小学校长岗位培训的若干意见》。

7月3日 国家教委党组发出《关于改

进和加强委机关干部培训工作的试行意见》。

7月5日～13日　第21届国际中学生物理奥林匹克竞赛在荷兰哈尔林根市举行。我国中学生代表队获团体亚军，中国队5名队员全部获得奖牌。西安交通大学附属中学吴明扬和浙江省慈溪县中学周纲获得金牌，西北师范大学附属中学杨巍获得银牌，湖南省长沙第一中学陈伯友和湖北武汉第六中学段志勇获得铜牌。

7月6日　中央和国家各部门教育司局长联席会制度在北京建立，旨在领导管理好中央、国家各部门所属高校，加强了解，交流经验和情况，促进部门办学水平的提高。参加成立会的有40多位中央国家部委教育司局长，国家教委副主任何东昌到会祝贺。

△　《中学生品德修养故事丛书》首发式在北京举行。人大常委会副委员长周谷城、人大教科文卫委副主任委员、中国教育学会会长张承先等出席表示祝贺。这套丛书是为配合学校对中学生进行思想品德教育，以中学德育的要求为根据、由国家教委基础教育司和中国教育学会联合组织编写的。

△　国家教委国际合作司、外交部新闻司在石家庄陆军学院举行中外记者招待会，石家庄陆军学院政委向旭少将和北京大学校长吴树青教授，就北京大学1989级学生接受军政训练的情况，回答了记者的提问。

△　国家教委、财政部发出《关于普通高等学校本、专科学生贷款偿还办法的补充通知》。

7月6日～10日　由《中国教育报》和国际战略研究基金会、《解放军报》等13家单位联合举办的全民国防教育研讨会在成都举行。国家教委副主任邹时炎在开幕式上作了题为"加强学校国防教育，培养社会主义事业的接班人"的讲话。来自各地的代表在会上交流了国防教育的经验。闭幕式上，出席会议的教育界代表向全国教育界发出倡议：为开展国防教育作出新的贡献。

7月7日　国家教委机关党委和燎原计划办公室联合召开了国家教委扶贫工作汇报会。国家教委燎原计划办公室、清华大学、中央教育科学研究所农村教育研究室和天津大学的4位代表作了汇报。

7月9日　国家教委发出通知，印发《全国农村教育综合改革实验区工作指导纲要(试行)》(1990—2000年)。

△　国家教委、人事部、国家计委、公安部、商业部发布《普通高等学校招收自费生暂行规定》。

7月10日　中国职业技术教育中心研究所在北京举行成立典礼。国务委员兼国家教委主任李铁映，国家教委副主任何东昌，劳动部部长阮崇武、副部长李沛瑶，经贸部副部长李岚清和正在中国访问的联邦德国联邦经济合作部国务秘书冷格耳一行参加了典礼。中国职业技术教育中心研究所是在联邦德国政府的资助下，由国家教委和劳动部共同筹建的。

△　新华社消息：由西安冶金建筑学院建筑学系岑北缨、邓康、葛晓林等9名学生设计的名为"一座今日的住宅——生活于记忆与期望之中"的建筑方案，在加拿大蒙特利尔举行的第十四届国际大学生建筑设计竞赛中，夺得最高奖——联合国教科文组织奖。10月8日在该院举行颁奖大会。

7月10日～11日　第22届国际中学生化学奥林匹克竞赛在巴黎举行，我国获团体第一名，参加竞赛的4名选手全部获金牌，他们是：清华大学附属中学吴颉、安徽省合肥第一中学林傲、湖北省武汉市第六中学夏煜和江苏省海安县中学王庆根。

7月11日～18日　第31届国际中学生数学奥林匹克竞赛在北京举行，54个国家和地区的304名选手参加了比赛。中国队蝉联第一，6名选手获得5枚金牌和1枚银牌，是我国自1986年参赛以来的最好成绩。陕西省西乡县第一中学汪建华、湖北省武汉钢铁公司第三中学周彤、湖北省黄冈县中学王崧、安徽省铜陵第一中学余嘉联和北京市第四中学张朝晖获得金牌，湖北省黄冈中学库超获得银牌。

7月12日 《中国教育报》报道，国家教委新闻发言人对本报记者发表谈话，希望各地创造良好条件，让中小学生过一个愉快而有意义的假期。

△ 国务院学位委员会、国家教委发出《关于批准中国青年政治学院等校为学士学位授予单位的通知》。

7月13日 国家教委发出《关于认真进行普通高校本科专业清理工作和上报1991年普通高校部分本科专业暂停招生方案的通知》。

7月14日 中共中央政治局常委宋平和中共中央政治局委员、国务委员兼国家教委主任李铁映，在石家庄陆军学院参加了北京大学学生军政训练结业典礼，并为他们颁发了结业证书。宋平在讲话中充分肯定了北京大学学生进行军政训练的意义，勉励同学们回到学校后，要把学到的好思想、好作风、好习惯坚持发扬下去，为把自己锻炼成为社会主义事业接班人而努力奋斗。

7月15日 李鹏总理给山西临汾铁路第二小学的少先队员复信，赞同他们6月15日致信李鹏总理提出的确定“爱惜粮食日”的建议，并责成国务院办公厅和农业部加以研究，提出具体实施方案。

△ 由国家教委燎原计划办公室与天津市教卫委燎原计划办公室联合创办的《燎原信息报》创刊。

7月16日～21日 中国教育学会与四川教育出版社在成都召开全国中青年教育理论工作者学术研讨会。

7月17日 中共中央发出通知，对加强高等学校党的建设提出要求。

7月17日～18日 第二届国际奥林匹克信息学竞赛在苏联明斯克举行。我国参加竞赛的4名选手全部得奖，获团体总分第2名。北京大学附属中学江晓晔获一等奖，清华大学附属中学杨澄、福建师范大学附属中学李艰获二等奖，上海市延吉中学杨云和获三等奖。

7月18日 全国绿化委员会、国家教委、广播影视部、共青团中央联合发出《关于开展全国中、小学生绿化知识普及宣传教育活动的通知》。

△ 《人民日报》海外版和《神州学人》杂志社合办的“中国留学生之页”出刊。国家教委副主任何东昌为首刊撰文《向留学人员致以最好的祝愿》。

7月20日～21日 联合国教科文组织丝绸之路沙漠路线中国地段考察团完成考察任务。中国联合国教科文组织全国委员会主任滕藤，联合国教科文组织副总干事夏尔马参加了开幕式和闭幕式。18个国家的近40名历史和考古学专家参加考察活动，途经我国西部17个城市，行程近万里。丝绸之路综合研究是联合国教科文组织发起的世界文化发展十年计划中的三大世界性项目之一。

7月22日～27日 第19届亚洲中学生男子足球锦标赛在辽宁省沈阳市举行。中国队获第一名。

7月23日～8月4日 国家教委农村教育综合改革办公室与中央教育行政学院联合在北京举办农村教育综合改革实验县工作第二届研讨班。

7月23日～8月19日 驻国家教委审计局在山东威海市举办全国教育系统审计基础知识培训班。

7月24日 国家教委转发《山东省小学、初中学生国防教育实施意见》及《学校国防教育管理工作研讨会纪要》。

△ 国家教委同意中国石油化工总公司成立中国石油化工基础教育学会。

7月25日 国家教委转发全国教育工会《关于当前做好退（离）休教育工作者工作的情况和对今后工作的建议》。

△ 国家教委发出《关于检查扫盲工作的通知》。7月30日，发出《扫盲工作检查提纲》。

7月25日～30日 全国高等理科教育工作座谈会在兰州举行。国家教委副主任朱开轩在开幕式上作了题为《关于高等理科教育的若干问题》的报告。会议期间，国家教委副主任何东昌作了重要讲话，对今后一段时间我国高等教育工作的方针作了深刻的阐述。10月8日，国家教委办公厅印发何东昌、朱开轩在全国高等理科教育工作座谈会上的讲话。10月11日，国家教委印发《关于深化改革高等理科教育的意见》。

7月26日 国家教委发出《关于跨省、自治区、直辖市办学招生广告审批权限的通知》。

△ 国家教委办公厅发出《关于调查高校毕业生分配使用情况的通知》。

△ 国家教委办公厅发出《关于举办第三届自制教具评选活动的通知》。

7月29日～31日 国家教委艺术教育委员会第二届换届会议在北京举行。新一届艺术教育委员会邀请林默涵、贺绿汀、启功为顾问，赵沨为主任委员，刘开渠、瞿维、武兆令为副主任委员。9月20日，国家教委办公厅印发了会议纪要。

7月30日 中共中央总书记江泽民、国务院总理李鹏在中南海怀仁堂会见了参加国际奥林匹克数学、化学、物理、信息学竞赛的中国代表队领队和队员，他们在讲话中盛赞为国争光的中学生，勉励大家要有高度的民族自豪感和自尊心，要德智体全面发展。

7月31日 国家教委办公厅发出通知，公布表彰全国高等学校后勤工作先进集体和先进个人的决定和名单。

8月1日 国家教委办公厅发出《关于举办学习〈关于社会主义若干问题学习纲要（试用本）〉电视系列讲座的通知》。

8月2日～6日 中国教育学会在山东日照市召开第四次全国学术讨论会。

8月3日 国家教委印发《九年制义务教育全日制小学思想品德课教学大纲》（初审稿）。

8月4日 国务委员兼国家教委主任李铁映在北京会见了以美国弗吉尼亚工学院暨州立大学教授黄一鲁为首的北美华人企业管理教授学会访问团，回答了教授们提出的有关中国教育情况和留学生政策等方面的问题。

△ 《中国教育报》报道：国家教委副主任何东昌日前在同兰州市主管教育工作的领导同志座谈时说，城市纠正片面追求升学率，使学校由升学考试的竞争转变为办学水平的竞争，要从重点中学抓起。

8月4日～8日 第二次中美评估研讨会在北京举行。来自中国、美国、英国的100多位专家学者就教育评估在加强教育管理和提高教育质量上所起的作用以及如何评估高等学校办学的社会效益等理论与实践问题，进行了广泛深入的探讨。

8月6日 国家教委办公厅发出《关于对职业高级中学开展评估，认定“省级重点职业高级中学”的通知》。

8月6日～9日 全国研究生思想政治工作座谈会在长春举行。会议就当前研究生的思想状况、研究生思想教育的指导思想、内容、途径，以及如何加强和改进研究生思想政治工作进行了交流和探讨。会议提出，要把德育放在研究生教育的首位。1991年3月5日，国家教委印发了座谈会纪要。

8月7日 国家副主席、中国中小学幼儿教师奖励基金会理事长王震到国家教委北戴河教工活动中心，看望了参加全国优秀教师“园丁之家”活动的教师代表。他勉励教师们担负育人重任，用共产主义和爱国主义思想教育下一代。

8月7日～14日 国家教委社会科学研究与艺术教育司和中央宣传部教育局在大连联合举办了全国高校马列(社科)部主任暑期讲习班。李铁映、何东昌、滕藤、李彦等到会讲话。

8月10日 国家教委转发《青岛市发展职教的三项措施》。

△ 国家教委在江苏省连云港市举办全国学校军事教师夏令营。

△ 中国教育图书进出口公司与北京体育学院联合组建了中国高等教育学会导引养生学研究会。

△ 中国教育工会在北京召开表彰大会，有110个先进集体、208名先进个人、198名老教育工作者受到表彰。全国总工会副主席于洪恩、中宣部副部长龚育之、国家教委副主任邹时炎在讲话中充分肯定了他们在教育改革和发展中所作的贡献。

8月10日～16日 国家教委直属高校工作咨询委员会第一次全体(扩大)会议在大连举行。李铁映、何东昌、滕藤、朱开轩出席会议并讲话。10月8日，国家教委办公厅印发了他们的讲话。

8月11日～15日 全国教育科学规划领导小组(扩大)会议在大连市举行。会前，国务委员兼国家教委主任李铁映会见了与会的部分教育科学研究专家。国家教委副主任何东昌、滕藤、王明达到会并讲话。11月12日，国家教委办公厅转发了会议纪要。

8月13日 国务委员兼国家教委主任李铁映在抚顺市视察了雷锋小学和雷锋中学，参观了雷锋纪念馆，并与20余位中小学教师座谈。在座谈中他强调：要坚持向雷锋同志学习，用雷锋精神培养新一代社会主义事业的建设者和接班人，要把这件事作为教育战线重要的工作来研究和落实。

8月14日 《中国教育报》报道：国家重点投资第二次援藏教育项目完成，西藏中小学办学条件大为改善。39年来建成大中小学2500多所，西藏教育形成完整体系，各级各类学校在校生数为解放前的58倍。

△ 国家教委副主任柳斌会见了出席第二次全国人民群众见义勇为与犯罪分子作斗争先进分子表彰大会的教育界代表，并与他们进行了座谈。

8月15日 国家教委办公厅发出《关于接收外国卫星电视节目管理问题的通知》。

8月16日 国家教委发布《省级重点职业高级中学的标准》。

8月16日～20日 第三届国际汉语教学讨论会在北京举行。人大常委会副委员长周谷城、严济慈，国家教委副主任、国家对外汉语教学领导小组常务副组长滕藤等出席了开幕式。国务委员兼国家教委主任李铁映向大会发了贺信。国务院总理李鹏和李铁映等在会议闭幕时会见了全体与会代表。

8月17日 国家教委办公厅发出《关于在新学年开学时应严格执行有关中小学收费规定的通知》。

8月17日～19日 国家教委召开1990年全国扫除文盲工作会议。会议总结交流了各地贯彻国务院《扫除文盲工作条例》等情况，交流了各地扫盲的典型经验，表彰了76名全国扫除文盲先进工作者，研究部署了1991年度全国扫盲工作。国家教委副主任何东昌、滕藤、王明达，农业部副部长洪绂曾、共青团中央书记处书记冯军、全国妇联书记处书记关涛、中国科协书记处书记曹令中到会讲话。

8月17日～21日 全国教育期刊工作研讨会在黑龙江省牡丹江市召开。会议交流了近年来的办刊经验和1991年宣传报道工作的初步设想，并就如何在新时期进一步办好教育机关刊物的问题，进行了认真的研究、探讨。

8月18日 国家教委职业技术教育司在山东省烟台市召开中国职业技术教育师资队伍建设研讨会。

8月19日～23日 全国学联第21次代表大会在北京举行。

党和国家领导人江泽民、李鹏、万里等到会祝贺。李鹏总理代表党中央国务院致祝词指出：当代中国青年大有作为大有希望；经过学习和锻炼，广大青年学生增强了辨别是非的能力和维护社会稳定的自觉性，是完全可以信赖的。会议期间，江泽民、宋平、李铁映、丁关根等领导同志邀请部分代表到中南海座谈。

会议选举了全国学联第21届委员会，通过了20届委员会的工作报告以及新的《中华全国学生联合会章程》。

8月20日 国务院总理李鹏、国务委员兼国家教委主任李铁映在中南海会见了全国扫盲工作会议的代表。李鹏在讲话中号召全国进一步推动扫盲工作，总结经验，发扬成绩，把工作做得更好。

△ 国家教委发出《关于在普通高中实行毕业会考制度的意见》。

△ 国家教委办公厅发出通知，要求各地对中小学劳动教育情况进行一次检查。

8月22日 我国第一部大型教育专业工具书《教育大辞典》首发式在北京举行。《教育大辞典》是"七五"期间国家教育科研重点项目，全书共12卷，由上海教育出版社出版。

△ 由国家教委全国高校古籍整理研究工作委员会和巴蜀书社联合编辑出版的《古代文史名著选译丛书》首发式在北京举行。江泽民、李鹏为丛书题了词，李铁映、胡乔木等领导人出席了首发式。这套丛书是自"五四"以来最大的一套古籍今译系列丛书。

8月22日～24日 中国成人教育协会代表会议暨第二届理事会议在北京举行。会议选举国家教委副主任何东昌为中国成人教育协会会长。会议就进一步发挥成人教育的作用，以及农村三教统筹和城市企业教育的综合改革等问题进行了探讨。国家教委副主任何东昌、王明达，副会长、劳动部副部长李沛瑶，人事部副部长蒋冠庄到会讲话。

8月23日 国家教委发出通知，暂停函授、夜大学审批、备案工作。

8月24日 国家教委发出《关于施行〈中华人民共和国国旗法〉严格中小学升降国旗制度的通知》。

△ 国务委员兼国家教委主任李铁映与全国学联新选出的全体主席团成员座谈。李铁映在讲话中强调，对青年人关心、信任、希望，是我们党一如既往的工作方针，特别是在当前这个历史时期，具有重大意义。

8月25日 位于北京复兴门立交桥东南侧的国家教委电化教育大楼工程举行开工典礼。国家教委副主任何东昌、邹时炎等出席了工程奠基仪式和开工典礼。

8月28日 《中国教育报》报道：国家教委新闻发言人发表谈话，强调各地教育行政部门和所有中小学在开学时，必须认真按国家有关规定做好收费工作，划清合理收费和乱收费的界限，坚决刹住某些地方存在的乱收费现象。

8月30日 国家教委办公厅发出《关于1991—1992学年度高等学校教师培训工作的通知》。

9月3日 联合国教科文组织第42届国际教育大会在日内瓦举行，以国家教委副主任王明达为团长的中国代表团出席了大会。4日，王明达在大会上介绍我国扫盲成就。

△ 由中央教育科学研究所承办的国际教育成就评价协会第31届大会在北京开幕，来自26个国家和地区的近40名代表出席了会议。

9月5日 国家教委和中国中小学幼儿教师奖励基金会联合向全国老少边穷地区中小学校赠送图书仪式在北京举行。赠送的图书资料共41万余册，总价值近100万元。国家教委副主任何东昌在讲话中希望全社会都来关心教育，特别要关心老少边穷地区的教育事业，帮助他们改善办学条件，搞好教育教学工作。

△ 首届全国优秀电教教材评选发奖大会在北京举行，共有106部电教教材获奖。李铁映给大会发了贺信，何东昌、张承先、柳斌、邹时炎等出席大会。

△ 国家教委发出《关于转发〈国务院办公厅关于调整北京市中小学学杂费住宿费收费标准问题的复函〉的通知》。

9月7日 国家教委向全国大学新生致信祝贺，希望他们能做到德智体全面发展。

△ 为纪念第25届国际扫盲日，国家教委副主任何东昌向新闻界发表讲话指出，我们要力争在本世纪末完成扫除青壮年文盲的任务。他说，我国政府支持联合国对扫除文盲所作的努力。中国是社会主义国家，应该争取把扫盲工作做得更好一些。

△ 国家教委新闻发布会上宣布：我国河南省西平县人民政府在第42届国际教育大会上获得由联合国教科文组织颁发的1990年度“娜杰达·克·克鲁普斯卡娅国际扫盲奖”。

△ 由国家教委和中国国际贸易促进委员会共同举办的国际教学仪器设备展览会在北京开幕。

9月9日 国家副主席、中国中小学幼儿教师奖励基金会理事长王震向全国中小学幼儿教师致信祝贺教师节。

△ 国务委员兼国家教委主任李铁映到北京育才学校参加庆祝教师节活动，向年届百岁的谢肇老师祝寿，并代表国家教委向全国的老师表示祝贺。

9月9日～10日 为庆祝教师节，由国家教委、中国中小学幼儿教师奖励基金会联合摄制的电视艺术片《共和国之星》，分两集在中央电视台播出。

9月10日 国家教委在北京举行全国优秀德育教师代表座谈会，国务委员兼国家教委主任李铁映代表党和政府向教师致以节日的问候和敬意。他在讲话中强调，九十年代教育战线一项重要任务，就是要提高全体教师和学生的思想政治水平和德育水平。

△ 国家主席杨尚昆邀请北京景山学校15名教师到家中作客，向他们祝贺节日。

△ 国务委员兼国家教委主任李铁映到北京市第八中学和北京第一师范学校附属小学向老师们祝贺教师节。国家教委副主任何东昌、柳斌、邹时炎分别到通县潞河中学、昌平一中、北京第一聋哑学校、昌平师范中学、北京市东华门幼儿园，亲切慰问教师。

△ 国家教委副主任何东昌在中央人民广播电台和中国教育报社举办的庆祝教师节晚会上讲话，代表国家教委向全国各族教职工致以节日祝贺。

9月11日 国家教委在北京举行中小学班主任先进事迹报告会。

△ 国家教委办公厅发出《关于提请注意以德育工作业绩为主要依据评选一批中小学特级教师的通知》。

9月12日 《人民日报》报道：国务委员兼国家教委主任李铁映最近指出，当前农村教育要继续转变指导思想，深化改革。他说，农村教育改革的根本目标是改变教育同经济建设、社会发展之间的“两张皮”现象，逐步建立起教育同当地社会主义建设协调发展，相互促进的机制，推动农村两个文明建设的全面发展。

△ 国家教委办公厅发出《关于内地西藏班（校）初中毕业生户粮迁移问题的通知》。

9月13日 国家教委发出《关于被评为全

国教育系统劳动模范的民办教师奖励升级的意见》。

9月13日～23日 国家教委在佳木斯和沈阳召开全国城市教育综合改革试验工作会议。国家教委副主任何东昌、柳斌、王明达出席会议并讲了话。何东昌在讲话中指出，城市教育综合改革要解决与城市的经济、社会发展和社会文化相适应相协调的问题。重点应放在中等以下的各级各类教育、岗位培训及高中后的短期职业培训。

9月14日 国家教委发出《关于出国留学生回国学习有关问题的通知》。

9月17日 清华大学5兆瓦低温核供热堆，通过了国家计委、国家教委和财政部联合主持的技术鉴定和项目验收。有关专家认为，这座核供热堆，是世界上第一座投入运行的具有固有安全性的压力壳式低温核供热堆，是一项具有国际水平的重大科技成果。

△ 国家教委副主任、党组书记何东昌在信阳陆军学院北京大学90级理科新生开学典礼上强调，普通高校的新生到部队院校进行一年军政训练，是高等教育改革的一项重要尝试，是地方高校向部队院校学习思想政治工作的重要途径，今后这项工作要继续搞下去。

9月18日 李铁映签署国家教委第13号令，发布《高等学校校园秩序管理若干规定》。

△ 国家教委印发《高等师范院校电化教育专业教材委员会章程》。

△ 国家教委印发《关于落实世界银行贷款职业技术教育项目效益指标的意见》。

△ 中央宣传部、国家教委、解放军总政治部转发海军勤务学院党委《迎难而上，不断探索，努力加强和改进马克思主义理论课教学》的经验。

9月19日 国家教委副主任滕藤、朱开轩，国家教委主任助理朱育理，分别到石家庄陆军学院、南昌陆军学院和大连陆军学院，参加北京大学文科新生、复旦大学文科新生和复旦大学理科新生的开学典礼，并对军训学生提出希望和要求。

9月20日 国家教委印发《全国乡土教材建设经验交流会议纪要》。

9月21日 应中国联合国教科文组织全委会邀请，联合国教科文组织前总干事姆博及夫人来华访问并出席第十一届亚洲运动会开幕式。国家教委副主任朱开轩会见并宴请姆博夫妇。

9月22日 第十一届亚洲运动会在北京开幕，一批教师代表应邀出席了开幕式。

△ 国家教委发出《关于1988年普通高等学校超计划招生遗留问题的处理意见》。

9月22日～26日 全国农民教育联系点第三次协作会在上海市川沙县召开。

9月25日 国务委员兼国家教委主任李铁映出席授予国际奥林匹克委员会主席萨马兰奇名誉教授的仪式。

9月26日 国家教委发出《关于颁发生产许可证的通知》。

9月27日 国家教委发出《关于严禁体罚、变相体罚学生和防止中小学教师中少数坏人奸污女学生的通知》。

9月28日 国务委员兼国家教委主任李铁映，国家教委副主任何东昌、滕藤在人民大会堂会见了回国参观第十一届亚洲运动会的留学生代表，并同大家座谈。李铁映在讲话中再次重申我国改革开放的政策不会改变，以及坚持留学人员来去自由的政策。

△ 《中国教育报》报道：1990年全国统一分配的52万多名普通高校毕业生和3.3万多名毕业研究生的派遣工作已基本结束。各地反映，1990年的派遣工作比较顺利，毕业生办离校手续快，报到率高，遗留问题较少。

9月29日 国家编制委员会批准了国家教委所属事业机构和编制。

△ 世界儿童问题首脑会议在纽约联合

国总部召开。国家主席杨尚昆、国务院总理李鹏致电表示祝贺。

△ 国家教委办公厅印发何东昌同志在委属高校档案馆长培训班上的讲话。

9月～11月 国家教委组织6个督导组，对黑龙江、天津、浙江、湖北、四川、陕西等6省、市中小学教育工作"五查"的复查情况进行了抽查。

10月2日 《中国教育报》报道：国家教委副主任何东昌在同沈阳市技工学校的校长们座谈时强调，要重视和统筹研究技工教育的发展，建设一支政治觉悟较高、技术精良、作风严格的工人后备队伍。

10月3日～6日 国家教委副主任滕藤访问马来西亚。

10月3日～20日 根据中加教育交流合作项目计划，中央教育行政学院举办第一期高教管理改革比较讲习班。高教管理学科的高校教师及科研人员共30人参加。

10月4日 国家教委办公厅发出《关于进一步做好电视师范教育考试工作的通知》。

10月4日～12月20日 根据国家教委与日本文部省签署的教育交流协议，国家教委国际合作司委托中央教育行政学院举办1990年日本基础教育行政研究班。10名学员是全国教育改革实验县的教育局长。

10月6日～7日 国务院学位委员会在北京召开第九次会议，审议并批准了全国第四批授予博士、硕士学位的学科、专业及博士生指导教师。还审核批准了《授予博士、硕士学位和培养研究生的学科、专业目录》、《学科评议组试行组织章程》等文件。11月，国务院学位委员会正式公布了批准名单。

10月8日～14日 国家教委在上海宝山钢铁总厂主办企业教育综合改革实验讲习班。全国100家综合改革实验企业的近300名代表参加了讲习班。国家教委副主任王明达在讲话中强调，企业教育要围绕企业发展目标，为提高产品质量，提高经济效益及企业进一步发展服务。

10月9日 国家教委副主任何东昌在河南郑州大学、河南农业大学和黄河大学视察时强调指出，高校专业结构调整要面向实际，重心下移。他对郑州大学面向实际调整专业结构、增加应用学科比重的作法，给予了充分肯定。

△ 国家教委发出《关于批准中央广播电视大学1991级专业科类和统设课程设置的通知》。

△ 国家教委办公厅发出通知：普通中等专业学校招收自费生。原则上可参照《普通高等学校招收自费生暂行规定》执行。

10月9日～13日 全国教学仪器标准化技术委员会工作会议在杭州举行。

10月10日 中央国家机关44个部门的教育司局长聚会，交流各部门制订教育事业"八五"计划和10年规划设想，以及"七五"教育事业发展情况。提出为使我国教育事业健康发展，要做好各级各类教育的协调工作。

△ 国家教委发出通知，印发《普通高等学校体育教育专业场馆设施、器材配备目录》(试行草案)和《普通高等学校体育教育专业实验室仪器、设备配备目录》(试行草案)。

10月11日 国家教委发出《大学生体育合格标准实施办法》。

△ 全国学生体质、健康监测工作座谈会在湖南省益阳市召开。

△ 国家教委发出《关于首届全国优秀电教教材评奖结果的通知》。

10月12日 联合国教科文组织执行局委员、中国国家教委副主任滕藤在教科文组织第135届执行局会议上指出，教科文组织工作重心应是坚持面向广大发展中国家，这是今后相当一段时间内制定计划的根本原则。

△ 国家教委发出《关于1990年全国普通高等学校科技统计年报工作的通知》。

△ 西北民族学院创办40周年。该院是1950年在西北人民革命大学兰州分校的基础上成立的。

10月13日～17日 中国少年先锋队全国代表大会在北京举行。江泽民、杨尚昆、万里等领导同志到会祝贺，江泽民总书记代表党中央、国务院向大会致了祝词。

会议期间，江泽民和出席会议的部分少先队工作者座谈时提出，培养和造就千百万忠诚于社会主义事业的合格接班人，是保证国家长治久安的战略问题。认真做好少先队工作，从娃娃抓起，从基础抓起，是一项意义深远的崇高事业。

国家教委副主任何东昌、柳斌也先后到会讲了话。大会选举产生了93名全国少工委委员，通过了《关于全国少工委工作报告的决议》及《中国少年先锋队队章修改方案》和新的《中国少年先锋队章程》。

10月14日 北京理工大学举行活动，隆重纪念这所我党创办的理工科大学建校50周年(北京理工大学的前身是延安自然科学院，成立于1940年)。50年来，这所学校共为国家培养科技干部3.8万余人，完成科研任务数千项，为我国的社会主义革命和建设事业作出了巨大贡献。国务院总理李鹏为自己的母校发了贺信并题词。

10月15日～19日 全国城市中小学教职工住房建设经验交流会在昆明举行。会议提供的资料表明，我国城市中小学教职工人均住房面积已从1983年的3.8平方米提高到5.73平方米，居住条件得到改善。会上，国家教委对1989年城市中小学教职工住房建设成绩显著以及在小学校舍建设、师范校舍建设方面成绩比较突出的20个省、自治区、直辖市进行了表彰。

△ 由中国国民党革命委员会中央委员会召开的民革全国办学工作会议在杭州召开。12年来，民革共创办各类业余学校265所，培养各种建设人才130余万人。民革中央副主席李赣骝、国家教委副主任王明达在会上讲了话。

10月15日～12月15日 中央教育行政学院同国家教委人事司、社会科学研究与艺术教育司、思想政治工作司共同举办第一期高等学校领导干部马克思主义理论研究班。学员为国家教委、国务院有关部委和省、自治区、直辖市所属重点高等学校的校级党员领导干部，共52人。

10月16日 人事部、国家教委、共青团中央联合发出《关于实行全国学联和省、自治区、直辖市学联主席团部分成员驻会制度有关问题的通知》。

10月16日～19日 国家教委在上海召开课程发展与社会进步国际研讨会，来自美、日、英、法、澳大利亚、南朝鲜及台湾、香港地区的学者、专家27人，中国专家、学者138人参加研讨会，会议收到62篇学术论文。国家教委副主任柳斌出席开幕式和闭幕式并讲了话。

10月17日 中央宣传部、国家教委联合举行弘扬亚运精神座谈会。首都教育界代表提出，教育部门要弘扬北京亚运精神，推动学校各项工作的开展。

10月18日 国家教委发出《关于1991年思想政治教育专业第二学士学位班招生工作的通知》。

△ 国家教委印发对内蒙古自治区、云南省、江西省中小学教育工作五项督导检查的报告的通知。

△ 国家教委发出《关于改革高考科目设置的通知》。

△ 全国中小学近视眼防治工作座谈会在湖南省益阳市召开。

△ 北京市举行职业高中为亚运服务工作汇报会，国家教委副主任王明达出席并讲话。

10月19日 中央戏剧学院纪念建院40周

年。国家主席杨尚昆向学校发了贺信并题词，祝愿师生们教学相长，为繁荣社会主义戏剧艺术事业共同努力。

△ 国家教委副主任朱开轩在北京会见了由苏联《教师报》总编辑谢列兹尼奥夫率领的苏联《教师报》代表团。

△ 国家教委发出《关于向中小学生推荐优秀少年儿童歌曲广泛开展群众性歌咏活动的通知》，附发纪念中国共产党诞生70周年开展中小学歌咏活动推荐歌曲目录。

△ 国家教委同意中国民主促进会成立叶圣陶研究会。

10月20日 《中国教育报》报道：国家教委副主任何东昌最近在同河南省南阳地区的领导同志座谈教育工作时强调，农村教育综合改革试验区要办出自己的特色。

10月20日～24日 全国儿童少年工作先进市（县）第二次经验交流会在浙江省海宁市举行。中顾委常委、中国关心下一代工作委员会主任康世恩、人大常委会副委员长、全国妇联主席陈慕华、国家教委副主任、国务院妇女儿童协调工作委员会副主任柳斌等到会讲话。

10月23日～26日 全国中小学教师继续教育工作座谈会在四川自贡市举行。国家教委副主任柳斌到会讲话。

△ 中国高校校办产业协会成立大会暨首届学术和经验交流会在成都召开。国务委员兼国家科委主任宋健、中国人民大学校长袁宝华担任协会名誉会长。12月31日，国家教委办公厅印发了会议纪要和国家教委副主任王明达在成立大会上的讲话。

10月25日 《中国教育报》报道：最近，国家教委副主任何东昌考察了河南省郑州、周口、信阳、南阳等地的20多所学校，听取了工作汇报。他在教育部门干部大会上强调："群众出钱出力办教育，我们要全力以赴抓质量。特别是在那些中小学危房基本消除的地方，要把工作重点转到提高办学质量上来，不辜负人民对我们的殷切期望。"

△ 国家教委发出《关于核定我委直属普通高校成人高等学历教育近期发展规模的通知》。

10月26日～30日 以讨论残疾人教育为重要内容的国际性会议——康复国际亚太地区第九届大会在北京举行。来自50多个国家和地区的1000多位代表参加了会议。国家主席、本届大会名誉主席杨尚昆，国务院总理李鹏等出席了开幕式。

据统计，我国已有专为残疾人开设的学校672所，特教班1885个，在校生已达6.39万人，并且还在全国8个省、市开设了随班就读班。全国残疾人教育网络在逐步健全。

△ 国家教委办公厅在浙江省杭州市召开省、自治区、直辖市、计划单列市教育行政部门和国家教委直属高校校长办公室主任工作会议。国家教委副主任何东昌到会，就当前教育战线形势、今后任务和如何改进办公室工作讲了话。

10月26日～11月1日 第二次全国"燎原计划"与农村教育改革实验县工作会议在四川省温江县和广汉市召开。中共中央政治局委员、中共四川省委书记杨汝岱和国家教委副主任王明达、四川省副省长韩邦彦出席了开幕式并讲了话。10月31日，国家教委副主任何东昌在讲话中强调，农村教育综合改革和实施"燎原计划"要在继续抓好典型的基础上，做好提高水平、深化改革的推广工作，并向城市教育改革延伸，以取得城市教育的支持。

10月27日 首都及来自湖南、湖北、上海理论界、教育界的人士130多人在北京集会，纪念中国共产党的发起人之一、杰出的马克思主义理论家、教育家李达诞辰100周年。中顾委常委胡乔木、中国社会科学院院长胡绳出席会议并讲了话。中宣部部长王忍之、国家教委副主任滕藤也出席了会议。

△ 国家教委、人事部联合发出《关于获得苏联、东欧国家副博士学位人员回国后待遇的通知》。

10月28日～31日 全国中小学实验教学普及县现场会在四川省成都市举行。国家教委副主任何东昌、柳斌和四川省副省长韩邦彦出席了会议。12月25日，国家教委办公厅印发了会议纪要和何东昌、柳斌的讲话。

10月29日 百余名教育界、学术界专家、学者在北京师范大学隆重纪念我国著名教育家、历史学家陈垣诞辰110周年。全国人大常委会副委员长周谷城、全国政协副主席王光英、中国社会科学院院长胡绳、国家教委副主任柳斌出席了纪念座谈会。

△ 国家教委办公厅发出《关于加强义务教育阶段中小学生写字教学的通知》。

10月30日 北京市举行庆祝高等教育自学考试创建10周年大会。国务院总理李鹏为此题词："高等教育自学考试作为鼓励自学成才的学力检验制度是成功的，我们应给予充分的肯定，建立这项制度不是权宜之计，要长期坚持下去。"

△ 1990年全国普通高中会考总结会在北京结束。与会代表充分肯定了上海、浙江等省、市在高中会考中取得的成功经验，强调要坚定不移地推进高中阶段的会考工作。国家教委副主任柳斌到会并讲话。

△ 国家统计局发表《关于1990年人口普查主要数据的公报》(第一号)。截止1990年7月1日零时，我国总人口达11.6亿，其中大陆人口11.3亿。大陆人口中，文盲、半文盲人口为1.8亿，与1982年第三次人口普查数据比较，文盲、半文盲人口占总人口的比例已由22.81%下降为15.88%。

10月31日 李铁映签署国家教委第14号令，发布《普通高等学校教育评估暂行规定》。

△ 国家教委发出《关于开展成人中等专业学校评估工作的通知》。

△ 《人民日报》报道：作为"希望工程"的首批资助对象——全国40个贫困县的1万名因贫困失学的小学生，目前，每人已领到助学金，重返校园。

10月 国家教委条件装备司主办的《国际教育仪器设备》(季刊)出版。

11月1日 国家教委发布《国家教育委员会机关保密工作细则》。

11月1日～3日 全国高等师范学校招生工作总结会在福州召开。会议就如何提高招生质量、总结各种改革试点之长短、完善招生办法、师范院校招收民办教师等问题开展了研讨。

11月2日～12日 应国家教委邀请，由南斯拉夫塞尔维亚共和国教育科学体育部部长马尔科维奇率领的南斯拉夫教育代表团访问了我国。国家教委副主任朱开轩会见并宴请了代表团，双方回顾了两国近两年教育合作计划的执行情况，并探讨了今后合作的前景。

11月3日 国家教委办公厅印发世界银行贷款《中学在职教师培训项目效益指标的执行意见》和《项目效益指标数据统计及折算方法》。

11月5日 1990年度陈嘉庚奖第三次颁奖暨"陈嘉庚星"命名大会在厦门大学举行。中共中央政治局常委、书记处书记李瑞环出席大会并作了重要讲话。他在讲话中强调，要发扬陈嘉庚先生为中华民族振兴终身奉献的精神，在全社会形成关心教育、重视科学、尊重人才的良好风气。

11月5日～9日 第15届世界远距离教育大会在美国加拉加斯举行。来自世界60个国家的1000多名代表参加了会议。中国代表在大会上发表了题为《远距离教育在中国的发展》和《广播电视教育》的报告。

11月5日～11日 国家教委副主任柳斌率团访问蒙古人民共和国。

11月6日 国家统计局发表《关于1990年人口普查主要数据的公报》(第二号)。

11月7日～10日 全国妇女扫盲暨首次"巾帼扫盲奖"颁奖大会在湖南怀化召开。100名先进个人和30个单位获奖。国家教委副主任王明达代表国家教委对各级妇联为妇女扫盲付出的辛勤劳动表示衷心感谢，向获奖单位和个人致以热烈祝贺。会议由全国妇联召开，全国妇联和国家教委共同颁奖。

11月8日～12日 全国农民技术教育工作座谈会在北京举行。农业部部长刘中一、副部长洪绂曾出席会议并讲话。10年间，3亿农民接受各类技术教育。近几年推广978项科学技术，产生直接经济效益140亿元。会议决定进一步推行农民技术资格证书制度。

11月10日 《中国教育报》报道，国家教委副主任何东昌日前在同四川大学党政领导干部座谈综合大学文科改革时，肯定了四川大学哲学系学生代职实习的作法，认为取得了很好的效果。他强调，文科改革和发展的关键，是在专业相关的领域里如何把马克思主义与实际结合好。

11月10日～12月5日 国家教委成人教育司和中国成人教育协会委托华东师范大学成人教育学院、上海第二教育学院在上海举办首次省、自治区、直辖市成人教育处长、部委职工教育处长岗位培训试点班。

11月11日～16日 李铁映、严济慈、陈慕华、程思远等参加国际扫盲年"科学与和平周"活动开幕式。中国少年儿童基金会宣布，向全国一万名"扫盲小先生"每人赠送一套《少年英雄丛书》。国际扫盲年"科学与和平周"首都科教专家话扫盲座谈会在北京举行。国家教委副主任王明达在会上介绍了国内外扫盲的情况。大家认为，我国扫盲的成绩很大，但1.8亿文盲的数字仍不容乐观，提出将广大农村中小学生作为扫盲的基本队伍。

11月13日 国家统计局发表《关于1990年人口普查主要数据的公报》(第三号)。

△ 《中国教育报》报道：国家教委副主任何东昌最近在浙江农业大学中层干部座谈会上提出，农业教育改革要为建立一支层次比较齐全的农业现代化队伍服务。

11月13日～23日 应国家教委邀请，以苏联国家教委副主任舒克舒诺夫为首的苏联国家教委科技代表团来我国访问。国家教委副主任何东昌会见了代表团，国家教委副主任朱开轩同代表团举行了工作会谈。

11月14日 国家教委发出《关于公布高校工厂首批整顿验收合格单位的通知》和《关于表彰高校工厂首批整顿验收先进单位的决定》。

11月15日 国家教委发出《关于教育系统纠正行业不正之风的通知》。

11月16日 国家教委向全国人大常委会办公厅、全国政协办公厅和国务院办公厅报告，1990年收到人大代表议案、建议和政协委员提案共475件，到7月底已按要求全部办理完毕。

△ 中国职业技术教育学会在北京成立。国家教委副主任何东昌当选为会长，国家教委副主任王明达、农业部副部长洪绂曾、劳动部副部长李沛瑶、北京市副市长陆宇澄当选为副会长。学会的主要任务是，从中国国情出发，总结职教工作经验教训，为有关方面决策提供咨询和依据，并积极开展国内外学术交流活动。

11月16日～22日 国家教委、人事部在北京联合举办首届全国留学回国人员科技成果展览会。宋平、薄一波、严济慈、钱伟长共同为展览剪彩。国务委员宋健、国家教委副主任何东昌在开幕式上讲了话。参展的项目共有2500多个。

11月17日 国家教委发出《农村教育综合改革实验县贯彻〈学校体育工作条例〉和〈学校卫生工作条例〉的意见》。

△ 全国扫盲工作协调小组成员会议暨在京扫盲检查工作人员动员会在北京举行。国家教委副主任王明达在会上部署了全国扫盲检查工作。他指出：要通过扫盲检查，让全社会了解扫盲任务仍十分艰巨，使全社会继续关心、支持扫盲工作；要推动各地将扫盲工作抓紧、抓实，扫盲任务要落实到村。

11月17日～12月6日 国家教委成人教育司和中国成人教育协会委托北京市成人教育学院在北京举办首次省、自治区、直辖市成人教育处长、部委职工教育处长岗位培训试点班。

11月18日 国家教委发出《关于加强教学仪器设备行业归口管理的通知》。附发了国家教委归口管理的主要产品分类目录，已颁发的教学仪器设备国家标准、行业标准目录，教学仪器设备产品生产许可证获证生产工厂汇总表。

11月18日～22日 国务委员兼国家教委主任李铁映在河南省考察教育工作。他先后视察了郑州大学、河南农业大学、河南大学以及登封县、孟县、汝阳县和兰考县的10余所农村中小学校，沿途听取了洛阳、焦作、开封市负责同志关于当地教育工作的汇报。在考察时李铁映强调，社会主义学校必须坚持社会主义办学方向；他希望各级教育部门下大气力提高办学质量，以实际行动回报人民群众的办学热情。11月27日，《中国教育报》发表了李铁映视察登封县一中的报道。

11月19日 国家教委转发国家体改委《关于同意将沈阳教学仪器厂恢复由国家教委管理的复函》。

11月19日～26日 蒙古人民共和国教育部长乌尔特纳桑一行应国家教委邀请来华访问。双方签署了中蒙1991——1995年教育合作计划。国务委员兼国家教委主任李铁映出席了签字仪式，并会见了蒙古客人。

11月20日 国家教委发出《关于进一步加强来华留学生管理工作的通知》。

11月20日～22日 国家教委学校体育卫生司和卫生部卫生监督司在上海市川沙县召开全国农村学校卫生工作试点县总结表彰会。全国20个试点县在会上受到表彰。

11月21日 国家统计局发表《关于1990年人口普查主要数据的公报》(第四号)。

△ 国家教委办公厅印发《委属高等学校外汇财务管理制度》和《关于出国经费管理的规定》。

11月22日 国家教委发出关于试行《高等教育自学考试畜牧专业专科考试计划》的通知。

11月24日 霍英东教育基金会第二次高等院校青年教师基金及青年教师奖颁授仪式在北京举行。77名高校青年教师获得“青年教师基金”，141人获得“青年教师奖”。党和国家领导人杨尚昆、李铁映、雷洁琼、程思远，国家教委副主任何东昌、滕藤、朱开轩以及霍英东先生出席了颁授仪式。

11月24日～27日 全国教育工会青年教师工作经验交流会在唐山市举行。会议发出呼吁，要求大家都来更多地关怀、引导和帮助青年教师，促使他们尽快胜任跨世纪重担。全国教育工会主席李星万在会议总结时要求各级教育工会积极主动配合党政领导，发挥工会组织的优势，推动青年教师工作全面深入发展。

11月25日 国家教委、国家计委联合发出通知，发布《普通高等学校、中等专业学校招生计划管理暂行办法》。

11月26日 中国农业银行、国家教委发出《关于支持农、林中专和农村职业中学开展生产经营活动的联合通知》。

△ 著名哲学家、教育家，北京大学教

授，第七届全国政协常委，原中国科学院哲学社会科学学部委员，中国民主同盟盟员冯友兰先生在北京逝世，终年95岁。

11月26日～29日 全国妇联与国家教委在广西柳州联合召开全国部分省区女童就学工作经验交流会。会议提出要切实负起教育后代的重要责任，把女童就学工作继续深入、扎实、富有成效地开展下去。广西、贵州等省区的代表在会上介绍了开展女童就学工作的经验。全国妇联、国家教委有关部门负责人出席会议并讲了话。

11月27日 《中国教育报》报道：家庭教育基金优秀教育世家评委会最近评选出30户第二届全国优秀教育世家。

11月27日～30日 全国比较教育研究会第六届年会在天津召开。会议认为，比较教育要改变以往的研究重点，从单纯研究外国教育转移到从中国教育的实际出发，研究中外教育的比较上，更好地为中国教育改革与发展服务。

11月27日～12月1日 全国普通高等专科教育工作座谈会在广州举行。国家教委副主任朱开轩在开幕式上作了题为《关于加强普通高等专科教育工作的几个问题》的报告。国家教委副主任何东昌在闭幕式上讲了话。1991年1月6日，国家教委印发《关于加强普通高等专科教育工作的意见》；1月21日，国家教委办公厅印发了何东昌、朱开轩的讲话。

11月28日 人民教育出版社在人民大会堂召开“提高教材质量，为培养21世纪人才作贡献”座谈会，庆祝建社40周年。40年来，人民教育出版社先后编辑出版了7套全国通用的中小学教材，累计出书18000种，近300亿册。

李鹏、李铁映、胡乔木等为人民教育出版社40年社庆题了词。周谷城、严济慈、赵朴初、张承先、张文松、刘忠德、滕藤、柳斌等领导同志和有关专家学者出席了座谈会。

△ 国务院学位委员会、国家教委发出《关于施行〈授予博士、硕士学位和培养研究生的学科、专业目录〉的通知》。

11月29日 《中国教育报》社和《中国少年报》社共同发起，由《中国教育报》主办的第二届全国中小学生“让精神世界更美好”读书活动在人民大会堂举行开幕式。中顾委常委康世恩、人大常委会副委员长严济慈、国家教委副主任滕藤出席了开幕式，并把出版发行单位赠送的图书交给了井岗山小学等6所革命老区学校的代表。12月1日，李铁映会见来自井岗山、瑞金、沂蒙山等革命老区的6位中小学校长，鼓励他们把中小学学生读好书的活动开展得更好。

11月30日 中央宣传部、国家教委联合发出《关于组织中等学校干部和教师学习社会主义理论的通知》。

△ 国家教委发出《关于聘请国家教委科技委第二届委员会委员和召开1990年科技委全体会议的通知》。

12月1日 李鹏总理在全国计划会议闭幕时作了重要讲话。在第十个问题“进一步加强科技和教育”中指出：以教育为本，依靠科技振兴经济，是我们坚定不移的方针。要进一步端正办学的指导思想，把德育放在首位，对学生进行爱国主义、集体主义和社会主义的教育，培养德、智、体全面发展的、为社会主义建设服务的人才。

△ 国家教委办公厅发出《关于对以国家教委司、局、办名义编辑的出版物进行保密检查的通知》。

12月3日～5日 能源部在山西省临汾电力技工学校召开现场会。能源部党组作出学习这所学校的决定。能源部部长黄毅诚、副部长陈佑楣、劳动部副部长李沛瑶、山西省副省长吴达才和国家教委副主任王明达到会讲了话。

12月3日～10日 国家教委副主任何东昌一行四人去香港访问，重点考察职业教育。

12月4日 国家教委发出《关于做好1991年表彰全国普通高等学校优秀思想政治工作者准备工作的通知》。

12月5日～13日 国家教委在湖南省长沙、怀化召开加速师范院校标准化建设，培养合格的中小学教师座谈会。国家教委副主任柳斌提出，“八五”期间要优先发展师范教育。会议期间，代表们参观了湖南省的18所师范院校和2个教育实习基地。

12月6日 国家教委发出通知，印发国家教委优秀产品评审委员会章程、组成人员名单和国家教委校办产业优质产品评选试行办法。

12月6日～10日 第二届全国高师体育专业教材编审委员会第一次全体会议在湖北省武汉市召开。1991年3月6日，国家教委印发了《第二届全国高师体育专业教材编审委员会第一次全体会议纪要》。

12月7日 李铁映主持国务院高校毕业生分配工作领导小组第三次会议，研究1991年全国高等学校毕业生和毕业研究生的分配工作问题。

12月7日～9日 中国教学仪器设备行业协会在天津大学召开第二届会员代表大会。

12月8日 中宣部、国家教委、团中央、全国学联、北京市委在北京联合举行座谈会，纪念“一二·九”运动55周年。中共中央政治局常委宋平在讲话中说，党和人民寄厚望于青年一代。“一二·九”运动的光荣传统，需要广大青年继承和发扬。他相信，青年一代必定会成为在建设有中国特色的社会主义伟大事业中建功立业的大有希望的一代。

李铁映、段君毅等领导同志和一些参加过“一二·九”运动的老同志也出席了座谈会。

12月10日 李铁映签署国家教委第11号令，发布《教学仪器优质产品评选办法》。

△ 国家教委、财政部发布《高等学校会计工作达标升级考核标准(试行)》。

△ 国家教委发出《关于中小学教师职务聘任工作中有关问题的通知》。

△ 中国高等教育学会举办的“1990年高等教育研究优秀论文奖”和“1990年高等教育研究优秀专著奖”评选活动在北京结束。获奖的论文一等奖5篇，二等奖13篇，三等奖28篇；获奖的专著二等奖7部，三等奖9部。此外，还确定了成果奖若干项。

12月11日 国家教委发出《关于国有资产管理工作的通知》。

△ 国家教委办公厅发出《关于因病辞退内地西藏班藏族学生问题的通知》。

12月12日 第二届全国科技实业家创业奖在北京颁奖，获奖的43位科技实业家中，高等学校有5位。

12月13日 《中外名人画像》、《中外名人故事丛书》首发式在北京举行。周谷城、严济慈、刘冰、何东昌、柳斌等领导同志出席了首发式。《中外名人画像》和《中外名人故事丛书》已经国家教委中小学教材审定委员会办公室组织审定，并向全国中小学校推荐。

12月14日 国家教委发出通知，印发《1991年全国普通高等学校招生统一考试范围》。

12月15日 国家教委发布《中等师范学校德育大纲(试行)》和《中等师范学校学生行为规范(试行)》。

12月17日～21日 国家教委、国家科委在北京联合召开全国高等学校科技工作会议。国务委员兼国家教委主任李铁映，国务委员兼国家科委主任宋健出席开幕式并作了重要讲话。国家教委副主任朱开轩在开幕式上作了题为《充分发挥高等学校的科技优势，为我国经济、科技、教育发展作出更大贡献》

的报告。

在闭幕式上，国家教委、国家科委联合表彰了近600名全国高校先进科技工作者和69个先进集体；国家教委向3000余名从教40年以上，在教学、科研工作中作出较大贡献的老教授颁发了荣誉证书。国家教委副主任何东昌作了总结讲话。

12月18日 国家统计局发表《关于1990年人口普查主要数据的公报》(第五号)。

12月18日～20日 由国家教委、财政部、国家计委、农业部联合召开的全国多渠道筹措教育经费，改善办学条件先进单位表彰大会在北京举行。河南、江西、广西、甘肃、宁夏、江苏、辽宁7省区被授予先进单位，受到表彰奖励。

表彰会上，国务委员兼国家教委主任李铁映和国务委员兼财政部长王丙乾分别讲话强调，多渠道筹措教育经费，改善办学条件，是我国教育事业的一条重要指导方针，要健康、深入、持久地开展下去。

12月20日 国家教委发出通知，印发《中、小学卫生室器械与设备配备目录》。

12月21日 《人民日报》(海外版)刊登国家教委、人事部、劳动部负责人答记者问，就辞职自费留学人员回国后的工作安排、工龄计算和待遇等问题作了解答。

12月22日～24日 国家教育发展研究中心召开了教育思想研讨会。

12月22日～25日 国家教委在北京召开全国岗位培训工作座谈会。来自中央和国务院60多个部委、直属机构和各省、自治区、直辖市及计划单列市主管岗位培训工作的负责人及部分基层单位的代表共170多人参加。会议总结交流了岗位培训的经验，研究了岗位培训的现状和问题，进一步强调要把岗位培训作为成人教育的重点，推动岗位培训深入开展。国家教委副主任王明达在讲话中指出，岗位培训要从实际出发，和企事业的发展目标紧密结合，做到突出重点，保证质量，坚持试验，逐步推广，形成制度。

12月22日～27日 中国高等学校思想政治教育研究会第三次代表大会暨1990年年会在北京举行。会议在总结高校思想政治工作正反两方面经验教训的基础上，对90年代高校思想政治教育所面临的形势、任务和对策进行了广泛研讨。

国家教委副主任何东昌、滕藤，中宣部常务副部长徐惟诚，团中央书记刘延东出席会议并讲话。会议经过推举产生了第三届理事会，滕藤同志担任会长。

12月24日 国家教委发出通知，印发《普通高等学校举办非学历教育管理暂行规定》。

12月24日～28日 全国学校体育卫生工作研讨会在广东省湛江市举行。国家教委副主任邹时炎到会并作重要讲话。

12月25日 由《光明日报》教育部和希望出版社共同举办的中、小学校长工作座谈会暨《好校长》一书首发式在北京举行。国家教委副主任柳斌出席了座谈会。柳斌在讲话中指出，校长处于学校领导决策的核心地位，有了好校长，才能有好的班子，才能带出一支过硬的教师队伍。提高教育质量的关键是要有一批好校长。

12月26日 国务院清理整顿公司领导小组正式批准保留国家教委直接管理的中国教学仪器设备公司及其所属4个全资子公司。

12月27日 国家教委发出通知，印发《国家教委直属高等学校设立企业编制的意见》。

12月29日 国家语委、国家教委发出《关于小学普及普通话的通知》。

12月30日 国家教委发出《中国教育发展和改革纲要（草案）1990—2000年（送审稿)》。

△ 国家教委、卫生部、国家体委、国家

民委、国家科委联合发出《关于印发〈全国学生体质、健康监测工作座谈会纪要〉搞好全国学生体质、健康监测工作的通知》。

12月31日 国家教委发布《关于制订职业高级中学(三年制)教学计划的意见》。

△ 国家教委办公厅发出通知，要求组织学习《中小学安全须知》。

△ 国家教委办公厅发出《关于教学仪器设备产品无证生产情况的通报》。

12月 中宣部、国家教委、共青团中央作出《关于表彰“90年社会实践活动先进单位”和“90年最佳社会实践主题活动”的决定》。

撰稿人 吴伯康 喻晓宪

审稿人 马樟根 荣文珂